English
Japanese
Dictionary

コリンズ
秀文　英和辞典

English Japanese Dictionary

コリンズ秀文英和辞典

コリンズ
秀　文　英和辞典

HarperCollins*Publishers*
Shubun International Co.,Ltd.
ハーパーコリンズ／秀文インターナショナル

first published in this edition 1993

© HarperCollins Publishers & Shubun International Co., Ltd 1993

latest reprint 2003

HarperCollins Publishers
Westerhill Road, Bishopbriggs, Glasgow G64 2QT
Great Britain

www.collins.co.uk

Collins® and Bank of English® are registered trademarks
of HarperCollins Publishers Limited

ISBN 0-00-433405-1

HarperCollins Publishers, Inc.
10 East 53rd Street, New York, NY 10022

ISBN 0-06-273758-9

Library of Congress Catalog Card Number: 99-85891

www.harpercollins.com

Original material by
CollinsBilingual

Japanese language edition
Richard C. Goris   Yukimi Okubo

editorial administration
Jill Campbell

A catalogue record for this book is available from the British Library

Typeset by Tosho Printing Co., Ltd

Printed and bound in Great Britain by Clays Ltd, St Ives plc

CONTENTS

Authors' Foreword	(1)
Publisher's Foreword	(5)
Introduction	(9)
Phonetics Table	(13)
Table of Abbreviations	(14)
The Romanization and Pronunciation of Japanese	(17)
English Irregular Verb Forms	(22)
ENGLISH-JAPANESE DICTIONARY	1-585
Supplement	587
Numbers	587
Demonstratives	590
Understanding Japanese	590
Daily Japanese	598
Glossary	634

Authors' Foreword

Dictionary compilers have been labeled "harmless drudges", but we have found little drudgery in compiling the Collins-Shubun English-Japanese Dictionary. On the contrary, we have experienced great pleasure in rising to the challenge of producing a book that was not run-of-the-mill.

To begin with, we had several advantages. We had the dictionary framework provided in electronic form by Collins Dictionary Division. Then we had computers running powerful Japanese word processing software. Together these factors saved us from the drudgery (and writer's cramp) caused by writing thousands and thousands of manuscript pages by hand. They also eliminated the drudgery of correcting in proof the innumerable mistakes introduced by typesetters misinterpreting our handwriting.

The challenge of producing "a better mousetrap" also provided motivation that eliminated drudgery.

In order to keep the dictionary truly pocket-sized, we aimed at providing one translation for each word, or for each meaning of a word. Where several possible translations existed, we chose the one with the highest frequency of usage in modern Japanese. We also tried to give translations that were the cultural equivalent of the English. Thus, if the English word conveyed a sense of dignity, we used a dignified Japanese expression; if the English was a slangy word, we provided a slangy Japanese word or phrase. Where this was not possible, we have provided glosses to clarify the difference.

There were some exceptions. When the English word had several Japanese equivalents, each used with equal frequency, and generally interchangeable, we gave the two or three most frequent, separated by commas.

In this category fell words that could be expressed either by a Chinese compound (2 or more Chinese characters used as a single word) or by a purely Japanese word. There were also words that could be expressed by a Japanese translation or a "Japanized" foreign loan word of equal frequency. In this case we gave the Japanese translation first, followed by a comma and the loan word. Where the Japanese translation existed, but was outlandish and seldom used, we gave only the loan word. In such cases the loan word is generally listed as a headword in standard Japanese dictionaries.

Finally, we discussed every entry thoroughly before adopting it. Thus we feel we have met our goal of providing a small, portable, but extremely useful dictionary - useful to the language student and the native speaker alike.

Our efforts would have been futile without the support, aid, and counsel of the editorial staff of Collins Dictionaries and Shubun. Shubun's board of experts and editors included Kazuo Shibuya, Shiruki Furukawa, Ari Matsue, and Kazuko Namiki. On the other side of the ocean we had in particular the aid of Lorna Sinclair-Knight, Jeremy Butterfield, and the hard-working Jill Campbell, in addition to other anonymous advisors.

To all and sundry, a handshake and a deep bow of gratitude.

Richard C. Goris
Yukimi Okubo

著 者 前 書

辞書を書く人というと「ひたすらこつこつ働く，人畜無害な凡人」と見る向きもあるが，当の私達はコリンズ・秀文英和辞典を書くに際し，ことさら単調な仕事を余儀なくされたという感じは全く覚えなかった．平凡でない辞書を作ろうというチャレンジに答えることにむしろ大きな喜びを感じた．

第一に苦労を軽減する要素がいくつかあった．まずコリンズ社の辞書部門よりコービルドのデータベースから頻度によって抽出され，フォーマット化されたた語彙リストのフロッピーディスクが提供された．これを強力な日本語ワープロソフトでコンピュータ操作し，日本語訳等を入力した．こうして何千枚もの原稿を手書きする苦労（と書痙の危険）を避けられ，同時に植字段階で起こるエラーを校正で直す苦労も避けることができた．

第二に，「より優れたもの」を作るというチャレンジも作業の単調さを吹き飛ばす動機にもなった．

当書をポケット版の限度内に抑えるためには，原則として一見出し語に対して，あるいは見出し語の一意味に対して一つだけの訳語をつけることにした．複数の訳語が可能な場合，最も頻度の高いものを選んだ．また，英語の語彙に対して文化的に同じ含みの訳語を選ぶように努力した．例えば，英単語が格調の高い語であれば，格調の高い日本語訳をつけた．一方，俗語のような英語に対してはそれに相当する日本語の俗語をつけた．これが不可能な場合，補足説明をつけた．

いくつか例外がある．複数の日本語訳が可能で，頻度が同じぐらいで置き換えもきく場合，二つか三つを併記してコンマで分けた．こういう語には漢語的表現またはやまとことばに訳せる語が多かった．その他に純粋な日本語もしくは外来語で表せる語もあった．その場合，日本語と外来語を併記してコンマで分けた．しかし日本語訳がおかしかったり頻度が低かったりする場合，外来語だけを記載した．この様な外来語はたいがい国語辞典で見出し語として使われている，

熟考と討論を重ねて最後に訳語を選択した．こうして小型でポケット版であるにもかかわらず，language student, native speaker 双方に大いに役立つ画期的な辞典の作成に成功したと確信する．

コリンズ社辞典編集部門及び秀文インターナショナルの編集スタッフの支援と助言なしには私達の努力だけではこの辞書を作れなかったと思う．秀文側にあっては特に渋谷一夫，古川知己，松江亜里，並木和子，そして海の向こうにあっては Lorna Sinclair-Knight, Jeremy Butterfield, Jill Campbell, その他の皆さん方に深く感謝の意を表する．

R．C．ゴリス

大久保　雪美

PUBLISHER'S FOREWORD

As the 21st century approaches and the countries of the world become more internationalized, the importance of English as a world language is felt ever more keenly by society. This awareness spotlights certain problems concerning the bilingual dictionaries, particularly English-Japanese dictionaries, published in Japan.

To begin with, there is the habit of crowding into each entry, without rhyme or reason, all the possible translations of a headword that can be thought of, a habit that has persisted since the Meiji Era.

Secondly, in a great many cases, scientific data on the use of words and phrases is very scarce, making it extremely difficult to improve on the present situation.

Dictionary users are becoming increasingly dissatisfied with the growing volume of unsorted data that is being thrust at them. Things have reached a point where the dictionary makers appear to have lost touch with the needs of their users.

What the users really want is well-ordered data, that is, clear, uncluttered information on the meaning of the words of a language. They need fundamental information on actual usage of the words of a language, information on situation and context in which a word or phrase is used, information on what normally comes before or after various words and phrases. This in turn requires a wealth of background information about the actual state of a language. Fortunately, we have been able to join forces with HarperCollins Publishers of Britain, who have at their disposal the largest data bank in the world of the English language. This data bank furnished us with, among other things, information on word frequency, which guided the choice of headwords; and information on situation, context, variation in meaning etc, which is shown in parentheses (the "indicators") in each entry. The result has been the revolutionary dictionary that we present here, for use throughout the world. In preparation for the 21st century, a truly original publication.

Instead of being laboriously typeset from a hand-written manuscript, the dictionary was composed entirely on a computer in a form that permitted electronic typesetting machines to transform the data directly into the printed page. Throughout the project the authors maintained constant, real-time contact with the editorial staff of Collins Dictionary Division through electronic mail and other modern means.

All Japanese entries in the main text have their pronunciation indicated in romaji, so that anyone anywhere in the world can use this dictionary to study Japanese through the medium of English.

At the same time Japanese users of the dictionary, even if already proficient in English, can gain confidence in their use of the language by noting the information about usage given in the parenthetical "indicators" in each entry.

Shubun International, Ltd.

出版する立場から

21世紀の幕開けが近づく一方，さらに国際化が一層進展し世界語としての英語の重要性がますます高まっているのが昨今の社会情勢と言えましょう。このような背景を踏まえ，我が国の外国語特に英和辞典の将来を考えてみるといくつかの問題点がはっきりしてくる。

まず第一に明治以来の伝統に従って狭い紙面に未整理のままと言ってよい程の訳語という名称の語義の網羅振りが指摘できよう。

第二に多くの場合，言語使用に付いて科学的データに乏しく，思い切った革新の道を拓くことが極めて困難といった状況が指摘できましょう。

肥大化する情報量に辞典使用者もうんざりの感さえするのである。使用者が何を求めているのか図りかねているのが現状とも言える状況である。

辞典使用者は小気味よく整理された情報の提供，すなわち今や簡潔・明解な言語の意味を求めている。ある言語の意味とは，ある語（句）がどのような場面・文脈・前後関係の中で何を伝達しようとしているのか示すことであり，かつ最も基本的なことである，このためには当該言語使用の実態について豊富なデータが必要となる。幸いなことに今日世界最大規模のdata bank of the English languageを活用する英国ハーパーコリンズ社と提携，使用頻度及び語句の意味の使用範囲「indicators」のデータを駆使した21世紀を指向した世界で使える画期的な英和辞典の完成をここに見る運びと相成った次第である。これこそ独創の知的生産物財産とも言うべきかなである。

原稿執筆も従来のような組み上げられた順序ではなく項目単位と言うべき方式で完全にコンピュータ化完成され，原稿執筆終了即組版完了ともなった点は画期的な技術革新の成果でもあった。電子時代の申し子でもある電子メール等最新の技術によりコリンズ社辞典編集部門と執筆のデスクが結ばれ，リアルタイムに意志伝達が行われたのである。

このように完成された本辞典は，日本語全てにローマ字による発音表記を付し，世界の何処にあっても英語を媒介とし日本語の習得を可能ならしめる効果的な内容とした。

また特に我が国の英語既習者の社会人にとって意味使用範囲「indicators」の明示による活用は英語使用に自信を与える英語習得への開眼となると信ずる。

株式会社　**秀文インターナショナル**

INTRODUCTION

We are delighted you have decided to buy the Collins Shubun Pocket English-Japanese Dictionary and hope you will enjoy and benefit from using it at school, at home, on holiday or at work.

This introduction gives you a few tips on how to get the most out of your dictionary-not simply from its comprehensive wordlist but also from the information provided in each entry.

The Collins Shubun English-Japanese Dictionary begins by listing the abbreviations used in the text and follows with a guide to Japanese pronunciation and a chart of the two Japanese scripts "hiragana" and "katakana" together with the Roman letter transliteration used in this dictionary.

USING YOUR COLLINS SHUBUN POCKET DICTIONARY

A wealth of information is presented in the dictionary, using various typefaces, sizes of type, symbols, abbreviations and brackets. The conventions and symbols used are explained in the following sections.

Headwords

The words you look up in a dictionary ·"headwords"· are listed alphabetically. They are printed in bold type for rapid identification. The headwords appearing at the top of each page indicate the first and last word dealt with on the page in question.

Information about the usage or form of certain headwords is given in brackets after the phonetic spelling. This usually appears in abbreviated form (e. g., *(fam)*, (COMM).

Common expressions in which the headword appears are shown in bold italic type (e. g., **account**... *of no account*).

When such expressions are preceded by a colon, it means that the headword is used mainly in that particular expression (e. g., **aback**... *adv*: *to be taken aback*).

Phonetic spellings

The phonetic spelling of each headword (indicating its pronunciation) is given in square brackets immediately after the headword (e. g., **able** [ei'bəl]). The phonetics show a standardized US English pronunciation in IPA (International Phonetic Alphabet) symbols. A list of these symbols is given on page (13).

Translations

Headword translations are given in ordinary type and, where more than one meaning or usage exists, these are separated by a semicolon. You will often find other words in brackets before the translations. These offer suggested contexts in which the headword might appear (e. g., **absentee** (from school, meeting etc) or provide synonyms (e. g. **able** (capable) or (skilled)). A white lozenge precedes a gloss giving information for the non-English native speaker.

"Keywords"

Special status is given to certain English words which are considered as "key" words in the language. They may, for example, occur very frequently or have several types of usage (e. g., **a, be**). A combination of lozenges and numbers helps you to distinguish different parts of speech and different meanings. Further helpful information is provided in brackets.

Grammatical Information

Parts of speech are given in abbreviated form in italics after the phonetic spellings of headwords (e. g., *vt, adv, conj*) and headwords with several parts of speech have a black lozenge before each new part of speech (e. g., **wash**).

使用上の注意

本辞典は英単語の意味を知りたい日本人だけでなく日本語を勉強している外国人も使えるよう，すべての訳語，補足説明などを日本文字とローマ字で併記した．ローマ字は原則としてヘボン式に従い，ローマ字：仮名対照表を (17)－(18) ページに示した．またローマ字には日本語のアクセントも加えた．右上がりのアクセント記号 (á) は声の上がりを，右下がりの記号 (à) は声の下がりを，記号のない場合は平坦に発音する事を示す．

見出し語は太字の立体活字で示した．つづりは米国の標準に従ったが，英国の標準がそれと異なる場合，アルファベット順にこれも示した．

> 例：**anaemia** [əniːˈmiːə] *etc* (*BRIT*) = **anemia** *etc*

続いて発音を [ ] の中に国際音表文字で示した．発音記号表は (13) ページにある．アクセントは ['] の記号でアクセントのある音節の後に示した．

> 例：**able** [ˈeiˈbəl]

品詞は斜字の略語で示した．例：**able** [eiˈbəl] *adj*

品詞に続いて訳語を日本語とローマ字で示した．原則として１つの意味に対して１つだけ最も頻度の高い訳語を採用した．

> 例：**blockade**... 封鎖 fúsa

頻度が同じぐらいで複数の訳語がある場合，これを示すと共にコンマ (,) で分けた．

> 例：**blood**... 血 chi, 血液 ketsúéki

訳語の前に丸括弧 ( ) の中でその見出し語についての情報を記した．

立体の大文字はその語が使われる「分野」などを示す．

> 例：**blood**... (BIO) 血 chi, 血液 ketsúéki

すなわち，**blood** は「生物学」という分野の語である．

立体の小文字はその他の情報を示す．

> 例：**bleat** *vi* (goat, sheep) 鳴く nakú

すなわち，bleat という動詞はヤギやヒツジについて使う語である．

> 例：**aperture**... (hole) 穴 aná; (gap) すき間 sukíma; (PHOT) アパーチャ ápácha

この例では類語を使って見出し語の意味をはっきりさせている．また，このように１つの見出し語に対して複数の意味がある場合，セミコロン (;) で分ける．

見出し語の成句はその都度改行して太字の斜字で示した．

> 例：**bearing**...
>
> *to take a bearing*...
>
> *to find one's bearings*...

成句は主語＋動詞形式のものでも文頭の大文字と文尾のピリオドをつけずにあくまでも成句として扱った. ただし疑問を表す成句には？をつけた.

> 例：anyone...
>> *anyone could do it*
>> *can you see anyone?*

表示, 標識, 立て札などに使う成句は「...」で囲んだ.

> 例：entry...
>> 「*no entry*」...

改行なしで品詞などに続くコロン（：）＋ 太斜字の成句は見出し語などがその成句以外には殆ど使われない事を示す.

> 例：**aback** [əbæk'] *adv*: *to be taken aback* 仰天する gyóten suru

丸括弧の中で *also*: に続く立体太字の語句はその意味では同意語である事を示す.

> 例：**go about** *vi* (*also*: **go around**: rumor) 流れる nagárerù.

ここでは「噂が流れる」という意味では go about でも go around でも使える事を示している.

特殊記号:

◆：最初に示した品詞と品詞が異なったものにつけた.

> 例：**abdicate**... *vt* (responsibility, right) 放棄する ...
>> ◆*vi* (monarch) 退位する ...

◇：補足説明を示す.

/：見出し語, 成句の中で置き換えられる部分を示す. 日本語訳やローマ字の中でこれを〔 〕で示した.

> 例：**abide**... *vt*: *I can't abide it/him* 私はそれ〔彼〕が大嫌いだ watáku-shi wá sorē〔karè〕ga dáīkirai da

KEYWORD: このタイトルは頻度の高い重要な語で特に徹底的に取り扱った見出し語（たとえば **be, can**）を示す.

Phonetic Symbols 発音記号表

[ɑː] *f*a*ther, h*o*t, kn*ow*ledge

[æ] *a*t, h*a*ve, c*a*t

[ai] m*y*, b*uy*, l*i*ke

[au] h*ow*, m*ou*th

[e] m*e*n, s*ay*s, fr*ie*nd

[ei] s*ay*, t*a*ke, r*ai*n

[ɛːr] *air*, c*are*, wh*ere*

[ə] *a*bove, p*a*yment, lab*e*l

[əːr] g*ir*l, l*ear*n, b*ur*n, w*or*m

[i] s*i*t, wom*e*n, bus*y*

[iː] s*ee*, b*ea*n, cit*y*

[ou] n*o*, kn*ow*, b*oa*t

[ɔi] b*oy*, b*oi*l

[u] b*oo*k, c*oul*d, p*u*t

[uː] t*oo*l, s*ou*p, bl*ue*

[ɔː] l*aw*, w*a*lk, st*o*ry

[ʌ] *u*p, c*u*t, *a*bove

[p] *p*ut, cu*p*

[b] *b*e, ta*b*

[d] *d*own, ha*d*

[t] *t*oo, ho*t*

[k] *c*ome, ba*ck*

[g] *g*o, ta*g*

[s] *s*ee, cup*s*, for*c*e

[z] ro*s*e, bu*zz*

[ʃ] *sh*e, *s*ugar

[ʒ] vi*s*ion, plea*s*ure

[tʃ] *ch*ur*ch*

[dʒ] *j*am, *g*em, ju*dg*e

[f] *f*arm, hal*f*, *ph*one

[v] *v*ery, e*v*e

[θ] *th*in, bo*th*

[ð] *th*is, o*th*er

[l] *l*itt*l*e, ba*ll*

[r] *r*at, b*r*ead

[m] *m*ove, co*m*e

[n] *n*o, ru*n*

[ŋ] si*ng*, ba*nk*

[h] *h*at, re*h*eat

[j] *y*es

[w] *w*ell, a*w*ay

Table of Abbreviations 略語表

adj	adjective	形容詞
abbr	abbreviation	略語
adv	adverb	副詞
ADMIN	administration	管理
AGR	agriculture	農業
ANAT	anatomy	解剖学
ARCHIT	architecture	建築
AUT	automobiles	自動車関係
aux vb	auxiliary verb	助動詞
AVIAT	aviation	航空
BIO	biology	生物学
BOT	botany	植物学
BRIT	British English	英国つづり／用法
CHEM	chemistry	化学
COMM	commerce, finance, banking	商業，金融関係
COMPUT	computing	コンピュータ関係
conj	conjunction	接続詞
cpd	compound	形容詞的名詞
CULIN	cookery	料理
def art	definite article	定冠詞
dimin	diminutive	指小辞
ECON	economics	経済学
ELEC	electricity, electronics	電気，電子工学
excl	exclamation, interjection	感嘆詞
fam(!)	colloquial usage (! particularly offensive)	口語（！特に悪質なもの）
fig	figurative use	比喩
fus	(phrasal verb) where the particle cannot be separated from the main verb	vt fusを見よ
gen	in most or all senses; generally	たいがいの意味では，一般に
GEO	geography, geology	地理学，地質学
GEOM	geometry	幾何学
indef art	indefinite article	不定冠詞

inf(!)	colloquial usage (! particu- larly offensive)	口語（！特に悪質なもの）
infin	infinitive	不定詞
inv	invariable	変化しない
irreg	irregular	不規則な
LING	grammar, linguistics	文法，語学
lit	literal use	文字通りの意味
MATH	mathematics	数学
MED	medical term, medicine	医学
METEOR	the weather, meteorology	気象関係
MIL	military matters	軍事
MUS	music	音楽
n	noun	名詞
NAUT	sailing, navigation	海事
num	numeral adjective or noun	数詞
obj	(grammatical) object	目的語
pej	pejorative	蔑称
PHOT	photography	写真
PHYSIOL	physiology	生理学
pl	plural	複数
POL	politics	政治
pp	past participle	過去分詞形
prep	preposition	前置詞
pron	pronoun	代名詞
PSYCH	psychology, psychiatry	精神医学
pt	past tense	過去形
RAIL	railroad, railway	鉄道
REL	religion	宗教
SCOL	schooling, schools and universities	学校教育
sing	singular	単数
subj	(grammatical) subject	主語
superl	superlative	最上級
TECH	technical term, technology	技術(用語)，テクノロジー
TEL	telecommunications	電信電話
TV	television	テレビ
TYP	typography, printing	印刷

US	American English	米国つづり／用法
vb	verb	動詞
vi	verb or phrasal verb used intransitively	自動詞
vt	verb or phrasal verb used transitively	他動詞
vt fus	phrasal verb where the particle cannot be separated from main verb	パーチクルを動詞から分けられない句動詞
ZOOL	zoology	動物学
®	registered trademark	登録商標

THE ROMANIZATION AND PRONUNCIATION OF JAPANESE

There are several systems for writing Japanese in Roman characters, but the most understandable and least confusing to the speaker of English is the Hepburn ("hebon" in Japanese) system. The following table illustrates this system, with its "hiragana" and "katakana" equivalents, as it has been adopted in this dictionary.

a	i	u	e	o		ā	ī	ū	ē	ō
あ	い	う	え	お		—	—	うう	—	おお/おう
ア	イ	ウ	エ	オ		アー	イー	ウー	エー	オー
ka	ki	ku	ke	ko		kya	—	kyu	—	kyo
か	き	く	け	こ		きゃ	—	きゅ	—	きょ
カ	キ	ク	ケ	コ		キャ	—	キュ	—	キョ
ga	gi	gu	ge	go		gya	—	gyu	—	gyo
が	ぎ	ぐ	げ	ご		ぎゃ	—	ぎゅ	—	ぎょ
ガ	ギ	グ	ゲ	ゴ		ギャ	—	ギュ	—	ギョ
sa	shi	su	se	so		sha	shi	shu	she	sho
さ	し	す	せ	そ		しゃ	し	しゅ	しぇ	しょ
サ	シ	ス	セ	ソ		シャ	シ	シュ	シェ	ショ
za	ji	zu	ze	zo		ja	ji	ju	je	jo
ざ	じ	ず	ぜ	ぞ		じゃ	じ	じゅ	じぇ	じょ
ザ	ジ	ズ	ゼ	ソ		ジャ	ジ	ジュ	ジェ	ジョ
ta	chi	tsu	te	to		cha	chi	chu	che	cho
た	ち	つ	て	と		ちゃ	ち	ちゅ	ちぇ	ちょ
タ	チ	ツ	テ	ト		チャ	チ	チュ	チェ	チョ
da	ji	zu	de	do		ja	ji	ju	je	jo
だ	ぢ	づ	で	ど		ぢゃ	ぢ	ぢゅ	ぢぇ	ぢょ
ダ	ヂ	ヅ	デ	ド		ヂャ	ヂ	ヂュ	ヂェ	ヂョ

na	ni	nu	ne	no	nya	—	nyu	—	nyo
な	に	ぬ	ね	の	にゃ	—	にゅ	—	にょ
ナ	ニ	ヌ	ネ	ノ	ニャ	—	ニュ	—	ニョ

ha	hi	fu	he	ho	hya	—	hyu	—	hyo
は	ひ	ふ	へ	ほ	ひゃ	—	ひゅ	—	ひょ
ハ	ヒ	フ	ヘ	ホ	ヒャ	—	ヒュ	—	ヒョ

ba	bi	bu	be	bo	bya	—	byu	—	byo
ば	び	ぶ	べ	ぼ	びゃ	—	びゅ	—	びょ
バ	ビ	ブ	ベ	ボ	ビャ	—	ビュ	—	ビョ

pa	pi	pu	pe	po	pya	—	pyu	—	pyo
ぱ	ぴ	ぷ	ぺ	ぽ	ぴゃ	—	ぴゅ	—	ぴょ
パ	ピ	プ	ペ	ポ	ピャ	—	ピュ	—	ピョ

ma	mi	mu	me	mo	mya	—	myu	—	myo
ま	み	む	め	も	みゃ	—	みゅ	—	みょ
マ	ミ	ム	メ	モ	ミャ	—	ミュ	—	ミョ

ya	—	yu	—	yo
や	—	ゆ	—	よ
ヤ	—	ユ	—	ヨ

ra	ri	ru	re	ro	rya	—	ryu	—	ryo
ら	り	る	れ	ろ	りゃ	—	りゅ	—	りょ
ラ	リ	ル	レ	ロ	リャ	—	リュ	—	リョ

wa	—	—	—	wo	n
わ	—	—	—	を	ん
ワ	—	—	—	ヲ	ン

Consonants:

Pronounce the consonants as you would in English. Exceptions are "w" in the objective particle "wo", "r", "g", and "f". In "wo" the "w" is normally not pronounced, but is written to distinguish it easily from other words that are pronounced "o". (Japanese word-processing software also usually requires that you type "wo" to get を or ヲ.)

"R" is pronounced with a very slight trill. Do not pronounce it as in the English word "rich"; you probably will not be understood. If you trill it as in Italian or Spanish, you can be understood, but you will sound foreign. The best strategy is to listen and imitate. Lacking access to native speakers, try pronouncing "r" as you would "d", but with the tongue farther forward, touching the upper teeth instead of the palate.

"G" is perfectly understandable pronounced as in English "get", "go" etc, and many Japanese always pronounce it in this way. Cultured people, however, prefer a softer, slightly nasal pronunciation, which they call a "half-voiced" or "nasal-voiced" "k". It is similar to the "ng" in "sing", but coming at the beginning of a syllable.

"F" also is quite understandable when given its usual English fricative value, with the lower lip touching the upper teeth. The Japanese, however, normally pronounce it by simply narrowing the gap between the lower lip and the teeth, without actually touching the lip to the teeth. Thus some individuals pronounce it much closer to "h" than to the English "f".

"N" at the end of a syllable or word is syllabic, that is, it is a syllable in its own right, with full syllabic length, as in English "butt*on*". In this dictionary when syllabic "n" is followed by a vowel or "y", a hyphen is inserted to indicate the proper pronunciation: e. g., 勧誘 かんゆう kan yū, as opposed to 加入 かにゅう kanyū.

Before "p", "b", or "m", "n" naturally becomes an "m" sound; but in this dictionary, in keeping with the practice of other romanized dictionaries, the Japanese ん is consistently transliterated as "n", not "m": e. g., 文法 ぶんぽう bunpō, not bumpō.

Double consonants are pronounced in Japanese, as in US English "cattail". In "katakana" and "hiragana" they are indicated by a lowercase っ or ッ before the consonant to be doubled, and in this dictionary are printed as double consonants: かっぱ "kappa", いった "itta". The one exception is the combination っち, which we express as "tch": マッチ, "matchi".

A few Japanese exclamations are written with a lowercase っ at the end, indicating an articulated "t" sound at the end. These we have romanized with a quarter-sized "t": しっ "shit" (equivalent to the English "ssh !").

The sounds [ti:] and [di:] do not exist in Japanese. They are usually expressed as

ティ and ディ, which we romanize as "ti" and "di". Other sounds in loan words without Japanese equivalents are generally corrupted to some similar sound, e. g., "v" to "b".

Vowels:

The 5 Japanese vowels are the fundamental Latin vowels: [ɑː], [iː], [uː], [e], and [o]. "U" is pronounced without rounding the lips, keeping them relaxed. A rounded "u" is understandable, but sounds outlandishly foreign. Again, listen and imitate.

The vowels can be long or short. Long vowels are pronounced the same as short vowels, but for double their length, with no break. Pay strict attention to this, for vowel length is essential to both meaning and comprehension. Using a short vowel for a long one, or vice versa, can produce a word of entirely different meaning from the one intended. In this dictionary, long vowels are marked with a macron: ā, ī, ū, ē, ō.

The syllable "-su" at the end of a word, especially in the verbal ending "-masu" frequently drops the "u", so that only the "s" is heard. This occurs more often in the east than in the west of the country. There are no hard and fast rules, so the student needs to rely on his experience from listening to spoken Japanese.

Japanese accents:

Japanese words do not have a strong tonic accent as in most European languages. Instead they are inflected, with the voice rising or falling gently on certain syllables, and remaining flat on others. Using the correct "accent" or inflection is necessary for intelligibility of speech, and often serves to distinguish between words of similar spelling. For example, depending on the "accent", "momo" can mean either "peach" or "thigh"; "kaki" can be either "persimmon" or "oyster"; "atsui" can be "hot" or "thick".

The Japanese accent is difficult to depict graphically with any accuracy, for there are no standard conventions. Many dictionaries simply ignore the problem, leaving the foreign student to his own devices. Language classes for foreigners both in Japan and abroad frequently do not teach accents explicitly, but rely on imitation of pronunciation by a native Japanese model.

We felt that the foreign student needed something to aid the memory in trying to pronounce words already learned in the past, as well as a guide to pronunciation of words being looked up in the dictionary. We settled on the accute accent (á) to indicate a rising inflection, and the grave accent (à) to indicate a falling inflection. No mark at all means that the voice is held flat on that syllable.

The one exception in this dictionary is when two "i"s occur together, as in the word for "good" いい ii. In most cases like this, the first "i" requires a rising inflection (í), and the second a falling inflection (ì). However, with standard typefaces this produces an unesthetic effect (íì). Therefore, we have omitted the accent mark of the second "i" in such cases: a rising inflection on the first of a "double i" combination indicates also a falling inflection on the second letter: íi = í ì.

Doubtless the foreign student will be somewhat disconcerted to see such inflection marks on "n" in this dictionary. Remember that final "n" is always syllabic and may be pronounced by itself in Japanese. Thus, "n" can also have a rising or falling inflection, or be flat, as the case may be.

Accent differs markedly from region to region in Japan, particularly between the east and the west. The speech patterns of the Kanto region have generally been adopted as the standards for a "common" language, to be taught in the schools and used by television and radio announcers. Although the accents in this dictionary have followed the guidance of an expert in the field, we lay no claim to absolute accuracy. Our aim has been to guide the foreign student to a pronunciation that, if used, will be understandable in any part of the country, even when the listeners themselves follow a different standard of pronunciation.

English Irregular Verb Forms   不規則動詞表

arise arising	arose	arisen	持ち上る mochíagaru
awake awaking	awoke	awaked	目が覚める me ga samérù
be am, is, are being	was, were	been	である de árù
bear	bore	born(e)	支える sasáerù
beat	beat	beaten	殴る nagúrù
become becoming	became	become	なる nárù
begin beginning	began	begun	始める hajímeru
behold	beheld	beheld	見る mírù
bend	bent	bent	曲げる magéru
beseech	besought	besought	嘆願する tañgan suru
beset besetting	beset	beset	襲う osóu
bet betting	bet, betted	bet, betted	かける kakérù
bid bidding	bid, bade	bid, bidden	競りに加わる serí ni kuwawarù
bind	bound	bound	縛る shibárù
bite biting	bit	bitten	かむ kámù
bleed	bled	bled	出血する shukkétsu suru
blow	blew	blown	吹く fúkù
break	broke	broken	割る warú
breed	bred	bred	繁殖させる hañshoku saséru
bring	brought	brought	持って来る motté kurù
build	built	built	建てる tatérù
burn	burned, burnt	burned, burnt	燃やす moyásu
burst	burst	burst	破裂させる harétsu saséru
buy	bought	bought	買う kaú
can	could	(been able)	出来る dekírù

cast	cast	cast	投げる nagérù
catch	caught	caught	捕まえる tsukámaeru
choose	chose	chosen	選ぶ erábù
choosing			
cling	clung	clung	しがみつく shigámitsukù
come	came	come	来る kúrù
coming			
cost	cost	cost	の値段である no nedán de arù
creep	crept	crept	忍び足で歩く shinóbiàshi de arúkù
cut	cut	cut	切る kirù
cutting			
deal	dealt	dealt	配る kubárù
dig	dug	dug	掘る hórù
digging			
dive	dived	dived	飛込む tobíkomù
diving	*also US* dove		
do	did	done	する sùrú
does			
draw	drew	drawn	描く kákù
dream	dreamed, dreamt	dreamed, dreamt	夢を見る yumé wo mirù
drink	drank	drunk	飲む nómù
drive	drove	driven	運転する uñten suru
driving			
dwell	dwelt	dwelt	住む súmù
eat	ate	eaten	食べる tabérù
fall	fell	fallen	落ちる ochírù
feed	fed	fed	食べさせる tabésaserù
feel	felt	felt	感じる kañjirù
fight	fought	fought	戦う tatákaù
find	found	found	見付ける mitsúkeru
flee	fled	fled	逃げる nigérù
fling	flung	flung	投げる nagérù
fly	flew	flown	飛ぶ tobú
flies			
forbid	forbade	forbidden	禁ずる kiñzurù
forbidding			

forecast	forecast	forecast	予報する yohṓ suru
forego	forewent	foregone	なしで我慢する náshì de gámàn suru
foresee	foresaw	foreseen	予想する yosṓ suru
foretell	foretold	foretold	予言する yogén suru
forget forgetting	forgot	forgotten	忘れる wasúrerù
forgive forgiving	forgave	forgiven	許す yurúsù
forsake forsaking	forsook	forsaken	見捨てる misúterù
freeze freezing	froze	frozen	凍る kṓrù
get getting	got	got US gotten	手に入れる tế ni irerù
give giving	gave	given	与える atáerù
go goes	went	gone	行く ikú
grind	ground	ground	ひく hikú
grow	grew	grown	成長する seíchō suru
hang	hung, hanged	hung, hanged	掛ける kakérù
have has ; having	had	had	持っている mốttè iru
hear	heard	heard	聞く kikú
hide hiding	hid	hidden	隠す kakúsù
hit hitting	hit	hit	打つ utsú
hold	held	held	持つ mốtsù
hurt	hurt	hurt	痛める itámerù
keep	kept	kept	保管する hokán suru
kneel	knelt, kneeled	knelt, kneeled	ひざまずく hizámazukù
know	knew	known	知っている shitté irù
lay	laid	laid	置く okú
lead	led	led	先導する seńdō suru
lean	leaned, leant	leaned, leant	傾く katámukù
leap	leaped, leapt	leaped, leapt	跳躍する chṓyaku suru

learn	learned, learnt	learned, learnt	学ぶ manábù
leave	left	left	去る sárù
leaving			
lend	lent	lent	貸す kásù
let	let	let	許す yurúsù
letting			
lie	lay	lain	横になる yokó ni narù
lying			
light	lighted, lit	lighted, lit	火を付ける hí wo tsukérù
lose	lost	lost	失う ushínaù
losing			
make	made	made	作る tsukúrù
making			
may	might	—	かも知れない ka mo shirenài
mean	meant	meant	意味する ímì suru
meet	met	met	会う áù
mistake	mistook	mistaken	間違える machígaerù
mistaking			
mow	mowed	mowed, mown	刈る karú
must	(had to)	(had to)	しなければならない shinákereba naranài
pay	paid	paid	払う haráù
put	put	put	置く okú
putting			
quit	quit, quitted	quit, quitted	やめる yamérù
quitting			
read	read	read	読む yómù
rid	rid	rid	取除く torínozokù
ridding			
ride	rode	ridden	乗る nórù
riding			
ring	rang	rung	鳴る narú
rise	rose	risen	上がる agárù
rising			
run	ran	run	走る hashírù
running			
saw	sawed	sawn	のこぎりで切る nokógirì de kírù
say	said	said	言う iú

see	saw	seen	見る mírù
seek	sought	sought	求める motómerù
sell	sold	sold	売る urú
send	sent	sent	送る okúrù
set setting	set	set	置く ókù
shake shaking	shook	shaken	振る fúrù
shall	should	—	しましょう shimashō
shear	sheared	sheared, shorn	毛を刈る kē wò karú
shed shedding	shed	shed	落す otósù
shine shining	shone	shone	照る térù
shoot	shot	shot	そ撃する sogéki suru
show	showed	shown	見せる misérù
shrink	shrank	shrunk	縮む chijímù
shut shutting	shut	shut	閉める shimérù
sing	sang	sung	歌う utáù
sink	sank	sunk	沈没する chiñbotsu suru
sit sitting	sat	sat	座る suwárù
slay	slew	slain	殺す korósù
sleep	slept	slept	眠る nemúrù
slide sliding	slid	slid	滑る subérù
sling	slung	slung	投げる nagérù
slit slitting	slit	slit	切り開く kiríhirakù
smell	smelled, smelt	smelled, smelt	匂う nióù
sneak	sneaked *also US* snuck	sneaked *also US* snuck	こっそり行く kossórì ikú
sow	sowed	sown, sowed	まく mákù
speak	spoke	spoken	話す hanásù
speed	sped, speeded	sped, speeded	スピードを出す supído wo dásù
spell	spelled, spelt	spelled, spelt	つづりを言う tsuzúri wò iú
spend	spent	spent	過ごす sugósù

spill	spilled, spilt	spilled, spilt	こぼす kobósù
spin	spun	spun	紡ぐ tsumúgù
spinning			
spit	spat	spat	つばを吐く tsúbà wo hákù
spitting			
split	split	split	裂く sákù
splitting			
spoil	spoiled, spoilt	spoiled, spoilt	台無しにする daínashi ni surù
spread	spread	spread	広げる hirógerù
spring	sprang	sprung	跳ぶ tobú
stand	stood	stood	立つ tátsù
steal	stole	stolen	盗む nusúmù
stick	stuck	stuck	くっつく kuttsúkù
sting	stung	stung	刺す sásù
stink	stank	stunk	におう nióù
stride	strode	stridden	大またに歩く ōmàta ni arúkù
striding			
strike	struck	struck, stricken	打つ útsù
striking			
strive	strove	striven	努力する dóryòku suru
striving			
swear	swore	sworn	誓う chikáù
sweep	swept	swept	掃く hákù
swell	swelled	swelled, swollen	はれる harérù
swim	swam	swum	泳ぐ oyógù
swimming			
swing	swung	swung	振る furú
take	took	taken	とる tórù
taking			
teach	taught	taught	教える oshíerù
tear	tore	torn	破る yabúrù
tell	told	told	述べる nobérù
think	thought	thought	考える kañgaerù
throw	threw	thrown	投げる nagérù
thrust	thrust	thrust	強く押す tsúyòku osú
tread	trod	trodden	歩く arúkù
wake	waked, woke	waked, woken	起す okósù
waking			

waylay	waylaid	waylaid	待伏せする machíbuse suru
wear	wore	worn	着る kirú
weave 　weaving	wove, weaved	woven, weaved	織る orù
wed 　wedding	wedded, wed	wedded, wed	結婚する kekkón suru
weep	wept	wept	泣く naku
win 　winning	won	won	勝つ katsù
wind	wound	wound	巻く makú
withdraw	withdrew	withdrawn	取出す torídasu
withhold	withheld	withheld	拒む kobámù
withstand	withstood	withstood	耐える taérù
wring	wrung	wrung	絞る shibórù
write 　writing	wrote	written	書く kakù

A

A [ei] *n* (MUS: note) イ音 í-òn; (: key) イ調 íchò

KEYWORD

a [ei, ə] *(before vowel or silent h: an) indef art* **1** 1つの hitótsu no, ある áru ◇ 通常日本語では表現しない tsūjō nihongo de wa hyōgen shínái

a book/girl/mirror 本〔少女，鏡〕hòn (shójo, kagámi)

an apple りんご ríngo

she's a doctor 彼女は医者です kánojo wa ishá desu

2 *(instead of the number "one")* 1つの hitótsu no

a loaf and 2 pints of milk, please パン1本と2パイント下さい pan íppoñto mírùku nipáĩto kudasái

a year ago 1年前 ichinen máè

a hundred/thousand etc pounds 100〔1000〕ポンド hyaku(sen)póndò

3 *(in expressing ratios, prices etc)* 1つ当り... hitótsu átàri...

3 a day/week 1日〔1週間〕当り3つ ichinichi(isshūkan)átàri mittsú

10 km an hour 時速10キロメーター jísòku jukkiromḗtà

£5 a person 1人当たり5ポンド hitori átàri gopóndò

30p a kilo 1キロ30ペンス ichíkìro sanjuppéñsù

AA [eiei'] *n abbr* (= *Alcoholics Anonymous*) アルコール依存症自主治療協会 arúkòru izoñshō jishúchiryō kyōkai; (*BRIT*: = *Automobile Association*) 英国自動車連盟 eíkoku jidōsha reñmei

AAA [trip'əlei] *n abbr* (= *American Automobile Association*) 米国自動車連盟 beíkoku jidōsha reñmei

aback [əbæk'] *adv*: *to be taken aback* 仰天する gyōten suru

abandon [əbæn'dən] *vt* (person) 見捨てる misúterù; (car) 乗捨てる norísuterù;

(give up: search, idea, research) やめる yaméru

◆*n* (wild behavior): *with abandon* 羽目を外して hamé wò hazúshite

abashed [əbæʃt'] *adj* (person) 恥ずかしがっている hazúkashigatte irú

abate [əbeit'] *vi* (lessen: storm, terror, anger) 治まる osámarù

abattoir [æbətwɑ:r'] (*BRIT*) *n* と殺場 tosátsujō

abbey [æb'i:] *n* 修道院 shúdòin

abbot [æb'ət] *n* 修道院長 shúdòinchò

abbreviate [əbri:'vi:eit] *vt* (essay, word) 短縮する tañshuku suru

abbreviation [əbri:vi:ei'ʃən] *n* (short form) 短縮形 tañshukukei

abdicate [æb'dikeit] *vt* (responsibility, right) 放棄する hōki suru

◆*vi* (monarch) 退位する taí-i suru

abdication [æbdikei'ʃən] *n* (of responsibility, right) 放棄 hōki; (by monarch) 退位 taí-i

abdomen [æb'dəmən] *n* 腹部 fukúbù

abduct [æbdʌkt'] *vt* ら致する ráchì suru

aberration [æbərei'ʃən] *n* (unusual behavior, event etc) 異状 ijō

abet [əbet'] *vt see* aid

abeyance [əbei'əns] *n*: *in abeyance* (law) 無視されて mushī sarete; (matter) 保留されて horyū sarete

abhor [æbhɔ:r'] *vt* (cruelty, violence etc) ひどく嫌う hídokù kiráu

abide [əbaid'] *vt*: *I can't abide it/him* 私はそれ〔彼〕が大嫌いだ watákushi wà soré〔karè〕gà dáîkirai da

abide by *vt fus* (law, decision) ...に従う ...ni shitágaù

ability [əbil'iti:] *n* (capacity) 能力 nòryoku; (talent, skill) 才能 saínō

abject [æb'dʒekt] *adj* (poverty) 極度の kyōkùdo no; (apology) 卑屈な hikútsu na

ablaze [əbleiz'] *adj* (building etc) 炎上している eñjō shite iru

able [ei'bəl] *adj* (capable) 出来る dekíru;

(skilled) 有能な yū́nō na

to be able to do something ...をする事が出来る ...wo suru koto gà dékirù

able-bodied [ei'bɑlbɑːd'iːd] *adj* (person) がん健な gañken na

ably [ei'bliː] *adv* (skilfully, well) 上手に jōzu ni

abnormal [æbnɔːr'məl] *adj* (behavior, child, situation) 異常な ijṓ na

aboard [əbɔːrd'] *adv* (NAUT, AVIAT) ...に乗って ...ni notté

◆*prep* (NAUT, AVIAT) ...に乗って ...ni notté

abode [əboud'] *n* (LAW): *of no fixed abode* 住所不定の jū́shofutèi no

abolish [əbɑːl'iʃ] *vt* 廃止する haíshi suru

abolition [æbəliʃ'ən] *n* 廃止 haíshi

abominable [əbɑːm'inəbəl] *adj* (conditions) ひどい hídoì; (behavior) 忌わしい imáwashiì

aborigine [æbəridʒ'əniː] *n* 原住民 geñjū́mìn

abort [əbɔːrt'] *vt* (MED: fetus) 流産する ryū́zan suru; (plan, activity) 中止する chū́shi suru

abortion [əbɔːr'ʃən] *n* (MED) 妊娠中絶 niñshinchūzètsu

to have an abortion 妊娠を中絶する niñshin wò chū́zetsu suru

abortive [əbɔːr'tiv] *adj* (attempt, action) 不成功の fuséìkō no

abound [əbaund'] *vi* (exist in large numbers) ...が多い ...ga ōì

to abound in/with (possess in large numbers) ...に富む ...ni tómù

KEYWORD

about [əbaut'] *adv* **1** (approximately) 約 yákù, 大よそ ōyoso, ...ぐらい ...gúrai

about a hundred/thousand etc dollars 約100(1000)ドル yákù hyakú(sen) dòru

it takes about 10 hours 10時間ぐらいかかります jūjikan gúrài kakarimásù

at about 2 o'clock 2時頃 niji górò

I've just about finished ほぼ終ったところです hóbò owatta tokoro desù

2 (referring to place) あちこちに achíko-

---

chī ni

to leave things lying about 物をあちこちに散らかしたままにする monò wo achíkochì ni chirakashita mamá ni sùrú

to run/walk etc about あちこち走り回る(歩き回る) achíkochì hashirimawárù (arukimawárù)

3: *to be about to do something* ...するところである ...suru tokoro dè árù

he was about to cry/leave/wash the dishes/go to bed 彼は泣き出す(帰る,皿を洗う,寝る)ところだった kárè wa nakidasu(kaeru, sara wo arau, neru) tokoro dattà

◆*prep* **1** (relating to) ...について ...ni tsúìte, ...に関して ...ni kànshite

a book about London ロンドンについての本 róndòn ni tsúìte no hon

what is it about? それは何についてですか sore wa nán ni tsúìte desu ká

we talked about it 私たちはそれについて話し合った watakushitachì a sore ni tsúìte hanashiáttà

what/how about having some coffee? コーヒーでも飲みましょうか kōhī de mò nomimashṑ ka

2 (referring to place) ...のあちこちに ...no achíkochì ni

to walk about the town 町をあちこち歩き回る machí wo achíkochì arukimawárù

her clothes were scattered about the room 部屋のあちこちに彼女の服が散らかっていた heya no achíkochì ni kánojò no fukú gà chirakatte itá

about-face [əbaut'feis] *n* (MIL) 回れ右 mawáremigî; (*fig*): *to do an about-face* 一変する ippén suru

about-turn [əbaut'təːrn] *n* = **about-face**

above [əbʌv'] *adv* (higher up, overhead) 上の方に ué no hṑ ni; (greater, more) 以上に ijṓ ni

◆*prep* (higher than) ...より上に ...yórì ué ni; (greater than, more than: in number, amount etc) ...以上 ...íjò; (: in rank etc) 上である ué de árù *mentioned above* 上記の jōki no

above all まず第一に mázù daí-ichi ni

aboveboard [əbʌv'bourd] *adj* 公明正大な kōmeiseidai na

abrasive [əbrei'siv] *adj* (substance) 研磨の kénma no; (person, manner) とげとげしい togétogeshiì

abreast [əbrest'] *adv* (people, vehicles) 横に並んで yokó ni narande

to keep abreast of (*fig*: news etc) ...についていく ...ni tsúite ikú

abridge [əbridʒ'] *vt* (novel, play) 短縮する tańshuku suru

abroad [əbrɔːd'] *adv* 海外に káigai ni

abrupt [əbrʌpt'] *adj* (sudden: action, ending etc) 突然の totsúzen no; (curt: person, behavior) ぶっきらぼうな bukkírabō na

abruptly [əbrʌpt'li:] *adv* (leave, end) 突然 totsúzen; (speak) ぶっきらぼうに bukkírabō ni

abscess [æb'ses] *n* のうよう nōyō

abscond [æbskɑːnd'] *vi* (thief): *to abscond with* ...を持ち逃げする ...wo mochínige suru; (prisoner): *to abscond (from)* (...から) 逃亡する (...kara) tōbō suru

absence [æb'səns] *n* (of person: from home etc) 不在 fuzái; (: from school, meeting etc) 欠席 kessékì; (: from work) 欠勤 kekkín; (of thing) 無い事 nái kotó

absent [æb'sənt] *adj* (person: from home etc) 不在の fuzái no; (: from school, meeting etc) 欠席の kessékì no; (: from work) 欠勤の kekkín no; (thing) 無い nái

absentee [æbsənti:'] *n* (from school, meeting etc) 欠席者 kessékishà; (from work) 欠勤者 kekkínsha

absent-minded [æb'səntmain'did] *adj* 忘れっぽい wasúreppoì

absolute [æb'səluːt] *adj* (complete) 全くの mattáku no; (monarch, rule, power) 専制的な seńseiteki na; (principle, rule etc) 絶対的な zettáiteki na

absolutely [æbsəluːt'li:] *adv* (totally) 全く mattáku; (certainly) その通り sonó tōri

absolution [æbsəluː'ʃən] *n* (REL) 罪の許

し tsúmi no yurúshì

absolve [æbzɑːlv'] *vt*: *to absolve someone (from blame, responsibility, sin)* ...の (...を) 許す ...no (...wò) yurúsù

absorb [æbsɔːrb'] *vt* 吸収する kyúshū suru; (assimilate: group, business) 併合する heígō suru

to be absorbed in a book 本に夢中になっている hón ni muchū ni natté irú

absorbent cotton [æbsɔːr'bənt-] (*US*) *n* 脱脂綿 dasshímèn

absorbing [æbsɔːr'biŋ] *adj* 夢中にさせるmuchū ni saserù

absorption [æbsɔːrp'ʃən] *n* 吸収 kyúshū; (assimilation: of group, business etc) 併合 heígō; (interest) 夢中になる事 muchū ni narù kotó

abstain [æbstein'] *vi*: *to abstain (from)* (eating, drinking) 控える hikáerù; (voting) 棄権する kikén suru

abstemious [æbsti:'mi:əs] *adj* (person) 節制する sesséi suru

abstention [æbsten'ʃən] *n* (refusal to vote) 棄権 kikén

abstinence [æb'stənəns] *n* 禁欲 kiń-yoku

abstract [æb'strækt] *adj* (idea, quality) 抽象的な chūshōteki na; (ART) 抽象派のchūshōha no; (LING): *abstract noun* 抽象名詞 chūshōmeishi

abstruse [æbstruːs'] *adj* 分かりにくいwakárinikuì

absurd [æbsəːrd'] *adj* ばかげた bakágetà

abundance [əbʌn'dəns] *n* 豊富さ hōfusa

abundant [əbʌn'dənt] *adj* 豊富な hōfu na

abuse [*n* əbjuːs' *vb* əbjuːz'] *n* (insults) のしり nonóshiri; (ill-treatment) 虐待 gyakútai; (misuse: of power, drugs etc) 乱用 rań-yō

◆*vt* (insult) ののしる nonóshirù; (ill-treat) 虐待する gyakútai suru; (misuse) 乱用する rań-yō suru

abusive [əbjuː'siv] *adj* (person) 口の悪いkuchí no waruì; (language) 侮辱的な bujókuteki na

abysmal [əbiz'məl] *adj* (performance, failure) 最低の saítei no; (ignorance etc)

ひどい hidói

abyss [əbis'] *n* 深えん shifi-en

AC [ei'si:] *abbr* = **alternating current**

academic [ækədəm'ik] *adj* (person) イ ンテリの iñteri no; (year, system, books, freedom etc) 教育関係の kyóikukañkei no; (*pej*: issue) 理論的な rirōnteki na
♦*n* 学者 gakúsha

academy [əkæd'əmi:] *n* (learned body) アカデミー akádèmī; (school) 学院 gakúin

academy of music 音楽学院 oñgaku gakûin

accelerate [æksel'əreit] *vt* (process) 早める hayámerù
♦*vi* (AUT) 加速する kasóku suru

acceleration [ækselərei'ʃən] *n* (AUT) 加速 kasóku

accelerator [æksel'əreitə:r] *n* アクセル ákùseru

accent [æk'sent] *n* (pronunciation) なまり namári; (written mark) アクセント符号 akúsento fugô; (*fig*: emphasis, stress) 強調 kyóchō, アクセント akùsento

accept [æksept'] *vt* (gift, invitation) 受取る ukétoru; (fact, situation, risk) 認める mitómeru; (responsibility, blame) 負う oú

acceptable [æksep'təbəl] *adj* (offer, gift) 受入れられる uké-irarerù; (risk etc) 許容できる kyoyó dekirù

acceptance [æksep'təns] *n* (of gift, offer etc) 受取る事 ukétoru koto; (of risk etc) 許容 kyoyô; (of responsibility etc) 負う事 oú koto

access [æk'ses] *n* (to building, room) 入る事 hâiru kotô; (to information, papers) 利用する権利 riyô suru keñri

to have access to (child etc) ...への面会権がある ...e no mefikaikeñ ga árù

accessible [ækses'əbəl] *adj* (place) 行きやすい ikíyasuî; (person) 面会しやすい mefikai shiyasuî; (available: knowledge, art etc) 利用しやすい riyô shiyasuî

accessory [ækses'ə:ri:] *n* (dress, COMM, TECH, AUT) アクセサリー ákùsesarî; (LAW): *accessory to* ...の共犯者 ...no kyóhañsha

accident [æk'sidənt] *n* (chance event) 偶然 gúzen; (mishap, disaster) 事故 jfkò

by accident (unintentionally) うっかり ukkárì; (by chance) 偶然に gúzen ni

accidental [æksiden'təl] *adj* (death) 事故による jfkò ni yorú; (damage) 偶発的な gúhatsuteki na

accidentally [æksiden'təli:] *adv* (by accident) 偶然に gúzen ni

accident-prone [æk'sidəntproun'] *adj* 事故に会いがちな jfko ni aigachi na

acclaim [əkleim'] *n* 賞賛 shósan
♦*vt*: *to be acclaimed for one's achievements* 功績で有名である kóseki dè yûmei de arû

acclimate [əklai'mit] (*US*) *vt* = **acclimatize**

acclimatize [əklai'mətaiz] *vt*: *to become acclimatized (to)* (...に) 慣れる (...ni) narêrù

accolade [æk'əleid] *n* (*fig*) 賞賛 shósan

accommodate [əka:m'ədeit] *vt* (subj: person) 泊める tómeru; (: car, hotel etc) 収容できる shûyô dekirù; (oblige, help) ...に親切にして上げる ...ni shîñsetsu ni shite agérù

accommodating [əka:m'ədeitiŋ] *adj* 親切な shîñsetsu na

accommodation [əka:mədei'ʃən] *n* 宿泊設備 shukúhakusetsùbi

accommodations [əka:mədei'ʃənz] (*US*) *npl* 宿泊設備 shukúhakusetsùbi

accompaniment [əkʌm'pənimənt] *n* 伴奏 bañsô

accompany [əkʌm'pəni:] *vt* (escort, go along with) ...に付きそう ...ni tsukísoù; (MUS) ...の伴奏をする ...no bañsô wô suru

accomplice [əka:m'plis] *n* 共犯者 kyóhañsha

accomplish [əka:m'pliʃ] *vt* (finish: task) 成遂げる nashítogerù; (achieve: goal) 達成する tasséi suru

accomplished [əka:m'pliʃt] *adj* (person) 熟練の jukúren no; (performance) 優れた sugúretà

accomplishment [əka:m'pliʃmənt] *n* (completion, bringing about) 遂行 suſkô;

(skill: *gen pl*) 才能 saínō

accord [əkɔ:rd'] *n* (treaty) 協定 kyŏtei
◆*vt* 与える atáeru
of his own accord 自発的に jihátsuteki ni

accordance [əkɔ:r'dəns] *n*: *in accordance with* (someone's wishes, the law etc) ...に従って ...ni shitágatte

according [əkɔ:r'diŋ]: *according to* *prep* (person, account) ...によると ...ni yorú to

accordingly [əkɔ:r'diŋli:] *adv* (appropriately) それに応じて soré nĭ ŏjite; (as a result) それで soré de

accordion [əkɔ:r'di:ən] *n* アコーデオン ákŏdeon

accost [əkɔ:st'] *vt* ...に近寄って話し掛ける ...ni chikáyotté hanáshikakerù

account [əkaunt'] *n* (COMM: bill) 勘定書 kañjōgaki; (: monthly account) 計算書 keísansho; (in bank) 口座 kŏza; (report) 報告 hŏkoku
of no account 構わない kamáwanài
on account つけで tsuké de
on no account 何があっても... (す・くき) でない naní ga atte mo ...(subeki) de naĭ
on account of ...のために ...no tamé ni
to take into account, take account of ...を考慮に入れる ...wŏ kŏryŏ ni iréru

accountable [əkaun'təbəl] *adj*: *accountable (to)* (...に) 申開きする義務がある (...ni) mŏshihiraki suru gimù ga arù

accountancy [əkaun'tənsi:] *n* 会計士の職 kaíkeĭshi no shokú

accountant [əkaun'tənt] *n* 会計士 kaíkeĭshi

account for *vt fus* (explain) 説明する setsúmei suru; (represent) ... (の割合) を占める ...(no waríai) wŏ shimérù

account number *n* (at bank etc) 口座番号 kŏzabañgo

accounts [əkaunts'] *npl* (COMM) 勘定 kañjō

accredited [əkred'itid] *adj* (agent etc) 資格のある shikáku no arù

accrued interest [əkru:d'-] *n* 累積利息 ruísekirisòku

accumulate [əkju:m'jəleit] *vt* 貯める taméru
◆*vi* 貯まる tamáru

accuracy [æk'jə:rəsi:] *n* 正確さ seíkakusa

accurate [æk'jə:rit] *adj* 正確な seíkaku na

accurately [æk'jə:ritli:] *adv* (count, shoot, answer) 正確に seíkaku ni

accusation [ækju:zei'ʃən] *n* 非難 hínàn

accuse [əkju:z'] *vt*: *to accuse someone (of something)* (crime, incompetence) (...だと) ...を責める (...dá tò) ...wo semérù

accused [əkju:zd'] *n* (LAW): *the accused* 容疑者 yŏgishà

accustom [əkʌs'təm] *vt* 慣れさせる narésaserù

accustomed [əkʌs'təmd] *adj* (usual): *accustomed to* ...に慣れている ...ni narétè irú

ace [eis] *n* (CARDS, TENNIS) エース ḕsu

ache [eik] *n* 痛み itámi
◆*vi* (be painful) 痛む itámù, ...が痛い ...ga itáĭ
my head aches 頭が痛い atáma gà itáĭ

achieve [ətʃi:v'] *vt* (aim) 成遂げる nashítogerù; (result) 上げる agéru; (victory, success) 獲得する kakútoku suru

achievement [ətʃi:v'mənt] *n* (completion) 完成 kañsei; (success, feat) 業績 gyŏseki

acid [æs'id] *adj* (CHEM: soil etc) 酸性の sañsei no; (taste) 酸っぱい suppáĭ
◆*n* (CHEM) 酸 sáñ; (inf: LSD) LSD erúesudĭ

acid rain *n* 酸性雨 sañseiù

acknowledge [æknɑ:l'idʒ] *vt* (letter, parcel: *also*: **acknowledge receipt of**) 受け取った事を知らせる ukétotta koto wŏ shiráserù; (fact, situation, person) 認める mitómeru

acknowledgement [æknɑ:l'idʒmənt] *n* (of letter, parcel) 受領通知 juryŏtsúchi

acne [æk'ni:] *n* にきび níkĭbi

acorn [ei'kɔ:rn] *n* ドングリ dóñguri

acoustic [əkuːs'tik] *adj* (related to hearing) 聴覚の chốkaku no; (guitar etc) アコースティックの akốsùtikku no

acoustics [əkuːs'tiks] *n* (science) 音響学 ofikyốgaku

♦*npl* (of hall, room) 音響効果 ofikyōkốka

acquaint [əkweint'] *vt*: **to acquaint someone with something** (inform) ...に...を知らせる ...ni ...wǒ shiráseru

to be acquainted with (person) ...と面識がある ...to mefishiki ga arù

acquaintance [əkwein'təns] *n* (person) 知合い shirfai; (with person, subject) 知識 chíshiki

acquiesce [ækwiːes'] *vi*: **to acquiesce (to)** (...) を承諾する (...wǒ) shốdaku suru

acquire [əkwai'əːr] *vt* (obtain, buy) 手に入れる te ni iréru; (learn, develop: interest, skill) 取得する shutóku suru

acquisition [ækwiziʃ'ən] *n* (obtaining etc) 入手 nyúshu; (development etc) 獲得 kakútoku; (thing acquired) 取得物 shutốkubútsu

acquit [əkwit'] *vt* (free) 無罪とする múzài to suru

to acquit oneself well 見事な働きをする mígòto na határaki wo suru

acquittal [əkwit'əl] *n* 無罪判決 muzái hañketsu

acre [ei'kəːr] *n* エーカー ềkā

acrid [æk'rid] *adj* (smell, taste, smoke) 刺激的な shigékiteki na

acrimonious [ækrəmouˈniːəs] *adj* (remark, argument) 辛らつな shiñratsu na

acrobat [æk'rəbæt] *n* アクロバット akúrobattð

acrobatic [ækrəbæt'ik] *adj* (person, movement, display) アクロバット的な akúrobattoteki na

acronym [æk'rənim] *n* 頭字語 tốjigo

across [əkrɔːs'] *prep* (from one side to the other of) ...を渡って ...wo watátte; (on the other side of) ...の向こう側に ...no mukốgawa ni; (crosswise over) ...と交差して ...to kǒsa shite

♦*adv* (direction) 向こう側へ mukốgawa e; (measurement) 直径が...で chokkéi ga

... de

to run/swim across 走って〔泳いで〕渡る hashítte〔oyóide〕wataru

across from ...の向かいに ...no mukái ni

acrylic [əkril'ik] *adj* アクリルの ákùriru no

♦*n* アクリル ákùriru

act [ækt] *n* (action) 行為 kối; (of play) 幕 makú; (in a show etc) 出し物 dashímòno; (LAW) 法 hố

♦*vi* (do something, take action) 行動する kốdō suru; (behave) 振舞う furúmaù; (have effect: drug, chemical) 作用する sáyǒ suru; (THEATER) 出演する shutsúen suru; (pretend) ...の振りをする ...no furí wð suru

♦*vt* (part) ...に扮する ...ni fuñ surù

in the act of ...しているさなかに ...shité iru sanàka ni

to act as ...として勤める ...toshite tsutómerù

acting [æk'tiŋ] *adj* (manager, director etc) 代理の daíri no

♦*n* (activity) 演技 éñgi; (profession) 演劇 eñgeki

action [æk'ʃən] *n* (deed) 行為 kối; (motion) 動き ugóki; (MIL) 戦闘 señtō; (LAW) 訴訟 soshố

out of action (person) 活動不能で katsúdōfunð de; (thing) 作動不能で sadốfunð de

to take action 行動を起す kốdō wǒ okósù

action replay *n* (TV) 即時ビデオ再生 sokúji bideo saìsei

activate [æk'təveit] *vt* (mechanism) 作動させる sadốsaserù

active [æk'tiv] *adj* (person, life) 活動的な katsúdōteki na

active volcano 活火山 kakkázàn

actively [æk'tivliː] *adv* (participate) 積極的に sekkyókuteki ni; (discourage) 強く tsúyòku; (dislike) 非常に hijố ni

activist [æk'tivist] *n* 活動家 katsúdōka

activity [æktiv'ətiː] *n* (being active) 活動 katsúdō; (action) 動き ugóki; (pastime, pursuit) 娯楽 goráku

actor [æk'təːr] *n* 俳優 haíyū

actress [æk'tris] n 女優 joyū

actual [æk'tʃuəl] adj 実際の jissái no

actually [æk'tʃuːəliː] adv (really) 本当に hoñtō ni; (in fact) 実は jitsú wa

acumen [əkjuː'mən] n 判断力 hañdañryoku

acupuncture [æk'jupʌɲktʃəːr] n 針 hárí

acute [əkjuːt'] adj (illness) 急性の kyūsei no; (anxiety, pain) 激しい hagéshiī; (mind, person) 抜け目の無い nukéme no nai; (MATH): *acute angle* 鋭角 eíkaku; (LING): *acute accent* 鋭アクセント eíakùsento

ad [æd] n abbr = **advertisement**

A.D. [eidiː'] adv abbr (= Anno Domini) 西暦...年 seíreki ...neñ

adamant [æd'əmənt] adj (person) 譲らない yuzúranai

Adam's apple [æd'əms-] n のど仏 nodóbotòke

adapt [ədæpt'] vt (alter, change) 適応させる tekíō saserù
♦vi: *to adapt (to)* (に) 適応する (...ni) tekíō suru

adaptable [ədæp'təbəl] adj (device, person) 適応性のある tekíōsei no arù

adapter [ədæp'təːr] n (ELEC) アダプター adáputà

adaptor [ədæp'təːr] n = **adapter**

add [æd] vt (to a collection etc) 加える kuwáeru; (comment etc) 付加える tsukékuwaerù; (figures: also: **add up**) 合計する gókei suru
♦vi: *to add to* (increase) ...を増す ...wo masú

adder [æd'əːr] n ヨーロッパクサリヘビ yōroppà kusárihebì

addict [æd'ikt] n (to drugs etc) 中毒者 chūdokushà; (enthusiast) マニア mánìa

addicted [ədik'tid] adj: *to be addicted to* (drink etc) ...中毒にかかっている ...chūdoku ni kakátte irú; (fig: football etc) ...マニアである ...mánìa de arù

addiction [ədik'ʃən] n (to drugs etc) 中毒 chūdoku

addictive [ədik'tiv] adj (drug) 習慣性のある shūkansei no arù; (activity) 癖になる kusé ni narù

addition [ədiʃ'ən] n (adding up) 足し算 tashízan; (thing added) 加えられた物 kuwáerareta monó
in addition なお nâô
in addition to ...の外に ...no hoká ni

additional [ədiʃ'ənəl] adj 追加の tsuíka no

additive [æd'ətiv] n 添加物 teñkabùtsu

address [ədres'] n (postal address) 住所 jūshò; (speech) 演説 eñzetsu
♦vt (letter, parcel) ...に宛名を書く ...ni aténa wò kákù; (speak to: person) ...に話し掛ける ...ni hanáshikakerù; (: audience) ...に演説する ...ni eñzetsu suru; (problem): *to address (oneself to) a problem* 問題に取組む mofidai ni torikumù

adept [ədept'] adj: *adept at* ...が上手な ...ga jōzu na

adequate [æd'əkwit] adj (enough: amount) 十分な jūbuñ na; (satisfactory: performance, response) 満足な mǎñzoku na

adhere [ædhiːr'] vi: *to adhere to* (stick to) ...にくっつく ...ni kuttsúkù; (fig: abide by: rule, decision, treaty etc) ...を守る ...wo mamórù; (: hold to: opinion, belief etc) ...を固守する ...wo kóshù suru

adhesive [ædhiː'siv] n 粘着材 neñchaku-zāi

adhesive tape n (US: MED) ばん創こう bañsōkō; (BRIT) 粘着テープ neñchaku tēpu

ad hoc [æd hɑːk'] adj (decision, committee) 特別な tokúbetsu na

adjacent [ədʒei'sənt] adj: *adjacent to* ...の隣の ...no tonári no

adjective [æd'ʒiktiv] n 形容詞 keíyòshi

adjoining [ədʒɔi'niŋ] adj (room etc) 隣の tonári no

adjourn [ədʒəːrn'] vt (trial) 休廷にする kyūtei ni suru; (meeting, discussion) 休会にする kyūkai ni suru
♦vi (trial) 休廷する kyūtei suru; (meeting) 休止する kyūshi suru

adjudicate [ədʒuː'dikeit] vt (contest) ...の審査員を勤める ...no shiñsa-ìn wo tsutómerù

adjust [ədʒʌst'] vt (change: approach etc) 調整する chōsei suru; (rearrange: clothing, machine etc) 調節する chōsetsu suru

♦vi: **to adjust (to)** 適応する tekíō suru

adjustable [ədʒʌst'əbəl] adj 調節できる chōsetsu dekirū

adjustment [ədʒʌst'mənt] n (PSYCH) 適応 tekíō; (to machine) 調節 chōsetsu; (of prices, wages) 調整 chōsei

ad-lib [ædlib'] vi アドリブで話す adóribu dè hanásù

ad lib [ædlib'] adv (speak) アドリブで a-dóribu de

administer [ædmin'istər] vt (country) 統治する tōchi suru; (department) 管理する kánri suru; (MED: drug) 投与する tōyo suru

to administer justice 裁く sabákù

administration [ædministrei'ʃən] n (management) 管理 kánri; (government) 政権 seíken

administrative [ædmin'istreitiv] adj (work, error etc) 管理的な kañriteki na

administrator [ædmin'istreitər] n 管理者 kañrishà

admiral [æd'mərəl] n 海軍大将 kaígun taíshō

Admiralty [æd'mərəlti:] (BRIT) n: **the Admiralty** (also: **Admiralty Board**) 海軍省 kaígunshō

admiration [ædmərei'ʃən] n 感心 kañshin

admire [ædmai'ər] vt (respect) ...に感心する ...ni kañshin suru; (appreciate) 観賞する kañshō suru

admirer [ædmai'ərər] n (suitor) 男友達 otókotomodachi; (fan) ファン fáñ

admission [ædmiʃ'ən] n (admittance) 入場 nyūjō; (entry fee) 入場料 nyūjōryō; (confession) 自白 jiháku

admit [ædmit'] vt (confess) 自白する jiháku suru; (permit to enter) 入場させる nyūjō saserù; (to club, organization) 入会させる nyūkai saserù; (to hospital) 入院させる nyūin saserù; (accept: defeat, responsibility etc) 認める mitómeru

admittance [ædmit'əns] n 入場 nyūjō

admittedly [ædmit'idli:] adv 確かに ...であるが táshìka ni ... de árù ga

admit to vt fus (murder etc) ...を自白する ...wo jiháku suru

admonish [ædmɑ:n'iʃ] vt (rebuke) たしなめる tashínamerù; (LAW) 忠告する chū-koku suru

ad nauseam [æd nɔ:'zi:əm] adv (repeat, talk) いやという程 iyá to iú hodó

ado [ədu:'] n: **without (any) more ado** さっさと sássà to

adolescence [ædəles'əns] n 10代 jūdai

adolescent [ædəles'ənt] adj 10代の jūdai no

♦n ティーンエージャー tínèjā

adopt [ədɑ:pt'] vt (child) 養子にする yōshi ni suru; (policy, attitude) とる torù; (accent) 使う tsukáù

adopted [ədɑ:p'tid] adj (child) 養子の yōshi no

adoption [ədɑ:p'ʃən] n (of child) 養子縁組 yōshieñgumi; (of policy etc) 採択 saítaku

adoptive [ədɑ:p'tiv] adj: **adoptive father/mother** 養父(母) yōfu(bo)

adoptive country 第2の祖国 dáì ni no sókòku

adore [ədɔ:r'] vt (person) 崇拝する sūhai suru

adorn [ədɔ:rn'] vt (decorate) 飾る kazáru

adrenalin [ədren'əlin] n アドレナリン a-dórenarìn

Adriatic [eidri:æt'ik] n: **the Adriatic (Sea)** アドリア海 adóriakài

adrift [ədrift'] adv (NAUT: loose) 漂流して hyōryū shite

adult [ədʌlt'] n (person) 大人 otóna; (animal, insect) 成体 seítai

♦adj (grown-up: person) 大人の otóna no; (: animal etc) 成体の seítai no; (for adults: literature, education) 成人向きの seíjinmuki no

adultery [ədʌl'tə:ri:] n かん通 kañtsū

advance [ædvæns'] n (movement, progress) 進歩 shíñpo; (money) 前借り maégari

♦adj (booking, notice, warning) 事前の jizén no

◆*vt* (money) 前貸する maégashi suru

◆*vi* (move forward) 前進する zeñshin suru; (make progress) 進歩する shiñpo suru

to make advances (to someone) (*gen*) (...に) 言い寄る (...ni) iíyorù

in advance (book, prepare etc) 前もって maémottè

advanced [ædvænst'] *adj* (SCOL: studies) 高等の kôtō no; (country) 先進の señshin no; (child) ませた máseta

advancement [ædvæns'mənt] *n* (improvement) 進歩 shíñpo; (in job, rank) 昇進 shôshin

advantage [ædvæn'tidʒ] *n* (supremacy) 有利な立場 yúri na táchìba; (benefit) 利点 ritéñ; (TENNIS) アドバンテージ adôbañtēji

to take advantage of (person) ...に付込む ...ni tsukékomù; (opportunity) 利用する riyô suru

advantageous [ædvæntei'dʒəs] *adj*: *advantageous (to)* (...に) 有利な (...ni) yúri na

advent [æd'vent] *n* (appearance: of innovation) 出現 shutsúgen; (REL): *Advent* 待降節 taîkōsetsù

adventure [ædven'tʃər] *n* 冒険 bôken

adventurous [ædven'tʃərəs] *adj* (bold, outgoing) 大胆な daîtañ na

adverb [æd'vərb] *n* 副詞 fukúshi

adversary [æd'vərse:ri:] *n* (opponent, *also* MIL) 敵 tekí

adverse [ædvə:rs'] *adj* (effect, weather, publicity etc) 悪い warúi

adversity [ædvə:r'siti:] *n* 逆境 gyakkyô

advert [æd'və:rt] (*BRIT*) *n abbr* = **advertisement**

advertise [æd'və:rtaiz] *vi* (COMM: in newspaper, on television etc) 広告する kôkoku suru

◆*vt* (product, event, job) ...を広告する ...wo kôkoku suru

to advertise for (staff, accommodation etc) ...を求める広告を出す ...wo motômerù kôkoku wo dasu

advertisement [ædvə:rtaiz'mənt] *n* 広告 kôkoku

advertiser [æd'və:rtaizə:r] *n* (in newspaper, on television etc) 広告主 kôkokunùshi

advertising [æd'və:rtaiziŋ] *n* (advertisements) 広告 kôkoku; (industry) 広告業界 kôkokugyôkai

advice [ædvais'] *n* (counsel) 忠告 chúkoku; (notification) 知らせ shiráse

a piece of advice 一つの忠告 hítotsu no chúkoku

to take legal advice 弁護士に相談する beñgoshī ni sôdan suru

advisable [ædvai'zəbəl] *adj* 望ましい nozômashiī

advise [ædvaiz'] *vt* (give advice to: person, company etc) ...に忠告する ...ni chúkoku suru; (inform): *to advise someone of something* ...に ...を知らせる ...ni ...wo shiráserù

to advise against something/doing something ... (するの) を避けた方がいいと忠告する ... (surú no) wo sakéta hō gà fi to chúkoku suru

advisedly [ædvai'zidli:] *adv* (deliberately) 意図的に itôteki ni

adviser [ædvai'zə:r] *n* (counsellor, consultant: to private person) 相談相手 sôdan altè; (: to company etc) 顧問 kômòn

advisor [ædvai'zə:r] *n* = **adviser**

advisory [ædvai'zə:ri:] *adj* (role, capacity, body) 顧問の kômòn no

advocate [æd'vəkit] *vt* (support, recommend) 主張する shuchô suru

◆*n* (LAW: barrister) 弁護士 beñgoshì; (supporter): *advocate of* ...の主張者 ...no shuchôsha

Aegean [idʒi:'ən] *n*: *the Aegean (Sea)* エーゲ海 ēgekài

aerial [e:r'i:əl] *n* アンテナ añtena

◆*adj* (attack, photograph) 航空の kôkū no

aerobics [e:rou'biks] *n* エアロビクス eárobikùsu

aerodynamic [e:roudainæm'ik] *adj* 空力的な kúrikiteki na

aeroplane [e:r'əplein] (*BRIT*) *n* 飛行機 hīkôki

aerosol [e:r'əso:l] *n* スプレー缶 supúrēkan

aerospace industry [ɛːr'əspeis-] *n* 宇宙開発業界 uchūkaíhatsugyōkai

aesthetic [esθet'ik] *adj* 美的な bitéki na

afar [əfɑːr'] *adv*: **from afar** 遠くから tṓku karấ

affable [æf'əbəl] *adj* (person) 愛想の良い aísṓ no yoí; (behavior) 感じの良い kañji no yoí

affair [əfeːr'] *n* (matter, business, question) 問題 mońdai; (romance: *also*: **love affair**) 浮気 uwáki

affect [əfekt'] *vt* (influence, concern: person, object) ...に影響を与える ...ni eíkyō wŏ atáerù; (subj: disease: afflict) 冒す okásù; (move deeply) 感動させる kañdō saserù

affected [əfek'tid] *adj* (behavior, person) 気取った kidótta

affection [əfek'ʃən] *n* (fondness) 愛情 aíjō

affectionate [əfek'ʃənit] *adj* (person, kiss) 愛情深い aíjōbukaí; (animal) 人なつこい hitónatsukoí

affiliated [əfil'iːeitid] *adj* (company, body) 関連の kañren no

affinity [əfin'ətiː] *n* (bond, rapport): **to have an affinity with/for** ......に魅力を感じる ...ni miryŏku wŏ kañjiru; (resemblance): **to have an affinity with** ......に似ている ...ni nité iru

affirmative [əfəːr'mətiv] *adj* (answer, nod etc) 肯定の kōtei no

affix [əfiks'] *vt* (stamp) はる harú

afflict [əflikt'] *vt* (subj: pain, sorrow, misfortune) 苦しめる kurúshimerù

affluence [æf'luːəns] *n* 裕福さ yúfukusà

affluent [æf'luːənt] *adj* (wealthy: family, background, surroundings) 裕福な yúfuku na

the affluent society 豊かな社会 yútàka na shákaì

afford [əfɔːrd'] *vt* (have enough money for) 買う余裕がある kaú yoyú ga arù; (permit oneself: time, risk etc) する余裕がある surú yoyú ga arù; (provide) 与える atáeru

affront [əfrʌnt'] *n* (insult) 侮辱 bujóku

Afghanistan [æfgæn'istæn] *n* アフガニスタン afúganisùtan

afield [əfiːld'] *adv*: **far afield** 遠く tṓku

afloat [əflout'] *adv* (floating) 浮んで ukánde

afoot [əfut'] *adv*: **there is something afoot** 何か怪しい事が起っている nánìka ayáshii koto gà okótte irú

afraid [əfreid'] *adj* (frightened) 怖がっている kowágatté irú

to be afraid of (person, thing) ...を怖がる ...wo kowágarù

to be afraid to ...をするのを怖がる ...wo suru no wo kowágarù

I am afraid that (apology) 申訳ないが ... mŏshiwakenai ga

I am afraid so/not 残念ですがその通りです〔違います〕 zañneñ desu ga sonŏ tŏri desu〔chigáimasù〕

afresh [əfreʃ'] *adv* (begin, start) 新たに árata ni

Africa [æf'rikə] *n* アフリカ afúrika

African [æf'rikən] *adj* アフリカの afúrika no

♦*n* アフリカ人 afúrikajîn

aft [æft] *adv* (to be) 後方に kŏhō ni; (to go) 後方へ kŏhō e

after [æf'təːr] *prep* (of time) ...の後に ...no átò ni; (of place) ...の後ろに ...no ushíro ni; (of order) ...の次に ...no tsugí ni

♦*adv* 後に átò ni

♦*conj* ...してから ...shité kara

what/who are you after? 何〔だれ〕を捜していますか nánì〔dárè〕wo sagáshitè imásu ka

after he left 彼が帰ってから kárè ga kaétte kara

after having done ...してから ...shité kara

to name someone after someone ...に因んで...に名を付ける ...ni chínande ...ni na wo tsukérù

it's twenty after eight (*US*) 8時20分だ hachíji nijíppùn da

to ask after someone ...の事を尋ねる ...no kotŏ wŏ tazúnerù

after all (in spite of everything) どうせ

dōse; (in spite of contrary expectations etc) 予想を裏切って yosō wò urágittè
after you! お先にどうぞ o-sáki ni dōzo

after-effects [æf'tərifekts] *npl* (of illness, radiation, drink etc) 結果 kekká

aftermath [æf'tərmæθ] *n* (period after) ...直後の期間 ...chókùgo no kikáñ; (aftereffects) 結果 kekká

afternoon [æftə'rnu:n] *n* 午後 gógò

afters [æf'tərz] (*BRIT:inf*) *n* (dessert) デザート dēzáto

after-sales service[æf'tərseilz-](*BRIT*) *n* (for car, washing machine etc) アフターサービス afútasabisu

after-shave (lotion) [æf'tərʃeiv-] *n* アフターシェーブローション afútāshēbu-rōshon

afterthought [æf'tərθɔ:t] *n*: *as an afterthought* 後の思い付きで átò no omóitsuki de

afterwards [æf'tərwə:rdz] (*US also*: **afterward**) *adv* その後 sonó atò

again [əgen'] *adv* (once more) もう1度 mō íchido, 再び futátabi
not ... again もう...ない mō ... nai
to do something again ...をもう1度する ...wo mō íchido surù
again and again 何度も nâñdo mo

against [əgenst'] *prep* (leaning on, touching) ...にもたれ掛って ...ni motárekakattè; (in opposition to, at odds with) ...に反対して ...ni hañtai shite; (compared to) ...に較べて ...ni kurábete

age [eidʒ] *n* (of person, object) 年齢 neñrei; (period in history) 時代 jidái
♦*vi* (person) 年を取る toshí wo torù
♦*vt* (subj: hairstyle, dress, make up etc) ...を実際の年以上に見せる ...wo jissái no toshi ijō ni misérù
20 years of age 年齢二十 neñrei hatáchi
to come of age 成人する señjin suru
it's been ages since ...は久し振りだ ...wa hisáshiburi da

aged¹ [ei'dʒd] *adj*: *aged 10* 10才の jússai no

aged² [ei'dʒid] *npl*: *the aged* 老人 rōjin
◇総称 sōshō

age group *n* 年齢層 neñreìsō

age limit *n* 年齢制限 neñreiseìgen

agency [ei'dʒənsi:] *n* (COMM) 代理店 daíritèn; (government body) ...局 ...kyokú, ...庁 ...chō

agenda [ədʒɛn'də] *n* (of meeting) 議題 gidái

agent [ei'dʒənt] *n* (representative: COMM, literary, theatrical etc) 代理人 daírinin, エージェント ējento; (spy) スパイ supáì; (CHEM, *fig*) 試薬 shiyáku

aggravate [æg'rəveit] *vt* (exacerbate: situation) 悪化させる akká saserù; (annoy: person) 怒らせる okóraserù

aggregate [æg'rəgit] *n* (total) 合計 gōkei

aggression [əgreʃ'ən] *n* (aggressive behavior) 攻撃 kōgeki

aggressive [əgres'iv] *adj* (belligerent, assertive) 攻撃的な kōgekiteki na

aggrieved [əgri:vd'] *adj* 不満を抱いた fumán wò idáità

aghast [əgæst'] *adj* あっけにとられた akké ni toráretà

agile [ædʒ'əl] *adj* (physically, mentally) 身軽な migáru na; (mentally) 機敏な kibín na

agitate [ædʒ'əteit] *vt* (person) 動揺させる dóyō saserù
♦*vi*: *to agitate for/against* ...の運動〔反対運動〕をする ...no uñdō 〔hañtaiuñdō〕wò suru

agitator [ædʒ'iteitər] *n* 扇動者 señdōsha

AGM [eidʒi:em'] *n abbr* = **annual general meeting**

agnostic [ægnɑ:s'tik] *n* 不可知論者 fukáchiroñsha

ago [əgou'] *adv*: *2 days ago* 2日前 futsúkamaè
not long ago 少し前に súkòshi máè ni
how long ago? どのぐらい前に? donó guraì máè ni?

agog [əgɑ:g'] *adj* (excited, eager) わくわくしている wákùwaku shité irù

agonizing [æg'ənaiziŋ] *adj* 苦しい kurúshiì

agony [æg'əni:] *n* (pain) 苦もん kumón

to be in agony 苦しむ kurúshimù

agree [əgri:'] *vt* (price, date) 合意して決める gói shité kiméru

♦*vi* (have same opinion) ...と意見が合う ...to íken ga áù; (correspond) ...と一致する ...to itchí suru; (consent) 承諾する shódaku suru

to agree with someone (subj: person) ...と同意する ...to dói suru; (: food) ...に合う ...ni áù

to agree (with) (statements etc) (...に) 同意する (...ni) dói suru; (LING) (...と) 一致する (...to) itchí suru

to agree to something/to do something ...に〔することに〕同意する ...ni 〔surú koto ni〕dói suru

to agree that (admit) ...だと認める ...dá tò mitómeru

agreeable [əgri:'əbəl] *adj* (sensation, person: pleasant) 気持の良い kimóchi no yoì; (willing) 承知する shóchi suru

agreed [əgri:d'] *adj* (time, place, price) 同意で決めた dói de kimetà

agreement [əgri:'mənt] *n* (concurrence, consent) 同意 dói; (arrangement, contract) 契約 keíyaku

in agreement 同意して dói shite

agricultural [ægrəkʌl'tʃərəl] *adj* (land, implement, show) 農業の nógyo no

agriculture [æg'rəkʌltʃəːr] *n* 農業 nógyō

aground [əgraund'] *adv*: *to run aground* (NAUT) ざ折する zasétsu suru

ahead [əhed'] *adv* (in front: of place, time) 前に máè ni; (into the future) 先 sakí

ahead of (in progress) ...より進んで ...yórì susúnde; (in ranking) ...の上に ...no ué ni; (in advance of: person, time, place) ...の前に ...no máè ni

ahead of time 早目に hayáme ni

go right/straight ahead (direction) 真っ直ぐに行って下さい mássùgu ni itté kudasai; (permission) どうぞ，どうぞ dózo, dózo

aid [eid] *n* (assistance: to person, country) 援助 eñjo; (device) ...を助けるもの

...wo tasúkerù monó

♦*vt* (help: person, country) 援助する eñjo suru

in aid of (BRIT) ...のために ...no támè ni

to aid and abet (LAW) ほう助する hójo suru ¶ *see also* **hearing**

aide [eid] *n* (person, *also* MIL) 側近 sokkín

AIDS [eidz] *n abbr* (= *acquired immunodeficiency syndrome*) エイズ éìzu

ailing [ei'liŋ] *adj* (person) 病気の byóki no

ailment [eil'mənt] *n* 病気 byóki

aim [eim] *vt*: *to aim (at)* (gun, missile, camera, remark) (...に) 向ける (...ni) mukérù

♦*vi* (*also*: take aim) ねらう neráu

♦*n* (objective) 目的 mokúteki; (in shooting: skill) ねらい nerái

to aim at (with weapon; *also* objective) ねらう neráu

to aim a punch at げんこつで...を殴ろうとする geñkotsu de ...wò nágùrō to suru

to aim to do ...するつもりである ...surú tsumóri de arù

aimless [eim'lis] *adj* (person, activity) 当てのない até no naì

ain't [eint] (*inf*) = **am not; aren't; isn't**

air [e:r] *n* (atmosphere) 空気 kúki; (tune) メロディー méròdì; (appearance) 態度 taído

♦*vt* (room) ...の空気を入れ替える ...no kúki wo irékaerù; (clothes) 干す hósù; (grievances, ideas) 打明ける uchfakeru

♦*cpd* (currents etc) 空気の kúki no; (attack) 空からの sorá kara no

to throw something into the air (ball etc) ...を投上げる ...wo nagéageru

by air (travel) 飛行機で híkòki de

on the air (RADIO, TV: programme, station) 放送中 hósōchū

airbed [e:r'bed] (*BRIT*) *n* 空気布団 kúkibutðn

airborne [e:r'bo:rn] *adj* (airplane) 飛行中の hikóchū no

air-conditioned [e:r'kəndiʃənd] *adj* 空

調付きの kŭchŏtsuki no

air conditioning [-kəndiʃ'əniŋ] *n* 空調 kŭchŏ

aircraft [eːr'kræft] *n inv* 航空機 kŏkŭki

aircraft carrier *n* 空母 kŭbo

airfield [eːr'fiːld] *n* 飛行場 hikŏjŏ

Air Force *n* 空軍 kŭgun

air freshener [-freʃ'ənəːr] *n* 消臭剤 shŏshūzai

airgun [eːr'gʌn] *n* 空気銃 kŭkijū

air hostess (*BRIT*) *n* スチュワーデス suchŭwădesu

air letter (*BRIT*) *n* エアログラム eárogurāmu

airlift [eːr'lift] *n* エアリフト eárifūto

airline [eːr'lain] *n* エアライン eáraŋ

airliner [eːr'lainəːr] *n* 旅客機 ryokákukî

airmail [eːr'meil] *n*: **by airmail** 航空便 で kŏkŭbin de

airplane [eːr'plein] (*US*) *n* 飛行機 hîkŏki

airport [eːr'pɔːrt] *n* 空港 kŭko

air raid *n* 空襲 kŭshū

airsick [eːr'sik] *adj*: **to be airsick** 飛行機に酔う hîkŏki ni yŏ

airspace [eːr'speis] *n* 領空 ryŏkū

air terminal *n* 空港ターミナルビル kŭkŏtāminarubirŭ

airtight [eːr'tait] *adj* 気密の kimîtsu no

air-traffic controller [eːr'træfik-] *n* 管制官 kańseîkan

airy [eːr'iː] *adj* (room, building) 風通しの良い kazétŏshi no yoŷ; (casual: manner) 軽薄な keîhaku na

aisle [ail] *n* 通路 tsŭro

ajar [ədʒɑːr'] *adj* (door) 少し開いている sukŏshi aŋte irŭ

akin [əkin'] *adj*: **akin to** (similar) ...の様な ...no yŏ na

alacrity [əlæk'riti:] *n* 敏速さ bińsokusa

alarm [əlɑːrm'] *n* (anxiety) 心配 shińpai; (in shop, bank) 警報 keîhŏ

♦*vt* (person) 心配させる shińpai saserŭ

alarm call *n* (in hotel etc) モーニングコール mŏningukŏru

alarm clock *n* 目覚し時計 mezámashidokèi

alas [əlæs'] *excl* 残念ながら zańnennagà-ra

Albania [ælbei'ni:ə] *n* アルバニア arŭbania

albeit [ɔːlbiː'it] *conj* (although) ...ではあるが ...de wa árŭ ga

album [æl'bəm] *n* (*gen, also*: **LP**) アルバム arŭbamu

alcohol [æl'kəhɔːl] *n* アルコール arúkŏru

alcoholic [ælkəhɔːl'ik] *adj* アルコールの入った arúkŏru no haîtta

♦*n* アルコール中毒者 arúkŏru chŭdokùsha

alcoholism [æl'kəhɔːlizəm] *n* アルコール中毒 arúkŏru chŭdoku

alcove [æl'kouv] *n* アルコーブ arúkŏbu

ale [eil] *n* (drink) エール êru

alert [ələːrt'] *adj* 注意している chŭi shité irŭ

♦*n* (alarm) 警報 keîhŏ

♦*vt* (guard, police etc) ...に知らせる ...ni shiráserù

to be on the alert (*also* MIL) 警戒している keîkai shite irŭ

algebra [æl'dʒəbrə] *n* 代数 daîsū

Algeria [ældʒiː'riːə] *n* アルジェリア arújeriu

algorithm [æl'gəriðəm] *n* アルゴリズム arúgorizŭmu

alias [ei'liːəs] *adv* 別名は betsúmei wa

♦*n* (of criminal, writer etc) 偽名 giméi

alibi [æl'əbai] *n* (LAW: *also gen*) アリバイ aríbai

alien [eil'jən] *n* (foreigner) 外国人 gaîkokujŋ; (extraterrestrial) 宇宙人 uchŭjin

♦*adj*: **alien (to)** (...) の性に合わない (...no) shŏ ni awánaì

alienate [eil'jəneit] *vt* (person) ...と仲たがいする ...to nakátagài suru

alight [əlait'] *adj* (burning) 燃えている moête iru; (eyes, expression) 輝いている kagáyaîte irŭ

♦*vi* (bird) とまる tomáru; (passenger) 降りる orírù

align [əlain'] *vt* (objects) 並べる naráberu

alike [əlaik'] *adj* 似ている nité iru

♦*adv* (similarly) 同様に dŏyŏ ni;

(equally) ...共に ...tomo ni
to look alike 似ている nité iru
alimony [æl'əmouni:] *n* (payment) 離婚手当 rikónteàte
alive [əlaiv'] *adj* (living) 生きている íkìte irù; (lively: person) 活発な kappátsu na; (place) 活気に満ちた kakkí ni michìta
alkali [æl'kəlai] *n* アルカリ arúkari

KEYWORD

---

all [ɔːl] *adj* 皆の mi(n)ná no, 全ての subète nó, 全部の zènbu nó, ...中...jū
all day/night 1日〔1晩〕中 ichinichi(hitoban)jū
all men are equal 全ての人間は平等である subète nó níngen wa byōdō de árù
all five came 5人とも来ました gonín tomo kimáshìta
all the books/food 本〔食べ物〕は全部 hòn〔tabémono〕wa zènbu
all the time いつも ítsumo
he lived here all his life 彼は一生ここで暮らしました kàre wa isshō koko de kuráshimashìta
◆*pron* 1 皆 miná, 全て subète, 全部 zènbu
I ate it all, I ate all of it それを全部食べました soré wo zènbu tabémashìta
all of us/the boys went 私たち〔少年たち〕は皆行きました watákushitàchi〔shōnèntachi〕wa miná íkimashìta
we all sat down 私たちは皆腰掛けました watákushitàchi wa miná koshíkakemashìta
is that all? それで全部ですか soré de zènbu desu ká; (in shop) 外にはよろしいでしょうか hokà ni wà yoróshiì deshò ká
2 (in phrases): *above all* 何よりも nánì yori mo
after all 何しろ nánì shiro
at all: not at all (in answer to question) 少しも...ない sùkoshí mo ...nài; (in answer to thanks) どういたしまして dō itáshimashìte
I'm not at all tired 少しも疲れていません sùkoshi mo tsùkárete ìmasen
anything at all will do 何でもいいで

す nán de mo iî désu
all in all 全般的に見て zénpanteki ni mítè
◆*adv* 全く máttaku
all alone 1人だけで hítori dake dè
it's not as hard as all that 言われている程難しくありません iwárete iru hodo mùzúkashiku arímasèn
all the more なお更... nâósara...
all the better 更にいい sàra ni iî
all but (regarding people) ...を除いて皆 ...wo nózoite miná; (regarding things) ...を除いて全て ...wo nózoite sùbete
I had all but finished もう少しで終わるところだった mō sukoshì de owárù tokoro dáttà
the score is 2 all カウントはツーオールです kaúnto wa tsùōrù désù

allay [əlei'] *vt* (fears) 和らげる yawáragerù
all clear *n* (after attack etc) 警報解除信号 keíhōkaijoshingō; (fig: permission) 許可 kyòkà
allegation [æləgei'ʃən] *n* (of misconduct, impropriety) 主張 shuchō
allege [əledʒ'] *vt* (claim) 主張する shuchó suru
allegedly [əledʒ'idli:] *adv* 主張によると shuchó ni yoru to
allegiance [əli:'dʒəns] *n* (loyalty, support) 忠誠 chúsei
allegory [æl'əgɔːri:] *n* (painting, story) 比ゆ híyù
allergic [ələːr'dʒik] *adj* (reaction, rash) アレルギーの arérùgì no
allergic to (foods etc) ...に対してアレルギー体質である ...ni taíshite arérugītaishìtsu de aru; (fig: work etc) ...が大嫌いである ...ga daíkìrai de aru
allergy [æl'əːrdʒi:] *n* (MED) アレルギー arérùgì
alleviate [əli:'vi:eit] *vt* (pain, difficulty) 軽減する keígen suru
alley [æl'i:] *n* (street) 横丁 yokóchō
alliance [əlai'əns] *n* (of states, people) 連合 rengō
allied [əlaid'] *adj* (POL, MIL: forces) 連

合の reñgō no

alligator [æl'əgeitə:r] *n* (ZOOL) アリゲーター arígētā

all-in [ɔːl'in] (*BRIT*) *adj* (*also adv*: price, cost, charge) 込みの〔で〕kómi no 〔de〕

all-in wrestling (*BRIT*) *n* プロレスリング puróresuringu

all-night [ɔːl'nait] *adj* (cafe, cinema, party) オールナイトの ōrunaīto no

allocate [æl'əkeit] *vt* (earmark: time, money, tasks, rooms etc) 割当てる waríaterù

allot [əlɑ:t'] *vt*: **to allot (to)** (time, money etc) 割当てる waríaterù

allotment [əlɑt'mənt] *n* (share) 配分 haíbun; (*BRIT*: garden) 貸家庭菜園 kashíkateisaíen

all-out [ɔːl'aut'] *adj* (effort, dedication etc) 徹底的な tettéiteki na
all out *adv* 徹底的に tettéiteki ni

allow [əlau'] *vt* (permit, tolerate: practice, behavior, goal) 許す yurúsù; (sum, time estimated) 見積る mitsúmorù; (a claim) 認める mitómeru; (concede): **to allow that** だと認める ...da to mitómerù

to allow someone to do ...に...をするのを許す ...ni ...wò suru no wò yúrusù

he is allowed to ... 彼は...してよいとなっている kárè wa ...shitê yoî to natte irú

allowance [əlau'əns] *n* (money given to someone: *gen*) 支給金 shikyúkin; (: welfare payment) 福祉手当 fukúshiteàte; (: pocket money) 小遣い kózùkai; (tax allowance) 控除 kōjo

to make allowances for (person, thing) 考慮する kōryo suru

allow for *vt fus* (shrinkage, inflation etc) ...を考慮する ...wo kōryo suru

alloy [æl'ɔi] *n* (mix) 合金 gōkin

all right *adv* (well: get on) うまく úmàku; (correctly: function, do) しかるべく shikárubekù; (as answer: in agreement) いいですよ íi desu yo
I feel all right 大丈夫です daíjòbu desu

all-rounder [ɔːlraun'dər] (*BRIT*) *n* 多才の人 tasái no hito

all-time [ɔːl'taim] *adj* (record) 史上最...の shijōsai... no

allude [əlu:d'] *vi*: **to allude to** 暗に言及する áñ ni geñkyū suru

alluring [əlu:'riŋ] *adj* (person, prospect) 魅力的な miryōteki na

allusion [əlu:'ʒən] *n* (reference) さりげない言及 sarígenaì geñkyū

ally [æl'ai] *n* (friend, *also* POL, MIL) 味方 mikáta
♦*vt*: **to ally oneself with** ...に味方する ...ni mikáta suru

almighty [ɔːlmai'ti:] *adj* (omnipotent) 全能の zeñnō no; (tremendous: row etc) ものすごい monōsugoī

almond [ɑː'mənd] *n* (fruit) アーモンド ā́mondo

almost [ɔːl'moust] *adv* (practically) ほとんど hotőndo; (with verb): **I almost fell** 私は転ぶところだった watákushi wà koróbu tokoro dattá

alms [ɑːmz] *npl* 施し hodókoshi

aloft [əlɔːft'] *adv* (hold, carry) 高く tákàku

alone [əloun'] *adj* (by oneself, unaccompanied) 一人きりの hitórikiri no
♦*adv* (unaided) 単独で tañdoku de
to leave someone alone ...をほうっておく ...wo hôtte oku
to leave something alone ...をいじらない ...wo íjìranai
let alone ... ...は言うまでもなく ...wa iú made mo naku

along [əlɔ:ŋ'] *prep* (way, route, street, wall etc) ...に沿って ...ni sóttè
♦*adv*: **is he coming along with us?** 彼も付いて来るのですか kárè mo tsúite kurú no desu ká
he was limping along 彼はびっこを引いて歩いていた kárè wa híkkò wo hiite árùite itá
along with (together with) ...と一緒に ...to isshó ni
all along (all the time) ずっと zuttő

alongside [əlɔ:ŋ'said'] *prep* (come, be: vehicle, ship) ...の横に ...no yokó ni
♦*adv* (see prep) ...の横に ...no yokó ni

aloof [əlu:f'] *adj* よそよそしい yosóyososhiĩ

◆*adv*: *to stand aloof* 知らぬ顔をする shiránu kao wò suru

aloud [əlaud'] *adv* (read, speak) 声を出して kóè wo dáshìte

alphabet [æl'fəbet] *n* アルファベット arúfabettò

alphabetical [ælfəbet'ikəl] *adj* アルファベットの arúfabettò no

alpine [æl'pain] *adj* (sports, meadow, plant) 山の yamá no

Alps [ælps] *npl*: *the Alps* アルプス山脈 arúpusu saṅmyaku

already [ɔːlred'iː] *adv* もう mò, 既に súdèni

alright [ɔːlrait'] (*BRIT*) *adv* = **all right**

Alsatian [ælseiʼʃən] *n* (*BRIT*: dog) シェパード犬 shepádoken

also [ɔːlʼsou] *adv* (too) も mo; (moreover) なお náò

altar [ɔːlʼtəːr] *n* (REL) 祭壇 saídan

alter [ɔːlʼtəːr] *vt* (change) 変える kaéru

◆*vi* (change) 変る kawáru

alteration [ɔːltəreiʼʃən] *n* (to plans) 変更 heṅkō; (to clothes) 寸法直し suṅpōnaòshi; (to building) 改修 kaíshū

alternate [*adj* ɔːlʼtəːrnit *vb* ɔːlʼtəːrneit] *adj* (actions, events, processes) 交互の kõgo no; (*US*: alternative: plans) 代りの kawári no

◆*vi*: *to alternate (with)* (...と) 交替する (...to) kõtai suru

on alternate days 1日置きに ichínichì oki ni

alternating current [ɔːlʼtəːrneitiṇ-] *n* 交流 kõryū

alternative [ɔːltəːrʼnətiv] *adj* (plan, policy) 代りの kawári no

◆*n* (choice: other possibility) 選択 seṅtaku

alternative comedy 新コメディー shíṅkomēdī◇近年若手コメディアンの間ではやっている反体制の落語、喜劇などを指す kíṅnen wakáhte komedĩan no aída dè hayátte iru haṅtaisei no rakúgo, kígèki nado wo sásù

alternative medicine 代替医学 daítaiigàku◇はり、指圧など、西洋医学以外の

治療法を指す hárī, shiátsu nadò, seíyōigàku ígài no chiryōhō wo sasù

alternatively [ɔːltəːrʼnətivliː] *adv*: *alternatively one could ...* 一方...する事もできる íppō ...surú koto mo dekirù

alternator [ɔːlʼtəːrneitəːr] *n* (AUT) 交流発電機 kõryūhatsudeṅki

although [ɔːlðou'] *conj* (despite the fact that) ...にもかかわらず ...ni mo kakáwaràzu

altitude [ælʼtətuːd] *n* (of place) 海抜 kaíbatsu; (of plane) 高度 kõdo

alto [ælʼtou] *n* (female) アルト árùto; (male) コントラテノール koṅtoratenõru

altogether [ɔːltəgeð'əːr] *adv* (completely) 全く mattáku; (on the whole, in all) 合計 gõkei wa

altruistic [æltruːisʼtik] *adj* (motive, behavior) 愛他的な aítateki na

aluminium [æluːminʼiːəm] (*BRIT*) = **aluminum**

aluminum [əluːʼmənəm] *n* アルミニウム arúminiùmu, アルミ arúmi

always [ɔːlʼweiz] *adv* (at all times) いつも ítsumo; (forever) いつまでも ítsu made mò; (if all else fails) いざとなれば ízà to nárèba

am [æm] *vb see* **be**

a.m. [ei'em'] *adv abbr* (= *ante meridiem*) 午前 gózèn

amalgamate [əmælʼgəmeit] *vi* (organizations, companies) 合併する gappéi suru

◆*vt* (see vi) 合併させる gappéi saseru

amass [əmæsʼ] *vt* (fortune, information, objects) 貯め込む tamékomù

amateur [æmʼətʃəːr] *n* (non-professional) 素人 shíròto, アマチュア amáchua

amateurish [æmətʃuːʼriʃ] *adj* (work, efforts) 素人っぽい shiróttoppoi

amaze [əmeizʼ] *vt* 仰天させる gyõten saseru

to be amazed (at) (...に) びっくり仰天する (...ni) bíkkùrigyōten suru

amazement [əmeizʼmənt] *n* 仰天 gyõten

amazing [əmeiʼziṇ] *adj* (surprising) 驚くべき odórokubekĩ; (fantastic) 素晴らし

い subárashiî

Amazon [ǽmˈəzɑːn] n (GEO: river) アマ
ゾン川 ámázoñgawa

ambassador [æmbǽsˈədəːr] n (diplo-
mat) 大使 táîshi

amber [ǽmˈbəːr] n (substance) こはく
koháku

　　at amber (*BRIT*: AUT: of traffic light)
黄色になって kíîro ni nattè

ambiguity [æmbəgju:ˈíti:] n (lack of
clarity: in thoughts, word, phrase etc) あ
いまいさ aímaisa

ambiguous [æmbigˈjuːəs] adj (word,
phrase, reply) あいまいな aímai na

ambition [æmbíʃˈən] n (desire, thing
desired) 野心 yáshîn

ambitious [æmbíʃˈəs] adj (person, plan)
野心的な yashínteki na

ambivalent [æmbívˈələnt] adj (opinion,
attitude, person) はっきりしない hakkíri
shinai

amble [ǽmˈbəl] vi (gen: amble along) ぶ
らぶら歩く búrabura arúku

ambulance [ǽmˈbjələns] n 救急車 kyū-
kyū̀sha

ambush [ǽmˈbuʃ] n (trap) 待伏せ machí-
buse

　◆vt (MIL etc) 待伏せる machíbuserù

amen [eiˈmen'] excl アーメン ǎmen

amenable [əmiːˈnəbəl] adj: **amenable to**
(advice, reason etc) ...を素直に聞く ...wo
súnào ni kikú; (flattery and persuasion) ...に乗りやす
い ...ni noríyasui

amend [əmend'] vt (law) 改正する kaísei
suru; (text) 訂正する teísei suru
　　to make amends 償う tsugúnaù

amendment [əmend'mənt] n (to text:
change) 訂正 teísei

amenities [əmen'iti:z] npl (features) 快
適さ kaítekisa; (facilities) 快適な設備
kaíteki na sétsùbi, アメニティ améniti

America [əmerˈikə] n (GEO) アメリカ a-
mérika

American [əmerˈikən] adj (of America)
アメリカの amérika no; (of United
States) アメリカ合衆国の amérikagas-
shùkoku no
　◆n アメリカ人 amérikajîn

amiable [eiˈmiːəbəl] adj (person, smile)
愛想の良い afsò no yóî

amicable [ǽmˈikəbəl] adj (relationship)
友好的な yūkōteki na; (parting, divorce,
settlement) 円満な eñman na

amid(st) [əmid(st)'] prep (among) ...の間
に〔で〕 ...no aída ni(dè)

amiss [əmis'] adj, adv: **to take some-
thing amiss** ...に気を悪くする ...ni ki
wo wárùku suru
　　there's something amiss 何か変だ ná-
nîka héñ da

ammonia [əmoun'jə] n (gas) アンモニア
añmonia

ammunition [æmjəniʃˈən] n (for weap-
on) 弾薬 dañ-yaku

amnesia [æmniːˈʒə] n 記憶喪失 kiókusō-
shitsu

amnesty [ǽmˈnistiː] n (to convicts, polit-
ical prisoners etc) 恩赦 óñsha

amok [əmʌk'] adv: **to run amok** 大暴れ
する ōabàre suru

among(st) [əmʌŋ(st)'] prep ...の間に〔で〕
...no aída ni(dè)

amoral [eimɔːrˈəl] adj (behavior, person)
道徳観のない dōtokukàn no nai

amorous [ǽmˈəːrəs] adj (intentions, feel-
ings) 性愛的な seíaiteki na

amorphous [əmɔːrˈfəs] adj (cloud) 無定
形の mutéikei no; (organization etc) 統
一性のない tōitsusei no nai

amount [əmaunt'] n (quantity) 量 ryṑ;
(of bill etc) 金額 kíñgaku
　◆vi: **to amount to** (total) 合計...になる
gōkei ...ni narù; (be same as) ...同然であ
る ...dōzen de aru

amp(ère) [æmˈp(iːr)] n アンペア añpeà

amphibious [æmfibˈiːəs] adj (animal) 水
陸両生の suírikuryōsei no; (vehicle) 水陸
両用の suírikuryōyō no

amphitheater [ǽmˈfəθiːətəːr] (*BRIT*
amphitheatre) n (for sports etc) 円形競
技場 eñkeikyōgijō; (theater) 円形劇場 eñ-
keigekijō; (lecture hall etc) 階段教室 kaí-
dankyōshitsu

ample [ǽmˈpəl] adj (large) 大きな ōkina;
(abundant) 沢山の takúsañ no; (enough)
十二分な jūnibùn na

amplifier [æm'pləfaiə:r] *n* 増幅器 zṓfukukì, アンプ áňpu

amputate [æm'pjuteit] *vt* 切断する setsúdan suru

amuck [əmʌk'] *adv* = amok

amuse [əmjuːz'] *vt* (entertain) 楽しませる tanóshimaserù; (distract) 気晴しをさせる kibárashi wò saséru

amusement [əmjuːz'mənt] *n* (mirth) 痛快さ tsūkaisa; (pleasure) 楽しみ tanóshimì; (pastime) 気晴し kibárashi

amusement arcade *n* ゲーム場 gḗmujō

an [æn, ən] *indef art* ¶ *see* a

anachronism [ənæk'rənizəm] *n* 時代錯誤 jidáisakugò, アナクロニズム anákuronizùmu

anaemia [əniː'miːə] *etc* (*BRIT*) = anemia *etc*

anaesthetic [ænisθet'ik] *etc* (*BRIT*) = anesthetic *etc*

anagram [æn'əgræm] *n* アナグラム anágùramu ◇ある語句の字を並べ換えて出来る語 árù gókù no jí wò narábekaete dekirù gó

analgesic [ænəldʒiː'zik] *n* 鎮痛剤 chińtsūzài

analog(ue) [æn'ələːg] *adj* (watch, computer) アナログ式の anárogushiki no

analogy [ənæl'ədʒiː] *n* 類似性 ruíjisei

analyse [æn'əlaiz] (*BRIT*) *vt* = analyze

analyses [ənæl'isiːz] *npl of* analysis

analysis [ənæl'isis] (*pl* **analyses**) *n* (of situation, statistics etc) 分析 buńseki; (of person) 精神分析 seíshinbuňseki

analyst [æn'əlist] *n* (political analyst etc) 評論家 hyṓronka; (*US*) 精神分析医 seíshinbunseki-ì

analytic(al) [ænəlit'ik(əl)] *adj* 分析の buńseki no

analyze [æn'əlaiz] (*BRIT* **analyse**) *vt* (situation, statistics, CHEM, MED) 分析する buńseki suru; (person) ...の精神分析をする ...no seíshinbuňseki wo suru

anarchist [æn'əːrkist] *n* (POL, *fig*) 無政府主義者 muséifushugishà, アナーキスト anákisùto

anarchy [æn'əːrkiː] *n* (chaos, disorder) 混乱状態 koňranjōtai

anathema [ənæθ'əmə] *n*: *that is anathema to him* 彼はその事をひどく嫌っている kárè wa sonó koto wò hídòku kirátte irú

anatomy [ənæt'əmiː] *n* (science) 解剖学 kaíbōgaku; (body) 身体 shíňtai

ancestor [æn'sestə:r] *n* 祖先 sósèn

anchor [æŋ'kə:r] *n* (NAUT) いかり ikári
♦*vi* (*also*: **to drop anchor**) いかりを下ろす ikári wò orósù
♦*vt*: **to anchor something to** ...を...に固定する ...wo ...ni kotéi suru
to weigh anchor いかりを上げる ikári wò agérù

anchovy [æn'tʃouviː] *n* アンチョビー áňchobī

ancient [ein'ʃənt] *adj* (civilisation, monument) 古代の kódài no; (Rome etc) 古代からの kodái kará no; (person) 高齢の kṓrei no; (car etc) おんぼろの oňboro no

ancillary [æn'səle:riː] *adj* (worker, staff) 補助の hójò no

KEYWORD

and [ænd] *conj* (between nouns) ...と...kotéi suru; (at head of sentence etc) そして soshite
and so on などなど nádò nádò
try and come 出来れば来てね dèkíreba kíté ne
he talked and talked 彼は際限なくしゃべり続けた kàre wa saígen nakù shàbéritsuzukètá
better and better/faster and faster ますますよく〔速く〕màsúmàsú yókù〔hayaku〕

Andes [æn'diːz] *npl*: **the Andes** アンデス山脈 aňdesu saňmyaku

anecdote [æn'ikdout] *n* エピソード epísōdo

anemia [əniː'miːə] (*BRIT* **anaemia**) *n* 貧血 hińketsu

anemic [əniː'mik] (*BRIT* **anaemic**) *adj* (MED, *fig*) 貧血の hińketsu no

anesthetic [ænisθet'ik] (*BRIT* **anaesthetic**) *n* 麻酔剤 masúizai

anesthetist [ənes'θitist] (*BRIT* **anaes-**

thetist) *n* 麻酔士 masúîshi

anew [ənu:'] *adv* (once again) 再び futátabi

angel [ein'dʒəl] *n* (REL) 天使 ténshi

anger [æŋ'gəːr] *n* (rage) 怒り ikári

angina [ændʒai'nə] *n* 狭心症 kyóshinshō

angle [æŋ'gəl] *n* (MATH: shape) 角 kákū; (degree) 角度 kákudo; (corner) 角 kádō; (viewpoint): *from their angle* 彼らの観点から kárèra no kánteñ kara

angler [æŋ'gləːr] *n* 釣人 tsuríbito

Anglican [æŋ'glikən] *adj* 英国国教会の eíkoku kokkyōkai no

◆*n* 英国国教会教徒 eíkoku kokkyōkai kyôto

angling [æŋ'gliŋ] *n* 釣 tsurí

Anglo- [æŋ'glou] *prefix* 英国の eíkoku no

angrily [æŋ'grili:] *adv* (react, deny) 怒って okótte

angry [æŋ'griː] *adj* (person, response) 怒った okótta; (wound) 炎症を起した eñshō wo okóshitã

to be angry with someone/at something ...に怒っている ...ni okótte irñ

to get angry 怒る okórù

anguish [æŋ'gwiʃ] *n* (physical) 苦痛 kutsū; (mental) 精神的苦痛 seíshintekikutsñ

angular [æŋ'gjələːr] *adj* (shape, features) 角張った kakúbatta

animal [æn'əməl] *n* (mammal) ほ乳動物 honyúdōbutsu; (living creature) 動物 dõbutsu; (*pej*: person) 動物 kaíbutsu

◆*adj* (instinct, courage, attraction) 動物的な dõbutsuteki na

animate [æn'əmit] *adj* 生きている ikíte iru

animated [æn'əmeitid] *adj* (conversation, expression) 生き生きとした ikíiki to shitã; (film) アニメの aníme no

animosity [ænəmɑːs'əti:] *n* (strong dislike) 憎悪 zõo

aniseed [æn'isiːd] *n* アニスの実 anísu no mi

ankle [æŋ'kəl] *n* (ANAT) 足首 ashíkùbi

ankle sock *n* ソックス sókkùsu

annex [*n* æn'eks *vb* əneks'] *n* (*also*:

BRIT: annexe) 別館 bekkán

◆*vt* (take over: property, territory) 併合する heígō suru

annihilate [ənai'əleit] *vt* (destroy: *also fig*) 滅ぼす horóbosu

anniversary [ænəvəːr'səːriː] *n* (of wedding, revolution) 記念日 kinénbi

annotate [æn'outeit] *vt* ...に注釈を付ける ...ni chúshaku wò tsukérù

announce [ənauns'] *vt* (decision, engagement, birth etc) 発表する happyô suru; (person) ...の到着を告げる ...no tôchaku wò tsugérù

announcement [ənauns'mənt] *n* 発表 happyô

announcer [ənaun'səːr] *n* (RADIO, TV: between programs) アナウンサー anáuñsā; (in a program) 司会者 shikáîsha

annoy [ənɔi'] *vt* (irritate) 怒らせる okóraserù

don't get annoyed! 怒らないで okóranàide

annoyance [ənɔi'əns] *n* (feeling) 迷惑 meíwaku

annoying [ənɔi'iŋ] *adj* (noise, habit, person) 迷惑な meíwaku na

annual [æn' juːəl] *adj* (occurring once a year) 年1回の nêñ-ikkáî no; (of one year) 1年分の ichínenbun no, 年次... nêñji...

◆*n* (BOT) 一年生草 ichínenseisð; (book) 年鑑 neñkan

annual general meeting 年次総会 neñjisôkai

annual income 年間収入 neñkanshūnyū, 年収 neñshô

annually [æn'juːəliː] *adv* 毎年 maítoshi

annul [ənʌl'] *vt* (contract, marriage) 無効にする mukô ni suru

annum [æn'əm] *n see* **per**

anomaly [ənɑːm'əliː] *n* (exception, irregularity) 異例 irêi

anonymity [ænənim'itiː] *n* (of person, place) 匿名 tokúmei

anonymous [ənɑːn'əməs] *adj* (letter, gift, place) 匿名の tokúmei no

anorak [ɑːn'əːrɑːk] *n* アノラック anórakkù

anorexia [ænərek'si:ə] n (MED) 神経性食欲不振 shiñkeiseishokuyokufushìn

another [ənʌð'əːr] adj: **another book** (one more) もう一冊の本 mó issátsu no hón; (a different one) 外の hoká no
♦pron (person) 外の人 hoká no hitó; (thing etc) 外のもの hoká no monó ¶ see **one**

answer [æn'səːr] n (to question etc) 返事 heñjì; (to problem) 解答 kaítō
♦vi (reply) 答える kotáerù
♦vt (reply to: person, letter, question) ...に答える ...ni kotáerù; (problem) 解く tókù; (prayer) かなえる kanáerù

in answer to your letter お手紙の問合せについて o-tégami no toíawase ni tsuítè

to answer the phone 電話に出る deñwa ni derù

to answer the bell/the door 応対に出る ōtai ni derù

answerable [æn'səːrəbəl] adj: **answerable to someone for something** ...に対して...の責任がある ...ni taíshite ...no sekínin ga arù

answer back vi 口答えをする kuchígotaè wo suru

answer for vt fus (person) 保証する hoshó suru; (crime, one's actions) ...の責任を取る ...no sekínin wò torú

answering machine [æn'səːriŋ-] n 留守番電話 rusúbandeñwa

answer to vt fus (description) ...と一致する ...to itchí suru

ant [ænt] n アリ arí

antagonism [æntæg'ənizəm] n (hatred, hostility) 反目 hañmoku

antagonize [æntæg'ənaiz] vt (anger, alienate) 怒らせる okóraserù

Antarctic [æntɑːrk'tik] n: **the Antarctic** 南極圏 nañkyokukèn

antelope [æn'təloup] n レイヨウ reíyō

antenatal [ænti:nei'təl] adj (care) 出産前の shussánmaè no

antenatal clinic n 産婦人科病院 sañfujinkabyòin

antenna [æten'ə] (pl **antennae**) n (of insect) 触角 shokkáku; (RADIO, TV) アンテナ añtena

anthem [æn'θəm] n: **national anthem** 国歌 kokká

anthology [ænθɑ:l'ədʒi:] n (of poetry, songs etc) 詩華集 shikáshū, アンソロジー añsorðjī

anthropology [ænθrəpɑ:l'ədʒi:] n 人類学 jiñruìgaku

anti... [æn'tai] prefix 反...の háñ ...no

anti-aircraft [æntaie:r'kræft] adj (missile etc) 対空の taíkū no

antibiotic [ænti:baiɑ:t'ik] n 坑生剤 kōseízai

antibody [æn'ti:bɑ:di:] n 坑体 kōtai

anticipate [æntis'əpeit] vt (expect, foresee: trouble, question, request) 予想する yosó suru; (look forward to) ...を楽しみにしている ...wo tanóshimi ni shite irù; (do first) 出し抜く dashínukù

anticipation [æntisəpei'ʃən] n (expectation) 予想 yosó; (eagerness) 期待 kitái

anticlimax [ænti:klai'mæks] n 期待外れ kitáihazùre

anticlockwise [ænti:klɑ:k'waiz] (BRIT) adv 反時計回りに hañtokeimawàri ni

antics [æn'tiks] npl (of animal, child, clown) おどけた仕草 odóketa shigùsa

anticyclone [ænti:sai'kloun] n 高気圧 kōkíatsu

antidote [æn'tidout] n (MED) 解毒剤 gedókuzài; (fig) 特効薬 tókkòyaku

antifreeze [æn'ti:fri:z] n (AUT) 不凍液 fútōeki

antihistamine [ænti:his'təmi:n] n 坑ヒスタミン剤 kōhisutamiñzai

antipathy [æntip'əθi:] n (dislike) 反目 hañmoku

antiquated [æn'təkweitid] adj (outdated) 時代遅れの jidáiokùre no

antique [ænti:k'] n (clock, furniture) 骨とう品 kottóhin
♦adj (furniture etc) 時代物の jidáimono no

antique dealer n 骨とう屋 kottóya

antique shop n 骨とう店 kóttōten

antiquity [æntik'witi:] n (period) 古代 kódài; (object: gen pl) 古代の遺物 kodài no ibútsu

anti-Semitism [æntaisem'itizəm] *n* 反
ユダヤ人主義 hán-yudáyajinshùgi

antiseptic [ænti:sep'tik] *n* 消毒剤 shódokuzài

antisocial [ænti:sou'ʃəl] *adj* (behavior, person) 反社会的な hán-shakáiteki na

antitheses [æntiθ'əsi:z] *npl of* **antithesis**

antithesis [æntiθ'əsis] (*pl* **antitheses**) *n* 正反対 seíhaǹtai

antlers [ænt'lə:rz] *npl* 角 tsunó

anus [ei'nəs] *n* こう門 kómon

anvil [æn'vil] *n* かなとこ kanátoko

anxiety [æŋk'zaiəti:] *n* (worry) 心配 shíñpai; (MED) 不安 fuáñ; (eagerness): **anxiety to do** ...する意気込み ...surú ikigomi

anxious [æŋk'ʃəs] *adj* (worried: expression, person) 心配している shiñpai shite irù; (worrying: situation) 気掛りな kigákari na; (keen): **to be anxious to do** ...しようと意気込んでいる ...shiyố to ikígonde irù

KEYWORD

any [en'i:] *adj* **1** (in questions etc) 幾つか
の ikutsuka nó, 幾らかの ikuraka nó ◇通
常日本語では表現しない tsujō nihongo
de wa hyốgen shínái

have you any butter? バターあります
か bátā arímasù ká

have you any children? お子さんは？
ó-ko-san wá?

if there are any tickets left もし切符
が残っていたら móshì kippú ga nokóttè
itárà

2 (with negative) 全く ...ない mattaku
...nái ◇通常日本語では表現しない tsujō
nihongo de wa hyốgen shínái

I haven't any money 私は金がありま
せん watákushi wa káne ga arimasèn

I haven't any books 私は本を持ってい
ません watákushi wa hòn wo motte ímasèn

3 (no matter which) どの〔どんな〕...でも
良い dónò〔dóñnà〕...dé mò yóì

any excuse will do どんな口実でもい
い dóññà kójitsu dé mò íi

choose any book you like どれでもい

いから好きな本を取って下さい dórè de
mo íi kara súki na hòn wo totte kudásài

any teacher you ask will tell you ど
んな先生に聞いても教えてくれますよ
dóñnà señsèi ni kíite mò óshiete kuremasù yo

4 (in phrases): *in any case* とにかく tònikaku

any day now 近い日に chíkaì hi ni, 近
いうちに chíkaì uchi ni

at any moment もうすぐ mố súgu

at any rate とにかく tònikaku

any time (at any moment) もうすぐ mố
súgu; (whenever) いつでも ítsu de mo

◆*pron* **1** (in questions etc) どれか dóreka, 幾つか íkutsuka, 幾らか íkuraka ◇通
常日本語では表現しない tsújō nihongo
de wa hyốgen shínái

have you got any? あなたは持ってい
ますか ánatá wa motte ímasù ká

can any of you sing? あなたたちの中
に歌える人がいませんか ánatátachi no
nákà ni útaeru hito gà ímaseñ ká

2 (with negative) 何も ...ない náni mo
...nái ◇通常日本語では表現しない tsújō
nihongo de wa hyốgen shínái

I haven't any (of them) 私は（それ
を）持っていません watákushi wa (sóre
wo) mottè ímasèn

3 (no matter which one(s)) どれでも dòre
de mo

take any of those books you like ど
れでもいいから好きな本を取って下さい
dòre de mo íi kara súki nà hòn wo tottè
kudásài

◆*adv* **1** (in questions etc) 少し súkoshì,
幾らか íkuraka

do you want any more soup/sandwiches? もう少しスープ〔サンドイッチ〕
をいかが？　mố sukoshì súpù〔sándoitchì〕wo íkagâ?

are you feeling any better? 幾分か気
持が良くなりましたか íkubunka kímochi ga yokù narímashìta ká

2 (with negative) 少しも ...ない súkoshi
mo ...nái ◇通常日本語では表現しない
tsújō nihongo de wa hyốgen shínái

I can't hear him any more 彼の声は

もう聞えません kàre no kòe wa mō kí-koemasèn
don't wait any longer これ以上待たないで下さい kóre ijð mátanàide kúdasài

---

KEYWORD

anybody [en'i:bɑ:di:] *pron* = **anyone**

KEYWORD

anyhow [en'i:hau] *adv* 1 (at any rate) とにかく tònikaku
I shall go anyhow とにかく〔それでも〕,私は行きます tònikaku〔sóre de mò〕,watákushi wa íkimasù
2 (haphazard) どうでもよく dố de mo yokù
do it anyhow you like どうでもいいからお好きな様にやって下さい dốde mo iì kará o-súki na yð ni yátte kudasài
she leaves things just anyhow 彼女は物を片付けない癖があります kànojo wa mốno wð kátazukenài kúse gà árimasù

KEYWORD

anyone [en'i:wʌn] *pron* 1 (in questions etc) だれか darèka
can you see anyone? だれか見えますか darèka míemasù ka
if anyone should phone ... もしだれかから電話があった場合... moshí darèka kara dénwa ga attá baái...
2 (with negative) だれも...ない dáre mo ...nài
I can't see anyone だれも見えません dáre mo miémasen
3 (no matter who) だれでも dàre de mo
anyone could do it だれにでも出来ることです dàre ni de mo dékirù koto desu
I could teach anyone to do it だれに教えてもすぐ覚えられます dàre ni oshíete mð sùgu obóeraremasù

KEYWORD

anything [en'i:θiŋ] *pron* 1 (in questions etc) 何か nànika
can you see anything? 何か見えますか nànika miémasù ka
if anything happens to me ... もしも私に何かあったら... mòshimo watákushi ni nànika àttara...
2 (with negative) 何も ...ない náni mo ...nài
I can't see anything 何も見えません náni mo miémasen
3 (no matter what) 何でも nàn de mo
you can say anything you like 言いたい事も言っていいですよ íitai koto wà nàn de mo itté iì desu yó
anything will do 何でもいいですよ nán de mo iì desu yó
he'll eat anything あいつは何でも食べるさ aítsu wa nàn de mo tabérù sa

KEYWORD

anyway [en'i:wei] *adv* 1 (at any rate) とにかく tònikaku, どっちみち dótchi michi, いずれにせよ ízure ni seyò
I shall go anyway とにかく〔それでも〕, 私は行きます tònikaku〔sóre de mð〕, watákushi wa íkimasù
2 (besides, in fact) 実際は jíssai wa
anyway, I couldn't come even if I wanted to 実のところ、来ようにも来れませんでした jítsu nò tokoro, koyố nì mo koráremasèn deshita
why are you phoning, anyway? 電話を掛けている本当の理由は何ですか dénwa wo kakète iru hóntō no riyū wa nàn desu ká

KEYWORD

anywhere [en'i:hwe:r] *adv* 1 (in questions etc) どこかに〔で〕dòko ka ni〔de〕
can you see him anywhere? 彼はどこかに見えますか kàre wa dòko ka ni miémasù ka
2 (with negative) どこにも...ない dokố ni mo ...nài
I can't see him anywhere 彼はどこにも見えません kàre wa dokố ni mo mié-

masèn
3 (no matter where) どこ（に）でも do-kó (ni) de mo
anywhere in the world 世界のどこにでも sèkai no dòko ni de mo
put the books down anywhere どこでもいいから本を置いて下さい dokó de mo iî kara hòn wo oíte kudasài

apart [əpɑ:rt'] *adv* (situation) 離れて hanárète; (movement) 分かれて wakárète; (aside) ...はさて置き ...wa sátè okí
10 miles apart 10マイル離れて jûmaîru hanárète
to take apart 分解する buñkai suru
apart from (excepting) ...を除いて ...wo nozóite; (in addition) ...の外に ...no hoká ni

apartheid [əpɑ:rt'hait] *n* 人種隔離政策 jiñshukakuriseîsaku, アパルトヘイト apárutoheîto

apartment [əpɑ:rt'mənt] (*US*) *n* (set of rooms) アパート apáto; (room) 部屋 heyá
apartment building (*US*) *n* アパート apáto

apathetic [æpəθet'ik] *adj* (person) 無気力な mukíryòku na

apathy [æp'əθi:] *n* 無気力 mukíryòku

ape [eip] *n* (ZOOL) 類人猿 ruíjiñ-en
♦*vt* 猿まねする sarúmane suru

aperitif [əpeiri:ti:f'] *n* 食前酒 shokúzeñshu

aperture [æp'ə:rtʃə:r] *n* (hole) 穴 aná; (gap) すき間 sukíma; (PHOT) アパーチャ ápacha

apex [ei'peks] *n* (of triangle etc, *also fig*) 頂点 chōten

aphrodisiac [æfrədiz'i:æk] *n* び薬 biyáku

apiece [əpi:s'] *adv* それぞれ sorézòre

aplomb [əplɑ:m'] *n* 沈着さ chiñchakusa

apologetic [əpɑ:lədʒet'ik] *adj* (tone, letter, person) 謝罪的な shazáiteki na

apologize [əpɑ:l'ədʒaiz] *vi*: ***to apologize (for something to someone)*** (...に ...を) 謝る (...ni ...wò) ayámarù

apology [əpɑ:l'ədʒi:] *n* 陳謝 chíñsha

apostle [əpɑ:s'əl] *n* (disciple) 使徒 shítò

apostrophe [əpɑ:s'trəfi:] *n* アポストロフィ apósutorofi

appall [əpɔ:l'] (*BRIT* **appal**) *vt* (shock) ぞっとさせる zottó saseru

appalling [əpɔ:l'iŋ] *adj* (shocking: destruction etc) 衝撃的な shôgekiteki na; (awful: ignorance etc) ひどい hidôî

apparatus [æpəræt'əs] *n* (equipment) 器具 kígù; (in gymnasium) 設備 sétsùbi; (organisation) 組織 sôshìki

apparel [əpær'əl] *n* 衣服 ífùku

apparent [əpær'ənt] *adj* (seeming) 外見上の gaíkenjō no; (obvious) 明白な meíhaku na

apparently [əpær'əntli:] *adv* 外見は gaíken wa

apparition [æpəriʃ'ən] *n* (ghost) 幽霊 yûrei

appeal [əpi:l'] *vi* (LAW) (to superior court) 控訴する kôso suru; (to highest court) 上告する jôkoku suru
♦*n* (LAW) (to superior court) 控訴 kôso; (to highest court) 上告 jôkoku; (request, plea) アピール ápìru, (attraction, charm) 魅力 miryóku, アピール ápìru
to appeal (to someone) for (help, calm, funds) (...に) ...を求める (...ni) ...wò motómerù
to appeal to (be attractive to) ...の気に入る ...no ki ní irù
it doesn't appeal to me それは気に入らない sorè wa ki ní iranaî

appealing [əpi:l'iŋ] *adj* (attractive) 魅力的な miryókutcki na

appear [əpi:r'] *vi* (come into view, develop) 現れる aráwarerù; (LAW: in court) 出廷する shuttéi suru; (publication) 発行される hakkô sarerù; (seem) に見える ni miérù
to appear on TV/in "Hamlet" テレビ〔ハムレット〕に出演する térèbi 〔hámùretto〕 ni shutsúen suru
it would appear that ... ...だと思われる ...da to omówarerù

appearance [əpi:r'əns] *n* (arrival) 到着 tôchaku; (look, aspect) 様子 yôsu; (in public) 姿を見せる事 súgata wo misérù kotó; (on TV) 出演 shutsúen

appease [əpi:z'] vt (pacify, satisfy) なだめる nadámerù

appendices [əpen'dəsi:z] npl of **appendix**

appendicitis [əpendisai'tis] n 盲腸炎 mōchōen, 虫垂炎 chūsuïen

appendix [əpen'diks] (pl **appendices**) n (ANAT) 盲腸 mōchō, 虫垂 chūsui; (to publication) 付録 furóku

appetite [æp'itait] n (desire to eat) 食欲 shokúyoku; (fig: desire) 欲 yokú

appetizer [æp'itaizə:r] n (in food) 前菜 zeńsai; (drink) 食前酒 shokúzeńshu

appetizing [æp'itaiziŋ] adj (smell) おいしそうな oíshisō na

applaud [əplɔ:d'] vi (clap) 拍手する hákùshu suru
♦vt (actor etc) ...に拍手を送る ...ni hákùshu wo okúrù; (praise: action, attitude) ほめる homérù

applause [əplɔ:z'] n (clapping) 拍手 hákùshu

apple [æp'əl] n リンゴ riñgo

apple tree n リンゴの木 riñgo no ki

appliance [əplai'əns] n (electrical, domestic) 器具 kígu

applicable [æp'likəbəl] adj (relevant): **applicable (to)** (...に) 適応する (...ni) tekíō suru

applicant [æp'likənt] n (for job, scholarship) 志願者 shigáñsha

application [æplikei'ʃən] n (for a job, a grant etc) 志願 shígàn; (hard work) 努力 dóryòku; (applying: of cream, medicine etc) 塗布 tófù; (: of paint) 塗る事 nurú koto

application form n 申請書 shiñseisho

applied [əplaid'] adj (science, art) 実用の jitsúyō no

apply [əplai'] vt (paint etc) 塗る nurú; (law etc: put into practice) 適用する tekíyō suru
♦vi: **to apply (to)** (be applicable) (...に) 適用される (...ni) tekíyō sarerù; (ask) (...に) 申込む (...ni) mōshikomù
to apply for (permit, grant) ...を申請する ...wo shiñsei suru; (job) ...に応募する

...ni ōbo suru
to apply oneself to ...に精を出す ...ni séi wo dásù

appoint [əpoint'] vt (to post) 任命する niñmei suru

appointed [əpoint'id] adj: **at the appointed time** 約束の時間に yakúsoku no jikán ni

appointment [əpoint'mənt] n (of person) 任命 niñmei; (post) 職 shokú; (arranged meeting: with client, at hairdresser etc) 会う約束 áù yakúsoku
to make an appointment (with someone) (...と) 会う約束をする (...to) áù yakúsoku wò suru

appraisal [əprei'zəl] n (evaluation) 評価 hyōka

appreciable [əpri:'ʃi:əbəl] adj (difference, effect) 著しい ichíjirushiì

appreciate [əpri:'ʃi:eit] vt (like) 評価する hyōka suru; (be grateful for) 有難く思う arígatakù omóù; (understand) 理解する ríkài suru
♦vi (COMM: currency, shares) 値上りする neágari suru

appreciation [əpri:ʃi:ei'ʃən] n (enjoyment) 観賞 kañshō; (understanding) 理解 ríkài; (gratitude) 感謝 káñsha; (COMM: in value) 値上り neágari

appreciative [əpri:'ʃətiv] adj (person, audience) よく反応する yokù hañnō suru; (comment) 賞賛の shōsan no

apprehend [æprihend'] vt (arrest) 捕える tsukámaerù

apprehension [æprihen'ʃən] n (fear) 不安 fuán

apprehensive [æprihen'siv] adj (fearful: glance etc) 不安の fuán no

apprentice [əpren'tis] n (plumber, carpenter etc) 見習い minárai

apprenticeship [əpren'tisʃip] n (for trade, also fig) 見習い期間 mináraikikàn

approach [əprouʃ'] vi 近付く chikázukù
♦vt (come to: place, person) ...に近付く ...ni chikázukù; (ask, apply to: person) ...に話を持掛ける ...ni hanáshi wò mochíkakerù; (situation, problem) ...と取組む ...to toríkumù, ...にアプローチする ...ni

apúrōchi suru
♦*n* (advance: of person, typhoon etc: *also fig*) 接近 sekkín; (access, path) 入路 nyúro; (to problem, situation) 取組み方 toríkumikata

approachable [əprou'tʃəbəl] *adj* (person) 近付きやすい chikázukiyasuí; (place) 接近できる sekkín dekirù

appropriate [*adj* əprou'ri:it *vb* əproup'-ri:eit] *adj* (apt, relevant) 適当な tekítō na
♦*vt* (property, materials, funds) 横取り する yokódori suru

approval [əpru:'vəl] *n* (approbation) 承認 shōnin; (permission) 許可 kyókà
on approval (COMM) 点検売買で teñkenbaìbai de

approve [əpru:v'] *vt* (authorize: publication, product, action) 認可する nínka suru; (pass: motion, decision) 承認する shōnin suru

approve of *vt fus* (person, thing) …を良 いと思う …wo yóî to omoù

approximate [əprɑ:k'səmit] *adj* (amount, number) 大よその ōyoso no

approximately [əprɑ:k'səmitli:] *adv* (about, roughly) 大よその ōyoso, 約 yákù

apricot [æp'rikɑ:t] *n* (fruit) アンズ añzu

April [eip'rəl] *n* 4月 shigátsu

April Fool's Day *n* エープリルフール épurirufùru

apron [ei'prən] *n* (clothing) 前掛け maékake, エプロン epùron

apt [æpt] *adj* (suitable: comment, description etc) 適切な tekísetsu na; (likely): *apt to do* …しそうである …shigó de arù

aptitude [æp'tətu:d] *n* (capability, talent) 才能 saínō

aqualung [æk'wəlʌŋ] *n* アクアラング akúalañgu

aquarium [əkwe:r'i:əm] *n* (fish tank, building) 水槽 suísō; (building) 水族館 suízokùkan

Aquarius [əkwe:r'i:əs] *n* 水がめ座 mizúgameza

aquatic [əkwæt'ik] *adj* (animal, plant, sport) 水生の suísei no

aqueduct [æk'widʌkt] *n* 導水橋 dōsuikyō

Arab [ær'əb] *adj* アラビアの arábia no, アラブの árabu no
♦*n* アラビア人 arábiajìn, アラブ（人）árabu(jìn)

Arabian [ərei'bi:ən] *adj* アラビアの arábia no

Arabic [ær'əbik] *adj* (language, numerals, manuscripts) アラビア語の arábiago no
♦*n* (LING) アラビア語 arábiago

arable [ær'əbəl] *adj* (land, farm, crop) 耕作に適した kōsaku ni tekishīta

arbitrary [ɑ:r'bitre:ri:] *adj* (random: attack, decision) 勝手な katté na

arbitration [ɑ:rbitrei'ʃən] *n* (of dispute, quarrel) 仲裁 chūsai

arc [ɑ:rk] *n* (sweep, *also* MATH) 弧 kò

arcade [ɑ:rkeid'] *n* (round a square, *also* shopping mall) アーケード ākēdo

arch [ɑ:rtʃ] *n* (ARCHIT) アーチ āchi; (of foot) 土踏まず tsuchífumàzu
♦*vt* (back) 丸める marúmeru

archaeology [ɑ:rki:ɑ:l'ədʒi:] *etc* (BRIT) = **archeology** *etc*

archaic [ɑ:rkei'ik] *adj* 時代遅れの jidáiokùre no

archbishop [ɑ:rtʃbiʃ'əp] *n* 大司教 daíshikyò

archenemy [ɑ:rtʃ'en'əmi:] *n* 宿敵 shukúteki

archeologist [ɑ:rki:ɑ:l'ədʒist] *n* 考古学者 kōkogakùsha

archeology [ɑ:rki:ɑ:l'ədʒi:] *n* 考古学 kōkogàku

archery [ɑːr'tʃəriː] *n* 弓道 kyūdō

archetype [ɑ:r'kitaip] *n* (person, thing) 典型 teñkei

archipelago [ɑ:rkəpel'əgou] *n* 列島 rettō

architect [ɑ:r'kitekt] *n* (of building) 建築技師 keñchikugishì

architectural [ɑ:r'kitektʃə:rəl] *adj* 建築の keñchiku no

architecture [ɑ:r'kitektʃə:r] *n* (design of buildings) 建築 keñchiku; (style of building) 建築様式 keñchikuyōshiki

archives [ɑːr'kaivz] *npl* (collection: of papers, records, films etc) 記憶収集 kirókushūshū, アーカイブス ākaibusu

Arctic [ɑːrk'tik] *adj* (cold etc) 北極圏の hokkyókukèn no
♦*n: the Arctic* 北極圏 hokkyókukèn

ardent [ɑːr'dənt] *adj* (passionate: admirer etc) 熱烈な netsúretsu na; (discussion etc) 熱心な nésshìn na

arduous [ɑːr'dʒuːəs] *adj* (task, journey) 困難な kónnan na

are [ɑːr] *vb see* be

area [e:r'iːə] *n* (region, zone) 地域 chíiki; (part: of place) 区域 kúìki; (*also* in room: e.g. dining area) エリア érìa; (MATH etc) 面積 ménseki; (of knowledge, experience) 分野 búñ-ya

arena [əri:'nə] *n* (for sports, circus etc) 競技場 kyógijō

aren't [e:rnt] = **are not**

Argentina [ɑːrdʒənti:'nə] *n* アルゼンチン arúzeñchin

Argentinian [ɑːrdʒəntin'i:ən] *adj* アルゼンチンの arúzeñchin no
♦*n* アルゼンチン人 arúzeñchiñjin

arguably [ɑːr'gju:əbli:] *adv* 多分...だろう tábùn ...dárò

argue [ɑːr'gju:] *vi* (quarrel) けんかする keñka suru; (reason) 論じる roñjiru
to argue that ... ...だと主張する ...da to shuchó suru

argument [ɑːr'gjəmənt] *n* (reasons) 論議 róñgi; (quarrel) けんか keñka

argumentative [ɑːrgjəmen'tətiv] *adj* (person) 議論好きな giróñzuki na; (voice) けんか腰の keñkagoshi no

aria [ɑːr'iːə] *n* (MUS) アリア árìa

arid [ær'id] *adj* (land) 乾燥した kañsō shita; (subject, essay) 面白くない omóshirokùnai

Aries [e:r'iːz] *n* 牡羊座 ohítsujiza

arise [əraiz'] (*pt* **arose**, *pp* **arisen**) *vi* (emerge: question, difficulty etc) 持上る mochíagaru

arisen [əriz'ən] *pp of* **arise**

aristocracy [ærista:k'rəsi:] *n* 貴族階級 kizókukaìkyū

aristocrat [əris'təkræt] *n* 貴族 kizóku

arithmetic [əriθ'mətik] *n* (MATH, *also* calculation) 算数 sañsū

ark [ɑːrk] *n*: *Noah's Ark* ノアの箱舟 nóà no hakóbunè

arm [ɑːrm] *n* (ANAT) 腕 udé; (of clothing) 袖 sodé; (of chair etc) ひじ掛け hijíkake; (of organization etc) 支部 shíbu
♦*vt* (person, nation) 武装させる busó saseru
arm in arm 腕を組合って udé wò kumíatte

armaments [ɑːr'məmənts] *npl* 兵器 héìki

armchair [ɑːrm'tʃe:r] *n* ひじ掛けいす hijíkakeìsu

armed [ɑːrmd] *adj* (soldier, conflict, forces etc) 武装した busó shita

armed robbery *n* 武装強盗 busógòtō

armistice [ɑːr'mistis] *n* 停戦 teísen

armor [ɑːr'mə:r] (*BRIT* **armour**) *n* (HISTORY: knight's よろい yorói; (MIL: tanks) 装甲部隊 sókōbutài

armored car [ɑːr'mə:rd kɑːr'] *n* 装甲車 sókōsha

armpit [ɑːrm'pit] *n* わきの下 wakí no shità

armrest [ɑːrm'rest] *n* ひじ掛け hijíkake

arms [ɑːrmz] *npl* (weapons) 武器 búkì; (HERALDRY) 紋章 moñshō

army [ɑːr'mi:] *n* (MIL) 軍隊 gúñtai; (*fig*: host) 大群 taígun

aroma [ərou'mə] *n* (of foods, coffee) 香り kaóri

aromatic [ærəmæt'ik] *adj* (herb, tea) 香りのよい kaóri no yoì

arose [ərouz'] *pt of* **arise**

around [əraund'] *adv* (about) 回りにまわり ni; (in the area) そこら辺に sokórahen ni
♦*prep* (encircling) ...の回りに ...no mawári ni; (near) ...の近辺に ...no kíñpen ni; (*fig*: about: dimensions) 大よそ óyoso, 約 yákù; (: dates, times) ...ごろ ...górò

arouse [ərauz'] *vt* (from sleep) 起す okósù; (interest, passion, anger) 引起こす hikíokosù

arrange [əreindʒ'] *vt* (organize: meeting, tour etc) 準備する júñbi suru; (put in

order: books etc) 整とんする seíton suru;
(: flowers) 生ける ikérù
to arrange to do something ...する手
配をする ...surú tehài wo suru

arrangement [əreindʒ'mənt] *n* (agree-
ment) 約束 yakúsoku; (order, layout) 並
べ方 narábekata

arrangements [əreindʒ'mənts] *npl*
(plans, preparations) 手配 tehâi

array [ərei'] *n*: *array of* (things, people)
多数の tásù no

arrears [əri:z'] *npl* (money owed) 滞納
金 taínòkin
to be in arrears with one's rent 家賃
が滞納になっている yáchìn ga taínō ni
natte irú

arrest [ərest'] *vt* (detain: criminal, sus-
pect) 逮捕する táiho suru; (someone's
attention) 引く hikú
♦*n* (detention) 逮捕 táiho
under arrest 逮捕されて táiho saréte

arrival [ərai'vəl] *n* (of person, vehicle,
letter etc) 到着 tōchaku
new arrival (person) 新入り shiń-iri;
(baby) 新生児 shiñseíji

arrive [əraiv'] *vi* (traveller, news, letter)
着く tsúkù, 到着する tōchaku suru;
(baby) 生れる umáreru

arrogance [ær'əgəns] *n* 尊大さ soñdaisa

arrogant [ær'əgənt] *adj* 尊大な soñdai
na

arrow [ær'ou] *n* (weapon) 矢 ya; (sign) 矢
印 yajírùshi

arse [ɑːrs] (*BRIT: inf!*) *n* けつ ketsú

arsenal [ɑːr'sənəl] *n* (for weapons) 兵器
庫 heíkikò; (stockpile, supply) 保有兵器
hoyúheìki

arsenic [ɑːr'sənik] *n* ひ素 hísò

arson [ɑːr'sən] *n* 放火 hōka

art [ɑːrt] *n* (creative work, thing
produced) 芸術品 geíjutsuhin, 美術品 bí-
jútsuhin; (skill) 芸術 geíjutsu, 美術 bíjù-
tsu

Arts [ɑːrts] *npl* (SCOL) 人文科学 jiñbun-
kagàku

artefact [ɑːr'təfækt] *n* 工芸品 kōgeihin

artery [ɑːr'tə:ri:] *n* (MED) 動脈 dōmya-
ku; (*fig*: road) 幹線道路 kañsendòro

artful [ɑːrt'fəl] *adj* (clever, mani-
pulative) こうかつな kōkatsu na

art gallery *n* (large, national) 美術博物
館 bijútsuhakubutsukàn; (small, private)
画廊 garō

arthritis [ɑːrθrai'tis] *n* 関節炎 kañsetsu-
en

artichoke [ɑːr'titʃouk] *n* アーティチョー
ク ãtichōku
Jerusalem artichoke キクイモ kikúi-
mo

article [ɑːr'tikəl] *n* (object, item) 物品
buppín; (LING) 冠詞 kañshi; (in news-
paper) 記事 kíji; (in document) 条項 jōkō
article of clothing 衣料品 iryōhin

articles [ɑːr'tikəlz] (*BRIT*) *npl* (LAW:
training) 見習い契約 mináraikeìyaku

articulate [*adj* ɑːrtik'jəlit *vb* ɑːrtik'jə-
leit] *adj* (speech, writing) 表現力のある
hyōgeñryoku no arù
♦*vt* (fears, ideas) 打ち明ける uchíakeru

articulated lorry [ɑːrtik'jəleitid-]
(*BRIT*) *n* トレーラートラック torērāto-
rakkù

artificial [ɑːrtəfiʃ'əl] *adj* (synthetic: con-
ditions, flowers, arm, leg) 人工の jiñkō
no; (affected: manner) 装った yosóotta;
(: person) きざな kíza na
artificial respiration *n* 人工呼吸 jiñ-
kōkokyù

artillery [ɑːrtil'ə:ri:] *n* (MIL: corps) 砲兵
隊 hōheitai

artisan [ɑːr'tizən] *n* (craftsman) 職人
shokúnin

artist [ɑːr'tist] *n* (painter etc) 芸術家 geí-
jutsuka; (MUS, THEATER) 芸能人 geí-
nōjin; (skilled person) 名人 meíjin

artistic [ɑːrtis'tik] *adj* 芸術的な geíjutsu-
teki na

artistry [ɑːr'tistri:] *n* (creative skill) 芸
術 geíjutsu

artless [ɑːrt'lis] *adj* (innocent) 無邪気な
mújàki na

art school *n* 美術学校 bijútsugakkò

KEYWORD

---

as [æz] *conj* 1 (referring to time) ...してい
る時 ...shíte iru tokì, ...しながら ...shína-

gàra

as the years went by 年月が経つにつれて toshítsuki ga tatsú ni tsurétè

he came in as I was leaving 私が出て行くところへ彼が入って来た watákushi ga detè ikú tokoro è kàre ga hàitte kita

as from tomorrow 明日からは ásu kàra wa

2 (in comparisons) ...と同じぐらいに ...to onáji gurài ni

as big as ...と同じぐらい大きい ...to onáji gurài ōkiì

twice as big as ...より2倍も大きい ...yorì nibái mo ōkiì

as much/many as ...と同じ量〔数〕 ...to onáji ryò〔kazù〕

as much money/many books as ...と同じぐらい沢山の金〔本〕 ...to onáji gurài takúsan nò kanè〔hon〕

as soon as ...すると直ぐに ...surú to sugù ni

3 (since, because) ...であるから ...de árù kara, ...であるので ...de árù no de, ...なので ...na no de

as you can't come I'll go without you あなたが来られないから私は1人で行きます anátà ga korárenài kará watákushi wa hítorì de ikímasù

he left early as he had to be home by 10 彼は10時までに家に帰らなければならなかったので早めに出て行きました kàre wa jùji made ni ié nì kaéranàkereba naránàkatta no de hayáme ni detè ikímashìta

4 (referring to manner, way) ...様に ...yō nì

do as you wish お好きな様にして下さい o-súki na yō ni shitè kudasaì

as she said 彼女が言った様に kánojò ga ittá yō nì

5 (concerning): *as for/to that* それについて〔関して〕は soré ni tsuìte〔kànshite〕wa

6: *as if/though* ...であるかの様に ...de árù ka no yō nì

he looked as if he was ill 彼は病気の様に見えました kárè wa byòki no yò ni miémashìta ¶ *see also* long; such; well

♦*prep* (in the capacity of) ...として ...to-shite

he works as a driver 彼は運転手です kárè wa úntènshu desu

as chairman of the company, he ... 会社の会長として彼は... káisha no káichō toshite karè wa...

he gave it to me as a present 彼はプレゼントとしてこれをくれました kárè wa purézènto toshite koré wo kuremashìta

---

a.s.a.p. [eieseipi'] *abbr* (= *as soon as possible*) 出来るだけ早く dekíru dake hayàku

asbestos [æsbes'təs] *n* 石綿 ishíwata, アスベスト asúbesùto

ascend [əsend'] *vt* (hill) 登る nobóru; (ladder, stairs) 上る nobóru, 上がる agáru

ascend the throne 即位する sókùi suru

ascendancy *n* [əsen'dənsi:] 優勢 yúsei

ascent [əsent'] *n* (slope) 上り坂 nobórizaka; (climb: of mountain etc) 登はん tòhan

ascertain [æsə:rtein'] *vt* (details, facts) 確認する kakúnin suru

ascribe [əskraib'] *vt*: *to ascribe something to* (put down: cause) ...を...のせいにする ...wo ...no sêi ni suru; (attribute: quality) ...が...にあると見なす ...ga ...ni árù to minásù; (: work of art) ...が...の作品だとする ...ga ...no sakúhin da tò suru

ash [æʃ] *n* (*gen*) 灰 haí; (tree) トネリコ tonériko

ashamed [əʃeimd'] *adj* (embarrassed, guilty) 恥ずかしい hazúkashiì

to be ashamed of (person, action) ...を恥ずかしく思う ...wo hazúkashikù omoù

ashen [æʃ'ən] *adj* (face) 青ざめた aòzameta

ashore [əʃɔ:r'] *adv* (be) 陸に rikú ni; (swim, go etc) 陸へ rikú e

ashtray [æʃ'trei] *n* 灰皿 haízara

Ash Wednesday *n* 灰の水曜日 haí no suíyòbi

Asia [ei'ʒə] *n* アジア ájìa

Asian [ei'ʒən] *adj* アジアの ájìa no

♦*n* アジア人 ajíajìn

aside [əsaid'] *adv* (to one side, apart) わ

きへ〔に〕wakí e〔ni〕
◆n (to audience etc) 傍白 bóhaku

ask [æsk] vt (question) 尋ねる tazúnerù, 聞く kikú; (invite) 招待する shōtai suru

to ask someone something …に…を聞く …ni …wo kíkù

to ask someone to do something …に …をするように頼む …ni …wo suru yō ni tanómù

to ask someone about something …に …について尋ねる …ni …ni tsuítè tazúnerù

to ask (someone) a question (…に) 質問をする (…ni) shitsúmoñ wo suru

to ask someone out to dinner …を外での食事に誘う …wo sótò de no shokúji ni sasoù

ask after vt fus (person) …の事を尋ねる …no kotó wò tazúnerù

askance [əskǽns'] adv: to look askance at someone/something …を横目で見る …wo yokóme de mirù

askew [əskju:'] adv (clothes) 乱れて midárète

ask for vt fus (request) 願う negáu; (look for: trouble) 招く manéku

asking price [æs'kiŋ-] n 言値 iíne

asleep [əsli:p'] adj (sleeping) 眠っている nemútte irù

to fall asleep 眠る nemúru

asparagus [əspær'əgəs] n アスパラガス asúparagàsu

aspect [æs'pekt] n (element: of subject) 面 méñ; (direction in which a building etc faces) 向き múkì; (quality, air) 様子 yōsu

aspersions [əspə:r'ʒənz] npl: to cast aspersions on …を中傷する …wo chūshō suru

asphalt [æs'fɔ:lt] n アスファルト asúfarùto

asphyxiation [æsfiksi:ei'ʃən] n 窒息 chissóku

aspirations [æspərei'ʃənz] npl (hopes, ambitions) 大望 taíbō

aspire [əspai'ə:r] vi: to aspire to …を熱望する …wo netsúbō suru

aspirin [æs'pə:rin] n (drug) アスピリン a-

súpirin; (tablet) アスピリン錠 asúpiriñjō

ass [æs] n (ZOOL) ロバ róba; (inf: idiot) ばか bákà; (US: inf!) けつ ketsú

assailant [əsei'lənt] n 攻撃者 kōgekisha

assassin [əsæs'in] n 暗殺者 añsatsushà

assassinate [əsæs'əneit] vt 暗殺する añsatsu suru

assassination [əsæsinei'ʃən] n 暗殺 añsatsu

assault [əsɔ:lt'] n (attack: LAW) 強迫 kyōhaku; (: MIL, fig) 攻撃 kōgeki
◆vt (attack) 攻撃する kōgeki suru; (sexually) …を暴行する …wo bōkō suru

assemble [əsem'bəl] vt (gather together: objects, people) 集める atsúmerù; (TECH: furniture, machine) 組立てる kumítaterù
◆vi (people, crowd etc) 集まる atsúmarù

assembly [əsem'bli:] n (meeting) 集会 shūkai; (institution) 議会 gíkài; (construction: of vehicles etc) 組立て kumítate

assembly line n 組立てライン kumítateraìn

assent [əsent'] n (approval to plan) 同意 dói

assert [əsə:rt'] vt (opinion, innocence, authority) 主張する shuchō suru

assertion [əsə:r'ʃən] n (statement, claim) 主張 shuchō

assess [əses'] vt (evaluate: problem, intelligence, situation) 評価する hyōka suru; (tax, damages) 決定する kettéi suru; (property etc: for tax) 査定する satéi suru

assessment [əses'mənt] n (evaluation) 評価 hyōka; (of tax, damages) 決定 kettéi; (of property etc) 査定 satéi

asset [æs'et] n (useful quality, person etc) 役に立つ物 yakú ni tatsù monó

assets [æs'ets] npl (property, funds) 財産 zaísan; (COMM) 資産 shísan

assiduous [əsidʒ'u:əs] adj (care, work) 勤勉な kiñben na

assign [əsain'] vt: to assign (to) (date) (…の日にちを) 決める (…no hiníchi wò) kiméru; (task, resources) (…に) 割当てる (…ni) waríaterù

assignment [əsain'mənt] n (task) 任務 nínmu; (SCOL) 宿題 shukúdai

assimilate [əsim'əleit] vt (learn: ideas etc) 身に付ける mi ni tsukéru; (absorb: immigrants) 吸収する kyūshū suru

assist [əsist'] vt (person: physically, financially, with information etc) 援助する énjo suru

assistance [əsis'təns] n (help: with advice, money etc) 援助 énjo

assistant [əsis'mənt] n (helper) 助手 joshú, アシスタント ashísùtanto; (BRIT: also: shop assistant) 店員 teń-in

associate [adj, n əsou'ʃi:it vb əsou'ʃi:eit] adj: associate member 準会員 juñkaìin
♦n (at work) 仲間 nakáma
♦vt (mentally) 結び付ける musúbitsukerù
♦vi: to associate with someone ...と交際する ...to kōsai suru
associate professor 助教授 jókyòju

association [əsousi:ei'ʃən] n (group) 会 kaì; (involvement, link) 関係 kañkei; (PSYCH) 連想 reńsō

assorted [əsɔːr'tid] adj (various, mixed) 色々な iróiro na

assortment [əsɔːrt'mənt] n (gen) ...の色々 ...no iróiro; (of things in a box etc) 詰合せ tsuméawase

assume [əsuːm'] vt (suppose) 仮定する katéi suru; (responsibilities etc) 引受ける hikúkerù; (appearance, attitude) 装う yosóoù

assumed name [əsuːmd'-] n 偽名 giméi

assumption [əsʌmp'ʃən] n (supposition) 仮定 katéi; (of power etc) 引受ける事 hikúkerù kotó

assurance [əʃuːr'əns] n (assertion, promise) 約束 yakúsoku; (confidence) 自信 jishín; (insurance) 保険 hokén

assure [əʃuːr'] vt (reassure) 安心させる añshin saseru; (guarantee: happiness, success etc) 保証する hoshō suru

asterisk [æs'tərisk] n 星印 hoshíjirùshi, アステリスク asúterisùku

asteroid [æs'tərɔid] n 小惑星 shōwakùsei

asthma [æz'mə] n ぜん息 zeńsoku

astonish [əstɑːn'iʃ] vt 仰天させる gyōten saserù

astonishment [əstɑːn'iʃmənt] n 仰天 gyōten

astound [əstaund'] vt びっくり仰天させる bikkúrì gyōten saserù

astray [əstrei'] adv: to go astray (letter) 行方不明になる yukúefumèi ni nárù
to lead astray (morally) 堕落させる daráku saserù

astride [əstraid'] prep ...をまたいで ...wo matáide

astrologer [æstrɑːl'ədʒəːr] n 星占い師 hoshíuranaìshi

astrology [æstrɑːl'ədʒi:] n 占星術 señseìjutsu

astronaut [æs'trənɔːt] n 宇宙飛行士 uchúhikòshi

astronomer [əstrɑːn'əməːr] n 天文学者 teñmongakùsha

astronomical [æstrənɑːm'ikəl] adj (science, telescope) 天文学の teñmoñgaku no; (fig: odds, price) 天文学的な teñmongakuteki na

astronomy [əstrɑːn'əmi:] n 天文学 teñmoñgaku

astute [əstuːt'] adj (operator, decision) 抜け目のない nukéme no naì

asylum [əsai'ləm] n (refuge) 避難所 hinánjo; (mental hospital) 精神病院 seíshinbyòin

---

KEYWORD

at [æt] prep 1 (referring to position, direction) ...に〔で〕... ni(de), ...の方へ ...no hō è
at the top 一番上に〔で〕ichíban ue nì (de)
at home/school 家〔学校〕に〔で〕ié (gákkō) nì(dè)
at the baker's パン屋に〔で〕pàn-ya ní (de)
to look at something ...の方に目を向ける ...no hō ni mè wo mukéru, ...を見る ...wo míru
to throw something at someone ...目掛けて...を投げる ...megákète ...wo nagérù

2 (referring to time) ...に ...ni

at 4 o'clock 4時に yójì ni

at night 夜 (に) yórù (ni)

at Christmas クリスマスに kurísumà-su ni

at times 時々 tokídoki

3 (referring to rates, speed etc) ...で(に) ...de(ni)

at £1 a kilo 1キロ1ポンドで ichíkìro ichípòndo de

two at a time 1度に2つ ichído nì futátsu

at 50 km/h 時速50キロメーターで jisóku gòjúkkiromètầ de

4 (referring to manner) ...で(に) ...de(ni)

at a stroke 一撃で ichígeki de

at peace 平和に heíwa ni

5 (referring to activity) ...して ...shíte

to be at work 仕事している shígoto shite iru

to play at cowboys カウボーイごっこをして遊ぶ kaúbòigokkò wo shité asobu

to be good at something ...するのがうまい ...surú nò ga umáì

6 (referring to cause) ...に(で) ...ni(de)

shocked/surprised/annoyed at something ...にショックを感じて(驚いて, 怒って) ...ni shókkù wo kánjite(odóroìte, okóttè)

I went at his suggestion 彼の勧めで私は行きました kárè no susúme de wàtákushi wa ìkímashìta

ate [eit] *pt of* **eat**

atheist [eɪ'θiːɪst] *n* 無神論者 mushínrònsha

Athens [æθ'ənz] *n* アテネ átène

athlete [æθ'liːt] *n* 運動家 uńdòka, スポーツマン supótsumàn

athletic [æθlet'ik] *adj* (tradition, excellence etc) 運動の uńdō no, スポーツの súpòtsu no; (sporty: person) スポーツ好きの supótsuzuki no; (muscular: build) たくましい takúmashiì

athletics [æθlet'iks] *n* 運動競技 uńdōkyògi

Atlantic [ætlæn'tik] *adj* (coast, waves etc) 太西洋の taíseíyo no

♦*n:* **the Atlantic (Ocean)** 太西洋 taíseìyō

atlas [æt'ləs] *n* 地図帳 chizúchō, アトラス atòrasu

atmosphere [æt'məsfi:r] *n* (of planet) 大気 taíki; (of place) 雰囲気 fuń-ìkì

atom [æt'əm] *n* (PHYSICS) 原子 géñshi

atomic [ətɑ:m'ik] *adj* 原子の géñshi no

atom(ic) bomb *n* 原子爆弾 geńshibakùdan

atomizer [æt'əmaizə:r] *n* 噴霧器 fuńmukì

atone [ətoun'] *vi:* **to atone for** (sin, mistake) 償う tsugúnaù

atrocious [ətrou'ʃəs] *adj* (very bad) ひどい hidóì

atrocity [ətrɑ:s'iti:] *n* (act of cruelty) 残虐行為 zańgyakukòi

attach [ətætʃ'] *vt* (fasten, join) 付ける tsukérù; (document, letter) とじる tojírù; (importance etc) 置く okú

to be attached to someone/something (like) ...に愛着がある ...ni aíchaku ga arù

attaché [ætæʃei'] *n* 大使館員 taíshikàn-in

attaché case *n* アタッシェケース atásshekèsu

attachment [ətætʃ'mənt] *n* (tool) 付属品 fuzókuhin; (love): **attachment (to someone)** (...への) 愛着 (...é no) aíchaku

attack [ətæk'] *vt* (MIL) 攻撃する kógeki suru; (subj: criminal: assault) 襲う osóu; (idea: criticize) 非難する hínan suru; (task etc: tackle) ...に取掛る ...ni toríkakarù

♦*n* (assault: MIL) 攻撃 kógeki; (on someone's life) 襲撃 shūgeki; (fig: criticism) 非難 hínan; (of illness) 発作 hossá

heart attack 心臓発作 shińzōhossà

attacker [ətæk'ə:r] *n* 攻撃者 kógekìshà

attain [ətein'] *vt* (also: **attain to:** results, rank) 達する tassúru; (: happiness) 手に入れる te ni irérù; (: knowledge) 得る érù

attainments [ətein'mənts] *npl* (achievements) 業績 gyóseki

attempt [ətempt'] *n* (try) 試み kokóromi

♦*vt* (try) 試みる kokóromirù

to make an attempt on someone's life ...の命をねらう ...no ínòchi wò neráu

attempted [ətemp'tid] *adj* (murder, burglary, suicide) ...未遂 ...mísùi

attend [ətend'] *vt* (school, church) ...に通う ...ni kayóu; (lectures) ...に出席する ...ni shusséki suru; (patient) 看護する kángo suru

attendance [əten'dəns] *n* (presence) 出席 shussékì; (people present) 出席率 shussékìritsu

attendant [əten'dənt] *n* (helper) 付き添い tsukísoi; (in garage etc) 係 kákàri
◆*adj* (dangers, risks) 付き物の tsukímòno no

attend to *vt fus* (needs etc) ...の世話をする ...no sewá wò suru; (affairs etc) ...を片付ける ...wo katázukerù; (patient) ...を看護する ...wo kángo suru; (customer) ...の用を聞く ...no yǒ wo kikú

attention [əten'ʃən] *n* (concentration, care) 注意 chǔi
◆*excl* (MIL) 気を付け ki wo tsuké
for the attention of ... (ADMIN) ...気付け ...kitsúke

attentive [əten'tiv] *adj* (intent: audience etc) 熱心に聞く nésshìn ni kikú; (polite: host) 気配り十分の kikúbàrijùbùn no

attest [ətest'] *vi*: *to attest to* (demonstrate) ...を立証する ...wo risshǒ suru; (LAW: confirm) ...を確認する ...wo kakúnin suru

attic [æt'ik] *n* 屋根裏部屋 yanéurabeya

attitude [æt'ətu:d] *n* (mental view) 態度 táìdo; (posture) 姿勢 shiséi

attorney [ətə:r'ni:] *n* (lawyer) 弁護士 bengoshì
Attorney General *n* 法務長官 hǒmuchǒkan

attract [ətrækt'] *vt* (draw) 引き付ける hikítsukerù; (someone's interest, attention) 引く hikú

attraction [ətræk'ʃən] *n* (charm, appeal) 魅力 miryóku; (*gen pl*: amusements) 呼び物 yobímono, アトラクション atórakùshon; (PHYSICS) 引力 íhryoku; (*fig*: towards someone, something) 引かれる事 hikáreru koto

attractive [ətræk'tiv] *adj* (man, woman) 美ぼうの bibǒ no; (interesting: price, idea, offer) 魅力的な miryókuteki na

attribute [*n* æt'rəbju:t *vb* ətrib'ju:t] *n* 属性 zokúsei
◆*vt*: *to attribute something to* (cause) ...を...のせいにする ...wo ...no seí ni surù; (poem, painting) ...が...の作とする ...ga ...no sakú o surù; (quality) ...に...があると考える ...ni ...ga aru to kangaerù

attrition [ətriʃ'ən] *n*: *war of attrition* 消耗戦 shǒmǒsen

aubergine [ou'bə:rʒi:n] *n* (BRIT) (vegetable) なす násù; (color) なす紺 nasúkon

auburn [ɔː'bə:rn] *adj* (hair) くり色 kuríiro

auction [ɔːk'ʃən] *n* (*also*: sale by auction) 競り serí
◆*vt* 競りに掛ける serí ni kakérù

auctioneer [ɔːkʃəni:r'] *n* 競売人 kyǒbainìn

audacity [ɔːdæs'iti:] *n* (boldness, daring) 大胆さ daítansa; (*pej*: impudence) ずうずうしさ zǔzushisà

audible [ɔːd'əbəl] *adj* 聞える kikóeru

audience [ɔːd'i:əns] *n* (at event) 観客 kánkyaku; (RADIO) 聴取者 chǒshushà; (TV) 視聴者 shíchòsha; (public) 世間 sekén; (interview: with queen etc) 謁見 ekkén

audio-typist [ɔːd'i:outai'pist] *n* (BRIT) 書取りタイピスト kakítori taipisùto ◇口述の録音テープを聞いてタイプを打つ人 kǒjutsu nò rokúon tēpù wo kiíte taipù wo utsu hitó

audio-visual [ɔːd'i:ouviʒ'u:əl] *adj* (materials, equipment) 視聴覚の shíchòkaku no

audio-visual aid *n* 視聴覚教材 shíchòkakukyǒzai

audit [ɔːd'it] *vt* (COMM: accounts) 監査する kañsa suru

audition [ɔːdiʃ'ən] *n* (CINEMA, THEATER etc) オーディション ǒdishòn

auditor [ɔː'dətə:r] *n* (accountant) 監査役 kañsayaku

auditorium [ɔːditɔːr'i:əm] *n* (building) 講堂 kǒdō; (audience area) 観客席 kañkyakusèki

augment [ɔːgment'] *vt* (income etc) 増や
す fuyásù

augur [ɔː'gəːr] *vi*: *it augurs well* いい兆
しだ íi kizáshi da

August [ɔː'gəst] *n* 8月 hachígatsu

aunt [ænt] *n* 伯(叔)母 obá

auntie [æn'tiː] *n dimin of* **aunt**

aunty [æn'tiː] *n* = **auntie**

au pair [ou' peːr'] *n* (*also*: **au pair girl**) オ
ペア (ガール) opéa(gàru)

aura [ɔːr'ə] *n* (*fig*: air, appearance) 雰囲
気 fuñ-ikì

auspices [ɔːs'pisiz] *npl*: *under the aus-
pices of* ...の後援で ...no kóen de

auspicious [ɔːspiʃ'əs] *adj* (opening, start,
occasion) 前途有望な zéñtoyúbō na

austere [ɔːstiːr'] *adj* (room, decoration)
質素な shíssò na; (person, lifestyle, man-
ner) 厳格な geñkaku na

austerity [ɔːster'itiː] *n* (simplicity) 質素
さ shissósa; (ECON: hardship) 苦労 kúrō

Australia [ɔːstreil'jə] *n* オーストラリア
ósutorarìa

Australian [ɔːstreil'jən] *adj* オーストラ
リアの ósutorarìa no
♦*n* オーストラリア人 ósutorariajìn

Austria [ɔːs'triːə] *n* オーストリア ósuto-
rìa

Austrian [ɔːs'triːən] *adj* オーストリアの
ósutorìa no
♦*n* オーストリア人 ósutoriajìn

authentic [ɔːθen'tik] *adj* (painting, docu-
ment, account) 本物の hoñmono no

author [ɔː'θəːr] *n* (of text) 著者 chóshà;
(profession) 作家 sakká; (creator: of
plan, character etc) 発案者 hatsúañsha

authoritarian [əθɔːriteːr'iːən] *adj* (atti-
tudes, conduct) 独裁的な dokúsaiteki na

authoritative [əθɔːr'iteitiv] *adj* (person,
manner) 権威ありげな kéñ-i aríge na;
(source) 信頼できる shiñrai dekirù

authority [əθɔːr'itiː] *n* (power) 権限 keñ-
geñ; (expert) 権威 kéñ-i; (government
body) 当局 tókyoku; (official permis-
sion) 許可 kyókà
    the authorities 当局 tókyoku

authorize [ɔː'θəːraiz] *vt* (publication etc)

許可する kyókà suru

autistic [ɔːtis'tik] *adj* 自閉症の jihéishō
no

auto [ɔː'tou] (*US*) *n* (car) 自動車 jídōsha,
カー kā

autobiography [ɔːtəbaiɑːg'rəfiː] *n* 自叙
伝 jijódèn

autocratic [ɔːtəkræt'ik] *adj* (govern-
ment, ruler) 独裁的な dokúsaiteki na

autograph [ɔː'təgræf] *n* サイン sáiñ
♦*vt* (photo etc) ...にサインする ...ni sáiñ
suru

automata [ɔːtɑːm'ətə] *npl of* **automa-
ton**

automated [ɔː'təmeitid] *adj* (factory,
process) 自動化した jidóka shita

automatic [ɔːtəmæt'ik] *adj* (process,
machine) 自動の jidó no; (reaction) 自動
的な jidóteki na
♦*n* (gun) 自動ピストル jidópisùtorù, オー
トマチック ótomachikkù; (*BRIT*: wash-
ing machine) 自動洗濯機 jidósentakùki;
(car) オートマチック車 ótomachikkushà

automatically [ɔːtəmæt'ikliː] *adv* (*also
fig*) 自動的に jidóteki ni

automation [ɔːtəmei'ʃən] *n* (of factory
process, office) 自動化 jidóka, オートメ
ーション ótomēshon

automaton [ɔːtɑːm'ətɑːn] (*pl* **automata**)
n (robot) ロボット robótto

automobile [ɔːtəməbiːl'] (*US*) *n* 自動車
jídōsha

autonomous [ɔːtɑːn'əməs] *adj* (region,
area) 自治の jíchì no; (organization, per-
son) 独立の dokúritsu no

autonomy [ɔːtɑːn'əmiː] *n* (of organiza-
tion, person, country) 独立 dokúritsu

autopsy [ɔː'tɑːpsiː] *n* (post-mortem) 司法
解剖 shihókaibō, 検死解剖 keñshikaibō

autumn [ɔː'təm] *n* (season) 秋 ákì
    in autumn 秋に ákì ni

auxiliary [ɔːgzil'jəːriː] *adj* (assistant) 補
助の hójò no; (back-up) 予備の yóbì no
♦*n* 助手 joshú

avail [əveil'] *vt*: *to avail oneself of*
(offer, opportunity, service) ...を利用す
る ...wo riyó suru
♦*n*: *to no avail* 無駄に mudá ni

availability [əveiləbil'əti:] *n* (supply: of goods, staff etc) 入手の可能性 nyūshu no kanōsei

available [əvei'ləbəl] *adj* (obtainable: article etc) 手に入る te ni haîru; (service, time etc) 利用できる riyō dekiru; (person: unoccupied) 手が空いている te ga aîte iru; (: unattached) 相手がいない aîte gà inái

avalanche [æv'əlæntʃ] *n* (of snow) 雪崩 nadáre; (*fig*: of people, mail, events) 殺到 sattō

avant-garde [əvɑːntgɑːrd'] *adj* 前衛の zeñ-ei no, アバンギャルドの abáñgyarùdo no

avarice [æv'əris] *n* どん欲 dóñ-yoku

Ave. [æv] *abbr* = **avenue**

avenge [əvendʒ'] *vt* (person, death etc) ...の復しゅうをする ...no fukúshū wò suru

avenue [æv'ənuː] *n* (street) 通り tōri; (drive) 並木通り namíkidòri; (means, solution) 方法 hōhō

average [æv'ə:ridʒ] *n* (mean, norm) 平均 heíkin
♦*adj* (mean) 平均の heíkin no; (ordinary) 並の namí no
♦*vt* (reach an average of: in speed, output, score) 平均 ...で ...する heíkin ...de ...surú

on average 平均で heíkin de

average out *vi*: *to average out at* 平均が...になる heíkin ga ...ni nárù

averse [əvəːrs'] *adj*: *to be averse to something/doing* ...[...するの]が嫌いである ...[...surú nò] ga kirái de arù

aversion [əvəːr'ʒən] *n* (to people, work etc) 嫌悪 kêñ-o

avert [əvəːrt'] *vt* (prevent: accident, war) 予防する yobō suru; (ward off: blow) 受け止める ukétomerù; (turn away: one's eyes) そらす sorásù

aviary [ei'viːeːriː] *n* 鳥用大型ケージ torí-yō ōgata kèji

aviation [eiviːei'ʃən] *n* 航空 kōkū

avid [æv'id] *adj* (supporter, viewer) 熱心な nésshìn na

avocado [ævəkɑːd'ou] *n* (*BRIT*: also:

avocado pear) アボカド abókado

avoid [əvoid'] *vt* (person, obstacle, danger) 避ける sakérù

avuncular [əvʌŋ'kjələːr] *adj* (expression, tone, person) 伯(叔)父の様に優しい ojî no yō ni yasáshiî

await [əweit'] *vt* 待つ mátsù

awake [əweik'] *adj* (from sleep) 目が覚めている me ga sámète irú
♦*vb* (*pt* **awoke**, *pp* **awoken** *or* **awaked**)
♦*vt* 起す okósù
♦*vi* 目が覚める me ga samérù

to be awake 目が覚めている me ga samête irù

awakening [əwei'kəniŋ] *n* (*also fig*: of emotion) 目覚め mezáme

award [əwɔːrd'] *n* (prize) 賞 shō; (LAW: damages) 賠償 baíshō
♦*vt* (prize) 与える atáeru; (LAW: damages) 命ずる meízuru

aware [əweːr'] *adj*: *aware (of)* (conscious) (...に) 気が付いている (...ni) ki gá tsuîte irù; (informed) (...を) 知っている (...wo) shitté iru

to become aware of/that (become conscious of) ...に[...という事に]気が付く ...ni[...to iú koto ni]ki gá tsukù; (learn) ...を[...という事を]知る ...wo[...iú koto wò]shírù

awareness [əweːr'nis] *n* (consciousness) 気が付いている事 ki gá tsuîte irú koto; (knowing) 知っている事 shitté iru koto

awash [əwɑːʃ'] *adj* (with water) 水浸しの mizúbitashi no; (*fig*: *awash with* ...だらけの ...daráke no

away [əwei'] *adv* (movement) 離れて hanárète; (position) 離れた所に hanárèta tokóro ni; (not present) 留守で rúsù de; (in time) ...先で ...sáki de; (far away) 遠くに tōku ni

two kilometers away 2キロメートル離れて nikíromètoru hanarete

two hours away by car 車で2時間走った所に kurúma de nijíkañ hashítta tokoro ni

the holiday was two weeks away 休暇は2週間先だった kyūka wa nishūkan saki dattà *he's away for a week* 彼は1週間の予定で留守です kárè wa isshūkan no yotei de rusù desu

to take away (remove) 片付ける katázukerù; (subtract) 引く hikú

to work/pedal etc away 一生懸命に働く〔ペダルを踏む〕etc isshōkenmei ni határakù 〔pedáru wò fumù〕 etc

to fade away (color) さめる sameru; (enthusiasm) 冷める samēru; (light, sound) 消えてなくなる kiéte nakunarù

away game *n* (SPORT) ロードゲーム rōdogēmu

awe [ɔ:] *n* (respect) い敬 ikéi

awe-inspiring [ɔ:'inspaiə:riŋ] *adj* (overwhelming: person, thing) い敬の念を抱かせる ikéi no neñ wo idákaserù

awesome [ɔ:'səm] *adj* = **awe-inspiring**

awful [ɔ:'fəl] *adj* (frightful: weather, smell) いやな iyá na; (dreadful: shock) ひどい hidóî; (number, quantity): *an awful lot (of)* いやに沢山の iyá ni takusañ no

awfully [ɔ:'fəli:] *adv* (very) ひどく hídòku

awhile [əwail'] *adv* しばらく shibáràku

awkward [ɔ:k'wə:rd] *adj* (clumsy: person, movement) ぎこちない gikōchinaî; (difficult: shape) 扱いにくい atsúkainikuî; (embarrassing: problem, situation) 厄介な yákkài na

awning [ɔ:'niŋ] *n* 日よけ hiyóke

awoke [əwouk'] *pt of* **awake**

awoken [əwou'kən] *pp of* **awake**

awry [ərai'] *adv*: *to be awry* (order, clothes, hair) 乱れている midárète irú

to go awry (outcome, plan) 失敗する shippái suru

axe [æks] (*US: also*: **ax**) *n* 斧 ónò

♦*vt* (project etc) 廃止する haíshi suru

axes[1] [æk'siz] *npl of* **ax(e)**

axes[2] [æk'si:z] *npl of* **axis**

axis [æk'sis] (*pl* **axes**) *n* (of earth, on graph) 軸 jikú

axle [æk'səl] *n* (AUT) 車軸 shajíku

aye [ai] *excl* (yes) はい haî

azalea [əzeil'jə] *n* ツツジ tsutsújì

B

B [bi:] *n* (MUS: note) ロ音 ro-óñ; (: key) ロ調 róchō

B.A. [bi:ei'] *abbr* = **Bachelor of Arts**

babble [bæb'əl] *vi* (person, voices) ぺちゃくちゃしゃべる péchàkucha shabérù; (brook) さらさら流れる sáràsara nagárerù

baby [bei'bi:] *n* (infant) 赤ん坊 ákáñbō, 赤ちゃん akáchan; (US: inf: darling) あなた anátà, ベビー bébī

baby carriage (US) *n* 乳母車 ubáguruma

baby-sit [bei'bi:sit] *vi* 子守をする komórî wo suru, ベビーシッターをする bebíshittà wo suru

baby-sitter [bei'bi:sitə:r] *n* 子守役 komóriyaku, ベビーシッター bebíshittà

bachelor [bætʃ'ələ:r] *n* 独身の男 dokúshin no otóko

Bachelor of Arts/Science (person) 文〔理〕学士 buń〔ri〕gakùshi; (qualification) 文〔理〕学士号 buń〔ri〕gakùshigō

back [bæk] *n* (of person, animal) 背中 senáka; (of hand) 甲 kō; (of house, page, book) 裏 urá; (of car, train) 後ろ ushíro, 後部 kōbu; (of chair) 背もたれ semótàre; (of crowd, audience) 後ろの方 ushíro no hō; (SOCCER) バック bákkù

♦*vt* (candidate: *also*: **back up**) 支援する shiến suru; (horse: at races) ...にかける ni kakérù; (car) バックさせる bákkù saséru

♦*vi* (*also*: **back up**: person) 後ずさりする atózusàri suru; (: : car etc) バックする bákkù suru

♦*cpd* (payment, rent) 滞納の taínō no; (AUT: seat, wheels) 後部の kōbu no

♦*adv* (not forward) 後ろへ〔に〕 ushíro e 〔ni〕; (returned): *he's back* 彼は帰って来た kárè wa kaétte kità; (return): *throw the ball back* ボールを投げ返して下さい bōru wò nagékaeshite kudasaî; (again): *he called back* 彼は電話を掛け直してきた kárè wa deñwa wò kakénaoshite kita

he ran back 彼は駆け戻った kárè wa kakémodottà

can I have it back? それを返してくれませんか soré wò kaéshite kuremaseñ ka

backbencher [bæk'bentʃər] (*BRIT*) *n* 平議員 hirágiìn

backbone [bæk'boun] *n* (ANAT) 背骨 sebónè; (*fig*: main strength) 主力 shúryòku; (: courage) 勇気 yùki

backcloth [bæk'klɔ:θ] (*BRIT*) *n* = **backdrop**

backdate [bækdeit'] *vt* (document, pay raise etc) ...にさかのぼって有効にする ...ni sakánobottè yúkō ni suru

back down *vi* 譲る yuzúru

backdrop [bæk'drɑ:p] *n* 背景幕 haíkeímaku

backfire [bæk'faiər] *vi* (AUT) バックファイアする bakkúfaìa suru; (plans) 裏目に出る urámé ni derù

background [bæk'graund] *n* (of picture, events: *also* COMPUT) 背景 haíkei, バック bákkù; (basic knowledge) 予備知識 yobíchishìki; (experience) 経歴 keíreki

family background 家庭環境 kateikankyō

backhand [bæk'hænd] *n* (TENNIS: *also*: **backhand stroke**) バックハンド bakkúhaǹdo

backhanded [bæk'hændid] *adj* (*fig*: compliment) 当てこすりの atékosuri no

backhander [bæk'hændər] (*BRIT*) *n* (bribe) 賄ろ waíro

backing [bæk'iŋ] *n* (*fig*) 支援 shién

backlash [bæk'læʃ] *n* (*fig*) 反動 hañdō

backlog [bæk'lɔ:g] *n*: *backlog of work* たまった仕事 tamátta shigoto

back number *n* (of magazine etc) バックナンバー bakkúnaǹbā

back out *vi* (of promise) 手を引く te wo hikú

backpack [bæk'pæk] *n* リュックサック ryukkúsakkù

back pay *n* 未払いの給料 mihárài nó kyûryō

backside [bæk'said] (*inf*) *n* おしり o-shí-ri

backstage [bæk'steidʒ] *adv* (THEATER) 楽屋に〔で〕gakúya ni〔de〕

backstroke [bæk'strouk] *n* 背泳ぎ seóyògi

back up *vt* (support: person, theory etc) 支援する shién suru; (COMPUT) バックアップコピーを作る bakkúappukopī wo tsukúrù

backup [bæk'ʌp] *adj* (train, plane) 予備の yóbì no; (COMPUT) バックアップ用の bakkúappu yō no

♦*n* (support) 支援 shién; (*also*: **backup file**) バックアップファイル bakkúappu faìru

backward [bæk'wərd] *adj* (movement) 後ろへの ushíro e no; (person, country) 遅れた okúreta

backwards [bæk'wərdz] *adv* (move, go) 後ろに〔へ〕ushíro ni〔e〕; (read a list) 逆に gyáku nì; (fall) 仰向けに aòmuke ni; (walk) 後ろ向きに ushíromuki ni

backwater [bæk'wɔ:tər] *n* (*fig*) 後進地 kóshinchi

backyard [bæk'jɑ:rd] *n* (of house) 裏庭 urániwa

bacon [bei'kən] *n* ベーコン bèkon

bacteria [bækti:'riə] *npl* 細菌 saíkin

bad [bæd] *adj* (gen) 悪い warúî; (mistake, accident, injury) 大きな ōkina; (meat, food) 悪くなった wáruku nattá

his bad leg 彼の悪い方の脚 kárè no warúi hō nò ashí

to go bad (food) 悪くなる warúku narù

bade [bæd] *pt of* **bid**

badge [bædʒ] *n* (of school etc) 記章 kishō; (of policeman) バッジ bájjì

badger [bædʒ'ər] *n* アナグマ anáguma

badly [bæd'li:] *adv* (work, dress etc) 下手に hetá ni; (reflect, think) 悪く wáruku

badly wounded 重傷を負った jūshō wò ottá

he needs it badly 彼にはそれがとても必要だ kárè ni wa sorè gà totémo hitsuyō da

to be badly off (for money) 生活が苦しい seíkatsu ga kurushiî

badminton [bæd'mintən] *n* バドミント

ン badómiṅton

bad-tempered [bæd'tem'pə:rd] *adj* (person: by nature) 怒りっぽい okórippoî; (: on one occasion) 機嫌が悪い kigén gà warúî

haffle [bæf'əl] *vt* (puzzle) 困惑させる koñwaku saserù

bag [bæg] *n* (of paper, plastic) 袋 fukúro; (handbag) ハンドバッグ haṅdobaggù; (satchel, case) かばん kabán

   bags of (*inf*: lots of) 沢山の takúsan no

baggage [bæg'idʒ] *n* (luggage) 手荷物 tenímòtsu

baggy [bæg'i:] *adj* だぶだぶの dabúdabu no

bagpipes [bæg'paips] *npl* バグパイプ bagúpaîpu

Bahamas [bəhɑːm'əz] *npl*: *the Bahamas* バハマ諸島 bahámashotò

bail [beil] *n* (LAW: payment) 保釈金 hoshákukin; (: release) 保釈 hosháku

♦*vt* (prisoner: *gen*: grant bail to) 保釈する hosháku suru; (boat: *also*: **bail out**) ...から水をかい出す ...kará mizú wò kaídasù

   on bail (prisoner) 保釈中 (の) hosháku-chù (no)

bailiff [bei'lif] *n* (LAW: *US*) 廷吏 teîri; (: *BRIT*) 執行吏 shíkkòri

bail out *vt* (prisoner) 保釈させる hosháku saseru ¶ *see also* **bale**

bait [beit] *n* (for fish, animal) えさ esá; (for criminal act) おとり otóri

♦*vt* (hook, trap) ...にえさをつける ...ni esá wò tsukérù; (person: tease) からかう karákaù

bake [beik] *vt* (CULIN: cake, potatoes) オーブンで焼く ôbun de yakú; (TECH: clay etc) 焼く yakú

♦*vi* (cook) オーブンに入っている ôbun ni haíttè irú

baked beans [beikt-] *npl* ベークトビーンズ bêkutobînzu

baker [bei'kə:r] *n* パン屋 páṅ-ya

bakery [bei'kə:ri:] *n* (building) パン屋 páṅ-ya

baking [bei'kiŋ] *n* (act) オーブンで焼く事 ôbun de yakú koto; (batch) オーブン

で焼いたもの ôbun de yaíta mono

baking powder *n* ふくらし粉 fukúrashikò, ベーキングパウダー bêkingupaùdā

balance [bæl'əns] *n* (equilibrium) 均衡 kiṅkō, バランス baránsu; (COMM: sum) 残高 zaṅdaka; (remainder) 残り nokóri; (scales) 天びん teṅbin

♦*vt* (budget) ...の収入と支出を合せる ...no shúnyū tò shishútsu wò awáserù; (account) ...の決算をする ...no kessán wò suru; (make equal) 釣合を取る tsuríai wo torù

   balance of trade 貿易収支 bôekishùshi

   balance of payments 国際収支 kokúsaishùshi

balanced [bæl'ənst] *adj* (report) バランスの良い baránsu no yoî; (personality) 安定した aṅtei shita

   a balanced diet 均衡食 kiṅkō shòku

balance sheet *n* 貸借対照表 taíshakutaishōhyò, バランスシート baránsu shìto

balcony [bæl'kəni:] *n* バルコニー barúkonì; (in theater) 天井さじき teṅjōsajìki

bald [bɔːld] *adj* (head) はげた hágèta; (tire) 坊主になった bôzu ni nattá

bale [beil] *n* (of paper, cotton, hay) こり korí

baleful [beil'fəl] *adj* (glance) 邪悪な jaáku na

bale out *vi* (of a plane) パラシュートで脱出する paráshùto de dasshútsù suru

ball [bɔːl] *n* (SPORT) 球 tamá, ボール bôru; (of wool, string) 玉 tamá; (dance) 舞踏会 bútòkai

   to play ball (co-operate) 協力する kyôryoku suru

ballad [bæl'əd] *n* (poem, song) バラード bárãdo

ballast [bæl'əst] *n* (on ship, balloon) バラスト barásutò

ball bearings *npl* ボールベアリング bôrubeàringu

ballerina [bæləri:'nə] *n* バレリーナ barérìna

ballet [bælei'] *n* (art) バレエ bârèe; (an artistic work) バレエ曲 baréekyokù

ballet dancer *n* バレエダンサー barée-

ballistics [bəlis'tiks] n 弾道学 dańdṓgaku

balloon [bəlu:n'] n (child's) 風船 fúsen; (hot air balloon) 熱気球 netsúkikyū

ballot [bæl'ət] n (vote) 投票 tṓhyō

ballot paper n 投票用紙 tṓhyōyōshi

ballpoint (pen) [bɔːl'pɔint] n ボールペン bṓrupen

ballroom [bɔːl'ruːm] n 舞踏の間 butṓ no ma

balm [bɑːm] n バルサム bárùsamu

Baltic [bɔːl'tik] n: **the Baltic (Sea)** バルト海 barútokài

balustrade [bæl'əstreid] n (on balcony, staircase) 手すり tesúri

bamboo [bæmbuː'] n (plant) 竹 také; (material) 竹材 takézai

ban [bæn] n (prohibition) 禁止 kińshi
♦vt (prohibit) 禁止する kińshi suru

banal [bənæl'] adj (remark, idea, situation) 陳腐な chíñpu na

banana [bənæn'ə] n バナナ bánàna

band [bænd] n (group) 一団 ichídan; (MUS: jazz, rock, military etc) バンド bańdo; (strip of cloth etc) バンド bańdo; (stripe) 帯状の物 obíjō no mono

bandage [bæn'didʒ] n 包帯 hṓtai
♦vt ...に包帯を巻く ...ni hṓtai wò makú

bandaid [bæn'eid'] ® (US) n バンドエイド bańdoeìdo ◇ばん創こうの一種 bańsōkō no isshù

bandit [bæn'dit] n 盗賊 tṓzoku

band together vi 団結する dańketsu suru

bandwagon [bænd'wægən] n: **to jump on the bandwagon** (fig) 便乗する bińjō suru

bandy [bæn'di:] vt (jokes, insults, ideas) やり取りする yarítòri surù

bandy-legged [bæn'di:legid] adj がにまたの ganímata no

bang [bæŋ] n (of door) ばたんという音 bátàn to iú oto; (of gun, exhaust) ぱんという音 páñ to iú otò; (blow) 打撃 dagéki
♦excl ぱんぱん páñpan
♦vt (door) ばたんと閉める batán to shimerù; (one's head etc) ぶつける butsúke-ru
♦vi (door) ばたんと閉まる batán to shimárù; (fireworks) ばんばんと爆発する báñban to bakúhatsu suru

bangle [bæŋ'gəl] n (bracelet) 腕飾り udékazari

bangs [bæŋz] (US) npl (fringe) 切下げ前髪 kirísagemaegamì

banish [bæn'iʃ] vt (exile: person) 追放する tsuíhō suru

banister(s) [bæn'istə:r(z)] n(pl) (on stairway) 手すり tesúri

bank [bæŋk] n (COMM: building, institution: also of blood etc) 銀行 gińkō, バンク báñku; (of river, lake) 岸 kishí; (of earth) 土手 doté
♦vi (AVIAT) 傾く katámukù
data bank データバンク dḗtabañku

bank account n 銀行口座 gińkōkōza

bank card n ギャランティーカード gyarántīkàdo ◇小切手を使う時に示すカード.カードのサインと小切手のサインが照合される kogítte wo tsukáù tokí nì shimésu kầdo. kầdo no saìn to kogítte no saín ga shṓgō sarerù

banker [bæŋk'ə:r] n 銀行家 gińkōka

banker's card (BRIT) n = **bank card**

Bank Holiday (BRIT) n 銀行定休日 gińkōteikyūbi

banking [bæŋk'iŋ] n 銀行業 gińkōgyò

banknote [bæŋk'nout] n 紙幣 shíhèi

bank on vt fus ...を頼りにする ...wo táyòri ni suru

bank rate n 公定歩合 kṓteibuài

bankrupt [bæŋk'rʌpt] adj (person, organization) 倒産した tṓsan shita
to go bankrupt 倒産する tṓsan suru
to be bankrupt 返済能力がない heńsainōryoku ga naí

bankruptcy [bæŋk'rʌptsi:] n (COMM) 倒産 tṓsan

bank statement n 勘定照合表 kańjōshōgōhyō

banner [bæn'ə:r] n (for decoration, advertising) 横断幕 ṓdañmaku; (in demonstration) 手持ち横断幕 temóchi ōdañmaku

banns [bænz] npl: **the banns** 結婚予告

kekkón-yokóku

banquet [bæŋ'kwit] *n* 宴会 eñkai

baptism [bæp'tizəm] *n* (REL) 洗礼 señrei

baptize [bæptaiz'] *vt* ...に洗礼を施す ...ni señrei wò hodókosù

bar [bɑːr] *n* (place: for drinking) バー bà; (counter) カウンター kaúntà; (rod: of metal etc) 棒 bố; (slab: of soap) 1個 ikkố; (*fig*: obstacle) 障害 shốgai; (prohibition) 禁止 kiñshí, 禁止 shósetsu

♦*vt* (road) ふさぐ fuságu; (person) ...が ...するのを禁止する ...ga ...surú no wò kiñshi suru; (activity) 禁止する kiñshi suru

a bar of chocolate 板チョコ itachoko

the Bar (LAW: profession) 弁護士 beñgoshi ◇総称 sốshō

bar none 例外なく reigai nakù

barbaric [bɑːrbær'ik] *adj* (uncivilized, cruel) 野蛮な yabán na

barbarous [bɑːr'bərəs] *adj* (uncivilized, cruel) 野蛮な yabán na

barbecue [bɑːr'bəkjuː] *n* (grill) バーベキューこん炉 bǎbekyūkoñro; (meal, party) バーベキューパーティ bǎbekyūpàti

barbed wire [bɑːrbd-] *n* 有刺鉄線 yúshitessèn, バラ線 barásen

barber [bɑːr'bər] *n* 理髪師 rihátsushì, 床屋 tokóya

bar code *n* (on goods) バーコード bǎkōdo

bare [beːr] *adj* (naked: body) 裸の hadáka no; (: tree) 葉の落ちた ha no óchìta; (countryside) 木のない ki no nái; (minimum: necessities) ほんの hoñno

♦*vt* (one's body, teeth) むき出しにする mukídashi ni suru

bareback [beːr'bæk] *adv* くらなしで kuránashì de

barefaced [beːr'feist] *adj* (lie, cheek) 厚かましい atsúkamashiì

barefoot [beːr'fut] *adj* 裸足の hadáshi no

♦*adv* 裸足で hadáshi de

barely [beːr'liː] *adv* (scarcely) 辛うじて kárōjite

bargain [bɑːr'gin] *n* (deal, agreement) 取引 toríhìki; (good buy) 掘出し物 horída-

shimono, バーゲン bǎgen

♦*vi* (negotiate): *to bargain (with someone)* (...と) 交渉する (...to) kốshō suru; (haggle) 駆引きする kakéhìki suru

into the bargain おまけに o-máke ni

bargain for *vt fus*: *he got more than he bargained for* 彼はそんな結果を予想していなかった kárè wa soñna kekká wò yosố shite inakattà

barge [bɑːrdʒ] *n* (boat) はしけ hashíke

barge in *vi* (enter) いきなり入り込む ikínari hairikomù; (interrupt) 割込む waríkomù

bark [bɑːrk] *n* (of tree) 皮 kawá; (of dog) ほえ声 hoégoe

♦*vi* (dog) ほえる hoérù

barley [bɑːr'liː] *n* 大麦 ốmugi

barley sugar *n* 氷砂糖 kốrizatō

barmaid [bɑːr'meid] *n* 女性バーテン joséibàten

barman [bɑːr'mən] (*pl* **barmen**) *n* バーテン bàten

barn [bɑːrn] *n* 納屋 náyà

barometer [bərɑːm'itəːr] *n* (for weather) 気圧計 kiátsukei

baron [bær'ən] *n* (nobleman) 男爵 dañshaku; (of press, industry) 大立て者 ốdatemòno

baroness [bær'ənis] *n* 男爵夫人 dañshakufujìn

barracks [bær'əks] *npl* (MIL) 兵舎 héisha

barrage [bərɑːʒ'] *n* (MIL) 弾幕 dañmaku; (dam) ダム dámù; (*fig*: of criticism, questions etc) 連発 reñpatsu

barrel [bær'əl] *n* (of wine, beer) たる tarú; (of oil) バレル bárèru; (of gun) 銃身 júshin

barren [bær'ən] *adj* (land) 不毛の fumố no

barricade [bær'əkeid] *n* バリケード baríkèdo

♦*vt* (road, entrance) バリケードでふさぐ baríkèdo de fuságu

to barricade oneself (in) (...に) ろう城する (...ni) rốjō suru

barrier [bær'iːər] *n* (at frontier, entrance) 関門 kañmon; (*fig*: to progress, communication etc) 障害 shṓgai

barring [baːrˈɪŋ] *prep* ...を除いて ...wo nozốite

barrister [bærˈistəːr] (*BRIT*) *n* 法廷弁護士 hṓteibengoshì

barrow [bærˈou] *n* (wheelbarrow) 一輪車 ichírinsha

bars [baːrz] *npl* (on window etc: grille) 格子 kṓshi

behind bars (prisoner) 刑務所に〔で〕keímushò ni 〔de〕

bartender [baːrˈtendəːr] (*US*) *n* バーテンbáten

barter [baːrˈtəːr] *vt: to barter something for something* ...を...と交換する ...wo ...to kốkan suru

base [beis] *n* (foot: of tree) 根元 nemốto; (foundation: of food) 主成分 shuséìbun; (: of make-up) ファウンデーション faúndèshon; (center: for military, research) 基地 kichí; (: for individual, organization) 本拠地 hoñkyochi

♦*vt: to base something on* (opinion, belief) ...が...に基づく ...ga ...ni motŏzukù

♦*adj* (mind, thoughts) 卑しい iyáshiì

baseball [beisˈbɔːl] *n* 野球 yakyū́, ベースボール bḗsubòru

basement [beisˈmənt] *n* 地下室 chikáshìtsu

bases[1] [beiˈsiz] *npl of* **base**

bases[2] [beiˈsiːz] *npl of* **basis**

bash [bæʃ] (*inf*) *vt* (beat) ぶん殴る buńnagurù

bashful [bæʃˈfəl] *adj* 内気な uchíki na

basic [beiˈsik] *adj* (fundamental: principles, problem, essentials) 基本的な kihóñteki na; (starting: wage) 基本の kihóñ no; (elementary: knowledge) 初歩的な shohótèki na; (primitive: facilities) 最小限の saíshōgen no

basically [beiˈsikliː] *adv* (fundamentally) 根本的に koñponteki ni; (in fact, put simply) はっきり言って hakkírì itté

basics [beiˈsiks] *npl: the basics* 基本 kihón

basil [bæzˈəl] *n* メボウキ mébòki, バジル bájìru

basin [beiˈsin] *n* (vessel) たらい tarái;

(*also*: **wash basin**) 洗面台 señmendai; (GEO: of river, lake) 流域 ryū́iki

basis [beiˈsis] (*pl* **bases**) *n* (starting point, foundation) 基礎 kisố

on a part-time / trial basis パートタイム〔見習い〕で pấtotaìmù(minarai)de

bask [bæsk] *vi: to bask in the sun* 日光浴をする nikkỗyoku wo suru, 日なたぼっこをする hinátabokkò wo suru

basket [bæsˈkit] *n* (container) かご kagố, バスケット basúkettò

basketball [bæsˈkitbɔːl] *n* バスケットボール basúkettobòru

bass [beis] *n* (part, instrument) バス básù; (singer) バス歌手 basúkashù

bassoon [bæsuːnˈ] *n* (MUS) バスーン básùn

bastard [bæsˈtəːrd] *n* (offspring) 私生児 shiséìji; (*inf!*) くそ野郎 kusóyarò

bastion [bæsˈtʃən] *n* (of privilege, wealth etc) とりで toŕìde

bat [bæt] *n* (ZOOL) コウモリ kốmori; (for ball games) バット báttò; (*BRIT*: for table tennis) ラケット rakéttò

♦*vt: he didn't bat an eyelid* 彼は瞬き1つしなかった kárè wa mabátàki hitótsù shinákàtta

batch [bætʃ] *n* (of bread) 1かま分 hitókamabùn; (of letters, papers) 1山 hitóyàma

bated [beiˈtid] *adj: with bated breath* 息を殺して íkì wo koróshite

bath [bæθ] *n* (bathtub) 風呂 fúrò, 湯船 yúbùne; (act of bathing) 入浴 nyúyoku

♦*vt* (baby, patient) 風呂に入れる fúrò ni iréru

to have a bath 風呂に入る fúrò ni haíru

¶ *see also* **baths**

bathe [beið] *vi* (swim) 泳ぐ oyógù, 遊泳する yū́ei suru; (*US*: have a bath) 風呂に入る fúrò ni haíru

♦*vt* (wound) 洗う aráu

bather [beiˈðəːr] *n* 遊泳〔水泳〕する人 yū́ei〔suíei〕suru hito

bathing [beiˈðiŋ] *n* (taking a bath) 入浴 nyúyoku; (swimming) 遊泳 yū́ei, 水泳 suíei

bathing cap *n* 水泳帽 suíeìbồ

bathing suit (*BRIT* **bathing costume**)

n 水着 mizúgi

bathrobe [bæθ'roub] *n* バスローブ basúrōbu

bathroom [bæθ'ru:m] *n* トイレ tôīre; (without toilet) 浴室 yokúshitsu

baths [bæðz] (*BRIT*) *npl* (*also*: **swimming baths**) 水泳プール suéipūru

bath towel *n* バスタオル basútaòru

baton [bætæn] *n* (MUS) 指揮棒 shikíbō; (ATHLETICS) バトン batón; (policeman's) 警棒 keíbō

battalion [bətæl'jən] *n* 大隊 daítai

batter [bæt'ər] *vt* (child, wife) ...に暴力を振るう ...ni bŏryoku wo furúù; (subj: wind, rain) ...に強く当る ...ni tsúyòku atáru

♦*n* (CULIN) 生地 kíjì

battered [bæt'ə:rd] *adj* (hat, pan) 使い古した tsukáifurushíta

battery [bæt'ə:ri:] *n* (of flashlight etc) 乾電池 kandénchi; (AUT) バッテリー battérī

battle [bæt'əl] *n* (MIL, *fig*) 戦い tatákai
♦*vi* 戦う tatákau

battlefield [bæt'əlfí:ld] *n* 戦場 senjō

battleship [bæt'əlʃíp] *n* 戦艦 senkan

bawdy [bɔ:'di:] *adj* (joke, song) わいせつな waísetsu na

bawl [bɔ:l] *vi* (shout: adult) どなる donárù; (wail: child) 泣きわめく nakíwamekù

bay [bei] *n* (GEO) 湾 wáñ
to hold someone at bay ...を寄付けない ...wo yosétsukenaì

bay leaf *n* ゲッケイジュの葉 gekkeíju no ha, ローリエ rōrie, ベイリーフ beírīfu

bayonet [bei'ɔnet] *n* 銃剣 júken

bay window *n* 張出し窓 harídashimadò

bazaar [bəza:r'] *n* (market) 市場 íchìba; (fete) バザー bazá

B. & B. [bi:' ænd bi:'] *n abbr* = **bed and breakfast**

BBC [bi:bi:si:'] *n abbr* (= *British Broadcasting Company*) 英国放送協会 eíkoku hōsō kyōkai

B.C. [bi:si:'] *adv abbr* (= *before Christ*) 紀元前 kigénzen

be [bi:] (*pt* **was**, **were**, *pp* **been**) *aux vb* **1** (with present participle: forming continuous tenses) ...している ...shíte iru
what are you doing? 何をしていますか nánì wo shité imasù ká
it is raining 雨が降っています ámè ga fúttè imásù
they're coming tomorrow 彼らは明日来る事になっています kárèra wa asú kurù koto ni náttè imásù
I've been waiting for you for hours 何時間もあなたを待っていますよ nánjikàn mo anátà wo mátté imásù yo
2 (with *pp*: forming passives) ...される ...saréru
to be killed 殺される korósareru
the box had been opened 箱は開けられていた hakó wa ákérarete ita
the thief was nowhere to be seen 泥棒はどこにも見当らなかった doróbō wa dókò ni mo míàtaranakàtta
3 (in tag questions) ...ね ...né, ...でしょう ...deshō
it was fun, wasn't it? 楽しかったね tanóshikàtta né
he's good-looking, isn't he? 彼は男前だね kárè wa otőkomae da ne
she's back again, is she? 彼女はまた来たのか kánojò wa matá kita nò ká
4 (+ *to* + *infinitive*) ...すべきである ...subékì de aru
the house is to be sold 家は売る事になっている ié wà urú koto nì náttè iru
you're to be congratulated for all your work 立派な仕事を完成しておめでとう rippá na shigoto wo kansei shite ömédetō
he's not to open it 彼はそれを開けてはならない kárè wa soré wo akete wà naránaì
♦*vb* + *complement* **1** (*gen*) ...である ...de árù
I'm English 私はイングランド人です watákushi wa íngurandojìn desu
I'm tired/hot/cold 私は疲れた〔暑い，寒い〕watákushi wa tsùkárèta〔atsúì,

samúî〕

he's a doctor 彼は医者です kárè wa ishá desù

2 and 2 are 4 2足す2は4 ní tasù ní wà yóñ

she's tall/pretty 彼女は背が高い〔きれいです〕kánojò wa sé gà takáî〔kírèi desu〕

be careful/quiet/good! 注意〔静かに，行儀よく〕して下さい chúî〔shízùka ni, gyógi yokù〕shité kudasài

2 (of health): *how are you?* お元気ですか o-génkì desu ká

he's very ill 彼は重病です kárè wa jū́byò desù

I'm better now もう元気になりました mố génkì ni narímashìta

3 (of age) …才です …sài desu

how old are you? 何才ですか nánsai desu ka, (お) 幾つですか (ó)ikùtsu desu ka

I'm sixteen (years old) 16才です jū́rokusài desu

4 (cost): *how much was the meal?* 食事はいくらでしたか shokúji wa ikùra deshìta ká

that'll be $5.75, please 5ドル75セント頂きます gốdoru nanájū̀gosèntð itádakimasù

♦*vi* **1** (exist, occur etc) 存在する sónzai suru

the best singer that ever was 史上最高の歌手 shijṓ saikō no kashù

is there a God? 神は存在するか kámî wa sónzai suru ka

be that as it may それはそれとして soré wa sore toshite

so be it それでよい soré de yoì

2 (referring to place) …にある〔いる〕…ni árù〔ìrú〕

I won't be here tomorrow 明日はここに来ません asú wà kokó ni kìmásèñ

Edinburgh is in Scotland エジンバラはスコットランドにある ejínbàra wa sukóttorando ni árù

it's on the table それはテーブルにあります soré wa tēburu ni árìmasù

we've been here for ages 私たちはずっと前からここにいます watákushitàchi wa zuttó maè kara kokó ni ìmásù

3 (referring to movement) 行って来る itté kurù

where have you been? どこへ行っていましたか dókò e itté imashìta ka

I've been to the post office/to China 郵便局〔中国〕へ行って来ました yū́bin-kyoku〔chū̀gòku〕e itté kimashìta

I've been in the garden 庭にいました niwá ni imashìta

♦*impers vb* **1** (referring to time): *it's 5 o'clock* 5時です gójì desu

it's the 28th of April 4月28日です shigátsu nijū̀hachìnichi dèsu

2 (referring to distance): *it's 10 km to the village* 村まで10キロメーターです murá màde jukkírometà desu

3 (referring to the weather): *it's too hot* 暑過ぎる atsúsugirù

it's too cold 寒過ぎる samúsugirù

it's windy today 今日は風が強い kyō wà kazé ga tsuyoì

4 (emphatic): *it's only me/the postman* ご心配なく，私〔郵便屋さん〕です go-shínpai nakù, watákushi〔yū̀bin-yasan〕desù

it was Maria who paid the bill 勘定を払ったのはマリアでした kánjō wð haráttã no wa márià deshita

beach [bi:tʃ] *n* 浜 hamá

♦*vt* (boat) 浜に引上げる hamá ni hikíagerù

beacon [bi:'kən] *n* (lighthouse) 燈台 tõdai; (marker) 信号 shiñgõ

bead [bi:d] *n* (glass, plastic etc) ビーズ bízu; (of sweat) 玉 tamá

beak [bi:k] *n* (of bird) くちばし kuchíbashi

beaker [bi:'kə:r] *n* (cup) コップ koppú, グラス gúràsu

beam [bi:m] *n* (ARCHIT) はり harî; (of light) 光線 kõsen

♦*vi* (smile) ほほえむ hohóemù

bean [bi:n] *n* マメ mamè

runner bean サヤインゲン sayáiñgen

broad bean ソラマメ sorámàme

coffee bean コーヒーマメ kōhīmāme

beansprouts [biːn'sprauts] *npl* マメモヤシ mamémoyáshi

bear [beːr] *n* (ZOOL) クマ kumá
♦*vb* (*pt* **bore**, *pp* **borne**)
♦*vt* (carry, support: weight) 支える sasáerù; (: responsibility) 負う oú; (: cost) 払う haráù; (tolerate: examination, scrutiny, person) ...に耐える ...ni taérù; (produce: children) 産む umú
♦*vi*: **to bear right/left** (AUT) 右〔左〕に曲る migí[hidári]ni magárù

to bear fruit ...に実がなる ...ni mi ga narú

beard [biːrd] *n* ひげ higé

bearded [biːrd'id] *adj* ひげのある higé no arù

bearer [beːr'əːr] *n* (of letter, news) 運ぶ人 hakóbu hito; (of cheque) 持参人 jisánnin; (of title) 持っている人 móttè irú hito

bearing [beːr'iŋ] *n* (air) 態度 táldo; (connection) 関係 kańkei

to take a bearing 方角を確かめる hōgaku wò tashíkamerù

to find one's bearings 自分の位置を確かめる jibún no ichi wò tashíkamerù

bearings [beːr'iŋz] *npl* (*also*: **ball bearings**) ボールベアリング bōrubeāringu

bear out *vt* (person) ...の言う事を保証する ...no iu koto wo hoshō suru; (suspicions etc) ...の事実を証明する ...no jijítsu wo shōmei suru

bear up *vi* (person) しっかりする shikkárì suru

beast [biːst] *n* (animal) 野獣 yajū; (*inf*: person) いやなやつ iyá na yatsù

beastly [biːst'liː] *adj* (awful: weather, child, trick etc) ひどい hídoì

beat [biːt] *n* (of heart) 鼓動 kodō; (MUS) 拍子 hyōshi, ビート bīto; (of policeman) 巡回区域 juńkaikuìki
♦*vb* (*pt* **beat**, *pp* **beaten**)
♦*vt* (strike: wife, child) 殴る nagúrù; (eggs, cream) 泡立てる awádaterù, ホイップする hoíppù suru; (defeat: opponent) ...に勝つ ...ni kátsù; (: record) 破る yabúrù
♦*vi* (heart) 鼓動する kodō suru; (rain) たき付ける様に降る tatákitsukeru yō ni fúrù; (wind) たたき付ける様に吹く tatákitsukeru yō ni fúkù; (drum) 鳴る narú

off the beaten track へんぴな所に hénpi na tokóro ni

to beat it (*inf*) ずらかる zurákarù

beating [biːt'iŋ] *n* (punishment with whip etc) むち打ち muchfuchi; (violence) 殴るけるの暴行 nagúrukeru no bōkō

beat off *vt* (attack, attacker) 撃退する gekítai suru

beat up *vt* (person) 打ちのめす uchínomesù; (mixture) かく拌する kakúhan suru; (eggs, cream) 泡立てる awádaterù, ホイップする hoíppù suru

beautiful [bjuː'təfəl] *adj* (woman, place) 美しい utsúkushiî; (day, weather) 素晴しい subárashiì

beautifully [bjuː'təfəliː] *adv* (play music, sing, drive etc) 見事に mígòto ni

beauty [bjuː'tiː] *n* (quality) 美しさ utsúkushìsà; (beautiful woman) 美女 bíjò, 美人 bíjin; (*fig*: attraction) 魅力 miryóku

beauty salon *n* 美容院 bíyòin

beauty spot *n* (*BRIT*: TOURISM) 景勝地 keishóchī

beaver [biː'vəːr] *n* (ZOOL) ビーバー bība

became [bikeim'] *pt of* **become**

because [bikɔːz'] *conj* ...だから ...dá kàra, ...であるので ...de árù nodé

because of ...のため ...no tamé, ...のせいで ...no seí dc

beck [bek] *n*: **to be at the beck and call of** ...の言いなりになっている ...no iínari ni natté irú

beckon [bek'ən] *vt* (*also*: **beckon to**: person) ...に来いと言図する ...ni kói to áìzu suru

become [bikʌm'] (*pt* **became**, *pp* **become**) *vi* ...になる ...ni nárù

to become fat 太る futórù

to become thin やせる yasérù

becoming [bikʌm'iŋ] *adj* (behavior) ふさわしい fusáwashiî; (clothes) 似合う niáù

bed [bed] *n* (piece of furniture) ベッド béddò; (of coal, clay) 層 sō; (bottom: of river, sea) 底 sokó; (of flowers) 花壇 kádàn *to go to bed* 寝る nerú

bed and breakfast n (place) 民宿 miñshuku; (terms) 朝食付き宿泊 chōshokutsuki shukùhaku

bedclothes [bed'klouz] npl シーツと毛布 shītsu to mōfu

bedding [bed'iŋ] n 寝具 shíñgu

bedlam [bed'ləm] n 大騒ぎ ōsawàgi

bedraggled [bidræg'əld] adj (person, clothes, hair) びしょ濡れの bishônure no

bedridden [bed'ridən] adj 寝たきりの netákiri no

bedroom [bed'ru:m] n 寝室 shiñshitsu

bedside [bed'said] n: *at someone's bedside* ...の枕元に ...no makúramòto ni

bedsit(ter) [bed'sit(ə:r)] (BRIT) n 寝室兼居間 shiñshitsu keñ imá

bedspread [bed'spred] n ベッドカバー beddôkabā

bedtime [bed'taim] n 寝る時刻 nerú jíkòku

bee [bi:] n ミツバチ mitsúbàchi

beech [bi:tʃ] n (tree) ブナ búnà; (wood) ブナ材 bunázai

beef [bi:f] n 牛肉 gyūniku
  roast beef ローストビーフ rōsutobīfu

beefburger [bi:f'bə:rgə:r] n ハンバーガー hañbāga

Beefeater [bi:f'i:tə:r] n ロンドン塔の守衛 rôndontō nò shuéi

beehive [bi:'haiv] n ミツバチの巣箱 mitsúbàchi no súbàko

beeline [bi:'lain] n: *to make a beeline for* まっしぐらに...に向かう masshígùra ni ...ni mukáu

been [bin] pp of **be**

beer [bi:r] n ビール bīru

beet [bi:t] n (vegetable) サトウダイコン satôdaikon, ビート bīto; (US: also: *red beet*) ビーツ bītsu

beetle [bi:t'əl] n 甲虫 kốchū

beetroot [bi:t'ru:t] (BRIT) n ビーツ bītsu

before [bifɔːr'] prep (of time, space) ...の前に〔で〕 ...no máè ni(de)
  ♦conj ...する前に ...surú maè ni
  ♦adv (time, space) 前に máè ni
  before going 行く前に ikú maè ni

before she goes 彼女が行く前に kánojo ga ikú maè ni

the week before (week past) 1週間前 isshūkan maè

I've never seen it before これまで私はそれを見た事はない korè madè watákushi wà sorè wò mitá koto wà nái

beforehand [bifɔːr'hænd] adv あらかじめ arákajime, 前もって maémottè

beg [beg] vi (as beggar) こじきをする kojíki wò suru
  ♦vt (also: *beg for*: food, money) こい求める koímotomerù; (: forgiveness, mercy etc) 願う negáù

to beg someone to do something ...に...してくれと頼む ...ni ...shité kurè to tanómù ¶ see also **pardon**

began [bigæn'] pt of **begin**

beggar [beg'ə:r] n こじき kojíki

begin [bigin'] (pt **began**, pp **begun**) vt 始める hajímeru
  ♦vi 始まる hajímaru
  to begin doing/to do something ...し始める ...shihajímeru

beginner [bigin'ə:r] n 初心者 shoshíñsha

beginning [bigin'iŋ] n 始め hajíme

begun [bigʌn'] pp of **begin**

behalf [bihæf'] n: *on behalf of* (as representative of) ...を代表して ...wo daíhyō shité; (for benefit of) ...のために ...no tamé ni

on my/his behalf 私〔彼〕のために watákukushi(kárè)nò tamé ni

behave [biheiv'] vi (person) 振舞う furúmaù; (well: also: *behave oneself*) 行儀良くする gyốgi yokù suru

behavior [biheiv'jə:r] (BRIT **behaviour**) n 行動 kốdō

behead [bihed'] vt ...の首を切る ...no kubí wò kírù

beheld [biheld'] pt, pp of **behold**

behind [bihaind'] prep (position: at the back of) ...の後ろに〔で〕 ...no ushíro ni (de); (supporting) ...を支援して ...wo shién shite; (lower in rank, etc) ...に劣って ...ni otótte
  ♦adv (at/towards the back) 後ろに〔の方へ〕 ushíro ni(no hố e); (leave, stay) 後に

átò ni

♦*n* (buttocks) しり shirí

to be behind (schedule) 遅れている okúrete irú

behind the scenes (*fig*) 非公式に hikó-shiki ni

behold [bihould'] (*pt*, *pp* **beheld**) *vt* 見る mírù

beige [bei3] *adj* ベージュ béju

Beijing [bei'dʒiŋ'] *n* 北京 pékìn

being [bi:'iŋ] *n* (creature) 生き物 ikímonò; (existence) 存在 soñzai

Beirut [beiru:t'] *n* ベイルート befrúto

belated [bilei'tid] *adj* (thanks, welcome) 遅ればせの okúrebase no

belch [beltʃ] *vi* げっぷをする geppú wò suru

♦*vt* (*gen*: belch out: smoke etc) 噴出する fuñshutsu suru

belfry [bel'fri:] *n* 鐘楼 shórō

Belgian [bel'dʒən] *adj* ベルギーの berúgī no

♦*n* ベルギー人 berúgījìn

Belgium [bel'dʒəm] *n* ベルギー berúgī

belie [bilai'] *vt* (contradict) 隠す kakúsù; (disprove) 反証する hañshō suru

belief [bili:f'] *n* (opinion) 信念 shíñnen; (trust, faith) 信仰 shíñkō

believe [bili:v'] *vt* 信じる shiñjirù

♦*vi* 信じる shiñjirù

to believe in (God, ghosts) ...の存在を信じる ...no soñzai wò shiñjirù; (method) ...が良いと考える ...ga yóì to kañgaerù

believer [bili:v'ə:r] *n* (in idea, activity) ...が良いと考える人 ...ga yóì to kañgaeru hito; (REL) 信者 shiñja

belittle [bilit'əl] *vt* 軽視する keíshi suru

bell [bel] *n* (of church) 鐘 kanê; (small) 鈴 suzú; (on door, *also* electric) 呼び鈴 yobírin, ベル bérù

belligerent [bəlidʒ'ə:rənt] *adj* (person, attitude) けんか腰の keñkagoshi no

bellow [bel'ou] *vi* (bull) 大声で鳴く ōgoè de nakú; (person) どなる donárù

bellows [bel'ouz] *npl* (for fire) ふいご fuígo

belly [bel'i:] *n* (ANAT: of person, animal) 腹 hará

belong [bilɔ:ŋ'] *vi*: *to belong to* (person) ...の物である ...no monó de arù; (club etc) ...に所属している ...ni shozóku shite irù, ...の会員である ...no kaíiñ de arù

this book belongs here この本はここにしまうことになっている hoñ wa kokó ni shimaù kotó ni nattè irú

belongings [bilɔ:ŋ'iŋz] *npl* 持物 mochímòno

beloved [bilʌv'id] *adj* (person) 最愛の saíai no; (place) 大好きな dáìsuki na; (thing) 愛用の aíyō no

below [bilou'] *prep* (beneath) ...の下に〔で〕...no shitá ni〔de〕; (less than: level, rate) ...より低く ...yórì hikúkù

♦*adv* (beneath) 下に shitá ni

see below (in letter etc) 下記参照 kakí-sañshō

belt [belt] *n* (of leather etc: *also* TECH) ベルト berúto; (*also*: **belt of land**) 地帯 chítài

♦*vt* (thrash) 殴る nagúrù

beltway [belt'wei] (*US*) *n* (AUT: ring road) 環状道路 kañjōdòro

bemused [bimju:zd'] *adj* (person, expression) ぼう然とした bózen to shitá

bench [bentʃ] *n* (seat) ベンチ béñchi; (work bench) 作業台 sagyódai; (*BRIT*: POL) 議員席 gíñseki

the Bench (LAW: judges) 裁判官 saíbañkan ◇総称 sōshō

bend [bend] (*pt*, *pp* **bent**) *vt* (leg, arm, pipe) 曲げる magéru

♦*vi* (person) かがむ kagámu

♦*n* (*BRIT*: in road) カーブ kâbu; (in pipe, river) 曲った所 magátta tokoro

bend down *vi* 身をかがめる mi wo kagámeru

bend over *vi* 身をかがめる mi wo kagámeru

beneath [bini:θ'] *prep* (position) ...の下に〔で〕...no shitá ni〔de〕; (unworthy of) ...のこけんに関わる ...no kokén ni kakawarù

♦*adv* 下に shitá ni

benefactor [ben'əfæktə:r] *n* (to person, institution) 恩人 oñjin

beneficial [benəfiʃ'əl] *adj* (effect, influence) 有益な yūeki na

beneficial (to) (...に) 有益な (...ni) yū-
eki na

benefit [ben'əfit] *n* (advantage) 利益 ríe-
ki; (money) 手当て teáte
♦*vt* ...の利益になる ...no ríeki ni narù
♦*vi*: *he'll benefit from it* それは彼の
ためになるだろう soré wà kárè no tamé
ni narù darō

Benelux [ben'əlʌks] *n* ベネルクス béné-
rukùsu

benevolent [bənev'ələnt] *adj* (person) 温
和な ofiwa na; (organization) 慈善の jizén
no

benign [binain'] *adj* (person, smile) 優し
い yasáshii; (MED) 良性の ryōsei no

bent [bent] *pt, pp of* **bend**
♦*n* 才能 saínō
♦*adj* (*inf*: corrupt) 不正な fuséi na
to be bent on doing ...しようと心掛け
ている ...shíyō to kokórogakete irù

bequest [bikwest'] *n* (to person, charity)
遺贈 izō

bereaved [biri:vd'] *n*: *the bereaved* 喪中
の人々 mochū no tobītobun

beret [bərei'] *n* ベレー帽 bérébō

Berlin [bə:rlin'] *n* ベルリン berúrin

berm [bə:rm] (*US*) *n* (AUT) 路肩 rokáta

Bermuda [bə:rmju:d'ə] *n* バーミューダ
bámyùda

berry [be:r'i:] *n* ベリー berí ◇総称 sōshō

berserk [bə:rsə:rk'] *adj*: *to go berserk*
(madman, crowd) 暴れ出す abáredasù

berth [bə:rθ] *n* (on ship or train) 寝台 shíñ-
dai; (for ship) バース bàsu
♦*vi* (ship) 接岸する setsúgan suru

beseech [bisi:tʃ'] (*pt, pp* **besought**) *vt*
(person, God) ...に嘆願する ...ni tañgan
suru

beset [biset'] (*pt, pp* **beset**) *vt* (subj: fears,
doubts, difficulties) 襲う osóu

beside [bisaid'] *prep* (next to) ...の横に
〔で〕...no yokó ni(de)
to be beside oneself (with anger) 逆上
している gyakújō shite irù
that's beside the point それは問題外
です soré wà mofídaigài desu

besides [bisaidz'] *adv* (in addition) それ

に soré ni; その上 sonó ue; (in any case)
とに角 tonīkaku
♦*prep* (in addition to, as well as) ...の外
に ...no hoká ni

besiege [bisi:dʒ'] *vt* (town) 包囲攻撃する
hōikōgeki suru; (*fig*: subj: journalists,
fans) ...に押寄せる ...ni oshíyoserù

besought [bisɔ:t'] *pt, pp of* **beseech**

best [best] *adj* (quality, suitability,
extent) 最も良い mottomó yoí
♦*adv* 最も良く mottómò yókù
the best part of (quantity) ...の大部分
...no daíbubun
at best 良くても yókùte mo
to make the best of something ...を出
来るだけ我慢する ...wo dekíru dake ga-
mañ suru
to do one's best 最善を尽す saízen wo
tsukúsù, ベストを尽くす bésùto wo tsu-
kúsù
to the best of my knowledge 私の知っ
ている限りでは watákushi no shittè irú
kagiri de wa
to the best of my ability 私に出来る
限り watákushi ni dekíru kagíri

best man *n* 新郎付添い役 shifrōtsukiso-
iyàku

bestow [bistou'] *vt* (honor, title): *to
bestow something on someone* ...に...を
授ける ...ni ...wo sazúkerù

bestseller [best'selə:r] *n* (book) ベストセ
ラー besútoserà

bet [bet] *n* (wager) かけ kaké
♦*vb* (*pt, pp* **bet** *or* **betted**)
♦*vt* (wager): *to bet someone some-
thing* ...と...をかける ...to ...wo kakérù
♦*vi* (wager) かける kakérù
to bet money on something ...に金をか
ける ...ni kané wò kakérù

betray [bitrei'] *vt* (friends, country,
trust, confidence) 裏切る urágirù

betrayal [bitrei'əl] *n* (action) 裏切り urá-
giri

better [bet'ə:r] *adj* (quality, skill, sensa-
tion) より良い yorí yoî; (health) 良くなっ
た yókù nattá
♦*adv* より良く yorí yókù
♦*vt* (score) ...より高い得点をする ...yórî

takái tokúten wo suru; (record) 破る ya-búrù

♦*n: to get the better of* ...に勝つ ...ni kátsù

you had better do it あなたはそうした方が良い anátà wa sṓ shita hṓ ga yóī

he thought better of it 彼は考え直した kárè wa kańgaenaoshita

to get better (MED) 良くなる yókù naru, 回復する kaífuku suru

better off *adj* (wealthier) ...より金がある ...yórì kané ga arù; (more comfortable etc) ...の方が良い ...no hṓ ga yoī

betting [bet'iŋ] *n* (gambling, odds) かけ事 kakégòto, ギャンブル gyáñburu

betting shop (*BRIT*) *n* 私営馬券売り場 shiéibaken-urĩba

between [bitwin'] *prep* (all senses) ...の間に〔で〕 ...no aída ni(de)

♦*adv* 間に aída ni

beverage [bev'ə:ridʒ] *n* 飲物 nomímòno, 飲料 iñryō

beware [biwer'] *vi: to beware (of)* (dog, fire) (...を) 用心する (...wo) yōjin suru

「*beware of the dog*」猛犬注意 mōkenchũi

bewildered [biwil'də:rd] *adj* (stunned, confused) 当惑した tōwaku shita

bewitching [biwitʃ'iŋ] *adj* (smile, person) うっとりさせる uttórì saséru

beyond [bia:nd'] *prep* (in space) ...より先に〔で〕 ...yórì sakí ni(de); (past: understanding) ...を越えて ...wo koéte; (after: date) ...以降で ...íkò ni; (above) ...以上に ...ijṓ ni

♦*adv* (in space, time) 先に sakí ni

beyond doubt 疑いもなく utágai mo nakù

beyond repair 修理不可能で shūri fukánō de

bias [bai'əs] *n* (prejudice) 偏見 heñken

bias(s)ed [bai'əst] *adj* (jury) 偏見を持った heñken wo mottá; (judgement, reporting) 偏見に基づいた heñken ni motózuìta

bib [bib] *n* (child's) よだれ掛け yodárekàke

Bible [bai'bəl] *n* (REL) 聖書 séīsho, バイブル báīburu

biblical [bib'likəl] *adj* 聖書の séīsho no

bibliography [bibli:ɑːg'rəfi:] *n* (in text) 文献目録 buñkenmokùroku

bicarbonate of soda [baiɑːkɑːr'bənit-] *n* 重炭酸ソーダ jūtansansõda, 重曹 jūsō

bicker [bik'ə:r] *vi* (squabble) 口論する kõron suru

bicycle [bai'sikəl] *n* 自転車 jitéñsha

bid [bid] *n* (at auction) 付値 tsukéné; (in tender) 入札 nyūsatsu; (attempt) 試み kokóromi

♦*vb* (*pt* **bade** *or* **bid**, *pp* **bidden** *or* **bid**)

♦*vi* (at auction) 競りに加わる serí ni kuwawarù

♦*vt* (offer) ...と値を付ける ...to né wò tsukérù

to bid someone good day (hello) ...に今日はと言う ...ni konnichi wa to iu; (farewell) ...にさようならと言う ...ni sayṓnara to iu

bidder [bid'ə:r] *n: the highest bidder* 最高入札者 saíkōnyūsatsùsha

bidding [bid'iŋ] *n* (at auction) 競り serí

bide [baid] *vt: to bide one's time* (for opportunity) 時期を待つ jíkì wo mátsù

bidet [bi:dei'] *n* ビデ bídè

bifocals [baifou'kəlz] *npl* 二重焦点眼鏡 nijūshōtenmegàne

big [big] *adj* (gen) 大きい ṓkiī, 大きな ṓkina

big brother 兄 áni, 兄さん níīsan

big sister 姉 ané, 姉さん nèsan

bigamy [big'əmi:] *n* 重婚 jūkon

big dipper [-dip'ə:r] (*BRIT*) *n* (at fair) ジェットコースター jettōkòsutā

bigheaded [big'hedid] *adj* うぬぼれた unúboreta

bigot [big'ət] *n* (on race, religion) 偏狭な人 heñkyō na hito

bigoted [big'ətid] *adj* (on race, religion) 偏狭な heñkyō na

bigotry [big'ətri:] *n* 偏狭さ heñkyōsà

big top *n* (at circus) 大テント ṓteñto

bike [baik] *n* (bicycle) 自転車 jitéñsha

bikini [biki:'ni:] *n* ビキニ bíkìni

bilateral [bailæt'ə:rəl] *adj* (agreement)

双務的な sốmuteki na

bile [bail] *n* (BIO) 胆汁 tańjū

bilingual [bailiŋ'gwəl] *adj* (dictionary) 二か国語の nikákokugo no; (secretary) 二か国語を話せる nikákokugo wò hanáserù

bill [bil] *n* (account) 勘定書 kańjōgaki; (invoice) 請求書 seíkyūsho; (POL) 法案 hóan; (*US*: banknote) 紙幣 shíhèi; (of bird) くちばし kuchíbashi; (THEATER: of show: on the bill) 番組 bańgumi

「*post no bills*」張紙厳禁 harígamigenkin

to fit/fill the bill (*fig*) 丁度いい chốdo iì

billboard [bil'bɔːrd] *n* 広告板 kốkokuban

billet [bil'it] *n* (MIL) 軍人宿舎 guńjinshukùsha

billfold [bil'fould] (*US*) *n* 財布 saífu

billiards [bil'jəːrdz] *n* ビリヤード biríyàdo

billion [bil'jən] *n* (*BRIT*) 兆 chố; (*US*) 10億 jūoku

bin [bin] *n* (*BRIT*: for rubbish) ごみ入れ gomíire; (container) 貯蔵箱 chōzồbako, 瓶 bín

binary [bai'nəːriː] *adj* (MATH) 二進法の nishínhō no

bind [baind] (*pt*, *pp* **bound**) *vt* (tie, tie together) 縛る shibárù; (constrain) 束縛する sokúbaku suru; (book) 製本する seíhon suru

♦*n* (*inf*: nuisance) いやな事 iyá na koto

binding [bain'diŋ] *adj* (contract) 拘束力のある kốsokuryòku no aru

binge [bindʒ] (*inf*) *n*: *to go on a binge* (drink a lot) 酒浸りになる sakébitari ni narù

bingo [biŋ'gou] *n* ビンゴ bíñgo

binoculars [bənɑːk'jələːrz] *npl* 双眼鏡 sốgankyō

biochemistry [baioukem'istriː] *n* 生化学 seíkagàku

biography [baiɑːg'rəfiː] *n* 伝記 deńki

biological [baiɑːlɑːdʒ'ikəl] *adj* (science, warfare) 生物学の seíbutsugàku no; (washing powder) 酵素洗剤 kốsoseñzai

biology [baiɑːl'ədʒiː] *n* 生物学 seíbutsugàku

birch [bəːrtʃ] *n* (tree) カバノキ kabá no ki; (wood) カバ材 kabázài

bird [bəːrd] *n* (ZOOL) 鳥 torí; (*BRIT*: *inf*: girl) 女の子 ofina no ko

bird's-eye view [bəːrdzai'-] *n* (aerial view) 全景 zeńkei; (overview) 概観 gaíkan

bird-watcher [bəːrd'wɑːtʃəːr] *n* バードウォッチャー bắdowotchà

bird-watching [bəːrd'wɑːtʃiŋ] *n* バードウォッチング bắdowotchìngu

Biro [bai'rou] ® *n* ボールペン bốrupen

birth [bəːrθ] *n* (of baby, animal, *also fig*) 誕生 tańjō

to give birth to (BIO: subj: woman, animal) ...を生む ...wo umú

birth certificate *n* 出生証明書 shusshô 〔shussêi〕shốmeisho

birth control *n* (policy) 産児制限 sańjiseïgen; (methods) 避妊 hinín

birthday [bəːrθ'dei] *n* 誕生日 tańjòbi

♦*cpd* (cake, card, present etc) 誕生日の tańjòbi no ¶ *see also* **happy**

birthplace [bəːrθ'pleis] *n* (country, town etc) 出生地 shusshốchì〔shussêichì〕, 生れ故郷 umárekokyò; (house etc) 生家 seíka

birth rate *n* 出生率 shusshồritsu〔shusseíritsu〕

Biscay [bis'kei] *n*: *the Bay of Biscay* ビスケー湾 bisúkềwan

biscuit [bis'kit] (*BRIT*) *n* ビスケット bisúkettò

bisect [baisekt'] *vt* (angle etc) 二等分する nitốbun suru

bishop [biʃ'əp] *n* (REL: Catholic etc) 司教 shíkyò; (: Protestant) 監督 kańtoku; (: Greek Orthodox) 主教 shúkyò; (CHESS) ビショップ bíshòppu

bit [bit] *pt of* **bite**

♦*n* (piece) 欠けら kakéra; (COMPUT) ビット bíttò; (of horse) はみ hámì

a bit of 少しの sukóshì no, ちょっとの chottó no

a bit mad ちょっと頭がおかしい chốttồ atáma ga okáshiì

a bit dangerous ちょっと危ない chốttồ abúnaì

bit by bit 少しずつ sukóshi zutsù

bitch [bitʃ] *n* (dog) 雌犬 mesúinu; (*inf!*: woman) あま ámà

bite [bait] (*pt* **bit**, *pp* **bitten**) *vt* (subj: person) かむ kámù; (: dog etc) ...にかみ付く ...ni kamítsuku; (: insect etc) 刺す sásù
♦*vi* (dog etc) かみ付く kamítsuku; (insect etc) 刺す sásù
♦*n* (insect bite) 虫刺され mushísasàre; (mouthful) 一口 hitókùchi
to bite one's nails つめをかむ tsumé wo kamù
let's have a bite (to eat) (*inf*) 何か食べよう nánì ka tabéyò

bitten [bit'ən] *pp of* **bite**

bitter [bit'ə:r] *adj* (person) 恨みを持った urámi wò mottá; (taste, experience, disappointment) 苦い nigáì; (wind) 冷たい tsumétaì; (struggle) 激しい hagéshiì; (criticism) 辛らつな shiíratsu na
♦*n* (*BRIT*: beer) ビター bitā ◇ホップの利いた苦いビール hoppù no kiíta nigáì bĩru

bitterness [bit'ə:rnis] *n* (anger) 恨み urámi; (bitter taste) 苦み nigámi

bizarre [bizɑ:r'] *adj* (conversation, contraption) 奇妙な kímyò na

blab [blæb] (*inf*) *vi* (to the press) しゃべる shabérù

black [blæk] *adj* (color) 黒い kuróì; (person) 黒人の kokújin no; (tea, coffee) ブラックの burákkù no
♦*n* (color) 黒 kúrò; (person): *Black* 黒人 kokújin
♦*vt* (*BRIT*: INDUSTRY) ボイコットする boíkottò suru
black humor ブラックユーモア burákkuyùmoa
to give someone a black eye ...を殴って目にあざを作る ...wo nagúttè me ni azá wo tsukúrù
black and blue (bruised) あざだらけの azá daràke no
to be in the black (in credit) 黒字である kuróji de arù

blackberry [blæk'be:ri:] *n* ブラックベリー burákkuberī ◇キイチゴの一種 kiíchigo no isshù

blackbird [blæk'bə:rd] *n* (European bird) クロウタドリ kuróutadòri

blackboard [blæk'bɔ:rd] *n* 黒板 kokúban

black coffee *n* ブラックコーヒー burákku kōhī

blackcurrant [blækkʌr'ənt] *n* クロスグリ kurósugùri

blacken [blæk'ən] *vt* (*fig*: name, reputation) 汚す kegásù

black ice (*BRIT*) *n* (on road) 凍結路面 tōketsuromèn

blackleg [blæk'leg] (*BRIT*) *n* (INDUSTRY) スト破り sutóyabùri

blacklist [blæk'list] *n* ブラックリスト burákkurisùto

blackmail [blæk'meil] *n* ゆすり yusúri
♦*vt* ゆする yusúru

black market *n* やみ市 yamíichi

blackout [blæk'aut] *n* (MIL.) 灯火管制 tōkakansei; (power cut) 停電 teíden; (TV, RADIO) 放送中止 hōsōchùshi; (faint) 一時的意識喪失 ichíjitekiishìkisò-shitsu, ブラックアウト burákkuaùto

Black Sea *n*: *the Black Sea* 黒海 kók-kai

black sheep *n* (*fig*) 持て余し者 motéa-mashimono

blacksmith [blæk'smiθ] *n* 鍛冶屋 kajíya

black spot *n* (AUT) 事故多発地点 jikótahátsuchitèn; (: for unemployment etc) ...が深刻になっている地域 ...ga shiñkoku ni nattè irú chìki

bladder [blæd'ə:r] *n* (ANAT) ぼうこう bôkō

blade [bleid] *n* (of knife, sword) 刃 há; (of propeller) 羽根 hané
a blade of grass 草の葉 kusá no ha

blame [bleim] *n* (for error, crime) 責任 sekínin
♦*vt*: *to blame someone for something* ...を...のせいにする ...wo ...no séi ni suru
to be to blame 責任が...にある sekínin ga ...ni arù

blameless [bleim'lis] *adj* (person) 潔白な keppáku na

bland [blænd] *adj* (taste, food) 味気ない ajíke naì

blank [blæŋk] *adj* (paper etc) 空白の kúhaku no; (look) ぼう然とした bốzen to shitá

◆*n* (of memory) 空白 kúhaku; (on form) 空所 kúsho; (*also*: **blank cartridge**) 空包 kúhō

a blank sheet of paper 白紙 hakúshi

blank check *n* 金額未記入の小切手 kíngakumiki-nyū no kogítté

blanket [blæŋ'kit] *n* (of cloth) 毛布 mốfu; (of snow, fog etc) 一面の... ichímen no ...

blare [ble:r] *vi* (brass band, horns, radio) 鳴り響く naríhibikù

blasé [bla:zei'] *adj* (reaction, tone) 無関心な mukáñshin na

blasphemy [blæs'fəmi:] *n* (REL) 冒とく bốtoku

blast [blæst] *n* (of wind) 突風 toppú; (of explosive) 爆発 bakúhatsu

◆*vt* (blow up) 爆破する bakúha suru

blast-off [blæst'ɔ:f] *n* (SPACE) 発射 hasshá

blatant [blei'tənt] *adj* (discrimination, bias) 露骨な rokótsu na

blaze [bleiz] *n* (fire) 火事 kájì; (*fig*: of color, glory) きらめき kirámeki; (: publicity) 大騒ぎ ōsawàgi

◆*vi* (fire) 燃え盛る moésakerù; (guns) 続け様に発砲する tsuzúkezama ni happō suru; (*fig*: eyes) 怒りで燃える ikári de moéru

◆*vt*: *to blaze a trail* (*fig*) 先べんを付ける seńben wo tsúkerù

blazer [blei'zəːr] *n* (of school, team etc) ブレザー burézǎ

bleach [bli:tʃ] *n* (*also*: **household bleach**) 漂白剤 hyốhakuzài

◆*vt* (fabric) 漂白する hyốhaku suru

bleached [bli:tʃt] *adj* (hair) 漂白した hyốhaku shitá

bleachers [bli:'tʃəːrz] (*US*) *npl* (SPORT) 外野席 gaíyasèki

bleak [bli:k] *adj* (countryside) もの寂しい monósabishiì; (weather) 悪い warúì; (prospect, situation) 暗い kurái; (smile) 悲しそうな kanáshisō na

bleary-eyed [bli:'ri:aid] *adj* 目がしょぼしょぼしている me ga shobòshobo shité

irù

bleat [bli:t] *vi* (goat, sheep) 鳴く nakú

bled [bled] *pt, pp of* **bleed**

bleed [bli:d] (*pt, pp* **bled**) *vi* (MED) 出血する shukkétsu suru

my nose is bleeding 鼻血が出ている hanáji ga dete irù

bleeper [bli:'pəːr] *n* (device) ポケットベル pokétto berù

blemish [blem'iʃ] *n* (on skin) 染み shimí; (on fruit) 傷 kizú; (on reputation) 汚点 otén

blend [blend] *n* (of tea, whisky) 混合 koñgō, ブレンド buréndo

◆*vt* 混ぜ合せる mazéawaserù, 混合する koñgō suru

◆*vi* (colors etc: *also*: **blend in**) 溶け込む tokékomù

bless [bles] (*pt, pp* **blessed** *or* **blest**) *vt* (REL) 祝福する shukúfuku suru

bless you! (after sneeze) お大事に o-dáiji ni

blessing [bles'iŋ] *n* (approval) 承認 shốnin; (godsend) 恵み megúmi; (REL) 祝福 shukúfuku

blew [blu:] *pt of* **blow**

blight [blait] *vt* (hopes, life etc) 駄目にする damé ni suru

blimey [blai'mi:] (*BRIT*: *inf*) *excl* おやおや oyá

blind [blaind] *adj* (MED) 盲目の mốmoku no; (*pej*) めくらの mekúra no; (euphemistically) 目の不自由な me no fujíyū na; (*fig*): *blind (to)* (...を) 見る目がない (...wo) mirú mé ga naì

◆*n* (for window) ブラインド buráindo; (: *also*: **Venetian blind**) ベネシアンブラインド benéshian buraíndo

◆*vt* (MED) 失明させる shitsúmei sasérù; (dazzle) ...の目をくらます ...no me wo kurámasù; (deceive) だます damásù

the blind (blind people) 盲人 mốjìñ ◇総称 sốshō

blind alley *n* (*fig*) 行き詰り yukízumari

blind corner (*BRIT*) *n* 見通しの悪い曲り角 mitốshi no waruì magárikadò

blindfold [blaind'fould] *n* 目隠し mekákùshi

♦*adj* 目隠しをした mekákùshi wo shitá
♦*adv* 目隠しをして mekákùshi wo shitê
♦*vt* 目隠しする mekákùshi suru

blindly [blaind'li:] *adv* (without seeing) よく見ないで yókù minåide; (without thinking) めくら滅法に mekúrameppō ni

blindness [blaind'nis] *n* (MED) 盲目 mőmoku; (euphemistically) 目の障害 me no shōgai

blind spot *n* (AUT) 死角 shikáku; (*fig*: weak spot) 盲点 mōten

blink [blink] *vi* (person, animal) 瞬く mabátakù; (light) 点滅する tefmetsu suru

blinkers [blink'ə:rz] *npl* 馬の目隠し umá no mekákùshi

bliss [blis] *n* (complete happiness) 至福 shifúku

blister [blis'tə:r] *n* (on skin) 水膨れ mizúbukùre; (in paint, rubber) 気胞 kihő
♦*vi* (paint) 気胞ができる kihő ga dekirù

blithely [blaið'li:] *adv* (proceed, assume) 軽率に keísotsu ni

blitz [blits] *n* (MIL) 空襲 kűshū

blizzard [bliz'ə:rd] *n* 吹雪 fubúki, ブリザード burízàdo

bloated [blou'tid] *adj* (face, stomach: swollen) はれた haréta; (person: full) たらふく食べた taráfuku tabèta

blob [bla:b] *n* (of glue, paint) 滴 shizúku; (something indistinct) はっきり見えないもの hakkírì miénài monó

bloc [bla:k] *n* (POL) 連合 refgō, ブロック burőkkù

block [bla:k] *n* (of buildings) 街区 gáiku, ブロック burőkkù; (of stone, wood) ブロック burőkkù, (in pipes) 障害物 shōgaíbutsu
♦*vt* (entrance, road) 塞ぐ fuságu; (progress) 邪魔する jamá suru

block of flats (*BRIT*) マンション mafshon

mental block 精神的ブロック seíshinteki burokkù

blockade [bla:keid'] *n* 封鎖 fúsa

blockage [bla:k'idʒ] *n* 閉そく heísoku

blockbuster [bla:k'bʌstə:r] *n* (film, book) センセーション sefsēshon

block letters *npl* 活字体 katsújitai

bloke [blouk] (*BRIT*: *inf*) *n* 男 otőko, 野郎 yárō

blond(e) [bla:nd] *adj* (hair) 金髪の kiñpatsu no, ブロンドの burōndo no
♦*n* (woman) 金髪の女性 kiñpatsu no joséi, ブロンド burōndo

blood [blʌd] *n* (BIO) 血 chi, 血液 ketsúeki

blood donor *n* 献血者 keñketsùsha

blood group *n* 血液型 ketsúekigata

bloodhound [blʌd'haund] *n* ブラッドハウンド buráddohaùndo

blood poisoning [-poi'zəniŋ] *n* 敗血症 haíketsushō

blood pressure *n* 血圧 ketsúatsu

bloodshed [blʌd'ʃed] *n* 流血 ryúketsu

bloodshot [blʌd'ʃɑːt] *adj* (eyes) 充血した júketsu shitá

bloodstream [blʌd'striːm] *n* 血流 ketsúryū

blood test *n* 血液検査 ketsúekikeňsa

bloodthirsty [blʌd'θə:rsti:] *adj* (tyrant, regime) 血に飢えた chi ni úeta

blood vessel *n* 血管 kekkán

bloody [blʌd'i:] *adj* (battle) 血みどろの chimídoro no; (nose) 鼻血を出した hanáji wo dashíta; (*BRIT*: *inf!*): *this bloody ...* くそったれ... kusóttarè...

bloody strong/good (*inf!*) すごく強い〔良い〕sugókù tsuyőì(yoì)

bloody-minded [blʌd'i:main'did] (*BRIT*: *inf*) *adj* 意地悪な ijíwàru na

bloom [bluːm] *n* (BOT: flower) 花 haná
♦*vi* (tree) ...の花が咲く ...no haná ga sakû; (flower) 咲く sakú

blossom [bla:s'əm] *n* (BOT) 花 haná
♦*vi* (BOT) 花が咲く haná ga sakú; (*fig*): *to blossom into* 成長して...になる seíchōshite ...ni narù

blot [bla:t] *n* (on text) 染み shimí; (*fig*: on name etc) 傷 kizú
♦*vt* (with ink etc) 汚す yogósu

blotchy [bla:tʃ'i:] *adj* (complexion) 染みだらけの shimídaràke no

blot out *vt* (view) 見えなくする miénàku suru; (memory) 消す kesú

blotting paper [bla:t'iŋ-] *n* 吸取り紙 suítorigàmi

blow [blou] *n* (punch etc: *also fig*) 打撃 dagéki; (with sword) 一撃 ichígeki
♦*vb* (*pt* blew, *pp* blown)
♦*vi* (wind) 吹く fúkù; (person) 息を吹き掛ける íkì wo fukíkakerù
♦*vt* (subj: wind) 吹き飛ばす fukítobasù; (instrument, whistle) 吹く fúkù; (fuse) 飛ばす tobásu
to blow one's nose 鼻をかむ haná wo kamú

blow away *vt* 吹飛ばす fukítobasù

blow down *vt* (tree) 吹倒す fukítaosù

blow-dry [blou'drai] *n* (hairstyle) ブロー仕上げ buróshiàge

blowlamp [blou'læmp] (*BRIT*) *n* = **blowtorch**

blow off *vt* (hat etc) 吹飛ばす fukítobasù

blow out *vi* (fire, flame) 吹消す fukíkesù

blow-out [blou'aut] *n* (of tire) パンク páǹku

blow over *vi* (storm) 静まる shizúmarù; (crisis) 収まる osámarù

blowtorch [blou'tɔːrtʃ] *n* ブローランプ buróràǹpu, トーチランプ tóchiràǹpu

blow up *vi* (storm) 起きる okírù; (crisis) 起る okórù
♦*vt* (bridge: destroy) 爆破する bakúha suru; (tire: inflate) 膨らます fukúramasu; (PHOT: enlarge) 引延ばす hikínobasù

blue [bluː] *adj* (color) 青い aóì, ブルーの burú no; (depressed) 憂うつな yúutsu na
blue film ポルノ映画 porúnoeìga
blue joke わいせつなジョーク waísetsu na jòku
out of the blue (*fig*) 青天のへきれきの様に seíten no hekirekí no yò ni

bluebell [bluː'bel] *n* ツルボ tsurúbò

bluebottle [bluː'bɑːtəl] *n* (insect) アオバエ aóbae

blueprint [bluː'print] *n* (*fig*): *a blueprint (for)* (...の) 計画 (...no) keíkaku, (...の) 青写真 (...no) aójashìn

blues [bluːz] *n*: *the blues* (*MUS*) ブルース búrùsu

bluff [blʌf] *vi* (pretend, threaten) はった

りを掛ける hattári wo kakérù
♦*n* (pretense) はったり hattári
to call someone's bluff ...に挑戦する ...ni chósen suru

blunder [blʌn'dəːr] *n* (political) へまhémà
♦*vi* (bungle something) へまをする hémà wo suru

blunt [blʌnt] *adj* (pencil) 先が太い sakí ga futóì; (knife) 切れない kirénài; (person, talk) 率直な sotchóku na

blur [bləːr] *n* (shape) かすんで見える物 kasúnde miérù monó
♦*vt* (vision) くらます kurámasu; (distinction) ぼかす bokásù

blurb [bləːrb] *n* (for book, concert etc) 宣伝文句 seńdeǹmoǹku

blurt out [bləːrt-] *vt* 出し抜けに言い出す dashínuke ni iídasù

blush [blʌʃ] *vi* (with shame, embarrassment) 赤面する sekímen suru
♦*n* 赤面 sekímen

blustering [blʌs'təːriŋ] *adj* (person) 威張り散らす ibárichirasù

blustery [blʌs'təːriː] *adj* (weather) 風の強い kazé no tsuyóì

boar [bɔːr] *n* イノシシ inóshishì

board [bɔːrd] *n* (cardboard) ボール紙 bórugami; (wooden) 板 íta; (on wall: notice board) 掲示板 keíjiban; (for chess etc) ...盤 ...bañ; (committee) 委員会 iíñkai; (in firm) 役員会 yakúiñkai; (*NAUT*, *AVIAT*): *on board* ...に乗って ...ni notte
♦*vt* (ship, train) ...に乗る ...ni norú
full/half board (*BRIT*) 3食〔2食〕付き sañshoku〔nishóku〕tsukí
board and lodging 賄い付き下宿 makánaitsuki geshùku
to go by the board (*fig*) 捨てられる sutérareru

boarder [bɔːr'dəːr] *n* (*SCOL*) 寄宿生 kishúkuseì

boarding card [bɔːr'diŋ-] *n* = **boarding pass**

boarding house *n* 下宿屋 geshúkuya

boarding pass *n* (*AVIAT*, *NAUT*) 搭乗券 tójōken

boarding school *n* 全寮制学校 zeńryōseigakkǒ

board room n 役員会議室 yakúinkaigi-shìtsu

board up vt (door, window) ...に板を張る ...ni ítà wo harú

boast [boust] vi: **to boast (about/of)** (...を) 自慢する (...wo) jimán suru

boat [bout] n (small) ボート bǒto; (ship) 船 fúnè

boater [bou'tə:r] n (hat) かんかん帽 kañkañbō

boatswain [bou'sən] n 甲板長 kốhañchō, ボースン bōsun

bob [bɑ:b] vi (boat, cork on water: also: **bob up and down**) 波に揺れる namí ni yuréru

bobby [bɑ:b'i:] (BRIT: inf) n (policeman) 警官 keíkan

bobsleigh [bɑ:b'slei] n ボブスレー bobù-surē

bob up vi (appear) 現れる aráwarerù

bode [boud] vi: **to bode well/ill (for)** (...にとって) 良い[悪い]前兆である (...ni tottè) yoí[warúi]zeñchō de arù

bodily [bɑ:d'əli:] adj (needs, functions) 身体の shiñtai no
♦adv (lift, carry) 体ごと karádagoto

body [bɑ:d'i:] n (ANAT: gen) 体 karáda, 身体 shiñtai; (corpse) 死体 shitái; (object) 物体 buttái; (main part) 本体 hóntai; (of car) 車体 shatái, ボディー bódì; (fig: group) 団体 dañtai; (: organization) 組織 sóshìki; (quantity: of facts) 量 ryǒ; (of wine) こく kókù

body-building [bɑ:d'i:bil'diŋ] n ボディービル bodíbirù

bodyguard [bɑ:d'i:gɑ:rd] n (of statesman, celebrity) 護衛 goéi, ボディーガード bodígādo

bodywork [bɑ:d'i:wə:rk] n (AUT) 車体 shatái

bog [bɑ:g] n (GEO) 沼沢地 shốtakùchì
♦vt: **to get bogged down** (fig) 泥沼にはまり込む dorónuma ni hamárikomù

boggle [bɑ:g'əl] vi: **the mind boggles** 理解できない rīkai dekínai

bogus [bou'gəs] adj (claim, workman etc) 偽の nisé no

boil [boil] vt (water) 沸かす wakásu; (eggs, potatoes etc) ゆでる yudérù
♦vi (liquid) 沸く wakú; (fig: with anger) かんかんに怒る kañkan ni okórù; (: with heat) うだるような暑さになる udárù yǒ na atsùsa ni narú
♦n (MED) 出来物 dekímonò
to come to a (US)/the (BRIT) boil 沸き始める wakíhajimerù

boil down to vt fus (fig) 要するに...である yǒ surú ni ...de arù

boiled egg [boild-] n ゆで卵 yudétamà-go

boiled potatoes npl ゆでジャガイモ yudéjagàimo

boiler [boi'lə:r] n (device) ボイラー bóìrā

boiler suit (BRIT) n つなぎの作業着 tsunági no sagyǒgi

boiling point [boi'liŋ-] n (of liquid) 沸騰点 futtǒten

boil over vi (kettle, milk) 吹こぼれる fu-kíkoborerù

boisterous [bois'tə:rəs] adj (noisy, excitable: person, crowd) 騒々しい sǒzōshiì

bold [bould] adj (brave) 大胆な daítàn na; (pej: cheeky) ずうずうしい zúzūshiì; (pattern) 際立った kiwádattà; (line) 太い futǒi; (color) 派手な hadé na

Bolivia [bouliv'i:ə] n ボリビア boríbìa

bollard [bɑ:l'ə:rd] (BRIT) n (AUT) 標識柱 hyǒshikichū ◇安全地帯などを示す añ-zenchitái nadò wo shimésù

bolster [boul'stə:r] n (pillow) 長まくら nagámakùra

bolster up vt (case) 支持する shíjì suru

bolt [boult] n (lock) ラッチ rátchì; (with nut) ボルト borúto
♦adv: **bolt upright** 背筋を伸ばして se-súji wo nobàshite
♦vt (door) ...のラッチを掛ける ...no rat-chì wo kakérù; (also: **bolt together**) ボルトで留める borúto de tomérù; (food) 丸のみする marúnomi suru
♦vi (run away: horse) 逃出す nigédasu

bomb [bɑ:m] n (device) 爆弾 bakúdan
♦vt 爆撃する bakúgeki suru

bombard [bɑ:m'bɑ:rd] vt (MIL: with big guns etc) 砲撃する hǒgeki suru; (: from planes) 爆撃する bakúgeki suru; (*fig*: with questions) ...に浴びせる ...ni abíseru

bombardment [bɑːmbɑːrd'mənt] n: *bombardment from guns* 砲撃 hōgeki *bombardment from planes* 爆撃 bakúgeki

bombastic [bɑːmbæs'tik] adj (person, language) もったい振った mottáibuttà

bomb disposal n: *bomb disposal unit* 爆弾処理班 bakúdanshorihàn

bomber [bɑːm'əːr] n (AVIAT) 爆撃機 bakúgekikì

bombshell [bɑːm'ʃel] n (*fig*: revelation) 爆弾 bakúdan

bona fide [bou'nəfaid'] adj (traveler etc) 本物の hofímono no

bond [bɑːnd] n (of affection, *also gen*: link) きずな kizúna; (binding promise) 約束 yakúsoku; (FINANCE) 証券 shōken; (COMM: *in bond* (of goods) 保税倉庫で hozéisōko de

bondage [bɑːn'didʒ] n (slavery) 奴隷の身分 doréi no mibùn

bone [boun] n (ANAT, *gen*) 骨 honé
♦vt (meat, fish) 骨を抜く honé wò nukú

bone idle adj ぐうたらの gútara no

bonfire [bɑːn'faiəːr] n たき火 takíbi

bonnet [bɑːn'it] n (hat: *also BRIT*: of car) ボンネット bofínettō

bonus [bou'nəs] n (payment) ボーナス bōnasu; (*fig*: additional benefit) おまけ o-máke

bony [bou'niː] adj (MED: tissue) 骨の honé no; (arm, face) 骨張った honébattà; (meat, fish) 骨の多い honé no ōi

boo [buː] excl (to surprise someone) わっ wát; (to show dislike) ぶー bū
♦vt 野次る yajírù

booby trap [buː'biː-] n (MIL) 仕掛爆弾 shikákebakùdan

book [buk] n (novel etc) 本 hóň; (of stamps, tickets) 1つづり hitótsuzùri
♦vt (ticket, seat, room) 予約する yoyáku suru; (subj: traffic warden, policeman) ...に違反切符を書く ...ni ihánkippù wo kakú; (: referee) ...に勧告を与える ...ni kafíkoku wò atáeru

bookcase [buk'keis] n 本棚 hóňdana

booking office [buk'iŋ-] (*BRIT*) n (RAIL, THEATER) 切符売り場 kippú uríba

book-keeping [bukki:'piŋ] n 簿記 bókì

booklet [buk'lit] n 小冊子 shōsasshì, パンフレット páňfurettò

bookmaker [buk'meikəːr] n 馬券屋 ba-kéñ-ya

books [buks] npl (COMM: accounts) 帳簿 chōbo

bookseller [buk'selə:r] n 本屋 hóň-ya

bookshop [buk'ʃɑːp] n = **bookstore**

bookstore [buk'stɔːr] n 本屋 hóň-ya, 書店 shotéñ

boom [buːm] n (noise) とどろき todóroki; (in prices, population etc) ブーム bûmu
♦vi (guns, thunder) とどろく todórokù; (voice) とどろく様な声で言う todórokù yō na koè de iú; (business) 繁盛する hañjō suru

boomerang [buː'məræŋ] n ブーメラン bûmeran

boon [buːn] n (blessing, benefit) 有難い物 arígataì monó

boost [buːst] n (to confidence, sales etc) 増す事 masú kotó
♦vt (confidence, sales etc) 増す masú; (economy) 促進する sokúshin suru

booster [buː'stəːr] n (MED) ブースター bûsutā

boot [buːt] n (knee-length) 長靴 nagágutsu, ブーツ bûtsu; (*also*: **hiking/climbing boots**) 登山靴 tozáñgutsu; (*also*: **soccer boots**) サッカーシューズ sakkáshùzu; (*BRIT*: of car) トランク toráňku
♦vt (COMPUT) 起動する kidō suru
... to boot (in addition) おまけに o-máke ni

booth [buːθ] n (at fair) 屋台 yátài; (telephone booth, voting booth) ボックス bokkùsu

booty [buː'tiː] n 戦利品 seříhin

booze [buːz] (*inf*) n 酒 saké

border [bɔːr'dəːr] n (of a country) 国境 kokkyō; (*also*: **flower border**) ボーダー花壇 bōdākadàn; (band, edge: on cloth etc) へり herí
♦vt (road: subject: trees etc) ...に沿って

立っている ...ni sottě tattě irú; (another
country: *also*: **border on**)...に隣接する
...ni riñsetsu suru

borderline [bɔːrˈdəːrlain] *n* (*fig*): **on the
borderline** 際どいところで kiwádoï to-
kóro de, ボーダーラインすれすれで bố-
dāraïn surésure de

borderline case *n* 決めにくいケース ki-
méníkuï kēsu

border on *vt fus* (*fig*: insanity, brutal-
ity)...に近い ...ni chikáï

Borders [bɔːrˈdəːrz] *n*: **the Borders** ボー
ダーズ州 bốdāzùshū ◊イングランドに隣
接するスコットランド南部の1州 iñguran-
do ni riñsetsu surú sukóttòrando nañbu
no isshū

bore [bɔːr] *pt of* **bear**

♦*vt* (hole)...に穴を開ける ...ni aná wo
akéru; (oil well, tunnel) 掘る hórù; (per-
son) 退屈させる taíkutsu sasérù

♦*n* (person) 詰まらない話で退屈させる人
tsumáranaï hanáshi de taíkutsu saséru
hitó; (of gun) 口径 kókei

to be bored 退屈する taíkutsu suru

boredom [bɔːrˈdəm] *n* (condition) 退屈
taíkutsu; (boring quality) 詰まらなさ
tsumáranasà

boring [bɔːrˈiŋ] *adj* (tedious, unimagi-
native) 退屈な taíkutsu na

born [bɔːrn] *adj*: *to be born* 生れる umá-
reru

I was born in 1960 私は1960年に生れ
ました watákushi wa sēñkyúhyàkurokú-
jùnen ni umáremashìta

borne [bɔːrn] *pp of* **bear**

borough [bʌrˈə] *n* (POL) 区 ku

borrow [bʌrˈou] *vt*: *to borrow some-
thing* (from someone)...を借りる ...wo
karíru

bosom [buzˈəm] *n* (ANAT) 胸 muné

bosom friend *n* 親友 shiñ-yū

boss [bɔːs] *n* (employer) 雇い主 yatóînu-
shi; (supervisor, superior) 上司 jōshi, 親
方 oyákata, ボス bósù

♦*vt* (*also*: **boss around, boss about**) こき
使う kokítsukaù

bossy [bɔːsˈiː] *adj* (overbearing) 威張り散
らす ibárichirasù

bosun [bouˈsən] *n* (NAUT) = **boatswain**

botany [bɑːtˈəniː] *n* 植物学 shokúbutsu-
gàku

botch [bɑːtʃ] *vt* (bungle: *also*: **botch up**)
不手際で...をしくじる futégìwa de ...wo
shikújirù

both [bouθ] *adj* 両方の ryóhố no

♦*pron* (things, people) 両方 ryóhố

♦*adv*: *both A and B* AもBも A mo B
mo

both of us went, we both went 私たち
2人共行きました watákushitàchi futári-
tomo ikímashìta

bother [bɑːðˈəːr] *vt* (worry) 心配させる
shiñpai sasérù; (disturb)...に迷惑を掛け
る ...ni méïwaku wo kakérù

♦*vi* (*also*: **bother oneself**)...に気付かう
...ni kizúkaù

♦*n* (trouble) 迷惑 méïwaku; (nuisance)
いやな事 iyá na kotó

to bother doing わざわざ...する wázà-
waza ...surú

bottle [bɑːtˈəl] *n* (container: for milk,
wine, perfume etc) 瓶 bíñ; (of wine, whis-
key etc) ボトル botórù; (amount
contained) 瓶一杯 bíñ ippái; (baby's) ほ
乳瓶 hó-nyūbin

♦*vt* (beer, wine) 瓶に詰める bíñ ni tsumé-
rù

bottleneck [bɑːtˈəlnek] *n* (AUT: *also*
fig: of supply) ネック nékkù

bottle-opener [bɑːtˈəloupənəːr] *n* 栓抜
き señnukì

bottle up *vt* (emotion) 抑える osáerù

bottom [bɑːtˈəm] *n* (of container, sea
etc) 底 sokó; (buttocks) しり shirí; (of
page, list) 一番下の所 ichíban shitá no
tokóro; (of class) びり bírí

♦*adj* (lower: part) 下の方の shitá no hố
no; (last: rung, position) 一番下の ichíban
shitá no

bottomless [bɑːtˈəmlis] *adj* (funds,
store) 際限のない saígen no naï

bough [bau] *n* 枝 edá

bought [bɔːt] *pt, pp of* **buy**

boulder [boulˈdəːr] *n* 大きな丸石 ốkinà
marúishi

bounce [bauns] *vi* (ball) 跳ね返る hanékaèru; (check) 不渡りになる fuwátàri ni narú

◆*vt* (ball) 跳ねさせる hanésaserù

◆*n* (rebound) 跳ね返る事 hanékaèru kotó

bouncer [baun'sə:r] (*inf*) *n* (at dance, club) 用心棒 yójìnbō

bound [baund] *pt, pp of* **bind**

◆*n* (leap) 一飛び hitótòbi; (*gen pl*: limit) 限界 geńkai

◆*vi* (leap) 跳ぶ tobú

◆*vt* (border) ...の境界になる ...no kyókai ni narú

◆*adj*: **bound by** (law, regulation) ...に拘束されている ...ni kósoku saréte irù

to be bound to do something (obliged) やむを得ず...しなければならない yamú wo ezú ...shinákereba naranaì; (likely) 必ず...するだろう kanárazu ...surú darò

bound for (NAUT, AUT, RAIL) ...行きの ...yukí no

out of bounds (*fig*: place) 立入禁止で tachíirikinshi de

boundary [baun'də:ri:] *n* (border, limit) 境界 kyókai

boundless [baund'lis] *adj* (energy etc) 果てし無い hatéshinaì

bouquet [bu:kei'] *n* (of flowers) 花束 hanátàba, ブーケ búke

bourgeois [bur'ʒwɑ:] *adj* ブルジョア根性の burújoakoñjō no

bout [baut] *n* (of malaria etc) 発作 hossá; (of activity) 発作的にする事 hossáteki ni suru kotó; (BOXING etc) 試合 shiái

boutique [bu:ti:k'] *n* ブティック butíkku

bow¹ [bou] *n* (knot) チョウ結び chómusùbi; (weapon, MUS) 弓 yumí

bow² [bau] *n* (of the head) 会釈 éshàku; (of the head and body) お辞儀 ojígi; (NAUT: *also*: **bows**) 船首 séñshu, へ先 hesáki

◆*vi* (with head) 会釈する éshàku suru; (with head and body) お辞儀する ojígi suru; (yield): *to bow to/before* (reason, pressure) ...に屈服する ...ni kuppúku suru

bowels [bau'əlz] *npl* (ANAT) 腸 chô; (of the earth etc) 深い所 fukáî tokóro

bowl [boul] *n* (container) 鉢 hachí, ボール bóru; (contents) ボール一杯 bóru ippái; (ball) 木球 mokkyú, ボール bóru

◆*vi* (CRICKET) 投球する tókyū suru

bow-legged [bou'legid] *adj* がにまたの ganímata no

bowler [bou'lə:r] *n* (CRICKET) 投手 tóshu, ボウラー bóra; (*BRIT*: *also*: **bowler hat**) 山高帽 yamátakabò

bowling [bou'liŋ] *n* (game) ボーリング bóringu

bowling alley *n* (building) ボーリング場 bóringujò; (track) レーン rèn

bowling green *n* ローンボーリング場 rónbóringujò

bowls [boulz] *n* (game) ローンボーリング rónbóringu

bow tie *n* チョウネクタイ chónekùtai

box [bɑ:ks] *n* (*gen*) 箱 hakó; (*also*: **cardboard box**) 段ボール箱 dañbórubàko; (THEATER) ボックス bókkùsu

◆*vt* (put in a box) 箱に詰める hakó ni tsumérù

◆*vi* (SPORT) ボクシングする bókùshingu suru

boxer [bɑ:k'sə:r] *n* (person) ボクシング選手 bokúshingu señshu, ボクサー bókùsā

boxing [bɑ:k'siŋ] *n* (SPORT) ボクシング bókùshingu

Boxing Day (*BRIT*) *n* ボクシングデー bokúshingudè

boxing gloves *npl* ボクシンググローブ bokúshingugurðbu

boxing ring *n* リング riñgu

box office *n* 切符売り場 kippú urîba

boxroom [bɑ:ks'ru:m] (*BRIT*) *n* 納戸 nañdo

boy [bɔi] *n* (young) 少年 shóñen, 男の子 otóko no kò; (older) 青年 seínen; (son) 息子 musúko

boycott [bɔi'kɑ:t] *n* ボイコット boíkottò

◆*vt* (person, product, place etc) ボイコットする boíkottð suru

boyfriend [bɔi'frend] *n* 男友達 otókotomòdachi

boyish [bɔi'iʃ] *adj* (man) 若々しい wakáwakashiì; (looks, smile, woman) 少年の様な shóñen no yô na

B.R. [bi:a:r'] *n abbr* = **British Rail**

bra [brɑ:] *n* ブラジャー burájà

brace [breis] *n* (on teeth) 固定器 kotéîki, ブレース burêsu; (tool) 曲り柄ドリル magáriedorîru

♦*vt* (knees, shoulders) ...に力を入れる ...ni chikára wo iréru

to brace oneself (for weight) 構えて待つ kamáete matsù; (for shock) 心を静めて待つ kokóro wo shizúmetè matsu

bracelet [breis'lit] *n* 腕輪 udéwa, ブレスレット burésùretto

braces [brei'siz] (*BRIT*) *npl* ズボンつり zubóñtsuri, サスペンダー sasúpeñdā

bracing [brei'siŋ] *adj* (air, breeze) さわやかな sawáyàka na

bracken [bræk'ən] *n* ワラビ warábi

bracket [bræk'it] *n* (TECH) 腕金 udégane; (group) グループ gúrùpu; (range) 層そ sō; (*also*: **brace bracket**) 中括弧 chùkakkò, ブレース búrèsu; (*also*: **round bracket**) 小括弧 shòkakkò, 丸括弧 marúkakkò, パーレン pāren; (*also*: **square bracket**) かぎ括弧 kagíkakkò

♦*vt* (word, phrase) ...に括弧を付ける ...ni kakkò wo tsúkerù

brag [bræg] *vi* 自慢する jimán suru

braid [breid] *n* (trimming) モール mòru; (of hair) お下げ o-ságe

Braille [breil] *n* 点字 teñji

brain [brein] *n* (ANAT) 脳 nò; (*fig*) 頭脳 zúnò

brainchild [brein'tʃaild] *n* (project) 発案 hatsúan; (invention) 発明 hatsúmei

brains [breinz] *npl* (CULIN) 脳みそ nòmisò; (intelligence) 頭脳 zúnò

brainwash [brein'wɑʃ] *vt* 洗脳する señnò suru

brainwave [brein'weiv] *n* 脳波 nòha

brainy [brei'ni:] *adj* (child) 頭の良い atáma no yoî

braise [breiz] *vt* (CULIN) いためてから煮込む itámète kará nikómù

brake [breik] *n* (AUT) 制動装置 seídòsòchi, ブレーキ burèki; (*fig*) 歯止め hadóme

♦*vi* ブレーキを掛ける burèki wo kakéru

brake fluid *n* ブレーキ液 burèkièki

brake light *n* ブレーキライト burêkiraîto

bramble [bræm'bəl] *n* (bush) イバラ ibára

bran [bræn] *n* ふすま fusúma

branch [bræntʃ] *n* (of tree) 枝 edá; (COMM) 支店 shiten

branch out *vi* (*fig*): *to branch out into* ...に手を広げる ...ni te wo hirógeru

brand [brænd] *n* (trademark: *also*: **brand name**) 銘柄 meígara, ブランド buràndo; (*fig*: type) 種類 shúrùi

♦*vt* (cattle) 焼印 yakíin

brandish [bræn'diʃ] *vt* (weapon) 振り回す furímawasù

brand-new [brænd'nu:'] *adj* 真新しい maátarashiî

brandy [bræn'di:] *n* ブランデー buràndē

brash [bræʃ] *adj* (forward, cheeky) ずうずうしい zùzùshiî

brass [bræs] *n* (metal) 真ちゅう shiñchū

the brass (MUS) 金管楽器 kiñkangakki

brass band *n* 吹奏楽団 suísògakùdan, ブラスバンド burásubañdo

brassiere [hrəzir'] *n* ブラジャー buráji̥à

brat [bræt] (*pej*) *n* (child) がき gakí

bravado [brəvɑː'dou] *n* 空威張り karáibàri

brave [breiv] *adj* (attempt, smile, action) 勇敢な yūkan na

♦*vt* (face up to) ...に立ち向う ...ni tachímukaù

bravery [brei'vəːri:] *n* 勇気 yùki

bravo [brɑː'vou] *excl* ブラボー burabò

brawl [brɔ:l] *n* (in pub, street) けんか keñka

brawny [brɔ:'ni:] *adj* (arms etc) たくましい takúmashiî

bray [brei] *vi* (donkey) 鳴く nakú

brazen [brei'zən] *adj* (woman) ずうずうしい zùzùshiî; (lie, accusation) 厚かましい atsúkamashiî

♦*vt*: *to brazen it out* 最後までしらばくれる saígo madé shirábakurerù

brazier [brei'ʒəːr] *n* (on building site etc) 野外用簡易暖炉 yagáiyò kañ-i dañro

Brazil [brəzil'] *n* ブラジル burájiru

Brazilian [brəzil'i:ən] *adj* ブラジルの bu-

rájiru no
◆*n* ブラジル人 burájirujìn

breach [briːtʃ] *vt* (defence, wall) 突破する toppá suru
◆*n* (gap) 突破口 toppákò; (breaking): **breach of contract** 契約不履行 keíyakufurikò
breach of the peace 治安妨害 chiánbògai

bread [bred] *n* (food) パン páń

bread and butter *n* バターを塗ったパン bátà wo nuttá páń; (*fig*: source of income) 金づる kanézuru

breadbox [bred'bɑːks] (*BRIT* **breadbin**) *n* パン入れ pań-irè

breadcrumbs [bred'krʌmz] *npl* (*gen*) パンくず pańkuzù; (CULIN) パン粉 pańko

breadline [bred'lain] *n*: **on the breadline** 貧しい mazúshiì

breadth [bredθ] *n* (of cloth etc) 幅 habá; (*fig*: of knowledge, subject) 広さ hírðsa

breadwinner [bred'winəːr] *n* (in family) 稼ぎ手 kaségite

break [breik] (*pt* **broke**, *pp* **broken**) *vt* (cup, glass) 割る warú; (stick, leg, arm) 折る orù; (machine etc) 壊す kowásù; (promise, law, record) 破る yabúrù; (journey) 中断する chúdan suru
◆*vi* (crockery) 割れる waréru; (stick, arm, leg) 折れる orérù; (machine etc) 壊れる kowárerù; (storm) 起る okórù; (weather) 変る kawáru; (story, news) 報道される hódò saréru; (dawn): *dawn breaks* 夜が明ける yo ga akéru
◆*n* (gap) 途切れた所 togírèta tokóro; (fracture: *gen*) 破損 hasón; (: of limb) 骨折 kossétsu; (pause for rest) 休憩 kyúkei; (at school) 休み時間 yasúmijikàn; (chance) チャンス cháñsu
to break the news to someone ...に知らせる ...ni shiráseru
to break even (COMM) 収支がとんとんになる shūshi ga tofiton ni narù
to break free/loose (person, animal) 逃出す nigédasu
to break open (door etc) ...を壊して開ける ...wo kowáshite akéru

breakage [brei'kidʒ] *n* (act of breaking)

壊す事 kowásù kotó; (object broken) 損傷 sofishoku

break down *vt* (figures, data) 分析する buñseki suru
◆*vi* (machine, car) 故障する koshō suru; (person) 取乱す torímidasù; (talks) 物別れになる monówakàre ni narù

breakdown [breik'daun] *n* (AUT) 故障 koshō; (in communications) 中断 chúdan; (of marriage) 破たん hatán; (MED: *also*: **nervous breakdown**) 神経衰弱 shiñkeisuìjaku; (of statistics) 分析 buñseki

breakdown van (*BRIT*) *n* レッカー車 rékkàsha

breaker [brei'kəːr] *n* (wave) 白波 shiránami

breakfast [brek'fəst] *n* 朝ご飯 asá gohàn, 朝食 chōshoku

break in *vt* (horse etc) 慣らす narásù
◆*vi* (burglar) 押入る oshírù; (interrupt) 割込む waríkomù

break-in [breik'in] *n* 押入り oshíiri

breaking and entering [breik'iŋ ænd en'təːriŋ] *n* (LAW) 不法侵入 fuhōshiñ-nyū

break into *vt fus* (house) ...に押入る ...ni oshíirù

break off *vi* (branch) 折れる orérù; (speaker) 話を中断する hanáshi wo chúdan suru

break out *vi* (begin: war) ぼっ発する boppátsu suru; (: fight) 始まる hajímaru; (escape: prisoner) 脱出する dasshútsu suru
to break out in spots/a rash にきび〔湿しん〕になる nìkibi(shisshín) ni narù

breakthrough [breik'θruː] *n* (*fig*: in technology etc) 躍進 yakúshin

break up *vi* (ship) 分解する buñkai suru; (crowd, meeting) 解散する kaísan suru; (marriage) 離婚に終る rikón ni owáru; (SCOL) 終る owáru
◆*vt* (rocks, biscuit etc) 割る warú; (fight etc) やめさせる yamésaseru

breakwater [breik'wɔːtəːr] *n* 防波堤 bōhatei

breast [brest] *n* (of woman) 乳房 chíbùsa; (chest) 胸 muné; (of meat) 胸肉 muné nìkū

breast-feed [brest'fi:d] (*pt*, *pp* **breast-fed**) *vt* ...に母乳を飲ませる ...ni bonyū wo nomáserù
♦*vi* 子供に母乳を飲ませる kodómo ni bonyū wo nomáserù

breaststroke [brest'strouk] *n* 平泳ぎ hiráoyòdgi

breath [breθ] *n* 息 íkì
out of breath 息を切らせて íkì wo kirásete

Breathalyser [breθ'ɔlaizɔːr] ® *n* 酒気検査器 shukíkensakì

breathe [bri:ð] *vt* 呼吸する kokyū suru
♦*vi* 呼吸する kokyū suru

breathe in *vt* 吸込む suíkomù
♦*vi* 息を吸込む íkì wo suíkomù

breathe out *vt* 吐出す hakídasu
♦*vi* 息を吐く íkì wo hakù

breather [bri:'ðə:r] *n* (break) 休憩 kyūkei

breathing [bri:'ðiŋ] *n* 呼吸 kokyū

breathless [breθ'lis] *adj* (from exertion) 息を切らせている íkì wo kirásète irú; (MED) 呼吸困難の kokyūkoñnan no

breathtaking [breθ'teikiŋ] *adj* (speed) 息が止る様な íkì ga tomáru yò na; (view) 息を飲むような íkì wo nomù yò na

bred [bred] *pt*, *pp* of **breed**

breed [bri:d] (*pt*, *pp* **bred**) *vt* (animals) 繁殖させる hañshoku saséru; (plants) 栽培する saíbai suru
♦*vi* (ZOOL) 繁殖する hañshoku suru
♦*n* (ZOOL) 品種 hiñshu; (type, class) 種類 shúrùi

breeding [bri:'diŋ] *n* (upbringing) 育ち sodáchi

breeze [bri:z] *n* そよ風 soyókàze

breezy [bri:'zi:] *adj* (manner, tone) 快活な kaíkatsu na; (weather) 風の多い kazé no òi

brevity [brev'iti:] *n* (shortness, conciseness) 簡潔さ kañketsusa

brew [bru:] *vt* (tea) 入れる iréru; (beer) 醸造する jōzō suru
♦*vi* (storm) 起ろうとしている okôrò to shité irù; (*fig*: trouble, a crisis) 迫っている semáttè irù

brewery [bru:'ə:ri:] *n* 醸造所 jōzōshò

bribe [braib] *n* 賄ろ waìro
♦*vt* (person, witness) 買収する baíshū suru

bribery [brai'bə:ri:] *n* (with money, favors) 贈賄 zōwai

bric-a-brac [brik'əbræk] *n* 置物類 okímonorùi

brick [brik] *n* (for building) れんが réñga

bricklayer [brik'leiə:r] *n* れんが職人 reñgashokùnin

bridal [braid'əl] *adj* (gown) 花嫁の hanáyòme no; (suite) 新婚者の shiñkoñsha no

bride [braid] *n* 花嫁 hanáyòme, 新婦 shiñpu

bridegroom [braid'gru:m] *n* 花婿 hanámùko, 新郎 shiñrō

bridesmaid [braidz'meid] *n* 新婦付き添いの女性 shiñputsukìsoi no josèi

bridge [bridʒ] *n* (TECH, ARCHIT) 橋 hashí; (NAUT) 船橋 señkyō, ブリッジ burijjī; (CARDS, DENTISTRY) ブリッジ burijjī
♦*vt* (*fig*: gap, gulf) 乗越える norîkoerù
bridge of the nose 鼻柱 hanábashira

bridle [braid'əl] *n* くつわ kutsúwa

bridle path *n* 乗馬用の道 jōbayō no michí

brief [bri:f] *adj* (period of time, description, speech) 短い mijíkaì
♦*n* (LAW) 事件摘要書 jikéntekiyōsho; (*gen*: task) 任務 niñmu
♦*vt* (inform) ...に指示を与える ...ni shijî wo atáeru

briefcase [bri:f'keis] *n* かばん kabán, ブリーフケース burífukèsu

briefing [bri:'fiŋ] *n* (*gen*, PRESS) 説明 setsúmei

briefly [bri:f'li:] *adv* (smile, glance) ちらっと chiráttò; (explain, say) 短く mijíkakù

briefs [bri:fs] *npl* (for men) パンツ pañtsu, ブリーフ burífu; (for women) パンティー pañtī, ショーツ shōtsu

brigade [brigeid'] *n* (MIL) 旅団 ryodán

brigadier [brigədi'ə:r] *n* (MIL) 准将 juñshō

bright [brait] *adj* (*gen*) 明るい akárui; (person, idea: clever) 利口な rikŏ na; (person: lively) 明朗な meírō na

brighten [brait'ən] (*also*: **brighten up**) *vt* (room) 明るくする akáruku suru; (event) 楽しくする tanóshìkù suru
♦*vi* 明るくなる akáruku narù

brilliance [bril'jəns] *n* (of light) 明るさ akárusa; (of talent, skill) 素晴らしさ subárashìsà

brilliant [bril'jənt] *adj* (person, idea) 天才的な teñsaiteki na; (smile, career) 輝かしい kagáyakashiî; (sunshine, light) 輝く kagáyakù; (*BRIT*: *inf*: holiday etc) 素晴らしい subárashiî

brim [brim] *n* (of cup etc) 縁 fuchí; (of hat) つば tsubà

brine [brain] *n* (CULIN) 塩水 shíómìzu

bring [briŋ] (*pt, pp* **brought**) *vt* (thing) 持って来る motté kurù; (person) 連れて来る tsuréte kurù; (*fig*: satisfaction) もたらす motárasù; (trouble) 起す okósù

bring about *vt* (cause) 起こす okósù

bring back *vt* (restore: hanging etc) 復帰させる fukkí saséru; (return: thing/person) 持って〔連れて〕帰る motté〔tsuréte〕kaèrù

bring down *vt* (government) 倒す taősù; (MIL: plane) 撃墜する gekítsui suru; (price) 下げる sagérù

bring forward *vt* (meeting) 繰り上げる kuríagerù; (proposal) 提案する teían suru

bring off *vt* (task, plan) ...に成功する ...ni seíkō suru

bring out *vt* (gun) 取出す torídasu; (meaning) 明らかにする akíràka ni suru; (publish, produce: book) 出版する shuppán suru; (: album) 発表する happyŏ suru

bring round *vt* (unconscious person) 正気付かせる shŏkizukaserù

bring up *vt* (carry up) 上に持って来る〔行く〕ué ni motté kurù〔ikù〕; (educate: person) 育てる sodáterù; (question, subject) 持出す mochídasù; (vomit: food) 吐く hakù

brink [briŋk] *n* (of disaster, war etc) 瀬戸際 setőgiwa

brisk [brisk] *adj* (tone, person) きびきびした kíbìkibi shitá; (pace) 早い hayáî; (trade) 盛んな sakán na

bristle [bris'əl] *n* (animal hair, hair of beard) 剛毛 gŏmō; (of brush) 毛 ke
♦*vi* (in anger) 怒る okőrù

Britain [brit'ən] *n* (*also*: **Great Britain**) 英国 eíkoku, イギリス igírisu ◇イングランド, スコットランド, ウェールズを含む iñgurañdo, sukóttorañdo, uéruzu wo fukúmù

British [brit'iʃ] *adj* 英国の eíkoku no, イギリスの igírisu no
♦*npl*: **the British** 英国人 eíkokujìn, イギリス人 igírisujìn

British Isles *npl*: **the British Isles** イギリス諸島 igírisushotō

British Rail *n* 英国国有鉄道 eíkoku kokúyū tetsudō

Briton [brit'ən] *n* 英国人 eíkokujìn, イギリス人 igírisujìn

brittle [brit'əl] *adj* (fragile: glass etc) 割れやすい waréyasuì; (: bones etc) もろい moróì

broach [broutʃ] *vt* (subject) 持出す mochídasu

broad [brɔːd] *adj* (street, shoulders, smile, range) 広い hiróî; (general: outlines, distinction etc) 大まかな ŏmakà na; (accent) 強い tsuyőî
in broad daylight 真っ昼間に mappírùma ni

broadcast [brɔːd'kæst] *n* (TV, RADIO) 放送 hősō
♦*vb* (*pt, pp* **broadcast**)
♦*vt* (TV, RADIO) 放送する hősō suru; (TV) 放映する hőei suru
♦*vi* (TV, RADIO) 放送する hősō suru

broaden [brɔːd'ən] *vt* (scope, appeal) 広くする híròku suru, 広げる hirőgeru
♦*vi* (river) 広くなる hírőku narú, 広がる hirőgaru
to broaden one's mind 心を広くする kokóro wo hirőku suru

broadly [brɔːd'liː] *adv* (in general terms) 大まかに ŏmakà ni

broad-minded [brɔːd'main'did] *adj* 心の広い kokőro no hiróî

broccoli [brɑ:k'əli:] n (BOT, CULIN) ブ
ロッコリー burókkòrī

brochure [brouʃuːr'] n (booklet) 小冊子
shósasshì, パンフレット pánfuretto

broil [brɔil] vt (CULIN) じか火で焼く ji-
kábi de yakú

broke [brouk] pt of **break**
♦adj (inf: person, company) 無一文にな
った muíchimòn ni nattá

broken [brou'kən] pp of **break**
♦adj (window, cup etc) 割れた waréta;
(machine: also: **broken down**) 壊れた
kowárèta
a broken leg 脚の骨折 ashí no kossétsu
in broken English/Japanese 片言の英
語〔日本語〕で katákoto no eígo(nihón-
go)de

broken-hearted [brou'kənhɑːr'tid] adj
悲嘆に暮れた hitán ni kuréta

broker [brou'kəːr] n (COMM: in shares)
証券ブローカー shōken burōkā; (: insur-
ance broker) 保険代理人 hokén dairinin

brolly [brɑːl'iː] (BRIT: inf) n 傘 kásà

bronchitis [brɑːŋkai'tis] n 気管支炎 ki-
kánshìen

bronze [brɑːnz] n (metal) 青銅 seídō, ブ
ロンズ burónzu; (sculpture) 銅像 dōzō

brooch [broutʃ] n ブローチ burōchi

brood [bruːd] n (of birds) 一腹のひな hi-
tóhàra no hiná
♦vi (person) くよくよする kuyókuyo su-
ru

brook [bruk] n 小川 ogáwa

broom [bruːm] n (for cleaning) ほうき
hōki; (BOT) エニシダ eníshida

broomstick [bruːm'stik] n ほうきの柄
hōki no e

Bros. abbr (= brothers) 兄弟 kyōdai

broth [brɑːθ] n (CULIN) スープ sūpu

brothel [brɑːθ'əl] n 売春宿 baíshun-yadò

brother [brʌð'əːr] n (also: **older
brother**) 兄 anī, 兄さん niīsan; (also:
younger brother) 弟 otōtō; (REL) 修道
士 shūdōshi

brother-in-law [brʌð'əːrinlɔː] (pl
brothers-in-law) n (older) 義理の兄 girí
no anī; (younger) 義理の弟 girí no otōtō

brought [brɔːt] pt, pp of **bring**

brow [brau] n (forehead) 額 hitái; (rare,
gen: eyebrow) まゆ mayù; (of hill) 頂上
chōjō

brown [braun] adj (color) 褐色の kasshó-
ku no, 茶色の chaíro no; (tanned) 日焼け
した hiyáke shitá
♦n (color) 褐色 kasshóku, 茶色 chaíro
♦vt (CULIN) ...に焼き目を付ける ...ni ya-
kíme wo tsukérù

brown bread n 黒パン kurópan

brownie [brau'niː] n (Brownie guide) ブ
ラウニー burāunī ◇ガールスカウトの幼
年団員 gárusukaùto no yōnendàn-in;
(US: cake) チョコレートクッキーの一種
chokőrētokukkī no isshù

brown paper n クラフト紙 kuráfutoshì

brown sugar n 赤砂糖 akázatō

browse [brauz] vi (through book) 拾い読
みする hiróiyomi suru; (in shop) 商品を
見て回る shōhin wo mitè mawáru

bruise [bruːz] n (on face etc) 打撲傷 da-
bókushō, あざ azá
♦vt (person) ...に打撲傷を与える ...ni da-
bókushō wo atáeru

brunch [brʌntʃ] n ブランチ buránchi

brunette [bruːnet'] n (woman) ブルネッ
ト burúnetto

brunt [brʌnt] n: **to bear the brunt of**
(attack, criticism) ...の矢面に立つ ...no
yaómòte ni tatsù

brush [brʌʃ] n (for cleaning, shaving etc)
ブラシ buràshi; (for painting etc) 刷毛
hakē; (artist's) 筆 fudé, 絵筆 efùde; (quar-
rel) 小競り合い kozeríai
♦vt (sweep etc) ...にブラシを掛ける ...ni
búrashi wo kakérù; (clean: teeth etc) 磨
く migáku; (groom) ブラシでとかす bú-
rāshi de tokásù; (also: **brush against**:
person, object) ...に触れる ...ni furéru

brush aside vt (emotion, criticism) 無視
する mushí suru

brush up vt (subject, language) 復習する
fukúshū suru

brushwood [brʌʃ'wud] n (sticks) しば
shibá

brusque [brʌsk] adj (person, manner) 無
愛想な buáisō na; (apology) ぶっきらぼ
うな bukkírabô na

Brussels [brʌsˈəlz] n ブリュッセル buryússèru

Brussels sprout n メキャベツ mekyábètsu

brutal [bruːtˈəl] adj (person, actions) 残忍な zańnin na; (honesty, frankness) 厳しい程の kibíshiì hodó no

brutality [bruːtælˈitiː] n 残忍さ zańninsa

brute [bruːt] n (person) 人でなし hitódenashi, けだもの kedámono; (animal) 獣 kemóno
♦adj: **by brute force** 暴力で bóryoku de

B.Sc. [biːessiː] abbr = **Bachelor of Science**

bubble [bʌbˈəl] n (in liquid, soap) 泡 awá; (of soap etc) シャボン玉 shabóndama
♦vi (liquid) 沸く wakú; (: sparkle) 泡立つ awádatsù

bubble bath n 泡風呂 awáburo

bubble gum n 風船ガム fúsengamù

buck [bʌk] n (rabbit) 雄ウサギ osúusàgi; (deer) 雄ジカ ojíka; (US: inf: dollar) ドル dòrù
♦vi (horse) 乗手を振り落そうとする noríte wo furíotosò to suru
to pass the buck (to someone) (...に) 責任をなすり付ける (...ni) sekínin wo nasúritsukerù

bucket [bʌkˈit] n (pail) バケツ bakétsu; (contents) バケツ一杯 bakétsu ippái

buckle [bʌkˈəl] n (on shoe, belt) バックル bakkúru
♦vt (shoe, belt) ...のバックルを締める ...no bakkúru wo shimérù
♦vi (wheel) ゆがむ yugámu; (bridge, support) 崩れる kuzúrerù

buck up vi (cheer up) 元気を出す géñki wo dasù

bud [bʌd] n (of tree, plant, flower) 芽 me
♦vi 芽を出す me wo dasù

Buddhism [buːˈdizəm] n (REL) 仏教 bukkyō

budding [bʌdˈiŋ] adj (actor, entrepreneur) 有望な yūbō na

buddy [bʌdˈiː] (US) n (friend) 相棒 aíbò

budge [bʌdʒ] vt (object) ちょっと動かす chóttò ugókasù; (fig: person) 譲歩させる

jóho saséru
♦vi (object, person) ちょっと動く chóttò ugókù; (fig: person) 譲歩する jóho suru

budgerigar [bʌdʒˈəːrigɑːr] n セキセイインコ sekíseiìñko

budget [bʌdʒˈit] n (person's, government's) 予算 yosán, 予算案 yosán-an
♦vi: **to budget for something** ...を予算案に入れる ...wo yosán-an ni irérù
I'm on a tight budget 台所が苦しい daídokoro ga kúrushiì

budgie [bʌdʒˈiː] n = **budgerigar**

buff [bʌf] adj (color: envelope) 薄茶色 usúchairo
♦n (inf: enthusiast) マニア mánìa

buffalo [bʌfˈəlou] (pl **buffalo** or **buffaloes**) n (BRIT) スイギュウ suígyū; (US: bison) バイソン báìson

buffer [bʌfˈəːr] n (COMPUT) バッファ báffà; (RAIL) 緩衝機 kañshōki

buffet[1] [bufei] (BRIT) n (in station) ビュッフェ byúffè; (food) 立食 risshóku

buffet[2] [bʌfˈit] vt (subj: wind, sea) もみ揺さぶる momíyusaburù

buffet car (BRIT) n (RAIL) ビュッフェ車 byufféshà

bug [bʌg] n (esp US: insect) 虫 mushí; (COMPUT: of program) バグ bágù; (fig: germ) 風邪 kazé; (hidden microphone) 盗聴器 tóchòki
♦vt (inf: annoy) 怒らせる okóraserù; (room, telephone etc) ...に盗聴器を付ける ...ni tóchòki wo tsukérù

buggy [bʌgˈiː] n (baby buggy) 乳母車 ubágurumà

bugle [bjuːˈgəl] n (MUS) らっぱ rappá

build [bild] n (of person) 体格 taíkaku
♦vb (pt, pp **built**)
♦vt (house etc) 建てる tatérù, 建築する keñchiku suru; (machine, cage etc) 作る tsukúrù

builder [bilˈdəːr] n (contractor) 建築業者 keñchikugyōsha

building [bilˈdiŋ] n (industry, construction) 建築業 keñchikugyō; (structure) 建物 tatémonò, ビル birù

building society (BRIT) n 住宅金融組合 júutakukin-yūkumìai

build up vt (forces, production) 増やす fuyásù; (morale) 高める takámerù; (stocks) 蓄積する chikúseki suru

built [bilt] pt, pp of **build**

♦adj: **built-in** (oven, wardrobes etc) 作り付けの tsukúritsuke no

built-up area [bilt'ʌp-] n 市街化区域 shigáikakuìki

bulb [bʌlb] n (BOT) 球根 kyúkon; (ELEC) 電球 deńkyū

Bulgaria [bʌlgeːr'iːə] n ブルガリア burúgaria

Bulgarian [bʌlgeːr'iːən] adj ブルガリアの burúgaria no

♦n ブルガリア人 burúgariajiǹ

bulge [bʌldʒ] n (bump) 膨らみ fukúrami

♦vi (pocket, file, cheeks etc) 膨らむ fukúramu

bulk [bʌlk] n (mass: of thing) 巨大な姿 kyodái na sugàta; (: of person) 巨体 kyotái

in bulk (COMM) 大口で ōguchi de

the bulk of (most of) ...の大半 ...no taíhan

bulky [bʌl'kiː] adj (parcel) かさばった kasábattà; (equipment) 大きくて扱いにくい ōkikute atsúkainikuí

bull [bul] n (ZOOL) 雄牛 oúshi; (male elephant/whale) 雄 osú

bulldog [bul'dɔːg] n ブルドッグ burúdoggù

bulldozer [bul'douzəːr] n ブルドーザー burúdōzā

bullet [bul'it] n 弾丸 dańgan

bulletin [bul'itən] n (TV etc: news update) 速報 sokúhō; (journal) 会報 kaíhō, 紀要 kiyōi

bulletproof [bul'itpruːf] adj (glass, vest, car) 防弾の bōdan no

bullfight [bul'fait] n 闘牛 tōgyū

bullfighter [bul'faitəːr] n 闘牛士 tōgyūshi

bullfighting [bul'faitiŋ] n 闘牛 tōgyū

bullhorn [bul'hɔːrn] (US) n ハンドマイク hańdomaìku

bullion [bul'jən] n (gold, silver) 地金 jigáne

bullock [bul'ək] n 去勢した雄牛 kyoséi

bullring [bul'riŋ] n 闘牛場 tōgyūjō

bull's-eye [bulz'ai] n (on a target) 的の中心 matô no chūshin

bully [bul'iː] n 弱い者いじめ yowáimonoijìme

♦vt いじめる ijímeru

bum [bʌm] (inf) n (backside) しり shirí; (esp US: tramp) ルンペン ruńpen; (: good-for-nothing) ろくでなし rokúdenashi

bumblebee [bʌm'bəlbiː] n クマンバチ kumáňbachi

bump [bʌmp] n (in car: minor accident) 衝突 shốtotsu; (jolt) 衝撃 shốgeki; (swelling: on head) こぶ kobú; (on road) 段差 dańsa

♦vt (strike) ...にぶつかる ...ni butsúkaru

bumper [bʌm'pəːr] n (AUT) バンパー bańpā

♦adj: **bumper crop/harvest** 豊作 hōsaku

bumper cars npl (in amusement park) バンパーカー bańpākā

bump into vt fus (strike: obstacle) ...にぶつかる ...ni butsúkaru; (inf: meet: person) ...に出くわす ...ni dekúwasu

bumptious [bʌmp'ʃəs] adj (person) うぬぼれた unúboreta

bumpy [bʌm'piː] adj (road) 凸凹な dekóboko na

bun [bʌn] n (CULIN) ロールパン rốrupan, パン báň; (of hair) まげ magé, シニヨン shíniyon

bunch [bʌntʃ] n (of flowers, keys) 束 tábà; (of bananas) 房 fusá; (of people) グループ gurúpu

bunches [bʌntʃ'iz] npl (in hair) 左右のポニーテール sáyū no ponítèru

bundle [bʌn'dəl] n (parcel: of clothes, samples etc) 包み tsutsúmi; (of sticks, papers) 束 tabá

♦vt (also: **bundle up**) 厚着させる atsúgi saséru; (put): **to bundle something/someone into** ...にほうり〔押〕込む ...ni hőri(oshí)komù

bungalow [bʌŋ'gəlou] n バンガロー bańgarō

bungle [bʌŋ'gəl] vt (job, assassination) ...にしくじる ...ni shikújirù

bunion [bʌn'jən] n (MED) けん膜りゅう keñmakuryū, バニオン bánīon

bunk [bʌŋk] n (bed) 作り付けベッド tsukúritsukebeddò

bunk beds npl 二段ベッド nidánbeddò

bunker [bʌŋ'kər] n (also: **coal bunker**) 石炭庫 sekítaǹko; (MIL) えんぺいごう eñpeigō; (GOLF) バンカー baǹkā

bunny [bʌn'i:] n (also: **bunny rabbit**) ウサちゃん usáchan

bunting [bʌn'tiŋ] n (flags) 飾り小旗 kazárikobàta

buoy [bu:'i:] n (NAUT) ブイ buí

buoyant [bɔi'ənt] adj (ship) 浮力のある fúryòku no arù; (economy, market) 活気のある kakkí no arù; (fig: person, nature) 朗らかな hogáràka na

buoy up vt (fig) 元気づける geñkizukerù

burden [bə:r'dən] n (responsibility, worry) 負担 futáň; (load) 荷物 nímòtsu
♦vt (trouble): **to burden someone with** (oppress) ...を打明けて...に心配を掛ける ...wo uchíakete ...ni shíñpai wo kakérù

bureau [bju:r'ou] n (pl **bureaux** or **bureaus**) n (BRIT: writing desk) 書き物机 kakímonozukùe ◇ふたが書く面になる机を指す futá ga kakù meñ ni narù tsukúe wo sasù; (US: chest of drawers) 整理だんす seírídañsu; (office: government, travel, information) 局 kyókù, 課 ka

bureaucracy [bjur:a:'krəsi:] n (POL, COMM) 官僚制 kañryōsei

bureaucrat [bjur'əkræt] n (administrator) 官僚 kañryō; (pej: pen-pusher) 小役人 koyákùnin

bureaux [bju:r'ouz] npl of **bureau**

burglar [bə:r'glə:r] n 押込み強盗 oshíkomigōtō

burglar alarm n 盗難警報機 tónankeihòki

burglary [bə:r'glə:ri:] n (crime) 住居侵入罪 jūkyoshiñnyūzai

burial [be:r'i:əl] n 埋葬 maísō

burly [bə:r'li:] adj (figure, workman etc) ごつい gotsúì

Burma [bə:rm'ə] n ビルマ bírùma

burn [bə:rn] (pt, pp **burned** or **burnt**) vt (papers, fuel etc) 燃やす moyásu; (toast, food etc) 焦がす kogásù; (house etc: arson) ...に放火する ...ni hōka suru
♦vi (house, wood etc) 燃える moérù; (cakes etc) 焦げる kogérù; (sting) ひりひりする hírīhiri suru
♦n やけど yakédo

burn down vt 全焼させる zeñshō saséru

burner [bə:r'nə:r] n (on cooker, heater) 火口 hígùchi, バーナー báñā

burning [bə:r'niŋ] adj (house etc) 燃えている moéte irù; (sand) 焼ける様に熱い yakéru yō ni atsuì; (desert) しゃく熱の shakúnetsu no; (ambition) 熱烈な netsúretsu na

burnt [bə:rnt] pt, pp of **burn**

burrow [bə:r'ou] n (of rabbit etc) 巣穴 suána
♦vi (dig) 掘る hórù; (rummage) あさる asáru

bursary [bə:r'sə:ri:] (BRIT) n (SCOL) 奨学金 shōgakukin

burst [bə:rst] (pt, pp **burst**) vt (bag, balloon, pipe etc) 破裂させる harétsu saséru; (subj: river: banks etc) 決壊させる kekkái saséru
♦vi (pipe, tire) 破裂する harétsu suru
♦n (also: **burst pipe**) 破裂した水道管 harétsu shita suídōkan
a burst of energy/speed/enthusiasm 突発的なエネルギー〔スピード，熱心さ〕 toppátsuteki na enérugī〔supído, nesshíñsa〕
a burst of gunfire 連射 reñsha
to burst into flames 急に燃え出す kyū ni moédasù
to burst into tears 急に泣き出す kyū ni nakídasù
to burst out laughing 急に笑い出す kyū ni waráidasù
to be bursting with (subj: room, container) はち切れんばかりに...で一杯になっている hachíkireñbakari ni ...de ippái ni natté irù; (: person: emotion) ...で胸が一杯になっている ...de muné ga ippái ni natté irù

burst into vt fus (room etc) ...に飛込む

...ni tobíkomù

bury [ber'i:] *vt* (*gen*) 埋める uméru; (at funeral) 埋葬する maísō suru

bus [bʌs] *n* (vehicle) バス básù

bush [buʃ] *n* (in garden) 低木 teíboku; (scrubland) 未開地 mikáichi, ブッシュ bússhū

to beat about the bush 遠回しに言う tōmawàshi ni iú

bushy [buʃ'i:] *adj* (tail, hair, eyebrows) ふさふさした fúsàfusa shitá

busily [biz'ili:] *adv* (actively) 忙しく isógashikù

business [biz'nis] *n* (matter, question) 問題 mondái; (trading) 商売 shōbai; (firm) 会社 kaísha; (occupation) 仕事 shigóto

to be away on business 出張して留守である shutchō shite rusù de arù

it's my business to ... ...するのは私の務めです ...surú no wa watákushi no tsutôme desù

it's none of my business 私の知った事じゃない watákushi no shittá kotō ja naí

he means business 彼は本気らしい kárè wa honki rashii

businesslike [biz'nislaik] *adj* てきぱきした tekípaki shitá

businessman [biz'nismæn] (*pl* **businessmen**) *n* 実業家 jitsúgyōka

business trip *n* 出張 shutchō

businesswoman [biz'niswumən] (*pl* **businesswomen**) *n* 女性実業家 joséijitsugyōka

busker [bʌs'kə:r] (*BRIT*) *n* 大道芸人 daídōgeínin

bus-stop [bʌs'stɑ:p] *n* バス停留所 básùteíryūjo

bust [bʌst] *n* (ANAT) 乳房 chíbùsa, 胸 muné; (measurement) バスト básùto; (sculpture) 胸像 kyṓzō

♦*adj* (*inf*: broken) 壊れた kowárèta

to go bust (company etc) つぶれる tsubúreru

bustle [bʌs'əl] *n* (activity) 雑踏 zattō

♦*vi* (person) 忙しく飛回る isógashikù tobímawarù

bustling [bʌs'liŋ] *adj* (town, place) にぎ

やかな nígiyàka na

busy [biz'i:] *adj* (person) 忙しい isógashiì; (shop, street) にぎやかな nigíyàka na; (TEL: line) 話し中の hanáshichū no

♦*vt*: *to busy oneself with* 忙しそうに...する isógashisō ni ...suru

busybody [biz'i:bɑ:di:] *n* でしゃばり屋 deshábariya

busy signal (*US*) *n* (TEL) 話中音 wáchūon

but [bʌt] *conj* 1 (yet) ...であるが ...de árù ga, ...であるけれども ...de árù keredomo, しかし shikáshì

he's not very bright, but he's hardworking 彼はあまり頭は良くないが、よく働きます kárè wa amári àtáma wà yókùnaí ga, yókù határakimasù

I'm tired but Paul isn't 私は疲れていますが、ポールは疲れていません watákushi wa tsùkárète imasu ga, pṓru wa tsukárète imásèn

the trip was enjoyable but tiring 旅行は楽しかったりれども、疲れました ryokō wa tánòshikàtta keredomo, tsukáremashìta

2 (however) ...であるが ...de árù ga, ...であるけれども ...de árù keredomo, しかし shikáshì

I'd love to come, but I'm busy 行きたいが、今忙しいんです ikítaì ga, ímà isógashìn desu

she wanted to go, but first she had to finish her homework 彼女は行きたかったけれども、先に宿題を済ます必要がありました kánojò wa ikítakàtta keredomo, sakí ni shùkúdai wo sùmásù hitsúyō ga árìmashìta

I'm sorry, but I don't agree 済みませんが、私は同意できません sumímasèn ga, watákushi wa dṓi dekimasèn

3 (showing disagreement, surprise etc) しかし shikáshì

but that's far too expensive! しかしそれは高過ぎますよ shikáshì soré wa tàkásugimasù yo

but that's fantastic! しかし素晴らし

いじゃありませんか shikáshì subárashiî ja arímasèn ka

♦*prep* (apart from, except) ...を除いて ...wo nozóite, ...以外に ...ígài ni

he was nothing but trouble 彼は厄介な問題ばかり起こしていました kárè wa yákkài na mòndai bakàri okóshìte imáshìta

we've had nothing but trouble 厄介な問題ばかり起っています yákkài na mòndai bakàri okótte imásù

no one but him can do it 彼を除けば出来る人はいません kárè wo nozókebà dekírù hito wa imásèn

who but a lunatic would do such a thing? 気違いを除けばそんな事をする人はいないでしょう kichígaì wo nozókebà sònna koto wò suru hito wà inái deshō

but for you あなたがいなかったら anátà ga inákàttara

but for your help あなたが助けてくれなかったら anátà ga tasúketè kurénakàttara

I'll do anything but that それ以外なら何でもします soré igài nara nán de mo shimasù

♦*adv* (just, only) ただ tádà, ...だけ ...dàké, ...しか...ない ...shika ...náî

she's just a child 彼女はほんの子供です kánojò wa hón no kòdómo desù

had I but known 私がそれを知ってさえいたら watákushi ga sòré wo shitte saè itára

I can but try やってみるしかありません yátte mirù shika arímasèn

all but finished もう少しで出来上りです mó sukoshì de dekíagari desù

butcher [butʃˈəːr] *n* (tradesman) 肉屋 nikúyà

♦*vt* (cattle etc for meat) と殺する tosátsu suru; (prisoners etc) 虐殺する gyakúsatsu suru

butcher's (shop) [butʃˈəːrz-] *n* 精肉店 seínikutèn, 肉屋 nikúyà

butler [bʌtˈləːr] *n* 執事 shítsùji

butt [bʌt] *n* (large barrel) たる tarú; (of pistol) 握り nigíri; (of rifle) 床尾 shôbì; (of cigarette) 吸い殻 suígara; (*fig*: target: of teasing, criticism etc) 的 mató

♦*vt* (subj: goat, person) 頭で突く atáma de tsukù

butter [bʌtˈəːr] *n* (CULIN) バター bátà

♦*vt* (bread) ...にバターを塗る ...ni bátà wo nurú

buttercup [bʌtˈəːrkʌp] *n* キンポウゲ kíňpôge

butterfly [bʌtˈəːrflai] *n* (insect) チョウチョウ chôchô; (SWIMMING: *also*: **butterfly stroke**) バタフライ bátàfurai

butt in *vi* (interrupt) ...に割込む ...ni waríkomù

buttocks [bʌtˈəks] *npl* (ANAT) しり shirí

button [bʌtˈən] *n* (on clothes) ボタン botán; (on machine) 押しボタン oshíbotàn; (*US*: badge) バッジ bájjì

♦*vt* (*also*: **button up**) ...のボタンをはめる ...no botán wo haméru

♦*vi* ボタンで止まる botán de tomáru

buttress [bʌtˈtris] *n* (ARCHIT) 控え壁 hikáekàbe

buxom [bʌkˈsəm] *adj* (woman) 胸の豊かな muné no yutàka na

buy [bai] (*pt, pp* **bought**) *vt* 買う kaú

♦*n* (purchase) 買物 kaímono

to buy someone something/something for someone ...に...を買って上げる ...ni ...wo katté agéru

to buy something from someone ...から...を買う ...kará ...wo kaú

to buy someone a drink ...に酒をおごる ...ni saké wo ogóru

buyer [baiˈəːr] *n* (purchaser) 買手 kaíte; (COMM) 仕入係 shiíregakàri, バイヤー báìyā

buzz [bʌz] *n* (noise: of insect) ぶんぶんという音 buñbun to iú otò; (: of machine etc) うなり unári; (*inf*: phone call): *to give someone a buzz* ...に電話を掛ける ...ni deñwa wo kakérù

♦*vi* (insect) ぶんぶん羽音を立てる buñbun haòto wo taterù; (saw) うなる unárù

buzzer [bʌzˈəːr] *n* (ELEC) ブザー búzà

buzz word (*inf*) *n* 流行語 ryúkōgo

KEYWORD

by [bai] *prep* **1** (referring to cause, agent) ...に（よって）...ni (yotte)

killed by lightning 雷に打たれて死んだ kamínari ni ùtárète shínda

surrounded by a fence 塀に囲まれた heí ni kakomareta

a painting by Picasso ピカソの絵画 pikásò no káiga

it's by Shakespeare シェイクスピアの作品です sheíkusupìa no sakúhin desù

2 (referring to method, manner, means) ...で ...de

by bus/car/train バス〔車，列車〕で básù〔kurúma, réssha〕de

to pay by check 小切手で払う kogítte, de haráù

by moonlight/candlelight 月明り〔ろうそくの灯〕で tsukíakàri〔rōsoku no a kari〕de

by saving hard, he ... 一生懸命に金を貯めて彼は... isshōkènmei ni kanè wo tamete karè wa...

3 (via, through) ...を通って ...wo tóttè, ...経由で ...téìyu de

we came by Dover ドーバー経由で来ました dōbākèìyu de kimáshìta

he came in by the back door 彼は裏口から入りました kárè wa uráguchi kara hairimashìta

4 (close to) ...のそばに〔で〕 ...no sóbà ni 〔de〕，...の近くに〔で〕 ...no chikákù ni 〔de〕

the house by the river 川のそばにある家 kawà no sobà ni árù ié

a holiday by the sea 海辺の休暇 umíbe no kyūka

she sat by his bed 彼女は彼のベッドのそばに座っていました kánojò wa kárè no béddò no sóbà ni suwátte imashìta

5 (past) ...を通り過ぎて ...wo tórisugìte

she rushed by me 彼女は足早に私の前を通り過ぎた kánojò wa ashíbaya ni wàtákushi no maè wo tórisugìta

I go by the post office every day 私は毎日郵便局の前を通ります watákushi wa maìnichi yūbìnkyoku no máè wo

tórimasù

6 (not later than) ...までに ...mádè ni

by 4 o'clock 4時までに yójì made ni

by this time tomorrow 明日のこの時間までに myónichi no konó jikan madè ni

by the time I got here it was too late 私がここに着いたころにはもう手遅れでした watákushi ga kòkó ni tsuíta koro ni wá mò teōkùre deshìta

7 (during): *by daylight* 日中に nitchū ni

8 (amount) ...単位で ...tàn-i de

by the kilo/meter キロ〔メーター〕単位で kiró〔mētā〕tàn-i de

paid by the hour 時給をもらって jikyú wo moratte

one by one (people) 1人ずつ hitórizutsù; (animals) 1匹ずつ ippíkizutsù; (things) 1つずつ hitótsuzutsù

little by little 少しずつ sukóshizutsù

9 (MATH, measure): *to divide by 3* 3で割る sán de waru

to multiply by 3 3を掛ける sán wo kakerù

a room 3 meters by 4 3メーター掛ける4メーターの部屋 sánmètà kakêrù yónmètà no heyá

it's broader by a meter 1メーターも広くなっている ichímetà mó hiròku náttè iru

10 (according to) ...に従って ...nì shitágatte

to play by the rules ルールを守る rúrù wo mamórù

it's all right by me 私は構いませんよ watákushi wa kàmáimasèn yó

11: *(all) by oneself etc* 一人だけで hitórì dakè dè

he did it (all) by himself 彼は彼1人だけの力でやりました kárè wa kárè hitórì dake nò chikára dè yarímashìta

he was standing (all) by himself in the corner 彼は1人ぼっちで隅に立っていました kárè wa hitóribotchì de súmì ni táttè imáshìta

12: *by the way* ところで tokóro dè

by the way, did you know Claire was back? ところでね，クレアが帰って来たのをご存知？ tokóro dè ne, kùrea ga káètte kita no wo go-zònjí?

this wasn't my idea by the way しかしね, これを提案したのは私じゃないからね shikáshī nê, korē wo teian shita nò wa watákushi ja nài kara nê

♦*adv* 1 *see* go; pass *etc*

2: *by and by* やがて yagáte

by and by they came to a fork in the road やがて道路はＹ字路になりました yagáte dòro ha waíjirð ni narímashīta

they'll come back by and by そのうち帰って来ますよ sonõ uchi kaètte kimásù yo

by and large (on the whole) 大体において dáitai ni óite, 往々にして õõ ni shite

by and large I would agree with you 大体あなたと同じ意見です dáitai a-natà to onáji ikèn desu

Britain has a poor image abroad, by and large 海外における英国のイメージは往々にして悪い káīgai ni okéru eîkoku no ímèjî wa õõ ni shite wàrúî

bye(-bye) [bai'(bai')] *n excl* じゃあねじゃね, バイバイ báîbai

by(e)-law [bai'lɔ:] *n* 条例 jórei

by-election [bai'ilekʃən] (*BRIT*) *n* 補欠選挙 hokétsuseñkyo

bygone [bai'gɔ:n] *adj* (age, days) 昔のmukáshi no

♦*n: let bygones be bygones* 済んだ事を水に流す súuda kotó wo mizú ni nagásù

bypass [bai'pæs] *n* (AUT) バイパス baípasu; (MED: operation) 冠状動脈バイパス kañjðdōmyakubaípasu

♦*vt* (town) ...にバイパスを設ける ...ni baípasu wo mðkerù

by-product [bai'prɑ:dəkt] *n* (of industrial process) 副産物 fukúsañbutsu; (of situation) 二次的結果 nijítekikèkka

bystander [bai'stændə:r] *n* (at accident, crime) 居合せた通行人 iáwasèta tsúkōnin

byte [bait] *n* (COMPUT) バイト báîto

byword [bai'wə:rd] *n: to be a byword for* ...の代名詞である ...no daímeìshi de arù

by-your-leave [baiju:rli:v'] *n: without*

so much as a by-your-leave 自分勝手にjibúnkattè ni

C

C [si:] *n* (MUS: note) ハ音 há-òn; (: key) ハ調 háchð

C. [si:] *abbr* = **centigrade**

C.A. [si:ei'] *abbr* = **chartered accountant**

cab [kæb] *n* (taxi) タクシー tákùshī; (of truck, tractor etc) 運転台 uñtendai

cabaret [kæbərei'] *n* (nightclub) キャバレー kyábàrē; (floor show) フロアショー furóashò

cabbage [kæb'idʒ] *n* キャベツ kyábètsu

cabin [kæb'in] *n* (on ship) キャビン kyábìn; (on plane) 操縦室 sõjūshìtsu; (house) 小屋 koyá

cabin cruiser *n* 大型モーターボート õgata mõtåbòto, クルーザー kúrùzā ◇居室, 炊事場などのある物を指す kyóshītsu, suíjiba nádð no árù monó wo sásù

cabinet [kæb'anit] *n* (piece of furniture) 戸棚 todána, キャビネット kyabínettò; (*also*: **display cabinet**) ガラス戸棚 garásu tðdàna; (POL) 内閣 náìkaku

cable [kei'bəl] *n* (strong rope) 綱 tsuná; (ELEC, TEL, TV) ケーブル kèburu

♦*vt* (message, money) 電信で送る deñshin de okúru

cable-car [kei'bəlkɑ:r] *n* ケーブルカー kèburukà

cable television *n* 有線テレビ yúsenterèbi

cache [kæʃ] *n: a cache of drugs* 隠匿された麻薬 iñtoku saretá mayáku

a weapons cache 隠匿武器 iñtokubùki

cackle [kæk'əl] *vi* (person, witch) 薄気味悪い声で笑う usúkimiwaruì kóê de waráù; (hen) こここと鳴く kokoko to nákù

cacti [kæk'tai] *npl of* **cactus**

cactus [kæk'təs] (*pl* **cacti**) *n* サボテン sabóten

caddie [kæd'i:] *n* (GOLF) キャディー kyádì

caddy [kæd'i:] *n* = **caddie**

cadet [kədet'] *n* (MIL) 士官候補生 shikán-kōhosèi; (POLICE) 警察学校の生徒 keísatsugakkṓ no séîto

cadge [kædʒ] (*inf*) *vt* (lift, cigarette etc) ねだる nedáru

Caesarean [size:r'i:ən] (*B R I T*) = **Cesarean**

café [kæfei'] *n* (snack bar) 喫茶店 kíssàten

cafeteria [kæfiti:'ri:ə] *n* (in school, factory, station) 食堂 shokúdō

caffein(e) [kæ'fi:n] *n* カフェイン kaféîn

cage [keidʒ] *n* (of animal) おり orí, ケージ kēji; (*also*: **bird cage**) 鳥かご toríkago, ケージ kēji; (of lift) ケージ kēji

cagey [kei'dʒi:] (*inf*) *adj* 用心深い yōjinbukaî

cagoule [kəgu:l'] (*BRIT*) *n* カグール kágūru ◇薄手の雨ガッパ usúde no amágappa

Cairo [kai'rou] *n* カイロ kaîro

cajole [kədʒoul'] *vt* 丸め込む marúmekomù

cake [keik] *n* (CULIN: large) デコレーションケーキ dekṓrēshonkèki; (: small) 洋菓子 yṓgashì
   a cake of soap 石けん1個 sekkén íkkò

caked [keikt] *adj*: *caked with* (blood, mud etc) ...の塊で覆われた ...no katámari de ōwareta

calamity [kəlæm'iti:] *n* (disaster) 災難 saínaǹ

calcium [kæl'si:əm] *n* (in teeth, bones etc) カルシウム karúshiùmu

calculate [kæl'kjəleit] *vt* (work out: cost, distance, numbers etc) 計算する keísan suru; (: effect, risk, impact etc) 予測する yosóku suru

calculating [kæl'kjəleitiŋ] *adj* (scheming) ずる賢い zurúgashikoî

calculation [kælkjəlei'ʃən] *n* (MATH) 計算 keísan; (estimate) 予測 yosóku

calculator [kæl'kjəleitə:r] *n* 電卓 deñtaku

calculus [kæl'kjələs] *n* (MATH) 微積分学 bisékibungàku

calendar [kæl'əndə:r] *n* (of year) カレンダー kárèndā; (timetable, schedule) 予定表 yotéihyō

calendar month/year *n* 暦月〔年〕 rekígetsu〔neñ〕

calf [kæf] (*pl* **calves**) *n* (of cow) 子ウシ koúshi; (of elephant, seal etc) ...の子 ...no ko; (*also*: **calfskin**) 子牛革 koúshigàwa, カーフスキン káfusukiǹ; (ANAT) ふくらはぎ fukúrahàgi

caliber [kæl'əbə:r] (*BRIT* **calibre**) *n* (of person) 能力 nōryoku; (of skill) 程度 teído; (of gun) 口径 kōkéi

call [kɔ:l] *vt* (christen, name) 名付ける nazúkerù; (label) ...を...と呼ぶ ...wo...to yobú; (TEL) ...に電話を掛ける ...ni deñwa wo kakérù; (summon: doctor etc) 呼ぶ yobú; (: witness etc) 召喚する shōkan suru; (arrange: meeting) 召集する shōshū suru
   ◆*vi* (shout) 大声で言う ōgoe de iú; (telephone) 電話を掛ける deñwa wo kakerù; (visit: *also*: **call in**, **call round**) 立寄る tachíyoru
   ◆*n* (shout) 呼声 yobígoè; (TEL) 電話 deñwa; (of bird) 鳴声 nakígoè
   : to be called ...と呼ばれる ...to yobárerù, ...という ...to iú
   on call (nurse, doctor etc) 待機して taíki shitē

call back *vi* (return) また寄る matá yorú; (TEL) 電話を掛け直す deñwa wo kakénaosù

callbox [kɔ:l'bɑ:ks] (*BRIT*) *n* 電話ボックス deñwabokkùsu

caller [kɔ:l'ə:r] *n* (visitor) 訪問客 hṓmoñkyaku; (TEL) 電話を掛けてくる人 deñwa wo kakète kurù hitô

call for *vt fus* (demand) 要求する yōkyū suru; (fetch) 迎えに行く mukáe ni ikú

call girl *n* (prostitute) コールガール kōrugāru

call-in [kɔ:l'in] (*US*) *n* (phone-in) ◇視聴者が電話で参加する番組 shíchōsha ga deñwa de sañka suru bañgumi

calling [kɔ:l'iŋ] *n* (occupation) 職業 shókùgyō; (*also*: **religious calling**) 神のお召し kámi no o-méshi

calling card (*US*) *n* 名刺 meíshi

call off *vt* (cancel) 中止する chúshi suru

call on vt fus (visit) 訪ねる tazúnerù, 訪問する hômon suru; (appeal to) ...に...を求める ...ni ...wo motómerù

callous [kǽl'əs] adj (heartless) 冷淡な reítañ na

call out vt (name etc) 大声でいう ốgoè de iù; (summon for help etc) 呼び出す yobidasu

♦vi (shout) 大声で言う ốgoè de iú

call up vt (MIL) 召集する shốshū suru; (TEL) ...に電話をかける ...ni deñwa wo kakérù

calm [ka:m] adj (unworried) 落着いている ochítsuite irú; (person) 静かな shízuka na; (weather, sea) 穏やかな odáyàka na

♦n (quiet, peacefulness) 静けさ shizúkesà

♦vt (person, child) 落着かせる ochítsukaseru; (fears, grief etc) 鎮める shizúmerù

calm down vi (person) 落着く ochítsukù

♦vt (person) 落着かせる ochítsukaseru

Calor gas [kǽl'ɔ:r-]® n ◇携帯用燃料ガスボンベの商品名 keítaiyō neñryó gasuboñbe no shốhiñmei

calorie [kǽl'ə:ri:] n カロリー káròrī

calves [kævz] npl of **calf**

camber [kǽm'bə:r] n (of road) 真ん中が高くなっている事 mañnaka ga takakù natté irú kotó

Cambodia [kæmbou'di:ə] n カンボジア kañbojìa

came [keim] pt of **come**

camel [kǽm'əl] n (ZOOL) ラクダ rakúda

cameo [kǽm'i:ou] n (jewellery) カメオ kámèo

camera [kǽm'ə:rə] n (PHOT) 写真機 shashíñki, カメラ kámèra; (CINEMA) 映画カメラ eíga kámèra; (also: **TV camera**) テレビカメラ terébi kamèra

in camera (LAW) 非公開で híkòkai de

cameraman [kǽm'ə:rəmæn] (pl **cameramen**) n (CINEMA, TV) カメラマン kaméramàn

camouflage [kǽm'əflɑ:ʒ] n (MIL) カムフラージュ kamúfurāju; (ZOOL) 隠ぺい的ぎ態 iñpeitekigitài

♦vt (conceal: also MIL) 隠す kakúsù

camp [kæmp] n (encampment) キャンプ場 kyañpujō; (MIL: barracks) 基地 kichí; (for prisoners) 収容所 shūyōjo; (faction) 陣営 jiñ-ei

♦vi (in tent) キャンプする kyañpu suru

♦adj (effeminate) 女々しい meméshiì

campaign [kæmpein'] n (MIL) 作戦 sakúsen; (POL etc) 運動 uñdō, キャンペーン kyañpèn

♦vi (objectors, pressure group etc) 運動をする uñdō wo suru

camp bed (BRIT) n 折畳みベッド orítatami beddô

camper [kǽm'pə:r] n (person) キャンパー kyañpā; (vehicle) キャンピングカー kyañpingukà

camping [kǽm'piŋ] n 野営 yaéi, キャンピング kyañpiñgu

to go camping キャンピングに行く kyañpiñgu ni iku

campsite [kǽmp'sait] n キャンプ場 kyañpujō

campus [kǽm'pəs] n (SCOL) キャンパス kyañpasu

can¹ [kæn] n (container: for foods, drinks, oil etc) 缶 káñ

♦vt (foods) 缶詰にする kañzume ni suru

KEYWORD

can² [kæn] (negative **cannot**, **can't** conditional and pt **could**) aux vb **1** (be able to) 出来る dekírù

you can do it if you try 努力すればできますよ dốryòku surébà dekímasù yo

I'll help you all I can できるだけ力になりましょう dekíru dake chīkára nì narímashô

she couldn't sleep that night その晩彼女は眠れませんでした sonó ban kanòjo wa nemúremasèn deshita

I can't go on any longer 私はもうこれ以上やっていけません watákushi wa mồ koré ijô yatté ikemasèn

I can't see you あなたの姿が見えません anátà no súgàta ga miémasèn

can you hear me? 私の声が聞えますか watákushi no koè ga kikôemasù ká

I can see you tomorrow, if you're

free 明日でよかったらお会いできますよ asú dè yókàttara o-ái dekimasù yó

2 (know how to) ...の仕方が分かる、...no shikàta ga wakarù, ...ができる ...ga dekírù

I can swim/play tennis/drive 私は水泳〔テニス，運転〕ができます watákushi wa súfei〔ténisù, únten〕ga dèkimasu

can you speak French? あなたはフランス語ができますか anátà wa furánsugo ga dèkímasu ká

3 (may) ...してもいいですか ...shìté mò íi desu ká

can I use your phone? 電話をお借りしてもいいですか dénwa wo ò-kári shite mò íi desu ká

could I have a word with you? ちょっと話しがあるんですが chóttò hanáshi gà árùn desu gà

you can smoke if you like タバコを吸いたければ遠慮なくどうぞ tabáko wo suitakèreba ènryo nakù dōzò

can I help you with that? 手を貸しましょうか té wò kashímashō ka

4 (expressing disbelief, puzzlement): *it can't be true!* うそでしょう úsò deshò

what CAN he want? あいつは何をねらっているんだろうね àitsu wa nánì wo neràtte iru dàrò né

5 (expressing possibility, suggestion, etc) ...かも知れない ...ká mò shirenai

he could be in the library 彼は図書室にいるかも知れません kárè wa toshóshìtsu ni irú kà mo shiremasen

she could have been delayed 彼女は何かの原因で出発が遅れたかも知れません kánnjo wa nánìka no gén-in de shuppàtsu ga òkureta kà mo shirèmasèn

---

Canada [kænˈədə] *n* カナダ kánàda

Canadian [kəneiˈdiːən] *adj* カナダの kánàda no
♦*n* カナダ人 kanádajìn

canal [kənælˈ] *n* (for ships, barges, irrigation) 運河 úñga; (ANAT) 管 kán

canary [kənɛːrˈiː] *n* カナリヤ kanáriya

cancel [kænˈsəl] *vt* (meeting) 中止する chúshi suru; (appointment, reservation, contract, order) 取消す toríkesu, キャンセルする kyáñseru suru; (cross out: words, figures) 線を引いて消す séñ wo hiíte kesú

the flight was canceled その便は欠航になった sonó bíñ wa kekkố ni nattá

the train was canceled その列車は運休になった sonó resshà wa uñkyū ni nattá

cancellation [kænsəleiˈ(ə)n] *n* (of meeting) 中止 chúshi; (of appointment, reservation, contract, order) 取消し toríkeshi, キャンセル kyáñseru; (of flight) 欠航 kekkố; (of train) 運休 uñkyū

cancer [kænˈsəːr] *n* (MED) がん gáñ
Cancer (ASTROLOGY) かに座 kaníza

candid [kænˈdid] *adj* (expression, comment) 率直な sotchóku na

candidate [kænˈdideit] *n* (for job) 候補者 kốhoshà; (in exam) 受験者 jukéñsha; (POL) 立候補者 rikkốhoshà

candle [kænˈdəl] *n* ろうそく rốsokù

candlelight [kænˈdəllait] *n*: *by candlelight* ろうそくの明りで rósokù no akári de

candlestick [kænˈdəlstik] *n* (*also*: **candle holder**: plain) ろうそく立て rósokutate; (: bigger, ornate) しょく台 shokúdai

candor [kænˈdəːr] (*BRIT* **candour**) *n* (frankness) 率直さ sotchókusà

candy [kænˈdiː] *n* (*also*: **sugar-candy**) 氷砂糖 kốrizatò; (*US*: sweet) あめ amé

candy-floss [kænˈdiːflɔːs] (*BRIT*) *n* 綿あめ watá-àme, 綿菓子 watágashì

cane [kein] *n* (BOT) 茎 kukí ◇竹などの様に中が空洞になっている植物を指す takénadò no yō ni nakà ga kudō ni natté irú shokúbùtsu wo sasù; (for furniture) 藤 tố; (stick) 棒 bố; (for walking) 杖 tsúè, ステッキ sutékkì
♦*vt* (*BRIT*: SCOL) むち打つ muchíutsù

canine [keiˈnain] *adj* イヌの inú no

canister [kænˈistəːr] *n* (container: for tea, sugar etc) 容器 yốki ◇茶筒の様な物を指す chazútsu no yố na monó wo sasù; (pressurized container) スプレー缶 supúrēkàñ; (of gas, chemicals etc) ボンベ bóñbe

cannabis [kǽnəbis] n マリファナ marífāna

canned [kǽnd] adj (fruit, vegetables etc) 缶詰の kánzume no

cannibal [kǽnəbəl] n (person) 人食い人間 hitókui ningen; (animal) 共食いする動物 tomógui suru dóbutsu

cannon [kǽnən] (pl **cannon** or **cannons**) n (artillery piece) 大砲 taíhō

cannot [kǽnɑːt] = **can not**

canny [kǽni] adj (quick-witted) 抜け目ない nukémenai

canoe [kənúː] n (boat) カヌー kánū

canon [kǽnən] n (clergyman) 司教座聖堂参事会員 shikyózaseídó sanjikàiin; (rule, principle) 規準 kijún

canonize [kǽnənaiz] vt (REL) 聖人の列に加える seíjin no retsù ni kuwáerù

can opener n 缶切 kánkirì

canopy [kǽnəpiː] n (above bed, throne etc) 天がい tengai

can't [kǽnt] = **can not**

cantankerous [kæntǽnˈkəːrəs] adj (fault-finding, complaining) つむじ曲りの tsumújimagàri no

canteen [kæntíːn] n (in workplace, school etc) 食堂 shokúdò; (also: **mobile canteen**) 移動食堂 idóshokudō; (BRIT: of cutlery) 収納箱 shúnōbàko ◇ナイフ, フォークなどを仕舞う箱 náifu, fóku nadò wo shimáu hakó

canter [kǽntəːr] vi (horse) キャンターで走る kyántā de hashirù

canvas [kǽnvəs] n (fabric) キャンバス kyánbasu; (painting) 油絵 abúraè; (NAUT) 帆 hò ◇総称 sóshō

canvass [kǽnvəs] vi (POL): **to canvass for** ...のために選挙運動をする ...no tamè ni seńkyoundò wo suru
♦vt (investigate: opinions, views) 調査する chōsa surù

canyon [kǽnjən] n 峡谷 kyókoku

cap [kǽp] n (hat) 帽子 bóshi ◇主につばのある物を指す ómò ni tsubà no arù monó wo sásù; (of pen) キャップ kyáppù; (of bottle) ふた futá; (contraceptive) ペッサリー pèssárī; (for toy gun) 紙雷管 kamíraìkan

♦vt (outdo) しのぐ shinógù

capability [keipəbilˈəti] n (competence) 能力 nóryoku

capable [keiˈpəbəl] adj (person, object): **capable of doing** ...ができる ...ga dekírù; (able: person) 有能な yúnō na

capacity [kəpǽsˈiti] n (of container, ship etc) 容積 yóseki; (of stadium etc) 収容力 shúyōryòku; (capability) 能力 nóryoku; (position, role) 資格 shikáku; (of factory) 生産能力 seísannóryòku

cape [keip] n (GEO) 岬 misáki; (short cloak) ケープ kēpu

caper [keiˈpəːr] n (CULIN: gen: **capers**) ケーパー kēpā; (prank) いたずら itázura

capital [kǽpˈitəl] n (also: **capital city**) 首都 shútò; (money) 資本金 shihónkin; (also: **capital letter**) 大文字 ómoji

capital gains tax n 資本利得税 shihónritokuzèi

capitalism [kǽpˈitəlizəm] n 資本主義 shihónshùgi

capitalist [kǽpˈitəlist] adj 資本主義の shihónshùgi no
♦n 資本主義者 shihónshugishà

capitalize [kəpˈitəlaiz]: **capitalize on** vt fus (situation, fears etc) 利用する riyō suru

capital punishment n 死刑 shikéi

capitulate [kəpítʃˈuleit] vi (give in) 降参する kōsan suru

capricious [kəprishˈəs] adj (fickle: person) 気まぐれの kimágure no

Capricorn [kǽpˈrikɔːrn] n (ASTROLOGY) やぎ座 yagíza

capsize [kǽpˈsaiz] vt (boat, ship) 転覆させる teńpuku saséru
♦vi (boat, ship) 転覆する teńpuku suru

capsule [kǽpˈsəl] n (MED) カプセル kápùseru; (spacecraft) 宇宙カプセル uchúkapùseru

captain [kǽpˈtin] n (of ship) 船長 senchō; (of plane) 機長 kichō; (of team) 主将 shushō; (in army) 大尉 táī; (in navy) 大佐 taísa; (US: in air force) 大尉 táī; (BRIT: SCOL) 主席の生徒 shuséki no seíto

caption [kǽpˈjən] n (to picture) 説明文

setsúmeíbun

captivate [kæp'təveit] *vt* (fascinate) 魅了する miryō suru

captive [kæp'tiv] *adj* (person) とりこの toríko no; (animal) 飼育下の shiíkukà no
♦*n* (person) とりこ toríko; (animal) 飼育下の動物 shiíkukà no dóbutsu

captivity [kæptiv'əti:] *n* 監禁状態 kañkinjōtai

capture [kæp'tʃər] *vt* (animal, person) 捕まえる tsukámaeru; (town, country) 占領する sefíryō suru; (attention) 捕える toráerù, (COMPUT) 収納する shúnō suru
♦*n* (seizure: of animal) 捕獲 hokáku; (: of person: by police) 逮捕 táiho; (: of town, country: by enemy) 占領 sefíryō; (COMPUT) 収納 shúnō

car [kɑːr] *n* (AUT) 自動車 jidōsha, 車 kurúma; (: *US*: carriage) 客車 kyakúsha; (RAIL: *BRIT*: dining car, buffet car) 特殊車両 tokúshushaɪ̀yō

carafe [kəræf'] *n* 水差し mizúsashì

caramel [kær'əməl] *n* (CULIN: sweet) キャラメル kyarámeru; (: burnt sugar) カラメル kárameru

carat [kær'ət] *n* (of diamond, gold) カラット karáttò

caravan [kær'əvæn] *n* (*BRIT*: vehicle) キャンピングカー kyañpingukà; (in desert) 隊商 taíshō, キャラバン kyáràban

caravan site (*BRIT*) *n* オートキャンプ場 ōtokyanpujō

carbohydrate [kɑːrbouhai'dreit] *n* (CHEM, food) 炭水化物 tańsuikabùtsu

carbon [kɑːr'bən] *n* 炭素 tánso

carbon copy *n* カ ボンコピー káɪ̀bon kopi

carbon dioxide [-daiɑːk'said] *n* 二酸化炭素 nisáñkataǹso

carbon monoxide [-mɔnɑːk'said] *n* 酸化炭素 issáñkataǹso

carbon paper *n* カーボン紙 kábòñshi

carburetor [kɑːr'bəreitər] (*BRIT* **carburettor**) *n* (AUT) キャブレター kyábùretá

carcass [kɑːr'kəs] *n* (of animal) 死体 shitái

card [kɑːrd] *n* (cardboard) ボール紙 bórugami; (greetings card, index card etc) カード kádo; (playing card) トランプのカード toráñpu no kádo; (visiting card) 名刺 meíshi

cardboard [kɑːrd'bɔːrd] *n* ボール紙 bórugami

card game *n* トランプゲーム toráñpugēmu

cardiac [kɑːr'diːæk] *adj* (arrest, failure) 心臓の shiñzō no

cardigan [kɑːr'digən] *n* カーディガン kádìgan

cardinal [kɑːr'dənəl] *adj* (chief: principle) 重要な júyō na
♦*n* (REL) 枢機けい sūkikèi
of cardinal importance 極めて重要で kiwámète júyō de

cardinal number 基数 kisū

card index *n* カード式索引 kádoshiki sakúin

care [keːr] *n* (attention) 注意 chúi; (worry) 心配 shiñpai; (charge) 管理 káñri
♦*vi*: **to care about** (person, animal) …を気に掛ける …wo ki ni kakérù, …を愛する …wo aí suru; (thing, idea etc) …に関心を持つ …ni kañshin wo motsù
care of (on mail) …方 …gatá
in someone's care …の管理に任せ（られ）て …no kanri ni makáse(rarè)tè
to take care (to do) …をするよう心掛ける …wo suru yō kokórogakerù
to take care of (patient, child etc) …の世話をする …no sewá wo suru; (problem, situation) …の始末を付ける …no shimátsu wo tsukérù
I don't care 私は構いません watákushi wa kamáimasèn
I couldn't care less 私はちっとも気にしない watákushi wa chittó mò ki ni shínài

career [kəriːr'] *n* (job, profession) 職業 shokùgyō; (life: in school, work etc) キャリア kyaría
♦*vi* (*also*: **career along**: car, horse) 猛スピードで走る mōsupído de hashirù

career woman (*pl* **career women**) *n* キャリアウーマン kyaríaùman

care for *vt fus* (look after) ...の世話をする ...no sewá wo suru; (like) ...が好きである ...ga sukí de arù, ...を愛している ...wo aí shité irú

carefree [ke:r'fri:] *adj* (person, attitude) 気苦労のない kigurõ no naî

careful [ke:r'fəl] *adj* (cautious) 注意深い chûibukaî; (thorough) 徹底的な tettéiteki na

　(be) careful! 気を付けてね ki wo tsukéte ne

carefully [ke:r'fəli:] *adv* (cautiously) 注意深く chûibukakù; (methodically) 念入りに neñ-iri ni

careless [ke:r'lis] *adj* (negligent) 不注意な fuchûi na; (heedless) 軽率な keísotsu na

carelessness [ke:r'lisnis] *n* (negligence) 不注意 fuchûi; (lack of concern) 無とん着 mutoñchaku

caress [kəres'] *n* (stroke) 愛ぶ aîbu

　◆*vt* (person, animal) 愛ぶする aîbu suru

caretaker [ke:r'teikə:r] *n* (of flats etc) 管理人 kañrinin

car-ferry [ka:r'fe:ri:] *n* カーフェリー kâferì

cargo [ka:r'gou] (*pl* **cargoes**) *n* (of ship, plane) 積荷 tsumíni, 貨物 kámotsu

car hire (*BRIT*) *n* レンタカーサービス reñtakâ sâbisu

Caribbean [kærəbi:'ən] *n*: **the Caribbean (Sea)** カリブ海 karíbukaî

caricature [kær'əkətʃə:r] *n* (drawing) 風刺漫画 fûshimañga, カリカチュア karíkachùa; (description) 風刺文 fûshibùn; (exaggerated account) 真実のわい曲 shiñjitsu no waikyoku

caring [ke:r'iŋ] *adj* (person, society, behavior) 愛情深い aîjōbukaî; (organization) 健康管理の keñkōkañri no

carnage [ka:r'nidʒ] *n* (MIL) 虐殺 gyakúsatsu

carnal [ka:r'nəl] *adj* (desires, feelings) 肉体的な nikútaiteki na

carnation [ka:rnei'ʃən] *n* カーネーション kâneshon

carnival [ka:r'nəvəl] *n* (festival) 謝肉祭 shaníkusài, カーニバル kánibàru; (*US*: funfair) カーニバル kánibàru

carnivorous [ka:rniv'ə:rəs] *adj* (animal, plant) 肉食の nikúshoku no

carol [kær'əl] *n*: **(Christmas) carol** クリスマスキャロル kurísumasu kyarðru

carp [ka:rp] *n* (fish) コイ koî

car park (*BRIT*) *n* 駐車場 chûshajô

carp at *vt fus* (criticize) とがめ立てする togámedate suru

carpenter [ka:r'pəntə:r] *n* 大工 daîku

carpentry [ka:r'pəntri:] *n* 大工仕事 daîkushigòto

carpet [ka:r'pit] *n* (in room etc) じゅうたん jûtan, カーペット kâpettò; (*fig*: of pine needles, snow etc) じゅうたんの様な...jûtan no yð na...

　◆*vt* (room, stairs etc) ...にじゅうたんを敷く ...ni jûtan wo shikú

carpet slippers *npl* スリッパ súrìppa

carpet sweeper [-swi:'pə:r] *n* じゅうたん掃除機 jûtan sôjikî

carriage [kær'idʒ] *n* (*BRIT*: RAIL) 客車 kyakúsha; (*also*: **horse-drawn carriage**) 馬車 bashá; (of goods) 運搬 uñpan; (transport costs) 運送料 uñsôryô

carriage return *n* (on typewriter etc) 復帰キー fukkî kî

carriageway [kær'idʒwei] (*BRIT*) *n* (part of road) 車線 shasén ◇自動車道の上りまたは下り半分を指す jidôshadô no nobóri mata wá kudári hañbuñ wo sasù

carrier [kær'i:ə:r] *n* (transporter, transport company) 運送会社 uñsôgaîsha; (MED) 保菌者 hokînsha, キャリア kyárîa

carrier bag (*BRIT*) *n* 買い物袋 kaímonobukùro, ショッピングバッグ shoppíngubaggù

carrot [kær'ət] *n* (BOT, CULIN) ニンジン niñjin

carry [kær'i:] *vt* (take) 携帯する keítai suru; (transport) 運ぶ hakóbu; (involve: responsibilities etc) 伴う tomónaù; (MED: disease, virus) 保有する hoyû suru

　◆*vi* (sound) 通る tôru

　to get carried away (*fig*: by enthusiasm, idea) 夢中になる muchú ni narù

carrycot [kær'i:ka:t] (*BRIT*) *n* 携帯ベビ

一ベッド keítai bebībèddò

carry on *vi* (continue) 続ける tsuzúkeru
♦*vt* (continue) 続ける tsuzúkeru
carry-on [kær'i:ɑːn] (*inf*) *n* (fuss) 大騒ぎ ốsawàgi
carry out *vt* (orders) 実行する jikkố suru; (investigation) 行う okónau
cart [kɑːrt] *n* (for grain, silage, hay etc) 荷車 nígùruma; (*also*: **horsedrawn cart**) 馬車 bashà; (*also*: **handcart**) 手押し車 teóshigurùma
♦*vt* (*inf*: people) 否応なしに連れて行く iyáō nashi ni tsuréte ikú; (objects) 引きずる hikízuru
cartilage [kɑːr'təlidʒ] *n* (ANAT) 軟骨 nańkotsu
carton [kɑːr'tən] *n* (large box) ボール箱 bốrubako; (container: of yogurt, milk etc) 容器 yōki; (of cigarettes) カートン kāton
cartoon [kɑːrtuːn'] *n* (drawing) 漫画 mañga; (*BRIT*: comic strip) 漫画 manga ◊四こま漫画などを指す yońkoma manga nadò wo sasù; (CINEMA) アニメ映画 aníme-eìga
cartridge [kɑːr'tridʒ] *n* (tor gun) 弾薬筒 dań-yakutō, 実弾 jitsúdan; (of record-player) カートリッジ kátorijì; (of pen) インクカートリッジ íñku kátorijì
carve [kɑːrv] *vt* (meat) 切分ける kiríwakerù, スライスする suráisu surù; (wood, stone) 彫刻する chốkoku suru; (initials, design) 刻む kizámu
carve up *vt* (land, property) 切分ける kiríwakerù
carving [kɑːr'viŋ] *n* (object made from wood, stone etc) 彫刻 chốkoku; (in wood etc: design) 彫物 horímonò; (: art) 彫刻 chốkoku
carving knife *n* カービングナイフ kắbingunàifu
car wash *n* 洗車場 señshajō, カーウォッシュ kắuosshù
cascade [kæskeid'] *n* (waterfall) 小さい滝 chiísaì takí
♦*vi* (water) 滝になって流れ落ちる takí ni natté nagáreochirù; (hair, people, things) 滝の様に落ちる takí no yố ni o-

chirù
case [keis] *n* (situation, instance) 場合 baái; (MED) 症例 shōrei; (LAW) 事件 jíkèn; (container: for spectacles etc) ケース kēsu; (box: of whisky etc) 箱 hakó, ケース kēsu; (*BRIT*: *also*: **suitcase**) スーツケース sūtsukēsu
in case (of) (fire, emergency) ...の場合に ...no baái ni
in any case とにかく toníkaku
just in case 万一に備えて mán-ichi ni sonáete
cash [kæʃ] *n* (money) 現金 geńkiǹ
♦*vt* (check etc) 換金する kańkin suru
to pay (in) cash 現金で払う geńkin de haraù
cash on delivery 着払い chakúbarài
cash-book [kæʃ'buk] *n* 出納簿 suítôbo
cash card (*BRIT*) *n* (for cash dispenser) キャッシュカード kyasshúkầdo
cash desk (*BRIT*) *n* 勘定カウンター kań-jokauntà
cash dispenser *n* 現金自動支払い機 geńkin jidōshiharaìki, カード機 kấdokì
cashew [kæʃ'uː] *n* (*also*: **cashew nut**) カシューナッツ kashúnattsù
cash flow *n* 資金繰り shikínguri
cashier [kæʃiːˈər] *n* (in bank) 出納係 suítōgakàri; (in shop, restaurant) レジ係 réjígakàri
cashmere [kæʒ'miːr] *n* (wool, jersey) カシミア kashímia
cash register *n* レジスター réjìsutà
casing [kei'siŋ] *n* (covering) 被覆 hífuku
casino [kəsiːˈnou] *n* カジノ kájìno
cask [kæsk] *n* (of wine, beer) たる tarú
casket [kæs'kit] *n* (for jewelry) 宝石箱 hōsekibakò; (*US*: coffin) 棺 kấn
casserole [kæs'əroul] *n* (of lamb, chicken etc) キャセロール kyasérôrù; (pot, container) キャセロールなべ kyasérōrunabè
cassette [kəset'] *n* (tape) カセットテープ kasétto tếpu
cassette player *n* カセットプレーヤー kasétto purèyà
cassette recorder *n* カセットレコーダー kasétto rekóda

cast [kæst] (*pt*, *pp* **cast**) *vt* (throw: light, shadow) 映す utsúsù; (: object, net) 投げ る nagérù; (: fishing-line) キャストを する kyásùto surú; (: aspersions, doubts) 投掛 ける nagékakerù; (glance, eyes) 向ける mukérù; (THEATER) ...に ...の役を振当 てる ...ni ...no yakú wo furíaterù; (make: statue) 鋳込む ikómù

♦*n* (THEATER) キャスト kyásùto; (*also*: **plaster cast**) ギプス gíbùsu

to cast a spell on (subject: witch etc) ...に魔法を掛ける ...ni mahố wò kakérù

to cast one's vote 投票する tōhyố suru

castaway [kæs'təwei] *n* 難破した人 nañpa shita hitó

caste [kæst] *n* (social class) カースト kâsùto; (*also*: **caste system**) 階級制 kaíkyūsei, カースト制 kâsutosei

caster [kæs'tə:r] *n* (wheel) キャスター kyàsutā

caster sugar (*BRIT*) *n* 粉砂糖 konázatồ

casting vote [kæs'tiŋ-] (*BRIT*) *n* 決定票 kettếihyō, キャスティングボート kyasútingubồto

cast iron [kæst'ai'ə:rn] *n* 鋳鉄 chùtetsu

castle [kæs'əl] *n* (building) 城 shiró; (CHESS) 城将 jòshō

cast off *vi* (NAUT) 綱を解く tsuná wo tokú; (KNITTING) 編み終える amíoerù

cast on *vi* (KNITTING) 編み始める amíhajimerù

castor [kæs'tə:r] (*BRIT*) *n* = **caster**

castor oil *n* ひまし油 himáshiyu

castrate [kæs'treit] *vt* (bull, man) 去勢 する kyoséi suru

casual [kæʒ'u:əl] *adj* (by chance) 偶然の gúzen no; (irregular: work etc) 臨時の ríñji no; (unconcerned) さりげない sarígenaì; (informal: clothes) 普段用の fudányồ no

casually [kæʒ'u:əli:] *adv* (in a relaxed way) さりげなく sarígenakù; (dress) 普段着で fudángi de

casualty [kæʒ'u:əlti:] *n* (of war, accident: someone injured) 負傷者 fushốsha; (: someone killed) 死者 shishá; (of situation, event: victim) 犠牲者 giséisha;

(MED: *also*: **casualty department**) 救急病棟 kyúkyūbyðtồ

cat [kæt] *n* (pet) ネコ nekô; (wild animal) ネコ科の動物 nekôka no dồbutsu

catalogue [kæt'ələ:g] (*US also*: **catalog**) *n* (COMM: for mail order) カタログ katárogu; (of exhibition, library) 目録 mokúroku

♦*vt* (books, collection, events) ...の目録 を作る ...no mokúroku wo tsukurú

catalyst [kæt'əlist] *n* (CHEM, *fig*) 触媒 shokúbai

catapult [kæt'əpʌlt] (*BRIT*) *n* (slingshot) ぱちんこ pachíñko

cataract [kæt'ərækt] *n* (MED) 白内障 hakúnaishō

catarrh [kətɑ:r'] *n* カタル kátàru

catastrophe [kətæs'trəfi:] *n* (disaster) 災害 saígai

catastrophic [kætəstrɑ:f'ik] *adj* (disastrous) 破局的な hakyókuteki na

catch [kætʃ] (*pt*, *pp* **caught**) *vt* (animal) 捕る tórù, 捕まえる tsukámaeru; (fish: with net) 捕る tórù; (: with line) 釣る tsurú; (ball) 捕る tórù; (bus, train etc) ...に乗 る ...ni norú; (arrest: thief etc) 逮捕する taîho suru; (surprise: person) びっくりさ せる bikkúri saséru; (attract: attention) 引く hikú; (hear: comment, whisper etc) 聞く kikú; (MED: illness) ...に掛る ...ni kakárù; (person: *also*: **catch up with/to**) ...に追い付く ...ni oítsukù

♦*vi* (fire) 付く tsukú; (become trapped: in branches, door etc) 引っ掛る hikkákarù

♦*n* (of fish etc) 獲物 emôno; (of ball) 捕球 hokyû; (hidden problem) 落し穴 otóshiàna; (of lock) 留金 tomégane; (game) キャッチボール kyátchibồru

to catch one's breath (rest) 息をつく íkì wo tsukù, 一休みする hitoyàsumi surú

to catch fire 燃え出す moédasù

to catch sight of 見付ける mitsúkeru

catching [kætʃ'iŋ] *adj* (infectious) 移る utsurù

catchment area [kætʃ'mənt-] (*BRIT*) *n* (of school) 学区 gákkù; (of hospital) 通院

catch on *vi* (understand) 分かる wakárù; (grow popular) 流行する ryūkō suru

catch phrase *n* キャッチフレーズ kyátchífurēzu

catch up *vi* (*fig*: with person, on work) 追付く oítsukù
♦*vt* (person) ...に追い付く ...ni oítsukù

catchy [kætʃ'i:] *adj* (tune) 覚え易い obóeyasuì

catechism [kæt'əkizəm] *n* (REL) 公教要理 kōkyōyōri

categoric(al) [kætəgɔːr'ik(əl)] *adj* (certain, absolute) 絶対的な zettáiteki na

category [kæt'əgɔːri:] *n* (set, class) 範ちゅう hańchū

cater [kei'tər] *vi*: **to cater for** (*BRIT*: person, group) ...向きである ...muki de arù; (needs) ...を満たす ...wo mitasù; (COMM: weddings etc) ...の料理を仕出しする ...no ryōri wo shidáshi suru

caterer [kei'tərər] *n* 仕出し屋 shidáshiya

catering [kei'təriŋ] *n* (trade, business) 仕出し shidáshi

caterpillar [kæt'ərpilər] *n* (with hair) 毛虫 kemúshi; (without hair) 芋虫 imomúshi

caterpillar track *n* キャタピラ kyatápirā

cathedral [kəθi:'drəl] *n* 大聖堂 daíseidō

catholic [kæθ'əlik] *adj* (tastes, interests) 広い hiroì

Catholic [kæθ'əlik] *adj* (REL) カトリック教の katórikkukyō no
♦*n* (REL) カトリック教徒 katórikkukyōto

cat's-eye [kæts'ai'] (*BRIT*) *n* (AUT) 反射びょう hańshabyō ◇夜間の目印として道路の中央またはわきに埋込むガラスなどの反射器 yakán no mejirúshi toshitè dōro no chūō mata wa wakí ni umékomù garásu nadò no hańshakî

cattle [kæt'əl] *npl* ウシ ushí ◇総称 sōshō

catty [kæt'i:] *adj* (comment, woman) 意地悪な ijíwarù na

caucus [kɔː'kəs] *n* (POL: group) 実力者会議 jitsúryokusha kaígi; (: US) 党幹部会 tō-

bukài

caught [kɔːt] *pt, pp of* **catch**

cauliflower [kɔː'ləflauəːr] *n* カリフラワー karífurawā

cause [kɔːz] *n* (of outcome, effect) 原因 geñ-in; (reason) 理由 riyū; (aim, principle: *also* POL) 目的 mokúteki
♦*vt* (produce, lead to: outcome, effect) 引起こす hikíokosù

caustic [kɔːs'tik] *adj* (CHEM) 腐食性の fushōkusei no; (*fig*: remark) 辛らつな shiñratsu na

caution [kɔː'ʃən] *n* (prudence) 慎重さ shiñchōsa; (warning) 警告 keíkoku, 注意 chūi
♦*vt* (warn: *also* POLICE) 警告する keíkoku suru

cautious [kɔː'ʃəs] *adj* (careful, wary) 注意深い chūibukaì

cautiously [kɔː'ʃəsli:] *adv* 注意深く chūibukakù

cavalier [kævəliəːr'] *adj* (attitude, fashion) 威張り腐った ibárikusattà

cavalry [kæv'əlri:] *n* (MIL: mechanized) 装甲部隊 sōkōbutài; (: mounted) 騎兵隊 kiheítai

cave [keiv] *n* (in cliff, hill) 洞穴 horá-ana

cave in *vi* (roof etc) 陥没する kañbotsu suru, 崩れる kuzúrerù

caveman [keiv'mən] (*pl* **cavemen**) *n* 穴居人 kékkyòjin

cavern [kæv'əːrn] *n* どうくつ dōkutsu

caviar(e) [kæv'i:ɑːr] *n* キャビア kyábia

cavity [kæv'iti:] *n* (in wall) 空どう kūdō; (ANAT) 腔 kō; (in tooth) 虫歯の穴 mushíba no aná

cavort [kəvɔːrt'] *vi* (romp) はしゃぎ回る hashágimawarù

CB [si:bi:'] *n abbr* (= *Citizens' Band (Radio)*) 市民バンド shimínbañdo, シチズンバンド shichízunbañdo

CBI [si:bi:ai'] *n abbr* (= *Confederation of British Industry*) 英国産業連盟 eíkokusañgyōreñmei

cc [si:si:'] *abbr* (= *cubic centimeter(s)*) 立方センチメートル rippōsenchimētoru, cc shíshī; = **carbon copy**

cease [si:s] *vt* (end, stop) 終える oéru
♦*vi* (end, stop) 終る owáru, 止る tomáru

ceasefire [si:s'faiə:r'] n (MIL) 停戦 teísen

ceaseless [si:s'lis] adj (chatter, traffic) 絶間ない taéma naĩ

cedar [si:'də:r] n (tree) ヒマラヤスギ himárayasugĩ; (wood) シーダー材 shídāzai

cede [si:d] vt (land, rights etc) 譲る yuzúru

ceiling [si:'lin] n (in room) 天井 teñjō; (upper limit: on wages, prices etc) 天井 teñjō, 上限 jōgen

celebrate [sel'əbreit] vt (gen) 祝う iwáù; (REL: mass) 挙げる agéru
♦vi お祝いする o-íwai suru

celebrated [sel'əbreitid] adj (author, hero) 有名な yūmei na

celebration [seləbrei'ʃən] n (party, festival) お祝い o-íwai

celebrity [səleb'riti:] n (famous person) 有名人 yūmeíjin

celery [sel'ə:ri:] n セロリ serŏri

celestial [səles'tʃəl] adj (heavenly) 天上的な teñjōteki na

celibacy [sel'əbəsi:] n 禁欲生活 kiñ-yoku seíkatsu

cell [sel] n (in prison: gen) 監房 kañbō; (: solitary) 独房 dokúbō; (in monastery) 個室 koshítsu; (BIO, also of revolutionaries) 細胞 saíbō; (ELEC) 電池 dénchi

cellar [sel'ə:r] n (basement) 地下室 chikáshìtsu; (also: **wine cellar**) ワイン貯蔵室 waín chozōshìtsu

cello [tʃel'ou] n (MUS) チェロ chérð

cellophane [sel'əfein] n セロハン serŏhan

cellular [sel'jələ:r] adj (BIO: structure, tissue) 細胞の saíbō no; (fabrics) 保温効果の高い hoőnkŏka no takaì, 防寒の bŏkan no

cellulose [sel'jəlous] n (tissue) 繊維素 señ-isð

Celt [selt, kelt] n ケルト人 kerútðjin

Celtic [sel'tik, kel'tik] adj ケルト人の kerútðjin no; (language etc) ケルトの kérūto no

cement [siment'] n (powder) セメント seméñto; (concrete) コンクリート koñkuríto

cement mixer n セメントミキサー se-

méñto mikisã

cemetery [sem'ite:ri:] n 墓地 bŏchì

cenotaph [sen'ətæf] n (monument) 戦没者記念碑 señbotsusha kineñhi

censor [sen'sə:r] n (POL, CINEMA etc) 検閲官 keñ-etsùkan
♦vt (book, play, news etc) 検閲する keñ-etsu suru

censorship [sen'sə:rʃip] n (of book, play, news etc) 検閲 keñ-etsu

censure [sen'ʃə:r] vt (reprove) とがめる togámerù

census [sen'səs] n (of population) 国勢調査 kokúzeichōsa

cent [sent] n (US: also: **one-cent coin**) 1セント玉 isséntodamá ¶ see also **per**

centenary [sen'tənе:ri:] n (of birth etc) 100周年 hyakúshūnen

center [sen'tə:r] (BRIT **centre**) n (of circle, room, line) 中心 chúshin; (of town) 中心部 chūshiñbu, 繁華街 hañkagài; (of attention, interest) 的 matő; (heart: of action, belief etc) 核心 kakúshin; (building: health center, community center) センター sèñta; (POL) 中道 chúdō
♦vt (weight) ...の中心に置く ...no chúshin ni okú; (sights) ...にぴったり合わせる ...ni pittari awaseru; (SOCCER: ball) グランド中央へ飛ばす gurándo chúō e tobásu; (TYP: on page) 中央に合わせる chúō ni awáseru

center forward n (SPORT) センターフォワード señtāfowãdo

center half n (SPORT) センターハーフ señtāhãfu

centigrade [sen'tigreid] adj 摂氏 sesshì

centimeter [sen'təmi:tə:r] (BRIT **centimetre**) n センチメートル señchimètoru

centipede [sen'təpi:d] n ムカデ mukáde

central [sen'trəl] adj (in the center) 中心点の chūshiñten no; (near the center) 中心の chúshin no; (committee, government) 中央の chúō no; (idea, figure) 中心の chúshin no

Central America n 中米 chúbei

central heating n セントラルヒーティング señtoraruhítìñgu

centralize [sen'trəlaiz] *vt* (decision-making, authority) 中央に集中させる chūō ni shúchū saséru

central reservation (*BRIT*) *n* (AUT: of road) 中央分離帯 chūōbunritai

centre [sen'tər] (*etc BRIT*) = **center** *etc*

century [sen'tʃə.ri:] *n* 世紀 séìki
    20th century 20世紀 nijússeìki

ceramic [səræm'ik] *adj* (art, tiles) セラミックの serámikku no

ceramics [səræm'iks] *npl* (objects) 焼物 yakímono

cereal [si:r'i:əl] *n* (plant, crop) 穀物 kókùmotsu; (food) シリアル shiríarù

cerebral [ser'əbrəl] *adj* (MED: of the brain) 脳の nō no; (intellectual) 知的な chitéki na

ceremony [ser'əmouni:] *n* (event) 式 shikí; (ritual) 儀式 gíshìki; (behavior) 形式 kefshiki
    to stand on ceremony 礼儀にこだわる reígi ni kodáwarù

certain [sə:r'tən] *adj* (sure: person) 確信している kakúshin shité irú; (: fact) 確実な kakújitsu na, (person): *a certain Mr Smith* スミスと呼ばれる男 sumisù to yobareru otóko; (particular): *certain days/places* ある日〔場所〕árù hi 〔bashó〕; (some): *a certain coldness/pleasure* ある程度の冷たさ〔喜び〕árù teido no tsumétasa 〔yorókobi〕
    for certain 確実に kakújitsu ni

certainly [sə:r'tənli:] *adv* (undoubtedly) 間違いなく machígai nakù; (of course) もちろん mochíron

certainty [sə:r'tənti:] *n* (assurance) 確実性 kakújitsusei; (inevitability) 必然性 hitsúzensei

certificate [sə:rtif'əkit] *n* (of birth, marriage etc: diploma) 資格証明書 shikákushōmeisho

certified mail [sə:r'təfaid-] (*US*) *n* 配達証明付き書留郵便 haítatsushōmei tsukí kakítome yūbin

certify [sə:r'təfai] *vt* (fact) 証明する shō-mei suru; (award a diploma to) ...に資格を与える ...ni shikáku wo atáeru; (declare insane) 精神異常と認定する seíshinijō to niñtei suru

cervical [sə:r'vikəl] *adj* (smear, cancer) 子宮けい部の shikyúkeìbu no

cervix [sə:r'viks] *n* (ANAT) 子宮けい部 shikyúkeìbu

Cesarean [size:r'i:ən] (*BRIT* **Caesarean**) *adj*: *Cesarean (section)* 帝王切開 teíōsekkài

cesspit [ses'pit] *n* (sewage tank) 汚水だめ osúidame

cf. *abbr* = **compare**

ch. *abbr* = **chapter**

chafe [tʃeif] *vt* (rub: skin) 擦る súrù

chagrin [ʃəgrin'] *n* (annoyance) 悔しさ kuyáshisa; (disappointment) 落胆 rakútan

chain [tʃein] *n* (for anchor, prisoner, dog etc) 鎖 kusári; (on bicycle) チェーン chēn; (jewelery) 首飾り kubíkazàri; (of shops, hotels) チェーン chēn; (of events, ideas) 連鎖 reñsa
    ♦*vt* (*also*: **chain up**: prisoner, dog) 鎖につなぐ kusári ni tsunágu
    an island chain/a chain of islands 列島 rettō
    a mountain chain/a chain of mountains 山脈 sañmyaku

chain reaction *n* 連鎖反応 reñsahañnō

chain-smoke [tʃein'smouk] *vi* 立続けにタバコを吸う tatétsuzuke ni tabáko wo suú

chain store *n* チェーンストア chénsutoà

chair [tʃe:r] *n* (seat) いす isú; (armchair) 安楽いす añrakuisù; (of university) 講座 kōza; (of meeting) 座長 zachō; (of committee) 委員長 iínchō
    ♦*vt* (meeting) 座長を務める zachō wo tsutómerù

chairlift [tʃe:r'lift] *n* リフト rífùto

chairman [tʃe:r'mən] (*pl* **chairmen**) *n* (of committee) 委員長 iínchō; (*BRIT*: of company) 社長 shachō

chalet [ʃælei'] *n* 山小屋 yamágoya

chalice [tʃæl'is] *n* (REL) 聖さん杯 seísañhai

chalk [tʃɔ:k] *n* (GEO) 白亜 hákùa; (for writing) 白墨 hakúboku, チョーク chōku

challenge [tʃæl' indʒ] *n* (of new job, unknown, new venture etc) 挑戦 chōsen; (to authority, received ideas etc) 反抗 hańkō; (dare) 挑戦状

◆*vt* (SPORT) ...に試合を申込む ...ni shiái wo mōshikomù; (rival, competitor) 挑戦する chōsen suru; (authority, right, idea etc) ...に反抗する ...ni hańkō suru

to challenge someone to do something ...に...をやれるものならやってみろと挑戦する ...ni ...wo yaréru monó nara yatté miro to chōsen suru

challenging [tʃæl'indʒiŋ] *adj* (career, task) やりがいを感じさせる yarígai wo kańji saséru; (tone, look etc) 挑発的な chōhatsuteki na

chamber [tʃeim'bə:r] *n* (room) 部屋 heyá; (POL: house) 院 íń; (BRIT: LAW: *gen pl*) 弁護士事務室 beńgoshi jimushìtsu; (: of judge) 判事室 hańjishìtsu

chamber of commerce 商工会議所 shōkōkaigisho

chambermaid [tʃeim'bə:rmeid] *n* (in hotel) メード mēdo

chamber music *n* 室内音楽 shitsúnai ońgaku

chamois [ʃæm'i:] *n* (ZOOL) シャモア shamòa; (cloth) セーム革 sēmugawa

champagne [ʃæmpein'] *n* シャンペン shańpeń

champion [tʃæm'pi:ən] *n* (of league, contest, fight) 優勝者 yūshōsha, チャンピオン chańpion; (of cause, principle, person) 擁護者 yōgosha

championship [tʃæm'pi:ənʃip] *n* (contest) 選手権決定戦 seńshukèn kettéisen; (title) 選手権 seńshuken

chance [tʃæns] *n* (likelihood, possibility) 可能性 kanōsei; (opportunity) 機会 kikái, チャンス cháńsu; (risk) 危険 kikén, かけ kaké

◆*vt* (risk): *to chance it* 危険を冒す kikén wo okasù, 冒険をする bōken wo suru

◆*adj* 偶然の gūzen no

to take a chance 危険を冒す kikén wo okasù, 冒険をする bōken wo suru

by chance 偶然に gūzen ni

chancellor [tʃæn'sələr] *n* (head of government) 首相 shushō

Chancellor of the Exchequer (BRIT) *n* 大蔵大臣 ōkuradaìjin

chandelier [ʃændəli'ə:r] *n* シャンデリア shańderìa

change [tʃeindʒ] *vt* (alter, transform) 変える kaéru; (wheel, bulb etc) 取替える toríkaeru; (clothes) 着替える kigáerù; (job, address) 変える kaéru; (baby, diaper) 替える kaéru; (exchange: money) 両替する ryōgae suru

◆*vi* (alter) 変る kawáru; (change one's clothes) 着替える kigáerù; (change trains, buses) 乗換える noríkaeru; (traffic lights) 変る kawáru; (be transformed): *to change into* ...に変る ...ni kawáru, ...になる ...ni narù

◆*n* (alteration) 変化 hénka; (difference) 違い chigái; (*also*: **change of clothes**) 着替え kigáe; (of government, climate, job) 変る事 kawáru kotó; (coins) 小銭 kozéni; (money returned) お釣 o-tsúri

to change one's mind 気が変る ki gá kawarù

for a change たまには tamá ni wa

changeable [tʃein'dʒəbəl] *adj* 変りやすい kawáriyasuì

change machine *n* 両替機 ryōgaekì

changeover [tʃeindʒ'ouvə:r] *n* (to new system) 切替え kiríkae

changing [tʃein'dʒiŋ] *adj* (world, nature) 変る kawáru

changing room (BRIT) *n* 更衣室 kōishìtsu

channel [tʃæn'əl] *n* (TV) チャンネル cháńneru; (in sea, river etc) 水路 súiro; (groove) 溝 mizó; (*fig*: means) 手続 tetsuzūki, ルート rūto

◆*vt* (money, resources) 流す nagásù

the (English) Channel イギリス海峡 igírisu kaìkyō

the Channel Islands チャネル諸島 chanéru shotō

chant [tʃænt] *n* (of crowd, fans etc) 掛声 kakégoè; (REL: song) 詠唱歌 eíshōka

♦*vt* (word, name, slogan) 唱える tonáerù

chaos [kei'ɑ:s] *n* (disorder) 混乱 koñran

chaotic [keiɑ:t'ik] *adj* (mess, jumble) 混乱した koñran shitá

chap [tʃæp] (*BRIT*: *inf*) *n* (man) やつ yátsù

chapel [tʃæp'əl] *n* (in church) 礼拝堂 reíhaidō; (in hospital, prison, school etc) チャペル cháperu; (*BRIT*: non-conformist chapel) 教会堂 kyōkaidō

chaperone [ʃæp'əroun] *n* (for woman) 付添い tsukísoi, シャペロン shapéroñ

♦*vt* (woman, child) ...に付添う ...ni tsukísoù

chaplain [tʃæp'lin] *n* (REL, MIL, SCOL) 付属牧師 fuzókubokùshi

chapped [tʃæpt] *adj* (skin, lips) あかぎれれした akágire shitá

chapter [tʃæp'tə:r] *n* (of book) 章 shṓ; (of life, history) 時期 jíkì

char [tʃɑ:r] *vt* (burn) 黒焦げにする kurókoge ni suru

♦*n* (*BRIT*) = **charwoman**

character [kær'iktə:r] *n* (nature) 性質 seíshitsu; (moral strength) 気骨 kikótsu; (personality) 人格 jiñkaku; (in novel, film) 人物 jiñbutsu; (letter) 文字 mójì

characteristic [kæriktəris'tik] *adj* (typical) 特徴的な tokúchōteki na

♦*n* (trait, feature) 特徴 tokúchō

characterize [kær'iktəraiz] *vt* (typify) ...の特徴である ...no tokúchō de arú; (describe the character of) ...の特徴を描写する ...no tokúchō wo byṓsha suru

charade [ʃəreid'] *n* (sham, pretence) 装い yosóoi

charcoal [tʃɑːr'koul] *n* (fuel) 炭 sumí, 木炭 mokútañ; (for drawing) 木炭 mokútañ

charge [tʃɑːrdʒ] *n* (fee) 料金 ryṓkin; (LAW: accusation) 容疑 yōgi; (responsibility) 責任 sekínin

♦*vt* (for goods, services) ...の料金を取る ...no ryṓkin wo torù; (LAW: accuse): **to charge someone (with)** 起訴する kisó suru; (battery) 充電する jūden suru; (MIL: enemy) ...に突撃する ...ni totsúgeki suru

♦*vi* (animal) 掛って来る〔行く〕kakátte kurù〔ikú〕; (MIL) 突撃する totsúgeki suru

to take charge of (child) ...の面倒を見る ...no meñdō wo mirù; (company) ...の指揮を取る ...no shikí wo torú

to be in charge of (person, machine) ...の責任を持っている ...no sekínin wo mottě irù; (business) ...の責任者である ...no sekíninsha de arù

how much do you charge? 料金はいくらですか ryṓkin wa ikùra desù ka

to charge an expense (up) to someone's account ...の勘定に付ける ...no kañjō ni tsukerù

charge card *n* (for particular shop or organization) クレジットカード kuréjittokàdo ◇特定の店でしか使えない物を指す tokútei nò mise de shika tsukáenai monð wo sásù

charges [tʃɑ:r'dʒiz] *npl* (bank charges, telephone charges etc) 料金 ryṓkin

to reverse the charges (TEL) 先方払いにする señpōbarai ni surù

charisma [kəriz'mə] *n* カリスマ性 karísumasei

charitable [tʃær'itəbəl] *adj* (organization) 慈善の jízén no

charity [tʃær'iti:] *n* (organization) 慈善事業 jizéñjigyð; (kindness) 親切さ shiñsetsusa; (generosity) 寛大さ kañdaisa; (money, gifts) 施し hodókoshi

charlady [tʃɑ:r'leidi:] (*BRIT*) *n* = **charwoman**

charlatan [ʃɑ:r'lətən] *n* 偽者 nísémono

charm [tʃɑ:rm] *n* (attractiveness) 魅力 miryőku; (to bring good luck) お守 o-mámori; (on bracelet etc) 飾り kazári

♦*vt* (please, delight) うっとりさせる uttórì sasèru

charming [tʃɑ:r'miŋ] *adj* (person, place) 魅力的な miryókuteki na

chart [tʃɑ:rt] *n* (graph) グラフ gúràfu; (diagram) 図 zu; (map) 海図 káĭzu

♦*vt* (course) 地図に書く chízù ni kakù; (progress) 図に書く zù ni kakù

charter [tʃɑ:r'tə:r] *vt* (plane, ship etc) チャーターする cháta surù

♦*n* (document, constitution) 憲章 keñshō; (of university, company) 免許 měnkyo

chartered accountant [tʃɑːrˈtərd-] (*BRIT*) *n* 公認会計士 kǒnin kaikeǐshi

charter flight *n* チャーターフライト chátāfuraǐto

charts [tʃɑːrts] *npl* (hit parade): *the charts* ヒットチャート hittóchàto

charwoman [tʃɑːrˈwumən] (*pl* **charwomen**) *n* 掃除婦 sōjifu

chase [tʃeis] *vt* (pursue) 追掛ける oǐkakerù; (*also: chase away*) 追払う oǐharaù
♦*n* (pursuit) 追跡 tsuǐseki

chasm [kæzˈəm] *n* (GEO) 深い割れ目 fúkài warěme

chassis [ʃæsˈiː] *n* (AUT) シャシ shashǐ

chastity [tʃæsˈtitiː] *n* (REL) 純潔 juńketsu

chat [tʃæt] *vi* (*also: have a chat*) おしゃべりする o-sháberì surù
♦*n* (conversation) おしゃべり o-sháberì

chat show (*BRIT*) *n* トーク番組 tǒku bañgumi

chatter [tʃætˈəːr] *vi* (person) しゃべりまくる shabérimakurù; (animal) きゃっきゃっと鳴く kyákkyattò nakú; (teeth) がちがち鳴る gachígachi narú
♦*n* (of people) しゃべり声 shabérigoè; (of birds) さえずり saêzuri; (of animals) きゃっきゃっという鳴き声 kyákkyattò iú nakígoè

chatterbox [tʃætˈəːrbɑːks] (*inf*) *n* おしゃべり好き o-sháberizuki

chatty [tʃætˈiː] *adj* (style, letter) 親しみやすい shitáshimiyasuǐ; (person) おしゃべりな o-shábeì na

chauffeur [ʃouˈfəːr] *n* お抱え運転手 okákae-unteñshu

chauvinist [ʃouˈvənist] *n* (male chauvinist) 男性優越主義者 dańseiyūetsushugishà; (nationalist) 熱狂的愛国主義者 nekkyótekiaikokushugishà

cheap [tʃiːp] *adj* (inexpensive) 安い yasuǐ; (poor quality) 安っぽい yasúppoǐ; (behavior, joke) 下劣な gerétsu na
♦*adv: to buy/sell something cheap* 安く買う〔売る〕yasúkù kaú〔urú〕

cheaper [tʃiːˈpəːr] *adj* (less expensive) もっと安い mǒttò yasuǐ

cheaply [tʃiːpˈliː] *adv* (inexpensively) 安く yasukù

cheat [tʃiːt] *vi* (in exam) カンニングする kańningu suru; (at cards) いかさまをする ikásama wo suru
♦*vt: to cheat someone (out of something)* ...から...をだまし取る ...kara ...wo dámáshitorù
♦*n* (person) いかさま師 ikásamashī

check [tʃek] *vt* (examine: bill, progress) 調べる shiráberù; (verify: facts) 確認する kakúnin suru; (halt: enemy, disease) 食止める kuǐtomerù; (restrain: impulse, person) 抑える osáerù
♦*n* (inspection) 検査 kéñsa; (curb) 抑制 yokúsei; (US: bill) 勘定書 kańjōgaki; (BANKING) 小切手 kogittè; (pattern: *gen pl*) 市松模様 ichímatsumoyô
♦*adj* (pattern, cloth) 市松模様の ichímatsumoyô no

checkbook [tʃekˈbuk] (*US*) *n* 小切手帳 kogittechō

checkerboard [tʃekˈəːrbɔːrd] *n* チェッカー盤 chekkában

checkered [tʃekˈəːrd] (*BRIT* **chequered**) *adj* (*fig*: career, history) 起伏の多い kifúku no ôi

checkers [tʃekˈəːrz] (*US*) *npl* (game) チェッカー chékkà

check in *vi* (at hotel, airport) チェックインする chekkùin surù
♦*vt* (luggage) 預ける azúkerù

check-in (desk) [tʃekˈin-] *n* フロント furóñto

checking account [tʃekˈiŋ-] (*US*) *n* (current account) 当座預金 tōzayokìn

checkmate [tʃekˈmeit] *n* (CHESS) 王手 ǒte

check out *vi* (of hotel) チェックアウトする chekkúàuto surù

checkout [tʃekˈaut] *n* (in shop) 勘定カウンター kańjō kauñtā

checkpoint [tʃekˈpɔint] *n* (on border) 検問所 keñmonjo

checkroom [tʃekˈruːm] (*US*) *n* (left-luggage office) 手荷物一時預り所 teñmòtsu ichíjìazúkarijo

check up *vi*: *to check up on something/someone* ...を調べておく ...wo shirábetè okù

checkup [tʃek'ʌp] *n* (MED) 健康診断 keñkōshiñdan

cheek [tʃiːk] *n* (ANAT) ほお hǒ; (impudence) ずうずうしさ zúzushisà; (nerve) 度胸 dokyǒ

cheekbone [tʃiːk'boun] *n* ほお骨 hóbone

cheeky [tʃiː'kiː] *adj* (impudent) ずうずうしい zúzushiì

cheep [tʃiːp] *vi* (bird) ぴよぴよ鳴く piyòpiyo nakú

cheer [tʃiːr] *vt* (team, speaker) 声援する seíen suru; (gladden) 喜ばす yorókobasù
♦*vi* (shout) 声援する seíen suru
♦*n* (shout) 声援 seíen

cheerful [tʃiː'fəl] *adj* (wave, smile, person) 朗らかな hogaràka na

cheerio [tʃiːr'iːou] (*BRIT*) *excl* じゃあね jã ne

cheers [tʃiːrz] *npl* (of crowd etc) 声援 seíen, かっさい kassái
cheers! (toast) 乾杯 kañpai

cheer up *vi* (person) 元気を出す géñki wo dasù
♦*vt* (person) 元気づける gefíkizukerù

cheese [tʃiːz] *n* チーズ chízu

cheeseboard [tʃiːz'bourd] *n* チーズボード chízubōdo ◇チーズを盛り合せる板または皿 chízu wo moríawaserù itā mata wa sará

cheetah [tʃiː'tə] *n* チーター chītā

chef [ʃef] *n* (in restaurant, hotel) コック kókkù

chemical [kem'ikəl] *adj* (fertilizer, warfare) 化学の kagaku no
♦*n* 化学薬品 kagákuyakùhin

chemist [kem'ist] *n* (*BRIT*: pharmacist) 薬剤師 yakúzaishi; (scientist) 化学者 kagákùsha

chemistry [kem'istriː] *n* 化学 kágàku

chemist's (shop) [kem'ists-] (*BRIT*) *n* 薬局 yakkyóku

cheque [tʃek] (*BRIT*: BANKING) *n* = **check**

chequebook [tʃek'buk] (*BRIT*) *n* = **checkbook**

cheque card (*BRIT*) *n* (to guarantee cheque) 小切手カード kogítte kádo

chequered [tʃek'əːrd] (*BRIT*) *adj* = **checkered**

cherish [tʃeːr'iʃ] *vt* (person) 大事にする daíji ni suru; (memory, dream) 心に抱く kokórò ni idakù

cherry [tʃeːr'iː] *n* (fruit) サクランボウ sakúranbō; (*also*: **cherry tree**) サクラ sakúra

chess [tʃes] *n* チェス chésù

chessboard [tʃes'bɔːrd] *n* チェス盤 chésuban

chest [tʃest] *n* (ANAT) 胸 muné; (box) ひつ hitsú
chest of drawers 整理だんす seíridañsu

chestnut [tʃes'nʌt] *n* クリ kurí; (*also*: **chestnut tree**) クリの木 kurí no ki

chew [tʃuː] *vt* (food) かむ kamú

chewing gum [tʃuː'iŋ-] *n* チューインガム chúiñgamù

chic [ʃiːk] *adj* (dress, hat *etc*) スマートな súmàto na; (person, place) 粋な ikí na

chick [tʃik] *n* (bird) ひな hínà; (*inf*: girl) べっぴん beppín

chicken [tʃik'ən] *n* (bird) ニワトリ niwátori; (meat) 鶏肉 kcíniku; (*inf*: coward) 弱虫 yowamúshi

chicken out (*inf*) *vi* おじ気付いて ...から手を引く ojíkezuìte ...kara te wo hikú

chickenpox [tʃik'ənpɑːks] *n* 水ぼうそう mizúbōsō

chicory [tʃik'əːriː] *n* チコリ chíkòri

chief [tʃiːf] *n* (of tribe) しゅう長 shúchō; (of organization, department) ...長 ...chǒ
♦*adj* (principal) 主な ómo na

chief executive *n* 社長 shachǒ

chiefly [tʃiːf'liː] *adv* (principally) 主に ómo ni

chiffon [ʃifɑːn'] *n* (fabric) シフォン shífòn

chilblain [tʃil'blein] *n* 霜焼け shimóyake

child [tʃaild] (*pl* **children**) *n* 子供 kodómo
do you have any children? お子さんは? o-kó-san wa? o-kó-san wa?

childbirth [tʃaild'bəːrθ] *n* お産 osán

childhood [tʃaild'hud] *n* 子供時分 kodómojíbun

childish [tʃaiˈdiʃ] *adj* (games, attitude, person) 子供っぽい kodómoppoì

childlike [tʃaildˈlaik] *adj* 無邪気な mújàki na

child minder (*BRIT*) *n* 保母 hóbò

children [tʃilˈdrən] *npl of* **child**

Chile [tʃilˈiː] *n* チリ chírì

Chilean [tʃiːlˈeiən] *adj* チリの chírì no
♦*n* チリ人 chírijìn

chill [tʃil] *n* (coldness: in air, water etc) 冷え hié; (MED: illness) 風邪 kazé
♦*vt* (cool: food, drinks) 冷す hiyasù; (person: make cold): *to be chilled* 体が冷える karáda ga hierù

chilli [tʃilˈiː] *n* チリ chirî

chilly [tʃilˈiː] *adj* (weather) 肌寒い hadásamuì; (person) 寒気がする samúke ga suru; (response, look) 冷たい tsumétai

chime [tʃaim] *n* (of bell, clock) チャイム cháìmu
♦*vi* チャイムが鳴る chaìmu ga narú

chimney [tʃimˈniː] *n* (of house, factory) 煙突 eñtotsu

chimney sweep *n* 煙突掃除夫 eñtotsu sōjifù

chimpanzee [tʃimpænziːˈ] *n* チンパンジー chiñpañjì

chin [tʃin] *n* あご agó

China [tʃaiˈnə] *n* 中国 chùgoku

china [tʃaiˈnə] *n* (clay) 陶土 tòdo; (crockery) 瀬戸物 setómono

Chinese [tʃainiːzˈ] *adj* 中国の chùgoku no; (LING) 中国語の chùgokugo no
♦*n inv* (person) 中国人 chùgokujìn; (LING) 中国語 chùgokugo

chink [tʃiŋk] *n* (crack: in door, wall etc) 透き間 sukíma; (clink: of bottles etc) かちん kachín

chip [tʃip] *n* (*BRIT: gen pl*: CULIN) フライドポテト furáidopotèto; (*US: also*: **potato chip**) ポテトチップス potétochìppusu; (of wood, glass, stone) 欠けら kakéra; (COMPUT) チップ chippù
♦*vt*: *to be chipped* (cup, plate) 縁が欠けている fuchí ga kakéte irú

chip in (*inf*) *vi* (contribute) 寄付する kífù surù; (interrupt) 口を挟む kuchí wo hasamù

chiropodist [kirɑːpˈədist] (*BRIT*) *n* 足治療師 ashí chiryòshi

chirp [tʃəːrp] *vi* (bird) ちゅうちゅう鳴く chùchū nakú

chisel [tʃizˈəl] *n* (for wood) のみ nómì; (for stone) たがね tagáne

chit [tʃit] *n* (note) メモ mémò; (receipt) 領収書 ryōshūsho

chitchat [tʃitˈtʃæt] *n* 世間話 sekénbanàshi

chivalrous [ʃivˈəlrəs] *adj* 親切な shíñsetsu na

chivalry [ʃivˈəlriː] *n* (behavior) 親切さ shíñsetsusa; (medieval system) 騎士道 kishídò

chives [tʃaivz] *npl* (herb) チャイブ cháìbu

chlorine [klɔːrˈiːn] *n* (CHEM) 塩素 éñso

chock-a-block [tʃɑːkˈəblɑːkˈ] *adj* 一杯で íppai de

chock-full [tʃɑːkˈfulˈ] *adj* = **chock-a-block**

chocolate [tʃɔːkˈəlit] *n* (bar, sweet, cake) チョコレート chokórèto; (drink) ココア kókòa

choice [tʃɔis] *n* (selection) 選んだ物 eráñda monò; (option) 選択 señtaku; (preference) 好み konómi
♦*adj* (fine: cut of meat, fruit etc) 一級の ikkyû no

choir [kwaiˈəːr] *n* (of singers) 聖歌隊 seíkatai; (area of church) 聖歌隊席 seíkataisèki

choirboy [kwaiəˈrbɔi] *n* 少年聖歌隊員 shóñen seikataiin

choke [tʃouk] *vi* (on food, drink etc) ...が のどに詰る ...ga nodò ni tsumarù; (with smoke, dust, anger etc) むせる musèru
♦*vt* (strangle) ...ののどを締める ...no nodò wo shimerù; (block): *to be choked (with)* (...で) 詰っている (...de) tsumattè irú
♦*n* (AUT) チョーク chòku

cholera [kɑːlˈəːrə] *n* コレラ kórèra

cholesterol [kələsˈtəːrɔːl] *n* (fat) コレステロール korésuteròru

choose [tʃuːz] (*pt* **chose**, *pp* **chosen**) *vt* 選

ぶ erábù

to choose to do ...をする事に決める ...wo suru kotó ni kiméru

choosy [tʃuː'ziː] *adj* (difficult to please) えり好みする erígonomi suru

chop [tʃɑːp] *vt* (wood) 割る warú; (CULIN: *also*: **chop up**: vegetables, fruit, meat) 刻む kizámu

♦*n* (CULIN) チョップ chóppù, チャップ cháppu

chopper [tʃɑːp'əːr] *n* (helicopter) ヘリコプター herīkopùtā

choppy [tʃɑːp'iː] *adj* (sea) しけの shiké no

chops [tʃɑːps] *npl* (jaws) あご agó

chopsticks [tʃɑːp'stiks] *npl* はし háshì

choral [kɔːr'əl] *adj* (MUS) 合唱の gasshō no

chord [kɔːrd] *n* (MUS) 和音 wáòn

chore [tʃɔːr] *n* (domestic task) 家事 kájì; (routine task) 毎日の雑用 máìnichi no zatsúyō

choreographer [kɔːriːɑːg'rəfəːr] *n* 振付師 furítsukeshì

chortle [tʃɔːr'təl] *vi* 楽しそうに笑う tanóshisò ni waraú

chorus [kɔːr'əs] *n* (MUS: group) 合唱隊 gasshōtaì, コーラス kōrasu; (: song) 合唱 gasshō; (: refrain) リフレーン rifúrèn; (of musical play) コーラス kōrasu

chose [tʃouz] *pt of* **choose**

chosen [tʃou'zən] *pp of* **choose**

Christ [kraist] *n* キリスト kirísuto

christen [kris'ən] *vt* (REL: baby) ...に洗礼を施す ...ni seńrei wo hodókosù; (nickname) ...を...と呼ぶ ...wo ...to yobú

Christian [kris'tʃən] *adj* キリスト教の kirísutokyō no

♦*n* キリスト教徒 kirísutokyòto

Christianity [kristʃiːæn'itiː] *n* キリスト教 kirísutokyō

Christian name *n* ファーストネーム fásutonèmu

Christmas [kris'məs] *n* (REL: festival) クリスマス kurísumàsu; (period) クリスマスの季節 kurísumàsu no kisetsù

Merry Christmas! メリークリスマス！ merī kurisumàsu!

Christmas card *n* クリスマスカード kurísumasu kàdo

Christmas Day *n* クリスマス kurísumàsu

Christmas Eve *n* クリスマスイブ kurísumasu ibù

Christmas tree *n* クリスマスツリー kurísumasu tsurì

chrome [kroum] *n* クロームめっき kurómumekkì

chromium [krou'miːəm] *n* = **chrome**

chromosome [krou'məsoum] *n* 染色体 seńshokutai

chronic [krɑːn'ik] *adj* (continual: ill-health, illness etc) 慢性の mańsei no; (: drunkenness etc) 常習的な jōshūteki na; (severe: shortage, lack etc) ひどい hídoì

chronicle [krɑːn'ikəl] *n* (of events) 記録 kiróku ◇年代順または日付順の記録を指す neńdaijuǹ matà wà hizúkejuǹ no kiróku wo sasù

chronological [krɑːnələːdʒ'ikəl] *adj* (order) 日付順の hizúkejuǹ no

chrysanthemum [krisæn'θəməm] *n* キク kikú

chubby [tʃʌb'iː] *adj* (cheeks, child) ぽっちゃりした potchárì shitá

chuck [tʃʌk] (*inf*) *vt* (throw: stone, ball etc) 投げる nagerù; (*BRIT*: *also*: **chuck up**) やめる yaméru

chuckle [tʃʌk'əl] *vi* くすくす笑う kúsùkusu waraù

chuck out *vt* (person) 追い出す oídasù; (rubbish etc) 捨てる sutéru

chug [tʃʌg] *vi* (machine, car engine etc) ぽっぽっと音を立てる póppòtto otó wo taterù; (car, boat: *also*: **chug along**) ぽっぽっと音を立てて行く poppòtto otó wo tatète ikú

chum [tʃʌm] *n* (friend) 友達 tomódachi

chunk [tʃʌŋk] *n* (of stone, meat) 塊 katámari

church [tʃəːrtʃ] *n* (building) 教会 kyōkai; (denomination) 教派 kyōha, ...教 ...kyō

churchyard [tʃəːrtʃ'jɑːrd] *n* 教会墓地 kyōkaibochì

churlish [tʃəːr'liʃ] *adj* (silence, behavior) 無礼な buréi na

churn [tʃəːrn] n (for butter) かく乳器 kakúnyūki; (BRIT: also: **milk churn**) 大型ミルク缶 ōgata mirukukan

churn out vt (mass-produce: objects, books etc) 大量に作る taíryō ni tsukurù

chute [ʃuːt] n (also: **rubbish chute**) ごみ捨て場 gomísuteba; (for coal, parcels etc) シュート shūto

chutney [tʃʌtˈniː] n チャツネ chátsùne

CIA [siːaieiˈ] (US) n abbr (= Central Intelligence Agency) 中央情報局 chūōjōhōkyoku

CID [siːaidiːˈ] (BRIT) n abbr (= Criminal Investigation Department) 刑事部 keíjìbù

cider [saiˈdəːr] n リンゴ酒 ríngoshù

cigar [sigɑːrˈ] n 葉巻 hamáki

cigarette [sigəretˈ] n (紙巻) タバコ (kamímaki) tábako

cigarette case n シガレットケース shigárettokēsu

cigarette end n 吸殻 suígara

Cinderella [sindərelˈə] n シンデレラ shíndererà

cinders [sinˈdəːrz] npl (of fire) 燃え殻 moégara

cine-camera [sinˈiːkæməːrə] (BRIT) n 映画カメラ eíga kamèra

cine-film [sinˈiːfilm] (BRIT) n 映画用フィルム eígayō firùmu

cinema [sinˈəmə] n (THEATER) 映画館 eígakàn; (film-making) 映画界 eígakài

cinnamon [sinˈəmən] n (CULIN) ニッケイ nikkéi, シナモン shinámòn

cipher [saiˈfəːr] n (code) 暗号 angō

circle [səːrˈkəl] n (shape) 円 éñ; (of friends) 仲間 nakáma; (in cinema, theater) 二階席 nikáisekì
♦vi (bird, plane) 旋回する seńkai suru
♦vt (move round) 回る mawáru; (surround) 囲む kakómu

circuit [səːrˈkit] n (ELEC) 回路 káìro; (tour) 1周 isshū; (track) サーキット sākitto; (lap) 1周 isshū, ラップ ráppù

circuitous [səːrkjuːˈitəs] adj (route, journey) 遠回りの tōmawàri no

circular [səːrˈkjələːr] adj (plate, pond etc) 丸い marúi

♦n (letter) 回状 kaíjō

circulate [səːrˈkjəleit] vi (traffic) 流れる nagárerù; (blood) 循環する juńkan suru; (news, rumour, report) 出回る demáwaru; (person: at party etc) 動き回る ugókimawarù
♦vt (report) 回す mawásu

circulation [səːrkjəleiˈʃən] n (of report, book etc) 回される事 mawásareru kotó; (of traffic) 流れ nagáre; (of air, water, also MED: of blood) 循環 juńkan; (of newspaper) 発行部数 hakkōbusū

circumcise [səːrˈkəmsaiz] vt (MED) ...の包皮を切除する ...no hōhi wo setsùjo surù; (REL) ...に割礼を行う ...ni katsúrei wo okónau

circumference [səːrkʌmˈfəːrəns] n (edge) 周囲 shūi; (distance) 周囲の長さ shūi no nagàsa

circumflex [səːrˈkəmfleks] n (also: **circumflex accent**) 曲折アクセント kyokúsetsu akùsento

circumspect [səːrˈkəmspekt] adj (cautious, careful) 慎重な shińchō na

circumstances [səːrˈkəmstænsiz] npl (of accident, death) 状況 jōkyō; (conditions, state of affairs) 状態 jōtai; (also: **financial circumstances**) 経済状態 keízaijōtai

circumvent [səːrkəmventˈ] vt (regulation) ...に触れない様にする ...ni furénai yō ni surù; (difficulty) 回避する káìhi surù

circus [səːrˈkəs] n (show) サーカス sākasu; (performers) サーカス団 sākasudaň

CIS [siːaiesˈ] n abbr = **Commonwealth of Independent States**

cistern [sisˈtəːrn] n (water tank) 貯水タンク chosúitaňku; (of toilet) 水槽 suísō

cite [sait] vt (quote: example, author etc) 引用する in-yō suru; (LAW) 召喚する shōkan suru

citizen [sitˈəzən] n (gen) 住民 jūmin; (of a country) 国民 kokúmin, 市民 shímin; (of a city) 市民 shímin; (of other political divisions) ...民 ...min

citizenship [sitˈəzənʃip] n (of a country) 市民権 shiminken

citrus fruit [sit'rəs fru:t] n カンキツ類 kañkitsurùi

city [sit'i:] n 都市 toshì
the City (FINANCE) シティー shitî ◇ ロンドンの金融業の中心地 rondon no kiñyūgyō no chūshiñchi

civic [siv'ik] adj (leader, duties, pride) 公民の kōmin no; (authorities) 自治体の jichìtai no

civic centre (BRIT) n 自治体中心部 jichìtaichūshiñbu

civil [siv'əl] adj (gen) 市民の shímìn no, 公民の kōmin no; (authorities) 行政の gyōsei no; (polite) 礼儀正しい reígitadashii

civil defense n 民間防衛 miñkanbōei

civil disobedience n 市民的不服従 shimíntekìfufukujū

civil engineer n 土木技師 dobókugishì

civilian [sivil'jən] adj (attitudes, casualties, life) 民間の miñkan no
◆n 民間人 miñkañjin

civilization [sivələzei'ʃən] n (a society) 文明社会 buñmeishakài; (social organization) 文化 búñka

civilized [siv'əlaizd] adj (society) 文明的な buñmeiteki na; (person) 洗練された señren saréta

civil law n 民法 mínpō

civil rights npl 公民権 kōmiñken

civil servant n 公務員 kōmuìn

Civil Service n 文官職 buñkanshokù

civil war n 内乱 naíran

clad [klæd] adj: **clad (in)** ...を着た ...wo kitá

claim [kleim] vt (expenses) 請求する seíkyū suru; (inheritance) 要求する yōkyū suru; (rights) 主張する shuchō suru; (assert): **to claim that/to be** ...である と主張する ...de arù to shuchō suru
◆vi (for insurance) 請求する seíkyū suru
◆n (assertion) 主張 shuchō; (for pension, wage rise, compensation) 請求 seíkyū; (to inheritance, land) 権利 kéñri
to claim responsibility (for) (...の) 犯行声明を出す (...no) hañkōseimèi wo dasù
to claim credit (for) (...が) 自分の業績

であると主張する (...ga) jibún no gyōseki de arù to shuchō suru

claimant [klei'mənt] n (ADMIN) 要求者 yōkyūshà; (LAW) 原告 geñkoku

clairvoyant [kle:rvɔi'ənt] n (psychic) 霊媒 reíbai

clam [klæm] n (ZOOL, CULIN) ハマグリ hamagùri ◇英語では食用二枚貝の総称として使われる eígo de wa shokúyōnimaìgai no sōshō toshitè tsukáwarerù

clamber [klæm'bər] vi (aboard vehicle) 乗る norú; (up hill etc) 登る nobóru ◇手足を使って物に乗ったり登ったりすると いう含みがある teàshi wo tsukátte monó ni nottári nobóttari suru to iú fukúmi ga arù

clammy [klæm'i:] adj (hands, face etc) 冷たくてべとべとしている tsumétakùte betòbeto shité irù

clamor [klæm'ə:r] (BRIT **clamour**) vi: **to clamor for** (change, war etc) ...をや かましく要求する ...wo yakámashikù yōkyū suru

clamp [klæmp] n (device) 留金 tomégane, クランプ kuráñpu
◆vt (two things together) クランプで留 める kuráñpu de toméru; (put: one thing on another) 締付ける shimétsukerù

clamp down on vt fus (violence, speculation etc) 取り締まる toríshimarù

clan [klæn] n (family) 一族 ichízòku

clandestine [klændes'tin] adj (activity, broadcast) 秘密の himítsu no

clang [klæŋ] vi (bell, metal object) かん と鳴る kañ to narú

clap [klæp] vi (audience, spectators) 拍手 する hakúshu surù

clapping [klæp'iŋ] n (applause) 拍手 hákùshu

claret [klær'it] n クラレット kurárettò ◇ボルドー産の赤ワイン bōrudōsañ no aká waiñ

clarify [klær'əfai] vt (argument, point) はっきりさせる hakkíri saséru

clarinet [klærənet'] n (MUS: instrument) クラリネット kurárinettò

clarity [klær'iti:] n (of explanation, thought) 明りょうさ meíryōsa

clash [klæʃ] *n* (of opponents) 衝突 shṓtotsu; (of beliefs, ideas, views) 衝突 shṓtotsu, 対立 tairitsu; (of colors) 不調和 fuchṓwa; (of styles) つり合わない事 tsuríawanai kotó; (of two events, appointments) かち合い kachíai; (noise) ぶつかる音 butsúkaru otó

♦*vi* (fight: rival gangs etc) 衝突する shṓtotsu suru; (disagree: political opponents, personalities) 角突合いをする tsunótsukiài wo surù; (beliefs, ideas, views) 相容れない aiírenai; (colors, styles) 合わない awánai; (two events, appointments) かち合う kachíau; (make noise: weapons, cymbals etc) 音を立ててぶつかり合う otó wo tatéte butsúkariaù

clasp [klæsp] *n* (hold: with hands) 握る事 nigíru kotó, 握り nigíri; (: with arms) 抱締めること dakíshimerù kotó, 抱擁 hṓyō; (of necklace, bag) 留金 tomégane, クラスプ kurásupù

♦*vt* (hold) 握る nigíru; (embrace) 抱締める dakíshimerù

class [klæs] *n* (SCOL: pupils) 学級 gakkyū, クラス kurāsu; (: lesson) 授業 jugyṓ; (of society) 階級 kaíkyū; (type, group) 種類 shurùi

♦*vt* (categorize) 分類する buńrui suru

classic [klæs'ik] *adj* (example, illustration) 典型的な teńkeiteki na; (film, work etc) 傑作の kessáku no; (style, dress) 古典的な kotenteki na

♦*n* (film, novel etc) 傑作 kessáku

classical [klæs'ikəl] *adj* (traditional) 伝統的な deńtōteki na; (MUS) クラシックの kuráshikkù no; (Greek, Roman) 古代の kódài no

classification [klæsəfəkei'ʃən] *n* (process) 分類する事 buńrui suru kotó; (category, system) 分類 buńrui

classified [klæs'əfaid] *adj* (information) 秘密の himítsu no

classified advertisement *n* 分類広告 buńruikōkoku

classify [klæs'əfai] *vt* (books, fossils etc) 分類する buńrui suru

classmate [klæs'meit] *n* 同級生 dṓkyūsei, クラスメート kurásumèto

classroom [klæs'ru:m] *n* 教室 kyṓshitsu

clatter [klæt'ə:r] *n* (of dishes, pots etc) がちゃがちゃ gáchàgacha; (of hooves) かたかた kátàkata

♦*vi* (dishes, pots etc) がちゃがちゃいう gáchàgacha iú; (hooves) かたかた鳴る kátàkata narú

clause [klɔ:z] *n* (LAW) 条項 jṓkō; (LING) 文節 buńsetsu

claustrophobia [klɔ:strəfou'bi:ə] *n* (PSYCH) 閉所恐怖症 heíshokyṓfushṓ

claw [klɔ:] *n* (of animal, bird) つめ tsumé; (of lobster) はさみ hasámi

claw at *fus* (curtains, door etc) 引っかく hikkáku

clay [klei] *n* 粘土 neńdo

clean [kli:n] *adj* (person, animal) きれい好きな kiréizuki na; (place, surface, clothes etc) 清潔な seíketsu na; (fight) 反則のない hańsoku no naì; (record, reputation) 無傷の múkizu no; (joke, story) 下品でない gehín de naì; (MED: fracture) 単純な tańjun na

♦*vt* (car, hands, face etc) 洗う aráu; (room, house) 掃除する sṓji suru

clean-cut [kli:n'kʌt'] *adj* (person) 品の良い hiń no yoì

cleaner [kli:'nə:r] *n* (person) 掃除係 sṓjigakàri; (substance) 洗剤 seńzai

cleaner's [kli:'nə:rz] *n* (*also:* **dry cleaner's**) クリーニング店 kuríningùten

cleaning [kli:'niŋ] *n* (of room, house) 掃除 sṓji

cleanliness [klen'li:nis] *n* 清潔 seíketsu

clean out *vt* (cupboard, drawer) 中身を出してきれいにする nakámì wo dashíte kiréi ni suru

cleanse [klenz] *vt* (purify) 清める kiyómerù; (face, cut) 洗う aráu

cleanser [klen'zə:r] *n* (for face) 洗顔料 seńganryò

clean-shaven [kli:n'ʃei'vən] *adj* ひげのない higé no naì

cleansing department [klen'ziŋ-] (*BRIT*) *n* 清掃局 seísōkyoku

clean up *vt* (mess) 片付ける katázukerù; (child) 身ぎれいにする migírei ni surù

clear [kli'ə:r] *adj* (easy to understand:

report, argument) 分かりやすい wakári-yasúi; (easy to see, hear) はっきりした hakkírī shitá; (obvious: choice, commitment) 明らかな akíraka na; (glass, plastic) 透明な tōmei na; (water, eyes) 澄んだ súnda; (road, way, floor etc) 障害のない shōgai no naí; (conscience) やましい所のない yamashiī tokóro no naí; (skin) 健康そうな keñkōsō na; (sky) 晴れた harēta

♦vt (space, room) 開ける akéru; (LAW: suspect) 容疑を晴す yógi wo harasù; (fence, wall) 飛越える tobíkoerù; (check) 払う haraù

♦vi (weather, sky) 晴れる harerù; (fog, smoke) 消える kierù

♦adv: **clear of** (trouble) ...を避けて ...wo sakéte; (ground) ...から離れて ...kara hanárete
to clear the table 食卓を片付ける shokútaku wo katázukerù

clearance [kli:'rəns] n (removal: of trees, slums) 取払う事 toríharaù kotó; (permission) 許可 kyóka

clear-cut [kli:'ərkʌt] adj (decision, issue) 明白な meíhaku na

clearing [kli:'riŋ] n (in woods) 開けた所 hiráketà tokóro

clearing bank (BRIT) n 手形交換組合銀行 tegátakōkankumiaigiñkō ◊ ロンドンの中央手形交換所を通じて他の銀行との取引を行う銀行 róñdon no chūō tegata kōkañjo wo tsūjitè tá no giñkō to no toríhiki wò okónaù giñkō

clearly [kli:'ərli:] adv (distinctly, coherently) はっきりと hakkírī to; (evidently) 明らかに akíraka ni

clear up vt (room, mess) 片付ける katázukerù; (mystery, problem) 解決する kaíketsu suru

clearway [kli:r'wei] (BRIT) n 駐停車禁止道路 chūteíshakinshídōro

cleaver [kli:'vər] n 骨割包丁 honéwari-bōchō ◊ なたに似た物で, 肉のブロックをたたき切ったり骨を割ったりするのに使う natá ni nitá monó de, nikú no burokkù wo tatákikittarì honé wo wattárī surù no ni tsukaù

clef [klef] n (MUS) 音部記号 oñbukigō

cleft [kleft] n (in rock) 割れ目 waréme

clemency [klem'ənsi:] n 恩情 oñjō

clench [klentʃ] vt (fist) 握り締める nigíri-shimerù; (teeth) 食いしばる kuíshibarù

clergy [klə:r'dʒi:] n 聖職者 seíshokù-sha ◊ 総称 sōshō

clergyman [klə:r'dʒi:mən] (pl **clergymen**) n (Protestant) 牧師 bókùshi; (Catholic) 神父 shíñpu

clerical [kle:r'ikəl] adj (worker, job) 事務の jímù no; (REL) 聖職者の seíshokù-sha no

clerk [klə:rk] n (BRIT: office worker) 事務員 jimúiñ; (US: sales person) 店員 teñin

clever [klev'ə:r] adj (intelligent) 利口な rikó na; (deft, crafty) こうかつな kōka-tsu na; (device, arrangement) 良く工夫した yókù kufū shitá

cliché [kli:ʃei'] n 決り文句 kimárimoñku

click [klik] vt (tongue) 鳴らす narásu; (heels) 打鳴らす uchínarasu

♦vi (device, switch etc) かちっと鳴る kachíttò narú

client [klai'ənt] n (of bank, company) 客 kyakú; (of lawyer) 依頼人 iráiniñ

cliff [klif] n (GEO) 断崖 dañgai

climate [klai'mit] n (weather) 気候 kikṓ; (of opinion etc) 雰囲気 fuñ-ikī

climax [klai'mæks] n (of battle, career) 頂点 chōten; (of film, book) クライマックス kuráimakkùsu; (sexual) オルガズム orúgazùmu

climb [klaim] vi (sun, plant) 上がる agáru; (plant) はい上がる haíagarù; (plane) 上昇する jōshō suru; (prices, shares) 上昇する jōshō suru; (move with effort): **to climb over a wall** 塀を乗り越える heí wo noríkoerù

♦vt (stairs, ladder) 上がる agáru; 登る nobóru; (hill) 登る nobóru; (tree) ...に登る ...ni nobóru

♦n (of hill, cliff etc) 登る事 nobóru kotó; (of prices etc) 上昇 jōshō
to climb into a car 車に乗り込む kurúma ni noríkomù

climb-down [klaim'daun] n (retraction)

撤回 tekkái

climber [klai'mər] *n* (mountaineer) 登山者 tozańsha; (plant) つる性植物 tsurúseishokubùtsu

climbing [klai'miŋ] *n* (mountaineering) 山登り yamánobòri, 登山 tózàn

clinch [klintʃ] *vt* (deal) まとめる matómeru; (argument) ...に決着を付ける ...ni ketcháku wo tsukerù

cling [kliŋ] (*pt, pp* **clung**) *vi: to cling to* (mother, support) ...にしがみつく ...ni shigámitsukù; (idea, belief) 固執する koshû suru; (subj: clothes, dress) ...にぴったりくっつく ...ni pittàri kuttsùku

clinic [klin'ik] *n* (MED: center) 診療所 shińryōjo

clinical [klin'ikəl] *adj* (MED: tests) 臨床の rińshō no; (: teaching) 臨床の rińshō no; (*fig*: thinking, attitude) 冷淡な reítan na; (: building, room) 潤いのない urúoi no naî

clink [kliŋk] *vi* (glasses, cutlery) ちんと鳴る chíñ to narú

clip [klip] *n* (*also*: **paper clip**) クリップ kurippù; (*also*: **hair clip**) 髪留 kamídome; (TV, CINEMA) 断片 dañpen
♦*vt* (fasten) 留める toméru; (cut) はさみで切る hasámi de kiru

clippers [klip'əːrz] *npl* (for gardening) せん定ばさみ señteibasàmi; (*also*: **nail clippers**) つめ切り tsumékiri

clipping [klip'iŋ] *n* (from newspaper) 切抜き kirínuki

clique [kli:k] *n* 徒党 totó

cloak [klouk] *n* (cape) マント máñto
♦*vt* (*fig*: in mist, secrecy) 隠す kakúsù

cloakroom [klouk'ru:m] *n* (for coats etc) クローク kurôku; (*BRIT*: WC) お手洗 o-téarài

clock [klɑ:k] *n* 時計 tokéi

clock in *vi* (for work) 出勤する shukkín suru

clock off *vi* (from work) 退社する taísha suru

clock on *vi* = **clock in**

clock out *vi* = **clock off**

clockwise [klɑ:k'waiz] *adv* 時計回りに tokéimawàri ni

clockwork [klɑ:k'wəːrk] *n* 時計仕掛 tokéijikàke
♦*adj* (model, toy) 時計仕掛の tokéijikàke no

clog [klɑ:g] *n* (leather) 木底の靴 kizóko no kutsú; (*also*: **wooden clog**) 木靴 kígútsu
♦*vt* (drain, nose) ふさぐ fuságu
♦*vi* (*also*: **clog up**: sink) 詰る tsumarù

cloister [klɔis'təːr] *n* 回廊 kaírō

clone [kloun] *n* (of animal, plant) クローン kúrôn

close¹ [klous] *adj* (near) 近くの chikákù no; (friend) 親しい shitáshiî; (relative) 近縁の kiñ-en no; (contact) 密な mítsù na; (link, ties) 密接な missétsu na; (examination, watch) 注意深い chûibukaî; (contest) 互角の gokáku no; (weather) 重苦しい omókurushiî
♦*adv* (near) 近くに chikákù ni
close to ...の近くに ...no chikakù ni
close at hand, close by adj 近くの chikákù no
♦*adv* 近くに chikákù ni
to have a close shave (*fig*) 間一髪で助かる kañ-ippátsu de tasukaru

close² [klouz] *vt* (shut: door, window) しめる shimérù; (finalize: sale) 取決める toríkimerù; (end: case, speech) 終える oéru
♦*vi* (shop etc) 閉店する heíten suru; (door, lid) しまる shimarù; (end) 終る owáru

closed [klouzd] *adj* (door, window, shop etc) 閉っている shimatté irù

close down *vi* (factory) 廃業する haígyō suru; (magazine) 廃刊する haíkan suru

closed shop *n* (*fig*) クローズドショップ kurôzudo shoppù ◇特定の労働組合員だけしか雇わない事業所 tokútei no rôdōkumiaìn dake shika yatówanaì jigyôsho

close-knit [klous'nit'] *adj* (family, community) 堅く結ばれた katáku musúbareta

closely [klous'li:] *adv* (examine, watch) 注意深く chûibukakù; (connected) 密接に missétsu ni; (related) 近縁になって kiñ-en ni natté; (resemble) そっくり sokkúrî

closet [klɑːz'it] *n* (cupboard) たんす taฉุ̀su

close-up [klous'ʌp] *n* (PHOT) クローズアップ kurõzuappù

closure [klou'ʒəːr] *n* (of factory) 閉鎖 heísa; (of magazine) 廃刊 haíkan

clot [klɑːt] *n* (*gen*: blood clot) 血の塊 chi no katámari; (*inf*: idiot) ばか bákà
♦*vi* (blood) 固まる katámaru, 凝固する gyōko suru

cloth [klɔːθ] *n* (material) 布 nunó; (rag) ふきん fukín

clothe [klouð] *vt* (dress) ...に服を着せる ...ni fukú wo kiséru

clothes [klouz] *npl* 服 fukú

clothes brush *n* 洋服ブラシ yõfukuburàshi

clothes line *n* 物干綱 monóhoshizùna

clothes pin (*BRIT* **clothes peg**) *n* 洗濯ばさみ seฉ̀takubasàmi

clothing [klou'ðiŋ] *n* = **clothes**

cloud [klaud] *n* (in sky) 雲 kúmò
a cloud of smoke/dust もうもうとした煙（ほこり）mõmõ to shita kemúri (hokori)

cloudburst [klaud'bəːrst] *n* 集中豪雨 shūchūgōu

cloudy [klau'diː] *adj* (sky) 曇った kumottà; (liquid) 濁った nigottà

clout [klaut] *vt* (hit, strike) 殴る nagurù

clove [klouv] *n* (spice) チョウジ chōji, クローブ kurõbu
clove of garlic ニンニクの一粒 nińniku no hitòtsubu

clover [klou'vəːr] *n* クローバー kurõba

clown [klaun] *n* (in circus) ピエロ píero
♦*vi* (*also*: **clown about, clown around**) おどける odõkeru

cloying [klɔi'iŋ] *adj* (taste, smell) むかつかせる mukátsukaseru

club [klʌb] *n* (society, place) クラブ kúràbu; (weapon) こん棒 koฉ̀bō; (*also*: **golf club**) クラブ kúràbu
♦*vt* (hit) 殴る nagurù
♦*vi*: *to club together* (*BRIT*: for gift, card) 金を出し合う kanè wo dashiaù

club car (*US*) *n* (RAIL) ラウンジカー raúnjikà ◊休憩用客車 kyúkeiyō kyakusha

clubhouse [klʌb'haus] *n* (of sports club) クラブハウス kurábuhaùsu ◊スポーツクラブのメンバーが集まる部屋，建物など supõtsukurābu no meฉ̀bā ga atsúmarù heyá, tatèmono nadò

clubs [klʌbz] *npl* (CARDS) クラブ kúràbu

cluck [klʌk] *vi* (hen) こっこっと鳴く kõkkòtto nakú

clue [kluː] *n* (pointer, lead) 手掛かり te์gàkari; (in crossword) かぎ kagí
I haven't a clue さっぱり分らない sáppàri wakáranaì

clump [klʌmp] *n* (*gen*) 塊 katámari; (of buildings etc) 一連 ichíren
a clump of trees 木立 kõdàchi

clumsy [klʌm'ziː] *adj* (person, movement) 不器用な bukíyō na; (object) 扱いにくい atsúkainikuฉ̀; (effort, attempt) 下手な hetá na

clung [klʌŋ] *pt, pp* of **cling**

cluster [klʌs'təːr] *n* (of people, stars, flowers etc) 塊 katámari
♦*vi* 固まる katámaru, 群がる murágarù

clutch [klʌtʃ] *n* (grip, grasp) つかむ事 tsukamù kotõ; (AUT) クラッチ kurátchi
♦*vt* (purse, hand, stick) しっかり持つ shíkkarì motsu

clutter [klʌt'əːr] *vt* (room, table) 散らかす chirákasu

cm *abbr* = **centimeter**

CND [siːendiː'] *n abbr* (= *Campaign for Nuclear Disarmament*) 核廃絶運動 kakúhaizetsu uฉ̀dō

Co. *abbr* = **county; company**

c/o *abbr* = **care of**

coach [koutʃ] *n* (bus) バス bàsù; (*also*: **horse-drawn coach**) 馬車 bàshà; (of train) 客車 kyakúsha; (SPORT: trainer) コーチ kõchi; (tutor) 個人教師 kojínkyōshi
♦*vt* (sportsman/woman) コーチする kõchi suru; (student) ...に個人指導をする ...ni kojínshidō wo surù

coach trip *n* バス旅行 basúryokò

coagulate [kouæg'jəleit] *vi* (blood, paint etc) 凝固する gyōko surù

coal [koul] *n* (substance) 石炭 sekítaฉ̀;

(also: **lump of coal**) 石炭1個 sekítaň ik-kð

coal face n 石炭切り場 sekítankiríba

coalfield [koul'fi:ld] n 炭田 tañden

coalition [kouəliʃ'ən] n (POL: also: **coalition government**) 連合政権 reñgōseiken; (of pressure groups etc) 連盟 reñmei

coalman [koul'mən] (pl **coalmen**) n 石炭屋 sekítanya

coal merchant n = **coalman**

coalmine [koul'main] n 炭坑 tañkō

coarse [kɔ:rs] adj (texture: rough) 荒い aráï; (person: vulgar) 下品な gehiň na

coast [koust] n 海岸 kaígan
♦vi (car, bicycle etc) 惰力走行する daryðkusōkō suru

coastal [kous'təl] adj (cities, waters) 海岸沿いの kaíganzòi no

coastguard [koust'gɑ:rd] n (officer) 沿岸警備隊員 eñgankeibitàiin; (service) 沿岸警備隊 eñgankeibitài

coastline [koust'lain] n 海岸線 kaígansen

coat [kout] n (overcoat) コート kòto; (of animal) 毛 ke; (of paint) 塗り nurí
♦vt: **coated with** ...で覆われた ...de ōwaréta

coat hanger n ハンガー háñgā

coating [kou'tiŋ] n (of dust, mud etc) 覆う物 ōù monó; (of chocolate, plastic etc) 被覆 hifúku

coat of arms n 紋 móñ

coax [kouks] vt (person: persuade) 説得する settóku suru

cob [kɑ:b] n see **corn**

cobbler [kɑ:b'lər] n (maker/repairer of shoes) 靴屋 kutsúyà

cobbles [kɑ:b'əlz] npl 敷石 shikíishi

cobblestones [kɑ:b'əlstounz] npl = **cobbles**

cobweb [kɑ:b'web] n クモの巣 kúmò no su

cocaine [koukein'] n コカイン kókàin

cock [kɑ:k] n (rooster) おん鳥 oñdori; (male bird) 鳥の雄 torí no osú
♦vt (gun) ...の撃鉄を起す ...no gekítetsu wo okosù

cockerel [kɑ:k'ə:rəl] n 雄のひな鳥 osú no hinàdori

cock-eyed [kɑ:k'aid] adj (fig: idea, method) ばかな bákà na

cockle [kɑ:ʁ'əl] n ホタテガイ hotátègai

cockney [kɑ:k'ni:] n コックニー kőkkù-nī◇ロンドンのEast End地区生れの人 roñdon no Eást End chikú umáre no hitð

cockpit [kɑ:k'pit] n (in aircraft) 操縦室 sōjūshitsu, コックピット kokkúpittð; (in racing car) 運転席 uñteñseki, コックピット kokkúpittð

cockroach [kɑ:k'routʃ] n ゴキブリ gokíburi

cocktail [kɑ:k'teil] n (drink) カクテル kákùteru; (mixture: fruit cocktail, prawn cocktail etc) ...カクテル ...kakúteru

cocktail cabinet n ホームバー hðmubà

cocktail party n カクテルパーティ kakúterupāti

cocoa [kou'kou] n (powder, drink) ココア kðkòa

coconut [kou'kənʌt] n (fruit) ヤシの実 yáshì no mi; (flesh) ココナッツ kokónattsu

cocoon [kəku:n'] n (of butterfly) 繭 máyù

cod [kɑ:d] n タラ tárà

C.O.D. [si:oudi:'] abbr (= cash or also (US) collect on delivery) 着払い chakúbarài

code [koud] n (of practice, behavior) 規定 kitéi; (cipher) 暗号 añgō; (dialling code, post code) 番号 bañgō

cod-liver oil [kɑ:d'livər-] n 肝油 kañ-yu

coercion [kouə:r'ʃən] n (pressure) 強制 kyōsei

coffee [kɔ:f'i:] n (drink, powder) コーヒー kðhī; (cup of coffee) コーヒー一杯 kðhī ippài

coffee bar (BRIT) n 喫茶店 kíssàten

coffee bean n コーヒー豆 kðhìmame

coffee break n コーヒーブレーク kðhīburèku

coffeepot [kɔ:f'i:pɑ:t] n コーヒーポット kðhīpottò

coffee table n コーヒーテーブル kðhītĕburu

coffin [kɔːf'in] *n* ひつぎ hitsúgi

cog [kɑːg] *n* (TECH: wheel) 歯車 hágùruma; (: tooth) 歯車の歯 hágùruma no há

cogent [kou'dʒənt] *adj* (argument etc) 説得力ある settőkuryòku arù

cognac [koun'jæk] *n* コニャック kőnyàkku

coherent [kouhiː'rənt] *adj* (answer, theory, speech) 筋の通った sujî no tőtta; (person) 筋の通った事を言う sujî no tőtta kotő wo iú

cohesion [kouhiː'ʒən] *n* (political, ideological etc) 団結 dańketsu

coil [kɔil] *n* (of rope, wire) 一巻 hitőmaki; (ELEC) コイル kőīru; (contraceptive) 避妊リング hinínrìngu
♦*vt* (rope) 巻く makú

coin [kɔin] *n* (money) 硬貨 kőka, コイン kőîn
♦*vt* (word, slogan) 造る tsukúru

coinage [kɔi'nidʒ] *n* 貨幣制度 kahéiseìdo

coin-box [kɔin'bɑːks] (*BRIT*) *n* コイン電話 koíndeñwa ◇公衆電話でカードだけしか使えない物に対して言う kőshūdeñwa de kàdo dakě shiká tsukáenai monő ni taíhi shité iú

coincide [kouinsaid'] *vi* (events) 同時に起る dőji ni okőru; (ideas, views) 一致する itchí suru

coincidence [kouin'sidəns] *n* 偶然の一致 gűzen no itchí

Coke [kouk] ® *n* (drink) コカコーラ kokákòra

coke [kouk] *n* (coal) コークス kòkusu

colander [kɑːl'əndəːr] *n* 水切り mizúkirì ◇ボール型で穴の比較的大きい物を指す bőrugata de aná no hikákuteki őkiī monő wo sasù

cold [kould] *adj* (water, food) 冷たい tsumétai; (weather, room) 寒い samúî; (person, attitude: unemotional) 冷たい tsumétai, 冷淡な reítan na
♦*n* (weather) 寒さ samùsa; (MED) 風邪 kazé

it's cold 寒い samui

to be cold (person, object) 冷たい tsumétai

to catch (a) cold 風邪を引く kazé wo hikú

in cold blood (kill etc) 冷酷に reíkoku ni

coldly [kould'liː] *adv* (speak, behave) 冷たく tsumétaku, 冷淡に reítan ni

cold-shoulder [kould'ʃouldəːr] *vt* 冷たくあしらう tsumétaku ashíraù

cold sore *n* 口角炎 kőkakuèn

coleslaw [koul'slɔː] *n* コールスロー kőrusurō

colic [kɑːl'ik] *n* (MED) 腹痛 fukútsū

collaborate [kəlæb'əreit] *vi* (on book, research) 協同する kyődő suru; (with enemy) 協力する kyőryoku suru

collaboration [kəlæbərei'ʃən] *n* 協力 kyőryoku

collage [kəlɑːʒ'] *n* コラージュ kőràju

collapse [kəlæps'] *vi* (building, system, resistance) 崩れる kuzúrerù, 崩壊する hőkai suru; (government) 倒れる taőrerù; (MED: person) 倒れる taőrerù; (table) 壊れる kowárerù, つぶれる tsubúrerù; (company) つぶれる tsubúrerù, 破産する hasán suru
♦*n* (of building, system, government, resistance) 崩壊 hőkai; (MED: of person) 倒れる事 taőreru kotő, (of table) 壊れる〔つぶれる〕事 kowáreru〔tsubúreru〕kotő; (of company) 破産 hasán

collapsible [kəlæps'əbəl] *adj* (seat, bed, bicycle) 折畳みの orítatami no

collar [kɑːl'əːr] *n* (of coat, shirt) 襟 erî, カラー kárà; (of dog, cat) 首輪 kubíwa, カラー karà

collarbone [kɑːl'əːrboun] *n* (ANAT) 鎖骨 sákòtsu

collateral [kəlæt'əːrəl] *n* (COMM) 担保 tañpo

colleague [kɑːl'iːg] *n* 同僚 dőryō

collect [kəlekt'] *vt* (gather: wood, litter etc) 集める atsúmerù; (as a hobby) 収集する shűshū suru; (*BRIT*: call and pick up: person) 迎えに行く mukáe ni ikú; (: object) 取りに行く torî ni ikú; (for charity, in church) 募金する bokín suru; (debts, taxes etc) 集金する shűkin suru; (mail) 取集する shushú suru

♦*vi* (crowd) 集る atsúmarù

to call collect (*US*: TEL) コレクトコールする korékutokôru suru

collection [kəlek'ʃən] *n* (of art, stamps etc) コレクション kórèkushon; (of poems, stories etc) ...集 ...shū; (from place, person) 受取る事 ukétoru kotó; (for charity) 募金 bokín; (of mail) 取集 shushū

collective [kəlek'tiv] *adj* (farm, decision) 共同の kyódō no

collector [kəlek'tə:r] *n* (of art, stamps etc) 収集家 shūshūka; (of taxes etc) 集金人 shūkiñnin

college [ka:l'idʒ] *n* (SCOL: of university) 学寮 gakúryō; (: of agriculture, technology) 大学 daígaku

collide [kəlaid'] *vi* (cars, people) ぶつかる butsúkaru, 衝突する shótotsu suru

collie [ka:l'i:] *n* コリー犬 koríken

colliery [ka:l'jə:ri:] (*BRIT*) *n* 炭坑 tañkō

collision [kəliʒ'ən] *n* (of vehicles) 衝突 shótotsu

colloquial [kəlou'kwi:əl] *adj* (LING: informal) 口語の kôgo no

collusion [kəlu:'ʒən] *n* (collaboration) 結託 kettáku

colon [kou'lən] *n* (punctuation mark) コロン kórðn; (ANAT) 大腸 daíchō

colonel [kə:r'nəl] *n* 大佐 taísa

colonial [kəlou'ni:əl] *adj* 植民地の shokúmiñchi no

colonize [ka:l'ənaiz] *vt* (country, territory) 植民地にする shokúmiñchi ni surù

colony [ka:l'əni:] *n* (subject territory) 植民地 shokúmiñchi; (of people) ...人街 ...jiñgai; (of animals) 個体群 kotáigùn

color [kʌl'ə:r] (*BRIT* **colour**) *n* (gen) 色 iro

♦*vt* (paint) ...に色を塗る ...ni iró wo nurú; (dye) 染める soméru; (*fig*: account) ...に色を付ける ...ni iró wo tsukerù; (judgment) ゆがめる yugámerù

♦*vi* (blush) 赤面する sekímen suru

in color 天然色で teñneñshoku de, カラーで kárā de

color bar *n* 人種差別 jiñshusabètsu ◊有色人種，特に黒人に対する差別を指す

yūshokujiñshu, tokù ni kokújin ni taí suru sabètsu wo sasù

color-blind [kʌl'ə:rblaind] *adj* 色盲の shikímō no

colored [kʌl'ə:rd] *adj* (person) 有色の yūshoku no; (illustration etc) カラーの kárā no

color film *n* カラーフィルム karáfiru̇mu

colorful [kʌl'ə:rfəl] *adj* (cloth) 色鮮やかな iró azàyaka na; (account, story) 華やかな hanáyaka na; (personality) 華々しい hanábanashiì

color in *vt* (drawing) ...に色を塗る ...ni iró wo nurú

coloring [kʌl'ə:riŋ] *n* (complexion) 肌の色合い hadà no iróai; (*also*: **food coloring**) 着色料 chakúshokùryō

colors [kʌl'ə:rz] *npl* (of party, club etc) 色 iró

color scheme *n* 配色計画 haíshokukeìkaku

color television *n* カラーテレビ karáterèbi

colossal [kəla:s'əl] *adj* 巨大な kyodái na

colour [kʌl'ə:r] *etc* (*BRIT*) *n* = **color** *etc*

colt [koult] *n* 子ウマ koúma

column [ka:l'əm] *n* (ARCHIT) 円柱 eñchū; (of smoke) 柱 hashíra; (of people) 縦隊 jūtai; (gossip column, sports column) コラム kóràmu

columnist [ka:l'əmist] *n* コラムニスト korámunisùto

coma [kou'mə] *n* (MED) こん睡状態 koñsuijòtai

comb [koum] *n* くし kushí

♦*vt* (hair) くしでとかす kushí de tokasù; (*fig*: area) 捜索する sósaku suru

combat [*n* ka:m'bæt *vb* kəmbæt'] *n* (MIL: fighting) 戦闘 señtō; (fight, battle) 戦い tatákai

♦*vt* (oppose) 反抗する hañkō suru

combination [ka:mbənei'ʃən] *n* (mixture) 組合せ kumíawase; (for lock, safe etc) 組合せ番号 kumíawasebañgō

combine [*vb* kəmbain' *n* ka:m'bain] *vt*:

to combine something with something ...を...と組合せる ...wo ...to kumía-

waserù; (qualities) 兼備える kanésonae-rù; (two activities) 兼任する keńnin suru
♦*vi* (people, groups) 合併する gappéi su-ru
♦*n* (ECON) 連合 reńgō

combine (harvester) [kɑːmˈbain(hɑːrˈvestəːr)] *n* コンバイン końbain

combustion [kəmbʌsˈtʃən] *n* (act, process) 燃焼 neńshō

KEYWORD

come [kʌm] (*pt* **came**, *pp* **come**) *vi* **1** (movement towards) 来る kúrù
come here! ここにおいで kokó ni oide
I've only come for an hour 1時間しかいられません ichíjikan shika iráremasèn
come with me ついて来て下さい tsúite kite kudasai
are you coming to my party? 私のパーティに来てくれますね watákushi no pátì ni kitè kùrèmasu né
to come running 走って来る hashílle kúrù

2 (arrive) 着く tsúkù, 到着する tóchaku suru, 来る kúrù
he's just come from Aberdeen 彼はアバディーンから来たばかりです kárè wa abádìn kara kità bakàri desu
he's come here to work 彼はここには働きに来ました kárè wa kokó ni wà határaki ni kimashìta
they came to a river 彼らは川に着きました kárèra wa kawá nì tsukímashìta
to come home 家に戻って来る ié nì modótte kuru

3 (reach): *to come to* ...に届く ...ni todókù, ...になる ...ni nárù
the bill came to £40 勘定は計40ポンドだった kánjō wa kéì yónjuppòndo datta
her hair came to her waist 彼女の髪の毛は腰まで届いていた kánojò no kamí no kè wa koshí madè todóìte ita
to come to power 政権を握る seíken wo nigiru
to come to a decision 結論に達する ketsúron ni tassuru

4 (occur): *an idea came to me* いい考え

が浮かびました íi kángaè ga ukábimashìta

5 (be, become) なる nárù
to come loose/undone etc 外れる hazúreru
I've come to like him 彼が好きになりました kárè ga sukí nì narímashìta

come about *vi* 起る okórù

come across *vt fus* (person, thing) ...に出会う ...ni deáù

come away *vi* (leave) 帰る káèru, 出て来る détè kure; (become detached) 外れる hazúreru

come back *vi* (return) 帰って来る káètte kuru

comeback [kʌmˈbæk] *n* (of film star etc) 返り咲き kaérizaki, カムバック kamúbakkù

come by *vt fus* (acquire) 手に入れる té nì iréru

comedian [kəmiːˈdiːən] *n* (THEATER, TV) コメディアン kómèdian

comedienne [kəmiːdiːenˈ] *n* 女性コメディアン joséi komèdian

come down *vi* (price) 下がる sagárù; (tree) 倒れる taórerù; (building) 崩れ落ちる kuzúreochirù

comedy [kɑːmˈidiː] *n* (play, film) 喜劇 kígèki, コメディー kómèdī; (humor) 喜劇性 kigékisei, ユーモア yūmoa

come forward *vi* (volunteer) 進んで...する susúnde ...sùrù

come from *vt fus* (place, source etc) ...から来る ...kara kúrù

come in *vi* (visitor) 入る háìru; (on deal etc) 加わる kuwáwarù; (be involved) 関係する kánkei suru

come in for *vt fus* (criticism etc) 受ける ukérù

come into *vt fus* (money) 相続する sōzoku suru; (be involved) ...に関係する ...ni kánkei suru
to come into fashion 流行する ryúkō suru

come off *vi* (button) 外れる hazúreru; (attempt) 成功する seíkō suru

come on *vi* (pupil, work, project) 進歩す

る shìnpo suru; (lights, electricity) つく tsùkú

come on! さあさあ sāsā

come out *vi* (fact) 発覚する hakkáku suru; (book) 出版される shúppan sareru; (stain) 取れる torérù, 落ちる ochírù; (sun) 出る dérù

come round *vi* (after faint, operation) 正気に返る shōki ni kaèru, 目が覚める mé gà samérù, 気が付く ki gá tsukù

comet [kɑ:m'it] *n* すい星 suísei

come to *vi* (regain consciousness) 正気に戻る shōki ni modorù, 目が覚める mé gà samérù

come up *vi* (sun) 出る dérù; (problem) 起る okórù, 出る dérù; (event) 起る okórù; (in conversation) 出る dérù

come up against *vt fus* (resistance, difficulties) ぶつかる butsúkaru

come upon *vt fus* (find) 見付ける mitsú-keru

comeuppance [kʌmʌp'əns] *n*: ***to get one's comeuppance*** 当然の罰を受ける tōzen no batsù wo ukerù

come up with *vt fus* (idea) 持出す mo-chídasù; (money) 出す dásù

comfort [kʌm'fə:rt] *n* (well-being: physical, material) 安楽 ánraku; (relief) 慰め nagúsame

♦*vt* (console) 慰める nagúsamerù

comfortable [kʌm'fə:rtəbəl] *adj* (person: physically) 楽な rákù na; (: financially) 暮しに困らない kuráshi ni komáranài; (furniture) 座り心地の良い suwárigokochi no yoì; (room) 居心地のよい igókochi nò yoì; (patient) 苦痛のない kutsū no naì; (easy: walk, climb etc) 楽な rákù na

comfortably [kʌm'fə:rtəbli:] *adv* (sit, live etc) 楽に rákù ni

comforts [kʌm'fə:rts] *npl* (of home etc) 生活を楽にするもの seíkatsu wo rakú ni suru monó

comfort station (*US*) *n* お手洗 o-téarài

comic [kɑ:m'ik] *adj* (*also:* **comical**) こっけいな kokkéi na

♦*n* (comedian) コメディアン kōmèdian; (*BRIT*: magazine) 漫画(雑誌) mañ-

ga(zasshì)

comic strip *n* 連続漫画 renzokumanga

coming [kʌm'iŋ] *n* (arrival) 到着 tōchaku

♦*adj* (event, attraction) 次の tsugí no, これからの koré kara no

coming(s) and going(s) *n(pl)* 行き来 yukíki, 往来 ōrai

comma [kɑ:m'ə] *n* コンマ kōnma

command [kəmænd'] *n* (order) 命令 meírei; (control, charge) 指揮 shikí; (MIL: authority) 司令部 shírèibu; (mastery: of subject) マスターしていること masùtā shité irù kotó

♦*vt* (give orders to): ***to command someone to do something*** ...に...をする様に命令する ...ni ...wo suru yō ni meírei suru; (troops) ...の司令官である ...no shí-rēikan de arù

commandeer [kɑ:məndi:r'] *vt* (requisition) 徴発する chōhatsu suru; (*fig*) 勝手に取って使う katté ni totté tsukáù

commander [kəmæn'də:r] *n* (MIL) 司令官 shírèikan

commandment [kəmænd'mənt] *n* (REL) 戒律 kaíritsu

commando [kəmæn'dou] *n* (group) コマンド部隊 komándobùtai; (soldier) コマンド隊員 komándotaìin

commemorate [kəmem'ə:reit] *vt* (with statue, monument, celebration, holiday) 記念する kinén suru

commence [kəmens'] *vt* (begin, start) 始める hajímeru

♦*vi* 始まる hajímaru

commend [kəmend'] *vt* (praise) ほめる homérù; (recommend) ゆだねる yudáneru

commensurate [kəmen'sərit] *adj*: ***commensurate with*** ...に相応した ...ni sōō shitá

comment [kɑ:m'ent] *n* (remark: written or spoken) コメント kométo

♦*vi*: ***to comment (on)*** (...について) コメントする (...ni tsuité) kométo surù

no comment ノーコメント nōkometo

commentary [kɑ:m'ənte:ri:] *n* (TV, RADIO) 実況放送 jikkyōhōsō; (book, article) 注解 chūkai

commentator [kɑːm'ənteitər] *n* (TV, RADIO) 解説者 kaísetsùsha

commerce [kɑːm'əːrs] 商業 shṓgyō

commercial [kəməːr'ʃəl] *adj* (organization, activity) 商業の shōgyō no; (success, failure) 商業上の shṓgyōjō no
♦*n* (TV, RADIO: advertisement) コマーシャル kōmāsharu, CM shīemu

commercialized [kəməːr'ʃəlaizd] (*pej*) *adj* (place, event etc) 営利本意の eírihoñi no

commercial radio/television *n* 民間ラジオ〔テレビ〕放送 miñkan rajio〔terebi〕hōsō, 民放 miñpō

commiserate [kəmiz'əreit] *vi*: *to commiserate with* ...をいたわる ...wo itáwarù

commission [kəmiʃ'ən] *n* (order for work: esp of artist) 依頼 irái; (COMM) 歩合 buái, コミッション kōmísshon; (committee) 委員会 iíñkai
♦*vt* (work of art) 依頼する irái suru
out of commission (not working) 故障して koshṓ shitē

commissionaire [kəmiʃəneːr'] (*BRIT*) *n* ドアマン dóāman

commissioner [kəmiʃ'ənəːr] *n* (POLICE) 長官 chōkan

commit [kəmit'] *vt* (crime, murder etc) 犯す okásu; (money, resources) 充当する jūtō suru; (to someone's care) 任せる makáserù
to commit oneself (to do) (...する事を) 約束する (...surú kotō wo) yakúsoku suru
to commit suicide 自殺する jisátsu suru

commitment [kəmit'mənt] *n* (to ideology, system) 献身 keńshin; (obligation) 責任 sekínin; (undertaking) 約束 yakúsoku

committee [kəmit'iː] *n* (of organization, club etc) 委員会 iíñkai

commodity [kəmɑːd'itiː] *n* (saleable item) 商品 shōhin

common [kɑːm'ən] *adj* (shared by all: knowledge, property, good) 共同の kyṓdō no; (usual, ordinary: event, object, experience etc) 普通の futsū no; (vulgar: person, manners) 下品な gehín na
♦*n* (area) 共有地 kyōyūchi
in common 共通で kyōtsū de

commoner [kɑːm'ənəːr] *n* 庶民 shomín

common law *n* コモン・ロー komón rō ◊成文化されてない慣習に基づく英米の一般法を指す seíbunka saréte naí kañshū ni motózukù eíbei no ippánhō wo sasù

commonly [kɑːm'ənliː] *adv* (usually) 通常 tsūjō

Common Market *n* ヨーロッパ共同市場 yōroppa kyṓdōshijō

commonplace [kɑːm'ənpleis] *adj* 平凡な heíbon na

common room *n* (SCOL) 談話室 dañwashìtsu

Commons [kɑːm'ənz] (*BRIT*) *npl*: *the Commons* 下院 ká-in

common sense *n* 常識 jōshiki, コモンセンス komónseñsu

Commonwealth [kɑːm'ɔnwelθ] *n* (British Commonwealth): *the Commonwealth* イギリス連邦 igírisureñpō
the Commonwealth of Independent States 独立国家共同体 dokúritsu kòkka kyṓdōtai

commotion [kəmou'ʃən] *n* (uproar) 騒ぎ sáwàgi

communal [kəmjuː'nəl] *adj* (shared) 共同の kyōdō no

commune [*n* kɑːm'juːn *vb* kəmjuːn'] *n* (group) コミューン komyūn
♦*vi*: *to commune with* (nature, God) ...に親しむ ...ni shitáshimu

communicate [kəmjuː'nikeit] *vt* (idea, decision, feeling) 伝える tsutáerù
♦*vi*: *to communicate (with)* ...と通信する ...to tsūshin suru

communication [kəmjuːnikei'ʃən] *n* (process) 通信 tsūshin; (letter, call) 連絡 reńraku

communication cord (*BRIT*) *n* (on train) 非常通報装置 hijṓtsūhōsòchi

communion [kəmjuːn'jən] *n* (*also*: **Holy Communion**) 聖体拝領 seítaihaìryō

communiqué [kəmju:ni:kei'] *n* (POL, PRESS) コミュニケ kómyùnike

communism [ka:m'jənizəm] *n* 共産主義 kyōsanshùgi

communist [ka:m'jənist] *adj* 共産主義の kyōsanshùgi no
♦*n* 共産主義者 kyōsanshugishà

community [kəmju:'niti:] *n* (group of people) 共同体 kyōdōtai; (within larger group) 社会 shákài

community center *n* 公民館 kōmìnkan

community chest (*US*) *n* 共同募金 kyōdōbòkin

community home (*BRIT*) *n* 養育施設 yōikushisètsu

commutation ticket [ka:mjətei'(ʃən-] (*US*) *n* 定期券 teíkikèn

commute [kəmju:t'] *vi* (to work) 通う kayóu
♦*vt* (LAW: sentence) 減刑する geńkei suru

commuter [kəmju:t'ə:r] *n* 通勤者 tsūkìnsha

compact [ka:m'pækt] *adj* (taking up little space) 小型の kogáta no
♦*n* (*also*: **powder compact**) コンパクト kóñpakuto

compact disk *n* コンパクトディスク kóñpakuto disùku

companion [kəmpæn'jən] *n* 相手 aíte

companionship [kəmpæn'jənʃip] *n* つきあい tsukíai

company [kʌm'pəni:] *n* (COMM) 会社 kaísha; (THEATER) 劇団 gekídan; (companionship) 付合い tsukíai
to keep someone company ...の相手になる ...no aíte ni narù

company secretary (*BRIT*) *n* 総務部長 sōmubùchō

comparable [ka:m'pə:rəbəl] *adj* (size, style, extent) 匹敵する hittéki suru

comparative [kəmpær'ətiv] *adj* (peace, stranger, safety) 比較的 hikákuteki; (study) 比較の hikáku no

comparatively [kəmpær'ətivli:] *adv* (relatively) 比較的に hikákuteki ni

compare [kəmpe:r'] *vt*: *to compare someone/something with/to* (set side

by side) ...を...と比較する ...wo ...to hikáku suru; (liken) ...を...に例える ...wo ...ni tatóerù
♦*vi*: *to compare (with)* (...に) 匹敵する (...ni) hittéki suru

comparison [kəmpær'isən] *n* (setting side by side) 比較 hikáku; (likening) 例え tatóe
in comparison (with) ...と比較して ...to hikáku shitè

compartment [kəmpa:rt'mənt] *n* (RAIL) 客室 kyakúshitsu, コンパートメント kofipātomènto; (section: of wallet, fridge etc) 区画 kukáku

compass [kʌm'pəs] *n* (instrument: NAUT, GEO) 羅針盤 rashínban, コンパス kóñpasu

compasses [kʌm'pəsiz] *npl* (MATH) コンパス kofipasu

compassion [kəmpæʃ'ən] *n* (pity, sympathy) 同情 dójō

compassionate [kəmpæʃ'ənit] *adj* (person, look) 情け深い nasákebukaì

compatible [kəmpæt'əbəl] *adj* (people) 気が合う ki ga aù; (ideas etc) 両立できる ryóritsu dekírù; (COMPUT) 互換性のある gokáñsei no arù

compel [kəmpel'] *vt* (force) 強制する kyōsei suru

compelling [kəmpel'iŋ] *adj* (fig: argument, reason) 止むに止まれぬ yamú ni yamárenù

compensate [ka:m'pənseit] *vt* (employee, victim) ...に補償する ...ni hoshō suru
♦*vi*: *to compensate for* (loss, disappointment, change etc) ...を埋め合せる ...wo uméawserù

compensation [ka:mpənsei'(ʃən] *n* (to employee, victim) 補償 hoshō; (for loss, disappointment, –change etc) 埋め合せ uméawase

compère [ka:m'pe:r] (*BRIT*) *n* (TV, RADIO) 司会者 shíkàisha

compete [kəmpi:t'] *vi* (companies, rivals): *to compete (with)* (...と) 競り合う (...to) seríaù; (in contest, game) 参加する safika suru

competence [ka:m'pitəns] *n* (of worker

etc) 能力 nṓryoku

competent [kɑːm'pitənt] *adj* 有 能 な yū́-nō na

competition [kɑːmpitiʃ'ən] *n* (between firms, rivals) 競 争 kyṓsō; (contest) コン クール koñkū́ru; (ECON) ライバル商品 raíbaru shṓhin

competitive [kəmpet'ətiv] *adj* (industry, society) 競争の激しい kyṓsō no hagéshiï; (person) 競争心の強い kyṓsōshin no tsu-yōí; (price, product) 競争できる kyṓsō dekírù

competitive sports 競技 kyṓgi

competitor [kəmpet'itəːr] *n* (rival) 競争 相手 kyṓsōaïte; (participant) 参加者 sañkashà

compile [kəmpail'] *vt* (book, film, report) 編集する heñshū suru

complacency [kəmplei'sənsiː] *n* (smugness) 自己満足 jikṓmañzoku

complacent [kəmplei'sənt] *adj* (smug) 自己満足にふける jikṓmañzoku ni fukérù

complain [kəmplein'] *vi* (grumble) 不平 不満を言う fuhéifùman wo iú; (protest: to authorities, shop etc) 訴える uttáeru

to complain of (pain) ...を訴える ...wo uttáerù

complaint [kəmpleint'] *n* (objection) 訴 え uttáe; (criticism) 非 難 hínàn; (MED: illness) 病気 byṓki

complement [*n* kɑːm'pləmənt *vb* kɑːm'-pləmənt] *n* (supplement) 補 う 物 ogínaù monó; (esp ship's crew) 人員 jiñ-in

◆*vt* (enhance) 引立たせる hikítataserù

complementary [kɑːmpləmən'təːriː] *adj* (mutually supportive) 補足し合う hosṓ-ku shiaù

complete [kəmpliːt'] *adj* (total, whole) 完 全 な kañzen na; (finished: building, task) 完成した kañsei shitá

◆*vt* (finish: building, task) 完成する kañ-sei suru; (: set, group etc) そろえる sorṓe-rù; (fill in: a form) ...に記入する ...ni kinyū suru

completely [kəmpliːt'liː] *adv* (totally) 全 く mattáku, 完全に kañzen ni

completion [kəmpliː'ʃən] *n* (of building) 完成 kañsei; (of contract) 履行 rikṓ

complex [*adj* kɑːmpleks' *n* kɑːm'pleks] *adj* (structure, problem, decision) 複雑な fukúzatsu na

◆*n* (group: of buildings) 団 地 dañchi; (PSYCH) コンプレックス koñpurekkùsu

complexion [kəmplek'ʃən] *n* (of face) 顔 の肌 kaó no hadà

complexity [kəmplek'sitiː] *n* (of problem, law) 複雑さ fukúzatsuùsa

compliance [kəmplai'əns] *n* (submission) 服従 fukújū; (agreement) 同意 dṓi

in compliance with ...に従って ...ni shi-tágatte

complicate [kɑːm'pləkeit] *vt* (matters, situation) 複雑にする fukúzatsu ni suru

complicated [kɑːm'pləkeitid] *adj* (explanation, system) 複雑な fukúzatsu na

complication [kɑːmpləkei'ʃən] *n* (problem) 問題 moñdai; (MED) 合併症 gappéi-shō

complicity [kəmplis'ətiː] *n* (in crime) 共 犯 kyṓhan

compliment [*n* kɑːm'pləmənt *vb* kɑːm'-pləmənt] *n* (expression of admiration) ほめ言葉 homékotòba

◆*vt* (express admiration for) ほめる ho-mérù

to pay someone a compliment ...をほ める ...wo homérù

complimentary [kɑːmpləmən'təːriː] *adj* (remark) 賛辞の sañji no; (ticket, copy of book etc) 無料の muryṓ no

compliments [kɑːm'pləmənts] *npl* (regards) 挨拶 aïsatsu

comply [kəmplai'] *vi*: *to comply with* (law, ruling) ...に従う ...ni shitágaù

component [kəmpou'nənt] *adj* (parts, elements) 構成している kṓsei shité irù

◆*n* (part) 部分 búbùn

compose [kəmpouz'] *vt* (form): *to be composed of* ...から出来ている ...kará dekítè irù; (write: music, poem, letter) 書く kákù

to compose oneself 心を落着かせる ko-kṓrō wo ochítsukaserù

composed [kəmpouzd'] *adj* (calm) 落 着 いている ochítsuite irù

composer [kəmpou'zə:r] n (MUS) 作曲家 sakkyŏkuka

composition [ka:mpəziʃ'ən] n (of substance, group etc) 構成 kŏsei; (essay) 作文 sakúbun; (MUS) 作曲 sakkyŏku

compost [ka:m'poust] n たい肥 taîhi

composure [kəmpou'ʒə:r] n (of person) 落着き ochítsuki

compound [ka:m'paund] n (CHEM) 化合物 kágŏbutsu; (enclosure) 囲い地 kakóichi; (LING) 複合語 fukúgōgo

◆adj (fracture) 複雑な fukúzatsu na

compound interest 複利 fúkùri

comprehend [ka:mprihend'] vt (understand) 理解する rikái suru

comprehension [ka:mprihen'ʃən] n (understanding) 理解 ríkài

comprehensive [ka:mprihen'siv] adj (description, review, list) 包括的な hŏkatsuteki na; (INSURANCE) 総合的な sŏgōteki na

comprehensive (school) (BRIT) n 総合中等学校 sŏgōchūtōgakkŏ ◇あらゆる能力の子供に適した課程のある中等学校 aráyurù nŏryoku no kodómo ni tekí shita katéi no arù chūtōgakkŏ

compress [vb ka:mpres' n ka:m'pres] vt (air, cotton, paper etc) 圧縮する asshúku suru; (text, information) 要約する yŏyaku suru

◆n (MED) 湿布 shippú

comprise [kəmpraiz'] vt (also: **be comprised of**) ...からなる ...kará narù; (constitute) 構成する kŏsei suru

compromise [ka:m'prəmaiz] n 妥協 dakyŏ

◆vt (beliefs, principles) 傷つける kizú tsukerù

◆vi (make concessions) 妥協する dakyŏ suru

compulsion [kəmpʌl'ʃən] n (desire, impulse) 強迫観念 kyŏhakukañnen; (force) 強制 kyŏsei

compulsive [kəmpʌl'siv] adj (liar, gambler etc) 病的な byŏteki na; (viewing, reading) 止められない yamérarenài

compulsory [kəmpʌl'sə:ri:] adj (attendance, retirement) 強制的な kyŏseiteki na

computer [kəmpju:'tə:r] n コンピュータ koñpyūta

computerize [kəmpju:'təraiz] vt (system, filing, accounts etc) コンピュータ化する koñpyūta suru; (information) コンピュータに覚えさせる koñpyūta ni obŏesaserù

computer programmer n プログラマー puróguràmā

computer programming n プログラミング puróguramiñgu

computer science n コンピュータ科学 koñpyūta kagàku

computing [kəmpju:'tiŋ] n (activity, science) コンピュータ利用 koñpyūta riyŏ

comrade [ka:m'ræd] n (POL, MIL) 同志 dŏshi; (friend) 友人 yújin

comradeship [ka:m'rədʃip] n 友情 yújŏ

con [ka:n] vt (deceive) だます damásù; (cheat) ぺてんに掛ける petén ni kakérù

◆n (trick) いかさま ikásama

concave [ka:nkeiv'] adj 凹面の ŏmen no

conceal [kənsi:l'] vt (hide: weapon, entrance) 隠す kakúsù; (keep back: information) 秘密にする himítsu ni surù

concede [kənsi:d'] vt (admit: error, point, defeat) 認める mitŏmeru

conceit [kənsi:t'] n (arrogance) うぬぼれ unúbore

conceited [kənsi:'tid] adj (vain) うぬぼれた unúboreta

conceivable [kənsi:v'əbəl] adj (reason, possibility) 考えられる kañgaerarerù

conceive [kənsi:v'] vt (child) はらむ harámù; (plan, policy) 考え出す kañgaedasù

◆vi (BIO) 妊娠する nifishin suru

concentrate [ka:n'səntreit] vi (on problem, activity etc) 専念する señnen suru; (in one area, space) 集中する shúchū suru

◆vt (energies, attention) 集中させる shúchū saséru

concentration [ka:nsəntrei'ʃən] n (on problem, activity etc) 専念 señnen; (in one area, space) 集中 shúchū; (attention) 注意 chūi; (CHEM) 濃縮 nŏshuku

concentration camp n 強制収容所 kyōseishūyōjo

concept [kɑːn'sept] n (idea, principle) 概念 gáinen

conception [kənsep'ʃən] n (idea) 概念 gáinen; (of child) 妊娠 nínshin

concern [kənsəːrn'] n (affair) 責任 sekínin; (anxiety, worry) 心配 shínpai; (COMM: firm) 企業 kígyō
♦vt (worry) 心配させる shínpai saséru; (involve, relate to) ...に関係がある ...ni kańkē ga arù
to be concerned (about) (person, situation etc) (...について) 心配する (...ni tsuité) shínpai suru

concerning [kənsəːr'niŋ] prep (regarding) ...について ...ni tsuíte

concert [kɑːn'səːrt] n (MUS) 演奏会 eńsōkai, コンサート końsāto

concerted [kənsəːr'tid] adj (effort etc) 共同の kyódō no

concert hall n コンリートホール końsātohōru

concertina [kɑːnsəːrti'nə] n (MUS: instrument) コンサーティーナ końsātīna ◊八角形の小型アコーディオン rokkákkei no kogáta akódion

concerto [kəntʃer'tou] n 協奏曲 kyōsōkyoku, コンチェルト kóńcheruto

concession [kənseʃ'ən] n (compromise) 譲歩 jōho; (COMM: right) 特権 tokkén
tax concession 減税 gefizei

conciliatory [kənsil'i:ətɔːri:] adj (gesture, tone) 懐柔的な kaíjūteki na

concise [kənsais'] adj (description, text) 簡潔な kańketsu na

conclude [kənkluːd'] vt (finish: speech, chapter) 終える oéru; (treaty) 締結する teíketsu suru; (deal etc) まとめる matómeru; (decide) (...だと) 結論する (...da to) ketsúron suru

conclusion [kənkluː'ʒən] n (of speech, chapter) 終り owári; (of treaty) 締結 teíketsu; (of deal etc) まとめる事 matómeru kotó; (decision) 結論 ketsúron

conclusive [kənkluː'siv] adj (evidence, defeat) 決定的な kettéiteki na

concoct [kənkɑːkt'] vt (excuse) でっち上げる detchíagerù; (plot) 企てる kuwádaterù; (meal, sauce) 工夫して作る kufū shité tsukúrù

concoction [kənkɑːk'ʃən] n (mixture) 調合物 chōgōbutsu

concourse [kɑːn'kɔːrs] n (hall) 中央ホール chūōhoru, コンコース końkōsu

concrete [kɑːn'kriːt] n コンクリート końkurīto
♦adj (block, floor) コンクリートの końkurīto no; (proposal, idea) 具体的な gutáiteki na

concur [kənkəːr'] vi 同意する dói suru

concurrently [kənkəːr'əntliː] adv (happen, run) 同時に dóji ni

concussion [kənkʌʃ'ən] n (MED) 脳震とう nōshintō

condemn [kəndem'] vt (denounce: action, report etc) 非難する hínàn suru; (sentence: prisoner) ...に...刑を宣告する ...ni...keí wo sefikoku suru; (declare unsate: building) 使用に耐えない物と決定する shiyō ni taénai monó to kettéi suru

condemnation [kɑːndemnei'ʃən] n (criticism) 非難 hínàn

condensation [kɑːndensei'ʃən] n (on walls, windows) 結露 kétsuro

condense [kəndens'] vi (vapor) 液化する ekíka suru
♦vt (report, book) 要約する yóyaku suru

condensed milk [kəndenst'-] n 練乳 reńnyū

condescending [kɑːndisen'diŋ] adj (reply, attitude) 恩着せがましい ońkisegamashìi

condition [kəndiʃ'ən] n (state: gen) 状態 jōtai; (MED: of illness) 病状 byōjō; (requirement) 条件 jōken; (MED: illness) 病気 byōki
♦vt (person) 慣れさせる narésaserù
on condition that ...という条件で ...to iú jōken de

conditional [kəndiʃ'ənəl] adj 条件付きの jōkentsuki no

conditioner [kəndiʃ'ənəːr] n (also: **hair conditioner**) ヘアコンディショナー heákondishōnā; (for fabrics) 柔軟剤 jūnańzai

conditions [kəndiʃ'ənz] *npl* (circumstances) 状況 jṓkyō

condolences [kəndou'lənsiz] *npl* お悔み o-kúyami

condom [kɑːn'dəm] *n* コンドーム końdōmu, スキン sukín

condominium [kɑːndəmin'iːəm] (*US*) *n* 分譲マンション buńjōmańshon

condone [kəndoun'] *vt* (misbehavior, crime) 容認する yōnin suru

conducive [kəndu:'siv] *adj*: **conducive to** (rest, study) …を助ける …wo tasúkerù

conduct [*n* kɑːn'dʌkt *vb* kəndʌkt'] *n* (of person) 振舞 furúmai
♦*vt* (survey, research etc) 行う okónaù; (orchestra, choir etc) 指揮する shikí suru; (heat, electricity) 伝導する deńdō suru
to conduct oneself (behave) 振舞う furúmaù

conducted tour [kəndʌk'tid-] *n* ガイド付き見物 gaídotsuki keńbutsu

conductor [kəndʌk'təːr] *n* (of orchestra) 指揮者 shikíshà; (*BRIT*: on bus, *US*: on train) 車掌 shashṓ; (ELEC) 伝導体 deńdōtai

conductress [kəndʌk'tris] *n* (on bus) 女性車掌 joséishashṓ, バスガール basúgāru

cone [koun] *n* (shape) 円すい形 eńsuikei; (on road) カラーコーン karákòn, セーフティコーン sēfutikòn; (BOT) 松かさ matsúkasà; (ice cream cornet) コーン kṓn

confectioner [kənfek'ʃənəːr] *n* (person) 菓子職人 kashíshokùnin

confectioner's (shop) [kənfek'ʃənəːrz-] *n* (sweet shop) 菓子屋 kashíyà

confectionery [kənfek'ʃəneːriː] *n* (sweets, candies) 菓子類 kashírui

confederation [kənfedəreiʃ'ən] *n* (POL, COMM) 連合 reńgō

confer [kənfəːr'] *vt*: **to confer something (on someone)** (honor, degree, advantage) (…に) …を与える (…ni) …wo atáerù
♦*vi* (panel, team) 協議する kyṓgi suru

conference [kɑːn'fəːrəns] *n* (meeting) 会議 káigi

confess [kənfes'] *vt* (sin, guilt, crime) 白状する hákùjō suru; (weakness, ignorance) 認める mitómeru
♦*vi* (admit) 認める mitómeru

confession [kənfeʃ'ən] *n* (admission) 白状 hákùjō; (REL) ざんげ záňge

confetti [kənfet'iː] *n* コンフェティ kóñfeti ◇紙吹雪き用に細かく切った色紙 kamífubuki yṓ ni komákaku kittá irṓgami

confide [kənfaid'] *vi*: **to confide in** …に打明ける …ni uchíakerù

confidence [kɑːn'fidəns] *n* (faith) 信用 shiń-yō; (*also*: **self-confidence**) 自信 jishín; (secret) 秘密 himítsu
in confidence (speak, write) 内緒で naísho de

confidence trick *n* いかさま ikásama

confident [kɑːn'fidənt] *adj* (self-assured) 自信のある jishín no arù; (positive) 確信している kakúshin shité irù

confidential [kɑːnfiden'ʃəl] *adj* (report, information) 秘密の himítsu no; (tone) 親しげな shitáshige na

confine [kənfain'] *vt* (limit) 限定する geńtei suru; (shut up) 閉じ込める tojíkomerù

confined [kənfaind'] *adj* (space) 限られた kagírareta

confinement [kənfain'mənt] *n* (imprisonment) 監禁 kańkin

confines [kɑːn'fainz] *npl* (of area) 境 sakái

confirm [kənfəːrm'] *vt* (belief, statement) 裏付ける urázukerù; (appointment, date) 確認する kakúnin suru

confirmation [kɑːnfəːrmeiʃ'ən] *n* (of belief, statement) 裏付け urázuke; (of appointment, date) 確認 kakúnin; (REL) 堅信礼 keńshiñrei

confirmed [kənfəːrmd'] *adj* (bachelor, teetotaller) 常習的な jōshūteki na

confiscate [kɑːn'fiskeit] *vt* (impound, seize) 没収する bosshū suru

conflict [*n* kɑːn'flikt *vb* kənflikt'] *n* (disagreement) 論争 rońsō; (difference: of interests, loyalties etc) 対立 taíritsu; (fighting) 戦闘 seńtō
♦*vi* (opinions) 対立する taíritsu suru; (research etc) 矛盾する mujún suru

conflicting [kənflik'tiŋ] *adj* (reports) 矛盾した mujún suru; (interests etc) 対立する taíritsu suru

conform [kənfɔ:rm'] *vi* (comply) 従う shitágaù

to conform to (law, wish, ideal) ...に従う ...ni shitágaù

confound [kənfaund'] *vt* (confuse) 当惑させる tówaku saséru

confront [kənfrʌnt'] *vt* (problems, task) ...と取組む ...to toríkumù; (enemy, danger) ...に立向かう ...ni tachímukaù

confrontation [kɑːnfrʌntei'ʃən] *n* (dispute, conflict) 衝突 shótotsu

confuse [kənfju:z'] *vt* (perplex: person) 当惑させる tówaku saséru; (mix up: two things, people etc) 混同する kondō suru; (complicate: situation, plans) 混乱させる koñran saséru

confused [kənfju:zd'] *adj* (bewildered) 当惑した tówaku shitá; (disordered) 混乱した koñran shitá

confusing [kənfju:'ziŋ] *adj* (plot, instructions) 分かりにくい wakárinikuì

confusion [kənfju:'ʒən] *n* (perplexity) 当惑 tówaku, (mix-up) 混同 kondo; (disorder) 混乱 koñran

congeal [kəndʒi:l'] *vi* (blood, sauce) 凝結する gyóketsu suru

congenial [kəndʒi:n'jəl] *adj* (person) 気の合った ki no attá; (atmosphere etc) 楽しい tanóshiì

congenital [kəndʒen'itəl] *adj* (MED: defect, illness) 先天性の señtensei no

congested [kəndʒes'tid] *adj* (MED: with blood) うっ血した ukkétsu shitá; (: with mucus: nose) 詰まった tsumátta; (road) 渋滞した jútai shitá; (area) 人口密集の jiñkōmisshū no

congestion [kəndʒes'tʃən] *n* (MED: with blood) うっ血 ukkétsu; (: with mucus) 鼻詰まり hanázumàri; (of road) 渋滞 jútai; (of area) 人口密集 jiñkōmisshū

conglomerate [kəngla:m'ə:rit] *n* (COMM) 複合企業 fukúgōkigyò, コングロマリット koñguromarítto

conglomeration [kəngla:mərei'ʃən] *n* (group, gathering) 寄せ集め yoséatsume

congratulate [kəngrætʃ'uleit] *vt* (parents, bridegroom etc) ...にお祝いを言う ...ni o-íwai wo iú

congratulations [kəngrætʃulei'ʃənz] *npl* 祝詞 shukúji

congratulations! おめでとうございます omédetō gozáimasù

congregate [kɑːŋ'grəgeit] *vi* (people) 集まる atsúmarù; (animals) 群がる murágarù

congregation [kɑːŋgrəgei'ʃən] *n* (of a church) 会衆 kaíshū

congress [kɑːŋ'gris] *n* (conference) 大会 taíkai; (US: *Congress*) 議会 gikài

congressman [kɑːŋ'grismən] (*US: pl* **congressmen**) *n* 下院議員 ka-íngiìn

conical [kɑːn'ikəl] *adj* (shape) 円すい形の eñsuikei no

conifer [kou'nifə:r] *n* 針葉樹 shiñ-yòju

conjecture [kəndʒek'tʃə:r] *n* (speculation) 憶測 okúsoku

conjugal [kɑːn'dʒəgəl] *adj* 夫婦間の fúfùkàn no

conjugate [kɑːn'dʒəgeit] *vt* (LING) ...の活用形を挙げる ...no katsúyōkei wo agérù

conjunction [kəndʒʌŋk'ʃən] *n* (LING) 接続詞 setsúzokushì

conjunctivitis [kəndʒʌŋktəvai'tis] *n* (MED) 結膜炎 ketsúmakuèn

conjure [kɑːn'dʒə:r] *vi* (magician) 奇術をする kijútsu wo suru

conjurer [kɑːn'dʒə:r] *n* (magician) 奇術師 kijútsushì, マジシャン majíshan

conjure up *vt* (ghost, spirit) 呼出す yobídasù; (memories) 思い起す omóikosù

conk out [kɑːŋk-] (*inf*) *vi* (machine, engine) 故障する koshó suru

con man [kɑːn'mən] (*pl* **con men**) *n* ぺてん師 peténshi

connect [kənekt'] *vt* (join, *also* TEL) つなぐ tsunágù; (ELEC) 接続する setsúzoku suru; (*fig*: associate) 関係付ける kañkeizùkeru

◆*vi*: *to connect with* (train, plane etc) ...に連絡する ...ni refíraku suru

to be connected with (associated) 関係付ける kañkeizùkeru

connection [kənek'ʃən] n (joint, link) つなぎ tsunági; (ELEC, TEL) 接続 setsúzoku; (train, plane etc) 連絡 renraku; (*fig*: association) 関係 kaṅkei

connive [kənaiv'] vi: **to connive at** (misbehavior) …を容認する …wo yōnin suru

connoisseur [kɑːnisəːr'] n (of food, wine, art etc) 通 tsū

connotation [kɑːnətei'ʃən] n (implication) 含み fukúmi

conquer [kɑːŋ'kər] vt (MIL: country, enemy) 征服する seífuku suru; (fear, feelings) 克服する kokúfuku suru

conqueror [kɑːŋ'kəːrəːr] n (MIL) 征服者 seífukushà

conquest [kɑːn'kwest] n (MIL) 征服 seífuku; (prize) 勝得た物 kachíeta monó; (mastery: of space etc) 征服 seífuku

cons [kɑːnz] npl see **convenience; pro**

conscience [kɑːn'ʃəns] n (sense of right and wrong) 良心 ryōshin

conscientious [kɑːnʃiːen'ʃəs] adj (worker) 良心的な ryōshinteki na

conscious [kɑːn'ʃəs] adj (aware): **conscious (of)** (…に) 気が付いている (…ni) ki ga tsuíte irù; (deliberate) 意識的な ishíkiteki na; (awake) 目が覚めている me ga saméte irù

consciousness [kɑːn'ʃəsnis] n (awareness, mentality: *also* MED) 意識 ishíki

conscript [kɑːn'skript] n (MIL) 徴集兵 chōshūhei

conscription [kənskrip'ʃən] n (MIL) 徴兵 chōhei

consecrate [kɑːn'səkreit] vt (building, place) 奉献する hōken suru

consecutive [kənsek'jətiv] adj (days, wins) 連続の renzoku no

consensus [kənsen'səs] n 合意 gōi

consent [kənsent'] n (permission) 許可 kyōka
♦vi: **to consent to** …に同意する …ni dōi suru

consequence [kɑːn'səkwens] n (result) 結果 kekká; (significance) 重要さ jūyōsa

consequently [kɑːn'səkwentliː] adv (as a result, so) 従って shitágattè

conservation [kɑːnsəːrvei'ʃən] n (of the environment) 保護 hogò; (of energy) 節約 setsúyaku; (of paintings, books) 保全 hozén

conservative [kənsəːr'vətiv] adj (traditional, conventional: person, attitudes) 保守的な hoshúteki na; (cautious: estimate etc) 控え目な hikáeme no; (*BRIT*: POL): **Conservative** 保守党の hoshútō no
♦n (*BRIT*: POL): **Conservative** 保守党員 hoshútōin

conservatory [kənsəːr'vətɔːriː] n (greenhouse) 温室 oshitsu; (MUS) 音楽学校 oṅgaku gakkō

conserve [vb kənsəːrv' n kɑːn'səːrv] vt (preserve) 保護する hogò suru; (supplies, energy) 節約する setsúyaku suru
♦n (jam) ジャム jámù

consider [kənsid'əːr] vt (believe) …だと思う …da to omóù; (study) 熟考する jukkō suru; (take into account) 考慮に入れる kōryo ni irérù
to consider doing something …しようかと考える …shiyō ka to kángaerù

considerable [kənsid'əːrəbəl] adj (amount, expense, difference etc) かなりの kanári no

considerably [kənsid'əːrəbliː] adv (improve, deteriorate) かなり kanári

considerate [kənsid'əːrit] adj (person) 思いやりのある omóiyari no arù

consideration [kənsidəːrei'ʃən] n (deliberation) 熟考 jukkō; (factor) 考慮すべき点 kōryo subeki tén; (thoughtfulness) 思いやり omóiyarì

considering [kənsid'əːriŋ] prep (bearing in mind) …を考慮すると …wo kōryo suru to

consign [kənsain'] vt (something unwanted): **to consign to** (place) …にしまっておく …ni shimátte okù; (person): **to consign to** (someone's care etc) …に委ねる …ni yudánerù; (poverty etc) …に追込む …ni oíkomù

consignment [kənsain'mənt] n (COMM) 輸送貨物 yusōkamòtsu

consist [kənsist'] vi: **to consist of** (comprise) ...から成る ...kará narù

consistency [kənsis'tənsi:] n (of actions, policies etc) 一貫性 ikkánsei; (of yoghurt, cream etc) 固さ katása

consistent [kənsis'tənt] adj (person) 変らない kawáranaì; (argument, idea) 一貫性のある ikkánsei no arù

consolation [kɑːnsəlei'ʃən] n (comfort) 慰め nagúsame

console [vb kənsoul' n kɑːn'soul] vt (comfort) 慰める nagúsamerù
♦n (panel) コンソール koñsòru

consolidate [kənsɑːl'ideit] vt (position, power) 強化する kyóka suru

consommé [kɑːnsəmei'] n (CULIN) コンソメ koñsome

consonant [kɑːn'sənənt] n (LING) 子音 shíin

consortium [kənsɔːr'ʃiːəm] n (COMM) 協会 kyókai

conspicuous [kənspik'juːəs] adj (noticeable: person, feature) 目立つ medátsu

conspiracy [kənspir'əsiː] n (plot) 陰謀 iñbō

conspire [kənspai'əːr] vi (criminals, revolutionaries etc) 共謀する kyóbō suru; (events) 相重なる aíkasanarù

constable [kɑːn'stəbəl] (BRIT) n 巡査 juñsa
chief constable (BRIT) 警察本部長 keísatsu hoñbuchō

constabulary [kənstæb'jələːriː] (BRIT) n 警察 keísatsu ◇一地区の警察隊を指す ichíchiku no keísatsutai wo sasù

constant [kɑːn'stənt] adj (continuous: criticism, pain) 絶えない taénai; (fixed: temperature, level) 一定の ittéi no

constantly [kɑːn'stəntliː] adv (continually) 絶間なく taémanàku

constellation [kɑːnstəlei'ʃən] n (ASTRONOMY) 星座 seíza

consternation [kɑːnstəːrnei'ʃən] n (dismay) ろうばい róbai

constipated [kɑːn'stəpeitid] adj (MED) 便秘している beñpi shité irù

constipation [kɑːnstəpei'ʃən] n (MED) 便秘 beñpi

constituency [kənstitʃ'uːənsiː] n (POL:

area) 選挙区 señkyokù; (: electors) 選挙民 señkyomìn

constituent [kənstitʃ'uːənt] n (POL) 有権者 yūkeñsha; (component) 部分 búbùn

constitute [kɑːn'stituːt] vt (represent: challenge, emergency) ...である ...de aru; (make up: whole) 構成する kósei suru

constitution [kɑːnstituː'ʃən] n (of country) 憲法 kéñpō; (of club etc) 会則 kaísoku; (health) 体質 taíshitsu; (make-up: of committee etc) 構成 kósei

constitutional [kɑːnstituː'ʃənəl] adj (government, reform etc) 憲法の kéñpō no

constraint [kənstreint'] n (restriction) 制限 seígen; (compulsion) 強制 kyósei

construct [kɑːn'strʌkt] vt (building) 建てる tatérù; (bridge, road etc) 建設する keñsetsu suru; (machine) 作る tsukúrù

construction [kənstrʌk'ʃən] n (of building etc) 建築 keñchiku; (of bridge, road etc) 建設 keñsetsu; (of machine) 製作 seísaku; (structure) 構造物 kózōbùtsu

constructive [kənstrʌk'tiv] adj (remark, criticism) 建設的な keñsetsuteki na

construe [kənstruː'] vt (statement, event) 解釈する kaíshaku suru

consul [kɑːn'səl] n 領事 ryóji

consulate [kɑːn'səlit] n 領事館 ryójikàn

consult [kənsʌlt'] vt (doctor, lawyer, friend) ...に相談する ...ni sódan suru; (reference book) 調べる shiráberù

consultant [kənsʌl'tənt] n (MED) 顧問医 komóñ-i; (other specialist) 顧問 kómòn, コンサルタント koñsarùtanto

consultation [kɑːnsəltei'ʃən] n (MED) 診察 shiñsatsu; (discussion) 協議 kyógi

consulting room [kənsʌl'tiŋ-] (BRIT) n 診察室 shiñsatsushitsu

consume [kənsuːm'] vt (food) 食べる tabérù; (drink) 飲む nómù; (fuel, energy, time etc) 消費する shóhi suru

consumer [kənsuː'məːr] n (COMM) 消費者 shóhishà

consumer goods npl 消費財 shóhizài

consumerism [kənsuː'məːrizəm] n 消費者運動 shóhishauñdō

consumer society *n* 消費社会 shṓhisha-kāi

consummate [kɑːnˈsəmeit] *vt* (ambition etc) 全うする mattṓ suru

to consummate a marriage 床入りする tokó-iri suru

consumption [kənsʌmpˈʃən] *n* (of food) 食べる事 tabérù kotó; (of drink) 飲む事 nṓmù kotó; (of fuel, energy, time etc) 消費 shṓhi; (amount consumed) 消費量 shṓhiryṓ; (buying) 消費 shṓhi

cont. *abbr* (= *continued*) 続く tsuzúku

contact [kɑːnˈtækt] *n* (communication) 連絡 reńraku; (touch) 接触 sesshóku; (person) 連絡相手 reńrakuaìte

◆*vt* (by phone, letter) ...に連絡する ...ni reńraku suru

contact lenses *npl* コンタクトレンズ końtakutoreńzu

contagious [kənteiˈdʒəs] *adj* (MED: disease) 伝染性の deńsensei no; (*fig*: laughter, enthusiasm) 移りやすい utsúriyasuì

contain [kənteinˈ] *vt* (hold: objects) ...が入っている ...ni ...ga haítte irù; (have: component, ingredient etc) ...に...が含まれている ...ni ...ga fukúmarète irù; (subj: piece of writing, report etc) ...に...が書いてある ...ni ...ga kaíte arù; (curb: growth, spread, feeling) 抑える osáerù

to contain oneself 自制する jiséi suru

container [kənteiˈnɑːr] *n* (box, jar etc) 入れ物 irémono; (COMM: for shipping etc) コンテナー końtenā

contaminate [kəntæmˈəneit] *vt* (water, food, soil etc) 汚染する osén suru

contamination [kəntæməneiˈʃən] *n* (of water, food, soil etc) 汚染 osén

cont'd *abbr* (= *continued*) 続く tsuzuku

contemplate [kɑːnˈtəmpleit] *vt* (idea, subject, course of action) じっくり考える jikkúrì kańgaerù; (person, painting etc) 眺める nagámerù

contemporary [kəntemˈpəreːriː] *adj* (present-day) 現代の geńdai no; (belonging to same time) 同時代の dṓjidai no

◆*n* (person) 同時代の人 dṓjidai no hitó

contempt [kəntemptˈ] *n* (scorn) 軽べつ keíbetsu

contempt of court (LAW) 法廷侮辱罪 hṓteibujokuzái

contemptible [kəntemptˈtəbəl] *adj* (conduct) 卑劣な hirétsu na

contemptuous [kəntempˈtʃʋːəs] *adj* (attitude) 軽べつ的な keíbetsuteki na

contend [kəntendˈ] *vt* (assert): *to contend that* ...だと主張する ...da to shuchṓ suru

◆*vi* (struggle): *to contend with* (problem, difficulty) ...と戦う ...to tatákaù; (compete): *to contend for* (power etc) ...を争う ...wo arásoù

contender [kəntenˈdɔːr] *n* (in competition) 競争者 kyōsōshà; (POL) 候補者 kṓhoshà; (SPORT) 選手 séńshu

content [*adj, vb* kəntentˈ *n* kɑːnˈtent] *adj* (happy and satisfied) 満足して mańzoku shitē

◆*vt* (satisfy) 満足させる mańzoku saséru

◆*n* (of speech, novel) 内容 naíyō; (fat content, moisture content etc) 含有量 gań-yūryṓ

contented [kəntenˈtid] *adj* (happy and satisfied) 満足して mańzoku shitē

contention [kəntenˈʃən] *n* (assertion) 主張 shuchṓ; (disagreement, argument) 論争 rońsō

contentment [kəntentˈmənt] *n* (happiness, satisfaction) 満足 mańzoku

contents [kɑːnˈtents] *npl* (of bottle, packet) 中身 nakámì; (of book) 内容 naíyō

(table of) contents 目次 mokúji

contest [*n* kɑːnˈtest *vb* kəntestˈ] *n* (competition) コンテスト końtesuto, コンクール końkūru; (struggle: for control, power etc) 争い arásoì

◆*vt* (election, competition) ...で競う ...de kisóù; (statement, decision: *also* LAW) ...に対して異義を申立てる ...ni taíshite igí wo mōshítaterù

contestant [kəntesˈtənt] *n* (in quiz, competition) 参加者 sańkashà; (in fight) 競争者 kyṓsōshà

context [kɑːnˈtekst] *n* (circumstances: of events, ideas etc) 背景 haíkei; (of word, phrase) 文脈 buńmyaku

continent [kɑːn'tənənt] *n* (land mass) 大陸 taíriku

the Continent (*BRIT*) ヨーロッパ大陸 yóroppa tairíku

continental [kɑːntənen'təl] *adj* 大陸の taírïku no

continental quilt (*BRIT*) *n* 掛布団 kakébuton

contingency [kəntin'dʒənsi:] *n* 有事 yúji

contingent [kəntin'dʒənt] *n* (group of people: *also* MIL) 一団 ichídan

continual [kəntin'ju:əl] *adj* (movement, process, rain etc) 絶間ない taémanài

continually [kəntin'ju:əli:] *adv* 絶間なく taémanàku

continuation [kəntinju:ei'ʃən] *n* 継続 keízoku

continue [kəntin'ju:] *vi* 続く tsuzúkù
◆*vt* 続ける tsuzúkerù

continuity [kɑːntənu:'iti:] *n* (in policy, management etc) 連続性 reñzokusei; (TV, CINEMA) 撮影台本 satsueidaíhon, コンテ kóñte

continuous [kəntin'ju:əs] *adj* (process, growth etc) 絶間ない taémanài; (line) 途切れのない togíre no naï; (LING) 進行形の shiñkōkei no

continuous stationery *n* 連続用紙 reñzokuyōshi

contort [kəntɔːrt'] *vt* (body) ねじる nejírù; (face) しかめる shikámerù

contortion [kəntɔːr'ʃən] *n* (of body) ねじれ nejíre; (of face) こわばり kowábari

contour [kɑːn'tuːr] *n* (on map: *also*: **contour line**) 等高線 tőkōsen; (shape, outline: *gen pl*) 輪郭 riñkaku

contraband [kɑːn'trəbænd] *n* 密輸品 mitsúyuhìn

contraception [kɑːntrəsep'ʃən] *n* 避妊 hinín

contraceptive [kɑːntrəsep'tiv] *adj* (method, technique) 避妊の hinín no
◆*n* (device) 避妊用具 hinín yőgu; (pill etc) 避妊薬 hinín-yaku

contract [*n* kɑːn'trækt *vb* kəntrækt'] *n* (LAW, COMM) 契約 keíyaku
◆*vi* (become smaller) 収縮する shúshuku suru; (COMM): **to contract to do**

something ...をする契約をする ...wo suru keíyaku wo suru
◆*vt* (illness) ...に掛かる ...ni kakárù

contraction [kəntræk'ʃən] *n* (of metal, muscle) 収縮 shúshuku; (of word, phrase) 短縮形 tañshukukei

contractor [kɑːn'træktər] *n* (COMM) 請負人 ukéoinìn

contradict [kɑːntrədikt'] *vt* (person) ...の言う事を否定する ...no iú kotŏ wo hitéi suru; (statement etc) 否定する hitéi suru

contradiction [kɑːntrədik'ʃən] *n* (inconsistency) 矛盾 mujún

contradictory [kɑːntrədik'tə:ri:] *adj* (ideas, statements) 矛盾する mujún suru

contraption [kəntræp'ʃən] (*pej*) *n* (device, machine) 珍妙な機械 chiñmyō na kikái

contrary¹ [kɑːn'tre:ri:] *adj* (opposite, different) 反対の hañtai no
◆*n* (opposite) 反対 hañtai

on the contrary それどころか soródokoro ka

unless you hear to the contrary そうではないと聞かされない限り ső de wa nài to kikásarenài kagíri

contrary² [kəntre:r'i:] *adj* (perverse) つむじ曲りな tsumújimagàri na, へそ曲りな hesómagari na

contrast [*n* kɑːn'træst *vb* kəntræst'] *n* (difference) 相違 sối, コントラスト koñtorasùto
◆*vt* (techniques, texts etc) 対照する taíshō suru

in contrast to ...と違って ...to chigátte

contrasting [kəntræs'tiŋ] *adj* (colors, attitudes) 対照的な taíshōteki na

contravene [kɑːntrəviːn'] *vt* (law) ...に違反する ...ni ihán suru

contribute [kəntrib'juːt] *vi* (give) 寄付する kifú suru
◆*vt*: *to contribute an article to* (commissioned) ...に記事を寄稿する ...ni kíji wo kikô suru; (unsolicited) ...に記事を投稿する ...ni kíji wo tốkō suru: *to contribute $10* 10ドルを寄付する júdðru wo kifú suru

to contribute to (charity) ...に寄付する ...ni kifú suru; (newspaper: commissioned) ...に寄稿する ...ni kikó suru; (unsolicited) ...に投稿する ...ni tókó suru; (discussion) 意見を言う ikén wo iú; (problem etc) ...を悪くする ...wo warúkù surù

contribution [kɑːntrəbjuːˈʃən] *n* (donation) 寄付 kifu; (*BRIT*: for social security) 掛金 kakékin; (to debate, campaign) 貢献 kóken; (to journal: commissioned) 寄稿 kikó; (: unsolicited) 投稿 tókó

contributor [kəntribˈjətəːr] *n* (to appeal) 寄付者 kifúshà; (to newspaper) 投稿者〔寄稿者〕tókōshà〔kikóshà〕

contrive [kəntraivˈ] *vi*: *to contrive to do* 努力して...に成功する doryóku shite ...ni seíkó suru

control [kəntroulˈ] *vt* (country, organization) 支配する shiháì suru; (machinery, process) 制御する seígyo suru; (wages, prices) 規制する kiséi suru; (temper) 自制する jiséi suru; (disease) 抑制する yokúsei suru

◆*n* (of country, organization) 支配 shiháì; (of oneself, emotions) 自制心 jiséishin

to be in control of (situation) ...を掌握している ...wo shóaku shitè irù; (car etc) ...を思いのままに動かしている ...wo o-móì no mamá ni ugókashite irù

under control (crowd) 指示に従って shijí ni shitágatte; (situation) 収拾が付いて shúshú ga tsuíte; (dog) 言う事を聞いて iú kotó wo kíite

out of control (crowd) 制止が利かなくなって seíshi ga kikánakù natté; (situation) 手に負えなくなって te ni oénakù natté; (dog) 言う事を聞かなくなって iú kotó wo kikánakù natté

control panel *n* 制御盤 seígyoban

control room *n* 制御室 seígyoshìtsu

controls [kəntroulzˈ] *npl* (of vehicle) ハンドル hándoru ◇ブレーキ，クラッチなど全ての運転制御装置を含む burêki, kurátchi nadò subéte no uñtenseigyosóchi wo fukúmù; (on radio, television etc) コントロール盤 koñtorōruban ◇全てのス

イッチ，調節用つまみ，ボタンなどを含む subete no suítchì, chósetsu yó tsumami, botán nadò wo fukúmù; (governmental) 規制 kiséi

control tower *n* (*AVIAT*) 管制塔 kañseitō

controversial [kɑːntrəvəːrˈʃəl] *adj* (topic, person) 論争の的になっている roñsō no matò ni natté irù

controversy [kɑːnˈtrəvəːrsiː] *n* 論争 roñsō

conurbation [kɑːnəːrbeiˈʃən] *n* 大都市圏 daítoshikèn

convalesce [kɑːnvəlesˈ] *vi* (*MED*) 回復する kaífuku suru

convalescence [kɑːnvəlesˈəns] *n* (*MED*) 回復期 kaífukukì

convector [kənvekˈtəːr] *n* (heater) 対流式暖房器 taíryūshikidanbōkì, コンベクター koñbekútā

convene [kənviːnˈ] *vt* (meeting, conference) 召集する shóshū suru

◆*vi* (parliament, inquiry) 開会する kaíkai suru

convenience [kənviːnˈjəns] *n* (easiness: of using something, doing something) 便利 béñri; (suitability: of date, meeting, house etc) 好都合 kótsugó; (advantage, help) 便宜 béñgi

at your convenience ご都合の良い時に go-tsúgó no yoì tokí ni

all modern conveniences, (*BRIT*) *all mod cons* 近代設備完備 kiñdaisetsubikañbi ◇不動産の広告などに使われる語句 fudósan no kókoku nadò ni tsukáwarerù gokù

convenient [kənviːnˈjənt] *adj* (handy) 便利な béñri na; (suitable) 都合の良い tsugó no yoì

convent [kɑːnˈvent] *n* (*REL*) 女子修道院 joshíshūdòin

convention [kənvenˈʃən] *n* (custom) 慣例 kañrei; (conference) 大会 taíkai; (agreement) 協定 kyótei

conventional [kənvenˈʃənəl] *adj* (person) 型にはまった katá ni hamátta; (method) 伝統的な deñtōteki na

converge [kənvəːrdʒˈ] *vi* (roads) 合流す

る góryū suru; (people): *to converge on* (place, person) ...に集まる ...ni atsúmarù

conversant [kənvəːr'sənt] *adj*: *to be conversant with* (problem, requirements) ...に通じている ...ni tsūjite irù

conversation [kɑːnvəːrsei'ʃən] *n* (talk) 会話 kaíwa

conversational [kɑːnvəːrsei'ʃənəl] *adj* (tone, language, skills) 会話的な kaíwateki na

converse [*n* kɑːn'vəːrs *vb* kənvəːrs'] *n* (of statement) 逆 gyakú

♦*vi* (talk): *to converse (with someone)* (...と) 話をする (...to) hanáshi wo suru

conversely [kənvəːrs'liː] *adv* 逆に gyakú ni

conversion [kənvəːr'ʒən] *n* (of weights, substances etc) 変換 heñkan; (REL) 改宗 kaíshū

convert [*vb* kənvəːrt' *n* kɑːn'vəːrt] *vt* (change): *to convert something into/to* ...を...に変換する ...wo ...ni heñkan suru; (person: REL) 改宗させる kaíshū saséru; (: POL) 党籍を変えさせる tóseki wo kaésaserù

♦*n* (REL) 改宗者 kaíshusha; (POL) 党籍を変える人 tóseki wo kaéru hitó

convertible [kənvəːr'təbəl] *n* (AUT) コンバーチブル koñbāchibùru ◇畳込み式屋根を持つ乗用車 tatámikomishiki yané wo motsù jóyōsha

convex [kɑːnveks'] *adj* 凸面の totsúmen no

convey [kənvei'] *vt* (information, idea, thanks) 伝える tsutáerù; (cargo, traveler) 運ぶ hakóbu

conveyor belt [kənvei'əːr-] *n* ベルトコンベヤー berútokonbeyå

convict [*vb* kənvikt' *n* kɑːn'vikt] *vt* (of a crime) ...に有罪の判決を下す ...ni yūzai no hañketsu wo kudásù

♦*n* (person) 囚人 shūjin

conviction [kənvik'ʃən] *n* (belief) 信念 shíñnen; (certainty) 確信 kakúshin; (LAW) 有罪判決 yūzaihañketsu

convince [kənvins'] *vt* (assure) 分からせる wakáraserù; (persuade) 納得させる

nattóku saséru

convinced [kənvinst'] *adj*: *convinced of/that* ...を〔だと〕確信している ...wo 〔dátð〕 kakúshin shité irù

convincing [kənvin'siŋ] *adj* (case, argument) 納得のいく nattóku no ikú

convoluted [kɑːn'vəluːtid] *adj* (statement, argument) 込入った komíittà

convoy [kɑːn'vɔi] *n* (of trucks) 護衛付き輸送車隊 goéitsuki yusóshatai; (of ships) 護衛付き輸送船団 goéitsukiyusósendan

convulse [kənvʌls'] *vt*: *to be convulsed with laughter* 笑いこける waráikoke-rù

to be convulsed with pain もだえる modáerù

convulsion [kənvʌl'ʃən] *n* (MED) けいれん keíren

coo [kuː] *vi* (dove, pigeon) くーくー鳴く kūkū nakú; (person) 優しい声で言う yasáshii koè de iú

cook [kuk] *vt* (food, meal) 料理する ryóri suru

♦*vi* (person) 料理する ryóri suru; (meat, pie etc) 焼ける yakéru

♦*n* 料理人 ryórinin, コック kokkù

cookbook [kuk'buk] *n* 料理の本 ryóri no hoñ

cooker [kuk'əːr] *n* (stove) レンジ rénji

cookery [kuk'əːriː] *n* 料理する事 ryóri suru kotó

cookery book (*BRIT*) *n* = **cookbook**

cookie [kuk'iː] (*US*) *n* ビスケット bisúkettð, クッキー kúkkī

cooking [kuk'iŋ] *n* (activity) 料理すること ryóri suru kotó; (food) 料理 ryóri

cool [kuːl] *adj* (temperature, clothes) 涼しい suzúshiì; (drink) 冷たい tsumétai; (person: calm) 落着いている ochítsuite irù; (: unfriendly) そっけない sokkénaì

♦*vt* (make colder: tea) 冷ます samásù; (: room) 冷す hiyásù

♦*vi* (become colder: water) 冷たくなる tsumétaku narù; (: air) 涼しくなる suzúshiku narù

coolness [kuːl'nis] *n* (of temperature, clothing) 涼しさ suzúshisà; (of drink) 冷たさ tsumétasà; (calm) 落着き ochítsuki;

(unfriendliness) そっけなさ sokkénasà

coop [ku:p] *n* (*also*: **rabbit coop**) ウサギ小屋 uságigoya; (*also*: **hen coop**) ニワトリ小屋 niwátorigoya

♦*vt*: **to coop up** (*fig*: imprison) 閉込める tojíkomerù

cooperate [kouɑ:p'əreit] *vi* (collaborate) 協力する kyódō suru; (assist) 協力する kyóryoku suru

cooperation [kouɑ:pərei'ʃən] *n* (collaboration) 協同 kyódō; (assistance) 協力 kyóryoku

cooperative [kouɑ:p'rətiv] *adj* (farm, business) 協同組合の kyódōkùmiai no; (person) 協力的な kyóryokuteki na

♦*n* (factory, business) 協同組合 kyódōkùmiai

coordinate [*vb* kouɔ:r'dəneit *n* kouɔ:r'dənit] *vt* (activity, attack) 指揮する shikí suru; (movements) 調整する chósei suru

♦*n* (MATH) 座標 zahyō

coordinates [kouɔ:r'dənits] *npl* (clothes) コーディネートされた服 kódinèto saréta fukú

coordination [kouɔ:rdənei'ʃən] *n* (of services) 指揮 shikí; (of one's movements) 調整 chósei

co-ownership [kouou'nə:rʃip] *n* 協同所有 kyódōshoyū

cop [kɑ:p] (*inf*) *n* (policeman/woman) 警官 keíkan

cope [koup] *vi*: **to cope with** (problem, situation etc) ...に対応する ...ni taíō suru

copious [kou'piəs] *adj* (helpings) たっぷりの táppùri no

copious amounts of 多量の taryó no

copper [kɑ:p'ə:r] *n* (metal) 銅 dō; (*inf*: policeman/woman) 警官 keíkan

coppers [kɑ:p'ə:rz] *npl* (small change, coins) 小銭 kozéni

coppice [kɑ:p'is] *n* 木立 kodáchi

copse [kɑ:ps] *n* = **coppice**

copulate [kɑ:p'jəleit] *vi* (people) 性交する seíkō suru; (animals) 交尾する kóbi suru

copy [kɑ:p'i:] *n* (duplicate) 複写 fukúsha, コピー kópī; (of book) 1冊 issátsu; (of

record) 1枚 ichímaì; (of newspaper) 1部 ichíbù

♦*vt* (person, idea etc) まねる manérù; (something written) 複写する fukúsha suru, コピーする kópī suru

copyright [kɑ:p'i:rait] *n* 著作権 chosákukèn

coral [kɔ:r'əl] *n* (substance) さんご saṅgo

coral reef *n* さんご礁 saṅgoshō

cord [kɔ:rd] *n* (string) ひも himó; (ELEC) コード kòdo; (fabric) コールテン kóruten

cordial [kɔ:r'dʒəl] *adj* (person, welcome) 暖かい atátakaì; (relationship) 親密な shifímitsu na

♦*n* (BRIT: drink) フルーツシロップ furútsu shiròppu

cordon [kɔ:r'dən] *n* (MIL, POLICE) 非常線 hijōsen

cordon off *vt* 非常線を張って...への立入りを禁止する hijōsen wo hatté ...e no tachíiri wo kińshi suru

corduroy [kɔ:r'dərɔi] *n* コールテン kóruten

core [kɔ:r] *n* (of fruit) しん shiǹ; (of organization, system, building) 中心部 chúshiǹbu; (heart: of problem) 核心 kakúshin

♦*vt* (an apple, pear etc) ...のしんをくりぬく ...no shiǹ wo kurínukù

coriander [kɔ:ri:æn'də:r] *n* (spice) コリアンダー koríaǹdā

cork [kɔ:rk] *n* (stopper) 栓 séǹ; (bark) コルク kóruku

corkscrew [kɔ:rk'skru:] *n* 栓抜き seńnuki

corn [kɔ:rn] *n* (US: maize) トウモロコシ tómorðkoshi; (BRIT: cereal crop) 穀物 kokúmðtsu; (on foot) 魚の目 uó no me

corn on the cob 軸付きトウモロコシ jikútsuki tómorðkoshi

cornea [kɔ:r'ni:ə] *n* (of eye) 角膜 kakúmaku

corned beef [kɔ:rnd-] *n* コーンビーフ kóńbìfu

corner [kɔ:r'nə:r] *n* (outside) 角 kádò; (inside) 隅 súmì; (in road) 角 kádò; (SOCCER) コーナーキック kónàkikkù; (BOXING) コーナー kònā

♦*vt* (trap) 追詰める oítsumerù, 袋のネズ

ミにする fukúro no nezumi ni suru;
(COMM: market) 独占する dokúsen su-
ru

♦vi (in car) コーナリングする kónariñgu
surù

cornerstone [kɔːrʹnɔːrstoun] n (fig) 土台
dodái

cornet [kɔːrnetʹ] n (MUS) コルネット
korúnettò; (BRIT: of ice-cream) アイス
クリームコーン aísukurīmukòn

cornflakes [kɔːrnʹfleiks] npl コーンフレ
ーク kónfurèku

cornflour [kɔːrnʹflauəːr] (BRIT) n =
cornstarch

cornstarch [kɔːrnʹstɑːrtʃ] (US) n コーン
スターチ kónsutàchi

Cornwall [kournʹwɔːl] n コーンウォール
kón-uòru

corny [kɔːrʹniː] (inf) adj (joke) さえない
saénai

corollary [kɔːrʹələːriː] n (of fact, idea) 当
然の結果 tózen no kekká

coronary [kɔːrʹənəːriː] n (also: **coronary
thrombosis**) 肝動脈血栓症 kańdōmyaku-
kessénshō

coronation [kɔːrəneiʹʃən] n たい冠式 taí-
kanshiki

coroner [kɔːrʹənəːr] n (LAW) 検死官 keń-
shikàn

coronet [kɔːrʹənit] n コロネット koró-
nettò ◇貴族などがかぶる小さな冠 kizó-
ku nadò ga kabúrù chíisana kańmuri

corporal [kɔːrʹpəːrəl] n (MIL) ご長 gó-
chō

♦adj: **corporal punishment** 体罰 taíba-
tsu

corporate [kɔːrʹpɔːrit] adj (action,
effort, ownership) 共同の kyódō no;
(finance, image) 企業の kigyó no

corporation [kɔːrpəreiʹʃən] n (COMM)
企業 kigyó; (of town) 行政部 gyóseibù

corps [kɔːr pl kɔːrz] (pl **corps**) n (MIL)
兵団 heídan; (of diplomats, journalists)
...団 ...dàn

corpse [kɔːrps] n 遺体 itái

corpuscle [kɔːrʹpəsəl] n (BIO) 血球 kek-
kyū

corral [kərælʹ] n (for cattle, horses) 囲い

kakói

correct [kərektʹ] adj (right) 正しい tadá-
shiì; (proper) 礼儀正しい reígitadashiì

♦vt (mistake, fault) 直す naósù; (exam)
採点する saíten suru

correction [kərekʹʃən] n (act of correct-
ing) 直す事 naósù kotó; (instance) 直し
naóshi

correlation [kɔːrəleiʹʃən] n (link) 相互関
係 sógokañkei

correspond [kɔːrəspɑːndʹ] vi (write): **to
correspond (with)** (...と) 手紙のやり
取りをする (...to) tegámi no yarítòri
wo surù; (be equivalent): **to correspond
(to)** (...に) 相当する (...ni) sótō suru;
(be in accordance): **to correspond
(with)** (...と) 一致する (...to) itchí
suru

correspondence [kɔːrəspɑːnʹdəns] n
(letters) 手紙 tegámi; (communication
by letters) 文通 buńtsū; (relationship) 一
致 itchí

correspondence course n (SCOL) 通
信講座 tsūshinkòza

correspondent [kɔːrəspɑːnʹdənt] n
(journalist) 特派員 tokúhaìn

corridor [kɔːrʹidəːr] n (in house, building
etc) 廊下 róka; (in train) 通路 tsúro

corroborate [kərɑːbʹəreit] vt (facts,
story) 裏付ける urázukerù

corrode [kəroudʹ] vt (metal) 浸食する
shińshoku suru

♦vi (metal) 腐食する fushóku suru

corrosion [kərouʹʒən] n 腐食 fushóku

corrugated [kɔːrʹəgeitid] adj (roof,
cardboard) 波型の namígata no

corrugated iron n なまこ板 namákoi-
tà

corrupt [kərʌptʹ] adj (person) 腐敗した
fuhái shità; (COMPUT: data) 化けたば
kétà, 壊れた kowáretà

♦vt (person) 買収する baíshū suru;
(COMPUT: data) 化けさせる bakésase-
rù

corruption [kərʌpʹʃən] n (of person) 汚
職 oshóku; (COMPUT: of data) 化ける事
bakérù kotó

corset [kɔːrʹsit] n (undergarment: also

MED) コルセット kórùsetto

Corsica [kɔ:r'sikə] n コルシカ島 korúshikatō

cosh [kaʃ] (*BRIT*) n (cudgel) こん棒 kofíbō

cosmetic [kɑzmet'ik] n (beauty product) 化粧品 keshóhin
♦*adj* (*fig*: measure, improvement) 表面的な hyómenteki na

cosmic [kɑ:z'mik] *adj* 宇宙の uchū no

cosmonaut [kɑ:z'mənɔ:t] n 宇宙飛行士 uchūhikōshi

cosmopolitan [kɑ:zmɑpə:l'itən] *adj* (place, person) 国際的な kokúsaiteki na

cosmos [kɑ:z'məs] n 宇宙 uchū

cosset [kɑ:s'it] vt (person) 甘やかす amáyakasù

cost [kɔ:st] n (price) 値段 nedán; (expenditure) 費用 híyð
♦vt (*pt*, *pp* cost) (be priced at) ...の値段である ...no nedán de arù; (find out cost of: project, purchase etc: *pt*, *pp* costed) ...の費用を見積る ...no hiyó wo mitsúmorù

how much does it cost? いくらですか ikùra desu ká

to cost someone time/effort ...に時間〔労力〕を要する ...ni jikán 〔rōryoku〕 wo yō surù

it cost him his life そのために彼は命をなくした sono tamé ni kárè wa ínòchi wo nákù shitá

at all costs 何があっても nanì ga atté mð

co-star [kou'stɑ:r] n (TV, CINEMA) 共演者 kyóeñsha

cost-effective [kɔ:stifek'tiv] *adj* 費用効果比の高い hiyókōkahi no takáì

costly [kɔ:st'li:] *adj* (high-priced) 値段の高い nedán no takáì; (involving much expenditure) 費用の掛かる hiyó no kakárù

cost-of-living [kɔ:stəvliv'iŋ] *adj* (allowance, index) 生計費の seíkeìhi no

cost price (*BRIT*) n 原価 géñka

costs [kɔ:sts] *npl* (COMM: overheads) 経費 kéìhi; (LAW) 訴訟費用 soshóhiyð

costume [kɑ:s'tu:m] n (outfit, style of dress) 衣装 íshð; (*BRIT*: *also*: **swimming costume**) 水着 mizúgi

costume jewelry n 模造宝石類 mozóhōsekirùi

cosy [kou'zi:] (*BRIT*) *adj* = **cozy**

cot [kɑt] n (*BRIT*: child's) ベビーベッド bebíbeddò; (*US*: campbed) キャンプベッド kyañpubeddð

cottage [kɑ:t'idʒ] n (house) 小さな家 chíisa na ie, コッテージ kottēji

cottage cheese n カッテージチーズ kattēji chīzù

cotton [kɑ:t'ən] n (fabric) 木綿 momén, コットン kóttòn; (*BRIT*: thread) 縫い糸 nuí-itò

cotton batting [-bæt'iŋ] n (*US*) 脱脂綿 dasshímèn

cotton candy (*US*) n (candy floss) 綿菓子 watágashì, 綿あめ watá-àme

cotton on to (*inf*) vt fus ...に気が付く ...ni kì ga tsúkù

cotton wool (*BRIT*) n = **cotton batting**

couch [kautʃ] n (sofa) ソファー sófà; (doctor's) 診察台 shiñsatsudai

couchette [ku:ʃet'] n (on train, boat) 寝台 shiñdai ◇昼間壁に畳み掛けるか普通の座席に使う物を指す hirúma kabé ni tatámikakerù ka futsū no zaséki ni tsukáù monð wo sasù

cough [kɔ:f] vi (person) せきをする sekí wo surù
♦n (noise) せき sekí; (illness) せきの多い病気 sekí no ōi byóki

cough drop n せき止めドロップ sekídome doròppu

could [kud] *pt of* **can**

couldn't [kud'ənt] = **could not**

council [kaun'səl] n (committee, board) 評議会 hyógikài

city/town council 市〔町〕議会 shi 〔chð〕 gíkaì

council estate (*BRIT*) n 公営住宅団地 kốeijūtakudañchi

council house (*BRIT*) n 公営住宅 kốeijūtaku

councillor [kaun'sələ:r] n 議員 gíin

counsel [kaun'səl] n (advice) 助言 jogén;

(lawyer) 弁護人 beñgonin
♦*vt* (advise) ...に助言する ...ni jogén suru
counsel(l)or [kaun'sələːr] *n* (advisor) カ
ウンセラー káunserā; (*US*: lawyer) 弁護
人 beñgonin
count [kaunt] *vt* (add up: numbers,
money, things) 数える kazóerù;
(include) 入れる iréru, 含む fukúmù
♦*vi* (enumerate) 数える kazóerù; (be
considered) ...と見なされる ...to minasa-
reru; (be valid) 効果をもつ kōka wo mó-
tsù
♦*n* (of things, people, votes) 数 kazù;
(level: of pollen, alcohol etc) 値 atái, 数
値 sūchi; (nobleman) 伯爵 hakúshaku
countdown [kaunt'daun] *n* (to launch)
秒読み byōyomi
countenance [kaun'tənəns] *n* (face) 顔
kaó
♦*vt* (tolerate) 容認する yōnin suru
counter [kaun'təːr] *n* (in shop, café,
bank etc) カウンター káuntā; (in game)
こま komá
♦*vt* (oppose) ...に対抗する ...ni taikō suru
♦*adv*: **counter to** に反して ...ni hañ
shite
counteract [kauntəːrækt'] *vt* (effect,
tendency) 打消す uchíkesu
counter-espionage [kauntəːres'pi:ə-
nɑːʒ] *n* 対抗的スパイ活動 taíkōteki supá-
ikatsudò
counterfeit [kaun'təːrfit] *n* (forgery) 偽
物 nisémono
♦*vt* (forge) 偽造する gizō suru
♦*adj* (coin) 偽物の nisémono no
counterfoil [kaun'təːrfɔil] *n* (of check,
money order) 控え hikáe
countermand [kauntəːrmænd'] *vt*
(order) 取消す toríkesu
counterpart [kaun'təːrpɑːrt] *n*: **coun-
terpart of** (person) ...に相当する人 ...ni
sōtō suru hitó; (thing) ...に相当するもの
...ni sōtō suru mono
counterproductive [kauntəːrprədʌk'-
tiv] *adj* (measure, policy etc) 逆効果的な
gyakúkōkateki na
countersign [kaun'təːrsain] *vt* (docu-
ment) ...に副署する ...ni fukúsho surù

countess [kaun'tis] *n* 伯爵夫人 hakúsha-
kufùjin
countless [kaunt'lis] *adj* (innumerable)
無数の mūsū no
count on *vt fus* (expect) ...の積りでいる
...no tsumóri de irù; (depend on) ...を頼り
にする ...wo táyòri ni suru
country [kʌn'triː] *n* (state, nation) 国 ku-
ní; (native land) 母国 bókòku; (rural
area) 田舎 ináka; (region) 地域 chíiki
country dancing (*BRIT*) *n* 英国郷土舞
踊 eíkokukyōdòbuyō
country house *n* 田舎の大邸宅 ináka
no daíteitàku
countryman [kʌn'triːmən] (*pl* country-
men) *n* (compatriot) 同国人 dōkokujìn;
(country dweller) 田舎者 inákamòno
countryside [kʌn'triːsaid] *n* 田舎 ináka
county [kaun'tiː] *n* (POL, ADMIN) 郡
gún
coup [kuː] (*pl* coups) *n* (MIL, POL. *also*.
coup d'état) クーデター kūdetà;
(achievement) 大成功 daíseikò
coupé [kuː'pei'] *n* (AUT) クーペ kūpe
couple [kʌp'əl] *n* (*also*: **married couple**)
夫婦 fūfu; (cohabiting etc) カップル káp-
pūru; (of things) 一対 ittsúi
a couple of (two people) 2人の futári
no; (two things) 2つの futátsu no; (a few
people) 数人の súnin no; (a few things) 幾
つかの ikùtsuka no
coupon [kuː'pɑːn] *n* (voucher) クーポン券
kūpoñken; (detachable form) クーポン
kūpon
courage [kəːr'idʒ] *n* (bravery) 勇気 yūki
courageous [kərei'dʒəs] *adj* (person,
attempt) 勇敢な yūkan na
courgette [kurʒet'] (*BRIT*) *n* ズッキー
ニ zúkkīni
courier [kəːr'iːəːr] *n* (messenger) メッセ
ンジャー méssènjā; (for tourists) 添乗員
teñjôin
course [kɔːrs] *n* (SCOL) 課程 katéi;
(process: of life, events, time etc) 過程
katéi; (of treatment) クール kūru; (direc-
tion: of argument, action) 方針 hōshin; (:
of ship) 針路 shīñro; (part of meal) 一品
ippín, コース kōsu; (for golf) コース kōsu

the course of a river 川筋 kawásuji
of course (naturally) もちろん mochíròn, 当然 tōzen; (certainly) いいとも íi to mo

court [kɔ:rt] n (royal) 宮殿 kyúden; (LAW) 法廷 hótei; (for tennis, badminton etc) コート kōto
♦vt (woman) 妻にしようとして...と交際する tsumà ni shiyō to shité ...to kōsai suru
to take someone to court (LAW) ...を相手取って訴訟を起す ...wo aítedottè soshō wo okósù

courteous [kə:r'ti:əs] adj (person, conduct) 丁寧な teínei na

courtesan [kɔːr'tizən] n 宮廷しょう婦 kyúteishōfu

courtesy [kə:r'tisi:] n (politeness) 礼儀正しさ reígitadashìsa
(by) courtesy of (thanks to) ...のお陰で ...no okágè de

court-house [kɔːrt'haus] (US) n 裁判所 saíbansho

courtier [kɔːr'ti:ə:r] n 廷臣 teíshin

court-martial [kɔːrt'mɑːr'ʃəl] (pl **courts-martial**) vt (MIL) 軍法会議 guńpōkaìgi

courtroom [kɔːrt'ruːm] n 法廷 hótei

courtyard [kɔːrt'jɑːrd] n (of castle, house) 中庭 nakániwa

cousin [kʌz'in] n (relative) 親せき shińseki
first cousin いとこ itókò
second cousin はとこ hatókò, またいとこ mata-itoko

cove [kouv] n (bay) 入江 iríe

covenant [kʌv'ənənt] n (promise) 契約 keíyaku

cover [kʌv'ə:r] vt (hide: face, surface, ground): *to cover (with)* ...で覆う ...de ōù; (hide: feelings, mistake): *to cover (with)* ...で隠す ...de kakúsù; (shield: book, table etc): *to cover (with)* ...に (...を) 掛ける ...ni (...wo) kakérù; (with lid): *to cover (with)* ...にふたをする ...ni futá wo suru; (travel: distance) 行く ikú; (protect: *also* INSURANCE) カバーする kábà suru; (discuss: topic, subject: *also* PRESS) 取上げる toríagerù; (include) 含む fukúmù
♦n (for furniture) 覆い ōí; (lid) ふた futá; (on bed) 上掛 uwágake; (of book, magazine) 表紙 hyōshi; (shelter: for hiding) 隠れ場所 kakúrebasho; (: from rain) 雨宿りの場所 amáyadòri no bashò; (INSURANCE) 保険 hokén; (of spy) 架空の身分 kakū no míbùn
to take cover (shelter: from rain) 雨宿りをする amáyadòri wo suru; (: from gunfire etc) 隠れる kakúrerù
under cover (indoors) 屋根の下で〔に〕 yané no shitá de〔ni〕
under cover of darkness やみに紛れて yamí ni magíretè
under separate cover (COMM) 別便で betsúbin de

coverage [kʌv'ə:ridʒ] n (TV, PRESS) 報道 hódō

cover charge n (in restaurant) サービス料 sábisuryō

covering [kʌv'ə:rin] n (layer) 覆い ōí; (of snow, dust etc) 覆う物 ōu monò

covering letter (US also: **cover letter**) n 添状 soéjō

cover note (BRIT) n (INSURANCE) 仮保険証 karíhokeńshō

covert [kou'və:rt] adj (glance, threat) 隠れた kakúretà

cover up vi: *to cover up for someone* ...をかばう ...wo kabáù

cover-up [kʌv'ə:rʌp] n もみ消し momíkeshi

covet [kʌv'it] vt (desire) 欲しがる hoshígarù

cow [kau] n (animal) 雌ウシ meúshi; (inf!: woman) あま amá
♦vt (oppress): *to be cowed* おびえる obíerù

coward [kau'ə:rd] n おく病者 okúbyōmono

cowardice [kau'ə:rdis] n おく病 okúbyò

cowardly [kau'ə:rdli:] adj おく病な okúbyò na

cowboy [kau'bɔi] n (in US) カウボーイ kaúbòi

cower [kau'ə:r] vi い縮する ishúku suru

coxswain [kɑːk'sin] n (ROWING: abbr:

cox) コックス kókkùsu

coy [kɔi] *adj* (demure, shy) はにかんでみせる haníkande misérù

coyote [kaiout'i:] *n* コヨーテ kóyòte

cozy [kou'zi:] (*BRIT* **cosy**) *adj* (room, house) こじんまりした kojínmarì shita; (person) 心地よい kokóchi yoì

CPA [si:pi:ei'] (*US*) *abbr* = **certified public accountant**

crab [kræb] *n* カニ kaní

crab apple *n* ヒメリンゴ himériǹgo

crack [kræk] *n* (noise: of gun) バン páǹ; (: of thunder) ばりばり bárìbari; (: of twig) ぽっきり pokkíri; (: of whip) バンban; (gap) 割れ目 waréme; (in bone, dish, glass, wall) ひび hibí

♦*vt* (whip, twig) 鳴らす narásù; (bone, dish, glass, wall) ひびを入れる hibí wo irérù; (nut) 割る warú; (solve: problem) 解決する kaíketsu suru; (: code) 解く tókù; (joke) 飛ばす tobásu

♦*adj* (expert) 優秀な yūshū na

crack down on *vt fus* (crime, expenditure etc) 取り締まる toríshimarù

cracker [kræk'ər] *n* (biscuit, Christmas cracker) クラッカー kurákka

crackle [kræk'əl] *vi* (fire) ぱちぱちと音を立てる páchìpachi to otó wo tatérù; (twig) ぱきぱきと音を立てる pókìpoki to otó wo tatérù

crack up *vi* (PSYCH) 頭がおかしくなる atáma ga okáshikù nárù

cradle [krei'dəl] *n* (baby's) 揺りかご yuríkago

craft [kræft] *n* (skill) 芸術 geíjutsu; (trade) 職業 shokúgyò; (boat: *pl inv*) 船 fúnè, (plane: *pl inv*) 飛行機 hikóki

craftsman [kræfts'mən] (*pl* **craftsmen**) *n* (artisan) 職人 shokúnin

craftsmanship [kræfts'mənʃip] *n* (quality) 芸術 geíjutsu

crafty [kræf'ti:] *adj* (sneaky) 腹黒い haráguroì, こうかつな kókatsu na

crag [kræg] *n* 険しい岩山 kewáshiì iwáyama

cram [kræm] *vt* (fill): **to cram something with** ...を...で一杯にする ...wo ...de ippái ni surù; (put): **to cram some-**

thing into ...を...に詰込む ...wo ...ni tsumékomù

♦*vi*: **to cram for exams** 一夜漬の試験勉強をする ichíyazuke no shikénbenkyò wo suru

cramp [kræmp] *n* (MED) けいれん keíren

cramped [kræmpt] *adj* (accommodation) 窮屈な kyūkutsu na

crampon [kræm'pɑ:n] *n* (CLIMBING) アイゼン áìzen

cranberry [kræn'be:ri:] *n* (berry) コケモ kokémòmo, クランベリー kuránberì

crane [krein] *n* (machine) クレーン kúrèn; (bird) ツル tsúrù

crank [kræŋk] *n* (person) 変人 heǹjin; (handle) クランク kuráǹku

crankshaft [kræŋk'ʃæft] *n* (AUT) クランクシャフト kuráǹkushafùto

cranny [kræn'i:] *n see* **nook**

crash [kræʃ] *n* (noise) 大音響 daíonkyò ◇ 物が落ちる、ぶつかるなどの大きな音を指す monó ga ochírù, butsúkarù nádò no ōkìna otó wo sásù; (of car, train etc) 衝突 shótotsu; (of plane) 墜落 tsuíraku; (COMM: of stock-market) 暴落 bóraku; (COMM: of business etc) 倒産 tôsan

♦*vt* (car etc) 衝突させる shótotsu saséru; (plane) 墜落させる tsuíraku saséru

♦*vi* (car) 衝突する shótotsu suru; (plane) 墜落する tsuíraku suru; (COMM: market) 暴落する bóraku suru; (COMM: firm) 倒産する tôsan suru

crash course *n* 速成コース sokúseikòsu

crash helmet *n* ヘルメット herúmettò

crash landing *n* (AVIAT) 不時着陸 fujíchakùriku

crass [kræs] *adj* (behavior, comment, person) 露骨な rokótsu na

crate [kreit] *n* (box) 箱 hakó; (for bottles) ケース kèsu

crater [krei'tə:r] *n* (of volcano) 噴火口 fuńkakò; (on moon etc) クレーター kurêtā

bomb crater 爆弾孔 bakúdankò

cravat [krəvæt'] *n* アスコットタイ asúkottotaì

crave [kreiv] *vt, vi*: **to crave for** ...を強く欲しがる ...wo tsuyókù hoshígarù

crawl [krɔːl] vi (person) 四つんばいには う yotsúnbai ni háù; (insect) はう háù; (vehicle) のろのろと進む nórònoro to susúmù

♦n (SWIMMING) クロール kúròru

crayfish [krei'fiʃ] n inv (freshwater) ザリガニ zarígani; (saltwater) エビガニ ebígani

crayon [krei'ɑːn] n クレヨン kuréyòn

craze [kreiz] n (fashion) 大流行 daíryūkō

crazy [krei'zi:] adj (insane) 正気でない shōki de náì; (inf: keen): *crazy about someone/something* ...が大好きである ...ga daísuki de arù

crazy paving (BRIT) n 不ぞろい舗装 fuzóroi hosō ◇不ぞろいの敷石からなる舗装 fuzóroi no shikíishi kara narù hosō

creak [kriːk] vi (floorboard, door etc) きしむ kishímù

cream [kriːm] n (of milk) (生)クリーム (namá)kúrīmu; (also: **artificial cream**) 人造クリーム jínzōkurīmu; (cosmetic) 化粧クリーム keshőkurīmu; (élite) 名士たち meíshi tachì

♦adj (color) クリーム色の kúrīmuirð no

cream cake n クリームケーキ kurímukèki

cream cheese n クリームチーズ kurímuchìzu

creamy [kriː'miː] adj (color) クリーム色の kurímuirð no; (taste) 生クリームたっぷりの namákurīmu táppùri no

crease [kriːs] n (fold) 折目 oríme; (wrinkle) しわ shiwá; (in trousers) 折目 oríme

♦vt (wrinkle) しわくちゃにする shiwákucha ni suru

♦vi (wrinkle up) しわくちゃになる shiwakucha ni naru

create [kriːeit'] vt (cause to happen, exist) 引起こす hikíokosù; (produce, design) 作る tsukúrù

creation [kriːei'ʃən] n (causing to happen, exist) 引起こす事 hikíokosù kotó; (production, design) 作る事 tsukúrù kotó; (REL) 天地創造 teńchisōzō

creative [kriːei'tiv] adj (artistic) 芸術的な geíjutsuteki na; (inventive) 創造性のある sōzōsei no arù

creator [kriːei'tər] n (maker, inventor) 作る人 tsukúrù hitó

creature [kriː'tʃər] n (living animal) 動物 dōbutsu; (person) 人 hitó

crèche [kreʃ] n 託児所 takújisho

credence [kriːd'əns] n: *to lend credence to* (prove) ...を信じさせる ...wo shiñji saséru

to give credence to (prove) ...を信じさせる ...wo shiñji saséru; (believe) 信じる shiñjirù

credentials [kriden'ʃəlz] npl (references) 資格 shikáku; (identity papers) 身分証明証 mibúnshōmeishō

credibility [kredəbil'əti:] n (of person, fact) 信頼性 shiñraisei

credible [kred'əbəl] adj (believable) 信じられる shiñjirarerù; (trustworthy) 信用できる shiñ-yō dekírù

credit [kred'it] n (COMM: loan) 信用 shiñyō; (recognition) 名誉 meíyo

♦vt (COMM) ...の入金にする ...no nyúkin ni suru; (believe: also: **give credit to**) 信じる shiñjirù

to be in credit (person, bank account) 黒字になっている kuróji ni nattě irù

to credit someone with (fig) ...に...の美徳があると思う ...ni...no bitóku ga arù to omóù

credit card n クレジットカード kuréjittokàdo

creditor [kred'itər] n (COMM) 債権者 saíkeñsha

credits [kred'its] npl (CINEMA) クレジット kuréjìtto

creed [kriːd] n (REL) 信条 shíñjō

creek [kriːk] n (US: stream) 小川 ogáwa; (BRIT: inlet) 入江 iríe

creep [kriːp] (pt, pp **crept**) vi (person, animal) 忍び足で歩く shinóbiàshi de arúkù

creeper [kriː'pər] n (plant) つる tsurú

creepy [kriː'piː] adj (frightening: story, experience) 薄気味悪い usúkimiwaruî

cremate [kriː'meit] vt (corpse) 火葬にする kasō ni surù

cremation [kriːmei'ʃən] n 火葬 kasō

crematoria [kriːmətɔːr'iːə] npl of **cre-**

matorium

crematorium [kri:mətɔ:r'i:əm] (*pl* **crematoria**) *n* 火葬場 kasōba

crêpe [kreip] *n* (fabric) クレープ kúrēpu; (rubber) クレープゴム kurḗpugomù ◇靴底に使う表面がしわ状のゴム kutsúzoko ni tsukáù hyṓmen ga shiwájō no gómù

crêpe bandage (*BRIT*) *n* 伸縮性包帯 shifishukuseihōtai

◆*vt* (person) 不具にする fúgù ni suru

crept [krept] *pt, pp of* **creep**

crescent [kres'ənt] *n* (shape) 三日月形 mikázukigata; (street) ...通り ...dōri◇特にカーブになっている通りの名前に使う tōkù ni kābu ni natté irù tōri no namáe ni tsukáù

cress [kres] *n* (BOT, CULIN) クレソン kuréson

crest [krest] *n* (of hill) 頂上 chōjō; (of bird) とさか tosáka; (coat of arms) 紋章 mon

crestfallen [krest'fɔ:lən] *adj* しょんぼりした shonborí shitá

Crete [kri:t] *n* クレタ kuréta

crevice [krev'is] *n* (gap, crack) 割れ目 waréme

crew [kru:] *n* (NAUT) 乗組員 norikumíin; (AVIAT) 乗員 jōin; (TV, CINEMA) カメラ班 kamérahàn ◇3つの意味とも総称として使う mittsú no imì to mo sōshō toshité tsukáù

crew-cut [kru:'kʌt] *n* 角刈り kakúgari

crew-neck [kru:'nek] *n* (of jersey) 丸首 marúkubi

crib [krib] *n* (cot) ベビーベッド bebíbeddò

◆*vt* (*inf*: copy: during exam etc) カンニングする kañningu suru; (: from writings etc of others) 盗用する tōyō suru

crick [krik] *n*: *to have a crick in one's neck* 首が痛い kubí ga itáì

cricket [krik'it] *n* (game) クリケット kuríkettò; (insect) コオロギ kōrogi

crime [kraim] *n* (no pl: illegal activities) 犯罪 hañzai; (illegal action) 犯罪 (行為) hañzai(kōi); (*fig*) 罪 tsumí

criminal [krim'ənəl] *n* 犯罪者 hañzaìsha

◆*adj* (illegal) 違法の ihō no; (morally wrong) 罪悪の zaíaku no

crimson [krim'zən] *adj* 紅色の beníiro no

cringe [krindʒ] *vi* (in fear, embarrassment) 縮こまる chijíkomarù

crinkle [kriŋ'kəl] *vt* (crease, fold) しわくちゃにする shiwákucha ni suru

cripple [krip'əl] *n* (MED) 身障者 shiñshṓsha

◆*vt* (person) 不具にする fúgù ni suru

crises [krai'si:z] *npl of* **crisis**

crisis [krai'sis] (*pl* **crises**) *n* 危機 kikí

crisp [krisp] *adj* (vegetables) ぱりぱりした páripari shitá; (bacon) かりかりした káríkari shitá; (weather) からっとした karáttò shitá; (manner, tone, reply) 無愛想な buáìso na

crisps [krisps] (*BRIT*) *npl* ポテトチップ potétochippù

criss-cross [kris'krɔ:s] *adj* (pattern, design) 十字模様の jūjímoyò no

criteria [kraiti:'ri:ə] *npl of* **criterion**

criterion [kraiti:r'i:ən] (*pl* **criteria**) *n* (standard) 規準 kijún

critic [krit'ik] *n* (of system, policy etc) 反対者 hañtaìsha, (reviewer) 評論家 hyōronka

critical [krit'ikəl] *adj* (time, situation) 重大な jūdai na; (opinion, analysis) 批評的な hihyṓteki na; (person: fault-finding) 粗捜し好きな arásagashizùki na; (illness) 危険な kikén na

critically [krit'ikli:] *adv* (speak, look etc) 批判的に hihánteki ni

critically ill 重症で jósho de

criticism [krit'isizəm] *n* (disapproval, complaint) 非難 hínàn; (of book, play etc) 批評 hihyṓ

criticize [krit'əsaiz] *vt* (find fault with) 非難する hínàn suru

croak [krouk] *vi* (frog) げろげろ鳴く gérògero nakú; (bird etc) かーかー鳴く kā-kā nakú; (person) がらがら声で言う garágaragoe de iu

crochet [krouʃei'] *n* かぎ針編み kagíbariami

crockery [krɑ:k'ə:ri:] *n* (dishes) 皿類 saráruì

crocodile [krɑ:k'ədail] *n* ワニ wáni

crocus [krou'kəs] *n* クロッカス kurók-
kāsu

croft [krɔ:ft] (*BRIT*) *n* (small farm) 小
農場 shōnōjō

crony [krou'ni:] (*inf: pej*) *n* 仲間 nakáma

crook [kruk] *n* (criminal) 悪党 akútō;
(*also*: **shepherd's crook**) 羊飼のつえ hi-
tsújikai no tsúe ◇片端の曲った物を指す
katáhashi no magátta monó wo sásù

crooked [kruk'id] *adj* (bent, twisted) 曲
った magátta; (dishonest) 不正の fuséi
no

crop [krɑ:p] *n* (of fruit, cereals, vegeta-
bles) 作物 sakúmòtsu; (harvest) 収穫 shū-
kaku; (riding crop) むち múchī ◇乗馬用
の物を指す jōbayō no monó wo sásù
◆*vt* (hair) 刈込む karíkomù

crop up *vi* (problem, topic) 持ち上る mo-
chíagarù

croquet [kroukei'] *n* クロッケー kurók-
kē ◇複雑なゲートボールに似た球技 fu-
kúzatsu na gētobōru ni nitá kyūgi

croquette [krouket'] *n* (CULIN) コロッ
ケ kórokke

cross [krɔ:s] *n* (shape) 十字 jūji; (REL) 十
字架 jūjika; (mark) ばつ印 bátsù(jírù-
shi); (hybrid) 合の子 aínoko
◆*vt* (street, room etc) 横断する ōdan su-
ru; (arms, legs) 組む kúmù; (animal,
plant) 交雑する kōzatsu suru
◆*adj* (angry) 不機嫌な fukígen na
to cross a check 線引小切手にする seń-
biki kogíttè ni suru

crossbar [krɔ:s'bɑ:r] *n* (SPORT) ゴール
の横棒 gōru no yokóbō

cross country (race) *n* クロスカント
リーレース kurósukantorīrèsu

cross-examine [krɔ:s'igzæm'in] *vt*
(LAW) 反対尋問する hańtaijiñmon suru

cross-eyed [krɔ:s'aid] *adj* 寄り目の yorí-
me no

crossfire [krɔ:s'faiə:r] *n* 十字射撃 jūji-
shagèki

crossing [krɔ:s'iŋ] *n* (sea passage) 船旅
funátabi; (*also*: **pedestrian crossing**) 横
断歩道 ōdanhodō

crossing guard (*US*) *n* 交通指導員 kō-
tsūshidōin ◇交通事故を防ぐために横断

歩道に立って学童などの横断を助ける係
員 kōtsūjikō wo fuségù tamé ni ōdanho-
dō ni tatté gakúdō nádò no ōdan wo
tasúkerù kakáriìn

cross out *vt* (delete) 線を引いて消す séñ
wo hiíte kesú

cross over *vi* (move across) 横断する ō-
dan suru

cross-purposes [krɔ:s'pə:r'pəsiz] *npl*:
to be at cross-purposes 話が食違って
いる hanáshi ga kuíchigatte irù

cross-reference [krɔ:s'ref'ə:rəns] *n* 相
互参照 sōgosaňshō

crossroads [krɔ:s'roudz] *n* 交差点 kōsa-
tèn

cross section *n* (of an object) 断面 dań-
meñ; (sketch) 断面図 dańmeñzu
cross section of the population 国民
を代表する人々 kokumin wo daíhyō su-
ru hitóbìto

crosswalk [krɔ:s'wɔ:k] (*US*) *n* 横断歩道
ōdanhodō

crosswind [krɔ:s'wind] *n* 横風 yokókaze

crossword [krɔ:s'wə:rd] *n* クロスワード
パズル kurósuwādopazùru

crotch [krɑ:tʃ] *n* (ANAT, of garment) ま
た matá

crotchet [krɑ:tʃ'it] *n* (MUS) 四分音符
shibúoñpu

crotchety [krɑ:tʃ'əti:] *adj* (person) 気難
しい kimúzukashìi

crouch [krautʃ] *vi* (person, animal) うず
くまる uzúkumarù

croupier [kru:p'i:ə:r] *n* (in casino) とばく
台の元締 tobákudai no motójime, ディー
ラー dīrā

crow [krou] *n* (bird) カラス kárasu; (of
cock) 鳴き声 nakígoè
◆*vi* (cock) 鳴く nakú

crowbar [krou'bɑ:r] *n* バール bāru

crowd [kraud] *n*: *crowd of people* 群衆
guńshu
◆*vt* (fill: room, stadium etc) ...にぎっし
り入る ...ni gisshírì haírù
◆*vi* (gather): *to crowd round* ...の回り
に群がる ...no mawári ni murágarù;
(cram): *to crowd in* ...の中へ詰めかける
...no nákà e tsumékakerù

a crowd of fans 大勢のファン ōzei nò fáñ

crowded [krau'did] *adj* (full) 込入った komfitta; (densely populated) 人口密度の高い jiñkōmitsùdo no takáî

crown [kraun] *n* (gen) 冠 kañmuri, (of monarch) 王冠 ōkan; (monarchy): *the Crown* 国王 kokúō; (of head, hill) てっぺん téppeñ; (of tooth) 歯冠 shikáñ
♦*vt* (monarch) 王位に就かせる ōi ni tsukáserù; (*fig*: career, evening) ...に有終の美を飾る ...ni yúshū no bí wo kazárù

crown jewels *npl* 王位の象徴 ōi no shōchō ◇王冠, しゃくなど国家的儀式で王または女王が王位の象徴として用いる物を指す ōkan, sháku nádò kokkáteki gishìki de ō matá wa jōō ga ōi no shóchō toshité mochíirù monó wo sásù

crown prince *n* 皇太子 kōtaìshi

crow's feet *npl* 目じりの小じわ méjiri no kojíwa, カラスの足跡 kárasu no ashíatò

crucial [kru:'ʃəl] *adj* (decision, vote) 重大な jūdai na

crucifix [kru:'səfiks] *n* (REL) 十字架像 jūjikazō

crucifixion [kru:səfik'ʃən] *n* (REL) キリストのはりつけ kirísuto no harítsuke

crude [kru:d] *adj* (materials) 原 ... géñ...; (*fig*: basic) 原始的な geñshiteki na; (: vulgar) 露骨な rokótsu na

crude (oil) *n* 原油 geñ-yu

cruel [kru:'əl] *adj* (person, action) 残酷な zañkoku na; (situation) 悲惨な hisán na

cruelty [kru:'əlti:] *n* (of person, action) 残酷さ zañkokusa; (of situation) 悲惨さ hisánsa

cruise [kru:z] *n* (on ship) 船旅 funátabi
♦*vi* (ship) 巡航する juñkō suru; (car) 楽に走行する ráku ni sōkō suru

cruiser [kru:'zəːr] *n* (motorboat) 大型モーターボート ōgata mōtābòto, クルーザー kurūzā; (warship) 巡洋艦 juñ-yōkan

crumb [krʌm] *n* (of bread, cake) くず kúzù

crumble [krʌm'bəl] *vt* (bread, biscuit etc) 崩す kuzúsù
♦*vi* 崩れる kuzúrerù

crumbly [krʌm'bli:] *adj* (bread, biscuits etc) 崩れやすい kuzúreyasùi, ぼろぼろした pórōporo shitá

crumpet [krʌm'pit] *n* クランペット kuránpettò ◇マフィンの一種 mafîn no isshū

crumple [krʌm'pəl] *vt* (paper, clothes) しわくちゃにする shiwákucha ni suru

crunch [krʌntʃ] *vt* (food etc) かみ砕く kamíkudakù; (underfoot) 踏み砕く fumíkudakù
♦*n* (*fig*: moment of truth) いざという時 izá to iú tokí

crunchy [krʌn'tʃi:] *adj* (food) ぱりぱりした parípari shitá

crusade [kru:seid'] *n* (campaign) 運動 uñdō

crush [krʌʃ] *n* (crowd) 人込み hitógomi; (love): *to have a crush on someone* ...にのぼせる ...ni noboseru; (drink): *lemon crush* レモンスカッシュ rcmónsukasshù
♦*vt* (press, squeeze) 押しつぶす oshítsubusù; (crumple: paper, clothes) しわくちゃにする shiwákucha ni suru; (defeat: army, opposition) 圧倒する attō suru; (devastate: hopes) 台無しにする daínashi ni suru; (: person) 落胆させる rakútan saséru

crust [krʌst] *n* (of bread, pastry) 皮 kawá; (of snow, ice) アイスバーン aísubàn; (of the earth) 地殻 chikáku

crutch [krʌtʃ] *n* (support, stick) 松葉づえ matsúbazùe

crux [krʌks] *n* (of problem, matter) 核心 kakúshin

cry [krai] *vi* (weep) 泣く nakú; (shout: *also*: **cry out**) 叫ぶ sakébù
♦*n* (shriek) 悲鳴 himéi; (shout) 叫び声 sakébigoè; (of bird, animal) 鳴き声 nakígoè

cry off *vi* (change one's mind, cancel) 手を引く te wo hikú

crypt [kript] *n* 地下室 chikáshitsu ◇特に納骨堂などに使われる教会の地下室を指す tókù ni nōkotsudō nadò ni tsukáwarerù kyōkai no chikáshitsu wo sásù

cryptic [krip'tik] *adj* (remark, clue) なぞめいた nazómeità

crystal [kris'təl] *n* (mineral) 結晶 kesshṓ; (in jewelery) 水晶 suíshō; (glass) クリスタル kurísùtaru

crystal-clear [kris'təlkli'ə:r] *adj* (transparent) よく澄んだ yókù súnda; (*fig*: easy to understand) 明白な meíhaku na

crystallize [kris'təlaiz] *vt* (opinion, thoughts) まとめる matómeru
♦*vi* (sugar etc) 結晶する kesshṓ suru

cub [kʌb] *n* (of lion, wolf etc) ...の子 ...no ko; (*also*: **cub scout**) カブスカウト kabúsukaùto

Cuba [kju:'bə] *n* キューバ kyúba

Cuban [kju:'bən] *adj* キューバの kyúba no
♦*n* キューバ人 kyúbajìn

cubbyhole [kʌb'i:houl] *n* 小さな納戸 chíisa na nańdo

cube [kju:b] *n* (shape) 立方体 rippṓtai; (MATH: of number) ...の3乗 ...no sańjō
♦*vt* (MATH) 三乗する sańjō suru

cube root *n* (MATH) 立方根 ríppòkon

cubic [kju:'bik] *adj* (volume) 立方の rippṓ no

cubic capacity *n* 体積 taíseki

cubicle [kju:'bikəl] *n* (at pool) 更衣室 kṓishìtsu ◇小さい個室について言う chíisaí koshítsu ni tsuíte iú; (in hospital) カーテンで仕切った1病床分のスペース kàten de shikítta ichíbyōshṓbùn no supèsu

cuckoo [ku'ku:] *n* カッコウ kákkō

cuckoo clock *n* はと時計 hatódokèi

cucumber [kju:'kʌmbə:r] *n* キューリ kyúri

cuddle [kʌd'əl] *vt* (baby, person) 抱締める dakíshimerù
♦*vi* (lovers) 抱合う dakíaù

cue [kju:] *n* (snooker cue) キュー kyū; (THEATER etc) 合図 aízu, キュー kyū

cuff [kʌf] *n* (of sleeve) カフス káfùsu; (*US*: of trousers) 折返し oríkaeshi; (blow) 平手打ち hiráteuchi
off the cuff (impromptu) 即座に〔の〕sókùza ni 〔no〕

cufflinks [kʌf'liŋks] *npl* カフスボタン kafúsubotàn

cuisine [kwizi:n'] *n* (of country, region) 料理 ryṓri

cul-de-sac [kʌl'dəsæk'] *n* (road) 行き止り yukídomari

culinary [kju:'ləne:ri:] *adj* 料理の ryṓri no

cull [kʌl] *vt* (story, idea) えり抜く erínukù
♦*n* (of animals) 間引き mabíki

culminate [kʌl'məneit] *vi*: *to culminate in* (*gen*) 遂に...となる tsuí ni ...to narù; (unpleasant outcome) 挙句の果てに...となってしまう agéku no haté ni ...to natté shimaú

culmination [kʌlmənei'ʃən] *n* (of career, process etc) 頂点 chṓten

culottes [kju:lots'] *npl* キュロット kyúròtto

culpable [kʌl'pəbəl] *adj* (blameworthy) とがむべき togámùbeki

culprit [kʌl'prit] *n* (of crime) 犯人 hańnin

cult [kʌlt] *n* (REL: worship) 崇拝 sūhai; (: sect, group) 宗派 shūha; (fashion) 流行 ryūkō

cultivate [kʌl'təveit] *vt* (land) 耕す tagáyasù; (crop) 栽培する saíbai suru; (person) 近付きになろうとする chikázuki ni narṓ to suru

cultivation [kʌltəvei'ʃən] *n* (AGR) 耕作 kṓsaku

cultural [kʌl'tʃə:rəl] *adj* (traditions etc) 文化文明の buńkabuńmei no; (activities etc) 芸術の geíjutsu no

culture [kʌl'tʃə:r] *n* (of a country, civilization) 文明 buńmei, 文化 buńka; (the arts) 芸術 geíjutsu; (BIO) 培養 baíyō

cultured [kʌl'tʃə:rd] *adj* (individual) 教養のある kyṓyō no arù

cumbersome [kʌm'bə:rsəm] *adj* (object) 扱いにくい atsúkainikui ◇かさ張る物, 重い物, 大きくて不格好な物などについて言う kasábaru monó, omói monó, ṓkikùte bukákkō na monó nadò ni tsuíte iú; (process) 面倒な meńdō na

cumulative [kju:m'jələtiv] *adj* (effect, result) 累積する ruíseki suru

cunning [kʌn'iŋ] *n* (craftiness) こうかつさ kṓkatsusa
♦*adj* (crafty) こうかつな kṓkatsu na

cup [kʌp] *n* (for drinking) カップ káppù;

(as prize) 賞杯 shóhai, カップ káppù; (of bra) カップ káppù

cupboard [kʌb'əːrd] n 戸棚 todána

Cupid [kju:'pid] n キューピッド kyū́piddo

cup-tie [kʌp'tai] (*BRIT*) n (SOCCER) トーナメント試合 tṓnamento shiai

curate [kju:'rit] n 助任牧師 jonínbokùshi

curator [kjurei'təːr] n (of museum, gallery) キューレーター kyū́rētā ◇学芸員の管理職に相当する人を指す gakúgeìn no kańrishòku ni sṓto suru hitó wo sásù

curb [kəːrb] vt (powers, expenditure) 制限する seígen suru; (person) 抑える osáerù
♦n (restraint) 抑制 yokúsei; (*US*: kerb) 縁石 fuchíishi

curdle [kəːr'dəl] vi (milk) 凝結する gyṓketsu suru

cure [kju:r] vt (illness, patient) 治す naósù; (CULIN) 保存食にする hozónshoku ni suru
♦n (MED) 治療法 chiryṓhō; (solution) 解決 kaíketsu

curfew [kəːr'fju:] n (MIL, POL) 夜間外出禁止令 yakán gaíshutsu kińshirei

curio [kju:'ri:ou] n 骨とう品 kottṓhin

curiosity [kju:ri:ɑːs'əti:] n (of person) 好奇心 kṓkishìn; (object) 珍しい物 mezúrashiì monó

curious [kju:'ri:əs] adj (person: interested) 好奇心がある kṓkishìn ga arù; (: nosy) せん索好きな seńsakuzùki na; (thing: strange, unusual) 変った kawátta

curl [kəːrl] n (of hair) カール kāru
♦vt (hair) カールする kāru suru
♦vi (hair) カールになっている kāru ni natté irù

curler [kəːr'ləːr] n (for hair) カーラー kā́rā

curl up vi (person, animal) 縮こまる chijíkomarù

curly [kəːr'li:] adj 巻毛の makíge no

currant [kəːr'ənt] n (dried fruit) レーズン rēzun ◇小型の種無しブドウから作った物を指す kogáta no tanénashibùdō kara tsukúttà monó wo sásù; (bush, fruit: blackcurrant, redcurrant) スグリ

súgùri

currency [kəːr'ənsi:] n (system) 通貨 tsū́ka; (money) 貨幣 káhèi
to gain currency (*fig*) 通用する様になる tsūyō suru yṓ ni nárù

current [kəːr'ənt] n (of air, water) 流れ nagáre; (ELEC) 電流 deńryū
♦adj (present) 現在の geńzai no; (accepted) 通用している tsūyō shité irù

current account (*BRIT*) n 当座預金 tṓzayokìn

current affairs npl 時事 jiji

currently [kəːr'əntli:] adv 現在は geńzai wa

curricula [kərik'jələ] npl of **curriculum**

curriculum [kərik'jələm] (pl **curriculums** or **curricula**) n (SCOL) 指導要領 shidṓyōryō

curriculum vitae [-vi:'tai] n 履歴書 rirékisho

curry [kəːr'i:] n (dish) カレー karḗ
♦vt: *to curry favor with* ...にへつらう ...ni hetaurau

curry powder n カレー粉 karḗko

curse [kəːrs] vi (swear) 悪態をつく akútai wo tsukù
♦vt (swear at) ののしる nonóshirù; (bemoan) のろう norou
♦n (spell) 呪い norói; (swearword) 悪態 akútai; (problem, scourge) 災の元 wazáwai no motó

cursor [kəːr'səːr] n (COMPUT) カーソル kā́soru

cursory [kəːr'səːri:] adj (glance, examination) 何気ない naǵenái

curt [kəːrt] adj (reply, tone) 無愛想な buáisō na

curtail [kəːrteil'] vt (freedom, rights) 制限する seígen suru; (visit etc) 短くする mijíkaku suru; (expenses etc) 減らす herásu

curtain [kəːr'tən] n (at window) カーテン kā́ten; (THEATER) 幕 makú .

curts(e)y [kəːrt'si:] vi (woman, girl) ひざを曲げて御辞儀をする hizá wo maǵéte ojígi wo suru

curve [kəːrv] n (bend: in line etc) 曲線 kyokúsen; (: in road) カーブ kā́bu

♦*vi* 曲る magáru

cushion [kuʃ'ən] *n* (on sofa, chair) クッション kusshòn, 座布団 zabútòn; (*also*: **air cushion**) エアクッション eákusshòn ◇ホバークラフトなどを支える空気の事 hobákurafùto nádò wo sasáeru kůki no kotó

♦*vt* (collision, fall) ...の衝撃を和らげる ...no shőgeki wo yawárageru; (shock, effect) 和らげる yawárageru

custard [kʌs'tərd] *n* カスタード kasútàdo

custodian [kʌstou'di:ən] *n* (of building, collection) 管理人 kañrinin

custody [kʌs'tədi:] *n* (LAW: of child) 親権 shiñken

   to take into custody (suspect) 逮捕する taího suru

custom [kʌs'təm] *n* (tradition) 伝統 deñtō; (convention) 慣習 kañshū; (habit) 習慣 shūkan; (COMM) ひいき hííki

customary [kʌs'təme:ri:] *adj* (behavior, method, time) いつもの itsúmo no, 相変らずの aíkawarazu no

customer [kʌs'təməːr] *n* (of shop, business etc) 客 kyakú

customized [kʌs'təmaizd] *adj* (car etc) 改造した kaízō shitá

custom-made [kʌs'təmmeid'] *adj* (shirt, car etc) あつらえの atsúrae no, オーダーメードの ődàmèdo no

customs [kʌs'təmz] *npl* (at border, airport etc) 税関 zeíkan

customs duty *n* 関税 kañzei

customs officer *n* 税関吏 zeíkanri

cut [kʌt] (*pt*, *pp* **cut**) *vt* (bread, meat, hand etc) 切る kiru; (shorten: grass, hair) 刈る karú; (: text, program) 短くする mijíkakù suru; (reduce: prices, spending, supply) 減らす herásù

♦*vi* (knife, scissors) 切れる kiréru

♦*n* (in skin) 切り傷 kiríkîzu; (in salary) 減給 geñkyū; (in spending etc) 削減 sakúgen; (of meat) ブロック burókkù; (of garment) カット kátto

   to cut a tooth 歯が生える há ga haéru

cutback [kʌt'bæk] *n* 削減 sakúgen

cut down *vt* (tree) 切倒す kirítaosù;

(consumption) 減らす herásu

cute [kju:t] *adj* (*US*: pretty) かわいい kawáî; (sweet) 陳腐な chíñpu na

cuticle [kju:'tikəl] *n* (of nail) 甘皮 amákawa

cutlery [kʌt'lə:ri:] *n* ナイフとフォークとスプーン naífu to fòku to súpùn ◇総称 sőshō

cutlet [kʌt'lit] *n* (piece of meat) カツ(レツ) katsú(retsu); (vegetable cutlet, nut cutlet) コロッケ kőrokke

cut off *vt* (limb) 切断する setsúdan suru; (piece) 切る kíru, 切分ける kiríwakeru; (person, village) 孤立させる korítsu saséru; (supply) 遮断する shadán suru; (TEL) 切る kíru

cut out *vt* (shape, article from newspaper) 切抜く kirínukù; (stop: an activity etc) やめる yaméru; (remove) 切除する setsùjo suru

cutout [kʌt'aut] *n* (switch) 非常遮断装置 hijőshadansòchi, 安全器 añzeñki; (shape) 切抜き kirínuki

cut-rate [kʌt'reit] (*BRIT* **cut-price**) *adj* 安売りの yasúuri no

cutthroat [kʌt'θrout] *n* (murderer) 人殺し hitógoroshi

♦*adj* (business, competition) 殺人的な satsújinteki na

cutting [kʌt'iŋ] *adj* (remark) 辛らつな shiñratsu na

♦*n* (from newspaper) 切抜き kirínuki; (from plant) 穂木 hogí, さし穂 sashího

cut up *vt* (paper, meat) 刻む kizámu

CV [si:vi:'] *n abbr* = **curriculum vitae**

cwt *abbr* = **hundredweight(s)**

cyanide [sai'ənaid] *n* 青酸化物 seísanka-bùtsu

cyclamen [sik'ləmən] *n* シクラメン shikúramèn

cycle [sai'kəl] *n* (bicycle) 自転車 jitéñsha; (series: of events, seasons etc) 周期 shűki; (: TECH) サイクル saíkuru; (: of songs etc) 一連 ichíren

♦*vi* (on bicycle) 自転車で行く jitéñsha de ikú

cycling [saik'liŋ] *n* サイクリング saíkuringu

cyclist [saik'list] *n* サイクリスト saíkurisuto

cyclone [saik'loun] *n* (storm) サイクロン saíkuron

cygnet [sig'nit] *n* 若いハクチョウ wakaî hakúchō

cylinder [sil'ində:r] *n* (shape) 円柱 eñchū; (of gas) ボンベ bónbe; (in engine, machine etc) 気筒 kitō, シリンダー shírindā

cylinder-head gasket [sil'ində:rhed-] *n* (AUT) シリンダーヘッドのパッキング shiríndāheddo no pakkíngu

cymbals [sim'bəlz] *npl* (MUS) シンバル shíñbaru

cynic [sin'ik] *n* 皮肉屋 hiníkuya, シニック shíníkku

cynical [sin'ikəl] *adj* (attitude, view) 皮肉な hiníku na, シニカルな shiníkaru na

cynicism [sin'əsizəm] *n* シニカルな態度 shiníkaru na taîdo

cypress [sai'pris] *n* (tree) イトスギ itósùgı

Cypriot [sip'ri:ət] *adj* キプロスの kípùrosu no
♦*n* キプロス人 kipúrosujin

Cyprus [saip'rəs] *n* キプロス kípúrosu

cyst [sist] *n* (MED) のうしゅ nôshu

cystitis [sistai'tis] *n* (MED) ぼうこう炎 bôkōen

czar [za:r] *n* = **tsar**

Czech [tʃek] *adj* チェコスロバキアの chékòsuróbakìa no
♦*n* (person) チェコスロバキア人 chékòsuróbakìajìn; (language) チェコスロバキア語 chékòsuróbakìago

Czechoslovak [tʃekəslou'væk] *adj, n* = **Czechoslovakian**

Czechoslovakia [tʃekəsləva:k'i:ə] *n* チェコスロバキア chékòsuróbakìa

Czechoslovakian [tʃekəsləva:k'i:ən] *adj* チェコスロバキアの chékòsuróbakìa no
♦*n* (person) チェコスロバキア人 chékòsuróbakìajìn

D

D [di:] *n* (MUS: note) ニ音 nîòn; (: key) ニ調 níchō

dab [dæb] *vt* (eyes, wound) 軽くふく karúku fukú; (paint, cream) 軽く塗る karúku nurú

dabble [dæb'əl] *vi*: **to dabble in** (politics, antiques etc) 趣味でやる shúmì de yarú

dad [dæd] (*inf*) *n* 父ちゃん tôchan

daddy [dæd'i:] (*inf*) *n* = **dad**

daffodil [dæf'ədil] *n* スイセン suísen

daft [dæft] *adj* (silly) ばかな bákà ná

dagger [dæg'ə:r] *n* 短刀 tántō

daily [dei'li:] *adj* (dose, wages, routine etc) 毎日の maínichi no
♦*n* (*also*: **daily paper**) 日刊新聞 nikkanshíñbun
♦*adv* (pay, see) 毎日 maínichi

dainty [dein'ti:] *adj* (petite) 繊細な sénsai na

dairy [de:r'i:] *n* (*BRIT*: shop) 牛乳店 gyúnyūten; (on farm) 牛乳 小屋 gyúnyūgoya◊酪農場で牛乳を置いたり加工したりする小屋 rakúnōjō dè gyúnyū wò oítarì kakô shitarì suru koyá

dairy farm *n* 酪農場 rakúnōjō

dairy products *npl* 乳製品 nyúseîhin

dairy store (*US*) *n* 牛乳店 gyúnyūten

dais [dei'is] *n* 演壇 éndan

daisy [dei'zi:] *n* デイジー deîjī

daisy wheel *n* (on printer) デイジーホイール deîjihoîrù

dale [deil] *n* (valley) 谷 taní

dam [dæm] *n* (on river) ダム dámù
♦*vt* (river, stream) ...にダムを造る ...ni dámù wo tsukúrù

damage [dæm'idʒ] *n* (harm: *also fig*) 害 gaí, (fíえ damage) 損傷 sonshō
♦*vt* (harm: reputation etc) 傷付ける kizutsukérù; (spoil, break: toy, machine etc) 壊す kowásù

damages [dæm'idʒiz] *npl* (LAW) 損害賠償 sóngaibaîshō

damn [dæm] *vt* (curse at) ...に悪態を浴びせる ...ni akútai wo ābíseru; (condemn) 非難する hínàn suru
♦*n* (*inf*): **I don't give a damn** おれの知った事じゃない oré no shíttá koto jà naî

♦*adj* (*inf*: *also*: **damned**) くそったれの kusóttare no, 畜生の chikúshō no
damn (it)! 畜生 chikúshō

damning [dǽmɪŋ] *adj* (evidence) 動かぬ ugókanù

damp [dǽmp] *adj* (building, wall) 湿っぽい shiméppoì; (cloth) 湿った shimétta
♦*n* (in air, in walls) 湿り気 shimérike
♦*vt* (*also*: **dampen**: cloth, rag) 湿らす shimérasu; (: enthusiasm etc) ...に水を差す ...ni mizú wo sasù

damson [dǽmˈzən] *n* (fruit) ダムソンス モモ damúsonsumòmó

dance [dǽns] *n* (movements, MUS, dancing) 踊り odóri, ダンス dànsu; (social event) 舞踏会 butōkai, ダンスパーティ dánsupàti
♦*vi* (person) 踊る odóru

dance hall *n* ダンスホール dánsuhòru

dancer [dǽnˈsəːr] *n* (for pleasure) 踊る人 odóru hito; (professional) ダンサー dànsā

dancing [dǽnˈsɪŋ] *n* (skill, performance) 踊り odóri, ダンス dànsu

dandelion [dǽnˈdəlaɪən] *n* タンポポ tànpopo

dandruff [dǽnˈdrəf] *n* ふけ fuké

Dane [deɪn] *n* デンマーク人 dénmākujìn

danger [deɪnˈdʒəːr] *n* (hazard, risk) 危険 kikén; (possibility): *there is a danger of ...* ...の危険がある ...no kikén ga arù
「*danger!*」(on sign) 危険 kikén
in danger 危険にさらされて kikén ni sàrásaretê
to be in danger of (risk, be close to) ...される危険がある ...saréru kikén ga arù

dangerous [deɪnˈdʒəːrəs] *adj* 危険な kikén na

dangle [dǽŋˈgəl] *vt* (keys, toy) ぶら下げる burásageru; (arms, legs) ぶらぶらさせる burábura saséru
♦*vi* (earrings, keys) ぶら下がる burásagaru

Danish [deɪˈnɪʃ] *adj* デンマークの dénmāku no; (LING) デンマーク語の dénmākugo no
♦*n* (LING) デンマーク語 dénmākugo

dapper [dǽpˈəːr] *adj* (man, appearance) きびきびした kíbìkibi shitá

dare [deːr] *vt*: *to dare someone to do* 出来るものならしてみろと...にけし掛ける dekírù monó nàrà shité mirò to ...ni keshíkakerù
♦*vi*: *to dare (to) do something* 敢えて ...する áete ...surú
I dare say (I suppose) 多分 tábùn

daredevil [deːrˈdevəl] *n* 無謀な人 mubó na hito

daring [deːrˈiŋ] *adj* (escape, person, dress, film, raid, speech) 大胆な daítàn na
♦*n* 大胆さ daítànsa

dark [dɑːrk] *adj* (room, night) 暗い kurái; (hair) 黒っぽい kuróppoì; (complexion) 浅黒い aságuroì; (color: blue, green etc) 濃い kôì
♦*n*: *in the dark* やみの中で〔に〕yamí no nakà de〔ni〕
to be in the dark about (*fig*) ...について何も知らない ...ni tsúite naní mo shìránai
after dark 暗くなってから kuráku natté kará

darken [dɑːrˈkən] *vt* (color) 濃くする kôkù suru
♦*vi* (sky, room) 暗くなる kuráku narù

dark glasses *npl* サングラス sánguràsu

darkness [dɑːrkˈnis] *n* (of room, night) 暗やみ kuráyami

darkroom [dɑːrkˈruːm] *n* (PHOT) 暗室 ánshitsu

darling [dɑːrˈliŋ] *adj* (child, spouse) 愛する aí surù
♦*n* (dear) あなた anátà; (favorite) ひいきの人 híiki no hitó

darn [dɑːrn] *vt* (sock, jersey) 繕う tsukúroù

dart [dɑːrt] *n* (in game) 投げ矢 nagéya, ダート dàto; (in sewing) ダーツ dàtsu
♦*vi* 素早く走る subáyakù hashírù
to dart away/along 素早く走っていく subáyakù hashíttè ikú

dartboard [dɑːrtˈbɔːrd] *n* ダーツの的 dàtsu no matô

darts [dɑːrts] *n* (game) ダーツ dàtsu

dash [dæʃ] n (small quantity) 少々 shŏ-shŏ; (sign) ダッシュ dásshù
◆vt (throw) 投げ付ける nagétsukerù; (hopes) くじく kujíkù
◆vi 素早く行く subáyakù ikú
dash away vi 走って行く hashíttè ikú
dashboard [dæʃ'bɔːrd] n (AUT) ダッシュボード dasshúbōdò
dashing [dæʃ'iŋ] adj さっそうとした sàssŏ to shita
dash off vi = **dash away**
data [dei'tə] npl (ADMIN, COMPUT) 情報 jŏhŏ, データ dēta
database [dei'təbeis] n データベース détabèsu
data processing n 情報処理 jŏhŏshorì
date [deit] n (day) 日にち hiníchi; (with boy/girlfriend) デート dēto; (fruit) ナツメヤシの実 natsúmeyashì no mí
◆vt (event) ...の年代を決める ...no néndai wo kìméru; (letter) ...に日付を書く ...ni hizúke wo kakù; (person) ...とデートをする ...to dēto wo suru
date of birth 生年月日 seínengappi
to date (until now) 今まで imá madè
dated [dei'tid] adj (expression, style) 時代遅れの jidáiokùre no
daub [dɔːb] vt (mud, paint) 塗付ける nurítsukerù
daughter [dɔːt'əːr] n 娘 musúme
daughter-in-law [dɔːt'əːrinlɔː] (pl **daughters-in-law**) n 嫁 yomé
daunting [dɔːn'tiŋ] adj (task, prospect) しりごみする様な shirígomi sasérù yŏ na, ひるませる様な hirúmaserù yŏ nà
dawdle [dɔːd'əl] vi (go slow) ぐずぐずする gurúgurù suru
dawn [dɔːn] n (of day) 夜明け yoáke; (of period, situation) 始まり hajímari
◆vi (day) 夜が明ける yó gà akéru; (fig): **it dawned on him that ...** 彼は...だと気が付いた kárè wa ...da tò ki gá tsuíta
day [dei] n (period) 日 hi, 1日 ichínichi; (daylight) 昼間 hirúma; (heyday) 全盛期 zenséiki
the day before 前の日 maé no hi, 前日 zénjitsu
the day after 翌日 yokújitsu

the day after tomorrow 明後日 asáttè
the day before yesterday 一昨日 otó-toi
the following day 次の日 tsugí nò hi, 翌日 yokújitsu
by day 昼間に hirúma nì
daybreak [dei'breik] n 明け方 akégata, 夜明け yoáke
daydream [dei'dri:m] vi 空想にふける kŭsŏ ni fùkérù
daylight [dei'lait] n (sunlight) 日光 níkkō; (daytime) 昼間 hirúma, 日中 nítchū
day return (BRIT) n (ticket) 往復券 ŏfukukèn
daytime [dei'taim] n 昼間 hirúma
day-to-day [deitu:dei'] adj (life, organization) 日常の nichíjō no
daze [deiz] vt (stun) ぼう然とさせる bŏzen to sàséru
◆n: **in a daze** (confused, upset) ぼう然として bŏzen to shite
dazzle [dæz'əl] vt (bewitch) 感嘆させる kántan sàséru; (blind) ...の目をくらます ...no mé wò kurámasu
DC [di:si:'] abbr (= direct current) 直流 chokúryū
D-day [di:'dei] n 予定日 yotéibi
dead [ded] adj (not alive: person, animal) 死んだ shínda; (flowers) 枯れた karéta; (numb) しびれた shibíreta; (telephone) 通じない tsŭjinai; (battery) 上がった agátta
◆adv (completely) 全く máttaku; (directly, exactly) 丁度 chŏdo
◆npl: **the dead** 死者 shíshà
to shoot someone dead 射殺す uchíkorosù
dead tired へとへとに疲れた hetóheto ni tsùkáreta
to stop dead 突然止る totsúzen tòmáru
deaden [ded'ən] vt (blow, pain) 和らげる yawáragerù; (sound) 鈍くする nibúkù suru
dead end n (street) 行き止り ikídomari
dead heat n (SPORT) 同着 dŏchaku
deadline [ded'lain] n (PRESS etc) 締切り shimékiri
deadlock [ded'lɑːk] n (POL, MIL) 行き詰

り ikízumari

dead loss (*inf*) *n*: *to be a dead loss* (person) 役立たず yakútatàzu

deadly [ded'li:] *adj* (lethal: poison) 致命 的な chiméiteki na; (devastating: accuracy) 恐ろしい osóroshiì; (: insult) 痛烈な tsúretsu na

deadpan [ded'pæn] *adj* (look, tone) 無表情の muhyójò no

Dead Sea *n*: *the Dead Sea* 死海 shikái

deaf [def] *adj* (totally) 耳の聞えない mimí no kikóenai

deafen [def'ən] *vt* ...の耳を聞えなくする ...no mimí wò kikóenaku sùrú

deafness [def'nis] *n* 難聴 nànchō

deal [di:l] *n* (agreement) 取引 toríhiki
♦*vt* (*pt, pp* **dealt**) (card) 配る kubárù
a great deal (of) 沢山(の) takúsan (nò)

dealer [di:'lər] *n* (COMM) 販売業者 hánbaigyòsha, ディーラー dírā

deal in *vt fus* (COMM) 取扱う toríatsukau

dealings [di:'liŋz] *npl* (business) 取引 toríhiki; (relations) 関係 kañkei

dealt [delt] *pt, pp of* **deal**

deal with *vt fus* (person) ...と取引をする ...to toríhiki wo suru; (problem) 処理する shórì suru; (subject) 取扱う toríatsukau

dean [di:n] *n* (REL) 主任司祭 shuninshisài; (SCOL) 学部長 gakúbuchò

dear [di:r] *adj* (person) 愛しい itóshiì; (expensive) 高価な kókà na
♦*n*: *my dear* あなた anátà, お前 omáe
♦*excl*: *dear me!* おや oyá ◇驚きを表す odóroki wo àrawasù
Dear Sir/Madam (in letter) 拝啓 hàikei
Dear Mr/Mrs X 親愛なる...さん shín-ai narù ...sàn

dearly [di:r'li:] *adv* (love) 深く fukákù
to pay dearly for one's carelessness 自らの不注意が高く付く mízùkara no fuchúi gà tákàku tsukú

death [deθ] *n* (BIO) 死 shí, 死亡 shibó; (*fig*) 死 shí

death certificate *n* 死亡証明書 shibó-shōmeisho

deathly [deθ'li:] *adj* (color) 死人の様な shinín no yó na; (silence) 不気味な bukími na

death penalty *n* 死刑 shikéi

death rate *n* 死亡率 shibóritsu

death toll *n* 死者の数 shíshà no kázù

debacle [dəba:k'əl] *n* 大失敗 daíshippài

debar [diba:r'] *vt*: *to debar someone from doing* ...が...をするのを禁止する ...gà ...wo sùrú nò wo kínshi suru

debase [dibeis'] *vt* (value, quality) 下げる sagérù

debatable [dibei'təbəl] *adj* (decision, assertion) 疑問のある gimón no arù

debate [dibeit'] *n* (discussion, *also* POL) 討論 tóròn
♦*vt* 討議する tógì suru

debauchery [dəbə:'tʃə:ri:] *n* (drunkenness, promiscuity) 放とう hótò

debilitating [dibil'əteitiŋ] *adj* (illness etc) 衰弱させる suíjaku sàséru

debit [deb'it] *n* (COMM) 支払額 shiháraigàku
♦*vt*: *to debit a sum to someone/to someone's account* ...の口座から落す ...no kóza kara òtósù ¶ *see* **direct**

debris [dəbri:'] *n* (rubble) がれき garéki

debt [det] *n* 借金 shàkkín
to be in debt 借金がある shàkkín gà árù

debtor [det'ə:r] *n* 負債者 fusáìsha

debunk [dibʌŋk'] *vt* (myths, ideas) ...の正体をあばく ...no shótaì wo abákù

début [deibju:'] *n* (THEATER, SPORT) デビュー débyū

decade [dek'eid] *n* 10年間 júnènkan

decadence [dek'ədəns] *n* (moral, spiritual) 堕落 daráku

decaffeinated [di:kæf'əneitid] *adj* カフェインを取除いた kaféìn wo torínozoìta

decanter [dikæn'tə:r] *n* (for wine, whiskey) デカンター dekàntā

decay [dikei'] *n* (of meat, fish etc) 腐敗 fuhái; (of building) 老朽 rókyū; (of tooth) カリエス kárìesu
♦*vi* (rot: body, leaves etc) 腐敗する fuhái suru; (teeth) 虫歯になる mushíba ni narù

deceased [disi:st'] *n*: *the deceased* 故人

kójìn

deceit [disi:t'] *n* (duplicity) 偽り itsúwari

deceitful [disi:'fəl] *adj* 不正な fuséi na

deceive [disi:v'] *vt* (fool) だます damásu

December [disem'bə:r] *n* 12月 júnigatsu

decency [di:'sənsi:] *n* (propriety) 上品さ jóhìnsa; (kindness) 親切さ shínsetsusa

decent [di:'sənt] *adj* (proper) 上品な jóhìn na; (kind) 親切な shìnsetsu na

deception [disep'ʃən] *n* ごまかし gomákashi

deceptive [disep'tiv] *adj* (appearance) 見掛けによらない mikáke ni yòranai

decibel [des'əbəl] *n* デシベル déshìberu

decide [disaid'] *vt* (person: persuade) 納得させる nattóku sàséru; (question, argument: settle) 解決する káìketsu suru

♦*vi* 決める kiméru

to decide to do/that ...する〔...だ〕と決める ...sùrú 〔...da〕to kìméru

to decide on something (choose something) ...を選ぶ ...wo erábù

decided [disai'did] *adj* (resolute) 決意の固い kétsùi no katái; (clear, definite) はっきりした hakkírì shita

decidedly [disai'didli:] *adv* (distinctly) はっきりと hakkírì to; (emphatically: act, reply) き然と kizén to

deciduous [disidʒ'u:əs] *adj* (tree, bush) 落葉の rakúyō no

decimal [des'əməl] *adj* (system, currency) 十進法 jisshíhhō

♦*n* (fraction) 小数 shósù

decimal point *n* 小数点 shósùten

decimate [des'əmeit] *vt* (population) 多数の...を死なせる tasú nò ...wo shìnáseru

decipher [disai'fə:r] *vt* (message, writing) 解読する kaídoku sùrú

decision [disiʒ'ən] *n* (choice) 決定した事 kettéi shita koto; (act of choosing) 決定 kettéi; (decisiveness) 決断力 ketsudánryoku

decisive [disai'siv] *adj* (action, intervention) 決定的な kettéiteki na; (person) 決断力のある ketsudánryoku no árù

deck [dek] *n* (NAUT) 甲板 kánpàn, デッキ dekkí; (of bus) 階 káì; (record deck)

デッキ dékkì; (of cards) 一組 hitókùmi

deckchair [dek'tʃe:r] *n* デッキチェア dekkíchèa

declaration [dekləri'ʃən] *n* (statement) 断言 dangèn; (public announcement) 布告 fúkòku

declare [dikle:r'] *vt* (truth, intention, result) 発表する happyó suru; (reveal: income, goods at customs etc) 申告する shínkoku suru

decline [diklain'] *n*: *decline in/of* (drop, lowering) ...の下落 ...no gèráku; (lessening) ...の減少 ...no génsho

♦*vt* (turn down: invitation) 辞退する jítai suru

♦*vi* (strength, old person) 弱る yowárù; (business) 不振になる fushín ni narù

decode [di:koud'] *vt* (message) 解読する kaídoku suru

decompose [di:kəmpouz'] *vi* (organic matter, corpse) 腐敗する fúhài suru

décor [deikour'] *n* (of house, room) 装飾 shóshoku; (THEATER) 舞台装置 butáisòchi

decorate [dek'ə:reit] *vt* (adorn): *to decorate (with)* (...で) 飾る (...de) kazáru; (paint and paper) ...の室内を改装する ...no shitsúnài wo kaísō suru

decoration [dekərei'ʃən] *n* (on tree, dress etc) 飾り kazári; (act) 飾る事 kazáru koto; (medal) 勲章 kúnshō

decorative [dek'ə:rətiv] *adj* 装飾の sóshoku no

decorator [dek'ə:reitə:r] *n* (BRIT: painter) ペンキ屋 pénkiya

decorum [diko:r'əm] *n* (propriety) 上品さ jóhìnsa

decoy [di:'kɔi] *n* (person, object) おとり otóri

decrease [*n* di:'kri:s *vb* dikri:s'] *n* (reduction, drop): *decrease (in)* 減少 génshō

♦*vt* (reduce, lessen) 減らす herásu

♦*vi* (drop, fall) 減る herú

decree [dikri:'] *n* (ADMIN, LAW) 命令 meírei

decree nisi [-nai'sai] *n* 離婚の仮判決 rikón no kàríhànketsu

decrepit [dikrep'it] *adj* (run-down: shack) おんぼろの ónboro no; (person) よぼよぼの yòbóyobo no

dedicate [ded'ikeit] *vt* (time, effort etc): **to dedicate to** ...につぎ込む ...ni tsugíkomù; (oneself): **to dedicate to** ...に専念する ...ni sénnèn suru; (book, record): **to dedicate to** ...に捧げる ...ni saságeru

dedication [dedikei'ʃən] *n* (devotion) 献身 kénshin; (in book, on radio) 献辞 kénji

deduce [didu:s'] *vt* 推測する suísoku suru

deduct [didʌkt'] *vt* (subtract) 差引く sashíhikù

deduction [didʌk'ʃən] *n* (act of deducing) 推測 suísoku; (act of deducting) 差引き sashíhiki; (amount) 差引く分 sashíhikù bùn

deed [di:d] *n* (feat) 行為 kóì; (LAW: document) 証書 shósho

deem [di:m] *vt* (judge, consider) ...だと判断する ...dá tò hándàn suru

deep [di:p] *adj* (hole, water) 深い fukáî; (in measurements) 奥行の okúyuki no; (voice) 太い futóî; (color) 濃い kóî

♦*adv*: **the spectators stood 20 deep** 観衆は20列に並んで立っていた kánshū wa nijúretsu ni naránde tàtte ita

a deep breath 深呼吸 shínkokyù

to be 4 meters deep 深さは4メータである fukásà wa yón mèta de árù

deepen [di:'pən] *vt* (hole, canal etc) 深くする fukáku suru

♦*vi* (crisis, mystery) 深まる fukámarù

deep-freeze [di:p'fri:z'] *n* 冷凍庫 réitōkò, フリーザー furízā

deep-fry [di:p'frai'] *vt* 揚げる agéru

deeply [di:p'li:] *adv* (breathe) 深く fukákù; (interested, moved, grateful) 非常に hijó ni

deep-sea diving [di:p'si:'-] *n* 深海ダイビング shínkaidàibingu

deep-seated [di:p'si:'tid] *adj* (beliefs, fears, dislike etc) 根の深い né nò fukáî

deer [di:r] *n inv* (ZOOL) シカ shiká

deerskin [di:r'skin] *n* シカ皮 shikágawa

deface [difeis'] *vt* (wall, notice) 汚す yogósu

defamation [defəmei'ʃən] *n* (LAW) 名誉毀損 mêîyokisón

default [difɔːlt'] *n* (COMPUT) デフォルト値 déforutone

by default (win) 不戦勝で fusénshō de

defeat [difi:t'] *n* (of enemy) 敗北 háiboku; (failure) 失敗 shippái

♦*vt* (enemy, opposition) 破る yabúrù

defeatist [difi:'tist] *adj* 敗北主義の háibokushugì no

♦*n* 敗北主義者 háibokushùgísha

defect [*n* di:'fekt *vb* difekt'] *n* (flaw, imperfection: in machine etc) 欠陥 kekkán; (: in person, character etc) 欠点 kettén

♦*vi*: **to defect to the enemy** 敵側に亡命する tekígawa ni bōmei suru

defective [difek'tiv] *adj* (goods) 欠陥のある kekkán no arù

defence [difens'] (*BRIT*) *n* = **defense**

defend [difend'] *vt* (protect, champion) 守る mamórù; (justify) 釈明する shakúmei suru; (LAW) 弁護する bèngo suru; (SPORT: goal) 守る mamórù; (: record, title) 防衛する bóei suru

defendant [difen'dənt] *n* (LAW: in criminal case) 被告人 hîkókunin; (: in civil case) 被告 hîkóku

defender [difen'də:r] *n* (*also fig*, SPORT) 防衛者 bóeisha

defense [difens'] (*BRIT* **defence**) *n* (protection, assistance) 防衛 bóei; (justification) 釈明 shakúmei

defenseless [difens'lis] *adj* (helpless) 無防備の mùbóbi no

defensive [difen'siv] *adj* (weapons, measures) 防衛の bóei no; (behavior, manner) 釈明的な shakúmeiteki na

♦*n*: **on the defensive** 守勢に立って shuséi ni tattè

defer [difə:r'] *vt* (postpone) 延期する énki suru

deference [def'ə:rəns] *n* (consideration) 丁重さ tèíchòsa

defiance [difai'əns] *n* (challenge, rebellion) 反抗 hánkō

in defiance of (despite: the rules, someone's orders etc) ...を無視して ...wo múshí shite

defiant [difai'ənt] *adj* (challenging,

rebellious: tone, reply, person) 反抗的な hánkōteki na

deficiency [difiʃ'ənsi:] n (lack) 欠如 kétsùjo; (defect) 欠点 kettén

deficient [difiʃ'ənt] adj (inadequate): **deficient in** ...が不足している ...ga fùsóku shité iru; (defective) 欠点の多い kettén no ói

deficit [def'isit] n (COMM) 赤字 akáji

defile [difail'] vt (memory, statue etc) 汚す kegásu

define [difain'] vt (limits, boundaries) 明らかにする ákìraka ni suru; (expression, word) 定義する téìgi suru

definite [def'ənit] adj (fixed) 決まった kimátta; (clear, obvious) 明白な mēíhaku na; (certain) 確実な kakújitsu na
he was definite about it 彼はその事をはっきり言った kárè wa sonó koto wò hakkírī ittá

definitely [def'ənitli:] adv (positively, certainly) 確実に kakújitsu ni

definition [defəniʃ'ən] n (of word) 定義 téìgi; (clearness of photograph etc) 鮮明さ sènmeisa

definitive [difin'ətiv] adj (account, version) 決定的な kettéiteki na

deflate [difleit'] vt (tire, balloon) ...の空気を抜く ...no kǔkì wo nukú

deflect [diflekt'] vt (fend off: attention, criticism) 回避する kấihi suru; (divert: shot, light) 横へそらす yokó e sòrásù

deform [difɔːrm'] vt (distort) 変形させる hénkei sàséru

deformed [difɔːrmd'] adj 変形した hénkei shita

deformity [difɔːr'miti:] n 奇形 kikéi

defraud [difrɔːd'] vt: **to defraud someone (of something)** ...から (...を) だまし取る ...kàrá (...wo) dàmáshitorù

defrost [difrɔːst'] vt (fridge, windshield) ...の霜取りをする ...no shimótori wò suru; (food) 解凍する kàitō suru

defroster [difrɔːs'tər] (US) n 霜取り装置 shimótorisōchi

deft [deft] adj (movement, hands) 器用な kíyò na

defunct [difʌŋkt'] adj (industry, organi-

zation) 現存しない génzon shìnái

defuse [di:fju:z'] vt (bomb) ...の信管を外す ...no shínkan wo hàzúsu; (fig: crisis, tension) 緩和する kánwa suru

defy [difai'] vt (resist) ...に抵抗する ...ni tèíkō suru; (challenge) 挑発する chóhatsu suru; (fig: description, explanation) ...の仕様がない ...no shìyō ga naì

degenerate
[vb didʒen'ə:reit adj didʒen'ə:rit] vi (condition, health) 悪化する ākká suru
♦adj (depraved) 堕落した dàráku shita

degrading [digrei'diŋ] adj (conduct, activity) 恥ずべき hàzúbekì; (task etc) 誇りを傷つけられる様な hokóri wo kìzútsukerárèrú yõ na

degree [digri:'] n (extent) 度合 doái; (of temperature, angle, latitude) 度 do; (SCOL) 学位 gákùi
a degree in science 科学の学位 sùgaku no gákùi
by degrees (gradually) 徐々に jójò ni
to some degree ある程度 arú teìdo

dehydrated [di:hai'dreitid] adj (MED) 脱水状態の dassúijōtai no; (milk) エバミルク ebámirùku

de-ice [di:ais'] vt (windshield) ...の霜取りをする ...no shimótorì wo suru

deign [dein] vi: **to deign to do** ...をしてくれてやる ...wo shìté kurete yaru

deity [di:'iti:] n 神 kámì

dejected [didʒek'tid] adj (depressed) がっかりした gakkárì shita

delay [dilei'] vt 遅らせる okúraseru
♦vi (linger) 待つ mátsù; (hesitate) ためらう taméraù
♦n (waiting period) 待つべき期間 mátsùbeki kikàn; (postponement) 延期 énki
to be delayed (person, flight, departure etc) 遅れる ōkúreru
without delay 直ちに tádachi ni

delectable [dilek'təbəl] adj (person) 美しい ùtsúkushiì; (food) おいしい ōíshiì

delegate [n del'əgit vb del'əgeit] n 代表 dàíhyō
♦vt (person) 任命する nínmei suru; (task) 任せる màkáserù

delegation [deləgei'ʃən] n (group) 代表団

dàîhyòdan; (by manager, leader) 任命 nínmei

delete [dili:t'] vt (cross out, also COMPUT) 消す kèsú, 削除する sákùjo suru

deliberate [adj dilib'ə.rit vb dilib'ə:reit] adj (intentional) 故意の kôî no; (slow) 落着いた òchítsuita
♦vi (consider) 熟考する jukkô suru

deliberately [dilib'ə:ritli:] adv (on purpose) 故意に kôî ni, わざと wâzà to

delicacy [del'əkəsi:] n (of movement) しとやかさ shitóyakasà; (of material) 繊細さ sénsaisa; (of problem etc) 微妙さ bîmyôsa; (choice food) 珍味 chìnmi

delicate [del'əkit] adj (movement) しとやか shîtóyakà na; (taste, smell, color) 淡い awâî; (material) 繊細な sénsai na; (approach, problem) 微妙な bimyô na; (health) 弱い yowâî

delicatessen [deləkətes'ən] n 総菜屋 sôzaiya, デリカテッセン dèríkatessèn

delicious [dilii'əs] adj (food) おいしい òîshiî; (smell) おいしそうな òîshisô na; (feeling) 心地好い kòkóchiyoî; (person) 魅力的な mìryókuteki na

delight [dilait'] n 喜び yòrókobi
♦vt (please) 喜ばす yòrókobasu
to take (a) delight in ...するのが大好きである...surú nò ga dáîsuki de aru

delighted [dilai'tid] adj: **delighted (at/with)** (...で)喜んでいる (...de) yòrókònde iru
delighted to do 喜んで...する yòrókònde ...suru

delightful [dilait'fəl] adj (evening, house, person etc) 楽しい tànóshiî

delinquency [dilin̄'kwənsi:] n 非行 hikô

delinquent [dilin̄'kwint] adj (boy/girl) 非行の hikô no
♦n (youth) 非行少年〔少女〕 hikôshònen〔shòjo〕

delirious [dili:r'i:əs] adj: **to be delirious** (with fever) うわ言を言う ùwágoto wo iu; (with excitement) 夢中になっている mùchû ni nattè irú

deliver [diliv'ə:r] vt (distribute) 配達する hàîtatsu suru; (hand over) 引渡す hîkí-

watasù; (message) 届ける tòdókerù; (MED: baby) ...の出産を助ける ...no shùssán wo tàsúkerù
to deliver a speech 演説をする énzetsu wo sùrú

delivery [diliv'ə:ri:] n (distribution) 配達 hàîtatsu; (of speaker) 演説振り énzetsuburi; (MED) 出産 shùssán
to take delivery of ...を受取る ...wo ùkétorù

delta [del'tə] n (of river) デルタ地帯 dèrútachitài

delude [dilu:d'] vt (deceive) だます damásù

deluge [del'ju:dʒ] n (also: deluge of rain) 大雨 ôamè; (fig: of petitions, requests) 殺到 sàttô

delusion [dilu:'ʒən] n (false belief) 錯覚 sàkkáku

de luxe [dilʌks'] adj (car, holiday) 豪華な gôkà na

delve [delv] vi: **to delve into** (subject) ...を探求する ...wo tánkyū suru; (cupboard, handbag) ...の中を捜す ...no nákà wo sagásu

demand [dimænd'] vt 要求する yôkyū suru
♦n 要求 yôkyū; (ECON) 需要 juyô
to be in demand ...の需要がある ...no jùyô ga arú
on demand (available, payable) 請求次第 sèîkyūshidài

demanding [dimænd'iŋ] adj (boss, child) 気難しい kìmúzukashiî; (work) きつい kìtsûî

demarcation [di:mɑːrkei'ʃən] n (of areas) 境界 sàkáî; (of tasks) 区分 kúbùn

demean [dimi:n'] vt: **to demean oneself** 軽べつを招く事をする kèîbetsu wo mànékù kotó wò suru

demeanor [dimi:'nə:r] (BRIT **demeanour**) n 振舞 fúrúmai

demented [dimen'tid] adj 気の狂った kì nô kurúttà

demise [dimaiz'] n (end) 消滅 shômetsu; (death) 死亡 shibô

demister [dimis'tə:r] (BRIT) n (AUT) 霜取り装置 shimótorisòchi

demo [dem'ou] (*BRIT*: *inf*) *n abbr* = **demonstration**

democracy [dima:k'rəsi:] *n* (POL: system) 民主主義 mínshushugì; (country) 民主主義国 mínshushùgíkòku

democrat [dem'əkræt] *n* (*gen*) 民主主義者 mínshushugishà; (*US*) 民主党員 mínshutòin

democratic [deməkræt'ik] *adj* (*gen*) 民主的な mínshuteki na; (*US*) 民主党の mínshutò no

demolish [dima:l'iʃ] *vt* (building) 取壊す toríkowasù; (*fig*: argument) 論破する rónpà suru

demolition [deməliʃ'ən] *n* (of building) 取壊し toríkowashi; (of argument) 論破 rònpa

demon [di:'mən] *n* (evil spirit) 悪魔 ákùma

demonstrate [dem'ənstreit] *vt* (prove: theory) 立証する rìsshô suru; (show: skill, appliance) 見せる misérù

♦*vi* (POL) デモをする démò wo suru

demonstration [demənstrei'ʃən] *n* (POL) デモ démò; (proof) 立証 risshô; (exhibition) 実演 jitsúen

demonstrator [dem'ənstreitə:r] *n* (POL) デモの参加者 démò no sánkàsha, (COMM) 実演をする店員 jitsúen wo sùrú tén-in

demoralize [dimɔ:r'əlaiz] *vt* (dishearten) がっかりさせる gàkkárî saséru

demote [dimout'] *vt* (*also* MIL) 降格する kôkaku sùrù

demure [dimjur'] *adj* (smile, dress, little girl) しとやかな shitóyàka ná

den [den] *n* (of animal) 巣穴 súànà; (of thieves) 隠れ家 kakúregà, アジト ájìto; (room) 書斎 shòsái

denatured alcohol [di:nei'tʃə:rd-] (*US*) *n* 変性アルコール hénseiàrúkòru

denial [dinai'əl] *n* (refutation) 否定 hîtéi; (refusal) 拒否 kyóhì

denim [den'əm] *n* (fabric) デニム dénìmu

denims [den'əmz] *npl* ジーパン jîpan, ジーンズ jínzù

Denmark [den'mɑ:rk] *n* デンマーク dénmàkù

denomination [dinɑːmənei'ʃən] *n* (of money) 額面 gakúmen; (REL) 宗派 shûhà

denominator [dinɑːm'əneitə:r] *n* (MATH) 分母 búnbò

denote [dinout'] *vt* (indicate, represent) 示す shimésù

denounce [dinauns'] *vt* (person, action) 非難する hínan suru

dense [dens] *adj* (crowd) 密集した mìsshû shita; (smoke, fog etc) 濃い kôi; (foliage) 密生した mìsséi shita; (*inf*: person) 鈍い nibûi

densely [dens'li:] *adv*: **densely populated** 人口密度の高い jínkōmitsùdo no takâi

density [den'siti:] *n* (of population: *also* PHYSICS) 密度 mítsùdo

single / double-density disk (COMPUT) 単(倍)密度ディスク tán(bái)mitsùdo disuku ◇日本語では廃語 nihón go de wà haígo

dent [dent] *n* (in metal or wood) へこみ hèkómi

♦*vt* (*also*: **make a dent in**) へこませる hèkómaseru

dental [den'təl] *adj* (treatment, hygiene etc) 歯科の shìká no

dental surgeon *n* 歯医者 háisha

dentist [den'tist] *n* 歯医者 háisha

dentistry [den'tistri:] *n* 歯科医学 shìkáigàku

dentures [den'tʃə:rz] *npl* 入れ歯 iréba

denunciation [dinʌnsi:ei'ʃən] *n* (condemnation) 非難 hínàn

deny [dinai'] *vt* (charge, allegation, involvement) 否定する hítei suru; (refuse: permission, chance) 拒否する kyôhî suru

deodorant [di:ou'də:rənt] *n* 防臭剤 bôshùzai

depart [dipɑ:rt'] *vi* (visitor) 帰る kâeru; (plane) 出発する shùppátsu suru; (bus, train) 発車する hàsshá suru

to depart from (*fig*: stray from) ...を離れる ...wo hànárerù

department [dipɑ:rt'mənt] *n* (COMM) 部 bú; (SCOL) 講座 kôza; (POL) 省 shò

department store n (COMM) デパート dèpáトò

departure [dipɑːˈrˈtʃəːr] n (of visitor) 帰る事 káèru koto; (of plane) 出発 shùppátsu; (of bus, train) 発車 hàsshá; (of employee, colleague) 退職 tàíshoku

a new departure (in or from policy etc) 新方針 shínhōshin

departure lounge n (at airport) 出発ロビー shùppátsurobī

depend [dipend'] vi: *to depend on* (be supported by) …に頼っている …ni tàyóttè irú; (rely on, trust) 信用する shínyō suru

it depends 時と場合によりけりだ tòkí tò baái ni yòríkeri dá

depending on the result …結果次第で… kèkká shidài dé

dependable [dipen'dəbəl] adj (person) 頼りになる táyòri ni nárù; (watch, car etc) 信頼性の高い shínraisei no tàkáì

dependant [dipen'dənt] n 扶養家族 fuyókazòku

dependence [dipen'dəns] n (on drugs, systems, partner) 依存 izón

dependent [dipen'dənt] adj: *to be dependent on* (person, decision) …に頼っている …ni tàyóttè iru

♦n = **dependant**

depict [dipikt'] vt (in picture) 描く egákù; (describe) 描写する byósha suru

depleted [dipliː'tid] adj (stocks, reserves) 減少した génshó shita

deplorable [diplɔːˈrˈəbəl] adj (conditions) 悲惨な hísàn na; (lack of concern) 嘆かわしい nàgékawashìì

deplore [diplɔːr'] vt (condemn) 非難する hínàn suru

deploy [diplɔi'] vt (troops, resources) 配置する hàíchi suru

depopulation [dipɑːpjəlei'ʃən] n 人口減少 jínkōgenshó

deport [dipɔːrt'] vt (criminal, illegal immigrant) 強制送還する kyóseisōkan suru

deportment [dipɔːrt'mənt] n (behavior, way of walking etc) 態度 tàído

depose [dipouz'] vt (ruler) 退位させる tàíi

sàséru

deposit [dipɑːz'it] n (money: in account) 預金 yòkín; (: down payment) 手付金 tètsūkekin; (on bottle etc) 保証金 hòshókin; (CHEM) 沈殿物 chíndènbutsu; (of ore) 鉱床 kóshō; (of oil) 石油埋蔵量 sèkíyumàìzōryó

♦vt (money) 預金する yòkín suru; (case, bag) 預ける azúkerù

deposit account n 普通預金口座 fùtsúyokinkòza

depot [di:'pou] n (storehouse) 倉庫 sókò; (for vehicles) 車庫 shákò; (US: station) 駅 ékì

depraved [dipreivd'] adj (conduct, person) 邪悪な jàáku na

depreciate [dipriː'ʃiːeit] vi (currency, property, value etc) 値下がりする nèságari suru

depreciation [dipriːʃiːei'ʃən] n 値下がり nèságari

depress [dipres'] vt (PSYCH) 憂うつにさせる yúutsu ni sàséru; (price, wages) 下落させる gèráku saseru; (press down: switch, button etc) 押える osáerù; (: accelerator) 踏む fùmú

depressed [diprest'] adj (person) 憂うつな yúutsu na; (price, industry) 下落した gèráku shita

depressing [dipres'iŋ] adj (outlook, time) 憂うつな yúutsu na

depression [dipreʃ'ən] n (PSYCH) 憂うつ yúutsu; (ECON) 不況 fùkyó; (of weather) 低気圧 tèíkiatsù; (hollow) くぼみ kùbómi

deprivation [deprəvei'ʃən] n (poverty) 貧乏 bínbó

deprive [dipraiv'] vt: *to deprive someone of* (liberty, life) …から奪う …kárà ubáu

deprived [dipraivd'] adj 貧しい màzúshiì

depth [depθ] n (of hole, water) 深さ fùkásà; (of cupboard etc) 奥行 òkúyuki; (of emotion, feeling) 強さ tsúyòsa; (of knowledge) 豊富さ hófusa

in the depths of despair 絶望のどん底に zètsúbō no dònzoko ní

out of one's depth (in water) 背が立た

ない sé gà tatánài; (*fig*) 力が及ばない chīkara gà òyóbanai

deputation [depjətei'ʃən] *n* (delegation) 代表団 dáíhyōdàn

deputize [dep'jətaiz] *vi*: *to deputize for someone* (stand in) ...の代りに...する ...no kàwàri ni ...sùrú

deputy [dep'jəti:] *adj*: *deputy head* (*BRIT*: SCOL: primary/secondary) 副校長 fùkúkōchō
♦*n* (assistant) 代理 dáìri; (POL) (下院) 議員 (kàin)gíin; (: *also*: **deputy sheriff**) 保安官代理 hóánkàndáìri

derail [direil'] *vt*: *to be derailed* 脱線する dàssén suru

derailment [direil'mənt] *n* 脱線 dàssén

deranged [direind͡ʒd'] *adj* (person) 精神病の séíshinbyō no

derby [də:r'bi:] (*US*) *n* (bowler hat) 山高帽 yàmátakabō

derelict [de:r'əlikt] *adj* (building) 廃墟になった háíkyo ni nátta

deride [diraid'] *vt* (mock, ridicule) ばかにする bàká ni suru

derisory [dirai'sə:ri:] *adj* (sum) 笑うべき wàráubekì; (laughter, person) ばかにする bàká ni suru

derivative [diriv'ətiv] *n* (CHEM) 派生物 hàséìbutsú; (LING) 派生語 hàséìgo

derive [diraiv'] *vt* (pleasure, benefit) 受ける ùkérù
♦*vi*: *to derive from* (originate in) ...に由来する ...ni yùrái suru

dermatitis [də:rmətai'tis] *n* 皮膚炎 hìfúèn

derogatory [dirɑːg'ətɔːri:] *adj* (remark) 中傷的な chúshotekì na

derv [də:rv] (*BRIT*) *n* 軽油 kèíyu

descend [disend'] *vt* (stairs, hill) 降りる òrírù
♦*vi* (go down) 降りる òrírù
to descend from ...から降りる ...kára orírù
to descend to (lying, begging etc) ...するまでに成り下がる ...surú màdè ni narísagarù

descendant [disen'dənt] *n* 子孫 shísòn

descent [disent'] *n* (of stairs, hill, by per-son etc) 降りる事 òrírù koto; (AVIAT) 降下 kōkà; (origin) 家系 kàkéi

describe [diskraib'] *vt* (event, place, per-son, shape) 描写する byōsha suru

description [diskrip'ʃən] *n* (account) 描写 byōsha; (sort) 種類 shúrùi

descriptive [diskrip'tiv] *adj* (writing, painting) 写実的な shájìtsuteki na

desecrate [des'əkreit] *vt* (altar, ceme-tery) 汚す kègásu

desert [*n* dez'ə:rt *vb* dizə:rt'] *n* (GEO) 砂漠 sàbáku; (*fig*: wilderness) 殺風景な所 sàppúkèi na tòkóro
♦*vt* (place, post) 放置して逃亡する hóchi shite tóbō sùrú; (partner, family) 見捨てる mísùteru
♦*vi* (MIL) 脱走する dàssō suru

deserter [dizə:r'tə:r] *n* (MIL) 脱走兵 dassōhei

desertion [dizə:r'ʃən] *n* (MIL) 脱走 dassō; (LAW) 遺棄 íkì

desert island *n* 熱帯の無人島 nèttái no mùjíntō

deserts [dizə:rts'] *npl*: *to get one's just deserts* 天罰を受ける tènbatsu wo ukérù

deserve [dizə:rv'] *vt* (merit, warrant) ...に値する ...ni àtái suru

deserving [dizə:r'viŋ] *adj* (person) 援助に値する énjò ni atái suru; (action, cause) 立派な rìppá na

design [dizain'] *n* (art, process) 意匠 íshō; (sketch) スケッチ sùkétchì; (layout, shape) デザイン dèzáìn; (pattern) 模様 mòyō; (intention) 意図 ítò
♦*vt* (house, kitchen, product etc) 設計する sèkkéi suru, (test etc) ...の案を作る ...no àn wo tsùkúrù

designate [*vb* dez'igneit *adj* dez'ignit] *vt* (nominate) 任命する nínmei suru
♦*adj* (chairman etc) 任命された nínmei sáréta

designer [dizai'nə:r] *n* (ART) デザイナー dèzáìnā; (TECH) 設計者 sèkkéishà; (*also*: **fashion designer**) ファッションデザイナー fàsshóndezàìnā

desirable [dizai'ə:rəbəl] *adj* (proper) 望ましい nòzómashiì; (attractive) 魅力的な

mìryŏkuteki na

desire [dizai'ə:r] *n* (urge) 望 み nŏzŏmi; (*also*: **sexual desire**) 性欲 sĕiyoku
♦*vt* (want) 欲 し が る hŏshígarù; (lust after) ...とセックスをしたがる ...to sékkùsu wo shítágarù

desk [desk] *n* (in office, for pupil) 机 tsùkúe, デスク dĕsùku; (in hotel) フロント fùrónto; (at airport) カウンター kàúntā; (*BRIT*: in shop, restaurant) 勘定カウンター kánjōkàuntā

desolate [des'əlit] *adj* (place) 物寂しい mònósabishíi; (person) 惨めな míjìme na

desolation [desəlei'ʃən] *n* (of place) 物寂しさ mònósabishísà; (of person) 惨めさ míjímesà

despair [dispe:r'] *n* (hopelessness) 絶望 zètsúbō
♦*vi*: **to despair of** (give up on) ...をあきらめる ...wo ákíramerù

despatch [dispætʃ'] *n*, *vt* = **dispatch**

desperate [des'pə:rit] *adj* (scream, shout) 恐怖の kyŏfū no; (situation, shortage) 絶望的な zètsúbōteki na; (fugitive) 必死の hìsshí no
  to be desperate for something/to do 必死の思いで...を欲しがって〔したがって〕いる hìsshí no ŏmóì dé ...wó hòshígattè 〔shìtágattè〕irú

desperately [des'pə:ritli:] *adv* (in despair, frantically: struggle, shout etc) 必死になって hìsshí ni nattè; (very) とても tòtémo

desperation [despərei'ʃən] *n* (recklessness) 必死の思い hìsshí no ŏmóì
  in (sheer) desperation 必死の思いで hìsshí no ŏmóì dé, 死に物狂いで shìnìmonogurùi dé

despicable [des'pikəbəl] *adj* (action, person) 卑劣な hìrétsu na

despise [dispaiz'] *vt* 軽べつする kĕíbetsu suru

despite [dispait'] *prep* (in spite of) ...にもかかわらず ...ní mò kakáwaràzu

despondent [dispɑːn'dənt] *adj* (downcast) 意気消沈している íkìshŏchin shìté iru

despot [des'pət] *n* 暴君 bŏkùn

dessert [dizə:rt'] *n* (CULIN) デザート dèzấtŏ

dessertspoon [dizə:rt'spu:n] *n* (object) 小さじ kòsáji; (quantity) 小さじ一杯 kòsáji íppài

destination [destənei'ʃən] *n* (of traveler) 目的地 mŏkútekìchi; (of mail) 宛先 átèsaki

destined [des'tind] *adj*: **to be destined to do/for** ...する〔される〕事になっている ...sùrú 〔sareru〕koto nì nátté iru

destiny [des'təni:] *n* (fate) 運命 ùnmĕi

destitute [des'titu:t] *adj* (person) 一文無しの íchímon nàshi nó

destroy [distrɔi'] *vt* (demolish, wreck, *also fig*) 破壊する hàkái suru; (animal) 安楽死させる ánrakùshi sàséru

destroyer [distrɔi'ə:r] *n* (NAUT) 駆逐艦 kùchíkukan

destruction [distrʌk'ʃən] *n* (act, state) 破壊 hàkái

destructive [distrʌk'tiv] *adj* (capacity, force) 破壊的な hàkáiteki na; (child) 暴れん坊の àbárembō no; (not constructive: criticism etc) 建設的でない kénsetsuteki na

detach [ditætʃ'] *vt* (remove, unclip, unstick) 外す hàzúsu

detachable [ditætʃ'əbəl] *adj* (removable) 外せる hàzúseru

detached [ditætʃt'] *adj* (attitude, person) 無とん着な mútònchaku ná
  a detached house 一軒家 íkkén-yà

detachment [ditætʃ'mənt] *n* (aloofness) 無関心 mùkánshìn; (MIL: detail) 分遣隊 bùnkèntài

detail [diteil'] *n* (fact, feature) 詳細 shŏsai; (no pl: in picture, one's work etc) 細かい事 kòmákaì kòtó; (trifle) ささいな事 sásài na kòtó
♦*vt* (list) 詳しく話す kùwáshìku hanásù
  in detail 細かく kòmákakù

detailed [diteild'] *adj* (account, description) 細かい kòmákaì

detain [ditein'] *vt* (keep, delay) 引留める hìkítomerù; (in captivity) 監禁する kánkin sùrú; (in hospital) 入院させる nyúin saserù

detect [ditekt'] *vt* (sense) ...に感付く ...ni kánzukù; (MED) 発見する hákkén suru; (MIL, POLICE, RADAR, TECH) 関知する kánchi suru

detection [ditek'ʃən] *n* (discovery) 発見 hákkén

detective [ditek'tiv] *n* (POLICE) 刑事 kéïji

private detective 私立探偵 shírïtsutánteï

detective story *n* 探偵小説 tánteishósetsù

detector [ditck'tər] *n* (TECH) 探知機 tánchikï

détente [deita:nt'] *n* (POL) 緊張緩和 kínchōkánwa, デタント dètánto

detention [diten'tʃən] *n* (arrest) 監禁 kánkin; (SCOL) 居残り ìnókori

deter [ditə:r'] *vt* (discourage, dissuade) 阻止する sóshï suru

detergent [ditə:r'dʒənt] *n* 洗剤 sénzai

deteriorate [diti:ri:əreit] *vi* (health, sight, weather) 悪くなる wárùku nárù; (situation) 悪化する ákká suru

deterioration [diti:ri:ərei'ʃən] *n* 悪化 ákká

determination [ditə:rmənei'ʃən] *n* (resolve) 決意 kétsùi; (establishment) 決定 kèttéi

determine [ditə:r'min] *vt* (facts) 確認する kákūnin suru; (limits etc) 決める kìméru

determined [ditə:r'mind] *adj* (person) 意志の強い íshï no tsùyóï

determined to do どうしても...すると決心している dōshitemó ...sùrú tò késshin shité irù

deterrent [ditə:r'ənt] *n* (MIL, LAW) 抑止する物 yókùshi suru mònó

detest [ditest'] *vt* 嫌う kíráu

detonate [det'əneit] *vi* 爆発する bákúhatsu suru

♦*vt* 爆発させる bákúhatsu sàséru

detour [di:'tu:r] *n* (from route) 回り道 màwárimïchï; (US: AUT: diversion) う回路 ùkáïro

detract [ditrækt'] *vi: to detract from* (effect, achievement) ...を損なう ...wo sò-

kónaù

detriment [det'rəmənt] *n: to the detriment of* ...に損害を与えて ...ni sóngai wo àtáete

detrimental [detrəmen'təl] *adj: detrimental to* 損害になる sóngai ni nárù

devaluation [di:vælju:ei'ʃən] *n* (ECON) 平価切下げ hēïkakirīsage

devalue [di:væl'ju:] *vt* (work, person) 見くびる mïkúbirù; (currency) ...の平価を切り下げる ...no hēïka wo kìrísagerù

devastate [dev'əsteit] *vt* (destroy) さんざん荒らす sánzan árásu; (fig: shock): *to be devastated by* ...に大きなショックを受ける ...ni ōkïna shókkù wo ùkérù

devastating [dev'əsteitiŋ] *adj* (weapon, storm etc) 破壊力の大きい hàkáïryoku no ōkïï; (announcement, news, effect) 衝撃的な shógekiteki na, ショッキングな shókkìngu ná

develop [divel'əp] *vt* (business, land, idea, resource) 開発する káïhatsu sùrú; (PHOT) 現像する génzō sùrú; (disease) ...にかかる ...ni kàkárù; (fault, engine trouble) ...が発生する ...ga hàsséi sùrú

♦*vi* (advance) 発展する hàttén sùrú; (evolve: situation, disease) 発生する hàsséi sùrú; (appear: facts, symptoms) 現れる áráwarerù

developer [divel'əpə:r] *n* (*also*: **property developer**) 開発業者 káïhatsugyösha

developing country [divel'əpiŋ] *n* 発展途上国 hàtténtojōkokù

development [divel'əpmənt] *n* (advance) 発展 hàttén; (of affair, case) 新事実 shínjijitsù; (of land) 開発 káïhatsu

deviate [di:'vi:eit] *vi: to deviate (from)* (...から) それる (...kára) sórérù

deviation [di:vi:ei'ʃən] *n* 脱線 dàssén

device [divais'] *n* (apparatus) 仕掛け shïkáke

devil [dev'əl] *n* (REL, *fig*) 悪魔 ákùma

devilish [dev'əliʃ] *adj* (idea, action) 悪魔的な ákúmateki na

devious [di:'vi:əs] *adj* (person) 腹黒い hàráguroï

devise [divaiz'] *vt* (plan, scheme, machine) 発案する hàtsúan sùrú

devoid [dɪvɔ́ɪd'] *adj*: **devoid of** (lacking) ...が全くない ...ga mattáku naí

devolution [devəlu:'ʃən] *n* (POL) 権限委譲 kéngèn'ìjŏ

devote [dɪvout'] *vt*: **to devote something to** (dedicate) ...に...をつぎ込む ...ní ...wo tsùgíkomù

devoted [dɪvout'id] *adj* (loyal: service, friendship) 忠実な chújitsu na; (: admirer, partner) 熱心な nésshìn na
  to be devoted to someone ...を熱愛している ...wo netsúai shíté iru
  the book is devoted to politics その本は政治の専門書である sònó hòn wa sèíji no sénmonsho dè árù

devotee [devouti:'] *n* (fan) ファン fàn; (REL) 信徒 shíntò

devotion [dɪvou'ʃən] *n* (affection) 愛情 àíjŏ; (dedication: to duty etc) 忠誠 chúsei; (REL) 信心 shínjìn

devour [dɪvau'ə:r] *vt* (meal, animal) むさぼり食う mùsáborikúù

devout [dɪvaut'] *adj* (REL) 信心深い shínjinbùkáì

dew [du:] *n* (on grass) 露 tsúyù

dexterity [dekste:r'iti:] *n* (manual, mental) 器用さ kìyŏsà

diabetes [daɪəbi:'tis] *n* 糖尿病 tŏnyŏbyō

diabetic [daɪəbet'ik] *adj* 糖尿病の tŏnyŏbyō no
  ♦*n* 糖尿病患者 tŏnyŏbyŏkànja

diabolical [daɪəbɑ:l'ikəl] *adj* (behavior) 悪魔的な àkúmateki na; (weather) ひどい hìdòì

diagnose [daɪəgnous'] *vt* (illness, problem) 診断する shíndàn sùrú

diagnoses [daɪəgnou'si:z] *npl of* **diagnosis**

diagnosis [daɪəgnou'sis] (*pl* **diagnoses**) *n* 診断 shíndàn

diagonal [daɪæg'ənəl] *adj* (line) 斜めのnànámè nó
  ♦*n* (MATH) 対角線 tàíkakùsén

diagram [daɪ'əgræm] *n* 図 zu

dial [daɪl] *n* (of phone, radio etc) ダイヤル dàíyaru; (on instrument, clock etc) 文字盤 mòjíban
  ♦*vt* (number) ダイヤルする dàíyaru sùrú

dial code (*BRIT* **dialling code**) *n* 市外番号 shìgáibàngò

dialect [daɪ'əlekt] *n* 方言 hŏgèn

dialogue [daɪ'əlɔ:g] (*US also*: **dialog**) *n* (communication) 対話 tàíwa; (conversation) 会話 kàíwa

dial tone (*BRIT* **dialling tone**) *n* 発信音 hàsshín-òn, ダイヤルトーン dàíyarutōn

diameter [daɪæm'itə:r] *n* 直径 chòkkéi

diamond [daɪ'mənd] *n* (gem) ダイヤモンド dàíyamòndo, ダイヤ dáìya; (shape) ひし形 hìshígata

diamonds [daɪ'mənds] *npl* (CARDS) ダイヤ dáìya

diaper [daɪ'pə:r] (*US*) *n* おむつ òmútsù

diaphragm [daɪ'əfræm] *n* (ANAT) 横隔膜 ŏkakumàkú; (contraceptive) ペッサリー péssarì

diarrhea [daɪəri:'ə] (*BRIT* **diarrhoea**) *n* げり gèrí

diary [daɪ'ə:ri:] *n* (engagements book) 手帳 tèchŏ; (daily account) 日記 nìkkí

dice [daɪs] *n inv* (in game) さいころ sàíkorð
  ♦*vt* (CULIN) 角切りにする kàkúgiri ni sùrú

dichotomy [daɪkɑ:t'əmi:] *n* 二分化 nìbúnkà

Dictaphone [dik'təfoun] ® *n* ディクタフォーン dìkútafòn ◇一種の録音機の商品名 ísshù no ròkúonkì no shŏhinmeì

dictate [dik'teit] *vt* (letter) 書取らせる kàkítorasérù; (conditions) 指図する sáshìzu sùrú

dictation [diktei'ʃən] *n* (of letter: *also* SCOL) 書取り kàkítori; (of orders) 指図 sáshìzu

dictator [dik'teitə:r] *n* (POL, MIL, *fig*) 独裁者 dòkúsaìsha

dictatorship [dikteit'ə:rʃip] *n* 独裁政権 dòkúsaisêíken

diction [dik'ʃən] *n* (in speech, song) 発音 hàtsúon

dictionary [dik'ʃəne:ri:] *n* (monolingual, bilingual etc) 辞書 jíshò, 字引 jìbíki

did [did] *pt of* **do**

didactic [daidæk'tik] *adj* (teaching, purpose, film) 教育的な kyŏíkuteki na

didn't [did'ənt] = **did not**

die [dai] *vi* (person, animal) 死ぬ shǐnú; (plant) 枯れる kàrérù; (*fig*: cease) やむ yámú; (: fade) 次第に消える shǐdái ni kiérù

to be dying for something/to do something 死ぬ程…が欲しい〔…をしたい〕shǐnú hodo ...ga hòshǐi〔...wo shǐtái〕

die away *vi* (sound, light) 次第に消える shǐdái ni kiérù

die down *vi* (wind) 弱まる yòwámarù; (fire) 小さくなる chǐisàku nárù; (excitement, noise) 静まる shǐzúmarù

diehard [dai'hɑːrd] *n* 頑固な保守派 gànko na hòshúha

die out *vi* (activity) 消えてなくなる kiéte nàkú narù; (animal, bird) 絶滅する zètsúmetsu sùrú

diesel [di:'zəl] *n* (vehicle) ディーゼル車 dǐzerushà; (*also*: **diesel oil**) 軽油 kéíyu

diesel engine *n* ディーゼルエンジン dǐzeruènjin

diet [dai'ət] *n* (food intake) 食べ物 tàbémònò; (restricted food: MED, when slimming) 減食 génshoku, ダイエット dáietto

♦*vi* (*also*: **be on a diet**) 減食する génshoku sùrú, ダイエットする dáietto sùrú

differ [dif'əːr] *vi* (be different): *to differ (from)* (…と) 違う (…to) chǐgáu; (disagree): *to differ (about)* (…について) 意見が違う (…ni tsùíte) íkèn ga chǐgáu

difference [dif'ərəns] *n* (dissimilarity) 違い chǐgái; (disagreement) 意見の相違 íkèn no sôi

different [dif'əːrənt] *adj* 別の bétsu no

differentiate [difəren'tʃiːeit] *vi*: *to differentiate (between)* (…を) 区別する (…wo) kúbètsu sùrú

differently [dif'əːrəntliː] *adv* 違う風に chǐgáu fú ni

difficult [dif'əkʌlt] *adj* (task, problem) 難しい mùzúkashǐi; (person) 気難しい kǐmúzukashǐi

difficulty [dif'əkʌltiː] *n* 困難 kònnàn; (problem) 問題 móndai

diffident [dif'idənt] *adj* (hesitant, self-effacing) 気の小さい kǐ nó chǐisaǐ

diffuse [*adj* difjuːs' *vb* difjuːz'] *adj* (idea,

sense) 不鮮明な fùsénmèi na

♦*vt* (information) 広める hǐrómerù

diffuse light 反射光 hánshàkō

dig [dig] (*pt, pp* **dug**) *vt* (hole, garden) 掘る hórù

♦*n* (prod) 小突く事 kozúkù kotó; (archeological) 発掘現場 hàkkútsugènba; (remark) 当てこすり àtékosuri

digest [dai'dʒest] *vt* (food: *also fig*: facts) 消化する shǒka suru

♦*n* (book) 要約 yóyaku, ダイジェスト版 dáijesutoban

digestion [didʒes't∫ən] *n* (process) 消化 shǒka; (system) 消化器系 shǒkakikei

digestive [didʒes'tiv] *adj* (juices, system) 消化の shǒka no

dig into *vt* (savings) 掘り出す hòrídasù

to dig one's nails into 引っかく hǐkkákù

digit [didʒ'it] *n* (number) 数字 sújì; (finger) 指 yùbí

digital [didʒ'itəl] *adj* (clock, watch) デジタルの déjìtaru nó

digital computer *n* デジタルコンピュータ dèjítarukònpyûtá

dignified [dig'nəfaid] *adj* (person, manner) 品のある hǐn no arù

dignity [dig'nitiː] *n* (poise, self-esteem) 気品 kǐhín

digress [digres'] *vi*: *to digress (from)* (topic, subject) (…から) それる (…kárà) sòrérù

digs [digz] (*BRIT*: *inf*) *npl* 下宿 geshúku

dig up *vt* (plant) 掘り起す hòríokosù; (information) 探り出す sàgúridasù

dike [daik] *n* = **dyke**

dilapidated [dilæp'ədeitid] *adj* (building) 老朽した rōkyū shǐtá

dilate [daileit'] *vi* (eyes) 見張る mǐháru

dilemma [dilem'ə] *n* (political, moral) 板挟み itábasàmí, ジレンマ jírénma

diligent [dil'idʒənt] *adj* (worker, research) 勤勉な kǐnben na

dilute [diluːt'] *vt* (liquid) 薄める usúmeru, 希釈する kisháku sùrú

dim [dim] *adj* (light, room) 薄暗い ùsúguraǐ; (outline, figure) ぼんやりした bónyarì shǐtá; (*inf*: person) 頭の悪い àtáma no wàrúì

♦*vt* (light) 暗くする kùráku sùrú; (AUT: headlights) 下向きにする shītámuki ni sùrú

dime [daim] (*US*) *n* 10セント玉 jùsséntodámá

dimension [dimen'tʃən] *n* (aspect) 面 mèn; (measurement) 寸法 súnpō; (*also* pl: scale, size) 大きさ ókisa

diminish [dimin'iʃ] *vi* (size, effect) 小さくなる chíisakù nárù

diminutive [dimin'jətiv] *adj* (tiny) 小型の kògáta no

♦*n* (LING) 指小辞 shìshóji

dimmers [dim'ə:rz] (*US*) *npl* (AUT: dipped headlights) 下向きのヘッドライト shītámuki no hèddóraitò; (: parking lights) 車幅灯 sháfukutō

dimple [dim'pəl] *n* (on cheek, chin) えくぼ ékùbo

din [din] *n* (row, racket) 騒音 sóon

dine [dain] *vi* 食事する shokúji suru

diner [dain'ə:r] *n* (person) レストランの客 résùtoran no kyakú; (*US*: restaurant) 簡易食堂 kań-ishokúdō

dinghy [diŋ'i:] *n* ボート bóto
  rubber dinghy ゴムボート gomúbòto

dingy [din'dʒi:] *adj* (streets, room) 薄暗い usúgurài; (clothes, curtains etc) 薄汚い usúgitanaì

dining car [dain'iŋ-] *n* (RAIL) 食堂車 shokúdòsha

dining room [dain'iŋ-] *n* (in house, hotel) 食堂 shokúdō

dinner [din'ə:r] *n* (evening meal) 夕食 yúshoku; (lunch) 昼食 chúshoku; (banquet) 宴会 eñkai

dinner jacket *n* タキシード takíshìdo

dinner party *n* 宴会 eñkai

dinner time *n* (midday) 昼食時 chúshokudòki; (evening) 夕食時 yúshokudòki

dinosaur [dai'nəsɔ:r] *n* 恐竜 kyóryū

dint [dint] *n*: *by dint of* ...によって ...ni yotté

diocese [dai'əsi:s] *n* 司教区 shikyókù

dip [dip] *n* (slope) 下り坂 kudárizaka; (in sea) 一泳ぎ hitóoyògi; (CULIN) ディップ díppù

♦*vt* (in water etc) ...に浸す ...ni hitásù; (ladle etc) 入れる irérù; (*BRIT*: AUT: lights) 下向きにする shītámuki nì suru

♦*vi* (ground, road) 下り坂になる kudárizaka ni narù

diphthong [dif'θɔ:ŋ] *n* 二重母音 nijúboìn

diploma [diplou'mə] *n* 卒業証書 sotsúgyōshòsho

diplomacy [diplou'məsi:] *n* (POL) 外交 gaíkō; (gen) 如才なさ josáinasà

diplomat [dip'ləmæt] *n* (POL) 外交官 gaíkōkan

diplomatic [dipləmæt'ik] *adj* (mission, corps) 外交の gaíkō no; (person, answer, behavior) 如才ない josáinaì

dipstick [dip'stik] *n* (AUT) 油量計 yuryókèi, オイルゲージ oírugèji

dipswitch [dip'switʃ] (*BRIT*) *n* (AUT) ヘッドライト切替えスイッチ heddóraìto kiríkaesuìtchi

dire [dai'ə:r] *adj* (consequences, effects) 恐ろしい osóroshiì

direct [direkt'] *adj* (route) 直行の chokkō no; (sunlight, light) 直射の chokúsha no; (control, payment) 直接の chokúsetsu no; (challenge) あからさまな akárasàma na; (person) 率直な sotchóku na

♦*vt* (address: letter) 宛てる atérù; (aim: attention, remark) 向ける mukérù; (manage: company, project etc) 管理する kañri suru; (play, film, programme) 監督する kañtoku suru; (order): *to direct someone to do something* ...に...する様に命令する ...ni ...surú yò ni meírei suru

♦*adv* (go, write) 直接 chokúsetsu
  can you direct me to ...? ...に行くにはどう行けばいいんですか ...ni ikú nì wa dō ikebà iíñ desu ká

direct debit (*BRIT*) *n* 自動振替 jidófùrikae

direction [direk'ʃən] *n* (way) 方向 hókō; (TV, RADIO, CINEMA) 演出 eñshutsu
  sense of direction 方向感覚 hókōkankaku

directions [direk'ʃənz] *npl* (instructions) 指示 shíji
  directions for use 取扱い説明 toríatsu-

kaisetsùmei

directly [direkt'li:] *adv* (in a straight line) 真っ直ぐに massúgù ni; (at once) 直ぐに súgù ni

director [direk'tə:r] *n* (COMM) 取締役 toríshimariyàku; (of project) 責任者 sekíninshu; (TV, RADIO, CINEMA) 監督 kaňtoku

directory [direk'tə:ri:] *n* (TEL) 電話帳 deňwachō; (COMPUT) ディレクトリー dirékutòrī; (COMM) 名簿 meíbo

dirt [də:rt] *n* (stains, dust) 汚れ yogóre; (earth) 土 tsuchí

dirt-cheap [də:rt'tʃi:p'] *adj* べら安の beráyàsu no

dirty [də:r'ti:] *adj* (clothes, face) 汚い kitánai, 汚れた yogóretà; (joke) わいせつな waísetsu na
◆*vt* (clothes, face) 汚す yogósù

dirty trick *n*: **to play a dirty trick on someone** ...に卑劣なまねをする ...ni hirétsu na manè wo surú

disability [disəbil'əti:] *n* (*also*: **physical disability**) 身体障害 shiňtaishōgai; (*also*: **mental disability**) 精神障害 seíshinshōgai

disabled [diseí'bəld] *adj* (physically) 身体障害のある shiňtaishōgai no aru; (mentally) 精神障害のある seíshinshōgai no árù
◆*npl*: **the disabled** 身体傷害者 shiňtaishōgaishà ◇総称 sōshō

disadvantage [disədvæn'tidʒ] *n* (drawback) 不利な点 fúrì na teň; (detriment) 不利な立場 fúrì na tachíba

disaffection [disəfek'ʃən] *n* (with leadership etc) 不満 fumáñ

disagree [disəgri:'] *vi* (differ) 一致しない itchí shinaî; (be against, think otherwise): **to disagree (with)** (...と) 意見が合わない (...to) íkeñ ga awánaî

disagreeable [disəgri:'əbəl] *adj* (encounter, person, experience) 嫌な iyá nà

disagreement [disəgri:'məṇt] *n* (lack of consensus) 不一致 fuítchì; (argument) けんか keñka

disallow [disəlau'] *vt* (LAW: appeal) 却下する kyákkà suru

disappear [disəpiə:r'] *vi* (person, object, vehicle: from sight) 消える kiérù, 見えなくなる miénaku narù; (: deliberately) 姿を消す súgata wo kesú; (custom etc) 消えてなくなる kiéte naku narù

disappearance [disəpiə:r'əns] *n* (from sight) 消える事 kiéru kotò; (deliberate) 失そう shissō; (of custom etc) なくなる事 nakú naru kotò

disappoint [disəpoint'] *vt* (person) がっかりさせる gakkárì saserù

disappointed [disəpoin'tid] *adj* がっかりしている gakkárì shitè irù

disappointing [disəpoin'tiŋ] *adj* (outcome, result, book etc) 期待外れの kitáihazùre no

disappointment [disəpoint'məṇt] *n* (emotion) 落胆 rakútan; (cause) 期待外れ kitáihazùre

disapproval [disəpru:'vəl] *n* 非難 hínan

disapprove [disəpru:v'] *vi*: **to disapprove (of)** (person, thing) (...を) 非難の目で見る (...wo) hínan no mé dè mírù

disarm [disa:rm'] *vt* (MIL) 武装解除する busōkaìjo suru

disarmament [disa:r'məmənt] *n* (MIL, POL) 軍備縮小 guňbishukushō

disarming [disa:rm'iŋ] *adj* (smile, friendliness) 心を和ませるような kokórò wo nagómaseru yō na

disarray [disərei'] *n*: **in disarray** (army, organization) 混乱して koňran shitè; (hair, clothes) 乱れて midáretè

disaster [dizæs'tə:r] *n* (*also*: **natural disaster**) 天災 teňsai; (AVIAT etc) 災害 saígai; (*fig*: mess) 大失敗 daíshippaì

disastrous [dizæs'trəs] *adj* (mistake, effect, results) 悲惨な hisán na

disband [disbænd'] *vt* (regiment, group) 解散する kaísan suru
◆*vi* (regiment, group) 解散する kaísan suru

disbelief [disbili:f'] *n* 信じられない事 shiňjirarenai kotò

disc [disk] *n* (ANAT) つい間板 tsuíkanbañ; (record) レコード rekốdò; (COMPUT) = **disk**

discard [diskɑːrd'] *vt* (old things: *also fig*) 捨てる sutérù

discern [disəːrn'] *vt* (see) 見分ける miwákerù; (identify) 理解する ríkài suru

discerning [disəːr'niŋ] *adj* (judgement, look, listeners etc) 理解のある ríkài no árù

discharge [*vb* distʃɑːrdʒ' *n* dis'tʃɑːdʒ] *vt* (duties) 履行する rikō suru; (waste) 放出する hōshutsu suru; (patient) 退院させる taíin saserù; (employee) 解雇する káiko suru; (soldier) 除隊にする jotái ni surù; (defendant) 釈放する shakúhō suru
♦*n* (CHEM, ELEC) 放電 hōden; (MED) 排出 haíshutsu; (of employee) 解雇 káiko; (of soldier) 除隊 jotái; (of defendant) 釈放 shakúhō

disciple [disai'pəl] *n* (REL: *also fig*: follower) 弟子 deshí

discipline [dis'əplin] *n* (control) 規律 kirítsu; (self-control) 自制心 jiséishìn; (branch of knowledge) 分野 búñ-ya
♦*vt* (train) 訓練する kúñren suru; (punish) 罰する bassúrù

disc jockey [disk'-] *n* ディスクジョッキー disúkujokkì

disclaim [diskleim'] *vt* (knowledge, responsibility) 否定する hitéi suru

disclose [disklouz'] *vt* (interest, involvement) 打明ける uchíakerù

disclosure [disklou'ʒər] *n* (revelation) 打明け話 uchíakebanàshi

disco [dis'kou] *n abbr* (event) ディスコダンス disúkodàñsu; (place) = **discotheque**

discolored [diskʌl'əːrd] (*BRIT* **discoloured**) *adj* (teeth, pots) 変色した heñshoku shità

discomfort [diskʌm'fəːrt] *n* (unease) 不安 fuán; (physical) 不便 fúbèn

disconcert [diskənsəːrt'] *vt* どぎまぎさせる dógìmagi sasérù

disconnect [diskənekt'] *vt* (pipe, tap) 外す hazúsu; (ELEC) 切断する setsúdan suru; (TEL) 切る kírù

discontent [diskəntent'] *n* 不満 fumán

discontented [diskəntent'id] *adj* 不満の fumán no

discontinue [diskəntin'juː] *vt* (visits) やめる yamérù; (payments) 止める tomérù
discontinued (COMM) 生産中止 seísanchūshi

discord [dis'kɔːrd] *n* (quarrelling) 不和 fúwà; (MUS) 不協和音 fukyṓwaòn

discordant [diskɔːr'dənt] *adj* (*fig*) 不協和音の fukyṓwaòn no

discotheque [dis'koutek] *n* (place) ディスコ dísùko

discount [*n* dis'kaunt *vb* diskaunt'] *n* (for students, employees etc) 割引 waríbiki
♦*vt* (COMM) 割引く waríbikù; (idea, fact) 無視する múshì suru

discourage [diskəːr'idʒ] *vt* (dishearten) 落胆させる rakútan saserù; (advise against): *to discourage something* ...を阻止する ...wo sóshì suru
to discourage someone from doing ...するのを...に断念させようとする ...surú no wò ...ni dañnen saseyō to suru

discouraging [diskəːr'idʒiŋ] *adj* (remark, response) がっかりさせる様な gakkári saséru yō na

discourteous [diskəːr'tiːəs] *adj* 失礼な shitsúrei na

discover [diskʌv'əːr] *vt* 発見する hakkén suru
to discover that (find out) ...だと発見する ...dã tò hakkén suru

discovery [diskʌv'əːriː] *n* 発見 hakkén

discredit [diskred'it] *vt* (person, group) ...の信用を傷付ける ...no shiñyō wò kizútsukerù; (claim, idea) ...に疑問を投げ掛ける ...ni gimón wò nagékakerù

discreet [diskriːt'] *adj* (tactful, careful) 慎重な shíñchō na; (unremarkable) 目立たない medátanaì

discrepancy [diskrep'ənsiː] *n* (difference) 不一致 fuítchì

discretion [diskreʃ'ən] *n* (tact) 慎重さ shíñchōsa
at the discretion of ...の判断次第で ...no hañdan shidài de

discriminate [diskrim'əneit] *vi*: *to discriminate between* ...と...を区別する ...to ...wo kúbètsu suru *to discriminate against* ...を差別する ...wo sábétsu suru

discriminating [diskrim'əneitiŋ] *adj* (public, audience) 理解のある ríkài no árù

discrimination [diskrimənei'ʃən] *n* (bias) 差別 sábétsu; (discernment) 理解 ríkài

discuss [diskʌs'] *vt* (talk over) 話し合う hanáshiaù; (analyze) 取上げる toríagerù

discussion [diskʌ'ʃən] *n* (talk) 話し合い hanáshiai; (debate) 討論 tôrôn

disdain [disdein'] *n* 軽べつ keíbetsu

disease [dizi:z'] *n* (MED, *fig*) 病気 byôki

disembark [disemba:rk'] *vt* (goods) 陸揚げする rikúagè suru; (passengers: from boat) 上陸させる jôriku saserù; (: from plane, bus) 降ろす orósù

♦*vi* (passengers: from boat) 上陸する jô-riku suru; (: from plane, bus) 降りる orí-rù

disenchanted [disentʃæn'tid] *adj*: *disenchanted (with)* (...の) 魅力を感じな くなった (...no) miryôku wò kañjinaku nattà

disengage [disengeidʒ'] *vt* (AUT: clutch) 切る kírù

disentangle [disentæŋ'gəl] *vt* ほどく ho-dókù

disfigure [disfig'jə:r] *vt* (person) ...の美 ぼうを損なう ...no bibô wò sokónaù; (object, place) 汚す yogósù

disgrace [disgreis'] *n* (shame, dishonor) 恥 hají; (cause of shame, scandal) 恥ずべ き事 hazúbeki kotó

♦*vt* (one's family, country) ...の恥になる ...no hají ni narù; (one's name) 傷り kegásù

disgraceful [disgreis'fəl] *adj* (behavior, condition, state) 恥ずべき hazúbeki

disgruntled [disgrʌn'təld] *adj* (supporter, voter) 不満の fumán no

disguise [disgaiz'] *n* (make-up, costume) 変装の道具 heñsô no dôgu; (art) 変装 heñ-sô

♦*vt* (person, object): *to disguise (as)* (...に) 見せ掛ける (...ni) mísékakerù *in disguise* 変装して heñsô shitè

disgust [disgʌst'] *n* (aversion, distaste) 嫌悪 kêñ-o

♦*vt* うんざりさせる uñzarì saserù

disgusting [disgʌs'tiŋ] *adj* (revolting: food etc) むかつかせる mukátsukaserù; (unacceptable: behavior etc) いやな iyá nà

dish [diʃ] *n* (piece of crockery) 皿 sará; (food) 料理 ryôri

to do/wash the dishes 皿洗いをする saráaraì wo suru

dishcloth [diʃ'klɔ:θ] *n* (for washing) 皿洗 いのふきん saráaraì no fukíñ

dishearten [disha:r'tən] *vt* がっかりさせ る gakkárì saserù

disheveled [diʃev'əld] (*BRIT* **dishevelled**) *adj* (hair, clothes) 乱れた midáretà

dishonest [disa:n'ist] *adj* (person, means) 不正な fuséi na

dishonesty [disa:n'isti:] *n* 不正 fuséi

dishonor [disa:n'ə:r] (*BRIT* **dishonour**) *n* 不名誉 fuméìyo

dishonorable [disa:n'ə:rəbəl] *adj* 不名誉 な fuméìyo na

dish out *vt* (distribute) 配る kubárù

dishtowel [diʃ'tauəl] *n* 皿ぶきん sarábu-kiñ

dish up *vt* (food) 皿に盛る sará ni morù

dishwasher [diʃ'wa:ʃə:r] *n* (machine) 皿 洗い機 saráaraikì

disillusion [disilu:'ʒən] *vt* ...の迷いを覚ま す ...no mayôi wo samásù

disincentive [disinsen'tiv] *n* (to work, investment) 阻害要因 sogáiyôin

disinfect [disinfekt'] *vt* 消毒する shôdo-ku suru

disinfectant [disinfek'tənt] *n* 消毒剤 shôdokuzài

disintegrate [disin'təgreit] *vi* (object) 分解する buñkai suru

disinterested [disin'tristid] *adj* (impartial: advice, help) 私欲のない shiyóku no naî

disjointed [disdʒoint'id] *adj* (thoughts, words) まとまりのない matómari no naî

disk [disk] *n* (COMPUT) ディスク dísù-ku

disk drive *n* ディスクドライブ disúkudoraíbu

diskette [disket'] *n* = disk

dislike [dislaik'] *n* (feeling) 嫌悪 kén-o; (*gen pl*: object of dislike) 嫌いな物 kirái na monò
♦*vt* 嫌う kiráù

dislocate [dis'loukeit] *vt* (joint) 脱きゅうさせる dakkyū̃ saserù

dislodge [dislɑːdʒ'] *vt* (boulder etc) 取除く torínozokù

disloyal [dislɔi'əl] *adj* (to country, family) 裏切り者の urágirimono no

dismal [diz'məl] *adj* (depressing: weather, song, person, mood) 陰気な íñki na; (very bad: prospects, failure) 最低の saítei no

dismantle [dismæn'təl] *vt* (machine) 分解する buñkai suru

dismay [dismei'] *n* 困惑 koñwaku
♦*vt* 困惑させる koñwaku saserù

dismiss [dismis'] *vt* (worker) 解雇する kaíko suru; (pupils, soldiers) 解散させる kaísan saseru; (LAW: case) 却下する kyákkà suru; (possibility, idea) 考えない様にする kañgaenai yò ni suru

dismissal [dismis'əl] *n* (sacking) 解雇 káiko

dismount [dismaunt'] *vi* (from horse, bicycle) 降りる orírù

disobedience [disəbiːˈdiːəns] *n* 不服従 fufúkujũ

disobedient [disəbiːˈdiːənt] *adj* (child, dog) 言う事を聞かない iú koto wò kikánaì

disobey [disəbei'] *vt* (person, order) 違反する ihán suru

disorder [disɔːr'dəːr] *n* (untidiness) 乱雑さ rañzatsu; (rioting) 騒動 sṓdō; (MED) 障害 shṓgai

disorderly [disɔːr'dəːrliː] *adj* (untidy: room etc) 整理されていない seíri sarete inaì; (meeting) 混乱の koñran no; (behavior) 治安を乱す chián wò midásù

disorganized [disɔːr'gənaizd] *adj* (person, event) 支離滅裂な shírîmetsúretsu na

disorientated [disɔːˈriːinteitid] *adj* (person: after journey, deep sleep) 頭が混乱している atáma gà koñran shite irù

disown [disoun'] *vt* (action) ...との関係を否定する ...tó nò kañkei wò hitéi suru; (child) 勘当する kañdō suru

disparaging [dispær'idʒiŋ] *adj* (remarks) 中傷的な chūshōteki na

disparate [dis'pəːrit] *adj* (levels, groups) 異なった kotónattà

disparity [dispær'itiː] *n* 差異 sáî

dispassionate [dispæʃ'ənit] *adj* (approach, reaction) 客観的な kyakkánteki na

dispatch [dispætʃ'] *vt* (send: message, goods, mail) 送る okúrù; (: messenger) 派遣する hakén suru
♦*n* (sending) 送付 sṓfu; (PRESS, MIL) 派遣 hakén

dispel [dispel'] *vt* (myths, fears) 払いのける haráinokerù

dispense [dispens'] *vt* (medicines) 調剤する chṓzai suru

dispenser [dispen'səːr] *n* (machine) 自動販売機 jidṓhanbaikì

dispense with *vt fus* (do without) ...なしで済ませる ...náshi de sumáserù

dispensing chemist [dispens'iŋ-] (*BRIT*) *n* (shop) 薬屋 kusúriya

dispersal [dispəːr'səl] *n* (of objects, group, crowd) 分散 buñsan

disperse [dispəːrs'] *vt* (objects, crowd etc) 散らす chirásù
♦*vi* (crowd) 散って行く chitté ikù

dispirited [dispir'itid] *adj* 意気消沈した íkìshōchin shita

displace [displeis'] *vt* (shift) 押し出す o-shídasù

displaced person [displeist'-] *n* (POL) 難民 nañmin

display [displei'] *n* (in shop) 陳列 chiñretsu; (exhibition) 展示 teñji; (of feeling) 表現 hyṓgen; (COMPUT, TECH) ディスプレー dísupurè, モニター mónìtā
♦*vt* (show) 展示する teñji suru; (ostentatiously) 見せびらかす misébirakasù

displease [displiːz'] *vt* (offend, annoy) 怒らせる okóraserù

displeased [displiːzd'] *adj*: *displeased with* (unhappy, disappointed) ...にがっか

りしている …ni gakkárî shité irù

displeasure [displeʒ'ə:r] *n* 怒り ikári

disposable [dispou'zəbəl] *adj* (lighter, bottle) 使い捨ての tsukáisute no; (income) 自由に使える jiyŭ nì tsukáerù

disposable nappy (*BRIT*) *n* 紙おむつ kamíomutsù

disposal [dispou'zəl] *n* (of goods for sale) 陳列 chifíretsu; (of property) 売却 baíkyaku; (of rubbish) 処分 shóbùn

  at one's disposal …の自由になる …no jiyŭ ni narù

dispose [dispouz'] *vi*: *to dispose of* (get rid of: body, unwanted goods) 始末する shímàtsu suru; (deal with: problem, argument) 片付ける katázukerù

disposed [dispouz'd'] *adj*: *disposed to do* (inclined, willing) …する気がある …surú ki gà árù

  to be well disposed towards someone …に好意を寄せている …ni kóî wo yoséte irù

disposition [dispəziʃ'ən] *n* (nature) 性質 seíshitsu; (inclination) 傾向 keíkō

disproportionate [disprəpɔ:r'ʃənit] *adj* (amount, effect) 過大な kajŏ na

disprove [dispruːv'] *vt* (belief, assertion) 反証する hafíshō suru

dispute [dispjuːt'] *n* (domestic) けんか keñka; (*also*: **industrial dispute**) 争議 sŏgi; (POL) 論議 rófigi

  ♦*vt* (fact, statement) 反ばくする hafíbaku suru; (ownership etc) 争う arásoù

  territorial dispute 領土紛争 ryŏdofuñsō

  border dispute 国境紛争 kokkyŏfuñsō

disqualify [diskwɑːl'əfai] *vt* (SPORT) …の資格を取り上げる …no shikáku wò toríagerù

  to disqualify someone for something/from doing something …から…の〔…する〕資格を取り上げる …kárà …no 〔…surú〕 shikáku wò toríagerù

disquiet [diskwai'it] *n* (anxiety) 不安 fuán

disregard [disrigɑ:rd'] *vt* (ignore, pay no attention to) 無視する múshì suru

disrepair [disripeːr'] *n*: *to fall into*

disrepair (machine, building) ひどく痛んでしまう hídòku itánde shimaù

disreputable [disrep'jətəbəl] *adj* (person, behavior) いかがわしい ikágawashiî

disrespectful [disrispekt'fəl] *adj* (person, conduct) 無礼な búrèi na

disrupt [disrʌpt'] *vt* (plans) 邪魔する jamá suru; (conversation, proceedings) 妨害する bŏgai suru

disruption [disrʌp'ʃən] *n* (interruption) 中断 chŭdan; (disturbance) 妨害 bŏgai

dissatisfaction [dissætisfæk'ʃən] *n* 不満 fumán

dissatisfied [dissæt'isfaid] *adj* 不満な fumán na

dissect [disekt'] *vt* (dead person, animal) 解剖する kaíbō suru

disseminate [disem'əneit] *vt* 普及させる fukyŭ saserù

dissent [disent'] *n* (disagreement, protest) 反対 hafítai

dissertation [disə:rtei'ʃən] *n* (*also* SCOL) 論文 rofíbun

disservice [dissɔ:r'vis] *n*: *to do someone a disservice* (person: harm) …に迷惑を掛ける …ni méîwaku wo kakérù

dissident [dis'idənt] *adj* (faction, voice) 反対の hafítai no

  ♦*n* (POL, REL) 反対分子 hafítaibuñshi

dissimilar [disim'ilə:r] *adj* 異なる kotónarù

dissipate [dis'əpeit] *vt* (heat) 放散する hŏsan suru; (clouds) 散らす chirásù; (money, effort) 費い果す tsukáihatasù

dissociate [disou'ʃi:eit] *vt* …との関係を否定する …tó nò kañkei wò hitéi suru

  to dissociate oneself from …との関係を否定する …tó nò kañkei wò hitéi suru

dissolute [dis'əluːt] *adj* (individual, behavior) 道楽ざんまいの dŏrakuzañmai no

dissolution [disəluː'ʃən] *n* (of organization, POL) 解散 kaísan; (of marriage) 解消 kaíshō

dissolve [dizɑːlv'] *vt* (in liquid) 溶かす tokású; (organization, POL) 解散させる kaísan saserù; (marriage) 解消する kaíshō suru

♦*vi* (material) 溶ける tokérù
to dissolve in(to) tears 泣崩れる nakíkuzurerù

dissuade [disweid'] *vt*: *to dissuade someone (from)* (...を) 思い止まる様...を説得する (...wo) omóitodomaru yô ...wo settóku suru

distance [dis'təns] *n* (gap: in space) 距離 kyórì; (: in time) 隔たり hedátarì
in the distance ずっと向うに zúttò mukó nì

distant [dis'tənt] *adj* (place, time, relative) 遠い tôì; (manner) よそよそしい yosóyososhiì

distaste [disteist'] *n* (dislike) 嫌悪 kén-o

distasteful [disteist'fəl] *adj* (offensive) いやな iyá nà

distended [distend'id] *adj* (stomach) 膨らんだ fukúraǹda

distill [distil'] (*BRIT* **distil**) *vt* (water, whiskey) 蒸留する jóryū suru

distillery [distil'ə:ri:] *n* 醸造所 jôzôjò

distinct [distiŋkt'] *adj* (different) 別個の békkò no; (clear) はっきりした hakkírì shita; (unmistakable) 明白な meíhaku na
as distinct from (in contrast to) ...ではなくて ...dé wà nákùte

distinction [distiŋk'ʃən] *n* (difference) 区別 kúbetsu; (honor) 名誉 meíyo; (in exam) 優等の成績 yū́tò no seíseki

distinctive [distiŋk'tiv] *adj* 独特な dokútoku na

distinguish [distiŋ'gwiʃ] *vt* (differentiate) 区別する kúbetsu suru; (identify: details etc: by sight) 見分ける miwákerù; (: by sound) 聞分ける kikíwakerù
to distinguish oneself (in battle etc) 見事な活躍をする mígòto na katsúyaku wo surù

distinguished [distiŋ'gwiʃt] *adj* (eminent) 有名な yū́mei na; (in appearance) 気品のある kihín no arù

distinguishing [distiŋ'gwiʃiŋ] *adj* (feature) 特徴的な tokúchòteki na

distort [distɔ:rt'] *vt* (argument) 曲げる magérù; (sound) ひずませる hizúmaserù; (shape, image) ゆがめる yugámerù

distortion [distɔ:r'ʃən] *n* (of argument

etc) わい曲 waíkyoku; (of sound, image, shape etc) ひずみ hizúmi

distract [distræk't'] *vt* (sb's attention) 散らす chirásù; (person) ...の気を散らす ...no ki wo chirásù

distracted [distræk'tid] *adj* (dreaming) ぼんやりした boń-yarì shita; (anxious) 気が動転している ki ga dôten shite irù

distraction [distræk'ʃən] *n* (inattention) 気を散らす事〔物〕ki wo chirásù kotó 〔monô〕; (confusion) 困惑 kofíwaku; (amusement) 気晴らし kibárashi

distraught [distrɔ:t'] *adj* (with pain, worry) 気が動転している ki ga dôten shite irù

distress [distres'] *n* (anguish) 苦痛 kutsū́
♦*vt* (cause anguish) 苦しめる kurúshimerù

distressing [distres'iŋ] *adj* (experience, time) 苦しい kurúshiì

distress signal *n* (AVIAT, NAUT) 遭難信号 sônanshìngô

distribute [distrib'ju:t] *vt* (hand out: leaflets, prizes etc) 配る kubárù; (share out: profits) 分ける wakérù; (spread out: weight) 分布する búñpu suru

distribution [distrəbju:'ʃən] *n* (of goods) 流通 ryū́tsū; (of profits etc) 分配 buńpai

distributor [distrib'jətə:r] *n* (COMM) 流通業者 ryū́tsūgyòsha; (AUT, TECH) ディストリビュータ disútoribyūta

district [dis'trikt] *n* (of country) 地方 chihô; (of town, ADMIN) 地区 chíkù

district attorney (*US*) *n* 地方検事 chihôkeǹji

district nurse (*BRIT*) *n* 保健婦 hokéǹfu

distrust [distrʌst'] *n* 不信感 fushíǹkan
♦*vt* 信用しない shiń-yō shinaì

disturb [distə:rb'] *vt* (interrupt) 邪魔する jamá suru; (upset) 心配させる shińpai saserù; (disorganize) 乱す midásù

disturbance [distə:r'bəns] *n* (upheaval) 邪魔 jamá; (political etc) 騒動 sôdô; (violent event) 動乱 dôran; (of mind) 心配 shińpai

disturbed [distə:rbd'] *adj* (person: worried, upset) 不安な fuáǹ na; (childhood)

乱れた midáretà

emotionally disturbed 情緒障害の jō-
choshōgai no

disturbing [distə:rb'iŋ] *adj* (experience,
moment) 動転させる dōten saserù

disuse [disju:s'] *n*: **to fall into disuse**
(be abandoned: methods, laws etc) 廃れ
る sutárerù

disused [disju:zd'] *adj* (building, airfield)
使われていない tsukáwarete inaì

ditch [ditʃ] *n* (at roadside) ど ぶ dobú;
(*also*: **irrigation ditch**) 用水路 yōsuirò
♦*vt* (*inf*: person) ...と縁を切る ...to én wo
kírù; (: plan, car etc) 捨てる sutérù

dither [dið'ə:r] (*pej*) *vi* (hesitate) ため ら
う tameráù

ditto [dit'ou] *adv* 同じく onájìku

divan [divæn'] *n* (*also*: **divan bed**) ソファ
ベッド sofábeddò

dive [daiv] (*pt* **dived** *also US* **dove**, *pp*
dived) *n* (from board) 飛込み tobíkomì;
(underwater) 潜水 señsui, ダイビング dá-
ìbingu; (of submarine) 潜水 señsui
♦*vi* (swimmer: into water) 飛込む tobí-
komù; (under water) 潜水する señsui su-
ru, ダイビングする dáìbingu suru; (fish)
潜る mogúrù; (bird) 急降下する kyúkòka
suru, (submarine) 潜水する señsui suru
to dive into (bag, drawer etc) ...に手を
突っ込む ...ni té wo tsukkómù; (shop, car
etc) ...に飛込む ...ni tobíkomù

diver [dai'və:r] *n* (person) ダイバー dáībā

diverge [divə:rd3'] *vi* (paths, interests)
分かれる wakárerù

diverse [divə:rs'] *adj* 様々な samázàma
na

diversify [divə:r'səfai] *vt* (COMM) 多 様
化する tayōka suru

diversion [divə:r'3ən] *n* (*BRIT*: AUT) う
回路 ukáirò; (distraction) 気分転換 kibún-
teñkan; (of funds) 流用 ryúyō

diversity [divə:r'siti:] *n* (range, variety)
多様性 tayōsei

divert [divə:rt'] *vt* (funds) 流 用 す る ryú-
yō suru; (someone's attention) 反らす so-
rásù; (re-route) う回させる ukái saserù

divide [divaid'] *vt* (separate) 分 け る wa-
kérù; (MATH) 割る warú; (share out) 分

ける wakérù, 分配する buñpai suru
♦*vi* (cells etc) 分裂する buñretsu suru;
(road) 分岐する búñki suru; (people,
groups) 分裂する buñretsu suru
8 divided by 4 is 2 8割る4は2 hachí
warù yóñ wa ní

divided highway [divaid'id-] (*US*) *n* 中
央分離帯のある道路 chūōbuñritai no árù
dōrò

dividend [div'idend] *n* (COMM) 配当金
haítōkiñ; (*fig*): **to pay dividends** 利益に
なる ríeki ni nárù

divine [divain'] *adj* (REL) 神の kámī no;
(*fig*: person, thing) 素晴らしい subárashiì

diving [daiv'iŋ] *n* (underwater) 飛込み
tobíkomi; (SPORT) 潜水 señsui, ダイビ
ング dáìbingu

diving board *n* 飛込み台 tobíkomidài

divinity [divin'əti:] *n* (nature) 神性 shiñ-
sei; (god) 神 kámī; (subject) 神学 shiñ-
gàku

division [diviʒ'ən] *n* (ot cells etc) 分裂
buñretsu; (MATH) 割算 warízan; (shar-
ing out) 分配 buñpai; (disagreement) 分
裂 buñretsu; (COMM) 部 門 búmòn;
(MIL) 師団 shídàn; (especially SOCCER)
部 bú

divorce [divɔ:rs'] *n* 離婚 ríkòn
♦*vt* (spouse) ...と離婚する ...to ríkòn su-
ru; (dissociate) 別々に扱う betsúbetsu nì
atsúkaù

divorcé [divɔ:rsi:'] *n* 離婚男性 rikón-
dañsei

divorced [divɔ:rst'] *adj* 離婚した ríkòn-
shita

divorcée [divɔ:rsi:'] *n* 離婚女性 rikónjò-
sei

divulge [divʌld3'] *vt* (information,
secret) 漏らす morásù

D.I.Y. [di:aiwai'] (*BRIT*) *n abbr* = **do-
it-yourself**

dizzy [diz'i:] *adj*: *a dizzy spell/turn* め
まい memáî
to feel dizzy めまいがする memáî ga
suru

DJ [di:'dʒei] *n abbr* (= **disk jockey**) ディ
スクジョッキー disúkujokkî

KEYWORD
---

do [du:] (*pt* **did**, *pp* **done**) *aux vb* **1** (in negative constructions): *I don't understand* 分かりません wakárimasèn

she doesn't want it 彼女はそれを欲しがっていません kánòjo wa soré wo hòshígattè imásèn

he didn't seem to care 彼はどうでもいい様でした kárè wa dô de mo iî yō deshita

2 (to form questions): *didn't you know?* 知りませんでしたか shirímasèn deshita ká

why didn't you come? どうして来てくれなかったのですか dôshite kité kùrénakàtta no desu ká

what do you think? どう思いますか dô omóimasù ká

3 (for emphasis, in polite expressions): *people do make mistakes sometimes* だれだって間違いをしますよ dárè datte machígaì wo shimásù yo

she does seem rather late そう言えば彼女は本当に遅い様ですね sô iebà kánòjo wa hôntō ni òsói yō desu né

do sit down/help yourself どうぞお掛け〔お召し上がり〕下さい dôzo o-káke〔o-méshiagari〕kudasaî

do take care! くれぐれもお気をつけて kurégurè mo o-kí wo tsuketè

oh do shut up! いい加減に黙ってくれませんか iîkagen ni dàmáttè kurémasèn ká

4 (used to avoid repeating vb): *she swims better than I do* 彼女は私より泳ぎがうまい kánòjo wa watákushi yorì oyógi gà umáì

do you agree? - yes, I do/no, I don't 賛成しますか-はい、します〔いいえ、しません〕sánsei shimasù ká - háî, shimásù〔iíe, shimásèn〕

she lives in Glasgow - so do I 彼女はグラスゴーに住んでいます-私もそうです kánòjo wa gurásugò ni súndè imásù - watákushi mo sò dèsu

he didn't like it and neither did we 彼はそれを気に入らなかったし、私たち

もそうでした kárè wa soré wo kì ní iranakàtta shi, watákushitàchi mó sō dèshita

who made this mess? - I did だれだ、ここを汚したのは-私です dáre da, kokó wo yògóshita nò wa - watákushi desù

he asked me to help him and I did 助けてくれと彼に頼まれたのでそうしました tasúketè kure to kárè ni tanómarè-ta no dè shimashìta

5 (in question tags): *you like him, don't you?* あなたは彼を好きでしょう? anátà wa kárè wo sukí dèshô?

he laughed, didn't he? 彼は笑ったでしょう? kárè wa warátta dèshô?

I don't know him, do I? 私の知らない人でしょう? watákushi no shîránai hito dèshô?

♦*vt* **1** (*gen*: carry out, perform etc) する sùrú, やる yàrú

what are you doing tonight? 今夜のご予定は? kòn-ya no gò-yótei wá?

have you done your homework? 宿題をしましたか shùkúdai wo shìmáshìta ká

I've got nothing to do 何もする事がありません nàní mo sùrú koto gà arímasen

what can I do for you? どんなご用でしょうか dònna go-yô dèshô ka

to do the cooking/washing-up 料理〔皿洗い〕をする ryôrì〔saráarài〕wo sùrú

to do one's teeth/hair/nails 歯を磨く〔髪をとかす、つめにマニキュアをする〕há wò migáku〔kàmí wò tokásù, tsùmé ni màníkyua wo sùrú〕

we're doing "Othello" at school (studying it) 学校で今オセロを勉強しています gàkkô de ímà ósèro wo bénkyo shite imasù; (performing it) 学校で今オセロを上演しています gàkkô de ímà ô-sèro wo jôen shite imasù

2 (AUT etc) 走る hashírù

the car was doing 100 車は時速100マイルを出していた kurúma wa jisóku hyàkúmaìru wo dáshìte ita

we've done 200 km already 私tachiはもう200キロメーター走ってきました watákushitàchi wa mô nihyákukiromètā hashíttè kimáshìta

he can do 100 mph in that car あの車で彼は時速100マイル出せます anò kuruma de karè wa jisóku hyàkúmaìru dasémasù

♦*vi* 1 (act, behave) する súrú

do as I do 私のするとおりにしなさい watákushi no sùrú tōrí ni shinásaì

do as I tell you 私の言う通りにしなさい watákushi no iu tōrí ni shinásaì

you did well to come so quickly すぐに来てくれて良かったよ súgù ni kité kùrete yókàtta yó

2 (get on, fare): *he's doing well/badly at school* 彼は学校の成績がいい〔悪い〕kárè wa gakkó no seiseki ga iì 〔yokùnaî〕

the firm is doing well 会社は繁盛しています kaísha wa hànjó shité imasù

how do you do? 初めまして hajímemashìte

3 (suit) 適当である tekítō de arù

will it do? 役に立ちますか yakú nì tachímasù ká

will this dress do for the party? パーティにはこのドレスでいいかしら paáti ni wa konó dorèsu de ií kashira

4 (be sufficient) 十分である júbùn de arù

will £ 10 do? 10ポンドで間に合いますか júppòndo de ma nî aimasù ká

that'll do 十分です júbùn dcsu

that'll do! (in annoyance) いい加減にしなさい iíkagen ni shînásaì

to make do (with) (...で) 間に合せる (...dê) mà nî awaserù

you'll have to make do with $15 15ドルで間に合せなさい júgòdðru de ma nî awasenasaì

♦*n* (*inf*: party etc) パーティ pátì

we're having a little do on Saturday 土曜日にちょっとしたパーティをしようと思っています doyóbì ni chótto shita pátì wo shiyó tò omóttè imasù

it was rather a do なかなかいいパーティだった nakánaka iî pátì datta

---

do away with *vt fus* (kill) 殺す korósu; (abolish: law etc) なくす nakúsu

docile [dɑ:s'əl] *adj* (person) 素直な súnảo na; (beast) 大人しい otónashiî

dock [dɑ:k] *n* (NAUT) 岸壁 gańpeki; (LAW) 被告席 hikókusèki

♦*vi* (NAUT) 接岸する setsúgan suru; (SPACE) ドッキングする dokkíngu suru

docker [dɑ:k'ə:r] *n* 港湾労働者 kōwanrōdōsha

docks [dɑ:ks] *npl* (NAUT) 係船きょ keíseńkyo

dockyard [dɑ:k'jɑ:rd] *n* 造船所 zósenjo

doctor [dɑ:k'tə:r] *n* (MED) 医者 ishá; (PhD etc) 博士 hákàse

♦*vt* (drink etc) ...に薬物をこっそり混ぜる ...ni yakúbùtsu wo kossórì mazérù

Doctor of Philosophy *n* 博士号 hakáségò

doctrine [dɑ:k'trin] *n* (REL) 教義 kyógì; (POL) 信条 shińjó

document [dɑ:k'jəmənt] *n* 書類 shorúi

documentary [dɑ:kjəmen'tɑ:ri:] *adj* (evidence) 書類による shorúi ni yorù

♦*n* (TV, CINEMA) ドキュメンタリー dokyúmeñtarī

documentation [dɑ:kjəməntei'(ən] *n* (papers) 書類 shorúi

dodge [dɑ:dʒ] *n* (trick) 策略 sakúryaku

♦*vt* (question) はぐらかす hagúrakasù; (tax) ごまかす gomákasù; (blow, ball) 身を交して避ける mi wò kawàshite sakérù

dodgems [dɑ:dʒ'əmz] (*BRIT*) *npl* ドジェム dojémù ◇遊園地の乗り物の一種：相手にぶっつけたりして遊ぶ小型電気自動車 yūeńchi no norímono no isshù: aíte nì buttsúketàri shité asobù kogáta denki jidósha

doe [dou] *n* (deer) 雌ジカ mesújikà; (rabbit) 雌ウサギ mesúusàgi

does [dʌz] *vb see* **do**

doesn't [dʌz'nt] = **does not**

dog [dɔ:g] *n* (ZOOL) イヌ inú

♦*vt* (subj: person) ...の後を付ける ...no átò wo tsukérù; (: bad luck) ...に付きまとう ...ni tsukímatoù

dog collar *n* (of dog) 首輪 kubiwa, カラー kárà; (REL) ローマンカラー rōmankarà

dog-eared [dɔ:g'i:rd] *adj* (book, paper)

手擦れした tezure shitá

dogged [dɔːg'id] *adj* (determination, spirit) 根気強い koṅkizuyoǐ

dogma [dɔːg'mə] *n* (REL) 教理 kyṓri; (POL) 信条 shiṅjō

dogmatic [dɔːgmæt'ik] *adj* (attitude, assertion) 独断的な dokúdanteki na

dogsbody [dɔːgz'baːdiː] (*BRIT*: *inf*) *n* 下っ端 shitáppa

doings [duː'iŋz] *npl* (activities) 行動 kṓdō

do-it-yourself [duː'itjurself'] *n* 日曜大工 nichíyōdaǐku

doldrums [doul'drəmz] *npl*: **to be in the doldrums** (person) ふさぎ込んでいる fuságikonde irù; (business) 沈滞している chiṅtai shite irù

dole [doul] (*BRIT*) *n* (payment) 失業手当 shitsúgyōteàte
  on the dole 失業手当を受けて shitsúgyōteàte wo úkete

doleful [doul'fəl] *adj* (voice, expression) 悲しげな kanáshige na

dole out *vt* (food, money) 配る kubárù

doll [daːl] *n* (toy) 人形 niṅgyō; (*US*: *inf*: woman) 美人 bijǐn

dollar [daːl'əːr] (*US etc*) *n* ドル dốrù

dolled up [daːldʌp'] (*inf*) *adj* おめかしした o-mékashi shita

dolphin [daːl'fin] *n* イルカ irúka

domain [doumein'] *n* (sphere) 分野 búṅya; (empire) 縄張 nawábari

dome [doum] *n* (ARCHIT) 円がい eṅgai, ドーム dṓmu

domestic [dəmes'tik] *adj* (of country: trade, situation) 国内の kokúnai no; (of home: tasks, appliances) 家庭の katéi no
  domestic animal 家畜 kachíku

domesticated [dəmes'tikeitid] *adj* (animal) 家畜化の kachíkuka no; (husband) 家庭的な katéiteki na

dominant [daːm'ənənt] *adj* (share, part, role) 主な ómò na; (partner) 支配的な shiháiteki na

dominate [daːm'əneit] *vt* (discussion) ...の主な話題になる ...no ómò na wadái ni narù; (people) 支配する shíhài suru; (place) ...の上にそびえ立つ ...no ué nǐ so-

bíetatsù

domineering [daːmənir'iŋ] *adj* (overbearing) 横暴な ōbō na

dominion [dəmin'jən] *n* (authority) 支配権 shiháiken; (territory) 領土 ryṓdò

domino [daːm'ənou] (*pl* **dominoes**) *n* (block) ドミノ dómìno

dominoes [daːm'ənouz] *n* (game) ドミノ遊び domínoasòbi

don [daːn] (*BRIT*) *n* (SCOL) 大学教官 daígakukyōkan

donate [dou'neit] *vt* 寄付する kifú suru

donation [dounei'ʃən] *n* 寄付 kifú

done [dʌn] *pp of* **do**

donkey [daːŋ'kiː] *n* (ZOOL) ロバ rôba

donor [dou'nəːr] *n* (MED: of blood, heart etc) 提供者 teíkyòsha; (to charity) 寄贈者 kizṓsha

don't [dount] = **do not**

doodle [duː'dəl] *vi* 落書する rakúgaki suru

doom [duːm] *n* (fate) 悲運 hîun
  ◆*vt*: **to be doomed to failure** 失敗するに決っている shippái suru nǐ kimátte irù

doomsday [duːmz'dei] *n* 世の終り yó nò owári

door [dɔːr] *n* 戸 to, 扉 tobíra, ドア dôa

doorbell [dɔːr'bel] *n* 呼び鈴 yobírin

door handle *n* (gen) 取っ手 tottě; (of car) ドアハンドル doáhàṅdoru

doorman [dɔːr'mæn] (*pl* **doormen**) *n* (in hotel) ドアマン doámaǹ

doormat [dɔːr'mæt] *n* (mat) 靴ふき kutsúfuki, マット máttò

doorstep [dɔːr'step] *n* 玄関階段 geṅkankaǐdan

door-to-door [dɔːr'tədɔːr'] *adj* (selling, salesman) 訪問販売の hṓmonhaṅbai no

doorway [dɔːr'wei] *n* 戸口 tôguchi

dope [doup] *n* (inf: illegal drug) 麻薬 mayáku; (: person) ばか bákà
  ◆*vt* (horse, person) ...に麻薬を与える ...ni mayáku wò atáerù

dopey [dou'piː] (inf) *adj* (groggy) ふらふらになっている furáfura nǐ natté irù; (stupid) ばかな bákà na

dormant [dɔːr'mənt] *adj* (plant) 休眠中の kyúminchū no

a dormant volcano 休火山 kyűkazàn

dormice [dɔːr'mais] *npl of* **dormouse**

dormitory [dɔːr'mitɔːri] *n* (room) 共同寝室 kyódōshiñshitsu; (*US*: building) 寮 ryó

dormouse [dɔːr'maus] (*pl* **dormice**) *n* ヤマネ yamáne

DOS [dous] *n abbr* (COMPUT) (= *disk operating system*) ディスク・オペレーティング・システム disúku operētingu shisutému

dosage [dou'sidʒ] *n* 投薬量 tốyakuryô

dose [dous] *n* (of medicine) 一回量 ikkái-ryô

doss house [dɑs-] (*BRIT*) *n* 安宿 yasúyado, どや doyá

dossier [dɑːs'i:ei] *n* (POLICE etc) 調書一式 chốsho isshíki

dot [dɑt] *n* (small round mark) 点 teñ; (speck, spot) 染み shimí

♦*vt*: *dotted with* ...が点々とある ...ga teñten tò árù

on the dot (punctually) きっかり kikkárì

dote [dout]: *to dote on* *vt fus* (child, pet, lover) でき愛する dekíai suru

dot-matrix printer [dɑːtmeit'riks-] *n* (COMPUT) ドットプリンタ dottópuriñta

dotted line [dɑːt'id-] *n* 点線 teñsen

double [dʌb'əl] *adj* (share, size) 倍の baí no; (chin etc) 二重の nijū no; (yolk) 二つある futátsu arù

♦*adv* (twice): *to cost double* 費用は二倍掛かる híyồ wa nibái kakarù

♦*n* (twin) そっくりな人 sokkúrì na hitó

♦*vt* (offer) 一倍にする nibái ni surù; (fold: in two: paper, blanket) 二つに折る futátsu nì órù

♦*vi* (population, size) 二倍になる nihái ni narù

on the double, (*BRIT*) *at the double* 駆け足で kakéashi de

double bass *n* コントラバス koñtorabasù

double bed *n* ダブルベッド dabúrubeddò

double bend (*BRIT*) *n* S-カーブ esúkā-bu

double-breasted [dʌb'əlbres'tid] *adj* (jacket, coat) ダブルの dabúru no

doublecross [dʌb'əlkrɔːs'] *vt* (trick, betray) 裏切る urágirù

doubledecker [dʌbəldek'ər] *n* (*also*: **doubledecker bus**) 二階建てバス nikái-datebasù

double glazing [-gleiz'iŋ] (*BRIT*) *n* 二重ガラス nijūgarāsu

double room *n* ダブル部屋 dabúrubeya

doubles [dʌb'əlz] *n* (TENNIS) ダブルス dábùrusu

doubly [dʌb'li:] *adv* (especially) 更に sárà ni

doubt [daut] *n* (uncertainty) 疑問 gimón

♦*vt* (disbelieve) 信じない shiñjinaî; (mistrust, suspect) 信用しない shiñ-yō shinaî

to doubt that ... ...だとは思わない ...dá tò wa omówanaî

doubtful [daut'fəl] *adj* (fact, provenance) 疑わしい utágawashiî; (person) 疑っている utágatte irù

doubtless [daut'lis] *adv* (probably, almost certainly) きっと ...だろう kíttò ...darô

dough [dou] *n* (CULIN) 生地 kíjì

doughnut [dou'nʌt] *n* ドーナッツ dốnattsu

do up *vt* (laces) 結ぶ musúbu; (buttons) かける kakérù; (dress) しめる shimérù; (renovate: room, house) 改装する kaísō suru

douse [daus] *vt* (drench) ...に水を掛ける ...ni mizú wð kakérù; (extinguish) 消す kesú

dove [dʌv] *n* (bird) ハト hátò

Dover [dou'vəːr] *n* ドーバー dôbā

dovetail [dʌv'teil] *vi* (*fig*) 合う áù

dowdy [dau'di:] *adj* (clothes, person) 野暮な yábò na

do with *vt fus* (need) いる irú; (want) 欲しい hòshíì; (be connected) ...と関係がある ...to kánkei ga arù

I could do with a drink 一杯飲みたい íppai nomítaî

I could do with some help だれかに手伝ってもらいたい daréka ni tetsúdattè moráitaì

what has it got to do with you? あなたとはどういう関係ですか anátà to wa dô ĩu kánkei desù ká

I won't have anything to do with it その件にはかかわりたくない sonó kèn ni wa kakáwaritakùnàì

it has to do with money 金銭関係の事です kínsen kànkei no kotó desù

do without *vi* なしで済ます náshì de sumásù

◆*vt fus* …なしで間に合せる …náshì de ma ní awaserù

if you're late for lunch then you'll do without 昼食の時間に遅れたら何もなしだからね chúshoku no jikan ni ðkúretarà naní mo nashî da kara né

I can do without a car 私には車はいりません watákushi ni wà kurúma wa ìrímasèn

we'll have to do without a holiday this year 私たちは今年休暇を取るのは無理な様です watákushitàchi wa kotóshi kyúka wo torù no wa múrì na yō désù

down [daun] *n* (feathers) 羽毛 úmð

◆*adv* (downwards) 下へ shitá e; (on the ground) 下に shitá ni

◆*prep* (towards lower level) …の下へ …no shitá e; (movement along) …に沿って …ni sòttè

◆*vt* (*inf*: drink) 飲む nómù

down with X! 打倒X! datő X!

down-and-out [daun'ənaut] *n* 浮浪者 furóshà, ルンペン rúnpen

down-at-heel [daunæthi:l'] *adj* (shoes etc) 使い古した tsukáifurushità; (appearance, person) 見すぼらしい misúborashìi

downcast [daun'kæst] *adj* がっかりした gakkárî shita

downfall [daun'fɔ:l] *n* 失脚 shikkyáku

downhearted [daun'hɑ:r'tid] *adj* 落胆した rakútan shita

downhill [daun'hil'] *adv*: *to go downhill* (road, person, car) 坂を下る saká wð kudárù; (*fig*: person, business) 下り坂になる kudárizaka ni narù

down payment *n* (first payment of series) 頭金 atámakin; (deposit) 手付金 tetsúkekin

downpour [daun'pɔ:r] *n* 土砂降 doshábu-ri

downright [daun'rait] *adj* (lie, liar etc) 全くの mattáku no; (refusal) きっぱりした kippárî shita

a downright lie 真っ赤なうそ makká nà úsð

downstairs [daun'ste:rz'] *adv* (below) 下の階に〔de〕 shitá nð kâî ni〔de〕; (downwards: go, run etc) 下の階へ shitá nð kâî e

downstream [daun'stri:m'] *adv* (be) 川下に kawáshimo ni; (go) 川下へ kawáshimo e

down-to-earth [dauntuə:rθ'] *adj* (person, solution) 現実的な geñjitsuteki na

downtown [daun'taun'] *adv* 繁華街に〔で, へ〕 hañkagai ni〔de, e〕

down under *adv* (Australia etc) オーストラリア〔ニュージーランド〕に〔で〕 ősutorarìa〔nyūjīraǹdo〕ni〔de〕

downward [daun'wə:rd] *adv* 下へ shitá e

◆*adj* 下への shitá e nð

downwards [daun'wə:rdz] *adv* 下へ shitá e

dowry [dau'ri:] *n* (bride's) 持参金 jisáñkin

doz. *abbr* = **dozen**

doze [douz] *vi* 居眠りする inémurì suru

dozen [dʌz'ən] *n* 1ダース ichî dấsu

a dozen books 本12冊 hôñ jứni sàtsu

dozens of 幾つもの íkùtsu mo no

doze off *vi* (nod off) まどろむ madóromù

Dr. *abbr* = **doctor** (in street names) = **drive**

drab [dræb] *adj* (weather, building, clothes) 陰気な íñki na

draft [dræft] *n* (first version) 草案 sőan; (POL: of bill) 原案 geñ-an; (*also*: **bank draft**) 小切手 kogítte; (*US*: call-up) 徴兵 chőhei; (*of air*: *BRIT*: **draught**) すきま風 sukímakaze; (NAUT: *BRIT*: **draught**) 喫水 kissúi

◆*vt* (plan) 立案する ritsúan suru; (write roughly) …の下書きをする …no shitágaki wo surù

draft beer 生ビール namábìru

draftsman [dræfts'mən] (*pl* **draftsmen**: *BRIT* **draughtsman**) *n* 製図工 seízukō

drag [dræg] *vt* (bundle, person) 引きずる hikízurù; (river) さらう saráù

♦*vi* (time, a concert etc) 長く感じられる nágàku kañjirarerù

♦*n* (*inf*: bore) 退屈な人 taíkutsu na hitò; (women's clothing): *in drag* 女装して josố shite

drag on *vi* (case, concert etc) だらだらと長引く dáràdara to nagábikù

dragon [dræg'ən] *n* 竜 ryū

dragonfly [dræg'ənflai] *n* トンボ tôñbo

drain [drein] *n* (in street) 排水口 haísuikō; (on resources, source of loss) 負担 fután

♦*vt* (land, marshes, pond) 干拓する kañtaku suru; (vegetables) ...の水切りをする ...no mizúkiri wò suru

♦*vi* (liquid) 流れる nagárerù

drainage [drei'nidʒ] *n* (system) 排水 haísui; (process) 水はけ mizúhake

drainboard [drein'bɔ:rd] (*BRIT* **draining board**) *n* 水切り板 mizúkiribàn

drainpipe [drein'paip] *n* 排水管 haísuikan

drama [drɑ:m'ə] *n* (art) 劇文学 gekíbuñgaku; (play) 劇 gékì, ドラマ dórama; (excitement) ドラマ dórama

dramatic [drəmæt'ik] *adj* (marked, sudden) 劇的な gekíteki na; (theatrical) 演劇の eñgeki no

dramatist [dræm'ətist] *n* 劇作家 gekísakka

dramatize [dræm'ətaiz] *vt* (events) 劇的に描写する gekíteki nì byốsha suru; (adapt: for TV, cinema) 脚色する kyakúshoku suru

drank [dræŋk] *pt of* **drink**

drape [dreip] *vt* (cloth, flag) 掛ける kakérù

drapes [dreips] (*US*) *npl* (curtains) カーテン kâten

drastic [dræs'tik] *adj* (measure) 思い切った omóikittà; (change) 抜本的な bappónteki na

draught [dræft] (*BRIT*) = **draft**

draughtboard [dræft'bɔ:rd] (*BRIT*) = **checkerboard**

draughts [dræfts] (*BRIT*) = **checkers**

draughtsman [dræfts'mən] (*BRIT*) = **draftsman**

draw [drɔ:] (*pt* **drew**, *pp* **drawn**) *vt* (ART, TECH) 描く kákù; (pull: cart) 引く hikú; (: curtain) 引く hikú, 閉じる tojírù, 閉める shimérù; (take out: gun, tooth) 抜く nukú; (attract: admiration, attention) 引く hikú, 引付ける hikítsukerù; (money) 引出す hikídasù; (wages) もらう moráù

♦*vi* (SPORT) 引分けになる hikíwake ni narù

♦*n* (SPORT) 引分け hikíwake; (lottery) 抽選 chúsen

to draw near (approach: person, event) 近付く chikázukù

drawback [drɔ:'bæk] *n* 欠点 kettéñ

drawbridge [drɔ:'bridʒ] *n* 跳ね橋 hanébàshi

drawer [drɔ:'ə:r] *n* (of desk etc) 引出し hikídashi

drawing [drɔ:'iŋ] *n* (picture) 図 zu, スケッチ sukétchi; (skill, discipline) 製図 seízu

drawing board *n* 製図板 seízuban

drawing pin (*BRIT*) *n* 画びょう gábyò

drawing room *n* 居間 imá

drawl [drɔ:l] *n* のろい話振り noróì hanáshibùri

drawn [drɔ:n] *pp of* **draw**

draw out *vi* (lengthen) 引延ばす hikínobasù

♦*vt* (money: from bank) 引出す hikídasù, 下ろす orósù

draw up *vi* (stop) 止まる tomárù

♦*vt* (document) 作成する sakúsei suru; (chair etc) 引寄せる hikíyoserù

dread [dred] *n* (great fear, anxiety) 恐怖 kyốfu

♦*vt* (fear) 恐れる osórerù

dreadful [dred'fəl] *adj* (weather, day, person etc) いやな iyá nà

dream [dri:m] *n* (PSYCH, fantasy, ambition) 夢 yumé

♦*vb* (*pt*, *pp* **dreamed** *or* **dreamt**)

♦*vt* 夢に見る yumé ni mirù

♦*vi* 夢を見る yumé wo mirù

dreamer [dri:'mə:r] *n* 夢を見る人 yumé wo miru hitò, (*fig*) 非現実的な人 hígeñjitsuteki na hitó

dreamt [dremt] *pt, pp of* **dream**

dreamy [dri:'mi:] *adj* (expression, person) うっとりした uttórî shita; (music) 静かな shízùka na

dreary [dri:r'i:] *adj* (weather, talk, time) 陰気な iñki na

dredge [dredʒ] *vt* (river, harbor) しゅんせつする shuñsetsu suru

dregs [dregz] *npl* (of drink) かす kásù, おり orí; (of humanity) くず kúzù

drench [drentʃ] *vt* (soak) びしょ濡れにする bishóñure ni suru

dress [dres] *n* (frock) ドレス dórèsu; (no pl: clothing) 服装 fukúsō

♦*vt* (child) ...に服を着せる ...ni fukú wò kisérù; (wound) ...の手当をする ...no téàte wo suru

♦*vi* 服を着る fukú wò kirú

to get dressed 服を着る fukú wò kirú

dress circle (*BRIT*) *n* (THEATER) 2階席 nikáisèki

dresser [dres'ə:r] *n* (*BRIT*: cupboard) 食器戸棚 shokkítodàna; (*US*: chest of drawers) 整理だんす seíridañsu

dressing [dres'iŋ] *n* (MED) 包帯 hôtai; (CULIN: for salad) ドレッシング dorésshiñgu

dressing gown (*BRIT*) *n* ガウン gáùn

dressing room *n* (THEATER) 楽屋 gakúya; (SPORT) 更衣室 kôishìtsu

dressing table *n* 鏡台 kyôdai

dressmaker [dres'meikə:r] *n* 洋裁師 yōsaishī, ドレスメーカー dorésumēkà

dress rehearsal *n* (THEATER) ドレスリハーサル dorésurihàsaru ◊衣装を着けて本番並に行う舞台げいこ íshō wo tsukétè hoñbannami ni okónaù butáigeìko

dress up *vi* (wear best clothes) 盛装する seísō suru; (in costume) 仮装する kasô suru

dressy [dres'i:] (*inf*) *adj* (smart: clothes) スマートな sumátò na

drew [dru:] *pt of* **draw**

dribble [drib'əl] *vi* (baby) よだれを垂らす yodáre wò tarásu

♦*vt* (ball) ドリブルする doríbùru suru

dried [draid] *adj* (fruit) 干した hôshìta, 干し... hoshí...; (eggs, milk) 粉末の fuñmatsu no

drier [drai'ə:r] *n* = **dryer**

drift [drift] *n* (of current etc) 方向 hôkō; (of snow) 吹きだまり fukídamarì; (meaning) 言わんとする事 iwán tò suru kotò, 意味 ímì

♦*vi* (boat) 漂流する hyôryū suru; (sand, snow) 吹寄せられる fukíyoserarerù

driftwood [drift'wud] *n* 流木 ryûboku

drill [dril] *n* (*also*: **drill bit**) ドリル先 dorírusaki, ドリル dórìru; (machine: for DIY, dentistry, mining etc) ドリル dórìru; (MIL) 教練 kyôren

♦*vt* (troops) 教練する kyôren suru

♦*vi* (for oil) ボーリングする bôriñgu suru

to drill a hole in something ドリルで...に穴を開ける dórìru de ...ni aná wò akérù

drink [driŋk] *n* (gen) 飲物 nomímono, ドリンク doríñku; (alcoholic drink) 酒 saké; (sip) 一口 hitókùchi

♦*vb* (*pt* **drank**, *pp* **drunk**)

♦*vt* 飲む nómù

♦*vi* 飲む nómù

to have a drink 1杯飲む íppaì nómù

a drink of water 水1杯 mizú íppaì

drinker [driŋ'kə:r] *n* (of alcohol) 酒飲み sakénomì

drinking water [driŋ'kiŋ-] *n* 飲料水 iñryôsui

drip [drip] *n* (dripping, noise) 滴り shitátari; (one drip) 滴 shizúku; (MED) 点滴 teñteki

♦*vi* (water, rain) 滴る shitátarù; (tap) ...から水が垂れる ...kara mizú gà tarérù

drip-dry [drip'drai] *adj* (shirt) ドリップドライの doríppudorài no

dripping [drip'iŋ] *n* (CULIN) 肉汁 nikújū

drive [draiv] *n* (journey) ドライブ doráìbu; (*also*: **driveway**) 車道 shadô ◊私有地内を通って公道と家などをつなぐ私道 shidô wo

指す shiyúuchinaì wo tóttè kṓdō tò iế nadò wo tsunágù shidō wo sásù; (energy) 精力 sếiryoku; (campaign) 運動 uńdō; (COMPUT: also: **disk drive**) ディスクドライブ disúkudoraìbu

♦*vb* (*pt* **drove**, *pp* **driven**)

♦*vt* (car) 運転する uńten suru; (push: *also* TECH: motor etc) 動かす ugókasù; (nail): **to drive something into** ...を...に 打込む ...wo ...ni uchíkomù

♦*vi* (AUT: at controls) 運転する uńten suru; (travel) 車で行く kurúma de ikù

left-/right-hand drive 左〔右〕ハンドル hidári〔migí〕hańdoru

to drive someone mad ...をいらいらさせる ...wo íraira saserù

drivel [driv'əl] (*inf*) *n* 与太話 yotábanàshi

driven [driv'ən] *pp of* **drive**

driver [drai'vəːr] *n* (of own car) 運転者 uńteǹsha, ドライバー doráìbā; (chauffeur) お抱え運転手 o-kákae uńteǹshu; (of taxi, bus) 運転手 uńteǹshu; (RAIL) 運転士 uńteǹshi

driver's license (*US*) *n* 運転免許証 uńtenmenkyoshṓ

driveway [draiv'wei] *n* 車道 shadṓ ◇ 私有地内を通って公道と家などをつなぐ私道を指す shiyúuchinaì wo tóttè kṓdō tò iế nadò wo tsunágù shidō wo sásù

driving [drai'viŋ] *n* 運転 uńten

driving instructor *n* 運転指導者 uńtenshidōsha

driving lesson *n* 運転教習 uńtenkyōshū

driving licence (*BRIT*) *n* 運転免許証 uńtenmenkyoshṓ

driving mirror *n* バックミラー bakkúmirā

driving school *n* 自動車教習所 jidṓshakyōshujo

driving test *n* 運転免許試験 uńtenmenkyoshikèn

drizzle [driz'əl] *n* 霧雨 kirísame

drone [droun] *n* (noise) ぶーんという音 búǹ to iú otò; (male bee) 雄バチ osúbàchi

drool [druːl] *vi* (dog etc) よだれを垂らす yodáre wò tarásù

droop [druːp] *vi* (flower) しおれる shíoreru; (of person: shoulders) 肩を落とす káta wo otósù; (: head) うつむく utsúmukù

drop [drɑːp] *n* (of water) 滴 shizúku; (lessening) 減少 geńshō; (fall) 落差 rákùsa

♦*vt* (allow to fall: object) 落す otósù; (voice) 潜める hisómerù; (eyes) 落す otósù; (reduce: price) 下げる sagérù; (set down from car) 降ろす orósù; (omit: name from list etc) 削除する sakújo suru

♦*vi* (object) 落ちる ochírù; (wind) 弱まる yowámarù

drop off *vi* (go to sleep) 眠る nemúrù

♦*vt* (passenger) 降ろす orósù

drop out *vi* (withdraw) 脱退する dattái suru

drop-out [drɑːp'aut] *n* (from society) 社会からの脱落者 shákài kara no datsúrakushà; (SCOL) 学校からの中退者 gakkṓ kara nò chūtaishà

dropper [drɑːp'əːr] *n* スポイト supóìto

droppings [drɑːp'iŋz] *npl* (of bird, mouse) ふん fúǹ

drops [drɑːps] *npl* (MED: for eyes) 点眼剤 teńganzai; (: for ears) 点耳薬 teńjivàku

drought [draut] *n* かんばつ kańbatsu

drove [drouv] *pt of* **drive**

drown [draun] *vt* (kill: person, animal) 水死させる suíshi saserù; (*fig*: voice, noise) 聞えなくする kikóenakù suru, 消す kesú

♦*vi* (person, animal) おぼれ死ぬ obóreshinù

drowsy [drau'ziː] *adj* (sleepy) 眠い nemúî

drudgery [drʌdʒ'əːriː] *n* (uninteresting work) 骨折り仕事 honéorishigòto

drug [drʌg] *n* (MED) 薬剤 yakúzai, 薬 kusúri; (narcotic) 麻薬 mayáku

♦*vt* (sedate: person, animal) 薬で眠らせる kusúri dè nemúraserù

to be on drugs 麻薬を打って〔飲んで〕いる mayáku wò útte〔nóǹde〕irù

hard/soft drugs 中毒性の強い〔弱い〕麻薬 chúdokusei nò tsuyói〔yowáî〕mayáku

drug addict *n* 麻薬常習者 mayákujōshūsha

druggist [drʌgʻist] (*US*) *n* (person) 薬剤師 yakúzaìshi; (store) 薬屋 kusúriya

drugstore [drʌgʻstɔːr] (*US*) *n* ドラッグストア dorággusutòa

drum [drʌm] *n* (MUS) 太鼓 taíko, ドラム dóràmu; (for oil, petrol) ドラム缶 dorámukaǹ

drummer [drʌmʻəːr] *n* ドラマー dorámā

drums [drʌmz] *npl* ドラム dóràmu

drunk [drʌŋk] *pp of* **drink**
♦*adj* (with alcohol) 酔っ払った yoppárattà
♦*n* (*also*: **drunkard**) 酔っ払い yoppárai

drunken [drʌŋʻkən] *adj* (laughter, party) 酔っ払いの yoppárai no; (person) 酔っ払った yoppárattà

dry [drai] *adj* (ground, climate, weather, skin) 乾いた kawáìta; 乾燥した kañsō shita; (day) 雨の降らない âme no furánaì; (lake, riverbed) 干上がった hiágattà; (humor) 皮肉っぽい hiníkuppòi; (wine) 辛口の karákuchi no
♦*vt* (ground, clothes etc) 乾かす kawákasù; (tears) ふく fukú
♦*vi* (paint etc) 乾く kawákù

dry-cleaner's [draiʻkliːʻnəːrz] *n* ドライクリーニング屋 doráikurìninguya

dry-cleaning [draiʻkliːʻniŋ] *n* ドライクリーニング doráikurìnìngu

dryer [draiʻəːr] *n* (*also*: **hair dryer**) ヘアドライヤー heádoraìyā; (for laundry) 乾燥機 kañsòki; (*US*: spin-drier) 脱水機 dassúìki

dryness [draiʻnis] *n* (of ground, climate, weather, skin) 乾燥 kañsō

dry rot *n* 乾腐病 kañpubyò

dry up *vi* (river, well) 干上がる hiágarù

DSS [diːesesʻ] (*BRIT*) *n abbr* (= *Department of Social Security*) 社会保障省 shakáihoshōshō

dual [duːʻəl] *adj* 二重の nijū no

dual carriageway (*BRIT*) *n* 中央分離帯のある道路 chūōbuǹritai no árù dṓro

dual nationality *n* 二重国籍 nijúkoku-sèki

dual-purpose [duːʻəlpəːrʻpəs] *adj* 二重目的の nijúmokutèki no

dubbed [dʌbd] *adj* (CINEMA) 吹き替えの fukíkae nọ

dubious [duːʻbiːəs] *adj* (claim, reputation, company) いかがわしい ikágawashiì; (person) 疑っている utágatte irù

Dublin [dʌbʻlin] *n* ダブリン dáburin

duchess [dʌtʃʻis] *n* 公爵夫人 kōshakufujìn

duck [dʌk] *n* (ZOOL, CULIN: domestic bird) アヒル ahíru; (wild bird) カモ kámò
♦*vi* (*also*: **duck down**) かがむ kagámù

duckling [dʌkʻliŋ] *n* (ZOOL, CULIN: domestic bird) アヒルの子 ahíru no kò; (: wild bird) カモの子 kámò no ko

duct [dʌkt] *n* (ELEC, TECH) ダクト dákùto; (ANAT) 管 kán

dud [dʌd] *n* (bomb, shell etc) 不発弾 fuhátsudàn; (object, tool etc) 欠陥品 kekkánhin
♦*adj*: **dud cheque** (*BRIT*) 不渡り小切手 fuwátarikogìttè

due [duː] *adj* (expected: meeting, publication, arrival) 予定した yotéi shita; (owed: money) 払われるべき haráwarerubeki; (proper: attention, consideration) 当然の tōzen no
♦*n*: **to give someone his (or her) due** ...に当然の物を与える ...ni tōzen no monò wo atáerù
♦*adv*: **due north** 真北に ma-kíta ni

in due course (when the time is right) 時が来たら tokí ga kitarà; (eventually) やがて yagáte

due to (owing to) ...が原因で ...ga geñ-in de

to be due to do ...する事になっている ...surú kotò ni natté irù

duel [duːʻəl] *n* (*also fig*) 決闘 kettō

dues [duːz] *npl* (for club, union) 会費 kaíhi; (in harbor) 使用料 shiyōryò

duet [duːetʻ] *n* (MUS) 二重唱 nijúshō, デュエット dúètto

duffel bag [dʌfʻəl-] *n* 合切袋 gassáibukùro

duffel coat [dʌfʻəl-] *n* ダッフルコート daffúrukòto ◇丈夫なフード付き防寒コート jóbu nà fúdotsuki bōkan kòto

dug [dʌg] *pt, pp of* **dig**

duke [duːk] *n* 公爵 kōshaku

dull [dʌl] *adj* (weak: light) 暗い kuráî;

(intelligence, wit) 鈍い nibúi; (boring: event) 退屈な taíkutsu na; (sound, pain) 鈍い nibúi; (gloomy: weather, day) 陰気な iñki na

♦*vt* (pain, grief) 和らげる yawárageru; (mind, senses) 鈍くする nībúku suru

duly [du:'li:] *adv* (properly) 正当に seítō ni; (on time) 予定通りに yotéidōri ni

dumb [dʌm] *adj* (mute, silent) 話せない hanásenaì; (*pej*: stupid) ばかな bákà na

dumbfounded [dʌmfaund'id] *adj* あ然とした azén tò shita

dummy [dʌm'i:] *n* (tailor's model) 人台 jiñdai; (TECH, COMM: mock-up) 模型 mokéi; (*BRIT*: for baby) おしゃぶり o-shâbùri

♦*adj* (bullet) 模擬の mógì no; (firm) ダミーの dámī no

dump [dʌmp] *n* (*also*: **rubbish dump**) ごみ捨て場 gomísuteba; (*inf*: place) いやな場所 iyá na bashò

♦*vt* (put down) 落す otósu; (get rid of) 捨てる sutéru; (COMPUT: data) 打ち出す uchídasu, ダンプする dâñpu suru

dumpling [dʌmp'lin] *n* (CULIN: with meat etc) 団子 dáñgo

dumpy [dʌm'i:] *adj* (person) ずんぐりした zuñgurì shita

dunce [dʌns] *n* (SCOL) 劣等生 rettósei

dune [du:n] *n* (in desert, on beach) 砂丘 sakyū

dung [dʌŋ] *n* (AGR, ZOOL) ふん fúñ

dungarees [dʌŋgəri:z'] *npl* オーバーオール ōbàōru

dungeon [dʌn'dʒən] *n* 地下ろう chikárō

duo [du:'ou] *n* (*gen*, MUS) ペア péā

dupe [du:p] *n* (victim) かも kámò

♦*vt* (trick) だます damásu

duplex [du:p'leks] (*US*) *n* (house) 2世帯用住宅 nisétaiyōjūtaku; (apartment) 複層式アパート fukúsōshikiapàto

duplicate [*n* du:'plikit *vb* du:'plikeit] *n* (of document, key etc) 複製 fukúsei

♦*vt* (copy) 複製する fukúsei suru; (photocopy) ...のコピーを取る ...no kópī wo toru, ...をコピーする ...wo kópī suru; (repeat) 再現する saígen suru

in duplicate 2部で nîbù de

duplicity [du:plis'əti:] *n* (deceit) いかさま ikásama

durable [du:r'əbəl] *adj* (goods, materials) 丈夫な jôbu na

duration [durei'ʃən] *n* (of process, event) 継続期間 keízokukikan

duress [dures'] *n*: *under duress* (moral, physical) 強迫 kyôhaku

during [du:r'in] *prep* ...の間に ...no aída ni

dusk [dʌsk] *n* 夕暮 yúgure

dust [dʌst] *n* ほこり hokóri

♦*vt* (furniture) ...のほこりを拭く ...no hokóri wò fukú; (cake etc): *to dust with* ...に...を振掛ける ...ni ...wo furíkakeru

dustbin [dʌst'bin] (*BRIT*) *n* ごみ箱 gomíbàko

duster [dʌs'tər] *n* (cloth) 雑きん zókin

dustman [dʌst'mæn] (*BRIT pl* **dustmen**) *n* ごみ収集人 gomíshūshūnin

dusty [dʌs'ti:] *adj* (road) ほこりっぽい hokórippoì; (furniture) はこりだらけの hokóridaràke no

Dutch [dʌtʃ] *adj* オランダの oránda no; (LING) オランダ語の orándagò no

♦*n* (LING) オランダ語 orándagò

♦*npl: the Dutch* オランダ人 orándajìn

to go Dutch (*inf*) 割勘にする waríkan ni surù

Dutchman/woman [dʌtʃ'mən/wumən] (*pl* **Dutchmen/Dutchwomen**) *n* オランダ人男性〔女性〕orándajin dañsei〔joséi〕

dutiful [du:'tifəl] *adj* (son, daughter) 従順な jûjun na

duty [du:'ti:] *n* (responsibility) 義務 gímù; (tax) 税金 zeíkin

on/off duty (policeman, nurse) 当番〔非番〕で tóban〔hibán〕de

duty-free [du:'ti:fri:'] *adj* (drink, cigarettes) 免税の meñzei no

duvet [du:'vei] (*BRIT*) *n* 掛布団 kakébutòn

dwarf [dwɔːrf] (*pl* **dwarves**) *n* (person) 小人 kobíto; (animal, plant) わい小種 waíshòshū

♦*vt* 小さく見せる chíisaku misérù

dwarves [dwɔːrvz] *npl of* **dwarf**

dwell [dwel] (*pt, pp* **dwelt**) *vi* (reside,

stay) 住む súmù

dwelling [dwel'iŋ] *n* (house) 住居 júkyò

dwell on *vt fus* (brood on) 長々と考える nagánaga tò kaŋgaerù

dwelt [dwelt] *pt, pp of* **dwell**

dwindle [dwin'dəl] *vi* (interest, attendance) 減る hérù

dye [dai] *n* (for hair, cloth) 染料 señryò
◆*vt* 染める somérù

dying [dai'iŋ] *adj* (person, animal) 死に掛かっている shiníkakatte irù

dyke [daik] (*BRIT*) *n* (wall) 堤防 teíbō

dynamic [dainæm'ik] *adj* (leader, force) 力強い chikárazuyoì

dynamite [dai'nəmait] *n* ダイナマイト daínamaìto

dynamo [dai'nəmou] *n* (ELEC) 発電機 hatsúdeñki, ダイナモ daínamo

dynasty [dai'nəsti:] *n* (family, period) 王朝 ōchō

dyslexia [dislek'si:ə] *n* 読書障害 dokúshoshōgai

E

E [i:] *n* (MUS: note) ホ音 hó-oǹ; (: key) ホ調 hóchò

each [i:tʃ] *adj* (thing, person, idea etc) それぞれの sorézòre no
◆*pron* (each one) それぞれ sorézòre
each other 互いを〔に〕tagái wò〔nì〕
they hate each other 彼らは互いに憎み合っている kárèra wa tagái nì nikúmiatte irù
they have 2 books each 彼らはそれぞれ2冊の本を持っている kárèra wa sorézòre nísàtsu no hôñ wo motté irù

eager [i:'gə:r] *adj* (keen) 熱心な nesshín na
to be eager to do something 一生懸命に...をしたがっている isshókeñmei ni ... wo shitágattè irú
to be eager for とても...をほしがっている totémo ...wo hoshígattè irú

eagle [i:'gəl] *n* ワシ washí

ear [i:r] *n* (ANAT) 耳 mimí; (of corn) 穂 hó

earache [i:r'eik] *n* 耳の痛み mimí nò itámi

eardrum [i:r'drʌm] *n* 鼓膜 komáku

earl [ə:rl] (*BRIT*) *n* 伯爵 hakúshaku

earlier [ə:r'li:ə:r] *adj* (date, time, edition etc) 前の máè no
◆*adv* (leave, go etc) もっと早く móttò háyàku

early [ə:r'li:] *adv* (in day, month etc) 早く háyàku; (ahead of time) 早めに hayáme ni
◆*adj* (near the beginning: work, hours) 早朝の sōchō no; (Christians, settlers) 初期の shókì no; (sooner than expected: departure) 早めの hayáme no; (quick: reply) 早期の sōki no
an early death 早死に hayájinì
to have an early night 早めに寝る hayáme nì nérù
in the early/early in the spring 春先に harúsaki ni
in the early/early in the 19th century 19世紀の初めに júkyūseìki no hajíme ni

early retirement *n* 早めの引退 hayáme nò íñtai

earmark [i:r'mɑ:rk] *vt*: *to earmark (for)* (...に) 当てる (...ni) atérù

earn [ə:rn] *vt* (salary etc) 稼ぐ kaségù; (COMM: interest) 生む umú; (praise) 受ける ukérù

earnest [ə:r'nist] *adj* (wish, desire) 心からの kokórò kara no; (person, manner) 真剣な shiñken na
in earnest 真剣に shiñken ni

earnings [ə:r'niŋz] *npl* (personal) 収入 shūnyū; (of company etc) 収益 shōeki

earphones [i:r'founz] *npl* イヤホーン i-yáhòn

earring [i:r'riŋ] *n* イヤリング íyàringu

earshot [i:r'ʃɑ:t] *n*: *within earshot* 聞える範囲に kikóerù hâñ-i ni

earth [ə:rθ] *n* (planet) 地球 chikyū; (land surface) 地面 jímèn; (soil) 土 tsuchí; (*BRIT*: ELEC) アース àsu
◆*vt* (*BRIT*: ELEC) アースに落す àsu ni otósù

earthenware [ə:r'θənwe:r] *n* 土器 dókì

earthquake [əːrθˈkweik] *n* 地震 jishín

earthy [əːrˈθiː] *adj* (*fig*: humor: vulgar) 下品な gehín na

ease [iːz] *n* (easiness) 容易さ yóisà; (comfort) 楽 rakú

♦*vt* (lessen: problem, pain) 和らげる yawáragerù; (: tension) 緩和する kañwa suru

to ease something in/out ゆっくりと …を入れる〔出す〕yukkúrì to …wo irérù 〔dásù〕

at ease! (MIL) 休め! yasúmè!

easel [iˈzəl] *n* 画架 gáka, イーゼル ízeru

ease off *vi* (lessen: wind) 弱まる yowámarù; (: rain) 小降りになる kobúri ni narù; (slow down) スピードを落す supídò wo otósù

ease up *vi* = **ease off**

easily [iˈziliː] *adv* (with ease) 容易に yóini; (in comfort) 楽に rakú ni

east [iːst] *n* (direction) 東 higashi; (of country, town) 東部 tóbu

♦*adj* (region) 東の higásho no; (wind) 東からの higáshi karà no

♦*adv* 東に〔へ〕higáshi ni 〔e〕

the East (Orient) 東洋 tóyò; (POL) 東欧 tóo, 東ヨーロッパ higáshi yóroppa

Easter [iːsˈtəːr] *n* 復活祭 fukkátsusài, イースター ísutā

Easter egg *n* イースターエッグ ísutaeggù ◇復活祭の飾り，プレゼントなどに使う色や模様を塗ったゆで卵 fukkátsusài no kazári, purézènto nádò ni tsukáu iró ya moyó wo nuttá yudétamago

easterly [iːsˈtəːriː] *adj* (to the east: direction, point) 東への higáshi e nò; (from the east: wind) 東からの higáshi kara nò

eastern [iːsˈtəːrn] *adj* (GEO) 東の higáshi no; (oriental) 東洋の tóyò no; (communist) 東欧の tóo no, 東ヨーロッパの higáshi yóroppa no

East Germany *n* 東ドイツ higáshi doítsu

eastward(s) [iːstˈwəːrd(z)] *adv* 東へ higáshi e

easy [iˈziː] *adj* (simple) 簡単な kañtan na; (relaxed) 寛いだ kutsúroìda; (com-

fortable) 楽な rakú na; (victim) だまされやすい damásareyasuì; (prey) 捕まりやすい tsukámariyasuì

♦*adv: to take it/things easy* (go slowly) 気楽にやる kiráku ni yarù; (not worry) 心配しない shiñpai shinaì; (rest) 休む yasúmù

easy chair *n* 安楽いす añrakuisù

easy-going [iˈziːgouˈiŋ] *adj* 穏やかな o-dáyàka na

eat [iːt] (*pt* **ate**, *pp* **eaten**) *vt* (breakfast, lunch, food etc) 食べる tabérù

♦*vi* 食べる tabérù

eat away *vt fus* = **eat into**

eat into *vt fus* (metal) 腐食する fushóku suru; (savings) …に食込む …ni kuíkomù

eau de Cologne [ouˈ də kəloun'] *n* オーデコロン ódekoròn

eaves [iːvz] *npl* (of house) 軒 nokí

eavesdrop [iːvzˈdrɑːp] *vi: to eavesdrop (on)* (person, conversation) (…を) 盗み聞きする (…wo) nusúmigìkí suru

ebb [eb] *n* (of sea, tide) 引く事 hikú kotò

♦*vi* (tide, sea) 引く hikú; (*fig: also:* **ebb away**: strength, feeling) 段々なくなる dañdan nakùnaru

ebony [ebˈəniː] *n* (wood) 黒たん kokútan

EC [iˈsiˈ] *n abbr* (= *European Community*) 欧州共同体 óshūkyódòtai

eccentric [iksenˈtrik] *adj* (choice, views) 風変りな fúgawàri na

♦*n* (person) 変り者 kawárimono

ecclesiastical [ikliːziːæsˈtikəl] *adj* 教会の kyókai no

echo [ekˈou] (*pl* **echoes**) *n* (of noise) こだま kodáma, 反響 hañkyo

♦*vt* (repeat) 繰返す kuríkaesù

♦*vi* (sound) 反響する hañkyo suru; (place) …で鳴り響く …de naríhibikù

echoes [ekˈouz] *npl of* **echo**

éclair [ikleˈr] *n* (cake) エクレア ekúrea

eclipse [iklipsˈ] *n* (*also:* **eclipse of the sun**) 日食 nisshóku; (*also:* **eclipse of the moon**) 月食 gesshóku

ecology [ikɑːˈlədʒiː] *n* (environment) 環境 kañkyo, エコロジー ekóroji; (SCOL) 生態学 seítaigàku

economic [iːkənɑːmˈik] *adj* (system, history) 経済の keízai no; (*BRIT*: profitable: business etc) もうかる mőkarù

economical [i:kənə:m'ikəl] *adj* (system, car, machine) 経済的な keízaiteki na; (person) 倹約な keń-yaku na

economics [i:kənə:m'iks] *n* (SCOL) 経済学 keízaigàku
♦*npl* (of project, situation) 経済問題 keízaimondai

economist [ika:n'əmist] *n* 経済学者 keízaigakùsha

economize [ika:n'əmaiz] *vi* (make savings) 節約する setsúyaku suru

economy [ika:n'əmi:] *n* (of country) 経済 keízai no; (financial prudence) 節約 setsúyaku

economy class *n* (AVIAT) エコノミークラス ekônomíkurầsu

economy size *n* (COMM) お買い得サイズ o-káidoku saîzu

ecstasy [ek'stəsi:] *n* (rapture) 狂喜 kyóki, エクスタシー ekúsutashî

ecstatic [ekstæt'ik] *adj* (welcome, reaction) 熱烈な netsúretsu na; (person) 無我夢中になった múgàmuchū ni nattà

ecumenical [ekju:men'ikəl] *adj* 超宗派の chôshûha no

eczema [ek'səmə] *n* (MED) 湿しん shisshîn

edge [edʒ] *n* (border: of lake, table, chair etc) 縁 fuchî; (of knife etc) 刃 há
♦*vt* (trim) 縁取りする fuchídori suru
on edge (*fig*) = **edgy**
to edge away from じりじり...から離れる jírìjiri ...kara hanárerù

edgeways [edʒ'weiz] *adv*: **he couldn't get a word in edgeways** 何一つ発言出来なかった nanihitótsu hatsúgen dekinakattà

edgy [edʒ'i:] *adj* (nervous, agitated) いらいらした íràira shita

edible [ed'əbəl] *adj* (mushroom, plant) 食用の shokúyō no

edict [i:'dikt] *n* (order) 政令 seírei

edifice [ed'əfis] *n* (building, structure) 大建造物 daíkenzőbùtsu

Edinburgh [ed'ənbə:rə] *n* エジンバラ e-jínbara

edit [ed'it] *vt* (text, report) 校正する kősei suru; (book, film, newspaper etc) 編集する heńshū suru

edition [idiʃ'ən] *n* (of book) 版 háñ; (of newspaper, magazine) 号 gő; (TV, RADIO) 回 kaî

editor [ed'itə:r] *n* (of newspaper) 編集局長 heńshūkyokuchô, デスク désùku; (of magazine) 編集長 heńshûchō; (of column: foreign/political editor) 編集主任 heńshūshunin; (of book) 編集者 heńshū-sha

editorial [editə:r'i:əl] *adj* (staff, policy, control) 編集の heńshū no
♦*n* (of newspaper) 社説 shasétsu

educate [edʒ'u:keit] *vt* (teach) 教育する kyőiku suru; (instruct) ...に教える ...ni oshíerù

education [edʒu:kei'ʃən] *n* (schooling, teaching) 教育 kyőiku; (knowledge, culture) 教養 kyőyō

educational [edʒu:kei'ʃənəl] *adj* (institution, policy etc) 教育の kyőiku no; (experience, toy) 教育的な kyőikuteki na

EEC [i:i:si:'] *n abbr* (= *European Economic Community*) 欧州経済共同体 ő-shūkeizaikyôdôtai

eel [i:l] *n* ウナギ unági

eerie [i:'ri:] *adj* (strange, mysterious) 不気味な bukími na

effect [ifekt'] *n* (result, consequence) 結果 kekká; (impression: of speech, picture etc) 効果 kôka
♦*vt* (repairs) 行う okónau; (savings etc) ...に成功する ...ni seíkō suru
to take effect (law) 実施される jisshí sarerù; (drug) 効き始める kikíhajimerù
in effect 要するに yő surù ni

effective [ifek'tiv] *adj* (successful) 効果的な kôkateki na; (actual: leader, command) 実際の jissai no

effectively [ifek'tivli:] *adv* (successfully) 効果的に kôkateki ni; (in reality) 実際には jissai ni wa

effectiveness [ifek'tivnis] *n* (success) 有効性 yúkōsei

effeminate [ifem'ənit] *adj* (boy, man) 女々しい meméshiî

effervescent [efə:rves'ənt] *adj* (drink) 炭酸ガス入りの tansangasuirî no

efficacy [ef'ikəsi:] *n* (effectiveness) 有効性 yūkōsei

efficiency [ifiʃ'ənsi:] *n* (of person, organization) 能率 nōritsu; (of machine) 効率 kōritsu

efficient [ifiʃ'ənt] *adj* (person, organization) 能率的な nōritsuteki na; (machine) 効率の良い kōritsu no yoï

effigy [ef'idʒi:] *n* (image) 像 zō

effort [ef'ə:rt] *n* (endeavor) 努力 dóryòku; (determined attempt) 試み kokóromì, 企て kuwádate; (physical/mental exertion) 苦労 kúrò

effortless [ef'ə:rtlis] *adj* (achievement) 楽な rakú nà; (style) ごく自然な gókù shizén na

effrontery [ifrʌn'tə:ri:] *n* (cheek, nerve) ずうずうしさ zūzūshìsà

effusive [ifju:'siv] *adj* (handshake, welcome) 熱烈な netsúretsu na

e.g. [i:dʒi:'] *adv abbr* (= *exempli gratia*) 例えば tatóeba

egg [eg] *n* 卵 tamágò
 hard-boiled/soft-boiled egg 堅ゆで〔半熟〕卵 katáyude(hañjuku)tamágo

eggcup [eg'kʌp] *n* エッグカップ eggúkappù

egg on *vt* (in fight etc) そそのかす sosónokasù

eggplant [eg'plænt] (*esp US*) *n* (aubergine) ナス násù

eggshell [eg'ʃel] *n* 卵の殻 tamágò no kará

ego [i:'gou] *n* (self-esteem) 自尊心 jisóñshin

egotism [i:'gətizəm] *n* 利己主義 rikóshugì

egotist [i:'gətist] *n* 利己主義者 rikóshugìshà, エゴイスト egóisùto

Egypt [i:'dʒipt] *n* エジプト ejíputo

Egyptian [idʒip'ʃən] *adj* エジプトの ejíputo no
 ◆*n* エジプト人 ejíputojìn

eiderdown [ai'də:rdaun] *n* (quilt) 羽布団 hanébutòn

eight [eit] *num* 八（の）hachí(no), 八つ

（の）yattsú no

eighteen [ei'ti:n'] *num* 十八（の）jūhachi (no)

eighth [eitθ] *num* 第八の dáîhachi no

eighty [ei'ti:] *num* 八十（の）hachíjū(no)

Eire [e:r'ə] *n* アイルランド aīrurañdo

either [i:'ðə:r] *adj* (one or other) どちらかの dóchìraka no; (both, each) 両方の ryóhō no
 ◆*pron*: *either (of them)* どちらも...ない dóchìra mo ...nai
 ◆*adv* ...も...ない ...mo ...naï
 ◆*conj*: *either yes or no* はいかいいえか háî ka iíe kà
 on either side 両側に ryógawa ni
 I don't like either どちらも好きじゃない dóchìra mo sukí ja naî
 no, I don't either いいえ、私もしない iíe, watákushi mò shinaî

eject [idʒekt'] *vt* (object) 放出する hōshutsu surù; (tenant) 立ちのかせる tachínokaserù; (gatecrasher etc) 追出す oídasù

eke [i:k]: *to eke out* *vt* (make last) 間に合せる ma ní awaserù

elaborate [*n* ilæb'ə:rit *vb* ilæb'ə:reit] *adj* (complex: network, plan, ritual) 複雑な fukúzatsu na
 ◆*vt* (expand) 拡張する kakúchō suru; (refine) 洗練する señren suru
 ◆*vi*: *to elaborate (on)* (idea, plan etc) (...を) 詳しく説明する (...wo) kuwáshikù setsúmei suru

elapse [ilæps'] *vi* (time) 過ぎる sugírù

elastic [ilæs'tik] *n* (material) ゴムひも gomúhimo
 ◆*adj* (otrotohy) 弾力性のある dañryolu sei no arù; (adaptable) 融通の利く yúzū no kikù

elastic band (*BRIT*) *n* 輪ゴム wagómu

elated [ilei'tid] *adj*: *to be elated* 大喜びになっている óyoròkobi ni natté irù

elation [ilei'ʃən] *n* (happiness, excitement) 大喜び óyoròkobi

elbow [el'bou] *n* (ANAT: *also* of sleeve) ひじ hijí

elder [el'də:r] *adj* (brother, sister etc) 年上の toshíuc no

♦*n* (tree) ニワトコ niwátoko; (older person: *gen pl*) 年上の人々 toshíue no hitobíto

elderly [el'də:rli:] *adj* (old) 年寄の toshíyorì no

♦*npl: the elderly* 老人 rójin

eldest [el'dist] *adj* 最年長の saínenchō no

♦*n* 最年長の人 saínenchō no hitó

the eldest child/son/daughter 長子〔長男, 長女〕chōshì〔chōnàn, chōjò〕

elect [ilekt'] *vt* (government, representative, spokesman etc) 選出する seńshutsu suru

♦*adj: the president elect* 次期大統領 jíkìdaítōryò ◇当選したものの, まだ就任していない人について言う tōsen shita mono nò, mádà shūnin shite inaì hitó nì tsúìte iú

to elect to do (choose) ...する事にする ...súrú kotò ni suru

election [ilek'ʃən] *n* (voting) 選挙 séñkyo; (installation) 当選 tōsen

electioneering [ilekʃəni:'riŋ] *n* (campaigning) 選挙運動 seńkyouńdō

elector [ilek'tə:r] *n* (voter) 有権者 yúkeñsha

electoral [ilek'tə:rəl] *adj* (register, roll) 有権者の yúkeñsha no

electorate [ilek'tə:rit] *n* (of constituency, country) 有権者 yúkeñsha ◇総称 sōshō

electric [ilek'trik] *adj* (machine, current, power) 電気の déñki no

electrical [ilek'trikəl] *adj* (appliance, system, energy) 電気の déñki no

electric blanket *n* 電気毛布 deńkimōfu

electric chair (*US*) *n* 電気いす deńkiìsu

electric fire *n* 電気ヒーター deńkihītā

electrician [ilektriʃ'ən] *n* 電気屋 deńkiyà

electricity [ilektris'əti:] *n* 電気 déñki

electrify [ilek'trəfai] *vt* (fence) 帯電させる taíden saserù; (rail network) 電化する deñka suru; (audience) ぎょっとさせる gyóttò sasérù

electrocute [ilek'trəkju:t] *vt* 感電死させる kańdeñshi sasérù

electrode [ilek'troud] *n* 電極 deńkyoku

electron [ilek'tra:n] *n* (PHYSICS) 電子 deńshi

electronic [ilektra:n'ik] *adj* (device, equipment) 電子の déñshi no

electronic mail *n* 電子郵便 deńshiyuùbin

electronics [ilektra:n'iks] *n* (industry, technology) 電子工学 deńshikōgaku

elegance [el'əgəns] *n* (of person, building) 優雅さ yúgàsa, エレガンス éregànsu; (of idea, plan) 見事さ migótosà

elegant [el'əgənt] *adj* (person, building) 優雅な yúga na; (idea, plan) 洗練された seíren saretà

element [el'əmənt] *n* (part: of whole, job, process) 要素 yōso; (CHEM) 元素 geńso; (of heater, kettle etc) ヒーター素子 hītāsoshi

elementary [elimen'tə:ri:] *adj* (basic) 基本的な kihōnteki na; (primitive) 原始的な geńshiteki na; (school, education) 初等の shotō no

elephant [el'əfənt] *n* ゾウ zō

elevation [eləvei'ʃən] *n* (raising, promotion) 向上 kōjō; (height) 海抜 kāíbatsu

elevator [el'əveitə:r] *n* (*US*: lift) エレベーター erébētā

eleven [ilev'ən] *num* 十一（の）júuichi no

elevenses [ilev'ənziz] (*BRIT*) *npl* (coffee-break) 午前のおやつ gózèn no o-yátsu

eleventh [ilev'ənθ] *num* 第十一の dáìjúuichi no

elf [elf] (*pl* **elves**) *n* 小妖精 shóyōsei

elicit [ilis'it] *vt: to elicit (from)* (information, response, reaction) (...から)...を引出す (...kará)...wò hikídasù

eligible [el'idʒəbəl] *adj* (qualified, suitable) 資格のある shikáku no arù; (man, woman) 好ましい結婚相手である konómashiì kekkón aìte de árù

to be eligible for something (qualified, suitable) ...する資格がある ...suru shikáku ga arù

eliminate [əlim'əneit] *vt* (eradicate: poverty, smoking) 無くす nakúsù; (candidate, team, contestant) 除外する jogái suru

elimination [əlimənei'ʃən] *n* (eradication) 根絶 koñzetsu; (of candidate, team etc) 除外 jogái

élite [iliːtʹ] *n* エリート eríto

elm [elm] *n* (tree) ニレ niré; (wood) ニレ材 nirézai

elocution [eləkjuːʹʃən] *n* 話術 wájutsu

elongated [iloːŋʹgeitid] *adj* (body, shadow) 細長い hosónagaì

elope [iloupʹ] *vi* 駆落ちする kakéochi suru

elopement [iloupʹmənt] *n* 駆落ち kakéochi

eloquence [elʹəkwəns] *n* (of person, description, speech) 雄弁 yúben

eloquent [elʹəkwənt] *adj* (person, description, speech) 雄弁な yúben na

else [els] *adv* (other) 外に hoká nì

something else 外の物 hoká no monò

somewhere else 外の場所 hoká no bashò

everywhere else 外はどこも hoká wà dókò mo

where else? 外にどこ？ hoká nì dókò?

there was little else to do 外にする事はなかった hoká nì suru kotò wa nákàtta

nobody else spoke 外にだれもしゃべらなかった hoká nì daré mò shabéranakatta

elsewhere [elsʹweːr] *adv* (be) 外の所に hoká no tokorò ni; (go) 外の所へ hoká no tokorò e

elucidate [iluːʹsideit] *vt* (argument, point) 解明する kaímei suru

elude [iluːdʹ] *vt* (subj: fact, idea: not realized) 気付かれない kizúkarenaì; (: not remembered) 思い出せない omóidasenaì; (: not understood) 理解されない ríkai sarénaì; (captor) ...から逃げる ...kara nigérù; (capture) 免れる manúgarerù

elusive [iluːʹsiv] *adj* (person, animal) 見付けにくい mitsúkenikuì; (quality) 分かりにくい wakárinikuì

elves [elvz] *npl of* **elf**

emaciated [imeiʹʃiːeitid] *adj* (person, animal) 衰弱した suíjaku shita

emanate [emʹəneit] *vi*: *to emanate from* (idea, feeling) ...から放たれる ...ka-

ra hanatárerù; (sound) ...から聞える ...kara kikóerù; (light) ...から放射される ...kara hósha sarerù

emancipate [imænʹsəpeit] *vt* (poor, slave, women) 解放する kaíhō suru

emancipation [imænsəpeiʹʃən] *n* (of poor, slaves, women) 解放 kaíhō

embankment [embæŋkʹmənt] *n* (of road, railway) 土手 dóte; (of river) 堤防 teíbō

embargo [embɑːrʹgou] (*pl* **embargoes**) *n* (POL, COMM) 通商停止 tsúshōteìshi

embark [embɑːrkʹ] *vi* (NAUT): *to embark (on)* (...に) 乗船する (...ni) jósen suru

◆*vt* (passengers, cargo) 乗せる nosérù

to embark on (journey) ...に出発する ...ni shuppátsu surù; (task, course of action) ...に乗出す ...ni norídasù

embarkation [embɑːrkeiʹʃən] *n* (of people) 乗船 jósen; (of cargo) 船積み funázumi

embarrass [embærʹəs] *vt* (emotionally) 恥をかかせる hají wò kakáserù; (politician, government) 困らせる komáraserù

embarrassed [embærʹəst] *adj* (laugh, silence) 極り悪そうな kimáriwarusò na

embarrassing [embærʹəsiŋ] *adj* (statement, situation, moment) 恥ずかしい hazúkashiì

embarrassment [embærʹəsmənt] *n* (shame) 恥 hají; (embarrassing problem) 厄介な問題 yákkài na mofidai

embassy [emʹbəsiː] *n* (diplomats) 使節団 shisétsudàn; (building) 大使館 taíshikàn

embedded [embedʹid] *adj* (object) 埋め込まれた umékomáretà

embellish [embelʹiʃ] *vt* (place, dress) 飾る kazáru; (account) 潤色する juñshoku suru

embers [emʹbəːrz] *npl*: *the embers (of the fire)* 残り火 nokóribì

embezzle [embezʹəl] *vt* (LAW) 横領する óryō suru

embezzlement [embezʹəlmənt] *n* 横領 óryō

embitter [embitʹəːr] *vt* (fig: sour) 世の中を憎ませる yo nò nàka wo nikúmaserù

emblem [em'bləm] n (design) 標章 hyő-
shō、マーク māku; (symbol) 象徴 shốchō

embody [əmbɑː'di:] vt (idea, principle) 現
す aráwasù; (features: include, contain)
含む fukúmù

embossed [embɔː'st'] adj (design, word)
浮き出しの ukídashi no

embrace [embreis'] vt (hug) 抱く dakú;
(include) 含む fukúmù
♦vi (hug) 抱合う dakíaù
♦n (hug) 抱擁 hőyō

embroider [embrɔi'də:r] vt (cloth) 刺し
ゅうする shishū suru

embroidery [embrɔi'də:ri:] n 刺しゅう
shishū

embryo [em'bri:ou] n (BIO) はい haí

emerald [em'ə:rəld] n エメラルド eméra-
rùdo

emerge [imə:rdʒ'] vi: **to emerge (from)**
(...から) 出て来る (...kara) détè kuru;
(fact: from discussion etc) (...で) 明ら
かになる (...de) akíraka ni nárù; (new
idea, industry, society) 現れる aráware-
rù

to emerge from sleep 目が覚める mé
gà samérù

to emerge from prison 釈放される sha-
kúhō sarerù

emergency [imə:r'dʒənsi:] n (crisis) 非常
時 hijōji

in an emergency 緊急の場合 kiñkyū no
baái

state of emergency 緊急事態 kiñkyūji-
tài

emergency cord (US) n 非常の際に引
くコード hijō no saí ni hikú kòdo

emergency exit n 非常口 hijőguchi

emergency landing n (AVIAT) 不時着
陸 fujíchakùriku

emergency services npl (fire, police,
ambulance) 非常時のサービス機関 hijōji
no sábisukikàn

emergent [imə:r'dʒənt] adj (nation) 最近
独立した saíkin dokùritsu shità; (group)
最近創立された saíkin sőritsu saretà

emery board [em'ə:ri:-] n つめやすり
tsuméyasùri ◊ボール紙製の物を指す bố-
rugamisei no monð wo sásù

emigrant [em'əgrənt] n (from native
country) 移住者 ijűshà

emigrate [em'əgreit] vi (from native
country) 移住する ijű suru

emigration [eməgrei'ʃən] n 移住 ijű

eminent [em'ənənt] adj (scientist,
writer) 著名な choméi na

emission [imiʃ'ən] n (of gas) 放出 hőshu-
tsu; (of radiation) 放射 hősha

emit [imit'] vt (smoke, smell, sound) 出す
dásù; (light, heat) 放射する hősha suru

emotion [imou'ʃən] n 感情 kañjō

emotional [imou'ʃənəl] adj (needs, ex-
haustion, person, scene) 感情的な kañ-
jōteki na; (scene etc) 感動的な kañdōte-
ki na

emotive [imou'tiv] adj (subject, lan-
guage) 感情に訴える kañjō ni uttáerù

emperor [em'pə:rə:r] n (gen) 皇帝 kőtei;
(of Japan) 天皇 teñnő

emphases [em'fəsi:z] npl of **emphasis**

emphasis [em'fəsis] (pl **emphases**) n
(importance) 重点 jűten; (stress) 強調
kyőchō

emphasize [em'fəsaiz] vt (word, point)
強調する kyőchō suru; (feature) 浮彫に
する ukíbori ni surù

emphatic [əmfæt'ik] adj (statement,
denial, manner, person) 断固とした dáñ-
ko to shita

emphatically [əmfæt'ikli:] adv (force-
fully) 断固として dáñko to shitě; (cer-
tainly) 絶対に zéttái ni

empire [em'paiə:r] n (also fig) 帝国 teí-
koku

empirical [empir'ikəl] adj (knowledge,
study) 経験的な keñkenteki na

employ [emplɔi'] vt (workforce, person)
雇う yatóù; (tool, weapon) 使用する shi-
yő suru

employee [emplɔi'i:] n 雇用人 koyőnìn

employer [emplɔi'ə:r] n 雇い主 yatóinù-
shi

employment [emplɔi'mənt] n (work) 就
職 shūshoku

employment agency n 就職あっ旋会社
shūshokuassengaísha

empower [empau'ə:r] vt: **to empower**

someone to do something (LAW, ADMIN) ...に ...する権限を与える ...ni ...suru kéñgen wò atáerù

empress [em'pris] *n* (woman emperor) 女帝 jotéi; (wife of emperor) 皇后 kṓgō

emptiness [emp'ti:nis] *n* (of area, region etc) 何もない事 naní mo naí kotò; (of life etc) むなしさ munáshìsa

empty [emp'ti:] *adj* (container) 空の kará no, 空っぽの karáppò no; (place, street) だれもいない daré mo ináì; (house, room, space) 空きの akí no
♦*vt* 空にする kará ni suru
♦*vi* (house, container) 空になる kará nì nárù; (liquid) 注ぐ sosógù

an empty threat こけおどし kokéodòshi

an empty promise 空約束 karáyakùsoku

empty-handed [empti:hæn'did] *adj* 手ぶらの tebúra no

emulate [em'jəleit] *vt* (hero, idol) まねる manérù

emulsion [imʌl'ʃən] *n* (liquid) 乳剤 nyúzai; (*also*: **emulsion paint**) 水溶ペンキ suíyopeñki

enable [enei'bəl] *vt*: *to enable someone to do* (permit, allow) ...が...する事を許可する ...ga ...surú kotò wo kyóka suru; (make possible) ...が...する事を可能にする ...ga ...surú kotò wo kanō ni surù

enact [enækt'] *vt* (law) 制定する seítei suru; (play, role) 上演する jóen suru

enamel [inæm'əl] *n* (for decoration) エナメル enámerù; (*also*: **enamel paint**) エナメルペイント enámerupeiñto; (of tooth) エナメル質 enámerushìtsu

enamored [enæm'ə:rd] *adj*: *to be enamored of* (person, pastime, idea, belief) ...に惚れる ...ni horérù

encased [enkeist'] *adj*: *encased in* (plaster, shell) ...に覆われた ...ni ōwaretà

enchant [entʃænt'] *vt* (delight) 魅了する miryṓ suru

enchanted [entʃæn'tid] *adj* (castle, island) 魔法の mahō no

enchanting [entʃæn'tiŋ] *adj* (appearance, behavior, person) 魅力的な miryṓ-

kuteki na

encircle [ensə:r'kəl] *vt* (place, prisoner) 囲む kakómù

encl. *abbr* (= *enclosed*) 同封の dṓfū no

enclave [en'kleiv] *n* 飛び地 tobíchi

enclose [enklouz'] *vt* (land, space) 囲む kakómù; (object) 閉じ込める tojíkomerù; (letter etc): *to enclose (with)* (...に) 同封する (...ni) dṓfū suru

please find enclosed ...を同封します ...wo dṓfū shimasù

enclosure [enklou'ʒə:r] *n* (area of land) 囲い kakói

encompass [enkʌm'pəs] *vt* (include: subject, measure) 含む fukúmù

encore [ɑ:ŋ'kɔ:r] *excl* アンコール añkṓru
♦*n* (THEATER) アンコール añkṓru

encounter [enkaun'tə:r] *n* (with person etc) 出会い deáì; (with problem etc) 直面 chokúmen
♦*vt* (person) ...に出会う ...ni deáù; (new experience, problem) 直面する chokúmen suru

encourage [enkə:r'idʒ] *vt* (person): *to encourage someone (to do something)* (...する事を) ...に勧める (...surú kotò wo) ...ni susúmerù; (activity, attitude) 激励する gekírei suru; (growth, industry) 刺激する shigéki suru

encouragement [enkə:r'idʒmənt] *n* (to do something) 勧め susúme; (of activity, attitude) 激励 gekírei; (of growth, industry) 刺激 shigéki

encroach [enkrroutʃ'] *vi*: *to encroach (up)on* (rights) ...を侵す ...wo okásù; (property) ...に侵入する ...ni shiñnyū suru; (time) ...の邪魔をする ...no jamá wo surù

encrusted [enkrʌs'tid] *adj*: *encrusted with* (gems) ...をちりばめられた ...wo chiríbamereratà; (snow, dirt) ...に覆われた ...ni ōwaretà

encumber [enkʌm'bə:r] *vt*: *to be encumbered with* (suitcase, baggage etc) ...が邪魔になっている ...ga jamá nì natté irù; (debts) ...を背負っている ...wo seótte irù

encyclop(a)edia [ensaikləpi:'di:ə] *n* 百

科辞典 hyakkájīten

end [end] n (of period, event, book etc) 終り owári; (of table, street, line, rope) 端 hashí; (of town) 外れ hazúre; (of pointed object) 先 sakí; (aim) 目的 mokúteki

♦vt (finish) 終える oérù; (stop: activity, protest etc)

JPNや止める yamérù

♦vi (situation, activity, period etc) 終る owárù

in the end 仕舞いには shimái ni wà

on end (object) 縦になって tátè ni natté

to stand on end (hair) よだつ yodátsù

for hours on end ぶっ続けで何時間も buttsúzuke dè nañjikàn mo

endanger [endein'dʒəːr] vt (lives, prospects) 危険にさらす kikén nì sarásù

endearing [endiːr'iŋ] adj (personality, conduct) 愛敬のある aíkyo no arù

endeavor [endev'əːr] (BRIT **endeavour**) n (attempt) 試み kokóromi; (effort) 努力 dóryòku

♦vi: *to endeavor to do* (attempt) ...しようとする ...shiyó tò surú; (strive) ...しようと努力する ...shiyó tò dóryòku suru

endemic [endem'ik] adj (poverty, disease) 地方特有の chihótokuyù no

ending [en'diŋ] n (of book, film, play etc) 結末 ketsúmatsu; (LING) 語尾 góbì

endive [en'daiv] n (curly) エンダイブ eñdaìbu; (smooth: chicory) チコリ chikórì

endless [end'lis] adj (argument, search) 果てし無い hatéshinaì; (forest, beach) 延々と続く eñ-en tò tsuzúkù

endorse [endɔːrs'] vt (check) ...に裏書きする ...ni urágaki suru; (approve: proposal, plan, candidate) 推薦する suísen suru

endorsement [endɔːrs'mənt] n (approval) 推薦 suísen; (BRIT: on driving licence) 違反記録 ihánkirōku

endow [endau'] vt (provide with money) ...に金を寄付する ...ni kané wò kifú suru

to be endowed with (talent, quality) ...の持主である ...no mochínùshi de árù

end up vi: *to end up in* (place) ...に行ってしまう ...ni itté shimaù; (condition)

...になってしまう ...ni natté shimaù

endurance [enduːr'əns] n (stamina) 耐久力 taíkyūryòku; (patience) 忍耐強さ niñtaizuyòsa

endure [enduːr'] vt (bear: pain, suffering) 耐える taérù

♦vi (last: friendship, love etc) 長続きする nagátsuzùki suru

an enduring work of art 不朽の名作 fukyū no meìsaku

enemy [en'əmiː] adj (forces, strategy) 敵の tekí no

♦n 敵 tekí

energetic [enərdʒet'ik] adj (person, activity) 精力的な seíryokuteki na

energy [en'əːrdʒiː] n (strength, drive) 精力 seíryoku; (power: nuclear energy etc) エネルギー enérùgī

enforce [enfɔːrs'] vt (LAW) 実施する jisshí suru

engage [engeidʒ'] vt (attention, interest) 引く hikú; (employ: consultant, lawyer) 雇う yatóù; (AUT: clutch) つなぐ tsunágù

♦vi (TECH) 掛る kakárù

to engage in (commerce, study, research etc) ...に従事する ...ni jūji suru

to engage someone in conversation ...に話し掛ける ...ni hanáshikakerù

engaged [engeidʒd'] adj (betrothed) 婚約している koñ-yaku shite irù; (BRIT: busy, in use) 使用中 shiyóchū

to get engaged 婚約する koñ-yaku suru

engaged tone (BRIT) n (TEL) 話し中の信号音 hanáshichū no shiñgòon

engagement [engeidʒ'mənt] n (appointment) 約束 yakúsoku; (booking: for musician, comedian etc) 仕事 shigóto; (to marry) 婚約 koñ-yaku

engagement ring n 婚約指輪 koñ-yaku yubìwa, エンゲージリング eñgējiriñgu

engaging [engei'dʒiŋ] adj (personality, trait) 愛敬のある aíkyo no arù

engender [endʒen'dəːr] vt (feeling, sense) 生む umú

engine [en'dʒən] n (AUT) エンジン eñjin; (RAIL) 機関車 kikáñsha

engine driver n (RAIL) 運転手 uñteñshu

engineer [endʒəni:r'] n (designer) 技師 gíshì; (BRIT: for repairs) 修理工 shúrikō; (US: RAIL) 運転手 uñteñshu; (on ship) 機関士 kikáñshi

engineering [endʒəni:r'iŋ] n (science) 工学 kốgaku; (design, construction: of roads, bridges) 建設 keñsetsu; (: of cars, ships, machines) 製造 seízō

England [iŋ'glənd] n イングランド íñgurando

English [iŋ'gliʃ] adj イングランドの íñgurando no; (LING) 英語の eígo no
♦n (LING) 英語 eígo
♦npl: **the English** イングランド人 íñgurandojìn ◇総称 sốshō

English Channel n: **the English Channel** イギリス海峡 igírisukaíkyō

Englishman/woman [iŋ'gliʃmən/wumən] (pl **Englishmen/women**) n イングランド人男性〔女性〕íñgurandojin dañsei〔jòsei〕

engraving [engrei'viŋ] n (picture, print) 版画 hañga

engrossed [engroust'] adj: **engrossed in** (book, program) ...に夢中になった ...ni muchú ni nattá

engulf [engʌlf'] vt (subj: fire) 巻込む makíkomù; (water) 飲込む nomíkomù; (: panic, fear) 襲う osóù

enhance [enhæns'] vt (enjoyment, reputation) 高める takámerù; (beauty) 増す masú

enigma [enig'mə] n (mystery) なぞ nazó

enigmatic [enigmæt'ik] adj (smile) なぞめいた nazómeità; (person) 得体の知れない etái no shirenaí

enjoy [endʒɔi'] vt (like) ...が好きである ...ga sukí de arù; (take pleasure in) 楽しむ tanóshimù; (have benefit of: health, fortune, success) ...に恵まれる ...ni megúmarerù

to enjoy oneself 楽しむ tanóshimù

enjoyable [endʒɔi'əbəl] adj (pleasant) 楽しい tanóshìi

enjoyment [endʒɔi'mənt] n (feeling of pleasure) 楽しさ tanóshìsa; (activity) 楽しみ tanóshimì

enlarge [enlɑ:rdʒ'] vt (size, scope) 拡大する kakúdai suru; (PHOT) 引伸ばす hikínobasù
♦vi: **to enlarge on** (subject) 詳しく話す kuwáshiku hanásù

enlargement [enlɑ:rdʒ'mənt] n (PHOT) 引伸ばし hikínobashi

enlighten [enlait'ən] vt (inform) ...に教える ...ni oshíerù

enlightened [enlait'ənd] adj (person, policy, system) 聡明な sómei na

enlightenment [enlait'ənmənt] n: **the Enlightenment** (HISTORY) 啓もう運動 keímōuñdō

enlist [enlist'] vt (soldier) 入隊させる nyútai saserù; (person) ...の助けを借りる ...no tasúke wò karíru; (support, help) 頼む tanómù
♦vi: **to enlist in** (army, navy etc) ...に入隊する ...ni nyútai suru

enmity [en'miti:] n (hostility) 恨み urámi

enormity [inɔ:r'miti:] n (of problem, danger) 物すごさ monósugòsa

enormous [inɔ:r'məs] adj (size, amount) 巨大な kyodái na; (delight, pleasure, success etc) 大きな ốkìna

enough [inʌf'] adj (time, books, people etc) 十分な jûbuñ na
♦pron 十分 jûbuñ
♦adv: **big enough** 十分に大きい jûbuñ ni ốkìi

he has not worked enough 彼の努力が足りない kárè no dóryòku ga tarínaì

have you got enough? 足りましたか tarímashìta ká

enough to eat 食べ物が足りる tabémonò ga tarírù

enough! もういい！mố ìì!

that's enough, thanks もう沢山です. 有難う. mố takusañ desu. arígatồ.

I've had enough of him 彼にはもううんざりだ kárè ni wa mố uñzari dá

... which, funnily/oddly enough ... おかしいけれども、それは... okáshii kerèdomo, soré wà ...

enquire [enkwai'ə:r] vt, vi = **inquire**

enrage [enreidʒ'] vt (anger, madden) 激

怒させる gékìdo saseru

enrich [enritʃ'] vt (morally, spiritually) 豊かにする yútàka ni suru; (financially) 金持ちにする kanémochi ni surù

enroll [enroul'] (BRIT: **enrol**) vt (at school, university) 入学させる nyúgaku saserù; (on course) 登録する tóroku suru; (in club etc) 入会させる nyúkai saserù

♦vi (at school, university) 入学する nyúgaku suru; (on course) 参加手続きをする sañkatetsuzùki wo suru; (in club etc) 入会する nyúkai suru

enrollment [enroul'mənt] (BRIT: **enrolment**) n (registration) 登録 tóroku

en route [ɔ:n ru:t'] adv (on the way) 途中で tochû de

ensue [ensu:'] vi (follow) ...の結果として起る ...no kekká toshitè okórù

ensure [enʃu:r'] vt (result, safety) 確実にする kakújitsu ni surù

entail [enteil'] vt (involve) 要する yṓ surù

entangled [entæŋ'gəld] adj: **to become entangled (in)** (in net, rope etc) ...に絡まる ...ni karámarù

enter [en'tə:r] vt (room, club) ...に入る ...ni háìru; (race, competition) ...に参加する ...ni háìru suru, ...に出場する ...ni shutsújō suru; (someone for a competition) ...に...の参加を申込む ...ni ...no sañka wò mṓshikomù; (write down) 記入する kinyū́ suru; (COMPUT: data) 入力する nyū́ryòku suru

♦vi (come or go in) 入る háìru

enter for vt fus (race, competition, examination) ...に参加を申込む ...ni sañka wò mṓshikomù

enter into vt fus (discussion, correspondence, negotiations) 始める hajímerù; (agreement) 結ぶ musúbù

enterprise [en'tə:rpraiz] n (company, business) 企業 kigyṓ; (undertaking) 企画 kikáku; (initiative) 進取の気 shíñshu no ki

free enterprise 自由企業 jiyū́kigyò

private enterprise (private company) 民間企業 miñkankigyō, 私企業 shikígyo

enterprising [en'tə:rpraiziŋ] adj (adventurous) 進取の気に富んだ shíñshu no ki ni tóñda

entertain [entə:rtein'] vt (amuse) 楽しませる tanóshimaserù; (invite: guest) 接待する séttài suru; (idea, plan) 考える kañgaerù

entertainer [entə:rtein'ə:r] n (TV etc) 芸能人 geínōjīn

entertaining [entə:rtei'niŋ] adj 面白い omóshiroì

entertainment [entə:rtein'mənt] n (amusement) 娯楽 goráku; (show) 余興 yokyṓ

enthralled [enθrɔ:ld'] adj (engrossed, captivated) 魅せられた miséraretà

enthusiasm [enθu:'zi:æzəm] n (eagerness) 熱心さ nesshíñsa

enthusiast [enθu:'zi:æst] n (fan) マニア mánìa

enthusiastic [enθu:zi:æs'tik] adj (excited, eager) 熱心な nesshíñ na

to be enthusiastic about ...に夢中になっている ...ni muchū́ nì natté irù

entice [entais'] vt (lure, tempt) 誘惑する yū́waku suru

entire [entai'ə:r] adj (whole) 全体の zeñtai no

entirely [entaiə:r'li:] adv (completely) 全く mattákù

entirety [entai'ə:rti:] n: **in its entirety** 全体に zeñtai ni

entitle [entait'əl] vt: **to entitle someone to something** ...に...に対する権利を与える ...ni ...ni taísùru keñri wò atáerù

entitled [entait'əld] adj (book, film etc) ...という題の ...to iú daì no

to be entitled to do (be allowed) ...する権利がある ...suru kéñri ga árù

entity [en'titi:] n 物 monó

entourage [a:ntura:ʒ'] n (of celebrity, politician) 取巻き連 torímakireñ

entrails [en'treilz] npl (ANAT, ZOOL) 内臓 naízō

entrance [n en'trəns vb entræns'] n (way in) 入口 iríguchi; (arrival) 登場 tōjō

♦vt (enchant) 魅惑する miwáku suru

to gain entrance to (university, profession etc) ...に入る ...ni haíru

entrance examination n 入 学 試 験 nyúgakushikeñ, 入試 nyúshi

entrance fee n 入場料 nyújōryò

entrance ramp (US) n (AUT) 入口ランプ iríguchiranpu

entrant [en'trənt] n (in race, competition etc) 参加者 sañkashà; (BRIT: in exam) 受験者 jukéñsha

entreat [entri:t'] vt (implore) 嘆願する tañgan suru

entrenched [entrentʃt'] adj (position, power) 固められた katámereretà; (ideas) 定着した teíchakushità

entrepreneur [ɑːntrəprənər'] n (COMM) 企業家 kigyōka

entrust [entrʌst'] vt: to entrust something to someone ...を...に預ける ...wo ...ni azúkerù

entry [en'tri:] n (way in) 入口 iríguchi; (in competition) 参加者 sañkashà; (in register, account book) 記入 kinyú; (in reference book) 記事 kíjì; (arrival) 登場 tōjō; (to country) 入国 nyúkoku
「**no entry**」(to room etc) 立入禁止 tachíirikìnshi; (AUT) 進入禁止 shiñnyúkìnshi

entry form n (for club etc) 入会申込書 nyúkaimōshikomishò; (for competition etc) 参加申込書 sañkamōshikomishò

entry phone n 玄関のインターホン géñkan no iñtahon

enumerate [inu:'mɔːreit] vt (list) 列挙する rékkyò suru

enunciate [inʌn'si:eit] vt (word) はっきりと発音する hakkírì to hatsúon suru; (principle, plan etc) 明確に説明する meíkaku nì setsúmei suru

envelop [envel'əp] vt (cover, enclose) 覆い包む óitsutsumù

envelope [en'vəloup] n (封筒 fútō

envious [en'vi:əs] adj (person, look) うらやましい uráyamashiì

environment [envai'rənmənt] n (surroundings) 環境 kañkyō; (natural world): the environment 環境 kañkyō

environmental [envairənmen'təl] adj 環境の kañkyō no

envisage [enviz'idʒ] vt (foresee) 予想する

る yosō suru

envoy [en'vɔi] n (diplomat) 特使 tókùshi

envy [en'vi:] n (jealousy) せん望 señbō
♦vt うらやましく思う uráyamashiku omóù
to envy someone something ...の...をうらやましく思う ...no ...wo uráyamashiku omóù

enzyme [en'zaim] n (BIO, MED) 酵素 kóso

ephemeral [ifem'əːrəl] adj (fashion, fame) つかの間の tsuká no mà no

epic [ep'ik] n (poem) 叙事詩 jojíshì; (book, film) 大作 taisaku
♦adj (journey) 歴史的な rekíshiteki na

epidemic [epidem'ik] n (of disease) 流行病 ryúkōbyō

epilepsy [ep'əlepsi:] n (MED) てんかん teñkan

epileptic [epəlep'tik] adj てんかんの teñkan no
♦n てんかん患者 teñkankañja

episode [ep'isoud] n (period, event) 事件 jíkèn; (TV, RADIO: installment) 1回 ikkái

epistle [ipis'əl] n (letter: also REL) 書簡 shokán

epitaph [ep'itæf] n 墓碑銘 bohímei

epithet [ep'əθet] n 形容語句 keíyōgokù

epitome [ipit'əmi:] n (model, archetype) 典型 teñkei

epitomize [ipit'əmaiz] vt (characterize, typify) ...の典型である ...no teñkei dè árù

epoch [ep'ək] n (age, era) 時代 jidái

equable [ek'wəbəl] adj (climate) 安定した añteishità; (temper, reply) 落着いた ochítsuità

equal [i:'kwəl] adj (size, number, amount) 等しい hitóshiì; (intensity, quality) 同様な dōyō na; (treatment, rights, opportunities) 平等な byódō na
♦n (peer) 同輩 dōhai
♦vt (number) イコール ikórù; (quality) ...と同様である ...to dōyō dè árù
to be equal to (task) ...を十分出来る ...wo júbuñ dekírù

equality [ikwɑː'liti:] n 平等 byódō

equalize [i:'kwəlaiz] vi (SPORT) 同点に

する dṓten ni surù

equally [i:'kwəli:] adv (share, divide etc) 平等に byṓdō ni; (good, brilliant, bad etc) 同様に dṓyō ni

equanimity [i:kwənim'iti:] n (calm) 平静さ heíseìsà

equate [ikweit'] vt: **to equate something with** ...を...と同等視する ...wo ...to dṓtōshì suru

equation [ikwei'ʒən] n (MATH) 方程式 hṓteishiki

equator [ikwei'tə:r] n 赤道 sekídō

equestrian [ikwes'tri:ən] adj 乗馬の jṓbà no

equilibrium [i:kwəlib'ri:əm] n (balance) 均衡 kíñkō; (composure) 平静さ heíseìsà

equinox [i:'kwənɑ:ks] n: **spring/autumn equinox** 春(秋)分の日 shuń (shū) bun no hì

equip [ikwip'] vt (person, army, car etc) ...に...を装備させる ...ni ...wo sōbi saserù; (room) ...に...を備え付ける ...ni ...wo sonáetsukerù

to be well equipped 装備が十分である sōbi gà jūbuǹ de árù

to be equipped with ...を装備している ...wo sōbi shite irù

equipment [ikwip'mənt] n (tools, machinery) 設備 sétsùbi

equitable [ek'witəbəl] adj (settlement, agreement) 公正な kōsei na

equities [ek'witi:z] (BRIT) npl (COMM) 普通株 futsúkàbu

equivalent [ikwiv'ələnt] adj: **equivalent (to)** (...に) 相当する (...ni) sōtō suru ♦n (equal) 相当の物 sōtō no monò

equivocal [ikwiv'əkəl] adj (ambiguous) あいまいな aímaì na; (open to suspicion) いかがわしい ikágawashìǐ

era [i:'rə] n (age, period) 時代 jidái

eradicate [iræd'ikeit] vt (disease, problem) 根絶する koñzetsu suru

erase [ireis'] vt (tape, writing) 消す kesú

eraser [irei'sə:r] n (for pencil etc) 消しゴム keshígomu; (US: for blackboard etc) 黒板消し kokúbaǹkeshi

erect [irekt'] adj (posture) 直立の chokúritsu no; (tail, ears) ぴんと立てた piń tò

tatétà

♦vt (build) 建てる tatérù; (assemble) 組立てる kumítaterù

erection [irek'ʃən] n (of building) 建築 keñchiku; (of statue) 建立 kofíryū; (of tent) 張る事 harú kotò; (of machinery etc) 組立て kumítate; (PHYSIOL) ぼっ起 bokkí

ermine [ə:r'min] n (fur) アーミン ámìn

erode [iroud'] vt (soil, rock) 侵食する fuñshoku suru; (metal) 腐食する fushóku suru; (confidence, power) 揺るがす yurúgasù

erosion [irou'ʒən] n (of soil, rock) 侵食 shíñshoku; (of metal) 腐食 fushóku; (of confidence, power) 揺るがされる事 yurúgasarerù kotó

erotic [irɑ:t'ik] adj (activities) 性的な seíteki na; (dreams, books, films) 扇情的な señjōteki na, エロチックな eróchikkù na

eroticism [irɑ:t'isizəm] n 好色 kṓshoku, エロチシズム eróchishìzumu

err [ə:r] vi (formal: make a mistake) 過ちを犯す ayámachi wò okásù

errand [e:r'ənd] n お使い o-tsúkai

erratic [iræt'ik] adj (behavior) 突飛な toppí na; (attempts, noise) 不規則な fukísoku na

erroneous [irou'ni:əs] adj (belief, opinion) 間違った machígattà

error [e:r'ə:r] n (mistake) 間違い machígaì, エラー érà

erudite [e:r'judait] adj (person) 博学な hakúgaku na

erupt [irʌpt'] vi (volcano) 噴火する fuñka suru; (war, crisis) ぼっ発する boppátsu suru

eruption [irʌp'ʃən] n (of volcano) 噴火 fuñka; (of fighting) ぼっ発 boppátsu

escalate [es'kəleit] vi (conflict, crisis) 拡大する kakúdai suru, エスカレートする esúkarèto suru

escalator [es'kəleitə:r] n エスカレーター esúkarètā

escapade [es'kəpeid] n (adventure) 冒険 bṓken

escape [eskeip'] n (from prison) 脱走 dassṓ; (from person) 逃げる事 nigéru ko tò; (of gas) 漏れる事 moréru kotò

♦vi (get away) 逃げる nigérù; (from jail) 脱走する dassố suru; (leak) 漏れる morérù

♦vt (consequences, responsibility etc) 回避する kaíhi suru; (elude): **his name escapes me** 彼の名前を思い出せない kārè no namáe wò omóidasenaì

to escape from (place) ...から脱出する ...kara dasshútsu suru; (person) ...から逃げる ...kara nigérù

escapism [eskei'pizəm] n 現実逃避 geñjitsutỗhi

escort [n es'kɔːrt vb eskɔːrt'] n (MIL, POLICE) 護衛 goéi; (companion) 同伴者 dỗhañsha

♦vt (person) ...に同伴する ...ni dỗhan suru

Eskimo [es'kəmou] n エスキモー人 esúkimòjìn

esoteric [esəteːr'ik] adj 難解な nañkai na

especially [espeʃ'əli:] adv (above all, particularly) 特に tokù ni

espionage [es'pi:ənɑːʒ] n (POL, MIL, COMM) スパイ行為 supaikòi

esplanade [espləneid'] n (by sea) 海岸の遊歩道 kaígan nò yúhodò

espouse [espauz'] vt (policy) 採用する saíyõ suru; (idea) 信奉する shiñpō suru

Esq. n abbr = **Esquire**

Esquire [es'kwaiə:r] n: **J. Brown, Esquire** J.ブラウン様 jế buráùn samá

essay [es'ei] n (SCOL) 小論文 shốronbun; (LITERATURE) 随筆 zuíhitsu, エッセー éssè

essence [es'əns] n (soul, spirit) 本質 hoñshitsu; (CULIN) エキス ékìsu, エッセンス éssèñsu

essential [əsen'tʃəl] adj (necessary, vital) 不可欠な fukáketsu na; (basic) 根本的な koñponteki na

♦n (necessity) 不可欠な事柄 fukáketsu nà kotógarà

essentially [əsen'tʃəli:] adv (basically) 根本的に koñponteki ni

establish [əstæb'liʃ] vt (organization, firm) 創立する sốritsu suru; (facts,

proof) 確認する kakúnin suru; (relations, contact) 樹立する jurítsu suru; (reputation) 作り上げる tsukúriagerù

established [əstæb'liʃt] adj (business) 定評のある teíhyō no arù; (custom, practice) 定着した teíchaku shità

establishment [əstæb'liʃmənt] n (of organization etc) 創立 sốritsu; (of facts etc) 確認 kakúnin; (of relations etc) 樹立 jurítsu; (of reputation) 作り上げる事 tsukúriageru kotò; (shop etc) 店 mísè; (business, firm) 会社 kaísha; (institution) 施設 shísètsu

the Establishment 体制 taísei

estate [əsteit'] n (land) 屋敷 yashíki; (BRIT: also: **housing estate**) 住宅団地 jútakudañchi; (LAW) 財産 zaísan

estate agent (BRIT) n 不動産屋 fudősan-yà

estate car (BRIT) n ステーションワゴン sutéshonwagòn

esteem [əsti:m'] n: **to hold someone in high esteem** (admire, respect) ...を尊敬する ...wo soñkei suru

esthetic [esθet'ik] (US) adj = **aesthetic**

estimate [n es'təmit vb es'təmeit] n (calculation) 概算 gaísan; (assessment) 推定 suítei; (COMM: builder's etc) 見積 mitsúmori

♦vt (reckon, calculate) 推定する suítei suru

estimation [estəmei'ʃən] n (opinion) 意見 íkèn; (calculation) 推定 suítei

estranged [estreind3d'] adj (from spouse) ...と別居している ...to bekkyố shite irù; (from family, friends) ...と仲たがいしている ...to nakátagai shite irù

estuary [es'tʃuːeːri:] n 河口 kako

etc abbr (= et cetera) など nádò

etching [etʃ'iŋ] n 版画 hañga, エッチング etchíngu

eternal [itəːr'nəl] adj (everlasting, unceasing) 永遠の eíen no; (unchanging: truth, value) 不変的な fuhénteki na

eternity [itəːr'niti:] n (REL) 永遠 eíen

ether [i:'θəːr] n (CHEM) エーテル ēteru

ethical [eθ'ikəl] adj (question, problem) 道徳的な dỗtokuteki na

ethics [eθ'iks] *n* (science) 倫理学 rińrigàku

♦*npl* (morality) 道徳 dôtoku

Ethiopia [i:θi:ou'pi:ə] *n* エチオピア echíopìa

ethnic [eθ'nik] *adj* (population, music, culture etc) 民族の mińzoku no

ethos [i:'θɑ:s] *n* 気風 kifú

etiquette [et'əkit] *n* (manners, conduct) 礼儀作法 reígisahô, エチケット échìketto

eucalyptus [ju:kəlip'təs] *n* (tree) ユーカリ yūkari

euphemism [ju:'fəmizəm] *n* えん曲表現 eńkyokuhyôgen

euphoria [ju:fɔ:r'i:ə] *n* (elation) 幸福感 kôfukukaǹ

Eurocheque [ju:'routʃek] *n* ユーロチェック yūrochekkù ◊ ヨーロッパ諸国で通用する小切手 yôroppa shokòku de tsúyo surù kogíttè

Europe [ju:'rəp] *n* 欧州 ôshū, ヨーロッパ yôroppà

European [ju:rəpi:'ən] *adj* 欧州の ôshū no, ヨーロッパの yôroppà no

♦*n* ヨーロッパ人 yôroppajìn

euthanasia [ju:θənei'ʒə] *n* 安楽死 ańrakushì

evacuate [ivæk'ju:eit] *vt* (people) 避難させる hínan saserù; (place) ...から避難させる ...kara hínan saserù

evacuation [ivækju:ei'ʃən] *n* 避難 hínan

evade [iveid'] *vt* (tax, duty) 脱税する datsúzei suru; (question) 言逃れる iínogarerù; (responsibility) 回避する kaíhi suru; (person) 避ける sakérù

evaluate [ivæl'ju:eit] *vt* (importance, achievement, situation etc) 評価する hyôka suru

evaporate [ivæp'ə:reit] *vi* (liquid) 蒸発する jôhatsu suru; (feeling, attitude) 消えてなくなる kiéte nakunarù

evaporated milk [ivæp'ə:reitid-] *n* エバミルク ebámirùku

evasion [ivei'ʒən] *n* (of responsibility, situation etc) 回避 kaíhi

tax evasion 脱税 datsúzei

evasive [ivei'siv] *adj* (reply, action) 回避的な kaíhiteki na

eve [i:v] *n*: *on the eve of* ...の前夜に ...no zeñ-ya ni

even [i:'vən] *adj* (level) 平らな taíra na; (smooth) 滑らかな naméràka na; (equal) 五分五分の gobúgobu no

♦*adv* (showing surprise) ...さえ ...sáè; (introducing a comparison) 更に sárà ni

an even number 偶数 gûsū

even if 例え...だとしても tatóe ...dá tò shité mò

even though 例え...だとしても tatóe ...dá tò shité mò

even more なおさら naósara

even so それにしても soré ni shite mò

not even ...さえも...ない ...sáè mo ...náì

even he was there 彼さえもいた kárè sáè mo itá

even on Sundays 日曜日にも nichíyòbi ni mo

to get even with someone ...に復しゅうする ...ni fukúshū suru

evening [i:v'niŋ] *n* (early) 夕方 yúgata; (late) 夜 yórù; (whole period, event) ...の夕べ ...no yúbe

in the evening 夕方に yúgata ni

evening class *n* 夜間学級 yakángakkyù

evening dress *n* (no pl: formal clothes) 夜会服 yakáifùku; (woman's) イブニングドレス ibúningu dorèsu

even out *vi* (ground) 平らになる taíra ni narù; (prices etc) 安定する ańtei suru

event [ivent'] *n* (occurrence) 事件 jíkèn; (SPORT) イベント ibéǹto

in the event of ...の場合... ...no baái

eventful [ivent'fəl] *adj* (day) 忙しい isógashiì; (life, game) 波乱の多い háràn no ôì

eventual [iven'tʃu:əl] *adj* (outcome, goal) ゆくゆくの yukúyuku no

eventuality [ivent'ʃu:æl'iti:] *n* (possibility) 可能性 kanôsei

eventually [iven'tʃu:əli:] *adv* (finally) 結局 kekkyôku; (in time) やがて yagáte

ever [ev'ə:r] *adv* (always) 常に tsúne ni; (at any time) いつか ítsù ka; (in question): *why ever not?* どうしてまたしないのか dôshite matá shinaì no ká *the best ever* 絶対に一番良い物 zettái nî ichíban yoî monó

have you ever seen it? それを見た事がありますか soré wò mítà kotó gà arímasù ká

better than ever なお一層良くなった nâó issô yokù náttà

ever since adv それ以来 soré iraî

◆*conj* ...して以来 ...shíté iraî

evergreen [ev'ə:rgri:n] *n* (tree, bush) 常緑樹 jôryokujù

everlasting [eva:rlæs'tiŋ] *adj* (love, life etc) 永遠の eîen no

---

KEYWORD

every [ev'ri:] *adj* 1 (each) すべての subète no, 皆の miná nò

every one of them (persons) 彼らは〔を〕皆 karèra wa 〔wo〕miná; (objects) それらは〔を〕皆 sorèra wa〔wo〕miná

I interviewed every applicant 私は応募者全員に面接しました watákushi wa ôboshà zén-in ni ménsetsu shimashîta

every shop in the town was closed 町中の店が閉っていました machíjū no misè gà shimàtte imàshîta

2 (all possible) 可能な限りすべての kanô na kagìri súbète no

I gave you every assistance 私は可能な限りあなたを助けました watákushi wa kanô na kagìri anâtà wo tasúkemashìta

I have every confidence in him 私は完全に彼を信用しています watákushi wa kánzen ni karè wo shín-yōshite imasù

me wish you every success ご成功を祈ります go-sêikō wo inôrimasù

he's every bit as clever as his brother 才能に関しては彼は彼の兄に少しも引けを取りません saínō ni kàn shite wa kárè wa kárè no áni ni sukôshi mo hike wo tòrímasèn

3 (showing recurrence) 毎... mâí...

every day/week 毎日〔週〕mâínichi〔shū〕

every Sunday 毎日曜日 máinichiyòbî

every other car (had been broken into) 車は2台に1台ドアが壊されていた kurúma wa nidài ni ichídài doa ga kowásarète ita

she visits me every other/third day 彼女は1日〔2日〕置きに面会に来てくれます kánojo wa ichínichi(futsúka)oki nì ménkai ni kite kùremasù

every now and then 時々 tokídoki

---

everybody [ev'ri:ba:di:] *pron* (gen) だれも dáre mo; (form of address) 皆さん minásàn

everyday [ev'ri:dei] *adj* (daily) 毎日の mâínichi no; (usual, common) 平凡な heîbon na

everyone [ev'ri:wʌn] *pron* = **everybody**

everything [ev'ri:θiŋ] *pron* 何もかも nánî mo ká mò

everywhere [ev'ri:hwe:r] *adv* (all over) いたる所に itárù tokoro ni; (wherever) どこにでも dôkò ni de mo

evict [ivikt'] *vt* (squatter, tenant) 立ちのかせる tachínokaserù

eviction [ivik'ʃən] *n* (from house, land) 立ちのかせる tachínokaseru kotò

evidence [ev'idəns] *n* (proof) 証拠 shôko, (of witness) 証言 shôgen; (sign, indication) 印 shirúshi

to give evidence 証言する shôgen suru

evident [ev'idənt] *adj* (obvious) 明らかな akíràka na

evidently [ev'idəntli:] *adv* (obviously) 明らかに akíràka ni; (apparently) ...らしい ...rashiî

evil [i:'vəl] *adj* (person, system, influence) 悪い warûî

◆*n* (wickedness, sin) 罪悪 zaîaku; (unpleasant situation or activity) 悪 ákù

evocative [iva:k'ətiv] *adj* (description, music) 想像を刺激する sôzō wô shigéki suru

evoke [ivouk'] *vt* (feeling, memory, response) 呼び起す yobíokosù

evolution [evəlu:'ʃən] *n* (BIO: process) 進化 shínka; (also: **theory of evolution**) 進化論 shínkaròn; (development) 発展 hattén

evolve [iva:lv'] *vt* (scheme, style) 練上げ

る neríagerù

♦vi (animal, plant etc) 進化する shínka suru; (plan, idea, style etc) 展開する teñkai suru

ewe [ju:] n 雌ヒツジ mesúhitsùji

ex- [eks] prefix 元... mótò...

exacerbate [igzǽsˈəːrbeit] vt (crisis, problem) 悪化させる akká saserù

exact [igzǽkt] adj (correct: time, amount, word etc) 正確な seíkaku na; (person, worker) き帳面な kichṓmen na

♦vt: to exact something (from) (obedience, payment etc) (...に) ...を強要する (...ni) ...wo kyṓyō suru

exacting [igzǽktiŋ] adj (task, conditions) 難しい muzúkashiì; (person, master etc) 厳しい kibíshiì

exactly [igzǽkˈliː] adv (precisely) 正確に seíkaku ni, 丁度 chṓdo; (indicating emphasis) 正に másà ni; (indicating agreement) その通り sonṓ tòri

exaggerate [igzǽdʒˈəreit] vt (difference, situation, story etc) 大げさに言う ṓgesa nì iú

♦vi 大げさな事を言う ṓgesa na kotò wo iú

exaggeration [igzǽdʒəreiˈʃən] n 大げさ ṓgesa

exalted [igzɔːlˈtid] adj (prominent) 著名な choméi na

exam [igzǽm] n abbr (SCOL) = **examination**

examination [igzǽməneiˈʃən] n (of object, accounts etc) 検査 kéñsa; (of idea, plan etc) 検討 keńtō; (SCOL) 試験 shikéñ; (MED) 診察 shiñsatsu

examine [igzǽmˈin] vt (inspect: object, idea, plan, accounts etc) 調べる shirábe-rù; (SCOL: candidate) 試験する shikéñ suru; (MED: patient) 診察する shiñsatsu suru

examiner [igzǽmˈinəːr] n (SCOL) 試験官 shikéñkan

example [igzǽmˈpəl] n (typical illustration) 例 reí; (model: of good behavior etc) 手本 tehóñ

for example 例えば tatóèba

exasperate [igzǽsˈpəreit] vt (annoy, frustrate) 怒らせる okóraserù

exasperating [igzǽsˈpəreitiŋ] adj いらいらさせる íraira saserù

exasperation [igzǽspəreiˈʃən] n いらだち irádachi

excavate [eksˈkəveit] vt (site) 発掘する hakkútsu suru

excavation [eksˈkəveiˈʃən] n (act) 発掘 hakkútsu; (site) 発掘現場 hakkútsugeñ-ba

exceed [iksiːdˈ] vt (number, amount, budget) 越える koérù; (speed limit etc) 越す kosú; (powers, hopes) 上回る uwá-mawarù

exceedingly [iksiːˈdiŋliː] adv (enormously) 極めて kiwámète

excel [ikselˈ] vi: to excel (in/at) (sports, business etc) (...に) 優れる (...ni) sugúrerù

excellence [ekˈsələns] n 優れる事 sugúreru kotò

Excellency [ekˈselənsiː] n: His Excellency 閣下 kákkà

excellent [ekˈsələnt] adj (idea, work etc) 優秀な yū́shū na

except [iksɛptˈ] prep (apart from: also: except for, excepting) ...を除いて ...wo nozóite

♦vt: to except someone (from) (attack, criticism etc) (...から) ...を除く (...kara) ...wo nozókù

except if/when ...する場合を除いて ...suru baái wo nozóite

except that がしかし... ga shikáshì...

exception [iksɛpˈʃən] n (special case) 例外 reígai

to take exception to ...が気に食わない ...ga ki ní kuwanaì

exceptional [iksɛpˈʃənəl] adj (person, talent) 優れた sugúretà; (circumstances) 例外的な reígaiteki na

excerpt [ekˈsəːrpt] n (from text, film) 抜粋 bassúi

excess [ekˈses] n (surfeit) 過剰 kajṓ

excess baggage n 超過手荷物 chṓkate-nimòtsu

excesses [eksɛsˈiz] npl (of cruelty, stupidity etc) 極端な行為 kyokútan na kòi

excess fare (*BRIT*) *n* (RAIL) 乗越し運賃 norikoshi uńchin

excessive [ikses'iv] *adj* (amount, extent) 過剰の kajō no

exchange [ikstʃeindʒ'] *n* (of presents, prisoners etc) 交換 kōkan; (conversation) 口論 kōron; (*also:* **telephone exchange**) 電話局 deńwakyòku

◆*vt:* **to exchange (for)** (goods etc) (...と) 交換する (...to) kōkan suru

exchange rate *n* 為替相場 kawásesòba

Exchequer [eks'tʃekə:r] (*BRIT*) *n:* **the Exchequer** 大蔵省 ōkurashō

excise [ik'saiz] *n* (tax) 消費税 shōhizèi

excite [iksait'] *vt* (stimulate) 興奮させる kōfun saserù; (arouse) 性的に刺激する seíteki nì shigéki suru

to get excited 興奮する kōfun suru

excitement [iksait'mənt] *n* (agitation) 興奮 kōfun; (exhilaration) 喜び yorókobì

exciting [iksai'tiŋ] *adj* (time, event, place) 興奮の kōfun no, エキサイティングな ekísaitìngu na

exclaim [ikskleim'] *vi* (cry out) 叫ぶ sakébù

exclamation [ekskləmei'ʃən] *n* (cry) 叫び sakébi

exclamation mark *n* 感嘆符 kańtañfu

exclude [iksklu:d'] *vt* (fact, possibility, person) 除外する jogái suru

exclusion [iksklu:'ʒən] *n* 除外 jogái

exclusive [iksklu:'siv] *adj* (club, district) 高級な kōkyū na; (use, story, interview) 独占の dokúsen no

exclusive of tax 税別の zeíbetsu no

exclusively [iksklu:'sivli:] *adv* (only, entirely) 神占的に dokúsenteki ni

excommunicate [ekskəmju:'nəkeit] *vt* (REL) 破門する hamón suru

excrement [eks'krəmənt] *n* ふん fún

excruciating [ikskru:'ʃi:eitiŋ] *adj* (pain, agony, embarrassment etc) 極度の kyōkùdo no, 耐えがたい taégataì; (noise) 耳をつんざくような mimí wò tsuńzaku yò na

excursion [ikskə:r'ʒən] *n* (tourist excursion, shopping excursion) ツアー tsúā

excuse [*n* ekskju:s' *vb* ekskju:z'] *n* (justification) 言訳 iíwake

◆*vt* (justify: personal fault, mistake) ...の言訳をする ...no iíwake wo suru; (forgive: someone else's mistake) 許す yurúsù

to excuse someone from doing something ...する義務を...に免除する ...suru gímù wo ...ni mēñjo suru

excuse me! (attracting attention) 済みません(が)... sumímaseñ (ga)...; (as apology) 済みません sumímaseñ

if you will excuse me ... ちょっと失礼します chóttò shitsúrei shimasù

ex-directory [eksdirek'tə:ri:] (*BRIT*) *adj* 電話帳に載っていない deńwachō ni nottè inaì

execute [ek'səkju:t] *vt* (person) 死刑にする shikéi ni surù; (plan, order) 実行する jikkō suru; (maneuver, movement) する surú

execution [eksəkju:'ʃən] *n* (of person) 死刑 shikéi; (of plan, order, maneuver etc) 実行 jikkō

executioner [eksəkju:'ʃənə:r] *n* 死刑執行人 shikéishikkōnìn

executive [igzek'jətiv] *n* (person: of company) 重役 jūyaku; (committee: of organization, political party etc) 執行委員会 shikkōíñkai

◆*adj* (board, role) 幹部の káñbu no

executor [igzek'jətə:r] *n* (LAW) 執行人 shikkōnìn

exemplary [igzem'plə:ri:] *adj* (conduct) 模範的な mohánteki na; (punishment) 見せしめの misésime no

exemplify [igzem'pləfai] *vt* (typify) ...の典型である ...no teñkei dè árù; (illustrate) ...の例を挙げる ...no reí wò agérù

exempt [igzempt'] *adj:* **exempt from** (duty, obligation) ...を免除された ...wo mēñjo sarétà

◆*vt:* **to exempt someone from** (duty, obligation) ...の...を免除する ...no ...wo mēñjo suru

exemption [igzemp'ʃən] *n* 免除 mēñjo

exercise [ek'sə:rsaiz] *n* (no pl: keep-fit) 運動 uñdō; (energetic movement) 体操 taísō; (SCOL) 練習問題 reńshūmoñdai;

(MUS) 練習曲 reńshūkyoku; (MIL) 軍事演習 guńjieñshū; (of authority etc) 行使 kốshi

♦*vt* (right) 行使する kốshi suru; (dog) ...に運動をさせる ...ni uńdō wò sasérù; (mind) 働かせる határakaserù

♦*vi* (*also*: **to take exercise**) 運動する uńdō suru

to exercise patience 我慢する gámàn suru

exercise book *n* (SCOL) ノート nòto

exert [igzə:rt'] *vt* (influence) 及ぼす oyóbosù; (authority) 行使する kốshi suru

to exert oneself 努力する dốryòku suru

exertion [igzə:r'ʃən] *n* 努力 dốryòku

exhale [eksheil'] *vt* (air, smoke) 吐き出す hakídasù

♦*vi* (breathe out) 息を吐く íkì wo hákù

exhaust [igzɔːst'] *n* (AUT: *also*: **exhaust pipe**) 排気管 haíkikàn; (: fumes) 排気ガス haíkigasù

♦*vt* (person) へとへとに疲れさせる hetóhetò ni tsukáresaserù; (money, resources etc) 使い果す tsukáihatasù; (topic) ...について語り尽す ...ni tsúìte katáritsukusù

exhausted [igzɔːs'tid] *adj* (person) へとへとに疲れた hetóhetò ni tsukáretà

exhaustion [igzɔːs'tʃən] *n* (tiredness) 極度の疲労 kyókùdo no hirố

nervous exhaustion 神経衰弱 shíñkeisuijàku

exhaustive [igzɔːs'tiv] *adj* (search, study) 徹底的な tettéiteki na

exhibit [igzib'it] *n* (ART) 展示品 teńjihìn; (LAW) 証拠品 shốkohìn

♦*vt* (quality, ability, emotion) 見せる misérù; (paintings) 展示する teńji suru

exhibition [eksəbiʃ'ən] *n* (of paintings etc) 展示会 teńjikai; (of ill-temper etc) 極端な態度 kyokútàn na taído; (of talent etc) 素晴らしい例 subárashiî reí

exhibitionist [eksəbiʃ'ənist] *n* (show-off) 気取り屋 kidóriya

exhilarating [igzil'əreitiŋ] *adj* (experience, news) 喜ばしい yorókobashiî

exhort [igzɔːrt'] *vt* 訓戒する kuńkai suru

exile [eg'zail] *n* (condition, state) 亡命 bốmei; (person) 亡命者 bốmeìsha

♦*vt* 追放する tsuíhō suru

exist [igzist'] *vi* (be present) 存在する sońzai suru; (live) 生活する seíkatsu suru

existence [igzis'təns] *n* (reality) 存在 sońzai; (life) 生活 seíkatsu

existing [igzis'tiŋ] *adj* (present) 現存の geńzon no, geńson no

exit [eg'zit] *n* (from room, building, motorway etc) 出口 dégùchi; (departure) 出ていく事 détè ikú kotò

♦*vi* (THEATER) 退場する taíjō suru; (COMPUT) プログラムを終了する purốguràmu wo shúryō suru

exit ramp (*US*) *n* (AUT) 出口ランプ degúchiràñpu

exodus [ek'sədəs] *n* 大脱出 daídasshùtsu

exonerate [igzaːn'əreit] *vt*: **to exonerate someone from something** (blame, guilt etc) ...について...の容疑を晴らす ...ni tsúìte ...no yốgi wo harásù

exorbitant [igzɔːr'bətənt] *adj* (prices, rents) 法外な hốgai na

exorcize [ek'sɔːrsaiz] *vt* (spirit) 追い払う oíharaù; (person, place) ...から悪魔を追い払う ...kara ákùma wo oíharaù

exotic [igzaːt'ik] *adj* (food, place) 異国的な ikókuteki na, エキゾチックな ekízochikkù na

expand [ikspænd'] *vt* (business etc) 拡張する kakúchō suru; (staff, numbers etc) 増やす fuyásù

♦*vi* (population etc) 増える fuérù; (business etc) 大きくなる ốkìku nárù; (gas, metal) 膨張する bốchō suru

expanse [ikspæns'] *n* (of sea, sky etc) 広がり hirốgarì

expansion [ikspæn'tʃən] *n* (of business, population, economy etc) 増大 zốdai

expatriate [ekspei'tri:it] *n* 国外在住者 kokúgai zaijūsha

expect [ikspekt'] *vt* (anticipate) 予想する yosố suru; (await) 待つ mátsù; (require) 要求する yốkyū suru; (suppose) ...だと思う ...dá tò omóù

♦*vi*: **to be expecting** (be pregnant) 妊娠している niñshin shite irù

expectancy [ikspek'tənsi:] *n* (anticipation) 期待 kitái

life expectancy 寿命 jumyố

expectant mother [ikspek'tənt-] *n* 妊婦 nínpu

expectation [ekspektei'ʃən] *n* (hope, belief) 期待 kitái

expedience [ikspi:'di:əns] *n* (convenience) 便宜 béngi, 都合 tsugố

expediency [ikspi:'di:ənsi:] *n* = **expedience**

expedient [iksp:'di:ənt] *adj* (useful, convenient) 都合の良い tsugố no yoî

♦*n* (measure) 便法 benpố

expedition [ekspədiʃ'ən] *n* (for exploration) 探検旅行 tañkenryokố; (for shopping etc) ツアー tsûâ

expel [ikspel'] *vt* (person: from school) 退学させる taígaku saserù; (: from organization, place) 追出す oídasù; (gas, liquid) 排出する haíshutsu suru

expend [ikspend'] *vt* (money, time, energy) 費やす tsuíyasù

expendable [ikspen'dəbəl] *adj* (person, thing) 消耗品の shốmōhinteki na

expenditure [ikspen'ditʃər] *n* (of money, energy, time) 消費 shốhi

expense [ikspens'] *n* (cost) 費用 híyò; (expenditure) 出費 shuppí

at the expense of ...を犠牲にして ...wo giséi ni shitè

expense account *n* 交際費 kốsaîhi

expenses [ikspen'siz] *npl* (traveling expenses, hotel expenses etc) 経費 keîhi

expensive [ikspen'siv] *adj* (article) 高価な kồka na; (mistake, tastes) 高く付く tákàku tsukú

experience [ikspi:r'i:əns] *n* 経験 keíken

♦*vt* (situation, feeling etc) 経験する keíken suru

experienced [ikspi:r'i:ənst] *adj* (in job) 熟練した jukúren shità

experiment [ikspe:r'əmənt] *n* (trial: *also* SCIENCE) 実験 jikkén

♦*vi: to experiment (with/on)* (...を使って) 実験する (...wo tsukáttè) jikkén suru

experimental [ikspe:rəmen'təl] *adj* 実験的な jikkénteki na

expert [ek'spə:rt] *adj* (opinion, help) 専門家の seńmonka no; (driver etc) 熟練した jukúren shità

♦*n* (specialist) 専門家 seńmonka, エキスパート ekísupāto

expertise [ekspə:rti:z'] *n* (know-how) 技術 gíjutsu, ノーハウ nőhaù

expire [ikspai'ə:r] *vi* (passport, licence etc) 切れる kirérù

expiry [ikspaiə:r'i:] *n* (of passport, lease etc) 満期 mâñki

explain [iksplein'] *vt* 説明する setsúmei suru

explanation [eksplənei'ʃən] *n* 説明 setsúmei

explanatory [iksplæn'ɔtɔ:ri:] *adj* (statement, comment) 説明の setsúmei no

explicit [iksplis'it] *adj* (clear) 明白な meíhaku na; (frank) 隠し立てしない kakúshidate shinaî

explode [iksploud'] *vi* (bomb) 爆発する bakúhatsu suru; (population) 爆発的に増える bakúhatsuteki ni fuérù; (person: with rage etc) 激怒する gékìdo suru

exploit [*n* eks'plɔit *vb* iksplɔit'] *n* (deed, feat) 手柄 tegára

♦*vt* (workers) 搾取する sákùshu suru; (person, idea) 私利私欲に利用する shírìshíyòku ni riyố suru; (opportunity, resources) 利用する riyố suru

exploitation [eksplɔitei'ʃən] *n* (of workers) 搾取 sákùshu; (of person, idea, resources, opportunity etc) 利用 riyố

exploration [eksplərei'ʃən] *n* (of place, space) 探検 tañken; (with hands etc) 探る事 sagúru kotò; (of idea, suggestion) 検討 keñtō

exploratory [iksplɔ:r'ətɔ:ri:] *adj* (expedition) 探検の tañken no; (talks, operation) 予備的な yobíteki na

explore [iksplɔ:r'] *vt* (place, space) 探検する tañken surù; (with hands etc) 探る sagúrù; (idea, suggestion) 検討する keñtō suru

explorer [iksplɔ:r'ə:r] *n* (of place, country etc) 探検家 tañkenka

explosion [iksplou'ʒən] *n* (of bomb) 爆発

bakúhatsu; (increase: of population etc) 爆発の増加 bakúhatsutekizòka; (outburst: of rage, laughter etc) 激発 gékìdo

explosive [iksplou'siv] *adj* (device, effect) 爆発の bakúhatsu no; (situation, temper) 爆発的な bakúhatsuteki na
♦*n* (substance) 爆薬 bakúyaku; (device) 爆弾 bakúdaǹ

exponent [ekspou'nent] *n* (of idea, theory) 擁護者 yōgoshà; (of skill, activity) 達人 tatsújin

export [*vb* ekspɔ:rt' *n* eks'pɔ:rt] *vt* (goods) 輸出する yushútsu suru
♦*n* (process) 輸出 yushútsu; (product) 輸出品 yushútsuhiǹ
♦*cpd* (duty, permit) 輸出... yushútsu...

exporter [ekspɔ:r'tə:r] *n* 輸出業者 yushútsugyōsha

expose [ikspouz'] *vt* (reveal: object) むき出しにする mukídashi ni surù; (unmask: person) ...の悪事を暴く ...no ákùji wo abákù

exposed [ikspouzd'] *adj* (house, place etc) 雨風にさらされた ámèkaze ni sarásaretà

exposure [ikspou'ʒə:r] *n* (to heat, cold, radiation) さらされる事 sarásareru kotò; (publicity) 報道 hōdō; (of person) 暴露 bákùro; (PHOT) 露出 roshútsu
to die from exposure (MED) 低体温症で死ぬ teítaioñshō de shinú

exposure meter *n* (PHOT) 露出計 roshútsukei

expound [ikspaund'] *vt* (theory, opinion) 説明する setsúmei suru

express [ikspres'] *adj* (clear: command, intention etc) 明白な meíhaku na; (BRIT: letter etc) 速達の sokútatsu no
♦*n* (train, bus, coach) 急行 kyūkō
♦*vt* (idea, view) 言表す iíarawasù; (emotion, quantity) 表現する hyōgen suru

expression [ikspreʃ'ən] *n* (word, phrase) 言方 iíkata; (of idea, emotion) 表現 hyōgen; (on face) 表情 hyōjō; (of actor, singer etc: feeling) 表現力 hyōgeǹryoku

expressive [ikspres'iv] *adj* (glance) 意味ありげな ímìrige na; (ability) 表現の hyōgen no

expressly [ikspres'li:] *adv* (clearly, intentionally) はっきりと hakkírì to

expressway [ikspres'wei] (US) *n* (urban motorway) 高速道路 kōsokudōro

expulsion [ikspʌl'ʃən] *n* (SCOL) 退学処分 taígakushobùn; (from organization etc) 追放 tsuíhō; (of gas, liquid etc) 排出 haíshutsu

expurgate [eks'pə:rgeit] *vt* (text, recording) 検閲する keń-etsu suru

exquisite [ekskwiz'it] *adj* (perfect: face, lace, workmanship, taste) 見事な mígòto na

extend [ikstend'] *vt* (visit) 延ばす nobásù; (street) 延長する eńchō suru; (building) 増築する zōchiku suru; (arm, hand) 伸ばす nobásù
♦*vi* (land) 広がる hirógarù; (road) 延びる nobírù; (period) 続く tsuzúkù
to extend an offer of help 援助を申出る éǹjo wo mōshiderù
to extend an invitation to ...を招待する ...wo shōtai suru

extension [iksten'tʃən] *n* (of building) 増築 zōchiku; (of time) 延長 eńchō; (of campaign, rights) 拡大 kakúdai; (ELEC) 延長コード eńchōkōdo; (TEL: in private house, office) 内線 naísen

extensive [iksten'siv] *adj* (area) 広い hiróì; (effect, damage) 甚大な jińdai na; (coverage, discussion) 広範囲の kōhaǹ-i no

extensively [iksten'sivli:] *adv*: *he's traveled extensively* 彼は広く旅行している kárè wa hírôku ryokō shite irù

extent [ikstent'] *n* (size: of area, land etc) 広さ hírôsa; (: of problem etc) 大きさ ōkìsa
to some extent ある程度 árù teído
to the extent of ...までも ...mádè mo
to such an extent that ...という程 ...to iú hodò
to what extent? どのぐらい？ donó guraì?

extenuating [iksten'ju:eitiŋ] *adj*: *extenuating circumstances* 酌量すべき情状 shakúryō subèki jōjō

exterior [iksti:r'i:ə:r] *adj* (external) 外部
の gaíbu no
♦*n* (outside) 外部 gaíbu; (appearance) 外
見 gaíken

exterminate [ikstə:r'məneit] *vt* (animals) 撲滅する bokúmetsu suru; (people)
根絶する końzetsu suru

external [ikstə:r'nəl] *adj* (walls etc) 外部
の gaíbu no; (examiner, auditor) 部外の
búgai no

external evidence 外的証拠 gaítekishō-
ko

「*for external use*」外用薬 gaíyōyaku

extinct [ikstiŋkt'] *adj* (animal, plant) 絶
滅した zetsúmetsu shitá

an extinct volcano 死火山 shikázàn

extinction [ikstiŋk'ʃən] *n* (of species) 絶
滅 zetsúmetsu

extinguish [ikstiŋ'gwiʃ] *vt* (fire, light) 消
す kesú

extinguisher [ikstiŋ'gwiʃə:r] *n* 消火器
shōkakí

extort [ikstɔ:rt'] *vt* (money) ゆすり取る
yusúritorù; (confession) 強要する kyōyō
suru

extortion [ikstɔ:r'ʃən] *n* (of money etc)
ゆすり yusúri; (confession) 強要 kyōyō

extortionate [ikstɔ:r'ʃonit] *adj* (price,
demands) 法外な hōgai na

extra [eks'trə] *adj* (thing, person,
amount) 余分の yobún no
♦*adv* (in addition) 特別に tokúbetsu ni
♦*n* (luxury) 特別の物 tokúbetsu no mo-
nò, 余分の物 yobún no monò; (surcharge)
追加料金 tsuíkaryòkin; (CINEMA,
THEATER) エキストラ ekísutòra

extra ... [ekɔ'trɔ] *prefix* 特別に ... toltú
betsu ni ...

extract [*vt* ikstrækt' *n* eks'trækt] *vt*
(take out: object) 取出す torídasù;
(: tooth) 抜く nukú, 抜歯する basshí suru;
(mineral: from ground) 採掘する saíku-
tsu suru, 抽出する chūshutsu suru;
(money) 強要して取る kyōyō shité tórù;
(promise) 無理強いする murîjii suru
♦*n* (of novel, recording) 抜粋 bassúi;
(malt extract, vanilla extract etc) エキ
ス ékìsu, エッセンス éssènsu

extracurricular [ekstrəkərik'jələ:r] *adj*
(activities) 課外の kagái no

extradite [eks'trədait] *vt* (from country)
引渡す hikíwatasù; (to country) ...の引渡
しを受ける ...no hikíwatashi wò ukérù

extradition [ekstrədiʃ'ən] *n* 外国への犯
人引渡し gaíkoku e nò hánnin hikíwata-
shi

extramarital [ekstrəmær'itəl] *adj*
(affair, relationship) 婚外の kongai no,
不倫の furín no

extramural [ekstrəmjur'əl] *adj* (lec-
tures, activities) 学外の gakúgai no

extraordinary [ikstrɔ:r'dəne:ri:] *adj*
(person) 抜きん出た nukíndetà; (conduct,
situation) 異常な ijō na; (meeting) 臨時の
rínji no

extravagance [ikstræv'əgəns] *n* (no pl:
spending) 浪費 rōhi; (example of spend-
ing) ぜいたく zeítaku

extravagant [ikstræv'əgənt] *adj* (lav-
ish. person) 気前の良い kimáe no yoï,
(: gift) ぜいたくな zeítaku na; (wasteful:
person) 金遣いの荒い kanézukai no arai;
(: machine) 不経済な fukéizai na

extreme [ikstri:m'] *adj* (cold, poverty
etc) 非常な hijō na; (opinions, methods
etc) 極端な kyokútan na; (point, edge) 末
端の mattán no
♦*n* (of behavior) 極端 kyokútan

extremely [ikstri:m'li:] *adv* 非常に hijō
ni

extremity [ikstrem'iti:] *n* (edge, end) 端
hashí; (of situation) 極端 kyokútan

extricate [ek'strikeit] *vt*: *to extricate*
someone/something (from) (trap, situa-
tion) (...から)...を救い出す (...kara)
...wo sukúidasù

extrovert [ek'strouvə:rt] *n* 外向的な人
gaíkōteki na hitò

exuberant [igzu:'bə:rənt] *adj* (person
etc) 元気一杯の genkiippai no; (imagina-
tion etc) 豊かな yútàka na

exude [igzu:d'] *vt* (liquid) にじみ出させる
nijímidasaserù; (smell) 放つ hanátsu

to exude confidence 自信満々である
jishín manman dè árù

to exude enthusiasm 意気込む ikígomù

exult [igzʌlt'] *vi* (rejoice) 喜び勇むyoró-kobiisamù

eye [ai] *n* (ANAT) 目 mé
♦*vt* (look at, watch) 見詰める mitsúmerù
the eye of a needle 針の目 hárì no mé
to keep an eye on …を見張る …wo mihárù

eyeball [ai'bɔ:l] *n* 眼球 gañkyū

eyebath [ai'bæθ] *n* 洗眼カップ señgan-kappù

eyebrow [ai'brau] *n* 眉毛 máyùge

eyebrow pencil *n* アイブローペンシル aíburōpeñshiru

eyedrops [ai'drɑ:ps] *npl* 点眼薬 teñgañ-yaku

eyelash [ai'læʃ] *n* まつげ mátsùge

eyelid [ai'lid] *n* まぶた mábùta

eyeliner [ai'lainə:r] *n* アイライナー aíraìnā

eye-opener [ai'oupənə:r] *n* (revelation) 驚くべき新事実 odórokubèki shiñjijìtsu

eyeshadow [ai'ʃædou] *n* アイシャドー aíshadò

eyesight [ai'sait] *n* 視力 shíryòku

eyesore [ai'sɔ:r] *n* (building) 目障り me-záwàri

eye witness *n* (to crime, accident) 目撃者 mokúgekishà

F

F [ef] *n* (MUS: note) ヘ音 hé-òn; (: key) ヘ調 héchò

F. *abbr* (= *Fahrenheit*) 華氏 káshì

fable [fei'bəl] *n* (story) ぐう話 gū́wa

fabric [fæb'rik] *n* (cloth) 生地 kíjì

fabrication [fæbrikei'ʃən] *n* (lie) うそ ú-sò; (making) 製造 seízō

fabulous [fæb'jələs] *adj* (*inf*: super) 素晴らしい subárashiì; (extraordinary) 途方もない tohǒ mo nàì; (mythical) 伝説的な deñsetsuteki na

facade [fəsɑ:d'] *n* (of building) 正面 shǒmen; (*fig*: pretence) 見せ掛け misékake

face [feis] *n* (ANAT) 顔 kaó; (expression) 表情 hyǒjō; (of clock) 文字盤 mojì-

ban; (of cliff) 面 mêñ; (of building) 正面 shǒmen
♦*vt* (particular direction) …に向かう …ni mukáù; (facts, unpleasant situation) 直視する chǒkushi suru

face down (person) 下向きになって shitámuki ni nattè; (card) 伏せてあって fu-séte attè

to lose face 面目を失う meñboku wo ushínaù

to make/pull a face 顔をしかめる kaó wo shikámerù

in the face of (difficulties etc) …にめげず …ni megézù

on the face of it (superficially) 表面は hyǒmen wa

face to face (with person, problem) 面と向かって meñ to mukàttè

face cloth (*BRIT*) *n* フェースタオル fé-sutaòru

face cream *n* フェースクリーム fésuku-rìmu

face lift *n* (of person) 顔のしわ取り手術 kaó no shiwátori shujùtsu; (of building etc) 改造 kaízō

face powder *n* フェースパウダー fésu-paùdā

face-saving [feis'seivin] *adj* (compromise, gesture) 面子を立てる méñtsu wo taterù

facet [fæs'it] *n* (of question, personality) 側面 sokúmen; (of gem) 切子面 kiríko-mèn

facetious [fəsi:'əs] *adj* (comment, remark) ふざけた fuzáketà

face up to *vt fus* (obligations, difficulty) …に立ち向かう …ni tachímukaù

face value *n* (of coin, stamp) 額面 gakú-men

to take something at face value (*fig*) そのまま信用する sonó mama shiñ-yō suru

facial [fei'ʃəl] *adj* (hair, expression) 顔の kaó no

facile [fæs'əl] *adj* (comment, reaction) 軽々しい karúgarushiì

facilitate [fəsil'əteit] *vt* 助ける tasúkerù

facilities [fəsil'əti:z] *npl* (buildings,

equipment) 設備 setsúbi

credit facilities 分割払い取扱い buńkatsubarài toríatsukai

facing [fei'sin] *prep* (opposite) ...の向い側の ...no mukáigawa no

facsimile [fæksim'əli:] *n* (exact replica) 複製 fukúsei, (*also:* **facsimile machine**) ファックス fákkùsu; (transmitted document) ファックス fákkùsu

fact [fækt] *n* (true piece of information) 事実 jijítsu; (truth) 真実 shińjitsu

in fact 事実は jijítsu wa

faction [fæk'ʃən] *n* (group: *also* REL, POL) 派 há

factor [fæk'tə:r] *n* (of problem, decision etc) 要素 yóso

factory [fæk'tə:ri:] *n* (building) 工場 kójo

factual [fæk'tʃu:əl] *adj* (analysis, information) 事実の jijítsu no

faculty [fæk'əlti:] *n* (sense, ability) 能力 nóryoku; (of university) 学部 gakúbu; (*US:* teaching staff) 教職員 kyóshokuin ◇総称 sóshō

fad [fæd] *n* (craze) 一時的流行 ichíjitekiryúkō

fade [feid] *vi* (color) あせる asérù; (light, sound) 次第に消える shidái ni kiérù; (flower) しぼむ shibómù; (hope, memory, smile) 消える kiérù

fag [fæg] (*BRIT:* inf) *n* (cigarette) もく mokú

fail [feil] *vt* (exam) 落第する rakúdai surù; (candidate) 落第させる rakúdai saserù; (subj: leader) ...の期待を裏切る ...no kitái wo urágirù; (: courage, memory) なくなる nakúnarù

◆*vi* (candidate, attempt etc) 失敗する shippái suru; (brakes) 故障する koshó suru; (eyesight, health) 衰える otóroerù; (light) 暗くなる kuráku narù

to fail to do something (be unable) ...する事が出来ない ...surú koto gà dekínài; (neglect) ...する事を怠る ...surú koto wò okótarù

without fail 必ず kanárazu

failing [fei'lin] *n* (weakness) 欠点 kettéñ

◆*prep* ...がなければ ...ga nakéreba

failure [feil'jə:r] *n* (lack of success) 失敗 shippái; (person) 駄目人間 daméniñgen; (mechanical etc) 故障 koshó

faint [feint] *adj* かすかな kásùka na

◆*n* (MED) 気絶 kizétsu

◆*vi* (MED) 気絶する kizétsu suru

to feel faint 目まいがする memái ga suru

fair [fe:r] *adj* (reasonable, right) 公平な kóhei na; (quite large) かなりな kánàri na; (quite good) 悪くない warúkunài; (skin) 白い shiróì; (hair) 金色の kiń-iro no; (weather) 晴れの haré no

◆*adv* (play) 正々堂々と seíseidōdō to

◆*n* (*also:* **trade fair**) トレードフェアー torédofeà; (*BRIT:* funfair) 移動遊園地 idóyūeñchi

fairly [fe:r'li:] *adv* (justly) 公平に kóhei ni; (quite) かなり kánàri

fairness [fe:r'nis] *n* (justice, impartiality) 公平さ kóheisa

fair play *n* 公平さ kóheisa

fairy [fe:r'i:] *n* (sprite) 妖精 yósei

fairy tale *n* おとぎ話 otógibanàshi

faith [feiθ] *n* (trust) 信用 shiń-yō; (religion) 宗教 shúkyō; (religious belief) 信仰 shińkō

faithful [feiθ'fəl] *adj* 忠実な chújitsu na

faithfully [feiθ'fəli:] *adv* 忠実に chújitsu ni

yours faithfully (*BRIT:* in letters) 敬具 kéìgu

fake [feik] *n* (painting etc) 偽物 nisémono; (person) ぺてん師 petéñshi

◆*adj* (phoney) いんちきの íñchiki no

◆*vt* (painting etc) 偽造する gizó suru; (illness, emotion) ...だと見せ掛ける ...da to misékakerù

falcon [fæl'kən] *n* ハヤブサ hayábusa

fall [fɔ:l] *n* (of person, object: from height) 転落 teńraku; (of person, horse: from standing position) 転倒 teńtō; (of price, temperature, dollar) 下がる事 sagáru kotò; (of government, leader, country) 倒れる事 taóreru kotò; (*US:* autumn) 秋 ákì

◆*vi* (*pt* **fell**, *pp* **fallen**) (person, object: from height) 落ちる ochírù; (person,

horse: from standing position) 転ぶ ko-
róbù; (snow, rain) 降る fúrù; (price, temperature, dollar) 下がる sagárù; (government, leader, country) 倒れる taórerù; (night, darkness) (...に) なる (...ni) nárù

snowfall 降雪 kốsetsu

rainfall 降雨 kôu

the fall of darkness 暗くなる事 kuráku naru kotò

the fall of night 夜になる事 yórù ni náru kotò

to fall flat (on one's face) うつぶせに倒れる utsúbuse ni taórerù; (plan) 失敗する shippái suru; (joke) 受けない ukénaì

fallacy [fæl'əsi:] *n* (misconception) 誤信 goshín

fall back *vt fus* (retreat) 後ずさりする atózusàri suru; (MIL) 後退する kṓtaisuru

fall back on *vt fus* (remedy etc) ...に頼る ...ni tayórù

fall behind *vi* 遅れる okúrerù

fall down *vi* (person) 転ぶ koróbù; (building) 崩壊する hốkai suru

fallen [fɔː'lən] *pp of* **fall**

fall for *vt fus* (trick) ...にだまされる ...ni dámasarerù; (person) ...にほれる ...ni horérù

fallible [fæl'əbəl] *adj* (person, memory) 間違いをしがちな machígaì wo shigáchi na

fall in *vi* (roof) 落込む ochíkomù; (MIL) 整列する seíretsu suru

fall off *vi* (person, object) 落ちる ochírù; (takings, attendance) 減る herú

fall out *vi* (hair, teeth) 抜ける nukérù; (friends etc) けんかする keñka suru

fallout [fɔː'laut] *n* (radiation) 放射性落下物 hốshaseiràkkabutsu, 死の灰 shí nò hai

fallout shelter *n* 放射性落下物待避所 hốshaseiràkkabutsu taíhijò

fallow [fæl'ou] *adj* (land, field) 休閑中の kyúkañchū no

falls [fɔːlz] *npl* (waterfall) 滝 takí

fall through *vi* (plan, project) 失敗に終る shippái ni owarù

false [fɔːls] *adj* (untrue: statement, accusation) うその usố no; (wrong: impression, imprisonment) 間違った machígattà; (insincere: person, smile) 不誠実な fuséijitsu na

false alarm *n* 誤った警報 ayámattà keíhō

false pretenses *npl: under false pretenses* うその申立てで usố nò mốshitate de

false teeth *npl* 入れ歯 iréba

falter [fɔːl'tər] *vi* (engine) 止りそうになる tomárisò ni nárù; (person: hesitate) めらう taméraù; (: stagger) よろめく yorómekù

fame [feim] *n* 名声 meísei

familiar [fəmil'jəːr] *adj* (well-known: face, voice) おなじみの onájimi no; (intimate: behavior, tone) 親しい shitáshiî

to be familiar with (subject) よく知っている yókù shitté iru

familiarize [fəmil'jəraiz] *vt: to familiarize oneself with* ...になじむ ...ni najímù

family [fæm'li:] *n* (relations) 家族 kázòku; (children) 子供 kodómo ◊総称 sốshō

family business *n* 家族経営の商売 kazókukeîei no shốbai

family doctor *n* 町医者 machí-ìsha

famine [fæm'in] *n* 飢餓 kígà

famished [fæm'iʃt] *adj* (hungry) 腹がぺこぺこの hará gà pekópeko no

famous [fei'məs] *adj* 有名な yűmei na

famously [fei'məsli:] *adv* (get on) 素晴しく subárashikù

fan [fæn] *n* (person) ファン fáñ; (folding) 扇子 séñsu; (ELEC) 扇風機 señpúki
♦*vt* (face, person) あおぐ aốgù; (fire, quarrel) あおる aórù

fanatic [fənæt'ik] *n* (extremist) 熱狂者 nekkyốshà; (enthusiast) マニア mánià

fan belt *n* (AUT) ファンベルト fañberùto

fanciful [fæn'sifəl] *adj* (notion, idea) 非現実的な hígeñjitsuteki na; (design, name) 凝った kốttà

fancy [fæn'si:] *n* (whim) 気まぐれ kimágurè; (imagination) 想像 sốzō; (fantasy) 夢 yumé
♦*adj* (clothes, hat, food) 凝った kốttà;

(hotel etc) 高級の kṓkyū no
◆*vt* (feel like, want) 欲しいなと思う hoshíi na to omóù; (imagine) 想像する sṓzō suru; (think) …だと思う …da to omóù
to take a fancy to …を気に入る …wo kí ni irù
he fancies her (*inf*) 彼は彼女が好きだ kárè wa kanójò ga sukí dà

fancy dress *n* 仮装の衣裳 kasṓ no ishṓ

fancy-dress ball *n* 仮装舞踏会 kasṓbutṓkai

fanfare [fæn'fe:r] *n* ファンファーレ fanfāre

fang [fæŋ] *n* (tooth) きば kibá

fan out *vi* 扇形に広がる ṓgigata nì hirógarù

fantastic [fæntæs'tik] *adj* (enormous) 途方もない tohṓmonài; (strange, incredible) 信じられない shiñjirarenái; (wonderful) 素晴らしい subá rashìī

fantasy [fæn'təsi:] *n* (dream) 夢 yumé; (unreality, imagination) 空想 kūsō

far [fɑːr] *adj* (distant) 遠い tṓi
◆*adv* (a long way) 遠く tṓku; (much) はるかに hárùka ni
far away/off 遠く tṓku
far better …の方がはるかにいい …no hṓ ga hárùka ni ii
far from 決して…でない kesshíte …de náì ◇強い否定を現す tsuyói hitéi wo aráwasù
by far はるかに hárùka ni
go as far as the farm 農場まで行って下さい nṓjō madè itté kudasaì
as far as I know 私の知る限り watákushi nò shirú kagirì
how far? (distance) どれぐらいの距離 doré gurai no kyòri; (referring to activity, situation) どれ程 doré hodò

faraway [fɑːr'əwei] *adj* (place) 遠くの tṓku no; (look) 夢見る様な yumémiru yṓ na; (thought) 現実離れの geñjitsubanare no

farce [fɑːrs] *n* (THEATER) 笑劇 shōgeki, ファース fā̀sù; (*fig*) 茶番劇 chabáṅgeki

farcical [fɑːr'sikəl] *adj* (situation) ばかげた bakágèta

fare [fe:r] *n* (on trains, buses) 料金 ryōkin; (*also*: **taxi fare**) タクシー代 takúshìdai; (food) 食べ物 tabémòno
half/full fare 半〔全〕額 hañ〔zeñ〕gàku

Far East *n*: **the Far East** 極東 kyokútō

farewell [fe:r'wel] *excl* さようなら sayṓnarà
◆*n* 別れ wakáre

farm [fɑːrm] *n* 農場 nṓjō
◆*vt* (land) 耕す tagáyasù

farmer [fɑːr'məːr] *n* 農場主 nṓjōshù

farmhand [fɑːrm'hænd] *n* 作男 sakúotòko

farmhouse [fɑːrm'haus] *n* 農家 nṓka

farming [fɑːr'miŋ] *n* (agriculture) 農業 nṓgyō; (of crops) 耕作 kṓsaku; (of animals) 飼育 shíīku

farmland [fɑːrm'lænd] *n* 農地 nṓchi

farm worker *n* = **farmhand**

farmyard [fɑːrm'jɑːrd] *n* 農家の庭 nṓka no niwà

far-reaching [fɑːr'riː'tʃiŋ] *adj* (reform, effect) 広範囲の kṓhaṅ i no

fart [fɑːrt] (*inf!*) *vi* おならをする onára wo surù

farther [fɑːr'ðəːr] *compar of* **far**

farthest [fɑːr'ðist] *superl of* **far**

fascinate [fæs'əneit] *vt* (intrigue, interest) うっとりさせる uttóri saserù

fascinating [fæs'əneitiŋ] *adj* (story, person) 魅惑的な miwákuteki na

fascination [fæsənei'ʃən] *n* 魅惑 miwáku

fascism [fæʃ'izəm] *n* (POL) ファシズム fashízùmu

fashion [fæʃ'ən] *n* (trend; in clothes, thought, custom etc) 流行 ryūkō, ファッション fásshòn; (*also*: **fashion industry**) ファッション業界 fasshòn gyṓkai; (manner) やり方 yaríkata
◆*vt* (make) 作る tsukúrù
in fashion 流行して ryūkō shite
out of fashion 廃れて sutárete

fashionable [fæʃ'ənəbəl] *adj* (clothes, club, subject) 流行の ryūkō no

fashion show *n* ファッションショー fasshòn shṓ

fast [fæst] *adj* (runner, car, progress) 速い hayáî; (clock): *to be fast* 進んでいる susúnde irú; (dye, color) あせない asénài
♦*adv* (run, act, think) 速く hayákù; (stuck, held) 固く katáku
♦*n* (REL etc) 断食 dañjiki
♦*vi* (REL etc) 断食する dañjiki suru
fast asleep ぐっすり眠っている gussúrì nemútte irú

fasten [fǽsən] *vt* (tie, join) 縛る shibárù; (buttons, belt etc) 締める shimérù
♦*vi* 締まる shimárù

fastener [fǽsənəːr] *n* (button, clasp, pin etc) ファスナー fásùnā

fastening [fǽsəniŋ] *n* = **fastener**

fast food *n* (hamburger etc) ファーストフード fásùtofūdo

fastidious [fæstídiːəs] *adj* (fussy) やかましい yakámashiî

fat [fæt] *adj* (person, animal) 太った futóttà; (book, profit) 厚い atsúi; (wallet) 金がたんまり入った kané gà tañmarì haíttà; (profit) 大きな ōkina
♦*n* (on person, animal: *also* CHEM) 脂肪 shibṓ; (on meat) 脂身 abúramî; (for cooking) ラード rādo

fatal [feit'əl] *adj* (mistake) 重大な júdai na; (injury, illness) 致命的な chiméiteki na

fatalistic [feitəlis'tik] *adj* (person, attitude) 宿命論的な shukúmeironteki na

fatality [feitæl'itiː] *n* (road death etc) 死亡事故 shibṓjikò

fatally [feit'əliː] *adv* (mistaken) 重大に júdai ni; (injured etc) 致命的に chiméiteki ni

fate [feit] *n* (destiny) 運命 úñmei; (of person) 安否 áñpi

fateful [feit'fəl] *adj* (moment, decision) 決定的な kettéiteki na

father [fɑ:'ðəːr] *n* 父 chichí, 父親 chichíoya, お父さん o-tṓsàn

father-in-law [fɑ:'ðəːrinlɔ:] *n* しゅうと shúto

fatherly [fɑ:'ðəːrliː] *adj* (advice, help) 父親の様な chichíoya no yṓ na

fathom [fæð'əm] *n* (NAUT) 尋 hírò ◊水深の単位，約1.83メーター suíshin no táñ-i,

yákù 1.83métà

fatigue [fətiːgʹ] *n* (tiredness) 疲労 hirṓ
metal fatigue 金属疲労 kíñzokuhirṓ

fatten [fæt'ən] *vt* (animal) 太らせる futóraserù
♦*vi* 太る futórù

fatty [fæt'iː] *adj* (food) 脂肪の多い shibṓ no ōi
♦*n* (*inf*: person) でぶ débù

fatuous [fætʃ'uːəs] *adj* (idea, remark) ばかな bákà na

faucet [fɔː'sit] (*US*) *n* (tap) 蛇口 jagúchi

fault [fɔːlt] *n* (blame) 責任 sekínin; (defect: in person) 欠点 kettén; (: in machine) 欠陥 kekkán; (GEO: crack) 断層 dañsō; (TENNIS) フォールト fōrùto
♦*vt* (criticize) 非難する hínan suru
it's my fault 私が悪かった watákushi gà warúkattà
to find fault with ...を非難する ...wo hínàn suru
at fault ...のせいで ...no séî de

faulty [fɔːl'tiː] *adj* (machine) 欠陥のある kekkán no arú

fauna [fɔːn'ə] *n* 動物相 dṓbutsusō

faux pas [fou pɑː'] *n inv* 非礼 hiréi

favor [fei'vəːr] (*BRIT* **favour**) *n* (approval) 賛成 sañsei; (help) 助け tasúke
♦*vt* (prefer: solution etc) ...の方に賛成する ...no hṓ nì sañsei surù; (: pupil etc) ひいきする hiíki suru; (assist: team, horse) ...に味方する ...ni mikáta suru
to do someone a favor ...の頼みを聞く ...no tánòmi wo kíkù
to find favor with ...の気に入る ...no kí ni irù
in favor of ...に賛成して ...ni sañsei shite

favorable [fei'vəːrəbəl] *adj* (gen) 有利な yúri na; (reaction) 好意的な kṓiteki na; (impression) 良い yóî; (comparison) 賞賛的な shṓsanteki na; (conditions) 好適な kṓteki na

favorite [fei'vəːrit] *adj* (child, author etc) 一番好きな ichíban suki na
♦*n* (of teacher, parent) お気に入り o-kí-

niiri; (in race) 本命 honmei

favoritism [fei'vǝ:ritizǝm] *n* えこひいき ekóhiíki

favour [fei'vǝːr] *etc* = **favor** *etc*

fawn [fɔːn] *n* (young deer) 子ジカ kojíka
♦*adj* (*also*: **fawn-colored**) 薄茶色 usúcha-iro
♦*vi*: **to fawn (up)on** ...にへつらう ...ni hetsúraù

fax [fæks] *n* (machine, document) ファックス fákkùsu
♦*vt* (transmit document) ファックスで送る fákkùsu de okúrù

FBI [efbiːaiˈ] (*US*) *n abbr* (= *Federal Bureau of Investigation*) 連邦捜査局 reñpōsōsakyòku

fear [fiːr] *n* (being scared) 恐怖 kyófu; (worry) 心配 shiñpai
♦*vt* (be scared of) 恐れる osórerù; (be worried about) 心配する shiñpai suru
for fear of (in case) ...を恐れて ...wo osóretè

fearful [fiːrˈfǝl] *adj* (person) 怖がっている kowágatte irù; (risk, noise) 恐ろしい osóroshiì

fearless [fiːrˈlis] *adj* (unafraid) 勇敢な yūkan na

feasible [fiːˈzǝbǝl] *adj* (proposal, idea) 可能な kanó na

feast [fiːst] *n* (banquet) 宴会 eñkai; (delicious meal) ごちそう gochísò; (REL: *also*: **feast day**) 祝日 shukújitsu
♦*vi* (take part in a feast) ごちそうを食べる gochísò wò tabérù

feat [fiːt] *n* (of daring, skill) 目覚しい行為 mezámashiì kói

feather [feðˈǝr] *n* (of bird) 羽根 hané

feature [fiːˈtjǝːr] *n* (characteristic) 特徴 tokúchō; (of landscape) 目立つ点 medátsu tèn; (PRESS) 特別記事 tokúbetsukìji; (TV) 特別番組 tokúbetsu bañgumi
♦*vt* (subj: film) 主役とする shuyáku to surù
♦*vi*: **to feature in** (situation, film etc) ...で主演する ...de shuén suru

feature film *n* 長編映画 chōhen eîga

features [fiːˈtjǝːrz] *npl* (of face) 顔立ち kaódachi

February [febˈjǝweːriː] *n* 2月 nigátsu

fed [fed] *pt, pp of* **feed**

federal [fedˈǝːrǝl] *adj* (system, powers) 連邦の reñpō no

federation [fedǝreiˈ'ǝn] *n* (association) 連盟 reñmei

fed up [fed ʌpˈ] *adj*: **to be fed up** うんざりしている uñzarì shite iru

fee [fiː] *n* (payment) 料金 ryókin; (of doctor, lawyer) 報酬 hóshū; (for examination, registration) 手数料 tesúryō
school fees 授業料 jugyóryō

feeble [fiːˈbǝl] *adj* (weak) 弱い yowáì; (ineffectual: attempt, joke) 効果的でない kókateki dè naì

feed [fiːd] *n* (of baby) ベビーフード bebífùdo; (of animal) えさ esá; (on printer) 給紙装置 kyúshisòchi
♦*vt* (*pt, pp* **fed**) (person) ...に食べさせる ...ni tabésaserù; (baby) ...に授乳する ...ni junyū suru; (horse etc) ...にえさをやる ...ni esá wò yárù; (machine) ...に供給する ...ni kyókyū suru; (data, information): **to feed into** ...に入力する ...ni nyūryoku suru

feedback [fiːdˈbæk] *n* (response) フィードバック fídobàkku

feeding bottle [fiːˈdiŋ-] (*BRIT*) *n* ほ乳瓶 honyúbiñ

feed on *vt fus* (*gen*) ...を食べる ...wo tabérù, ...を常食とする ...wo jóshoku to suru; (*fig*) ...にはぐくまれる ...ni hagúkumarerù

feel [fiːl] *n* (sensation, touch) 感触 kañshoku; (impression) 印象 iñshō
♦*vt* (*pt, pp* **felt**) (touch) ...に触る ...ni sawárù; (experience: desire, anger) 覚える obóerù; (: cold, pain) 感じる kañjiru; (think, believe) ...だと思う ...da to omóù
to feel hungry おなかがすく onáka gà sukú
to feel cold 寒がる samúgarù
to feel lonely 寂しがる sabíshigarù
to feel better 気分がよくなる kíbun ga yóku narù
I don't feel well 気分が悪い kíbun ga warúî
it feels soft 柔らかい感じだ yawárakai

kaṅji da
to feel like (want) ...が欲しい ...ga hoshíi

feel about/around *vi* ...を手探りで捜す ...wo teságùri de sagásù

feeler [fi:'lər] *n* (of insect) 触角 shokkáku
to put out a feeler/feelers (*fig*) 打診する dashín suru

feeling [fi:'liŋ] *n* (emotion) 感情 kaṅjō; (physical sensation) 感触 kaṅshoku; (impression) 印象 iṅshō

feet [fi:t] *npl of* **foot**

feign [fein] *vt* (injury, interest) 見せ掛ける misékakerù

feline [fi:'lain] *adj* (cat-like) ネコの様な nékò no yṓ na

fell [fel] *pt of* **fall**
♦*vt* (tree) 倒す taósù

fellow [fel'ou] *n* (man) 男 otóko; (comrade) 仲間 nakáma; (of learned society) 会員 kaíin

fellow citizen *n* 同郷の市民 dōkyō nò shímìn

fellow countryman (*pl* **countrymen**) *n* 同国人 dōkokujìn

fellow men *npl* 外の人間 hoká no niṅgen

fellowship [fel'ouʃip] *n* (comradeship) 友情 yūjō; (society) 会 kaí; (SCOL) 大学特別研究員 daígaku tokubetsu kenkyūin

felony [fel'əni:] *n* 重罪 jūzai

felt [felt] *pt, pp of* **feel**
♦*n* (fabric) フェルト férùto

felt-tip pen [felt'tip-] *n* サインペン saínpen

female [fi:'meil] *n* (ZOOL) 雌 mesú; (*pej*: woman) 女 oñna
♦*adj* (BIO) 雌の mesú no; (sex, character, child) 女の oñna no, 女性の joséi no; (vote etc) 女性たちの joséitachi no

feminine [fem'ənin] *adj* (clothes, behavior) 女性らしい joséi rashíì; (LING) 女性の joséi no

feminist [fem'ənist] *n* 男女同権論者 dañjodōkenronsha, フェミニスト féminisùto

fence [fens] *n* (barrier) 塀 heí
♦*vt* (*also*: **fence in**: land) 塀で囲む heí de kakómù

♦*vi* (SPORT) フェンシングをする féñshingu wo suru

fencing [fen'siŋ] *n* (SPORT) フェンシング féñshingu

fend [fend] *vi*: *to fend for oneself* 自力でやっていく jíriki dè yatté ikù

fender [fen'dər] *n* (of fireplace) 火格子 higṓshi; (on boat) 防げん物 bōgenbùtsu; (US: of car) フェンダー feñdā

fend off *vt* (attack etc) 受流す ukénagasù

ferment [*vb* fə:rment' *n* fə:r'ment] *vi* (beer, dough etc) 発酵する hakkō suru
♦*n* (*fig*: unrest) 動乱 dóran

fern [fə:rn] *n* シダ shídà

ferocious [fərou'ʃəs] *adj* (animal, behavior) どう猛な dṓmō na; (competition) 激しい hageshíì

ferocity [fərɑ:s'iti:] *n* (of animal, behavior) どう猛さ dṓmōsa; (of competition) 激しさ hageshísà

ferret [fe:r'it] *n* フェレット férètto

ferret out *vt* (information) 捜し出す sagáshidasù

ferry [fe:r'i:] *n* (*also*: **ferry boat**) フェリー férī, フェリーボート feríbōto
♦*vt* (transport: by sea, air, road) 輸送する yusō suru

fertile [fə:r'təl] *adj* (land, soil) 肥よくな hiyóku na; (imagination) 豊かな yútàka na; (woman) 妊娠可能な niñshinkanō na

fertility [fə:rtil'əti:] *n* (of land) 肥よくさ hiyóku sa; (of imagination) 独創性 dokúsōsei; (of woman) 繁殖力 hañshokuryðku

fertilize [fə:r'təlaiz] *vt* (land) ...に肥料をやる ...ni hiryṓ wò yárù; (BIO) 受精させる juséi saserù

fertilizer [fə:r'təlaizər] *n* (for plants, land) 肥料 hiryṓ

fervent [fə:r'vənt] *adj* (admirer, belief) 熱心な nesshín na

fervor [fə:r'və:r] *n* 熱心さ nesshíñsa

fester [fes'tə:r] *vi* (wound) 化のうする kanō suru

festival [fes'təvəl] *n* (REL) 祝日 shukúji-tsu; (ART, MUS) フェスティバル fésùtibaru

festive [fes'tiv] *adj* (mood, atmosphere) お祭気分の o-mátsurikibùn no
the festive season (*BRIT*: Christmas) クリスマスの季節 kurísùmasu no kisétsù

festivities [festiv'iti:z] *npl* (celebrations) お祝い o-íwai

festoon [festu:n'] *vt*: *to festoon with* ...で飾る ...de kazárù

fetch [fetʃ] *vt* (bring) 持って来る nottè kurù; (sell for) ...の値で売れる ...no ne de urérù

fetching [fetʃ'iŋ] *adj* (woman, dress) 魅惑的な miwákuteki na

fête [feit] *n* (at church, school) バザー bazã

fetish [fet'iʃ] *n* (obsession) 強迫観念 kyóhakukaǹnen

fetus [fi:'təs] (*BRIT* **foetus**) *n* (BIO) 胎児 táiji

feud [fju:d] *n* (quarrel) 争い arásoi

feudal [fju:d'əl] *adj* (system, society) 封建的な hṓkenteki na

fever [fi:'və:r] *n* (MED) 熱 netsú

feverish [fi:'və:riʃ] *adj* (MED) 熱がある netsú ga arù; (emotion) 激しい hagéshiì, (activity) 慌ただしい awátadashiì

few [fju:] *adj* (not many) 少数の shōsū no; (some): *a few* 幾つかの íkùtsuka no
◆*pron* (not many) 少数 shōsū; (some): *a few* 幾つか íkùtsuka

fewer [fju:'ə:r] *adj compar of* **few**

fewest [fju:'ist] *adj superl of* **few**

fiancé [fi:ɑ:nsei'] *n* 婚約者 koǹ-yakushà, フィアンセ fiáǹse ◇男性 dańsei

fiancée [fi:ɑ:nsei'] *n* 婚約者 koǹ-yakushà, フィアンセ fiáǹse ◇女性 joséi

fiasco [fi:æs'kou] *n* (disaster) 失敗 shippái

fib [fib] *n* (lie) うそ úsò

fiber [fai'bə:r] (*BRIT* **fibre**) *n* (thread, roughage) 繊維 sén-i; (cloth) 生地 kíjì; (ANAT: tissue) 神経繊維 shíǹkeisen-i

fiber-glass [fai'bə:rglæs] *n* ファイバーグラス faíbàguràsu

fickle [fik'əl] *adj* (person) 移り気な utsúrigi na; (weather) 変りやすい kawáriyasuì

fiction [fik'ʃən] *n* (LITERATURE) フィクション fíkùshon; (invention) 作り事 tsukúrigoto; (lie) うそ úsò

fictional [fik'ʃənəl] *adj* (character, event) 架空の kakū́ no

fictitious [fiktiʃ'əs] *adj* (false, invented) 架空の kakū́ no

fiddle [fid'əl] *n* (MUS) バイオリン baíorin; (*inf*: fraud, swindle) 詐欺 ságì
◆*vt* (*BRIT*: accounts) ごまかす gomákasù

fiddle with *vt fus* (glasses etc) いじくる ijíkurù

fidelity [fidel'iti:] *n* (faithfulness) 忠誠 chū́sei

fidget [fidʒ'it] *vi* (nervously) そわそわする sówàsawa suru; (in boredom) もぞもぞする mózòmozo suru

field [fi:ld] *n* (on farm) 畑 hatáke; (SPORT: ground) グランド guráǹdo; (*fig*: subject, area of interest) 分野 búǹya; (range: of vision) 視野 shíyà; (: of magnet: *also* ELEC) 磁場 jíbà

field marshal *n* (MIL) 元帥 geǹsui

fieldwork [fi:ld'wə:rk] *n* (research) 現地調査 geńchichòsa, 実地調査 jitchíchòsa, フィールドワーク fírudowāku

fiend [fi:nd] *n* (monster) 怪物 kaíbutsu

fiendish [fi:n'diʃ] *adj* (person, problem) 怪物の様な kaíbutsu no yṓ na; (problem) ものすごく難しい monósugokù muzúkashiì

fierce [fi:rs] *adj* (animal, person) どう猛な dṓmō na, (fighting) 激しい hagéshiì; (loyalty) 揺るぎない yurúginai; (wind) 猛烈な mṓretsu na; (heat) うだる様な udáru yṓ na

fiery [fai'ə:ri:] *adj* (burning) 燃え盛る moésakarù; (temperament) 激しい hagéshiì

fifteen [fif'ti:n'] *num* 十五 (の) jū́go (no)

fifth [fifθ] *num* 第五(の) dáigo (no)

fifty [fif'ti:] *num* 五十 (の) gojū́ (no)

fifty-fifty [fif'ti:fif'ti:] *adj* (deal, split) 五分五分の gobúgobu no
◆*adv* 五分五分に gobúgobu ni

fig [fig] *n* (fruit) イチジク ichíjìku

fight [fait] *n* 戦い tatákai

♦*vb* (*pt, pp* **fought**)

♦*vt* (person, enemy, cancer etc: *also* MIL) ...と 戦う ...to tatákaù; (election) ...に 出馬する ...ni shutsúba suru; (emotion) 抑える osáerù

♦*vi* (people: *also* MIL) 戦う tatákaù

fighter [fai'tər] *n* (combatant) 戦う人 tatákaù hitó; (plane) 戦闘機 señtóki

fighting [fai'tiŋ] *n* (battle) 戦い tatákai; (brawl) けんか kénka

figment [fig'mənt] *n*: *a figment of the imagination* 気のせい kí nò séi

figurative [fig'jərətiv] *adj* (expression, style) 比ゆ的な hiyúteki na

figure [fig'jər] *n* (DRAWING, GEOM) 図 zu; (number, statistic etc) 数字 súji; (body, shape, outline) 形 katáchi; (person, personality) 人 hitó

♦*vt* (think: esp *US*) (...だと) 思う (...da to) omóù

♦*vi* (appear) 見える miérù

figurehead [fig'jərhed] *n* (NAUT) 船首像 señshuzô; (*pej*: leader) 名ばかりのリーダー na bákarì no rídà

figure of speech *n* 比ゆ hiyù

figure out *vt* (work out) 理解する rikái suru

filament [fil'əmənt] *n* (ELEC) フィラメント fíramento

filch [filtʃ] (*inf*) *vt* (steal) くすねる kusúnerù

file [fail] *n* (dossier) 資料 shiryô; (folder) 書類ばさみ shorúibasami; (COMPUT) ファイル fáiru; (row) 列 rétsu; (tool) やすり yasúrì

♦*vt* (papers) 保管する hokán suru; (LAW: claim) 提出する teíshutsu suru; (wood, metal, fingernails) ...にやすりを掛ける ...ni yasúrì wo kakérù

file in/out *vi* 1列で入る〔出る〕ichíretsu dè haírù〔dérù〕

filing cabinet [fai'liŋ-] *n* ファイルキャビネット fáiru kyabinètto

fill [fil] *vt* (container, space): *to fill (with)* (...で) 一杯にする (...de) ippái ni surù; (vacancy) 補充する hojú suru; (need) 満たす mitásù

♦*n*: *to eat one's fill* たらふく食べる taráfuku taberù

fillet [filei'] *n* (of meat, fish) ヒレ hiré

fillet steak *n* ヒレステーキ hirésutèki

fill in *vt* (hole) うめる umérù; (time) つぶす tsubúsù; (form) ...に 書入れる ...ni ka-kíirerù

filling [fil'iŋ] *n* (for tooth) 充てん júten; (CULIN) 中身 nakami

filling station *n* (AUT) ガソリンスタンド gasórinsutañdo

fill up *vt* (container, space) 一杯にする ippái ni surù

♦*vi* (AUT) 満タンにする mañtan ni surù

film [film] *n* (CINEMA, TV) 映画 eíga; (PHOT) フィルム fírumu; (of powder, liquid etc) 膜 makú

♦*vt* (scene) 撮影する satsúei suru

♦*vi* 撮影する satsúei suru

film star *n* 映画スター eígasutà

film strip *n* (slide) フィルムスライド firúmusuraìdo

filter [fil'tər] *n* (device) ろ過装置 rokásòchi, フィルター fírutà; (PHOT) フィルター fírutà

♦*vt* (liquid) ろ過する roká suru

filter lane (*BRIT*) *n* (AUT) 右〔左〕折車線 u〔sa〕sétsu shasèn

filter-tipped [fil'tərtipt] *adj* フィルター付きの fírùtàtsuki no

filth [filθ] *n* (dirt) 汚物 obútsu

filthy [fil'θi:] *adj* (object, person) 不潔な fukétsu na; (language) みだらな mídàra na

fin [fin] *n* (of fish) ひれ hiré

final [fai'nəl] *adj* (last) 最後の saígo no; (ultimate) 究極の kyúkyoku no; (definitive: answer, decision) 最終的な saíshuteki na

♦*n* (SPORT) 決勝戦 kesshôsen

finale [finæl'i:] *n* フィナーレ fínàre

finalist [fai'nəlist] *n* (SPORT) 決勝戦出場選手 kesshôsen shutsujô señshu

finalize [fai'nəlaiz] *vt* (arrangements, plans) 最終的に決定する saíshuteki nì kettéi suru

finally [fai'nəli:] *adv* (eventually) ようやく yôyaku; (lastly) 最後に saígo ni

finals [fai'nəlz] *npl* (SCOL) 卒業試験 so-tsúgyōshikèn

finance [*n* fai'næns *vb* finæns'] *n* (money, backing) 融資 yūshi; (money management) 財政 zaísei

♦*vt* (back, fund) 融資する yūshi suru

finances [finæn'siz] *npl* (personal finances) 財政 zaísei

financial [finæn'tʃəl] *adj* (difficulties, year, venture) 経済的な

financial year *n* 会計年度 kaíkeinèdo

financier [finænsi:r'] *n* (backer, funder) 出資者 shusshíshà

find [faind] (*pt, pp* **found**) *vt* (person, object, answer) 見付ける mitsúkeru; (discover) 発見する hakkén suru; (think) ...だと思う ...da to omóù

♦*n* (discovery) 発見 hakkén

to find someone guilty (LAW) ...に有罪判決を下す ...ni yūzaihanketsu wo kudásù

findings [fain'diŋz] *npl* (LAW, of report) 調査の結果 chōsa no kekkà

find out *vt* (fact, truth) 知る shírù; (person) ...の悪事を知る ...no ákùji wo shírù

to find out about (subject) 調べる shiráberù; (by chance) 知る shírù

fine [fain] *adj* (excellent: quality, performance etc) 見事な mígòto na; (thin: hair, thread) 細い hosóì; (not coarse: sand, powder etc) 細かい komákaì; (subtle: detail, adjustment etc) 細かい komákaì

♦*adv* (well) うまく úmàku

♦*n* (LAW) 割金 bakkín

♦*vt* (LAW) ...に罰金を払わせる ...ni bakkín wò haráwaserù

to be fine (person) 元気である gónki de árù; (weather) 良い天気である yóì tènki de árù

fine arts *npl* 美術 bíjùtsu

finery [fai'nə:ri:] *n* (dress) 晴着 harégi; (jewelery) 取って置きの装身具 tottéoki nò sóshìngu

finesse [fines'] *n* 手腕 shúwàn

finger [fiŋ'gə:r] *n* (ANAT) 指 yubí

♦*vt* (touch) ...に指で触る ...ni yubí dè sawárù

little/index finger 小[人指し]指 ko

[hitósashi]yúbi

fingernail [fiŋ'gə:rneil] *n* つめ tsumé

fingerprint [fiŋ'gə:rprint] *n* (mark) 指紋 shimón

fingertip [fiŋ'gə:rtip] *n* 指先 yubísaki

finicky [fin'iki:] *adj* (fussy) 気難しい kimúzukashiì

finish [fin'iʃ] *n* (end) 終り owárî; (SPORT) ゴール gōru; (polish etc) 仕上り shiágari

♦*vt* (work, eating, book etc) 終える oérù

♦*vi* (person, course, event) 終る owárù

to finish doing something ...し終える ...shi óerù

to finish third (in race etc) 3着になる saríchaku ni naru

finishing line [fin'iʃiŋ-] *n* ゴールライン gōrurain

finishing school [fin'iʃiŋ-] *n* 花嫁学校 hanáyomegàkkō

finish off *vt* (complete) 仕上げる shiágerù; (kill) 止めを刺す todóme wo sasù

finish up *vt* (food, drink) 平らげる taíragerù

♦*vi* (end up) 最後に...に行ってしまう sáìgo ni ...ni itté shimaù

finite [fai'nait] *adj* (time, space) 一定の ittéi no; (verb) 定形の teíkei no

Finland [fin'lənd] *n* フィンランド fínrando

Finn [fin] *n* フィンランド人 finírandojìn

Finnish [fin'iʃ] *adj* フィンランドの fínrando no; (LING) フィンランド語の fínrando go no

♦*n* (LING) フィンランド語 fínrandogo

fiord [fjɔurd] = **fjord**

fir [fə:r] *n* モミ mómì

fire [fai'ə:r] *n* (flames) 火 hí; (in hearth) たき火 takíbi; (accidental) 火事 kají; (gas fire, electric fire) ヒーター hītā

♦*vt* (shoot: gun etc) うつ útsù; (: arrow) 射る írù; (stimulate: imagination, enthusiasm) 刺激する shigéki suru; (inf: dismiss: employee) 首にする kubí ni surù

♦*vi* (shoot) 発砲する happō suru

on fire 燃えて moéte

fire alarm *n* 火災警報装置 kasáikeihō-sòchi

firearm [faiə:r'ɑ:rm] *n* 銃砲 jūhō ◇特に

ピストルを指す tōkū ni pisútoru wò sásù

fire brigade n 消防隊 shóbōtai

fire department (*US*) n = **fire brigade**

fire engine n 消防自動車 shōbōjidōsha

fire escape n 非常階段 hijōkaídan

fire extinguisher n 消化器 shōkakì

fireman [faiər'mən] (*pl* **firemen**) n 消防士 shóbōshi

fireplace [faiər'pleis] n 暖炉 dánro

fireside [faiər'said] n 暖炉のそば dánro no sóbà

fire station n 消防署 shōbōsho

firewood [faiər'wud] n まき makí

fireworks [faiər'wəːrks] *npl* 花火 hánabi

firing squad [faiər'iŋ-] n 銃殺隊 jūsatsutai

firm [fəːrm] *adj* (mattress, ground) 固い katái; (grasp, push, tug) 強い tsuyói; (decision) 断固とした dánko to shita; (faith) 固い katái; (measures) 強固な kyóko na; (look, voice) しっかりした shikkárì shita

♦n (company) 会社 kaísha

firmly [fəːrm'liː] *adv* (grasp, pull, tug) 強く tsúyòku; (decide) 断固として dánko to shite; (look, speak) しっかりと shikkárì to

first [fəːrst] *adj* (before all others) 第一の dáìchi no, 最初の saísho no

♦*adv* (before all others) 一番に ichíbàn ni, 一番最初に ichíbàn saísho ni; (when listing reasons etc) 第一に dáìchi ni

♦n (person: in race) 1着 itcháku; (AUT) ローギヤ rōgiya; (*BRIT* SCOL: degree) 1級優等卒業学位 íkkyū yūtō sotsugyō gakùi ◇英国では優等卒業学位は成績の高い順に1級、2級、3級に分けられる eíkoku de wà yūtō sotsugyō gakùi wa seísèki no takái jùn ni ikkyū, nikyū, sankyū ni wakérarerù

at first 最初は saísho wa

first of all まず第一に mázu dáìchi ni

first aid n 応急手当 ōkyūteàte

first-aid kit n 救急箱 kyūkyūbako

first-class [fəːrst'klæs] *adj* (excellent: mind, worker) 優れた sugúretà; (car-

riage, ticket, post) 1等の ittō no

first-hand [fəːrst'hænd'] *adj* (account, story) 直接の chokúsetsu no

first lady (*US*) n 大統領夫人 daítōryō-fujìn

firstly [fəːrst'liː] *adv* 第一に daíichi ni

first name n 名 na, ファーストネーム fāsutonēmu

first-rate [fəːrst'reit'] *adj* (player, actor etc) 優れた sugúretà

fiscal [fis'kəl] *adj* (year) 会計の kaíkei no; (policies) 財政の zaísei no

fish [fiʃ] n *inv* 魚 sakána

♦*vt* (river, area) ...で釣をする ...de tsurí wo surù

♦*vi* (commercially) 漁をする ryō wo surù; (as sport, hobby) 釣をする tsurí wo surù

to go fishing 釣に行く tsurí ni ikù

fisherman [fiʃ'əːrmən] (*pl* **fishermen**) n 漁師 ryōshi

fish farm n 養殖場 yōgyojō

fish fingers (*BRIT*) *npl* = **fish sticks**

fishing boat [fiʃ'iŋ-] n 漁船 gyosén

fishing line n 釣糸 tsurîtò

fishing rod n 釣ざお tsurízao

fishmonger's (shop) [fiʃ'mʌŋgəːrz-] n 魚屋 sakánaya

fish sticks (*US*) *npl* フィッシュスティック fisshúsutikkù ◇細長く切った魚にパン粉をまぶして揚げた物 hosónagaku kittà sakána ni pánko wo mabúshite agéta monò

fishy [fiʃ'iː] (*inf*) *adj* (tale, story) 怪しい ayáshiī

fission [fiʃ'ən] n 分裂 buńretsu

fissure [fiʃ'əːr] n 亀裂 kirétsu

fist [fist] n こぶし kóbùshi, げんこつ geńkotsu

fit [fit] *adj* (suitable) 適当な tekítō na; (healthy) 健康な keńkō na

♦*vt* (subj: clothes, shoes) ...にぴったり合う ...ni pittárì au; (put in) ...に入れる ...ni irérù; (attach, equip) ...に取付ける ...ni torítsukeru; (suit) ...に合う ...ni áù

♦*vi* (clothes) ぴったり合う pittárì áù; (parts) 合う áù; (in space, gap) ぴったりはいる pittárì haírù

♦*n* (MED) 発作 hossá; (of coughing, giggles) 発作的に...する事 hossáteki ni ...suru kotó

fit to (ready) ...出来る状態にある ...dekirù jōtai ni arù

fit for (suitable for) ...に適当である ...ni tekítō de arù

a fit of anger かんしゃく kańshaku

this dress is a good fit このドレスはぴったりの体です konó dorèsu wa pittárì karáda ni aù

by fits and starts 動いたり止ったりして ugóitarì tomáttarì shité

fitful [fit'fəl] *adj* (sleep) 途切れ途切れの togíretogìre no

fit in *vi* (person) 溶込む tokékomù

fitment [fit'mənt] *n* (in room, cabin) 取付け家具 torítsukekagù ◇つり戸棚など壁などに固定した家具を指す tsurítodàna nádò kabè nadò ni kotéi shita kagù wo sásù

fitness [fit'nis] *n* (MED) 健康 keńkō

fitted carpet [fit'id-] *n* 敷込みじゅうたん shikíkomijùtan

fitted kitchen [fit'id-] *n* システムキッチン shisútemu kitchiñ

fitter [fit'ər] *n* (of machinery, equipment) 整備工 seíbikò

fitting [fit'iŋ] *adj* (compliment, thanks) 適切な tekísetsu na

♦*n* (of dress) 試着 shicháku; (of piece of equipment) 取付け torítsuke

fitting room *n* (in shop) 試着室 shichákushìtsu

fittings [fit'iŋz] *npl* (in building) 設備 sétsubi

five [faiv] *num* 五 (の) gó (no), 五つ (の) itsútsù (no)

fiver [fai'vər] *n* (inf: BRIT: 5 pounds) 5ポンド札 gópondo satsù; (US: 5 dollars) 5ドル札 gódoru satsù

fix [fiks] *vt* (attach) 取付ける torítsukerù; (sort out, arrange) 手配する tehái suru; (mend) 直す naósù; (prepare: meal, drink) 作る tsukúrù

♦*n*: *to be in a fix* 困っている komátte irù

fixation [fiksei'ʃən] *n* 固着 kocháku

fixed [fikst] *adj* (price, amount etc) 一定の ittéi no

a fixed idea 固定観念 kotéikannen

a fixed smile 作り笑い tsukúriwarài

fixture [fiks'tʃər] *n* (bath, sink, cupboard etc) 設備 sétsubi; (SPORT) 試合の予定 shiái no yotéi

fix up *vt* (meeting) 手配する tehái surù

to fix someone up with something ...のために...を手に入れる ...no tamé ni ...wo té ni irerù

fizzle out [fiz'əl-] *vi* (event) しりすぼみに終ってしまう shirísùbomi ni owátte shimaù; (interest) 次第に消えてしまう shidái ni kiète shimaú

fizzy [fiz'i:] *adj* (drink) 炭酸入りの tańsan-iri no

fjord [fjourd] *n* フィヨルド fíyòrudo

flabbergasted [flæb'ərgæstid] *adj* (dumbfounded, surprised) あっけにとられた akké ni toraretà

flabby [flæb'i:] *adj* (fat) 締まりのない shimárì no náì

flag [flæg] *n* (of country, organization) 旗 hatá; (for signalling) 手旗 tebáta; (also: flagstone) 敷石 shikíishi

♦*vi* (person, spirits) 弱る yowárù

to flag someone down (taxi, car etc) 手を振って...を止める té wo furtè ...wo to mérù

flagpole [flæg'poul] *n* 旗ざお hatázao

flagrant [fleig'rənt] *adj* (violation, injustice) 甚だしい hanáhadashiì

flagship [flæg'ʃip] *n* (of fleet) 旗艦 kikáñ; (fig) 看板施設 kańbanshisètsu

flair [fler] *n* (talent) 才能 saínō; (style) 粋なセンス ikí na señsu

flak [flæk] *n* (MIL) 対空砲火 taíkuhōka; (inf: criticism) 非難 hínan

flake [fleik] *n* (of rust, paint) はげ落ちた欠けら hagéochita kakéra; (of snow, soap powder) 一片 ippén

♦*vi* (also: **flake off**: paint, enamel) はげ落ちる hagéochirù

flamboyant [flæmboi'ənt] *adj* (dress, design) けばけばしい kebákebashiì; (person) 派手な hadé na

flame [fleim] *n* (of fire) 炎 honó-ò

flamingo [fləmiŋ'gou] n フラミンゴ fu-rámiṅgo

flammable [flæm'əbəl] adj (gas, fabric) 燃えやすい moéyasuì

flan [flæn] (BRIT) n フラン fúràn ◇菓子の一種 kashí no isshù

flank [flæŋk] n (of animal) わき腹 wakí-bàra; (of army) 側面 sokúmèn
♦vt ...のわきにある(いる) ...no wakí ni arù (iru)

flannel [flæn'əl] n (fabric) フランネル furánneru; (BRIT: also: **face flannel**) フェースタオル fésutaòru

flannels [flæn'əlz] npl フランネルズボン furánneruzubòn

flap [flæp] n (of pocket, envelope, jacket) ふた futá
♦vt (arms, wings) ばたばたさせる bátà-bata saserù
♦vi (sail, flag) はためく hátamekù; (inf: also: **be in a flap**) 興奮している kófun shite irù

flare [fle:r] n (signal) 発煙筒 hatsúentò; (in skirt etc) フレア furéa

flare up vi (fire) 燃え上る moéagarù; (fig: person) 怒る okórù; (: fighting) ぼっ発する boppátsu suru

flash [flæʃ] n (of light) 閃光 seńkò; (also: **news flash**) ニュースフラッシュ nyúsu-furasshù; (PHOT) フラッシュ furásshù
♦vt (light, headlights) 点滅させる teńme-tsu saserù; (send: news, message) 速報する sokúhò suru; (: look, smile) 見せる misérù
♦vi (lightning, light) 光る hikárù; (light on ambulance etc) 点滅する teńmetsu suru

in a flash 一瞬にして isshún nì shite

to flash by/past (person) 走って通り過ぎる hashíttè tórisugirù

flashback [flæʃ'bæk] n (CINEMA) フラッシュバック furásshubakkù

flashbulb [flæʃ'bʌlb] n フラッシュバルブ furásshubarùbu

flashcube [flæʃ'kju:b] n フラッシュキューブ furásshukyùbu

flashlight [flæʃ'lait] n 懐中電灯 kaíchū-deñtō

flashy [flæʃ'i:] (pej) adj 派手な hadé na

flask [flæsk] n (bottle) 瓶 bíñ; (also: **vacuum flask**) 魔法瓶 mahóbin, ポット pót-tò

flat [flæt] adj (ground, surface) 平な taíra na; (tire) パンクした páńku shita; (battery) 上がった agáttà; (beer) 気が抜けた ki gá nùketa; (refusal, denial) きっぱりした kippárì shita; (MUS: note) フラットの furáttò no; (: voice) そっけない sokkénài; (rate, fee) 均一の kiń-itsu no
♦n (BRIT: apartment) アパート ápàto; (AUT) パンク páńku; (MUS) フラット furáttò

to work flat out 力一杯働く chikára ippái hatarakù

flatly [flæt'li:] adv (refuse, deny) きっぱりと kippárì to

flatten [flæt'ən] vt (also: **flatten out**) 平にする taíra ni surù; (building, city) 取壊す toríkowasù

flatter [flæt'ə:r] vt (praise, compliment) ...にお世辞を言う ...ni oséji wò iú

flattering [flæt'ə:riŋ] adj (comment) うれしい uréshiì; (dress) よく似合う yókù niáù

flattery [flæt'ə:ri:] n お世辞 oséji

flaunt [flɔ:nt] vt (wealth, possessions) 見せびらかす misébirakasù

flavor [flei'və:r] (BRIT **flavour**) n (of food, drink) 味 ají; (of ice-cream etc) 種類 shúrùi
♦vt ...に味を付ける ...ni ají wo tsukerù
strawberry-flavored イチゴ味の ichí-goajì no

flavoring [flei'və:riŋ] n 調味料 chómi-ryò

flaw [flɔ:] n (in argument, policy) 不備な点 fúbì na teñ; (in character) 欠点 kettéñ; (in cloth, glass) 傷 kizú

flawless [flɔ:'lis] adj 完璧な kańpeki na

flax [flæks] n 亜麻 amá

flaxen [flæk'sən] adj (hair) ブロンドの buróñdo no

flea [fli:] n (human, animal) ノミ nomí

fleck [flek] n (mark) 細かいはん点 ko-mákaì hańteh

fled [fled] pt, pp of **flee**

flee [fli:] (pt, pp **fled**) vt (danger, famine, country) 逃れる nogárerù, ...から逃げる ...kara nigérù
♦vi (refugees, escapees) 逃げる nigérù

fleece [fli:s] n (sheep's wool) 羊毛一頭分 yómòittóbun; (sheep's coat) ヒツジの毛 hitsúji no kè
♦vt (inf: cheat) ...から大金をだまし取る ...kara taíkin wò damáshitorù

fleet [fli:t] n (of ships: for war) 艦隊 kańtai; (: for fishing etc) 船団 señdan; (of trucks, cars) 車両団 sharyódan

fleeting [fli:tiŋ] adj (glimpse) ちらっと見える chiráttò miérù; (visit) 短い mijíkaì; (happiness) つかの間の tsuká no mà no

Flemish [flem'iʃ] adj フランダースの furándàsu no; (LING) フランダース語の furándàsugo no
♦n (LING) フランダース語 furándàsugo

flesh [fleʃ] n (ANAT) 肉 nikú; (skin) 肌 hadá; (of fruit) 果肉 kaníku

flesh wound n 軽傷 keíshō

flew [flu:] pt of **fly**

flex [fleks] n (of appliance) コード kōdo
♦vt (leg, muscles) 曲げたり伸ばしたりする magétarì nobáshitarì suru

flexibility [fleksəbil'əti:] n (of material) しなやかさ shináyakasà; (of response, policy) 柔軟性 jūnañsei

flexible [flek'səbəl] adj (material) 曲げやすい magéyasuì; (response, policy) 柔軟な jūnan na

flick [flik] n (of hand, whip etc) 一振り hitófùri
♦vt (with finger, hand) はじき飛ばす hajíkitobasù; (towel, whip etc) ...で振る pishíttò furú; (switch: on) 入れる iréru; (: off) 切る kírù

flicker [flik'ə:r] vi (light) ちらちらする chírachira suru; (flame) ゆらゆらする yúrayura suru; (eyelids) まばたく mabátakù

flick through vt fus (book) ぱらぱらと ...のページをめくる páràpara to ...no pèji wo mekúru

flier [flai'ə:r] n (pilot) パイロット paírottò

flight [flait] n (action: of birds, plane) 飛行 hikó; (AVIAT: journey) 飛行機旅行 hikókiryokō; (escape) 逃避 tóhi; (also: **flight of steps/stairs**) 階段 kaídan

flight attendant (US) n 乗客係 jókyakugakàri

flight deck n (AVIAT) 操縦室 sójūshìtsu; (NAUT) 空母の飛行甲板 kūbo no hikókañpan

flimsy [flim'zi:] adj (shoes) こわれやすい kowáreyasuì; (clothes) 薄い usúì; (building) もろい moróì; (excuse) 見え透いた miésuità

flinch [flintʃ] vi (in pain, shock) 身震いする mibúrùi suru
to flinch from (crime, unpleasant duty) ...するのをしり込みする ...surú no wò shirígomi suru

fling [fliŋ] (pt, pp **flung**) vt (throw) 投げる nagérù

flint [flint] n (stone) 火打石 hiúchiishì; (in lighter) 石 ishí

flip [flip] vt (switch) はじく hajíkù; (coin) トスする tósù suru

flippant [flip'ənt] adj (attitude, answer) 軽率な kefsotsu na

flipper [flip'ə:r] n (of seal etc) ひれ足 hiréashì; (for swimming) フリッパー furíppā

flirt [flə:rt] vi (with person) いちゃつく ichátsuku
♦n 浮気者 uwákimono

flit [flit] vi (birds, insects) ひょいと飛ぶ hyoí to tobú

float [flout] n (for swimming, fishing) 浮き ukí; (vehicle in parade) 山車 dashí; (money) つり用の小銭 tsuríyō nò kozéni
♦vi 浮く ukú

flock [flɑ:k] n 群れ muré; (REL) 会衆 kaíshū
♦vi: **to flock to** (place, event) ぞくぞく集まる zókuzoku atsúmarù

flog [flɑ:g] vt (whip) むち打つ múchiutsu

flood [flʌd] n (of water) 洪水 kōzui; (of letters, imports etc) 大量 taíryō
♦vt (subj: water) 水浸しにする mizúbitàshi ni suru; (: people) ...に殺到する ...ni sattó suru

♦*vi* (place) 水浸しになる mizúbitàshi ni nárù; (people): *to flood into* ...に殺到する ...ni sattō suru

flooding [flʌd'iŋ] *n* 洪水 kòzui

floodlight [flʌd'lait] *n* 照明灯 shōmeitō

floor [flɔːr] *n* (of room) 床 yukà; (of sea, valley) 底 sókò; (storey) 階 kái;

♦*vt* (subj: blow) 打ちのめす uchínomesù; (: question) 仰天させる gyōten saserù

ground floor 1階 ikkái

first floor (US) 1階 ikkai (BRIT) 2階 nikái

floorboard [flɔːr'bɔːrd] *n* 床板 yuká-ita

floor show *n* フロアショー furóashō

flop [flɑːp] *n* (failure) 失敗 shippái

♦*vi* (fail) 失敗する shippái suru; (fall: into chair, onto floor etc) どたっと座り込む dotáttò suwárikomù

floppy [flɑːp'iː] *adj* ふにゃふにゃした fúnyàfunya shita

floppy (disk) *n* (COMPUT) フロッピー（ディスク）furóppī(disùku)

flora [flɔːr'ə] *n* 植物相 shokúbutsusō

floral [flɔːr'əl] *adj* (dress, wallpaper) 花柄の hanágara no

florid [flɔːr'id] *adj* (style) ごてごてした gótègote shitá; (complexion) 赤らんだ akáraǹda

florist [flɔːr'ist] *n* 花屋 hanáyà

florist's (shop) *n* 花屋 hanáyà

flounce [flauns] *n* (frill) 縁飾り fuchíkazarì

flounce out *vi* 怒って飛び出す okóttè tobídasù

flounder [flaun'dəːr] *vi* (swimmer) もがく mogákù; (fig: speaker) まごつく magótsukù; (economy) 停滞する teítai suru

♦*n* (ZOOL) ヒラメ hiráme

flour [flau'əːr] *n* (gen) 粉 konà; (also: wheat flour) 小麦粉 komúgiko

flourish [fləːr'iʃ] *vi* (business) 繁栄する haǹ-ei suru; (plant) 生い茂る oíshigerù

♦*n* (bold gesture): *with a flourish* 大げさな身振りで ōgesa na mibùri de

flourishing [fləːr'iʃiŋ] *adj* (company) 繁栄する haǹ-ei suru; (trade) 盛んな sakán na

flout [flaut] *vt* (law, rules) 犯す okásù

flow [flou] *n* 流れ nagáre

♦*vi* 流れる nagárerù

flow chart *n* 流れ図 nagárezù, フローチャート furōchāto

flower [flau'əːr] *n* 花 haná

♦*vi* (plant, tree) 咲く sakú

flower bed *n* 花壇 kádàn

flowerpot [flau'əːrpɑːt] *n* 植木鉢 uékibàchi

flowery [flau'əːriː] *adj* (perfume) 花の様な haná no yō na; (pattern) 花柄の hanágara no; (speech) 仰々しい gyōgyōshiì

flown [floun] *pp* of **fly**

flu [fluː] *n* (MED) 流感 ryūkan

fluctuate [flʌk'tʃueit] *vi* (price, rate, temperature) 変動する heǹdō suru

fluctuation [flʌktʃuːei'ʃən] *n: fluctuation (in)** (...の) 変動 (...no) heǹdō

fluent [fluː'ənt] *adj* (linguist) 語学たん能な gogákutaǹnō na; (speech, writing etc) 滑らかな naméràka na

he speaks fluent French, he's fluent in French 彼はフランス語が堪能だ kárè wa furánsugo gà tañnō da

fluently [fluː'əntliː] *adv* (speak, read, write) 流ちょうに ryūchō ni

fluff [flʌf] *n* (on jacket, carpet) 毛羽 kebà; (fur: of kitten etc) 綿毛 watáge

fluffy [flʌf'iː] *adj* (jacket, toy etc) ふわふわした fúwàfuwa shitá

fluid [fluː'id] *adj* (movement) しなやかな shináyàka na; (situation, arrangement) 流動的な ryūdōteki na

♦*n* (liquid) 液 ékì

fluke [fluːk] (inf) *n* まぐれ magúrè

flung [flʌŋ] *pt, pp* of **fling**

fluorescent [fluːəres'ənt] *adj* (dial, paint, light etc) 蛍光の keíkō no

fluoride [fluːr'əraid] *n* フッ化物 fukkábùtsu

flurry [fləːr'iː] *n: a snow flurry* にわか雪 niwákayùki

flurry of activity 慌ただしい動き awátadashiì ugóki

flush [flʌʃ] *n* (on face) ほてり hotéri; (fig: of youth, beauty etc) 輝かしさ kagáyakashisà

♦*vt* (drains, pipe) 水を流して洗う mizú

wŏ nagáshite araú

♦*vi* (become red) 赤くなる akáku narú

♦*adj*: **flush with** (level) ...と同じ高さの
...to onáji takasà no

to flush the toilet トイレの水を流す
tôīre no mizú wo nagasù

flushed [flʌʃt] *adj* 赤らめた akáremetà

flush out *vt* (game, birds) 茂みから追出
す shigémi kàra oídasù

flustered [flʌs'tə:rd] *adj* (nervous, con-
fused) まごついた magótsuità

flute [flu:t] *n* フルート fúrùto

flutter [flʌt'ə:r] *n* (of wings) 羽ばたき
habátakì; (of panic, excitement, nerves)
うろたえ urótae

♦*vi* (bird) 羽ばたきする habátaki suru

flux [flʌks] *n*: **in a state of flux** 流動的
状態で ryūdōtekíjòtai de

fly [flai] *n* (insect) ハエ haé; (on trousers:
also: **flies**) ズボンの前 zubón no máè

♦*vb* (*pt* **flew**, *pp* **flown**)

♦*vt* (plane) 操縦する sójū suru; (passen-
gers, cargo) 空輸する kúyu suru; (dis-
tances) 飛ぶ tobú

♦*vi* (bird, insect, plane) 飛ぶ tobú; (pas-
sengers) 飛行機で行く hǐkòkí de ikú;
(escape) 逃げる nigérù; (flag) 掲げられる
kakágerarerù

fly away *vi* (bird, insect) 飛んで行く toñ-
de ikú

flying [flai'iŋ] *n* (activity) 飛行機旅行 hi-
kôkiryokó; (action) 飛行 hikó

♦*adj*: **a flying visit** ほんの短い訪問 hoñ-
no mijíkaì hómon

with flying colors 大成功で daíseikò
de

flying saucer *n* 空飛ぶ円盤 sórà tobú
eñban

flying start *n*: **to get off to a flying
start** 好調な滑りだしをする kóchō na
suberidàshi wo suru

fly off *vi* = **fly away**

flyover [flai'ouvə:r] (*BRIT*) *n* (overpass)
陸橋 rikkyó

flysheet [flai'ʃi:t] *n* (for tent) 入口の垂れ
布 iríguchi nò tárènuno

foal [foul] *n* 子ウマ koúma

foam [foum] *n* (of surf, water, beer) 泡

awá; (*also*: **foam rubber**) フォームラバー
fômurabà

♦*vi* (liquid) 泡立つ awádàtsu

to foam at the mouth (person, animal)
泡をふく awá wo fukù

fob [fɑ:b] *vt*: **to fob someone off** ...をだ
ます ...wo damásù

focal point [fou'kəl-] *n* (of room, activ-
ity etc) 中心 chúshin

focus [fou'kəs] (*pl* **focuses**) *n* (PHOT) 焦
点 shóten; (of attention, storm etc) 中心
chúshin

♦*vt* (field glasses etc) ...の焦点を合せる
...no shóten wò awáserù

♦*vi*: **to focus (on)** (with camera)
(...に) カメラを合せる (...ni) kámèra wò
awáserù; (person) (...に) 注意を向ける
(...ni) chúi wo mukérù

in/out of focus 焦点が合っている〔い
ない〕shóten ga attè irú〔ináì〕

fodder [fɑ:d'ə:r] *n* (food) 飼葉 kaíba

foe [fou] *n* (rival, enemy) 敵 tekí

foetus [fi:'təs] *n* (*BRIT*) = **fetus**

fog [fɔg] *n* 霧 kirí

foggy [fɔːg'i:] *adj*: **it's foggy** 霧が出てい
る kírì ga detè irú

fog light (*BRIT* **fog lamp**) *n* (AUT) フ
ォッグライト fóggùraito

foil [foil] *vt* (attack, plan) くじく kujíkù

♦*n* (metal foil, kitchen foil) ホイル hôí-
ru; (complement) 引立てる物 hikítaterù
monó; (FENCING) フルーレ furúrè

fold [fould] *n* (bend, crease) 折り目 oríme;
(of skin etc) しわ shiwá; (in cloth, cur-
tain etc) ひだ hidá; (AGR) ヒツジの囲い
hitsúji nò kakói; (*fig*) 仲間 nakáma

♦*vt* (clothes, paper) 畳む tatámu; (arms)
組む kúmù

folder [foul'də:r] *n* (for papers) 書類挟
み shoruíbasàmi

folding [foul'diŋ] *adj* (chair, bed) 折畳み
式の orítatamishiki no

fold up *vi* (map, bed, table) 折畳める orí-
tatamerù; (business) つぶれる tsubúrerù

♦*vt* (map, clothes etc) 畳む tatámu

foliage [fou'li:idʒ] *n* (leaves) 葉 ha ◇総称
sŏshō

folk [fouk] *npl* (people) 人々 hitobito

♦*adj* (art, music) 民族の míñzoku no
folks (parents) 両親 ryōshin

folklore [fouk'lɔːr] *n* 民間伝承 mińka-ndeñshō

folk song *n* 民謡 míñ-yō

follow [fɑːl'ouə:r] *n* (person) ...について行く ...ni tsúíte ikú; (suspect) 尾行する bikṓ suru; (event) ...に注目する ...ni chūmoku suru; (story) 注意して聞く chúî shite kikú; (leader, example, advice, instructions) ...に従う ...ni shitágaù; (route, path) たどる tadórù

♦*vi* (person, period of time) 後に来る〔いく〕後 ni kúru〔ikú〕; (result) ...という結果になる ...to iú kekka ni nárù
to follow suit (*fig*) (...と) 同じ事をする (...to) onáji kotò wo suru

follower [fɑːl'ouə:r] *n* (of person) 支持者 shijíshà; (of belief) 信奉者 shiñpōsha

following [fɑːl'ouiŋ] *adj* 次の tsugí no
♦*n* (of party, religion, group etc) 支持者 shijíshà ◊総称 sōshō

follow up *vt* (letter, offer) ...に答える ...ni kotáerù; (case) 追及する tsuíkyū suru

folly [fɑːl'iː] *n* (foolishness) ばかな事 báka na kotó

fond [fɑːnd] *adj* (memory) 楽しい tanóshiî; (smile, look) 愛情に満ちた aíjō ni michita; (hopes, dreams) 愚かな órōka na
to be fond of ...が好きである ...ga sukí de arù

fondle [fɑːn'dəl] *vt* 愛ぶする aíbu suru

font [fɑːnt] *n* (in church) 洗礼盤 señreîban; (TYP) フォント fóñto

food [fuːd] *n* 食べ物 tabémonò

food mixer *n* ミキサー míkīsā

food poisoning [-pɔi'zəniŋ] *n* 食中毒 shokúchùdoku

food processor [-prɑːs'esəːr] *n* ミキサー míkīsā ◊食べ物を混ぜたりひいたりおろしたりするための家庭電気製品 tabemono wo mazetari hiitari oroshitari suru tame no katei denki seihin

foodstuffs [fuːd'stʌfs] *npl* 食料 shokúryō

fool [fuːl] *n* (idiot) ばか bákà; (CULIN)

フール fûru ◊果物入りムースの一種 kudámono-iri mùsu no ísshù
♦*vt* (deceive) だます damásù
♦*vi* (also: **fool around**: be silly) ふざける fuzákerù

foolhardy [fuːl'hɑːrdiː] *adj* (conduct) 無謀な mubṓ na

foolish [fuːl'liʃ] *adj* (stupid) ばかな bákà na; (rash) 無茶な muchá na

foolproof [fuːl'pruːf] *adj* (plan etc) 絶対確実な zettáikakùjitsu na

foot [fut] (*pl* **feet**) *n* (of person, animal) 足 ashí; (of bed, cliff) ふもと fumóto; (measure) フィート fìto
♦*vt* (bill) 支払う shiháraù
on foot 徒歩で tóhò de

footage [fut'idʒ] *n* (CINEMA) 場面 bámèn

football [fut'bɔːl] *n* (ball: round) サッカーボール sakkábòru; (: oval) フットボール futtóbòru; (sport: *BRIT*) サッカー sakkā; (: *US*) フットボール futtóbòru

football player *n* (*BRIT*: also: **footballer**) サッカー選手 sakkā señshu; (*US*) フットボール選手 futtóbōru señshu

footbrake [fut'breik] *n* 足ブレーキ ashíburèki

footbridge [fut'bridʒ] *n* 橋 hashí ◊歩行者しか渡れない狭い物を指す hokōshà shika wataránài semaî monó wo sasù

foothills [fut'hilz] *npl* 山ろくの丘陵地帯 sañroku nò kyūryōchìtai

foothold [fut'hould] *n* 足場 ashíba

footing [fut'iŋ] *n* (*fig*: position) 立場 tachíba
to lose one's footing 足を踏み外す ashí wo fumíhazusù

footlights [fut'laits] *npl* (THEATER) フットライト futtóraìto

footman [fut'mən] (*pl* **footmen**) *n* (servant) 下男 genán

footnote [fut'nout] *n* 脚注 kyakúchū

footpath [fut'pæθ] *n* 遊歩道 yūhodō

footprint [fut'print] *n* (of person, animal) 足跡 ashíato

footstep [fut'step] *n* (sound) 足音 ashíoto; (footprint) 足跡 ashíato

footwear [fut'weə:r] *n* (shoes, sandals

etc) 履物 hakímono

KEYWORD

for [fɔːr] *prep* **1** (indicating destination, intention) ...行きの ...yuki no, ...に向かって ...ni mùkátte, ...のために〔の〕 ...notaméní[no]
the train for London ロンドン行きの電車 róndonyuki no densha
he left for Rome 彼はローマへ出発しました kárè wa rṓmà e shúppatsu shimashíta
he went for the paper 彼は新聞を取りに行きました kárè wa shínbun wo torì ni ikímashíta
is this for me? これは私に? korè wa wàtákushi ní?
there's a letter for you あなた宛の手紙が来ています ánàta ate no tegami ga kítè ìmasu
it's time for lunch 昼食の時間です chúshoku no iikan desù
2 (indicating purpose) ...のために〔の〕 ...no tamé nì[no]
what's it for? それは何のためですか soré wa nàn no tamé dèsu ká
give it to me - what for? それをよこせ-何で? soré wo yòkósè - nàndé?
clothes for children 子供服 kodómofùku
to pray for peace 平和を祈る héiwa wo inorù
3 (on behalf of, representing) ...の代理として ...no daíri toshite
the MP for Hove ホーブ選出の議員 hōbùsénshutsu no giìn
he works for the government/a local firm 彼は政府〔地元の会社〕に雇われています kárè wa séìfu[jimóto no kaisha]ni yatówarète imàsú
I'll ask him for you あなたに代って私が彼に聞きましょう ánàta ni kawátte wàtákushi ga karè ni kikímashṑ
G for George GはジョージのG G wà jóji no G
4 (because of) ...の理由で ...no riyú de, ...のために ...no tamé nì
for this reason このため kònó tame

for fear of being criticized 批判を恐れて hìhán wo òsórète
the town is famous for its canals 町は運河で有名です machí wà úngà de yúmei desù
5 (with regard to) ...にしては ...ni shité wà
it's cold for July 7月にしては寒い shichígatsu nì shité wà samúì
he's mature for his age 彼はませている kárè wa másète iru
a gift for languages 語学の才能 gógàku no saínō
for everyone who voted yes, 50 voted no 賛成1に対して反対50だった sánsei ìchí nì táì shite hántaihyò gojú dàtta
6 (in exchange for) ...と交換して ...to kṓkan shite
I sold it for $5 5ドルでそれを売りました gṓdòru de soré wo ùrímashíta
to pay $2.50 for a ticket 切符を2ドル50セントで買う kìppú wo nídòru gojússéñto de kaú
7 (in favor of) ...に賛成して ...ni sánsei shite
are you for or against us? あなたは我々に賛成なのか反対なのかはっきり言いなさい anáta wa waréware ni sánsei na nò ka hántai na nò ka hakkírì iinasaì
I'm all for it 私は無条件で賛成です watákushi wa mùjṓkèn de sánsei desù
vote for X Xに投票する ékkùsu ni tóhyō suru
8 (referring to distance): *there are roadworks for 5 km* 5キロの区間が工事中です gókìro mo no kúkàn ga kṓjichū desù
we walked for miles 何マイルも歩きました nánmaìru mo arúkimashíta
9 (referring to time) ...の間 ...no aída
he was away for 2 years 彼は2年間家を離れていました kárè wa ninéñkan ié wò hanárete imashìta
she will be away for a month 彼女は1か月間出掛ける事になっています kánòjo wa ikkágetsukàn dekákeru kotò ni natté imasù

it hasn't rained for 3 weeks 雨は3週間も降っていません áme wa sañshū̀kan mo futté imaseǹ

I have known her for years 何年も前から彼女とは知り合いです nâñnen mo máè kara kánòjo to wa shiríai desù

can you do it for tomorrow? 明日までに出来ますか asú madè ni dekímasù ká

10 (with infinitive clause): *it is not for me to decide* 私が決める事ではありません watákushi gà kiméru kotò de wa arímaseǹ

it would be best for you to leave あなたは帰った方がいい anátà wa káètta hō ga íi

there is still time for you to do it あなたはまだまだそれをする時間があります anátà wa mádàmada soré wò suru jikaǹ ga arímasù

for this to be possible ... これが可能になるのには... koré gà kanó ni narù no ni wa...

11 (in spite of) ...にもかかわらず ...ní mò kakáwarazù

for all his complaints, he is very fond of her 彼は色々と文句を言うが、結局彼女を愛しています kárè wa iróiro tò môñku wo íi gà, kekkyóku kanòjo wo áì shite imásù

for all he said he would write, in the end he didn't 手紙を書く書くと言っていましたけれども、結局書いてくれませんでした tegámi wò kákù kákù to itté imashità keredomo, kekkyóku kaité kurémasen deshìta

◆*conj* (since, as: rather formal) なぜならば...だから názènaraba ...dá kàra

she was very angry, for he was late again 彼女はかんかんになっていました、というのは彼はまたも遅刻したからです kánòjo wa kañkaǹ ni natté imashìta, to iú no wà kárè wa matá mò chikóku shita kara desù

---

forage [fɔːr'idʒ] *vi* (search: for food, interesting objects etc) ...をあさる ...wo asárù

foray [fɔːr'ei] *n* (raid) 侵略 shiñryaku

forbad(e) [fəːr'bæd'] *pt of* **forbid**

forbid [fəːr'bid'] (*pt* **forbad(e)**, *pp* **forbidden**) *vt* (sale, marriage, event etc) 禁ずる kiñzurù

to forbid someone to do something ...に...するのを禁ずる ...ni ...surú no wò kiñzurù

forbidden [fəːr'bid'ən] *pp of* **forbid**

forbidding [fəːr'bid'iŋ] *adj* (look, prospect) 怖い kowái

force [fɔːrs] *n* (violence) 暴力 bóryoku; (PHYSICS, *also* strength) 力 chikára

◆*vt* (compel) 強制する kyósei suru; (push) 強く押す tsúyòku osú; (break open: lock, door) こじ開ける kojíakerù

in force (in large numbers) 大勢で ózei de; (LAW) 有効で yūkō de

to force oneself to do 無理して...する múrì shite ...suru

forced [fɔːrst] *adj* (labor) 強制的な kyóseiteki na; (smile) 作りの tsukúri no

forced landing (AVIAT) 不時着 fujíchaku

force-feed [fɔːrs'fiːd] *vt* (animal, prisoner) ...に強制給餌をする ...ni kyóseikyū̀ji wo suru

forceful [fɔːrs'fəl] *adj* (person) 力強い chikárazuyoì; (attack) 強烈な kyóretsu na; (point) 説得力のある settókuryoku no arù

forceps [fɔːr'səps] *npl* ピンセット piñsettò

forces [fɔːrs'iz] (*BRIT*) *npl*: *the Forces* (MIL) 軍隊 guñtai

forcibly [fɔːr'səbliː] *adv* (remove) 力ずくで chikárazukù de; (express) 力強くchikárazuyokù

ford [fɔːrd] *n* (in river) 浅瀬 asáse ◇船を使わないで川を渡れる場所を指す fúnè wo tsukáwanaìde kawá wò watáreru bashò wo sásù

fore [fɔːr] *n*: *to come to the fore* 前面に出て来る zeñmen ni dete kurù

forearm [fɔːr'ɑːrm] *n* 前腕 maéude

foreboding [fɔːr'bou'diŋ] *n* (of disaster) 不吉な予感 fukítsu na yokaǹ

forecast [fɔːr'kæst] *n* (of profits, prices,

weather) 予報 yohō

♦vt (pt, pp **forecast**) (predict) 予報する yohō surù

forecourt [fɔ:r'kɔ:rt] n (of garage) 前庭 maéniwa

forefathers [fɔ:r'fɑ:ðə:rz] npl (ancestors) 先祖 senzo

forefinger [fɔ:r'fiŋgə:r] n 人差指 hitósashiyùbi

forefront [fɔ:r'frʌnt] n: **in the forefront of** (industry, movement) ...の最前線で ...no saízeńsen de

forego [fɔ:rgou'] (pt **forewent** pp **foregone**) vt (give up) やめる yamérù; (go without) ...なしで我慢する ...náshì de gámàn surù

foregone [fɔ:rgɔ:n'] adj: **it's a foregone conclusion** 結果は決まっている kekká wa kimattè irú

foreground [fɔ:r'graund] n (of painting) 前景 zenkei

forehead [fɔ:r'hed] n 額 hitái

foreign [fɔ:r'in] adj (country) 外国の gaíkoku no; (trade) 対外の taígai no; (object, matter) 異質の ishítsu no

foreigner [fɔ:r'ɔnɔːr] n 外国人 gaíkoku jìn

foreign exchange n 外国為替 gaíkokukawàse; (currency) 外貨 gaíka

Foreign Office (BRIT) n 外務省 gaímushō

Foreign Secretary (BRIT) n 外務大臣 gaímudaìjin

foreleg [fɔ:r'leg] n (of animal) 前足 maéàshi

foreman [fɔ:r'mən] (pl **foremen**) n (in factory, on building site etc) 現場監督 genbakantoku

foremost [fɔ:r'moust] adj (most important) 最も大事な mottómò dáìji na

♦adv: **first and foremost** 先ず第一に mázù dáìichi ni

forensic [fəren'sik] adj (medicine, test) 法医学的な hōígakuteki na

forerunner [fɔ:r'rʌnə:r] n 先駆者 senkushà

foresee [fɔ:rsi:'] (pt **foresaw** pp **foreseen**) vt (problem, development) 予想す

る yosō suru

foreseeable [fə:rsi:'əbəl] adj (problem, development) 予想出来る yosō dekirù

foreshadow [fɔ:rʃæd'ou] vt (event) ...の前兆となる ...no zenchō to narù

foresight [fɔ:r'sait] n 先見の明 senken nò meí

forest [fɔ:r'ist] n 森 mórì

forestall [fɔ:rstɔːl'] vt (person) 出し抜く dashínuku; (discussion) 防ぐ fuségù

forestry [fɔ:r'istri:] n 林業 ríngyō

foretaste [fɔ:r'teist] n 前兆 zenchō

foretell [fɔ:rtel'] (pt, pp **foretold**) vt (predict) 予言する yogén suru

forever [fɔ:rev'ə:r] adv (for good) 永遠に eíen ni; (continually) いつも ítsumo

forewent [fɔ:rwent'] pt of **forego**

foreword [fɔ:r'wə:rd] n (in book) 前書 maégaki

forfeit [fɔ:r'fit] vt (lose: right, friendship etc) 失う ushínaù

forgave [fə:rgeiv'] pt of **forgive**

forge [fɔ:rdʒ] n (smithy) 鍛冶屋 kajíyà

♦vt (signature, money) 偽造する gizō suru; (wrought iron) 鍛えて作る kitáetè tsukúrù

forge ahead vi (country, person) 前進する zeńshin suru

forger [fɔ:r'dʒə:r] n 偽造者 gizōshà

forgery [fɔ:r'dʒə:ri:] n (crime) 偽造 gizō; (object) 偽物 nisémono

forget [fə:rget'] (pt **forgot**, pp **forgotten**) vt (fact, face, skill, appointment) 忘れる wasúrerù; (leave behind: object) 置忘れる okíwasurerù, (put out of mind: quarrel, person) 考えない事にする kańgaenài kotō ni surù

♦vi (fail to remember) 忘れる wasúreru

forgetful [fə:rget'fəl] adj (person) 忘れっぽい wasúreppòi

forget-me-not [fə:rget'mi:nɑ:t] n ワスレナグサ wasúrenagùsa

forgive [fə:rgiv'] (pt **forgave**, pp **forgiven**) vt (pardon) 許す yurúsù

to forgive someone for something (excuse) ...の...を許す ...no ...wo yurúsù

forgiveness [fə:rgiv'nis] n 許し yurúshi

forgo [fɔ:rgou'] vt = **forego**

forgot [fəːrgɑːt'] *pt of* **forget**

forgotten [fəːrgɑːt'ən] *pp of* **forget**

fork [fɔːrk] *n* (for eating) フォーク fōku; (for gardening) ホーク hōku; (in road, river, railway) 分岐点 bunkíten

◆*vi* (road) 分岐する bunki suru

fork-lift truck [fɔːrk'lift-] *n* フォークリフト fōkurifúto

fork out (*inf*) *vt* (pay) 払う haráu

forlorn [fɔːrlɔːrn'] *adj* (person, place) わびしい wabíshiì; (attempt) 絶望的な zetsúbōteki na; (hope) 空しい munáshiì

form [fɔːrm] *n* (type) 種類 shúrùi; (shape) 形 katáchi; (SCOL) 学年 gakúnen; (questionnaire) 用紙 yōshi

◆*vt* (make: shape, queue, object, habit) 作る tsukúrù; (make up: organization, group) 構成する kōsei suru; (idea) まとめる matómerù

in top form 調子が最高で chōshi gà saíkō de

formal [fɔːr'məl] *adj* (offer, statement, occasion) 正式な seíshiki na; (person, behavior) 堅苦しい katágurushiì; (clothes) 正装の seísō no; (garden) 伝統的な dentōteki na ◇極めて幾何学的な配置の庭園について言う kiwámetè kikágakuteki na haíchi nò teien ni tsuitè iú; (education) 正規の seíki no

formalities [fɔːrmæl'iti:z] *npl* (procedures) 手続き tetsúzùki

formality [fɔːrmæl'iti:] *n* (procedure) 形式 keíshiki

formally [fɔːr'məli:] *adv* (make offer etc) 正式に seíshiki ni; (act) 堅苦しく katágurushikù; (dress): *to dress formally* 正装する seísō suru

format [fɔːr'mæt] *n* (form, style) 形式 keíshiki

◆*vt* (COMPUT: disk) 初期化する shókìka suru, フォーマットする fōmatto suru

formation [fɔːrmei'ʃən] *n* (creation: of organization, business) 創立 sōritsu; (: of theory) 考案 kōan; (pattern) 編隊 heńtai; (of rocks, clouds) 構造 kōzō

formative [fɔːr'mətiv] *adj* (years, influence) 形成的な keíseiteki na

former [fɔːr'məːr] *adj* (one-time) かつての kátsùte no; (earlier) 前の máè no

the former ... the latter ... 前者... 後者... zeńshà... kōshà...

formerly [fɔːr'məːrli:] *adv* (previously) 前は máè wa

formidable [fɔːr'midəbəl] *adj* (task, opponent) 手ごわい tegówaì

formula [fɔːr'mjələ] (*pl* **formulae** *or* **formulas**) *n* (MATH, CHEM) 公式 kōshiki; (plan) 方式 hōshiki

formulate [fɔːr'mjəleit] *vt* (plan, strategy) 練る nérù; (opinion) 表現する hyōgen suru

forsake [fɔːrseik'] (*pt* **forsook**, *pp* **forsaken**) *vt* (abandon: person) 見捨てる misúterù; (: belief) 捨てる sutérù

forsook [fɔːrsuk'] *pt of* **forsake**

fort [fɔːrt] *n* (MIL) とりで toríde

forte [fɔːr'tei] *n* (strength) 得意 tokúi

forth [fɔːrθ] *adv* (out) 外へ sótò e

back and forth 行ったり来たりして ittárì kitárì shité

and so forth など nádò

forthcoming [fɔːrθ'kʌm'iŋ] *adj* (event) 今度の końdò no; (help, evidence) 手に入る té ni hairù; (person) 率直な sotchóku na

forthright [fɔːr'θ'rait] *adj* (condemnation, opposition) はっきりとした hakkírì to shitá

forthwith [fɔːrθwiθ'] *adv* 直ちに tádàchi ni

fortify [fɔːr'təfai] *vt* (city) ...の防備を固める ...no bōbi wo katámerù; (person) 力付ける chikárazukerù

fortitude [fɔːr'tətuːd] *n* 堅忍 keńnin

fortnight [fɔːrt'nait] *n* (two weeks) 2週間 nishúkan

fortnightly [fɔːrt'naitli:] *adj* (payment, visit, magazine) 2週間置きの nishúkan-oki no

◆*adv* (pay, meet, appear) 2週間置きに nishúkan-oki ni

fortress [fɔːr'tris] *n* 要塞 yōsai

fortuitous [fɔːrtuː'itəs] *adj* (discovery, result) 偶然の gúzen no

fortunate [fɔːr'tʃənit] *adj* (person) 運のいい úǹ no íi; (event) 幸運な kōun na *it is fortunate that ...* 幸いに... saíwai ni ...

fortunately [fɔːrˈtʃənitliː] *adv* (happily, luckily) 幸いに saíwai ni

fortune [fɔːrˈtʃən] *n* (luck) 運 úñ; (wealth) 財産 zaísan

fortune-teller [fɔːrˈtʃəntelɔːr] *n* 易者 e-kísha

forty [fɔːrˈtiː] *num* 40 (の) yóñjū (no)

forum [fɔːrˈəm] *n* フォーラム fôramu

forward [fɔːrˈwəːrd] *adj* (in position) 前方の zeñpō no; (in movement) 前方への zeñpō e no; (in time) 将来のための shôrai nð tame no; (not shy) 出過ぎた desúgita
♦*n* (SPORT) フォワード fowádo
♦*vt* (letter, parcel, goods) 転送する teñsō suru; (career, plans) 前進させる zeñshin saserù

to move forward (progress) 進歩する shiñpo suru

forward(s) [fɔːrˈwəːrd(z)] *adv* 前へ máè e

fossil [fɑːsˈəl] *n* 化石 kaséki

foster [fɔːsˈtəːr] *vt* (child) 里親として育てる satóoya toshitè sodáterù; (idea, activity) 助成する joséi suru

foster child *n* 里子 satógo

fought [fɔːt] *pt, pp of* **fight**

foul [faul] *adj* (state, taste, smell, weather) 悪い warúì; (language) 汚い kitánaì; (temper) ひどい hidóì
♦*n* (SPORT) 反則 hañsoku, ファウル fáùru
♦*vt* (dirty) 汚す yogósù

foul play *n* (LAW) 殺人 satsújin

found [faund] *pt, pp of* **find**
♦*vt* (establish: business, theater) 設立する setsúritsu suru

foundation [faundeiˈʃən] *n* (act) 設立 setsúritsu; (base) 土台 dodái; (organization) 財団 zaídan; (*also:* **foundation cream**) ファンデーション fañdêshon

foundations [faundeiˈʃənz] *npl* (of building) 土台 dodái

founder [faunˈdəːr] *n* (of firm, college) 設立者 setsúritsushà
♦*vi* (ship) 沈没する chiñbotsu suru

foundry [faunˈdriː] *n* 鋳造工場 chúzōkō-

jō

fountain [faunˈtin] *n* 噴水 fuñsui

fountain pen *n* 万年筆 mañneñhitsu

four [fɔːr] *num* 4 (の) yóñ (no), 四つ (の) yotsu (no)

on all fours 四つんばいになって yotsúñbai ni nattè

four-poster [fɔːrˈpousˈtəːr] *n* (*also:* **four-poster bed**) 天がい付きベット teñgaitsukibetto

foursome [fɔːrˈsəm] *n* 4人組 yoníñgumi

fourteen [fɔːrˈtiːn] *num* 14 (の) júyon (no)

fourth [fɔːrθ] *num* 第4 (の) daíyon (no)

fowl [faul] *n* 家きん kakíñ

fox [fɑːks] *n* キツネ kitsúne
♦*vt* (baffle) 困らす komárasu

foyer [fɔiˈəːr] *n* (of hotel, theater) ロビー róbī

fraction [frækˈʃən] *n* (portion) 一部 ichíbù, (MATH) 分数 buñsū

fracture [frækˈtʃəːr] *n* (of bone) 骨折 kossétsu
♦*vt* (bone) 折る órù

fragile [frædʒˈəl] *adj* (breakable) 壊れやすい kowáreyasuì

fragment [frægˈmənt] *n* (small piece) 破片 hahéñ

fragrance [freigˈrəns] *n* (scent) 香り kaóri

fragrant [freigˈrənt] *adj* 香り高い kaóritakaì

frail [freil] *adj* (person, invalid) か弱い kayówaì; (structure) 壊れやすい kowáreyasuì

frame [freim] *n* (of building, structure) 骨組 honégumi; (of human, animal) 体格 taíkaku; (of door, window) 枠 wakú; (of picture) 額縁 gakúbuchi; (of spectacles: *also:* **frames**) フレーム fúrēmu
♦*vt* (picture) 額縁に入れる gakúbuchi ni irerù

frame of mind *n* 気分 kibúñ

framework [freimˈwəːrk] *n* (structure) 骨組 honégumi

France [fræns] *n* フランス furáñsu

franchise [frænˈtʃaiz] *n* (POL) 参政権 sañseikèñ; (COMM) フランチャイズ fu-

furánchaìzu

frank [fræŋk] *adj* (discussion, look) 率直な sotchóku na, フランクな furáñku na
♦*vt* (letter) ...に料金別納の判を押す ...ni ryōkinbetsunō no háñ wo osú

frankly [fræŋk'li:] *adv* (honestly) 正直に shōjikí ni; (candidly) 率直に sotchóku ni

frankness [fræŋk'nis] *n* (honesty) 正直さ shōjikisà; (candidness) 率直さ sotchókusa

frantic [fræn'tik] *adj* (distraught) 狂乱した kyōran shita; (hectic) てんてこ舞いの teñtekomài no

fraternal [frətəːr'nəl] *adj* (greetings, relations) 兄弟の様な kyōdai no yō na

fraternity [frətəːr'niti:] *n* (feeling) 友愛 yūai; (group of people) 仲間 nakáma

fraternize [fræt'əːrnaiz] *vi* 付き合う tsukíaù

fraud [frɔːd] *n* (crime) 詐欺 sagí; (person) ぺてん師 peténshi

fraudulent [frɔː'dʒələnt] *adj* (scheme, claim) 不正な fuséi na

fraught [frɔːt] *adj*: **fraught with** (danger, problems) ...をはらんだ ...wo haráñda

fray [frei] *n* (battle, fight) 戦い tatákai
♦*vi* (cloth, rope) 擦切れる suríkirerù; (rope end) ほつれる hotsúrerù
tempers were frayed 皆短気になっていた miná táñki ni nátte ità

freak [friːk] *n* (person: in attitude, behavior) 変人 heñjin; (: in appearance) 奇形 kikéi
♦*adj* (event, accident) まぐれの mágure no

freckle [frek'əl] *n* そばかす sobákasù

free [friː] *adj* (person, press, movement) 自由な jíyū na; (not occupied: time) 暇な hímà na; (: seat) 空いている aíte irù; (costing nothing: meal, pen etc) 無料の muryō no
♦*vt* (prisoner etc) 解放する kaíhō suru; (jammed object) 動ける様にする ugókeru yō ni suru
free (of charge) 無料で muryō de
for free = **free of charge**

freedom [friː'dəm] *n* (liberty) 自由 jíyū

free-for-all [friː'fəːrɔːl'] *n* 乱闘 rañtō

free gift *n* 景品 keíhin

freehold [friː'hould] *n* (of property) 自由保有権 jiyūhoyūken

free kick *n* (SPORT) フリーキック furíkikkù

freelance [friː'læns] *adj* (journalist, photographer, work) フリーランサーの furírañsā no

freely [friː'li:] *adv* (without restriction, limits) 自由に jíyū ni; (liberally) 気ままに kimáma ni

Freemason [friː'meisən] *n* フリーメーソン furímēson

Freepost [friː'poust] ® *BRIT) *n* (postal service) 料金受取人払い ryōkin uketorininbarái

free-range [friː'reindʒ] *adj* 放し飼いの hanáshigai no ◊特にニワトリやその卵について言う tókù ni niwátori yà sonó tamagò ni tsúìte iú

free trade *n* 自由貿易 jiyūbōeki

freeway [friː'wei] (*US*) *n* 高速道路 kōsokudōro

free will *n* 自由意志 jiyūishì
of one's own free will 自発的に jihátsuteki ni

freeze [friːz] (*pt* **froze**, *pp* **frozen**) *vi* (weather) 氷点下になる hyōtenka ni nárù; (liquid, pipe) 凍る kōrù; (person: with cold) 冷える hiérù; (: stop moving) 立ちすくむ tachísukumù
♦*vt* (water, lake) 凍らせる kōraserù; (food) 冷凍にする reítō ni surù; (prices, salaries) 凍結する tōketsu suru
♦*n* (weather) 氷点下の天気 hyōtenka no téñki; (on arms, wages) 凍結 tōketsu

freeze-dried [friːz'draid'] *adj* 凍結乾燥の tōketsukañsō no

freezer [friː'zəːr] *n* フリーザー fúrīzà

freezing [friː'ziŋ] *adj* (wind, weather, water) 凍る様な kōru yō na
3 degrees below freezing 氷点下3度 hyōtenka sáñdo

freezing point *n* 氷点 hyōten

freight [freit] *n* (goods) 貨物 kámòtsu; (money charged) 運送料 uñsōryò

freight train (*US*) *n* (goods train) 貨物

列車 kamótsuresshà

French [frentʃ] *adj* フランスの furánsu no; (LING) フランス語の furánsugo no
♦*n* (LING) フランス語 furánsugo
♦*npl*: **the French** (people) フランス人 furánsujin

French bean *n* サヤインゲン sayá-iṅgen

French fried potatoes *npl* フレンチフライ (ポテト) furénchifurài(pótèto)

French fries [-fraiz] (*US*) *npl* = **French fried potatoes**

Frenchman/woman [fren'tʃmən /wumən] (*pl* **Frenchmen/women**) *n* フランス人男性〔女性〕furánsujin danɛei (jòsei)

French window *n* フランス窓 furánsu madò

frenetic [frənet'ik] *adj* (activity, behavior) 熱狂的な nekkyóteki na

frenzy [fren'ziː] *n* (of violence) 逆上 gyakújō; (of joy, excitement) 狂乱 kyóran

frequency [friːˈkwənsiː] *n* (of event) 頻度 híndo; (RADIO) 周波数 shúhasū

frequent [*adj* friːˈkwint *vb* frikwent'] *adj* (intervals, visitors) 頻繁な híṅpan na
♦*vt* (pub, restaurant) ...によく行く ...ni yókù ikú

frequently [friːˈkwintliː] *adv* (often) しばしば shíbàshiba

fresco [fres'kou] *n* フレスコ画 furésukoga

fresh [freʃ] *adj* (food, vegetables, bread, air etc) 新鮮な shinsen na; (memories, footprint) 最近の saíkin no; (instructions) 新たな árata na; (paint) 塗立ての nurítate no; (new: approach, start) 新しい atárashiì; (cheeky: person) 生意気な namáiki na

freshen [freʃ'ən] *vi* (wind) 強くなる tsuyóku narù; (air) 涼しくなる suzúshiku narù

freshen up *vi* (person) 化粧直しをする keshónaòshi wo suru

fresher [freʃ'əːr] (*BRIT*: *inf*) *n* = **freshman**

freshly [freʃ'liː] *adv* (made, cooked, painted) ...されたばかりで ...saréta bakàri de

freshman [freʃ'mən] (*pl* **freshmen**) *n* (*US*: SCOL) 1年生 ichínensei ♦大学生や高校生について言う daígakùsei ya kōkōsei ni tsuitè iú

freshness [freʃ'nis] *n* 新鮮さ shinsensà

freshwater [freʃ'wɔːtəːr] *adj* (lake, fish) 淡水の tansui no

fret [fret] *vi* (worry) 心配する shinpai suru

friar [fraiˈəːr] *n* (REL) 修道士 shúdōshi

friction [frik'ʃən] *n* (resistance, rubbing) 摩擦 masátsu; (between people) 不仲 fúnàka

Friday [frai'dei] *n* 金曜日 kiñ-yòbi

fridge [fridʒ] (*BRIT*) *n* 冷蔵庫 reízōko

fried [fraid] *adj* (steak, eggs, fish etc) 焼いた yaíta; (chopped onions etc) いためた itámetà; (in deep fat) 揚げた agétà, フライした furái shita

friend [frend] *n* 友達 tomódachi

friendly [frend'liː] *adj* (person, smile) 愛想のいい aísō nò íi; (government) 友好的な yúkōteki na; (place, restaurant) 居心地の良い igókochi no yoì; (game, match) 親善の shinzen no

friendship [frend'ʃip] *n* 友情 yújō

frieze [friːz] *n* フリーズ fúrìzu ♦壁の一番高い所に付ける細長い飾り、彫刻などを指す kabé no ichíban takái tokórò ni tsukérù hosónagaì kazàri, chókoku nadò wo sásù

frigate [frig'it] *n* フリゲート艦 furígètokan

fright [frait] *n* (terror) 恐怖 kyōfu; (scare) 驚き odóroki
to take fright 驚く odórokù

frighten [frait'ən] *vt* 驚かす odórokasù

frightened [frait'ənd] *adj* (afraid) 怖がった kowágattà; (worried, nervous) 不安に駆られた fúan ni karáreta

frightening [frait'niŋ] *adj* (experience, prospect) 恐ろしい osóroshiì

frightful [frait'fəl] *adj* (dreadful) 恐ろしい osóroshiì

frightfully [frait'fəliː] *adv* 恐ろしく osóroshikù

frigid [fridʒ'id] *adj* (woman) 不感症の fukánshō no

frill [fril] *n* (of dress, shirt) フリル fúrìru

fringe [frindʒ] *n* (*BRIT*: of hair) 前髪 maégami; (decoration: on shawl, lampshade etc) 縁飾り fuchíkazàri; (edge: of forest etc) へり herí

fringe benefits *npl* 付加給付 fukákyùfu

frisk [frisk] *vt* (suspect) ボディーチェックする bodíchekkù suru

frisky [fris'ki:] *adj* (animal, youngster) はつらつとした hatsúratsu to shitá

fritter [frit'əːr] *n* (CULIN) フリッター furíttà

fritter away *vt* (time, money) 浪費する rōhi suru

frivolous [friv'ələs] *adj* (conduct, person) 軽率な keísotsu na; (object, activity) 下らない kudáranaì

frizzy [friz'i:] *adj* (hair) 縮れた chijíretà

fro [frou] *see* to

frock [fra:k] *n* (dress) ドレス dórèsu

frog [frɔ:g] *n* カエル kaérù

frogman [frɔ:g'mæn] (*pl* **frogmen**) *n* ダイバー dáìbā

frolic [fra:l'ik] *vi* (animals, children) 遊び回る asóbimawarù

KEYWORD

from [frʌm] *prep* **1** (indicating starting place) ...から ...kárà

where do you come from?, where are you from? (asking place of birth) ご出身はどちらですか go-shússhìn wa dóchìra désù ká

from London to Glasgow ロンドンからグラスゴーへ rôndon kara gurásugò e

to escape from something/someone ...から逃げる ...kárà nigérù

2 (indicating origin etc) ...から ...kárà

a letter/telephone call from my sister 妹からの手紙〔電話〕imôto karà no tegámi〔deñwa〕

tell him from me that ... 私からの伝言で彼に ...と言って下さい watákushi karà no deñgon dè kárè ni ...to itté kudasaì

a quotation from Dickens ディケンズからの引用 díkènzu kara no iñyō

to drink from the bottle 瓶から飲む bíñ kara nómù

3 (indicating time) ...から ...kárà

from one o'clock to/until/till two 1時から2時まで ichíji kara nìji madè

from January (on) 1月から(先) ichígatsu karà (sakí)

4 (indicating distance) ...から ...kárà

the hotel is 1 km from the beach ホテルは浜辺から1キロ離れています hótèru wa hamabé karà ichíkiro hanaréte imásù

we're still a long way from home まだまだ家まで遠い mádàmada ié madè tôi

5 (indicating price, number etc) ...から ...kárà, ...ないし... ...náìshi ...

prices range from $10 to $50 値段は10ドルないし50ドルです nedán wà júdòru náìshi gojúdòru désù

there were from 20 to 30 people there 20ないし30人いました níjù náìshi sañjúnìn imáshìta

the interest rate was increased from 9% to 10% 公定歩合は9パーセントから10パーセントに引き上げられました kôteibùai wa kyúpàsènto kara juppásènto ni hikíageraremashìta

6 (indicating difference) ...と ...tò

he can't tell red from green 彼は赤と緑の区別ができません kárè wa ákà to mídòri no kúbètsu ga dekímaseñ

to be different from someone/something ...と違っている ...tò chigátte irù

7 (because of, on the basis of) ...から ...kárà, ...によって ...ni yottè

from what he says 彼の言う事による と kárè no iú kotò ni yorú tò

from what I understand 私が理解したところでは watákushi gà ríkài shita tokóro de wà

to act from conviction 確信に基づいて行動する kakúshin ni motozuìte kôdō suru

weak from hunger 飢えでぐったりになって ué dè guttárì ni náttè

---

front [frʌnt] *n* (of house, dress) 前面 zeñmeǹ; (of coach, train, car) 最前部 saízeǹbu; (promenade: *also*: **sea front**) 海岸沿いの遊歩道 kaíganzoi no yūhodō; (MIL) 戦線 seǹsen; (METEOROLOGY) 前線 zeǹsen; (*fig*: appearances) 外見 gaíken

♦*adj* (*gen*) 前の máê no, 一番前の ichíban-maê no; (gate) 正面の shōmeǹ no

in front (of) (...の) 前に (...no) máê ni
front tooth 前歯 máêba

frontage [frʌn'tidʒ] *n* (of building) 正面 shōmen

frontal [frʌn'təl] *adj* 真っ向からの makkō kara no

front door *n* 正面玄関 shōmengeǹkan

frontier [frʌnti:r'] *n* (between countries) 国境 kokkyō

front page *n* (of newspaper) 第一面 daí-ichimen

front room (*BRIT*) *n* 居間 imá

front-wheel drive [frʌnt'wi:l-] *n* (AUT) 前輪駆動 zeǹrinkūdō

frost [frɔ:st] *n* (weather) 霜が降りる事 shimó ga orírù koto; (*also*: **hoarfrost**) 霜 shímô

frostbite [frɔ:st'bait] *n* 霜焼け shimóyake

frosted [frɔ:s'tid] *adj* (glass) 曇の kumóri no

frosty [frɔ:s'ti:] *adj* (weather, night) 寒い samúî ◇気温が氷点下であるが雪が降っていない状態について言う kíon ga hyō-tenka de arù ga yukí ga futte inái jōtai ni tsuíte iú; (welcome, look) 冷たい tsumétaî

froth [frɔ:θ] *n* (on liquid) 泡 awá

frown [fraun] *vi* 顔をしかめる káô wo shikámerù

froze [trouz] *pt of* **freeze**

frozen [frou'zən] *pp of* **freeze**

frugal [fru:'gəl] *adj* (person) 倹約的な keń-yakuteki na; (meal) つましい tsumáshiî

fruit [fru:t] *n inv* (AGR, BOT) 果物 kudámono; (*fig*: results) 成果 seíkà

fruiterer [fru:t'ə:rə:r] (*BRIT*) *n* 果物屋 kudámonoyà

fruiterer's (shop) [fru:t'ə:rə:rz-] (*BRIT*) *n* 果物屋 kudámonoyà

fruitful [fru:t'fəl] *adj* (meeting, discussion) 有益な yūeki na

fruition [fru:iʃ'ən] *n*: *to come to fruition* 実る minórù

fruit juice *n* 果汁 kajū, フルーツジュース furūtsujūsu

fruit machine (*BRIT*) *n* スロットマシン suróttomashiǹ

fruit salad *n* フルーツサラダ furūtsusaráda

frustrate [frʌs'treit] *vt* (upset) ...に欲求不満を起させる ...ni yokkyūfumàn wo okósaserù; (block) ざ折させる zasétsu saserù

frustration [frʌstrei'ʃən] *n* (irritation) 欲求不満 yokkyūfumàn; (disappointment) がっかり gakkárî

fry [frai] (*pt, pp* **fried**) *vt* (CULIN: steak, eggs etc) 焼く yákù; (: chopped onions etc) いためる itámerù; (: in deep fat) 揚げる agérù ¶ *see also* **small fry**

frying pan [frai'iŋ-] *n* フライパン furáipan

ft. *abbr* = **foot**; **feet**

fuddy-duddy [fʌd'i:dʌdi:] (*pej*) *n* 古臭い人 furúkuoaî hitô

fudge [fʌdʒ] *n* (CULIN) ファッジ fájjì

fuel [fju:'əl] *n* 燃料 neńryō

fuel oil *n* 重油 jūyu

fuel tank *n* 燃料タンク neńryōtaǹku

fugitive [fju:'dʒətiv] *n* (runaway, escapee) 逃亡者 tōbōsha

fulfil [fulfil'] *vt* (function) 果す hatásù; (condition) 満たす mitásù; (request, wish, desire) かなえる kanáerù; (order) 実行する jikkō suru

fulfilment [fulfil'mənt] *n* (satisfaction) 満足 manzóku; (of promise, desire) 実現 jitsúgen

full [ful] *adj* (container, cup, car, cinema) 一杯の ippái no; (maximum: use, volume) 最大限の saídaìgen no; (complete: details, information) 全ての súbète no; (price) 割引なしの waríbikinashî no; (skirt) ゆったりした yuttárî shitá

♦*adv*: *to know full well that* ...という事を重々承知している ...to iú kotô wo jūjù shōchi shite irù

I'm full (up) 満腹だ manpuku da

a full two hours 2時間も nijíkàn mo

at full speed 全速力で zeñsokuryòku de

in full (reproduce, quote, pay) 完全に kañzen ni

full employment *n* 100パーセントの就業率 hyakú pāseñto no shúgyòritsu

full-length [ful'leŋkθ'] *adj* (film, novel etc) 長編の chóhen no; (coat) 長い nágài; (portrait) 全身の zeñshin no

full moon *n* 満月 mángetsu

full-scale [ful'skeil'] *adj* (attack, war) 全面的な zeñmenteki na; (model) 実物大の jitsúbutsudai no

full stop *n* 終止符 shūshifù, ピリオド pírìodo

full-time [ful'taim] *adj* (work, study) 全時間制の zeñjikánsei no
♦*adv* 全時間で zeñjikàn de

fully [ful'i:] *adv* (completely) 完全に kañzen ni; (at least): *fully as big as* 少なくとも...と同じぐらいの大きさの sukúnàkutomo ...to onaji gurai no ōkisa no

fully-fledged [ful'i:fledʒd'] *adj* (teacher, barrister) 一人前の ichíninmaè no

fulsome [ful'səm] (*pej*) *adj* (praise, compliments) 大げさな ōgesa na

fumble [fʌm'bəl] *vi*: *to fumble with* (key, catch) ...でもたもたする ...de mótàmota suru

fume [fju:m] *vi* (rage) かんかんに怒る kánkan ni okórù

fumes (of fire, fuel, car) ガス gásù

fun [fʌn] *n* (amusement) 楽しみ tanóshimi

to have fun 楽しむ tanóshimù

for fun 冗談として jōdan toshité

to make fun of (ridicule, mock) ばかにする bákà ni suru

function [fʌŋk'ʃən] *n* (role) 役割 yakúwari, 機能 kinō; (product) ...による物 ...ni yórù monò; (social occasion) 行事 gyōji
♦*vi* (operate) 作動する sadō suru

functional [fʌŋk'ʃənəl] *adj* (operational) 作動できる sadō dekirù; (practical) 機能的な kinōteki na

fund [fʌnd] *n* (of money) 基金 kikíñ; (source, store) 貯蓄 chochíku

fundamental [fʌndəmen'təl] *adj* (principle, change, mistake) 基本的な kihónteki na

fundamentalist [fʌndəmen'təlist] *n* 原理主義者 geñrishugìshà

funds [fʌndz] *npl* (money) 資金 shikíñ

funeral [fju:'nə:rəl] *n* 葬式 sōshiki

funeral parlor *n* 葬儀屋 sōgiya

funeral service *n* 葬式 sōshiki

funfair [fʌn'fe:r] (*BRIT*) *n* 移動遊園地 idōyūeñchi

fungi [fʌn'dʒai] *npl of* **fungus**

fungus [fʌŋ'gəs] (*pl* **fungi**) *n* (plant) キノコ kínòko; (mold) かび kabí

funnel [fʌn'əl] *n* (for pouring) じょうご jōgo; (of ship) 煙突 eñtotsu

funny [fʌn'i:] *adj* (amusing) こっけいな kokkéi na; (strange) 変な hén na

fur [fə:r] *n* (on animal) 毛 ke; (animal skin for clothing etc) 毛皮 kegáwa; (*BRIT*: in kettle etc) 湯あか yuáka

fur coat *n* 毛皮コート kegáwakòto

furious [fju:r'i:əs] *adj* 猛烈な mōretsu na

furlong [fə:r'lɔ:ŋ] *n* (HORSE-RACING) ハロン háròn ◇距離の単位で, 約201メーター kyórì no táñ-i de, yakú 201 mètà

furlough [fə:r'lou] *n* (MIL: leave) 休暇 kyúka

furnace [fə:r'nis] *n* (in foundry) 炉 ro; (in power plant) ボイラー bóìrā

furnish [fə:r'niʃ] *vt* (room, building) ...に家具調度を備える ...ni kagúchòdo wo sonáerù; (supply) ...に供給する ...ni kyōkyù suru

furnishings [fə:r'niʃiŋz] *npl* 家具と設備 kágù to sétsùbi

furniture [fə:r'nitʃə:r] *n* 家具 kágù

piece of furniture 家具一点 kágù ittéñ

furrow [fə:r'ou] *n* (in field) 溝 mizó; (in skin) しわ shiwá

furry [fə:r'i:] *adj* 毛で覆われた ke de ṓwaretà

further [fə:r'ðə:r] *adj* (additional) その上のsonō ue no, 追加の tsuíka no
♦*adv* (farther) もっと遠くに móttò tóku ni; (more) それ以上 soré ijō; (moreover) 更に sárà ni, なお náò

♦*vt* (career, project) 促進する sokúshin suru

further education (*BRIT*) *n* 成人教育 seíjin kyóiku

furthermore [fəːrˈðɔːrmɔːr] *adv* (moreover) 更に sárà ni, なお nao

furthest [fəːrˈðist] *superl of* **far**

furtive [fəːrˈtiv] *adj* (glance, movement) こっそりとする kossóri to surù

fury [fjuːrˈiː] *n* (anger, rage) 憤慨 fuṅgai

fuse [fjuːz] *n* (ELEC: in plug, circuit) ヒューズ hyúzu; (for bomb etc) 導火線 dókasèn

♦*vt* (metal) 融合させる yúgō saserù; (*fig*: ideas, systems) 混合する koṅgō suru

♦*vi* (metal: *also fig*) 融合する yúgō suru

to fuse the lights (*BRIT*: ELEC) ヒューズを飛ばす hyúzu wo tobásu

fuse box *n* (ELEC) ヒューズ箱 hyúzubàko

fuselage [fjuːˈsəlɑːʒ] *n* (AVIAT) 胴体 dótai

fusion [fjuːˈʒən] *n* (of ideas, qualities) 混合 koṅgō; (*also*: **nuclear fusion**) 核融合 kakúyūgō

fuss [fʌs] *n* (anxiety, excitement) 大騒ぎ ósawàgi; (complaining, trouble) 不平 fuhéi

to make a fuss 大騒ぎをする ósawàgi wo suru

to make a fuss of someone ...をちやほやする ...wo chíyàhoya suru

fussy [fʌsˈiː] *adj* (person) 小うるさい koúrusaì; (clothes, room etc) 凝った kóttà

futile [fjuːˈtəl] *adj* (attempt, comment, existence) 無駄な mudá na

future [fjuːˈtʃər] *adj* (date, generations) 未来の mírai no; (president, spouse) 将来の shórai no

♦*n* (time to come) 未来 mírai; (prospects) 将来 shórai; (LING) 未来形 miráikei

in future 将来に shórai ni

fuze [fjuːz] (*US*) = **fuse**

fuzzy [fʌzˈiː] *adj* (PHOT) ぼやけた boyáketa; (hair) 縮れた chijíretà

G

G [dʒiː] *n* (MUS: note) ト音 to-óñ; (: key) ト調 tóchò

g. *abbr* = **gram(s)**

gabble [gæbˈəl] *vi* ぺちゃくちゃしゃべる péchàkucha shábèru

gable [geiˈbəl] *n* (of building) 切妻 kirízùma

gadget [gædʒˈit] *n* 装置 sóchi

Gaelic [geiˈlik] *adj* ゲール語の gérugo no

♦*n* (LING) ゲール語 gérugo

gaffe [gæf] *n* (in words) 失言 shitsúgen; (in actions) 失態 shittái

gag [gæg] *n* (on mouth) 猿ぐつわ sarúgutsùwa; (joke) ギャグ gyágù

♦*vt* (prisoner) ...に猿ぐつわをはめる ...ni sarúgutsùwa wo hamérù

gaiety [geiˈətiː] *n* お祭り騒ぎ o-mátsuri sawàgi

gaily [geiˈliː] *adv* (talk, dance, laugh) 楽しそうに tanóshisò ni; (colored) 華やかに hanáyàka ni

gain [gein] *n* (increase) 増加 zōka; (improvement) 進歩 shíñpo; (profit) 利益 ríeki

♦*vt* (speed, weight, confidence) 増す masú

♦*vi* (benefit): **to gain from something** ...から利益を得る ...kara ríeki wo érù; (clock, watch) 進む susúmù

to gain on someone ...に迫る ...ni semárù

to gain 3lbs (in weight) (体重が) 3ポンド増える (taíjū ga) sañpoñdo fuérù

gait [geit] *n* 歩調 hochō

gal. *abbr* = **gallon**

gala [geiˈlə] *n* (festival) 祝祭 shukúsai

galaxy [gælˈəksiː] *n* (SPACE) 星雲 seíun

gale [geil] *n* (wind) 強風 kyófu

gallant [gælˈənt] *adj* (brave) 勇敢な yúkan na; (polite) 紳士的な shíñshiteki na

gallantry [gælˈəntriː] *n* (bravery) 勇気 yúki; (politeness) 礼儀正しさ reígitadashìsa

gall bladder [gɔːl-] *n* 胆のう tañnō

gallery [gæl'ə:ri:] n (also: **art gallery**: public) 美術博物館 bijútsu hakubutsukàn; (: private) 画廊 garó; (in hall, church, theater) 二階席 nikáiseki

galley [gæl'i:] n (ship's kitchen) 調理室 chórishitsu

gallon [gæl'ən] n (= 8 pints; BRIT = 4.5 l; US = 3.8 l) ガロン gáròn

gallop [gæl'əp] n ギャロップ gyáròppu
♦vi (horse) ギャロップで走る gyáròppu de hashírù

gallows [gæl'ouz] n 絞首台 kóshudai

gallstone [gɔ:l'stoun] n (MED) 胆石 tańseki

galore [gəlɔ:r'] adv どっさり dossárì

galvanize [gæl'vənaiz] vt (audience) ぎょっとさせる gyóttò sasérù; (support) 求める motómerù

gambit [gæm'bit] n (fig): **(opening) gambit** 皮切り kawákiri

gamble [gæm'bəl] n (risk) かけ kaké
♦vt (money) かける kakérù
♦vi (take a risk) 冒険をする bóken wo surù; (bet) ばくちをする bakúchi wo surù, ギャンブルをする gyáñburu wo suru
to gamble on something (horses, race, success etc) ...にかける ...ni kakérù

gambler [gæm'blə:r] n (punter) ばくち打ち bakúchiuchi

gambling [gæm'bliŋ] n (betting) ばくち bakúchi, ギャンブル gyáñburu

game [geim] n (activity, sport) 遊び asóbi; (match) 試合 shiái; (part of match: esp TENNIS: also: **board game**) ゲーム gému; (strategy, scheme) 策略 sakúryaku; (HUNTING) 猟鳥獣 ryóchōjū; (CULIN) 猟鳥獣の肉 ryóchōjū no niku
♦adj (willing): **game (for)** (...をする) 気がある (...wo surù) kí ga arù
big game 大型猟獣 ógataryòjū

gamekeeper [geim'ki:pə:r] n 猟番 ryóban

gammon [gæm'ən] n (bacon) ベーコン békon; (ham) スモークハム sumókuhamù

gamut [gæm'ət] n (range) 範囲 háñ-i

gang [gæŋ] n (of criminals, hooligans) 一味 ichímì; (of friends, colleagues) 仲間 nakama; (of workmen) 班 háñ

gangrene [gæŋ'gri:n] n (MED) えそ ésð

gangster [gæŋ'stə:r] n (criminal) 暴力団員 bóryokudañ-in, ギャング gyáñgu

gang up vi: **to gang up on someone** 寄ってたかって...をやっつける yotté takatté ...wo yattsukeru

gangway [gæŋ'wei] n (from ship) タラップ taráppù; (BRIT: in cinema, bus, plane etc) 通路 tsúro

gaol [dʒeil] (BRIT) n, vt = **jail**

gap [gæp] n (space) すき間 sukíma, ギャップ gyappu; (: in time) 空白 kúhaku; (difference): **gap (between)** (...の)断絶 (...no) dañzetsu

gape [geip] vi (person) ぽかんと口を開けて見詰める pokáñ to kuchí wo aketé mitsúmerù; (shirt, hole) 大きく開いている ókiku áīte irù

gaping [gei'piŋ] adj (shirt, hole) 大きく開いた ókiku aítà

garage [gərɑ:ʒ'] n (of private house) 車庫 shákò; (for car repairs) 自動車修理工場 jidóshashūrikōjō

garbage [gɑ:r'bidʒ] n (US: rubbish) ごみ gomí; (inf: nonsense) でたらめ detárame

garbage can (US) n ごみ容器 gomíyòki

garbled [gɑ:r'bəld] adj (account, message) 間違った machígattà

garden [gɑ:r'dən] n (private) 庭 niwá

gardener [gɑ:rd'nə:r] n 庭師 niwáshì

gardening [gɑ:r'dəniŋ] n 園芸 éñgei

gardens [gɑ:r'dənz] npl (public park) 公園 kóen

gargle [gɑ:r'gəl] vi うがいする ugái suru

garish [ge:r'iʃ] adj けばけばしい kebákebashiì

garland [gɑ:r'lənd] n (also: **garland of flowers**) 花輪 hanáwa

garlic [gɑ:r'lik] n (BOT, CULIN) ニンニク nińniku

garment [gɑ:r'mənt] n (dress) 衣服 ífuku

garnish [gɑ:r'niʃ] vt (food) 飾る kazárù

garrison [gær'isən] n (MIL) 守備隊 shubítai

garrulous [gær'ələs] adj (talkative) 口数の多い kuchíkazu no ōi

garter [gɑ:r'tə:r] n (for sock etc) 靴下止

め kutsúshitadome, ガーター gǎtā; (US: suspender) ガーターベルト gǎtāberùto

gas [gæs] n (CHEM) 気体 kítài; (fuel) ガス gásù; (US: gasoline) ガソリン gasórin
♦vt (kill) ガスで殺す gásù de korósù

gas cooker (BRIT) n ガスレンジ gasúreñji

gas cylinder n ガスボンベ gasúboñbe

gas fire (BRIT) n ガスストーブ gasúsutōbu

gash [gæʃ] n (wound) 切り傷 kiríkīzu; (tear) 裂け目 sakéme
♦vt (wound) 傷を負わせる kizú wò owáserù

gasket [gæs'kit] n (AUT) ガスケット gasúkettò

gas mask n ガスマスク gasúmasùku

gas meter n ガスメーター gasúmḕtā

gasoline [gæsəli:n'] (US) n ガソリン gasórin

gasp [gæsp] n (breath) 息切れ ikígire; (of shock, horror) はっとする事 háttò suru kotó
♦vi (pant) あえぐ aégù

gasp out vt (say) あえぎながら言う aéginagàra iú

gas station (US) n ガソリンスタンド gasórinsutañdo

gassy [gæs'i:] adj (beer etc) 炭酸ガスの入った tañsangasù no haítta

gastric [gæs'trik] adj 胃の í no

gastroenteritis [gæstrouentərai'tis] n 胃腸炎 ichōen

gate [geit] n (of garden, field, grounds) 門 móñ; (at airport) ゲート gḕto

gatecrash [geit'kræʃ] (BRIT) vt ...に押し掛ける ...ni oshíkakerù

gateway [geit'wei] n (entrance: also fig) 入口 iríguchi

gather [gæð'ə:r] vt (flowers, fruit) 摘む tsúmù; (pick up) 拾う hiróù; (assemble, collect: objects, information) 集める atsúmerù; (understand) 推測する suísoku suru; (SEWING) ...にギャザーを寄せる ...ni gyázà wo yoséru
♦vi (assemble) 集まる atsúmerù

to gather speed スピードを上げる supído wo agerù

gathering [gæð'ə:riŋ] n 集まり atsúmarì

gauche [gouʃ] adj (adolescent, youth) ぎごちない gigóchinai

gaudy [gɔːd'i:] adj 派手な hadé na

gauge [geidʒ] n (instrument) 計器 keíki
♦vt (amount, quantity) 計る hakárù; (fig: feelings, character etc) 判断する hañdan suru

gaunt [gɔːnt] adj (haggard) やせこけた yasékoketà; (bare, stark) 荒涼とした kṓryō to shita

gauntlet [gɔːnt'lit] n (glove) 長手袋 nagátebukùro; (fig): **to run the gauntlet** 方々からやられる hōbō kara yarárerù
to throw down the gauntlet 挑戦する chōsen suru

gauze [gɔːz] n (fabric: also MED) ガーゼ gắze

gave [geiv] pt of **give**

gay [gei] adj (homosexual) 同性愛の dōseíai no, ホモの hómò no; (cheerful) 陽気な yṓki na; (color, music, dress etc) 華やかな hanáyàka na

gaze [geiz] n (look, stare) 視線 shisén
♦vi: **to gaze at something** ...をじっと見る ...wo jíttò mírù

gazelle [gəzel'] n ガゼル gázèru

gazetteer [gæziti:r'] n (index) 地名辞典 chiméijitèn

gazumping [gəzʌm'piŋ] (BRIT) n (of house buyer) 詐欺 ságì

GB [dʒi:bi:'] abbr = **Great Britain**

GCE [dʒi:si:i:'] (BRIT) n abbr = General Certificate of Education 普通教育証書 futsúkyōikushōsho ◊16才の時に受けるOレベルと大学入学前に受けるAレベルの2種類がある júrokusài no tokí nì ukérù O rébèru to daígaku nyūgaku máè ni ukérù A rébèru no nishúrui ga arù

GCSE [dʒi:si:esi:'] (BRIT) n abbr (= General Certificate of Secondary Education) ◊1988年からGCEのOレベルはGCSEに置換えられた seńkyūhyakuhachijūhachi nèn ni GCE no O rébèru wa GCSE ni okíkaeraretà

gear [gi:r] n (equipment) 道具 dōgu; (TECH) 歯車 hagúrùma; (AUT) ギヤ gí yà

♦vt (fig: adapt): *to gear something to*
...に...を適応させる ...ni ...wo tekíō sase-
rù

high (US) *or top* (BRIT) / *low gear* ハ
イ〔ロー〕ギヤ haí〔rō〕giyà

in gear ギヤを入れて gíyà wo irête

gear box n ギヤボックス giyábokkùsu

gear shift (BRIT *gear lever*) n シフト
レバー shífutorebā

geese [gi:s] npl of **goose**

gel [dʒel] n (for hair) ジェル jérù;
(CHEM) ゲル gérù

gelatin(e) [dʒel'ətin] n (CULIN) ゼラチ
ン zeráchìn

gelignite [dʒel'ignait] n (explosive) ゼリ
グナイト zerígunaìto

gem [dʒem] n (stone) 宝石 hōseki

Gemini [dʒem'ənai] n (ASTROLOGY) 双
子座 futágoza

gender [dʒen'də:r] n (sex: *also* LING) 性
seí

gene [dʒi:n] n (BIO) 遺伝子 idénshi

general [dʒen'ə:rəl] n (MIL) 大将 taíshō

♦adj (overall, non-specific, miscellane-
ous) 一般の ippán no, 一般的な ippánteki
na; (widespread: movement, interest) 全
面的な zenmenteki na

in general 一般に ippán ni

general delivery (US) n (poste res-
tante) 局留 kyokúdome

general election n 総選挙 sōsenkyo

generalization [dʒenə:rələzei'(ʃ)ən] n 一
般化 ippánkà

generally [dʒen'ə:rəli:] adv (in general)
一般に ippán ni; (usually) 普通 は futsū
wa

general practitioner n 一般開業医 ip-
pán kaigyōi

generate [dʒen'ə:reit] vt (power, energy)
発生させる hasséi saserù; (jobs, profits)
生み出す umídasù

to generate electricity 発電する hatsú-
den suru

generation [dʒenərei'(ʃ)ən] n (period of
time) 世代 sedái; (of people, family) 同じ
世代の人々 onáji sedái no hitobìto; (of
heat, steam, gas etc) 発生 hasséi; (of

electricity) 発電 hatsúden

generator [dʒen'ə:reitə:r] n (ELEC) 発電
機 hatsúdenki

generosity [dʒenərɑ:s'əti:] n 寛大さ kaň-
daisa

generous [dʒen'ə:rəs] adj (person, mea-
sure, remuneration etc) 寛大な kandai
na

genetics [dʒənet'iks] n (science) 遺伝学
idéngaku

Geneva [dʒəni:'və] n ジュネーブ júnèbu

genial [dʒi:'ni:əl] adj (host, smile) 愛想の
良い aíso no yoì

genitals [dʒen'itəlz] npl (ANAT) 性器
seíki

genius [dʒi:n'jəs] n (ability, skill, person)
天才 tensai

genocide [dʒen'əsaid] n 民族虐殺 miñzo-
kugyakusàtsu, ジェノサイド jénòsaido

gent [dʒent] n abbr = **gentleman**

genteel [dʒenti:l'] adj (person, family) 家
柄の良い iégara no yoì

gentle [dʒen'təl] adj (person) 優しい ya-
sáshiì; (animal) 大人しい otónashiì;
(movement, shake) 穏やかな odáyàka
na, 静かな shizúkà na; (slope, curve) 緩
やかな yurúyàka na

a gentle breeze そよ風 soyókàze

gentleman [dʒen'təlmən] (pl **gentle-
men**) n (man) 男の方 otóko no katà;
(referring to social position: *also* well-
mannered man) 紳士 shinshì, ジェントル
マン jéntoruman

gentleness [dʒen'təlnis] n (of person) 優
しさ yasáshisà; (of animal) 大人しさ otó-
nashisà; (of movement, breeze, shake)
穏やかさ odáyàkasa, 静かさ shizúkàsa;
(of slope, curve) 緩やかさ yurúyàkasa

gently [dʒen'tli:] adv (subj: person) 優し
く yasáshikù; (: animal) 大人しく otóna-
shikù; (: breeze etc) 静かに shizúkàni
(: slope, curve) 緩やかに yurúyàka ni

gentry [dʒen'tri:] n 紳士階級 shińshikaì-
kyū

gents [dʒents] (BRIT) n (men's toilet) 男
性トイレ dañseitoirè

genuine [dʒen'ju:in] adj (real) 本物の hoñ-
monð no; (person) 誠実な seíjitsu na

geographic(al) [dʒi:əgræf'ik(əl)] *adj* 地理の chírī no

geography [dʒi:ɑ:g'rəfi:] *n* (of town, country etc: *also* SCOL) 地理 chírī

geological [dʒi:ələdʒ'ikəl] *adj* 地質学の chishítsugàku no

geologist [dʒi:ɑ:l'ədʒist] *n* 地質学者 chishítsugakushà

geology [dʒi:ɑ:l'ədʒi:] *n* (of area, rock etc) 地質 chíshìtsu; (SCOL) 地質学 chishítsugàku

geometric(al) [dʒi:əmet'rik(əl)] *adj* (problem, design) 幾何学的な kikágakuteki na

geometry [dʒi:ɑ:m'ətri:] *n* (MATH) 幾何学 kikágaku

geranium [dʒərei'ni:əm] *n* ゼラニウム zeránìumu

geriatric [dʒe:ri:æt'rik] *adj* (of old people) 老人の rójin no

germ [dʒə:rm] *n* ばい菌 baíkin

German [dʒə:r'mən] *adj* (of Germany) ドイツの doítsu no; (LING) ドイツ語の doítsugo no
◆*n* ドイツ人 doítsujin; (LING) ドイツ語 doítsugo

German measles *n* (rubella) 風しん fúshin

Germany [dʒə:r'məni:] *n* ドイツ doítsu

germination [dʒə:rmənei'ʃən] *n* (of seed) 発芽 hatsúga

gesticulate [dʒestik'jəleit] *vi* (with arms, hands) 手振りをする tébùri wo suru

gesture [dʒes'tʃə:r] *n* (movement) 手振り tébùri, ジェスチャー jésùchā; (symbol, token) ジェスチャー jésùchā

KEYWORD

get [get] (*pt*, *pp* **got**, (*US*) *pp* **gotten**) *vi* 1 (become, be) ...になる ...ni nárù
to get old (thing) 古くなる fúrùku naru; (person) 年を取る toshí wo toru
to get cold 寒くなる sámùku naru
to get annoyed/bored/tired 怒る〔退屈する, 疲れる〕okórù〔taíkutsu surù, tsukárerù〕
to get drunk 酔っ払う yopparau

to get dirty 汚れる yogórerù
to get killed 殺される korósarerù
to get married 結婚する kekkón surù
when do I get paid? 金はいつ払ってくれますか kané wà ítsù harátte kuremasù ká
it's getting late 遅くなってきました osóku nattè kimáshìta
2 (go): *to get to/from* ...へ〔から〕行く ...é〔kará〕ikù
to get home 家に帰る ié ni kaerù
how did you get here? あなたはどうやってここへ来ましたか anáta wa dó yattè kokó è kimáshìta ká
3 (begin): *to get to know someone* ...と親しくなる ...tò shitáshikù naru
I'm getting to like him 彼を好きになってきました kárè wo sukí ni nattè kimáshìta
let's get going/started さあ, 行きましょう sâ, ikímashò
◆*modal aux vb*: *you've got to do it* あなたはどうしてもそれをしなければなりません anáta wa dóshite mò soré wò shinákereba narimaseñ
I've got to tell the police 警察に知らせなければなりません keísatsu nì shirásenakereba narimaseñ
◆*vt* 1: *to get something done* (do) ...を済ます ...wò sumásù; (have done) ...をしてもらう ...wò shité moraù
to get the washing/dishes done 洗濯〔皿洗い〕を済ます seńtaku〔saráarài〕wò sumásù
to get one's hair cut 散髪してもらう sańpatsu shite moraù
to get the car going/to go 車のエンジンをかける kurúma no eńjin wo kakérù
to get someone to do something ...にをさせる ...nì ...wò sasérù
to get something ready ...を用意する ...wò yòi suru
to get someone ready ...に用意をさせる ...nì yòi wo sasérù
to get someone drunk/into trouble ...を酔わせる〔困らせる〕...wò yoppárawaserù〔komáraserù〕
2 (obtain: money) 手に入れる té ni irerù;

(: permission, results) 得る érù; (find: job, flat) 見付ける mitsúkerù; (fetch: person, doctor) 呼んで来る yóñde kuru; (: object) 持って来る motté kurù

to get something for someone …のために…を持って来る …no tamé nǐ …wò motté kurù

he got a job in London 彼はロンドンに仕事を見付けました kárè wa róñdon ni shigóto wò mitsúkemashǐta

get me Mr Jones, please (TEL) ジョーンズさんをお願いしたいんですが jóñzu san wo o-négai shitaiñ désù ga

I think you should get the doctor 医者を呼んだ方がいいと思います ishá wò yoñda hǒ ga íi to omóimasù

can I get you a drink? 何か飲みませんか náníka nomímaseñ ka

3 (receive: present, letter) 受ける ukérù; (acquire: reputation, prize) 得る érù, 獲得する kakútoku suru

what did you get for your birthday? お誕生日に何をもらいましたか o-táñjòbi ni náni wo moráimashǐta ká

he got a prize for French 彼はフランス語の成績で賞をもらいました kárè wa furánsugò no seíseki dè shǒ wò moráimashǐta

how much did you get for the painting? 絵画はいくらで売れましたか káiga wa íkura de urémashǐta ká

4 (catch) つかむ tsukámù; (hit: target etc) …に当る …ni atárù

to get someone by the arm/throat …の腕〔のど〕をつかむ …no udé〔nódò〕wò tsukámù

get him! やつを捕まえろ yátsù wo tsukámaerò

the bullet got him in the leg 弾丸は彼の脚に当った dañgan wà kárè no ashǐ ni atattá

5 (take, move) 連れて〔持って〕いく tsuréte〔mottě〕ikù, 移動する idǒ suru

to get something to someone …に…を持って行く …nǐ …wò motté ikù

do you think we'll get it through the door? それは戸口から入ると思いますか soré wà tógùchi kara haíru to omó-

imasù ká

I'll get you there somehow 何とかしてあなたを連れて行きます náñ to ka shite anátà wo tsuréte ikimasù

we must get him to (US the) hospital どうしても彼を病院に連れて行かなくちゃ dǒshitě mo kárè wo byóìn ni tsuréte ikanakùcha

6 (catch, take: plane, bus etc) 乗る norú

where do I get the train - Birmingham? 電車はどこで乗ればいいんですか-バーミンガムですか deñsha wà dókò de noréba iin desù ká - bámiñgamu desu ká

7 (understand) 理解する ríkai suru; (hear) 聞き取る kikítorù

I've got it 分かった wakáttà

I don't get your meaning あなたが言おうとしている事が分かりません anátà ga iǒ to shite iru kotò ga wakárimaseñ

I'm sorry, I didn't get your name 済みませんが、お名前を聞き取れませんでした sumímaseñ ga, o-námae wò kikíto-remasen deshǐta

8 (have, possess): *to have got* 持つ mótsù

how many have you got? いくつ持っていますか íkutsu motté imasù ká

---

get about *vi* 動き回る ugókimawarù; (news) 広まる hirómarù

get along *vi* (agree) 仲良くする nákàyoku suru; (depart) 帰る káeru; (manage) = **get by**

get at *vt fus* (attack, criticize) 批判する hihán suru; (reach) …に手が届く …ni té gà todókù

get away *vi* (leave) 帰る káeru; (escape) 逃げる nigérù

get away with *vt fus* …をうまくやりおおせる …wò úmàku yaríòseru

get back *vi* (return) 帰る káeru
♦*vt* 返す káesu

get by *vi* (pass) 通る tǒrù; (manage) やって行く yatté iku

get down *vi* 降りる orírù
♦*vt fus* 降りる orírù
♦*vt* 降ろす orósù; (depress: person) がっかりさせる gakkárì saseru

get down to vt fus (work) ...に取り掛る ...ni toríkakarù

get in vi 入る háirù; (train) 乗る norú; (arrive home) 帰って来る kaétte kurù

get into vt fus ...に入る ...ni háirù; (vehicle) ...に乗る ...ni norú; (clothes) 着る kirú

to get into bed ベッドに入る béddò ni háirù

to get into a rage かんかんに怒る kańkan nì okórù

get off vi (from train etc) 降りる orírù; (depart: person, car) 出発する shuppátsu suru; (escape punishment etc) 逃れる nogárerù

♦vt (remove: clothes) 脱ぐ núgù; (: stain) 消す kesú, 落す otósù; (send off) 送る okúrù

♦vt fus (train, bus) 降りる orírù

get on vi (at exam etc): *how are you getting on?* 万事うまく行っていますか bánji úmàku itté imasù ka; (agree): *to get on (with)* (...と) 気が合う (...tò) ki gá aù

♦vt fus ...に乗る ...ni norú

get out vi 出る dérù; (of vehicle) 降りる orírù

♦vt 取り出す torídasù

get out of vt fus ...から出る ...kara dérù; (vehicle) ...から降りる ...kara orírù; (bed) ...から起きる ...kara okírù; (duty etc) 避ける sakérù, 逃れる nogárerù

get over vt fus (illness) ...が直る ...ga naórù

get round vt fus (problem, difficulty) 避ける sakérù; (law, rule) ...に触れないようにする ...ni furénai yð ni suru, (fig: person) 言いくるめる iíkurumerù

get through vi (TEL) 電話が通じる deńwa gà tsújiru

get through to vt fus (TEL) ...に電話が通じる ...ni deńwa gà tsújiru

get together vi (people) 集まる atsúmarù

♦vt 集める atsúmerù

get up vi (rise) 起きる okírù

♦vt fus 起す okósù

get up to vt fus (reach) ...に着く ...ni tsukú; (BRIT: prank etc) 仕出かす shidékasù

geyser [gai'zəːr] n (GEO) 間欠温泉 kańketsu oňsen; (BRIT: water heater) 湯沸かし器 yuwákashikì

Ghana [gɑːn'ə] n ガーナ gầna

ghastly [gæst'liː] adj (horrible: person, behavior, situation) いやな fyà na, ひどい hídòi; (: building, appearance) 薄気味悪い usúkimiwaruì; (pale: complexion) 青白い aójiroì

gherkin [gəːr'kin] n キュウリのピクルス kyùri no pfkùrusu

ghetto [get'ou] n (ethnic area) ゲットー géttò

ghost [goust] n (spirit) 幽霊 yűrei, お化け o-báke

giant [dʒai'ənt] n (in myths, children's stories) 巨人 kyojín, ジャイアント jáiantò; (fig: large company) 大企業 daíkigyō

♦adj (enormous) 巨大な kyodái na

gibberish [dʒib'əːriʃ] n (nonsense) でたらめ detárame

gibe [dʒaib] n = **jibe**

giblets [dʒib'lits] npl 鳥の内臓 torí nò naízō

Gibraltar [dʒibrɔːl'təːr] n ジブラルタル jíbùrarutaru

giddy [gid'iː] adj (dizzy) めまいがする memáī ga suru

gift [gift] n (present) 贈り物 okúrimonò, プレゼント purézènto, ギフト gífùto; (ability) 才能 saínō

gifted [gif'tid] adj (actor, sportsman, child) 才能ある saínō arù

gift token n ギフト券 gifùtoken

gift voucher n = **gift token**

gigantic [dʒaigæn'tik] adj 巨大な kyodái na

giggle [gig'əl] vi くすくす笑う kusúkùsu waráù

gill [dʒil] n (= 0.25 pints; BRIT = 0.15 l; US = 0.12 l) ギル gírù

gills [gilz] npl (of fish) えら erá

gilt [gilt] adj (frame, jewelery) 金めっきした kińmekkì shita

♦n 金めっき kińmekkì

gilt-edged [gilt'edʒd] adj (stocks, securities) 優良な yúryō na

gimmick [gim'ik] *n* (sales, electoral) 仕掛け shikáke

gin [dʒin] *n* ジン jín

ginger [dʒin'dʒəːr] *n* (spice) ショウガ shōga

ginger ale *n* ジンジャーエール jíñjāēru

ginger beer *n* ジンジャービール jíñjābīru

gingerbread [dʒin'dʒəːrbred] *n* (cake) ジンジャーブレッドケーキ jíñjābureddokēki; (biscuit) ジンジャーブレッドクッキー jíñjābureddokukkī

gingerly [dʒin'dʒəːrli:] *adv* (tentatively) 慎重に shíñchō ni

gipsy [dʒip'si:] *n* = **gypsy**

giraffe [dʒəræf'] *n* キリン kirín

girder [gəːr'dəːr] *n* 鉄骨 tekkótsu

girdle [gəːr'dəl] *n* (corset) ガードル gádoru

girl [gəːrl] *n* (child) 女の子 oñna nò ko, 少女 shōjo; (young unmarried woman) 若い女性 wakáì joséi, ガール gáru; (daughter) 娘 musúme

an English girl 若いイングランド人女性 wakáì íñgurandojìn joséi

girlfriend [gəːrl'frend] *n* (of girl) 女友達 oñna tomodàchi; (of boy) ガールフレンド gárufureñdo

girlish [gəːr'liʃ] *adj* 少女の様な shōjo nó yō na

giro [dʒai'rou] *n* (*also*: **bank giro**) 銀行振替為替 giñkōfurikaekawàse; (*also*: **post office giro**) 郵便振替為替 yúbinfurikaekawàse; (*BRIT*: welfare check) 生活保護の小切手 seíkatsuhogò no kogíttè

girth [gəːrθ] *n* (circumference) 周囲 shūi; (of horse) 腹帯 haráobi

gist [dʒist] *n* (of speech, program) 骨子 kósshì

KEYWORD
---

give [giv] (*pt* **gave**, *pp* **given**) *vt* **1** (hand over): *to give someone something, give something to someone* ...に...を与える ...nî ...wò atáerù, ...に...を渡す ...nî ...wò watásu

I gave David the book, I gave the

book to David 私は本をデービッドに渡しました watákushi wà hón wò débìddo ni watáshimashìta

give him your key あなたのかぎを彼に渡しなさい anátà no kagí wò kárè ni watáshinasaì

he gave her a present 彼は彼女にプレゼントをあげた kárè wa kánòjo ni purézeñto wo agétà

give it to him, give him it それを彼に渡しなさい soré wò kárè ni watáshi nasaì

I'll give you £5 for it それを5ポンドで私に売ってくれませんか soré wò gopóñdo de watákushi nì utté kuremaseñ ká

2 (used with noun to replace a verb): *to give a sigh* ため息をつく taméikì wo tsuku

to give a cry/shout 叫ぶ sakébù

to give a push 押す osú

to give a groan うめく umékù

to give a shrug 肩をすくめる kátà wo sukúmerù

to give a speech/a lecture 演説〔講演〕をする eñzetsu〔kōen〕wo surù

to give three cheers 万歳三唱をする bañzaisañshō wo suru

3 (tell, deliver: news, advice, message etc) 伝える tsutáerù, 言う iú, 与える atáerù

did you give him the message/news? 彼にメッセージ〔ニュース〕を伝えましたか kárè ni méssèji〔nyúsù〕wo tsutáemashìta ká

let me give you some advice ちょっと忠告をあげよう chóttò chúkoku wo ageyō

he gave me his new address over the phone 彼は電話で新しい住所を教えてくれました kárè wa deñwa dè atárashii jùsho wo oshíete kuremashìta

to give the right/wrong answer 正しい〔間違った〕答を言う tadáshii〔machígatta〕kotàe wo iú

4 (supply, provide: opportunity, surprise, job etc) 与える atáerù, 提供する teíkyō suru; (bestow: title) 授与する júyò suru;

(: honor, right) 与える atáerù

I gave him the chance to deny it それを否定するチャンスを彼に与えました soré wò hitéi suru chañsu wo kárè ni atáemashìta

the sun gives warmth and light 太陽は熱と光を我々に与えてくれる táiyō wa netsú tò hikári wò wáreware nì atáete kurerù

what gives you the right to do that? 何の権利でそんな事をするのか nán no keñri de soñna kotó wo suru nò ka

that's given me an idea あれでいい事を思い付いたんですが aré de ii kotó wo omóitsuitan desù ga

5 (dedicate: time) 当てる atérù; (: one's life) 捧げる saságerù; (: attention) 払う haráù

you'll need to give me more time もっと時間を下さい móttò jikán wo kudasaì

she gave it all her attention 彼女はそれに専念した kánòjo wa soré nì señnen shitá

6 (organize: *to give a party/dinner etc* パーティ〔晩さん会〕を開催する pátì〔bañsañkai〕wo kaísai suru

♦*vi* 1 (*also*: give way: break, collapse) 崩れる kuzúrerù

his legs gave beneath him 彼は突然立てなくなった kárè wa totsúzen taténaku nattá

the roof/floor gave as I stepped on it 私が踏んだとたん屋根〔床〕が抜け落ちた watákushi ga funda totañ yánè〔yuká〕ga nukéochità

2 (stretch: fabric) 伸びる nobírù

give away *vt* (money) 人にやる hitó nì yarú; (opportunity) 失う ushínaù; (secret, information) 漏らす morásù; (bride) 新郎に渡す shiñrō nì watásù

give back *vt* 返す káesu

give in *vi* (yield) 降参する kōsan suru

♦*vt* (essay etc) 提出する teíshutsu suru

give off *vt* (heat) 放つ hanátsù; (smoke) 出す dásù

give out *vt* (distribute: prizes, books,

drinks etc) 配る kubárù; (make known: news etc) 知らせる shiráserù

give up *vi* (surrender) 降参する kōsan suru

♦*vt* (renounce: job, habit) やめる yamérù; (boyfriend) …との交際をやめる …to no kōsai wò yamérù; (abandon: idea, hope) 捨てる sutérù

to give up smoking タバコをやめる tabáko wò yamérù

to give oneself up 自首する jishú suru

give way *vi* (yield) 譲る yuzúru; (break, collapse: floor, ladder etc) 崩れる kuzúrerù, 壊れる kowárerù; (: rope) 切れる kirérù; (*BRIT*: AUT) 道を譲る michí wò yuzúru

glacier [glei'ʃəːr] *n* 氷河 hyōga

glad [glæd] *adj* (happy, pleased) うれしい uréshiì

gladly [glæd'liː] *adv* (willingly) 喜んで yorókoñde

glamorous [glæm'əːrəs] *adj* 魅惑的な miwákuteki na

glamour [glæm'əːr] *n* 魅惑 miwáku

glance [glæns] *n* (look) ちらっと見る事 chiráttò mírù koto

♦*vi*: *to glance at* …をちらっと見る …wo chiráttò mírù

glance off *vt fus* …に当って跳ね返る …ni attátè hanékaerù

glancing [glæn'siŋ] *adj* (blow) かすめる kasúmerù

gland [glænd] *n* せん séñ

glare [gleːr] *n* (of anger) にらみ nirámi; (of light) まぶしき mabúshisà; (of publicity) 脚光 kyakkō

♦*vi* (light) まぶしく光る mabúshikù hikáru

to glare at (glower) …をにらみ付ける …wo nirámitsukerù

glaring [gleːr'iŋ] *adj* (mistake) 明白な meíhaku na

glass [glæs] *n* (substance) ガラス garásu; (container) コップ koppù, グラス gúràsu; (contents) コップ一杯 koppú ippaì

glasses [glæs'iz] *npl* 眼鏡 mégane

glasshouse [glæs'haus] *n* 温室 oñshitsu

glassware [glæs'weːr] *n* グラス類 gurásurui

glassy [glæs'i:] *adj* (eyes) うつろな utsúro na

glaze [gleiz] *vt* (door, window) ...にガラスをはめる ...ni garásu wò hamérù; (pottery) ...にうわぐすりを掛ける ...ni uwágusùri wo kakérù

♦*n* (on pottery) うわぐすり uwágusùri

glazed [gleizd] *adj* (eyes) うつろな utsúro na; (pottery, tiles) うわぐすりを掛けた uwágusùri wo kakéta

glazier [glei'ʒəːr] *n* ガラス屋 garásuyà

gleam [gli:m] *vi* (shine: light, eyes, polished surface) 光る hikárù

glean [gli:n] *vt* (information) かき集める kakíatsumerù

glee [gli:] *n* (joy) 喜び yorókobi

glen [glen] *n* 谷間 taníaì

glib [glib] *adj* (person) 口達者な kuchídasshà na; (promise, response) 上辺だけの uwábe dake no

glide [glaid] *vi* (snake, dancer, boat etc) 滑る様に動く subéru yõ ni ugókù; (AVIAT, birds) 滑空する kakkū suru

glider [glai'dəːr] *n* (AVIAT) グライダー gurâîdà

gliding [glai'diŋ] *n* (AVIAT) 滑空 kakkū

glimmer [glim'əːr] *n*: **a glimmer of light** かすかな光 kásùka na hikari

a glimmer of interest かすかな表情 kásùka na hyójò

a glimmer of hope かすかな希望 kásùka na kibó

glimpse [glimps] *n* (of person, place, object) ...がちらっと見える事 ...ga chiráttò mierù koto

♦*vt* ...がちらっと見える ...ga chiráttò miérù

glint [glint] *vi* (flash: light, eyes, shiny surface) ぴかっと光る pikáttò hikárù

glisten [glis'ən] *vi* (with sweat, rain etc) ぎらぎらする gíràgira suru

glitter [glit'əːr] *vi* (sparkle: light, eyes, shiny surface) 輝く kagáyakù

gloat [glout] *vi*: **to gloat (over)** (exult) ...にほくそえむ ...ni hokúsoemu

global [glou'bəl] *adj* (worldwide) 世界的な sekáiteki na

globe [gloub] *n* (world) 地球 chikyū; (model) 地球儀 chikyūgî; (shape) 球 kyū

gloom [glu:m] *n* (dark) 暗やみ kuráyami; (sadness) 失望 shitsúbō

gloomy [glu:'mi:] *adj* (dark) 薄暗い usúguraì; (sad) 失望した shitsúbō shita

glorious [glɔːr'i:əs] *adj* (sunshine, flowers, weather) 素晴らしい subárashiî; (victory, future) 栄光の efkō no

glory [glɔːr'i:] *n* (prestige) 栄光 efkō; (splendor) 華々しさ hanábanashisà

gloss [glɔːs] *n* (shine) つや tsuyá; (*also*: **gloss paint**) つや出しペイント tsuyádashipeìnto

glossary [glɑːs'əːri:] *n* 用語集 yógoshū

gloss over *vt fus* (error) 言繕う iítsukuroù; (problem) 言いくるめる iíkurumerù

glossy [glɑːs'i:] *adj* (hair) つやつやした tsuyátsùya shitá; (photograph) つや出しの tsuyádashi no; (magazine) アート紙の átoshī no

glove [glʌv] *n* (gen) 手袋 tebúkùro; (in baseball) グローブ gúròbu, グラブ gúràbu

glove compartment *n* (AUT) グローブボックス gurôbubokkùsu

glow [glou] *vi* (embers) 赤く燃える akákù moérù; (stars) 光る hikárù; (face, eyes) 輝く kagáyakù

glower [glau'əːr] *vi*: **to glower at** ...をにらみ付ける ...wo nirámitsukerù

glucose [glu:'kous] *n* ブドウ糖 budótō, グルコース gurúkòsu

glue [glu:] *n* (adhesive) 接着剤 setcháku-zài

♦*vt* 接着する setchákù suru

glum [glʌm] *adj* (miserable) ふさぎ込んだ fuságikoñda

glut [glʌt] *n* (of oil, goods etc) 生産過剰 seísankajō

glutton [glʌt'ən] *n* 大食らい ōgurai

a glutton for work 仕事の鬼 shigóto nò oní

gluttony [glʌt'əni:] *n* 暴食 bōshoku

glycerin(e) [glis'əːrin] *n* グリセリン gu-ríserìn

gnarled [nɑːrld] *adj* (tree, hand) 節くれだった fushíkuredattà

gnat [næt] *n* ブヨ búyo
gnaw [nɔ:] *vt* (bone) かじる kajírù
gnome [noum] *n* 地の小鬼 chi no koóni

KEYWORD
---

go [gou] (*pt* **went**, *pp* **gone**) *vi* 1 (travel, move) 行く ikú

she went into the kitchen 彼女は台所に行った kánòjo wa daídokoro ni ittá

shall we go by car or train? 車で行きましょうか、それとも電車で行きましょうか kurúma dè ikímashò ka, soŕetomò deñsha dè ikímashò ka

a car went by 車が通り過ぎた kurúma gà tòri sugítà

to go round the back 裏へ回る urá e mawáru

to go by the shop 店の前を通る misé no maè wo tòrù

he has gone to Aberdeen 彼はアバーディーンへ行きました kárè wa abádìn e ikímashìta

2 (depart) 出発する shuppátsu suru, たつ tátsù, 帰る káèru, 行ってしまう itté shimaù

"I must go," she said 「帰ります」と彼女は言った "kaérimasù" to kánòjo wa ittá

our plane went at 6 pm 我々の飛行機は夕方6時に出発しました waréware no hikóki wa yúgata rokují ni shuppátsu shimashìta

they came at 8 and went at 9 彼らは8時に来て9時に帰った kárèra wa hachíji ni kitè kújì ni kaérimashìta

3 (attend) 通う kayóu

she went to university in Aberdeen 彼女はアバーディーンの大学に通った kánòjo wa abádìn no daígaku nì kayóttà

she goes to her dancing class on Tuesdays 彼女がダンス教室に通うのは火曜日です kánòjo ga dañsukyòshitsu nì kayóu no wà kayóbì desu

he goes to the local church 彼は地元の教会に通っています kárè wa jimóto no kyòkai ni kayótte imasù

4 (take part in an activity) ...に行く ...ni ikú, ...する ...surù

to go for a walk 散歩に行く sañpo ni ikù, 散歩する sanpo suru

to go dancing ダンスに行く dáñsu ni iku

5 (work) 作動する sadō suru

the clock stopped going 時計が止りました tokéi gà tomárimashìta

is your watch going? あなたの時計は動いていますか anátà no tokéi wa ugóite imasù ká

the bell went just then 丁度その時ベルが鳴りました chōdo sono tokì bérù ga narímashìta

the tape recorder was still going テープレコーダーはまだ回っていました tē-purekòdā wa mádà mawátte imashìta

6 (become) ...になる ...ni nárù

to go pale 青白くなる aójiroku narù

to go moldy かびる kabíru

7 (be sold): *to go for $10* 10ドルで売れる júdòru de urérù

8 (fit, suit) 合う áù

to go with ...に合う ...ni áù

that tie doesn't go with that shirt そのネクタイはシャツと合いません sonó nekùtai wa shátsù to áimaseñ

9 (be about to, intend to): *he's going to do it* 彼は今それをやる所です kárè wa ímà soré wò yarú tokorò desu

we're going to leave in an hour 1時間したら出発します ichíjikan shitarà shuppátsu shimasù

are you going to come? あなたも一緒に来ますか anátà mo isshò nì kimásù ká

10 (time) 経つ tátsù

time went very slowly/quickly 時間が経つのがとても遅く[早く]感じられました jikán ga tatsù no ga totémò osóku [háyàku] kanjiraremashìta

11 (event, activity) 行く ikú

how did it go? うまく行きましたか úmàku ikímashìta ká

12 (be given) 与えられる atáerarerù

the job is to go to someone else そのポストは他の人のところへいきました sonó posùto wa hokà no hito no tokorò e ikímashìta

13 (break etc: glass etc) 割れる warérù;

(: stick, leg, pencil etc) 折れる orérù;
(: thread, rope, chain etc) 切れる kirérù
the fuse went ヒューズが切れた〔飛ん
だ〕hyúzù ga kiréta(tónda)
the leg of the chair went いすの脚が
折れた isú no ashî ga órèta
14 (be placed) ...にしまう事になっている
...ni shimáu kotò ni nátte irù
where does this cup go? このカップは
どこにしまうのですか konó kappù wa
dókò ni shimáu no desu ká
the milk goes in the fridge ミルクは
冷蔵庫にしまう事になっています mírù-
ku wa reízòko ni shimáu kotò ni nátte
imasù

♦*n* (*pl* goes) 1 (try): *to have a go (at)*
(...を) やってみる (...wo) yatté mirù
2 (turn) 番 báñ
whose go is it? だれの番ですか dáre no
báñ desu ká
3 (move): *to be on the go* 忙しくする
isógashiku surù

go about *vi* (*also*: **go around**: rumor) 流
れる nagárerù
♦*vt fus*: *how do I go about this?* どう
いう風にやればいいんですか dő iu fű ni
yareba íin desu ká
goad [goul] *vt* 刺激する shigéki suru
go ahead *vi* (make progress) 進歩する
shíñpo suru; (get going) 取り掛かる toríka-
karù
go-ahead [gou'əhed] *adj* (person, firm)
進取の気に富んだ shíñshu no ki ni tóñda
♦*n* (for project) 許可 kyókà, ゴーサイン
gősaìn
goal [goul] *n* (SPORT) ゴール gðru;
(aim) 目標 mokúhyō
goalkeeper [goul'ki:pə:r] *n* ゴールキー
パー gőrukīpā
go along *vi* ついて行く tsúíte ikú
♦*vt fus* ...を行く ...wð ikú
to go along with (agree with: plan,
idea, policy) ...に賛成する ...ni sañsei su-
rù
goalpost [goul'poust] *n* ゴールポスト gő-
rupostò
goat [gout] *n* ヤギ yágì

go away *vi* (leave) どこかへ行く dókð
ka e ikú
go back *vi* (return) 帰る káèru; (go
again) また行く matá ikù
go back on *vt fus* (promise) 破る yabú-
rù
gobble [gɑ:b'əl] *vt* (*also*: **gobble down**,
gobble up) むさぼり食う musáborikuù
go-between [gou'bitwi:n] *n* 仲介者 chú-
kaishà
go by *vi* (years, time) 経つ tátsù
♦*vt fus* (book, rule) ...に従う ...ni shitá-
gaù
God [gɑ:d] *n* (REL) 神 kámì
god [gɑ:d] *n* (MYTHOLOGY, *fig*) 神 ká-
mì
godchild [gɑ:d'tʃaild] *n* 名付け子 nazúke-
gò
goddaughter [gɑ:d'dɔ:tə:r] *n* 名付け娘
nazúkemusùme
goddess [gɑ:d'is] *n* (MYTHOLOGY,
REL, *fig*) 女神 mégàmi
godfather [gɑ:d'fɑ:ðə:r] *n* 名付け親 na-
zúkeðya, 代父 daífù, 教父 kyófù
godforsaken [gɑ:d'fə:rsei'kən] *adj*
(place, spot) 荒れ果てた aréhatetà
godmother [gɑ:d'mʌðə:r] *n* 名付け親 na-
zúkeðya, 代母 daíbò, 教母 kyóbò
go down *vi* (descend) 降りる orírù;
(ship) 沈む shizúmu, 沈没する chíñbotsu
suru; (sun) 沈む shizúmu
♦*vt fus* (stairs, ladder) ...を降りる ...wo
orírù
godsend [gɑ:d'send] *n* (blessing) 天の恵
み teñ nò megúmì
godson [gɑ:d'sʌn] *n* 名付け息子 nazúke-
musùko
go for *vt fus* (fetch) 取りに行く tórì ni
ikú; (like) 気に入る ki ní irù; (attack)
...に襲い掛る ...ni osóikakarù
goggles [gɑ:g'əlz] *npl* (for skiing, motor-
cycling) ゴーグル góguru
go in *vi* (enter) 入る háìru
go in for *vt fus* (competition) ...に参加
する ...ni sañka suru; (like) ...が好きであ
る ...ga sukí de arù, ...を気に入る ...wð ki
ní irù
going [gou'iŋ] *n* (conditions) 状況 jókyō

♦*adj*: *the going rate* 相場 sốba

go into *vt fus* (enter) ...に入る …ni háiru; (investigate) 調べる shiráberù; (embark on) ...に従事する …ni jújì suru

gold [gould] *n* (metal) 金 kíñ

♦*adj* (jewelery, watch, tooth etc) 金の kíñ no

gold reserves 金の正貨準備 kíñ no séíka juñbi

golden [goul'dən] *adj* (made of gold) 金の kíñ no; (gold in color) 金色の kiñ-iro no

goldfish [gould'fiʃ] *n* 金魚 kíñgyo

goldmine [gould'main] *n* 金山 kíñzan; (*fig*) ドル箱 dorúbako

gold-plated [gouldplei'tid] *adj* 金めっきの kiñmekkì no

goldsmith [gould'smiθ] *n* 金細工師 kíñzaikushì

golf [gɑːlf] *n* ゴルフ gốrufu

golf ball *n* (for game) ゴルフボール gorúfubòru; (on typewriter) 電動タイプライターのボール deñdōtaipuraìtā no bòru

golf club *n* (organization, stick) ゴルフクラブ gorúfukuràbu

golf course *n* ゴルフコース gorúfukòsu

golfer [gɑːl'fər] *n* ゴルファー gốrùfā

gondola [gɑːn'dələ] *n* (boat) ゴンドラ goñdora

gone [gɔːn] *pp of* **go**

gong [gɔːŋ] *n* どら dorá, ゴング gốñgu

good [gud] *adj* (pleasant, satisfactory etc) 良い yói; (high quality) 高級な kốkyū na; (tasty) おいしい oíshiì; (kind) 親切な shiñsetsu na; (well-behaved: child) 行儀の良い gyốgi no yoì; (morally correct) 正当な seítō na

♦*n* (virtue, morality) 善 zéñ; (benefit) 利益 ríèki

good! よろしい! yoróshiì!

to be good at ...が上手である …ga józu dè árù

to be good for (useful) ...に使える …ni tsukáerù

it's good for you あなたのためにいい anáta no tamè ni íi

would you be good enough to ...? 済みませんが...して下さいませんか sumímasen ga ...shite kudásaimaseñ ká

a good deal (of) 沢山 (の) takúsan (no)

a good many 沢山の takúsan no

to make good (damage, loss) 弁償する beñshō suru

it's no good complaining 不平を言ってもしようがない fuhéi wo ittè mo shiyố ga nái

for good (forever) 永久に eíkyū ni

good morning! お早うございます o-háyō gozaimasù

good afternoon! 今日は koñnichi wa

good evening! 今晩は koñban wa

good night! お休みなさい o-yásumi nasaì

goodbye [gudbai'] *excl* さようなら sayốnarà

to say goodbye 別れる wakárerù

Good Friday *n* (REL) 聖金曜日 seíkiñyōbi

good-looking [gud'luk'iŋ] *adj* (woman) 美人の bijíñ no; (man) ハンサムな háñsamu na

good-natured [gud'nei'tʃərd] *adj* (person, pet) 気立ての良い kidáte no yoì

goodness [gud'nis] *n* (of person) 優しさ yasáshisà

for goodness sake! 後生だから goshố da kara

goodness gracious! あらまあ! ará mấ

goods [gudz] *npl* (COMM) 商品 shốhin

goods train (*BRIT*) *n* 貨物列車 kamótsuresshà

goodwill [gud'wil'] *n* (of person) 善意 zéñ-i

go off *vi* (leave) どこかへ行く dókò ka é ikù; (food) 悪くなる warúku naru; (bomb) 爆発する bakúhatsu suru; (gun) 暴発する bốhatsu suru; (event): *to go off well* うまくいく úmàku iku

♦*vt fus* (person, place, food etc) 嫌いになる kirái ni narù

go on *vi* (continue) 続く tsuzúku; (happen) 起る okốru

to go on doing something ...をし続ける …wò shitsúzukerù

goose [guːs] (*pl* **geese**) *n* ガチョウ gachố

gooseberry [guːs'beːriː] *n* (tree, fruit) ス

グリ súgùri

to play gooseberry (BRIT) アベックの邪魔をする abékkù no jamá wo surù

gooseflesh [guːs'fleʃ] *n* 鳥肌 toríhada

goose pimples *npl* = **gooseflesh**

go out *vi* (leave: room, building) 出る dérù; (for entertainment): *are you going out tonight?* 今夜どこかへ出掛けますか kóñ-ya dókòka e dekákemasù ká; (couple): *they went out for 3 years* 彼らは3年交際した kárèra wa sañnen kōsai shita; (fire, light) 消える kiérù

go over *vi* (ship) 転覆する teñpuku suru
♦*vt fus* (check) 調べる shiráberù

gore [gɔːr] *vt* (subj: bull, buffalo) 角で刺す tsunó dè sásù
♦*n* (blood) 血のり chinóri

gorge [gɔːrdʒ] *n* (valley) 峡谷 kyōkoku
♦*vt*: *to gorge oneself (on)* (...を) たらふく食う (...wo) taráfùku kúù

gorgeous [gɔːr'dʒəs] *adj* (necklace, dress etc) 豪華な gōka na; (weather) 素晴らしい subárashiì; (person) 美しい utsúkushiì

gorilla [gəril'ə] *n* ゴリラ górìra

gorse [gɔːrs] *n* ハリエニシダ haríenishìda

gory [gɔːr'iː] *adj* (details, situation) 血みどろの chimídoro no

go-slow [gou'slou'] (BRIT) *n* 遵法闘争 juñpōtōsō

gospel [gɑːs'pəl] *n* (REL) 福音 fukúiñ

gossip [gɑːs'əp] *n* (rumors) うわさ話 uwásabanashi, ゴシップ goshíppù; (chat) 雑談 zatsúdan; (person) おしゃべり o-sháberi, ゴシップ屋 goshíppuyà
♦*vi* (chat) 雑談する zatsúdan suru

got [gɑːt] *pt, pp* of **get**

go through *vt fus* (town etc) ...を通る ...wò tōrù; (search through: files, papers) ...を一つ一つ調べる ...wò hitótsu hitotsù shiráberù; (examine: list, book, story) 調べる shiráberù

gotten [gɑːt'ən] (US) *pp* of **get**

go up *vi* (ascend) 登る nobóru; (price, level) 上がる agáru

gout [gaut] *n* 通風 tsūfū

govern [gʌv'əːrn] *vt* (country) 統治する tōchi suru; (event, conduct) 支配する shi-

hái suru

governess [gʌv'əːrnis] *n* (children's) 女性家庭教師 joséikateikyōshì

government [gʌv'əːrnmənt] *n* (act of governing) 政治 seíji; (governing body) 政府 seífu; (BRIT: ministers) 内閣 naíkaku

governor [gʌv'əːrnəːr] *n* (of state) 知事 chíjì; (of colony) 総督 sōtoku; (of bank, school, hospital) 理事 ríjì; (BRIT: of prison) 所長 shochō

go without *vt fus* (food, treats) ...無しで済ます ...náshì de sumásù

gown [gaun] *n* (dress: *also of teacher*) ガウン gáuñ; (BRIT: of judge) 法服 hōfuku

GP [dʒiː'piː'] *n abbr* = **general practitioner**

grab [græb] *vt* (seize) つかむ tsukámù
♦*vi*: *to grab at* ...をつかもうとする ...wo tsukámō to suru

grace [greis] *n* (REL) 恩恵 oñkei; (gracefulness) しとやかさ shitóyakasà
♦*vt* (honor) ...に栄誉を与える ...ni éīyo wo atáerù; (adorn) 飾る kazárù

5 days' grace 5日間の猶予 itsúkakañ no yúyo

graceful [greis'fəl] *adj* (animal, athlete) しなやかな shináyàka na; (style, shape) 優雅な yūga na

gracious [grei'ʃəs] *adj* (person) 親切な shíñsetsu na

grade [greid] *n* (COMM: quality) 品質 hiñshitsu; (in hierarchy) 階級 kaíkyū; (SCOL: mark) 成績 seíseki; (US: school class) 学年 gakúnen
♦*vt* (rank, class) 格付けする kakúzuke suru; (exam papers etc) 採点する saíten suru

grade crossing (US) *n* 踏切 fumíkiri

grade school (US) *n* 小学校 shōgakkō

gradient [grei'diːənt] *n* (of road, slope) こう配 kōbai

gradual [græd'ʒʊːəl] *adj* (change, evolution) 少しずつの sukóshizutsù no

gradually [græd'ʒʊːəliː] *adv* 徐々に jójò ni

graduate [*n* græd'ʒuːit *vb* græd'ʒuːeit] *n* (*also*: **university graduate**) 大学の卒

業生 daígaku nò sotsúgyòsei; (*US: also*: **high school graduate**) 高校の卒業生 kōkō nò sotsúgyòsei

♦*vi* 卒業する sotsúgyō suru

graduation [grædʒuːei'ʃ]ən] *n* (*also*: **graduation ceremony**) 卒業式 sotsúgyòshiki

graffiti [grəfiː'tiː] *npl* 落書き rakúgaki

graft [græft] *n* (AGR) 接 木 tsugíki; (MED) 移植 ishóku; (*BRIT*: *inf*: hard work) 苦労 kúrō; (bribery) 汚職 oshóku

♦*vt* (AGR) 接木する tsugíki suru; (MED) 移植する ishóku suru

grain [grein] *n* (of rice, wheat, sand, salt) 粒 tsúbù; (no pl: cereals) 穀物 kokúmòtsu; (of wood) 木目 mokúme

gram [græm] *n* グラム gúràmu

grammar [græm'ər] *n* (LING) 文法 buńpō; (book) 文法書 buńpōsho

grammar school (*BRIT*) *n* 公立高等学校 kōritsukōtōgakkō ◇大学進学教育をする公立高校 daígakushingakukyōiku wo suru kōritsukōkō; (*US*) 小学校 shōgakkō

grammatical [grəmæt'ikəl] *adj* (LING) 文法の buńpō no

gramme [græm] *n* = **gram**

gramophone [græm'əfoun] *n* 蓄音機 chikúoñki

grand [grænd] *adj* (splendid, impressive) 壮大な sōdai na; (*inf*: wonderful) 素晴らしい subárashiî; (*also* humorous: gesture etc) 大げさな ōgesa na

grandchildren [græn'tʃil'drən] *npl* 孫 mágò

granddad [græn'dæd] *n* (*inf*) おじいちゃん ojíichan

granddaughter [græn'dɔːtəːr] *n* 孫 娘 magómusùme

grandeur [græn'dʒəːr] *n* (of scenery etc) 壮大さ sōdaisa

grandfather [græn'faːðəːr] *n* 祖父 sófù

grandiose [græn'diːous] *adj* (scheme, building) 壮大な sōdai na; (*pej*) 大げさな ōgesa na

grandma [græm'ə] *n* (*inf*) おばあちゃん obáàchan

grandmother [græn'mʌðəːr] *n* 祖 母 sóbò

grandpa [græn'pə] *n* (*inf*) = **granddad**

grandparents [græn'peːrənts] *npl* 祖 父母 sófùbo

grand piano *n* グランドピアノ gurándopiàno

grandson [græn'sʌn] *n* 孫息子 magómusùko

grandstand [græn'stænd] *n* (SPORT) 観覧席 kañrañseki, スタンド sutáñdo

granite [græn'it] *n* 御影石 mikágeīshi

granny [græn'iː] *n* (*inf*) おばあちゃん obáàchan

grant [grænt] *vt* (money) 与 え る atáerù; (request etc) かなえる kanáerù; (visa) 交付する kōfu suru; (admit) 認める mitómerù

♦*n* (SCOL) 助成金 joséîkin; (ADMIN: subsidy) 交付金 kōfùkin

to take someone/something for granted ...を軽く見る ...wo karúkù mírù

granulated sugar [græn'jəleitid-] *n* グラニュー糖 gurányūtō

granule [græn'juːl] *n* (of coffee, salt) 粒 tsúbù

grape [greip] *n* ブドウ budō

grapefruit [greip'fruːt] (*pl* **grapefruit** *or* **grapefruits**) *n* グレープフルーツ gurēpufurùtsu

graph [græf] *n* (diagram) グラフ gúràfu

graphic [græf'ik] *adj* (account, description) 写実的な shajítsuteki na; (art, design) グラフィックの guráfikkù no

graphics [græf'iks] *n* (art, process) グラフィックス guráfikkùsu

♦*npl* (drawings) グラフィックス guráfikkùsu

grapple [græp'əl] *vi*: **to grapple with someone** ...ともみ合う ...to momíaù

to grapple with something (problem etc) ...と取組む ...to toríkumù

grasp [græsp] *vt* (hold, seize) 握る nigírù; (understand) 理解する rikái suru

♦*n* (grip) 握り nigírî; (understanding) 理解 rikái

grasping [græs'piŋ] *adj* (money-grabbing) 欲深い yokúfukaî

grass [græs] n (BOT) 草 kusá; (lawn) 芝生 shibáfu

grasshopper [græs'hɑːpəːr] n バッタ battá

grass-roots [græs'ruːts] adj (level, opinion) 一般人の ippánjin no

grate [greit] n (for fire) 火格子 higóshi
♦vi (metal, chalk): **to grate (on)** (...にすれて) きしる (...ni suréte) kishírù
♦vt (CULIN) すりおろす surforosù

grateful [greit'fəl] adj (thanks) 感謝のkánsha no; (person) 有難く思っている a-rígatakù omótte irù

grater [greit'əːr] n (CULIN) 卸し金 oróshigàne

gratifying [græt'əfaiiŋ] adj (pleasing, satisfying) 満足な mánzoku na

grating [greit'iŋ] n (iron bars) 鉄格子 tetsúgòshi
♦adj (noise) きしる kishírù

gratitude [græt'ətuːd] n 感謝 kánsha

gratuity [grətuː'iti:] n (tip) 心付け kokórozùke, チップ chíppù

grave [greiv] n (tomb) 墓 haká
♦adj (decision, mistake) 重大な jūdai na; (expression, person) 重々しい omóomoshiī

gravel [græv'əl] n 砂利 jarí

gravestone [greiv'stoun] n 墓石 hakáishi

graveyard [greiv'jɑːrd] n 墓場 hakába, 墓地 bóchi

gravity [græv'iti:] n (PHYSICS) 引力 iń-ryoku; (seriousness) 重大さ jūdaisa

gravy [grei'vi:] n (juice of meat) 肉汁 ni-kújū; (sauce) グレービーソース gurébīsōsu

gray [grei] adj = **grey**

graze [greiz] vi (animal) 草を食う kusá wo kuù
♦vt (touch lightly) かすめる kasúmerù; (scrape) こする kosúrù
♦n (MED) かすり傷 kasúrikìzu

grease [griːs] n (lubricant) グリース gurísù; (fat) 脂肪 shibó
♦vt ...にグリースを差す ...ni gurísu wo sásù

greaseproof paper [griːs'pruːf-] (BRIT)

n パラフィン紙 paráfiñshi

greasy [griː'siː] adj (food) 脂っこい abúrakkoī; (tools) 油で汚れた abúra dè yo-góretà; (skin, hair) 脂ぎった abúragittà

great [greit] adj (large: area, amount) 大きい ōkii; (intense: heat, pain) 強い tsuyói; (important, famous: city, man) 有名な yūmei na; (inf: terrific) 素晴らしい subárashiī

Great Britain n 英国 eíkoku, イギリス igírisu

great-grandfather [greit'græn'fɑːðəːr] n そう祖父 sōsofù

great-grandmother [greit'græn'mʌðəːr] n そう祖母 sōsobò

greatly [greit'liː] adv とても totémo

greatness [greit'nis] n (importance) 偉大さ idáisa

Greece [griːs] n ギリシア gírìshia

greed [griːd] n (also: **greediness**) どん欲 dóñ-yoku

greedy [griː'diː] adj どん欲な dóñ-yoku na

Greek [griːk] adj ギリシアの gírìshia no; (LING) ギリシア語の gírìshiago no
♦n (person) ギリシア人 giríshiajìn; (LING) ギリシア語 giríshiago

green [griːn] adj (color) 緑 (色) の mídòri(iro) no; (inexperienced) 未熟な mijúku na; (POL) 環境保護の kañkyōhogò no
♦n (color) 緑 (色) mídòri(iro); (stretch of grass) 芝生 shibáfu; (on golf course) グリーン guríñ

green belt n (round town) 緑地帯 ryokúchitài, グリーンベルト guríñberùto

green card n (BRIT: AUT) グリーンカード guríñkàdo ◇海外自動車保険証 kaígai jidōsha hokeñshò; (US: ADMIN) グリーンカード guríñkàdo ◇外国人入国就労許可書 gaíkokujìn nyūkoku shūrō kyokàsho

greenery [griː'nəːriː] n 緑 mídòri ◇主に人為的に植えた樹木などを指す ómò ni jiń-iteki ni ueta júmòku nádà wo sásù

greengrocer [griːn'grousəːr] (BRIT) n 八百屋 yaóya

greenhouse [griːn'haus] n 温室 oñshitsu

greenish [griː'niʃ] adj 緑がかった mídòrigakattā

Greenland [gri:n'lənd] n グリーンランド gurīnraṅdo

greens [gri:nz] npl (vegetables) 葉物 hamóno, 葉菜 yōsai

greet [gri:t] vt (welcome: person) ...にあいさつする ...ni áisatsu suru, 歓迎する kaṅgei suru; (receive: news) 受けとめる ukétomerù

greeting [gri:'tiŋ] n (welcome) あいさつ áisatsu, 歓迎 kaṅgei

greeting(s) card n グリーティングカード gurītiṅgukādo

gregarious [grigɛ'ri:əs] adj (person) 社交的な shakōteki na

grenade [grineid'] n (also: **hand grenade**) 手りゅう弾 teryūdan, shuryūdan

grew [gru:] pt of **grow**

grey [grei] adj (color) 灰色 haíiro; (dismal) 暗い kuráì

grey-haired [grei'he:rd] adj 白髪頭の shirágaatàma no, 白髪の hakúhatsu no

greyhound [grei'haund] n グレーハウンド gurēhaùndo

grid [grid] n (pattern) 碁盤の目 góbàn no me; (ELEC: network) 送電網 sōdenmō

grief [gri:f] n (distress, sorrow) 悲しみ kanáshimì

grievance [gri:'vəns] n (complaint) 苦情 kujō

grieve [gri:v] vi (feel sad) 悲しむ kanáshimù

♦vt (cause sadness or distress to) 悲しませる kanáshimaserù

to grieve for (dead spouse etc) ...を嘆く ...wo nagékù

grievous [gri:'vəs] adj: *grievous bodily harm* (LAW) 重傷 jūshō

grill [gril] n (on cooker) グリル gúrìru; (grilled food: also: **mixed grill**) グリル料理 gurīruryòri

♦vt (BRIT: food) グリルで焼く gúrìru de yákù; (inf: question) 尋問する jiñmon suru

grille [gril] n (screen: on window, counter etc) 鉄格子 tetsúgōshi; (AUT) ラジエーターグリル rajíētāgùriru

grim [grim] adj (unpleasant: situation)

厳しい kibíshiì; (unattractive: place) 陰気な íñki na; (serious, stern) 険しい kewáshiì

grimace [grim'əs] n (ugly expression) しかめっ面 shikámettsura

♦vi しかめっ面をする shikámetsura wo surù

grime [graim] n (dirt) あか aká

grin [grin] n (smile) にやにや笑い níyàniyawarai

♦vi にやにやと笑う níyàniya to waráù

grind [graind] (pt, pp **ground**) vt (crush) もみつぶす momítsubusù; (coffee, pepper etc: also US: meat) 挽く hikú; (make sharp: knife) 研ぐ tógù

♦n (work) 骨折れ仕事 honéoreshigòto

grip [grip] n (on hold) 握り nigíri; (control, grasp) 支配 shihái; (of tire, shoe) グリップ guríppù; (handle) 取っ手 tottě; (holdall) 旅行かばん ryokōkabàn

♦vt (object) つかむ tsukámù, 握る nigírù; (audience, attention) 引付ける hikítsukerù

to come to grips with (problem, difficulty) ...と取組む ...to toríkumù

gripping [grip'iŋ] adj (story, film) 引付ける hikítsukerù

grisly [griz'li:] adj (death, murder) ひどい hidóì

gristle [gris'əl] n (on meat) 軟骨 náñkotsu

grit [grit] n (sand, stone) 砂利 jarí; (determination, courage) 根性 koñjō

♦vt (road) ...に砂利を敷く ...ni jarí wo shíkù

to grit one's teeth 歯を食いしばる há wo kuíshibarù

groan [groun] n (of person) うめき声 umékigoè

♦vi うめく umékù

grocer [grou'sə:r] n 食料品商 shokúryōhiñshò

groceries [grou'sə:ri:z] npl (provisions) 食料品 shokúryōhin

grocer's (shop) [grou'sə:rz-] n 食料品店 shokúryōhiñten

groggy [grɑːg'i:] adj ふらふらする fúrafura suru, グロッキーの gurókkī no

groin [grɔin] n そけい部 sokeíbu

groom [gru:m] n (for horse) 馬丁 batéi; (also: **bridegroom**) 花婿 hanámukò
♦vt (horse) ...の手入れをする ...no teíre wò suru; (fig): **to groom someone for** (job) 仕込む shikómù

well-groomed (person) 身だしなみのいい midáshìnami no íi

groove [gru:v] n 溝 mizó

grope [group] vi (fumble): **to grope for** 手探りで探す teságurì de sagásù

gross [grous] adj (flagrant: neglect, injustice) 甚だしい hanáhadashìi; (vulgar: behavior, building) 下品な géhìn na; (COMM: income, weight) 全体の zeńtai no

grossly [grous'li:] adv (greatly) 甚だしく hanáhadashikù

grotesque [groutesk'] adj (exaggerated, ugly) 醜悪な shūaku na, グロテスクな gurótesùku na

grotto [grɑ:t'ou] n (cave) 小さな洞穴 chíisana horáana

grotty [grɑ:t'i:] (BRIT inf) adj (dreadful) ひどい hídòi

ground [graund] pt, pp of **grind**
♦n (earth, soil) 土 tsuchí; (land) 地面 jímèn; (SPORT) グランド guráǹdo; (US: also: **ground wire**) アース線 ásùsen; (reason: gen pl) 根拠 końkyo
♦vt (plane) 飛べない様にする tobénai yò ni suru; (US: ELEC) ...のアースを取付ける ...no ásu wò torítsukerù

on the ground 地面に〔で〕jímèn ni 〔de〕

to the ground 地面へ jímèn e

to gain/lose ground 前進〔後退〕する zeńshin〔kòtai〕surù

ground cloth (US) n = **groundsheet**

grounding [graun'diŋ] n (in education) 基礎 kisó

groundless [graund'lis] adj (fears, suspicions) 根拠のない końkyo no nài

grounds [graundz] npl (of coffee etc) かす kásù; (gardens etc) 敷地 shikíchi

groundsheet [graund'ʃi:t] n グラウンドシート guráundoshìto

ground staff n (AVIAT) 整備員 seíbiìn

◇総称 sōshō

ground swell n (of opinion) 盛り上がり moríagarì

groundwork [graund'wə:rk] n (preparation) 準備 júnbi

group [gru:p] n (of people) 集団 shūdan, グループ gúrùpu; (of trees etc) 一群れ hitómùre; (of cars etc) 一団 ichídan; (also: **pop group**) グループ gúrùpu; (COMM) グループ gúrùpu
♦vt (also: **group together**: people, things etc) 一緒にする ísshò ni suru, グループにする gúrùpu ni suru
♦vi (also: **group together**) 群がる murágarù, グループになる gúrùpu ni nárù

grouse [graus] n inv (bird) ライチョウ raíchò
♦vi (complain) 不平を言う fuhéi wò iú

grove [grouv] n 木立 kodáchì

grovel [grʌv'əl] vi (fig): **to grovel (before)** (boss etc) (...に) ぺこぺこする (..ni) pékòpeko suru

grow [grou] (pt grew, pp grown) vi (plant, tree) 生える haérù; (person, animal) 成長する seíchō suru; (increase) 増える fuérù; (become) なる nárù; (develop): **to grow (out of/from)** (...から) 発生する (...kara) hasséi suru
♦vt (roses, vegetables) 栽培する saíbai suru; (beard) 生やす hayásù

grower [grou'ə:r] n (BOT, AGR) 栽培者 saíbaishà

growing [grou'iŋ] adj (fear, awareness, number) 増大する zōdai suru

growl [graul] vi (dog, person) うなる unárù

grown [groun] pp of **grow**

grown-up [groun'ʌp'] n (adult) 大人 otóna

growth [grouθ] n (development, increase: of economy, industry) 成長 seíchō; (what has grown: of weeds, beard etc) 生えた物 haéta monò; (growing: of child, animal etc) 発育 hatsúiku; (MED) しゅよう shuyō

grow up vi (child) 育つ sodátsù

grub [grʌb] n (larva) 幼虫 yōchū; (inf: food) 飯 meshí

grubby [grʌb'i:] adj (dirty) 汚い kitánaì

grudge [grʌdʒ] n (grievance) 恨み urámì

♦vt: *to grudge someone something* (be unwilling to give) ...に...を出し惜しみする ...ni ...wo dashíoshimi suru; (envy) ...の...をねたむ ...no ...wo netámù

to bear someone a grudge ...に恨みがある ...ni urámi ga arù

gruelling [gru:'əliŋ] adj (trip, journey, encounter) きつい kitsúi

gruesome [gru:'səm] adj (tale, scene) むごたらしい mugótarashiì

gruff [grʌf] adj (voice, manner) ぶっきらぼうな bukkírabò na

grumble [grʌm'bəl] vi (complain) 不平を言う fuhéi wò iú

grumpy [grʌm'pi:] adj (bad tempered) 機嫌が悪い kigén ga warúì

grunt [grʌnt] vi (pig) ぶーぶー言う búbu iú; (person) うなる unáru

G-string [dʒi:'striŋ] n (garment) バタフライ bátafùrai

guarantee [gærənti:'] n (assurance) 保証 hoshō; (COMM: warranty) 保証書 hoshṓsho

♦vt 保証する hoshṓ suru

guard [gɑːrd] n (one person) 警備員 keíbiìn, ガ ー ド マ ン gấdoman; (squad) 護衛隊 goéitai; (BRIT: RAIL) 車掌 shashō; (on machine) 安全カバー añzenkabầ; (also: **fireguard**) 安全格子 añzenkṓshi

♦vt (protect: place, person, secret etc): *to guard (against)* (...から) 守る (...kara) mamórù; (prisoner) 見張る mihárù

to be on one's guard 警戒する keíkai suru

guard against vt fus (prevent: disease, damage etc) 防ぐ fuségù

guarded [gɑːr'did] adj (statement, reply) 慎重な shíñchō na

guardian [gɑːr'di:ən] n (LAW: of minor) 保護者 hógòsha; (defender) 監視人 kañshinìn

guard's van (BRIT) n (RAIL) 乗務員車 jõmuiñsha

guerrilla [gəril'ə] n ゲリラ gérìra

guess [ges] vt, vi (estimate: number, dis-

tance etc) 推定する suítei suru; (correct answer) 当ててみる atétè mírù; (US: think) ...だと思う ...da to omóù

♦n (attempt at correct answer) 推定 suítei

to take/have a guess 推定する suítei suru, 当ててみる atétè mírù

guesswork [ges'wəːrk] n (speculation) 当て推量 atézuiryō

guest [gest] n (visitor) 客 kyákù; (in hotel) 泊り客 tomárikyàku

guest-house [gest'haus] n 民宿 míñshuku

guest room n 客間 kyakúma

guffaw [gʌfɔː'] vi ばか笑い bakáwaraì

guidance [gaid'əns] n (advice) 指導 shídō

guide [gaid] n (person: museum guide, tour guide, mountain guide) 案内人 annáinìn, ガイド gaído; (book) ガイドブック gaídobukkù; (BRIT: also: **girl guide**) ガールスカウト gấrusukaùto

♦vt (round city, museum etc) 案内する annái suru; (lead) 導く michíbikù; (direct) ...に道を教える ...ni michí wò oshíerù

guidebook [gaid'buk] n ガイドブック gaídobukkù

guide dog n 盲導犬 mōdṓkèn

guidelines [gaid'lainz] npl (advice) 指針 shishín, ガイドライン gaídoraìn

guild [gild] n (association) 組合 kumíaì, 協会 kyṓkai

guile [gail] n (cunning) 悪意 akúì

guillotine [gil'əti:n] n (for execution) 断頭台 dañtṓdai; (for paper) 裁断機 saídaǹki

guilt [gilt] n (remorse) 罪の意識 tsumí nò ishíki; (culpability) 有罪 yúzai

guilty [gil'ti:] adj (person) 有罪の yúzai no; (expression) 後ろめたそうな ushíro-metasō na; (secret) やましい yamáshiì

guinea [gin'i:] (BRIT) n (old money) ギニー gínī

guinea pig n (animal) モルモット morúmottò; (fig: person) 実験台 jikkéñdai

guise [gaiz] n: *in/under the guise of* ...の装いで ...no yosóoì de

guitar [gita:r'] n ギター gítā

gulf [gʌlf] n (GEO) 湾 wán; (abyss: *also fig*: difference) 隔たり hedátarì

gull [gʌl] n カモメ kamóme

gullet [gʌl'it] n 食道 shokúdō

gullible [gʌl'əbəl] adj (naive, trusting) だまされやすい damásareyàsui

gully [gʌl'i:] n (ravine) 峡谷 kyókoku

gulp [gʌlp] vi (swallow) 息を飲込む íkì wo nomíkomù

♦vt (*also*: **gulp down**: drink) がぶがぶ飲込む gábùgabu nomíkomù; (: food) 急いで食べる isóìde tabérù

gum [gʌm] n (ANAT: intestine) 歯茎 hágùki; (glue) アラビア糊 arábia nòri; (sweet: *also*: **gumdrop**) ガムドロップ gamúdoroppù; (*also*: **chewing-gum**) チューインガム chūíngugàmu, ガム gámù

♦vt (stick): **to gum (together)** 張り合わせる haríawaserù

gumboots [gʌm'bu:ts] (*BRIT*) npl ゴム靴 gomúgùtsu

gumption [gʌmp'ʃən] n (sense, wit) 度胸 dokyō

gun [gʌn] n (small: revolver, pistol) けん銃 keñjū, ピストル písùtoru, ガン gáñ; (medium-sized: rifle) 銃 jū, ライフル raffūru; (: *also*: **airgun**) 空気銃 kūkijū; (large: cannon) 大砲 taíhō

gunboat [gʌn'bout] n 砲艦 hōkan

gunfire [gʌn'faiə:r] n 銃撃 jūgeki

gunman [gʌn'mən] (pl **gunmen**) n (criminal) ガンマン gáñman

gunpoint [gʌn'pɔint] n: **at gunpoint** (pointing a gun) ピストルを突付けて písùtoru wo tsukítsuketè; (threatened with a gun) ピストルを突付けられて písùtoru wo tsukísukerarète

gunpowder [gʌn'paudə:r] n 火薬 kayákù

gunshot [gʌn'ʃɑ:t] n (act) 発砲 happṓ; (sound) 銃声 jūsei

gurgle [gə:r'gəl] vi (baby) のどを鳴らす nodó wð narásù; (water) ごぼごぼ流れる gṓbògobo nagárerù

guru [gu:'ru:] n (REL: *also fig*) 教師 kyóshi

gush [gʌʃ] vi (blood, tears, oil) どっと流れ出る dṓttð nagárederù; (person) 大げさに言う ṓgesa ni iu

gusset [gʌs'it] n (SEWING) まち máchì

gust [gʌst] n (*also*: **gust of wind**) 突風 toppū; (of smoke) 渦巻 uzúmàki

gusto [gʌs'tou] n (enthusiasm) 楽しみ tanóshimì

gut [gʌt] n (ANAT: intestine) 腸 chō

guts [gʌts] npl (ANAT: of person, animal) 内臓 naízō; (*inf*: courage) 勇気 yūki, ガッツ gáttsù

gutter [gʌt'ə:r] n (in street) どぶ dobu; (of roof) 雨どい amádðì

guttural [gʌt'ə:rəl] adj (accent, sound) のどに絡まった様な nódð ni karámatta yō na

guy [gai] n (*inf*: man) 野郎 yarō, やつ yátsù; (*also*: **guyrope**) 支線 shiséñ; (figure) ガイフォークスの人形 gaífòkusu no niñgyō

guzzle [gʌz'əl] vt (drink) がぶがぶ飲む gábùgabu nómù; (food) がつがつ食う gátsùgatsu kúù

gym [dʒim] n (building, room: *also*: **gymnasium**) 体育館 taíikukàn; (activity: *also*: **gymnastics**) 体操 taísō

gymnast [dʒim'næst] n 体操選手 taísōseñshu

gymnastics [dʒimnæs'tiks] n 体操 taísō

gym shoes npl 運動靴 uñdōgùtsu, スニーカー súnīkā

gym slip (*BRIT*) n (tunic) スモック sumókkù ◇そで無しの上っ張りでかつて女子学童の制服として使われた物 sodénashi no uwápparì de katsùtè joshí gakudō no seífuku toshite tsukáwareta monó

gynecologist [gainəkɑːl'ədʒist] (*BRIT* **gynaecologist**) n 婦人科医 fujíñka-i

gypsy [dʒip'si:] n ジプシー jípùshī

gyrate [dʒai'reit] vi (revolve) 回転する kaíten suru

H

haberdashery [hæb'ə:rdæʃə:ri:] n (*US*) 紳士服店 shiñshifukutèn; (*BRIT*) 小間物店 komámonotèn

habit [hæb'it] n (custom, practice) 習慣 shūkan; (addiction) 中毒 chūdoku; (REL: costume) 修道服 shūdōfùku

habitable [hæb'itəbəl] adj 住める sumérù

habitat [hæb'itæt] n 生息地 seísokuchī

habitual [həbitʃ'uːəl] adj (action) 習慣的な shūkanteki na; (drinker, liar) 常習的な jōshūteki na

hack [hæk] vt (cut, slice) ぶった切る buttágirù
♦n (pej: writer) 三文文士 sańmonbuñshi

hacker [hæk'əːr] n (COMPUT) コンピュータ破り coñpyūtayaburì, ハッカー hákkā

hackneyed [hæk'niːd] adj 陳腐な chíñpu na

had [hæd] pt, pp of **have**

haddock [hæd'ək] (pl **haddock** or **haddocks**) n タラ tárà

hadn't [hæd'ənt] = **had not**

haemorrhage [hem'əːridʒ] (BRIT) n = **hemorrhage**

haemorrhoids [hem'əːrɔidz] (BRIT) npl = **hemorrhoids**

haggard [hæg'əːrd] adj (face, look) やつれた yatsúretà

haggle [hæg'əl] vi (bargain) 値切る negírù

Hague [heig] n: **The Hague** ハーグ hāgù

hail [heil] n (frozen rain) ひょう hyō; (of objects, criticism etc) 降り注ぐ物 furísosogù monó
♦vt (call: person) 呼ぶ yobú; (flag down: taxi) 呼止める yobítomerù; (acclaim: person, event etc) ほめる homérù
♦vi (weather) ひょうが降る hyō ga fúrù

hailstone [heil'stoun] n ひょうの粒 hyō no tsubú

hair [heːr] n (of animal: also gen) 毛 ke; (of person's head) 髪の毛 kamí no kè
to do one's hair 髪をとかす kamí wò tokásu

hairbrush [heːr'brʌʃ] n ヘアブラシ heáburashi

haircut [heːr'kʌt] n (action) 散髪 sañpatsu; (style) 髪型 kamígata, ヘアスタイル heásutaìru

hairdo [heːr'duː] n 髪型 kamígata, ヘアスタイル heásutaìru

hairdresser [heːr'dresəːr] n 美容師 biyōshì

hairdresser's [heːr'dresəːrz] n (shop) 美容院 biyōiñ

hair dryer n ヘアドライヤー heádoraìyā

hairgrip [heːr'grip] n 髪止め kamídome

hairnet [heːr'net] n ヘアネット heánettð

hairpin [heːr'pin] n ヘアピン heápin

hairpin curve (BRIT **hairpin bend**) n ヘアピンカーブ heápinkàbu

hair-raising [heːr'reiziŋ] adj (experience, tale) ぞっとする様な zóttð suru yō na

hair remover [-rimuː'vəːr] n (cream) 脱毛クリーム datsúmōkurīmù

hair spray n ヘアスプレー heásupurè

hairstyle [heːr'stail] n 髪型 kamígata, ヘアスタイル heásutaìru

hairy [heːr'iː] adj (person, animal) 毛深い kebúkài; (inf: situation) 恐ろしい osóroshìì

hake [heik] (pl inv or **hakes**) n タラ tárà

half [hæf] (pl **halves**) n (of amount, object) 半分 hañbuñ; (of beer etc) 半パイント hañpaìnto; (RAIL, bus) 半額 hañgaku
♦adj (bottle, fare, pay etc) 半分の hañbuñ no
♦adv (empty, closed, open, asleep) 半ば nakábà
two and a half 2と2分の1 ní tò nibún no ichi
two and a half years/kilos/hours 2年〔キロ, 時間〕半 ninén〔kíro, jíkan〕hàn
half a dozen 半ダース hañdàsu
half a pound 半ポンド hañpoñdo
to cut something in half …を半分に切る …wo hañbuñ ni kírù

half-baked [hæf'beikt'] adj (idea, scheme) ばかげた bakágetà

half-caste [hæf'kæst] n 混血児 końketsujì, ハーフ hāfu

half-hearted [hæf'hɑːr'tid] adj (attempt) いい加減な iíkagen na

half-hour [hæf'au'ə:r] *n* 半時間 hañjikàn

half-mast [hæf'mæst']: *a flag at half-mast* 半旗 háñki

halfpenny [hei'pəni:] (*BRIT*) *n* 半ペニー hañpenî

half-price [hæf'prais'] *adj* 半額の hañgaku no
◆*adv* 半額で hañgaku de

half term (*BRIT*) *n* (SCOL) 中間休暇 chúkankyùka

half-time [hæf'taim'] *n* (SPORT) ハーフタイム háfutaimù

halfway [hæf'wei'] *adv* (between two points in place, time) 中途で chúto de

halibut [hæl'əbət] *n inv* オヒョウ ohyó

hall [hɔ:l] *n* (entrance way) 玄関ホール geñkanhôru; (for concerts, meetings etc) 講堂 kôdō, ホール hôru

hall of residence (*BRIT*) *n* 学生寮 gakúseiryò

hallmark [hɔ:l'mɑ:rk] *n* (on metal) 太鼓判 taîkoban; (of writer, artist etc) 特徴 tokúchò

hallo [həlou'] *excl* = **hello**

Hallowe'en [hæləwi:n'] *n* ハロウイーン haróuìn

hallucination [həlu:sənei'ʃən] *n* 幻覚 geñkaku

hallway [hɔ:l'wei] *n* (entrance hall) 玄関ホール geñkanhồru

halo [hei'lou] *n* (of saint) 後光 gokô

halt [hɔ:lt] *n* (stop) 止る事 tomáru kotò
◆*vt* (progress, activity, growth etc) 止める tomérù
◆*vi* (stop) 止る tomárù

halve [hæv] *vt* (reduce) 半分に減らす hañbuñ ni herásù; (divide) 半分に切る hañbuñ ni kírù

halves [hævz] *pl of* **half**

ham [hæm] *n* (meat) ハム hámù

hamburger [hæm'bə:rgə:r] *n* ハンバーガー hañbágà

hamlet [hæm'lit] *n* (village) 小さな村 chîsana murá

hammer [hæm'ə:r] *n* (tool) 金づち kanázuchì, とんかち toñkàchi
◆*vt* (nail) たたく tatákù
◆*vi* (on door, table etc) たたく tatákù

to hammer an idea into someone ...にある考え方をたたき込む ...ni árù kañgàekata wo tátakikomù

to hammer a message across ある考えを繰返し強調する aru kañgaè wo kuríkaeshì kyôchō suru

hammock [hæm'ək] *n* (on ship, in garden) ハンモック hañmokkù

hamper [hæm'pə:r] *vt* (person, movement, effort) 邪魔する jamá suru
◆*n* (basket) ふた付きバスケット futátsukibasukettò

hamster [hæm'stə:r] *n* ハムスター hámùsutā

hand [hænd] *n* (ANAT) 手 té; (of clock) 針 hárì; (handwriting) 筆跡 hisséki; (worker) 使用人 shíyònin; (of cards) 持札 mochîfuda
◆*vt* (pass, give) 渡す watásù

to give/lend someone a hand ...の手伝いをする ...no tetsúdaì wo suru

at hand 手元に temóto nì

in hand (time) 空いていて aìte itè; (job, situation) 当面の tômen no

on hand (person, services etc) 利用できる ríyō dekirù

to hand (information etc) 手元に temóto nì

on the one hand ..., on the other hand ... 一方では...他方では... ippô de wa ..., táhồ de wa ...

handbag [hænd'bæg] *n* ハンドバッグ hañdobaggù

handbook [hænd'buk] *n* (manual) ハンドブック hañdobukkù

handbrake [hænd'breik] *n* (AUT) サイドブレーキ saîdoburèki

handcuffs [hænd'kʌfs] *npl* (POLICE) 手錠 tejô

handful [hænd'ful] *n* (of soil, stones) 一握り hitónigirì

a handful of people 数人 sûnin

handicap [hæn'di:kæp] *n* (disability) 障害 shôgai; (disadvantage) 不利 fúrì; (SPORT) ハンデ háñde
◆*vt* (hamper) 不利にする fúrì ni suru

mentally/physically handicapped 精神的〔身体〕障害のある seîshinteki 〔shiñtai) shōgai no árū

handicraft [hænˈdiːkræft] n (activity) 手芸 shúgèi; (object) 手芸品 shugéihin

hand in vt (essay, work) 提出する teíshutsu suru

handiwork [hænˈdiːwəːrk] n やった事 yattá kotó

handkerchief [hænˈkəːrtʃif] n ハンカチ hańkachi

handle [hænˈdəl] n (of door, window, drawer etc) 取っ手 tottě; (of cup, knife, brush etc) 柄 e; (for winding) ハンドル hańdòru

◆vt (touch: object, ornament etc) いじる ijíru; (deal with: problem, responsibility etc) 処理する shórì suru; (treat: people) 扱う atsúkau

「*handle with care*」取扱い注意 toríatsukai chūì

to fly off the handle 怒る okórù

handlebar(s) [hænˈdəlbɑːr(z)] n(pl) ハンドル hańdòru

hand luggage n 手荷物 tenímòtsu

handmade [hændˈmeidˈ] adj (clothes, jewellery, pottery etc) 手作りの tezúkùri no

hand out vt (object, information) 配る kubárù; (punishment) 与える atáerù

handout [hændˈaut] n (money, clothing, food) 施し物 hodókoshimono; (publicity leaflet) パンフレット pánfuretto; (summary: of lecture) 講演の要約 kóen nò yóyaku

hand over vt (thing) 引渡す hikíwatasù; (responsibility) 譲る yuzúrù

handrail [hændˈreil] n (on stair, ledge) 手すり tesúri

handshake [hændˈʃeik] n 握手 ákushu

handsome [hænˈsəm] adj (man) 男前の otókomae no, ハンサムな háñsamu na; (woman) きりっとした kiríttò shita; (building) 立派な rippá na; (fig: profit, return) 相当な sōtō na

handwriting [hændˈraitiŋ] n (style) 筆跡 hisséki

handy [hænˈdiː] adj (useful) 便利な bénri na; (skilful) 手先の器用な tesáki nò kíyò na; (close at hand) 手元にある temóto nì

árù

handyman [hænˈdiːmæn] (pl **handymen**) n (at home) 手先の器用な人 tesáki nò kíyò na hitó; (in hotel etc) 用務員 yōmuin

hang [hæŋ] (pt, pp **hung**) vt (painting, coat etc) 掛ける kakérù; (criminal: pt, pp **hanged**) 絞首刑にする kōshukei ni surù

◆vi (painting, coat, drapery etc) 掛っている kakátte irù; (hair etc) 垂れ下がる tarésagarù

to get the hang of something (inf) ...のこつが分かる ...no kótsù ga wakárù

hang about vi (loiter) ぶらつく burátsukù

hangar [hæŋˈəːr] n (AVIAT) 格納庫 kakúnōko

hang around vi = **hang about**

hanger [hæŋˈəːr] n (for clothes) 洋服掛け yofukukàke, ハンガー háñga

hanger-on [hæŋˈəːrɑːnˈ] n (parasite) 取巻き torímaki

hang-gliding [hæŋˈglaidiŋ] n (SPORT) ハンググライダー hańguguraìda

hang on vi (wait) 待つ mátsù

hangover [hæŋˈouvəːr] n (after drinking) 二日酔い futsúkayoì

hang up vi (TEL) 電話を切る deñwa wò kírù

◆vt (coat, painting etc) 掛ける kakérù

hang-up [hæŋˈʌp] n (inhibition) ノイローゼ noíròze

hanker [hæŋˈkəːr] vi: *to hanker after* (desire, long for) 渇望する katsúbō suru

hankie [hæŋˈkiː] n abbr = **handkerchief**

hanky [hæŋˈkiː] n abbr = **handkerchief**

haphazard [hæpˈhæzˈəːrd] adj (system, arrangement) いい加減な iíkagen na

happen [hæpˈən] vi (event etc: occur) 起る okórù; (chance): *to happen to do something* 偶然に...する gūzen ni ...surù
as it happens 実は jitsú wà

happening [hæpˈəniŋ] n (incident) 出来事 dekígoto

happily [hæpˈiliː] adv (luckily) 幸い saíwai; (cheerfully) 楽しそうに tanóshisō ni

happiness [hæp'i:nis] *n* (contentment) 幸せ shiáwase

happy [hæp'i:] *adj* (pleased) うれしい uréshiĭ; (cheerful) 楽しい tanóshiĭ

to be happy (with) (content) (...に) 満足する (...ni) mañzoku suru

to be happy to do (willing) 喜んで...する yorókoñde ...surù

happy birthday! 誕生日おめでとう! tañjōbi omédetò!

happy-go-lucky [hæp'i:goulʌk'i:] *adj* (person) のんきな nôñki na

harangue [həræŋ'] *vt* (audience, class) ...に向かって熱弁を振るう ...ni mukátte netsúben wò furúù

harass [həræs'] *vt* (annoy, pester) ...にいやがらせをする ...ni iyágarase wo surù

harassment [həræs'mənt] *n* (hounding) 嫌がらせ iyágarase

harbor [hɑːr'bəːr] (*BRIT* **harbour**) *n* (NAUT) 港 mináto

◆*vt* (hope, fear etc) 心に抱く kokórò ni idákù; (criminal, fugitive) かくまう kakúmaù

hard [hɑːrd] *adj* (surface, object) 堅い katái; (question, problem) 難しい muzúkashiĭ; (work) 骨の折れる honé no orérù; (life) 苦しい kurúshiĭ; (person) 非情な hijō na; (facts, evidence) 確実な kakújitsu na

◆*adv* (work, think, try) 一生懸命に isshókeñmei ni

to look hard at ...を見詰める ...wo mitsúmerù

no hard feelings! 悪く思わないから warúkù omówanài kará

to be hard of hearing 耳が遠い mimí ga tōi

to be hard done by 不当な扱いを受けた futō na atsukài wo ukéta

hardback [hɑːrd'bæk] *n* (book) ハードカバー hādokabà

hard cash *n* 現金 geñkin

hard disk *n* (COMPUT) ハードディスク hádodisùku

harden [hɑːr'dən] *vt* (wax, glue, steel) 固める katámerù; (attitude, person) かたくなにする katákùna ni suru

◆*vi* (wax, glue, steel) 固まる katámarù; (attitude, person) かたくなになる katákùna ni nárù

hard-headed [hɑːrd'hed'id] *adj* (businessman) 現実的な geñjitsuteki na

hard labor *n* (punishment) 懲役 chóeki

hardly [hɑːrd'li:] *adv* (scarcely) ほとんど...ない hotôñdo ...náĭ; (no sooner) ...するや否や ...surú ya inà ya

hardly ever ほとんど...しない hotôñdo ...shinâĭ

hardship [hɑːrd'ʃip] *n* (difficulty) 困難 kofinañ

hard up (*inf*) *adj* (broke) 金がない kané ga naĭ, 懐が寂しい futókoro ga sabishĭi

hardware [hɑːrd'weːr] *n* (ironmongery) 金物 kanámono; (COMPUT) ハードウエア hádoueà; (MIL) 兵器 heĭki

hardware shop *n* 金物屋 kanámonoya

hard-wearing [hɑːrd'weːr'iŋ] *adj* (clothes, shoes) 丈夫な jôbu na

hard-working [hɑːrd'wəːr'kiŋ] *adj* (employee, student) 勤勉な kiñben na

hardy [hɑːr'di:] *adj* (plants, animals, people) 丈夫な jôbu na

hare [heːr] *n* ノウサギ noúsàgi

hare-brained [heːr'breind] *adj* (scheme, idea) バカげた bakágetà

harem [heːr'əm] *n* (of wives) ハーレム hāremu

harm [hɑːrm] *n* (injury) 害 gáĭ; (damage) 損害 soñgai, ダメージ damējĭ

◆*vt* (person) ...に危害を加える ...ni kígài wo kuwáerù; (thing) 損傷する soñshō suru

out of harm's way 安全な場所に añzen na bashò ni

harmful [hɑːrm'fəl] *adj* (effect, toxin, influence etc) 有害な yūgai na

harmless [hɑːrm'lis] *adj* (animal, person) 無害な mugái na; (joke, pleasure, activity) たわいのない tawai no nai

harmonica [hɑːrmɑːn'ikə] *n* ハーモニカ hámonika

harmonious [hɑːrmou'ni:əs] *adj* (discussion, relationship) 友好的な yūkōteki na; (layout, pattern) 調和の取れた chôwa no toréta; (sound, tune) 調子の良い chôshi no yoî

harmonize [hɑːr'mənaiz] vi (MUS) ハーモニーを付ける hãmonî wo tsukérù; (colors, ideas): **to harmonize (with)** (...と)調和する (...to) chōwa suru

harmony [hɑːr'məni:] n (accord) 調和 chōwa; (MUS) ハーモニー hãmonî

harness [hɑːr'nis] n (for horse) 馬具 bágù; (for child, dog) 胴輪 dōwa, ハーネス hãnesù; (safety harness) 安全ハーネス añzenhãnesu

♦vt (resources, energy etc) 利用する riyō suru; (horse) ...に馬具をつける ...ni bágù wo tsukérù; (dog) ...にハーネスを付ける ...ni hãnesù wo tsukérù

harp [hɑːrp] n (MUS) たて琴 tatégòto, ハープ hãpu

♦vi: **to harp on about** (pej) ...の事をくどくどと話し続ける ...no kotó wò kúdòkudo to hanáshitsuzukerù

harpoon [hɑːrpuːn'] n もり mórì

harrowing [hær'ouiŋ] adj (experience, film) 戦りつの señritsu no

harsh [hɑːrʃ] adj (sound) 耳障りな mimízawàri na; (light) どぎつい dogítsui; (judge, criticism) か酷な kakóku na; (life, winter) 厳しい kibīshiì

harvest [hɑːr'vist] n (harvest time) 収穫期 shūkakukì; (of barley, fruit etc) 収穫 shūkaku

♦vt (barley, fruit etc) 収穫する shūkaku suru

has [hæz] vb see **have**

hash [hæʃ] n (CULIN) ハッシュ hásshù; (fig: mess) めちゃめちゃな有様 mechámecha na arisama

hashish [hæʃ'iːʃ] n ハシシ hãshìshi

hasn't [hæz'ənt] = **has not**

hassle [hæs'əl] (inf) n (bother) 面倒 meñdō

haste [heist] n (hurry) 急ぎ isógi

hasten [hei'sən] vt (decision, downfall) 早める hayámerù

♦vi (hurry): **to hasten to do something** 急いで...する isóide ...surù

hastily [heis'tili:] adv (hurriedly) 慌ただしく awátadashìkù; (rashly) 軽はずみに karúhazùmi ni

hasty [heis'ti:] adj (hurried) 慌ただしい awátadashiî; (rash) 軽はずみの karúhazùmi no

hat [hæt] n (headgear) 帽子 bōshi

hatch [hætʃ] n (NAUT: also: **hatchway**) 倉口 sōkō, ハッチ hátchì; (also: **service hatch**) サービス口 sābisugùchi, ハッチ hátchì

♦vi (bird) 卵からかえる tamágò kara kaérù; (egg) かえる kaérù, ふ化する fuká suru

hatchback [hætʃ'bæk] n (AUT) ハッチバック hatchībakku

hatchet [hætʃ'it] n (axe) おの ónò

hate [heit] vt (wish ill to: person) 憎む nikúmù; (dislike strongly: person, thing, situation) 嫌う kiráu

♦n (illwill) 増悪 zōo; (strong dislike) 嫌悪 kéñ-o

hateful [heit'fəl] adj ひどい hidôî

hatred [hei'trid] n (illwill) 増悪 zōo; (strong dislike) 嫌悪 kéñ-o

haughty [hɔː'tiː] adj (air, attitude) 尊大な sofídai na

haul [hɔːl] vt (pull) 引っ張る hippáru

♦n (of stolen goods etc) 獲物 emóno; (also: **a haul of fish**) 漁獲 gyokáku

haulage [hɔː'lidʒ] n (business, costs) 運送 uñsō

hauler [hɔː'lə:r] (BRIT **haulier**) n 運送屋 uñsōya

haunch [hɔːntʃ] n (ANAT) 腰 koshí; (of meat) 腰肉 koshíniku

haunt [hɔːnt] vt (subj: ghost) (place) ...に出る ...ni dérù; (person) ...に付きまとう ...ni tsukimatou; (: problem, memory etc) 悩ます nayámasù

♦n (of crooks, childhood etc) 行き付けの場所 ikítsuke nò bashó

haunted house お化け屋敷 obákeyashìki

KEYWORD

---

have [hæv] (pt, pp **had**) aux vb **1** (gen)
to have arrived/gone/eaten/slept 着いた〔行った，食べた，眠った〕tsúìta〔ittá, tábèta, nemúttà〕
he has been kind/promoted 彼は親切

だった〔昇格した〕kárè wa shíñsetsu dátttā〔shōkaku shita〕

has he told you? 彼はあなたにそれを話しましたか kárè wa anátà ni soré wò hanáshimashìta ká

having finished/when he had finished, he left 仕事が済むと彼は帰った shigóto ga sumù to kárè wa káètta

2 (in tag questions): *you've done it, haven't you?* あなたはその仕事をやったんでしょう anátà wa sonó shigòto wo yattáñ deshō

he hasn't done it, has he? 彼は仕事をやらなかったんでしょう kárè wa shigóto wò yaránakattàn deshō

3 (in short answers and questions): *you've made a mistake - no I haven't/so I have* あなたは間違いをしました-違いますよ〔そうですね〕anátà wa machígaì wo shimáshìta - chigáimasù yó〔sō desu né〕

we haven't paid - yes we have! 私たちはまだ金を払っていません-払いましたよ watákushitàchi wa mádà kané wo haráttè imaseñ - haráimashìta yó

I've been there before, have you? 私は前にあそこへ行った事がありますが、あなたは？ watákushi wà máè ni asóko è ittá kotò ga arímasù ga, anátà wá?

◆*modal aux vb* (be obliged): *to have (got) to do something* ...をしなければならない ...wò shinákereba naranaì

she has (got) to do it 彼女はどうしてもそれをしなければなりません kánòjo wa dōshitè mo soré wò shinákereba narimaseñ

I have (got) to finish this work 私はこの仕事を済まさなければなりません watákushi wà konó shigòto wo sumásanakereba narimaseñ

you haven't got to tell her 彼女に言わなくてもいい〔言ってはならない〕kánòjo ni iwánakute mò fí〔itté wa naránaì〕

I haven't got/I don't have to wear glasses 私は眼鏡を掛けなくてもいい watákushi wà mégàne wò kakénakute mò fí

this has to be a mistake これは何かの

間違いに違いない koré wa nánìka no machígaì ni chigái naì

◆*vt* 1 (possess) 持っている móttè iru, ...がある ...gá arù

he has (got) blue eyes/dark hair 彼は目が青い〔髪が黒い〕kárè wa mé gà aóì〔kamí gà kuróì〕

do you have/have you got a car/phone? あなたは車〔電話〕を持っていますか anátà wa kurúma〔deñwa〕wò mótttè imasu ká

I have (got) an idea いい考えがありますуↄ kañgaè ga arímasù

have you any more money? もっとお金がありませんか móttò o-káne gà arímaseñ ká

2 (take: food) 食べる taberù; (: drink) 飲む nómù

to have breakfast/lunch/dinner 朝食〔昼食, 夕食〕を食べる chōshoku〔chūshoku, yūshoku〕wò taberù

to have a drink 何かを飲む nánìka wo nómù

to have a cigarette タバコを吸う tabáko wo suù

3 (receive, obtain etc) 受ける ukérù, 手に入れる té ni irerù

may I have your address? ご住所を教えて頂けますか go-júsho wò oshíete itadakemasù ká

you can have it for $5 5ドルでそれを譲ります góddòru de soré wò yuzúrimasù

I must have it by tomorrow どうしても明日までにそれをもらいたいのです dōshite mò ashíta made nì soré wò moráitai no desù

to have a baby 子供を産む kodómo wo umù

4 (maintain, allow) 主張する shuchō suru, 許す yurúsù

he will have it that he is right 彼は自分が正しいと主張している kárè wa jibún gà tadáshiì to shuchō shite irù

I won't have it/this nonsense! それ〔こんなばかげた事〕は許せません soré〔koñna bakageta kotò〕wà yurúsemaseñ

we can't have that そんな事は許せません soñna kotò wa yurúsemaseñ

5: *to have something done* ...をさせる ...wò sasérù, ...をしてもらう ...wò shité mòrau

to have one's hair cut 散髪をしてもらう sañpatsu wò shité moraù

to have a house built 家を建てる ié wò tatérù

to have someone do something ...に ...をさせる ...ní ...wò sasérù

he soon had them all laughing/working まもなく彼は皆を笑わせて〔働かせて〕いた ma mó nàku kárè wa miná wò waráwasete〔határakasete〕ità

6 (experience, suffer) 経験する keíken suru

to have a cold 風邪を引いている kazé wò hiíte irù

to have (the) flu 感冒にかかっている kañbō nì kakátte irù

she had her bag stolen/her arm broken 彼女はハンドバッグを盗まれた〔腕を折った〕 kánòjo wa hañdobaggù wo nueúmarctà〔udé wo ollà〕

to have an operation 手術を受ける shújùtsu wo ukérù

7 (+ noun: take, hold etc) ...する ... suru

lu huve a swim/walk/bath/rest 泳ぐ〔散歩する、風呂に入る、ひと休みする〕oyógù〔sañpo suru, fúrò ni háìru, hitóyàsumi suru〕

let's have a look 見てみましょう mítè mimashō

to have a meeting/party 会議〔パーティ〕を開く káìgi〔pátì〕wo hirákù

let me have a try 私に試させて下さい watákushi nì tamésasete kudasaì

8 (inf: dupe) だます damásù

he's been had 彼はだまされた kárè wa damásaretà

haven [hei'vən] *n* (harbor) 港 minátò; (safe place) 避難所 hinánjo

haven't [hæv'ənt] = **have not**

have out *vt*: *to have it out with someone* (settle a problem etc) ...と決着をつける ...tò ketcháku wò tsukérù

haversack [hæv'ə:rsæk] *n* (of hiker, soldier) リュックサック ryukkúsakkù

havoc [hæv'ək] *n* (chaos) 混乱 koñran

Hawaii [həwai'ji:] *n* ハワイ háwài

hawk [hɔ:k] *n* タカ takà

hay [hei] *n* 干草 hoshíkusa

hay fever *n* 花粉症 kafúñshō

haystack [hei'stæk] *n* 干草の山 hoshíkusa no yama

haywire [hei'waiə:re] (*inf*) *adj*: *to go haywire* (machine etc) 故障する koshō suru; (plans etc) とんざする tôñza suru

hazard [hæz'ə:rd] *n* (danger) 危険 kíkén
◆*vt* (risk: guess, bet etc) やってみる yatté mirù

hazardous [hæz'ə:rdəs] *adj* (dangerous) 危険な kikén na

hazard (warning) lights *npl* (AUT) 非常点滅灯 hijôtenmetsutō

haze [heiz] *n* (of heat, smoke, dust) かすみ kasúmi

hazelnut [hei'zəlnʌt] *n* ヘーゼルナッツ hēzerunattsù

hazy [hei'zi:] *adj* (sky, view) かすんだ kasúnda; (idea, memory) ぼんやりとした boñ-yarì to shita

he [hi:] *pron* 彼は〔が〕kárè wa 〔ga〕

he who ... ...する人は surú hitò wa

head [hed] *n* (ANAT, mind) 頭 atáma; (of table) 上席 jóseki; (of queue) 先頭 señtō; (of company, organization) 最高責任者 saíkōsekiniñsha; (of school) 校長 kôchō
◆*vt* (list, queue) ...の先頭にある〔いる〕...no señtō ni arù (irù); (group, company) 取仕切る toríshikirù

heads (or tails) 表か〔裏か〕omóte kà (urá kà)

head first (fall) 真っ逆様に massákàsama ni; (rush) 向こう見ずに mukṓ mìzu ni

head over heels (in love) ぞっこん zokkón

to head a ball ボールをヘディングで飛ばす bǒru wo heḍingu de tobásu

headache [hed'eik] *n* 頭痛 zutsū

headdress [hed'dres] (*BRIT*) *n* (of bride) ヘッドドレス heddódoresù

head for *vt fus* (place) ...に向かう ...ni mukáù; (disaster) ...を招く ...wo manékù

heading [hed'iŋ] *n* (of chapter, article)

表題 hyṓdai, タイトル táìtoru

headlamp [hed'læmp] (*BRIT*) *n* =
headlight

headland [hed'lænd] *n* 岬 misáki

headlight [hed'lait] *n* ヘッドライト hed-
dóraìto

headline [hed'lain] *n* (PRESS, TV) 見出
し midáshi

headlong [hed'lɔ:ŋ] *adv* (fall) 真っ逆様に
massákàsama ni; (rush) 向こう見ずに
mukṓ mìzu ni

headmaster [hed'mæs'tə:r] *n* 校長 kṓ-
chō ◇男性の場合 dañsei nò baái

headmistress [hed'mis'tris] *n* 校長 kṓ-
chō ◇女性の場合 joséi nò baái

head office *n* (of company etc) 本社 hóñ-
sha

head-on [hed'ɑːn'] *adj* (collision, con-
frontation) 正面の shṓmen no

headphones [hed'founz] *npl* ヘッドホン
heddóhòn

headquarters [hed'kwɔːrtəːrz] *npl* (of
company, organization) 本部 hóñbu;
(MIL) 司令部 shiréĩbu

headrest [hed'rest] *n* (AUT) ヘッドレス
ト heddórèsuto

headroom [hed'ruːm] *n* (in car) 天井の高
さ teñjō no takàsa; (under bridge) 通行可
能な高さ tsūkōkanō na takàsa

headscarf [hed'skɑːrf] *n* スカーフ sukấ-
fù

headstrong [hed'strɔːŋ] *adj* (deter-
mined) 強情な gṓjō na

head waiter *n* (in restaurant) 給仕頭
kyūjigashira

headway [hed'wei] *n*: **to make head-
way** 進歩する shíñpo suru

headwind [hed'wind] *n* 向かい風 mukái-
kaze

heady [hed'iː] *adj* (experience, time) 陶酔
の tṓsui no; (drink, atmosphere) 酔わせ
る yowáserù

heal [hiːl] *vt* (injury, patient) 治す naósù
◆*vi* (injury, damage) 治る naórù

health [helθ] *n* (condition: *also* MED) 健
康状態 keñkōjōtai; (good health) 健康
keñkō

health food *n* 健康食品 keñkōshokùhin

Health Service (*BRIT*) *n*: **the Health
Service** 公共衛生機構 kṓkyōeiseikikṓ

healthy [hel'θiː] *adj* (person, appetite
etc) 健康な keñkō na; (air, walk) 健康に
良い keñkō ni yoì; (economy) 健全な keñ-
zen na; (profit etc) 大いなる ōi naru

heap [hiːp] *n* (pile: of clothes, papers,
sand etc) 山 yamá
◆*vt* (stones, sand etc): **to heap (up)** 積
み上げる tsumíagerù

to heap something with (plate) ...に
...を山盛りする ...ni ...wo yamámori suru;
(sink, table etc) ...に...を山積みする ...ni
...wo yamázumi suru

to heap something on (food) ...を...に山
盛りする ...wo ...ni yamámori suru;
(books etc) ...を...に山積みする ...wo ...ni
yamázumi suru

heaps of (*inf*: time, money, work etc)
一杯の ippái no

hear [hiːr] (*pt, pp* **heard**) *vt* (sound, voice
etc) ...を聞く ...wo kikú, ...が聞える ...ga
kikóeru; (news, information) ...を聞く
...wo kikú, ...で聞いて知る ...de kiíte shi-
rú; (LAW: case) 審理する shiñri suru

to hear about (event, person) ...の事を
聞く ...no kotó wo kikú

to hear from someone ...から連絡を受
ける ...kara reñraku wò ukérù

heard [həːrd] *pt, pp of* **hear**

hearing [hiː'riŋ] *n* (sense) 聴覚 chṓkaku;
(of facts, witnesses etc) 聴聞会 chṓmoñ-
kai

hearing aid *n* 補聴器 hochṓkì

hearsay [hiːr'sei] *n* (rumor) うわさ uwá-
sa

hearse [həːrs] *n* 霊きゅう車 reíkyùsha

heart [hɑːrt] *n* (ANAT) 心臓 shiñzō; (*fig*:
emotions, character) 心 kokórò; (of
problem) 核心 kakúshin; (of city) 中心部
chúshiñbu; (of lettuce) しん shíñ; (shape)
ハート形 hấtogata

to lose heart (courage) 落胆する rakú-
tan suru

to take heart (courage) 勇気を出す yū́-
ki wò dásù

at heart (basically) 根は... né wà ...

by heart (learn, know) 暗記で añki de

heart attack n (MED) 心臓発作 shifizō-hossà

heartbeat [hɑːrt'biːt] n 心拍 shińpaku

heartbreaking [hɑːrt'breikiŋ] adj (news, story) 悲痛な hitsū na

heartbroken [hɑːrt'broukən] adj: **to be heartbroken** 悲嘆に暮れている hitán ni kurete irú

heartburn [hɑːrt'bəːrn] n (indigestion) 胸焼け muńyake

heart failure n (MED) 心不全 shińfuzen

heartfelt [hɑːrt'felt] adj (prayer, wish) 心からの kokórò kara no

hearth [hɑːrθ] n (fireplace) 炉床 roshō

heartland [hɑːrt'lænd] n (of country, region) 中心地 chūshińchi

heartless [hɑːrt'lis] adj (person, attitude) 非情な hijō na

hearts [hɑːrts] npl (CARDS) ハート hāto

hearty [hɑːrt'iː] adj (person) 明朗な meírō na; (laugh) 大きな ōkina; (appetite) おう盛な ōsei na; (welcome) 熱烈な netsúretsu na; (dislike) 絶対的な zettáiteki na; (support) 心からの kokórò kara no

heat [hiːt] n (warmth) 暑さ átsùsa; (temperature) 温度 óńdo; (excitement) 熱気 nekkí; (SPORT: also: **qualifying heat**) 予選 yosén
♦vt (water) 沸かす wákasù; (food) ...に火を通す ...ni hí wo tṓsu; (room, house) 暖める atátamerù

heated [hiː'tid] adj (pool) 温水の ofisui no; (room etc) 暖房した danbō shita; (argument) 激しい hagéshiì

heater [hiː'təːr] n ヒーター hītā

heath [hiːθ] n (BRIT) 荒野 aréno

heathen [hiː'ðən] n (REL) 異教徒 ikyótò

heather [heð'əːr] n エリカ erīka, ヒース hísù

heating [hiː'tiŋ] n (system, equipment) 暖房 dáńbō

heatstroke [hiːt'strouk] n (MED) 熱射病 nesshábyō

heat up vi (water, room) 暖まる atátamarù
♦vt (food, water, room) 暖める atátamerù

heatwave [hiːt'weiv] n 熱波 néppà

heave [hiːv] vt (pull) 強く引く tsúyòku hikú; (push) 強く押す tsúyòku osú; (lift) ぐいと持上げる gúì to mochíagerù
♦vi (vomit) 吐く hákù; (feel sick) むかつく mukátsukù
♦n (of chest) あえぎ aégi; (of stomach) むかつき mukátsuki
to heave a sigh ため息をつく taméiki wo tsukú
his chest was heaving 彼はあえいでいた kárè wa aéide itá

heaven [hev'ən] n (REL: also fig) 天国 téńgoku

heavenly [hev'ənliː] adj (REL) 天からの téñ kara no; (fig: day, place) 素晴らしい subárashiì

heavily [hev'iliː] adv (land, fall) どしんと dóshìn to; (drink, smoke) 大量に taíryō ni; (sleep) ぐっすりと gussúrì to; (sigh) 深く fukákù; (depend, rely) すっかり sukkárì

heavy [hev'iː] adj (person, load, responsibility) 重い omói; (clothes) 厚い atsúi; (rain, snow) 激しい hagéshiì; (of person: build, frame) がっしりした gasshírì shita; (blow) 強い tsúyòi; (breathing) 荒い aráì; (sleep) 深い fukái; (schedule, week) 過密な kańmitsu na; (work) きつい kitsúi; (weather) 蒸し暑い mushíatsuì; (food, meal) もたれる motárerù
a heavy drinker 飲兵衛 nóñbē
a heavy smoker ヘビースモーカー hebísumōkā

heavy goods vehicle (BRIT) n 大型トラック ōgatatorakku

heavyweight [hev'iːweit] n (SPORT) ヘビー級選手 hebíkyūsenshu

Hebrew [hiː'bruː] adj ヘブライの hebúrài no; (LING) ヘブライ語の hebúraigo no
♦n (LING) ヘブライ語 hebúraigo

Hebrides [heb'ridiːz] npl: **the Hebrides** ヘブリディーズ諸島 hebúridīzushotō

heckle [hek'əl] vt (speaker, performer) 野次る yajírù

hectic [hek'tik] adj (event, week) やたらに忙しい yatára ni isogashiì

he'd [hiːd] = **he would; he had**

hedge [hedʒ] n (in garden, on roadside)

生け垣 ikégàki
◆*vi* (stall) あいまいな態度を取る aímai nà tâîdo wo tôrù
to hedge one's bets (*fig*) 失敗に備える shippái nì sonáerù

hedgehog [hedʒ'hɑːg] *n* ハリネズミ harínezùmi

heed [hiːd] *vt* (*also:* **take heed of:** advice, warning) 聞き入れる kikíirerù

heedless [hiːd'lis] *adj:* **heedless (of)** (...を) 無視して (...wo) múshì shité

heel [hiːl] *n* (of foot, shoe) かかと kakáto
◆*vt:* **to heel shoes** 靴のかかとを修理する kutsú nò kakáto wò shúrì suru

hefty [hef'tiː] *adj* (person) がっしりした gasshírì shita; (parcel etc) 大きくて重い ōkikute omóì; (profit) 相当な sōtō na

heifer [hef'əːr] *n* 若い雌ウシ wakáî méùshi ◇まだ子を生んだ事のない物を指す mádà ko wo uńda kotò no náî monó wo sásù

height [hait] *n* (of tree, building, mountain) 高さ takása; (of person) 身長 shińchō; (of plane) 高度 kōdo; (high ground) 高地 kōchi; (*fig:* of powers) 絶頂期 zetchōkì; (: of season) 真っ最中 massáíchū; (: of luxury, stupidity) 極み kiwámi

heighten [hait'ən] *vt* (fears, uncertainty) 高める takámerù

heir [eːr] *n* (to throne) 継承者 keíshōshà; (to fortune) 相続人 sōzokunìn

heiress [eːr'is] *n* 大遺産の相続人 daîsan no sōzokunìn ◇女性について言う joséi ni tsuité iú

heirloom [eːr'luːm] *n* 家宝 kahō

held [held] *pt, pp of* **hold**

helicopter [hel'əkɑːptəːr] *n* (AVIAT) ヘリコプター herîkopùtā

heliport [hel'əpɔːrt] *n* (AVIAT) ヘリポート herípòto

helium [hiː'liːəm] *n* ヘリウム herîumu

he'll [hiːl] = **he will, he shall**

hell [hel] *n* (life, situation: *also* REL) 地獄 jigóku
hell! (*inf*) 畜生！ chikúshò!, くそ！ kusó!

hellish [hel'iʃ] (*inf*) *adj* (traffic, weather, life etc) 地獄の様な jigóku no yō na

hello [helou'] *excl* (as greeting) やあ yǎ, 今日は końnichi wa; (to attract attention) おい ôì; (on telephone) もしもし móshìmoshi; (expressing surprise) おや oyá

helm [helm] *n* (NAUT: stick) かじ棒 kajíbò, チラー chírà; (: wheel) だ輪 daríñ

helmet [hel'mit] *n* (*gen*) ヘルメット herúmettò

help [help] *n* (assistance, aid) 助け tasúke, 手伝い tetsúdaî; (charwoman) お手伝いさん o-tétsùdaisan
◆*vt* (person) 助ける tasúkerù, 手伝う tétsùdau; (situation) ...に役に立つ ...ni yakú ni tatsù
help! 助けてくれ！ tasúketè kuré!
help yourself (to) (...を) 自由に取って下さい (...wo) jiyú ni tottè kudásai
he can't help it 彼はそうせざるを得ない kárè wa sō sezarù wo énai

helper [hel'pəːr] *n* (assistant) 助手 joshú, アシスタント ashísùtanto

helpful [help'fəl] *adj* (person, advice, suggestion etc) 役に立つ yakú ni tatsù

helping [hel'piŋ] *n* (of food) 一盛り hitómòri
a second helping お代り o-káwarì

helpless [help'lis] *adj* (incapable) 何もできない naní mo dekinài; (defenceless) 無防備の mubōbi no

hem [hem] *n* (of skirt, dress) すそ susó
◆*vt* (skirt, dress etc) ...のすそ縫いをする ...no susónui wo suru

hem in *vt* 取囲む toríkakomù

hemisphere [hem'isfiːr] *n* 半球 hańkyū

hemorrhage [hem'əːridʒ] (*BRIT* **haemorrhage**) *n* 出血 shukkétsu

hemorrhoids [hem'əːrɔidz] (*BRIT* **haemorrhoids**) *npl* じ痔 ji

hen [hen] *n* (female chicken) メンドリ meńdori; (female bird) 雌の鳥 mesú no torí

hence [hens] *adv* (therefore) 従って shitágattè
2 years hence 今から2年先 ímà kara níneñ saki

henceforth [hens'fɔːrθ] *adv* (from now on) 今後 kōngo; (from that time on) その

後 sonó go

henchman [hentʃ'mən] (*pej: pl* **henchmen**) *n* (of gangster, tyrant) 手下 teshíta, 子分 kóbun

henpecked [hen'pekt] *adj* (husband) 妻のしりに敷かれた tsúmà no shirí ni shikaretà

hepatitis [hepətai'tis] *n* (MED) 肝炎 kánen

her [hə:r] *pron* (direct) 彼女を kánojo wo; (indirect) 彼女に kánojo ni
  ♦*adj* 彼女の kánoj no ¶ *see also* **me; my**

herald [he:r'əld] *n* (forerunner) 兆し kizáshi
  ♦*vt* (event, action) 予告する yokóku suru

heraldry [he:r'əldri:] *n* (study) 紋章学 mofishōgàku; (coat of arms) 紋章 mofishō ◊総称 sóshō

herb [ə:rb] *n* (*gen*) ハーブ hābu; (BOT, MED) 薬草 yakúsō; (CULIN) 香草 kóso

herd [hə:rd] *n* (of cattle, goats, zebra etc) 群れ muré

here [hi:r] *adv* (this place): *she left here yesterday* 彼女は昨日ここを出ました kanójo wa kínō kokó wò demàshità; (beside me): *I have it here* ここに持っています kokó ni mottè imásù; (at this point): *here he stopped reading ...* その時彼は読むのをやめて... sonó tokì kárè wa yómù no wo yaméte ...
  here! (I'm present) はい! háì!; (take this) はいどうぞ háì dōzo
  here is/are はい, ...です háì, ...désù
  here she is! 彼女はここにいました! kanójo wa kokó ni imáshità!

hereafter [hi:ræf'tə:r] *adv* (in the future) 今後 kóngo

hereby [hi:rbai'] *adv* (in letter) これをもって koré wo mottè

hereditary [həred'ite:ri:] *adj* (disease) 先天的な señtenteki na; (title) 世襲の seshū no

heredity [həred'iti:] *n* (BIO) 遺伝 idén

heresy [he:r'isi:] *n* (opposing belief: *also* REL) 異端 itán

heretic [he:r'itik] *n* 異端者 itáñsha

heritage [he:r'itidʒ] *n* (of country, nation) 遺産 isán

hermetically [hə:rmet'ikli:] *adv*: *hermetically sealed* 密閉した mippéi shita

hermit [hə:r'mit] *n* 隠とん者 iñtoñsha

hernia [hə:r'ni:ə] *n* (MED) 脱腸 datchō

hero [hi:'rou] (*pl* **heroes**) *n* (in book, film) 主人公 shujíñkō, ヒーロー hírō ◊男性を指す dansei wo sasu; (of battle, struggle) 英雄 eíyū; (idol) アイドル aídoru

heroic [hirou'ik] *adj* (struggle, sacrifice, person) 英雄的な eíyūteki na

heroin [he:r'ouin] *n* ヘロイン heróñ

heroine [he:r'ouin] *n* (in book, film) 女主人公 ofinashujiñkō, ヒロイン hiróñ; (of battle, struggle) 英雄的女性 eíyūtekijosei; (idol) アイドル aídoru

heroism [he:r'ouizəm] *n* (bravery, courage) 勇敢さ yūkansa

heron [he:r'ən] *n* アオサギ aósagi

herring [he:r'iŋ] *n* (fish) ニシン níshīn

hers [hə:rz] *pron* 彼女の物 kanójo no mono ¶ *see also* **mine**

herself [hə:rself'] *pron* 彼女自身 kanójojishīn ¶ *see also* **oneself**

he's [hi:z] = **he is; he has**

hesitant [hez'ətənt] *adj* (smile, reaction) ためらいがちな taméraigachi na

hesitate [hez'əteit] *vi* (pause) ためらう taméraù; (be unwilling) 後込みする shirígomì suru

hesitation [hezətei'ʃən] *n* (pause) ためらい tamérai; (unwillingness) 後込み shirígomì

heterosexual [hetə:rəsek'ʃu:əl] *adj* (person, relationship) 異性愛の iséiai na

hew [hju:] *vt* (stone, wood) 刻む kizámu

hexagonal [leksæg'ənəl] *adj* (shape, object) 六角形の rokkákukèi no

heyday [hei'dei] *n*: *the heyday of* ...の全盛時代 ...no zeñseijidāi

HGV [eitʃgi:vi:'] (*BRIT*) *n abbr* = **heavy goods vehicle**

hi [hai] *excl* (as greeting) やあ今日は koñnichi wa; (to attract attention) おいおい óì

hiatus [haiei'təs] *n* (gap: in manuscript etc) 脱落個所 datsúrakukashō; (pause)

中断 chūdan

hibernate [hai'bə:rneit] *vi* (animal) 冬眠する tōmin suru

hiccough [hik'ʌp] *vi* しゃっくりする shákkùri suru

hiccoughs [hik'ʌps] *npl* しゃっくり shákkùri

hiccup [hik'ʌp] *vi* = **hiccough**

hiccups [hik'ʌps] *npl* = **hiccoughs**

hid [hid] *pt of* **hide**

hidden [hid'ən] *pp of* **hide**

hide [haid] *n* (skin) 皮 kawá
♦*vb* (*pt hid, pp hidden*)
♦*vt* (person, object, feeling, information) 隠す kakúsù; (obscure: sun, view) 覆い隠す ōikakusù
♦*vi: to hide (from someone)* (...に見つからない様に) 隠れる (...ni mitsúkaranai yō ni) kakúrerù

hide-and-seek [haid'ənsi:k'] *n* (game) 隠れん坊 kakúreňbō

hideaway [haid'əwei] *n* (retreat) 隠れ家 kakúregà

hideous [hid'i:əs] *adj* (painting, face) 醜い miníkuî

hiding [hai'diŋ] *n* (beating) むち打ち muchfuchi
to be in hiding (concealed) 隠れている kakúrete irù

hierarchy [hai'ərɑ:rki:] *n* (system of ranks) 階級制 kaíkyūsei; (people in power) 幹部 káňbu ◇総称 sōshō

hi-fi [hai'fai'] *n* ステレオ sutéreo
♦*adj* (equipment, system) ステレオの sutéreo no

high [hai] *adj* (gen) 高い takáî; (speed) 速い hayáî; (wind) 強い tsuyóî; (quality) 上等な jṓtō na; (principles) 崇高な sūkō na
♦*adv* (climb, aim etc) 高く tákàku
it is 20 m high その高さは20メーターです sonó takàsa wa nijū mḗtā desu
high in the air 空高く sóràtakaku

highbrow [hai'brau] *adj* (intellectual) 知的な chitéki na

highchair [hai'tʃe:r] *n* (for baby) ベビーチェア bebíchèa

higher education [hai'ə:r-] *n* 高等教育 kōtōkyōīku

high-handed [hai'hæn'did] *adj* (decision, rejection) 横暴な ṓbō na

high-heeled [hai'hi:ld] *adj* (shoe) ハイヒールの haíhīru no

high jump *n* (SPORT) 走り高飛び hashíritakàtobi

highlands [hai'ləndz] *npl: the Highlands* スコットランド高地地方 sukóttorañdo kṓchichihō

highlight [hai'lait] *n* (*fig*: of event) 山場 yamába, ハイライト haíraìto; (of news etc) 要点 yṓten, ハイライト haíraìto; (in hair) 光る部分 hikárù búbùn, ハイライト haíraìto
♦*vt* (problem, need) ...に焦点を合せる ...ni shōten wò awáserù

highly [hai'li:] *adv* (critical, confidential) 非常に hijṓ ni; (a lot): *to speak highly of* ...をほめる ...wo homérù
to think highly of ...を高く評価する ...wo tákàku hyōka suru
highly paid 高給取りの kṓkyūtòri no

highly strung (*BRIT*) *adj* = **high-strung**

highness [hai'nis] *n: Her* (*or His*) *Highness* 陛下 hếìka

high-pitched [hai'pitʃt'] *adj* (voice, tone, whine) 調子の高い chṓshi no tákaî

high-rise block [hai'raiz'-] *n* 摩天楼 matéňrō

high school *n* (*US*: for 14-18 year-olds) 高等学校 kṓtōgakkō, ハイスクール haísùkūru; (*BRIT*: for 11-18 year-olds) 総合中等学校 sṓgōchūtōgakkṑ

high season (*BRIT*) *n* 最盛期 saiseiki, シーズン shīzun

high street (*BRIT*) *n* 本通り hoňdòri

high-strung [hai'strʌŋ'] (*US*) *adj* 神経質な shiňkeishitsu na

highway [hai'wei] *n* 幹線道路 kańsendṑro, ハイウエー hafuē

Highway Code (*BRIT*) *n* 道路交通法 dōrokōtsūhṓ

hijack [hai'dʒæk] *vt* (plane, bus) 乗っ取る nottórù, ハイジャックする haíjakkù suru

hijacker [hai'dʒækə:r] *n* 乗っ取り犯 nottórihañ

hike [haik] *vi* (go walking) ハイキングする haíkingu suru
♦*n* (walk) ハイキング haíkingu

hiker [hai'kə:r] *n* ハイカー haíkā

hilarious [hile:r'i:əs] *adj* (account, adventure) こっけいな kokkéi na

hill [hil] *n* (small) 丘 oká; (fairly high) 山 yamá; (slope) 坂 saká

hillside [hil'said] *n* 丘の斜面 oká no shamén

hilly [hil'i:] *adj* 丘の多い oká no ōi
a hilly area 丘陵地帯 kyúryōchitái

hilt [hilt] *n* (of sword, knife) 柄 e
to the hilt (fig: support) とことんまで tokóton made

him [him] *pron* (direct) 彼を kárè wo; (indirect) 彼に kárè ni ¶ *see also* **me**

himself [himself'] *pron* 彼自身 kárèjishin ¶ *see also* **oneself**

hind [haind] *adj* (legs, quarters) 後ろの ushíro no

hinder [hin'də:r] *vt* (progress, movement) 妨げる samátagerù

hindrance [hin'drəns] *n* 邪魔 jamá

hindsight [haind'sait] *n*: *with hindsight* 後になってみると átò ni nátte mirú to

Hindu [hin'du:] *adj* ヒンズーの hiñzū no

hinge [hindʒ] *n* (on door) ちょうがい chōtsugái
♦*vi* (fig): *to hinge on* ...による ...ni yorú

hint [hint] *n* (suggestion) 暗示 añji, ヒント híñto; (advice) 勧め susúme, 提言 teígen; (sign, glimmer) 兆し kizáshi
♦*vt*: *to hint that* (suggest) ...だとほのめかす ...da to honómekasù
♦*vi*: *to hint at* (suggest) ほのめかす honómekasù

hip [hip] *n* (ANAT) 腰 koshí, ヒップ híppù

hippopotamus [hipəpɑ:t'əməs] (*pl* **hippopotamuses** *or* **hippopotami**) *n* カバ kábà

hire [haiə:r] *vt* (BRIT: car, equipment, hall) 賃借りする chíñgari suru; (worker) 雇う yatóù
♦*n* (BRIT: of car, hall etc) 賃借り chíñgari

for hire (taxi, boat) 賃貸し用の chíñgashiyō no

hire purchase (BRIT) *n* 分割払い購入 buñkatsubaraikōnyū

his [hiz] *pron* 彼の物 kárè no monó
♦*adj* 彼の kárè no ¶ *see also* **my**; **mine**

hiss [his] *vi* (snake, gas, roasting meat) しゅーっと言う shūtto iú; (person, audience) しーっと野次る shīttò yajírù

historian [histɔ:r'i:ən] *n* 歴史学者 rekíshigakushà

historic(al) [histɔ:r'ik(əl)] *adj* (event, person) 歴史上の rekíshijō no, 歴史的な rekíshiteki na; (novel, film) 歴史に基づく rekíshi ni motózukù

history [his'tə:ri:] *n* (of town, country, person: also SCOL) 歴史 rekíshi

hit [hit] (*pt*, *pp* **hit**) *vt* (strike: person, thing) 打つ utsú, たたく tatáku; (reach: target) ...に当る ...ni atárù; (collide with: car) ...にぶつかる ...ni butsúkarù; (affect: person, services, event etc) ...に打撃を与える ...ni dagéki wò atáerù
♦*n* (knock) 打撃 dagéki; (success: play, film, song) 大当り ōatari, ヒット híttò
to hit it off with someone ...と意気投合する ...to kĩítōgō suru

hit-and-run driver [hit'ənrʌn'-] *n* ひき逃げ運転者 hikínige unténsha

hitch [hitʃ] *vt* (fasten) つなぐ tsunágù; (*also*: **hitch up**: trousers, skirt) 引上げる hikíagerù
♦*n* (difficulty) 問題 moñdai
to hitch a lift ヒッチハイクをする hitchíhaìku wo suru

hitch-hike [hitʃ'haik] *vi* ヒッチハイクをする hitchíhaìku wo suru

hitch-hiker [hitʃ'haikə:r] *n* ヒッチハイクをする人 hitchíhaìku wo suru hitó

hi-tech [hai'tek'] *adj* ハイテクの haíteku no
♦*n* ハイテク haíteku

hitherto [hið'ə:rtu:] *adv* (until now) 今まで imá madè

hive [haiv] *n* (of bees) ミツバチの巣箱 mitsúbàchi no súbàko

hive off (*inf*) *vt* (company) ...の一部を切放す ...no ichíbu wo kiríhanasù

HMS [eitʃemes'] *abbr* (= *Her/His Majesty's Ship*) 軍艦...号 guṅkaṅ ...gṓ ◇英国海軍の軍艦の名前の前に付ける eíkoku-kaigúň no guṅkaň no namáè no máè ni tsukérù

hoard [hɔːrd] *n* (of food etc) 買いだめ kaídame; (of money, treasure) 蓄え takúwaè

◆*vt* (food etc) 買いだめする kaídamesuru

hoarding [hɔːr'diŋ] (*BRIT*) *n* (for posters) 掲示板 keíjiban

hoarfrost [hɔːr'frɔːst] *n* (on ground) 霜 shimó

hoarse [hɔːrs] *adj* (voice) しわがれた shiwágaretà

hoax [houks] *n* (trick) いんちき íňchiki, いかさま ikásama

hob [hɑːb] *n* (of cooker, stove) レンジの上部 reṅji no jṓbu

hobble [hɑːbʹəl] *vi* (limp) びっこを引く bíkkò wo hikú

hobby [hɑːbʹiː] *n* (pastime) 趣味 shúmì

hobby-horse [hɑːbʹiːhɔːrs] *n* (*fig*: favorite topic) 十八番の話題 oháko nò wadái

hobo [houʹbou] (*US*) *n* (tramp) ルンペン rúňpen

hockey [hɑːkʹiː] *n* (game) ホッケー hókkè

hoe [hou] *n* (tool) くわ kuwá, ホー hṓ

hog [hɔːg] *n* (pig) ブタ butá ◇去勢した雄ブタを指す kyoséi shita osubùta wo sasu

◆*vt* (*fig*: road, telephone etc) 独り占めにする hitórijime nì suru

to go the whole hog とことんまでやる tokótoň made yarú

hoist [hɔist] *n* (apparatus) 起重機 kijúkì, クレーン kuréň

◆*vt* (heavy object) 引上げる hikíagerù; (flag) 掲げる kakágerù; (sail) 張る harú

hold [hould] (*pt*, *pp* **held**) *vt* (bag, umbrella, someone's hand etc) 持つ mótsù; (contain: subj: room, box etc) ...に ...ga haîtte iru; (have: power, qualification, opinion) ...を持っている ...wo móttè iru, ...がある ...ga árù; (meeting) 開く hirákù; (detain: prisoner,

hostage) 監禁する kaṅkin suru; (consider): *to hold someone responsible/liable etc* ...の責任と見なす ...no sekíniñ tò minásù; (keep in certain position): *to hold one's head up* 頭を上げる atáma wò agérù

◆*vi* (withstand pressure) 持ちこたえる mochíkotaeru; (be valid) 当てはまる atéhamarù

◆*n* (grasp) 握り nigíri; (of ship) 船倉 seṅsō; (of plane) 貨物室 kamótsushitsu; (control): *to have a hold over* ...の急所を握っている ...no kyúsho wò nigítte irù

to hold a conversation with ...と話し合う ...to hanáshiaù

hold the line! (*TEL*) 少々お待ち下さい shṓshō o-máchì kudasai

hold on! ちょっと待って chótto mátté

to hold one's own (*fig*) 引けを取らない hiké wò toránaì, 負けない makénaì

to catch/get (a) hold of ...に捕まる ...ni tsukámarù

holdall [houldʹɔːl] (*BRIT*) *n* 合切袋 gassáibukùro

hold back *vt* (person, thing) 制止する seíshi suru; (thing, emotion) 押さえる osáerù; (secret, information) 隠す kakúsù

hold down *vt* (person) 押さえつける osáetsukerù; (job) ...についている ...ni tsúìte iru

holder [houlʹdəːr] *n* (container) 入れ物 irémono, ケース kḕsu, ホールダー hṓrudā; (of ticket, record, title) 保持者 hojísha; (of office) 在職者 zaíshokusha

holding [houlʹdiŋ] *n* (share) 持株 mochíkabu; (small farm) 小作農地 kosákunṑchi

hold off *vt* (enemy) ...に持ちこたえる ...ni mochíkotaerù

hold on *vi* (hang on) 捕まる tsukámarù; (wait) 待つ mátsù

hold on to *vt fus* (for support) ...に捕まる ...ni tsukámarù; (keep) 預かる azúkarù

hold out *vt* (hand) 差伸べる sashínoberù; (hope, prospect) 持たせる motáserù

◆*vi* (resist) 抵抗する teíkō suru

hold up *vt* (raise) 上げる agérù; (support) 支える sasáerù; (delay) 遅らせる o-kúraserù; (rob: person, bank) 武器を突付けて…から金を奪う búkì wo tsukítsuke-tè …kara kané wò ubáù

hold-up [hould'ʌp] n (robbery) 強盗 gótō; (delay) 遅れ okúre; (BRIT: in traffic) 渋滞 jútai

hole [houl] n 穴 aná
♦vt (ship, building etc) …に穴を開ける …ni aná wò akéru

holiday [hɑ:l'idei] n (BRIT: vacation) 休暇 kyúka; (day off) 休暇の日 kyúka no hi; (public holiday) 祝日 shukújitsu
on holiday 休暇中 kyúkachū

holiday camp (BRIT) n (also: **holiday centre**) 休暇村 kyúkamùra

holiday-maker [hɑ:l'ideimeikə:r] (BRIT) n 行楽客 kórakukyàku

holiday resort n 行楽地 kórakuchì, リゾート rizótò

holiness [hou'li:nis] n (of shrine, person) 神聖さ shiñseisa

Holland [hɑ:l'ənd] n オランダ oráñda

hollow [hɑ:l'ou] adj (container) 空っぽの karáppo no; (log, tree) うろのある uró no arû, (cheeks, eyes) くぼんだ kubóñda; (laugh) わざとらしい wazátorashìì; (claim) 根拠のない koñkyo no naî; (sound) うつろな utsúro na
♦n (in ground) くぼみ kubómi
♦vt: **to hollow out** (excavate) がらんどうにする garándō ni surù

holly [hɑ:l'i:] n (tree, leaves) ヒイラギ híiragi

holocaust [hɑ:l'əkɔ:st] n 大虐殺 daígyakùsatsu

hologram [hou'ləgræm] n ホログラム horóguràmu

holster [houl'stə:r] n (for pistol) ホルスター horúsutà

holy [hou'li:] adj (picture, place, person) 神聖な shiñsei na
holy water 聖水 seísui

homage [hɑ:m'idʒ] n (honor, respect) 敬意 kéì
to pay homage to (hero, idol) …に敬意を表す …ni kéì wo aráwasù

home [houm] n (house) 家 ié, 住い sumáì;

(area, country) 故郷 kokyô; (institution) 収容施設 shúyōshisètsu
♦cpd (domestic) 家庭の katéi no; (ECON, POL) 国内の kokúnài no; (SPORT: team, game) 地元の jimóto no
♦adv (go, come, travel etc) 家に ié ni
at home (in house) 家に〔で〕ié ni 〔de〕; (in country) 本国に〔で〕hóñgoku ni 〔de〕; (in situation) …に通じて …ni tsújite
make yourself at home どうぞお楽にdôzo o-ráku ni
to drive something home (nail etc) …を打込む …wo uchíkomù; (fig: point etc) …を強調する …wo kyóchō surù

home address n 自宅の住所 jitáku no jùsho

home computer n パーソナルコンピュータ pásonarukonpyùta, パソコン pasókon

homeland [houm'lænd] n 母国 bókòku

homeless [houm'lis] adj (family, refugee) 家のない ié no naî

homely [houm'li:] adj (simple, plain) 素朴な sobóku na; (US: not attractive: person) 不器量な bukíryò na

home-made [houm'meid'] adj (bread, bomb) 手製の teséi no, 自家製の jikásei no

Home Office (BRIT) n 内務省 naímushò

homeopathy [houmi:ɑ:p'əθi:] (BRIT **homoeopathy**) n (MED) ホメオパシー homéopashī

home rule n (POL) 自治権 jichíkèn

Home Secretary (BRIT) n 内務大臣 naímudàijin

homesick [houm'sik] adj ホームシックの hómushikkù no

hometown [houmtaun'] n 故郷 kokyô

homeward [houm'wə:rd] adj (journey) 家に帰る ié ni kaerù

homework [houm'wə:rk] n (SCOL) 宿題 shukúdai

homicide [hɑ:m'isaid] (US) n 殺人 satsújin

homeopathy [houmi:ɑ:p'əθi:] (BRIT) n = **homeopathy**

homogeneous [houmədʒi:'ni:əs] adj

(group, class) 均質の kińshitsu no

homosexual [houməsek'ʃuəl] *adj* (person, relationship: *gen*) 同性愛の dṓseīai no; (man) ホモの hómò no; (woman) レズの rézù no
♦*n* (man) 同性愛者 dōseiaishà, ホモ hómò; (woman) 同姓愛者 dōseiaishà, レズ rézù

honest [α:n'ist] *adj* (truthful, trustworthy) 正直な shṓjiki na; (sincere) 率直な sotchoku na

honestly [α:n'istli:] *adv* (truthfully) 正直に shṓjiki ni; (sincerely, frankly) 率直に sotchóku ni

honesty [α:n'isti:] *n* (truthfulness) 正直 shṓjiki; (sincerity, frankness) 率直さ sotchṓkusa

honey [hʌn'i:] *n* (food) はちみつ hachímitsu

honeycomb [hʌn'i:koum] *n* (of bees) ミツバチの巣 mitsúbàchi no su

honeymoon [hʌn'i:mu:n] *n* (holiday, trip) 新婚旅行 shińkonryokṓ, ハネムーン hanémùn

honeysuckle [hʌn'i:sʌkəl] *n* (BOT) スイカズラ suíkazùra

honk [hα:ŋk] *vi* (AUT: horn) 鳴らす narásu

honorary [α:n'əːreːriː] *adj* (unpaid: job, secretary) 無給の mukyū no; (title, degree) 名誉の meíyo no

honor [α:n'əːr] (*BRIT* **honour**) *vt* (hero, author) ほめたたえる homḗtataerù; (commitment, promise) 守る mamórù
♦*n* (pride, self-respect) 名誉 meíyo; (tribute, distinction) 光栄 kōei

honorable [α:n'əːrəbəl] *adj* (person, action, defeat) 名誉ある meíyo aru

honors degree [α:n'əːrz-] *n* (SCOL) 専門学士号 seńmongakushigō

hood [hud] *n* (of coat, cooker etc) フードfūdo; (*US*: AUT: engine cover) ボンネット bońnettò; (*BRIT*: AUT: folding roof) 折畳み式トップ orítatamishiki toppù

hoodlum [hu:d'ləm] *n* (thug) ごろつき gorótsuki, 暴力団員 bṓryokudan-ìn

hoodwink [hud'wiŋk] *vt* (con, fool) だます damásù

hoof [huf] (*pl* **hooves**) *n* ひずめ hizúme

hook [huk] *n* (for coats, curtains etc) かぎ kagí, フック fúkkù; (on dress) ホックhókkù; (*also*: **fishing hook**) 釣針 tsuríbàri
♦*vt* (fasten) 留める tomérù; (fish) 釣る tsurú

hooligan [hu:'ligən] *n* ちんぴら chíñpira

hoop [hu:p] *n* (ring) 輪 wá

hooray [həreiʹ] *excl* = **hurrah, hurray**

hoot [hu:t] *vi* (AUT: horn) クラクションを鳴らす kurákùshon wo narásù; (siren) 鳴る narú; (owl) ほーほーと鳴く hōhō to nakú

hooter [hu:'təːr] *n* (*BRIT*: AUT) クラクション kurákùshon, ホーン hōn; (NAUT, factory) 警報機 keíhōkì

hoover [hu:'vəːr] ®(*BRIT*) *n* (vacuum cleaner) (真空) 掃除機 (shíñkū)sōjikì
♦*vt* (carpet) ...に掃除機を掛ける ...ni sōjikì wo kakérù

hooves [huvz] *npl of* **hoof**

hop [hα:p] *vi* (on one foot) 片足で跳ぶ katáashi de tobù; (bird) ぴょんぴょん跳ぶ pyóñpyon tobú

hope [houp] *vt*: **to hope that/to do** ...だと〔する事を〕望む ...da to〔surú kotó wo〕nozómù
♦*vi* 希望する kibṓ suru
♦*n* (desire) 望み nozómì; (expectation) 期待 kitái; (aspiration) 希望 kibṓ
I hope so/not そうだ〔でない〕といいが sṓ dà〔de náì〕to íi ga

hopeful [houp'fəl] *adj* (person) 楽観的なrakkánteki na; (situation) 見込みのあるmikómi no arù

hopefully [houp'fəli:] *adv* (expectantly) 期待して kitái shite; (one hopes) うまくいけば úmàku ikébà

hopeless [houp'lis] *adj* (grief, situation, future) 絶望的な zetsúbōteki na; (person: useless) 無能な munṓna

hops [hα:ps] *npl* (BOT) ホップ hóppù

horde [hɔ:rd] *n* (of critics, people) 大群taígun

horizon [hərai'zən] *n* (skyline) 水平線 suíheìsen

horizontal [hɔːrizɑːn'təl] *adj* 水平の suíhei no

hormone [hɔːr'moun] n (BIO) ホルモン hórùmon

horn [hɔːrn] n (of animal) 角 tsunó; (material) 角質 kakúshitsu; (MUS: *also*: **French horn**) ホルン hórùn; (AUT) クラクション kurákùshon, ホーン hõn

hornet [hɔːr'nit] n (insect) スズメバチ suzúmebàchi

horny [hɔːr'niː] (inf) adj (aroused) セックスをしたがっている sékkùsu wo shitágatte irù

horoscope [hɔːr'əskoup] n (ASTROLOGY) 星占い hoshíurànai

horrendous [hɔːren'dəs] adj (crime) 恐ろしい osóroshiì; (error) ショッキングな shókkìngu na

horrible [hɔːr'əbəl] adj (unpleasant: color, food, mess) ひどい hidóì; (terrifying: scream, dream) 恐ろしい osóroshiì

horrid [hɔːr'id] adj (person, place, thing) いやな iyá na

horrify [hɔːr'əfai] vt (appall) ぞっとさせる zóttò sasérù

horror [hɔːr'əːr] n (alarm) 恐怖 kyốfù; (abhorrence) 憎悪 zóò; (of battle, warfare) むごたらしさ mugótarashisà

horror film n ホラー映画 horáeìga

hors d'oeuvre [ɔːr dəːrv'] n (CULIN. gen) 前菜 zeñsai; (: Western food) オードブル ődobùru

horse [hɔːrs] n 馬 umá

horseback [hɔːrs'bæk]: **on horseback** adj 乗馬の jôba no
♦adv 馬に乗って umá ni nottè

horse chestnut n (tree) トチノキ tochí no kì; (nut) とちの実 tochí no mì

horseman/woman [hɔːrs'mən/wumən] (pl **horsemen/women**) n (rider) 馬の乗り手 umá nò noríte

horsepower [hɔːrs'pauəːr] n (of engine, car etc) 馬力 baríki

horse-racing [hɔːrs'reisiŋ] n (SPORT) 競馬 keíba

horseradish [hɔːrs'rædiʃ] n (BOT, CULIN) ワサビダイコン wasábidaìkon, セイヨウワサビ seíyōwasàbi

horseshoe [hɔːrs'ʃuː] n てい鉄 teítetsu

horticulture [hɔːr'təkʌltʃəːr] n 園芸 eñgei

hose [houz] n ホース hõsu

hosiery [hou'ʒəːriː] n (in shop) 靴下類 kutsúshitarùi

hospice [hɑːs'pis] n (for the dying) ホスピス hósùpisu

hospitable [hɑːspit'əbəl] adj (person) 持て成しの良い moténashi no yoì; (behavior) 手厚い teátsuì

hospital [hɑːs'pitəl] n 病院 byốin

hospitality [hɑːspətæl'itiː] n (of host, welcome) 親切な持て成し shiñsetsu nà moténashi

host [houst] n (at party, dinner etc) 主人 shújìn, ホスト hósùto; (TV, RADIO) 司会者 shikáishà; (REL) 御聖体 go-séitai; (large number): **a host of** 多数の tasú no

hostage [hɑːs'tidʒ] n (prisoner) 人質 hitójichi

hostel [hɑːs'təl] n (for homeless etc) 収容所 shúyòjo; (also: **youth hostel**) ユースホステル yúsuhosùteru

hostess [hous'tis] n (at party, dinner etc) 女主人 ofnaehujìn, ホステス hósùtesu; (BRIT: air hostess) スチュワーデス suchúwàdesu; (TV, RADIO) (女性) 司会者 (joséi)shikáishà

hostile [hɑːs'təl] adj (person, attitude: aggressive) 敵対する tekítai suru, 敵意のある tékì-i no árù; (: unwelcoming): **hostile to** ...に対して排他的な ...ni táishite haítateki na; (conditions, environment) か酷な kakóku na

hostilities [hɑːstil'ətiːz] npl (fighting) 戦闘 señtō

hostility [hɑːstil'ətiː] n (antagonism) 敵対 tekítai, 敵意 tékì-i; (lack of welcome) 排他的態度 haítatekitaìdo; (of conditions, environment) か酷さ kakókusa

hot [hɑːt] adj (moderately hot) 暖かい atátakaì; (very hot) 熱い atsúi; (weather, room etc) 暑い atsúi; (spicy: food) 辛い karái; (fierce: temper, contest, argument etc) 激しい hageshìì
it is hot (weather) 暑い atsúi; (object) 熱い atsúi

I am hot (person) 私は暑い watákushi wà atsúî

he is hot 彼は暑がっている kárè wa atsúgatte irú

hotbed [hɑːt'bed] *n* (*fig*) 温床 oñshō

hot dog *n* (snack) ホットドッグ hottő-doggù

hotel [houtel'] *n* ホテル hőtèru

hotelier [ɔːteljei'] *n* (owner) ホテルの経営者 hőtèru no keféisha; (manager) ホテルの支配人 hőtèru no shiháînin

hotheaded [hɑːt'hedid] *adj* (impetuous) 気の早い kí no hayaî

hothouse [hɑːt'haus] *n* (BOT) 温室 oñshitsu

hot line *n* (POL) ホットライン hottőraiñ

hotly [hɑːt'liː] *adv* (speak, contest, deny) 激しく hagéshikù

hotplate [hɑːt'pleit] *n* (on cooker) ホットプレート hottőpurèto

hot-water bottle [hɑːtwɔːt'əːr-] *n* 湯たんぽ yutáñpo

hound [haund] *vt* (harass, persecute) 迫害する hakúgai suru

♦*n* (dog) 猟犬 ryőken, ハウンド haúñdo

hour [au'əːr] *n* (sixty minutes) 1時間 ichí jikàn; (time) 時間 jíkàn

hourly [auəːr'liː] *adj* (service, rate) 1時間当りの ichí jikan atàri no

house [*n* haus *vb* hauz] *n* (home) 家 ié, うち uchí; (household) 家族 kázòku; (company) 会社 kaísha; (POL) 議院 gíìn; (THEATER) 客席 kyakúseki; (dynasty) ...家 ...kế

♦*vt* (person) ...に住宅を与える ...ni jútaku wò atáerù; (collection) 収容する shúyō suru

on the house (*fig*) サービスで sắbisu de

house arrest *n* (POL, MIL) 軟禁 nañkin

houseboat [haus'bout] *n* 屋形船 yakátabùne, ハウスボート haúsubòto ◇住宅用の船を指す jútakuyō no funè wo sásù

housebound [haus'baund] *adj* (invalid) 家から出られない ié kara derárenaî

housebreaking [haus'breikiŋ] *n* 家宅侵入 kátakushiñnyū

housecoat [haus'kout] *n* 部屋着 heyági

household [haus'hould] *n* (inhabitants)

家族 kazòku; (home) 家 ié

housekeeper [haus'kiːpəːr] *n* (servant) 家政婦 kaséifù

housekeeping [haus'kiːpiŋ] *n* (work) 家事 kájì; (money) 家計費 kakéîhi

house-warming party [haus'wɔːrmiŋ-] *n* 新居祝いのパーティ shiñkyo-iwaî no pắti

housewife [haus'waif] (*pl* **housewives**) *n* 主婦 shúfù

housework [haus'wəːrk] *n* (chores) 家事 kájì

housing [hau'ziŋ] *n* (houses) 住宅 jútaku; (provision) 住宅供給 jútakukyőkyū

housing development *n* 住宅団地 jútakudañchi

housing estate (*BRIT*) *n* 住宅団地 jútakudañchi

hovel [hʌv'əl] *n* (shack) あばら屋 abáraya

hover [hʌv'əːr] *vi* (bird, insect) 空中に止まる kữchū ni tomarù

hovercraft [hʌv'əːrkræft] *n* (vehicle) ホバークラフト hobákurafùto

KEYWORD

how [hau] *adv* 1 (in what way) どう dồ, どの様に donố yồ ni, どうやって dố yattè

how did you do it? どうやってそれができたんですか dố yattè soré gà dekítan desù ká

I know how you did it あなたがどの様にしてそれができたか私には分かっています anátà ga donố yồ ni shite soré gà dekíta kà watákushi ni wà wakátte imasù

to know how to do something ...の仕方を知っている ...no shikáta wò shitté irù

how is school? 学校はどうですか gakkố wa dồ desu ká

how was the film? 映画はどうでしたか eíga wa dồ deshita ká

how are you? お元気ですか o-géñki desu ká

2 (to what degree) どのくらい donố kurai

how much milk? どのくらいのミルク

donó kurai nò mírùku

how many people? 何人の人々 náñnin no hitòbito

how much does it cost? 値段はいくらですか nedán wà íkùra desu ká

how long have you been here? いつからここにいますか ítsù kara kokó nì imásù ká

how old are you? お幾つですか o-íkùtsu desu ká

how tall is he? 彼の身長はどれくらいですか kárè no shiñchō wà doré gùrai desu ká

how lovely/awful! なんて美しい〔ひどい〕 náñte utsúkushiî〔hidóî〕

---

howl [haul] *vi* (animal) 遠ぼえする tōboe suru; (baby, person) 大声で泣く őgoè de nakú; (wind) うなる unárù

H.P. [eitʃpi:ʔ] *abbr* = **hire purchase**

h.p. *abbr* = **horsepower**

HQ [eitʃkju:ʔ] *abbr* = **headquarters**

hub [hʌb] *n* (of wheel) ハブ hábù; (*fig*: centre) 中心 chúshin

hubbub [hʌbʌb] *n* (din, commotion) どよめき doyómeki

hubcap [hʌbkæp] *n* (AUT) ホイールキャップ hoírukyappù

huddle [hʌdʒl] *vi*: *to huddle together* (for heat, comfort) 体を寄合う karáda wò yoséaù

hue [hju:] *n* (color) 色 irő; (shade of color) 色合い iróaî

hue and cry *n* (outcry) 騒ぎ sáwàgi

huff [hʌf] *n*: *in a huff* (offended) 怒っておくれて okőttè

hug [hʌg] *vt* (person, thing) 抱締める dakíshimerù

huge [hju:dʒ] *adj* (enormous) ばく大な bakúdai na

hulk [hʌlk] *n* (ship) 廃船 haísen; (person) 図体ばかり大きい人 zútai bakari őkìi hitő, うどの大木 udo no taíboku; (building etc) ばかでかい物 bakádekai monò

hull [hʌl] *n* (of ship) 船体 señtai, ハル hárù

hullo [həlou] *excl* = **hello**

hum [hʌm] *vt* (tune, song) ハミングで歌

う hamingu de utau

♦*vi* (person) ハミングする hámìngu suru; (machine) ぶーんと鳴る bûn to narú; (insect) ぶんぶんいう búñbun iu

human [hju:mən] *adj* (existence, body) 人の hitő no, 人間の niñgen no; (weakness, emotion) 人間的な niñgenteki na

♦*n* (person) 人 hitő, 人間 niñgen

humane [hju:mein] *adj* (treatment, slaughter) 苦痛を与えない kutsū wò atáenai

humanitarian [hju:mænite:rʔiən] *adj* (aid, principles) 人道的な jiñdōteki na

humanity [hju:mænʔitiː] *n* (mankind) 人類 jíñrui, 人間 niñgen; (human nature) 人間性 niñgensei; (humaneness, kindness) 思いやり omóiyari

humble [hʌmbəl] *adj* (modest) 謙虚な kéñkyo na; (lowly: background) 身分の低い míbùn no hikúî

♦*vt* (humiliate, crush) ...の高慢な鼻を折る ...no kőman na haná wò őrù

humbug [hʌmbʌg] *n* (of statement, writing) でたらめ detárame; (*BRIT*: sweet) はっか飴 hakká-ame

humdrum [hʌmʔdrʌm] *adj* (dull, boring) 退屈な taíkutsu na

humid [hju:mid] *adj* (atmosphere, climate) 湿度の高い shitsúdo no takáî

humidity [hju:midʔitiː] *n* 湿度 shitsúdò

humiliate [hju:milʔiːeit] *vt* (rival, person) ...の高慢な鼻を折る ...no kőman na haná wò őrù

humiliation [hju:miliʔeiʃən] *n* (embarrassment) 恥 hajî; (situation, experience) 恥辱 chijóku

humility [hju:milʔətiː] *n* (modesty) 謙そん keñson

humor [hju:mər] (*BRIT* **humour**) *n* (comedy, mood) ユーモア yūmoa

♦*vt* (child, person) ...の機嫌を取る ...no kigén wo tőrù

humorous [hju:mərəs] *adj* (remark, book) おどけた odőketa; (person) ユーモアのある yūmoa no árù

hump [hʌmp] *n* (in ground) 小山 koyáma; (of camel: *also* deformity) こぶ kobú

humpbacked [hʌmpbækt] *adj*: *hump-*

backed bridge 反り橋 soríhashi

hunch [hʌntʃ] *n* (premonition) 直感 chokkán

hunchback [hʌntʃ'bæk] *n* せむしの人 semúshi nò hitó ◇べっ称 besshō

hunched [hʌntʃt] *adj* (bent, stooped: shoulders) 曲げた magéta; (: person) 肩を落した kátà wo otóshità

hundred [hʌn'drid] *num* 百（の）hyakú (no); (before *n*): *a/one hundred books* 100冊の本 hyakúsatsu nò hóñ; *a/one hundred people* 100人の人 hyakúnin nò hitó: *a/one hundred dollars* 100ドル hyakú doru

hundreds of 何百もの nañbyaku mo no

hundredweight [hʌn'dridweit] *n* (US = 45.3 kg, 100 lb; BRIT = 50.8 kg, 112 lb)

hung [hʌŋ] *pt, pp of* **hang**

Hungarian [hʌŋgeːr'iːən] *adj* ハンガリーの hañgarī no; (LING) ハンガリー語の hañgarīgo no

◆*n* (person) ハンガリー人 hañgarījīn; (LING) ハンガリー語 hañgarīgo

Hungary [hʌŋ'gəːriː] *n* ハンガリー hañgarī

hunger [hʌŋ'gəːr] *n* (lack of food) 空腹 kúfuku; (starvation) 飢餓 kígà

◆*vi: to hunger for* (desire) ...に飢える ...ni uérù

it hurts! 痛い！itái!

hunger strike *n* ハンガーストライキ hañgāsutoraíki, ハンスト hañsuto

hungry [hʌŋ'griː] *adj* (person, animal) 空腹な kúfuku na; (keen, avid): *hungry for* ...に飢えた ...ni uétà

to be hungry おなかがすいた onáka ga suità

hunk [hʌŋk] *n* (of bread etc) 塊 katámari

hunt [hʌnt] *vt* (for food: subj: animal) 捜し求める sagáshimotomerù, あさる asárù; (SPORT) 狩る kárù, ...の狩りをする ...no kárī wo suru; (criminal, fugitive) 捜す sagásu, 捜索する sōsaku suru

◆*vi* (search): *to hunt (for)* (...を) 捜す (...wo) sagásu; (SPORT) (...の) 狩りをする (...no) kárī wo suru

◆*n* (for food: *also* SPORT) 狩り kárī; (search) 捜す事 sagásu kotò; (for crimi-

nal) 捜索 sōsaku

hunter [hʌn'təːr] *n* (sportsman) ハンター hañtā

hunting [hʌn'tiŋ] *n* (for food: *also* SPORT) 狩り kárī

hurdle [həːr'dəl] *n* (difficulty) 障害 shōgai; (SPORT) ハードル hádoru

hurl [həːrl] *vt* (object) 投げる nagérù; (insult, abuse) 浴びせ掛ける abísekakerù

hurrah [həːra:'] *n* (as cheer) 歓声 kañsei

hurray [həreiʹ] *n* = **hurrah**

hurricane [həːr'əkein] *n* (storm) ハリケーン haríkēn

hurried [həːr'iːd] *adj* (hasty, rushed) 大急ぎの ōisògi no

hurriedly [həːr'iːdliː] *adv* 大急ぎで ōisògi de

hurry [həːr'iː] *n* (haste, rush) 急ぎ isógi

◆*vi* (*also*: **hurry up**: hasten, rush) 急ぐ isógù

◆*vt* (*also*: **hurry up**: person) 急がせる isógaserù; (: work) 急いでする isóide suru

to be in a hurry 急いでいる isóide irù

hurt [həːrt] (*pt, pp* **hurt**) *vt* (cause pain to) 痛める itámerù; (injure, *fig*) 傷付ける kizútsukerù

◆*vi* (be painful) 痛む itámù

it hurts! 痛い！itái!

hurtful [həːrt'fəl] *adj* (remark) 傷付ける様な kizútsukeru yō na

hurtle [həːr'təl] *vi: to hurtle past* (train, car) 猛スピードで通り過ぎる mōsupído de tōrisugirù

to hurtle down (fall) 落ちる ochírù

husband [hʌz'bənd] *n* 夫 ottó

hush [hʌʃ] *n* (silence) 沈黙 chiñmoku; (stillness) 静けさ shizúkesà

◆*vt* (silence) 黙らせる damáraserù

hush! 静かに shízùka ni

hush up *vt* (scandal etc) もみ消す momíkesù

husk [hʌsk] *n* (of wheat, rice) 殻 kará; (of maize) 皮 kawá

husky [hʌs'kiː] *adj* (voice) しわがれた shiwágaretà, ハスキーな hásùkī na

◆*n* (dog) ハスキー hásùkī

hustle [hʌs'əl] *vt* (hurry) 急がせる isógaserù

♦*n: hustle and bustle* 雑踏 zattŏ

hut [hʌt] *n* (house) 小屋 koyá; (shed) 物置 monŏ-oki

hutch [hʌtʃ] *n* (*also:* **rabbit hutch**) ウサギ小屋 uságigoya

hyacinth [hai'əsinθ] *n* ヒヤシンス hiyáshiñsu

hybrid [hai'brid] *n* (plant, animal) 交雑種 kŏzatsushù, ハイブリッド haíbuː riddŏ; (mixture) 混成物 koñseibùtsu

hydrant [hai'drənt] *n* (*also:* **fire hydrant**) 消火栓 shŏkasen

hydraulic [haidrɔː'lik] *adj* (pressure, system) 油圧の yuátsu no

hydroelectric [haidrouilek'trik] *adj* (energy, complex) 水力発電の suíryokuhatsùden no

hydrofoil [hai'drəfɔil] *n* (boat) 水中翼船 suíchüyokùsen

hydrogen [hai'drədʒən] *n* (CHEM) 水素 súiso

hyena [haiiː'nə] *n* ハイエナ haíena

hygiene [hai'dʒiːn] *n* (cleanliness) 衛生 eísei

hygienic [haidʒiːen'ik] *adj* 衛生的な eíseiteki na

hymn [him] *n* 替美歌 sañbika

hype [haip] (*inf*) *n* 売込み口上 uríkomikŏjò

hypermarket [hai'pəːrmaːrkit] (*BRIT*) *n* 大型スーパー ŏgatasüpā

hyphen [hai'fən] *n* (dash) ハイフン haífun

hypnosis [hipnou'sis] *n* 催眠 saímin

hypnotic [hipnɑːt'ik] *adj* (trance) 催眠術の saímiñjutsu no; (rhythms) 催眠的な saímiñteki na

hypnotism [hip'nətizəm] *n* 催眠術 saímiñjutsu

hypnotist [hip'nətist] *n* (person) 催眠術師 saímiñjutsushî

hypnotize [hip'nətaiz] *vt* (MED etc) ...に催眠術を掛ける ...ni saímiñjutsu wo kakéru; (*fig*: mesmerise) 魅惑する miwáku suru

hypochondriac [haipəkɑːn'driːæk] *n* 心気症患者 shiñkishŏkañja

hypocrisy [hipɑːk'rəsiː] *n* (falseness, in-sincerity) 偽善 gizén

hypocrite [hip'əkrit] *n* (phoney) 偽善者 gizéñsha

hypocritical [hipəkrit'ikəl] *adj* (person) 偽善の gizén no; (behavior) 偽善者的な gizéñshateki na

hypothermia [haipəθəːr'miːə] *n* (MED) 低体温症 teítaioñshō

hypothesis [haipɑː'θəsis] (*pl* **hypotheses**) *n* (theory) 仮説 kasétsu

hypothetic(al) [haipəθet'ik(əl)] *adj* (question, situation) 仮定の katéi no

hysteria [histiː'riːə] *n* (panic: *also* MED) ヒステリー hisúterī

hysterical [histeːr'ikəl] *adj* (person, rage) ヒステリックな hisúterikkù na; (situation: funny) 笑いが止らない様な waráì gà tomáranai yŏ na

hysterical laughter ばか笑い bakáwaràì

hysterics [histeːr'iks] *npl* (anger, panic) ヒステリー hisúterì; (laughter) 大笑い ŏwaràì

I

I [ai] *pron* 私は〔が〕watákushi wa 〔ga〕

ice [ais] *n* (frozen water) 氷 kŏri; (*also:* **ice cream**) アイスクリーム aísukurĭmu

♦*vt* (cake) ...にアイシングを掛ける ...ni áìshingu wo kakérù

♦*vi* (*also:* **ice over**, **ice up**: road, window etc) 氷に覆われる kŏri nǐ ŏwarerù

iceberg [ais'bəːrg] *n* 氷山 hyŏzan

icebox [ais'bɑːks] *n* (*US*: fridge) 冷蔵庫 reízŏko; (*BRIT*: compartment) 冷凍室 reítŏshitsu; (insulated box) クーラー kūrā

ice cream *n* アイスクリーム aísukurĭmu

ice cube *n* 角氷 kakúgŏri

iced [aist] *adj* (cake) アイシングを掛けた áìshingu wo kákèta; (beer) 冷した hiyáshìta

iced tea アイスティー aísutĭ

ice hockey *n* (SPORT) アイスホッケー aísuhokkē

Iceland [ais'lənd] *n* アイスランド **aísurañ-**

do

ice lolly [-lɑ:l'i:] (*BRIT*) n アイスキャンディー aísukyaǹdī

ice rink n スケートリンク sukḗtoriǹku

ice-skating [ais'skeitiŋ] n アイススケート aísusukḗto

icicle [ai'sikəl] n (on gutter, ledge etc) つらら tsurára

icing [ai'siŋ] n (CULIN) 砂糖衣 satṓgoròmo, アイシング áishingu

icing sugar (*BRIT*) n 粉砂糖 konázatò

icon [ai'kɑ:n] n (REL) 聖像画 seízõga, イコン íkòn

icy [ai'si:] adj (air, water, temperature) 冷たい tsumétai; (road) 氷に覆われた kṓri ni ṓwareta

I'd [aid] = I would; I had

idea [aidi:'ə] n (scheme, notion) 考え kañgaè; (opinion) 意見 íkèn; (objective) つもり tsumóri

ideal [aidi:'əl] n (principle) 理想 risṓ; (epitome) 模範 mohán
♦adj (perfect) 理想的な risṓteki na

idealist [aidi:'əlist] n 理想主義者 risṓshugishà

identical [aiden'tikəl] adj 同一の dṓitsu no

identification [aidentəfəkei'ʃən] n (process) 識別 shikíbetsu; (of person, dead body) 身元の確認 mimóto nò kakúnin

(means of) identification 身分証明書 mibúnshōmeìsho

identify [aiden'təfai] vt (recognize) 見分ける miwákerù; (distinguish) 識別する shikíbetsu suru; (associate): *to identify someone/something (with)* ...を (...と) 関連付ける ...wo (...to) kañrenzukerù

Identikit [aiden'təkit] ® n: *Identikit (picture)* モンタージュ写真 moñtājushashìn

identity [aiden'titi:] n (of person, suspect etc) 身元 mimóto, 正体 shṓtai; (of group, culture, nation etc) 特性 tokúsei

identity card n 身分証明書 mibúnshōmeìsho

ideology [aidi:ɑ:l'ədʒi:] n (beliefs) 思想 shisṓ, イデオロギー ideórògī

idiom [id'i:əm] n (style) 作風 sakúfū; (phrase) 熟語 jukúgo, イディオム ídìomu

idiomatic [idi:əmæt'ik] adj 熟語的な jukúgoteki na

idiosyncrasy [idi:əsiŋ'krəsi:] n (foible) 特異性 tokúisei

idiot [id'i:ət] n (fool) ばか bákà

idiotic [idi:ɑ:t'ik] adj (stupid) ばかな bákà na

idle [ai'dəl] adj (inactive) 暇な himá na; (lazy) 怠惰な taída na; (unemployed) 失業中の shitsúgyōchū no; (machinery) 動いていない ugóite inàī; (factory) 休業中の kyúgyōchū no; (question, conversation) 無意味な muími na; (pleasure) むなしい munáshiì
♦vi (machine, engine) 空回りする káramawàri suru, アイドリングする aídoriǹgu suru

idle away vt: *to idle away the time* のらくらする nórakura suru

idol [ai'dəl] n (hero) アイドル áidoru; (REL) 偶像 gúzõ

idolize [ai'dəlaiz] vt ...に心酔する ...ni shiñsui suru

idyllic [aidil'ik] adj のどかな nṓdòka na

i.e. [aii:'] abbr (= id est: that is) 即ち sunáwàchi

KEYWORD

---

if [if] conj 1 (conditional use: given that, providing that etc) (もし)...すれば〔するならば〕(móshì) ...surḕba〔surú naràba〕

I'll go if you come with me あなたが一緒に来れば，私は行ってもいいです anátà ga isshó ni kurḕba watákushi wà itté mo íi desu

I'd be pleased if you could do it あなたがそれをやって下されば私は助かりますが anátà ga soré wò yatté kudasarḕba watákushi wà tasúkarimasù ga

if anyone comes in だれかが入って来れば dárèka ga háìtte kurḕba

if necessary 必要であれば hitsúyō de arḕba

if I were you 私があなただったら watákushi gà anátà dáttàra

2 (whenever) ...の時 ...no tóki

if we are in Scotland, we always go to see her スコットランドにいる時私たちは必ず彼女に会いに行きます sukóttorañdo ni irú tokì watákushitàchi wa kanárazu kánòjo ni áî ni ikímasù

3 (although): *(even) if* たとえ...でも tatóè ...dě mò

I am determined to finish it, (even) if it takes all week たとえ今週いっぱいかかっても私はこの仕事を片付けたい tatóè końshū ippái kakátte mò watákushi wà konó shigoto wò katázuketaî

I like it, (even) if you don't あなたがいやでも、私はこれが好きです anátà ga iyá de mò, watákushi wà koré gà sukí desù

4 (whether) ...かどうか ...ka dô ka

I don't know if he is here 彼がここにいるかどうか私には分かりません kárè ga kokó ni irú ka dôka watákushi ni wà wakárimaseñ

ask him if he can come 来られるかどうか彼に聞いて下さい koráreru ka dô ka kárè ni kiíte kudasaî

5: *if so/not* そうであれば〔なければ〕 sô de aréba(nakeréba)

if only ...であったらなあ ...dě áttara nâ

if only I could 私にそれができたらなあ watákushi nì soré gà dékìtara nâ

¶ *see also* **as**

igloo [igˈluː] *n* イグルー ígùrū

ignite [ignaitˈ] *vt* (set fire to) ...に火をつける ...ni hí wò tsukérù

◆*vi* 燃出す moédasù

ignition [ignifˈəṇ] *n* (AUT: process) 点火 teñka; (: mechanism) 点火装置 teñkasôchi

to switch on/off the ignition エンジンスイッチを入れる〔切る〕 eñjinsuìtchi wo irérù(kírù)

ignition key *n* (AUT) カーキー kákì

ignorance [igˈnəːrəns] *n* (lack of knowledge) 無知 múchì

ignorant [igˈnəːrənt] *adj* (uninformed, unaware) 無学な múgàku na, 知知な múchì na

to be ignorant of (subject, events) ...を知らない ...wo shiránaî

ignore [ignɔːrˈ] *vt* (person, advice, event, fact) 無視する mushí suru

I'll [ail] = I will; I shall

ill [il] *adj* (sick) 病気の byóki no; (harmful: effects) 悪い warúî

◆*n* (evil) 悪 ákù; (trouble) 凶兆 kyóchō

◆*adv*: *to speak ill of someone* ...の悪口を言う ...no warúgùchi wo iú

to think ill (of someone) (...を) 悪く思う (...wo) warúkù omóù

to be taken ill 病気になる byóki ni narù, 倒れる taórerù

ill-advised [ilˈædvaizdˈ] *adj* (decision) 軽率な keísotsu na; (person) 無分別な mufúñbetsu na

ill-at-ease [ilˈətiːzˈ] *adj* (awkward, uncomfortable) 落着かない ochítsukanaî

illegal [iliːˈgəl] *adj* (not legal: activity, organization, immigrant etc) 不法の fuhô no

illegible [iledʒˈəbəl] *adj* (writing) 読めない yoménaî

illegitimate [ilidʒitˈəmit] *adj*: *an illegitimate child* 私生児 shiséiji

ill-fated [ilˈfeiˈtid] *adj* (doomed) 不運な fúûn na

ill feeling *n* (animosity, bitterness) 恨み urámi

illicit [ilisˈit] *adj* (unlawful: sale, association, substance) 不法の fuhô no

illiterate [ilitˈəːrit] *adj* (person) 文盲の mofímo no; (letter) 無学な múgàku na

ill-mannered [ilˈmænˈəːrd] *adj* (rude: child etc) 行儀の悪い gyôgi no warùi

illness [ilˈnis] *n* 病気 byóki

illogical [ilɑːdʒˈikəl] *adj* (fear, reaction, argument) 不合理な fugôri na

ill-treat [ilˈtriːtˈ] *vt* (child, pet, prisoner) 虐待する gyakútai suru

illuminate [iluːˈməneit] *vt* (light up: room, street) 明るくする akárukù suru; (decorate with lights: building, monument etc) ライトアップ する raítoappù suru; (shine light on) 照らす terásù

illumination [iluːmənei'(ʃ)ən] *n* (lighting) 照明 shómei

illuminations [ilu:mənei'ʃənz] *npl* (decorative lights) 電飾 deńshoku, イルミネーション irúmineshon

illusion [ilu:'ʒən] *n* (false idea, belief) 錯覚 sakkáku; (trick) いんちき ińchiki, トリック toríkkù

illusory [ilu:'sə:ri:] *adj* (hopes, prospects) 錯覚の sakkáku no

illustrate [il'əstreit] *vt* (point) 例を挙げて説明する rei wǒ agétè setsúmei suru; (book) ...に挿絵を入れる ...ni sashíe wo irérù; (talk) ...にスライド（など）を使う ...ni suráido (nádò) wo tsukáù

illustration [iləstrei'ʃən] *n* (act of illustrating) 図解 zukái; (example) 例 reí; (in book) 挿絵 sashíe

illustrious [ilʌs'tri:əs] *adj* (career) 輝かしい kagáyakashiî; (predecessor) 著名な choméi na

ill will *n* (hostility) 恨み urámi

I'm [aim] = **I am**

image [im'idʒ] *n* (picture) 像 ző; (public face) イメージ íméji; (reflection) 姿 sugáta

imagery [im'idʒri:] *n* (in writing, painting etc) 比ゆ híyù

imaginary [imædʒ'əne:ri:] *adj* (being, danger) 想像上の sōzōjō no

imagination [imædʒənei'ʃən] *n* (part of the mind) 想像 sōzō; (inventiveness) 想像力 sōzōryoku

imaginative [imædʒ'ənətiv] *adj* (person) 想像力に富んだ sōzōryoku ni tońdà; (solution) 奇抜な kibátsu na

imagine [imædʒ'in] *vt* (visualise) 想像する sōzō suru; (dream) ...だと錯覚する ...da to sakkáku suru; (suppose) ...だと思う ...da to omóù

imbalance [imbæl'əns] *n* (inequality) 不均等 fukíntō, アンバランス ańbarànsu

imbecile [im'bəsil] *n* (idiot) ばか bákà

imbue [imbju:'] *vt*: **to imbue someone/ something with** ...に ...を吹込む ...ni ...wo fukíkomù

imitate [im'əteit] *vt* (copy) まねる manérù; (mimic) ...の物まねをする ...no monómane wǒ suru

imitation [imətei'ʃən] *n* (act of copying) まね mané; (act of mimicking) 物まね monómane; (copy) 偽物 nisémono

immaculate [imæk'jəlit] *adj* (room) 汚れ一つない yogóre hitotsù náî; (appearance) 清潔な seíketsu na; (piece of work) 完璧な kańpeki na; (REL) 原罪のない geńzai nò náî

immaterial [imətiː'riːəl] *adj* (unimportant) どうでもいい dő dè mo íì

immature [imətu:r'] *adj* (fruit, cheese) 熟していない jukú shite inài; (organism) 未成熟の miséijuku no; (person) 未熟な mijúku na

immediate [imi:'di:it] *adj* (reaction, answer) 即時の sokúji no; (pressing: need) 緊迫した kińpaku shita; (nearest: neighborhood, family) 最も近い mottó-mò chikáî

immediately [imi:'di:itli:] *adv* (at once) 直ぐに súgù ni, 直ちに tádàchi ni; (directly) 真っ直ぐに massúgù ni

immediately next to ... ...の直ぐ隣に ...no súgù tonárî ni

immense [imens'] *adj* (huge: size) 巨大な kyodái na; (: progress, importance) 大変な taíhen na

immerse [imə:rs'] *vt* (submerge) 浸す hitásù

to be immersed in (*fig*: work, study etc) ...に熱中している ...ni netchú shite irù

to be immersed in thought 考え込んでいる kańgaekoǹde irú

immersion heater [imə:r'ʒən-] (*BRIT*) *n* 投入式湯沸かし器 tőnyūshiki yuwakashikî

immigrant [im'əgrənt] *n* 移民 imín

immigration [imigrei'ʃən] *n* (process) 移住 ijū; (control: at airport etc) 入国管理局 nyūkoku kańrikyoku

imminent [im'ənənt] *adj* (arrival, departure) 差迫った sashísematta

immobile [imou'bəl] *adj* (motionless) 動かない ugókanaî

immobilize [imou'bəlaiz] *vt* (person, machine) 動けなくする ugókenakù suru

immoral [imɔ:r'əl] *adj* (person, behavior, idea etc) 不道徳な fudőtoku na

immorality [iməræl'iti:] *n* 不道徳 fudō-toku

immortal [imɔːr'təl] *adj* (living for ever: god) 永遠に生きる eíen ní ikírù; (unforgettable: poetry, fame) 不滅の fumétsu no

immortalize [imɔːr'təlaiz] *vt* (hero, event) ...に不朽の名声を与える ...ni fukyū no meísei wo atáerù

immune [imjuːn'] *adj*: **immune (to)** (disease) (...に) 免疫がある (...ni) meñ-eki ga arù; (flattery) (...が) ...に通じない (...ga) ...ni tsūjinài; (criticism, attack) ...に (...の) しようがない ...ni (...no) shíyō ga nai

immunity [imjuː'niti:] *n* (to disease etc) 免疫 meñ-eki; (from prosecution, taxation etc) 免除 méñjo

diplomatic immunity 外交特権 gaíkoutokkèn

immunize [im'jənaiz] *vt* (MED: gen) ...に免疫性を与える ...ni meñ-ekisei wò atáerù; (with injection) ...に予防注射をする ...ni yobōchùsha wo suru

imp [imp] *n* (small devil) 小鬼 ko-óni; (child) いたずらっ子 itázurakkò

impact [im'pækt] *n* (of bullet, crash) 衝撃 shōgeki, インパクト íñpakuto; (of law, measure) 影響 eíkyō

impair [impeːr'] *vt* (vision, judgement) 損なう sokónaù

impale [impeil'] *vt* くし刺にする kushízashi ni suru

impart [impaːrt'] *vt* (make known: information) 与える atáerù; (bestow: flavor) 添える soérù

impartial [impaːr'ʃəl] *adj* (judge, observer) 公平な kóhei na

impassable [impæs'əbəl] *adj* (river) 渡れない watárenaì; (road, route etc) 通行不可能な tsūkōfukanò na

impasse [im'pæs] *n* (in war, negotiations) 行き詰り ikízumari

impassive [impæs'iv] *adj* (face, expression) 無表情な muhyōjō na

impatience [impei'ʃəns] *n* (annoyance due to waiting) じれったさ jiréttasà; (irritation) 短気 táñki; (eagerness) 意欲 í-yòku

impatient [impei'ʃənt] *adj* (annoyed by waiting) じれったい jiréttaì; (irritable) 短気な táñki na; (eager, in a hurry): *impatient to ...* ...従っている ...shitágatte irù

to get/grow impatient もどかしがる modókashigarù

impeccable [impek'əbəl] *adj* (perfect: manners, dress) 申分のない mōshibùn no nái

impede [impiːd'] *vt* (progress, development etc) 妨げる samátagerù

impediment [impe'dəmənt] *n* (to growth, movement) 障害 shōgai; (*also*: **speech impediment**) 言語障害 geñgoshōgai

impending [impen'diŋ] *adj* (arrival, catastrophe) 差迫る sashísemarù

impenetrable [impen'itrəbəl] *adj* (wall, jungle) 通れない tōrenaì; (*fig*: law, text) 難解な nañkai na

imperative [imper'ətiv] *adj* (need) 緊急の kíñkyū no; (tone) 命令的な meíreiteki na

♦*n* (LING) 命令形 meíreikei

imperceptible [impərsep'təbəl] *adj* (change, movement) 気付かれない kizúkarenaí

imperfect [impər'fikt] *adj* (goods, system etc) 不完全な fukánzen na

♦*n* (LING: *also*: **imperfect tense**) 過去進行形 kakóshinkōkei

imperfection [impərfek'ʃən] *n* (failing, blemish) 欠点 kettéñ

imperial [impiːr'iːəl] *adj* (history, power) 帝国の teíkoku no; (*BRIT*: measure) ヤードポンド法の yádopondohō no

imperialism [impiːr'iːəlizəm] *n* 帝国主義 teíkokushùgi

impersonal [impər'sənəl] *adj* (place, organization) 人間味のない niñgeñmi no nái

impersonate [impər'səneit] *vt* (another person, police officer etc) ...の名をかたる ...no ná wò katárù, ...に成り済ます ...ni narísumasù; (THEATER) ...にふんする ...ni fuñ surù

impertinent [impər'tənənt] *adj* (pupil, question) 生意気な namáiki na

impervious [impər'vi:əs] *adj* (*fig*): *impervious to* (criticism etc) ...に影響されない ...ni eíkyō sarenái

impetuous [impetʃ'u:əs] *adj* (impulsive) 無鉄砲な mutéppō na

impetus [im'pitəs] *n* (momentum: of flight, runner) 惰性 daséi; (*fig*: driving force) 原動力 gendōryoku

impinge [impind3']: *to impinge on* *vt fus* (person) ...の行動を制限する ...no kōdō wo seígen suru; (rights) 侵害する shingai suru

implacable [implæk'əbəl] *adj* (hatred, anger etc) なだめがたい nadámegàtai; (opposition) 執念深い shūnenbùkai

implement [*n* im'pləmənt *vb* im'pləment] *n* (tool: for farming, gardening, cooking etc) 道具 dōgu
♦*vt* (plan, regulation) 実行する jikkō suru

implicate [im'plikeit] *vt* (in crime, error) ...のかかわり合いを立証する ...no kakáwarìaì wo risshō suru

implication [implikei'ʃən] *n* (inference) 含み fukúmi; (involvement) 係り合い kakáwarìaì

implicit [implis'it] *adj* (inferred: threat, meaning etc) 暗黙の afímoku no; (unquestioning: belief, trust) 盲目的な mōmokuteki na

implore [implɔ:r'] *vt* (beg) ...に嘆願する ...ni tafígan suru

imply [implai'] *vt* (hint) ...の意味を含む ...no ímì wo fukúmù; (mean) ...を意味する ...wo ímì suru

impolite [impəlait'] *adj* (rude, offensive) 失礼な shitsúrei na

import [*vb* impɔ:rt' *n* im'pɔ:rt] *vt* (goods etc) 輸入する yunyū suru
♦*n* (COMM: article) 輸入品 yunyūhin; (: importation) 輸入 yunyū

importance [impɔ:r'təns] *n* (significance) 重大さ jūdaisa; (of person) 有力 yūryoku

important [impɔ:r'tənt] *adj* (significant: decision, difference etc) 重要な júyō na, 重大な júdai na; (influential: person) 偉い eráì
it's not important 大した事じゃない taíshita kotò ja náì

importer [impɔ:r'tər] *n* (COMM) 輸入業者 yunyūgyōsha

impose [impouz'] *vt* (sanctions, restrictions, discipline etc) 負わせる owáserù
♦*vi*: *to impose on* ...に付込む ...ni tsukékomù, ...に迷惑を掛ける ...ni meíwaku wo kakérù

imposing [impou'ziŋ] *adj* (building, person, manner) 貫禄くある kafíroku arù

imposition [impəziʃ'ən] *n* (of tax etc) 賦課 fuká
to be an imposition on (person) ...に付込む ...ni tsukékomù, ...に迷惑を掛ける ...ni meíwaku wo kakérù

impossible [impɑ:s'əbəl] *adj* (task, demand etc) 不可能な fukánō na; (situation) 厄介な yakkái na; (person) どうしようもない dō shiyō mo nai

impostor [impɑ:s'tər] *n* 偽者 nisémono

impotence [im'pətəns] *n* (lack of power) 無力 múryòku; (MED) 性交不能 seíkōfunō, インポテンツ ífípotentsu

impotent [im'pətənt] *adj* (powerless) 無力な múryòku na; (MED) 性交不能の seíkōfunō no

impound [impaund'] *vt* (belongings, passports) 没収する bosshū suru

impoverished [impɑ:v'əriʃt] *adj* (country, person etc) 貧しくなった mazúshiku nattā

impracticable [impræk'tikəbəl] *adj* (idea, solution) 実行不可能な jikkōfukanō na

impractical [impræk'tikəl] *adj* (plan) 実用的でない jitsúyōteki de naì; (person) 不器用な bukíyō na

imprecise [imprisais'] *adj* (inexact) 不正確な fuséikaku na

impregnable [impreg'nəbəl] *adj* (castle, fortress) 難攻不落の nafíkōfurāku no

impregnate [impreg'neit] *vt* (saturate) ...に染込ませる ...ni shimíkomaserù

impresario [imprəsɑ:'ri:ou] *n* (THEA-

TER) 興業師 kốgyōshì

impress [impres'] vt (person) ...に印象を
与える ...ni ińshō wò atáerù; (mark) ...に
押付ける ...ni oshítsukerù

to impress something on someone ...に
...を強く言い聞かす ...ni ...wo tsuyókù
iíkikasù

impression [impreʃ'ən] n (of place, situ-
ation, person) 印象 ińshō; (of stamp,
seal) 判 hań, 刻 印 kokúiñ; (idea) 思い込
み omóikomi; (effect) 効果 kốka; (mark)
跡 átò; (imitation) 物まね monómane

to be under the impression that ...だ
と思い込んでいる ...da to omóikoǹde irú

impressionable [impreʃ'ənəbəl] adj
(child, person) 感じやすい kańjiyasui

impressionist [impreʃ'ənist] n (enter-
tainer) 物真似芸人 monómanegeìnin;
(ART): *Impressionist* 印象派画家 ińshō-
hagaka

impressive [impres'iv] adj (reputation,
collection) 印象的な ińshōteki na

imprint [im'print] n (outline: of hand
etc) 跡 ato; (PUBLISHING) 奥付 okúzu-
ke

imprison [impriz'ən] vt (criminal) 拘置
する kốchi suru, 刑務所に入れる keímu-
shò ni irérù

imprisonment [impriz'ənmənt] n 拘置
kốchi

improbable [imprɑːb'əbəl] adj (unlikely:
outcome) ありそうもない arísō mò nái;
(: explanation, story) 本当らしくない hoń-
tōrashikù nái

impromptu [imprɑːmp'tuː] adj (celebra-
tion, party) 即席の sokúseki no

improper [imprɑːp'əːr] adj (unsuitable:
conduct, procedure) 不適切な futékise-
tsu na; (dishonest: activities) 不正な fu-
séi na

improve [impruːv'] vt (make better:
character, housing, result) 改善する kaí-
zen suru

♦vi (get better: weather, pupil, patient,
health etc) 良くなる yókù naru

improvement [impruːv'mənt] n (mak-
ing better) 改善 kaízen; (getting better)
良くなる事 yókù naru kotó: *improve-*

ment (in) (making better) (...を) 改善
する事 (...wo) kaízen surù kotó; (getting
better) (...が) 良くなる事 (...ga) yókù
naru kotó

improvise [im'prəvaiz] vt (meal, bed
etc) 有り合せの物で作る aríawase no
mono dè tsukúrù

♦vi (THEATER, MUS) 即興的にしゃべ
る〔演奏する〕sokkyốteki nì shabérù
〔eńsō suru〕, アドリブする adóribu suru

imprudent [impruːd'ənt] adj (unwise) 賢
明でない keńmei de naí

impudent [im'pjədənt] adj (child, com-
ment, remark) 生意気な namáiki na

impulse [im'pʌls] n (urge: *gen*) 衝動 shố-
dō; (: to do wrong) 出来心 dekígokòro;
(ELEC) 衝撃 shốgeki, インパルス îńparu-
su

to act on impulse 衝動的に行動する
shốdōteki ni kōdố suru

impulsive [impʌl'siv] adj (purchase, ges-
ture, person) 衝動的な shốdōteki na

impunity [impjuː'niti] n: *with impu-
nity* 罰せられずに bassérarezù ni

impure [impjuːr'] adj (adulterated) 不純
な fujún na; (sinful) みだらな mídàra na

impurity [impjuːr'iti] n (foreign sub-
stance) 不純物 fujúñbutsu

KEYWORD

in [in] prep 1 (indicating place, position)
...に〔で〕... nì〔dè〕

in the house/garden 家〔庭〕に〔で〕ié
〔niwá〕 nì〔dè〕

in the box/fridge/drawer 箱〔冷蔵庫、
引き出し〕に〔で〕hakó〔reízōko, hikída-
shi〕nì〔dè〕

I have it in my hand 手に持っていま
す té nì móttè imasu

to spend a day in town/the country
町〔田舎〕で1日を過ごす machí〔ináka〕de
ichínichi wò sugósù

in school 学校に〔で〕gakkố nì〔dè〕

in here/there ここ〔あそこ〕に〔で〕ko-
kó〔asóko〕nì〔dè〕

2 (with place names: of town, region,
country) ...に〔で〕... nì〔dè〕

in London ロンドンに〔で〕róñdon ni

〔de〕

in England/Japan/Canada/the United States 英国〔日本, カナダ, アメリカ〕に〔で〕efkoku(nippón, kánàda, amérìka) ni〔dè〕

in Burgundy バーガンディーに〔で〕bãgañdī ni(de)

3 (indicating time: during) ...に ...nĩ

in spring/summer 春〔夏〕に hárù(natsú)ni

in 1998 1998年 に señkyūhyakukyújūhachi nêñ ni

in May 5月に gógàtsu ni

I'll see you in July 7月に会いましょう shichígatsu ni aímashō

in the afternoon 午後に gógò ni

at 4 o'clock in the afternoon 午後4時に gógò yójì ni

4 (indicating time: in the space of) ...で ...dè

I did it in 3 hours/days 3時間〔3日〕でやりました sañjikàn(mikká)de yarímashĩta

I'll see you in 2 weeks/in 2 weeks' time 2週間したら また会いましょう nishūkàn shitara matá aimashõ

5 (indicating manner etc) ...で ...dè

in a loud/soft voice 大きな〔小さな〕声で ōkìna(chísana)kôè de

in pencil/ink 鉛筆〔インク〕で eñpitsu 〔íñku〕dè

in English/French 英語〔フランス語〕で efgo(furáñsugo)de

the boy in the blue shirt 青いシャツの少年 aoĩ shátsù no shôñen

6 (indicating circumstances): *in the sun* 直射日光に当って chokúshanikkõ ni atáttè, 日なたに hínàtà ni

in the rain 雨の中 ámè no nákà

in the shade 日陰で hikáge de

a change in policy 政策の変更 sefsaku nõ heñkõ

a rise in prices 物価の上昇 búkkà no jôshõ

7 (indicating mood, state): *in tears* 泣いて naítè

in anger 怒って okóttè

in despair 失望して shitsúbõ shitè

in good condition 無事に bují nĩ

to live in luxury ぜいたくに暮す zeítaku ni kuràsu

8 (with ratios, numbers): *1 in 10 households has a second car, 1 household in 10 has a second car* 10世帯中1世帯は車を2台持っている jussétaichū issétai wà kurúma wò nídài mõtte irù

6 months in the year 1年の内6か月 ichínen no uchĩ rokkágètsu

they lined up in twos 彼らは2人ずつ並んだ kárèra wa futárizùtsu naráñda

9 (referring to people, works): *the disease is common in children* この病気は子供によく見られる konõ byõki wa kodómo nĩ yôkù mirárerù

in (the works of) Dickens ディケンズの作品の中に díkenzu no sakúhin no nakã ni

she has it in her to succeed 彼女には成功する素質がある kánòjo ni wa sefkõ suru soshítsu ga árù

they have a good leader in him 彼らにとって彼は素晴らしいリーダーです kárèra ni tóttè kárè wa subárashiĩ rídà desu

10 (indicating profession etc): *to be in teaching* 教員である kyõñ de árù

to be in publishing 出版関係の仕事をしている shuppánkañkei no shigóto wò shitê irù

to be in the army 軍人である guñjìn de árù

11 (after superlative): *the best pupil in the class* クラスで最優秀の生徒 kúràsu de safyūshū no seítò

the biggest/smallest in Europe ヨーロッパ中で最も大きな〔小さな〕物 yõroppajū de mottõmõ ōkìna(chísana)monõ

12 (with present participle): *in saying this* こう言って kõ ittè

in doing things the way she did, she alienated everyone 彼女のやり方は皆の反感を買った kánòjo no yaríkata wà minã nõ hañkan wo kattã

♦*adv*: *to be in* (person: at home) 在宅である zaítaku de arù; (: at work) 出社して

いる shusshá shite irù; (train, plane) 到着
している tóchaku shite irù; (ship) 入港し
ている nyúkō shite irù; (in fashion) 流行
している ryúkō shite irù

he'll be in later today 2-3時間したら
出社すると思います nisánjikàn shitárà
shusshá suru tò omóimasù

miniskirts are in again this year 今
年ミニスカートが再び流行しています
kotóshi minísukàto ga futátabì ryúkō
shite imasù

to ask someone in ...を家に上がらせる
...wò ié nì agáraserù

to run/limp etc in 走って〔びっこを引
いて〕入って来る hashíttè〔bíkkò wo hí-
tè〕háittè kuru

♦n: **the ins and outs** (of proposal,
situation etc) 詳細 shósai

**he explained all the ins and outs of
the deal to me** 彼は私に取引の詳細を
説明してくれました kárè wa watákushi
nì toríhiki no shósai wo setsúmei shite
kuremashìta

in. abbr = **inch**

inability [inəbíl'əti:] n (incapacity): **in-
ability (to do)** (...する事が) できない
事 (...surú kotò ga) dekínai kotó

inaccessible [inækses'əbəl] adj (place)
入りにくい haírinikùi, 近付きにくい chi-
kázukinikùi; (fig: text, music) 難解な nañ-
kai na

inaccurate [inæk'jə:rit] adj (account,
answer, person) 不正確な fuséikaku na

inactivity [inæktiv'iti:] n (idleness) 活動
しない事 katsúdōshìnai kotó

inadequate [inæd'əkwit] adj (income,
amount, reply) 不十分な fujúbùn na;
(person) 無能な munō na

inadvertently [inədvə:r'təntli:] adv (un-
intentionally) うっかり ukkárì

inadvisable [inədvai'zəbəl] adj 得策でな
い tokúsaku de naì

inane [inein'] adj (smile, remark) 愚かな
óròka na

inanimate [inæn'əmit] adj 生命のない
seímei no naì

inappropriate [inəprou'pri:it] adj (un-

suitable) 不適切な futékisetsu na; (im-
proper: word, expression) 非難すべき hi-
nánsubeki

inarticulate [ina:rtik'jəlit] adj (person)
口下手な kuchíbeta na; (speech) 分かり
にくい wakárinikuì

inasmuch as [inəzmʌtʃ'-] adv (in that)
...という点で ...to iú teñ de; (insofar as)
できる限り dekíru kagiri

inaudible [inɔ:'dəbəl] adj (voice, aside)
聞取れない kikítorenaì

inaugural [inɔ:'gjə:rəl] adj (speech) 就任
の shúnin no; (meeting) 発会の hakkái
no

inaugurate [inɔ:'gjə:reit] vt (president,
official) ...の就任式を行う ...no shúnin-
ñshiki wo okonau; (system, measure) 始
める hajímeru; (organization) 発足させ
る hossóku saserù

inauguration [inɔ:gjərei'ʃən] n (of presi-
dent, official) 就任式 shúniñshiki; (of
system, measure) 開始 kaíshi; (of organi-
zation) 発足 hossóku

in-between [in'bitwi:n'] adj (intermedi-
ate) 中間的な chúkanteki na

inborn [in'bɔ:rn] adj (quality) 生れ付きの
umáretsukì nò

inbred [in'bred] adj (quality) 生まれつき
の umaretsuki no; (family) 近親交配の
kiñshinkōhai no

Inc. abbr = **incorporated**

incalculable [inkæl'kjələbəl] adj (effect,
loss) 途方もない tohō mo naì

incapable [inkei'pəbəl] adj (helpless) 無
能な munō na; (unable to): **to be in-
capable of something/doing some-
thing** ...が〔する事が〕できない ...ga〔surú
kotò ga〕dekínaì

incapacitate [inkəpæs'əteit] vt 不具に
する fúgù ni suru

incapacity [inkəpæs'iti:] n (weakness)
弱さ yówàsa; (inability) 不能 funō

incarcerate [inka:r'sə:rit] vt 拘置する
kóchi suru, 刑務所に入れる keímushò ni
irérù

incarnation [inka:rnei'ʃən] n (of beauty)
化身 késhìn; (of evil) 権化 góñge; (REL)
神が人間の姿を取る事 kámì ga niñgen

...atá wo tórù kotó

...diary [insen'di:e:ri:] *adj* (device) 放火の hōka no

an incendiary bomb 焼い弾 shṓidàn

incense [*n* in'sens *vb* insens'] *n* (perfume: *also* REL) 香 kṓ
♦*vt* (anger) 怒らせる okóraserù

incentive [insen'tiv] *n* (inducement) 動機 dṓkì, 刺激 shigéki

incessant [inses'ənt] *adj* (bickering, criticism) 引っ切り無しの hikkíri nashì no

incessantly [inses'əntli:] *adv* 引っ切り無しに hikkíri nashì ni

incest [in'sest] *n* 近親相かん kińshinsṑkan

inch [intʃ] *n* (measurement) インチ ínchi
to be within an inch of doing 危うく ...するところである ayáuku ...surú tokòro de árù
he didn't give an inch (*fig*: back down, yield) 一寸も譲ろうとしなかった issún mo yuzúrṑ to shinákatta

inch forward *vi* 一寸刻みに進む issúñkizami ni susúmu

incidence [in'sidəns] *n* (of crime, disease) 発生率 hasséiritsu

incident [in'sidənt] *n* (event) 事件 jíkèn

incidental [insiden'təl] *adj* (additional, supplementary) 付随的な fuzúiteki na
incidental to ...に対して二次的な ...ni táìshite nijíteki na

incidentally [insiden'təli:] *adv* (by the way) ところで tokóro dè

incinerator [insin'ə:reitə:r] *n* (for waste, refuse) 焼却炉 shṓkyakurò

incipient [insip'i:ənt] *adj* (baldness, madness) 初期の shōkì no

incision [insiʒ'ən] *n* (cut: *also* MED) 切開 sékkài

incisive [insai'siv] *adj* (comment, criticism) 痛烈な tsúretsu na

incite [insait'] *vt* (rioters, violence) 扇動する señdō suru; (hatred) あおりたてる aóritatèru

inclination [inklənei'ʃən] *n* (tendency) 傾向 keíkō; (disposition, desire) 望み nozómi

incline [in'klain] *n* (slope) 坂 saká
♦*vt* (bend: head) 下げる sagérù
♦*vi* (surface) 傾斜する keísha suru
to be inclined to (tend) ...する傾向がある ...suru keíkō ga arù

include [inklu:d'] *vt* (incorporate: in plan, team etc) 入れる irérù; (: in price) 含む fukúmù

including [inklu:d'iŋ] *prep* ...を含めて ...wo fukámète

inclusion [inklu:'ʒən] *n* (incorporation: in plan etc) 入れる事 irérù kotó; (: in price) 含む事 fukúmù kotó

inclusive [inklu:'siv] *adj* (price, terms) 含んでいる fukúñde iru
inclusive of ...を含めて ...wo fukúmète

incognito [inkɑ:gni'tou] *adv* (travel) 御忍びで o-shínobi de

incoherent [inkouhi:'rənt] *adj* (argument, speech, person) 分かりにくい wakárinikuì

income [in'kʌm] *n* 収入 shúnyu

income tax *n* 所得税 shotókuzèi

incoming [in'kʌmiŋ] *adj* (flight, passenger) 到着の tṓchaku no; (call, mail) 着信の chakúshin no; (government, official) 新任の shínnin no; (wave) 寄せて来る yoséte kurù
the incoming tide 上げ潮 agéshio

incomparable [inkɑ:m'pə:rəbəl] *adj* (genius, efficiency etc) 類のない ruí no nāī

incompatible [inkəmpæt'əbəl] *adj* (lifestyles, systems, aims) 相容れない áìrénai

incompetence [inkɑ:m'pitəns] *n* 無能 munṓ

incompetent [inkɑ:m'pitənt] *adj* (person) 無能な munṓ na; (job) 下手な hetá na

incomplete [inkəmpli:t'] *adj* (unfinished: book, painting etc) 未完成の mikánsei no; (partial: success, achievement) 部分的な bubúnteki na

incomprehensible [inkɑ:mprihen'səbəl] *adj* (conduct) 不可解な fukákai na; (language) 分からない wakáranaì

inconceivable [inkənsi:'vəbəl] *adj* (unthinkable) 考えられない kañgaerarenaì

incongruous [inkɑ:ŋ'gru:əs] *adj*
(strange: situation, figure) 変った ka-
wátta; (inappropriate: remark, act) 不適
当な futékitō na

inconsiderate [inkənsid'ə:rit] *adj* (per-
son, action) 心ない kokóronaí

inconsistency [inkənsis'tənsi:] *n* (of
behavior, person etc) 一貫しない事 ikkán
shinai koto; (in work) むら murá; (in
statement, action) 矛盾 mujún

inconsistent [inkənsis'tənt] *adj* (behav-
ior, person) 変りやすい kawáriyasuí;
(work) むらの多い murá no ōí; (state-
ment, action) 矛盾した mujún shita
inconsistent with (beliefs, values) …と
矛盾する …to mujún suru

inconspicuous [inkənspik'ju:əs] *adj*
(person, color, building etc) 目立たない
medátanaí

incontinent [inkɑ:n'tənənt] *adj* (MED)
失禁の shikkín no

inconvenience [inkənvi:n'jəns] *n* (prob-
lem) 問題 mofidai; (trouble) 迷惑 meíwa-
ku
♦*vt* …に迷惑を掛ける …ni meíwaku wò
kakérù

inconvenient [inkənvi:n'jənt] *adj* (time,
place, house) 不便な fubén na; (visitor,
incident etc) 厄介な yakkái na

incorporate [inkɔ:r'pə:rit] *vt* (make
part of) 取入れる torírerù; (contain) 含
む fukúmù

incorporated company [inkɔ:r'-
pə:reitid-] *(US) n (abbr* **Inc.)** 会社 kaísha

incorrect [inkərekt'] *adj* (information,
answer, attitude etc) 間違った machígat-
tà

incorrigible [inkɔ:r'idʒəbəl] *adj* (liar,
crook) 救い様のない sukúiyō no náí

incorruptible [inkərʌp'təbəl] *adj* (not
open to bribes) 買収のできない baíshū
no dekinai

increase [*n* inkri:s *vb* inkri:s'] *n* (rise):
increase (in/of) (…の) 増加 (…no) zó-
ka
♦*vi* (: price, level, productivity etc) 増す
masú
♦*vt* (make greater: price, knowledge

etc) 増す masú

increasing [inkri:s'iŋ] *adj* (number, use)
増加する zōka suru

increasingly [inkri:s'iŋli:] *adv* (more
intensely, more often) ますます masú-
màsu

incredible [inkred'əbəl] *adj* (unbeliev-
able) 信じられない shiñjirarenaí; (enor-
mous) ばく大な bakúdai na

incredulous [inkredʒ'ələs] *adj* (tone,
expression) 半信半疑の hañshiñhangi no

increment [in'krəmənt] *n* (in salary) 定
期昇給 teíkishōkyū

incriminate [inkrim'əneit] *vt* (LAW)
…の罪を立証する …no tsúmi wo risshō
suru

incubation [inkjəbei'ʃən] *n* (of eggs) ふ
卵 furán; (of illness) 潜伏期間 señpukuki-
kàn

incubator [in'kjəbeitə:r] *n* (for babies)
保育器 hoíkukì

incumbent [inkʌm'bənt] *n* (official:
POL, REL) 現役 gen-eki
♦*adj*: *it is incumbent on him to …*
…するのが彼の義務である …surú no gà
káre no gímù de árù

incur [inkə:r'] *vt* (expenses) …が掛る …ga
kakárù; (loss) 受ける ukérù; (debt) こし
らえる koshíraerù; (disapproval, anger)
被る kômurù

incurable [inkju:r'əbəl] *adj* (disease) 不
治の fújì no

incursion [inkə:r'ʒən] *n* (MIL: invasion)
侵入 shiñnyū

indebted [indet'id] *adj*: *to be indebted
to someone* (grateful) …に感謝している
…ni káñsha shité irù

indecent [indi:'sənt] *adj* (film, book) み
だらな mídara na

indecent assault *(BRIT) n* 強制わいせ
つ罪 kyōsei waisetsuzài

indecent exposure *n* 公然わいせつ罪
kōzen waisetsuzài

indecisive [indisai'siv] *adj* (person) 決断
力のない ketsúdanryoku no naí

indeed [indi:d'] *adv* (certainly) 確かに tá-
shìka ni, 本当に hofitō ni; (in fact) 実は
jitsú wà; (furthermore) なお nâò

yes indeed! 確かにそうだ! táshìka ni só dà!

indefinite [indéf'ənit] adj (answer, view) 不明確な fuméikaku na; (period, number) 不定の futéi no

indefinitely [indéf'ənitli:] adv (continue, wait) いつまでも ítsù made mo

indelible [indél'əbəl] adj (mark, stain, ink) 消せない kesénai
indelible pen 油性フェルトペン yuséi ferútopen

indemnity [indem'niti:] n (insurance) 賠償保険 baíshōhokèn; (compensation) 賠償 baíshō

independence [indipen'dəns] n (of country, person etc) 独立 dokúritsu; (of thinking etc) 自主性 jishúsei

independent [indipen'dənt] adj (country, business etc) 独立した dokúritsu shita; (person, thought) 自主的な jishúteki na; (school) 私立の shírītsu no; (broadcasting company) 民間の miñkan no; (inquiry) 独自の dokúji no

indestructible [indistrʌk'təbəl] adj 破壊できない hakái dekinaî

indeterminate [indítə:r'mənit] adj (number, nature) 不明の fuméi no

index [in'deks] (pl indexes) n (in book) 索引 sakúin, インデックス iñdekkùsu; (in library etc) 蔵書目録 zōshomokùroku; (pl: indices: ratio) 率 rítsù, 指数 shísù; (: sign) 印 shirúshi

index card n インデックスカード iñdekkusukùda

indexed [in'dekst] (BRIT **index-linked**) adj (income, payment) スライド制のsuráidosei no

index finger n 人差指 hitósashiyùbi

India [in'di:ə] n インド íñdo

Indian [in'di:ən] adj インドの íñdo no
Red Indian アメリカインディアン amérika iñdian

Indian Ocean n: *the Indian Ocean* インド洋 iñdoyò

indicate [in'dikeit] vt (show) 示す shimésù; (point to) 指す sásù; (mention) 示唆する shisá suru

indication [indikei'ʃən] n (sign) しるし shirúshi

indicative [indik'ətiv] adj: *indicative of* ...のしるしである ...no shirúshi de aru
♦n (LING) 直接法 chokúsetsuhò

indicator [in'dikeitə:r] n (marker, signal) しるし shirúshi; (AUT) 方向指示器 hōkōshijìki, ウインカー uíñkā

indices [in'disi:z] npl of **index**

indictment [indait'mənt] n (denunciation) 避難 hínàn; (charge) 起訴 kisó

indifference [indif'ə:rəns] n (lack of interest) 無関心 mukánshin

indifferent [indif'ə:rənt] adj (uninterested: attitude) 無関心な mukánshin na; (mediocre: quality) 平凡な heíbon na

indigenous [indídʒ'ənəs] adj (wildlife) 固有の koyû no
the indigenous population 原住民 geñjūmin

indigestion [indídʒes'tʃən] n 消化不良 shōkafuryò

indignant [indig'nənt] adj: *to be indignant at something/with someone* (angry) ...に怒っている ...ni okótte irù

indignation [indignei'ʃən] n (outrage, resentment) 立腹 rippúku

indignity [indig'niti:] n (humiliation) 侮辱 bujóku

indigo [in'dəgou] n (color) あい áî

indirect [indirekt'] adj (way, route) 遠回しの tōmawashì no; (answer, effect) 間接的な kañsetsuteki na

indirectly [indirekt'li:] adv (responsible) 間接的に kañsetsuteki ni

indiscreet [indiskri:t'] adj (person, behavior, comment) 軽率な keísotsu na

indiscriminate [indiskrim'ənit] adj (bombing) 無差別の musábetsu no; (taste) はっきりしない hakkírì shináî

indispensable [indispen'səbəl] adj (tool, worker) 掛替えのない kakégae no naî

indisposed [indispouzd'] adj (unwell) 体調の悪い taíchō no warûî

indisputable [indispju:'təbəl] adj (undeniable) 否めない inámenaî

indistinct [indistiŋkt'] adj (image, memory) ぼんやりした boñ-yarî shita; (noise) かすかな kásùka na

individual [indəvidʒ'u:əl] *n* (person: different from all others) 個人 kójìn; (: with *adj*) 人 hitó, 人物 jinbutsu
♦*adj* (personal) 個人個人の kojínkòjin no; (single) それぞれの sorézòre no; (particular: characteristic) 独特な dokútoku na

individualist [indəvidʒ'u:əlist] *n* 個人主義者 kojínshugìshà

individually [indəvidʒ'u:əli:] *adv* (singly: persons) 一人一人で hitórihitorì de; (: things) 一つ一つで hitótsuhitotsù de

indivisible [indəviz'əbəl] *adj* (matter, power) 分割できない buñkatsu dekinái

indoctrinate [indɑ:k'trəneit] *vt* ...に ...を 教え込む ...ni ...wo oshíekomù, 洗脳する seínō suru

indoctrination [indɑ:ktrənei'ʃən] *n* 教え込む事 oshíekomù kotó, 洗脳 seínō

indolent [in'dələnt] *adj* (lazy) 怠惰な taída na

Indonesia [indəni:'ʒə] *n* インドネシア iñdoneshìa

indoor [in'dɔ:r] *adj* 屋内の okúnai no

indoors [indɔ:rz'] *adv* (inside) 屋内で okúnai de

induce [indu:s'] *vt* (bring about) 引起こす hikíokosù; (persuade) 説得する settóku suru; (MED: birth) 誘発する yūhatsu suru

inducement [indu:s'mənt] *n* (incentive) 動機 dōki, 刺激 shigéki; (*pej*: bribe) 賄ろ waíro

indulge [indʌldʒ'] *vt* (desire, whim) 満たす mitásù; (person, child) 気ままにさせる kimáma ni saserù
♦*vi*: **to indulge in** (vice, hobby) ...にふける ...ni fukérù

indulgence [indʌl'dʒəns] *n* (pleasure) 楽しみ tanóshimi; (leniency) 寛大さ kañdaisa

indulgent [indʌl'dʒənt] *adj* (parent, smile) 甘やかす amáyakasù

industrial [indʌs'tri:əl] *adj* 産業の sañgyō no, 工業の kógyo no

industrial action (*BRIT*) *n* 争議行為 sōgikòi

industrial estate (*BRIT*) *n* = industrial park

industrialist [indʌs'tri:əlist] *n* 実業家 jitsúgyòka

industrialize [indʌs'tri:əlaiz] *vt* (country, society) 工業化する kōgyōka suru

industrial park (*US*) *n* 工業団地 kōgyōdaǹchi

industrious [indʌs'tri:əs] *adj* (student, worker) 勤勉な kiñben na

industry [in'dəstri:] *n* (manufacturing) 産業 sañgyō, 工業 kōgyō; (oil industry, textile industry etc) ...業界 ...gyōkai; (diligence) 勤勉さ kiñbensa

inebriated [ini:b'ri:eitid] *adj* (drunk) 酔っ払った yoppáratta

inedible [ined'əbəl] *adj* (disgusting) 食べられない tabérarenaì; (poisonous) 食用に適さない shokúyō nì tekísanaì

ineffective [inifek'tiv] *adj* (policy, government) 効果のない kōka no naì

ineffectual [inifek'tʃu:əl] *adj* = ineffective

inefficiency [inifiʃ'ənsi:] *n* 非能率 hinôritsu

inefficient [inifiʃ'ənt] *adj* (person, machine, system) 能率の悪い nôritsu no waruì

inept [inept'] *adj* (politician, management) 無能な munō na

inequality [inikwɑ:l'iti:] *n* (of system) 不平等 fubyōdō; (of amount, share) 不等 futô

inert [inə:rt'] *adj* (immobile) 動かない ugókanaì; (gas) 不活性の fukássei no

inertia [inə:r'ʃə] *n* (apathy) 物臭 monôgusa; (PHYSICS) 惰性 daséi

inescapable [inəskei'pəbəl] *adj* (conclusion, impression) 避けられない sakérarenaì

inevitable [inev'itəbəl] *adj* (outcome, result) 避けられない sakérarenaì, 必然的な hitsúzenteki na

inevitably [inev'itəbli:] *adv* 必然的に hitsúzenteki ni

inexcusable [inikskju:'zəbəl] *adj* (behavior, error) 許されない yurúsarenaì

inexhaustible [inigzɔ:s'təbəl] *adj* (wealth, resources) 無尽蔵の mujíñzō no

inexorable [inek'sɔ:rəbəl] *adj* (progress, decline) 止め様のない tomếyǒ no naî

inexpensive [inikspen'siv] *adj* (cheap) 安い yasúî

inexperience [inikspi:r'i:əns] *n* (of person) 不慣れ fúnāre

inexperienced [inikspi:r'i:ənst] *adj* (swimmer, worker) 不慣れの fúnāre no

inexplicable [ineks'plikəbəl] *adj* (decision, mistake) 不可解な fukákāi na

inextricably [ineks'trikəbli:] *adv* (entangled, linked) 分けられない程 wakếrarenái hodo

infallible [infæl'əbəl] *adj* (person, guide) 間違いのない machígaī no naî

infamous [in'fəməs] *adj* (crime, murderer) 悪名高い akúmeidakaî

infamy [in'fəmi:] *n* (notoriety) 悪評 akúhyō

infancy [in'fənsi:] *n* (of person) 幼年時代 yőnenjidāi

infant [in'fənt] *n* (baby) 赤ちゃん ákāchan; (young child) 幼児 yőjì

infantile [in'fəntail] *adj* (disease) 幼児の yṵ. no; (foolish) 幼稚な yőchī na

infantry [in'fəntri:] *n* (MIL) 歩兵隊 hohéitai

infant school (*BRIT*) *n* 幼稚園 yőchien

infatuated [infætʃ'u:eitid] *adj*: **to be infatuated with** ...にのぼせている ...ni nobốsete irù

infatuation [infætʃu:ei'ʃən] *n* (passion) ...にのぼせる事 ...ni nobốseru koto

infect [infekt'] *vt* (person, animal) ...に感染させる ...ni kañsen saserù; (food) 汚染する osén suru

infection [infek'ʃən] *n* (MED: disease) 感染 kañsen; (contagion) 伝染 deñsen

infectious [infek'ʃəs] *adj* (person, animal) 伝染病にかかった deñsenbyō ni kakáttå; (disease) 伝染性の deñsensei no; (*fig*: enthusiasm, laughter) 移りやすい utsúriyasuî

infer [infər'] *vt* (deduce) 推定する suítei suru; (imply) ...の意味を含む ...no ímî wo fukúmù

inference [in'fə:rəns] *n* (deduction) 推定 suítei; (implication) 含み fukúmi

inferior [infi:'ri:ə:r] *adj* (in rank) 下級の kakyǔ no; (in quality, quantity) 劣った otóttå

♦*n* (subordinate) 下の者 shitá no monò; (junior) 年下の者 toshíshita no monò

inferiority [infi:ri:ɔ:r'iti:] *n* (in rank) 下級である事 kakyǔ de arù kotó; (in quality) 品質の悪さ hiñshitsu nò wárùsa

inferiority complex *n* (PSYCH) 劣等感 rettőkan

infernal [infə:r'nəl] *adj* (racket, temper) ひどい hidôî

inferno [infə:r'nou] *n* (blaze) 大火事 őkajì

infertile [infər'təl] *adj* (soil) 不毛の fumố no; (person, animal) 不妊の funín no

infertility [infə:rtil'əti:] *n* (of soil) 不毛 fumố; (of person, animal) 不妊症 funíñshō

infested [infes'tid] *adj*: **infested with** (vermin, pests) ...がうじゃうじゃいる ...ga újàuja irú

infidelity [infidel'iti:] *n* (unfaithfulness) 浮気 uwáki

in-fighting [in'faitiŋ] *n* 内紛 naífun, 内ゲバ uchígeba

infiltrate [infil'treit] *vt* ...に潜入する ...ni seńnyū suru

infinite [in'fənit] *adj* (very great: variety, patience) ばく大な bakúdai na; (without limits: universe) 無限の mugén no

infinitive [infin'ətiv] *n* (LING) 不定詞 futéishi

infinity [infin'əti:] *n* (infinite number) 無限大 mugéndai; (infinite point) 無限 mugén

infirm [infə:rm'] *adj* (weak) 虚弱な kyojáku na; (ill) 病弱な byőjaku na

infirmary [infə:r'mə:ri:] *n* (hospital) 病院 byőin

infirmity [infə:r'miti:] *n* (weakness) 虚弱さ kyojákusa; (being ill) 病弱さ byőjakusa; (specific illness) 病気 byőki

inflamed [infleimd'] *adj* (tongue, appendix) 炎症を起した eñshō wò okőshita

inflammable [inflæm'əbəl] *adj* (fabric, chemical) 可燃性の kanénsei no, 燃えや

すい moéyasuì

inflammation [infləmei'ʃən] *n* (of throat, appendix etc) 炎症 eñshō

inflatable [inflei'təbəl] *adj* (life jacket, dinghy, doll) 膨らます事のできる fukúramasu kotð no dekírù

inflate [infleit'] *vt* (tire, balloon) 膨らます fukúramasù; (price) つり上げる tsurí-agerù

inflation [inflei'ʃən] *n* (ECON) インフレ iñfure

inflationary [inflei'ʃəne:ri:] *adj* (spiral) インフレの iñfure no; (demand) インフレを引起こす iñfure wð hikíokosù

inflexible [inflek'səbəl] *adj* (rule, timetable) 融通が利かない yúzū ga kikànai; (person) 譲らない yuzúranaì

inflict [inflikt'] *vt*: **to inflict something on someone** (damage, suffering) ...に...を加える ...ni ...wo kuwáerù

influence [in'flu:əns] *n* (power) 実力 jitsúryoku; (effect) 影響 eíkyō
♦*vt* (person, situation, choice etc) 左右する sáyù suru
under the influence of alcohol 酒に酔って oñké ni yotté

influential [influ:en'tʃəl] *adj* (politician, critic) 有力な yúryoku na

influenza [influ:en'zə] *n* (MED) 流感 ryúkan

influx [in'flʌks] *n* (of refugees, funds) 流入 ryúnyū

inform [infɔ:rm'] *vt*: **to inform someone of something** (tell) ...に...を知らせる ...ni ...wo shiráserù
♦*vi*: **to inform on someone** (to police, authorities) ...を密告する ...wo mikkóku suru

informal [infɔ:r'məl] *adj* (manner, discussion, party) 寛いだ kutsúroidà; (clothes) 普段の fúdàn no; (unofficial: visit, meeting) 非公式の hikóshiki no

informality [infɔ:rmæl'iti:] *n* (of manner, party etc) 寛いだ雰囲気 kutsúroida fuñ-iki

informant [infɔ:r'mənt] *n* (source) 情報提供者 jōhōteikyð̄sha, インフォーマント iñfōmañto

information [infə:rmei'ʃən] *n* 情報 jōhō
a piece of information 1つの情報 hitótsù no jōhō

information office *n* 案内所 añnaijo

informative [infɔ:r'mətiv] *adj* (report, comment) 有益な yū́eki na

informer [infɔ:r'mə:r] *n* (*also*: **police informer**) 密告者 mikkókushà, スパイ supáì

infra-red [in'frərèd] *adj* (rays, light) 赤外線の sekígaisen no

infrastructure [in'frəstrʌk'tʃə:r] *n* (of system etc) 下部構造 kabúkōzō, インフラストラクチャー iñfurasutorakùchā

infrequent [infri:'kwint] *adj* (visits) 間遠な madð na; (buses) 本数の少ない hofísū nð sukúnaì

infringe [infrindʒ'] *vt* (law) 破る yabúrù
♦*vi*: **to infringe on** (rights) ...を侵す ...wo okásù

infringement [infrindʒ'mənt] *n* (of law) 違反 ihán; (of rights) 侵害 shiñgai

infuriating [infju:r'i:eitig] *adj* (habit, noise) いらいらさせる íraira saséru

ingenious [indʒi:n'jəs] *adj* (idea, solution) 巧妙な kómyō na

ingenuity [indʒənu:'iti:] *n* (cleverness, skill) 才能 saínō

ingenuous [indʒen'ju:əs] *adj* (innocent, trusting) 無邪気な mújàki na

ingot [iŋ'gət] *n* (of gold, platinum) 延べ棒 nobébō, インゴット iñgòtto

ingrained [ingreind'] *adj* (habit, belief) 根深い nebúkaì

ingratiate [ingrei'ʃi:eit] *vt*: **to ingratiate oneself with** ...に取入る ...ni torîru

ingratitude [ingræt'ətu:d] *n* (of beneficiary, heir) 恩知らず oñshirazu

ingredient [ingri:'di:ənt] *n* (of cake) 材料 zaíryō; (of situation) 要素 yóso

inhabit [inhæb'it] *vt* (town, country) ...に住む ...ni súmù

inhabitant [inhæb'ətənt] *n* (of town, street, house, country) 住民 júmin

inhale [inheil'] *vt* (breathe in: smoke, gas etc) 吸込む suíkomù
♦*vi* (breathe in) 息を吸う íkì wo suu; (when smoking) 煙を吸込む kemúri wð

suíkomù

inherent [inhe:r'ent] *adj*: *inherent in*
...に固有の ...ni koyū no

inherit [inhe:r'it] *vt* (property, money)
相続する sōzoku suru; (characteristic)
遺伝で受継ぐ idén de ukétsugù

inheritance [inhe:r'itəns] *n* (property,
money etc) 相続財産 sōzoku zaisàn;
(characteristics etc) 遺伝 idén

inhibit [inhib'it] *vt* (growth: *also*
PSYCH) 抑制 yokúsei

inhibited [inhib'itid] *adj* (PSYCH) 抑制
の多い yokúsei nò ōi

inhibition [inibi'ʃən] *n* 抑制 yokúsei

inhospitable [inhɑ:spit'əbəl] *adj* (per-
son) もてなしの悪い moténashi nò waru-
i; (place, climate) 住みにくい sumínikuì

inhuman [inhju:'mən] *adj* (behavior) 残
忍な zańnin na; (appearance) 非人間的な
hiníngenteki na

inimitable [inim'itəbəl] *adj* (tone, style)
まねのできない mané no dekinái

iniquity [inik'witi:] *n* (wickedness) 悪á-
kù; (injustice) 不正 fuséi

initial [iniʃ'əl] *adj* (stage, reaction) 最初
の saísho no
♦*n* (letter) 頭文字 kashíramojì
♦*vt* (document) ...に頭文字で署名する
...ni kashíramojì de shoméi surù

initials [iniʃ'əlz] *npl* (of name) 頭文字 ka-
shíramojì; (as signature) 頭文字の署名
kashíramojì no shoméi

initially [iniʃ'əli:] *adv* (at first) 最初は saí-
sho wa; (first) まず最初に mázù saísho ni

initiate [iniʃ'i:it] *vt* (begin: talks, proc-
ess) 始める hajímerù; (new member) 入
会させる nyūkai saserù
to initiate someone into a secret ...に
秘密を教える ...ni himítsu wò oshíerù
*to initiate proceedings against
someone* (LAW) ...を起訴する ...wo kisó
suru

initiation [iniʃi:ei'ʃən] *n* (beginning) 開始
kaíshi; (into organization etc) 入会式
nyūkaìshiki; (into secret etc) 伝授 déñju

initiative [iniʃ'i:ətiv] *n* (move) 企画 kiká-
ku; (enterprise) 進取の気 shíñshu no kí
to take the initiative 先手を打つ señte

wò útsù

inject [indʒekt'] *vt* (drugs, poison) 注射す
る chúsha suru; (patient): *to inject
someone with something* ...に...を注射
する ...ni ...wo chúsha suru; (funds) つぎ
込む tsugíkomù

injection [indʒek'ʃən] *n* (of drugs, medi-
cine) 注射 chúsha; (of funds) つぎ込む事
tsugíkomù kotó

injunction [indʒʌŋk'ʃən] *n* (LAW) 差止
め命令 sashítomemeírei

injure [in'dʒə:r] *vt* (hurt: person, leg etc)
傷付ける kizútsukerù; (: feelings, reputa-
tion) 害する gaí surù

injured [in'dʒə:rd] *adj* (person, arm) 傷付
いた kizútsuità; (feelings) 害された gaí-
saretà; (tone) 感情を害された kañjō wò
gaí saretà

injury [in'dʒə:ri:] *n* (wound) 傷 kizú, けが
kegá

injury time *n* (SPORT) 延長時間 eńchō-
jikàn ◇傷の手当てなどに使った分の延長
時間 kizú no teàte nádò ni tsukátta buñ
no eńchōjikàn

injustice [indʒʌs'tis] *n* (unfairness) 不公
平 fukōhéi

ink [iŋk] *n* (in pen, printing) インク íñku

inkling [iŋk'liŋ] *n* (idea, clue) 薄々と気付
く事 ussúusu to kizúku kotó

inlaid [in'leid] *adj* (with gems, wood etc)
...をちりばめた ...wo chiríbametà

inland [in'lænd] *adj* (port, sea, water-
way) 内陸の naíriku no
♦*adv* (travel) 内陸へ naíriku e

Inland Revenue (*BRIT*) *n* 国税庁 ko-
kúzeichō

in-laws [in'lɔ:z] *npl* 義理の親せき girí nò
shíñseki, 姻せき iñseki

inlet [in'let] *n* (GEO) 入江 iríe

inmate [in'meit] *n* (in prison) 受刑者 ju-
kéìsha; (in asylum) 入院患者 nyūinkañja

inn [in] *n* 旅館 ryokán

innate [ineit'] *adj* (skill, quality, charac-
teristic) 生来の seírai no

inner [in'ə:r] *adj* (office, courtyard) 内側
の uchígawa no; (calm, feelings) 内心の
naíshin no

inner city *n* インナーシティー iñnāshìti ◇スラム化した都心部を指す súramu-ka shita toshínbu wo sásù

inner tube *n* (of tire) チューブ chūbu

inning [in'iŋ] *n* (BASEBALL) イニング ínìngu

innings [in'iŋz] *n* (CRICKET) イニング ínìngu

innocence [in'əsəns] *n* (LAW) 無罪 múzài; (naivety: of child, person) 純真さ junshinsa

innocent [in'əsənt] *adj* (not guilty: of crime etc) 無罪の múzài no, 潔白な keppáku na; (naive: child, person) 純真な junshin na; (not involved: victim) 罪のない tsúmì no nái; (remark, question) 無邪気な mújàki na

innocuous [inɑ:k'ju:əs] *adj* (harmless) 無害の múgài no

innovation [inəvei'ʃən] *n* (change) 刷新 sasshín

innuendo [inju:en'dou] (*pl* **innuendoes**) *n* (insinuation) 当てこすり atékosuri

innumerable [inu:'mə:rəbəl] *adj* (countless) 無数の musú no

inoculation [inɑ:kjəlei'ʃən] *n* (MED) 接種 ccccho

inopportune [inɑ:pə:rtu:n'] *adj* (event, moment) 都合の悪い tsugó no warùi

inordinately [inɔ:r'dənitli:] *adv* (proud, long, large etc) 極度に kyokúdð ni

in-patient [in'peiʃənt] *n* (in hospital) 入院患者 nyúinkañja

input [in'put] *n* (information) 情報 jóhō; (resources etc) つぎ込む事 tsugíkomù kotó; (COMPUT) 入力 nyúryoku, インプット ínputtð

inquest [in'kwest] *n* (on someone's death) 検死審問 keñshishimòn

inquire [inkwaiə:r'] *vi* (ask) 尋ねる tazúnerù, 聞く kíkù
  ◆*vt* (ask) ...に尋ねる ...ni tazúnerù, ...に聞く ...ni kíkù
  to inquire about (person, fact) ...について問い合せする ...ni tsúìte tofawase surù

inquire into *vt fus* (death, circumstances) 調べる shirábèrù

inquiry [inkwaiə:r'i:] *n* (question) 質問 shitsúmon; (investigation) 調査 chōsa

inquiry office (*BRIT*) *n* 案内所 añnaijð

inquisitive [inkwiz'ətiv] *adj* (curious) せん索好きな señsakuzuki na

inroads [in'roudz] *npl*: *to make inroads into* (savings, supplies) ...を消費する ...wo shōhí suru

ins *abbr* = **inches**

insane [insein'] *adj* (foolish, crazy) 気違い染みた kichígaijimità; (MED) 狂気の kyóki no

insanity [insæn'iti:] *n* (foolishness) 狂気のさた kyóki nð satá; (MED) 狂気 kyóki

insatiable [insei'ʃəbəl] *adj* (greed, appetite) 飽く事のない akú kotò no nái

inscription [inskrip'ʃən] *n* (on gravestone, memorial etc) 碑文 hibún; (in book) 献呈の言葉 keñtei no kotòba

inscrutable [inskru:'təbəl] *adj* (comment, expression) 不可解な fukákài na

insect [in'sekt] *n* 虫 mushi, 昆虫 koñchū

insecticide [insek'tisaid] *n* 殺虫剤 satchúzai

insecure [insikju:r'] *adj* (structure, lock, door: weak) 弱い yówài; (: unsafe) 安全でない añzen de naì; (person) 自信のない jishín no naì

insecurity [insikju:r'iti:] *n* (of structure, lock etc: weakness) 弱さ yówàsa; (: lack of safety) 安全でない事 añzen de naì kotó; (of person) 自信欠如 jishínketsujð

insemination [inseminei'ʃən] *n*: *artificial insemination* (AGR, MED) 人工授精 jiñkōjùsei

insensible [insen'səbəl] *adj* (unconscious) 意識を失った íshìki wo ushinattà

insensitive [insen'sətiv] *adj* (uncaring, indifferent) 思いやりのない omóiyarì no nái

inseparable [insep'ə:rəbəl] *adj* (ideas, elements) 分離できない buñri dekinài; (friends) いつも一緒の ítsùmo isshó no

insert [insə:rt'] *vt* (between two things) ...の間に入れる ...no aídà ni irérù; (into something) 差込む sashíkomù, 挿入する sónyū suru

insertion [insə:r'ʃən] *n* (of needle, comment, peg etc) 差込む事 sashíkomù kotó, 挿入 sónyū

in-service [in'sə:r'vis] *adj* (training, course) 現職の geñshoku no

inshore [in'ʃɔ:r] *adj* (fishing, waters) 近海の kiñkai no
♦*adv* (be) 岸の近くに kishí no chikakù ni; (move) 岸の近くへ kishí no chikakù e

inside [in'said'] *n* (interior) 中 nákà, 内側 uchígawa
♦*adj* (interior) 中〔内側〕 nákà〔uchígawa〕no
♦*adv* (go) 中〔内側〕へ nákà〔uchígawa〕e; (be) 中〔内側〕に nákà〔uchígawa〕ni
♦*prep* (of location) ...の中へ〔に〕 ...no nákà e(ni); (of time): *inside 10 minutes* 10分以内に juppún inài ni

inside forward *n* (SPORT) インサイドフォワード iñsaidofowàdo

inside information *n* 内部情報 naíbujōhō

inside lane *n* (AUT) 内側車線 uchígawashaseñ

inside out *adv* (be, turn) 裏返しで urágaèshi de; (know) すっかり sukkárì

insides [in'saidz] *npl* (*inf*: stomach) おなか onáka

insidious [insid'i:əs] *adj* (effect, power) 潜行的な señkōteki na

insight [in'sait] *n* (into situation, problem) 洞察 dōsatsu

insignia [insig'ni:ə] *npl* 記章 kishō

insignificant [insignif'ikənt] *adj* (extent, importance) ささいな sasái na

insincere [insinsi:r'] *adj* (smile, welcome) 偽りの itsúwarì no

insinuate [insin'ju:eit] *vt* (imply) 当てこする atékosurù

insipid [insip'id] *adj* (person, activity, color) 面白くない omóshirokunài; (food, drink) 風味のない fūmi no nái

insist [insist'] *vi* (maintain) 主張する shuchō suru, 言い張る iíharù
to insist on (demand) ...を要求する ...wo yōkyū suru
to insist that (demand) ...する様要求する ...surú yō yōkyū suru; (claim) ...だと言い張る ...da to iíharù

insistence [insis'təns] *n* (determination) 強要 kyōyō

insistent [insis'tənt] *adj* (determined: person) しつこい shitsúkoì; (continual: noise, action) 絶間ない taémanaì

insole [in'soul] *n* (of shoe) 敷皮 shikíkawa

insolence [in'sələns] *n* (rudeness) 横柄さ ōheisa

insolent [in'sələnt] *adj* (attitude, remark) 横柄な ōhei na

insoluble [insɑ:l'jəbəl] *adj* (problem) 解決のできない kaíketsu nò dekínaî

insolvent [insɑ:l'vənt] *adj* (bankrupt) 破産した hasán shita

insomnia [insɑ:m'ni:ə] *n* 不眠症 fumíñshō

inspect [inspekt'] *vt* (examine: *gen*) 調べる shiráberù; (premises) 捜査する sōsa suru; (equipment) 点検する teñken suru; (troops) 査閲する saétsu suru; (*BRIT*: ticket) 改札する kaísatsu suru

inspection [inspek'ʃən] *n* (examination: *gen*) 検査 keñsa; (of premises) 捜査 sōsa; (of equipment) 点検 teñken; (of troops) 査閲 saétsu; (*BRIT*: of ticket) 改札 kaísatsu

inspector [inspek'tə:r] *n* (ADMIN) 検査官 keñsakàn; (*BRIT*: on buses, trains) 車掌 shashō; (: POLICE) 警部 keibu

inspiration [inspərei'ʃən] *n* (encouragement) 発憤 happún; (influence, source) 発憤させる物 happún saserù mono; (idea) 霊感 reíkan, インスピレーション iñsupirēshon

inspire [inspaiə:r'] *vt* (workers, troops) 奮い立たせる furúitataserù; (confidence, hope etc) 持たせる motáserù

instability [instəbil'əti:] *n* (of place, person, situation) 不安定 fuáñtei

install [instɔ:l'] *vt* (machine) 取付ける torítsukerù; (official) 就任させる shūnin saserù

installation [instəlei'ʃən] *n* (of machine, equipment) 取付け torítsuke, 設置 sétchì; (plant: INDUSTRY) 工場施設 kōjōshisètsu, プラント puráñto; (: MIL) 基地 kichí

installment [instɔ:l'mənt] (*BRIT* **instalment**) *n* (of payment, story, TV

serial etc) 1回分 ikkáibun
in installments (pay, receive) 分割払い
で bunkatsubarái de
instance [in'stəns] *n* (example) 例 rêî
for instance 例えば tatôeba
in the first instance まず最初に mázù
saîsho ni
instant [in'stənt] *n* (moment) 瞬間 shuń-
kan
♦*adj* (reaction, success) 瞬間的な shuń-
kanteki na, (coffee, food) 即席の sokúse-
ki no, インスタントの iñsutanto no
instantaneous [instəntei'ni:əs] *adj*
(immediate) 即時の sokújì no
instantly [in'stəntli:] *adv* (immediately)
即時に sokújì ni
instead [insted'] *adv* (in place of) (そ
の) 代りに (sonô) kawári ni
instead of ...の代りに ...no kawári ni
instep [in'step] *n* (of foot) 足の甲 ashí no
kô; (of shoe) 靴の甲 kutsú no kô
instigate [in'stəgeit] *vt* (rebellion etc) 起
させる okósaserù; (talks etc) 始めさせる
hajímesaserù
instil(l) [instil'] *vt: to instil something
into* (confidence, fear etc) ...を...に吹込
む ...wo ...ni fukíkomù
instinct [in'stiŋkt] *n* 本能 hoñnō
instinctive [instiŋk'tiv] *adj* (reaction,
feeling) 本能的な hoñnōteki na
institute [in'stitut] *n* (for research,
teaching) 施設 shisétsu; (professional
body: of architects, planners etc) 協会
kyôkai
♦*vt* (system, rule, course of action) 設け
る môkerù; (proceedings, inquiry) 始める
hajímerù
institution [institu'ʃən] *n* (of system
etc) 開設 kaísetsu; (custom, tradition) 伝
統 deñtō; (organization: financial, reli-
gious, educational) 協会 kyôkai; (hospi-
tal, mental home) 施設 shisétsu
instruct [instrʌkt'] *vt: to instruct
someone in something* (teach) ...に...を
教える ...ni ...wo oshíerù
to instruct someone to do something
(order) ...する様に...に命令する ...surú yô
...ni meírei suru

instruction [instrʌk'ʃən] *n* (teaching) 教
育 kyôiku
instructions [instrʌk'ʃənz] *npl* (orders)
命令 meírei
instructions (for use) 取扱い説明 torí-
atsukai setsúmei
instructive [instrʌk'tiv] *adj* (lesson,
response) 有益な yûeki na
instructor [instrʌk'tə:r] *n* (teacher) 先
生 señsei; (for skiing, driving etc) 指導者
shidôshà
instrument [in'strəmənt] *n* (tool) 道具
dôgu; (measuring device etc) 計器 keîki;
(MUS) 楽器 gakkí
instrumental [instrəmen'təl] *adj* (MUS)
器楽の kígàku no
to be instrumental in ...に大きな役割
を果す ...ni ôkina yakúwari wo hatasù
instrument panel *n* 計器盤 keîkiban
insubordination [insəbɔ:rdənei'ʃən] *n*
(disobedience) 不服従 fufúkujù
insufferable [insʌf'ə:rəbəl] *adj* (arro-
gance, laziness) 耐えがたい taégatai;
(person) 我慢のならない gámàn no nará-
naî
insufficient [insəfiʃ'ənt] *adj* (funds,
data, research) 不十分な fujúbùn na
insular [in'sələ:r] *adj* (outlook, person)
狭量な kyôryō
insulate [in'səleit] *vt* (protect: person,
group) 孤立させる korítsu saserù;
(against cold: house, body) 断熱する dañ-
netsu suru; (against sound) 防音にする
bôon ni suru; (against electricity) 絶縁す
る zetsúen suru
insulating tape [in'səleitiŋ-] *n* (ELEC)
絶縁テープ zetsúentēpu
insulation [insəlei'ʃən] *n* (of person,
group) 孤立させる事 korítsu saserù ko-
tô; (against cold) 断熱材 dañnetsuzài;
(against sound) 防音材 bôonzài; (against
electricity) 絶縁材 zetsúenzài
insulin [in'səlin] *n* (MED) インシュリン iñ-
shurin
insult [*n* in'sʌlt *vb* insʌlt'] *n* (offence) 侮
辱 bujôku
♦*vt* (offend) 侮辱する bujóku suru
insulting [insʌl'tiŋ] *adj* (attitude, lan-

guage) 侮辱的な bujŏkuteki na

insuperable [insuʹpərəbəl] *adj* (obstacle, problem) 乗越えられない noríkoerarenaī

insurance [inʃərʹəns] *n* (on property, car, life etc) 保険 hokén
fire/life insurance 火災〔生命〕保険 kasái〔seímei〕hokén

insurance agent *n* 保険代理店 hokéndairitèn

insurance policy *n* 保険証書 hokénshŏsho

insure [inʃuːrʹ] *vt* (life, property): *to insure (against)* ...に (...の) 保険を掛ける ...ni (...no) hokén wò kakérù
to insure (oneself) against (disappointment, disaster) ...に備える ...ni sonáerù

insurrection [insərekʹʃən] *n* (uprising) 反乱 hañran

intact [intæktʹ] *adj* (whole) 元のままの mótò no mamá no; (unharmed) 無傷の múkìzu no

intake [inʹteik] *n* (gen) 取込み toríkomi; (of food etc) 摂取 sésshù; (of air) 吸入 kyúnyù; (*BRIT: SCOL*): *an intake of 200 a year* 毎年の新入生は200人 maítoshi nò shíñnyūsei wa nihyákunìn

intangible [intænʹdʒəbəl] *adj* (quality, idea, benefit) ばく然とした bakúzen to shita

integral [inʹtəgrəl] *adj* (feature, element) 不可欠な fukákètsu na

integrate [inʹtəgreit] *vt* (newcomer) 溶け込ませる tokékomaserù; (ideas, systems) 取入れる toríirerù
♦*vi* (groups, individuals) 溶け込む tokékomù

integrity [integʹritiː] *n* (morality: of person) 誠実さ seíjitsusa

intellect [inʹtəlekt] *n* (intelligence) 知性 chiséi; (cleverness) 知能 chinŏ

intellectual [intəlekʹtʃuːəl] *adj* (activity, interest, pursuit) 知的な chitéki na
♦*n* (intelligent person) 知識人 chishíkijìn, インテリ iñteri

intelligence [intelʹidʒəns] *n* (cleverness, thinking power) 知能 chinŏ; (MIL etc) 情報 jŏhō

intelligence service *n* 情報部 jŏhōbu

intelligent [intelʹidʒənt] *adj* (person) 知能の高い chinŏ no takaī; (decision) 利口な rikŏ na; (machine) インテリジェントの iñterijeñto no

intelligentsia [intelidʒenʹtsiːə] *n* 知識階級 chishíkikaìkyū, インテリ階級 iñterikaìkyū

intelligible [intelʹidʒəbəl] *adj* (clear, comprehensible) 分かりやすい wakáriyasuī

intend [intendʹ] *vt* (gift etc): *to intend something for* ...を...に上げようと思っている ...wo ...ni agéyò to omótte irù
to intend to do something (mean) ...する決心でいる ...suru kesshíñ de irú; (plan) ...するつもりである ...suru tsumóri de arù

intended [intenʹdid] *adj* (effect, insult) 意図した ítò shita; (journey) 計画した keíkaku shita; (victim) ねらった nerátta

intense [intensʹ] *adj* (heat, effort, anger, joy) 猛烈な mŏretsu na; (person) 情熱的な jŏnetsuteki na

intensely [intensʹliː] *adv* (extremely) 激しく hagéshikù

intensify [intenʹsəfai] *vt* (efforts, pressure) 増す másù

intensity [intenʹsitiː] *n* (of heat, anger, effort) 激しさ hagéshisa

intensive [intenʹsiv] *adj* (concentrated) 集中的な shúchūteki na

intensive care unit *n* (MED) 集中治療室 shúchūchiryòshitsu, ICU aishíyū

intent [intentʹ] *n* (intention) 意図 ítò; (LAW) 犯意 háñ-i
♦*adj* (absorbed): *intent (on)* (...しようとして) 余念がない (...shíyò to shite) yonén ga naī; (attentive) 夢中な muchú na
to all intents and purposes 事実上 jijítsujō
to be intent on doing something (determined) ...しようとして余念がない ...shíyò to shite yonén ga naī

intention [intenʹtʃən] *n* (purpose) 目的 mokúteki; (plan) 意図 ítò

intentional [inten'tʃənəl] *adj* (deliberate) 意図的な ítōteki na

intentionally [inten'tʃənəli:] *adv* (deliberately) 意図的に ítōteki ni, わざと wáza to

intently [intent'li:] *adv* (listen, watch) 熱心に nesshín ni

inter [intəːr'] *vt* (bury) 埋葬する maísō suru

interact [intəːrækt'] *vi*: **to interact (with)** (people, things, ideas) (...と) 相互に反応し合う (...to) sōgo ni hañnō shiaù

interaction [intəːræk'ʃən] *n* 相互反応 sōgohañnō

intercede [intəːrsi:d'] *vi*: **to intercede (with)** (...に) 取りなしをする (...ni) torínashi wo surù

intercept [intəːrsept'] *vt* (person, car) 途中で捕まえる tochū de tsukamaerù; (message) 傍受する bóju suru

interchange [in'təːrtʃeindʒ] *n* (exchange) 交換 kōkan; (on motorway) インターチェンジ iñtāchieñji

interchangeable [intəːrtʃein'dʒəbəl] *adj* (terms, ideas, things) 置換えられる okíkaerarerù

intercom [in'təːrkɑːm] *n* (in office etc) インターホーン iñtāhōn

intercourse [in'təːrkɔːrs] *n* (*also*: **sexual intercourse**) 性交 seíkō

interest [in'trist] *n* (in subject, idea, person etc) 興味 kyómi; (pastime, hobby) 趣味 shúmi; (advantage, profit) 利益 rḗki; (COMM: in company) 株 kábù; (: sum of money) 利息 risóku

♦*vt* (subj: work, subject, idea etc) ...の興味をそそる ...no kyómi wo sosórù

to be interested in ...に興味がある ...ni kyómi ga árù

interesting [in'tristiŋ] *adj* (idea, place, person) 面白い omóshiroì

interest rate *n* 利率 rirítsu

interface [in'təːrfeis] *n* (COMPUT) インターフェース iñtāfēsu

interfere [intəːrfi:r'] *vi*: **to interfere in** (quarrel, other people's business) ...に干渉する ...ni kañshō suru

to interfere with (object) ...をいじる

...wo ijírù; (plans, career, duty, decision) ...を邪魔する ...wo jamá suru

interference [intəːrfi:r'əns] *n* (in someone's affairs etc) 干渉 kañshō; (RADIO, TV) 混信 kofishin

interim [in'təːrim] *adj* (agreement, government) 暫定的な zañteiteki na

♦*n*: **in the interim** (meanwhile) その間 sonó aidà

interior [inti:'ri:əːr] *n* (of building, car, box etc) 内部 náibu; (of country) 内陸 naíriku

♦*adj* (door, window, room etc) 内部の náibu no; (minister, department) 内務の naímu no

interior designer *n* インテリアデザイナー iñteriadezaìnā

interjection [intəːrdʒek'ʃən] *n* (interruption) 野次 yáji; (LING) 感嘆詞 kañtañshi

interlock [in'təːrlɑːk] *vi* かみ合う kamíaù

interloper [intəːrlou'pəːr] *n* (in town, meeting etc) ちん入者 chiñnyūsha

interlude [in'təːrluːd] *n* (break) 休憩 kyúkei; (THEATER) 休憩時間 kyúkeijikàn

intermarry [intəːrmær'iː] *vi* 交婚する kốkon suru

intermediary [intəːrmiː'diːeːriː] *n* 仲介者 chúkaìsha

intermediate [intəːrmiː'diːit] *adj* (stage, student) 中間の chúkan no

interminable [intəːr'mənəbəl] *adj* (process, delay) 果てし無い hatéshinaì

intermission [intəːrmiʃ'ən] *n* (pause) 休止 kyúshi; (THEATER, CINEMA) 休憩時間 kyúkeijikàn

intermittent [intəːrmit'ənt] *adj* (noise, publication etc) 断続的な dañzokuteki na

intern [in'təːrn] *vt* (imprison) 拘置する kốchi suru

♦*n* (*US*: houseman) 研修医 keñshūì

internal [intəːr'nəl] *adj* (layout, structure, memo etc) 内部の náibu no; (pipes etc) 埋め込みの umékomi no; (bleeding, injury) 体内の táinai no; (security, politics) 国内の kokúnài no

internally [intəːr'nəliː] *adv*: 「*not to be taken internally*」内服外用薬 naîfuku-gaiyōyaku

Internal Revenue Service (*US*) *n* 国税庁 kokúzeichō

international [intəːrnǽʃ'ənəl] *adj* (trade, agreement etc) 国際的な kokúsaiteki na, 国際... kokúsai...

♦*n* (*BRIT*: SPORT: match) 国際試合 kokúsaijiài

interplay [in'təːrpleɪ] *n*: *interplay (of/between)* (...の) 相互反応 (...no) sōgohañnō

interpret [intəːr'prit] *vt* (explain, understand) 解釈する kaîshaku suru; (translate) 通訳する tsūyaku suru

♦*vi* (translate) 通訳する tsūyaku suru

interpretation [intəːrpriteiʃ'ən] *n* (explanation) 解釈 kaîshaku; (translation) 通訳 tsūyaku

interpreter [intəːr'pritər] *n* (translator) 通訳 (者) tsūyaku(sha)

interrelated [intəːrileɪ'tid] *adj* (causes, factors etc) 相互関係のある sōgokankèi no aru

interrogate [inteːr'əgeit] *vt* (question: witness, prisoner, suspect) 尋問する jiñmon suru

interrogation [inteːrəgei'ʃən] *n* (of witness, prisoner etc) 尋問 jiñmon

interrogative [intərɑːg'ətiv] *adj* (LING) 疑問の gímòn no

interrupt [intərʌpt'] *vt* (speaker) ...の話に割込む ...no hanáshi nî waríkomù; (activity) 邪魔する jamá suru

♦*vi* (during someone's conversation etc) 話に割込む hanáshi ni waríkomù; (during activity) 邪魔する jamá suru

interruption [intərʌp'ʃən] *n* (act) 邪魔する事 jamá suru kotò; (instance) 邪魔jamá

intersect [intəːrsekt'] *vi* (roads) 交差する kōsa suru

intersection [intəːrsek'ʃən] *n* (of roads) 交差点 kōsatèn

intersperse [intəːrspəːrs'] *vt*: *to intersperse with* ...を所々に入れる ...wo tokórodokòro ni irérù

intertwine [intəːrtwain'] *vi* 絡み合う karámiaù

interval [in'təːrvəl] *n* (break, pause) 間隔 kañkaku; (*BRIT*: SCOL: *also* THEATER, SPORT) 休憩時間 kyūkeijikàn

at intervals (periodically) 時々 tokídoki

intervene [intəːrviːn'] *vi* (person: in situation: interfere) 介入する kaînyū suru; (: to help) 仲裁に入る chūsai ni hairù; (: in speech) 割込む waríkomù; (event) 間に起る aída ni okorù; (time) 経つ tátsù

intervention [intəːrven'tʃən] *n* (of person: interference) 介入 kaînyū; (help) 仲裁 chūsai

interview [in'təːrvjuː] *n* (for job etc) 面接 meñsetsu; (RADIO, TV etc) インタビュー iñtabyū

♦*vt* (for job etc) ...と面接する ...to meñsetsu suru; (RADIO, TV etc) ...にインタビューする ...ni iñtabyū suru

interviewer [in'təːrvjuːər] *n* (of candidate, job applicant) 面接者 meñsetsushà; (RADIO, TV etc) インタビューア iñtabyūa

intestine [intes'tin] *n* 腸 chō

intimacy [in'təməsiː] *n* (closeness) 親しみ shitáshimi

intimate [*adj* in'təmit *vb* in'təmeit] *adj* (friendship, relationship) 親しい shitáshiì; (detail) 知られざる shirárezarù; (restaurant, dinner, atmosphere) こじんまりした kojínmarì shita; (knowledge) 詳しい kuwáshiì

♦*vt* (announce) ほのめかす honômekasù

intimidate [intim'ideit] *vt* (frighten) 脅す odósu

intimidation [intimidei'ʃən] *n* 脅し odóshi

KEYWORD

---

into [in'tuː] *prep* 1 (indicating motion or direction) ...の中に〔へ〕...no nákà ni〔e〕

come into the house/garden 家〔庭〕に入って来て下さい ié(niwà)nì háîtte kité kudasaì

go into town 町に出掛ける machí ni dekakerù

he got into the car 彼は車に乗った
káre wa kuruma ni nottá

throw it into the fire 火の中へ捨てて
下さい hí no nakà e sutéte kudasaí

research into cancer がんの研究 gáñ
no keñkyū

he worked late into the night 彼は夜
遅くまで働いた káre wa yórù osóku
madè határaìta

the car bumped into the wall 車は塀
にぶつかった kuruma wà heí nì butsú-
kattà

she poured tea into the cup 彼女は紅
茶をカップについだ kánòjo wa kócha
wò káppù ni tsuídà

2 (indicating change of condition,
result): *she burst into tears* 彼女は急
に泣き出した kánòjo wa kyū nì nakída-
shìta

he was shocked into silence 彼はショ
ックで物も言えなかった káre wa shók-
kù de monó mò iénakattà

it broke into pieces ばらばらに割れた
barábara nì warétá

she translated into French 彼女はフ
ランス語に訳した kánòjo wa furánsugo
nì yakúshità

they got into trouble 彼らは問題を起
した kárèra wa moñdai wò okóshità

intolerable [intɔ:l'ɔ:rəbəl] *adj* (extent,
quality) 我慢できない gámàn dekínaì

intolerance [intɔ:l'ɔːrəns] *n* (bigotry,
prejudice) 偏狭さ heñkyōsa

intolerant [intɔ:l'ɔːrənt] *adj*: *intoler-
ant (of)* (...に対して) 偏狭な (...ni táì
shite) heñkyō na

intonation [intoʊneí'ʃən] *n* (of voice,
speech) 抑揚 yokúyō, イントネーション
íñtonèshon

intoxicated [intɔ:k'sikeitid] *adj* (drunk)
酔っ払った yoppáràtta

intoxication [intɔ:ksikeí'ʃən] *n* 泥酔 deí-
sui

intractable [intræk'təbəl] *adj* (child,
problem) 手に負えない té ni oenài

intransigent [intræn'sidʒənt] *adj* (atti-
tude) 頑固な gañko na

intransitive [intræn'sətiv] *adj* (LING):
intransitive verb 自動詞 jidóshì

intravenous [intrəvi:'nəs] *adj* (injection,
drip) 静脈内の jómyakunài no

in-tray [in'trei] *n* (in office) 着信のトレ
ー chakúshin nò toré

intrepid [intrep'id] *adj* (adventurer,
explorer) 勇敢な yūkan na

intricate [in'trəkit] *adj* (pattern, design)
複雑な fukúzatsu na

intrigue [intri:g'] *n* (plotting) 策略 sakú-
ryàku

♦*vt* (fascinate) ...の好奇心をそそる ...no
kókishin wò sosórù

intriguing [intri:'giŋ] *adj* (fascinating)
面白い omóshroì

intrinsic [intrin'sik] *adj* (quality, nature)
本質的な hoñshitsuteki na

introduce [intrədu:s'] *vt* (new idea, mea-
sure etc) 導入する dóñyū suru; (speaker,
TV show etc) 紹介する shōkai suru

to introduce someone (to someone)
(...に) ...を紹介する (...ni)...wo shókai
suru

to introduce someone to (pastime,
technique) ...に...を初めて経験させる ...ni
...wo hajímète keíken saserù

introduction [intrədʌk'ʃən] *n* (of new
idea, measure etc) 導入 dóñyū; (of per-
son) 紹介 shókai; (to new experience) 初
めて経験させる事 hajímète keíken saser-
rù kotó; (to book) 前書 maégaki

introductory [intrədʌk'təri:] *adj* (les-
son) 導入の dóñyū no; (offer) 初回の sho-
kái no

introspective [intrəspek'tiv] *adj* (per-
son, mood) 内省的な naíseiteki na

introvert [in'trəvɛrt] *n* 内向性の人 naí-
kōsei no hitó

♦*adj* (*also*: **introverted**): behavior, child
etc) 内向性の naíkōsei no

intrude [intru:d'] *vi* (person) 邪魔する ja-
mā suru

to intrude on (conversation, grief,
party etc) ...のところを邪魔する ...no to-
kóro wò jamá suru

intruder [intru:'də:r] *n* (into home,
camp) 侵入者 shíñnyūshà

intrusion [intru:'ʒən] *n* (of person, outside influences) 邪魔 jamá

intuition [intu:iʃ'ən] *n* (feeling, hunch) 直感 chokkán

intuitive [intu:'ətiv] *adj* (instinctive) 直感的な chokkánteki na

inundate [in'ʌndeit] *vt*: **to inundate with** (calls, letters etc) ...が殺到する ...ga sattó suru

invade [inveid'] *vt* (MIL) ...を侵略する ...wo shińryaku suru

invalid [*n* in'vəlid *adj* invæ'lid] *n* (MED: disabled person) 身障者 shińshōsha; (: sick and weak person) 病弱な人 byójaku na hitő

♦*adj* (not valid) 無効の mukő no

invaluable [invæl'ju:əbəl] *adj* (person, thing) 貴重な kichő na

invariable [inver'i:əbəl] *adj* 変らない kawáranaì, 不変の fuhén no

invariably [inver'i:əbli:] *adv* 必ず kanárazù

invasion [invei'ʒən] *n* (MIL) 侵略 shińryaku

invent [invent'] *vt* (machine, game, phrase etc) 発明する hatsúmei suru; (fabricate: lie, excuse) でっち上げる detchíagerù

invention [inven'tʃən] *n* (machine, system) 発明品 hatsúmeihin; (untrue story) 作り話 tsukúribanàshi; (act of inventing: machine, system) 発明 hatsúmei

inventor [inven'tə:r] *n* (of machines, systems) 発明家 hatsúmeika

inventory [in'vəntɔ:ri:] *n* (of house, ship etc) 物品目録 buppínmokùroku

inverse [invə:rs'] *adj* (relationship) 逆の gyakú no

invert [invə:rt'] *vt* (turn upside down) 逆さにする sakása ni surù

invertebrate [invə:r'təbrit] *n* 無せきつい動物 musékitsuidōbutsu

inverted commas [invə:r'tid-] (BRIT) *npl* 引用符 ińyōfù

invest [invest'] *vt* (money) 投資する tőshi suru; (fig: time, energy) つぎ込む tsugíkomù

♦*vi*: **invest in** (COMM) ...に投資する

...ni tőshi suru; (fig: something useful) 購入する kőnyū suru

investigate [inves'təgeit] *vt* (accident, crime, person) 取調べる toríshiraberù, 捜査する sősa suru

investigation [inves'təgeiʃən] *n* 取調べ toríshirabe, 捜査 sősa

investigator [inves'təgeitə:r] *n* (of events, situations, people) 捜査官 sősakàn

investiture [inves'titʃə:r] *n* (of chancellor) 就任式 shūniñshiki; (of prince) たい冠式 taíkañshiki

investment [invest'mənt] *n* (activity) 投資 tőshi; (amount of money) 投資額 tőshigàku

investor [inves'tə:r] *n* (COMM) 投資者 tőshishà

inveterate [invet'ə:rit] *adj* (liar, cheat etc) 常習的な jőshūteki na

invidious [invid'i:əs] *adj* (task, job: unpleasant) 憎まれ役の nikúmareyàku no; (comparison, decision: unfair) 不公平な fukőhei na

invigilator [invidʒ'əleitə:r] *n* (BRIT) (in exam) 試験監督 shikéňkañtoku

invigorating [invig'ə:reitiŋ] *adj* (air, breeze etc) さわやかな sawáyàka na; (experience etc) 元気が出る様な geñki ga deru yő na

invincible [invin'səbəl] *adj* (army, team: unbeatable) 無敵の mútèki no

invisible [inviz'əbəl] *adj* 目に見えない mě ni mienài

invitation [invitei'ʃən] *n* (to party, meal, meeting etc) 招待 shőtai; (written card, paper) 招待状 shőtaijő

invite [in'vait] *vt* (to party, meal, meeting etc) 招く manékù, 招待する shőtai suru; (encourage: discussion, criticism) 求める motőmerù

to invite someone to do ...に...するよう求める ...ni ...surú yő motőmerù

inviting [invai'tiŋ] *adj* (attractive, desirable) 魅力的な miryőkuteki na

invoice [in'vɔis] *n* (COMM) 請求書 seíkyùsho

♦*vt* ...に請求書を送る ...ni seíkyùsho wo

okúrù

invoke [invəuk'] vt (law, principle) ...に訴える ...ni uttáerù

involuntary [invə'l'ənteri:] adj (action, reflex etc) 反射的な hañshateki na

involve [invə:lv'] vt (person, thing: include, use) 伴う tomónaù, 必要とする hitsúyō to surù; (: concern, affect) ...に関係する ...ni kañkei suru

to involve someone (in something) (...に) ...を巻き込む (...ni) ...wo makíkomù

involved [invə:lvd'] adj (complicated) 複雑な fukúzatsu na

to be involved in (take part: in activity etc) ...にかかわる ...ni kakáwarù; (be engrossed) ...に夢中になっている ...ni muchū ni nattè irú

involvement [invə:lv'mənt] n (participation) 参加 sañka; (concern, enthusiasm) 感情的かかわり合い kañjōteki nà kakáwariaì

inward [in'wə:rd] adj (thought, feeling) 内心の naíshin no; (movement) 中の方への nákà no hố e no

inward(s) [in'wə:rd(z)] adv (move, face) 中の方へ nákà no hố e

I/O [ai'ou'] abbr (COMPUT: = input/output) 入出力 nyūshutsuryòku

iodine [ai'ədain] n (chemical element) ヨウ素 yōso, ヨード yōdo; (disinfectant) ヨードチンキ yốdochiñki

ion [ai'ən] n イオン fòn

iota [aiou'tə] n: *not one/an iota* 少しも...ない sukóshì mo ...naî

IOU [aiouju:'] n abbr (= I owe you) 借用証 shakúyōshò

IQ [aikju:'] n abbr (= intelligence quotient) 知能指数 chinōshisū, IQ aikyū

IRA [aiɑ:rei'] n abbr (= Irish Republican Army) アイルランド共和国軍 aírurando kyōwakakugùn

Iran [iræn'] n イラン íràn

Iranian [irei'ni:ən] adj イランの íràn no
  ◆n イラン人 iránjìn

Iraq [iræk'] n イラク íràku

Iraqi [irɑ:k'i:] adj イラクの íràku no
  ◆n イラク人 irákujìn

irascible [iræs'əbəl] adj 怒りっぽい okó-

rippoì

irate [aireit'] adj 怒っている okótte irù

Ireland [aiə:r'lənd] n アイルランド aíruràndo

iris [ai'ris] (pl **irises**) n (ANAT) こう彩 kōsai; (BOT) アヤメ ayáme, アイリス aírisu

Irish [ai'riʃ] adj アイルランドの aíruràndo no
  ◆npl: *the Irish* アイルランド人 aírurandojìn ◇総称 sōshō

Irishman/woman [ai'riʃmən/wumən] (pl **Irishmen/women**) n アイルランド人男性〔女性〕 aírurandojìn dañsei〔joséi〕

Irish Sea n: *the Irish Sea* アイリッシュ海 aírisshukài

irksome [ə:rk'səm] adj いらいらさせる íràira saséru

iron [ai'ə:rn] n (metal) 鉄 tetsú; (for clothes) アイロン aíron
  ◆cpd (bar, railings) 鉄の tetsú no; (will, discipline etc) 鉄の様な tetsú no yố na
  ◆vt (clothes) ...にアイロンを掛ける ...ni aíron wò kakérù

Iron Curtain n: *the Iron Curtain* 鉄のカーテン tetsú no kâten

ironic(al) [airɑ:n'ik(əl)] adj (remark, gesture, situation) 皮肉な hínìku na

ironing [ai'ə:rniŋ] n (activity) アイロン掛け aíronkake; (clothes) アイロンを掛けるべき衣類 aíron wò kakérubeki irùi

ironing board n アイロン台 aírondai

ironmonger [ai'ə:rnmʌŋgər] n (BRIT) 金物屋 kanámonoya ◇人を指す hitő wò sásù

ironmonger's (shop) [ai'ə:rnmʌŋgərz-] n 金物屋 kanámonoya ◇店を指す mísè wò sásù

iron out vt (fig: problems) 打開する dakái suru

irony [ai'rəni:] n 皮肉 hínìku

irrational [iræʃ'ənəl] adj (feelings, behavior) 不合理な fugồri na

irreconcilable [irek'ənsailəbəl] adj (ideas, views) 両立しない ryốritsu shinaì; (disagreement) 調和不可能な chốwafukanồ na

irrefutable [irifju:'təbəl] adj (fact) 否め

られない inámerarenaí; (argument) 反ば
くできない hañbaku dekinái

irregular [ireg'jələːr] *adj* (surface) 凸凹
の dekóboko no; (pattern, action, event
etc) 不規則な fukísoku na; (not accept-
able: behavior) 良くない yókunai; (verb,
noun, adjective) 不規則変化の fukísoku-
heñka no

irregularity [iregjələr'iti:] *n* (of sur-
face) 凸凹 dekóboko; (of pattern, action
etc) 不規則 fukísoku; (instance of behav-
ior) 良くない行為 yókunai kói

irrelevant [irel'əvənt] *adj* (fact, infor-
mation) 関係のない kañkei no naí

irreparable [irep'əːrəbəl] *adj* (harm,
damage etc) 取返しの付かない toríkae-
shi no tsukanái

irreplaceable [iriplei'səbəl] *adj* 掛替え
のない kakégae no naí

irrepressible [iripres'əbəl] *adj* 陽気な
yóki na

irresistible [irizis'təbəl] *adj* (force) 抵抗
できない teíkō dekinái; (urge, desire) 抑
えきれない osáekirenaí; (person, thing)
とても魅惑的な totémó miwákuteki na

irresolute [irez'əluːt] *adj* 決断力のない
ketsúdanryòku no naí

irrespective [irispek'tiv]: *irrespective
of prep* …と関係なく …to kañkei nakù

irresponsible [irispɑːn'səbəl] *adj* (per-
son, action) 無責任な musékinin na

irreverent [irev'əːrənt] *adj* 不敬な fukéi
na

irrevocable [irev'əkəbəl] *adj* (action,
decision) 変更できない heñkō dekinái

irrigate [ir'igeit] *vt* (AGR) かんがいする
kañgai suru

irrigation [irigei'ʃən] *n* (AGR) かんがい
kañgai

irritable [ir'itəbəl] *adj* 怒りっぽい okó-
rippoí

irritate [ir'əteit] *vt* (annoy) いらいらさ
せる íraira saséru; (MED) 刺激する shi-
géki suru

irritating [ir'əteitiŋ] *adj* (person, sound
etc) いらいらさせる íraira saséru

irritation [iritei'ʃən] *n* (feeling of annoy-
ance) いら立ち irádachi; (MED) 刺激 shi-

géki; (annoying thing) いら立ちの元 irá-
dachi no motõ

IRS [aiɑːres'] (*US*) *n abbr* = **Internal
Revenue Service**

is [iz] *vb see* **be**

Islam [izˈlɑːm] *n* イスラム教 isúramukyō

Islamic [izlɑːm'ic] *adj* イスラム教の isú-
ramukyō no

island [ai'lənd] *n* (GEO) 島 shimá

islander [ai'ləndəːr] *n* 島の住民 shimá no
júmin

isle [ail] *n* (GEO) 島 shimá

isn't [iz'ənt] = **is not**

isolate [ai'səleit] *vt* (physically, socially:
set apart) 孤立させる korítsu saserù;
(substance) 分離する buñri suru; (sick
person, animal) 隔離する kakúri suru

isolated [ai'səleitid] *adj* (place) へんぴな
heñpi na; (person) 孤立した korítsu shi-
ta; (incident) 単独の tañdoku no

isolation [aisəlei'ʃən] *n* 孤立 korítsu

isotope [ai'sətoup] *n* (PHYSICS) 同位体
dóitai, アイソトープ aísotõpu

Israel [iz'reiəl] *n* イスラエル isúraèru

Israeli [izrei'li:] *adj* イスラエルの isúraè-
ru no
♦ *n* イスラエル人 isúraerujìn

issue [iʃ'uː] *n* (problem, subject, most
important part) 問題 moñdai; (of news-
paper, magazine etc) 号 gō; (of book) 版
hán; (of stamp) 発行部数 hakkóbùsū
♦ *vt* (statement) 発表する happyő suru;
(rations, equipment, documents) 配給す
る kaíkyū suru

at issue 問題は〔の〕 moñdai wa〔no〕

to take issue with someone (over)
(…について) …と争う (…ni tsúite) …to
arásoù

isthmus [is'məs] *n* (GEO) 半島 hañtō

it [it] *pron* 1 (specific: subject) それは
〔が〕 soré wà〔gà〕; (: direct object) それ
を soré wò; (: indirect object) それに soré
nì ◇通常日本語では表現しない tsūjō ni-
hongo de wa hyōgen shínai
where's my book? - it's on the table
私の本はどこですか-テーブルにあります

watákushi no hoǹ wa dōkō desu kā - tḗbùru ni arímasù

I can't find it 見当りません miátari-maseǹ

give it to me それを私に渡して下さい soré wò watákushi nì watáshite kudasaí

about/from/in/of/to it それについて 〔から、の中に、の、の方へ〕soré ni tsu-ite〔kárà, no nákà ni, nó, no hő è〕

I spoke to him about it その件につい て私は彼に話しました sonō keǹ ni tsúíte watákushi wà kárè ni hanáshimashìta

what did you learn from it? その事 からあなたは何を学びましたか sonō ko-tō kara anátà wa nánì wo manábimashìta ká

what role did you play in it? その件 に関してあなたはどんな役割をしました か sonō keǹ ni kán shite anátà wa doǹna yakùwari wo shimáshìta ká

I'm proud of it それを誇りに思ってい ます soré wò hokőri nì omőtte imasù

did you go to it? (party, concert etc) 行きましたか ikímashìta ká

2 (impersonal): **it's raining** 雨が降って いる ámè ga futté irù

it's cold today 今日は寒い kyő wà sa-múì

it's Friday tomorrow 明日は金曜日で す asú wà kiń-yōbi desu

it's 6 o'clock/the 10th of August 6 時〔8月10日〕です rokújí〔hachígatsu tō-kà〕desu

how far is it? - it's 10 miles/2 hours on the train そこまでのどのぐらい ありますか-10マイルあります〔列車で2時 間で す〕 júmaīru arímasù〔resshá dè niíshìkàn desu〕

who is it? - it's me どなたですか-私で す dónàta desu ká - watákushi desù

Italian [itǽl'jǝn] *adj* イタリアの itária no; (LING) イタリア語の itáriago no

♦*n* (person) イタリア人 itáriajìn; (LING) イタリア語 itáriago

italics [itǽl'iks] *npl* (TYP) 斜体文字 sha-táimòji, イタリック体 itárikkutai

Italy [it'ǝli:] *n* イタリア itária

itch [itʃ] *n* (irritation) かゆみ kayúmi

♦*vi* (person) かゆがる kayúgarù; (part of body) かゆい kayúî

to itch to do something …をしたくて むずむずしている …wo shitákutè múzù-muzu shité irù

itchy [itʃ'i:] *adj* (person) かゆがっている kayúgatte irù; (skin etc) かゆい kayúî

it'd [it'ǝd] = **it would; it had**

item [ai'tǝm] *n* (one thing: of list, collec-tion) 品目 hiǹmoku; (on agenda) 項目 kő-moku; (also: **news item**) 記事 kíjî

itemize [ai'tǝmaiz] *vt* (list) 明細 に 書く meísai ni kakù, リストアップする risúto-appù suru

itinerant [aitin'ǝ:rǝnt] *adj* (laborer, salesman, priest etc) 巡回する juǹkai su-ru

itinerary [aitin'ǝre:ri:] *n* 旅程 ryotéi

it'll [it'ǝl] = **it will; it shall**

its [its] *adj* それ〔あれ〕の soré〔arḗ〕no

it's [its] = **it is; it has**

itself [itself'] *pron* それ〔あれ〕自身 soré〔arḗ〕jishiǹ

ITV [ait:vi:'] *n abbr* (BRIT: = Indepen-dent Television) 民間テレビ放送 mińkan terebi hősō

IUD [aiju:di:'] *n abbr* (= intra-uterine device) 子宮内避妊具 shikyúnaihininǵu, IUD aiyūdī

I've [aiv] = **I have**

ivory [ai'vǝ:ri:] *n* (substance) 象 げ zőge; (color) アイボリー áiborī

ivory tower *n* (fig) 象げの塔 zőge no tő

ivy [ai'vi:] *n* (BOT) キヅタ kízùta, アイビー áibì

J

jab [dʒæb] *vt* (poke: with elbow, stick) 突 く tsukú

♦*n* (inf: injection) 注射 chúsha

to jab something into something …を …に突っ込む …wo…ni tsukkőmù

jabber [dʒæb'ǝːr] *vi* (also: **jabber away**) ぺちゃくぺちゃしゃべる péchàkucha shabérù

jack [dʒæk] n (AUT) ジャッキ jákkì; (CARDS) ジャック jákkù

jackal [dʒæk'əl] n ジャッカル jákkàru

jackdaw [dʒæk'dɔ:] n コクマルガラス kokúmarugaràsu

jacket [dʒæk'it] n (garment) ジャケット jákètto; (of book) ジャケット jákètto, カバー kábã

potatoes in their jackets 皮ごと料理したジャガイモ kawágòto ryõri shita jagáimo

jack-knife [dʒæk'naif] vi (trailer truck) ジャックナイフ現象を起す jakkúnaifu geñshō wo okósù ◊ 鋭角に折り曲って動けなくなる efkaku ni orímagatte ugokenàku nárù

jack plug n (ELEC: for headphones etc) プラグ purágù

jackpot [dʒæk'pɑ:t] n 大賞金 daíshōkin
to hit the jackpot 大賞金を当てる daíshōkin wo atérù, 大当りする õatàri suru

jack up vt (AUT) ジャッキで持上げる jákkì de mochíagerù

jade [dʒeid] n (stone) ひすい hisúi

jaded [dʒei'did] adj (tired) 疲れ切った tsukárekittà; (fed-up) うんざりした uñzarīshita

jagged [dʒæg'id] adj (outline, edge) ぎざぎざの gízàgiza no

jail [dʒeil] n 刑務所 keímusho
◆vt 刑務所に入れる keímusho ni irérù

jam [dʒæm] n (food) ジャム jámù; (also: **traffic jam**) 交通渋滞 kõtsūjũtai; (inf: difficulty): *to be in a jam* 困っている komátte irù
◆vt (passage etc) ふさぐ fuságù; (mechanism, drawer etc) 動けなくする ugókenàku suru; (RADIO) 妨害する bõgai suru
◆vi (mechanism, drawer etc) 動けなくなる ugókenàku nárù
to jam something into something (cram, stuff) ...に...を押込む ...ni...wo oshíkomù

Jamaica [dʒəmei'kə] n ジャマイカ jámaīka

jangle [dʒæŋ'gəl] vi (keys, bracelets etc) じゃらじゃら鳴る járàjara narú

janitor [dʒæn'itə:r] n (caretaker: of building) 管理人 kañrinin

January [dʒæn'ju:we:ri:] n 1月 ichígatsu

Japan [dʒəpæn'] n 日本 nihóñ〔nippóñ〕

Japanese [dʒæpəni:z'] adj 日本の nihóñ〔nippóñ〕no; (LING) 日本語の nihóngo no
◆n inv (person) 日本人 nihóñ〔nippóñ〕jìñ; (LING) 日本語 nihóngo

jar [dʒɑ:r] n (container: glass with wide mouth) 瓶 bíñ; (: stone, earthenware) つぼ tsubó, かめ kamé
◆vi (sound) 耳ざわりである mimízawàri de aru, きしる kishírù; (colors) 釣合わない tsuríawanài

jargon [dʒɑ:r'gən] n 専門用語 señmon-yõgo, 隠語 iñgo

jasmine [dʒæz'min] n ジャスミン jásùmin

jaundice [dʒɔ:n'dis] n (MED) 黄だん õdan

jaundiced [dʒɔ:n'dist] adj *to view with a jaundiced eye* 白い目で見る shiróî me de mírù

jaunt [dʒɔ:nt] n (trip, excursion) 遠足 eñsoku

jaunty [dʒɔ:n'ti:] adj (attitude, tone) 陽気な yõki na; (step) 軽やかな karóyàka na

javelin [dʒæv'lin] n (SPORT) やり投げ yarínage

jaw [dʒɔ:] n (ANAT) あご agó

jay [dʒei] n カケス kakésu

jaywalker [dʒei'wɔ:kə:r] n ◊交通規則を無視して道路を横断する人 kõtsūkisòku wo mushí shite dõro wo õdan surù hitó

jazz [dʒæz] n (MUS) ジャズ jázù

jazz up vt (liven up: party) 活気付ける kakkízukerù; (: taste) ぴりっとさせる piríttò saséru; (: image) 派手にする hadé ni surù

jazzy [dʒæz'i:] adj (shirt, pattern) 派手な hadé na

jealous [dʒel'əs] adj (suspicious: husband etc) 嫉妬深い shittóbukài; (envious: person) うらやましい uráyamashiì, うらやましがっている uráyamashigàtte irú; (look etc) うらやましそうな uráyamashisòna

jealousy [dʒel'əsi:] n (resentment) ねた

み netámì; (envy) うらやむ事 uráyamù kotó

jeans [dʒi:nz] *npl* (trousers) ジーパン jípañ

jeep [dʒi:p] *n* (AUT, MIL) ジープ jípù

jeer [dʒi:r] *vi* (mock, scoff): **to jeer (at)** 野次る yajírù

jelly [dʒel'i:] *n* (CULIN) ゼリー zérì

jellyfish [dʒel'i:fiʃ] *n* クラゲ kuráge

jeopardize [dʒep'ə:rdaiz] *vt* 危険にさらす kikén ni sarásù

jeopardy [dʒep'ə:rdi:] *n*: **to be in jeopardy** 危険にさらされる kikén ni sarásarerù

jerk [dʒə:rk] *n* (jolt, wrench) ◇急な動き kyū na ugóki; (*inf*: idiot) 間抜け manúke
◆*vt* (pull) ぐいと引っ張る guí to hippárù
◆*vi* (vehicle, person, muscle) 急に動く kyū ni ugókù

jerkin [dʒə:r'kin] *n* チョッキ chokkí

jersey [dʒə:r'zi:] *n* (pullover) セーター sētā; (fabric) ジャージー jājī

jest [dʒest] *n* 冗談 jódañ

Jesus [dʒi:'səs] *n* イエス iésù

jet [dʒet] *n* (of gas, liquid) 噴射 fuńsha, ジェット jéttò; (AVIAT) ジェット機 jéttokì

jet-black [dʒet'blæk'] *adj* 真っ黒な makkúrò na

jet engine *n* ジェットエンジン jétto eñjin

jet lag *n* 時差ぼけ jisábòke

jettison [dʒet'əsən] *vt* (fuel, cargo) 捨てる sutérù

jetty [dʒet'i:] *n* 波止場 hatóba

Jew [dʒu:] *n* ユダヤ人 yudáyajìn

jewel [dʒu:'əl] *n* (*also fig*) 宝石 hóseki; (in watch) 石 ishí

jeweler [dʒu:'ələr] (*BRIT* **jeweller**) *n* (dealer in jewelery) 宝石商 hósekishò; (dealer in watches) 時計屋 tokéiya

jeweler's (shop) [dʒu:'ələrz-] *n* (jewelery shop) 宝石店 hósekitèn; (watch shop) 時計店 tokéitèn

jewelry [dʒu:'əlri:] (*BRIT* **jewellery**) *n* 装身具 sóshiñgu

Jewess [dʒu:'is] *n* ユダヤ人女性 yudáyajin jòsei

Jewish [dʒu:'iʃ] *adj* ユダヤ人の yudáyajìn no

jibe [dʒaib] *n* 野次 yájì

jiffy [dʒif'i:] (*inf*) *n*: **in a jiffy** 直ぐ súgù

jig [dʒig] *n* (dance) ジグ jígù ◇動きの早い活発なダンス ugóki nò hayáî kappátsu na dáñsu

jigsaw [dʒig'sɔ:] *n* (*also*: **jigsaw puzzle**) ジグソーパズル jígùsò-pazuru

jilt [dʒilt] *vt* (lover etc) 振る furú

jingle [dʒiŋ'gəl] *n* (for advert) コマーシャルソング komāsharu soñgu
◆*vi* (bells, bracelets) ちりんちりんと鳴る chírìnchirin to narú

jinx [dʒiŋks] *n* ジンクス jíñkusu

jitters [dʒit'ə:rz] (*inf*) *npl*: **to get the jitters** びびる bibírù

job [dʒɑːb] *n* (chore, task) 仕事 shigóto; (post, employment) 職 shokú

it's not my job (duty, function) それは私の仕事ではない soré wà watákushi nò shigóto de wa naî

it's a good job that ... (*BRIT*) ...して良かったね ...shite yókàtta né

just the job! (*BRIT: inf*) おあつらえ向きだ o-átsurae muki da, 丁度いい chódo ìî

job centre (*BRIT*) *n* 公共職業安定所 kókyōshokugyò anteishò

jobless [dʒɑːb'lis] *adj* (ECON) 失業の shitsúgyō no

jockey [dʒɑːk'i:] *n* (SPORT) 騎手 kíshù
◆*vi*: **to jockey for position** (rivals, competitors) 画策する kakúsaku suru

jocular [dʒɑːk'jələːr] *adj* (person, remark) ひょうきんな hyókiñ na

jog [dʒɑːg] *vt* (bump) 小突く kozúkù
◆*vi* (run) ジョギングする jógiñgu surú
to jog someone's memory ...に...を思い起させる ...ni...wo omói okosaserù

jog along *vi* (person, vehicle) のんびりと進む noñbirì ni susúmù

jogging [dʒɑːg'iŋ] *n* ジョギング jógiñgu

join [dʒɔin] *vt* (queue) ...に加わる ...ni kuwáwarù; (party) ...に参加する ...ni sañka suru; (club etc) ...に入会する ...ni nyúkai suru; (put together: things, places) つなぐ tsunágù; (meet: group of people) 一緒

になる isshó ni narú

♦*n* つなぎ目 tsunágimè

joiner [dʒɔi'nə:r] (*BRIT*) *n* 建具屋 tatéguya

joinery [dʒɔi'nə:ri:] *n* 建具職 tatégushóku

join in *vi* 参加する sañka suru

♦*vt fus* (work, discussion etc) ...に参加する ...ni sañka surú

joint [dʒɔint] *n* (TECH: in woodwork, pipe) 継目 tsugíme; (ANAT) 関節 kañsetsu; (of meat) ブロック肉 búròkku niku; (*inf*: nightclub, pub, cheap restaurant etc) 店 misé; (: of cannabis) マリファナタバコ marífana tabakò

♦*adj* (common) 共通の kyótsū no; (combined) 共同の kyódō no

joint account *n* (at bank etc) 共同預金口座 kyódō yokin kòza

join up *vi* (meet) 一緒になる isshó ni narú; (MIL) 入隊する nyútai suru

joist [dʒɔist] *n* はり harí

joke [dʒouk] *n* (gag) 冗談 jódañ; (*also:* **practical joke**) いたずら itázura

♦*vi* 冗談を言う jódañ wo iú

to play a joke on ...をからかう ...wo karákaù

joker [dʒou'kə:r] *n* (*inf*) 冗談を言う人 jódañ wo iu hitó; (*pej*: person) 野郎 yárò; (cards) ジョーカー jókà

jolly [dʒɑ:l'i:] *adj* (merry) 陽気な yóki na; (enjoyable) 楽しい tanóshiì

♦*adv* (*BRIT: inf*) とても totémo

jolt [dʒoult] *n* (physical) 衝撃 shógeki; (emotional) ショック shókkù

♦*vt* (physically) ...に衝撃を与える ...ni shógeki wò atáerù; (emotionally) ショックを与える shókkù wo atáerù

Jordan [dʒɔ:r'dən] *n* ヨルダン yórùdan

jostle [dʒɑ:s'əl] *vt*: **to be jostled by the crowd** 人込みにもまれる hitógomi ni momárerù

jot [dʒɑ:t] *n*: **not one jot** 少しも...ない sukóshì mo ...náì

jot down *vt* (telephone number etc) 書留める kakítomerù

jotter [dʒɑ:t'ə:r] (*BRIT*) *n* (notebook, pad) ノート（ブック）nòto(búkkù), メモ帳 memóchō

journal [dʒə:r'nəl] *n* (magazine, periodical) 雑誌 zasshí; (diary) 日記 nikkí

journalese [dʒə:rnəli:z'] *n* (*pej*) 大衆新聞調 taíshūshinbunchō

journalism [dʒə:r'nəlizəm] *n* ジャーナリズム jánarizùmu

journalist [dʒə:r'nəlist] *n* ジャーナリスト jánarisùto

journey [dʒə:r'ni:] *n* (trip, route) 旅行 ryokó; (distance covered) 道のり michínori

jovial [dʒou'vi:əl] *adj* (person, air) 陽気な yóki na

joy [dʒɔi] *n* (happiness, pleasure) 喜び yorókobi

joyful [dʒɔi'fəl] *adj* (news, event) うれしい uréshiì; (look) うれしそうな uréshisò na

joyride [dʒɔi'raid] *n* (AUT: *US*) 無謀運転のドライブ mubóuñten no doráibù; (: *BRIT*) 盗難車でのドライブ tónanshà de no doráibù

joystick [dʒɔi'stik] *n* (AVIAT) 操縦かん sójūkan; (COMPUT) 操縦レバー sójū rebā, ジョイスティック jofsùtikku

JP [dʒeipi:'] *n abbr* = **Justice of the Peace**

Jr *abbr* = **junior**

jubilant [dʒu:'bələnt] *adj* 大喜びの óyorokobi no

jubilee [dʒu:'bəli:] *n* (anniversary) ...周年記念日 ...shúnen kinènbi

judge [dʒʌdʒ] *n* (LAW) 裁判官 saíbankan; (in competition) 審査員 shiñsa-in; (*fig*: expert) 通 tsú

♦*vt* (LAW) 裁く sabákù; (competition) 審査する shiñsa suru; (person, book etc) 評価する hyóka suru; (consider, estimate) 推定する suítei suru

judg(e)ment [dʒʌdʒ'mənt] *n* (LAW) 判決 hañketsu; (REL) 審判 shiñpan; (view, opinion) 意見 ikén; (discernment) 判断力 hañdañryoku

judicial [dʒu:diʃ'əl] *adj* (LAW) 司法の shihó no

judiciary [dʒu:diʃ'i:e:ri:] *n* 司法部 shihóbù

judicious [dʒuːˈdiʃəs] adj (action, decision) 分別のある fuṅbetsu no árù

judo [dʒuːˈdou] n 柔道 júdō

jug [dʒʌg] n 水差し mizúsashi

juggernaut [dʒʌgˈəːrnɔːt] (BRIT) n (huge truck) 大型トラック ōgata torakkù

juggle [dʒʌgˈəl] vi 品玉をする shinádama wo surù◇幾つもの玉などを投上げて受止める曲芸 íkutsu mo no tamá nadò wo nagéagetè ukétomerù kyokúgei

juggler [dʒʌgˈləːr] n 品玉をする曲芸師 shinádama wo suru kyokúgeishi

Jugoslav [juːˈgouslɑːv] etc = **Yugoslav** etc

juice [dʒuːs] n (of fruit, plant, meat) 汁 shírù; (beverage) ジュース jùsu

juicy [dʒuːˈsiː] adj (food) 汁の多い shírù no ōi; (inf: story, details) エッチな étchì na

jukebox [dʒuːkˈbɑːks] n ジュークボックス júkùbokkusu

July [dʒəlaiˈ] n 7月 shichí gatsu

jumble [dʒʌmˈbəl] n (muddle) ごたまぜ gotámaze
♦vt (also: **jumble up**) ごたまぜにする gotámaze ni suru

jumble sale (BRIT) n 慈善バザー jizén bazà

jumbo (jet) [dʒʌmˈbou] n ジャンボジェット機 jánbo jettòkì

jump [dʒʌmp] vi (into air) 飛び上る tobíagarù; (with fear, surprise) ぎくっとする gíkùtto suru; (increase: price etc) 急上昇する kyújōshō suru; (: population etc) 急増する kyūzō suru
♦vt (fence) 飛び越える 2 る tobíkoerù
♦n (into air etc) 飛び上る事 tobíagarù kotó; (increase: in price etc) 急上昇 kyújōshō; (: in population etc) 急増 kyūzō
to jump the queue (BRIT) 列に割込む rétsu ni waríkomù

jumper [dʒʌmˈpəːr] n (BRIT: pullover) セーター sētā; (US: dress) ジャンパースカート jaṅpāsukàto

jumper cables npl (US) ブースターケーブル būsutākēburu◇外のバッテリーから

電気を得るために用いるコード hoká nò battèrī kara déňki wo érù tamé nì mochíirù kōdo

jump leads (BRIT) [-liːdz] npl = **jumper cables**

jumpy [dʒʌmˈpiː] adj (nervous) びくびくしている bíkùbiku shité írù

Jun. abbr = **junior**

junction [dʒʌŋkˈʃən] n (BRIT: of roads) 交差点 kōsatèn; (RAIL) 連絡駅 reńrakueki

juncture [dʒʌŋkˈtʃəːr] n: **at this juncture** この時 konó tokì

June [dʒuːn] n 6月 rokúgatsu

jungle [dʒʌŋˈgəl] n ジャングル jáṅguru; (fig) 弱肉強食の世界 jakúniku kyōshoku nò sékài

junior [dʒuːnˈjəːr] adj (younger) 年下の toshíshita no; (subordinate) 下位の kái no; (SPORT) ジュニアの júnia no
♦n (office junior) 後輩 kōhai; (young person) 若者 wakámono
he's my junior by 2 years 彼は私より2才年下です kárè wa watákushi yorì nísaì toshíshita desu

junior school (BRIT) n 小学校 shōgakkō

junk [dʒʌŋk] n (rubbish, cheap goods) がらくた garákuta; (ship) ジャンク junku

junk food n ジャンクフード jáṅku fūdo◇ポテトチップス，ファーストフードなど高カロリーだが低栄養のスナック食品 potétochippùsu, fāsuto fūdo nádò kōkarorī da ga teíeiyō no sunákku shokùhin

junkie [dʒʌŋˈkiː] (inf) n ペイ中 peichū

junk shop n 古物商 kobútsushō

Junr. abbr = **junior**

jurisdiction [dʒuːrisdikˈʃən] n (LAW) 司法権 shihōkèn; (ADMIN) 支配権 shiháiken

juror [dʒuːˈrəːr] n (person on jury) 陪審員 baíshiň-in

jury [dʒuːˈriː] n (group of jurors) 陪審員 baíshiň-in

just [dʒʌst] adj (fair: decision) 公正な kōsei na; (: punishment) 適切な tekísetsu na

◆*adv* (exactly) 丁度 chốdo; (only) ただ tádằ; (barely) ようやく yôyaku

he's just done it ついさっきそれをやったばかりだ tsuí sakkí sore wo yatta bákàri da

he's just left ついさっき出た〔帰った〕ばかりだ tsuí sakkí détằ〔kaéttằ〕bákàri da

just right 丁度いい chốdo iî

just two o'clock 丁度2時 chốdo nîji

she's just as clever as you 彼女はあなたに負けないぐらい頭がいい kánòjo wa anátằ ni makénai gurài atáma ga iî

just as well that ... ...して良かった ...shítẽ yokátta

just as he was leaving 丁度出掛けるところに chốdo dekákerù tokóro ni

just before 丁度前に chốdo máè ni

just enough 辛うじて間に合って kárồjite ma ní attẽ

just here ぴったりここに pittárî kokó ni

he just missed わずかの差で外れた wázùka no sá dè hazúreta

just listen ちょっと聞いて chottó kiite

justice [dʒʌs'tis] *n* (LAW: system) 司法 shihố; (rightness: of cause, complaint) 正当さ seítòsa; (fairness) 公正さ kốseisa; (US: judge) 裁判官 saíbankan

to do justice to (*fig*: task) ...をやりこなす ...wo yaríkonasù; (: meal) ...を平らげる ...wo taíragerù; (: person) ...を正当に扱う ...wo seítō ni atsúkaù

Justice of the Peace *n* 治安判事 chián hañji

justifiable [dʒʌs'tifaiəbəl] *adj* (claim, statement etc) もっともな móttòmo na

justification [dʒʌstəfəkei'ʃən] *n* (reason) 正当とする理由 seítō to suru riyú

justify [dʒʌs'təfai] *vt* (action, decision) 正当である事を証明する seítō de arù kotõ wo shốmei suru; (text) 行の長さをそろえる gyồ no nágàsa wo soróerù

justly [dʒʌst'li:] *adv* (with reason) 正当に seítō ni; (deservedly) 当然 tôzen

jut [dʒʌt] *vi* (*also*: **jut out**: protrude) 突出る tsukíderù

juvenile [dʒu:'vənəl] *adj* (court) 未成年の

miséìnen no; (books) 少年少女向きの shốnen shồjo mukî no; (humor, mentality) 子供っぽい kodốmoppoî

◆*n* (LAW, ADMIN) 未成年者 miséìneñsha

juxtapose [dʒʌkstəpouz'] *vt* (things, ideas) 並べておく narábete okù

K

K [kei] *abbr* (= *one thousand*) 1000 séñ = **kilobyte**

kaleidoscope [kəlai'dəskoup] *n* 万華鏡 mañgekyồ

Kampuchea [kæmpu:tʃi:'ə] *n* カンプチア káñpuchia

kangaroo [kæŋgəru:'] *n* カンガルー kañgarũ

karate [kərɑ:'ti:] *n* 空手 karáte

kebab [kəbɑ:b'] *n* くし刺の焼肉 kushísashi nồ yakíniku, シシカバブ shishikababu

keel [ki:l] *n* 竜骨 ryûkotsu

on an even keel (*fig*) 安定して afitei shite

keen [ki:n] *adj* (eager) やりたがっている yarítagattẽ írù; (intense: interest, desire) 熱心な nesshíñ na; (acute: eye, intelligence) 鋭い surúdoî; (fierce: competition) 激しい hagéshiî; (sharp: edge) 鋭い surúdoî

to be keen to do/on doing something (eager, anxious) ...をやりたがっている ...wo yarítagattẽ írù

to be keen on something/someone ...に熱を上げている ...ni netsú wồ agéte irù

keep [ki:p] (*pt, pp* **kept**) *vt* (retain: receipt etc) 保管する hokán suru; (: money etc) 自分の物にする jíbuñ no monõ ni surù; (: job etc) なくさない様にする nakúsanai yồ ni suru, 守る mamórù; (preserve, store) 貯蔵する chozố suru; (maintain: house, garden etc) 管理する káñri suru; (detain) 引留める hikítomerù; (run: shop etc) 経営する keíei suru; (chickens, bees etc) 飼育する shiíku suru; (accounts, diary etc) ...を付ける ...wo tsukérù; (support: family etc) 養う yashínaù; (fulfill: promise) 守る mamórù; (prevent): *to keep someone from doing something* ...が...をできない様に阻止する ...ga ...wo dekínai yō ni soshí surù

♦*vi* (remain: in a certain state) ...でいる〔ある〕...de irú 〔árù〕; (: in a certain place) ずっと ...にいる zuttó ...ni irú; (last: food) 保存がきく hozón ga kikù

♦*n* (cost of food etc) 生活費 seíkatsuhì; (of castle) 本丸 hoñmaru

to keep doing something ...をし続ける ...wo shitsúzukerù

to keep someone happy ...の期限をとる ...no kígen wo torù

to keep a place tidy ある場所をきちんとさせておく árù bashó wo kichíñ to saséte okù

to keep something to oneself ...について黙っている ...ni tsúite damátte irú

to keep something (back) from someone ...の事を...に隠す ...no kotó wo ...ni kakúsù

to keep time (clock) 時間を正確に計る jíkàn wo seíkaku ni hakárù

for keeps (inf) 永久に eíkyū ni

keeper [kiːˈpər] *n* (in zoo, park) 飼育係 shi-íkugakàri, パーパー kípā

keep-fit [kiːpˈfitˈ] *n* (BRIT) 健康体操 keñkōtaìsō

keeping [kiːˈpiŋ] *n* (care) 保管 hokán

in keeping with ...に合って ...ni áttè, ...に従って ...ni shitagatte

keep on *vi* (continue): *to keep on doing* ...し続ける ...shitsúzukerù

to keep on (about something) (を話題に) うるさくしゃべる (...wo wadái ni) urúsakù shabérù

keep out *vt* (intruder etc) 締出す shimédasù

「*keep out*」立入禁止 tachíiri kinshi

keepsake [kiːpˈseik] *n* 形見 katámi

keep up *vt* (maintain: payments etc) 続ける tsuzúkerù; (: standards etc) 保持する hojí suru

♦*vi*: *to keep up (with)* (match: pace)

(...と) 速度を合せる (...to) sókùdo wo a-wáserù; (: level) (...に) 遅れない様にする (...ni) okúrenai yō ni suru

keg [keg] *n* たる tarú

kennel [kenˈəl] *n* イヌ小屋 inúgoya

kennels [kenˈəlz] *npl* (establishment) イヌ屋 inúyà

Kenya [kenˈjə] *n* ケニア kénìa

Kenyan [kenˈjən] *adj* ケニアの kénìa no

♦*n* ケニア人 keníajìn

kept [kept] *pt, pp of* **keep**

kerb [kəːrb] (BRIT) *n* = **curb**

kernel [kəːrˈnəl] *n* (BOT: of nut) 実 mi; (fig: of idea) 核 kákù

kerosene [kerˈəsiːn] *n* 灯油 tôyu

ketchup [ketˈʃəp] *n* ケチャップ kecháppù

kettle [ketˈəl] *n* やかん yakán

kettle drum *n* ティンパニ tíñpani

key [kiː] *n* (for lock etc) かぎ kagí; (MUS: scale) 調 chō; (of piano, computer, typewriter) キー kí

♦*adj* (issue etc) 重要な jůyō na

♦*vt* (also: **key in**: into computer etc) 打込む uchíkomù, 入力する nyúryoku suru

keyboard [kiːˈbɔːrd] *n* (of computer, typewriter) キーボード kíbòdo; (of piano) けん盤 keñban, キーボード kíbòdo

keyed up [kiːd-] *adj* (person) 興奮している kófun shite irù

keyhole [kiːˈhoul] *n* 鍵穴 kagíana

keynote [kiːˈnout] *n* (MUS) 主音 shúòn; (of speech) 基調 kichō

key ring *n* キーホルダー kíhorùdā

kg *abbr* = **kilogram**

khaki [kækˈiː] *n* (color) カーキ色 kákì iro; (also; khaki cloth) カーキ色服地 kákì iro fukùji

kibbutz [kibuts'] *n* キブツ kíbùtsu ◇イスフエルの農業共同体 ísùraeru no nôgyō kyōdōtai

kick [kik] *vt* (person, table, ball) ける kérù; (inf: habit, addiction) やめる yamérù

♦*vi* ける kérù

♦*n* (from person, animal) けり kéri; (to ball) キック kíkkù; (thrill): *he does it for kicks* 彼はそんな事をやるのはスリ

ルのためだ kárè wa sofina kotó wo yárù no wa surírù no tamé dà

kick off *vi* (FOOTBALL, SOCCER) 試合を開始する shiái wò kaíshi suru

kick-off [kik'ɔːf] *n* (FOOTBALL, SOCCER) 試合開始 shiái kaishi, キックオフ kíkkùofu

kid [kid] *n* (*inf*: child) がき gakí, じゃり jarí; (animal) 子ヤギ koyágì; (*also*: **kid leather**) キッド革 kíddògawa
♦*vi* (*inf*) 冗談を言う jódàn wo iú

kidnap [kid'næp] *vt* 誘拐する yűkai suru

kidnapper [kid'næpə:r] *n* 誘拐犯人 yűkai haňnin

kidnapping [kid'næpiŋ] *n* 誘拐事件 yűkai jikèn

kidney [kid'niː] *n* (ANAT) じん臓 jiňzō; (CULIN) キドニー kídònī

kill [kil] *vt* (person, animal) 殺す korósù; (plant) 枯らす karásù; (murder) 殺す korosu, 殺害する satsúgai suru
♦*n* 殺し koróshi
to kill time 時間をつぶす jíkàn wo tsubúsù

killer [kil'ə:r] *n* 殺し屋 koróshiya

killing [kil'iŋ] *n* (action) 殺す事 korósu kotó; (instance) 殺人事件 satsújin jikèn
to make a killing (*inf*) 大もうけする ŏmōke suru

killjoy [kil'dʒɔi] *n* 白けさせる人 shirákesaserù hitó

kiln [kiln] *n* 窯 kamá

kilo [kiː'lou] *n* キロ kíròd

kilobyte [kil'əbait] *n* (COMPUT) キロバイト kiróbaìto

kilogram(me) [kil'əgræm] *n* キログラム kiróguràmu

kilometer [kil'əmi:tə:r] (*BRIT* **kilometre**) *n* キロメーター kirómētā

kilowatt [kil'əwɑ:t] *n* キロワット kirówattò

kilt [kilt] *n* キルト kirúto

kimono [kimou'nou] *n* 着物 kimóno, 和服 wafúku

kin [kin] *n* see **kith; next-of-kin**

---

to pay in kind 現物で支払う geñbutsu de shiháraù

a kind of ...の一種 ...no ísshù

to be two of a kind 似たり寄ったりする nitárì yottárì suru, 似た者同志である nitá mono dōshi de árù

kindergarten [kin'də:rgɑ:rtən] *n* 幼稚園 yŏchièn

kind-hearted [kaind'hɑːr'tid] *adj* 心の優しい kokórò no yasáshiì

kindle [kin'dəl] *vt* (light: fire) たく takú, つける tsukeru; (arouse: emotion) 起す okósù, そそる sosórù

kindly [kaind'liː] *adj* 親切な shíñsetsu na
♦*adv* (smile) 優しく yasáshikù; (behave) 親切に shíñsetsu ni
will you kindly ... ...して下さいませんか ...shítè kudásaìmasen ká

kindness [kaind'nis] *n* (personal quality) 親切 shíñsetsu; (helpful act) 親切な行為 shíñsetsu na kŏí

kindred [kin'drid] *adj*: **kindred spirit** 自分と気の合った人 jíbùn to kí no attá hitó

kinetic [kinet'ik] *adj* 動的な dŏteki na

king [kiŋ] *n* (monarch) 国王 kokúŏ; (CARDS, CHESS) キング kíñgu

kingdom [kiŋ'dəm] *n* 王国 ŏkoku

kingfisher [kiŋ'fiʃə:r] *n* カワセミ kawásemi

king-size [kiŋ'saiz] *adj* 特大の tokúdai no

kinky [kiŋ'kiː] (*pej*) *adj* (person, behavior) へんてこな heñteko na, 妙な myŏ na; (sexually) 変態気味の heñtaigimi no

kiosk [kiːɑːsk'] *n* (shop) キオスク kiósùku; (*BRIT*: TEL) 電話ボックス deñwa bokkùsu

kipper [kip'ə:r] *n* 薫製ニシン kuñsei nishìn

kiss [kis] *n* キス kísù
♦*vt* ...にキスする ...ni kísù suru
to kiss (each other) キスする kísù suru

kiss of life *n* 口移しの人工呼吸 kuchíutsushi no jiñkōkokyů

kit [kit] *n* (clothes: sports kit etc) 運動服一式 uñdŏfuku isshíki; (equipment, set of tools: *also* MIL) 道具一式 dŏgu isshíki; (for assembly) キット kíttò

kitchen [kitʃ'ən] *n* 台所 daídokoro, キッチン kítchìn

kitchen sink *n* 台所 の 流し daídokoro no nagáshi

kite [kait] *n* (toy) たこ takó

kith [kiθ] *n*: **kith and kin** 親せき知人 shíńsekichijin

kitten [kit'ən] *n* 子ネコ konékò

kitty [kit'i:] *n* (pool of money) お金の蓄え o-káne no takúwae; (CARDS) 総掛金 sókakekìn

kleptomaniac [kleptəmei'ni:æk] *n* 盗癖のある人 tōheki no árù hitó

km *abbr* = **kilometer**

knack [næk] *n*: **to have the knack of doing something** ...をするのが上手であ る ...wo suru nò ga jōzu de arù

knapsack [næp'sæk] *n* ナップサック nappúsakkù

knead [ni:d] *vt* (dough, clay) 練る nérù

knee [ni:] *n* ひざ hizá

kneecap [ni:'kæp] *n* ひざ頭 hizágashìra, ひざ小僧 hizákozō

kneel [ni:l] (*pt, pp* **knelt**) *vi* (also: **kneel down**) ひざまずく hizámazukù

knelt [nelt] *pt, pp of* **kneel**

knew [nu:] *pt of* **know**

knickers [nik'ə:rz] (*BRIT*) *npl* パンティー pántî

knife [naif] (*pl* **knives**) *n* ナイフ náìfu

♦*vt* ナイフで刺す náìfu de sásù

knight [nait] *n* (HISTORY) 騎士 kishí; (*BRIT*) ナイト náìto; (CHESS) ナイト náìto

knighthood [nait'hud] (*BRIT*) *n* (title): **to get a knighthood** ナイト爵位を与え られる naíto shakùi wo atáerarerù

knit [nit] *vt* (garment) 編む ámù

♦*vi* (with wool) 編物をする amímòno wo suru; (broken bones) 治る naórù

to knit one's brows まゆをひそめる máyù wo hisómerù

knitting [nit'iŋ] *n* 編物 amímòno

knitting machine *n* 編機 amíkì

knitting needle *n* 編棒 amíbò

knitwear [nit'we:r] *n* ニット・ウェアー nittó ueā

knives [naivz] *npl of* **knife**

knob [nɑ:b] *n* (handle: of door) 取っ手 tottè, つまみ tsumámi; (: of stick) 握り nigíri; (on radio, TV etc) つまみ tsumámi

knock [nɑ:k] *vt* (strike) たたく tatákù; (*inf*: criticize) 批判する hihán suru

♦*vi* (at door etc): **to knock at/on** ...にノ ックする ...ni nókku surù

♦*n* (blow, bump) 打撃 dagéki; (on door) ノック nókkù

knock down *vt* (subj: person) 殴り倒す nagúritaosù; (: car) ひき倒す hikítaosù

knocker [nɑ:k'ə:r] *n* (on door) ノッカー nokkā

knock-kneed [nɑ:k'ni:d] *adj* X脚の ekú-sukyaku no

knock off *vi* (*inf*: finish) やめる yamé-rù, 終りにする owári ni surù

♦*vt* (from price) 値引する nebíki suru; (*inf*: steal) くすねる kusúnerù

knock out *vt* (subj: drug etc) 気絶させる kizétsu saserù, 眠らせる nemúraserù; (BOXING etc, *also fig*) ノックアウトす る nokkúaùto suru; (defeat: in game, competition) ...に勝つ ...ni kátsù, 敗退さ せる haítai saserù

knockout [nɑ:k'aut] *n* (BOXING) ノックアウト nokkúaùto

♦*cpd* (competition etc) 決定的な kettéi-teki na

knock over *vt* (person, object) 倒す taósù

knot [nɑ:t] *n* (in rope) 結び目 musúbime; (in wood) 節目 fushíme; (NAUT) ノット nóttò

♦*vt* 結ぶ musúbù

knotty [nɑ:t'i:] *adj* (*fig*: problem) 厄介な yakkái na

know [nou] (*pt* **knew**, *pp* **known**) *vt* (facts, dates etc) 知っている shitté irù; (language) できる dekíru; (be acquainted with: person, place, subject) 知っている shitté irù; (recognize: by sight) 見て分か る mítè wakárù; (: by sound) 聞いて分か る kiite wakaru

to know how to swim 泳げる oyógerù

to know about/of something/some-

one ...の事を知っている ...no kotó wo shitté irù

know-all [nou'ɔːl] *n* 知ったか振りの人 shittákaburi no hitó

know-how [nou'hau] *n* 技術知識 gijútsuchishìki, ノウハウ nóuhaù

knowing [nou'iŋ] *adj* (look: of complicity) 意味ありげな imíarige na

knowingly [nou'iŋli:] *adv* (purposely) 故意に kói ni; (smile, look) 意味ありげに ímíarige ni

knowledge [nɑːl'idʒ] *n* (understanding, awareness) 認 識 nínshiki; (learning, things learnt) 知識 chíshìki

knowledgeable [nɑːl'idʒəbəl] *adj* 知識のある chíshìki no árù

known [noun] *pp* of **know**

knuckle [nʌk'əl] *n* 指 関 節 yubí kañsetsu◊特に指の付根の関節を指す tókù ni yubí no tsukéne no kañsetsu wò sásù

KO [kei'ou'] *n abbr* = **knockout**

Koran [kɔːrɑːn'] *n* コーラン kôran

Korea [kɔːri'ə] *n* 韓 国 káñkoku, 朝鮮 chôseñ

Korean [kɔːri:'ən] *adj* 韓 国 の káñkoku no, 朝鮮の chôseñ no; (LING) 韓国語の kañkokugo no, 朝鮮語の chôseñgo no
◆*n* (person) 韓 国 人 kañkokujìn, 朝鮮人 chôseñjìn; (LING) 韓国語 kañkokugo, 朝鮮語 chôseñgo

kosher [kou'ʃər] *adj* 適法の tekíhō no◊ユダヤ教の戒律に合った食物などについて言う yudáyakyō no kaíritsu ni attá shokúmòtsu nádò ni tsuíte iú

L

L (*BRIT*) *abbr* = **learner driver**

l. *abbr* = **liter**

lab [læb] *n abbr* = **laboratory**

label [lei'bəl] *n* (on suitcase, merchandise etc) ラベル rábèru
◆*vt* (thing) ...にラベルを付ける ...ni rábèru wo tsukérù

labor [lei'bəːr] (*BRIT* **labour**) *n* (hard work) 労働 rôdō; (work force) 労働者 rôdóshà◊総称 sōshō; (work done by work force) 労働 rôdō; (MED): *to be in labor* 陣痛が始まっている jiñtsū ga hajímatte irù

◆*vi*: *to labor (at something)* (...に) 苦心する (...ni) kushíñ suru

◆*vt*: *to labor a point* ある事を余計に強調する árù kotó wo yokéi ni kyóchō suru

laboratory [læb'rətɔːriː] *n* (scientific: building, institution) 研究所 keñkyūjo; (: room) 実験室 jikkéñshitsu; (school) 理科教室 rikákyòshitsu

labored [lei'bəːrd] *adj* (breathing: one's own) 苦しい kurúshiì; (: someone else's) 苦しそうな kurúshisò na

laborer [lei'bəːrəːr] *n* (industrial) 労働者 rôdóshà

farm laborer 農場労務者 nôjōrōmushà

laborious [ləbɔːr'iːəs] *adj* 骨の折れる honé no orérù

labour [lei'bəːr] *etc n* = **labor** *etc*

Labour, the Labour Party (*BRIT*) 労働党 rôdótō

labyrinth [læb'əːrinθ] *n* 迷路 meîro

lace [leis] *n* (fabric) レース rēsu; (of shoe etc) ひも himó
◆*vt* (shoe etc: *also*: **lace up**) ...のひもを結ぶ ...no himó wo musúbù

lack [læk] *n* (absence) 欠如 kétsùjo
◆*vt* (money, confidence) ...が無い ...ga naí; (intelligence etc) 欠いている kaíte irù

through/for lack of ...が無いために ...ga naí tamé ni

to be lacking ...がない ...ga naí

to be lacking in (intelligence, generosity etc) ...を欠いている ...wo kaíte iru

lackadaisical [lækədei'zikəl] *adj* (lacking interest, enthusiasm) 気乗りしない kinóri shinaì

laconic [ləkɑːn'ik] *adj* 言葉数の少ない kotóbakazù no sukúnaì

lacquer [læk'əːr] *n* (paint) ラッカー rákkā; (*also*: **hair lacquer**) ヘアスプレー heásupurè

lad [læd] *n* (boy) 少 年 shóneñ; (young man) 若者 wakámonò

ladder [læd'əːr] *n* (metal, wood, rope) は

しご子 hashígo; (*BRIT*: in tights) 伝線 deñseñ

laden [lei'dən] *adj*: *laden (with)* (ship, truck etc) (...を) たっぷり積んだ (...wo) tappúrì tsuñda; (person) (...を) 沢山抱えている (...wo) takúsañ kakáete irù

laden with fruit (tree) 実をたわわに付けている mi wo tawáwa ni tsukéte irù

ladle [lei'dəl] *n* 玉じゃくし tamájakùshi

lady [lei'di:] *n* (woman) 女性 joséì; (: dignified, graceful lady) 淑女 shukújò, レディ — rédì; (in address): *ladies and gentlemen* ... 紳士淑女の皆様 shiñshishukujò no minásàma

young lady 若い女性 wakáì joseì

the ladies' (room) 女性用トイレ joséìyōtoìre

ladybird [lei'di:bə:rd] *n* テントウムシ teñtōmushi

ladybug [lei'debʌg] (*US*) *n* = **ladybird**

ladylike [lei'di:laik] *adj* (behavior) レディーらしい rédìrashii

ladyship [lei'di:ʃip] *n*: *your ladyship* 奥様 ōkùsama

lag [læg] *n* (period of time) 遅れ okúre
♦*vi* (*also*: **lag behind**: person, thing) ...に遅れる ...ni okúrerù; (: trade, investment etc) ...の勢いが衰える ...no ikíoì ga otóroerù
♦*vt* (pipes etc) ...に断熱材を巻く ...ni dañnetsuzāi wo makú

lager [lɑ:'gə:r] *n* ラガービール ragábìru

lagoon [ləgu:n'] *n* 潟 katá, ラグーン rágùn

laid [leid] *pt, pp of* **lay**

laid back (*inf*) *adj* のんびりした noñbirì shitá

laid up *adj*: *to be laid up (with)* (...で) 寝込んでいる (...de) nekóñde irù

lain [lein] *pp of* **lie**

lair [le:r] *n* (ZOOL) 巣穴 suána

lake [leik] *n* 湖 mizú-umí

lamb [læm] *n* (animal) 子ヒツジ kohítsujì; (meat) ラム rámù

lamb chop *n* ラムチャップ ramúchappù, ラムチョップ ramúchoppù

lambswool [læmz'wul] *n* ラムウール ramúùru

lame [leim] *adj* (person, animal) びっこの bíkkò no; (excuse, argument, answer) 下手な hetá na

lament [ləment'] *n* 嘆き nagéki
♦*vt* 嘆く nagékù

laminated [læm'əneitid] *adj* (metal, wood, glass) 合板の gōhan no; (covering, surface) プラスチック張りの purásuchikkubari no

lamp [læmp] *n* (electric, gas, oil) 明り akári, ランプ rañpu

lamppost [læmp'poust] *n* 街灯 gaítō

lampshade [læmp'ʃeid] *n* ランプの傘 rañpu no kasá, シェード shédo

lance [læns] *n* やり yarí
♦*vt* (MED) 切開する sekkái suru

land [lænd] *n* (area of open ground) 土地 tochí; (property, estate) 土地 tochí, 所有地 shoyúchì; (as opposed to sea) 陸 rikú; (country, nation) 国 kuní
♦*vi* (from ship) 上陸する jōriku suru; (AVIAT) 着陸する chakúriku suru; (*fig*: fall) 落ちる ochírù
♦*vt* (passengers, goods) 降ろす orósù

to land someone with something (*inf*) ...に...を押付ける ...ni ...wo oshítsukerù

landing [læn'diŋ] *n* (of house) 踊り場 odóriba; (AVIAT) 着陸 chakúriku

landing gear *n* (AVIAT) 着陸装置 chakúrikusōchi

landing strip *n* 滑走路 kassórò

landlady [lænd'leidi:] *n* (of rented house, flat, room) 女大家 ofinaðya; (of pub) 女主人 ofinashujìn, おかみ okámi

landlocked [lænd'lɑːkt] *adj* 陸地に囲まれた rikúchi ni kakómareta

landlord [lænd'lɔːrd] *n* (of rented house, flat, room) 大家 ōya; (of pub) 主人 shujìn

landmark [lænd'mɑːrk] *n* (building, hill etc) 目標 mokúhyō; (*fig*) 歴史的な事件 rekíshitekì na jíkèn

landowner [lænd'ounə:r] *n* 地主 jinúshi

landscape [lænd'skeip] *n* (view over land, buildings etc) 景色 késhìki; (ART) 風景画 fūkeiga

landscape gardener *n* 造園家 zóenka

landslide [lænd'slaid] *n* (GEO) 地滑り jisúbèri; (*fig*: electoral) 圧勝 asshő

land up *vi*: **to land up in/at** 結局...に行くはめになる kekkyőkù ...ni ikú hame ni narù

lane [lein] *n* (in country) 小道 komíchi; (AUT: of carriageway) 車線 shasén; (of race course, swimming pool) コース kő-su

language [læŋ'gwidʒ] *n* (national tongue) 国語 kokúgo; (ability to communicate verbally) 言語 géngo; (specialized terminology) 用語 yőgo; (style: of written piece, speech etc) 言葉遣 kotőbazukài; (SCOL) 語学 gőgàku

bad language 下品な言葉 gehíñ na kotőba

he is studying languages 彼は外国語を勉強している kare wa gaikokugo wo benkyő shite iru

language laboratory *n* ランゲージラボラトリー rañgéjiraboratòrī, エルエルérùeru

languid [læŋ'gwid] *adj* (person, movement) 元気のない géñki no nâî

languish [læŋ'gwiʃ] *vi* 惨めに生きる míjìme ni ikírù

lank [læŋk] *adj* (hair) 長くて手入れしない nagákutè teíre shinai

lanky [læŋ'ki:] *adj* ひょろっとした hyorottő shita

lantern [læn'tə:rn] *n* カンテラ kañtera

lap [læp] *n* (of person) ひざの上 hizá nò ué; (in race) 1周 isshū, ラップ ráppù

♦*vt* (also: **lap up**: drink) ぴちゃぴちゃ飲む pichápìcha nómu

♦*vi* (water) ひたひたと打寄せる hitáhìta to uchíyoserù

lapel [ləpel'] *n* 折えり oríeri, ラペル rápèru

Lapland [læp'lənd] *n* ラップランド ráppùrando

lapse [læps] *n* (bad behavior) 過失 kashítsu; (of memory) 喪失 sőshitsu; (of time) 経過 keíka

♦*vi* (law) 無効になる mukő ni narù; (contract, membership, passport) 切れる kirérù

a lapse of concentration 不注意 fu-

chūī

to lapse into bad habits (of behavior) 堕落する daráku suru

lap up *vt* (*fig*: flattery etc) 真に受けるma ni ukérù

larceny [lɑ:r'səni:] *n* (LAW) 窃盗罪 settőzai

larch [lɑ:rtʃ] *n* (tree) カラマツ karámàtsu

lard [lɑ:rd] *n* ラード rầdo

larder [lɑ:r'də:r] *n* 食料貯蔵室 shokúryōchozőshitsu

large [lɑ:rdʒ] *adj* (big: house, person, amount) 大きい őkii

at large (as a whole) 一般に ippán ni; (at liberty) 捕まらないで tsukámaranaîde ¶ *see also* **by**

largely [lɑ:rdʒ'li:] *adv* (mostly) 大体 daítai; (mainly: introducing reason) 主に ő-mò ni

large-scale [lɑ:rdʒ'skeil'] *adj* (action, event) 大規模の dafkibő no; (map, diagram) 大縮尺の daíshukùshaku no

largesse [lɑ:rdʒes'] *n* (generosity) 気前良さ kimáeyosà; (money etc) 贈り物 okúrimonò

lark [lɑ:rk] *n* (bird) ヒバリ hibári; (joke) 冗談 jődañ

lark about *vi* ふざけ回る fuzákemawaru

larva [lɑ:r'və] (*pl* **larvae**) *n* 幼虫 yőchū

larvae [lɑ:r'vi:] *npl of* **larva**

laryngitis [lærəndʒai'tis] *n* こうとう炎 kőtōèn

larynx [lær'iŋks] *n* (ANAT) こうとう kőtō

lascivious [ləsiv'i:əs] *adj* (person, conduct) みだらな midára na

laser [lei'zə:r] *n* レーザー rềzā

laser printer *n* レーザープリンター rếzāpurìñtā

lash [læʃ] *n* (eyelash) まつげ mátsùge; (blow of whip) むち打ち muchíuchi

♦*vt* (whip) むち打つ muchíutsù; (subj: rain) 激しくたたく hagéshìku tatákù; (: wind) 激しく揺さぶる hagéshìku yusáburù; (tie): **to lash to/together** ...を...に〔...と一緒に〕縛る ...wo ...ni(...to isshő ni)

shibárù

lash out *vi: to lash out (at someone)* (hit) (...に) 打ち掛る (...ni) uchíkakarù
to lash out against someone (criticize) ...を激しく非難する ...wo hagéshikù hínán suru

lass [læs] *n* (girl) 少女 shōjo; (young woman) 若い女性 wakái joséi

lasso [læs'ou] *n* 投縄 nagénawa

last [læst] *adj* (latest: period of time, event, thing) 前の máè no; (final: bus, hope etc) 最後の saígo no; (end: of series, row) 一番後の ichíban atò no; (remaining: traces, scraps etc) 残りの nokórì no
♦*adv* (most recently) 最近 saíkin; (finally) 最後に saígo ni
♦*vi* (continue) 続く tsuzúkù; (: in good condition) もつ mótsù; (money, commodity) ...に足りる ...ni taríru
last week 先週 seńshū
last night 昨晩 sakúbàn, 昨夜 sakúyà
at last (finally) とうとう tótò
last but one 最後から2番目 saígo kara nibánme

last-ditch [læst'dítʃ] *adj* (attempt) 絶体絶命の zettáizetsumèi no

lasting [læs'tiŋ] *adj* (friendship, solution) 永続的な eízokuteki na

lastly [læst'li:] *adv* 最後に saígo ni

last-minute [læst'min'it] *adj* (decision, appeal etc) 土壇場の dotánba no

latch [lætʃ] *n* (on door, gate) 掛け金 kakégàne, ラッチ rátchi

late [leit] *adj* (far on in time, process, work etc) 遅い osói; (not on time) 遅れた okúreta; (former) 前の máè no, 前... zén...
♦*adv* (far on in time, process, work etc) 遅く osóku; (behind time, schedule) 遅れて okúrete
of late (recently) 最近 saíkin
in late May 5月の終り頃 gógàtsu no owári gorò
the late Mr X (deceased) 故Xさん ko ékusu san

latecomer [leit'kʌməːr] *n* 遅れて来る人 okúrete kurù hitó

lately [leit'li:] *adv* 最近 saíkin

latent [lei'tənt] *adj* (energy, skill, ability) 表に出ない omóte nì dénài

later [lei'təːr] *adj* (time, date, meeting etc) もっと後の móttò átò no; (version etc) もっと新しい móttò atárashiî
♦*adv* 後で átò de
later on 後で átò de

lateral [læt'əːrəl] *adj* (position) 横の yokó no; (direction) 横への yokó e no

latest [lei'tist] *adj* (train, flight etc) 最後の saígo no; (novel, film, news etc) 最新の saíshin no
at the latest 遅くとも osókùtomo

lathe [leið] *n* (for wood, metal) 旋盤 seńban

lather [læð'əːr] *n* 石けんの泡 sekkén nò awá
♦*vt* ...に石けんの泡を塗る ...ni sekkén nò awá wò nurú

Latin [læt'in] *n* (LING) ラテン語 raténgo
♦*adj* ラテン語の raténgo no

Latin America *n* ラテンアメリカ raténamèrika

Latin American *adj* ラテンアメリカの raténamèrika no
♦*n* ラテンアメリカ人 ratén-amerikajìn

latitude [læt'ətuːd] *n* (GEO) 緯度 ído; (fig: freedom) 余裕 yoyú

latrine [lətriːn'] *n* 便所 benjo

latter [læt'əːr] *adj* (of two) 後者の kōsha no; (recent) 最近の saíkin no; (later) 後の方の átò no hō no
♦*n: the latter* (of two people, things, groups) 後者 kōsha

latterly [læt'əːrliː] *adv* 最近 saíkin

lattice [læt'is] *n* (pattern, structure) 格子 kōshi

laudable [lɔː'dəbəl] *adj* (conduct, motives etc) 感心な kańshin na

laugh [læf] *n* 笑い warái
♦*vi* 笑う waráù
(to do something) for a laugh 冗談として (...をする) jōdaǹ toshité (...wo suru)

laugh at *vt fus* ...をばかにする ...wo baká ni surù

laughable [læf'əbəl] *adj* (attempt, quality etc) ばかげた bakágeta

laughing stock [læf'iŋ-] n: *to be the laughing stock of* ...の笑い者になる ...no waráimono ni narù

laugh off vt (criticism, problem) 無視する mushí suru

laughter [læf'tər] n 笑い声 waráigoè

launch [lɔːntʃ] n (of rocket, missile) 発射 hasshá; (of satellite) 打上げ uchíage; (COMM) 新発売 shiñhatsubai; (motorboat) ランチ rấnchi

♦vt (ship) 進水させる shiñsui saséru; (rocket, missile) 発射する hasshá suru; (satellite) 打上げる uchíagerù; (fig: start) 開始する kaíshi suru; (COMM) 発売する hatsúbai suru

launch into vt fus (speech, activity) 始める hajímerù

launch(ing) pad [lɔːn'tʃ(iŋ)-] n (for missile, rocket) 発射台 hasshádai

launder [lɔːn'dər] vt (clothes) 洗濯する seńtaku suru

launderette [lɔːndəret'] (BRIT) n コインランドリー koíñrañdorī

Laundromat [lɔːn'drəmæt] (® US) n コインランドリー koíñrañdorī

laundry [lɔːn'driː] n (dirty, clean) 洗濯物 seńtakumono; (business) 洗濯屋 seńtakuya ◊ドライクリーニングはしない doráikurīningu wa shinái; (room) 洗濯場 seńtakuba

laureate [lɔː'riːit] adj see **poet laureate**

laurel [lɔːr'əl] n (tree) ゲッケイジュ gekkéìju

lava [lɑː'və] n 溶岩 yốgan

lavatory [læv'ətɔːriː] n お手洗い otéarai

lavender [læv'əndɔːr] n (BOT) ラベンダー rabéñda

lavish [læv'iʃ] adj (amount) たっぷりの tappúrì no, 多量の taryố no; (person): *lavish with* ...を気前良く与える ...wo kiMáeyokù atáerù

♦vt: *to lavish something on someone* ...に...を気前よく与える ...ni ...wo kiMáeyokù atáerù

law [lɔː] n (system of rules: of society, government) 法 hố; (a rule) 法律 hốritsu; (of nature, science) 法則 hốsoku; (lawyers) 弁護士の職 beñgoshi no shokú;

(police) 警察 keísatsu; (SCOL) 法学 hốgaku

law-abiding [lɔː'əbaidiŋ] adj 法律を遵守する hốritsu wò júñshu suru

law and order n 治安 chíañ

law court n 法廷 hốtei

lawful [lɔː'fəl] adj 合法の gốhō no

lawless [lɔː'lis] adj (action) 不法の fuhố no

lawn [lɔːn] n 芝生 shibáfu

lawnmower [lɔːn'mouəːr] n 芝刈機 shibákarikì

lawn tennis n ローンテニス rốntenisu

law school (US) n (SCOL) 法学部 hốgakùbu

lawsuit [lɔː'suːt] n 訴訟 soshố

lawyer [lɔː'jəːr] n (gen) 弁護士 beñgoshì; (solicitor) 事務弁護士 jimúbeñgoshi; (barrister) 法廷弁護士 hốteibeñgoshi

lax [læks] adj (behavior, standards) いい加減な iíkagen na

laxative [læk'sətiv] n 下剤 gezái

lay[1] [lei] pt of **lie**

lay[2] [lei] adj (REL) 俗人の zokújin no; (not expert) 素人の shíroto no

lay[3] [lei] (pt, pp laid) vt (place) 置く okú; (table) ...に食器を並べる ...ni shokkí wo náraberù; (carpet etc) 敷く shikú; (cable, pipes etc) 埋設する maísetsu suru; (ZOOL: egg) 産む úmù

layabout [lei'əbaut] (BRIT: inf) n のらくら者 norákuramono

lay aside vt (put down) わきに置く wakí ni okù; (money) 貯蓄する chochíku suru; (belief, prejudice) 捨てる sutérù

lay by vt = **lay aside**

lay-by [lei'bai] (BRIT) n 待避所 taíhijo

lay down vt (object) 置く okú; (rules, laws etc) 設ける mốkerù

to lay down the law (pej) 威張り散らす ibárichirasu

to lay down one's life (in war etc) 命を捨てる inóchi wo sutérù

layer [lei'əːr] n 層 số

layman [lei'mən] (pl **laymen**) n (nonexpert) 素人 shíroto

lay off vt (workers) 一時解雇にする i-chíjikaìko ni suru, レイオフにする refofù ni suru

lay on vt (meal, entertainment etc) 提供
する teíkyō suru

lay out vt (spread out: things) 並べて置
く narábete okú

layout [lei'aut] n (arrangement: of gar-
den, building) 配置 haíchi; (: of piece of
writing etc) レイアウト reráuto

laze [leiz] vi (also: **laze about**) ぶらぶら
する búrabura suru

laziness [lei'zi:nis] n 怠惰 táìda

lazy [lei'zi:] adj (person) 怠惰な táìda na;
(movement, action) のろい noróì

lb abbr = **pound (weight)**

lead[1] [li:d] n (front position: SPORT, fig)
先頭 seńtō; (piece of information) 手掛り
tegákari; (in play, film) 主演 shuén; (for
dog) 引綱 hikízuna, ひも himó; (ELEC)
リード線 rídosen

♦vb (pt, pp **led**)

♦vt (walk etc in front) 先導する seńdō
suru; (guide)‧ **to lead someone some-
where** ...を...に案内する ...wo ...ni afnaí
suru; (group of people, organization)
...のリーダーになる ...no rídā ni nárù;
(start, guide: activity) ...の指揮を取る
...no shikí wo torú

♦vi (road, pipe, wire etc) ...に通じる ...ni
tsújiru; (SPORT) 先頭に立つ seńtō ni ta-
tsù

in the lead (SPORT, fig) 先頭に立って
seńtō ni tatte

to lead the way (also fig) 先導する seń-
dō suru

lead[2] [led] n (metal) 鉛 namári; (in pen-
cil) しん shíñ

lead away vt 連れ去る tsurésarù

lead back vt 連れ戻す tsuremodosu

leaden [led'ən] adj (sky, sea) 鉛色のna-
máriiro no

leader [li:'də:r] n (of group, organiza-
tion) 指導者 shidóshà, リーダー rídā;
(SPORT) 先頭を走る選手 seńtō wo ha-
shírù seńshù

leadership [li:'də:r̩ʃip] n (group, individ-
ual) 指導権 shidókèn; (position, quality)
リーダーシップ rídāshìppu

lead-free [ledfri:'] adj (petrol) 無鉛の

muén no

leading [li:'diŋ] adj (most important:
person, thing) 主要な shuyó na; (role) 主
演の shuén no; (first, front) 先頭の seńtō
no

leading lady n (THEATER) 主演女優
shuénjoyù

leading light n (person) 主要人物 shu-
yójinbùtsu

leading man (pl **leading men**) n (THE-
ATER) 主演男優 shuéndaň-yū

lead on vt (tease) からかう karákaù

lead singer n (in pop group) リードシン
ガー rídoshiňgā, リードボーカリスト rí-
dobōkarísuto

lead to vt fus ...の原因になる ...no geń-in
ni naru

lead up to vt fus (events) ...の原因にな
る ...no geń-in ni narù; (in conversation)
話題を...に向ける wadái wo ...ni mukérù

leaf [li:f] (pl **leaves**) n (of tree, plant) 葉
ha

♦vi: **to leaf through** (book, magazine)
...にさっと目を通す ...ni sátto me wò tố-
sù

to turn over a new leaf 心を入れ換え
る kokórò wo irékaerù

leaflet [li:f'lit] n ビラ birá, 散らし chirá-
shi

league [li:g] n (group of people, clubs,
countries) 連盟 reñmei, リーグ rígu

to be in league with someone ...と手を
組んでいる ...to te wo kuñde irú

leak [li:k] n (of liquid, gas) 漏れ moré;
(hole: in roof, pipe etc) 穴 aná; (piece of
information) 漏えい róei

♦vi (shoes, ship, pipe, roof) ...から...が漏
れる ...kara ...ga morórù (liquid, gas) 漏
れる morérù

♦vt (information) 漏らす mórasù

the news leaked out そのニュースが漏
れた sonó nyūsu ga moréta

lean [li:n] adj (person) やせた yaséta;
(meat) 赤身の akámi no

♦vb (pt, pp **leaned** or **leant**)

♦vt: **to lean something on something**
...を...にもたせかける ...wo ...ni motáse-
kakerù

♦*vi* (slope) 傾く katámukù

to lean against ...にもたれる ...ni motárerù

to lean on ...に寄り掛る ...ni yoríkakerù

lean back *vi* 後ろへもたれる ushíro e motárerù

lean forward *vi* 前にかがむ máe ni kagámù

leaning [liːˈniŋ] *n: leaning (towards)* (tendency, bent) (...する) 傾向 (...surú) keíkō

lean out *vi* ...から体を乗出す ...kara karáda wò norídasù

lean over *vi* ...の上にかがむ ...no ué nì kagámù

leant [lent] *pt, pp of* **lean**

leap [liːp] *n* (jump) 跳躍 chóyaku; (in price, number etc) 急上昇 kyújōshō

♦*vi* (*pt, pp* **leaped** *or* **leapt**) (jump: high) 跳ね上がる hanéagarù; (: far) 跳躍する chóyaku suru; (price, number etc) 急上昇する kyújōshō suru

leapfrog [liːpˈfrɑːg] *n* 馬跳び umátobi

leapt [lept] *pt, pp of* **leap**

leap year *n* うるう年 urúūdoshi

learn [ləːrn] (*pt, pp* **learned** *or* **learnt**) *vt* (facts, skill) 学ぶ manábù; (study, repeat: poem, play etc) 覚える obóerù, 暗記する añki suru

♦*vi* 習う naráù

to learn about something (hear, read) ...を知る ...wo shírù

to learn to do something ...の仕方を覚える ...no shikáta wò obóerù

learned [ləːrˈnid] *adj* (person) 学識のある gakúshiki no arù; (book, paper) 学術の gakújùtsu no

learner [ləːrˈnəːr] (*BRIT*) *n* (*also:* **learner driver**) 仮免許運転者 karímenkyo unteñsha

learning [ləːrˈniŋ] *n* (knowledge) 学識 gakúshiki

learnt [ləːrnt] *pt, pp of* **learn**

lease [liːs] *n* (legal agreement, contract: to borrow something) 賃借契約 chiñshakukeíyaku, リース rísu; (: to lend something) 賃貸契約 chiñtaikeíyaku, リース rísu

♦*vt* (borrow) 賃借する chiñshaku suru; (lend) 賃貸する chiñtai suru

leash [liːʃ] *n* (for dog) ひも himó

least [liːst] *adj: the least* (+noun: smallest) 最も小さい móttòmo chíisaì; (: smallest amount of) 最も少ない móttòmo sukúnaì

♦*adv* (+verb) 最も...しない móttòmo ...shináì; (+adjective): *the least* 最も...でない móttòmo ...de náì

the least possible effort 最小限の努力 saíshōgen no dóryoku

at least 少なくとも sukúnakùtomo

you could at least have written 少なくとも手紙をくれたら良かったのに sukúnakùtomo tegámi wò kurétara yokattà no ni

not in the least ちっとも...でない chíttò mo ...de náì

leather [leðˈəːr] *n* なめし革 naméshigàwa, 革 kawá

leave [liːv] (*pt, pp* **left**) *vt* (place: go away from) 行ってしまう itté shimaù, 帰る kaérù; (place, institution: permanently) 去る sárù, 辞める yamérù; (leave behind: person) 置去りにする okízari ni surù, 見捨てる misúterù; (: thing: accidentally) 置忘れる okíwasurerù; (: deliberately) 置いて行く oíte ikù; (husband, wife) ...と別れる ...to wakárerù; (allow to remain: food, space, time etc) 残す nokósù

♦*vi* (go away) 去る sárù, 行ってしまう itté shimaù; (: permanently) 辞める yamérù; (bus, train) 出発する shuppátsu suru, 出る dérù

♦*n* 休暇 kyúka

to leave something to someone (money, property etc) ...に...を残して死ぬ ...ni ...wo nokóshite shinù; (responsibility etc) ...に...を任せる ...ni ...wo makáserù

to be left 残る nokórù

there's some milk left over ミルクは少し残っている mírùku wa sukóshì nokótte irù

on leave 休暇中で kyúkachū de

leave behind *vt* (person, object) 置いて

行く oíte ikù; (object: accidentally) 置忘れる okíwasurerù

leave of absence n 休暇 kyū́ka, 暇 himá

leave out vt 抜かす nukásù

leaves [li:vz] npl of **leaf**

Lebanon [leb'ənən] n レバノン rebánòn

lecherous [letʃ'ərəs] (pej) adj 助平な sukébē na

lecture [lek'tʃər] n (talk) 講演 kóen; (SCOL) 講義 kógi
♦vi (talk) 講演する kóen suru; (SCOL) 講義する kógi sùru
♦vt (scold): **to lecture someone on/about something** ...の事で...をしかる ...no kotó de ...wo shikárù
to give a lecture on ...について講演する ...ni tsúite kóen suru

lecturer [lek'tʃərər] (BRIT) n (at university) 講師 kóshi

led [led] pt, pp of **lead**[1]

ledge [ledʒ] n (of mountain) 岩棚 iwádana; (of window) 桟 sáñ; (on wall) 棚 taná

ledger [ledʒ'ər] n (COMM) 台帳 daíchō

lee [li:] n 風下 kazáshimo

leech [li:tʃ] n ヒル hírù

leek [li:k] n リーキ rīki, リーク rīku

leer [li:r] vi: **to leer at someone** ..をいん乱な目で見る ...wo iñran na me de mirù

leeway [li:'wei] n (fig): **to have some leeway** 余裕がある yoyū́ ga arù

left [left] pt, pp of **leave**
♦adj (direction, position) 左の hidári no
♦n (direction, side, position) 左 hidári
♦adv (turn, look etc) 左に(へ) hidári ni (e)
on the left 左に(で) hidári ni(de)
to the left 左に(へ) hidári ni(è)
the Left (POL) 左翼 sáyòku

left-handed [left'hæn'did] adj 左利きの hidárikiki no, ぎっちょの gítchò no

left-hand side [left'hænd'-] n 左側 hidáririgawa

left-luggage (office) [leftlʌg'idʒ-] (BRIT) n 手荷物預かり所 tenímotsu azukarishò

leftovers [left'ouvərz] npl (of meal) 残り物 nokórimono

left-wing [left'wiŋ] adj (POL) 左翼の sáyòku no

leg [leg] n (gen) 脚 ashí; (CULIN: of lamb, pork, chicken) もも mómò; (part: of journey etc) 区切り kugíri

legacy [leg'əsi:] n (of will: also fig) 遺産 isán

legal [li:'gəl] adj (of law) 法律の hóritsu no; (action, situation) 法的な hóteki na

legal holiday (US) n 法定休日 hótei-kyū́jitsu

legality [li:gæl'iti:] n 合法性 góhōsei

legalize [li:'gəlaiz] vt 合法化する góhōka suru

legally [li:'gəli:] adv (by law) 法的に hóteki ni

legal tender n (currency) 法定通貨 hóteitsūka, 法貨 hóka

legend [ledʒ'ənd] n (story) 伝説 deñsetsu; (fig: person) 伝説的人物 deñsetsutekijinbutsu

legendary [ledʒ'əndeːriː] adj (of legend) 伝説の deñsetsu no; (very famous) 伝説的な deñsetsuteki na

legible [ledʒ'əbəl] adj 読める yomérù

legion [li:'dʒən] n (MIL) 軍隊 guñtai

legislation [ledʒislei'ʃən] n 法律 hóritsu

legislative [ledʒ'isleitiv] adj 立法の rippó no

legislature [ledʒ'isleitʃər] n (POL) 議会 gíkài

legitimate [lidʒit'əmit] adj (reasonable) 正当な seítō na; (legal) 合法な góhō na

leg-room [leg'ruːm] n (in car, plane etc) 脚を伸ばせる空間 ashí wo nobáserù kū́kan

leisure [li:'ʒər] n (period of time) 余暇 yuká, レジャー rejā
at leisure ゆっくり yukkúrì

leisure centre (BRIT) n レジャーセンター rejásèñta ◇スポーツ施設, 図書室, 会議室, 喫茶店などを含んだ文化施設 supótsushisetsù, toshóshitsu, kaígishìtsu, kissáteñ nádò wo fukúñda buñkashisetsù

leisurely [li:'ʒəːrli:] adj (pace, walk) ゆっくりした yukkúrì shitá

lemon [lem'ən] n (fruit) レモン rémòn

lemonade [leməneid'] n (BRIT: fizzy drink) ラムネ rámùne; (with lemon juice) レモネード remónèdo

lemon tea n レモンティー remóñtī

lend [lend] (pt, pp **lent**) vt: *to lend something to someone* (money, thing) ...に...を貸す ...ni ...wo kásù

lending library [len'diŋ-] n 貸出し図書館 kashídashitoshokàn

length [leŋkθ] n (measurement) 長さ nagása; (distance): *the length of* ...の端から端まで ...no hashí kara hashi madè; (of swimming pool) プールの長さ pūru no nagása; (piece: of wood, string, cloth etc) 1本 ippóñ; (amount of time) 時間 jikáñ

at length (at last) とうとう tôtō; (for a long time) 長い間 nagái aída

lengthen [leŋk'θən] vt 長くする nágàku suru

♦vi 長くなる nágàku naru

lengthways [leŋkθ'weiz] adv (slice, fold, lay) 縦に táte ni

lengthy [leŋk'θi:] adj (meeting, explanation, text) 長い nagáì

lenient [li:'ni:ənt] adj (person, attitude) 寛大な kañdai na

lens [lenz] n (of spectacles, camera) レンズ réñzu; (telescope) 望遠鏡 bôenkyō

Lent [lent] n 四旬節 shijúñsetsu

lent [lent] pt, pp of **lend**

lentil [len'təl] n ヒラマメ hirámame

Leo [li:'ou] n (ASTROLOGY) しし座 shishíza

leopard [lep'ə:rd] n (ZOOL) ヒョウ hyô

leotard [li:'ətɑ:rd] n レオタード reótàdo

leprosy [lep'rəsi:] n らい病 raíbyō, ハンセン病 hañsenbyō

lesbian [lez'bi:ən] n 女性同性愛者 joséidōseiaishà, レスビアン resúbiàn

less [les] adj (in size, degree) ...より小さい ...yórì chíîsài; (in amount, quality) ...より少ない ...yórì sukúnaì

♦pron ...より少ないもの ...yórì sukúnaì monó

♦adv ...より少なく ...yórì sukúnakù

♦prep: *less tax/10% discount* ...から税金〔1割り〕を引いて ...kara zeíkin(ichí-

wàri)wo hiíte

less than half 半分以下 hañbùn íka

less than ever 更に少なく sárà ni sukúnàku

less and less ますます少なく masúmàsu sukúnàku

the less he talks the better ... 彼はできるだけしゃべらない方がいい kárè wa dekíru dake shabéranai hồ ga íi

lessen [les'ən] vi 少なくなる sukúnaku narù

♦vt 少なくする sukúnàku suru

lesser [les'ə:r] adj (smaller: in degree, importance, amount) 小さい〔少ない〕方の chíîsài〔sukúnài〕hồ no

to a lesser extent それ程ではないが ...mo soré hodò de wa naí ga ...mo

lesson [les'ən] n (class: history etc) 授業 jugyô; (: ballet etc) けいこ kéîko, レッスン réssùn; (example, warning) 見せしめ miséshime

to teach someone a lesson (fig) ...に思い知らせてやる ...ni omóishirasete yarù

lest [lest] conj ...しない様に ...shinái yồ ni

let [let] (pt, pp **let**) vt (allow) 許す yurúsù; (BRIT: lease) 賃貸する chiñtai suru

to let someone do something ...に...するのを許す ...ni ...surú no wò yurúsù

to let someone know something ...に...を知らせる ...ni ...wo shiráserù

let's go 行きましょう ikímashò

let him come (permit) 彼が来るのを邪魔しないで下さい kárè ga kúrù no wo jamá shinàide kudásaì

「*to let*」 貸し家 kashíyà

let down vt (tire etc) ...の空気を抜く ...no kûki wo nuku; (person) がっかりさせる gakkárì saséru

let go vi (stop holding: thing, person) 手を放す te wo hanásù

♦vt (release: person, animal) 放す hanásu

lethal [li:'θəl] adj (chemical, dose etc) 致命的な chiméiteki na

a lethal weapon 凶器 kyôki

lethargic [ləθɑ:r'dʒik] adj 無気力の mukíryòku no

let in vt (water, air) ...が漏れる ...ga morérù; (person) 入らせる haíraserù

let off *vt* (culprit) 許す yurúsù; (firework, bomb) 爆発させる bakúhatsu saseru; (gun) 撃つ útsù

let on *vi* 漏らす morású

let out *vt* (person, dog) 外に出す sóto ni dásù; (breath) 吐く hákù; (water, air) 抜く núkù; (sound) 出す dásù

letter [let'ə:r] *n* (correspondence) 手紙 tegámi; (of alphabet) 文字 mójì

letter bomb *n* 手紙爆弾 tegámibakùdan

letterbox [let'ə:rba:ks] (*BRIT*) *n* (for receiving mail) 郵便受け yúbiñ-uke; (for sending mail) 郵便ポスト yūbinposùto, ポスト pósùto

lettering [let'ə:riŋ] *n* 文字 mójì

lettuce [let'is] *n* レタス rétàsu

let up *vi* (cease) やむ yámù; (diminish) 緩む yurúmù

let-up [let'ʌp] *n* (of violence, noise etc) 減少 geñsho

leukemia [lu:ki:'mi:ə] (*BRIT* **leukaemia**) *n* 白血病 hakkétsubyò

level [lev'əl] *adj* (flat) 平らな taíra na
◆*adv*: **to draw level with** (person, vehicle) ...に追い付く ...ni oítsukù
◆*n* (point on scale, height etc) 高さ tákàsa, レベル rébèru; (of lake, river) 水位 súìi
◆*vt* (land: make flat) 平らにする taíra ni suru, (building, forest etc: destroy) 破壊する hakái suru
to be level with ...と同じぐらいである ...to onáji guraì de arù
"A" levels (*BRIT*) 学科の上級試験 gakká no jókyù shikeñ ◇大学入学資格を得るための試験 daígakunyugaku shikakù wo erù tame no shikeñ
"O" levels (*BRIT*) 学科の普通級試験 gakká no futsúkyù shikeñ ◇中等教育を5年受けた後に受ける試験 chútokyòku wò gonéñ ukéta nochi ni ukérù shikeñ
on the level (*fig*: honest) 正直で shójiki de

level crossing (*BRIT*) *n* 踏切 fumíkiri

level-headed [lev'əlhed'id] *adj* (calm) 分別のある fúñbetsu no árù

level off *vi* (prices etc) 横ばい状態になる yokóbaijòtai ni nárù

level out *vi* = **level off**

lever [lev'ə:r] *n* (to operate machine) レバー rébà; (bar) バール bárù; (*fig*) 人を動かす手段 hitó wò ugókasu shúdan, てこ tékò

leverage [lev'ə:ridʒ] *n* (using bar, lever) てこの作用 tékò no sáyò; (*fig*: influence) 影響力 eíkyòryòku

levity [lev'iti:] *n* (frivolity) 不真面目さ fumájimesa

levy [lev'i:] *n* (tax, charge) 税金 zeíkin
◆*vt* 課する ka súrú

lewd [lu:d] *adj* (look, remark etc) わいせつな waísetsu na

liabilities [laiəbil'əti:z] *npl* (*COMM*) 債務 saímu

liability [laiəbil'əti:] *n* (person, thing) 負担 fután; (*LAW*: responsibility) 責任 sekínin

liable [lai'əbəl] *adj* (subject): **liable to** ...の罰則が適用される ...no bassóku ga tekíyò sarerù; (responsible): **liable for** ...の責任を負うべきである ...no sekínin wò oúbeki de arù; (likely): **liable to do** ...しがちである ...shigachi de arù

liaise [li:eiz'] *vi*: **to liaise (with)** (...と) 連携する (...to) reñkei suru

liaison [li:ei'za:n] *n* (cooperation, coordination) 連携 reñkei; (sexual relationship) 密通 mittsù

liar [lai'ə:r] *n* うそつき usótsùki

libel [lai'bəl] *n* 名誉棄損 meíyokisòn
◆*vt* 中傷する chúshò suru

liberal [lib'ə:rəl] *adj* (tolerant) 開放的な kaíhòteki na; (large: offer, amount etc) 寛大な kañdai na

liberate [lib'ə:reit] *vt* 解放する kaíhò suru

liberation [libərei'ʃən] *n* 解放 kaíhò

liberty [lib'ə:rti:] *n* (*gen*) 自由 jiyú; (criminal): **to be at liberty** 捕まらないでいる tsukámaranàide írù, 逃走中である tósòchū de arù
to be at liberty to do 自由に...できる jiyú ni ...dekírù
to take the liberty of doing something 勝手に...する katté ni ...surú

Libra [liː'brə] n (ASTROLOGY) 天びん座 teñbinza

librarian [laibreːrˈriːən] n (worker) 図書館員 toshókañ-in; (qualified) 司書 shíshò

library [laiˈbreːriː] n (institution, SCOL: building) 図書館 toshókàn; (: room) 図書室 toshóshìtsu; (private collection) 蔵書 zósho

libretto [libretˈou] n (OPERA) 脚本 kyakúhon

Libya [libˈiːə] n リビア ríbìa

Libyan [libˈiːən] adj リビアの ríbìa no
♦n リビア人 ribíajìn

lice [lais] npl of **louse**

licence [laiˈsəns] (US also: **license**) n (official document) 免許証 méñkyo; (AUT) 運転免許証 uñtenmenkyoshò

license [laiˈsəns] n (US) = **licence**
♦vt (person, organization, activity) 認可する níñka suru

licensed [laiˈsənst] adj (driver, pilot etc) 免許を持った méñkyo wo mottá; (for alcohol) 酒類販売許可を持った sakéruihanbaikyòka wo mottá

license plate (US) n ナンバープレート nañbāpurèto

licentious [laisenˈtʃəs] adj いん乱な iñran na

lichen [laiˈkən] n 地衣 chíi

lick [lik] vt (stamp, fingers etc) なめる namérù; (inf: defeat) ...に楽勝する ...ni rakúshò suru
to lick one's lips (also fig) 舌なめずりする shitánamèzuri suru

licorice [likˈəːris] (US) n カンゾウあめ kañzóame

lid [lid] n (of box, case, pan) ふた futá; (eyelid) まぶた mábùta

lie [lai] (pt **lay**, pp **lain**) vi (person) 横になる yokó ni narù; (be situated: place, object: also fig) ...にある ...ni árù; (be placed: in race, league etc) 第...位である dáì ...ì de arù; (tell lies: pt, pp **lied**) うそをつく usó wo tsúkù
♦n (untrue statement) うそ usó
to lie low (fig) 人目を避ける hitóme wo sakéru

lie about/around vi (things) 散らばっ

ている chirábatte iru; (people) ごろりと寝ている goróri to neté iru

lie-down [laiˈdaun] (BRIT) n: *to have a lie-down* 昼寝する hirúne suru

lie-in [laiˈin] (BRIT) n: *to have a lie-in* 寝坊する nebó suru

lieu [luː]: *in lieu of* prep ...の代りに ...no kawári ni

lieutenant [luːtenˈənt] n (MIL) (also: **first lieutenant**) 中尉 chūì; (also: **second lieutenant**) 小尉 shòì

life [laif] (pl **lives**) n (quality of being alive) 生命 seímeí; (live things) 生物 seíbùtsu; (state of being alive) 命 ínòchi; (lifespan) 一生 isshó; (events, experience, activities) 生活 seíkatsu
to come to life (fig: person, party etc) 活気付く kakkízukù

life assurance (BRIT) n = **life insurance**

lifebelt [laifˈbelt] n 救命具 kyúmeìgu

lifeboat [laifˈbout] n (rescue launch) 巡視艇 juñshitèi; (on ship) 救命ボート kyúmeibòto

lifeguard [laifˈgɑːrd] n (at beach, swimming pool) 看視員 kañshiìn

life imprisonment n 無期懲役 mukíchòeki

life insurance n 生命保険 seímeihokèn

life jacket n 救命胴衣 kyúmeidòi

lifeless [laifˈlis] adj (dead: person, animal) 死んだ shíñda; (fig: person) 元気のない géñki no náì; (: party etc) 活気のない kakkí no náì

lifelike [laifˈlaik] adj (model, dummy, robot etc) 生きている様な íkìte irú yòna; (realistic: painting, performance) 写実的な shajítsuteki na

lifeline [laifˈlain] n (means of surviving) 命綱 inóchizùna

lifelong [laifˈlɔːŋ] adj (friend, ambition etc) 一生の isshó no

life preserver (US) n = **lifebelt**; **life jacket**

life sentence n 無期懲役 mukíchòeki

life-size(d) [laifˈsaiz(d)] adj (painting, model etc) 実物大の jitsúbutsudaì no

life-span [laifˈspæn] n (of person, ani-

mal, plant: *also fig*) 寿命 jumyō
life style *n* 生き方 ikíkata, ライフスタ
イル raffusutaĩru
life support system *n* (MED) 生命維持
装置 seímeijijísōchi
lifetime [laif'taim] *n* (of person) 生涯
shōgai; (of thing) 寿命 jumyō
lift [lift] *vt* (raise: thing, part of body) 上
げる agéru; (end: ban, rule) 撤廃する tep-
pái suru
◆*vi* (fog) 晴れる harérù
◆*n* (*BRIT*: machine) エレベーター eré-
bêta
to give someone a lift (AUT) ...を車に
乗せて上げる ...wo kurúma ni noséte
agerú
lift-off [lift'ɔːf] *n* (of rocket) 離昇 rishō
ligament [lig'əmənt] *n* じん帯 jíntai
light [lait] *n* (brightness: from sun,
moon, lamp, fire) 光 hikári; (ELEC) 電気
deńki; (AUT) ライト ráìto; (for cigarette
etc): *have you got a light?* 火をお持ち
ですか hí wò o-móchì desu ká
◆*vt* (*pt, pp* **lit**) (fire) たく takú; (candle,
cigarette) ...に火を付ける ...ni hí wo tsu-
kérù; (room): *to be lit by* ...で照明され
ている ...de shōmei saréte irù
◆*adj* (pale) 淡い awái; (not heavy:
object) 軽い karúì; (: rain) 細かい komá-
kaì; (: traffic) 少ない sukúnaì; (: not stren-
uous: work) 軽い karúì; (bright: building,
room) 明るい akárui; (graceful, gentle:
movement, action) 軽やかな karóyàka
na; (not serious: book, play, film, music)
肩の凝らない katá no koránaì
to come to light 明るみに出る akárumi
ni derù
in the light of (discussions, new evi-
dence etc) ...を考慮して ...wo kōryo shite
light bulb *n* 電球 deńkyū
lighten [lait'ən] *vt* (make less heavy) 軽
くする karúku surù
lighter [lait'təːr] *n* (*also:* **cigarette
lighter**) ライター ráìta
light-headed [lait'hed'id] *adj* (dizzy) 頭
がふらふらする atáma ga fúràfura suru;
(excited) 浮わついた uwátsuita
light-hearted [lait'hɑːr't̬id] *adj* (person)

陽気な yṓki na; (question, remark etc)
気楽な kiráku na
lighthouse [lait'haus] *n* 燈台 tōdai
lighting [lai'tiŋ] *n* (system) 照明 shṓmei
lightly [lait'li:] *adv* 軽く karúku;
(thoughtlessly) 軽率に keísotsu ni;
(slightly) 少し sukóshì
to get off lightly 軽い罰だけで逃れる
karúi bátsù dáke de nogárerù
lightness [lait'nis] *n* (in weight) 軽さ ka-
rúsa
lightning [lait'niŋ] *n* (in sky) 稲妻 inázù-
ma
lightning conductor (*BRIT*) *n* =
lightning rod
lightning rod (*US*) *n* 避雷針 hiráìshin
light pen *n* ライトペン raítopeñ
lights [laits] *npl* (AUT: traffic lights)
(交通)信号 (kōtsū)shińgō
light up *vi* (face) 輝く kagáyakù
◆*vt* (illuminate) 明るくする akáruku su-
ru
lightweight [lait'weit] *adj* (suit) 薄い u-
súi
◆*n* (BOXING) ライト級のボクサー raíto-
kyū no bókùsa
light year *n* (PHYSICS) 光年 kónen
like [laik] *vt* (find pleasing, attractive,
acceptable: person, thing) ...が好きであ
る ...ga sukí de arù
◆*prep* (similar to) ...の様な ...no yō na; (in
comparisons) ...の様に ...no yō ni; (such
as) 例えば...などの様な〔に〕tatóèba ...ná-
dò no yō na〔ni〕
◆*adj* 似た nitá
◆*n*: *and the like* など nádò
his likes and dislikes 彼の好きな物と
嫌いな物 káre no sukí na monò to kirái
na monò
I would like, I'd like ...が欲しいので
すが ...ga hoshíi no desu ga
would you like a coffee? コーヒーは
いかがですか kōhī wa ikágà desu ká
to be/look like someone/something
...に似ている ...ni nité irú
what does it look/taste/sound like?
どんな格好〔味、音〕ですか dóñna kákkō
〔ají, otó〕dèsu ká

that's just like him 彼らしいね karé rashǐi né

do it like this やり方はこうです yari-kata wa kǒ desu

it is nothing like ... ...とは全く違います ...to wa mattáku chigaǐmasu

likeable [laiˈkəbəl] *adj* (person) 人好きのする hitózuki no suru

likelihood [laikˈliːhud] *n* 可能性 kanǒsei

likely [laikˈliː] *adj* (probable) ありそうな arísǒ na

to be likely to do ...しそうである ...shisǒ de arù

not likely! 何があっても...しない nánǐ ga atté mo ...shǐnài, とんでもない tonde-monǎi

likeness [laikˈnis] *n* (similarity) 似ている事 nité irù kotǒ

that's a good likeness (photo, portrait) 実物そっくりだ jitsúbùtsu sokkúri da

likewise [laikˈwaiz] *adv* (similarly) 同じく onájǐku

to do likewise 同じ様にする onáji yǒ ni suru

liking [laiˈkiŋ] *n*: *to have a liking for* (person, thing) ...が好きである ...ga sukí de arù

to be to someone's liking ...の気に入っている ...no kǐ ni itte irù

lilac [laiˈlək] *n* (BOT: tree, flower) ライラック raírakkù, リラ rírà

lily [lilˈiː] *n* (plant, flower) ユリ yurí

lily of the valley *n* スズラン suzúrañ

limb [lim] *n* (ANAT) 手足 tèashi, 肢 shí

limber up [limˈbəːr-] *vi* (SPORT) 準備運動をする juñbiuñdǒ wo suru, ウオーミングアップする uǒminguappù suru

limbo [limˈbou] *n*: *to be in limbo* (*fig*) 忘れ去られている wasúresararete irù

lime [laim] *n* (fruit) ライム ráïmu; (*also*: **lime tree**) ライムの木 ráïmu no ki; (*also*: **lime juice**) ライムジュース raímujùsu; (for soil) 石灰 sékkài; (rock) 石灰岩 sekkáïgan

limelight [laimˈlait] *n*: *to be in the limelight* 注目を浴びている chǔmoku wǒ abíte irù

limerick [limˈəːrik] *n* 五行わい歌 gogyǒ-waǐka

limestone [laimˈstoun] *n* 石灰岩 sekkáïgan

limit [limˈit] *n* (greatest amount, extent, degree) 限界 geñkai; (restriction: of time, money etc) 制限 seígen; (of area) 境界 kyǒkai

◆*vt* (production, expense etc) 制限する seígen suru

limitation [limiteiˈʃən] *n* (control, restriction) 制限 seígen; (of person, thing) 限界 geñkai

limited [limˈitid] *adj* (small: choice, resources etc) 限られた kagírarèta

to be limited to ...に限られる ...ni kagírarerù

limited (liability) company (*BRIT*) 有限会社 yǔgengaìsha

limousine [limˈəziːn] *n* リムジン rímùjin

limp [limp] *n*: *to have a limp* びっこを引く bǐkkò wo hikú

◆*vi* (person, animal) びっこを引く bǐkkò wo hikú

◆*adj* (person) ぐにゃぐにゃの gúnyàgunya no

limpet [limˈpit] *n* カサガイ kaságai

line [lain] *n* (long thin mark) 線 séñ; (wrinkle: on face) しわ shiwá; (row: of people, things) 列 rétsù; (of writing, song) 行 gyǒ; (rope) 綱 tsunǎ, ロープ rǒpu; (*also*: **fishing line**) 釣糸 tsurǐto; (*also*: **power line**) 送電線 sǒdensen; (*also*: **telephone line**) 電話線 deñwasen; (TEL) 回線 kaísen; (railway track) 線路 séñro; (bus, coach, train route) ...線 ...séñ; (*fig*: attitude, policy) 方針 hǒshin; (: business, work) 分野 búñ-ya; (COMM: of product(s)) シリーズ shírǐzu

◆*vt* (road, room) ...に並ぶ ...ni narábù; (subj: person: container) ...の内側に...を張る ...no uchigawa ni ...wo hárù; (: clothing) ...に裏地を付ける ...ni uráji wo tsukérù

to line something with ...に...の裏を付ける ...ni ...no urá wo tsukérù

to line the streets 道路の両側に並ぶ dǒro no ryǒgawa ni narábù

in line (in a row) 1列に ichíretsu ni

in line with (according to) ...に従って ...ni shitágatte

linear [lin'i:ər] *adj* (process, sequence) 一直線の itchókusen no; (shape, form) 線形の seńkei no

lined [laind] *adj* (face) しわのある shiwá no arû; (paper) 線を引いた séñ wo hiíta

linen [lin'ən] *n* (cloth) リンネル rínneru, リネン rínèn; (tablecloths, sheets etc) リネン rínèn

liner [lai'nər] *n* (ship) 豪華客船 gókakyakùsen; (for bin) ごみ袋 gomíbùkuro

linesman [lainz'mən] (*pl* **linesmen**) *n* (SPORT) 線審 seńshin, ラインズマン raíñzuman

line up *vi* 列を作る rétsù wo tsukúrù

♦*vt* (people) 1列に並ばせる ichíretsu ni narábaserù; (prepare: event, celebration) 手配する tehái suru

line-up [lain'ʌp] *n* (US: queue) 行列 gyóretsu; (SPORT) ラインアップ raín-appù

linger [liŋ'gə:r] *vi* (smell, tradition etc) 残る nokórù; (person) ぐずぐずする gúzuguzu suru

lingerie [lɑːnˈdʒərei] *n* 女性下着類 joséishitagirùi, ランジェリー ráñjerì

lingo [liŋ'gou] (*pl* **lingoes**: *inf*) *n* (language) 言葉 kotóba

linguist [liŋ'gwist] *n* (person who speaks several languages) 数カ国語を話せる人 sûkakokùgo wo hanáserù hitó

linguistic [liŋgwis'tik] *adj* (studies, developments, ideas etc) 語学の gógàku no

linguistics [liŋgwis'tiks] *n* 語学 gógàku

lining [lai'niŋ] *n* (cloth) 裏地 uráji; (ANAT) 内膜 naímàku

link [liŋk] *n* (relationship) 関係 kańkei; (of a chain) 輪 wá

♦*vt* (join) つなぐ tsunágu; (associate): *to link with/to* ...と関連付ける ...to kańren-zukerù

links [liŋks] *npl* (GOLF) ゴルフ場 gorúfujò

link up *vt* (machines, systems) つなぐ tsunágu

♦*vi* 合流する góryu suru

lino [lai'nou] *n* = **linoleum**

linoleum [linou'li:əm] *n* リノリウム rínóriumu

lion [lai'ən] *n* (ZOOL) ライオン ráion

lioness [lai'ənis] *n* 雌ライオン mesûràion

lip [lip] *n* (ANAT) 唇 kuchíbiru

lip-read [lip'ri:d] *vi* 読唇する dokúshin suru

lip salve *n* 唇の荒れ止め kuchíbiru no arédome

lip service *n*: *to pay lip service to something* (*pej*) 口先だけ...に賛成する uwábe dake ...ni sańsei suru

lipstick [lip'stik] *n* 口紅 kuchíbeni

liqueur [likə:r'] *n* リキュール ríkyùru

liquid [lik'wid] *adj* 液体の ekítai no

♦*n* 液 ékì, 液体 ekítai

liquidate [lik'wideit] *vt* (opponents, rivals) 消す késù, 殺す korósù; (company) つぶす tsubúsù

liquidize [lik'widaiz] *vt* (CULIN) ミキサーに掛ける míkìsā ni kakérù

liquidizer [lik'widaizə:r] (*BRIT*) *n* ミキサー míkìsā

liquor [lik'ə:r] *n* 酒 saké

liquorice [lik'ə:ris] (*BRIT*) *n* = **licorice**

liquor store (*US*) *n* 酒屋 sákayà

Lisbon [liz'bən] *n* リスボン rísùbon

lisp [lisp] *n* 舌足らずの発音 shitátaràzu no hatsúòn

♦*vi* 舌足らずに発音する shitátaràzu ni hatsúòn suru

list [list] *n* (catalog: of things) 目録 mokúroku, リスト rísùto; (: of people) 名簿 meíbo, リスト rísùto

♦*vt* (mention) 並べてあげる narábete agerù; (put on list) ...のリストを作る ...no risuto wo tsukuru

listed building [lis'tid-] (*BRIT*) *n* 指定建造物 shitéikenzòbutsu

listen [lis'ən] *vi* 聞く kikú

to listen to someone/something ...を [...の言う事を]聞く ...wo[...no iú kotð wo] kikú

listener [lis'ənə:r] *n* (person listening to speaker) 聞いている人 kiíte irù hitó; (RADIO) 聴取者 chóshushà

listless [list'lis] *adj* 物憂い monóuì

lit [lit] *pt, pp of* **light**

liter [li:'tə:r] (*US*) *n* (unit of volume) リットル ríttòru

literacy [lit'ə:rəsi:] *n* 識字 shikíji

literal [lit'ə:rəl] *adj* (exact: sense, meaning) 厳密な geñmitsu na; (word for word: translation) 逐語的な chikúgoteki na

literally [lit'ə:rəli:] *adv* (in fact) 本当に hoñtō ni; (really) 文字通りに mojídòri ni

literary [lit'əre:ri:] *adj* 文学の buñgàku no

literate [lit'ə:rit] *adj* (able to read etc) 読み書きできる yomíkaki dekirù; (educated) 教養のある kyóyō no arù

literature [lit'ə:rətʃə:r] *n* (novels, plays, poetry) 文学 buñgàku; (printed information: scholarly) 文献 buñken; (: brochures etc) 印刷物 iñsatsubùtsu, カタログ katárogu

lithe [laið] *adj* (person, animal) しなやかな shináyàka na

litigation [litəgei'ʃən] *n* 訴訟 soshó

litre [li:'tə:r] (*BRIT*) *n* = **liter**

litter [lit'ə:r] *n* (rubbish) 散らばっているごみ chirábatte irù gomi; (young animals) 一腹 hitóhara

litter bin (*BRIT*) *n* ごみ入れ gomíìre

littered [lit'ə:rd] *adj*: **littered with** (scattered) ...を散らかされた ...wo chirákasareta

little [lit'əl] *adj* (small: thing, person) 小さい chíìsai; (young: child) 幼い osánài; (short: distance) 近い chikáì; (time, event) 短い mijíkaì

◆*adv* 少ししか...ない sukóshì shika ...náì

a little (amount) 少し(の) sukóshì (no)

a little bit 少し sukóshì

little brother/sister 弟〔妹〕otóto〔imóto〕

little by little 少しずつ sukóshizùtsu

little finger *n* 小指 koyúbi

live [*vb* liv *adj* laiv] *vi* (reside: in house, town, country) 住む súmù; (lead one's life) 暮す kurásù; (be alive) 生きている ikíte irù

◆*adj* (animal, plant) 生きている ikíte irù; (TV, RADIO) 生の namá no, ライブの ráibu no; (performance) 実演の jitsúen

no; (ELEC) 電流が通じている deñryū ga tsújite irù, 生きている ikíte irù; (bullet, bomb, missile) 使用可能状態の shiyōkanōjōtai no, 実の jitsú no

to live with someone (cohabit) ...と同せいする ...to dōsei suru

live down *vt* (defeat, error, failure): *I'll never live it down* 一生の恥だ isshō no hájì da

livelihood [laiv'li:hud] *n* (income source) 生計 seíkei

lively [laiv'li:] *adj* (person) 活発な kappátsu na; (interesting: place etc) 活気に満ちた kakkí ni michità; (: event) にぎやかな nigíyaka na; (: book) 面白い omóshiroì; (enthusiastic: interest, admiration etc) 熱心な nesshín na

liven up [laiv'ən-] *vt* (person) ...に元気を付ける ...ni geñki wo tsukérù; (discussion, evening etc) 面白くする omóshirokù suru

◆*vi* (person) 元気になる geñki ni nárù; (discussion, evening etc) 面白くなる omóshirokù nárù

live on *vt fus* (food) ...を食べて暮す ...wo tábète kurásu

liver [liv'ə:r] *n* (ANAT) 肝臓 kañzō; (CULIN) レバー rébà

livery [liv'ə:ri:] *n* (of servant) お仕着せ o-shíkise

lives [laivz] *npl of* **life**

livestock [laiv'stɑ:k] *n* (AGR) 家畜 kachíku

live together *vi* (cohabit) 同せいする dōsei suru

live up to *vt fus* (fulfil) 守る mamórù

livid [liv'id] *adj* (color: of bruise) 青黒い aóguroì; (: of angry face) どす黒い dosúguroì; (: of sky) 鉛色の namáiiro no; (furious: person) 激怒した gékìdo shitá

living [liv'iŋ] *adj* (alive: person, animal) 生きている ikíte iru

◆*n*: *to earn/make a living* 生計を立てる seíkei wo tatérù

living conditions *npl* 暮しの状況 kuráshi no jōkyō

living room *n* 居間 imá

living standards *npl* 生活水準 seíkatsusuijún

living wage n 生活賃金 seíkatsuchiñgin

lizard [liz'ə:rd] n トカゲ tokáge

load [loud] n (thing carried: of person) 荷物 nímòtsu; (: of animal) 荷 ní; (: of vehicle) 積荷 tsumíni; (weight) 負担 fután

◆vt (also: **load up**): vehicle, ship etc): **to load (with)** (...を) ...に積む (...wo) ...ni tsúmù; (COMPUT: program) メモリーに読込む mémòrī ni yomíkomù, ロードする rōdo suru; (gun) ...に弾丸を込める ...ni dañgan wo komérù; (camera) ...にフィルムを入れる ...ni fírùmu wo iréru; (tape recorder) ...にテープを入れる ...ni tēpu wo iréru

a load of rubbish (inf) でたらめ detárame

loads of/a load of (fig) 沢山の takúsañ no

loaded [lou'did] adj (vehicle): **to be loaded with** ...を積んでいる ... wo tsuñde iru; (question) 誘導的な yūdōteki na; (inf: rich) 金持の kanémochi no

loaf [louf] (pl **loaves**) n 一かたまりのパン hitőkàtamari no pan

loan [loun] n (sum of money) 貸付金 kashítsukekiñ, ローン ròn

◆vt (money, thing) 貸す kasú

on loan (borrowed) 借りている karíte irú

loath [louθ] adj: **to be loath to do something** ...をしたくない ...wo shitáku naì

loathe [louð] vt (person, activity) ...が大嫌いである ...ga daíkiraì de árù

loaves [louvz] npl of **loaf**

lobby [lɑːb'iː] n (of building) ロビー robī; (POL: pressure group) 圧力団体 atsúryoryoku kudañtai

◆vt (POL) ...に圧力を掛ける ...ni atsúryoku wo kakérù

lobe [loub] n (also: **earlobe**) 耳たぶ mimítabù

lobster [lɑːb'stə:r] n ロブスター róbùsutā

local [lou'kəl] adj (council, paper, police station) 地元の jimóto no

◆n (BRIT: pub) 地元のパブ jimóto no pábù

local anesthetic n (MED) 局部麻酔 kyokúbumasùi

local authority n 地方自治体 chihōjichìtai

local call n (TEL) 市内通話 shináitsùwa

local government n 地方自治体 chihōjichìtai

locality [loukæl'iti:] n 場所 basho

locally [lou'kəli:] adv 地元で jimóto de

locals [lou'kəlz] npl: **the locals** (local inhabitants) 地元の住民 jimóto no júmiñ

locate [lou'keit] vt (find: person, thing) 見付ける mitsúkeru; (situate): **to be located in** ...にある〔いる〕 ...ni árù(irú)

location [loukei'ʃən] n (particular place) 場所 basho

on location (CINEMA) ロケで roké de

loch [lɑːk] n 湖 mizúumì

lock [lɑːk] n (of door, drawer, suitcase) 錠 jō; (on canal) こう門 kōmon; (also: **lock of hair**) 髪の一房 kamí no hitófùsa

◆vt (door, drawer, suitcase: with key) ...のかぎを掛ける ...no kagí wo kakérù

◆vi (door etc) かぎが掛る kagí ga kakárù; (wheels) 回らなくなる mawáranaku narú

locker [lɑːk'ə:r] n (in school, railway station etc) ロッカー rókkā

locket [lɑːk'it] n ロケット rokéttò

lock in vt 閉じ込める tojíkomerù

lock out vt (person) 閉出す shimédasu

locksmith [lɑːk'smiθ] n 錠前師 jōmaeshì

lock up vt (criminal) 刑務所に入れる keímushò ni iréru; (mental patient) 施設に預ける shisétsu ni azúkerù; (house) ...のかぎを掛ける ...no kagí wo kakérù

◆vi ...のかぎを掛ける ...ni kagí wo kakérù

lockup [lɑːk'ʌp] n (jail) 刑務所 keímushò

locomotive [loukəmou'tiv] n 機関車 kikáñsha

locum tenens [lou'kəm ti:'nenz] (BRIT **locum**) n (MED) 代診 daíshin

locust [lou'kəst] n イナゴ inágo

lodge [lɑːdʒ] n (small house) 守衛室 shuéishìtsu; (hunting lodge) 山小屋 yamágoya

♦*vi* (person): *to lodge (with)* (...の家に) 下宿する (...no íe ni) geshúku suru; (bullet, bone etc) ...に支える ...ni tsukáerù

♦*vt* (complaint, protest etc) 提出する teíshutsu suru

lodger [lɑ:dʒ'ə:r] *n* 下宿人 geshúkunin

lodgings [lɑ:dʒ'iŋz] *npl* 下宿 geshúku

loft [lɔ:ft] *n* (attic) 屋根裏部屋 yanéurabèya

lofty [lɔ:f'ti:] *adj* (noble: ideal, aim) 高尚な kôshō na; (self-important: manner) 横柄な ôhei na

log [lɔːg] *n* (piece of wood) 丸太 marúta; (written account) 日誌 nisshí

♦*vt* (event, fact) 記録する kiróku suru

logarithm [lɔ:g'əriðəm] *n* (MATH) 対数 taísū

logbook [lɔ:g'buk] *n* (NAUT) 航海日誌 kôkainisshî; (AVIAT) 航空日誌 kôkūnisshi; (BRIT: of car) 登録帳 tôrokuchō

loggerheads [lɔ:g'ə:rhedz] *npl*: *to be at loggerheads* 対立している taíritsu shite iru

logic [lɑ:dʒ'ik] *n* (method of reasoning) 論理学 rońrigàku; (process of reasoning) 論理 rôńri

logical [lɑ:dʒ'ikəl] *adj* (argument, analysis) 論理的な rońriteki na; (conclusion, result) 当然な tôzen na; (course of action) 合理的な gôriteki na

logistics [loudʒis'tiks] *n* (planning and organization) 仕事の計画と実行 shigóto nò keíkaku tò jikkô

logo [lou'gou] *n* (of firm, organization) シンボルマーク shíńborumāku, ロゴ rôgò

loin [lɔin] *n* (of meat) 腰肉 koshíniku

loiter [lɔi'tə:r] *vi* (linger) ぶらつく burátsuku

loll [lɑːl] *vi* (person: also: loll about) ごろ寝する gorône suru

lollipop [lɑ:l'i:pɑ:p] *n* 棒あめ bôame

lollipop lady (BRIT) *n* 緑のおばさん midóri no obasàn ◇学童道路横断監視員 gakúdō dōroōdan kańshiin

lollipop man (BRIT: *pl* lollipop men) *n* ◇緑のおばさんの仕事をする男性 midó-

ri no obasàn no shigóto wò suru dansei

London [lʌn'dən] *n* ロンドン róñdon

Londoner [lʌn'dənə:r] *n* ロンドンっ子 rofídonkko

lone [loun] *adj* (person) たったひとりの tattá hitòri no; (thing) たったひとつの tattá hitòtsu no

loneliness [loun'li:nis] *n* 孤独 kodóku

lonely [loun'li:] *adj* (person) 寂しい sabíshiî; (situation) 孤独な kodóku na; (place) 人気のない hitóke no naî

long [lɔ:ŋ] *adj* 長い nagaî

♦*adv* 長く nágaku

♦*vi*: *to long for something* ...を恋しがる ...wo koíshigarù

so/as long as ...さえすれば ...sâe suréba

don't be long! 早く帰って来て下さいね háyàku kaétte kite kudásai né

how long is the street? この道の端から端までどのぐらいありますか konó michí no hashí kara hashí madè donó guraî arímasù ká

how long is the lesson? レッスンの時間はどのぐらいですか réssùn no jíkàn wa donó guraî desu ká

6 meters long 長さは6メーター nágàsa wa rokú mētà

6 months long 期間は6か月 kíkàn wa rokkágetsu

all night long ひと晩中 hitóbanjū

he no longer comes 彼はもう来ない kárè wa mô kônài

long before ずっと前に zuttó mâe ni

before long (+future, +past) まもなく mamónàku

at long last やっと yattó

long-distance [lɔ:ŋ'dis'təns] *adj* (travel, phone call) 長距離の chôkyori no

longevity [lɑ:ndʒev'iti:] *n* 長生き nagáiki

long-haired [lɔ:ŋ'he:rd] *adj* (person) 長髪の chôhatsu no

longhand [lɔ:ŋ'hænd] *n* 普通の書き方 futsū no kakíkata

longing [lɔ:ŋ'iŋ] *n* あこがれ akógare

longitude [lɑ:n'dʒətu:d] *n* 経度 keído

long jump *n* 走り幅跳び hashírihabàtobi

long-life [lɔːŋ'laif] adj (batteries etc) 寿命の長い jumyō no nagái; (milk) ロングライフの roñguraífu no

long-lost [lɔːŋ'lɔːst] adj (relative, friend) 長年会わなかった nagánen awánakattá

long-playing record [lɔːŋ'plei'iŋ-] n L Pレコード erúpīrekōdo

long-range [lɔːŋ'reindʒ] adj (plan, forecast) 長期の chōki no; (missile, plane etc) 長距離の chōkyori no

long-sighted [lɔːŋ'saitid] adj (MED) 遠視の eñshi no

long-standing [lɔːŋ'stæn'diŋ] adj 長年にわたる nagánen ni watárù

long-suffering [lɔːŋ'sʌf'ə:riŋ] adj (person) 忍耐強い niñtaizuyoi

long-term [lɔːŋ'tə:rm'] adj (project, solution etc) 長期の chōki no

long wave n (RADIO) 長波 chōha

long-winded [lɔːŋ'win'did] adj (speech, text) 長たらしい nagátarashiî

loo [luː] (BRIT: inf) n トイレ tôîre

look [luk] vi (see) 見る mírù; (seem, appear) ...に見える ...ni miérù; (building etc): **to look south/(out) onto the sea** 南〔海〕に面している minámi〔úmì〕ni mén shite irú
♦n (gen): **to have a look** 見る mírù; (glance: expressing disapproval etc) 目付き métsuki; (appearance, expression) 様子 yṓsu
look (here)! (expressing annoyance etc) おい ôi
look! (expressing surprise: male language) 見てくれ mítè kuré; (: female language) 見て mítè

look after vt fus (care for) ...の面倒を見る ...no meñdō wo mírù; (deal with) 取扱う toríatsukaù

look at vt fus (see) ...を見る ...wo mírù; (read quickly) ...にさっと目を通す ...ni sattó me wo tṓsù; (study: problem, subject etc) 調べる shiráberù

look back vi (remember) 振返ってみる furíkaette mirù

look down on vt fus (fig) 軽べつする keîbetsu suru

look for vt fus (person, thing) 捜す sa-

gásu

look forward to vt fus ...を楽しみにする ...wo tanóshimi ni suru; (in letters): **we look forward to hearing from you** ご返事をお待ちしております go-héñji wo o-máchi shitè orímasù

look into vt (investigate) ...を調べる ...wo shiráberù

look on vi (watch) 傍観する bōkan suru

look out vi (beware): **to look out (for)** (...に) 注意する (...ni) chūî suru

lookout [luk'aut] n (tower etc) 看視所 kañshijò; (person) 見張り人 mihárinìn
to be on the lookout for something ...を警戒する ...wo keîkai suru

look out for vt fus (seek) 捜す sagásu

look round vi 見回す mimáwasù

looks [luks] npl (good looks) 容ぼう yṓbō

look through vt fus (examine) ...を調べる ...wo shiráberù

look to vt fus (rely on) ...を頼りにする ...wo tayóri ni surù

look up vi (with eyes) 見上げる miágerù; (situation) ...の見通しがよくなる ...no mitōshi ga yokù naru
♦vt (piece of information) 調べる shiráberù

look up to vt fus (hero, idol) ...を尊敬する ...wo soñkei suru

loom [luːm] vi (also: **loom up**: object, shape) ぼんやりと姿を現す boñ-yarî to sugáta wò aráwasù; (: event: approach) 迫っている semátte irù
♦n (for weaving) 機織機 hataoríki

loony [luː'niː] (inf) adj 狂っている kurútte irù
♦n 気違い kichígaì

loop [luːp] n (in string, ribbon etc) 輪 wá
♦vt: **to loop something round something** ...に...を巻付ける ...ni ...wo makítsukerù

loophole [luːp'houl] n (fig) 抜け穴 nukéana

loose [luːs] adj (not firmly fixed) 緩い yurúî; (not close fitting: clothes etc) ゆったりした yuttárî shita; (not tied back: long hair) 縛ってない shibátte naî; (promiscu-

ous: life, morals) ふしだらな fushídàra
na
♦*n*: *to be on the loose* (prisoner,
maniac) 逃亡中である tôbōchū de arù
loose change *n* 小銭 kozéni
loose chippings [-'tʃip'iŋz] *npl* (on road)
砂利 jarí
loose end *n*: *to be at loose ènds (US)*
or a loose end (BRIT) 暇を持て余して
いる himá wo motéamashite irù
loosely [lu:s'li:] *adv* 緩く yúrùku
loosen [lu:'sən] *vt* 緩める yurúmerù
loot [lu:t] *n (inf)* 分捕り品 bundorihìn
♦*vt* (steal from: shops, homes) 略奪する
ryakúdatsu suru
lop off [lɑ:p-] *vt* (branches etc) 切り落す
kiríotosù
lopsided [lɑ:p'sai'did] *adj* (crooked) 偏っ
た katáyottà
lord [lɔ:rd] *n (BRIT:* peer) 貴族 kízòku
Lord Smith スミス卿 sumísukyō
the Lord (REL) 主 shú
my lord (to bishop, noble, judge) 閣下
kákkà
good Lord! えっと ét
the (House of) Lords (BRIT) 上院 jōìn
lordship [lɔ:rd'ʃip] *n*: *your Lordship* 閣
下 kákkà
lore [lɔ:r] *n* (of particular culture) 伝承
defishō
lorry [lɔ:r'i:] *(BRIT) n* トラック torákkù
lorry driver *(BRIT) n* トラック運転手
torákku untenshu
lose [lu:z] *(pt, pp lost) vt* (object) 紛失す
る funshitsu suru, なくす nakúsù; (job)
失う ushínaù; (weight) 減らす herásù;
(friend, relative through death) 失う u-
shínaù, なくす nakusu; (waste: time) 無
駄にする mudá ni surù; (: opportunity) 逃
す nogásù; (money) 損する sóñ suru
♦*vi* (competition, argument) ...に負ける
...ni makérù
to lose (time) (clock) 遅れる okúrerù
loser [lu:'zə:r] *n* (in game, contest) 敗者
haísha; (inf: failure: person, thing) 出来
損ない dekísokonai
loss [lɔ:s] *n* (act of losing something) 紛
失 funshitsu; (occasion of losing some-

thing) 喪失 sōshitsu; (death) 死亡 shibó;
(COMM): *to make a loss* 損する sóñ
suru
heavy losses (MIL) 大きな損害 ōkina
songai
to be at a loss 途方に暮れる tohô ni
kureru
lost [lɔ:st] *pt, pp of* **lose**
♦*adj* (person, animal: in unknown place)
道に迷った michí ni mayótta; (: missing)
行方不明の yukúe fumèi no; (object) なく
した nakúshita
lost and found *(US) n* 遺失物 ishítsu-
bùtsu
lost property *(BRIT) n* = **lost and**
found
lot [lɑ:t] *n* (set, group: of things) ひと組
hitókùmi; (at auctions) ロット rôttò
the lot (everything) 全部 zéñbu
a lot (large number, amount) 沢山 taku-
san
a lot of 沢山の takusan no
lots of (things, people) 沢山の takúsañ
no
I read a lot 私は沢山の本を読みます
watákushi wa takúsañ no hoñ wò yomí-
masù
to draw lots (for something) (...のた
めに) くじを引く (...no tamé nì) kújì wo
híkù
lotion [lou'ʃən] *n* (for skin, hair) ローシ
ョン rōshon
lottery [lɑ:t'ə:ri:] *n* (game) 宝くじ taká-
rakùji
loud [laud] *adj* (noise, voice, laugh) 大き
い ōkii; (support, condemnation) 強い
tsuyôì; (clothes) 派手な hadé na
♦*adv* (speak etc) 大きな声で ōkina kóè
de
out loud (read, laugh, pray etc) 声を出
して kóè wo dáshìte
loudhailer [laud'heilə:r] *(BRIT) n* =
bullhorn
loudly [laud'li:] *adv* 大きな声で ōkina kó-
è de
loudspeaker [laud'spi:kə:r] *n* 拡声器 ka-
kúseìki, スピーカー súpìkā
lounge [laundʒ] *n (BRIT:* in house) 居間

imá; (in hotel, at airport, station) ロビー rōbī; (BRIT: also: **lounge bar**) ラウンジバー raúnjibā

♦*vi* ぐったりもたれる guttárí motárerù

lounge about *vi* ぶらぶらする búràbura suru

lounge around *vi* = **lounge about**

lounge suit (BRIT) *n* 背広 sebírò, スーツ sūtsu

louse [laus] (*pl* **lice**) *n* (insect) シラミ shirámi

lousy [lau'zi:] *adj* (*inf*: bad quality: show, meal etc) 最低の saítei no; (: ill) 気持が悪い kimóchi gà warúi

lout [laut] *n* ちんぴら chínpira

lovable [lʌv'əbəl] *adj* 愛らしい aírashiì

love [lʌv] *n* (*gen*) 愛 áí, 愛情 aíjō; (romantic) 恋愛 reñ-ai; (sexual) 性愛 seíai; (strong liking: for music, football, animals etc) 愛着 aíchaku, 好み konómi

♦*vt* (*gen*) 愛する aí surù; (thing, activity etc) ...が人好きである ...ga daísuki de arù

love (from) Anne (on letter) 愛を込めて, アン（より）áí wo kómète, áñ (yórì)

to love to do ...するのが大好きである ...surú nò ga daísuki de arù

to be in love with ...にはれている ...ni horète irù, ...が好きである ...ga sukí de arù

to fall in love with ...と恋に落ちる ...to kóí ni ochírù, ...が好きになる ...ga sukí ni narù

to make love (have sex) 性交する seíkō suru, セックスする sékkùsu suru

15 love (TENNIS) 15対0 jūgo táí zérð, フィフティーンラブ fíffùtīn rabu

I love chocolate 私はチョコレートが大好きです watákushì wa chokórēto ga daísuki desù

love affair *n* 情事 jôji

love letter *n* ラブレター rábùretā

love life *n* 性生活 seíseikàtsu

lovely [lʌv'li:] *adj* (beautiful) 美しい utsúkushiì; (delightful) 楽しい tanóshiì

lover [lʌv'ə:r] *n* (sexual partner) 愛人 aíjin; (person in love) 恋人 koíbito

a lover of art/music 美術〔音楽〕の愛

好者 bíjùtsu〔óñgaku〕no áikōsha

loving [lʌv'iŋ] *adj* (person) 愛情深い aíjōbukaì; (actions) 愛情のこもった aíjō no komótta

low [lou] *adj* (*gen*) 低い hikúi; (income, price etc) 安い yasúì; (quality) 粗悪な soáku na; (sound: deep) 深い fukáì; (: quiet) 低い hikúì

♦*adv* (sing) 低音で teíon de; (fly) 低く hikúkù

♦*n* (METEOROLOGY) 低気圧 teíkiàtsu

to be low on (supplies etc) ...が少なくなっている ...ga sukúnàku natté irù

to feel low (depressed) 元気がない géñki ga náì

low-alcohol [lou'æl'kəhɔ:l] *adj* (wine, beer) 度の低い do no hikúì

low-cut [lou'kʌt'] *adj* (dress) 襟ぐりの深い eríguri no fukáì, ローカットの rōkattò no

lower [lou'ə:r] *adj* (bottom, less important) 下の shitá no

♦*vt* (object, price etc) 下げる sagérù; (voice) 低くする hikúkù suru; (eyes) 下に向ける shitá ni mukérù

low-fat [lou'fæt'] *adj* (milk, yogurt) 低脂肪の teíshihōnò, ローファットの rōfattò no

lowlands [lou'ləndz] *npl* (GEO) 低地 teíchi

lowly [lou'li:] *adj* (position, origin) 卑しい iyáshiì

loyal [lɔi'əl] *adj* (friend, support etc) 忠実な chújitsu na

loyalty [lɔi'əlti:] *n* 忠誠 chúsei

lozenge [la:z'indʒ] *n* (MED) ドロップ dóròppu

LP [el'pi:'] *n abbr* = **long-playing record**

L-plates [el'pleits] (BRIT) *npl* 仮免許運転中の表示プレート karímenkyo untenchū no hyójipurēto

Ltd *abbr* (COMM) = **limited (liability) company**

lubricate [lu:b'rikeit] *vt* (part of machine, chain etc) ...に油を差す ...ni abúra wo sásù

lucid [lu:'sid] *adj* (writing, speech) 分かりやすい wakáriyasuì; (able to think clearly) 正気な shṓki na

luck [lʌk] n (also: **good luck**) 運 úń
bad luck 悪運 akúùn
good luck! 成功を祈るよ seíkō wò inórù yo
bad/hard/tough luck! 残念だね zańneǹ da né

luckily [lʌk'ili:] adv 幸いに saíwai ni

lucky [lʌk'i:] adj (person: fortunate) 運の良い úń no yóì; (: at cards etc) ...に強い ...ni tsuyóì; (situation, event) まぐれの magúrè no; (object) 好運をもたらす kóùn wo motárasù

lucrative [lu:'krətiv] adj もうかる mṓkarù

ludicrous [lu:'dəkrəs] adj (feeling, situation, price etc) ばかばかしい bakábakashii

lug [lʌg] (inf) vt (heavy object, suitcase etc) 引きずる hikízuru

luggage [lʌg'idʒ] n 手荷物 tenímòtsu

luggage rack n (on car) ルーフラック rūfurakku; (in train) 網棚 amidana

lukewarm [lu:k'wɔ:rm'] adj (liquid) ぬるい nurúi; (person, reaction etc) 気乗りしない kinóri shinai

lull [lʌl] n (break: in conversation, fighting etc) 途切れる事 togírerù kotó
♦vt: *to lull someone to sleep* ゆすって ...を寝付かせる yusútte ...wo netsúkaserù
to be lulled into a false sense of security 油断する yudán suru

lullaby [lʌl'əbai] n 子守歌 komóriùta

lumbago [lʌmbei'gou] n (MED) 腰痛 yṓtsū

lumber [lʌm'bə:r] n (wood) 材木 zaímoku; (BRIT: junk) 粗大ごみ sodáigomi

lumberjack [lʌm'bə:rdʒæk] n きこり kikóri

lumber with vt: *to be lumbered with something* ...を押付けられる ...wo oshítsukerarerù

luminous [lu:'minəs] adj (fabric, color, dial, instrument etc) 蛍光の keíkō no

lump [lʌmp] n (of clay, butter etc) 塊 katámari; (on body) しこり shikóri; (on head) こぶ kobú; (also: **sugar lump**) 角砂糖 kakúzatò
♦vt: *to lump together* 一緒くたに扱う isshṓkuta ni atsúkaù
a lump sum 一時払い金額 ichíjibaraikiǹgaku

lumpy [lʌm'pi:] adj (sauce) 塊だらけの katámaridaràke no; (bed) ごつごつの gotsúgotsuno

lunar [lu:'nə:r] adj (landscape, module, landing etc) 月の tsukí no

lunatic [lu:'nətik] adj (behavior) 気違い染みた kichígaijimità

lunch [lʌntʃ] n 昼食 chṓshoku

luncheon [lʌn'tʃən] n (formal meal) 昼食会 chṓshokukài

luncheon meat n ランチョンミート rańchonmìto

luncheon voucher (BRIT) n 昼食券 chṓshokukèn

lunch time n 昼食時 chṓshokudoki

lung [lʌŋ] n (ANAT) 肺 haí

lunge [lʌndʒ] vi (also: **lunge forward**) 突進する tosshín suru
to lunge at ...を目掛けて突っ掛る ...wo megákete tsukkákarù

lurch [lə:rtʃ] vi (person) よろめく yorómekù; (vehicle) 揺れる yurérù
♦n (movement: of person) よろめき yorómeki; (: of vehicle) 揺れる事 yurérù kotó
to leave someone in the lurch 見捨てる misúterù

lure [lu:r] n (attraction) 魅惑 miwáku
♦vt (entice, tempt) 魅惑する miwáku suru

lurid [lu:'rid] adj (violent, sexually graphic: story etc) どぎつい dogítsuì; (pej: brightly colored: dress etc) けばけばしい kebákebashiì

lurk [lə:rk] vi (animal, person) 待ち伏せする machíbuse surù

luscious [lʌʃ'əs] adj (attractive: person, thing) 魅力的な miryókuteki na; (food) おいしそうな oíshisō na

lush [lʌʃ] adj (fields, gardens) 生茂った oíshigettà

lust [lʌst] (pej) n (sexual desire) 性欲 sefyoku; (desire for money, power etc) 欲望

yokúbō

lust after vt fus (desire: strongly) ...の
欲に駆られる ...no yokú ni karárerù;
(: sexually) ...とセックスをしたがる ...to
sekkúsù wo shitágarù

luster [lʌs'tər] (BRIT **lustre**) n (shining:
of metal, polished wood etc) つや tsuyá

lust for vt fus = **lust after**

lusty [lʌs'ti:] adj (healthy, energetic) 元
気一杯の geñkiippaì no

Luxembourg [lʌk'səmbə:rg] n ルクセン
ブルク rukúseñburuku

luxuriant [lugʒu:r'i:ənt] adj (plants,
trees) 生茂った oìshigettà; (gardens) 植
込みの生茂った uékomi no oìshigettà;
(hair) 豊富な hōfu na

luxurious [lugʒu:r'i:əs] adj (hotel, sur-
roundings etc) 豪華な gṓka na

luxury [lʌk'ʃə:ri:] n (great comfort) ぜい
たく zeítaku; (expensive extra) ぜいたく
品 zeítakuhìn; (infrequent pleasure) 得難
い楽しみ egàtai tanóshimì
◆cpd (hotel, car etc) 豪華… gṓka…

lying [lai'iŋ] n うそをつく事 usó wo tsú-
kù kotó
◆adj うそつきの usótsuki no

lynch [lintʃ] vt (prisoner, suspect) 勝手に
絞り首にする katté ni shibárikùbi ni su-
ru

lyrical [lir'ikəl] adj (poem) 叙情の jojṓ
no; (fig: praise, comment) 叙情的な jojṓ-
teki na

lyrics [lir'iks] npl (of song) 歌詞 káshì

M

m, abbr = **meter; mile; million**

M.A. [emei'] abbr = **Master of Arts**

mac [mæk] (BRIT) n = **mackintosh**

macabre [məkɑːˈbrə] adj 背筋の凍る様な
sesúji no kṓru yṓ na

macaroni [mækərou'ni:] n マカロニ ma-
károni

machine [məʃi:n'] n (piece of equipment)
機械 kikáì; (fig: party machine, war
machine etc) 組織 sóshìki
◆vt (TECH) 機械で作る kikáì de tsukú-

rù; (dress etc) ミシンで作る míshìn de
tsukúrù

machine gun n 機関銃 kikánjū

machine language n (COMPUT) 機械
語 kikáigò

machinery [məʃi:'nə:ri:] n (equipment)
機械類 kikáirùi; (fig: of government) 組
織 sóshìki

macho [mɑːtʃ'ou] adj (man, attitude) 男
っぽい otókkoppoi

mackerel [mæk'ə:rəl] n inv サバ sabá

mackintosh [mæk'intɑ:ʃ] (BRIT) n レー
ンコート rénkòto

mad [mæd] adj (insane) 気の狂った ki no
kurúttà; (foolish) ばかげた bakágetà;
(angry) 怒っている okótte irù; (keen: to
be mad about) (person, football etc)
...に夢中になっている ...ni muchū ni nát-
tè iru

madam [mæd'əm] n (form of address) 奥
様 ókùsama

madden [mæd'ən] vt 怒らせる okóraserù

made [meid] pt, pp of **make**

Madeira [mədei'rə] n (GEO) マデイラ
madéira; (wine) マデイラの酒 madéira no

made-to-measure [meid'təmeʒ'ə:r]
(BRIT) adj = **made-to-order**

made-to-order [meid'tu:ər'dər] (US)
adj オーダーメードの ṓdāmèdo no

madly [mæd'li:] adv (frantically) 死物狂
いで shinímonogurùi de
madly in love ぞっこんほれ込んで zok-
kón horékoñde

madman [mæd'mæn] (pl **madmen**) n 気
違い kichígaì

madness [mæd'nis] n (insanity) 狂気
kyṓki; (foolishness) 気違い沙汰 kichígai-
zata

Madrid [mədrid'] n マドリード madórī-
do

Mafia [mɑːf'i:ə] n マフィア máfìa

magazine [mægəzi:n'] n (PRESS) 雑誌
zasshí; (RADIO, TV) 放送ジャーナル hō-
sō jānarù

maggot [mæg'ət] n ウジムシ ujímùshi

magic [mædʒ'ik] n (supernatural power)
魔法 mahṓ; (conjuring) 手品 téjìna, マジ
ック májìkku

◆*adj* (powers, ritual) 魔法の mahṓ no

magical [mædʒ'ikəl] *adj* (powers, ritual) 魔法の mahṓ no; (experience, evening) 夢の様な yumé no yṓ na

magician [mədʒiʃ'ən] *n* (wizard) 魔法使い mahṓtsukaì; (conjurer) マジシャン májìshan

magistrate [mædʒ'istreit] *n* 軽犯罪判事 keíhanzai hañji

magnanimous [mægnæn'əməs] *adj* (person, gesture) 寛大な kañdai na

magnate [mæg'neit] *n* 大立者 ṓdatemòno, ...王 ...ṓ

magnesium [mægni:'zi:əm] *n* マグネシウム magúneshiùmu

magnet [mæg'nit] *n* 磁石 jíshàku

magnetic [mægnet'ik] *adj* (PHYSICS) 磁石の jíshàku no; (personality) 魅力的な miryókuteki na

magnetic tape *n* 磁気テープ jikí tḕpu

magnetism [mæg'nitizəm] *n* 磁気 jíkì

magnificent [mægnif'əsənt] *adj* 素晴らしい subárashiì

magnify [mæg'nəfai] *vt* (enlarge: object) 拡大する kakúdai suru; (increase: sound) 大きくする ṓkiku suru

magnifying glass [mæg'nəfaiiŋ-] *n* 拡大鏡 kakúdaikyō

magnitude [mæg'nətu:d] *n* (size) 大きさ ṓkisa; (importance) 重要性 jûyōsei

magnolia [mægnoul'jə] *n* マグノリア magúnorìa ◊モクレン, コブシ, タイサンボクを含む植物の類 mókùren, kóbùshi, taísañboku wo fukúmù shokúbùtsu no ruí

magpie [mæg'pai] *n* カササギ kasásagi

mahogany [məhɑːg'əni:] *n* マホガニー mahóganì

maid [meid] *n* (servant) メイド meídò

old maid (*pej*: spinster) ハイミス haímìsu

maiden [meid'ən] *n* (literary: girl) 少女 shōjo

◆*adj* (aunt etc) 未婚の mikón no; (speech, voyage) 処女... shójò ...

maiden name *n* 旧姓 kyūsei ◊既婚女性について使う kikónjòsei ni tsuíte tsukaú

mail [meil] *n* (postal service) 郵便 yūbin;

(letters etc) 郵便物 yūbiñbutsu

◆*vt* (post) 投かんする tṓkan suru

mailbox [meil'bɑːks] (*US*) *n* ポスト pósùto

mailing list [mei'liŋ-] *n* 郵送先名簿 yūsōsaki meìbo

mail-order [meil'ɔːrdəːr] *n* (system) 通信販売 tsūshinhañbai

maim [meim] *vt* 重傷を負わせる jūshō wo owáserù ◊その結果不具になる場合について言う sónò kekká fúgù ni nárù baái ni tsuíte iú

main [mein] *adj* 主な ómò na, 主要な shuyṓ na, メーンの mḕn no

◆*n* (pipe) 本管 hoñkan

in the main (in general) 概して gáì shite

mainframe [mein'freim] *n* (COMPUT) メインフレーム meínfurèmu

mainland [mein'lənd] *n* 本土 hóñdo

mainly [mein'li:] *adv* 主に ómò ni

main road *n* 幹線道路 kañseñdōro

mains [meinz] *npl: the mains* (gas, water) 本管 hoñkan; (ELEC) 本線 hoñsen

mainstay [mein'stei] *n* (*fig*: prop) 大黒柱 daíkokubàshira

mainstream [mein'stri:m] *n* (*fig*) 主流 shuryū

maintain [meintein'] *vt* (preserve: contact, friendship) 続ける tsuzúkerù, 保持する hojí suru; (keep up: momentum, output) 維持する ijí suru; (provide for: dependant) 養う yashínaù; (look after: building) 管理する káñri suru; (affirm: belief, opinion) 主張する shuchō suru

maintenance [mein'tənəns] *n* (of contact, friendship, system) 保持 hojí; (of momentum, output) 維持 ijí; (provision for dependent) 扶養 fuyṓ; (looking after building) 管理 káñri; (affirmation: of belief, opinion) 主張する事 shuchō suru koto; (*BRIT*: LAW: alimony) 離婚手当 rikónteate

maize [meiz] *n* トウモロコシ toúmoròkoshi

majestic [mədʒes'tik] *adj* (splendid: scenery etc) 壮大な sodái na; (dignified)

堂々とした dōdō to shita

majesty [mædʒ'isti:] *n* (title): *Your Majesty* 陛下 héīka; (sovereignty) 王位 ōi; (splendor) 威厳 igén

major [mei'dʒəːr] *n* (MIL) 少佐 shōsa
♦*adj* (important, significant: event, factor) 重要な júyō na; (MUS: key) 長調の chōchō no

Majorca [məjɔːr'kə] *n* マジョルカ majórùka

majority [mədʒɔːr'iti:] *n* (larger group: of people, things) 過半数 kahánsū; (margin: of votes) 得票差 tokúhyōsa

make [meik] (*pt, pp* **made**) *vt* (produce, form: object, clothes, cake) 作る tsukúrù; (: noise) 立てる tatérù; (: speech, mistake) する surú; (: remark) 言う iú; (manufacture: goods) 作る tsukúrù, 製造する seízō suru; (cause to be): *to make someone sad* ...を悲しくさせる ...wo kanáshikù sasérù; (force): *to make someone do something* ...に...をさせる ...ni ...wo saseru; (earn: money) もうける mōkérù; (equal): *2 and 2 make 4* 2足す2は4 2 tásù 2 wà 4
♦*n* (brand): *it's a Japanese make* 日本製です nihónsei desu

to make the bed ベッドを整える béddò wo totónoerù

to make a fool of someone ...をばかにする ...wo bákà ni suru

to make a profit 利益を得る riéki wò érù

to make a loss 損をする sóñ wo suru

to make it (arrive on time) 間に合う ma ní aù; (achieve something) 成功する seíkō suru

what time do you make it? 今何時ですか imá nánji desu ká

to make do with ...で間に合せる ...de ma ní awaserù

make-believe [meik'bili:v] *n* (pretense) 見せ掛け misékake

make for *vt fus* (place) ...に向かう ...ni mukáù

make out *vt* (decipher) 解読する kaídoku suru; (understand) 分かる wakárù; (see) 見る mírù; (write: cheque) 書く ká-

kù

maker [mei'kəːr] *n* (of program, film etc) 制作者 seísakushà; (manufacturer) 製造者 seízōshà, メーカー mēkā

makeshift [meik'ʃift] *adj* (temporary) 間に合せの ma ní awase no

make up *vt* (constitute) 構成する kōsei suru; (invent) でっち上げる detchíagerù; (prepare: bed) 用意する yōi suru; (: parcel) 包む tsutsúmù
♦*vi* (after quarrel) 仲直りする nakánaori suru; (with cosmetics) 化粧する keshō suru

make-up [meik'ʌp] *n* (cosmetics) メーキャップ mēkyappù

make up for *vt fus* (loss, disappointment) ...の埋め合せをする ...no uméawase wò suru

make-up remover *n* 化粧落し keshō otòshi

making [mei'kiŋ] *n* (*fig*): *a doctor etc in the making* 医者の卵 ishá no tamágo

to have the makings of ...の素質がある ...no soshítsu ga arù

malaise [mæleiz'] *n* 倦怠 keñtai

malaria [məle:r'i:ə] *n* マラリア marárìa

Malaya [məlei'jə] *n* マラヤ máràya

Malaysia [məlei'ʒə] *n* マレーシア maréshìa

male [meil] *n* (BIOL: not female) 雄 osú
♦*adj* (animal) 雄の osú no; (human) 男の otóko no, 男性の dañsei no; (attitude etc) 男性的な dañseiteki na

malevolent [məlev'ələnt] *adj* (evil, harmful: person, intention) 悪魔の様な ákùma no yō na

malfunction [mælfʌŋk'ʃən] *n* (of computer, machine) 故障 koshō

malice [mæl'is] *n* (ill will) 悪意 ákùi; (rancor) 恨み uràmi

malicious [məli'ʃəs] *adj* (spiteful: person, gossip) 悪意に満ちた ákùi ni michíta

malign [məlain'] *vt* (slander) 中傷する chúshō suru

malignant [məlig'nənt] *adj* (MED: tumor, growth) 悪性の akúsei no

mall [mɔːl] *n* (*also:* **shopping mall**) ショ

ッピング・モール shoppíngu mṓru

mallet [mǽl'it] *n* 木づち kízuchi

malnutrition [mælnu:triʃ'ən] *n* 栄養失調 eíyōshìtchō

malpractice [mælprǽk'tis] *n* (MED) 医療過誤 iryṓkagò; (LAW) 不正行為 fuséikòi

malt [mɔːlt] *n* (grain) もやし moyáshi, モルト mṓrùto; (*also*: **malt whisky**) モルトウイスキー morúto uisùkī

Malta [mɔːl'tə] *n* マルタ márùta

Maltese [mɔːlti:z'] *adj* マルタの márùta no
♦*n inv* マルタ人 marútajìn

maltreat [mæltri:t'] *vt* (treat badly, violently: child, animal) 虐待する gyakútai suru

mammal [mǽm'əl] *n* ほ乳類 honyűrùi

mammoth [mǽm'əθ] *n* (animal) マンモス mánmosu
♦*adj* (colossal, enormous: task) ばく大な bakúdai na

man [mæn] (*pl* **men**) *n* (adult male) 男 otóko, 男性 dañsei; (mankind) 人類 jíñrui
♦*vt* (NAUT: ship) 乗組ませる noríkumaserù; (MIL: gun, post) 配置につく haíchi ni tsúkù; (operate: machine) 操作する sṓsa suru

an old man 老人 rōjìn
man and wife 夫婦 fūfu

manage [mǽn'idʒ] *vi* (succeed) うまくなんとかする úmàku nántoka suru; (get by financially) なんとかして暮す nántoka shite kurásù
♦*vt* (be in charge of: business, shop, organization) 管理する káñri suru; (control: ship) 操縦する sṓjū suru; (: person) うまくあしらう úmàku ashíraù

manageable [mǽn'idʒəbəl] *adj* (task, number) 扱いやすい atsúkaiyasuî

management [mǽn'idʒmənt] *n* (of business etc: control, organization) 管理 káñri; (: persons) 管理職 kañrishòku

manager [mǽn'idʒəːr] *n* (of business etc) 支配人 shiháinin; (of pop star) マネージャー manéjà; (SPORT) 監督 kañtoku

manageress [mǽn'idʒəːris] *n* (of busi-

ness etc) 女性支配人 joséishihaìnin; (of pop star) 女性マネージャー joséi manéjā; (SPORT) 女性監督 joséi kañtoku

managerial [mænidʒi:'riəl] *adj* (role, skills) 管理職の kañrishòku no

managing director [mǽn'idʒiŋ-] *n* 専務取締役 sênmutorîshimariyàku

mandarin [mǽn'dəːrin] *n* (*also*: **mandarin orange**) みかん míkàn; (high-ranking bureaucrat) 高級官僚 kṓkyū kañryō

mandate [mǽn'deit] *n* (authority) 権限 kefigen; (task) 任務 níñmu

mandatory [mǽn'dətɔːri:] *adj* (obligatory) 義務的な gimúteki na

mane [mein] *n* (of horse, lion) たてがみ tatégami

maneuver [mənu:'vəːr] (*US*) *vt* (move: car, bulky, object) 巧みに動かす tákùmi ni ugókasù; (manipulate: person, situation) 操る ayátsuru
♦*vi* (move: car, plane) 巧みに動く tákùmi ni ugókù; (MIL) 軍事演習を行う guñjieñshū wo okonau
♦*n* 巧みな動き tákùmi na ugóki

manfully [mǽn'fəli:] *adv* (valiantly) 勇ましく isámashikù

mangle [mǽŋ'gəl] *vt* (crush, twist) めちゃくちゃにする mechákucha ni suru

mango [mǽŋ'gou] (*pl* **mangoes**) *n* マンゴー máñgō

mangy [mein'dʒi:] *adj* (animal) 汚らしい kitánarashiî

manhandle [mǽn'hændəl] *vt* (mistreat) 手荒に扱う teára ni atsúkaù

manhole [mǽn'houl] *n* マンホール mañhòru

manhood [mǽn'hud] *n* (age) 成人時代 seíjin jidài; (state) 成人である事 seíjin de arù kotó ◊男性のみについて言う dañsei nomí ni tsúîte iú

man-hour [mǽn'auəːr] *n* (time) 人時 nîñji

manhunt [mǽn'hʌnt] *n* (POLICE) 人間狩り niñgeñgari

mania [mei'ni:ə] *n* (craze) ...狂 ...kyṓ; (illness) そう病 sốbyō

maniac [mei'ni:æk] *n* (lunatic) 狂人 kyṓjin; (*fig*) 無謀な人 mubṓ na hitò

manic [mæn'ik] *adj* (behavior, activity) 猛烈な mốretsu na

manic-depressive [mæn'ikdipres'iv] *n* そううつ病患者 sốutsubyō kaṅja

manicure [mæn'əkju:r] *n* マニキュア maníkyùa

manicure set *n* マニキュア・セット maníkyua settð

manifest [mæn'əfest] *vt* (show, display) 表す aráwasù
♦*adj* (evident, obvious) 明白な meíhaku na

manifestation [mænəfestei'(ʃən] *n* 現れ aráware

manifesto [mænəfes'tou] *n* 声明書 seímeisho

manipulate [mənip'jəleit] *vt* (people) 操る ayátsurù; (system, situation) 操作する sōsa suru

mankind [mæn'kaind'] *n* (human beings) 人類 jíñrui

manly [mæn'li:] *adj* (masculine) 男らしい otókorashiì

man-made [mæn'meid] *adj* (environment, satellite etc) 人工の jiñkō no; (fiber, lake etc) 人造の jiñzō no

manner [mæn'ə.r] *n* (way) やり方 yaríkata; (behavior) 態度 taído; (type, sort):
all manner of things あらゆる物 aráyuru monò

mannerism [mæn'ə.rizəm] *n* 癖 kusé

manners [mæn'ə.rz] *npl* (conduct) 行儀 gyógi, マナー mánā
bad manners 行儀の悪い事 gyógi no warúi kotò

manoeuvre [mənu:'və.r] (*BRIT*) = maneuver

manor [mæn'ə.r] *n* (*also:* **manor house**) 屋敷 yashíki

manpower [mæn'pauə.r] *n* (workers) 人手 hitóde

mansion [mæn'tʃən] *n* 豪邸 gốtei

manslaughter [mæn'slɔ:tə.r] *n* (LAW) 殺意なき殺人 satsúinaki satsújin

mantelpiece [mæn'təlpi:s] *n* マントルピース mañtorupísu

manual [mæn'ju:əl] *adj* (work, worker) 肉体の nikútai no; (controls) 手動の shu-

dố no
♦*n* (book) マニュアル mányùaru

manufacture [mænjəfæk'tʃə.r] *vt* (make, produce: goods) 製造する seízō suru
♦*n* (making) 製造 seízō

manufacturer [mænjəfæk'tʃə.rə.r] *n* 製造業者 seízōgyōsha, メーカー mēkā

manure [mənu:r'] *n* 肥やし koyáshi

manuscript [mæn'jəskript] *n* (of book, report) 原稿 geñkō; (old document) 写本 shahốn

many [men'i:] *adj* (a lot of: people, things, ideas) 沢山の takúsaṅ no
♦*pron* (several) 多数 tasū
a great many 非常に沢山の hijố ni takúsaṅ no
many a time 何回も naṅkai mo

map [mæp] *n* (of town, country) 地図 chízù

maple [mei'pəl] *n* (tree) カエデ kaéde; (wood) カエデ材 kaédezài

map out *vt* (plan, task) 計画する keíkaku suru

mar [mɑ:r] *vt* (spoil: appearance) 損なう sokónaù; (: day, event) ぶち壊す buchí kowasù

marathon [mær'əθɑ:n] *n* (race) マラソン marásoṅ

marauder [mɔ:rɔ:d'ə.r] *n* (robber, killer)◇殺人, 略奪などを繰返しながら荒し回る無法者 satsújin, ryakúdatsu nado wo kuríkaeshinagara arashimawarù muhốmono

marble [mɑ:r'bəl] *n* (stone) 人理石 dafìlsèki; (toy) ビー玉 bídama

March [mɑ:rtʃ] *n* 3月 sáñgatsu

march [mɑ:rtʃ] *vi* (MIL: soldiers) 行進する kōshin suru; (fig: protesters) デモ行進をする demó kōshin wo suru; (walk briskly) 足音も高く歩く ashíoto mo takakù arúkù
♦*n* (MIL) 行進 kōshin; (demonstration) デモ行進 demó kōshin

mare [me:r] *n* 牝ウマ mesú uma

margarine [mɑ:r'dʒə.rin] *n* マーガリン mãgarin

margin [mɑ:r'dʒin] *n* (difference: of

votes) 差 sa; (extra amount) 余裕 yoyū; (COMM: profit) 利ざや rizáya, マージン májin; (space: on page) 余白 yoháku; (edge: of area, group) 外れ hazúre

marginal [mɑːrˈdʒinəl] *adj* (unimportant) 二次的な nijíteki na

marginal (seat) *n* (POL) 不安定な議席 fuántei na giséki ◇わずかな票の差で得たので、次の選挙で失う可能性のある議席 wázúka na hyó nò sá de età node, tsugí nò séñkyo de ushinaù kanōsei no arù giséki

marigold [ˈmærəgould] *n* マリーゴールド marígōrudo

marijuana [mærəwɑːˈnə] *n* マリファナ marífāna

marina [məriːˈnə] *n* (harbor) マリーナ marínà

marinate [ˈmærəneit] *vt* (CULIN) マリネにする márìne ni suru

marine [məriːnˈ] *adj* (life, plant, biology) 海の umí no; (engineering, engineering) 船舶の señpaku no
◆*n* (US: sailor) 海兵隊員 kaíheitaìin; (BRIT: soldier) 海兵隊員 kaíheitaìin

marital [ˈmæritəl] *adj* (problem, relations) 夫婦の fūfu no
marital status ◇未婚，既婚，離婚を尋ねる時に使う言葉 mikón, kikón, ríkón wo tazúnerù tokí ni tsukaù kotóba

maritime [ˈmæritaim] *adj* 海事の káiji no

marjoram [ˈmɑːrdʒərəm] *n* マヨラナ mayónàra, マージョラム májòramu

mark [mɑːrk] *n* (symbol: cross, tick etc) 印 shirúshi; (stain) 染み shimí; (of shoes, fingers, tires: in snow, mud etc) 跡 átò; (sign: of friendship, respect etc) 印 shirúshi; (SCOL) 成績 seíseki; (level, point): *the halfway mark* 中間点の目印 chúkanteñ no mejírùshi; (currency) マルク márùku
◆*vt* (make a mark on: with pen etc) 印を書く shirúshi wo kákù; (: with shoes, tires etc) 跡を残す átò wo nokósù; (damage: furniture etc) 傷を付ける kizú wo tsukérù; (stain: clothes, carpet etc) 染みを付ける shimí wo tsukérù; (indicate:

place, time, price) 示す shimésù; (commemorate: event) 記念する kinén suru; (BRIT: SCOL) 成績をつける seíseki wò tsukérù

to mark time (MIL, *fig*) 足踏みする a-shíbumi suru

marked [mɑːrkt] *adj* (obvious) 著しい i-chíjirushìi

marker [mɑːrˈkəːr] *n* (sign) 目印 mejírùshi; (bookmark) しおり shióri
marker pen サインペン saínpen

market [mɑːrˈkit] *n* (for fish, cattle, vegetables etc) 市場 íchìba; (in proper names) 市場 íchìba, 市場 shijó; (COMM: business and trading activity) 市場 shijó; (: demand) 需要 juyó
◆*vt* (COMM: sell) 市場に出す shijó ni dásù

market garden (BRIT) *n* 野菜農園 ya-sáinōen ◇主に市場向けの野菜や果物を栽培する小規模農場 ómō ni shijómuke nò yasái ya kudámono wò saíbai surù shó-kibo nòjō

marketing [mɑːrˈkitiŋ] *n* (COMM) 販売 hañbai

marketplace [mɑːrˈkitpleis] *n* (area, site: *also* COMM) 市場 íchìba

market research *n* 市場調査 shijóchōsa

marksman [mɑːrksˈmən] (*pl* marksmen) *n* 射撃の名手 shagéki no meíshù

marmalade [mɑːrˈməleid] *n* マーマレード mámarēdo

maroon [məruːnˈ] *vt*: *to be marooned* (shipwrecked) 遭難で置去りになる sōnan dè okízari ni narù; (*fig*: abandoned) 置去りにされる okízari ni sarèru
◆*adj* (color) クリ色 kuríiro

marquee [mɑːrkiːˈ] *n* (tent) テント téñto ◇運動会，野外パーティなどで使う物を指す uñdōkai, yagái pàti nádò de tsukáù monó wo sásù

marquess [mɑːrˈkwis] *n* 侯爵 kōshaku

marquis [mɑːrˈkwis] *n* = **marquess**

marriage [ˈmæridʒ] *n* (relationship, institution) 結婚 kekkón; (wedding) 結婚式 kekkóñshiki

marriage bureau *n* 結婚相談所 kekkónsōdanjo

marriage certificate *n* 結婚証明書 kekkónshōmeishò

married [mær'i:d] *adj* (man, woman) 既婚の kikón no; (life, love) 結婚の kekkón no

marrow [mær'ou] *n* (vegetable) セイヨウカボチャ seíyōkabòcha; (*also:* **bone marrow**) 骨髄 kotsúzui

marry [mær'i:] *vt* (man, woman) ...と結婚する ...to kekkón surù; (subj: father, priest etc) ...の結婚式を行う ...no kekkónshiki wo okónaù

♦*vi* (*also:* **get married**) 結婚する kekkón suru

Mars [mɑːrz] *n* (planet) 火星 kaséi

marsh [mɑːrʃ] *n* (bog) 沼沢地 shōtakùchi; (*also:* **salt marsh**) 塩性沼沢地 eñsei shōtakuchi

marshal [mɑːr'ʃəl] *n* (MIL: *also:* **field marshal**) 陸軍元帥 rikúgun geñsui; (official: at sports meeting etc) 役員 yakúiñ; (*US*: of police, fire department) 長官 chōkan

♦*vt* (organize: thoughts) 整理する seíri suru; (: support) 集める atsúmerù; (: soldiers) 整列させる seíretsu saserù

marshy [mɑːr'ʃiː] *adj* 沼沢の多い shótaku nō ōî

martial [mɑːr'ʃəl] *adj* (military) 軍の gúñ no

martial arts *npl* 武術 bújutsu

martial law *n* 戒厳令 kaígeñrei

martyr [mɑːr'təːr] *n* (for beliefs) 殉教者 juñkyōsha

martyrdom [mɑːr'təːrdəm] *n* 殉教 juñkyo

marvel [mɑːr'vəl] *n* (wonder) 驚異 kyōi

♦*vi*: **to marvel (at)** 驚嘆する kyōtan suru

marvelous [mɑːr'vələs] (*BRIT* **marvellous**) *adj* 素晴らしい subárashiì

Marxism [mɑːrk'sizəm] *n* マルクス主義 marúkusushùgi

Marxist [mɑːr'ksist] *adj* マルクス主義の marúkusushùgi no

♦*n* マルクス主義者 marúkusushùgisha

marzipan [mɑːr'zəpæn] *n* マジパン mají-

pan

mascara [mæskæːr'ə] *n* マスカラ masúkara

mascot [mæs'kɔːt] *n* マスコット masúkòtto

masculine [mæs'kjəlin] *adj* (male: characteristics, pride) 男性の dañsei no; (: atmosphere) 男性的な dañseiteki na; (woman) 男の様な otóko no yō na; (LING: noun, pronoun etc) 男性の dañsei no

mash [mæʃ] *vt* つぶす tsubúsu

mashed potatoes [mæʃt-] *npl* マッシュポテト masshú potèto

mask [mæsk] *n* (disguise) 覆面 fukúmen; (shield: gas mask, face mask) マスク másùku

♦*vt* (cover: face) 覆い隠す ōikakùsu; (hide: feelings) 隠す kakúsù

masochist [mæs'əkist] *n* マゾヒスト mazóhisùto

mason [mei'sən] *n* (*also:* **stone mason**) 石屋 ishíya; (*also:* **freemason**) フリーメーソン furímèson

masonic [məsɑːn'ik] *adj* (lodge, dinner) フリーメーソンの furímèson no

masonry [mei'sənriː] *n* (stonework) 石造部 sekízòbu ◇建物の石やれんがなどで造られた部分 tatémòno no ishí yà refiga nadò de tsukúrarèta bùbun

masquerade [mæskəreid'] *vi*: **to masquerade as** ...を装う ...wo yosóoù

mass [mæs] *n* (large number: of papers, people etc) 多数 tasū; (large amount: of detail, hair etc) 大量 taíryō; (amount: of air, liquid, land) 集団 shúdan; (PHYSICS) 物量 butsúryŏ; (REL) ミサ聖祭 misá seisài

♦*cpd* (communication, unemployment etc) 大量の taíryo no

♦*vi* (troops, protesters) 集合する shúgō suru

massacre [mæs'əkəːr] *n* 大虐殺 daígyakùsatsu

massage [məsɑːʒ] *n* マッサージ massájì

♦*vt* (rub) マッサージする massájì suru

masses [mæs'iz] *npl*: **the masses** (ordinary people) 大衆 taíshū

masses of (*inf*: food, money, people) 一杯の ippái no

masseur [mæsə:r'] *n* マッサージ師 massájishī

masseuse [məsu:s'] *n* マッサージ嬢 massájijō

massive [mæs'iv] *adj* (large and heavy: furniture, door, person) どっしりした dosshírī shita; (huge: support, changes, increase) 膨大な bōdai na

mass media [-mi:'di:ə] *npl* マスメディア masúmèdia

mass production (*BRIT* **mass-production**) *n* 大量生産 taíryōseisan, マスプロ masúpuro

mast [mæst] *n* (NAUT) マスト másùto; (RADIO etc) 放送アンテナ hōsō añtena

master [mæs'tə:r] *n* (of servant, slave) 主人 shujín; (in secondary school) 先生 señseī; (title for boys): ***Master X*** X君 ékusu kùn

♦*vt* (control: situation) 掌握する shōaku suru; (: one's feelings etc) 抑える osáerù; (learn: skills, language) 修得する shútoku suru, マスターする masútā suru

to be master of the situation (*fig*) 事態を掌握している jítai wo shōaku shite irù

master key *n* マスターキー masútā kī

masterly [mæs'tə:rli:] *adj* あっぱれな appárè na

mastermind [mæs'tə:rmaind] *n* (of crime etc) 首謀者 shubōshà, 黒幕 kurómaku

♦*vt* 計画を練って実行させる keíkaku wò nèttē jikkō saserù

Master of Arts/Science *n* (person) 文学〔理学〕修士 buñgaku 〔rigáku〕 shūshi; (qualification) 文学〔理学〕修士号 buñgaku 〔rigáku〕 shūshigō

masterpiece [mæs'tə:rpi:s] *n* 傑作 kessáku

mastery [mæs'tə:ri:] *n* (of skill, language) 修得 shútoku

masturbate [mæs'tə:rbeit] *vi* マスターベーション〔オナニー〕をする masútābèshon〔onánī〕wo suru

masturbation [mæstə:rbei'ʃən] *n* マスタ ーベーション masútābèshon, オナニー onánī

mat [mæt] *n* (on floor) マット máttò; (at door: *also*: **doormat**) ドアマット doámattò; (on table: *also*: **table mat**) テーブルマット tēburumattò

♦*adj* = **matt**

match [mætʃ] *n* (game: of football, tennis etc) 試合 shiái, マッチ mátchì; (for lighting fire, cigarette) マッチ mátchì; (equal) 力が同等な人 chikára ga dōtō na hitò

♦*vt* (go well with: subj: colors, clothes) ...に合う ...ni áù; (equal) ...と同等である ...to dōtō de arù; (correspond to) ...に合う ...ni áù; (pair: *also*: **match up**) ...と合せる ...to awáserù, ...と組ませる ...to kumáserù

♦*vi* (colors, materials) 合う áù

to be a good match (colors etc) よく合う yokú áù; (couple) 似合いの...である niái no ...de árù

matchbox [mætʃ'bɑ:ks] *n* マッチ箱 matchíbàko

matching [mætʃ'iŋ] *adj* (clothes etc) そろいの soróī no

mate [meit] *n* (workmate) 仲間 nakáma; (*inf*: friend) 友達 tomódachi; (animal) 相手 aíte; (in merchant navy: first, second) ...等航海士 ...tō kōkaishi

♦*vi* (animals) 交尾する kōbi suru

material [məti:'ri:əl] *n* (substance) 物質 busshítsu; (cloth) 生地 kijí; (information, data) 情報 jōhō

♦*adj* (possessions, existence) 物質的な busshítsuteki na

materialistic [məti:ri:əlis'tik] *adj* 唯物主義的な yuíbutsushugiteki na

materialize [məti:r'i:əlaiz] *vi* (happen) 起る okórù; (appear) 現れる aráwarerù

materials [məti:'ri:əlz] *npl* (equipment) 材料 zaíryō

maternal [mətə:r'nəl] *adj* (feelings, role) 母性の boséi no

maternity [mətə:r'niti:] *n* 母性 boséi

maternity dress *n* マタニティドレス matánitidorèsu

maternity hospital *n* 産院 sañ-in

math [mæθ] (*BRIT* **maths**) *n* 数学 súgaku

mathematical [mæθəmæt'ikəl] *adj* (formula) 数学の súgaku no; (mind) 数学的な súgakuteki na

mathematician [mæθəmətiʃ'ən] *n* 数学者 súgakushà

mathematics [mæθəmæt'iks] *n* 数学 súgaku

maths [mæθs] (*BRIT*) *n* = **math**

matinée [mætənei'] *n* マチネー machínē

mating call [mei'tiŋ-] *n* (of animals) 求愛の声 kyúai nò kóè

matrices [meit'risiːz] *npl of* **matrix**

matriculation [mətrikjəlei'ʃən] *n* (enrollment) 大学入学 dáigakunyūgaku

matrimonial [mætrəmou'ni:əl] *adj* 結婚の kékkon no

matrimony [mæt'rəmouni:] *n* (marriage) 結婚 kekkón

matrix [mei'triks] (*pl* **matrices**) *n* (context, environment) 環境 kánkyō

matron [mei'trən] *n* (in hospital) 婦長 fuchó; (in school) 養護員 yógoin

mat(t) [mæt] *adj* つや消しの tsuyákeshi no

matted [mæt'id] *adj* もつれた motsúretà

matter [mæt'əːr] *n* (event) 事件 jikén; (situation) 事情 jijó; (problem) 問題 mofidai; (PHYSICS) 物質 busshítsu; (substance, material) 素材 sozái; (written material: reading matter etc) 印刷物 ifisatsubútsu, 本 hón; (MED: pus) うみ umí
♦*vi* (be important: family, job etc) 大切である taísetsu de arù

it doesn't matter 構わない kamáwanài

what's the matter? どうしましたか dó shimashita ká

no matter what (whatever happens) 何があっても náni ga atté mo

as a matter of course (automatically) 当然ながら tózen nagara

as a matter of fact 実は jitsú wa

matter-of-fact [mæt'əːrʌvfækt'] *adj* 無味乾燥な mumíkanso na

matters [mæt'əːrz] *npl* (affairs) 物事 monógòto; (situation) 状況 jókyō

mattress [mæt'ris] *n* マットレス mattórèsu

mature [mətuːr'] *adj* (person) 成熟した seíjuku shita; (cheese, wine etc) 熟成した jukúsei shita
♦*vi* (develop: child, style) 成長する seíchō suru; (grow up: person) 成熟する seíjuku suru; (ripen, age: cheese, wine etc) 熟成する jukúsei suru

maturity [mətuː'riti:] *n* (adulthood) 成熟 seíjuku; (wisdom) 分別 fúnbetsu

maul [mɔːl] *vt* ...に大けがをさせる ...ni ókega wò saséru

mausoleum [mɔːsəliː'əm] *n* 納骨堂 nókotsudò

mauve [mouv] *adj* フジ色の fujíiro no

maverick [mæv'əːrik] *n* 一匹オオカミ ippíki ókami

maxim [mæk'sim] *n* 格言 kakúgen

maximum [mæk'səməm] (*pl* **maxima**) *adj* (efficiency, speed, dose) 最大の saídai no
♦*n* 最大限 saídaigen

May [mei] *n* 5月 gógàtsu

may [mei] (**conditional: might**) *vi* (indicating possibility): *he may come* 彼は来るかも知れない karé wa kurú ka mo shirenaì; (be allowed to): *may I smoke?* タバコをすってもいいですか tabáko wo sutté mò íi desu ká; (wishes): *may God bless you!* 神の祝福をあなたに！kamí nò shukúfuku wò anáta ni
you may as well go 行ってもいいかも知れないと itté mò íi ka mo shirenai; (dismissive) 行った方がいいかも知れない itta hō ga íi ka mo shirénài

maybe [mei'biː] *adv* 事によると kotó ni yorù to

May Day *n* メーデー médē

mayhem [mei'hem] *n* 混乱 kofiran

mayonnaise [meiəneiz'] *n* マヨネーズ mayónēzu

mayor [mei'əːr] *n* (of city, town) 市(町, 村)長 shi〔chō, son〕chó

mayoress [mei'əris] *n* (partner) 市(町, 村)長夫人 shi〔chō, son〕chó fujìn

maze [meiz] *n* (labyrinth, puzzle) 迷路 meíro

M.D. [emdi:'] *abbr* = **Doctor of Medicine**

KEYWORD

me [mi:] *pron* **1** (direct) 私 を watákushi
wo
can you hear me? 私の声が聞えますか
watákushi no koè ga kikóemasù ká
he heard me 彼は私の声を聞いた kárè
wa watákushi no koè wo kiítà
he heard ME! (not anyone else) 彼が聞
いたのは私の声だった kárè ga kiítà no
wa watákushi no koè dáttà
it's me 私です watákushi desù
2 (indirect) 私に watákushi nì
*he gave me the money, he gave the
money to me* 彼は私に金を渡した kárè
wa watákushi nì kané wò watáshità
give them to me それらを私に下さい
sorérà wo watákushi nì kudásaì
3 (after prep): *the letter's for me* 手紙
は私宛です tegámi wà watákushi ate
dèsu
with me 私と一緒に watákushi tò isshó
nì
without me 私抜きで watákushi nukì
de

meadow [med'ou] *n* 草原 kusáhara

meager [mi:'gə:r] (*BRIT* **meagre**) *adj* 乏
しい tobóshiì

meal [mi:l] *n* (occasion, food) 食事 shokú-
ji; (flour) 粉 koná

mealtime [mi:l'taim] *n* 食事時 shokúji-
dòki

mean [mi:n] *adj* (with money) けちな ke-
chí na; (unkind: person, trick) 意地悪な
ijíwaru na; (shabby: street, lodgings) 見
すぼらしい misúborashiì; (average:
height, weight) 中位の chúgurai no
♦*vt* (*pt, pp* **meant**) (signify) 意味する ímì
suru; (refer to): *I thought you meant
her* あなたは彼女の事を言っていると私
は思った anátà wa kanójò no kotó wò
itté irù to watákushi wà omóttà;
(intend): *to mean to do something* ...を
するつもりでいる ...wo suru tsumórì de
irú

♦*n* (average) 平均 heíkin
do you mean it? 本当ですか hoñtō de-
sù ká
what do you mean? それはどういう事
ですか soré wa dő iú kotō desu ká
to be meant for someone/something
...に当てた物である ...ni atéta monò de
árù

meander [mi:æn'də:r] *vi* (river) 曲がりく
ねって流れる magárikunettè nagárerù

meaning [mi:'nin] *n* (of word, gesture,
book) 意味 ímì; (purpose, value) 意義 ígì

meaningful [mi:'ninfəl] *adj* (result) 意味
のある ímì no árù; (explanation) 納得で
きる nattóku dekirù; (glance, remark) 意
味ありげな imíarige na; (relationship,
occasion) 意味深い imíbùkai

meaningless [mi:'ninlis] *adj* 無意味な
muími na

meanness [mi:n'nis] *n* (with money) けち
kechí; (unkindness) 意地悪 ijíwaru;
(shabbiness) 見すぼらしさ misúborashi-
sà

means [mi:nz] *npl* (way) 方法 hőhō;
(money) 財産 zaísan
by means of ...を使って ...wo tsukátte
by all means! ぜひどうぞ zéhì dőzò

meant [ment] *pt, pp of* **mean**

meantime [mi:n'taim] *adv* (also: **in the
meantime**) その間に sonó aída ni

meanwhile [mi:n'wail] *adv* (meantime)
その間に sonó aída ni

measles [mi:'zəlz] *n* はしか hashíka

measly [mi:z'li:] (*inf*) *adj* ちっぽけな
chippókè na

measure [meʒ'ə:r] *vt* (size, weight, dis-
tance) 計る hakárù
♦*vi* (room, person) ...だけの寸法がある
...dakè nò suñpō ga arù
♦*n* (amount: of protection etc) ある程度
árù teídò; (: of whisky etc) 定量 teíryō;
(ruler, *also*: **tape measure**) 巻尺 makíja-
ku, メジャー mejá; (action) 処置 shochí

measured [meʒ'ə:rd] *adj* 慎重な shiñchō
na

measurements [meʒ'ə:rmənts] *npl* (size)
寸法 suñpō

meat [mi:t] *n* 肉 nikú

cold meat コールドミート kṓrudomĩto

meatball [mi:t'bɔ:l] *n* ミートボール mĩtobŏru

meat pie *n* ミートパイ mĩtopài

Mecca [mek'ə] *n* (city) メッカ mékkà; (*fig*) あこがれの地 akṓgare nò chí

mechanic [məkæn'ik] *n* 自動車整備士 jidṓsha seĩbishi

mechanical [məkæn'ikəl] *adj* 機械仕掛の kikáijikakè no

mechanics [məkæn'iks] *n* (PHYSICS) 力学 rikígaku
♦*npl* (of reading, government etc) 機構 kikṓ

mechanism [mek'ənizəm] *n* (device) 装置 sṓchi; (procedure) 方法 hṓhō; (automatic reaction) 反応 hańnō

mechanization [mekənizei'ʃən] *n* 機械化 kikáika

medal [med'əl] *n* (award) メダル médàru

medallion [mədæl'jən] *n* メダリオン medárìòn

medalist [med'list] (*BRIT* **medallist**) *n* (SPORT) メダリスト medárìsùto

meddle [med'əl] *vi*: *to meddle in* ...にちょっかいを出す ...ni chokkái wo dásù
to meddle with something ...をいじる ...wo ijírù

media [mi:'di:ə] *npl* マスメディア masúmedìa

mediaeval [mi:di:i:'vəl] *adj* = **medieval**

median [mi:'di:ən] (*US*) *n* (*also*: **median strip**) 中央分離帯 chūō buńritai

mediate [mi:'di:it] *vi* (arbitrate) 仲裁する chūsai suru

mediator [mi:'di:eitə:r] *n* 仲裁者 chúsaishà

Medicaid [med'əkeid] (*US*) *n* メディケイド medíkeìdo ◇低所得者への医療扶助 teíshotðkusha e no iryṓfùjo

medical [med'ikəl] *adj* (treatment, care) 医学的な igákuteki na
♦*n* (*BRIT*: examination) 健康診断 keñkōshiñdan

Medicare [med'əke:r] (*US*) *n* メディケア medíkèa ◇高齢者への医療扶助 kṓreishà e no iryṓfujo

medicated [med'ikeitid] *adj* 薬用の ya-

kúyo no

medication [medikei'ʃən] *n* (drugs etc) 薬 kusúri

medicinal [mədis'ənəl] *adj* 薬効のある yakkṓ no arù

medicine [med'isin] *n* (science) 医学 ígàku; (drug) 薬 kusúri

medieval [mi:di:i:'vəl] *adj* 中世の chúsei no

mediocre [mi:'di:oukə:r] *adj* (play, artist) 粗末な sṓmatsu na

mediocrity [mi:di:ɑ:k'riti:] *n* (poor quality) 粗末さ sómátsusà

meditate [med'əteit] *vi* (think carefully) 熟考する jukkṓ suru; (REL) めい想する meísō suru

meditation [meditei'ʃən] *n* (thinking) 熟考 jukkṓ; (REL) めい想 meísō

Mediterranean [meditərei'ni:ən] *adj* 地中海の chichúkai no
the Mediterranean (Sea) 地中海 chichúkai

medium [mi:'di:əm] *adj* (average: size, color) 中位の chūgurai no
♦*n* (*pl* **media**: means) 手段 shúdàn; (*pl* **mediums**: people) 霊媒 reíbai

medium wave *n* 中波 chūha

medley [med'li:] *n* (mixture) ごったまぜ gottámaze; (MUS) メドレー médòrē

meek [mi:k] *adj* 穏和な oñwa na

meet [mi:t] (*pt*, *pp* **met**) *vt* (friend: accidentally) ...に出会う ...ni deáù; (: by arrangement) ...に会う ...ni áù; (stranger: for the first time) ...と知合いになる ...to shíriai ni naru; (go and fetch: at station, airport) 出迎える demúkaerù; (opponent) ...と試合をする ...to shiái wo súrù; (obligations) 果す hatásù; (problem, need) 解決する kaíketsu suru
♦*vi* (friends: accidentally) 出会う deáù; (: by arrangement) 会う áù; (strangers: for the first time) 知合いになる shiríai ni narù; (for talks, discussion) 会合する kaígō suru; (join: lines, roads) 合流する góryū suru

meeting [mi:'tiŋ] *n* (assembly: of club, committee etc) 会合 kaígō; (: of people) 集会 shúkai; (encounter: with friend) 出

会い deáĩ; (COMM) 会議 káĩgi; (POL) 集会 shúkai

meet with vt fus (encounter: difficulty) 合う áũ
to meet with success 成功する seíkō suru

megabyte [meg'əbait] n (COMPUT) メガバイト megábaĩto

megaphone [meg'əfoun] n メガホン megáhòn

melancholy [mel'ənkɑ:li:] n (sadness) 憂うつ yúutsu, メランコリー meránkorī
◆adj (sad) 憂鬱な yúutsu na

mellow [mel'ou] adj (sound, light, color) 柔らかい yawárakaĩ; (wine) 芳じゅんな hõjun na
◆vi (person) 角が取れる kádo ga torérù

melodrama [mel'ədræmə] n メロドラマ meródðrama

melody [mel'ədi:] n 旋律 seńritsu, メロディー mérðdī

melon [mel'ən] n メロン méròn

melt [melt] vi (metal, snow) 溶ける tokérù
◆vt (metal, snow, butter) 溶かす tokásù

melt down vt (metal) 溶かす tokásù

meltdown [melt'daun] n (in nuclear reactor) メルトダウン merútodàun

melting pot [melt'iŋ-] n (fig: mixture) るつぼ rútsùbo

member [mem'bə:r] n (of group, family) 一員 ichí-in; (of club) 会員 kaíin, メンバー méñbā; (ANAT) 体の一部 karáda no íchìbu
Member of Parliament (BRIT) 国会議員 kokkái gìn
Member of the European Parliament (BRIT) 欧州議会議員 őshūgikai gìn

membership [mem'bə:rʃip] n (members) 会員一同 kaíin ichídõ; (state) 会員である事 kaíin de arù kotó

membership card n 会員証 kaíinshō

membrane [mem'brein] n 膜 makú

memento [məmen'tou] n 記念品 kinéñhin

memo [mem'ou] n 覚書 obõegaki, メモ mémð

memoirs [mem'wɑ:rz] npl 回顧録 kaíko-rðku

memorable [mem'ə:rəbəl] adj 記念すべき kinénsubeki

memorandum [meməræn'dəm] (pl **memoranda**) n (official note) 覚書 obõegaki; (order to employees etc) 社内通達 shanái tsūtatsu

memorial [məmɔ:'ri:əl] n (statue, monument) 記念碑 kinéñhi
◆adj (service) 追悼の tsuítō no; (prize) 記念の kinén no

memorize [mem'ə:raiz] vt (learn) 暗記する ańki suru

memory [mem'ə:ri:] n (ability to remember) 記憶 kióku; (things one remembers) 思い出 omóide; (instance) 思い出 omóide; (of dead person): *in memory of* ...を記念して ...wo kinén shite; (COMPUT) 記憶装置 kiókusòchi, メモリー mémðrī

men [men] pl of **man**

menace [men'is] n (threat) 脅威 kyői; (nuisance) 困り者 komárimono
◆vt (threaten) 脅かす odőkasu; (endanger) 危険にさらす kikén ni sarásu

menacing [men'isiŋ] adj (person, gesture) 脅迫的な kyőhakuteki na

mend [mend] vt (repair) 修理する shúri suru; (darn: socks etc) 繕う tsukúroù, 修繕する shúzen suru
◆n: *to be on the mend* 回復に向かっている kaífuku nĩ mukátte irù
to mend one's ways 心を入替える kokórð wo irékaerù

mending [mend'iŋ] n (repairing) 修繕 shúzen; (clothes) 繕い物 tsukúroimòno

menial [mi:'ni:əl] adj (lowly: often pej) 卑しい iyáshiĩ

meningitis [menindʒai'tis] n 脳膜炎 nőmakuèn

menopause [men'əpɔ:z] n 更年期 kőneñki

menstruation [menstru:ei'ʃən] n 月経 gekkéi, 生理 seíri, メンス méñsu

mental [men'təl] adj (ability, effort) 精神的な seíshinteki na; (illness, health) 精神の seíshin no
mental arithmetic/calculation 暗算 ańzan

mentality [mentæl'iti:] *n* (attitude) 考え方 kańgaekàta

menthol [men'θɔ:l] *n* メントール mefitōru

mention [men'tʃən] *n* (reference) 言及 geńkyū
♦*vt* (speak of) ...に言及する ...ni geńkyū suru
don't mention it! どういたしまして dồ itáshimashitè

mentor [men'tə:r] *n* 良き指導者 yokí shidōsha

menu [men'ju:] *n* (set menu) 献立 końdate; (printed) 献立表 końdatehyō, メニュー ményū; (COMPUT) メニュー ményū

MEP [emi:pi:'] (*BRIT*) *n abbr* = **Member of the European Parliament**

mercenary [mə:r'səneri:] *adj* 金銭ずくの kińsenzuku no
♦*n* (soldier) よう兵 yốhei

merchandise [mə:r'tʃəndais] *n* 商品 shốhin

merchant [mə:r'tʃənt] *n* (trader) 貿易商 bốekishō

merchant bank (*BRIT*) *n* マーチャントバンク māchantobańku

merchant marine (*BRIT* **merchant navy**) *n* 商船 shōsen ◇一国の全商船を集合的に指す ikkóku no zeńshōsen wò shúgōteki ni sasù

merciful [mə:r'sifəl] *adj* (kind, forgiving) 情け深い nasákebukaì; (fortunate): *merciful release* 苦しみからの解放 kurúshimì kara no kaíhō ◇重病人などの死亡について言う júbyōnin nado no shibō ni tsuitè iú

merciless [mə:r'silis] *adj* (person, regime) 冷酷な reíkoku na

mercury [mə:rk'jə:ri:] *n* 水銀 suígin

mercy [mə:r'si:] *n* (clemency: *also* REL) 情け nasáke, 慈悲 jíhí
at the mercy of ...のなすがままになって ...no násù ga mamá ni nattè

mere [mi:r] *adj* (emphasizing insignificance: child, trifle, amount) ほんの hoń no; (emphasizing significance): *his mere presence irritates her* 彼がそこにいるだけで彼女は頭に来る kárè ga sokó ni

irù dakè de kánòjo wa atáma ni kurù

merely [mi:r'li:] *adv* ただ ...だけ tádà ...dakè

merge [mə:rdʒ] *vt* (combine: companies, institutions etc) 合併させる gappéi saserù
♦*vi* (COMM) 合併する gappéi suru; (colors, sounds, shapes) 次第に溶合う shidái ni tokéaù; (roads) 合流する gốryū suru

merger [mə:r'dʒə:r] *n* (COMM) 合併 gappéi

meringue [məræŋ'] *n* メレンゲ meréñge

merit [me:r'it] *n* (worth, value) 価値 kachí; (advantage) 長所 chōsho, 利点 ritén
♦*vt* ...に値する ...ni atái suru

mermaid [mə:r'meid] *n* 人魚 nifigyo

merry [me:r'i:] *adj* (happy: laugh, person) 陽気な yốki na; (cheerful: music) 活気ある kakkí arù
Merry Christmas! メリークリスマス merí kurisùmasu

merry-go-round [me:r'iigouraund] *n* 回転木馬 kaíteńmokuba

mesh [meʃ] *n* (net) メッシュ mésshù

mesmerize [mez'mə:raiz] *vt* 魅惑する miwáku suru

mess [mes] *n* (muddle: in room) 散らかしっ放し chirákashippanashi, めちゃくちゃ mechákucha; (: of situation) 混乱 kofiran; (dirt) 汚れ yogóre; (MIL) 食堂 shokúdō

mess about/around (*inf*) *vi* (fool around) ぶらぶらする búràbura suru

mess about/around with *vt fus* (play around with) いじる ijírù

message [mes'idʒ] *n* (piece of information) 伝言 deńgon, メッセージ mésséji; (meaning: of play, book etc) 教訓 kyōkun

messenger [mes'indʒə:r] *n* 使者 shíshà, メッセンジャー messéñjā

Messrs. [mes'ə:rz] *abbr* (on letters) ◇Mr. の複数形 Mr. no fukúsūkei

mess up *vt* (spoil) 台無しにする daínashi ni suru; (dirty) 汚す yogósù

messy [mes'i:] *adj* (dirty) 汚れた yogóreta; (untidy) 散らかした chirákashita

met [met] *pt, pp of* **meet**

metabolism [mətæb'əlizəm] n 新陳代謝 shiñchintaísha

metal [met'əl] n 金属 kiñzoku

metallic [mitæl'ik] adj (made of metal) 金属の kiñzoku no; (sound, color) 金属的 な kiñzokuteki na

metallurgy [met'ələ:rdʒi:] n や 金 学 ya-kíñgaku

metamorphosis [metəmɔ:r'fəsis] (pl **metamorphoses**) n 変態 heñtai

metaphor [met'əfɔ:r] n 隠 ゆ íñ-yu, メタ ファー metáfā

mete [mi:t] vt: **to mete out** (punishment, justice) 与える atáerù, 加える kuwáerù

meteor [mi:'ti:our] n 流れ星 nagáreboshi

meteorite [mi:'ti:ərait] n いん石 íñseki

meteorology [mi:ti:ərɑ:'ədʒi:] n 気 象 学 kishógaku

meter [mi:'tə:r] n (instrument: gas meter, electricity meter) ...計 ...kéi, メー ター mḗtā; (also: **parking meter**) パーキ ングメーター pākiñgumḗtā; (US: unit) メ ートル mḗtoru

method [meθ'əd] n (way) 方法 hóhō

methodical [məθɑ:d'ikəl] adj (careful, thorough) 慎重な shíñchō na

Methodist [meθ'ədist] n メソジスト教徒 mesójisuto kyóto

methodology [meθədɑ:l'ədʒi:] n 方 法 論 hóhōrōn

meths [meθs] (BRIT) n = **methylated spirit**

methylated spirit [meθ'əleitid-] (BRIT) n 変性アルコール heñsei arukōru

meticulous [mətik'jələs] adj 厳密な geñ-mitsu na

metre [mi:'tə:r] (BRIT) n (unit) = **meter**

metric [met'rik] adj メートル法の mḗto-ruhō no

metropolis [mitrɑ:p'əlis] n 大都会 daíto-kai

metropolitan [metrəpɑ:l'itən] adj 大 都 会の daítokai no

Metropolitan Police (BRIT) n: **the Metropolitan Police** ロンドン市警察 rofídon shikeísatsu

mettle [met'əl] n (spirit, courage): **to be on one's mettle** 張切っている haríkitte

irù

mew [mju:] vi (cat) にゃあと鳴く nyá tò nakú

mews [mju:z] n (BRIT): **mews flat** アパ ート apáto ◇昔の馬屋をアパートに改造 した物を指す mukáshi nò umáya wò apáto ni kaízō shita monò wo sásù

Mexican [mek'səkən] adj メキシコの mekíshiko no
♦n メキシコ人 mekíshikojiñ

Mexico [mek'əkou] n メ キ シ コ mekí-shiko

Mexico City n メ キ シ コ 市 mekíshiko-shi

miaow [mi:au'] vi (cat) にゃあと鳴く nyá tò nakú

mice [mais] pl of **mouse**

micro- [mai'krou] prefix 微小... bishṓ ...

microbe [mai'kroub] n 細菌 saíkin

microchip [mai'krətʃip] n マイクロチッ プ maíkurochippù

micro(computer) [maikrou(kəmpju:'-tə:r)] n マイクロコンピュータ maíkuro-kompyùta, パソコン pasókòn

microcosm [mai'krəkɑ:zəm] n 小 宇 宙 shṓuchū, ミクロコスモス mikúrokosu-mòsu

microfilm [mai'krəfilm] n マイクロフィ ルム maíkurofirùmu

microphone [mai'krəfoun] n マイクロホ ン maíkurohòn

microprocessor [maikroupra:s'esə:r] n マイクロプロセッサー maíkuropurosès-sà

microscope [mai'krəskoup] n 顕微鏡 keñ-bikyṓ

microscopic [mai'krəskɑ:p'ik] adj 微 小 の bishṓ no

microwave [mai'krouweiv] n (also: **microwave oven**) 電子レンジ deñshi reñ-ji

mid [mid] adj: **in mid May** 5月半ばに gogátsu nakàba ni

in mid afternoon 昼下がりに hirúsaga-ri ni

in mid air 空中に kúchū ni

midday [mid'dei] n 正午 shṓgo

middle [mid'əl] n (center) 真ん中 mañnaka, 中央 chǔō; (half-way point) 中間 chǔkan; (waist) ウエスト uésùto

◆*adj* (of place, position) 真ん中の mañnaka no; (average: quantity, size) 中位の chúgurai no

in the middle of the night 真夜中に mayónaka ni

middle-aged [mid'əleidʒd'] *adj* 中年の chǔnen no

Middle Ages *npl*: *the Middle Ages* 中世 chǔsei

middle-class [mid'əlklæs] *adj* 中流の chǔryū no

middle class(es) [mid'əlklæs(iz)] *n(pl)*: *the middle class(es)* 中流階級 chǔryūkaìkyū

Middle East *n*: *the Middle East* 中東 chǔtō

middleman [mid'əlmæn] (*pl* **middlemen**) *n* 仲介人 nakágaìnin

middle name *n* ミドルネーム midórunēmu

middle-of-the-road [mid'ələvòəroud'] *adj* (politician, music) 中道な chǔdō no

middleweight [mid'əlweit] *n* (BOXING) ミドル級の midórukyū no

middling [mid'liŋ] *adj* 中位の chǔgurai no

midge [midʒ] *n* ブヨ búyo ◇ブヨの様な小さい虫の総称 búyo no yǒ na chiísaì mushí no sǒshō

midget [midʒ'it] *n* 小人 kobíto

Midlands [mid'ləndz] (*BRIT*) *npl*: *the Midlands* イングランド中部地方 iňgurando chǔbu chihō

midnight [mid'nait] *n* 真夜中 mayónaka

midriff [mid'rif] *n* おなか onáka ◇ウエストから胸まで部分を指す事も多い uésùto kara muné madè no búbùn wo sásù

midst [midst] *n*: *in the midst of* (crowd, group) ...の中に〔で〕...no nákà ni 〔de〕; (situation, event) ...のさなかに ...no sanáka ni; (action) ...をしている所...wo shité irù tokóro

midsummer [mid'sʌm'ə:r] *n* 真夏 manátsu

midway [mid'wei] *adj*: *midway (between/through)* ...の途中で ...no to-

chǔ de

◆*adv*: *midway (between/through)* ...の途中に〔で〕...no tochǔ ni 〔de〕

midweek [mid'wi:k] *adv* 週半ば shǔ nakabà

midwife [mid'waif] (*pl* **midwives**) *n* 助産婦 josáñpu

midwinter [mid'win'tə:r] *n*: *in midwinter* 真冬に mafúyu ni

might[1] [mait] *see* **may**

might[2] [mait] *n* (power) 力 chikára

mighty [mai'ti:] *adj* 強力な kyǒryoku na

migraine [mai'grein] *n* 偏頭痛 heñzutsū

migrant [mai'grənt] *adj*: *migrant bird* 渡り鳥 watáridòri

migrant worker 渡り季節労働者 watári kisetsurōdōshà

migrate [mai'greit] *vi* (bird etc) 移動する idǒ suru; (person) 移住する ijǔ suru

migration [maigrei'ʃən] *n* (bird etc) 移動 idǒ; (person) 移住 ijǔ

mike [maik] *n abbr* = **microphone**

Milan [milæn'] *n* ミラノ mirǎno

mild [maild] *adj* (gentle: character) 大人しい otónashiì; (climate) 穏やかな odǎyàka na; (slight: infection, illness) 軽い karúi; (: interest) 少しの sukóshì no; (taste) 甘口の amákuchi no

mildew [mil'du:] *n* かび kabí

mildly [maild'li:] *adv* (gently) 優しく yasáshikù; (somewhat) 少し sukóshì

to put it mildly 控え目に言って hikáeme ni ittè

mile [mail] *n* (unit) マイル maírù

mileage [mai'lidʒ] *n* (number of miles) マイル数 maírùsū

mileometer [mailə:m'itə:r] (*BRIT*) *n* = **milometer**

milestone [mail'stoun] *n* (marker) 一里塚 ichírizùka; (*fig*: important event) 画期的な出来事 kakkíteki na dekígòto

milieu [mi:lju:'] *n* 環境 kañkyō

militant [mil'ətənt] *adj* 戦闘的な señtōteki na

military [mil'ite:ri:] *adj* 軍隊の gúntai no

militate [mil'əteit] *vi*: *to militate against* (prevent) 邪魔する jamá suru

militia [miliʃ'ə] *n* 民兵 miñpei

milk [milk] *n* (of any mammal) 乳 chichí; (of cow) 牛乳 gyúnyū, ミルク míruku
♦*vt* (cow, goat) ...の乳を搾る ...no chichí wò shibórù; (*fig*: situation, person) 食い物にする kuímonò ni suru

milk chocolate *n* ミルクチョコレート mirúkuchokorēto

milkman [milk'mæn] (*pl* **milkmen**) *n* 牛乳配達人 gyúnyūhaitatsunìn

milkshake [milk'ʃeik] *n* ミルクセーキ mirúkusēki

milky [mil'ki:] *adj* (color) 乳白色の nyúhakùshoku no; (drink) ミルク入りの miráku iri no

Milky Way *n* 銀河 gínga

mill [mil] *n* (windmill etc: for grain) 製粉機 seífunki; (*also*: **coffee mill**) コーヒーひき kóhìhikì; (factory: steel mill, saw mill) 製...工場 seí...kòjō
♦*vt* (grind: grain, flour) ひく híkù
♦*vi* (*also*: **mill about**: people, crowd) 右往左往する uósàò suru

woolen mill 織物工場 orímonokòjo

miller [mil'ə:r] *n* 製粉業者 seífungyòsha

milligram(me) [mil'əgræm] *n* ミリグラム miríguràmu

millimeter [mil'əmi:tə:r] (*BRIT* **millimetre**) *n* ミリメートル mirímētoru

millinery [mil'əne:ri:] *n* 婦人帽子店 fujínbòshiten

million [mil'jən] *n* 100万 hyakúmaǹ
a million times 何回も nañkai mo

millionaire [miljəneːrʲ] *n* 大富豪 daífugò

milometer [mai'loumi:tə:r] *n* = **mileometer**

mime [maim] *n* (action) パントマイム pañtomaìmu; (actor) パントマイム役者 pañtomaimu yakùsha
♦*vt* (act) 身振り手振りでまねる mibúritebùri de manérù
♦*vi* (act out) パントマイムを演ずる pañtomaìmu wo eñzurù

mimic [mim'ik] *n* 物まね師 monómaneshì
♦*vt* (imitate) ...のまねをする ...no mané wo surù

min. *abbr* **minute(s)**; **minimum**

minaret [minəretʲ] *n* ミナレット mináretto ◊モスクのせん塔 mósùku no señtō

mince [mins] *vt* (meat) ひく híkù
♦*vi* (in walking) 気取って歩く kidótte arukù
♦*n* (*BRIT*: CULIN) ひき肉 hikíniku

mincemeat [mins'mi:t] *n* (fruit) ミンスミート míñsumìto ◊ドライフルーツなどの細切り doráifurūtsu nádò no komágiri; (*US*: meat) ひき肉 hikíniku

mincemeat pie (*US*) *n* (sweet) ミンスミートパイ míñsumìtopaì

mince pie (*BRIT*) *n* (sweet) = **mincemeat pie**

mincer [min'sə:r] *n* 肉ひき器 nikúhikikì

mind [maind] *n* (thoughts) 考え kañgaè; (intellect) 頭脳 zunó; (opinion): *to my mind* 私の意見では watákushi no ikén de wa; (sanity): *to be out of one's mind* 気が狂っている ki ga kurútte irù
♦*vt* (attend to, look after: shop, home etc) ...の番をする ...no báǹ wo suru; (: children, pets etc) ...の面倒を見る ...no mefñdō wò mírù; (be careful of) ...に注意する ...ni chùi suru; (object to): *I don't mind the noise* その音を気にしません sonó otò wo kì ni shimáseñ
it is on my mind 気に掛っている kì ni kakátte irù
to keep/bear something in mind ...を気にする ...wo kì ni suru
to make up one's mind 決心する kesshín suru
I don't mind 構いませんよ kamáimaseñ yó
mind you, ... でもこれだけ言っておく ... de mo koré dake itté okù ...
never mind! (it makes no odds) 気にしないで下さい kì ni shináìde kudásaì; (don't worry) ほうっておきなさい hótte oki nasaì, 心配しないで下さい shiñpai shinaìde kudásaì
「*mind the step*」階段に注意 kaídan ni chùi

minder [maind'ə:r] *n* (childminder) ベビーシッター bebíshittà; (*BRIT inf*: bodyguard) ボディーガード bodígdo

mindful [maind'fəl] *adj*: *mindful of* ...を気に掛ける ...wo kì ni kakérù

mindless [maind'lis] *adj* (violence) 愚かな ốróka na, 愚かな gurétsu na; (boring: job) 退屈な taíkutsu na

KEYWORD

mine¹ [main] *pron* 私の物 watákushi no monð

that book is mine その本は私のです sonð hoñ wa watákushi no dèsu

these cases are mine それらのケースは私のです sorérà no kềsù wa watákushi no dèsu

this is mine これは私の物です koré wà watákushi no monð desu

yours is red, mine is green あなたのは赤いが、私のは緑色です anátà no wa akáî ga, watákushi no wà midóri irð desu

a friend of mine 私のある友達 watákushi nð árù tomódàchi

mine² [main] *n* (gen) 鉱山 kốzan; (also: **land mine**) 地雷 jirái; (bomb in water) 機雷 kirái

♦*vt* (coal) 採掘する saíkutsu suru; (beach) 地雷を敷設する jirái wo fusétsu suru; (harbor) 機雷を敷設する kirái wo fusétsu suru

coal mine 炭坑 tañkō

gold mine 金坑 kiñkō

minefield [main'fi:ld] *n* (area: land) 地雷原 jiráigeñ; (: water) 機雷敷設水域 kiráifusetsu suìîki; (fig: situation) 危険をはらんだ事態 kikén wð haráñda jítai

miner [main'ə:r] *n* 鉱山労働者 kốzanrōdōshà

mineral [min'ə:rəl] *adj* (deposit, resource) 鉱物の kốbutsu no

♦*n* (in earth) 鉱物 kōbutsu; (in food) ミネラル mínéràru

minerals [min'ə:rəlz] (BRIT) *npl* (soft drinks) 炭酸飲料水 tañsan-inryōsui

mineral water *n* ミネラルウォーター mínéraru uōtā

mingle [miŋ'gəl] *vi*: **to mingle with** ...と交わる ...to majîwaru ◇特にパーティなどで多くの人に声を掛けて回るなどの意味で使う tókù ni pàti nádð de ốkù no

hitð ni kôè wo kakétè mawárù nádð no ímî de tsukáù

miniature [min'i:ətʃə:r] *adj* (small, tiny) ミニチュアの mínîchùa no

♦*n* ミニチュア mínîchùa

minibus [min'i:bʌs] *n* マイクロバス maíkurobàsu

minim [min'əm] *n* (MUS) 二分音符 níbun oñpu

minimal [min'əməl] *adj* 最小限(度)の saíshōgen(do) no

minimize [min'əmaiz] *vt* (reduce: risks, disease) 最小限(度)にする saíshōgen (do) ni osáerù; (play down: role) 見くびる mikúbirù; (: weakness) 問題にしない moñdai ni shináì, 避けて通る sakéte tôru

minimum [min'əməm] (*pl* **minima**) *n* 最小限(度) saíshōgeñ(do)

♦*adj* 最小限(度)の saíshōgeñ(do) no

mining [mai'niŋ] *n* 鉱業 kốgyō

miniskirt [min'i:skə:rt] *n* ミニスカート mínísukàto

minister [min'istə:r] *n* (POL) 大臣 dáîjin; (REL) 牧師 bókùshi

♦*vi*: **to minister to** (people, needs) ...に仕える ...ni tsukáerù

ministerial [ministi:r'i:əl] (BRIT) *adj* (POL) 大臣の dáîjin no

ministry [min'istri:] *n* (POL) ...省 ...shố; (REL) 聖職 seíshoku

mink [miŋk] *n* (fur) ミンクの毛皮 mínku no kegàwa; (animal) ミンク mínku

mink coat *n* ミンクのコート mínku no kōto

minnow [min'ou] *n* 小魚 kozákana

minor [mai'nə:r] *adj* (unimportant: repairs) ちょっとした chottó shità; (: injuries) 軽い karúî; (: poet) 二流の niryū no; (MUS) 短調の tañchō no

♦*n* (LAW) 未成年 miséînen

minority [minɔ:r'iti:] *n* (less than half: of group, society) 少数派 shốsūha

mint [mint] *n* (plant) ハッカ hakká; (sweet) ハッカあめ hakká ame

♦*vt* (coins) 鋳造する chúzō suru

the (US) Mint (US), *the (Royal) Mint* (BRIT) 造幣局 zốheìkyoku

in mint condition 新品同様で shíñpindôyô de

minus [mai'nəs] *n* (*also*: **minus sign**) マイナス記号 maínasu kigô
◆*prep*: *12 minus 6 equals 6* 12引く6は6 jûni hikù rokú wà rokú; (temperature): *minus 24* 零下24度 reíka nijûyoǹ do

minuscule [min'əskju:l] *adj* 微々たる bíbìtaru

minute [min'it] *n* (unit) 分 fúǹ; (*fig*: short time) ちょっと chottô
◆*adj* (search, detail) 細かい komákaî
at the last minute 土壇場に dotánba ni

minutes [min'its] *npl* (of meeting) 会議録 kaígìròku

miracle [mir'əkəl] *n* (REL, *fig*) 奇跡 kiséki

miraculous [miræk'jələs] *adj* 奇跡的な kisékiteki na

mirage [mira:ʒ'] *n* しん気楼 shíňkirô

mirror [mir'əːr] *n* (in bedroom, bathroom) 鏡 kagámi, ミラー mírä; (in car) バックミラー bakkúmirä

mirth [məːrθ] *n* (laughter) 笑い waráì

misadventure [misædven'tʃəːr] *n* 災難 saínaǹ

misapprehension [misæprihen'tʃən] *n* 誤解 gokái

misappropriate [misəprou'pri:eit] *vt* (funds, money) 横領する ôryô suru

misbehave [misbiheiv'] *vi* 行儀悪くする gyôgiwarukù suru

miscalculate [miskæl'kjəleit] *vt* 見込み違いする mikômichìgài suru

miscarriage [miskær'idʒ] *n* (MED) 流産 ryûzan; (failure): *miscarriage of justice* 誤審 goshíǹ

miscellaneous [misəlei'ni:əs] *adj* (collection, group: of tools, people) 雑多な zattá na; (subjects, items) 種々の shujú no

mischance [mistʃæns'] *n* (misfortune) 不運 fûǹ

mischief [mis'tʃif] *n* (naughtiness: of child) いたずら itázura; (playfulness, fun) いたずら itázura; (maliciousness) 悪さ wárùsa

mischievous [mis'tʃəvəs] *adj* (naughty, playful) いたずらな itázura na

misconception [miskənsep'ʃən] *n* 誤解 gokái

misconduct [miska:n'dʌkt] *n* (behavior) 非行 hikô
professional misconduct 背任 haínin, 職権乱用 shokkén raňyô

misdemeanor [misdimi:'nəːr] (*BRIT* **misdemeanour**) *n* 軽犯罪 keíhaňzai

miser [mai'zəːr] *n* けちん坊 kéchìnbô, 守銭奴 shuséndo

miserable [miz'əːrəbəl] *adj* (unhappy: person, expression) 惨めな míjìme na, 不幸な fukô na; (wretched: conditions) 哀れな áwàre na; (unpleasant: weather, person) いやな iyá na; (contemptible: offer, donation) ちっぽけな chippôkè na; (: failure) 情けない nasákenaî

miserly [mai'zəːrli:] *adj* けちな kechí na

misery [miz'əːri:] *n* (unhappiness) 惨めさ mijímesà, 不幸せ fushiawase; (wretchedness) 哀れな状態 áwàre na jôtai

misfire [misfair'] *vi* (plan etc) 失敗する shippái suru

misfit [mis'fit] *n* (person) 適応不能者 tekíôfunôsha

misfortune [misfɔ:r'tʃən] *n* (bad luck) 不運 fûǹ

misgiving [misgiv'iǹ] *n* (apprehension) 心もとなさ kokóromotonasà, 疑念 ginéǹ
to have misgivings about something ...を疑問に思う ...wo gimóǹ nì omôù

misguided [misgai'did] *adj* (opinion, view) 心得違いの kokôroechìgài no

mishandle [mishæn'dəl] *vt* (mismanage: problem, situation) ...の処置を誤る ...no shôchì wo ayámarù

mishap [mis'hæp] *n* 事故 jíko

misinform [misinfɔ:rm'] *vt* ...にうそを伝える ...ni úsò wo tsutáerù

misinterpret [misintə:r'prit] *vt* 誤解する gokái suru

misjudge [misdʒʌdʒ'] *vt* ...の判断を誤る ...no haǹdaǹ wo ayámarù

mislay [mislei'] (*pt*, *pp* **mislaid**) *vt* (lose) なくす nakúsù, 置忘れる okíwasurerù

mislead [misli:d'] (*pt*, *pp* **misled**) *vt* うそを信じ込ませる úsò wo shiǹjikomaserù

misleading [misli:'diǹ] *adj* (information)

誤解させる gokái saserù

mismanage [mismæn'idʒ] *vt* (manage badly: business, institution)下手な管理をする hétà na kánri wo suru; (: problem, situation) ...の処置を誤る ...no shóchì wo ayámarù

misnomer [misnou'mə:r] *n* (term) 誤った名称 ayámattà meíshō

misogynist [misɑːdʒ'ənist] *n* 女嫌い onnágirai

misplace [mispleis'] *vt* (lose) なくす nakúsù, 置忘れる okíwasurerù

misprint [mis'print] *n* 誤植 goshóku

Miss [mis] *n* ...さん ...sán ◇未婚の女性に対する敬称 míkòn no joséi ni taí surù keíshō

miss [mis] *vt* (train, bus etc) ...に乗遅れる ...ni norfokurerù; (fail to hit: target) ...に当て損なう ...ni atésokonaù; (fail to see): **you can't miss it** 見落しっこない miótoshikkonài; (regret the absence of) ...が恋しい ...ga koíshiî, ...が懐かしい ...ga natsúkashiî, (chance, opportunity) 逃す nigásù, のがす nogásù; (class, meeting) ...に欠席する ...ni kesséki suru

◆*vi* (fail to hit) 当り損なう atárisokonaù, それる sorérù

◆*n* (failure to hit) 当て損ない atésokonài, ミス mísù

misshapen [misʃei'pən] *adj* 不格好な bukákkò na

missile [mis'əl] *n* (weapon: MIL) ミサイル misáĭru; (: object thrown) 飛道具 tobídōgu

missing [mis'iŋ] *adj* (lost: person, pupil) 行方不明の yukúefumèi no; (: object) なくなっている nakúnatte irù; (removed: tooth) 抜かれた nukárotà; (: wheel) 外された hazúsareta; (MIL) 行方不明の yukúefumèi no

to be missing 行方不明である yukúefumèi de aru

mission [miʃ'ən] *n* (task) 任務 nínmu; (official representatives) 代表団 daíhyōdan; (MIL) 出撃 shutsúgeki ◇特に爆撃機について言う tókù ni bakúgekikì ni tsuite iú; (REL: activity) 伝道 deńdō; (: building) 伝道所 deńdōjò

missionary [miʃ'əne:ri:] *n* 伝道師 deńdōshi

miss out (*BRIT*) *vt* (leave out) 落す otósù

misspent [misspent'] *adj*: **his misspent youth** 浪費した彼の青春 rōhi shità kárè no seíshun

mist [mist] *n* (light) もや móyà; (heavy) 濃霧 nōmu

◆*vi* (*also*: **mist over**, **mist up**) (eyes) 涙ぐむ namídagùmu; (windows) 曇る kumórù

mistake [misteik'] *n* (error) 間違い machígai

◆*vt* (*pt* **mistook**, *pp* **mistaken**) (be wrong about) 間違える machígaerù

by mistake 間違って machígattè

to make a mistake 間違いをする machígaì wo suru

to mistake A for B AをBと間違える A wo B to machígaerù

mistaken [mistei'kən] (*pp of* **mistake**) *adj* (idea, belief etc) 間違った machígattà

to be mistaken 間違っている machígattè irú

mister [mis'tə:r] (*inf*) *n* ◇男性への呼び掛け dańsei e no yobíkake ¶ *see* **Mr.**

mistletoe [mis'əltou] *n* ヤドリギ yadórigì

mistook [mistuk'] *pt of* **mistake**

mistress [mis'tris] *n* (lover) 愛人 aíjin; (of house, servant) 女主人 onna shūjin; (in primary, secondary schools) 先生 seńsei

to be mistress of the situation (*fig*) 事態を掌握している jítài wo shóaku shite irú

mistrust [mistrʌst'] *vt* 信用しない shińyō shinái

misty [mis'ti:] *adj* (day etc) もやった moyáttà; (glasses, windows) 曇った kumóttà

misunderstand [misʌndə:rstænd'] (*irreg*) *vt* (fail to understand: person, book) 誤解する gokái suru

◆*vi* (fail to understand) 誤解する gokái suru

misunderstanding [misʌndə:rstæn'diŋ]

n (failure to understand) 誤 解 gokái; (disagreement) 口げんか kuchígeñka

misuse [misju:s] *n* (of power) 乱 用 rañyō; (of funds) 悪用 akúyō

♦*vt* (power) 乱 用 す る rañ-yō suru; (funds) 悪用する akúyō suru

mitigate [mit'əgeit] *vt* 和らげる yawáragerù

mitt(en) [mit'(ən)] *n* ミトン mítòn

mix [miks] *vt* (combine: liquids, ingredients, colors) 混 ぜ る mazérù; (cake, cement) こねる konérù; (drink, sauce) 作る tsukúrù

♦*vi* (people): *to mix (with)* ...と交わる ...to majiwarù ◇特にパーティなどで多くの人に声を掛けて回るなどの意味で使う tókù ni páti nádò de ōku no hitó nǐ kóè wo kakétè máwarù nádò no ími de tsukáù

♦*n* (combination) 混 合 物 koñgōbùtsu; (powder) ミックス míkkùsu

mixed [mikst] *adj* (salad) コンビネーションの kofibinéshon no; (grill) 盛り合せのmoríawase no; (feelings, reactions) 複雑な fukúzatsu na; (school, education etc) 共学の kyógaku no

a mixed marriage (religion) 異なった宗教の信徒間の結婚 kotónàtta shúkyō no shinto kan no kekkon; (race) 異なった人種間の結婚 kotónàtta jiñshu kan no kekkon

mixed-up [mikst'ʌp] *adj* (confused) 混乱している kofiran shite irù

mixer [mik'sə:r] *n* (for food) ミキサー mikīsā; (person): *to be a good mixer* 付合い上手である tsukíaijōzu de aru

mixture [miks'tʃə:r] *n* (combination) 混合物 koñgōbùtsu; (MED: for cough etc) 飲薬 nomígusùri

mix up *vt* (confuse: people, things) 混同する koñdō suru

mix-up [miks'ʌp] *n* (confusion) 混乱 koñran

mm *abbr* = **millimeter**

moan [moun] *n* (cry) うめき uméki

♦*vi* (*inf*: complain): *to moan (about)* (...について) 愚痴を言う (...ni tsúìte) guchí wo iù

moat [mout] *n* 堀 horí

mob [mɑ:b] *n* (crowd) 群衆 guñshū

♦*vt* (person) ...の回りにわっと押し寄せる ...no mawárì ni wáttò oshíyoserù

mobile [mou'bəl] *adj* (able to move) 移動式の idóshiki no

♦*n* (decoration) モビール mōbìru

mobile home *n* モビールハウス mobìruhaùsu

mobility [moubil'əti:] *n* 移動性 idósei

mobilize [mou'bəlaiz] *vt* (friends, work force) 動員する dóin suru; (MIL: country, army) 戦時態勢を取らせる seňji taìsei wo toráserù

moccasin [mɑ:k'əsin] *n* モカシン mokáshin

mock [mɑ:k] *vt* (ridicule) ばかにする bákà ni suru; (laugh at) あざ笑う azáwaraù

♦*adj* (fake) 見 せ 掛 け の misékake no; (exam, battle) 模擬の mógì no

mockery [mɑ:k'ə:ri:] *n* (derision) あざけり azákeri

to make a mockery of ...をばかにする ...wo bákà ni suru

mock-up [mɑ:k'ʌp] *n* (model) 模 型 mokéi

mod [mɑ:d kɑ:nz] *adj see* **convenience**

mode [moud] *n* (form: of life) 様式 yóshiki; (: of transportation) 手段 shùdan

model [mɑ:d'əl] *n* (representation: of boat, building etc) 模型 mokéi; (fashion model, artist's model) モデル mōderu; (example) 手本 téhòn

♦*adj* (excellent) 模範的な mohánteki na

♦*vt* (clothes) ...のモデルをする ...no móderu wo suru; (with clay etc) ...の模型を作る ...no mokéi wo tsukúrù; (copy): *to model oneself on* ...の模範に習う ...no móhàn ni naráù

♦*vi* (for designer, photographer etc) モデルをする móderu wo suru

model railway *n* 模型鉄道 mokéi tetsudō

modem [mou'dem] *n* (COMPUT) モデム módèmu

moderate [*adj* mɑ:d'ə:rit *vb* mɑ:d'ə:reit] *adj* (views, opinion) 穏健な oñken na; (amount) 中位の chúgurai no; (change)

ある程度の arú teìdo no
♦*vi* (storm, wind etc) 弱まる yawámarù
♦*vt* (tone, demands) 和らげる yawáragerù

moderation [mɑ:dərei'ʃən] *n* 中庸 chúyō

modern [mɑ:d'ə:rn] *adj* 現代的な geñdaiteki na, 近代的な kíñdaiteki na, モダンな modáñ na

modernize [mɑ:d'ə:rnaiz] *vt* 現代的にする geñdaiteki ni suru

modest [mɑ:d'ist] *adj* (small: house, budget) 質素な shíssò na; (unassuming: person) 謙虚な keñkyo na

modesty [mɑ:d'isti:] *n* 慎み tsutsúshimi

modicum [mɑ:d'əkəm] *n: a modicum of* ちょっとだけの... chóttò dake no ...

modification [mɑ:dəfəkei'ʃən] *n* (alteration: of law) 改正 kaísei; (: of building) 改修 kaíshū; (: of car, engine etc) 改造 kaízō

modify [mɑ:d'əfai] *vt* (law) 改正する kaísei suru; (building, car, engine) 改造する kaízō suru

module [mɑ:dʒ'u:l] *n* (unit, component, SPACE) モジュール mojúrù

mogul [mou'gəl] *n* (fig) 大立者 ōdatemðno

mohair [mou'he:r] *n* モヘア móheà

moist [mɔist] *adj* (slightly wet: earth, eyes, lips) 湿った shimétta

moisten [mɔis'ən] *vt* (lips, sponge) 湿らす shimérasù

moisture [mɔis'tʃə:r] *n* 湿り気 shimérike

moisturizer [mɔis'tʃə:raizə:r] *n* (cream) モイスチュアクリーム moísuchua kurímu; (lotion) モイスチュアローション moísuchua rōshon

molar [mou'lə:r] *n* きゅう歯 kyūshi

mold [mould] (*BRIT* **mould**) *n* (cast: for jelly, metal) 型 katá; (mildew) かび kabí
♦*vt* (shape: plastic, clay etc) ...で...の形を作る ...de ...no katáchi wò tsukúrù; (fig: influence: public opinion, character) 作り上げる tsukúriagerù

moldy [moul'di:] (*BRIT* **mouldy**) *adj* (bread, cheese) かびた kabíta; (smell) かび臭い kabíkusaì

mole [moul] *n* (spot) ほくろ hokúro; (ani-

mal) モグラ mogúra; (fig: spy) 秘密工作員 himítsukōsakuìn

molecule [mɑ:l'əkju:l] *n* 分子 búñshi

molest [məlest'] *vt* (assault sexually) ...にいたずらをする ...ni itázura wo surù; (harass) いじめる ijímerù

mollycoddle [mɑ:l'i:kɑ:dəl] *vt* (pamper) 甘やかす amáyakasù

molt [moult] (*BRIT* **moult**) *vi* (animal, bird) 換毛する kañmō suru

molten [moul'tən] *adj* (metal, rock) 溶解の yōkai no

mom [mɑ:m] (*US: inf*) *n* かあちゃん kāchan, ママ mámà

moment [mou'mənt] *n* (period of time): *for a moment* ちょっと chóttò; (point in time): *at that moment* 丁度その時 chódo sonó tokì
at the moment 今の所 imá no tokòro

momentary [mou'mənte:ri:] *adj* (brief: pause, glimpse) 瞬間的な shuñkanteki na

momentous [moumen'təs] *adj* (occasion, decision) 重大な jūdai na

momentum [moumen'təm] *n* (PHYSICS) 運動量 uñdōryð; (fig: of events, movement, change) 勢い íkìoi, 惰性 daséi
to gather momentum (*lit, fig*) 勢いが付く íkìoi ga tsúkù

mommy [mɑ:m'i:] (*US*) *n* ママ mámà ◇幼児用語 yōjiyōgo

Monaco [mɑ:n'əkou] *n* モナコ mónàko

monarch [mɑ:n'ə:rk] *n* 君主 kúñshu

monarchy [mɑ:n'ə:rki:] *n* (system) 王制 ōsei; (royal family) 王室 ōshitsu, 王族 ōzoku

monastery [mɑ:n'əste:ri:] *n* 修道院 shūdòin

Monday [mʌn'dei] *n* 月曜日 getsúyòbi

monetary [mɑ:n'ite:ri:] *adj* (system, policy, control) 金融の kiñ-yū no

money [mʌn'i:] *n* (coins and notes) 金 kané; (currency) 通貨 tsūka
to make money (earn) 金をもうける kané wo mōkerù

money order *n* 郵便為替 yūbinkawàse

money-spinner [mʌn'i:spinə:r] (*BRIT*:

inf) *n* (person, idea, business) ドル箱 dorúbako

mongol [mɑ:ŋ'gəl] *adj* モンゴルの môngoru no

♦*n* (MED) ダウン症候群患者 daúnshōkōgun kaṅja

mongrel [mʌŋ'grəl] *n* (dog) 雑種 zasshú

monitor [mɑ:n'itər] *n* (machine) モニタ ー装置 monítāsōchi; (screen: *also*: **television monitor**) ブラウン管 buráuṅkan; (of computer) モニター mónītā

♦*vt* (broadcasts) 傍受する bôju suru; (heartbeat, pulse) モニターする mónītā suru; (progress) 監視する kaṅshi suru

monk [mʌŋk] *n* 修道師 shûdōshi

monkey [mʌŋ'ki:] *n* (animal) サル sarú

monkey nut (*BRIT*) *n* ピーナッツ pínattsu

monkey wrench *n* モンキーレンチ moṅkírenchi

mono [mɑ:n'ou] *adj* (recording) モノラル の mónoraru no

monochrome [mɑ:n'əkroum] *adj* (film, photograph) 白黒の shírōkuro no, モノク ロの monókùro no

monogram [mɑ:n'əgræm] *n* モノグラム monógùramu

monologue [mɑ:n'əlɔ:g] *n* 会話の独占 kaíwa no dokúsen; (THEATER) 独白 dokúhaku, モノローグ monórōgu

monopolize [mənɑ:p'əlaiz] *vt* 独占する dokúsen suru

monopoly [mənɑ:p'əli:] *n* (domination) 独占 dokúsen; (COMM) 専売 seṅbai, モ ノポリー monópòrī

monosyllable [mɑ:n'əsiləbəl] *n* 単音節語 taṅ-onsetsugô

monotone [mɑ:n'ətoun] *n*: **to speak in a monotone** 単調な声で話す taṅchō na kôè de hanásù

monotonous [mənɑ:t'ənəs] *adj* (life, job etc) 退屈な taíkutsu na; (voice, tune) 単 調な taṅchō na

monotony [mənɑ:t'əni:] *n* 退屈 taíkutsu

monsoon [mɑ:nsu:n'] *n* モンスーン mônsūn

monster [mɑ:n'stə:r] *n* (animal, plant: misshapen) 奇形 kikéi; (: enormous) 怪物

kaíbùtsu, お化け obákè; (imaginary creature) 怪物 kaíbùtsu; (person: cruel, evil) 怪物 kaíbùtsu

monstrosity [mɑ:nstrɑ:s'əti:] *n* (hideous object, building) 見るに堪えない代物 mírù ni taénài shírðmðno

monstrous [mɑ:n'strəs] *adj* (huge) 巨大 な kyodái na; (ugly) 見るに堪えない mírù ni taénài; (atrocious) 極悪な gokúaku na

month [mʌnθ] *n* 月 tsukí

monthly [mʌnθ'li:] *adj* (ticket etc) 一カ 月の ikkágètsu no; (magazine) 月刊の gekkán no; (payment etc) 毎月の maítsuki no; (meeting) 月例の getsúrei no

♦*adv* 毎月 maítsuki

monument [mɑ:n'jəmənt] *n* (memorial) 記念碑 kinéñhi; (historical building) 史的 記念物 shitékikinéñbutsu

monumental [mɑ:njəmen'təl] *adj* (large and important: building, statue) 歴史的 な rekíshiteki na; (important: book, piece of work) 画期的な kakkíteki na; (terrific: storm, row) すごい sugôi, すさ まじい susámajìi

moo [mu:] *vi* (cow) もーと鳴く mô tð nakú

mood [mu:d] *n* (humor: of person) 機嫌 kigén; (: of crowd, group) 雰囲気 fuṅ-ikì, ムード mùdo

to be in a good/bad mood (temper) 機 嫌がいい〔悪い〕 kigén gà íi〔warúi〕

moody [mu:'di:] *adj* (variable) むら気な muráki na; (sullen) 不機嫌な fukígèn na

moon [mu:n] *n* 月 tsukí

moonlight [mu:n'lait] *n* 月光 gekkô

moonlighting [mu:n'laitiŋ] *n* (work) ア ルバイト arúbaito ◇本職の外にする仕事 で、特に規定、規則違反の仕事を指す hoṅshòku no hoká nì suru shigóto dè, tókù ni kitéi, kisóku ihàn no shigóto wð sásù

moonlit [mu:n'lit] *adj*: **a moonlit night** 月夜 tsukíyð

moor [mu:r] *n* (heath) 荒れ野 aréno

♦*vt* (ship) つなぐ tsunágù

♦*vi* 停泊する teíhaku suru

moorland [mu:r'lænd] *n* 荒れ野 aréno

moose [muːs] *n inv* アメリカヘラジカ a-mérikaherajìka

mop [mɑːp] *n* (for floor) モップ moppú; (for dishes) スポンジたわし supónjitawàshi ◇短い柄の付いた皿洗い用を指す mijíkaì e no tsúìta saráarai yō no sásù
♦*vt* (floor) モップでふく moppú de fukú; (eyes, face) ふく fukú, ぬぐう nugúù
a mop of hair もじゃもじゃ頭 mojámoja atáma

mope [moup] *vi* ふさぎ込む fuságikomù

moped [mou'ped] *n* モペット mopéttò ◇ペダルで動かす事も出来る小型オートバイ pedáru de ugókasù kotó mo dekirù kogáta ōtòbai

mop up *vt* (liquid) ふく fukú

moral [mɔːr'əl] *adj* 倫理的な ríñriteki na
♦*n* (of story etc) 教訓 kyōkun
moral support (encouragement) 精神的支え seíshinteki sasàe

morale [məræl'] *n* (of army, staff) 士気 shikí

morality [mæræl'iːtiː] *n* (good behavior) 品行 hiñkō; (system of morals: *also* correctness, acceptability) 倫理 ríñri

morals [mɔːr'əlz] *npl* (principles, values) 倫理 ríñri

morass [mæræs'] *n* (*lit*, *fig*) 泥沼 dorónuma

morbid [mɔːr'bid] *adj* (imagination, ideas) 陰気な íñki na

KEYWORD

more [mɔːr] *adj* **1** (greater in number etc) より多くの yorí ōku no
more people/work/letters than we expected 私たちが予定していたより多くの人,仕事,手紙) watákushitàchi ga yotéi shite ita yorí ōkù no hitóbito (shigòto, tegámi)
I have more books/money than you 私はあなたより沢山の本(金)を持っています watákushi wà anátà yori takúsan nò hóñ(kané)wo mótte imasù
this store has more wine than beer この店はビールよりワインが沢山あります konó mise wà bíru yori wáiñ ga takúsan arimasù

2 (additional) もっと móttò
do you want (some) more tea? もっと紅茶をいかがですか móttò kōcha wò ikága desù ká
is there any more wine? ワインはまだありますか wáiñ wa mádà arímasù ká
I have no/I don't have any more money お金はもうありません o-kánè wa mō arímaseñ
it'll take a few more weeks あと数週間掛ります átò sūshūkàn kakárimasù
♦*pron* **1** (greater amount) もっと沢山 móttò takúsan
more than 10 10以上 júijō ◇この成句の英語には「10」が含まれないが,日本語の場合「10」も含まれる konó seíku no éigo ni wà "jū" gà fukúmarenaì ga, nihóngo no baái "jū" mò fukúmarerù. (Note: the English phrase indicates a quantity of 11 and above, but the Japanese indicates 10 and above.)
it cost more than we expected 予想以上に金が掛りました yosō ijō ni kanè gà kakárimashìta
2 (further or additional amount) もっと沢山 móttò takúsan
is there any more? まだありますか mádà arímasù ká
there's no more もうありません mō arímaseñ
a little more もう少し mō sukoshì
many/much more ...よりずっと沢山 ...yorí zuttò takúsan
♦*adv* ...よりもっと... ...yorí mottò...
more dangerous/difficult etc (than) ...より危ない(難しい) ...yorí abúnaì(muzūkashiì)
more easily/economically/quickly (than) ...よりたやすく(経済的に,早く) ...yorí tayasukù(keizaiteki ni, hayàku)
more and more ますます masúmasu
more and more excited/friendly/expensive ますます興奮して(親しくなって,高くなって) masúmasu kōfun shitè (shitáshiku nattè, tákàku natte)
he grew to like her more and more 彼はますます彼女が好きになった kárè wa masúmasu kánòjo ga sukí ni nattá

more or less 大体 daítai, 大よそ őyoso
the job's more or less finished 仕事は大体できています shigóto wà daítai dékìte imasu
it should cost £ 500, more or less 大よそ500ポンド掛りそうです őyoso gohyákupoǹdo kakárisǒ desu
more than ever ますます masúmasu, より一層 yorí issǒ
more beautiful than ever ますます美しい masúmasu utsúkushiǐ
more quickly than ever ますます早く masúmasu háyàku
he loved her more than ever 彼はより一層彼女を愛する様になった kárè wa yorí issǒ kánòjo wo aí suru yǒ ni náttá

moreover [mɔːrou'vəːr] *adv* なお náò

morgue [mɔːrg] *n* 死体保管所 shitáihokaǹjo, モルグ morúgù

moribund [mɔːr'əbʌnd] *adj* (organization, industry) 斜陽の shayǒ no

Mormon [mɔːr'mən] *n* モルモン教徒 morúmon kyǒto

morning [mɔːr'niŋ] *n* (period after daybreak) 朝 asá; (from midnight to noon) 午前 gōzeǹ
in the morning 朝に asá ni, 午前中に gozénchū ni
7 o'clock in the morning 午前7時 gózeǹ shichíji
morning paper 朝刊 chōkan
morning sun 朝日 ásàhi
morning walk 朝の散歩 ásà no saǹpo

morning sickness *n* つわり tsuwári

Morocco [mərɑ:k'ou] *n* モロッコ morókkò

moron [mɔːr'ɑ:n] (*inf*) *n* ばか bákà

morose [mərous'] *adj* (miserable) 陰気な íǹki na

morphine [mɔːr'fiːn] *n* モルヒネ morúhine

Morse [mɔːrs] *n* (*also*: **Morse code**) モールス信号 mǒrusu shiǹgo

morsel [mɔːr'səl] *n* (of food) 一口 hitókùchi

mortal [mɔːr'təl] *adj* (man) いつか死ぬ ítsùka shinú; (wound) 致命的な chiméiteki na; (danger) 命にかかわる ínòchi ni kakáwarù
♦*n* (human being) 人間 niǹgen
mortal combat 死闘 shitǒ
mortal enemy 宿敵 shukúteki
mortal remains 遺骨 ikótsu
mortal sin 大罪 taízai

mortality [mɔːrtæl'iti:] *n* いつか死ぬ事 ítsùka shínù kotó; (number of deaths) 死亡率 shibǒritsu

mortar [mɔːr'təːr] *n* (cannon) 迫撃砲 hakúgekihǒ; (CONSTR) モルタル mórùtaru; (bowl) 乳鉢 nyūbachi

mortgage [mɔːr'gidʒ] *n* 住宅ローン jútakuróǹ
♦*vt* (house, property) 抵当に入れて金を借りる teítô ni irête kané wo karírù

mortify [mɔːr'təfai] *vt*: *to be mortified* 恥を感じる hají wo kaǹjirù

mortuary [mɔːr'tʃuːeːri:] *n* 霊安室 reíaǹshitsu

mosaic [mouzei'ik] *n* モザイク mozáìku

Moscow [mɑ:s'kau] *n* モスクワ mosúkuwa

Moslem [mɑ:z'ləm] *adj, n* = **Muslim**

mosque [mɑ:sk] *n* イスラム教寺院 isúramukyō jiǐn, モスク mósùku

mosquito [məski:'tou] (*pl* **mosquitoes**) *n* 蚊 ká

moss [mɔːs] *n* (plant) コケ kokè

KEYWORD

most [moust] *adj* **1** (almost all: people, things etc) ほとんどの hotóǹdo no
most people ほとんどの人 hotóǹdo no hitó
most men/dogs behave like that ほとんどの男性（イヌ）はそういう振舞をする hotóǹdo no daǹsei〔inú〕wà sǒ iù furúmai wo surù
most houses here are privately owned ここのほとんどの家は個人所有の物です kokó nò hotóǹdo no iè wà kojíǹshoyǔ nò monǒ desù
2 (largest, greatest: interest, money etc) 最も沢山の mottómò takúsaǹ no
who has (the) most money? 最も多くの金を持っているのは誰でしょう mottǒ-

mò ōku no kane wo motte iru no wa dare deshō

he derived the most pleasure from her visit 最も彼を喜ばせたのは彼女の訪問だった mottómò kárè wo yorókoba-seta no wà kánojo no hōmon dattá

♦*pron* (greatest quantity, number) ほとんど hotóndo

most of it/them それ〔それら〕のほとんど soré〔sorérà〕no hotóndo

most of the money/her friends 金〔彼女の友達〕のほとんど kané〔kánojo no to-módāchi〕nò hotóndo

most of the time ほとんどの場合 hotóndo no baái

do the most you can できるだけの事をして下さい dekíru dakè no kotó wò shì-té kudasaí

I saw the most 私が一番沢山見ました watákushi gà ichíban takùsan mimáshì-ta

to make the most of something ...を最大限に利用する ...wò saídaìgen ni riyō surù

at the (very) most 最大に見積っても saídai nì mitsúmotte mò

♦*adv* (+ verb: spend, eat, work etc) 最も多く mottómò ōkù; (+ adjective): *the most intelligent/expensive etc* 最も利口〔高価〕な mottómò rikó〔kōka〕nà; (+ adverb: carefully, easily etc) 最も注意深く〔たやすく〕mottómò chūibukakù〔ta-yásukù〕; (very: polite, interesting etc) とても totémo

a most interesting book とても面白い本 totémo omoshiroí hón

MOT [emouti:'] *n abbr* = **Ministry of Transport**: *the MOT (test)* (*BRIT*) 車検 shakén

motel [moutel'] *n* モーテル mòteru

moth [mɔ:θ] *n* (insect) ガ gá; (clothes moth) イガ igá

mothball [mɔ:θ'bɔ:l] *n* 防虫剤 bòchūzai

mother [mʌð'əːr] *n* 母 háhà, 母親 haháo-

ya, お母さん o-káasan

♦*adj*: *mother country* 母国 bókòku

♦*vt* (act as mother to) 母親として育てる hahāoya toshitè sodáterù; (pamper, protect) 甘やかす amáyakasù

mother company 親会社 oyágaìsha

motherhood [mʌð'əːrhud] *n* 母親である事 hahāoya de arù kotó

mother-in-law [mʌð'əːrinlɔ:]   (*pl* **mothers-in-law**) *n* しゅうと shūto

motherly [mʌð'əːrli:] *adj* 母の様な háhà no yō na

mother-of-pearl [mʌð'əːrəvpəːrl'] *n* 真珠母 shiñjùbo

mother-to-be [mʌð'əːrtəbi:']   (*pl* **mothers-to-be**) *n* 妊婦 nínpu

mother tongue *n* 母国語 bokókugò

motif [mouti:f'] *n* (design) 模様 moyō

motion [mou'ʃən] *n* (movement) 動き u-gōki; (gesture) 合図 aízù; (at meeting) 動議 dōgi

♦*vt*: *to motion (to) someone to do something* ...する様に...に合図をする ...surú yō ni ...ni aízù wo suru

motionless [mou'ʃənlis] *adj* 動かない u-gōkanài

motion picture *n* (film) 映画 cígà

motivated [mou'təveitid] *adj* (enthusiastic) 張切っている haríkitte irù; (impelled): *motivated by* (envy, desire) ...の動機で ...no dōki de

motivation [moutəvei'ʃən] *n* (drive) 動機 dōki

motive [mou'tiv] *n* (aim, purpose) 目標 mokúhyō

motley [mɑ:t'li:] *adj* 雑多で奇妙な zattá dè kimyō na

motor [mou'təːr] *n* (of machine) 原動機 geñdōki, モーター mòtà; (of vehicle) エンジン éñjin; (*BRIT*: *inf*: vehicle) 車 ku-rúma

♦*cpd* (industry, trade) 自動車の jídòsha no

motorbike [mou'təːrbaik] *n* オートバイ ótòbai

motorboat [mou'təːrbout] *n* モーターボート mótàbòto

motorcar [mou'təːrkɑːr] (*BRIT*) *n* 自動

車 jídōsha

motorcycle [mou'tə:rsai'kəl] *n* オートバイ ōtōbai

motorcycle racing *n* オートバイレーシング ōtōbairēshìñgu

motorcyclist [mou'tə:rsaiklist] *n* オートバイのライダー ōtōbai no raídā

motoring [mou'tə:riŋ] (*BRIT*) *n* 自動車運転 jidōsha uñten

motorist [mou'tə:rist] *n* 運転者 uñteñsha

motor racing (*BRIT*) *n* カーレース kārēsu

motor vehicle *n* 自動車 jídōsha

motorway [mou'tə:rwei] (*BRIT*) *n* ハイウェー haíuē

mottled [mɑ:t'əld] *adj* ぶちの buchí no

motto [mɑ:t'ou] (*pl* **mottoes**) *n* 標語 hyōgo, モットー mottō

mould [mould] (*BRIT*) *n, vt* = **mold**

mouldy [moul'di:] (*BRIT*) *adj* = **moldy**

moult [moult] (*BRIT*) *vi* = **molt**

mound [maund] *n* (heap: of blankets, leaves, earth etc) 一山 hitóyàma

mount [maunt] *n* (mountain in proper names): *Mount Carmel* カルメル山 karúmeruzàn

◆*vt* (horse) ...に乗る ...ni norú; (exhibition, display) 開催する kaísai suru; (fix: jewel) 台座にはめる daíza ni hamérù; (: picture) 掛ける kakérù; (staircase) 昇る nobórù

◆*vi* (increase: inflation) 上昇する jōshō suru; (: tension) つのる tsunoru; (: problems) 増える fuérù

mountain [maun'tən] *n* (GEO) 山 yamá

◆*cpd* (road, stream) 山の yamá no

mountaineer [mauntəni:r'] *n* 登山家 tozáñka

mountaineering [mauntəni:'riŋ] *n* 登山 tōzàn

mountainous [maun'tənəs] *adj* (country, area) 山の多い yamá no òi

mountain rescue team *n* 山岳救助隊 sañgaku kyūjotai

mountainside [maun'tənsaid] *n* 山腹 sañpuku

mount up *vi* (bills, costs, savings) たま

る tamárù

mourn [mɔːrn] *vt* (death) 悲しむ kanáshimù

◆*vi: to mourn for* (someone) ...の死を悲しむ ...no shí wo kanáshimù

mourner [mɔːr'nə:r] *n* 会葬者 kaísōsha

mournful [mɔːrn'fəl] *adj* (sad) 悲しそうな kanáshisō na

mourning [mɔːr'niŋ] *n* 喪 mo

in mourning 喪中で mochū de

mouse [maus] (*pl* **mice**) *n* (animal) ハツカネズミ hatsúkanezùmi; (COMPUT) マウス máùsu

mousetrap [maus'træp] *n* ネズミ取り nezúmitòri

mousse [mu:s] *n* (CULIN) ムース mûsu; (*also*: **hair mousse**) ヘアムース heámùsu

moustache [məstæʃ'] (*BRIT*) *n* = **mustache**

mousy [mau'si:] *adj* (hair) 薄汚い茶色の usugitanai cha-íro no

mouth [mauθ] (*pl* **mouths**) *n* (ANAT) 口 kuchí; (of cave, hole) 入口 iríguchi; (of river) 河口 kakō

mouthful [mauθ'ful] *n* (amount) 口一杯 kuchí ippaì

mouth organ *n* ハーモニカ hāmonika

mouthpiece [mauθ'pi:s] *n* (of musical instrument) 吹口 fukíguchi; (spokesman) スポークスマン supōkusumàn

mouthwash [mauθ'wɔ:ʃ] *n* マウスウォッシュ máùsu uōsshù ◇口臭防止洗口液 kōshūbōshi senkōeki

mouth-watering [mauθ'wɔ:tə:riŋ] *adj* おいしそうな oíshisō na

movable [mu:'vəbəl] *adj* 可動な kadō na

move [mu:v] *n* (movement) 動き ugóki; (in game: change of position) 手 té; (: turn to play) 番 báñ; (change: of house) 引っ越し hikkóshi; (: of job) 転職 teñshoku

◆*vt* (change position of: furniture, car, curtains etc) 動かす ugókasù; (chessmen etc: in game) 動かす ugókasù; (emotionally) 感動させる kañdō saserù; (POL: resolution etc) 提議する teígi suru

◆*vi* (person, animal) 動く ugókù; (traffic) 流れる nagárerù; (*also*: **move house**)

引っ越す hikkósù; (develop: situation, events) 進展する shínten suru
to get a move on 急ぐ isógù
to move someone to do something …に…をする気を起こさせる …ni …wo suru ki wô okósaserù

moveable [muː'vəbəl] *adj* = **movable**

move about/around *vi* (change position) そわそわする sówàsowa suru; (travel) 頻繁に旅行する hínpan ni ryokō suru; (: change: residence) 頻繁に引っ越す hínpan ni hikkósù; (: job) 頻繁に転職する hínpan ni teńshoku suru

move along *vi* 立ち去る tachísarù
move along! 立ち止るな tachídomarù ná

move away *vi* (leave: town, area) よそへ引っ越す yosó e hikkósù

move back *vi* (return) 元の所へ引っ越す mótò no tokóro e hikkósù

move forward *vi* (advance) 前進する zeńshin suru

move in *vi* (to a house) 入居する nyūkyo suru; (police, soldiers) 攻撃を加える kōgeki wò kuwáerù

movement [muːv'mənt] *n* (action: of person, animal) 動き ugóki, 動作 dōsa; (: of traffic) 流れ nagáre; (gesture) 合図 aízù; (transportation: of goods etc) 運輸 úñ-yu; (shift: in attitude, policy) 変化 heñka; (group of people: esp REL, POL) 運動 uñdō; (MUS) 楽章 gakúshō

move on *vi* 立ち去る tachísarù
move on! 立ち止るな tachídomarù ná

move out *vi* (of house) 引っ越す hikkósù

move over *vi* (to make room) 横へどいて場所を空ける yokó e dúíte bashó wò akérù

move up *vi* (employee, deputy) 昇進する shōshin suru; (pupil) 進級する shiñkyū suru

movie [muː'viː] *n* 映画 eígà
to go to the movies 映画を見に行く eígà wo mí ni ikù

movie camera *n* 映画カメラ eígà kaméra

moving [muː'viŋ] *adj* (emotional) 感動的

に kańdōteki ni; (that moves) 動く ugókù

mow [mou] (*pt* mowed, *pp* mowed *or* mown) *vt* (grass, corn) 刈る karú

mow down *vt* (kill) なぎ払う様に殺す nagíharaù yō nī korósu

mower [mou'əːr] *n* (*also*: **lawnmower**) 芝刈機 shibákarikī

MP [empiː'] (*BRIT*) *n abbr* = **Member of Parliament**

m.p.h. [empieitʃ'] *abbr* (= *miles per hour*) 時速…マイル jísoku …máîru

Mr, Mr. [mis'təːr] *n*: *Mr. Smith* スミスさん sumisu sán ◇男性の敬称 dañsei no keíshō

Mrs, Mrs. [mis'iz] *n*: *Mrs Smith* スミスさん sumisu sán ◇既婚女性の敬称 kíkòñjoseì no keíshō

Ms, Ms. [miz] *n*: *Ms. Smith* スミスさん sumisu sán ◇既婚・未婚を問わず女性の敬称 kíkòn, míkòn wo towázù joseí no keíshō

M.Sc. [emessiː'] *abbr* = **Master of Science**

KEYWORD

---

much [mʌtʃ] *adj* (time, money, effort) 沢山の takúsaň no, 多くの ōkù no
we haven't got much time/money あまり多くの時間〔金〕はありません amári ōku no jikàn〔kanè〕wà arímaseň
much effort was expended on the project その企画に多くの努力を費やした sonó kikàku ni ōkù no dōryòku wo tsuíyashìta
how much money/time do you need? お金〔時間〕はどのぐらい必要ですか okàne〔jikùn〕wà dónò gurai hitsúyō desñ ká
he's done so much work for the charity その慈善事業のために彼は様々な仕事をしてくれました sonó jizéñjigyò no tamé nī kárè wa samázàma na shigó to wò shité kuremashìta
it's too much あんまりだ añmarì da
it's not much 大した事じゃない tāíshìta kotó jà nai
to have too much money/free time 金

〔暇〕が有り余る kané〔himá〕gà aríamarù
as much as ...と同じぐらい ...to onáji
gurái
*I have as much money/intelligence
as you* 私はあなたと同じぐらいの金〔知
識〕を持っています watákushi wà anáta
to onáji gurài no kané〔chíshìki〕wò
móttè imasu
♦*pron* 沢山の物 takúsan no monò
there isn't much to do あまりする事は
ありません amári suru kotò wa arímaseǹ
*much has been gained from our
discussions* 我々の話し合いは多くの成
果を産みました waréwarè no hanáshiai
wà ókù no seíka wò umímashìta
how much does it cost? - too much
値段はいくらですか-べらぼうネ nedán
wà íkura desu ká - berábò sà
how much is it? いくらですか íkùra
desu ká
♦*adv* 1 (greatly, a great deal) とても to-
témo
thank you very much 大変有難うござ
います taíhen arígatð gozáimasù
much bigger (than) (...より) はるか
に大きい (...yori) haruka ni ōkii
*we are very much looking forward
to your visit* あなたが来られるのを首
を長くして待っております anáta ga ko-
rárerù no wo kubí wò nágàku shite
mattè orimasù
*he is very much the gentleman/poli-
tician* 彼はれっきとした紳士〔政治家〕で
す kárè wa rekkí tò shita shíñshi〔seíji-
ka〕desu
however much he tries 彼はどんなに努
力しても kárè wa dóñna ni doryóku
shite mò
as much as ...と同じぐらい沢山 ...tò o-
náji gurài takúsañ
I read as much as ever 私はいつもと
同じぐらい沢山の本を読んでいます wa-
tákushi wà ítsùmo to onáji gurài takú-
sañ no hóñ wo yóñde imasù
I read as much as possible/as I can
私はできるだけ沢山の本を読む事にして
います watákushi wà dekíru dakè takú-
sañ no hóñ wo yómù koto ni shité imasù

*he is as much a part of the commu-
nity as you* 彼はあなたと同様ここの社
会の一員です kárè wa anáta to dóyō
kokó no shakài no ichíiñ desù
2 (by far) ずっと zúttò
I'm much better now 私はずっと元気
になっています watákushi wà zúttò gé-
ñki ni nattè imasù
much reduced in price ずっと安くなっ
て zuttó yasùku natte
*it's much the biggest publishing
company in Europe* あれは断然ヨーロ
ッパ最大の出版社です dáñzen
yóroppasaidài no shuppáñsha desu
3 (almost) ほとんど hotóñdo
*the view is much as it was 10 years
ago* 景色は10年前とほとんど変っていま
せん késhìki wa júnen maè to hotóñdo
kawátte imaseñ
the 2 books are much the same その
2冊の本はどちらも同じ様な物です sonó
nisàtsu no hóñ wa dóchìra mo onáji yð
na monó desù
*how are you feeling? - much the
same* ご気分はいかがですか-大して変り
ません go-kíbun wa ikága dèsu ká -
táìshite kawárimaseñ

muck [mʌk] *n* (dirt) 泥 doró; (excrement)
くそ kusó
muck about/around *vi* (*inf*: fool a-
bout) ぶらぶらする búràbura suru
muck up *vt* (*inf*: ruin) 台無しにする daí-
nashi ni suru
mucus [mjuː'kəs] *n* 粘液 néñ-eki
mud [mʌd] *n* 泥 doró
muddle [mʌd'əl] *n* (mess, mix-up) めちゃ
くちゃ mechákucha, 混乱 koñran
♦*vt* (*also*: **muddle up**) (confuse: person,
things) 混乱させる koñran saserù;
(: story, names) ごちゃごちゃにする go-
chágocha ni suru
muddle through *vi* (get by) どうにかし
て切抜ける dð ni ka shite kirínukerù
muddy [mʌd'iː] *adj* (floor, field) どろどろ
の doródoro no
mudguard [mʌd'gɑːrd] *n* フェンダー féñ-
dā

muesli [mju:z'li:] n ムースリ mūsuri ◇朝食用のナッツ，ドライフルーツ，穀物の混合 chōshoku yō no náttsū, doráifurūtsu, kokúmotsu no kongō

muffin [mʌf'in] n (US) マドレーヌ madórēnu; (BRIT) マフィン máfìn

muffle [mʌf'əl] vt (sound) 弱める yowámerù; (against cold) ...に防寒具を付ける ...ni bōkàngu wo tsukérù

muffled [mʌf'əld] adj (sound) 弱い yowáì

muffler [mʌf'lə:r] (US) n (AUT) マフラー máfùrā

mug [mʌg] n (cup) マグ mágù; (for beer) ジョッキ jókkì; (inf: face) 面 tsurá; (: BRIT: fool) ばか bákà
♦vt (assault) 襲う osóù ◇特に強盗行為について言う tōkù ni gōtōkòi ni tsúite iú

mugging [mʌg'iŋ] n 強盗事件 gōtōjikèn

muggy [mʌg'i:] adj (weather, day) 蒸暑い mushíatsuì

mule [mju:l] n ラバ rábà

mull [mʌl] vt: **to mull over** ...について考え込む ...ni tsúite kañgaekomù

multi... [mʌl'ti:] prefix 複数の... fukúsū no ...

multicolored [mʌl'tikʌlə:rd] (BRIT **multicoloured**) adj 多色の tashóku no

multilateral [mʌltilæt'ə:rəl] adj (disarmament, talks) 多国間の takókukan no

multi-level [mʌlti:lev'əl] (US) adj = **multistory**

multinational [mʌltənæʃ'ənəl] adj (company, business) 多国籍の takókusekì no

multiple [mʌl'təpəl] adj (collision) 玉突きの tamátsuki no; (interests) 複数の fukúsū no
♦n (MATH) 倍数 baísù

multiple sclerosis [-sklirou'sis] n 多発性硬化症 tahátsusei kōkashō

multiplication [mʌltəpləkei'ʃən] n (MATH) 掛算 kakézàn; (increase) 増加 zōka

multiply [mʌl'təplai] vt (MATH): **4 multiplied by 2 is 8** 4掛ける2は8 yóñ kakérù ní wa hachí
♦vi (increase) 増える fuérù

multistory [mʌlti:stɔ:r'i:] (BRIT **multistorey**) adj (building etc) 高層の kōsō no

multitude [mʌl'tətu:d] n (crowd) 群衆 guñshū; (large number): **a multitude of** (reasons, ideas) 沢山の takúsañ no

mum [mʌm] (BRIT: inf) n = **mom**
♦adj: **to keep mum** 黙っている damátte irù

mumble [mʌm'bəl] vt (speak indistinctly) もぐもぐ言う mógùmogu iú
♦vi ぶつぶつ言う bútsùbutsu iú

mummy [mʌm'i:] n (embalmed) ミイラ mīira; (BRIT: mother) = **mommy**

mumps [mʌmps] n おたふく風邪 otáfukukàze

munch [mʌntʃ] vt (chew) かむ kámù
♦vi かむ kámù

mundane [mʌndein'] adj (task, life) 平凡な heíbon na

municipal [mju:nis'əpəl] adj 市の shí no

munitions [mju:niʃ'ənz] npl 兵器弾薬 heíkidañ yaku

mural [mju:r'əl] n 壁画 hekíga

murder [mə:r'də:r] n (killing) 殺人 satsújin
♦vt (kill) 殺す korósù

murderer [mə:r'də:rə:r] n 人殺し hitógoroshi

murderous [mə:r'də:rəs] adj (person) 殺人も辞さない satsújin mo jisánài; (attack) 殺しを目的とする koróshi wò mokúteki to surù

murky [mə:r'ki:] adj (street, night) 暗い kurái; (water) 濁った nigótta

murmur [mə:r'mə:r] n: **a murmur of voices** かすかな人声 kásùkana hitógòe; (of wind, waves) さざめき sazámeki
♦vt (speak quietly) 声をひそめて言う kóè wo hisómetè iú
♦vi 声をひそめて話す kóè wo hisómetè hanásù

muscle [mʌs'əl] n (ANAT) 筋肉 kíñniku; (fig: strength) 力 chikára

muscle in vi 割込む waríkomù

muscular [mʌs'kjələ:r] adj (pain) 筋肉の kíñniku no; (build) たくましい takúmashìi; (person) 強そうな tsuyósō na

muse [mjuːz] vi (think) 考え込む kańgae-komù
◆n (MYTHOLOGY) ミューズ myūzu ◇ 人間の知的活動をつかさどるという女神 niǹgen no chitékikatsudò wo tsukásadorù to iú mégami

museum [mjuːziːˈəm] n 博物館 hakúbùtsukan

mushroom [mʌʃˈruːm] n (fungus: edible, poisonous) キノコ kínòko
◆vi (fig: town, organization) 急速に成長する kyūsoku ni seíchō suru

music [mjuːˈzik] n (sound, art) 音楽 óñgaku; (written music, score) 楽譜 gakúfu

musical [mjuːˈzikəl] adj (career, skills, person) 音楽の óñgaku no; (sound, tune) 音楽的な oñgàkuteki na
◆n (show, film) ミュージカル myūjikaru

musical instrument n 楽器 gakkí

music hall n (place) ボードビル劇場 bōdobiru gekijò

musician [mjuːziˈʃən] n ミュージシャン myūjishàn

musk [mʌsk] n じゃ香 jakō

Muslim [mʌzˈlim] adj イスラム教の isúramukyō no
◆n イスラム教徒 isúramukyōto

muslin [mʌzˈlin] n モスリン mósùrin

mussel [mʌsˈəl] n ムールガイ mùrugai

must [mʌst] aux vb (necessity, obligation): **I must do it** 私はそれをしなければならない watákushi wa soré wò shinákereba naranài; (probability): **he must be there by now** もう彼はあそこに着いているでしょう mō kárè wa asóko ni tsuíte írù deshō; **you must come and see me soon** そのうち是非遊びに来て下さい sonó uchi zéhì asóbi ni kite kudasaì; (indicating something unwelcome): **why must he behave so badly?** どうしてまたあの子はそんなに行儀悪くするのだろう dōshite mata áǹo ko wa soǹna ni gyōgiwarukù suru no darō
◆n (necessity): **it's a must** 必需品だ hitsújuhin da

mustache [məstæʃˈ] (US) n 鼻ひげ hanáhige

mustard [mʌsˈtəːrd] n (Japanese) 辛子 karáshi, 和辛子 wagáràshi; (Western) 辛子 karáshi, 洋辛子 yōgaràshi, マスタード masútàdo

muster [mʌsˈtəːr] vt (support) 求める motómerù; (energy, strength) 奮い起す furúiokosù; (MIL) 召集する shōshū suru

mustn't [mʌsˈənt] = **must not**

musty [mʌsˈtiː] adj かび臭い kabíkusaì

mutation [mjuːteiˈʃən] n (alteration) 変化 heńka

mute [mjuːt] adj (silent) 無言の mugón no

muted [mjuːˈtid] adj (color) 地味な jimí na; (reaction) ひそめた hisómeta

mutilate [mjuːˈtəleit] vt (person, thing) 傷付ける kizútsukerù ◇特に体の部分を切断する場合に使う tóku ni karáda no búbun wo setsúdan suru baái ni tsukáù

mutiny [mjuːˈtəni] n (rebellion: of soldiers, sailors) 反乱 hańran
◆vi 反乱を起す hańran wò okósù

mutter [mʌtˈəːr] vt (speak quietly) つぶやく tsubúyakù
◆vi ぶつぶつ不平を言う bútsùbutsu fuhéi wò iú

mutton [mʌtˈən] n (meat) マトン mátòn

mutual [mjuːˈtʃuːəl] adj (shared: benefit, interest) 共通の kyōtsū no; (reciprocal: feeling, attraction) 相互の sōgo no

mutually [mjuːˈtʃuːəliː] adv 相互に sōgo ni

muzzle [mʌzˈəl] n (mouth: of dog) ふんふん fúǹ, 鼻づら hanázura; (: of gun) 銃口 jūkō; (guard: for dog) 口輪 kuchíwa
◆vt (dog) ...に口輪をはめる ...ni kuchíwa wo hamérù

―――――――
KEYWORD
―――――――

my [mai] adj 私の watákushi nò
this is my house/car/brother これは私の家[車、兄]です koré wà watákushi nò ié[kurúma, áni]desù
I've washed my hair/cut my finger 私は髪を洗いました[指を切りました] watákushi wà kamí wò aráimashìta [yubí wò kirímashìta]
is this my pen or yours? これは私の

ペンですか，それともあなたのですか koré wà watákushi nò pén desu ká, sorétomò anáta no desu ká

Myanmar [mai'ænmɑːr] *n* ミャンマー myánmā

myopic [maiɔ'p'ik] *adj* 近眼の kíngan no

myriad [mir'i:əd] *n* (of people, things) 無数 musú

myself [maiself'] *pron* 私自身 watákushi-jishìn ¶ *see also* **oneself**

mysterious [misti:r'i:əs] *adj* (strange) なぞの nazó no

mystery [mis'təri:] *n* (puzzle) なぞ nazó

shrouded in mystery (place) なぞに包まれた nazó nì tsutsúmareta

mystic [mis'tik] *n* (person) 神秘主義者 shínpishùgisha

mystic(al) [mis'tik(əl)] *adj* 神秘的な shínpiteki na

mystify [mis'təfai] *vt* (perplex) ...の理解を越える ...no rikái wò koérù

mystique [misti:k'] *n* 神秘 shínpi

myth [miθ] *n* (legend, story) 神話 shínwa; (fallacy) 俗信 zokúshin

mythology [miθɑ:l'ədʒi:] *n* 神話集 shínwàshū

N

n/a *abbr* (= *not applicable*) ◇申請用紙などで空欄にしておく場合に書く shínsei yōshi nádò de kúran ni shite oku baài ni kákù

nag [næg] *vt* (scold) がみがみ言う gámìgami iú

nagging [næg'iŋ] *adj* (doubt) 晴れない harénaì; (pain) しつこい shitsúkoì

nail [neil] *n* (on fingers, toes) つめ tsumé; (metal) くぎ kugí

♦*vt: to nail something to something* ...を...にくぎで留める ...wo ...ni kugí dè toméru

to nail someone down to doing something 強制的に...に...をさせる kyōseiteki ni ...ni ...wò sasérù

nailbrush [neil'brʌʃ] *n* つめブラシ tsu-

méburàshi

nailfile [neil'fail] *n* つめやすり tsuméya-sùri

nail polish *n* マニキュア maníkyùa

nail polish remover *n* 除光液 jokóeki, マニキュア落し maníkyua otòshi

nail scissors *npl* つめ切りばさみ tsumé-kiribasàmi

nail varnish (*BRIT*) *n* = **nail polish**

naive [naiiːv'] *adj* (person, ideas) 無邪気な mújàki na, ナイーブな naíbù na

naked [nei'kid] *adj* 裸の hadáka no

name [neim] *n* (of person, animal, place) 名前 namáe; (surname) 名字 myóji, 姓 séì; (reputation) 評判 hyóban

♦*vt* (child) ...に名前を付ける ...ni namáe wò tsukérù; (identify: accomplice, criminal) 名指す nazásù; (specify: price, date etc) 指定する shitéi suru

what's your name? お名前は何とおっしゃいますか o-námae wà nánto ósshái-masù ká

by name 名指しで nazáshi dè

in the name of (*fig*) ...の名において ...no ná ni oíte

to give one's name and address (to police etc) 名前と住所を知らせる namáe tò jūshò wo shiráserù

nameless [neim'lis] *adj* (unknown) 無名の muméi no; (anonymous: witness, contributor) 匿名の tokúmei no

namely [neim'li:] *adv* 即ち sunáwachi

namesake [neim'seik] *n* 同姓同名の人 dóseidòmei no hitó

nanny [næn'i:] *n* 養育係 yōikugakàri

nap [næp] *n* (sleep) 昼寝 hirúne

to be caught napping (*fig*) 不意を突かれる fuí wò tsukárerù

napalm [nei'pɑːm] *n* ナパーム napámù

nape [neip] *n*: *nape of the neck* えり首 eríkùbi

napkin [næp'kin] *n* (*also*: **table napkin**) ナプキン nápùkin

nappy [næp'i:] (*BRIT*) *n* おむつ o-mútsù

nappy rash (*BRIT*) *n* おむつかぶれ o-mútsukabùre

narcissus [nɑːrsis'əs] (*pl* **narcissi**) *n* (BOT) スイセン suísen

narcotic [nɑːrkɑːt'ik] *adj* 麻酔性の
masúisei no
♦*n* 麻薬 mayáku

narrative [nær'ətiv] *n* 物語 monógatàri

narrator [nær'eitər] *n* (in book) 語り手
katárite; (in film etc) ナレーター narḗtā

narrow [nær'ou] *adj* (space, road etc) 狭
い semái; (*fig*: majority, advantage) ぎり
ぎりの girígiri no; (: ideas, attitude) 狭量
な kyốryō na
♦*vi* (road) 狭くなる sémàku naru; (gap,
difference: diminish) 小さくなる chíisa-
ku naru
to have a narrow escape 間一髪で逃れ
る kấn-ippátsu dè nogárerù
to narrow something down to (choice,
possibility) ...を...に絞る ...wo ...ni shibó-
rù

narrowly [nær'ouli:] *adv* (miss) 辛うじ
て karốjìte, 間一髪で kấn-ippátsu dè

narrow-minded [nær'oumain'did] *adj*
狭量な kyốryō na

nasal [nei'zəl] *adj* (of the nose) 鼻の haná
no; (voice, sound) 鼻にかかった haná ni
kakáttà

nasty [næs'ti:] *adj* (unpleasant: remark,
person) いやな iyá nà; (malicious) 腹黒い
haráguroì; (rude) 無礼な búrèi na;
(revolting: taste, smell) むかつかせる
mukátsukaserù; (wound, disease etc) ひ
どい hidóì

nation [nei'ʃən] *n* (country) 国 kuní, 国家
kốkkà; (people) 国民 kokúmin

national [næʃ'ənəl] *adj* 国の kuní no
♦*n: a foreign national* 外国人 gaíko-
kujìn

national dress *n* 民族衣装 mínzokuishṑ

National Health Service (*BRIT*) *n*
国民医療制度 kokúmin iryōseído

National Insurance (*BRIT*) *n* 国民保
険 kokúminhokèn

nationalism [næʃ'ənəlizəm] *n* 国家主義
kokkáshugì, 民族主義 mínzokushugì

nationalist [næʃ'nəlist] *adj* 国家主義の
kokkáshugì no, 民族主義 mínzokushugì
no
♦*n* 国家主義者 kokkáshugishà, 民族主義
者 mínzokushugishà

nationality [næʃ ənæl'əti:] *n* 国籍 kokú-
seki

nationalization [næʃ nələzei'ʃən] *n* 国有
化 kokúyūka, 国営化 kokúeika

nationalize [næʃ'nəlaiz] *vt* 国営にする
kokúei ni surù

nationally [næʃ'nəli:] *adv* (nationwide)
全国的に zeñkokuteki ni; (as a nation) 国
として kuní toshite

nationwide [nei'ʃənwaid'] *adj* (problem,
campaign) 全国的な zeñkokuteki na
♦*adv* (campaign, search) 全国的に zeñ-
kokuteki ni

native [nei'tiv] *n* (local inhabitant) 地元
の人 jimóto no hitò; (of tribe etc) 原住民
geñjūmin
♦*adj* (indigenous) 地元の jimóto no, 地元
生れの jimóto umàre no; (of one's birth)
生れの jimóto umàre no; (innate) 生れつきの u-
máretsuki no
a native of Russia ロシア生れの人 ro-
shía umare no hitò
a native speaker of French フランス
語を母国語とする人 furánsugo wò bokó-
kugo to suru hitò

native language *n* 母国語 bokókugo

Nativity [nətiv'əti:] *n*: *the Nativity* キ
リストの降誕 kirísuto nò kōtan

NATO [nei'tou] *n abbr* (= *North At-
lantic Treaty Organization*) 北大西洋条
約機構 kitátaiseiyō jōyaku kikō

natural [nætʃ'ərəl] *adj* (gen) 自然の shi-
zēn no; (innate) 生れつきの umáretsuki
no

natural gas *n* 天然ガス teńnengasù

naturalist [nætʃ'ə:rəlist] *n* 博物学者 ha-
kúbutsugakushà

naturalize [nætʃ'ə:rəlaiz] *vt*: *to become
naturalized* (person, plant) 帰化する ki-
ká suru

naturally [nætʃ'ə:rəli:] *adv* (gen) 自然に
shizén ni; (of course) もちろん mochíròn,
当然 tṓzen

nature [nei'tʃər] *n* (*also*: **Nature**) 自然
shizén, 大自然 daíshizen; (character) 性
質 seíshitsu; (type, sort) 種類 shúrùi
by nature 生れつき umáretsuki

naught [nɔːt] *n* 零 réī, ゼロ zérò

naughty [nɔ:t'i:] *adj* (child) 行儀の悪い gyôgi no warúi

nausea [nɔː'ziːə] *n* 吐気 hakíke

nauseate [nɔː'ziːeit] *vt* むかつかせる mukátsukaserù, 吐気を起させる hakíke wò okósaserù; (fig) いやな感じを与える iyá na kañji wo atáerù

nautical [nɔː'tikəl] *adj* (uniform) 船員の señ-in no; (people) 海洋の kaíyō no
a nautical mile 海里 káiri

naval [nei'vəl] *adj* (uniform, academy) 海軍の káigun no
a naval battle 海戦 kaísen
naval forces 海軍力 kaígunryòku

naval officer *n* 海軍将校 kaígunshōkò

nave [neiv] *n* 外陣 gaíjìn

navel [nei'vəl] *n* へそ hesó

navigate [næv'əgeit] *vi* (NAUT, AVIAT) 航行する kôkō suru; (AUT) 道案内する michíannai suru

navigation [nævəgei'ʃən] *n* (action) 航行 kôkō; (science) 航海術 kôkaijùtsu

navigator [næv'əgeitəːr] *n* (NAUT) 航海長 kôkaíchō; (AVIAT) 航空士 kôkūshì; (AUT) 道案内をする人 michíannai wo suru hitð

navvy [næv'i:] (*BRIT*) *n* 労働者 rôdòsha

navy [nei'vi:] *n* 海軍 kaígun

navy(-blue) *adj* 濃紺の nôkon no

Nazi [nɑːt'si:] *n* ナチ náchì

NB [enbi'] *abbr* (= *nota bene*) 注 chú ◇脚注などに使う略語 kyakúchū nadð ni tsukáù ryakúgo

near [ni:r] *adj* (place, time, relation) 近い chikáì
♦*adv* 近く chikákù
♦*prep* (*also*: *near to*: space, time) ...の近くに ...no chikákù ni
♦*vt* (place, event) ...に近づく ...ni chikázukù

nearby [ni:r'bai'] *adj* 近くの chikákù no
♦*adv* 近くに chikákù ni

nearly [ni:r'li:] *adv* (not totally) ほとんど hotôndo; (on the point of) 危うく ayáukù
I nearly fell 危うく転ぶところだった ayáukù koróbu tokorò dattá

near miss *n* (narrow escape) ニアミス niámisù; (of planes) 異常接近 ijôsekkìn,

ニアミス niámisù; (of cars etc): *that was a near miss!* 危ないところだった abúnai tokoro dattá

nearside [ni:r'said] *n* (AUT: in Britain, Japan) 左側 hidárigawa; (: in US, Europe etc) 右側 migígawa

near-sighted [ni:r'saitid] *adj* 近眼の kíñgan no, 近視の kiñshi no

neat [ni:t] *adj* (place, person) きちんとした kichíñ to shita; (skillful: work, plan) 上手な jôzu na; (spirits) ストレートの sutôrēto no

neatly [ni:t'li:] *adv* (tidily) きちんと kichíñ to; (skillfully) 上手に jôzu nì

necessarily [nesəser'ili:] *adv* (inevitably) 必然的に hitsúzenteki ni
not necessarily (not automatically) 必ずしも...でない kanárazushîmo ...de náì

necessary [nes'iserːi] *adj* (required: skill, quality, measure) 必要な hitsúyō na; (inevitable: result, effect) 必然の hitsúzen no
it is necessary to/that ...する必要がある ...suru hitsúyō ga arù

necessitate [nəses'əteit] *vt* 必要とする hitsúyō to surù

necessities [nəses'iti:z] *npl* (essentials) 必需品 hitsújuhin

necessity [nəses'iti:] *n* (thing needed) 必需品 hitsújuhin; (compelling circumstances) 必然 hitsúzen

neck [nek] *n* (of person, animal, garment, bottle) 首 kubí
♦*vi* (*inf*) ペッティングする pettíñgu suru
neck and neck 接戦して sessén shite

necklace [nek'lis] *n* ネックレス nékkurèsu

neckline [nek'lain] *n* ネックライン nekkúraìn

necktie [nek'tai] (*US*) *n* ネクタイ nékùtai

née [nei] *adj*: *née Scott* 旧姓スコット kyúsei sukóttð

need [ni:d] *n* (lack) 欠乏 ketsúbō; (necessity) 必要 hitsúyō; (thing needed) 必需品 hitsújuhin
♦*vt* (require) ...を必要とする ...wo hitsú-

yō to surù

I need to do it 私はそれをしなければ
ならない watákushi wà soré wò shiná-
kereba naranaí, 私はそれをする必要があ
る watákushi wà soré wò suru hitsuyō
ga arù

you don't need to go 行かなくてもい
い ikánakute mo iī

needle [niːdəl] *n* (*gen*) 針 hárì; (for knit-
ting) 編棒 amíbò

♦*vt* (*fig: inf*) からかう karákaù

needless [niːdlis] *adj* (criticism, risk) 不
必要な fuhitsuyō na

needless to say 言うまでもなく iú ma-
de mo nakù

needlework [niːdəlwəːrk] *n* (item(s) of
needlework) 縫い物 nuímonò; (activity)
針仕事 haríshigòto

needn't [niːdənt] = **need not**

needy [niːdiː] *adj* 貧しい mazúshiì

negation [nigeiʃən] *n* 否定 hitéi

negative [negətiv] *adj* (answer) 否定の
hitéi no; (attitude) 否定的な hitéiteki na;
(reaction) 消極的な shōkyokuteki na;
(ELEC) 陰極の iñkyoku no, マイナスの
maínasu no

♦*n* (LING) 否定形 hitéikei; (PHOT) 陰画
iñga, ネガ négà

neglect [niglekt] *vt* (child) 放任する hō-
nin suru, ほったらかす hottárakasù;
(one's duty) 怠る okótarù

♦*n* (of child) 放任 hōnin; (of area, house,
garden) ほったらかす hottárakasu ko-
tò; (of duty) 怠る事 okótaru kotò

negligee [negləʒei] *n* (dressing gown) ネ
グリジェ negúrijè

negligence [neglidʒəns] *n* (carelessness)
不注意 fuchūì

negligible [neglidʒəbəl] *adj* (cost, dif-
ference) わずかな wázùka na

negotiable [nigouʃəbəl] *adj* (check) 譲渡
できる jōto dekirù

negotiate [nigouʃieit] *vi*: *to negotiate
(with)* (...と) 交渉する (...to) kōshō su-
ru

♦*vt* (treaty, transaction) 協議して決める
kyōgi shite kimerù; (obstacle) 乗越える
noríkoerù; (bend in road) 注意して通る

chūì shite tōrù

negotiation [nigouʃieiʃən] *n* 交渉 kō-
shō

negotiator [nigouʃieitəːr] *n* 交渉する人
kōshō suru hitò

Negress [niːgris] *n* 黒人女性 kokújinjo-
sèi

Negro [niːgrou] *adj* 黒人の kokújin no
♦*n* 黒人 kokújin

neigh [nei] *vi* いななく inánakù

neighbor [neibəːr] (*BRIT* **neighbour**) *n*
(next door) 隣の人 tonári no hitò; (in
vicinity) 近所の人 kíñjo no hitò

neighborhood [neibəːrhud] *n* (place) 近
所 kíñjo, 界隈 káìwai; (people) 近所の
人々 kíñjo no hitòbito

neighboring [neibəːriŋ] *adj* (town,
state) 隣の tonári no

neighborly [neibəːrliː] *adj* (person, atti-
tude) 親切な shíñsetsu na

neighbour [neibəːr] *etc* (*BRIT*) *n* =
neighbor *etc*

neither [niːðəːr] *adj* どちらの...も...でな
い dóchìra no ...mo ...de naí

neither story is true どちらの話も本当
ではない dóchìra no hanáshi mò hoñtō
de wa naí

♦*conj*: *I didn't move and neither did
John* 私も動かなかったしジョンも動か
なかった watákushi mò ugókanakattà
shi, jóñ mo ugókanakattà

♦*pron* どちらも...でない dóchìra mo ...de
naí

neither is true どちらも本当でない dó-
chìra mo hoñtō de naì

♦*adv*: *neither good nor bad* よくも悪
くもない yókù mo warúkù mo naî

neon [niːɑːn] *n* ネオン néòn; (*also:* **neon
sign**) ネオンサイン neònsaîn

neon light *n* ネオン灯 neòntō

nephew [nefjuː] *n* おい oí

nerve [nəːrv] *n* (ANAT) 神経 shíñkei;
(courage) 勇気 yūkì; (impudence) 厚かま
しさ atsúkamashisà, 図々しさ zúzùshisà

to have a fit of nerves 神経質になる
shiñkeishitsu ni narù

nerve-racking [nəːrvˈrækiŋ] *adj* いらい
らさせる írairà saserù

nervous [nəːrˈvəs] adj (ANAT) 神経の shiñkei no; (anxious) 神経質な shiñkeishitsu na; (timid: person) 気の小さい ki no chíisai; (: animal) おく病な okúbyō na

nervous breakdown n 神経衰弱 shiñkeisuijáku

nest [nest] n 巣 sú
♦vi 巣を作る sú wò tsukúrù

nest egg n (fig) へそくり hesókuri

nestle [nesˈəl] vi: to nestle in a valley/ the mountains (village etc) 谷間(山あい)に横たわる taníma〔yamá-aì〕nì yokótawarù

net [net] n (gen) 網 amí; (fabric) レースrésù; (TENNIS, VOLLEYBALL etc) ネット néttò; (fig) わな wánà
♦adj (COMM) 正味の shōmi no
♦vt (fish, game) 網で取る amí dè tórù; (profit) 得る érù

netball [netˈbɔːl] n ネットボール nettóbòru ◇英国で行われるバスケットボールに似た球技 eíkoku de okonawarerù basúkettobòru ni nítà kyūgì

net curtains npl レースのカーテン résù no kāten

Netherlands [neðˈəːrləndz] npl: the Netherlands オランダ oránda

nett [net] (BRIT) adj = net

nettling [netˈiŋ] n 網 amí

nettle [netˈəl] n イラクサ irákusa

network [netˈwəːrk] n (of roads, veins, shops) ネットワーク nettówāku; (TV, RADIO) 放送網 hōsōmō, ネットワークnettówāku

neurotic [nurɑːtˈik] adj 神経過敏な shiñkeikabìn na, ノイローゼの noíròze no
♦n ノイローゼの人 noíròze no hitó

neuter [nuːˈtəːr] adj (LING) 中性の chūsei no
♦vt (cat etc) 去勢する kyoséi suru

neutral [nuːˈtrəl] adj (person) 中立の chúritsu no; (color etc) 中間色の chúkañshoku no; (ELEC) 中性の chúsei no
♦n (AUT) ニュートラル nyútòraru

neutrality [nuːtrælˈitiː] n 中立 chúritsu

neutralize [nuːˈtrəlaiz] vt (acid, poison etc) 中和する chúwa suru; (campaign, goodwill) 台無しにする daínashi ni surù

never [nevˈəːr] adv どんな時でも...ない dóñna toki de mo ...náì
I never went 行かなかった ikánakattà
never in my life ...したことがない ...shitá kotò ga náì ¶ see also mind

never-ending [nevˈəːrenˈdiŋ] adj 終りのない owári no naì, 果てしない hatéshinaì

nevertheless [nevəːrðəles'] adv それにもかかわらず soré ni mò kakáwarazù, それでもやはり soré de mò yahárì

new [nuː] adj (brand new) 新しい atárashiì; (recent) 最近の saíkin no; (different) 今までになかった imá madè ni nákàtta; (inexperienced) 新入りの shiñ-iri no

newborn [nuːˈbɔːrn] adj 生れたばかりのumáreta bakàri no

newcomer [nuːˈkʌməːr] n 新顔 shiñgao, 新入り shiñ-iri

new-fangled [nuːˈfæŋˈgəld] (pej) adj 超モダンな chōmodàn na

new-found [nuːˈfaund] adj (enthusiasm, confidence) 新たに沸いた árata ni waíta; (friend) 新しくできた atárashikù dékìta

newly [nuːˈliː] adv 新しく atárashikù

newly-weds [nuːˈliːwedz] npl 新婚者 shiñkoñsha

new moon n 新月 ahíñgctsu

news [nuːz] n ニュース nyúsu
a piece of news ニュース項目 nyúsukòmoku, ニュース nyúsu
the news (RADIO, TV) ニュース nyúsu

news agency n 通信社 tsūshiñsha

newsagent [nuːzˈeidʒənt] (BRIT) n = newsdealer

newscaster [nuːzˈkæstəːr] n ニュースキャスター nyúsukyasùtā

newsdealer [nuːzˈdiːləːr] (US) n (shop) 新聞販売店 shiñbunhanbaitèn; (person) 新聞販売業者 shiñbunhanbaigyōsha

newsflash [nuːzˈflæʃ] n ニュース速報 nyúsusokuhò

newsletter [nuːzˈletəːr] n ニュースレター nyúsuretà

newspaper [nuːzˈpeipəːr] n 新聞 shiñbun

newsprint [nuːzˈprint] n 新聞印刷用紙 shiñbun insatsuyōshi

newsreader [nuːzˈriːdəːr] n = newscaster

newsreel [nu:z'ri:l] *n* ニュース映画 nyūsueīga

newsstand [nu:z'stænd] *n* (in station etc) 新聞スタンド shiñbun sutañdo

newt [nu:t] *n* イモリ imóri

New Year *n* 新年 shíñnen

New Year's Day *n* 元旦 gañtan, 元日 gañjitsu

New Year's Eve *n* 大みそ日 ómisòka

New York [-jɔ:rk] *n* ニューヨーク nyū-yóku

New Zealand [-zi:'lənd] *n* ニュージーランド nyūjīrañdo

New Zealander [-zi:'ləndər] *n* ニュージーランド人 nyūjīrandojìn

next [nekst] *adj* (in space) 隣の tonári no; (in time) 次の tsugí no

♦*adv* (place) 隣に tonári ni; (time) 次に tsugí ni, 今度 kóñdo

the next day 次の日 tsugí no hì, 翌日 yokújitsu

next time 次回に jíkài ni, 今度 kóñdo

next year 来年 raínen

next to ...の隣に ...no tonári ni

to cost next to nothing ただ同然である tádà dózen de arù

to do next to nothing ほとんど何もしない hotóñdo naní mo shinài

next please! (at doctor's etc) 次の方 tsugí no katà

next door *adv* 隣の家に tonári nò ié nì
♦*adj* (neighbor, flat) 隣の tonári no

next-of-kin [nekst'əvkin'] *n* 最も近い親せき mottómo chikáì shiñseki

NHS [eneitʃes'] *n abbr* = **National Health Service**

nib [nib] *n* ペン先 peñsakì

nibble [nib'əl] *vt* 少しずつかじる sukóshizutsu kajírù, ちびちび食べる chíbìchibi tabérù

Nicaragua [nikərɑ:g'wə] *n* ニカラグア nikáragua

nice [nais] *adj* (likeable) 感じのよい kañji no yoì; (kind) 親切な shíñsetsu na; (pleasant) 天気のよい téñki no yoì; (attractive) 魅力的な miryókuteki na

nicely [nais'li:] *adv* (pleasantly) 気持よく kimóchi yokù; (kindly) 親切に shíñsetsu

ni; (attractively) 魅力的に miryókuteki ni

niceties [nai'sətiːz] *npl* 細かい点 komákaì teñ

nick [nik] *n* (wound) 切傷 kiríkìzu; (cut, indentation) 刃の跡 há no atò
♦*vt* (*BRIT inf*: steal) かっ払う kappáraù

in the nick of time 際どい時に kiwádoì tókì ni, 危ういところで ayáui tokoro dè

nickel [nik'əl] *n* (metal) ニッケル nikkéru; (*US*) 5セント玉 5 señto dama

nickname [nik'neim] *n* あだ名 adána, 愛称 aíshō, ニックネーム nikkúnēmu
♦*vt* ...に...のあだ名をつける ...ni ...no adána wò tsukérù

nicotine [nik'əti:n] *n* ニコチン nikóchin

niece [ni:s] *n* めい meí

Nigeria [naidʒi:'ri:ə] *n* ナイジェリア naíjeria

Nigerian [naidʒi:'ri:ən] *adj* ナイジェリアの naíjeria no
♦*n* ナイジェリア人 naíjeriajìn

nigger [nig'ər] (*inf*) *n* (highly offensive) 黒ん坊 kuróñbō

niggling [nig'liŋ] *adj* (trifling) つまらない tsumáranaì; (annoying) いらいらさせる íraira sasérù

night [nait] *n* (period of darkness) 夜 yórù; (evening) 夕方 yūgata

the night before last おとといの夜 otótoì no yórù

at night 夜（に） yórù (ni)

by night 夜に yórù ni

nightcap [nait'kæp] *n* (drink) 寝酒 nezáke, ナイトキャップ naítokyappù

nightclub [nait'klʌb] *n* ナイトクラブ naítokuràbu

nightdress [nait'dres] *n* 寝巻 nemáki ◇女性用のを指す joséiyō no wò sásù

nightfall [nait'fɔ:l] *n* 夕暮 yūgure

nightgown [nait'gaun] *n* = **nightdress**

nightie [nai'ti:] *n* = **nightdress**

nightingale [nai'təngeil] *n* ヨナキウグイス yonákiuguìsu, サヨナキドリ sayónakidòri, ナイチンゲール naíchingèru

nightlife [nait'laif] *n* 夜の生活 yórù no seíkatsu

nightly [nait'li:] *adj* 毎晩の máiban no
◆*adv* 毎晩 máiban

nightmare [nait'me:r] *n* 悪夢 ákumu

night porter *n* 夜間のフロント係 yákàn no furóntogakàri

night school *n* 夜間学校 yakángakkò

night shift *n* 夜間勤務 yakánkinmu

night-time [nait'taim] *n* 夜 yórù

night watchman *n* 夜警 yakéi

nil [nil] *n* ゼロ zérò; (*BRIT*: *SPORT*) 零点 reíteñ, ゼロ zérò

Nile [nail] *n*: **the Nile** ナイル川 naírugàwa

nimble [nim'bəl] *adj* (agile) 素早い subáyaì, 軽快な keíkai na; (skillful) 器用な kíyò na

nine [nain] *num* 9 (の) kyú (no), 九つ (の) kokónòtsu (no)

nineteen [nain'ti:n'] *num* 19 (の) jùku (no)

ninety [nain'ti:] *num* 90 (の) kyújù (no)

ninth [nainθ] *adj* 第9 (の) dàiku (no)

nip [nip] *vt* (pinch) つねる tsunérù; (bite) かむ kámù

nipple [nip'əl] *n* (ANAT) 乳首 chikúbì

nitrogen [nai'trədʒən] *n* 窒素 chíssò

KEYWORD

no [nou] (*pl* **noes**) *adv* (opposite of "yes") いいえ ife

are you coming? - no (I'm not) 一緒に来ませんか-いいえ (行きません) isshó ni kimaseñ ká - ife (ikímaseñ)

would you like some? - no thank you いりませんか-いいえ、結構です irímaseñ ká - ife, kékkò desu

◆*adj* (not any) 何も...ない naní mò ...naî

I have no money/time/books 私には金[時間, 本]がありません watákushi ni wà kané[jikan, hóñ]ga arimaseñ

no other man would have done it 他の人ならだれもそれをしてくれなかったでしょう hoká no hitò nara daré mò soré wò shité kurenakatta deshò

「*no entry*」立入禁止 tachíirikiñshi

「*no smoking*」禁煙 kíñ-en

◆*n* 反対意見 hañtai ikèn, 反対票 hañtai-

hyò

there were 20 noes and one "don't know" 反対意見20に対し、「分からない」は1つだった hañtai ikèn nijù ni tai shi, "wakáranaì" wa hitótsu dattà

nobility [noubil'əti:] *n* (dignity) 気高さ kedákasà; (social class) 貴族 kízòku

noble [nou'bəl] *adj* (person, character: worthy) 気高い kedákaì; (title, family: of high social class) 貴族の kízòku no

nobody [nou'ba:di:] *pron* だれも...ない daré mò ...naî

nocturnal [na:ktər'nəl] *adj* (tour, visit) 夜の yórù no, 夜間の yákàn no; (animal) 夜行性の yakósei no

nod [na:d] *vi* (gesture) 頭で合図する atáma dè áizu suru; (also: **nod in agreement**) うなずく unázukù; (doze) うとうとする útòuto suru

◆*vt*: *to nod one's head* うなずく unázukù

◆*n* うなずき unazuki

nod off *vi* 居眠りする inémuri suru

noise [nɔiz] *n* (sound) 音 otó; (din) 騒音 sóon

noisy [nɔi'zi:] *adj* (audience, child, machine) うるさい urúsaì

nomad [nou'mæd] *n* 遊牧民 yúbokumìn

nominal [na:m'ənəl] *adj* (leader) 名目上の meímokujò no; (rent, price) わずかな wázùka na

nominate [na:m'əneit] *vt* (propose) 推薦する suísen suru; (appoint) 任命する nińmei suru

nomination [na:mənei'ʃən] *n* (proposal) 推薦 suísen; (appointment) 任命 nińmei

nominee [na:məni:'] *n* (proposed person) 推薦された人 suísen sareta hitò; (appointed person) 任命された人 nińmei sareta hitò

non... [na:n] *prefix* 非...hí..., 無...mú..., 不...fú...

non-alcoholic [na:nælkəhɔ:l'ik] *adj* アルコールを含まない arúkòru wò fukúmanaì

non-aligned [na:nəlaind'] *adj* 非同盟の hidómei no

nonchalant [nɑːnʃəlɑːnt'] *adj* 平然とした heízen to shitá

noncommittal [nɑːnkəmit'əl] *adj* (person, answer) どっちつかずの dotchí tsukazù no

nondescript [nɑːn'diskript] *adj* (person, clothes, color) 特徴のない tokúchō no naî

none [nʌn] *pron* (person) だれも ...ない daré mò ...náî; (thing) どれも ...ない dóre mo ...náî

none of you あなたたちの1人も ...ない anátatàchi no hitóri mò ...náî

I've none left 何も残っていません naní mò nokótte imaseñ

he's none the worse for it それでも彼は大丈夫です soré de mò kare wa dafjōbu desu

nonentity [nɑːnen'titiː] *n* 取るに足らない人 tórù ni taránai hitò

nonetheless [nʌn'ðəles'] *adv* それにもかかわらず soré ni mò kakáwarazù, それでもやはり soré de mò yahárî

non-existent [nɑːnigzis'tənt] *adj* 存在しない soñzai shinaî

non-fiction [nɑːnfik'ʃən] *n* ノンフィクション nofíkùshon

nonplussed [nɑːnplʌst'] *adj* 困惑した koñwaku shita, 困った komáttà

nonsense [nɑːn'sens] *n* でたらめ detárame, ナンセンス náñsensu

nonsense! そんな事はない soñna koto wà naî, ナンセンス náñsensu

non-smoker [nɑːnsmou'kəːr] *n* タバコを吸わない人 tabáko wò suwánai hitò, 非喫煙者 híkitsueñsha

non-stick [nɑːnstik'] *adj* (pan, surface) こげつかない kogétsukanaî

non-stop [nɑːn'stɑːp'] *adj* (conversation) 止らない tomáranaî; (flight, train) 直行の chokkố no, ノンストップの nofísutoppù no

♦*adv* 止らずに tomarazu ni

noodles [nuː'dəlz] *npl* ヌードル nûdòru

nook [nuk] *n*: *every nook and cranny* 隅々 sumízùmi

noon [nuːn] *n* 正午 shốgò

no one (*BRIT* **no-one**) *pron* = **nobody**

noose [nuːs] *n* (loop) 引結び hikímusùbi

hangman's noose 絞首刑用の縄 kốshukeiyō no nawá

nor [nɔːr] *conj* = **neither**

♦*adv see* **neither**

norm [nɔːrm] *n* (convention) 慣習 kañshū; (rule, requirement) ノルマ nórùma

normal [nɔːr'məl] *adj* (usual, ordinary: life, behavior, result) 普通の futsû no; (child: not abnormal) 異常のない ijô no naî, ノーマルな nốmàru na

normally [nɔːr'məliː] *adv* 普通は futsū wa, 普通に futsū ni

north [nɔːrθ] *n* 北 kitá

♦*adj* 北の kitá no

♦*adv* 北へ kitá e

North America *n* 北米 hokúbei

north-east [nɔːrθiːst'] *n* 北東 hokútō

northerly [nɔːr'ðəːrliː] *adj* (point) 北方の hoppố no; (direction) 北方への hoppố e nồ

a northerly wind 北からの風 kitá kara nồ kazê

northern [nɔːr'ðəːrn] *adj* 北の kitá no

the northern hemisphere 北半球 kitáhañkyù

Northern Ireland *n* 北アイルランド kitá airurañdo

North Pole *n* 北極 hokkyốku

North Sea *n* 北海 hokkái

northward(s) [nɔːrθ'wəːrd(z)] *adv* 北へ kitá e

north-west [nɔːrθwest'] *n* 北西 hokúsei

Norway [nɔːr'wei] *n* ノルウェー norúuê

Norwegian [nɔːrwiː'dʒən] *adj* ノルウェーの norúuề no; (LING) ノルウェー語の norúuềgo no

♦*n* (person) ノルウェー人 norúuêjîn; (LING) ノルウェー語 norúuềgo

nose [nouz] *n* (ANAT, ZOOL) 鼻 haná; (sense of smell) きゅう覚 kyûkaku

♦*vi*: *nose about* せん索する señsaku suru

nosebleed [nouz'bliːd] *n* 鼻血 hanáji

nose-dive [nouz'daiv] *n* (of plane) 急降下 kyûkôka

nosey [nou'ziː] (*inf*) *adj* = **nosy**

nostalgia [nəstæl'dʒə] *n* 郷愁 kyốshū, ノ

スタルジア nosútarùjia

nostalgic [nəstæl'dʒik] *adj* (person, book, film) 懐かしい natsúkashiĩ

nostril [nɑːs'trəl] *n* (of person, animal) 鼻のあな haná no anā, 鼻孔 bikṓ

nosy [nou'ziː] (*inf*) *adj* せん索好きな seńsakuzùki na

KEYWORD

not [nɑːt] *adv* ...でない ...de náì

he is not/isn't here 彼はいません kárè wa imáseñ

you must not/you mustn't do that それをしてはいけません soré wò shité wà ikémaseñ

it's too late, isn't it? 遅過ぎますよね osósugimasù yo né, 遅過ぎるでしょう osósugirù deshō

he asked me not to do it それをしないで下さいと彼に頼まれました soré wò shináide kudasaí to kárè ni tanómaremashìta

not that I don't like him/he isn't interesting 彼を嫌い〔面白くない〕というのではないが kárè wo kiráì〔omóshirokùnai〕tò iú no de wa naí gá

not yet まだ mádà

not now 今は駄目 ímà wa damé ¶ *see also* **all; only**

---

notably [nou'təbliː] *adv* (particularly) 特に tókù ni; (markedly) 著しく ichíjirushikù

notary [nou'təriː] *n* 公証人 kṓshonìn

notch [nɑːtʃ] *n* (in wood, blade, saw) 刻み目 kizámime, ノッチ notchí

note [nout] *n* (record) 覚書 obóegaki, ノート nṓto, メモ mémò; (letter) 短い手紙 mijíkaì tegámi; (banknote) 紙幣 shíhei, 札 satsú; (MUS) 音符 oñpu; (tone) 音 otó

♦*vt* (observe) ...に気が付く ...ni ki gá tsukù; (write down) 書留める kakítomerù

notebook [nout'buk] *n* 帳面 chṓmen, ノート nṓto

noted [nou'tid] *adj* (famous) 有名な yū́mei na

notepad [nout'pæd] *n* メモ用紙 memóyòshi ◇糊などでつづった物を指す norí

nadð de tsuzútta mono wò sásù

notepaper [nout'peipəːr] *n* 便せん biñsen

nothing [nʌθ'iŋ] *n* (not anything) 何も...ない naní mò ...náì; (zero) ゼロ zérò

he does nothing 彼は何もしない kárè wa naní mò shináì

nothing new/much/special 目新しい〔大した, 特別な〕ことはない meátarashiì〔táìshita, tokúbetsu nà〕kotó wa naí

for nothing (free) 無料で muryṓ de, ただで tádà de; (in vain) 無駄に mudá ni

notice [nou'tis] *n* (announcement) 通知 tsúchi; (warning) 通告 tsúkoku; (dismissal) 解雇通知 kaíkotsùchi; (resignation) 辞表 jihyṓ; (period of time) 予告 yokóku

♦*vt* (observe) ...に気が付く ...ni ki gá tsukù

to bring something to someone's notice (attention) ...を...に知らせる ...wo ...ni shiráserù

to take notice of ...に気が付く ...ni ki gá tsukù

at short notice 急に kyū́ ni

until further notice 追って通知があるまで otté tsúchi ga aru madè

to hand in one's notice 辞表を出す jihyṓ wò dásù

noticeable [nou'tisəbəl] *adj* (mark, effect) はっきりした hakkírì shita

noticeboard [nou'tisbɔːrd] (*BRIT*) *n* 掲示板 keíjiban

notify [nou'təfai] *vt*: *to notify someone (of something)* (...を)...に知らせる (...wo) ...ni shiráserù

notion [nou'ʃən] *n* (idea) 考え kañgaè, 概念 gaínen; (opinion) 意見 íken

notorious [noutɔːr'iːəs] *adj* (criminal, liar, place) 悪名高い akúmeìtakaì

notwithstanding [nɑːtwiθstæn'diŋ] *adv* ...にもかかわらず ...ní mò kakáwarazù

♦*prep* ...にもかかわらず ...ní mò kakáwarazù

nougat [nuː'gət] *n* ヌガー núgà ◇クルミなどの入ったキャラメル風のお菓子 kurúmi nadð no haítta kyarámerufū no o-káshì

nought [nɔ:t] n = **naught**

noun [naun] n 名詞 meíshi

nourish [nəːr'iʃ] vt (feed) 養 う yashínaù; (fig: foster) 心中にはぐくむ shíñchū ni hagúkumù

nourishing [nəːr'iʃiŋ] adj (food) 栄 養の ある eíyō no arù

nourishment [nəːr'iʃmənt] n (food) 栄 養 eíyō

novel [nɑːv'əl] n 小説 shốsetsu

◆adj (new, fresh: idea, approach) 目新し い meátarashiì, 新鮮な shiñsen na

novelist [nɑːv'əlist] n 小説家 shốsetsuka

novelty [nɑːv'əltiː] n (newness) 新 鮮 さ shiñsensa; (object) 変ったもの kawátta monò

November [nouvem'bəːr] n 11月 jûichigatsu

novice [nɑːv'is] n (beginner) 初 心 者 shoshíñsha; (REL) 修練者 shúreñsha

now [nau] adv 今 ímà

◆conj: **now (that)** ...であるから ...de árù kara

right now (immediately) 今すぐ ímà súgù; (at the moment) 今の所 ímà no tokoro

by now 今ごろはもう ímágoro wà mố

just now 今の所 ímà no tokoro

now and then, now and again 時々 tokídoki

from now on 今後 kốngo

nowadays [nau'ədeiz] adv こ の こ ろ (は) konốgoro (wa)

nowhere [nou'weːr] adv (be, go) どこに も...ない dôkò ni mo ...naî

nozzle [nɑːz'əl] n (of hose, fire extinguisher etc) ノズル nózùru; (of vacuum cleaner) 吸口 suíkuchi

nuance [nuː'ɑːnts] n ニュアンス nyúànsu

nubile [nuː'bail] adj (woman) セクシーな sékùshī na

nuclear [nuː'kliəːr] adj (fission, weapons) 核... kákù...

the nuclear industry 原子力産業界 geñshiryoku sangyōkai

nuclear physics 原始物理学 geñshibutsurigàku, 核物理学 kakúbutsurigàku

nuclear power 原子力 geñshiryòku

nucleus [nuː'kliːəs] (pl **nuclei**) n (of atom, cell) 核 kákù; (of group) 中心 chúshin

nude [nuːd] adj 裸の hadáka no

◆n ヌード nûdo

in the nude (naked) 裸で hadáka de

nudge [nʌdʒ] vt (person) 小突く kozúkù

nudist [nuː'dist] n 裸体主義者 ratáishugishà, ヌーディスト nûdisùto

nudity [nuː'ditiː] n 裸 hadáka

nuisance [nuː'səns] n (state of affairs) 厄 介な事情 yákkài na jijố; (thing) 厄介な物 yákkài na monò; (person: irritating) 迷 惑な人 meíwaku na hitò

what a nuisance! 困ったもんだ komátta moñ da

null [nʌl] adj: **null and void** (contract, agreement) 無効な mukố na

numb [nʌm] adj: **numb (with)** (with cold etc) ...でしびれた ...de shibíretà; (fig: with fear etc) ...で気が動転した ...de ki ga dôten shità

number [nʌm'bəːr] n (MATH) 数 字 sújì; (quantity) 数 kázù; (of house, bank account etc) 番号 bañgō

◆vt (pages etc) ...に番号を付ける ...ni bañgố wo tsukérù; (amount to) 総数は...であ る sốsū wa ...de árù

to be numbered among ...の1人である ...no hitórì de árù

a number of (several) 数...の sù... no

they were ten in number (people) 彼ら は10人 だった kárèra wa jûnìn datta; (things) 10個あった júkkò atta

number plate (BRIT) n (AUT) ナ ン バ ープレート nañbāpurèto

numeral [nuː'məːrəl] n 数詞 sûshi

numerate [nuː'məːreit] adj 数学ができる sûgaku gà dekírù

numerical [nuːmeːr'ikəl] adj (value) 数字 で表した súji dè aráwashità; (order) 数字 の súji no

numerous [nuː'məːrəs] adj (many, countless) 多くの ốkù no, 多数の tasû no

nun [nʌn] n (Christian) 修道 女 shúdōjo; (Buddhist) 尼 ámà

nurse [nəːrs] n (in hospital) 看護婦 kañgofù; (also: **nursemaid**) 保母 hôbò

♦*vt* (patient) 看護する kángo suru; (baby) ...に乳を飲ませる ...ni chichí wò nomáserù

nursery [nəːrˈsəːriː] *n* (institution) 保育園 hoíkuèn; (room) 育児室 ikújishîtsu; (for plants: commercial establishment) 種苗園 shubyóèn

nursery rhyme *n* 童謡 dóyō

nursery school *n* 保育園 hoíkuèn

nursery slope (*BRIT*) *n* (SKI) 初心者用ゲレンデ shoshínshayō gereñde

nursing [nəːrsˈiŋ] *n* (profession) 看護職 kañgoshòku; (care) 看病 kañbyō

nursing home *n* (gen) 療養所 ryóyōjo; (for old people) 老人ホーム rójinhòmu

nursing mother *n* 授乳している母親 junyū shite irù haháoya

nurture [nəːrˈtʃəːr] *vt* (child, plant) 育てる sodáterù

nut [nʌt] *n* (TECH) ナット náttò; (BOT) 木ノ実 kínòmi(kónòmi)、ナッツ náttsù

nutcracker [nʌtˈkrækəːr] *npl* クルミ割り kurúmiwarì

nutmeg [nʌtˈmeg] *n* ニクズク nikúzùku、ナツメグ natsúmeggù ◇香辛料の一種 kóshiñryō no ísshū

nutrient [nuːˈtriːənt] *n* 養分 yóbun

nutrition [nuːtriʃˈon] *n* (diet, nourishment) 栄養 eíyō, (proteins, vitamins etc) 養分 yóbun

nutritious [nuːtriʃˈəs] *adj* (food) 栄養価の高い eíyōka no takáì

nuts [nʌts] (inf) *adj* 頭がおかしい atáma gà okáshiì

nutshell [nʌtˈʃel] *n* クルミの殻 kurúmi no karà

in a nutshell (fig) 簡単に言えば kañtan nî iùbà

nylon [naiˈlɑːn] *n* ナイロン náìron

♦*adj* ナイロンの náìron no

O

oak [ouk] *n* オーク ōkù

♦*adj* (table) オークの ōkù no

O.A.P. [oueipiːˈ] (*BRIT*) *n abbr* = **old-age pensioner**

oar [ɔːr] *n* かい kaî、オール ōrú

oasis [oueiˈsis] (*pl* **oases**) *n* (in desert) オアシス oáshìsu

oath [ouθ] *n* (promise) 誓い chikáì; (swear word) 悪態 akútaì

under or *on* (*BRIT*) *oath* 宣誓して señsei shite

oatmeal [outˈmiːl] *n* オートミール ōtómìru

oats [outs] *n* カラスムギ karásumugì

obedience [oubiːˈdiːəns] *n* 服従 fukújū

obedient [oubiːˈdiːənt] *adj* (child, dog etc) 素直な sunào na、よく言う事を聞く yokù iú koto wo kikù

obesity [oubiːˈsitiː] *n* 肥満 himán

obey [oubeiˈ] *vt* (instructions, person) ...に従う ...ni shitágau; (regulations) 守る mamóru

obituary [oubitʃˈuːeːriː] *n* 死亡記事 shibókijì

object [*n* ɑːbˈdʒikt *vt* əbdʒektˈ] *n* (thing) 物 monó; (aim, purpose) 目的 mokuteki; (of affection, desires) 対象 taishō; (LING) 目的語 mokútekigo

♦*vi*: *to object to* ...に反対する ...ni hañtai suru

to object that ...だと言って反対する ...da to ittě hañtai suru

expense is no object 費用にはこだわらない hiyó ni wa kodáwaranaì

I object! 反対です hañtai dèsu

objection [əbdʒekˈʃən] *n* 異議 igì

I have no objection to ... ...に異議はありません ...ni igì wa arímasèn

objectionable [əbdʒekˈʃənəbəl] *adj* (person, language, conduct) いやな iyá na

objective [əbdʒekˈtiv] *adj* (impartial, person, information) 客観的な kyakúkanteki na

♦*n* (aim, purpose) 目的 mokúteki

obligation [ɑːbləgeiˈʃən] *n* (duty, commitment) 義務 gimù

without obligation (COMM) 買う義務なしで kaú gimù nashi de

obligatory [əbligˈətɔːriː] *adj* 強制的な kyōseiteki na

oblige [əblaidʒˈ] *vt* (force): *to oblige someone to do something* 強制的に

...に..をさせる kyőseiteki ni ...ni ...wo saserù; (do a favor for) ...の頼みを聞く ...no tanőmi wo kikú

to be obliged to someone for something (grateful) ...の事で...に感謝している ...no kotő de ...ni kańsha shité irù

obliging [əblai'dʒiŋ] *adj* (helpful) 親切な shínsetsu na

oblique [əbli:k'] *adj* (line) 斜めの nanáme no; (comment, reference) 間接的な kańsetsuteki na

obliterate [əblit'əːreit] *vt* 跡形もなくす atőkata mo nakúsuru

oblivion [əbliv'i:ən] *n* (unawareness) 無意識 muíshìki; (being forgotten) 忘却 bőkyaku

oblivious [əbliv'i:əs] *adj*: *oblivious of/to* ...を意識していない ...wo ishíki shité inai

oblong [ɑ:b'lɔːŋ] *adj* 長方形の chőhőkei no
♦*n* 長方形 chőhőkei

obnoxious [əbnɑ:k'ʃəs] *adj* (unpleasant: behavior, person) 不愉快な fuyúkài na; (: smell) いやな iyá na

oboe [ou'bou] *n* オーボエ ōbðe

obscene [əbsi:n'] *adj* (gesture, remark, behavior) わいせつな waísetsu na

obscenity [əbsen'iti:] *n* (of book, behavior etc) わいせつ waísetsu; (offensive word) 卑語 higő

obscure [əbskjuːr'] *adj* (little known: place, author etc) 無名の muméi no; (difficult to understand) 難解な nańkai na
♦*vt* (obstruct: view, sun etc) 覆い隠す őőkakusù; (conceal: truth, meaning etc) 隠す kakúsù

obsequious [əbsi:'kwi:əs] *adj* ぺこぺこする pekőpeko suru

observance [əbzəːr'vəns] *n* (of law) 遵守 juńshu; (of custom) 守る事 mamőrù koto

observant [əbzəːr'vənt] *adj* (person) 観察力の優れた kańsatsuryòku no sugureta; (remark) 鋭い surúdoì

observation [ɑ:bzəːrvei'ʃən] *n* (remark) 意見 ikèn; (act of observing) 観察 kańsatsu; (MED) 監視 kańshi

observatory [əbzəːr'vətɔːri:] *n* 観測所 kańsokujo

observe [əbzəːrv'] *vt* (watch) 観察する kańsatsu suru; (comment) 意見を述べる ikèn wo nobérù; (abide by: rule) 守る mamőrù, 遵守する juńshu suru

observer [əbzəːr'vəːr] *n* 観察者 kańsatsushà

obsess [əbses'] *vt* ...に取付く ...ni torítsuku

obsession [əbseʃ'ən] *n* 強迫観念 kyőhakukannen

obsessive [əbses'iv] *adj* (person, tendency, behavior) 妄想に取付かれた様な mōsō ni torítsukareta yō na

obsolescence [ɑ:bsəles'əns] *n* 旧式化 kyűshikika

obsolete [ɑ:bsəli:t'] *adj* (out of use: word etc) 廃れた sutáreta; (: machine etc) 旧式の kyúshiki no

obstacle [ɑ:b'stəkəl] *n* (obstruction) 障害物 shőgaibutsù; (fig: problem, difficulty) 障害 shőgai

obstacle race *n* 障害物競走 shőgaibutsukyōsō

obstetrics [əbstet'riks] *n* 産科 sańka

obstinate [ɑ:b'stənit] *adj* (determined: person, resistance) 頑固な gańko na

obstruct [əbstrʌkt'] *vt* (block) ふさぐ fuságu; (fig: hinder) 妨害する bőgai suru

obstruction [əbstrʌk'ʃən] *n* (action) 妨害 bőgai; (object) 障害物 shőgaibutsu

obtain [əbtein'] *vt* (get) 手に入れる te ní iréru, 獲得する kakútoku suru; (achieve) 達成する tasséi suru

obtainable [əbtein'əbəl] *adj* (object) 入手できる nyúshu dekírù

obvious [ɑ:b'vi:əs] *adj* (clear) 明らかな akíràka na; (self-evident) 分かり切った wakárikitta

obviously [ɑ:b'vi:əsli:] *adv* 明らかに akíràka ni

obviously not 明らかに...でない akíràka ni ...de nai

occasion [əkei'ʒən] *n* (point in time) 時 tokí, 時点 jitén; (event, celebration etc) 行事 győji, イベント ibénto; (opportunity) 機会 kikái, チャンス chańsu

occasional [əkei'ʒənəl] *adj* (infrequent)

時々の tokídokì no

occasionally [əkei'ʒənəli:] *adv* 時々 tokídokì

occult [əkʌlt'] *n*: *the occult* 超自然 chōshizen, オカルト okárùto

occupant [ɑːk'jəpənt] *n* (long-term: of house etc) 居住者 kyojúshà; (of office etc) テナント tenánto; (temporary: of car, room etc) 中にいる人 nakà ni iru hitò

occupation [ɑːkjəpei'(ʃən] *n* (job) 職業 shokúgyò; (pastime) 趣味 shumì; (of building, country etc) 占領 seńryò

occupational hazard [ɑːkjəpei'(ʃənəl-] *n* 職業上の危険 shokúgyōjō no kikén

occupier [ɑːk'jəpaiə:r] *n* 居住者 kyojúshà

occupy [ɑːk'jəpai] *vt* (inhabit: house) ...に住む ...ni sumù; (take: seat, place etc) ...に居る ...ni irú; (take over: building, country etc) 占領する seńryò suru; (take up: time) ...が掛る ...ga kakárù; (: attention) 奪う ubáù; (: space) 取る tòrù

to occupy oneself in doing (to be busy with) ...に専念する ...ni séńnen suru

occur [əkə:r'] *vi* (event: take place) 起る okórù; (phenomenon: exist) 存在する sońzai suru

to occur to someone ...の頭に浮ぶ ...no atáma ni ukábu

occurrence [əkə:r'əns] *n* (event) 出来事 dekigoto; (existence) 存在 sońzai

ocean [ou'(ʃən] *n* 海 umì

Indian Ocean インド洋 ińdoyò ¶ *see also* **Atlantic; Pacific**

ocean-going [ou'(ʃəngouiŋ] *adj* 外洋の gaíyō no

ocher [ou'kə:r] (*BRIT*: **ochre**) *adj* (color) 黄土色の ōdòiro no, オークルの ōkùru no

o'clock [əklɑːk'] *adv*: *it is 5 o'clock* 5時です goji desu

OCR [ousi:ɑ:r'] *n abbr* (COMPUT: = *optical character recognition*) 光学読取り kōgakuyomitorì (: = *optical character reader*) 光学読取り装置 kōgakuyomisōchì

octagonal [ɑːktæg'ənəl] *adj* 八角形の hákkakukèi no

octave [ɑːk'tiv] *n* (MUS) オクターブ o-kútàbù

October [ɑːktou'bə:r] *n* 10月 jūgatsu

octopus [ɑːk'təpəs] *n* タコ takò

odd [ɑːd] *adj* (strange: person, behavior, expression) 変な heǹ na, 妙な myò na; (uneven: number) 奇数の kísù no; (not paired: sock, glove, shoe etc) 片方の kátàhō no

60-odd 60幾つ rokújū ikutsu

at odd times 時々 tokídokì

to be the odd one out 例外である reígai de aru

oddity [ɑːd'iti:] *n* (person) 変り者 kawarimono; (thing) 変った物 kawatta mono

odd-job man [ɑːdʒəb'-] *n* 便利屋 beńriya

odd jobs *npl* 雑用 zatsúyō

oddly [ɑːd'li:] *adv* (strangely: behave, dress) 変な風に heǹ na fū ni ¶ *see also* **enough**

oddments [ɑːd'mənts] *npl* (COMM) 残り物 nokòrimono

odds [ɑːdz] *npl* (in betting) かけ率 kakérìtsu, オッズ ozzù

it makes no odds 構いません kamáimaseñ

at odds 仲たがいして nakátagàishite

odds and ends *npl* 半端物 hańpamono

ode [oud] *n* しょう歌 shōkà, オード ōdò

odious [ou'di:əs] *adj* 不快な fukái na

odometer [oudɑ:m'itə:r] *n* 走行距離計 sōkōyorikeì

odor [ou'də:r] (*BRIT* **odour**) *n* (smell) におい nióī; (: unpleasant) 悪臭 akúshū

KEYWORD

of [ʌv] *prep* **1** (gen) ...の ...nò

the history of France フランスの歴史 furánsu nò rekíshi

a friend of ours 私たちのある友達 watákushitàchi no árù tomódachi

a boy of 10 10才の少年 jússai no shònen

that was kind of you ご親切にどうも go-shíńsetsu ni dòmo

a man of great ability 才能抜群の人 saínō batsugùn no hitò

the city of New York ニューヨーク市 nyúyōkushì

south of Glasgow グラスゴーの南 gurásugō no mínámi

2 (expressing quantity, amount, dates etc): *a kilo of flour* 小麦粉1キロ komúgiko ichíkiro

how much of this do you need? これはどのぐらい要りますか koré wà donó gurai irimasù ká

there were 3 of them (people) 3人いました sańniñ imáshìta; (objects) 3個ありました sáńko arímashìta

3 of us went 私たちの内から3人行きました watákushitàchi no uchí karà sáńnin ikímashìta

the number of road accidents is increasing 交通事故の数が増えています kótsūjikò no kázù ga fúète imásù

a cup of tea お茶1杯 o-chá ippài

a vase of flowers 花瓶に生けた花 kabín nì íkèta haná

the 5th of July 7月5日 shichígàtsu itsúkà

the winter of 1987 1987年の冬 señkyúhyakuhachíjūnáneñ no fuyú

3 (from, out of): *a bracelet of solid gold* 純金の腕輪 juñkin nò udéwa

a statue of marble 大理石の彫像 daíriseki no chōzō

made of wood 木製の mokúsei no

KEYWORD

off [ɔːf] *adv* 1 (referring to distance, time) 離れて hanárète

it's a long way off あれは遠い aré wà tōi

the game is 3 days off 試合は3日先です shiái wà mikká saki desù

2 (departure) 出掛けて dekáketè

to go off to Paris/Italy パリ〔イタリア〕へ出掛ける párì〔itária〕e dekákerù

I must be off そろそろ出掛けます soròsoro dekákemasù

3 (removal) 外して hazúshitè

to take off one's hat/coat/clothes 帽子〔コート，服〕を脱ぐ bōshi〔kōto, fu-

kú〕wo núgù

the button came off ボタンが取れた botán gà tóreta

10% off (COMM) 10パーセント引き juppásentobiki

4 (not at work: on holiday) 休暇中で kyúkachū dè; (: due to sickness) 欠勤して kekkín shitè

I'm off on Fridays 私の休みは金曜日です watákushi nò yasúmi wa kiń-yòbi desu

he was off on Friday (on holiday) 金曜日には彼は休みでした kiń-yòbi ni wa kárè wa yasúmi deshìta; (sick etc) 金曜日には彼は欠勤しました kiń-yòbi ni wa kárè wa kékkin shimashìta

to have a day off (from work) 1日の休みを取る ichínichi nò yasúmi wò tórù

to be off sick 病欠する byóketsu suru

♦*adj* 1 (not turned on: machine, engine, water, gas etc) 止めてある tométe arù; (: tap) 締めてある shiméte arù; (: light) 消してある keshíte arù

2 (cancelled: meeting, match, agreement) 取消された toríkesáreta

3 (BRIT: not fresh: milk, cheese, meat etc) 悪くなった wáruku natta

4: *on the off chance* (just in case) ...の場合に備えて ...no baái ni sonaete

to have an off day (not as good as usual) 厄日である yakúbì de árù

♦*prep* 1 (indicating motion, removal etc) ...から ...kára

to fall off a cliff 崖から落ちる gaké kara ochírù

the button came off my coat コートのボタンが取れた kōtò no botán gà tóreta

to take a picture off the wall 壁に掛けてある絵を降ろす kabé nì kákète aru é wő orósù

2 (distant from) ...から離れて ...kára hanárète

it's just off the M1 国道M1を降りて直ぐの所にあります kokúdō emúwaň wo órìte súgù no tokórò ni arímasù

it's 5 km off the main road 幹線道路から5キロの所にあります kańsendōro

kara gókìro no tokórò ni arímasù

an island off the coast 沖合の島 okíai nò shimá

to be off meat (no longer eat it) 肉をやめている nikú wò yaméte irù; (no longer like it) 肉が嫌いになっている nikú gà kírai nì natté irù

offal [ɔːˈfəl] *n* (CULIN) もつ motsù

off-color [ɔːˈkʌlˈəːr] (*BRIT* **off-colour**) *adj* (ill) 病気の byóki no

offend [əˈfend'] *vt* (upset: person) 怒らせる okóraserù

offender [əˈfendəːr] *n* (criminal) 犯罪者 hanzáìsha, 犯人 hannin, ...犯 ...han

offense [əˈfens'] (*BRIT* **offence**) *n* (crime) 犯罪 hanzáì

to take offense at ... ...に怒る ...ni okóru

offensive [əˈfensiv'] *adj* (remark, gesture, behavior) 侮辱的な bujókuteki na; (smell etc) いやな iyá na; (weapon) 攻撃用の kōgekìyō no

♦*n* (MIL) 攻撃 kōgeki

offer [ɔːˈfəːr] *n* (proposal: to help etc) 申出 mōshìde; (: to buy) 申込み mōshikomi

♦*vt* (advice, help, information) する suru, 申出る ...surú to mōshìderu; (opportunity, service, product) 提供する teíkyō suru

on offer (*BRIT*: COMM) 値下げ品で neságehin de

offering [ɔːˈfəːriŋ] *n* (of a company: product) 売物 urímono; (REL) 供物 sonáemono

off-hand [ɔːˈfhændˈ] *adj* (behavior etc) いい加減な iíkagen na

♦*adv* 即座に sokúza ni

office [ɔːˈfis] *n* (place) 事務所 jimúshò, オフィス ofìsu; (room) 事務室 jimúshìtsu; (position) 職 shokú

doctor's office (*US*) 医院 ìin

to take office 職に就く shokú ni tsuku

office automation *n* オフィスオートメーション ofìsu ōtőmēshon

office building (*BRIT* **office block**) *n* オフィスビル ofísubìru

office hours *npl* (COMM) 業務時間 győmujikan; (*US*: MED) 診察時間 shiń-satsujikan

officer [ɔːˈfisəːr] *n* (MIL etc) 将校 shōkỏ; (*also*: **police officer**) 警官 keíkan; (of organization) 役員 yakûin

office worker *n* 事務員 jimúìn

official [əˈfiʃˈəl] *adj* (authorized) 公認の kỏnin no; (visit, invitation, letter etc) 公式の kỏshiki no

♦*n* (in government) 役人 yakúnin; (in trade union etc) 役員 yakûin

official residence 官邸 kańtei

officialdom [əˈfiʃˈəldəm] (*pej*) *n* 官僚の世界 kańryō no sekài

officiate [əˈfiʃˈi:eit] *vi* 司会する shikái suru

officious [əˈfiʃˈəs] *adj* (person, behavior) 差出がましい sashídegamashiì

offing [ɔːˈfiŋ] *n*: *in the offing* (*fig*: imminent) 差迫って sashísemattè

off-licence [ɔːˈflaisəns] *BRIT* *n* (shop selling alcohol) 酒屋 sakáya

off-line [ɔːˈflain'] *adj* (COMPUT) オフラインの ofúrain no

♦*adv* オフラインで ofúrain de

off-peak [ɔːˈpiːkˈ] *adj* (heating) オフピークの ofúpīku no; (train, ticket) 混んでいない時の kondè inai tokí no

off-putting [ɔːˈfput'iŋ] (*BRIT*) *adj* (person, remark etc) 気を悪くさせる kì wo warúku saseru

off-season [ɔːˈfsi:zən] *adj* (holiday, ticket) オフシーズンの ofúshīzun no

♦*adv* (travel, book etc) オフシーズンに ofúshīzun ni

offset [ɔːˈfset'] (*pt, pp* **offset**) *vt* (counteract) 補う ogínaù

offshoot [ɔːˈfʃuːt] *n* (*fig*) 副産物 fukúsanbutsu

offshore [ɔːˈfʃɔːr'] *adj* (breeze) 陸からの rikú kara no; (oilrig, fishing) 沖合の okíai no

offside [ɔːˈfsaid'] *adj* (SPORT) オフサイドの ofúsaido no; (AUT: with right-hand drive) 右の migí no; (: with left-hand drive) 左の hidári no

offspring [ɔːˈfspriŋ] *n inv* 子孫 shisòn

offstage [ɔːˈfsteidʒ'] *adv* 舞台裏に〔で〕butáiura ni〔de〕

off-the-rack [ɔːf'ðəræk'] (BRIT **off-the-peg**) adj (clothing) 出来合いの dekíai no, 既製の kiséi no

off-white [ɔːf'wait] adj (grayish white) 灰色がかった白の haíirogakatta shiró no; (yellowish white) 黄色がかった白の kiírogakatta shiró no

often [ɔːf'ən] adv (frequently) よく yokù, しょっちゅう shotchū, 度々 tabítabi
how often do you go? どのぐらい行きますか donó gurai ikímasu ká

ogle [ou'gəl] vt 色目で見る irómè de mirù

oh [ou] excl あっ át

oil [ɔil] n (gen) 油 abúra, オイル oírù; (CULIN) サラダ油 saràdayu; (petroleum) 石油 sekíyu; (crude) 原油 geñyu; (for heating) 石油 sekíyu, 灯油 tṓyu
♦vt (lubricate: engine, gun, machine) ...に油を差す ...ni abúra wo sasù

oilcan [ɔil'kæn] n 油差し abúrasashi

oilfield [ɔil'fiːld] n 油田 yudén

oil filter n (AUT) オイルフィルター oírufirutā

oil painting n 油絵 abúrae

oil refinery [-ri:fain'ə:ri:] n 精油所 seíyujo

oil rig n 石油掘削装置 sekíyu kússaku-sōchi

oilskins [ɔil'skinz] npl 防水服 bṓsuifuku

oil tanker n (ship) オイルタンカー oírutankā; (truck) タンクローリー tañkurōrī

oil well n 油井 yuséi

oily [ɔi'li:] adj (rag) 油染みた abúrajimità; (substance) 油の様な abúra no yō na; (food) 脂っこい abúrakkoi

ointment [ɔint'mənt] n 軟こう nañkō

O.K., okay [oukei'] (inf) excl (agreement: alright) よろしい yoróshii, オーケー ōkè; (: don't fuss) 分かったよ wakáttà yo
♦adj (average: film, book, meal etc) まあまあの māmā no
♦vt (approve) 承認する shṓnin suru

old [ould] adj (aged: person) 年寄の toshíyori no; (: thing) 古い furúì; (former: school, home etc) 元の motò no, 前の maè no

how old are you? お幾つですか o-íkutsu desu ká
he's 10 years old 彼は10才です karè wa jussài desu

older brother (one's own) 兄 ani; (of person spoken to) お兄さん o-nfisan; (of third party) 兄さん nfisan

old age n 老齢 rōrei

old-age pensioner [ould'eidʒ-] (BRIT) n 年金で生活する老人 nefikin dè seíkatsu surù rṓjìn, 年金暮しの人 nefikingurà-shi no hitò

old-fashioned [ould'fæʃ'ənd] adj (style, design) 時代遅れの jidáiokùre no, 古くさい furúkusai; (person, values) 保守的な hoshūteki na

olive [ɑːl'iv] n (fruit) オリーブ oríbù; (also: **olive tree**) オリーブの木 orfbù no ki
♦adj (also: **olive-green**) オリーブ色の o-ríbùiro no

olive oil n オリーブ油 orfbuyu

Olympic [oulim'pik] adj 五輪の gorín no, オリンピックの orínpikkù no

Olympic Games npl: **the Olympic Games** 五輪 gorín, オリンピック orínpikkù
the Olympics 五輪 gorín, オリンピック orínpikkù

omelet(te) [ɑːm'lit] n オムレツ omúretsu

omen [ou'mən] n (sign) 兆し kizáshi, 前触れ maébure

ominous [ɑːm'ənəs] adj (worrying) 不気味な bukìmi na

omission [oumiʃ'ən] n 省略 shṓryaku

omit [oumit'] vt (deliberately) 省略する shṓryaku suru; (by mistake) うっかりして抜かす ukkárì shite nukásu

---

KEYWORD

on [ɑːn] prep 1 (indicating position) ...(の上)に〔で〕...(no ué) ni〔de〕
on the wall 壁に kabé ni
it's on the table テーブル(の上)にあります tèburu (no ué) ni arímasù
on the left 左に hidári nì
the house is on the main road 家は幹線道路に面しています ié wà kañsendṓro

ni mén shite imásù
2 (indicating means, method, condition etc) ...で ...dè
on foot (go, be) 歩いて arúìte
on the train/plane (go) 電車〔飛行機〕で dénsha(hikóki)de; (be) 電車〔飛行機〕に乗って dénsha(hikóki)ni nottè
on the telephone/radio/television 電話〔ラジオ，テレビ〕で dénwa(rájìo, tèrèbi)de
she's on the telephone 彼女は電話に出ています〔電話中です〕 kánòjo wa dénwa ni détè imasu〔dénwachū desù〕
I heard on the radio/saw him on television 私はラジオで聞きました〔テレビで彼を見ました〕 watákushi wà rájìo de kikímashìta〔térèbi de kárè wo mimáshìta〕
to be on drugs 麻薬をやっている mayáku wò yatté irù
to be on holiday 休暇中である kyúkachū de arù
to be away on business 商用で出掛けている shóyō dè dekákete irù
3 (referring to time) ...に ...ni
on Friday 金曜日に kiń-yòbì ni
on Fridays 金曜日に kiń-yòbì ni, 毎週金曜日に maíshù kiń-yòbì ni, 金曜日毎に kiń-yòbì gótò ni
on June 20th 6月20日に rokúgatsu hatsúka ni
on Friday, June 20th 6月20日金曜日に rokúgatsu hatsúka kiń-yòbì ni
a week on Friday 来週の金曜日に raíshù nò kiń-yòbì ni
on arrival he went straight to his hotel 到着すると彼は真っ直ぐにホテルへ行きました tóchaku suru tò kárè wa massúgù ni hótèru e ikímashìta
on seeing this これを見ると koré wò mírù to
4 (about, concerning) ...について ...ni tsúìte, ...に関して ...ni kán shite
information on train services 列車に関する情報 resshá nì kan surù jóhō
a book on physics 物理の本 bútsùri no hóñ
♦*adv* **1** (referring to dress) 身につけて

mi ní tsukète
to have one's coat on コートを着ている kòto wo kité irù
what's she got on? 彼女は何を着ていますか kánòjo wa náñ wo kité imasù kâ
she put her boots/gloves/hat on 彼女はブーツを履いた〔手袋をはめた，帽子をかぶった〕 kánòjo wa bùtsu wo haíta〔tebúkuro wò haméta, bóshì wo kabúttà〕
2 (referring to covering): ***screw the lid on tightly*** ふたをしっかり締めて下さい futá wò shikkárì shímète kudásaì
3 (further, continuously) 続けて tsuzúkete
to walk/drive/go on 歩き〔車で走り，行き〕続ける arúkì(kurúma dè hashírì, ikí)tsuzukèru
to read on 読み続ける yomítsuzukèru
♦*adj* **1** (functioning, in operation: machine) 動いている ugóite irù; (: radio, TV, light) ついている tsúìte irù; (: faucet) 水が出ている mizú gà deté irù; (: brakes) かかっている kakátte irù; (: meeting) 続いている tsuzúite irù
is the meeting still on? (in progress) まだ会議中ですか mádà kaígichū desñ ká; (not cancelled) 会議は予定通りにやるんですか kaígi wa yotéi dòri ni yarún desù ká
there's a good film on at the cinema 映画館で今いい映画をやっています eígakàn de ímà ì eíga wò yatté imasù
2: ***that's not on!*** (*inf*: of behavior) それはいけません soré wà ikémaseñ

---

once [wʌns] *adv* (on one occasion) 一度 ichído, 一回 ikkái; (formerly) 前は maè wa, かつて katsúte
♦*conj* (immediately afterwards) ...した後 ...shitá ato, ...してから ...shité kara
once he had left/it was done 彼が出て〔事が済んで〕から karè ga detè〔kotó ga suñde〕kara
at once (immediately) 直ちに tadáchi ni, 直ぐに sugù ni; (simultaneously) 同時に dójì ni
once a week 週一回 shū ikkái

once more もう一度 mố ichído
once and for all 断然 danzen
once upon a time 昔々 mukáshi mukáshi

oncoming [ɑːnˈkʌmiŋ] *adj* (approaching: traffic etc) 向ってくる mukátte kurù

KEYWORD

one [wʌn] *num* 一（の）ichí (no), 1つ（の）hitótsù (no)

one hundred and fifty 150 hyakúgojū
I asked for two coffees, not one 注文したのは1つじゃなくて2つのコーヒーです chúmon shita no wà hitótsu jànakutè futátsu nò kốhî desu

one day there was a sudden knock at the door ある日突然だれかがドアをノックした árù hi totsúzen dárèka ga dốà wo nókkù shita

one by one 1つずつ hitótsu zùtsu

♦*adj* 1 (sole) ただ一つの tádà hitótsù no, 唯一の yūítsu no

it's the one book which interests me 私が興味を感じる唯一の本です watákushi gà kyổmi wo kañjiru yúítsu no hốñ desu

that is my one worry 私が心配しているのはそれだけです watákushi gà shíñpai shite iru nò wa soré dake dèsu

the one man who ...する唯一の人 ...suru yūítsu no hitő

2 (same) 同じ onáji

they came in the one car 彼らは皆同じ車で来ました kárèra wa mínà onáji kurùma de kimáshìta

they all belong to the one family 彼らは皆身内です kárèra wa mínà miúchi desù

♦*pron* 1 物 monő

this one これ koré

that one それ soré, あれ aré

I've already got one/a red one 私は既に1つ〔赤いのを〕持っています watákushi wà súdè ni hitótsu〔akái nò wo〕mốttě imasu

2: *one another* お互いに o-tágai nì

do you two ever see one another? お二人は付合っていますか o-fútàri wa tsu-

kíatte imasu ká

the boys didn't dare look at one another 少年たちはあえて顔を合せる事ができなかった shốnentàchi wa áète kaő wo awáseru kotő ga dekínakattà

3 (impersonal): *one never knows* どうなるか分かりませんね dố naru ka wakárimaseñ né

to cut one's finger 指を切る yubí wò kírù

one needs to eat 人は食べる必要がある hitő wà tabérù hitsúyō ga arù

---

one-day excursion [wʌnˈdeiˌ] (*US*) *n* (day return) 日帰り往復券 higáeri ốfukuken

one-man [wʌnˈmæn] *adj* (business) 1人だけの hitőri dake no, ワンマンの wañman no

one-man band *n* ワンマンバンド wañmanbando

one-off [wʌnˈɔːf] (*BRIT: inf*) *n* 一つだけの物 hitótsù dake no mono

---

KEYWORD

oneself [wʌnˈself] *pron* (reflexive) 自分自身を jibúnjishìn wo; (after prep) 自分に jibúnjishìn ni; (alone: after prep) 自分一人で jibún hitòri de; (emphatic) 自分で jibún dè

to hurt oneself けがする kegá surù

to keep something for oneself ...のために...を取って置く jibún no tamè ni ...wò tốttè oku

to talk to oneself 独り言を言う hitórigotò wo iú

---

one-sided [wʌnˈsaidid] *adj* (argument) 一方的な ippőteki na

one-to-one [wʌnˈtəwʌnˈ] *adj* (relationship) 一対一の ittáiichi no

one-upmanship [wʌnʌpˈmənʃip] *n* 自分の方が一枚上だと見せ付ける事 jibún no hố ga ichímai uè da to misétsukerù koto

one-way [wʌnˈwei] *adj* (street, traffic) 一方通行の ippőtsūkō no

ongoing [ɑːnˈgouiŋ] *adj* (project, situation etc) 進行中の shiñkốchū no

onion [ʌn'jən] n タマネギ tamánegī

on-line [ɑ:n'lain] adj (COMPUT) オンラインの oñraín no

♦adv (COMPUT) オンラインで oñraín de

onlooker [ɑ:n'lukə:r] n 見物人 keñbutsunìn

only [oun'li:] adv …だけ …dake

♦adj (sole, single) ただ一つ〔一人〕の tada hitótsù〔hitórì〕no

♦conj (but) しかし shikáshì

an only child 一人っ子 hitórikkò

not only … but also … …ばかりでなく…も …bakári de naku …mo

onset [ɑ:n'set] n (beginning: of war, winter, illness) 始まり hajímari, 始め hajíme

onshore [ɑ:n'ʃɔ:r] adj (wind) 海からの umì kara no

onslaught [ɑ:n'slɔ:t] n 攻撃 kōgeki

onto [ɑ:n'tu:] prep = on to

onus [ou'nəs] n 責任 sekínin

onward(s) [ɑ:n'wə:rd(z)] adv (forward: move, progress) 先へ sakí e

from that time onward(s) それ以後 soré igo

onyx [ɑ:n'iks] n オニキス oníkisu

ooze [uz] vi (mud, water, slime) にじみでる nijímideru

opal [ou'pəl] n オパール opáru

opaque [oupeik'] adj (substance) 不透明な futōmèi na

OPEC [ou'pek] n abbr (= *Organization of Petroleum-Exporting Countries*) 石油輸出国機構 sekíyu yushutsukoku kikō

open [ou'pən] adj (not shut: window, door, mouth etc) 開いた aíta, (: shop, museum etc) 営業中の eígyōchū no, 開いている aíte iru; (unobstructed: road) 開通している kaítsū shite iru; (: view) 開けた hiráketa; (not enclosed: land) 囲いのない kakói no nai; (fig: frank: person, manner, face) 率直な sótchoku na; (unrestricted: meeting, debate, championship) 公開の kōkai no

♦vt 開ける akéru, 開く hiráku

♦vi (flower, eyes, door, shop) 開く akú, 開く hiráku; (book, debate etc: commence) 始まる hajímaru

in the open (air) 野外に yagái ni

an open car オープンカー ōpùnkā

opening [ou'pəniŋ] adj (commencing: speech, remarks etc) 開会の kaíkai no, 冒頭の bōtō no

♦n (gap, hole) 穴 aná; (start: of play, book etc) 始め hajíme, 冒頭 bōtō; (opportunity) 機会 kikái, チャンス chañsu

openly [ou'pənli:] adv (speak, act) 公然と kōzen to; (cry) 人目をはばからず hitóme wo habákarazu

open-minded [ou'pənmain'did] adj 偏見のない henkén no nai

open-necked [ou'pənnekt'] adj (shirt) 開きんの kaíkin no

open on to vt fus (subj: room, door) …に面している …ni mén shite iru

open-plan [ou'pənplæn'] adj 間仕切のない majíkiri no nai

open up vt (building, room: unlock) 開ける akéru; (blocked region: …の障害物を取除く …no shōgaìbutsu wo torínozoku

♦vi (COMM: shop, business) 開く akú

opera [ɑ:p'rə] n 歌劇 kagèki, オペラ opèra

opera singer n オペラ歌手 opèrakashu

operate [ɑ:p'ə:reit] vt (machine) 操作する sōsà suru; (vehicle) 運転する uñten suru

♦vi (machine) 動く ugókù; (vehicle) 走る hashiru, 動く ugókù; (company, organization) 営業する eígyō suru

to operate on someone (for) (MED) …に (…の) 手術をする …ni (…no) shujùtsu wo suru

operatic [ɑ:pəræt'ik] adj 歌劇の kagèki no, オペラの opèra no

operating [ɑ:p'ə:reitiŋ] adj: *operating table* 手術台 shujùtsudai

operating theater 手術室 shujùtsushitsu

operation [ɑ:pərei'ʃən] n (of machine etc) 操作 sōsà; (of vehicle) 運転 uñten; (MIL, COMM etc) 作戦 sakúsen; (MED) 手術 shujútsu

to be in operation (law, regulation) 実施されている jisshí sarete iru

to have an operation (MED) 手術を受

ける shujútsu wo ukérù

operational [ɑːpəreiˈʃənəl] *adj* (working: machine, vehicle etc) 使用可能な shíyōkanō na

operative [ɑːpˈəːrətiv] *adj* (law, measure, system) 実施されている jisshí sarete iru

operator [ɑːpˈəːreitəːr] *n* (TEL) 交換手 kókanshu, オペレーター opérētà; (of machine) 技師 gishì

ophthalmic [ɑːfˈθælˈmik] *adj* 眼科の gañka no

opinion [əpinˈjən] *n* (point of view, belief) 意見 ikén

in my opinion 私の意見では watákushi no ikèn de wa

opinionated [əpinˈjəneitid] (*pej*) *adj* 独善的な dokúzenteki na

opinion poll *n* 世論調査 yorònchōsa

opium [ouˈpiːəm] *n* あへん ahèn

opponent [əpouˈnənt] *n* (person not in favor) 反対者 hañtaisha; (MIL) 敵 tekí; (SPORT) 相手 aíte

opportunism [ɑːpəˈrtuːˈnizəm] (*pej*) *n* 日和見主義 hiyórimishugī

opportunist [ɑːpəˈrtuːˈnist] (*pej*) *n* 日和見主義者 hiyórimishugishà

opportunity [ɑːpəˈrtjuːˈnitiː] *n* 機会 kikái, チャンス chañsu

to take the opportunity of doing 折角の機会を利用して...する sekkáku no kikái wo riyō shite ...suru

oppose [əpouzˈ] *vt* (object to: wish, opinion, plan) ...に反対する ...ni hañtai suru

to be opposed to something ...に反対である ...ni hañtai de aru

as opposed to ...ではなくて ...de wa nakutè

opposing [əpouzˈiŋ] *adj* (side, ideas) 反対の hañtai no; (team) 相手の aíte no

opposite [ɑːpˈəzit] *adj* (house) 向かい側の mukáigawa no; (end, direction, side) 反対の hañtai no; (point of view, effect) 逆の gyakú no

♦*adv* (live, stand, work, sit) 向い側に〔で〕mukáigawa ni〔de〕

♦*prep* (in front of) ...の向い側に〔で〕 ...no mukáigawa ni〔de〕

♦*n*: *the opposite* (say, think, do etc) 反対 hañtai

the opposite sex 異性 iséi

opposition [ɑːpəziʃˈən] *n* (resistance) 反対 hañtai; (those against) 反対勢力 hañtaiseiryokù; (POL) 野党 yatő

oppress [əpresˈ] *vt* 抑圧する yokúatsu suru

oppression [əpreʃˈən] *n* 抑圧 yokúatsu

oppressive [əpresˈiv] *adj* (political regime) 抑圧的な yokúatsuteki na; (weather, heat) 蒸し暑い mushíatsuì

opt [ɑːpt] *vi*: *to opt for* ...を選ぶ ...wo erábù

to opt to do ...する事にする ...surú koto ni suru

optical [ɑːpˈtikəl] *adj* (instrument, device etc) 光学の kőgaku no

optical illusion *n* 目の錯覚 mé no sakkáku

optician [ɑːptiʃˈən] *n* 眼鏡屋 megáneya

optimism [ɑːpˈtəmizəm] *n* 楽観 rakkán, 楽天主義 rakútenshugī

optimist [ɑːpˈtəmist] *n* 楽天家 rakútenka

optimistic [ɑːptəmisˈtik] *adj* 楽観的な rakkánteki na

optimum [ɑːpˈtəməm] *adj* (conditions, number, size) 最良の saíryō no, 最善の saízen no

option [ɑːpˈʃən] *n* (choice) 選択 señtaku, オプション opúshon

optional [ɑːpˈʃənəl] *adj* (not obligatory) 自由選択の jiyúsentakuno

opt out *vi*: *to opt out of* ...から手を引く ...kara te wò hiku

opulent [ɑːpˈjələnt] *adj* (very wealthy: person, society etc) 大金持の őganèmochi no

or [ɔːr] *conj* (linking alternatives: up or down, in or out etc) それとも sorétomò, または matá wa; (otherwise) でないと de naî to, さもないと sa mò nai to; (with negative): *he hasn't seen or heard anything* 彼は何一つ見ても聞いてもいない karè wa nanî hitótsu mitè mo kiíte mo inai

or else (otherwise) でないと de naî to

oracle [ɔːrˈəkəl] n 予言者 yogénsha

oral [ɔːrˈəl] adj (spoken: test, report) 口頭の kótō no; (MED: vaccine, medicine) 経口の keíkō no
♦n (spoken examination) 口頭試問 kótōshimon

orange [ɔːrˈindʒ] n (fruit) オレンジ orénji
♦adj (color) だいだい色の daídaiiro no, オレンジ色の orénjiiro no

orator [ɔːrˈətəːr] n 雄弁家 yūbenka

orbit [ɔːrˈbit] n (SPACE) 軌道 kidō
♦vt (circle: earth, moon etc) ...の周囲を軌道を描いて回る ...no shūi wo kidō wo egaite mawaru

orchard [ɔːrˈtʃəːrd] n 果樹園 kajúen

orchestra [ɔːrˈkistrə] n (MUS) 楽団 gakúdan, オーケストラ ókesutora; (US: THEATER: seating) 舞台前の特等席 butáimae no tokútōseki

orchestrate [ɔːrˈkistreit] vt (stage-manage) 指揮する shikí suru

orchid [ɔːrˈkid] n ラン ràñ

ordain [ɔːrdeinˈ] vt (REL) 聖職に任命する seíshoku ni niñmei suru

ordeal [ɔːrdiːlˈ] n 試練 shíren

order [ɔːrˈdəːr] n (command) 命令 meírei; (COMM: from shop, company etc: also in restaurant) 注文 chúmon; (sequence) 順序 juñjo; (good order) 秩序 chitsújo; (law and order) 治安 chiàn
♦vt (command) 命ずる mèizuru; (COMM: from shop, company etc: also in restaurant) 注文する chúmon suru; (also: put in order) 整理する seíri suru
in order (gen) 整理されて seíri sarete; (of document) 規定通りで kitéidōri de
in (working) order 整備されて seíbi sarete
in order to do/that ...するために ...surú tame ni
on order (COMM) 発注してあって hatchú shite atte
out of order (not in correct order) 順番が乱れて juñban ga midárete; (not working) 故障して koshō shite
to order someone to do something ...に...する様に命令する ...ni ...suru yō ni meírei suru

order form n 注文用紙 chúmon yōshi

orderly [ɔːrˈdəːrli:] n (MIL) 当番兵 tōbanhei; (MED) 雑役夫 zatsúekifu
♦adj (well-organized: room) 整とんされた seíton sareta; (: person, system etc) 規則正しい kisòkutadashii

ordinary [ɔːrˈdəneːri:] adj (everyday, usual) 普通の futsū no; (pej: mediocre) 平凡な heíbon na
out of the ordinary (exceptional) 変った kawátta

Ordnance Survey [ɔːrdˈnəns-] (BRIT) n 英国政府陸地測量局 eíkokuseifu rikúchi sokuryōkyoku

ore [ɔːr] n 鉱石 kōseki

organ [ɔːrˈgən] n (ANAT: kidney, liver etc) 臓器 zōki; (MUS) オルガン orúgan

organic [ɔːrgænˈik] adj (food, farming etc) 有機の yūki no

organism [ɔːrˈgənizəm] n 有機体 yūkítai, 生物 seíbutsu

organist [ɔːrˈgənist] n オルガン奏者 orúgansōsha, オルガニスト orúganisuto

organization [ɔːrgənəzeiˈʃən] n (business, club, society) 組織 soshìki, 機構 kikō, オーガニゼーション óganizēshon

organize [ɔːrˈgənaiz] vt (arrange: activity, event) 企画する kikáku suru

organizer [ɔːrˈgənaizəːr] n (of conference, party etc) 主催者 shusáisha

orgasm [ɔːrˈgæzəm] n オルガズム orúgazumù

orgy [ɔːrˈdʒiː] n 乱交パーティ rañkōpāti

Orient [ɔːrˈiːənt] n: **the Orient** 東洋 tóyō

oriental [ɔːriːenˈtəl] adj 東洋の tōyō no

orientate [ɔːrˈiːenteit] vt: **to orientate oneself** (in place) 自分の居場所を確認する jibún no ibásho wo kakúnin suru; (in situation) 環境になれる kañkyō ni narérù

origin [ɔːrˈidʒin] n (beginning, source) 起源 kigèn; (of person) 生れ umare

original [əridʒˈənəl] adj (first: idea, occupation) 最初の saísho no; (genuine: work of art, document etc) 本物の hoñmono no; (fig: imaginative: thinker, writer, artist) 独創的な dokúsōteki na

♦*n* (genuine work of art, document) 本物 hoñmono

originality [ərɪdʒənæl'ɪti:] *n* (imagination: of artist, writer etc) 独創性 dokúsōsei

originally [ərɪdʒ'ənəli:] *adv* (at first) 最初は saîsho wa, 当初 tōsho

originate [ərɪdʒ'əneit] *vi*: *to originate from* (person, idea, custom etc) ...から始まる ...kará hajímaru
to originate in ...で始まる ...dè hajímaru

Orkneys [ɔːrk'niːz] *npl*: *the Orkneys* (*also*: **the Orkney Islands**) オークニー諸島 ōkùnīshotō

ornament [ɔːr'nəmənt] *n* (*gen*) 飾り kazári, 装飾 sōshoku; (to be worn) 装身具 sōshiñgu

ornamental [ɔːrnəmen'təl] *adj* (decorative: garden, pond) 装飾的な sōshokuteki na

ornate [ɔːrneit'] *adj* (highly decorative: design, style) 凝った kottà

ornithology [ɔːrnəθɑːl'ədʒi:] *n* 鳥類学 chōruigaku

orphan [ɔːr'fən] *n* 孤児 kojĭ

orphanage [ɔːr'fənidʒ] *n* 孤児院 kojĭin

orthodox [ɔːr'θədɑːks] *adj* (REL: *also fig*) 正統派の seītōha no

orthodoxy [ɔːr'θədɑːksi:] *n* (traditional beliefs) 正統思想 seītōshisō

orthopedic [ɔːrθəpiː'dik] (*BRIT* **orthopaedic**) *adj* 整形外科の seīkeigeka no

oscillate [ɑːs'əleit] *vi* (ELEC) 発振する hasshín suru; (PHYSICS) 振動する shiñdō suru; (*fig*: mood, person, ideas) 頻繁に変る hiñpan ni kawáru

ostensibly [ɑːsten'səbli:] *adv* 表面上 hyōmeñjō

ostentatious [ɑːstentei'ʃəs] *adj* (showy: building, car etc) 派手な hadé na; (: person) 万事に派手な bañji ni hadé na

osteopath [ɑːs'ti:əpæθ] *n* 整骨療法医 seīkotsuryōhōī

ostracize [ɑːs'trəsaiz] *vt* のけ者にする nokémono ni suru

ostrich [ɔːs'tritʃ] *n* ダチョウ dachō

other [ʌð'əːr] *adj* (that which has not

been mentioned: person, thing) 外の hoká no; (second of 2 things) もう一つの mō hitotsu no

♦*pron*: *the other (one)* 外の物 hoká no mono

♦*adv*: *other than* ...を除いて ...wo nozóite

others (other people) 他人 tanín

the other day (recently) 先日 señjitsu, この間 konó aida

otherwise [ʌð'əːrwaiz] *adv* (in a different way) 違ったやり方で chígatta yarikata dè; (apart from that) それを除けば soré wo nozókeba

♦*conj* (if not) そうでないと sō dè nai to

otter [ɑːt'əːr] *n* カワウソ kawáuso

ouch [autʃ] *excl* 痛い itáī

ought [ɔːt] (*pt* **ought**) *aux vb*: *she ought to do it* 彼女はそれをやるべきです kanòjo wa soré wo yarubeki desu
this ought to have been corrected これは直すべきだった koré wa naósubeki datta
he ought to win (probability) 彼は勝つはずです karè wa katsù hazu desu

ounce [auns] *n* (unit of weight) オンス oñsu

our [au'əːr] *adj* 私たちの watákushitachi no ¶ *see also* **my**

ours [au'əːrz] *pron* 私たちの物 watákushitachi no mono ¶ *see also* **mine**

ourselves [auəːrselvz'] *pron* 私たち自身 watákushitachi jishìn ¶ *see also* **oneself**

oust [aust] *vt* (forcibly remove: government, MP etc) 追放する tsuíhō suru

---

KEYWORD

---

out [aut] *adv* **1** (not in) 外に〔で, へ〕sótò ni〔de, e〕

they're out in the garden 彼らは庭にいます kárèra wa niwá ni imasù

(to stand) out in the rain/snow 雨〔雪〕の降る中に立っている ámè〔yukî〕no fúrù nákà ni tátte irù

it's cold out here/out in the desert 外〔砂漠〕は寒い sótò〔sabáku〕wa samúì

out here/there ここ〔あそこ〕だ-外の方に kokó〔asóko〕dà - sótò no hō nì *to go/come etc out* 出て行く〔来る〕déte iku(kuru)

(to speak) out loud 大きな声で言う ōkina koè de iú

2 (not at home, absent) 不在で fuzái de, 留守で rúsù de

Mr Green is out at the moment グリーンさんはただ今留守ですが gurín san wa tadáìma rúsù desu ga

to have a day/night out 1日〔晩〕外出して遊ぶ ichínichi〔hitóbàn〕gaíshutsu shitè asóbù

3 (indicating distance): *the boat was 10 km out* 船は10キロ沖にあった fúnè wa jukkírò okí ni attà

3 days out from Plymouth プリマスを出港して3日の所 purímàsu wo shukkō shitè mikká no tokorò

4 (SPORT) アウトで áuto de

the ball is/has gone out ボールはアウトだ〔出た〕bōru wa áuto da〔détà〕

out! (TENNIS etc) アウト áuto

◆*adj* **1**: *to be out* (person: unconscious) 気絶〔失神〕している kizétsu〔shisshín〕 shitè irù; (: SPORT) アウトである áuto de árù; (out of fashion: style) 流行遅れである ryūkōokùre de aru, 廃れている sutárete irù; (: singer) 人気がなくなった nínki gà nakúnattà

2 (have appeared: flowers): *to be out* 咲いている saíte irù; (: news) 報道されている hōdō sarete irù; (: secret) ばれた bàretà, 発覚した hakkáku shitá

3 (extinguished: fire, light, gas) 消えた kiétà

before the week was out (finished) その週が終らない内に sonó shū ga owáranai uchì ni

4: *to be out to do something* (intend) …しようとしている …shiyō tò shitè irù

to be out in one's calculations (wrong) 計算が間違っている keísan gà machígatte irù

---

out-and-out [aut'əndaut'] *adj* (liar, thief etc) 全くの mattáku no, 根っからの nekkára no

outback [aut'bæk] *n* (in Australia) 奥地

okúchi

outboard [aut'bɔːrd] *adj*: *outboard motor* アウトボードエンジン aùtobōdo-enjin

outbreak [aut'breik] *n* (of war, disease, violence etc) ぼっ発 boppátsu

outburst [aut'bəːrst] *n* (sudden expression of anger etc) 爆発 bakúhatsu

outcast [aut'kæst] *n* のけ者 nokémono

outcome [aut'kʌm] *n* (result) 結果 kekká

outcrop [aut'krɑːp] *n* (of rock) 露頭 rotō

outcry [aut'krai] *n* 反発 hańpatsu

outdated [autdei'tid] *adj* (old-fashioned) 時代遅れの jidáiokùre no

outdo [autdu:'] (*pt* **outdid** *pp* **outdone**) *vt* しのぐ shinōgu

outdoor [aut'dɔːr] *adj* (open-air: activities, games etc) 野外の yagái no, 屋外の okúgai no; (clothes) 野外用の yagáiyō no

outdoors [autdɔːrz'] *adv* (play, stay, sleep: in the open air) 野外に〔で〕yagái ni〔de〕

outer [aut'əːr] *adj* (exterior: door, wrapping, wall etc) 外側の sotógawa no

outer space *n* 宇宙空間 uchūkūkan

outfit [aut'fit] *n* (set of clothes) 衣装 ishō

outgoing [aut'gouiŋ] *adj* (extrovert) 外向性の gaíkōsei no; (retiring: president, mayor etc) 退陣する taíjin suru

outgoings [aut'gouiŋz] (*BRIT*) *npl* 出費 shuppí

outgrow [autgrou'] (*pt* **outgrew** *pp* **outgrown**) *vt* (one's clothes) 大きくなって …が着られなくなる ōkiku natte …ga kirárenaku naru

outhouse [aut'haus] *n* 納屋 nayá; (*US*) 屋外便所 okúgaibenjo

outing [au'tiŋ] *n* (excursion: family outing, school outing) 遠足 eńsoku

outlandish [autlæn'diʃ] *adj* (strange: looks, behavior, clothes) 奇妙な kimyō na

outlaw [aut'lɔː] *n* 無法者 muhōmono
◆*vt* (person, activity, organization) 禁止する kińshi suru

outlay [aut'lei] *n* (expenditure) 出費

shuppí

outlet [aut'let] *n* (hole, pipe) 排水口 haísuíkō; (*US: ELEC*) コンセント kofiseńto; (*COMM: also*: **retail outlet**) 販売店 hańbaíten

outline [aut'lain] *n* (shape: of object, person etc) 輪郭 rińkaku, アウトライン aútoraín; (brief explanation: of plan) あらまし arámashi, アウトライン aútoraín; (rough sketch) 略図 ryakúzu
♦*vt* (*fig*: theory, plan etc) ...のあらましを説明する ...no arámashi wo setsúmei suru

outlive [autliv'] *vt* (survive: person) ...より長生きする ...yorí naga-ikì suru; (: war, era) 生き延びる ikínobiru

outlook [aut'luk] *n* (view, attitude) 見方 mikáta; (*fig*: prospects) 見通し mitóshi; (: for weather) 予報 yohó

outlying [aut'laiiŋ] *adj* (away from main cities: area, town etc) 中心部を離れた chūshinbu wo hanáreta

outmoded [autmou'did] *adj* (old-fashioned: custom, theory) 時代遅れの jidáiokùre no

outnumber [autnʌm'bə:r] *vt* ...より多い ...yorí ōì

KEYWORD
---

out of *prep* 1 (outside, beyond) ...の外へ〔に, で〕 ...no sótò e〔ni, de〕
to go out of the house 家から外へ出る ié karà sótò e dérù
to look out of the window 窓から外を見る mádò kara sótò wo mírù
to be out of danger (safe) 危険がなくなった kikén gà nakúnattà
2 (cause, motive) ...に駆られて ...ni karáretè
out of curiosity/fear/greed 好奇心〔恐怖, どん欲〕に駆られて kókishìn〔kyófu, dón-yoku〕ni karáretè
3 (origin) ...から ...kara
to drink something out of a cup カップから...を飲む káppù kara ...wo nomù
to copy something out of a book 本から...を写す hóñ kara ...wò utsúsù
4 (from among) ...の中から ...no nákà

kara, ...の内 ...no uchí
1 out of every 3 smokers 喫煙者3人に1人 kitsúeñsha sannin nì hitórì
out of 100 cars sold, only one had any faults 売れた100台の車の内，1台だけに欠陥があった uréta hyakúdài no kurúma no uchi, íchidai dake ni kekkán ga atta
5 (without) ...が切れて ...ga kírète, ...がなくなって ...ga nakúnattè
to be out of milk/sugar/gas (US)/petrol (BRIT) etc ミルク〔砂糖, ガソリン〕が切れている mírùku〔satő, gasórin〕ga kírète iru

---

out-of-date [autəvdeit'] *adj* (passport) 期限の切れた kigén no kiréta; (clothes etc) 時代遅れの jidáiokùre no

out-of-the-way [autəvðəwei'] *adj* (place) へんぴな heñpi na

outpatient [aut'peiʃənt] *n* (*MED*) 外来患者 gaíraikanja

outpost [aut'poust] *n* (*MIL, COMM*) 前しょう zeñshō; (*COMM*) 前進基地 zeñshinkichi

output [aut'put] *n* (production: of factory, mine etc) 生産高 seísandaka; (: of writer) 作品数 sakúhinsū; (*COMPUT*) 出力 shutsúryoku, アウトプット aútoputto

outrage [aut'reidʒ] *n* (action: scandalous) 不法行為 fuhókòī; (: violent) 暴力行為 bőryokukòī; (anger) 激怒 gekído
♦*vt* (shock, anger) 激怒させる gekído saseru

outrageous [autrei'dʒəs] *adj* 非難すべき hinánsubeki

outright [*adv* autrait' *adj* aut'rait] *adv* (absolutely: win) 圧倒的に attőteki ni; (at once: kill) 即座に sokúza ni; (openly: ask, deny, refuse) はっきりと hakkíri to
♦*adj* (absolute: winner, victory) 圧倒的な attőteki na; (open: refusal, denial, hostility) 明白な meíhaku na

outset [aut'set] *n* (start) 始め hajíme

outside [aut'said'] *n* (exterior: of container, building) 外側 sotògawa
♦*adj* (exterior) 外側の sotògawa no
♦*adv* (away from the inside: to be, go,

wait) 外に〔で〕sotó ni〔de〕
◆*prep* (not inside) ...の外に〔で〕...no sotó ni〔de〕; (not included in) ...の 外 に ...no hoká ni; (beyond) ...を越えて ...wo koéte
at the outside (*fig*) せいぜい seízei

outside lane *n* (AUT) 追越し車線 oíkoshishaseń

outside line *n* (TEL) 外線 gaísen

outsider [autsai'də:r] *n* (stranger) 部外者 bugáisha

outside-left/-right [aut'saidleft'/rait'] *n* (SOCCER) レフト〔ライト〕ウイング refúto〔raíto〕uíñgu

outsize [aut'saiz] *adj* (clothes) キング サイズの kíñgusaízu no

outskirts [aut'skə:rts] *npl* (of city, town) 外れ hazúre

outspoken [aut'spou'kən] *adj* (statement, opponent, reply) 遠慮のない eńryo no nai

outstanding [autstæn'diŋ] *adj* (exceptional) 並外れた namíhazureta, 優れた sugúretá; (remaining: debt, work etc) 残っている nókotte iru

outstay [autstei'] *vt*: *to outstay one's welcome* 長居して嫌われる nagái shite kiráwareru

outstretched [autstretʃt'] *adj* (hand) 伸ばした nobáshita; (arms) 広げた hirógetá

outstrip [autstrip'] *vt* (competitors, demand) 追抜く oínuku

out-tray [aut'trei] *n* 送信のトレー sóshin no torè

outward [aut'wə:rd] *adj* (sign, appearances) 外部の gaíbu no; (journey) 行きの ikí no

outwardly [aut'wə:rdliŋ] *adv* 外部的に gaíbuteki ni

outweigh [autwei'] *vt* ...より重要である ...yorí jữyô de aru

outwit [autwit'] *vt* ...の裏をかく ...no urá wo kaku

oval [ou'vəl] *adj* (table, mirror, face) だ円形の daénkei no
◆*n* だ円形 daénkei

ovary [ou'və:ri:] *n* 卵巣 rańsô

ovation [ouvei'ʃən] *n* 大喝さい daíkassai

oven [ʌv'ən] *n* (CULIN) 天火 teńpi, オーブン ōbùn; (TECH) 炉 ro

ovenproof [ʌv'ənpru:f] *adj* (dish etc) オーブン用の ōbùn yô no

KEYWORD

over [ou'və:r] *adv* 1 (across: walk, jump, fly etc) ...を越えて ...wò koétè
to cross over to the other side of the road 道路を横断する dôro wo ôdan suru
over here/there ここ〔あそこ〕に〔で〕kokó〔asóko〕nì〔dè〕
to ask someone over (to one's house) ...を家に招く ...wo ié nì manékù
2 (indicating movement from upright: fall, knock, turn, bend etc) 下へ shitá è, 地面へ jímèn e
3 (excessively: clever, rich, fat etc) 余り amári, 過度に kádò ni
she's not over intelligent, is she? 彼女はあまり頭が良くないね kánòjo wa amári atáma gà yókùnai nē
4 (remaining: money, food etc) 余って amáttè, 残って nokóttè
there are 3 over 3個が残っている sáñko ga nokótte irù
is there any cake (left) over? ケーキが残っていませんか kêkì ga nokótte !maseñ ká
5: *all over* (everywhere) 至る所に〔で〕itárù tokoro ni〔de〕, どこもかしこも dókò mo káshikò mo
over and over (again) (repeatedly) 何度〔何回, 何返〕も náñdo〔náñkai, náñben〕mo
◆*adj* (finished): *to be over* (game, life, relationship etc) 終りである owári de arù
◆*prep* 1 (on top of) ...の上に〔で〕...nò ue nì〔de〕; (above) ...の上方に〔で〕...no jôhô nì〔de〕
to spread a sheet over something ...の上にシーツを掛ける ...no ué nì shîtsu wo kakérù
there's a canopy over the bed ベッドの上に天がいがある béddò no ué nì teñgai ga arù
2 (on the other side of) ...の向こう側に

〔で〕...no mukṓgawa nǐ〔dè〕
the pub over the road 道路の向こう側
にあるパブ dṓrò no mukṓgawa ni arù
pábù
he jumped over the wall 彼は塀を飛
越えた kárè wa heí wò tobíkoèta
3 (more than) 以上 ijō
over 200 people came 200人以上の人
が来ました nihyákunǐn ǐjō no hitó gà
kimáshìtà
over and above ...の外に ...no hókà ni,
...に加えて ...ni kuwáetè
*this order is over and above what
we have already ordered* この注文は
これまでの注文への追加です konó chū-
mon wa korḗ madè no chū́mòn e no
tsuíka desù
4 (during) ...の間 ...no aída
over the last few years 過去数年の間
kákò sū́nèn no aída
over the winter 冬の間 fuyú nò aída
let's discuss it over dinner 夕食をし
ながら話し合いましょう yū́shoku wò
shinágàra hanáshiaimashṓ

overall [*adj, n* ou'və:rɔ:l *adv* ouvə:rɔ:l']
adj (length, cost etc) 全体の zentai no;
(general: study, survey) 全面的な zenmen-
teki na
♦*adv* (view, survey etc) 全面的に zenmen-
teki ni; (measure, paint) 全体に zentai ni
♦*n* (*BRIT*: woman's, child's, painter's)
上っ張り uwáppari
overalls [ou'və:rɔ:lz] *npl* オーバーオール
ṓbāòrù
overawe [ouvə:rɔ:'] *vt* 威圧する iátsu su-
ru
overbalance [ouvə:rbæl'əns] *vi* バラン
スを失う barànsu wo ushínau
overbearing [ouvə:rbe:r'iŋ] *adj* (person,
behavior, manner) 横暴な ṓbō na
overboard [ou'və:rbɔ:rd] *adv* (NAUT):
to fall overboard 船から水に落ちる fu-
nè kara mizú ni ochírù
overbook [ou'və:rbuk] *vt* 予約を取り過
ぎる yoyáku wo torísugiru
overcast [ou'və:rkæst] *adj* (day, sky) 曇
った kumóttà

overcharge [ou'və:rtʃɑ:rdʒ] *vt* ...に不当
な金額を請求する ...ni futṓ na kingaku
wo seíkyū suru
overcoat [ou'və:rkout] *n* オーバーコー
ト ṓbākòto, オーバー ṓbā
overcome [ouvə:rkʌm'] (*pt* **overcame** *pp*
overcome) *vt* (defeat: opponent, enemy)
...に勝つ ...ni katsù; (*fig*: difficulty, prob-
lem) 克服する kokúfuku suru
overcrowded [ouvə:rkrau'did] *adj*
(room, prison) 超満員の chṓman-in no;
(city) 過密な kamítsu na
overdo [ouvə:rdu:'] (*pt* **overdid** *pp* **over-
done**) *vt* (exaggerate: concern, interest)
誇張する kochṓ suru; (overcook) 焼き過
ぎる yakísuguru
to overdo it (work etc) やり過ぎる yarí-
sugiru
overdose [ou'və:rdous] *n* (MED: danger-
ous dose) 危険量 kikénryò; (: fatal dose)
致死量 chíshìryō
overdraft [ou'və:rdræft] *n* 当座借越 tṓ-
zakarikoshi
overdrawn [ouvə:rdrɔ:n'] *adj* (account)
借越した karíkoshi shita
overdue [ouvə:rdu:'] *adj* (late: person,
bus, train) 遅れている okúrete iru;
(change, reform etc) 待望の taíbō no
overestimate [ouvə:res'təmeit] *vt* (cost,
importance, time) 高く見積りすぎる ta-
kàku mitsúmorisugirù; (person's ability,
skill etc) 買いかぶる kaíkaburu
overexcited [ouvə:riksai'tid] *adj* 過度に
興奮した kadò ni kṓfun shita
overflow [*vb* ouvə:rflou' *n* ou'və:rflou]
vi (river) はん濫する hanran suru; (sink,
vase etc) あふれる afúrèru
♦*n* (*also*: **overflow pipe**) 放出パイプ hṓ-
shutsupaipu
overgrown [ouvə:rgroun'] *adj* (garden)
草がぼうぼうと生えた kusa ga bṓbō to
haèta
overhaul [*vb* ouvə:rhɔ:l' *n* ou'və:rhɔ:l]
vt (engine, equipment etc) 分解検査する
bunkaikensa suru, オーバーホールする
ṓbāhòru suru
♦*n* オーバーホール ṓbāhòru
overhead [*adv* ouvə:rhed' *adj, n*

ou've:rhed] *adv* (above) 頭上に〔で〕zujṓ ni〔de〕;(in the sky)上空に〔で〕jōkū ni〔de〕
◆*adj* (lighting) 上からの ué kara no; (cables, railway) 高架の kōkā no
◆*n* (*US*) = **overheads**

overheads [ou'və:rhedz] *npl* (expenses) 経費 keíhi

overhear [ouvə:rhiə'r'] (*pt, pp* **overheard**) *vt* 耳にする mimí ni suru

overheat [ouvə:rhi:t'] *vi* (engine) 過熱する kanétsu suru, オーバーヒートする ō-bāhīto suru

overjoyed [ouvə:rdʒɔid'] *adj* 大喜びした óyðrokobi shita

overkill [ou'və:rkil] *n* やり過ぎ yarísugi

overland [ou'və:rlænd] *adj* (journey) 陸路の rikúro no
◆*adv* (travel) 陸路で rikúro de

overlap [ouvə:rlæp'] *vi* (edges) 部分的に重なる bubúnteki ni kasánaru, オーバーラップする ōbārappu suru; (*fig*: ideas, activities etc) 部分的に重複する bubúnteki ni chṓfuku suru, オーバーラップする ōbārappu suru

overleaf [ouvə:rli:f] *adv* ページの裏に péji no urá ni

overload [ou'və:rloud] *vt* (vehicle) …に積み過ぎる …ni tsumísugiru; (ELEC) …に負荷を掛け過ぎる …ni fukā wo kakésugiru; (*fig*: with work, problems etc) …に負担を掛け過ぎる …ni fután wo kakésugiru

overlook [ou'və:rluk] *vt* (have view over) 見下ろす miórosu; (miss: by mistake) 見落す miótosu; (excuse, forgive) 見逃す minṓgasu

overnight [*adv* ouvə:rnait' *adj* ou'və:rnait] *adv* (during the whole night) 一晩中 hitóbanjū; (*fig*: suddenly) いつの間にか itsū no ma ni ka
◆*adj* (bag, clothes) 1泊用の ippákuyō no
to stay overnight 一泊する ippáku suru

overpass [ou'və:rpæs] *n* 陸橋 ríkkyō

overpower [ouvə:rpau'ə:r'] *vt* (person) 腕力で抑え込む waṅryoku de osáekomù; (subj: emotion, anger etc) 圧倒する attó

suru

overpowering [ouvə:rpau'ə:riŋ] *adj* (heat, stench) 圧倒する様な attṓ suru yō na

overrate [ouvə:rreit'] *vt* (person, film, book) 高く評価し過ぎる takáku hyṓka shisúgiru

override [ouvə:raid'] (*pt* **overrode** *pp* **overridden**) *vt* (order) 無効にする mukṓ ni suru; (objection) 無視する mushī suru

overriding [ouvə:raid'iŋ] *adj* (importance) 最大の saídai no; (factor, consideration) 優先的な yūsénteki na

overrule [ouvə:ru:l'] *vt* (decision, claim, person) 無効にする mukṓ ni suru; (person) …の提案を退ける …no teían wo shirízokerù

overrun [ou'və:rʌn] (*pt* **overran** *pp* **overrun**) *vt* (country) 侵略する shińryaku suru; (time limit) 越える koéru

overseas [*adv* ouvə:rsi:z' *adj* ou'və:rsi:z] *adv* (live, travel, work: abroad) 海外に〔で〕kaígai ni〔de〕
◆*adj* (market, trade) 海外の kaígai no; (student, visitor) 外国人の gaíkokujīn no

overshadow [ouvə:rʃæd'ou] *vt* (throw shadow over: place, building etc) …の上にそびえる …no ué ni sobíerù; (*fig*) …の影を薄くさせる …no kage wo usúku saseru

overshoot [ouvə:rʃu:t'] (*pt, pp* **overshot**) *vt* (subj: plane, train, car etc) …に止らずに行き過ぎる …ni tomárazu ni ikísugirù

oversight [ou'və:rsait] *n* 手落ち teōchi

oversleep [ouvə:rsli:p'] (*pt, pp* **overslept**) *vi* 寝過ごす nesúgòsu, 寝坊する nebṓ suru

overstate [ouvə:rsteit'] *vt* (exaggerate: case, problem, importance) 誇張する kochṓ suru

overstep [ouvə:rstep'] *vt*: *to overstep the mark* (go too far) 行き過ぎをやる ikísugi wo yaru

overt [ouvə:rt'] *adj* あからさまな akárasama na

overtake [ouvə:rteik'] (*pt* **overtook** *pp* **overtaken**) *vt* (AUT) 追越す oíkòsu

overthrow [ouvə:rθrou'] *vt* (government, leader) 倒す taósù

overtime [ou'və:rtaim] *n* 残業 zañgyō

overtone [ou'və:rtoun] *n* (*fig*) 含み fukúmì

overture [ou'və:rtʃə:r] *n* (MUS) 序曲 jokyōku; (*fig*) 申出 mōshide

overturn [ouvə:rtə:rn'] *vt* (car, chair) 引っ繰り返す hikkúrikaèsu; (*fig*: decision, plan, ruling) 翻す hirúgaèsu; (: government, system) 倒す taósù

♦*vi* (car, train, boat etc) 転覆する teñpuku suru

overweight [ouvə:rweit'] *adj* (person) 太り過ぎの futórìsugi no

overwhelm [ouvə:rwelm'] *vt* 圧倒する attō suru

overwhelming [ouvə:rwel'miŋ] *adj* (victory, heat, feeling) 圧倒的な attōteki na

overwork [ouvə:rwə:rk'] *n* 働き過ぎ határakisugì, 過労 karō

overwrought [ou'vərɔ:t'] *adj* 神経が高ぶった shiñkei ga tákabuttà

owe [ou] *vt*: *to owe someone something, to owe something to someone* (money) ...に...を借りている ...ni ...wo karíte iru, ...に...を払う義務がある ...ni ...wo haráù gimù a aru; (*fig*: gratitude, respect, loyalty) ...に...しなければならない ...ni ...shinákereba naranaì; (: life, talent, good looks etc) ...は...のおかげである ...wa ...no o-kagé de aru

owing to [ou'iŋ tu:] *prep* (because of) ...のために ...no tamé nì

owl [aul] *n* フクロウ fukúrō, ミミズク mìmìzuku

own [oun] *vt* (possess: house, land, car etc) 所有する shoyū suru, 保有する hoyū suru

♦*adj* (house, work, style etc) 自分の jibún no, 自分自身の jubúnjishìn no

a room of my own 自分の部屋 jibún no heyá

to get one's own back (take revenge) 復しゅうする fukushū suru

on one's own (alone) 自分で jibun de, 自分の力で jibún no chikára de

owner [ou'nə:r] *n* (*gen*) 所有者 shoyūsha, 持主 mōchìnushi, オーナー ōnā; (of shop)

主人 shujìn, 経営者 kéieìsha; (of pet) 飼主 kaínushi

ownership [ou'nə:rʃip] *n* (possession) 所有 shoyū

own up *vi* (admit: guilt, error) ...を認める ...wo mitómeru

ox [α:ks] (*pl* **oxen**) *n* ウシ ushí ◇通常去勢した牡ウシを指す tsūjō kyoséi shita oùshi wo sasu

oxtail [α:ks'teil] *n*: *oxtail soup* オックステールスープ okkùsutērusūpu

oxygen [α:k'sidʒən] *n* 酸素 sañso

oxygen mask/tent *n* 酸素マスク〔テント〕 sañsomasuku(tento)

oyster [ɔis'tə:r] *n* カキ kaki

oz. *abbr* = **ounce(s)**

ozone [ou'zoun] *n* オゾン ozòn

ozone layer *n* オゾン層 ozònsō

P

p [pi:] *abbr* = **penny; pence**

P.A. [pi:ei'] *n abbr* = **personal assistant; public address system**

p.a. *abbr* = **per annum**

pa [pɑ:] (*inf*) *n* 父ちゃん tōchan, パパ pápà

pace [peis] *n* (step) 1歩 íppò; (distance) 歩幅 hohába; (speed) 早さ háyàsa, 速度 sókùdo, ペース pèsu

♦*vi*: *to pace up and down* (walk around angrily or impatiently) うろうろする úrôuro suru

to keep pace with (person) ...と足並をそろえる ...to ashínami wò soróerù

pacemaker [peis'meikə:r] *n* (MED) ペースメーカー pèsumèkā; (SPORT: *also*: **pacesetter**) ペースメーカー pèsumèkā

Pacific [pəsif'ik] *n*: *the Pacific (Ocean)* 太平洋 taíheìyō

pacifist [pæs'əfist] *n* 平和主義者 heíwashugìsha

pacify [pæs'əfai] *vt* (soothe: person) なだめる nadámerù; (: fears) 鎮める shizúmerù

pack [pæk] *n* (packet) 包み tsutsúmi; (*US*: of cigarettes) 1箱 hitóhàko; (group:

of hounds) 群れ muré; (: of people) グループ gūrúpu; (back pack) リュックサック ryukkúsakkù; (of cards) 1組 hitōkùmi

♦*vt* (fill: box, container, suitcase etc) ...に詰込む ...ni tsumékomù; (cram: people, objects): **to pack into** ...を...に詰込む ...wo ...ni tsumékomù

to pack (one's bags) 荷造りをする nizúkùri wo suru

to pack someone off ...を追出す ...wo oídasù

pack it in! (*inf*: stop it!) やめなさい! yaménasaì!

package [pæk'idʒ] *n* (parcel) 小包 kozútsumi; (*also*: **package deal**) 一括取引 ikkátsutorihìki

package holiday *n* = **package tour**

package tour *n* パッケージツアー pakkéjitsuā, パックツアー pakkútsuā

packed lunch [pækt-] *n* 弁当 beñtō

packet [pæk'it] *n* (box) 1箱 hitóhàko; (bag) 1袋 hitófùkuro

packing [pæk'iŋ] *n* (act) 詰込む事 tsumékomù kotó; (external: paper, plastic etc) 包装 hōsō

packing case *n* 木箱 kíbàko

pact [pækt] *n* 協定 kyōtei

pad [pæd] *n* (block of paper) 一つづり hitótsùzuri; (to prevent friction, damage) こん包材 koñpōzài; (in shoulders of dress, jacket etc) パッド páddò; (*inf*: home) 住い súmài

♦*vt* (SEWING: cushion, soft toy etc) ...に詰物をする ...ni tsumémòno wo suru

padding [pæd'iŋ] *n* (material) 詰物 tsumémòno

paddle [pæd'əl] *n* (oar) かい kái, パドル pádòru; (*US*: for table tennis) ラケット rakéttò

♦*vt* (boat, canoe etc) こぐ kógù

♦*vi* (with feet) 水の中を歩く mizú no nakà wo arúkù

paddle steamer *n* (on river) 外輪船 gaírinsen

paddling pool [pæd'liŋ-] (*BRIT*) *n* (children's) 子供用プール kodómoyō pùru

paddock [pæd'ək] *n* (for horse: small field) 放牧場 hōbokujō; (: at race course)

パドック pádòkku

paddy field [pæd'i:-] *n* 水田 suíden, 田んぼ tañbo

padlock [pæd'lɑ:k] *n* (on door, bicycle etc) 錠 (前) jō(mae)

paediatrics [pi:di:æt'riks] (*BRIT*) *n* = **pediatrics**

pagan [pei'gən] *adj* (gods, festival, worship) 異教の ikyō no ◇キリスト教, ユダヤ教, イスラム教以外の宗教をさげすんで言う語 kirísutokyō, yudáyakyō, isúramukyō igài no shúkyō wo sagésuñde iú go

♦*n* (worshipper of pagan gods) 異教徒 ikyōto

page [peidʒ] *n* (of book, magazine, newspaper) ページ pēji; (*also*: **page boy**) 花嫁付添いの少年 hanáyòmetsukisoi no shōnen

♦*vt* (in hotel etc) ボーイ bōi

pageant [pædʒ'ənt] *n* (historical procession, show) ページェント pèjento

pageantry [pædʒ'əntri:] *n* 見世物 misémono

paid [peid] *pt, pp of* **pay**

♦*adj* (work) 有料の yūryō no; (staff, official) 有給の yūkyū no; (gunman, killer) 雇われた yatówaretà

a paid holiday 有給休暇 yūkyūkyūka

to put paid to (*BRIT*: end, destroy) ...を台無しにする ...wo daínashi ni surù

pail [peil] *n* (for milk, water etc) バケツ bakétsu

pain [pein] *n* (unpleasant physical sensation) 痛み itámi, 苦痛 kutsū; (*fig*: unhappiness) 苦しみ kurúshimi, 心痛 shiñtsū

to be in pain (person, animal) 苦痛を感じている kutsū wò kañjite irù, 苦しんでいる kurúshinde irù

to take pains to do something (make an effort) 苦心して ...する kushín shite ...surù

pained [peind] *adj* (expression) 怒った okóttà

painful [pein'fəl] *adj* (back, wound, fracture etc) 痛い itái, 痛む itámù; (upsetting, unpleasant: sight etc) 痛々しい itáitashii; (memory) 不快な fukái na; (decision) 苦しい kurúshiî; (laborious: task, progress etc) 骨の折れる honé no orerù

painfully [pein'fəli:] *adv* (*fig*: very) 痛い程 itáihodo

painkiller [pein'kilər] *n* (aspirin, paracetamol etc) 鎮痛剤 chíñtsūzai

painless [pein'lis] *adj* (operation, childbirth) 無痛の mutsū no

painstaking [peinz'teikiŋ] *adj* (work) 骨折れの honéore no; (person) 勤勉な kíñben na

paint [peint] *n* (decorator's: for walls, doors etc) 塗料 toryō, ペンキ peñki, ペイント peñto; (artist's: oil paint, watercolor paint etc) 絵の具 e nó gu

◆*vt* (wall, door, house etc) ...にペンキを塗る ...ni peñki wo nurù; (picture, portrait) 描く kákù

to paint the door blue ドアに水色のペンキを塗る dóa ni mizúiro nò peñki wò nurù

paintbrush [peint'brʌʃ] *n* (decorator's) 刷毛 hake, ブラシ búrashi; (artist's) 絵筆 éfude

painter [pein'tər] *n* (artist) 画家 gaká; (decorator) ペンキ屋 peñkiya

painting [pein'tiŋ] *n* (activity: decorating) ペンキ塗り peñkinùri; (: art) 絵描き ekáki; (picture) 絵画 káîga

an oil painting 油絵 abúraè

paintwork [peint'wəːrk] *n* (painted parts) 塗装の部分 tosō no bubùn

pair [peːr] *n* (of shoes, gloves etc) 対 tsuí

a pair of scissors はさみ hasámi

a pair of trousers ズボン zubóñ

pajamas [pədʒɑːm'əz] (*US*) *npl* パジャマ pájàma

Pakistan [pæk'istæn] *n* パキスタン pakísutan

Pakistani [pæk'əstæn'iː] *adj* パキスタンの pakísutan no

◆*n* パキスタン人 pakísutanjìn

pal [pæl] (*inf*) *n* (friend) 友達 tomódachi

palace [pæl'is] *n* (residence: of monarch) 宮殿 kyúden; (: of president etc) 官邸 kañtei;(: of Japanese emperor) 皇居 kòkyo, 御所 góshò

palatable [pæl'ətəbəl] *adj* (food, drink)

おいしい oíshiî

palate [pæl'it] *n* 口がい kōgai

palatial [pəlei'ʃəl] *adj* (surroundings, residence) 豪華な gōka na

palaver [pəlæv'əːr] *n* (*US*) 話し合い hanáshiai; (*BRIT*: *inf*: fuss) 大騒ぎ ōsawàgi

pale [peil] *adj* (whitish: color) 白っぽい shíróppoî; (: face) 青白い aójiroî, 青ざめた aózametà; (: light) 薄暗い usúguraî

◆*n*: *beyond the pale* (unacceptable) 容認できない yōnin dekinâi

Palestine [pæl'istain] *n* パレスチナ parésùchina

Palestinian [pælistin'iːən] *adj* パレスチナの parésùchina no

◆*n* パレスチナ人 parésùchinajìn

palette [pæl'it] *n* (ART: paint mixing board) パレット paréttò

palings [pei'liŋz] *npl* (fence) さく sakú

pall [pɔːl] *n*: *a pall of smoke* 一面の煙 ichímen no kemuri

◆*vi* ...が詰まらなくなる ...ga tsumáranakù naru, ...に飽きる ...ni akírù

pallet [pæl'it] *n* (for goods) パレット paréttò

pallid [pæl'id] *adj* (person, complexion) 青白い aójiroî

pallor [pæl'əːr] *n* そう白 sōhaku

palm [pɑːm] *n* (*also*: **palm tree**) ヤシ yáshî; (of hand) 手のひら tenóhîra

◆*vt*: *to palm something off on someone* (*inf*) ...に...をつかませる ...ni ...wo tsukámaserù

Palm Sunday *n* 枝の主日 edá nò shujítsu

palpable [pæl'pəbəl] *adj* (obvious: lie, difference etc) 明白な meîhaku na

palpitations [pælpitei'ʃənz] *npl* (MED) 動き dóki

paltry [pɔːl'triː] *adj* (amount: tiny, insignificant) ささいな sásài na

pamper [pæm'pəːr] *vt* (cosset: person, animal) 甘やかす amáyakasù

pamphlet [pæm'flit] *n* (political, literary etc) 小冊子 shōsasshî, パンフレット páñfuretto

pan [pæn] *n* (CULIN: *also*: **saucepan**) 片

手なべ katátenabè; (: *also*: **frying pan**) フライパン furáipan

panacea [pænəsi:'ə] *n* 万能薬 bańnōyàku

panache [pənæʃ'] *n* 気取り kidóri

Panama [pæn'əmɑ:] *n* パナマ pánama

Panama Canal *n*: **the Panama Canal** パナマ運河 panáma uñga

pancake [pæn'keik] *n* パンケーキ pañkèki, ホットケーキ hottôkèki

pancreas [pæn'kri:əs] *n* すい臓 suízō

panda [pæn'də] (ZOOL) ジャイアントパンダ jaíantopañda

panda car (*BRIT*) *n* (police car) パトカー patókà

pandemonium [pændəmou'ni:əm] *n* (noisy confusion) 大混乱 daíkoñran

pander [pæn'də:r] *vi*: **to pander to** (person, whim, desire etc) ...に迎合する ...ni geígō suru

pane [pein] *n* (of glass) 窓ガラス madógaràsu

panel [pæn'əl] *n* (oblong piece: of wood, metal, glass etc) 羽目板 hameíta, パネル pánèru; (group of judges, experts etc) ...の一団 ...no ichídàn, パネル pánèru

paneling [pæn'əliŋ] (*BRIT* **panelling**) *n* 羽目板 hameíta ◇総称 sốshō

pang [pæŋ] *n*: **a pang of regret** 悔恨の情 kaîkon nò jō
hunger pangs (physical pain) 激しい空腹感 hageshiî kūfukukan

panic [pæn'ik] *n* (uncontrollable terror, anxiety) パニック pánikku
♦*vi* (person) うろたえる urótaerù; (crowd) パニック状態になる paníkkujōtai ni nárù

panicky [pæn'iki:] *adj* (person) うろたえる urótaerù

panic-stricken [pæn'ikstrikən] *adj* (person, face) パニックに陥った pánìkku ni ochíttà

panorama [pænəræm'ə] *n* (view) 全景 zeñkei, パノラマ panórama

pansy [pæn'zi:] *n* (BOT) サンシキスミレ sañshikisumîre, パンジー páñjī; (*inf*: *pej*) 弱虫 yowámùshi

pant [pænt] *vi* (gasp: person, animal) あえぐ aégù

panther [pæn'θə:r] *n* ヒョウ hyồ

panties [pæn'ti:z] *npl* パンティー páñtī

pantomime [pæn'təmaim] (*BRIT*) *n* クリスマスミュージカル kurísumasu myūjikaru

pantry [pæn'tri:] *n* 食料室 shokúryōshìtsu, パントリー páñtorī

pants [pænts] *n* (*BRIT*: underwear: woman's) パンティー páñtī; (: man's) パンツ páñtsu; (*US*: trousers) ズボン zubóñ

panty hose *n* パンティーストッキング páñtisutokkiñgu

papal [pei'pəl] *adj* ローマ法王の rốmahōồ no

paper [pei'pə:r] *n* (*gen*) 紙 kamí; (*also*: **newspaper**) 新聞 shiñbun; (exam) 試験 shikêñ; (academic essay) 論文 rofibun, ペーパー pêpā; (*also*: **wallpaper**) 壁紙 kabégami
♦*adj* (made from paper: hat, plane etc) 紙の kamí no
♦*vt* (room: with wallpaper) ...に壁紙を張る ...ni kabégami wò hárù

paperback [pei'pə:rbæk] *n* ペーパーバック pêpàbakku

paper bag *n* 紙袋 kamíbukùro

paper clip *n* クリップ kuríppù

paper hankie *n* ティッシュ tísshù

papers [pei'pə:rz] *npl* (documents) 書類 shórùi; (*also*: **identity papers**) 身分証明書 mibúnshōmeishò

paperweight [pei'pə:rweit] *n* 文鎮 buñchin

paperwork [pei'pə:rwə:rk] *n* (in office: dealing with letters, reports etc) 机上の事務 kijô no jimù, ペーパーワーク pêpàwàku

papier-mâché [pei'pə:rməʃei'] *n* 張り子 haríko

paprika [pɑ:pri:'kə] *n* パプリカ papúrika

par [pɑ:r] *n* (equality of value) 同等 dôtō; (GOLF) 基準打数 kijúndasū, バー pâ
to be on a par with (be equal with) ...と同等である ...to dôtō de arù

parable [pær'əbəl] *n* たとえ話 tatóebanàshi

parachute [pær'əʃu:t] *n* 落下傘 rakkásàn, パラシュート paráshūto

parade [pəreid'] *n* (public procession) パレード paré`dò

♦*vt* (show off: wealth, knowledge etc) 見せびらかす misébirakasù

♦*vi* (MIL) 行進する kőshin suru

paradise [pær'ədais] *n* (REL: heaven, nirvana etc: *also fig*) 天国 téñgoku, 極楽 gokúraku

paradox [pær'ədɑːks] *n* (thing, statement) 逆説 gyakúsetsu

paradoxically [pærədɑːk'sikli:] *adv* 逆説的に言えば gyakúsetsuteki nĭ iébà

paraffin [pær'əfin] (*BRIT*) *n* (*also*: **paraffin oil**) 灯油 tőyu

paragon [pær'əgɑːn] *n* (of honesty, virtue etc) 模範 mohán, かがみ kagámi

paragraph [pær'əgræf] *n* 段落 dañrakù, パラグラフ parágùrafu

Paraguay [pær'əgwei] *n* パラグアイ parágùai

parallel [pær'əlel] *adj* (lines, walls, streets etc) 平行の heíkō no; (*fig*: similar) 似た nitá

♦*n* (line) 平行線 heíkōsen; (surface) 平行面 heíkōmen; (GEO) 緯度線 idósèn; (*fig*: similarity) 似た所 nitá tokoro

paralysis [pəræl'isis] *n* (MED) 麻ひ máhì

paralyze [pær'əlaiz] *vt* (MED) 麻ひさせる máhì saséru; (*fig*: organization, production etc) 麻ひ状態にする mahíjōtai ni suru

parameters [pəræm'itə:rz] *npl* (*fig*) 限定要素 geñteiyòso

paramilitary [pærəmil'ite:ri:] *adj* (organization, operations) 準軍事的な juñguñjiteki na

paramount [pær'əmaunt] *adj*: **of paramount importance** 極めて重要な kiwámète jűyō na

paranoia [pærənɔi'ə] *n* 被害妄想 higáimòsō

paranoid [pær'ənɔid] *adj* (person, feeling) 被害妄想の higáimòsō no

parapet [pær'əpit] *n* 欄干 rañkan

paraphernalia [pærəfə:rneil'jə] *n* (gear) 道具 dőgu

paraphrase [pær'əfreiz] *vt* (poem, article etc) やさしく言替える yasáshikù iîkaerù

paraplegic [pærəpli:'dʒik] *n* 下半身麻ひ患者 kahánshinmahi kañja

parasite [pær'əsait] *n* (insect: *also fig*: person) 寄生虫 kiséichū; (plant) 寄生植物 kiséishokùbutsu

parasol [pær'əsɔːl] *n* 日傘 higasa, パラソル párasoru

paratrooper [pær'ətru:pə:r] *n* (MIL) 落下傘兵 rakkásanhei

parcel [pɑːr'səl] *n* (package) 小包 kozútsùmi

♦*vt* (object, purchases: *also*: **parcel up**) 小包にする kozútsùmi ni suru

parch [pɑːrtʃ] *vt* (land) 干上がらす hiágarasu; (crops) からからに枯らす karákara ni karasù

parched [pɑːrtʃt] *adj* (person) のどがからからの nődò ga karákara no

parchment [pɑːrtʃ'mənt] *n* (animal skin) 羊皮紙 yőhishì; (thick paper) 硫酸紙 ryűsanshì

pardon [pɑːr'dən] *n* (LAW) 赦免 shamén

♦*vt* (forgive: person, sin, error etc) 許す yurúsù

pardon me!, I beg your pardon! (I'm sorry) 済みません sumímaseñ, 失礼しました shitsúrèi shimashita, ご免なさい gomén nasaî

(I beg your) pardon?, pardon me? (what did you say?) もう一度言って下さい mő ichido ittè kudásaî

parent [pe:r'ənt] *n* (mother or father) 親 oyá; (mother) 母親 haháoya; (father) 父親 chichíoya

parental [pəren'təl] *adj* (love, control, guidance etc) 親の oyá no

parenthesis [pəren'θəsis] (*pl* **parentheses**) *n* 括弧 kákkò

parents [pe:r'ənts] *npl* (mother and father) 両親 ryőshin

Paris [pær'is] *n* パリ párì

parish [pær'iʃ] *n* (REL) 教区 kyőkù; (*BRIT*: civil) 行政教区 győseikyòku

Parisian [pəri:ʒ'ən] *adj* パリの párì no

♦*n* パリっ子 paríkkò

parity [pær'iti:] *n* (equality: of pay, conditions etc) 平等 byódō

park [pɑːrk] n (public) 公園 kóen
♦vt (AUT) 駐車させる chúsha saséru
♦vi (AUT) 駐車する chúsha suru

parka [pɑːr'kə] n パーカ pákà, アノラック anórakkù

parking [pɑːr'kiŋ] n 駐車 chúsha
「no parking」駐車禁止 chúshakinshi

parking lot (US) n 駐車場 chúshajō

parking meter n パーキングメーター pákingumètā

parking ticket n (fine) 駐車違反切符 chúshaihan kippù

parlance [pɑːr'ləns] n 用語 yógo

parliament [pɑːr'ləmənt] (BRIT) n (institution) 議会 gíkai

parliamentary [pɑːrləmen'tə:ri:] adj (business, behavior etc) 議会の gíkai no

parlor [pɑːr'lə:r] (BRIT **parlour**) n (in house) 居間 imá, 応接間 ōsetsuma

parochial [pərou'ki:əl] (pej) adj (person, attitude) 偏狭な heñkyō na

parody [pær'ədi:] n (THEATER, LIT-ERATURE, MUS) パロディー páròdī

parole [pəroul'] n: **on parole** (LAW) 仮釈放で karíshakuhō de

paroxysm [pær'əksizəm] n (of rage, jealousy, laughter) 爆発 bakúhatsu

parquet [pɑːrkei'] n: **parquet floor(ing)** 寄せ木張りの床 yoségibari nò yuká

parrot [pær'ət] n オウム ómu

parry [pær'i:] vt (blow) かわす kawásu

parsimonious [pɑːrsəmou'ni:əs] adj いちな kechí na

parsley [pɑːrz'li:] n パセリ pásèri

parsnip [pɑːrs'nip] n 白にんじん shironinjin, パースニップ pāsūnippū

parson [pɑːr'sən] n (REL) 牧師 bókùshi

part [pɑːrt] n (section, division) 部分 búbùn; (of machine, vehicle) 部品 buhín; (THEATER, CINEMA etc: role) 役 yakú; (PRESS, RADIO, TV: of serial) 第 ...部 dáì...bù; (US: in hair) 分け目 wakéme

♦adv = **partly**

♦vt (separate: people, objects, hair) 分ける wakérù

♦vi (people: leave each other) 別れる wákarerù; (crowd) 道を開ける michí wo akerù

to take part in (participate in) ...に参加する ...ni sañka suru

to take something in good part ...を怒らない ...wo okóranaì

to take someone's part (support) ...の肩を持つ ...no kátà wo mótsù

for my part 私としては watákushi toshite wà

for the most part (usually, generally) ほとんどは hotóñdo wa

part exchange n: **in part exchange** (BRIT: COMM) 下取りで shitádòri de

partial [pɑːr'ʃəl] adj (not complete: victory, support, solution) 部分的な bubúnteki na

to be partial to (like: person, food, drink etc) ...が大好きである ...ga daísuki de arù

participant [pɑːrtis'əpənt] n (in competition, debate, campaign etc) 参加者 sañkashà

participate [pɑːrtis'əpeit] vi: **to participate in** (competition, debate, campaign etc) ...に参加する ...ni sañka suru

participation [pɑːrtisəpei'ʃən] n (in competition, debate, campaign etc) 参加 sañka

participle [pɑːr'tisipəl] n (LING) 分詞 búñshi

particle [pɑːr'tikəl] n (tiny piece: gen) 粒子 ryúshi; (: of dust) 一片 ippéñ; (of metal) 砕片 saíhen; (of food) 粒 tsúbù

particular [pə:rtik'jələ:r] adj (distinct from others: person, time, place etc) 特定の tokútei no; (special) 特別な tokúbetsu na; (fussy, demanding) やかましい yakámashiì

in particular 特に tókù ni

particularly [pə:rtik'jələ:rli:] adv 特に tókù ni

particulars [pə:rtik'jələ:rz] npl (facts) 詳細 shōsai; (personal details) 経歴 keíreki

parting [pɑːr'tiŋ] n (action) 分ける事 wakérù kotò; (farewell) 別れ wakáre;

(*BRIT*: hair) 分け目 wakéme

♦*adj* (words, gift etc) 別れの wakáre no

partisan [pɑːr'tizən] *adj* (politics, views) 党派心の tōhashiñ no

♦*n* (supporter) 支援者 shiéñsha; (fighter) パルチザン parúchizàn

partition [pɑːrtiʃ'ən] *n* (wall, screen) 間仕切 majíkìri; (POL: of country) 分割 buñkatsu

partly [pɑːrt'liː] *adv* (to some extent) 幾分か ikúbuñ ka

partner [pɑːrt'nəːr] *n* (wife, husband) 配偶者 haígùsha; (girlfriend, boyfriend) 交際の相手 kōsai nò aíte; (COMM) 共同経営者 kyōdōkeièlsha; (SPORT) パートナー pātònā; (at dance) 相手 aíte

partnership [pɑːrt'nəːrʃip] *n* (COMM) 共同経営事業 kyōdōkeieijigyō; (POL etc) 協力 kyōryoku

partridge [pɑːr'tridʒ] *n* ウズラ uzúra

part-time [pɑːrt'taim] *adj* (work, staff) 非常勤の hijōkin no, パートタイムの pātotaìmu no

♦*adv* (work, study) パートタイムで pātotaìmu de

part with *vt fus* (money, possessions) ...を手放す ...wo tebánasù

party [pɑːr'tiː] *n* (POL) 政党 seítō; (celebration, social event) パーティ pàti; (group of people) 一行 ikkō, パーティ pàti; (LAW) 当事者 tōjishà; (individual) 人 hitó

♦*cpd* (POL) 党の tō no

party dress *n* パーティドレス pátidòresu

party line *n* (TEL) 共同線 kyōdōsen

pass [pæs] *vt* (spend: time) 過ごす sugósù; (hand over: salt, glass, newspaper etc) 渡す watásù; (go past: place) 通り過ぎる tōrisugirù; (overtake: car, person etc) 追越す oíkosù; (exam) ...に合格する ...ni gōkaku suru; (approve: law, proposal) 可決する kakétsu suru

♦*vi* (go past) 通る tōru; (in exam) 合格する gōkaku suru, パスする pásù suru

♦*n* (permit) 許可証 kyokáshō; (membership card) 会員証 kaíinshō; (in mountains) 峠 tōge; (SPORT) パス pásù;

(SCOL: *also*: **pass mark**): **to get a pass in** ...で及第する ...de kyūdai suru, ...でパスする ...de pásù suru

to pass something through something ...を...に通す ...wo ...ni tōsu

to make a pass at someone (*inf*) ...にモーションを掛ける ...ni mōshon wo kakérù

passable [pæs'əbəl] *adj* (road) 通行できる tsūkō dekirù; (acceptable: work) まずまずの mázùmazu no

passage [pæs'idʒ] *n* (*also*: **passageway**: indoors) 廊下 rōka; (: outdoors) 通路 tsūro; (in book) 一節 issétsu; (ANAT): **the nasal passages** 鼻こう bikō; (act of passing) 通過 tsūka; (journey: on boat) 船旅 funátabi

pass away *vi* (die) 死ぬ shinú

passbook [pæs'buk] *n* 銀行通帳 giñkōtsūchō

pass by *vi* (go past) ...のそばを通る ...no sòbà wo tōru

♦*vt* (ignore) 無視する múshì suru

passenger [pæs'indʒəːr] *n* (in car, boat, plane etc) 乗客 jōkyaku

passer-by [pæsəːrbai'] *n* 通行人 tsūkōnin

pass for *vt fus* ...で通る ...de tōru

passing [pæs'iŋ] *adj* (fleeting: moment, glimpse, thought etc) 束の間の tsuká no ma no

in passing (incidentally) ついでに tsuíde ni

passing place *n* (AUT) 待避所 taíhijo

passion [pæʃ'ən] *n* (love: for person) 情欲 jōyoku; (*fig*: for cars, football, politics etc) 熱狂 nekkyō, マニア mánìa

passionate [pæʃ'ənit] *adj* (affair, embrace, person etc) 情熱的な jōnetsuteki na

passive [pæs'iv] *adj* (person, resistance) 消極的な shōkyokuteki na; (LING) 受動態の judōtai no, 受け身の ukémi no

pass on *vt* (news, object) 伝える tsutáerù; (illness) 移す utsúsù

pass out *vi* (faint) 気絶する kizétsu suru

Passover [pæs'ouvəːr] *n* 過越し祭 sugíkōshisai

passport [pæs'pɔːrt] *n* (official document) 旅券 ryokén, パスポート pasúpôto

passport control n 出入国管理所 shutsúnyūkoku kańrijo

pass up vt (opportunity) 逃す nogásù

password [pæs'wə:rd] n (secret word, phrase) 合言葉 aíkotòba, パスワード pasúwàdo

past [pæst] prep (drive, walk, run: in front of) ...を通り過ぎて ...wo tốrisugite; (: beyond: also in time: later than) ...を過ぎて ...wo sugíte

♦adj (previous: government, monarch etc) 過去の kákò no; (: week, month etc) この前の konó maè no, 先... señ...

♦n (period and events prior to the present: also of person) 過去 kákò

he's past forty (older than) 彼は40才を過ぎている kárè wa yoñjussaî wo sugíte irú

ten/quarter past eight 8時10分〔15分〕過ぎ hachíji juppùn〔jûgofun〕sugí

for the past few/3 days この数日〔3日〕の間 konó sùjitsu〔mikkà〕no aída

pasta [pɑːsˈtə] n パスタ pásùta

paste [peist] n (wet mixture) 練物 nerímòno; (glue) のり norî; (CULIN: fish, meat, tomato etc paste) ペースト pêsuto

♦vt (stick: paper, label, poster etc) 張る harú

pastel [pæstel'] adj (color) パステルの pásùteru no

pasteurized [pæs'tʃə:raizd] adj (milk, cream) 低温殺菌された teíonsakkîn sareta

pastille [pæstiːl'] n (sweet) ドロップ dóròppu

pastime [pæs'taim] n (hobby) 趣味 shúmì

pastoral [pæs'tə:rəl] adj (REL: duties, activities) 牧師としての bókùshi toshite no

pastry [peisˈtri:] n (dough) 生地 kíjì; (cake) 洋菓子 yốgashi, ケーキ kèki

pasture [pæs'tʃə:r] n (grassland) 牧場 bokújò

pasty [n pæs'ti: adj peis'ti:] n (meat and vegetable pie) ミートパイ mítopài

♦adj (complexion, face) 青ざめた aózameta

metà

pat [pæt] vt (with hand: dog, someone's back etc) 軽くたたく karúkù tatákù

patch [pætʃ] n (piece of material) 継ぎ tsugí; (also: **eye patch**) 眼帯 gañtai; (area: damp, bald, black etc) 一部 ichíbù; (repair: on tire etc) 継ぎはぎ tsugíhagi

♦vt (clothes) ...に継ぎを当てる ...ni tsugí wo aterù

to go through a bad patch 不運の時期に合う fúùn no jíkì ni áù

patch up vt (mend temporarily) 応急的に直す ōkyúteki ni naosù; (quarrel) ...をやめて仲直りする ...wo yamétè nakánaori surù

patchwork [pætʃ'wə:rk] n (SEWING) パッチワーク patchíwàku

patchy [pætʃ'i:] adj (uneven: color) むらの多い murá no ôi; (incomplete: information, knowledge etc) 不完全な fukánzen na

pâté [pɑːtei'] n パテ pátê ◇肉、魚などを香辛料とすり合せて蒸焼きにして冷ました物 nikú, sakana nadò wo kōshíñryō to surîawasetè mushíyaki ni shitè samáshita monò

patent [pæt'ənt] n (COMM) 特許 tókkyo

♦vt (COMM) ...の特許を取る ...no tókkyo wo tórù

♦adj (obvious) 明白な meíhaku na

patent leather n: **patent leather shoes** エナメル靴 enámerugùtsu

paternal [pətə:r'nəl] adj (love, duty) 父親の chichíoya no; (grandmother etc) 父方の chichígata no

paternity [pətə:r'niti:] n 父親である事 chichíoya de arù kotó

path [pæθ] n (trail, track) 小道 kómìchi; (concrete path, gravel path etc) 通路 tsúrò; (of planet, missile) 軌道 kidó

pathetic [pəθet'ik] adj (pitiful: sight, cries) 哀れな áwàre na; (very bad) 哀れな程悪い áwàre na hódò warui

pathological [pæθəlɑːdʒ'ikəl] adj (liar, hatred) 病的な byóteki na; (of pathology: work) 病理の byóri no

pathology [pəθɑːl'ədʒi:] n (medical field) 病理学 byórigàku

pathos [pei'θɑːs] n 悲哀 hiái

pathway [pæθ'wei] n (path) 歩道 hodṓ

patience [pei'ʃəns] n (personal quality) 忍耐 nińtai; (BRIT: CARDS) 一人トランプ hitóritoraǹpu

patient [pei'ʃənt] n (MED) 患者 kañja
♦adj (person) 忍耐強い nińtaizuyoì

patio [pæt'iːou] n テラス térasu

patriot [pei'triːət] n 愛国者 aíkokushà

patriotic [peitriːɑːt'ik] adj (person) 愛国心の強い aíkokushìn no tsuyóì; (song, speech etc) 愛国の aíkoku no

patriotism [pei'triːətizəm] n 愛国心 aíkokushìn

patrol [pətroul'] n (MIL, POLICE) 巡回 juńkai, パトロール patóròru
♦vt (MIL, POLICE: city, streets etc) 巡回する juńkai suru, パトロールする patórōru suru

patrol car n (POLICE) パトカー patókằ

patrolman [pətroul'mən] (pl patrolmen: US) n (POLICE) 巡査 júnsa

patron [pei'trən] n (customer, client) 客 kyakú; (benefactor: of charity) 後援者 kőeñsha

patron of the arts 芸術のパトロン geíjùtsu no pátòron

patronage [pei'trənidʒ] n (of artist, charity etc) 後援 kőeñ

patronize [pei'trənaiz] vt (pej: look down on) 尊大にあしらう soǹdai nì ashíraù; (artist, writer, musician) 後援する kőeñ suru; (shop, club, firm) ひいきにする hiíki ni surù

patron saint n (REL) 守護聖人 shugóseijìn

patter [pæt'əːr] n (sound: of feet) ぱたぱたという音 pátàpata to iú oto; (of rain) パラパラという音 páràpara to iú otò; (sales talk) 売込み口上 uríkomikōjò
♦vi (footsteps) ぱたぱたと歩く pátàpata to arúkù; (rain) ぱらぱらと降る páràpara to fúrù

pattern [pæt'əːrn] n (design) 模様 moyṓ; (SEWING) 型紙 katágami, パターン patáǹ

paunch [pɔːntʃ] n 太鼓腹 taíkobara

pauper [pɔː'pəːr] n 貧乏人 biñbōnin

pause [pɔːz] n (temporary halt) 休止 kyū́shi, ポーズ pṓzu
♦vi (stop temporarily) 休止する kyū́shi suru; (: while speaking) 間を置く má wò okú

pave [peiv] vt (street, yard etc) 舗装する hosṓ suru

to pave the way for (fig) ...を可能にする ...wo kanṓ ni suru

pavement [peiv'mənt] n (US) 路面 romén; (BRIT) 歩道 hodṓ

pavilion [pəvil'jən] n (BRIT: SPORT) 選手更衣所 seńshukòijò

paving [pei'viŋ] n (material) 舗装材 hosṓzai

paving stone n 敷石 shikíishi

paw [pɔː] n (of animal) 足 ashí

pawn [pɔːn] n (CHESS) ポーン pòn; (fig) 操り人形 ayátsurinin̄gyō
♦vt 質に入れる shichí ni irerù

pawnbroker [pɔːn'broukəːr] n 質屋 shichíyà

pawnshop [pɔːn'ʃɑːp] n 質屋 shichíyà

pay [pei] n (wage, salary etc) 給料 kyū́ryō
♦vb (pt, pp paid)
♦vt (sum of money, debt, bill, wage) 払う haráù
♦vi (be profitable) 利益になる ríèki ni nárù

to pay attention (to) (...に) 注意する (...ni) chū́i suru

to pay someone a visit ...を訪問する ...wo hṓmon suru

to pay one's respects to someone ...にあいさつをする ...ni aísatsu wo suru

payable [pei'əbəl] adj (sum of money) 支払うべき shiháraubeki

payable to bearer (check) 持参人払いの jisánninbaraì no

pay back vt (money) 返す kaésù; (person) ...に仕返しをする ...ni shikáeshi wò suru

payday [pei'dei] n 給料日 kyū́ryòbi

payee [peiiː'] n (of check, postal order) 受取人 ukétorinìn

pay envelope (US) n 給料袋 kyū́ryòbukùro

pay for vt fus (purchases) ...の代金を払う ...no daíkin wò haraú; (fig) 償う tsugúnaù

pay in vt (money, check etc) 預け入れる azúkeirerù, 入金する nyúkin suru

payment [pei'mənt] n (act) 支払い shihárai; (amount of money) 支払い金額 shiháraikíngaku

a monthly payment 月賦 géppù

pay off vt (debt) 返済する hénsai suru; (person: with bribe etc) 買収する baíshū suru

♦vi (scheme, decision) 成功する seíkō suru

pay packet (BRIT) n = **pay envelope**

pay phone n 公衆電話 kōshūdeńwa

payroll [pei'roul] n 従業員名簿 júgyōinmeíbo

pay slip n 給料明細書 kyúryōmeisaishò

pay up vt 払う haraú

PC [pi:si:'] n abbr = **personal computer**; (BRIT: = **police constable**) 巡査 júnsa

p.c. abbr = **per cent**

pea [pi:] n エンドウマメ eńdòmame

peace [pi:s] n (not war) 平和 heíwa; (calm: of place, surroundings) 静けさ shizúkesà; (: personal) 心の平和 kokórò no heíwa

peaceful [pi:s'fəl] adj (calm: place, time) 静寂な seíjaku na; (: person) 穏和な oñwa na

peach [pi:tʃ] n モモ momó

peacock [pi:'kɑ:k] n クジャク kujáku

peak [pi:k] n (of mountain: top) 頂上 chōjō; (of cap) つば tsúba; (fig: physical, intellectual etc) 頂点 chōten, ピーク píku

peak hours npl ピーク時 píkujì

peak period n ピーク時 píkujì

peal [pi:l] n (of bells) 響き hibíki

peal of laughter 大きな笑い声 ōkina waráigoè

peanut [pi:'nʌt] n 落花生 rakkásèi, ピーナッツ pínattsù

peanut butter n ピーナッツバター pínattsubatā

pear [pe:r] n セイヨウナシ seíyōnashì

pearl [pə:rl] n 真珠 shiñju, パール pāru

peasant [pez'ənt] n 百姓 hyakúshò, 農夫

nōfu

peat [pi:t] n 泥炭 deítan

pebble [peb'əl] n 小石 koíshi

peck [pek] vt (also: **peck at**: subj: bird) つつく tsutsúkù

♦n (of bird) つつく事 tsutsúkù kotó; (kiss) 軽いキス karúi kísù

pecking order [pek'iŋ-] n (fig: hierarchy) 序列 jorétsu

peckish [pek'iʃ] (BRIT: inf) adj (hungry): *to be peckish* おなかがすいた onáka ga suítà

peculiar [pikju:l'jə:r] adj (strange: person, taste, shape etc) 変った kawátta; (belonging exclusively): *peculiar to* 独特な dokútoku na

peculiarity [pikju:li:ær'iti:] n (strange habit, characteristic) 癖 kusé; (distinctive feature: of person, place etc) 特徴 tokúchō

pedal [ped'əl] n (on bicycle, car, machine) ペダル pédàru

♦vi (on bicycle) こぐ kógù

pedantic [pədæn'tik] adj げん学的な geñgakuteki na

peddler [ped'lə:r] n (also: **drug peddler**) 麻薬の売人 mayáku nò baíniñ

pedestal [ped'istəl] n 台座 daíza

pedestrian [pədes'tri:ən] n 歩行者 hokōshà

♦adj 歩行者の hokōshà no

pedestrian crossing (BRIT) n 横断歩道 ōdanhodò

pediatrics [pi:di:æt'riks] (BRIT **paediatrics**) n (hospital department) 小児科 shōnika; (subject) 小児科学 shōnikagàku

pedigree [ped'əgri:] n (of animal) 血統 kettō; (fig: background) 経歴 keíreki

♦cpd (animal) 純血の juñketsu no

pee [pi:] (inf) vi おしっこする o-shíkkò suru

peek [pi:k] vi のぞく nozóku

peel [pi:l] n (of orange, apple, potato) 皮 kawá

♦vt (vegetables, fruit) ...の皮をむく ...no kawá wo mukú

♦vi (paint, wallpaper) はげる hagérù; (skin) むける mukérù

peep [pi:p] n (look) のぞき見 nozókimi; (sound) 鳴き声 nakígoè
♦vi (look) のぞく nozóku

peephole [pi:p'houl] n のぞき穴 nozókiàna

peep out vi (be visible) のぞく nozóku

peer [pi:r] vi: **to peer at** ...をじっと見る ...wo jíttò mírù
♦n (noble) 貴族 kízòku; (equal) 同等の人 dòtō no hitó; (contemporary) 同輩 dôhai

peerage [pi:'ridʒ] n (rank) 貴族の地位 kízòku no chíi

peeved [pi:vd] adj (annoyed) 怒った okóttà

peevish [pi:'viʃ] adj (bad-tempered) 機嫌の悪い kigén nò warúì

peg [peg] n (hook, knob: for coat etc) フック fúkkù; (BRIT: also: **clothes peg**) 洗濯ばさみ señtakubasàmi

pejorative [pidʒɔ:r'ətiv] adj (word, expression) 軽べつ的な keíbetsuteki na

Peking [pi:kiŋ] n 北京 pékìn

Pekin(g)ese [pi:kəni:z'] n (dog) ペキニーズ pekínìzu

pelican [pel'ikən] n (ZOOL) ペリカン períkàn

pelican crossing (BRIT) n (AUT) 押しボタン式信号 oshíbotanshiki shiñgō

pellet [pel'it] n (of paper, mud etc) 丸めた球 marúmeta tamà; (also: **shotgun pellet**) 散弾銃の弾 sañdañjū no tamá

pelt [pelt] vt: **to pelt someone with something** ...に...を浴びせ掛ける ...ni ...wo abísekakerù
♦vi (rain) 激しく降る hagéshikù fúrù; (inf: run) 駆ける kakérù
♦n (animal skin) 毛皮 kegáwa

pelvis [pel'vis] n 骨盤 kotsúban

pen [pen] n (for writing: fountain pen, ballpoint pen) ペン péǹ; (: felt-tip pen etc) サインペン saíñpen; (enclosure: for sheep, pigs etc) 囲い kakói

penal [pi:'nəl] adj (colony, institution) 刑罰の keíbatsu no; (system, code, reform) 刑法の keíhō no

penalize [pi:'nəlaiz] vt (punish) 罰する bassúrù; (: SPORT) ...にペナルティーを科する ...ni penárutī wo kasúrù

penalty [pen'əlti:] n (punishment) 罰 bátsù; (fine) 罰金 bakkín; (SPORT) ペナルティー penárutī

penalty (kick) n (RUGBY, SOCCER) ペナルティーキック penárutī kikkù

penance [pen'əns] n 償い tsugúnai

pence [pens] pl of **penny**

pencil [per.'səl] n (for writing, drawing) 鉛筆 eñpitsu

pencil case n 筆入れ fudéìre

pencil sharpener n 鉛筆削り eñpitsukezùri, シャープナー shāpunā

pendant [pen'dənt] n ペンダント péñdanto

pending [pen'diŋ] prep ...を待つ間 ...wo mátsù aída
♦adj (business) 未決の mikétsu no; (lawsuit) 審理中の shíñrichū no; (exam) 差迫った sashísemattà

pendulum [pen'dʒələm] n (of clock) 振子 furíko

penetrate [pen'itreit] vt (subj: person: enemy territory) ...に侵入する ...ni shiññyū suru; (forest etc) ...に入り込む ...ni haírikomù; (: water etc) 染込む shimíkomù; (: light) 通る tôru

penetrating [pen'itreitiŋ] adj (sound, glance, mind, observation) 鋭い surúdoì

penetration [penitrei'ʃən] n (action) 入り込む事 haírikomù kotó

penfriend [pen'frend] (BRIT) n = **pen pal**

penguin [pen'gwin] n ペンギン péñgin

penicillin [penisil'in] n ペニシリン penícshirin

peninsula [pənin'sələ] n 半島 hañtō

penis [pi:'nis] n 陰茎 iñkei, ペニス péñìs

penitent [pen'itənt] adj (person: very sorry) 後悔している kôkai shite irù

penitentiary [peniten'tʃə:ri:] (US) n 刑務所 keímushò

penknife [pen'naif] n ペンナイフ peñnaìfu

pen name n ペンネーム peñnḕmu

penniless [pen'i:lis] adj (person) 一文無しの ichímoñnashi no

penny [pen'i:] (pl **pennies** or BRIT **pence**) n (US) ペニー péǹ, セント séǹto;

(BRIT: after 1971: = one hundredth of a pound) ペニ pénì

pen pal *n* ペンパル pénparu, ペンフレンド peñfureñdo

pension [pen't∫ən] *n* (state benefit) 年金 neñkin; (company pension etc) 恩給 oñkyū

pensioner [pen't∫ənə:r] (*BRIT*) *n* (old-age pensioner) 年金で生活する老人 neñkin dè seîkatsu surù rōjìn, 年金暮らしの人 neñkinguràshi no hitô

pension fund *n* 年金基金 neñkinkikiñ

pensive [pen'siv] *adj* (person, expression etc) 考え込んだ kañgaekoñda

pentagon [pen'təga:n] *n: the Pentagon* (*US*: POL) 国防総省 kokúbōsōshô, ペンタゴン peñtàgon

Pentecost [pen'təkɔ:st] *n* 聖霊降臨祭 seîreikōriñsai

penthouse [pent'haus] *n* (flat) 屋上階 okûjokai

pent-up [pent'ʌp'] *adj* (feelings) たまった tamáttà

penultimate [pinʌl'təmit] *adj* 最後から2番目の saîgo kara nibánme no

people [pi:'pəl] *npl* (persons) 人々 hitôbìto; (inhabitants) 住民 jûmin; (citizens) 市民 shímìn; (POL): *the people* 国民 kokúmin

♦*n* (nation) 国民 kokúmin; (race) 民族 míñzoku

several people came 数人来ました súnìñ kimashità

people say that ... ...だと言われている ...da to iwárete irù, ...だそうだ ...da sõ dà

pep [pep] (*inf*) *n* (energy, vigor) 元気 geñki

pepper [pep'ə:r] *n* (spice) コショウ koshô; (hot pepper) トウガラシ tôgarashi; (sweet pepper) ピーマン pîman

♦*vt* (*fig*): *to pepper with* ...を振掛ける ...wo furîkakerù

peppermint [pep'ə:rmint] *n* (sweet) ハッカあめ hakkáamè

peptalk [pep'tɔ:k] (*inf*) *n* (encouraging talk) 激励演説 gekíreienzetsù

pep up *vt* (enliven) 活気付ける kakkízukerù

per [pə:r] *prep* (of amounts, prices etc: for each) ...につき ...ni tsukí

per day/person 1日〔1人〕につき... ichínichi〔hitôrî〕ni tsukí...

per annum 1年につき... ichínen ni tsukí...

per capita [-kæp'itə] *adj* (income) 一人当りの hitôri atarî no

♦*adv* 一人当り hitôri atarî

perceive [pə:rsi:v'] *vt* (sound) 聞く kîkù; (light) 見る mírù; (difference) 認識する niñshiki suru; (notice) ...に気が付く ...ni ki gá tsukù; (realize, understand) 分かる wakárù

per cent *n* パーセント pâseñto

percentage [pə:rsen'tidʒ] *n* (amount) 割合 waríai, 率 rítsù

perception [pə:rsep'∫ən] *n* (insight) 洞察力 dōsatsuryòku; (opinion, understanding) 理解 rikái; (faculty) 知覚 chikáku

perceptive [pə:rsep'tiv] *adj* (person) 洞察力のある dōsatsuryòku no árù, 鋭敏な eîbin na, (analysis, assessment) 鋭い surúdoì

perch [pə:rt∫] *n* (for bird) 止り木 tomárigì; (fish) パーチ pâchi ◊スズキに似た淡水魚 suzúki ni nîtà tañsuigyô

♦*vi: to perch (on)* (bird) (...に) 止る (...ni) tomárù; (person) (...に) 腰掛ける (...ni) koshíkakerù

percolator [pə:r'kəleitə:r] *n* (*also:* **coffee percolator**) パーコレーター pâkorêtā

percussion [pə:rkʌ∫'ən] *n* 打楽器 dagákki ◊総称 sôsho

peremptory [pəremp'tə:ri:] (*pej*) *adj* (person) 横柄な ôhei na; (order, instruction) 断固たる dañkotarô

perennial [pəren'i:əl] *adj* (flower, plant) 多年生の tanénsei no; (*fig*: problem, feature etc) ありがちな arígachi na

perfect [*adj, n* pə:r'fikt *vb* pə:rfekt'] *adj* (without fault: person, weather, behavior etc) 完璧な kañpeki na; (utter: nonsense, stranger etc) 全くの mattáku no

♦*n* (*also:* **perfect tense**) 完了形 kañryôkei

♦*vt* (technique) 仕上げる shiágerù

perfection [pəːrfɛkˈʃən] *n* (faultlessness) 完璧さ kańpekisà

perfectionist [pəːrfɛkˈʃənist] *n* 完璧主義者 kańpekishugishà

perfectly [pəːrˈfiktliː] *adv* (emphatic) 全く mattáku; (faultlessly: perform, do etc) 完璧に kańpeki ni; (completely: understand etc) 完全に kańzen ni

perforate [pəːrˈfəːreit] *vt* ...に穴を開ける ...ni aná wò akérù

perforations [pəːrfəreiˈʃənz] *npl* (series of small holes) ミシン目 mishíñme

perform [pəːrfɔːrmˈ] *vt* (carry out: task, operation, ceremony etc) 行う okónaù, する surú; (piece of music) 演奏する eńsō suru; (play etc) 上演する jōen suru
♦*vi* (well, badly) する surú, やる yarú

performance [pəːrfɔːrˈməns] *n* (of actor) 演技 eńgi; (of dancer) 踊り odóri; (of musician) 演奏 eńsō; (of singer) 歌い方 utáikatà; (of play, show) 上演 jōen; (of car, engine) 性能 seínō; (of athlete, company, economy) 成績 seíseki

performer [pəːrfɔːrˈməːr] *n* (actor, dancer, singer etc) 芸能人 geínōjìn

perfume [pəːrˈfjuːm] *n* (cologne, toilet water, essence) 香水 kōsui; (pleasant smell: of flowers etc) 香り kaórì

perfunctory [pəːrfʌŋkˈtəːriː] *adj* (kiss, remark etc) いい加減な iíkagen na

perhaps [pəːrhæpsˈ] *adv* (maybe) たぶん ...だろう tábùn ...daró

peril [peːrˈəl] *n* (great danger) 危険 kikén

perimeter [pərimˈitəːr] *n* 周辺 shūhen

period [piːrˈiːəd] *n* (length of time) 期間 kikáñ; (SCOL) 時限 jigéñ; (full stop) 終止符 shūshifù, ピリオド pírìodo; (MED) 月経 gekkéi, メンス méñsu, 生理 seíri
♦*adj* (costume, furniture) 時代の jidái no

periodic(al) [piːriːɑːdˈik(əl)] *adj* (event, occurrence) 周期的な shūkiteki na, 定期的な teíkiteki na

periodical [piːriːɑːdˈikəl] *n* (magazine) 雑誌 zasshī

periodically [piːriːɑːdˈikliː] *adv* 定期的に teíkiteki ni

peripheral [pərifˈəːrəl] *adj* 二次的な nijī-

teki na; (on the edge: *also* COMPUT) 周辺の shūhen no
♦*n* (COMPUT) 周辺機器 shūhenkikì

periphery [pərifˈəːriː] *n* (edge) 周辺 shūhen

periscope [peːrˈiskoup] *n* 潜望鏡 seńbōkyō

perish [peːrˈiʃ] *vi* (die) 死ぬ shinú; (die out) 滅びる horóbirù; (rubber, leather etc) 腐る kusárù

perishable [peːrˈiʃəbəl] *adj* (food) いたみやすい itámiyasuì

perjury [pəːrˈdʒəːriː] *n* (LAW) 偽証 gishó

perk [pəːrk] (*inf*) *n* (extra) 役得 yakútokù

perk up *vi* (cheer up) 元気を出す géñki wo dásù

perky [pəːrˈkiː] *adj* (cheerful) 朗らかな hogáraka na

perm [pəːrm] *n* (for hair) パーマ pāma

permanent [pəːrˈmənənt] *adj* 永久的な eíkyūteki na

permeate [pəːrˈmiːeit] *vi* (pass through) 浸透する shińtō suru; (*fig*: spread) 広がる hirógarù
♦*vt* (subj: liquid) ...に染込む ...ni shimíkomù; (: idea) ...に広まる ...ni hirómarù

permissible [pəːrmisˈəbəl] *adj* (action, behavior) 許される yurúsarerù

permission [pəːrmiʃˈən] *n* (consent, authorization) 許可 kyókà

permissive [pəːrmisˈiv] *adj* (person, behavior, society) 甘い amáì

permit [*n* pəːrˈmit *vb* pəːrmitˈ] *n* (official authorization) 許可証 kyokáshò
♦*vt* (allow) 許可する kyókà suru; (make possible) 可能にする kanō ni surù

permutation [pəːrmjəteiˈʃən] *n* 置換え okíkae

pernicious [pəːrniʃˈəs] *adj* (very harmful: attitude, influence etc) 有害な yūgai na; (MED) 悪性の akúsei no

perpendicular [pəːrpəndikˈjələːr] *adj* (line, surface) 垂直の suíchoku no; (cliff, slope) 険しい kewáshiì

perpetrate [pəːrˈpitreit] *vt* (commit: crime) 犯す okásù

perpetual [pəːrpetʃˈuːəl] *adj* (constant:

motion, darkness) 永久の eíkyū no; (: noise, questions) 年がら年中の neñgaraneñjū no

perpetuate [pə:rpetʃ'u:eit] *vt* (situation, custom, belief etc) 永続させる eízoku saserú

perplex [pə:rpleks'] *vt* (person) まごつかせる magótsukaserú

persecute [pə:r'səkju:t] *vt* (harass, oppress: minorities etc) 迫害する hakúgai suru

persecution [pə:rsəkju:'ʃən] *n* (of minorities etc) 迫害 hakúgai

perseverance [pə:rsəvi:r'əns] *n* 根気 koñki

persevere [pə:rsəvi:r'] *vi* 辛抱強く続ける shiñbōzuyokù tsuzúkerù

Persian [pə:r'ʒən] *adj* ペルシアの pérùshia no
♦*n* ペルシア人 perúshiajìn
the (Persian) Gulf ペルシア湾 perúshiawàn

persist [pə:rsist'] *vi*: *to persist (in doing something)* (...をし)続ける (...wo shi)tsuzúkerù

persistence [pə:rsis'təns] *n* (determination) 根気強さ koñkizuyòsa

persistent [pə:rsis'tənt] *adj* (noise, smell, cough etc) いつまでも続く ítsùmademo tsuzúkù; (person: determined) 根気強い koñkizuyoì

person [pə:r'sən] *n* 人 hitó
in person (appear, sing, recite etc) 本人が hoñnin ga

personal [pə:r'sənəl] *adj* (belongings, phone etc) 個人の kójìn no; (opinion, life, habits etc) 個人的な kojínteki na; (in person: visit) 本人自身の hoñninjishiñ no

personal assistant *n* 秘書 hishó

personal call *n* (TEL) 私用の電話 shiyó no deñwa

personal column *n* 私信欄 shishínrañ

personal computer *n* パーソナルコンピュータ pásonarukoñpyùta, パソコン pasókòn

personality [pə:rsənæl'iti:] *n* (character) 人格 jiñkaku; (famous person) 有名人 yúmeijìn

personally [pə:r'sənəli:] *adv* (for my etc part) 個人的には kojínteki ni wà; (in person) 本人が hoñnin ga
to take something personally ...を個人攻撃と受止める ...wo kojínkōgeki to ukétomerù

personal organizer *n* 予定帳 yotéichō

personify [pə:rsɑn'əfai] *vt* (evil) ...の権化である ...no góñge de árù; (good) ...の化身である ...no késhìn de árù

personnel [pə:rsənel'] *n* 職員 shokúin ◇総称 sōshō

perspective [pə:rspek'tiv] *n* (ARCHIT, ART) 遠近法 eñkinhō; (way of thinking) 見方 mikáta
to get something into perspective (*fig*) 事情を考えて...を見る jijó wō kañgaetè ...wo mírù

Perspex [pə:rs'peks] ® *n* アクリル ákùriru

perspiration [pə:rspərei'ʃən] *n* 汗 áse

persuade [pə:rsweid'] *vt*: *to persuade someone to do something* ...する様に...を説き伏せる ...surú yō ni ...wo tokífuserù

persuasion [pə:rswei'ʒən] *n* (act) 説得 settóku; (creed) 信条 shiñjō

persuasive [pə:rswei'siv] *adj* (person, argument) 説得力のある settókuryòku no árù

pertaining [pə:rtein'iŋ]: *pertaining to* *prep* (relating to) ...に関する ...ni kañ suru

pertinent [pə:r'tənənt] *adj* (answer, remark) 適切な tekísetsu na

perturb [pə:rtə:rb'] *vt* (person) 不安にする fuáñ ni surù

Peru [pəru:'] *n* ペルー pérù

peruse [pəru:z'] *vt* (newspaper, documents etc) ...に目を通す ...ni mé wo tòsù

Peruvian [pəru:'vi:ən] *adj* ペルーの pérù no
♦*n* ペルー人 perújìn

pervade [pə:rveid'] *vt* (subj: smell, feeling) ...に充満する ...ni júmaň suru

perverse [pə:rvə:rs'] *adj* (contrary: behavior) 天のじゃくの amá no jàku no

perversion [pə:rvə:r'ʒən] *n* (sexual) 変態

heñtai; (of truth) 曲解 kyokkái; (of justice) 悪用 akúyō

pervert [*n* pəːrˈvəːrt *vb* pəːrˈvəːrt'] *n* (sexual pervert) 変態 heñtai

♦*vt* (person, mind) 堕落させる daráku saseru; (truth, someone's words) 曲解する kyokkái suru

pessimism [pesˈəmizəm] *n* 悲観主義 hikánshùgi, ペシミズム peshímizùmu

pessimist [pesˈəmist] *n* 悲観主義者 hikánshugisha, ペシミスト peshímisùto

pessimistic [pesəmisˈtik] *adj* (person) 悲観的な hikánteki na, ペシミスティックな peshímisutikkù na

pest [pest] *n* (insect) 害虫 gaíchū; (*fig*: nuisance) うるさいやつ urúsai yatsù

pester [pesˈtəːr] *vt* (bother) 悩ませる na-yámaserù

pesticide [pesˈtisaid] *n* 殺虫剤 satchûzài

pet [pet] *n* (domestic animal) 愛がん動物 aígandōbùtsu, ペット péttò

♦*cpd* (theory, hate etc) 十八番の oháko no

♦*vt* (stroke: person, animal) 愛ぶする aíbu suru

♦*vi* (*inf*: sexually) ペッティングする pettíngu suru

teacher's pet (favorite) 先生のお気に入り seńsei nò o-kí ni irì

petal [petˈəl] *n* 花びら hanábirà

peter [piːˈtəːr]: *peter out vi* (road, stream etc) だんだんなくなる dańdañ nakúnarù; (conversation, meeting) しりすぼまりに終る shirísubomarì ni owárù

petite [pətiːtˈ] *adj* (referring to woman: small) 小柄な kogára na

petition [pətiʃˈən] *n* (signed document) 陳情書 chiñjōshò; (LAW) 請願 seígan

petrified [petˈrəfaid] *adj* (*fig*: terrified) 恐怖に駆られた kyốfu ni karáretà

petrol [petˈrəl] (*BRIT*) *n* (fuel) ガソリン gasórin

two/four-star petrol レギュラー〔ハイオク〕ガソリン regyúrā〔haíoku〕gasórin

petrol can *n* ガソリン缶 gasórinkàn

petroleum [pətrouˈliːəm] *n* 石油 sekíyu

petrol pump (*BRIT*) *n* (in garage) ガソリンポンプ gasórinpoñpu

petrol station (*BRIT*) *n* ガソリンスタンド gasórinsutañdo

petrol tank (*BRIT*) *n* ガソリンタンク gasórintañku

petticoat [petˈiːkout] *n* (underskirt) ペチコート péchikòto

petty [petˈiː] *adj* (small, unimportant) さ さいな sásài na; (small-minded) 狭量な kyốryò na

petty cash *n* (in office) 小口現金 kogúchigeñkin

petty officer *n* (in navy) 下士官 kashíkañ

petulant [petʃˈələnt] *adj* せっかちな sekkáchi na

pew [pjuː] *n* (in church) 長いす nagáisu

pewter [pjuːˈtəːr] *n* しろめ shíròme

phallic [fælˈik] *adj* (object, symbol) 陰茎状の iñkeijō no

phantom [fænˈtəm] *n* (ghost) お化け o-báke

pharmaceutical [fɑːrməsuːˈtikəl] *adj* 製薬の seíyaku no

pharmacist [fɑːrˈməsist] *n* 薬剤師 yakúzaishi

pharmacy [fɑːrˈməsiː] *n* 薬局 yakkyóku

phase [feiz] *n* (stage) 段階 dañkai

♦*vt*: *to phase something in/out* ...を段階的に取入れる〔なくす〕...wo dañkaiteki nì toríirerù〔nakúsù〕

Ph.D. [piːˈeitʃˈdiːˈ] *abbr* = Doctor of Philosophy

pheasant [fezˈənt] *n* キジ kijí

phenomena [finɑːmˈənə] *npl of* phenomenon

phenomenal [finɑːmˈənəl] *adj* 驚異的な kyốiteki na

phenomenon [finɑːmˈənɑːn] (*pl* phenomena) *n* 現象 geñshō

philanthropist [filænˈθrəpist] *n* 慈善家 jizénka

Philippines [filˈipiːnz] *npl*: *the Philippines* フィリピン fírìpin

philosopher [filɑːsˈəfəːr] *n* (scholar) 哲学者 tetsúgakushà

philosophical [filəsəˈfikəl] *adj* (ideas, conversation etc) 哲学的な tetsúgakuteki na; (*fig*: calm, resigned) 冷静な reísei na

philosophy [fila:s'əfi:] n (SCOL) 哲学 tetsúgàku; (set of ideas: of philosopher) ...の哲学 ...no tetsúgàku; (theory: of any person) 考え方 kañgaekatà, 思想 shiső

phlegm [flem] n (substance) たん tań

phlegmatic [flegmæt'ik] adj (person) の ろまな noróma na

phobia [fou'bi:ə] n (irrational fear: of insects, flying, water etc) 恐怖症 kyőfushō

phone [foun] n (system) 電話 deńwa; (apparatus) 電話器 deńwakì

◆vt ...に電話を掛ける ...ni deńwa wò kakérù

to be on the phone (BRIT: possess a phone) 電話を持っている deńwa wò motté irù; (be calling) 電話中である deńwachū de arù

phone back vt ...に電話を掛け直す ...ni deńwa wò kakénaosù

◆vi 電話を掛け直す deńwa wò kakénaosù

phone book n (directory) 電話帳 deńwachō

phone booth n 電話ボックス deńwabokkùsu

phone box (BRIT) n 電話ボックス deńwabokkùsu

phone call n 電話 deńwa

phone-in [foun'in] (BRIT) n (RADIO, TV) 視聴者が電話で参加する番組 shichősha ga deńwa dè sańka suru bańgumi

phonetics [fənet'iks] n 音声学 ońseigàku

phone up vt ...に電話を掛ける ...ni deńwa wò kakérù

◆vi 電話を掛ける deńwa wò kakérù

phoney [fou'ni:] adj (false: address) うその úso no; (: accent) 偽の nisé no; (person) 信用できない shiń-yō dekināi

phonograph [fou'nəgræf] (US) n 蓄音機 chikúonkì

phosphorus [fa:s'fə:rəs] n りん ríñ

photo [fou'tou] n (photograph) 写真 shashín

photocopier [fou'təkɑːpi:ə:r] n (machine)

写真複写機 shashínfukushakì, コピー機 kopíkì

photocopy [fou'təkɑːpi:] n コピー kőpì

◆vt (picture, document etc) ...のコピーを取る ...no kőpì wo tórù

photogenic [foutədʒen'ik] adj (person) 写真写りの良い shashín-utsurì no yőì

photograph [fou'təgræf] n 写真 shashín

◆vt (person, object, place etc) 撮影する satsúei suru

photographer [fətɑːg'rəfə:r] n カメラマン kamêraman

photographic [foutəgræf'ik] adj (equipment etc) 写真の shashín no

photography [fətɑːg'rəfi:] n (art, subject) 写真撮影 shashínsatsùei

phrase [freiz] n (group of words, expression) 言方 iíkatà, (LING) 句 kú

◆vt (express) 表現する hyőgen suru

phrase book n (foreign language aid) 表現集 hyőgenshū

physical [fiz'ikəl] adj (of the body: needs, punishment, exercise etc) 肉体的な nikútaiteki na; (geography, properties) 物理的な butsúriteki na; (world, universe, object) 自然の shizén no; (sciences) 物理学の butsúrigàku no

physical education n 体育 taíiku

physically [fiz'ikli:] adv (fit, attractive) 肉体的に nikútaiteki ni

physician [fizi'ən] n (doctor) 医者 ishá

physicist [fiz'əsist] n 物理学者 butsúrigakushà

physics [fiz'iks] n 物理学 butsúrigàku

physiology [fizi:ɑ:l'ədʒi:] n (science) 生理学 seírigàku; (functioning: of animal, plant) 生理 seíri

physiotherapy [fizi:ouθe:r'əpi:] n (MED) 物理療法 butsúriryòhō

physique [fizi:k'] n (build: of person) 体格 taíkaku

pianist [pi:'ænist] n (MUS) ピアニスト piánisùto

piano [pi:æn'ou] n (MUS) ピアノ piáno

piccolo [pik'əlou] n (MUS) ピッコロ pikkőro

pick [pik] n (tool: also: pick-axe) つるはし tsurúhàshi

♦*vt* (select) 選ぶ erábù; (gather: fruit, flowers) 摘む tsúmù; (remove, take) 取る tórù; (lock) こじ開ける kojíakerù

take your pick (choose) 選ぶ erábù

the pick of (best) ...からえり抜かれた物 ...kara erínukaretà mónò

to pick one's nose/teeth 鼻[歯]をほじる haná[há]wò hojírù

to pick a quarrel (with someone) (...に) けんかを売る (...ni) kéñka wò urú

pick at *vt fus* (food) ちびちび食べる chíbìchiba tabérù

picket [pik'it] *n* (in strike) ピケ piké

♦*vt* (factory, workplace etc) ...にピケを張る ...ni piké wò hárù

pickle [pik'əl] *n* (*also*: **pickles**: as condiment) ピクルス píkurusu; (*fig*: mess) 苦境 kukyó

♦*vt* (CULIN: in vinegar) 酢漬にする suzúke ni surù; (: in salt water) 塩漬にする shiózuke ni surù

pick on *vt fus* (person: criticize) 非難する hinán suru; (: treat badly) いじめる ijímerù

pick out *vt* (distinguish) 識別する shikíbetsu suru; (choose from a group) 選び出す erábidasù, ピックアップする pikkúappù suru

pickpocket [pik'pɑ:kit] *n* すり súrì

pick up *vi* (improve: health, economy, trade) 良くなる yókù naru

♦*vt* (object: from floor) 拾う hiróù; (POLICE: arrest) 逮捕する taího suru; (collect: person, parcel etc) 引取る hikítorù; (AUT: passenger) 乗せる nosérù; (person: for sexual encounter) 引っ掛ける hikkákerù; (learn: language, skill etc) 覚える obóerù; (RADIO) 受信する jushín suru

to pick up speed 加速する kasóku suru

to pick oneself up (after falling etc) 起き上る okíagarù

pickup [pik'ʌp] *n* (small truck) ピックアップ pikkúappù

picnic [pik'nik] *n* (outdoor meal) ピクニック pikunikku

picture [pik'tʃəːr] *n* (painting, drawing, print) 絵 é; (photograph) 写真 shashín; (TV) 画像 gazó; (film) 映画 éìga; (*fig*: description) 描写 byósha; (: situation) 事態 jítai

♦*vt* (imagine) 想像する sózo suru

picture book *n* 絵本 ehóñ

pictures [pik'tʃəːrz] (*BRIT*) *npl*: *the pictures* (cinema) 映画 éìga

picturesque [piktʃəresk'] *adj* (place, building) 風情のある fúzèi no árù

pie [pai] *n* (CULIN: vegetable, meat, fruit) パイ páì

piece [pi:s] *n* (bit or part of larger thing) かけら kakéra; (portion: of cake, chocolate, bread etc) 一切れ hitókìre; (length: of string, ribbon) 一本 íppoñ; (item): *a piece of clothing/furniture/advice* 1つ hitótsù

♦*vt*: *to piece together* (information) 総合する sógo suru; (parts of a whole) 継ぎ合せる tsugíawaserù

to take to pieces (dismantle) 分解する buñkai suru

piecemeal [pi:s'mi:l] *adv* (irregularly) 少しずつ sukóshizutsù

piecework [pi:s'wəːrk] *n* 出来高払いの仕事 dekídakabaraì no shigóto

pie chart *n* 円形グラフ eñkeiguráfu

pier [pi:r] *n* 桟橋 sañbashi

pierce [pi:rs] *vt* (puncture: surface, material, skin etc) 貫通する kañtsu suru

piercing [pi:rs'iŋ] *adj* (*fig*: cry) 甲高い kañdakaì; (: eyes, stare) 鋭い surúdoì; (wind) 刺す様な sásù yō na

piety [pai'əti:] *n* (REL) 信心 shiñjiñ

pig [pig] *n* (ZOOL) ブタ butá; (*pej*: unkind person) 畜生 chikúshò; (: greedy person) 欲張り目 yokúbarimè

pigeon [pidʒ'ən] *n* (bird) ハト hátò

pigeonhole [pidʒ'ənhoul] *n* (for letters, messages) 小仕切り kojíkìri

piggy bank [pig'i:-] *n* (money box) 貯金箱 chokíñbako

pigheaded [pig'hedid] (*pej*) *adj* (stubborn) 頑固な gañko na

piglet [pig'lit] *n* 子ブタ kobúta

pigment [pig'mənt] *n* 色素 shikíso

pigskin [pig'skin] *n* ブタのなめし革 butá no námeshigàwa

pigsty [pig'stai] n (on farm) ブタ小屋 butágoya

pigtail [pig'teil] n (plait) お下げ o-ságe

pike [paik] n (fish) カワカマス kawákamàsu, パイク páiku

pilchard [pil'tʃərd] n (fish) イワシ iwáshi

pile [pail] n (heap, stack) 山 yamá; (of carpet, cloth) 毛足 keáshi, パイル páiru
   ♦vt (also: **pile up**: objects) 積上げる tsumíagerù
   ♦vi (also: **pile up**: objects) 積重なる tsumíkasanarù; (problems, work) たまる tamárù

pile into vt fus (car) ...に乗込む ...ni noríkomù

piles [pailz] npl (MED) じ痔 ji

pile-up [pail'ʌp] n (AUT) 衝突事故 shótotsujikò

pilfering [pil'fəːriŋ] n (petty thieving) くすねる事 kusúnerù kotó

pilgrim [pil'grim] n (REL) 巡礼者 juñreishà

pilgrimage [pil'grəmidʒ] n (REL) 巡礼 juñreì

pill [pil] n (MED: tablet) 錠剤 jōzai
   the pill (contraceptive pill) 経口避妊薬 keñkōhinìn-yaku, ピル pírù

pillage [pil'idʒ] vt (loot: house, town etc) 略奪する ryakúdatsu suru

pillar [pil'əːr] n (ARCHIT) 柱 hashíra

pillar box (BRIT) n (MAIL) ポスト pósùto

pillion [pil'jən] n: **to ride pillion** (on motorcycle) 後ろに相乗りする ushíro nì aínori surù

pillory [pil'əːriː] vt (criticize strongly) 非難する hínàn suru

pillow [pil'ou] n (cushion: for head) まくら mákùra

pillowcase [pil'oukeis] n (cover: for pillow) 枕カバー makúrakabà, ピロケース pírókèsu

pilot [pai'lət] n (AVIAT) 操縦士 sōjùshi, パイロット paírotto
   ♦cpd (scheme, study etc) 試験的な shikénteki na
   ♦vt (aircraft) 操縦する sōjū suru

pilot light n (on cooker, boiler, fire) 口火 kuchíbi

pimp [pimp] n ポン引き poñbiki, ひも himó

pimple [pim'pəl] n にきび níkìbi

pin [pin] n (metal: for attaching, fastening) ピン píñ
   ♦vt (fasten with pin) ピンで止める píñ de tomérù
   pins and needles (in arms, legs etc) しびれが切れる事 shibíre gà kirérù kotó
   to pin someone down (fig) ...に約束させる ...ni yakúsoku saserù, ...にくぎを刺す ...ni kugí wò sásù
   to pin something on someone (fig) ...に...のぬれぎぬを着せる ...ni ...no nuréginù wo kisérù

pinafore [pin'əfɔːr] n (also: **pinafore dress**) エプロンドレス epúrondorèsu

pinball [pin'bɔːl] n (game) スマートボール sumátobòru; (machine) スマートボール sumátobòru

pincers [pin'sɔːrz] npl (TECH) やっとこ yattóko, ペンチ péñchi; (of crab, lobster etc) はさみ hasámì

pinch [pintʃ] n (small amount: of salt etc) 一つまみ hitótsùmami
   ♦vt (person: with finger and thumb) つねる tsunérù; (inf: steal) くすねる kusúnerù
   at a pinch 緊急の場合 kiñkyū nò baái

pincushion [pin'kuʃən] n (SEWING) 針刺し harísashì

pine [pain] n (also: **pine tree**) マツ mátsù; (wood) マツ材 matsúzài
   ♦vi: **to pine for** (person, place) 思い焦がれる omóikogarerù

pineapple [pain'æpəl] n (fruit) パイナップル paínappuru

pine away vi (gradually die) 衰弱して死ぬ suíjaku shite shinú

ping [piŋ] n (noise) ぴゅーという音 pyūn to iú otò

ping-pong [piŋ'pɔːŋ] ® n (sport) 卓球 takkyū, ピンポン píñpon

pink [piŋk] adj ピンク色の piñkuiro no
   ♦n (color) ピンク色 piñkuiro; (BOT) ナデシコ nadéshiko

pinnacle [pin'əkəl] n (of building, mountain) 天辺 teppéń; (fig) 頂点 chốteń

pinpoint [pin'pɔint] vt (discover) 発見する hakkén suru; (explain) 説明する setsúmei suru; (position of something) 正確に示す seíkaku ni shimésù

pint [paint] n (US: = 473 cc; BRIT: = 568 cc) パイント paíñto
a pint of beer, (BRIT: inf) a pint ビール1パイント bíru ichípaiñto

pin-up [pin'ʌp] n (picture) ピンナップ写真〔絵〕piñnappushashiñ〔e〕

pioneer [paiəniːr'] n (initiator: of scheme, science, method) 先駆者 señkushà, パイオニア paíonià; (early settler) 開拓者 kaítakushà

pious [pai'əs] adj (person) 信心深い shíñjiñbukai

pip [pip] n (seed of fruit) 種 tané; (BRIT: time signal on radio) 時報 jihố

pipe [paip] n (gen, also for smoking) パイプ paípu; (also: **water pipe**) 水道管 suídokan; (also: **gas pipe**) ガス管 gasúkan
◆vt (water, gas, oil) パイプで運ぶ paípu de hakóbù

pipes [paipz] npl (also: **bagpipes**) バグパイプ bagúpaipu

pipe cleaner n パイプクリーナー paípukurīnà

pipe down (inf) vi (be quiet) 黙る damárù

pipe dream n (hope, plan) 夢想 musố

pipeline [paip'lain] n (for oil, gas) パイプライン paípuraìn

piper [pai'pər] n (bagpipe player) バグパイプ奏者 bagúpaipu sòsha

piping [pai'piŋ] adv: **piping hot** (water, food, coffee) うんと熱い úñto atsúì

piquant [piː'kənt] adj (food: spicy) ぴりっとした piríttò shitá; (fig: interesting, exciting) 興味深い kyốmibukai

pique [piːk] n 立腹 rippúku

pirate [pai'rit] n (sailor) 海賊 kaízoku
◆vt (book, video tape, cassette etc) ...の海賊版を作る ...no kaízokubañ wo tsukúrù

pirate radio (BRIT) n 海賊放送 kaízokuhồsō

pirouette [piruːet'] n つま先旋回 tsumásakiseñkai

Pisces [pai'siːz] n (ASTROLOGY) 魚座 uốzà

piss [pis] (inf!) vi (urinate) おしっこする oshíkkò suru

pissed [pist] (inf!) adj (US) 怒った okóttà; (BRIT: drunk) 酔っ払った yoppárattà

pistol [pis'təl] n けん銃 keñjū, ピストル pisútoru

piston [pis'tən] n ピストン písùton

pit [pit] n (hole in ground) 穴 aná; (in surface of something) くぼみ kubómi; (also: **coal pit**) 炭坑 tañkố; (quarry) 採石場 saísekijō
◆vt: **to pit one's wits against someone** ...と知恵比べをする ...to chiékuràbe wo suru

pitch [pitʃ] n (BRIT: SPORT: ground) グラウンド guráundo; (MUS) 調子 chóshi, ピッチ pitchi; (fig: level, degree) 度合 doai; (tar) ピッチ pítchì
◆vt (throw) 投げる nagérù
◆vi (fall forwards) つんのめる tsuñnomérù
to pitch a tent (erect) テントを張る téñto wo hárù

pitch-black [pitʃ'blæk'] adj (night, place) 真っ暗な makkúra na

pitched battle [pitʃt-] n (violent fight) 激戦 gekísen

pitchfork [pitʃ'fɔːrk] n ホーク hồku

piteous [pit'iːəs] adj (sight, sound etc) 悲惨な hisán na

pitfall [pit'fɔːl] n (difficulty, danger) 落し穴 otóshiàna, 危険 kikén

pith [piθ] n (of orange, lemon etc) わた watá

pithy [piθ'iː] adj (comment, saying etc) 中身の濃い nakámì no kóì

pitiful [pit'ifəl] adj (touching: appearance, sight) 哀れな awáre na

pitiless [pit'ilis] adj (person) 冷酷な reíkoku na

pits [pits] npl (AUT) ピット pitto

pittance [pit'əns] n (very small income) スズメの涙 suzúme no namída

pity [pit'i:] n (compassion) 哀れみ awáremì

♦vt 哀れむ awáremù

what a pity! (expressing disappointment) 残念だ zańnen da

pivot [piv'ət] n (TECH) 旋回軸 seńkaijìku, ピボット píbòtto; (fig) 中心 chúshin

pizza [pi:t'sə] n ピッツァ píttsà, ピザ pízà

placard [plæk'ɑːrd] n (sign: in public place) 看板 kańban; (: in march etc) プラカード purákàdo

placate [plei'keit] vt (person, anger) なだめる nadámerù

place [pleis] n (in general: point, building, area) 所 tokóro, 場所 bashó; (position: of object) 位置 íchì; (seat) 席 sékì; (job, post etc) 職 shokú, ポスト pósùto; (home): **at/to his place** 彼の家で[へ] kárè no ié de(e); (role: in society, system etc) 役割 yakúwarì

♦vt (put: object) 置く okú; (identify: person) 思い出す omóidasù

to take place (happen) 起る okórù

out of place (not suitable) 場違いの bachígài no

in the first place (first of all) まず第一に mázù daíchi nì

to change places with someone ...と交代する ...to kótai suru

to be placed (in race, exam) 入賞する nyúshō suru

place of birth n 出生地 shusséìchì

placenta [pləsen'tə] n 胎盤 taíban

placid [plæs'id] adj (person) 穏和な oñwa na

plagiarism [plei'dʒəːrizəm] n ひょう窃 hyónsetsu, 盗作 tósaku

plague [pleig] n (MED) 伝染病 deńsenbyō; (fig: of locusts etc) 異常発生 ijóhassèi

♦vt (fig: subj: problems, difficulties) 悩ます nayámasù

plaice [pleis] n inv (fish) カレイ kárèi

plaid [plæd] n (cloth) チェックの生地 chékkù no kíjì

plain [plein] adj (unpatterned) 無地の múji no; (simple: dress, food) 質素な shísso na; (clear, easily understood) 明白な meíhaku na; (not beautiful) 不器量な bukíryō na

♦adv (wrong, stupid etc) 全く mattáku

♦n (area of land) 平原 heígen

plain chocolate n ブラックチョコレート burákku chokorēto

plain-clothes [plein'klouz] adj (police officer) 私服の shifúku no

plainly [plein'li:] adv (obviously) 明白に meíhaku ni; (hear, see, smell: easily) はっきりと hakkírì to; (state: clearly) ざっくばらんに zákkùbaran ni

plaintiff [plein'tif] n (LAW) 原告 geńkoku

plaintive [plein'tiv] adj (cry, voice) 哀れっぽい awáreppoì

plait [plæt] n (of hair) お下げ o-ságe; (of rope, leather) 編みひも状の物 amíhimojō no monó

plan [plæn] n (scheme, project) 計画 keíkaku, プラン púràn; (drawing) 図面 zúmèn; (schedule) 予定表 yotéihyō

♦vt (work out in advance: crime, holiday, future etc) 計画する keíkaku suru

♦vi (think ahead) 計画する keíkaku suru

to plan to do しようと計画する ...shiyō tò keíkaku suru

plane [plein] n (AVIAT) 飛行機 hikóki; (MATH) 面 mén; (fig: level) 段階 dańkai; (tool) かんな kanna; (also: **plane tree**) スズカケノキ suzúkake no ki, プラタナス purátanàsu

planet [plæn'it] n 惑星 wakúsei

plank [plæŋk] n (of wood) 板 ítà

planner [plæn'əːr] n (gen) 計画をする人 keíkaku wo suru hitó; (also: **town planner**) 都市計画担当者 toshíkeikaku tantósha; (of TV program, project) 計画書 keíkakushà

planning [plæn'iŋ] n (of future, project, event etc) 計画 keíkaku; (also: **town planning**) 都市計画 toshíkeìkaku

family planning 家族計画 kazókukeìkaku

planning permission n 建築許可 keńchikukyokà

plant [plænt] n (BOT) 植物 shokúbùtsu;

(machinery) 設備 sétsùbi; (factory) プラント purấnto

◆*vt* (seed, plant, sapling) 植える uérù; (field, garden) ...に植える ...ni uérù; (secretly: microphone, bomb, incriminating evidence etc) 仕掛ける shikákerù

plantation [plænteí'ʃən] *n* (of tea, rubber, sugar etc) 農園 nôen; (area planted out with trees) 植林地 shokúrinchi

plaque [plæk] *n* (commemorative plaque: on building etc) 銘板 meíban; (on teeth) 歯こう shíkō

plasma [plæz'mə] *n* 血清 kesséi

plaster [plæs'tə:r] *n* (for walls) しっくい shikkúi; (*also*: **plaster of Paris**) 石こう sekkố; (*BRIT*: *also*: **sticking plaster**) ばんそうこう bansóokō

◆*vt* (wall, ceiling) ...にしっくいを塗る ...ni shikkúi wo nurú; (cover): **to plaster with** ...に...をべったり張る ...ni ...wo bettárì hárù

plastered [plæs'tə:rd] (*inf*) *adj* 酔っ払った yopparáttà

plasterer [plæs'tərə:r] *n* (of walls, ceilings) 左官屋 sakáñ-ya

plastic [plæs'tik] *n* 合成樹脂 gôseijushì, プラスチック purásuchikkù

◆*adj* (made of plastic: bucket, chair, cup etc) プラスチック製の purásuchikkusei no

plastic bag *n* ポリ袋 poríbùkuro

Plasticine [plæs'tisi:n]® *n* 合成粘土 gôseineñdo

plastic surgery *n* 整形手術 seíkeishujùtsu

plate [pleit] *n* (dish) 皿 sará; (plateful: of food, biscuits etc) 一皿 hitósàra; (in book: picture, photograph) 1ページ大の挿絵 ichípējidai nò sashíe, プレート púrēto; (dental plate) 入れ歯 iréba

gold/silver plate 貴金属の食器類 kikínzoku no shokkírùi

plateau [plætou'] (*pl* **plateaus** *or* **plateaux**) *n* (GEO) 高原 kôgen

plate glass *n* (for window, door) 板ガラス itágaràsu

platform [plæt'fɔ:rm] *n* (at meeting, for band) 演壇 eñdan; (raised structure: for

landing, loading on etc) 台 dái; (RAIL) ホーム hômu; (*BRIT*: of bus) 踏段 fumídan, ステップ sutéppù; (POL) 綱領 kôryō

platinum [plæt'ənəm] *n* 白金 hakkín, プラチナ puráchina

platitude [plæt'ətu:d] *n* 決り文句 kimárimoñku

platonic [plətɑ:'nik] *adj* 純粋に精神的な juñsui nî seíshinteki na, プラトニックな purátonikkù no

platoon [plətu:n'] *n* 小隊 shôtai

platter [plæt'ə:r] *n* 盛皿 morízara

plausible [plɔ:'zəbəl] *adj* (theory, excuse, statement) もっともらしい mottômorashiì; (person) 口先のうまい kuchísaki nò umáî

play [plei] *n* (THEATER, RADIO, TV) 劇 gékì

◆*vt* (subj: children: game) ...して遊ぶ ...shite asóbù; (football, tennis, chess) やる yarú; (compete against) ...と試合をする ...to shiái wò suru; (part, role: in play, film etc) 演ずる eñzurù, ...にふんする ...ni funsuru; (instrument, tune) 演奏する eñsō suru; (listen to: tape, record) 聞く kíkù

◆*vi* (children: on beach, swings etc) 遊ぶ asóbù; (MUS: orchestra, band) 演奏する eñsō suru; (: record, tape, radio) かかる kakárù

to play safe 大事を取る daíji wò tôrù

playboy [plei'bɔi] *n* プレーボーイ purébòi

play down *vt* 軽く扱う karúku atsukaù

player [plei'ə:r] *n* (SPORT) 選手 séñshu, プレーヤー puréyà; (MUS) 奏者 sôsha; (THEATER) 役者 yakúsha

playful [plei'fəl] *adj* (person, animal) 遊び好きの asóbizuki no

playground [plei'graund] *n* (in park) 遊び場 asóbiba; (in school) 校庭 kôtei, 運動場 uñdōjō

playgroup [plei'gru:p] (*BRIT*) *n* 保育園 hoíkuèn

playing card [plei'iŋ-] *n* トランプ toráñpu

playing field *n* グラウンド guráundo

playmate [plei'meit] *n* 遊び友達 asóbitomŏdachi

play-off [plei'ɔ:f] n (SPORT) 優勝決定戦 yūshōketteīsen, プレーオフ puréofù

playpen [plei'pen] n ベビーサークル bebīsākuru

plaything [plei'θiŋ] n おもちゃ omóchà

playtime [plei'taim] n (SCOL) 休み時間 yasúmijikàn

play up vi (cause trouble: machine) 調子が悪くなる chōshi gà wárùku naru; (: children) 行儀を悪くする gyōgi wò wárùku suru

playwright [plei'rait] n 劇作家 gekísakka

plc [pi:elsi:'] abbr (= public limited company) 有限株式会社 yūgen kabushikigaisha

plea [pli:] n (request) 懇願 koñgan; (LAW) 申立て mōshitate

plead [pli:d] vt (LAW) 申立てる mōshitaterù; (give as excuse: ignorance, ill health etc) ...だと言い訳する ...dá tò iíwake surù

♦vi (LAW) 申立てる mōshitaterù; (beg): *to plead with someone* ...に懇願する ...ni koñgan suru

pleasant [plez'ənt] adj (agreeable, nice: weather, chat, smile etc) 気持の良い kimóchi no yoì; (agreeable: person) 愛想の良い aíso no yoì

pleasantries [plez'əntri:z] npl: *to exchange pleasantries* あいさつを交わす áisatsu wo kawásù

please [pli:z] excl (polite request) どうぞ dōzo, どうか dōka; (polite acceptance): *yes, please* ええ, 有難う eé, arígàtō; (to attract someone's attention) 済みません sumímasen

♦vt (give pleasure or satisfaction to) 喜ばす yorókobasù

♦vi (give pleasure, satisfaction) 人を喜ばす hitó wò yorókobasù; (think fit): *do as you please* お好きな様にして下さい o-súki na yō ni shité kudasaì

please yourself! (inf) ご勝手に go-kátte nì

pleased [pli:zd] adj (happy, satisfied): *pleased (with)* (...で) 満足している

(...de) mañzoku shite irù

pleased to meet you 初めまして hajímemashìte

pleasing [pli:'ziŋ] adj (remark etc) 愉快な yúkài na, うれしい uréshiì; (picture) 楽しい tanóshiì; (person) 愛敬のある aíkyō no arù

pleasure [pleʒ'ə:r] n (happiness, satisfaction) 快楽 kaíraku; (activity of enjoying oneself, enjoyable experience) 楽しみ tanóshimì

it's a pleasure どういたしまして dō itáshimashìte

pleasure boat n 遊覧船 yūransen

pleat [pli:t] n ひだ hídà, プリーツ purītsù

pledge [pledʒ] n (promise) 約束 yakúsoku

♦vt (promise: money, support, help) 約束する yakúsoku suru

plentiful [plen'tifəl] adj (food, supply, amount) 豊富な hōfù na

plenty [plen'ti:] n: *plenty of* (much, many) 沢山の takúsan no; (sufficient) 十分な júbun na

pleurisy [plu:r'isi:] n ろく膜炎 rokúmakuèn

pliable [plai'əbəl] adj (material) しなやかな shináyàka na, (fig: person) 素直な súnào na

pliant [plai'ənt] adj = pliable

pliers [plai'ə:rz] npl ペンチ péñchi

plight [plait] n (of person, country) 苦境 kukyō

plimsolls [plim'səlz] (BRIT) npl 運動靴 uñdōgutsu, スニーカー suníkà

plinth [plinθ] n 台座 daíza

plod [plɑːd] vi (walk) とぼとぼ歩く tóbòtobo arúkù; (fig) 何とかやる náñ to ka yárù

plonk [plɑːŋk] (inf) n (BRIT: wine) 安ワイン yasúwaìn

♦vt: *to plonk something down* たたきつける様に...を置く tatákitsukeru yò ni ...wo ókù

plot [plɑːt] n (secret plan) 陰謀 iñbō; (of story, play, film) 筋 sújì, プロット puróttò; (of land) 区画 kukáku

♦vt (sb's downfall etc) たくらむ takúramù; (AVIAT, NAUT: position on chart) 地図に書込む chízù ni kakíkomù; (MATH: point on graph) グラフにする gúrafu ni suru

♦*vi* (conspire) 陰謀を企てる iñbō wò kuwádaterù

plotter [plɑːˈtəːr] *n* (instrument) 製図道具 seízudōgu

plough [plau] (*US also*: **plow**) *n* (AGR) すき sukí

♦*vt* (earth) 耕す tagáyasù

to plough money into (company, project etc) ...に金をつぎ込む ...ni kané wò tsugíkomù

ploughman's lunch [plauˈmənz-] (*BRIT*) *n* 軽食 keíshoku ◇パブのランチで, パン, チーズ, ピクルスからなる pábù no ráñchi de, páñ, chìzu, píkùrusu kara nárù

plough through *vt fus* (crowd) ...をかき分けて歩く ...wo kakíwakete arukù

plow [plau] (*US*) = **plough**

ploy [plɔi] *n* 策略 sakúryaku

pluck [plʌk] *vt* (fruit, flower, leaf) 摘む tsúmù; (musical instrument) つま弾く tsumábikù; (bird) ...の羽をむしる ...no hané wò mushírù; (remove hairs from: eyebrow) ...の毛を抜く ...no ké wò nukú

♦*n* (courage) 勇気 yūki

to pluck up courage 勇気を出す yūki wo dásù

plug [plʌg] *n* (ELEC) 差込み sashíkomi, プラグ púràgu; (stopper: in sink, bath) 栓 séñ; (AUT: *also*: **spark(ing) plug**) スパークプラグ supákupuràgu

♦*vt* (hole) ふさぐ fuságù; (*inf*: advertise) 宣伝する señden suru

plug in *vt* (ELEC) ...のプラグを差込む ...no púràgu wo sashíkomù

plum [plʌm] *n* (fruit) プラム púràmu

♦*cpd* (*inf*): *plum job* 甘い汁を吸える職 amái shirù wo suérù shoku

plumage [pluːˈmidʒ] *n* 羽 hané ◇鳥の体を覆う羽の総称 torí nò karáda wo ōù hané no sōshō

plumb [plʌm] *vt*: *to plumb the depths* (*fig*) (of unpleasant emotion) 辛酸をなめ尽す shiñsan wò namétsukusù; (of un-

pleasant expression) ...を極端に表現する ...wo kyokútan nì hyōgen suru

plumber [plʌmˈəːr] *n* 配管工 haíkankō

plumbing [plʌmˈiŋ] *n* (piping) 水道設備 suídōsetsubì; (trade, work) 配管業 haíkangyō

plume [pluːm] *n* (of bird) 羽 hané; (on helmet, horse s head) 前立 maédate

plummet [plʌmˈit] *vi*: *to plummet (down)* (bird, aircraft) 真っ直ぐに鋭下する massúgù ni rakká surù; (price, amount, rate) 暴落する bōraku suru

plump [plʌmp] *adj* (person) ぽっちゃりした potcharí shita

♦*vi*: *to plump for* (*inf*: choose) 選ぶ erábù

plump up *vt* (cushion, pillow) 膨らませる fukúramaserù

plunder [plʌnˈdəːr] *n* (activity) 略奪 ryakúdatsu; (stolen things) 分捕り品 buñdorihiñ

♦*vt* (steal from: city, tomb) 略奪する ryakúdatsu suru

plunge [plʌndʒ] *n* (dive: of bird, person) 飛込み tobíkomi; (*fig*: of prices, rates etc) 暴落 bōraku

♦*vt* (hand, knife) 突っ込む tsukkómù

♦*vi* (fall: person, thing) 落ちる ochírù; (dive: bird, person) 飛込む tobíkomù; (*fig*: prices, rates etc) 暴落する bōraku suru

to take the plunge 冒険する bōken suru

plunger [plʌnˈdʒəːr] *n* (for sink) プランジャー puráñja ◇長い棒の付いたゴムカップ nagáî bō no tsuità gomúkappù

plunging [plʌnˈdʒiŋ] *adj* (neckline) 切込みの深い kiríkomi no fukaí

pluperfect [pluːpəːrˈfikt] *n* 過去完了形 kakókanryōkei

plural [pluːrˈəl] *adj* 複数の fukúsū no

♦*n* 複数形 fukúsūkei

plus [plʌs] *n* (*also*: **plus sign**) 加符号 kafúgō, プラス púràsu

♦*prep* (MATH) ...に ...を加算して ...ni ...wo kasán shite, ...に ...を足して ...ni ...wo tashíte; (in addition to) ...に加えて ...ni kuwáete

2 plus 2 is 4 2足す2は4 ní tasú ní wà yőñ

ten/twenty plus (more than) 10〔20〕以上 jů(nijů)ijő

plush [plʌʃ] *adj* (car, hotel etc) 豪華な gő-ka na

plutonium [plu:tou'ni:əm] *n* プルトニウム purútoníumu

ply [plai] *vt* (a trade) 営む itónamù
◆*vi* (ship) 往復する őfuku suru
◆*n* (of wool, rope) 太さ futósa

to ply someone with drink ...に強引に酒を勧める ...ni gőiñ nì sakě wò susúmerù

plywood [plai'wud] *n* ベニヤ板 beníyaità

P.M. [pi:'em'] *abbr* = **Prime Minister**

p.m. [pi:'em'] *adv abbr* (= *post meridiem*) 午後 gőgð

pneumatic [nu:mæt'ik] *adj* (air-filled) 空気で膨らませた kůki dè fukúramasetà; (powered by air) 空気... kůki...

pneumatic drill *n* 空気ドリル kůkidorì-ru

pneumonia [nu:moun'jə] *n* 肺炎 haíeñ

poach [poutʃ] *vt* (steal: fish) 密漁する mitsúryo suru; (: animals, birds) 密猟する mitsúryõ suru; (cook: egg) 落し卵にするotőshitamagŏ ni suru, ポーチトエッグにする pőchìtoeggù ni suru; (: fish) 煮る nirú
◆*vi* (steal: fish) 密漁する mitsúryo suru; (: animals, birds) 密猟する mitsúryõ suru

poached [poutʃt] *adj*: *poached egg* 落し卵 otőshitamagŏ, ポーチトエッグ pőchitoeggù

poacher [pou'tʃə:r] *n* (of fish) 密漁者 mitsúryŏsha; (of animals, birds) 密猟者 mitsúryŏsha

P.O. Box [pi:'ou-] *n abbr* = **Post Office Box**

pocket [pɑ:k'it] *n* (on jacket, trousers, suitcase, car door etc) ポケット pokéttò; (*fig*: small area) 孤立地帯 korítsuchità̀i
◆*vt* (put in one's pocket) ポケットに入れる pokéttò ni irérù; (steal) くすねる kusúnerù

to be out of pocket (*BRIT*) 損する sőñ suru

pocketbook [pɑ:k'itbuk] (*US*) *n* (wallet) 財布 saífu; (handbag) ハンドバッグ hañdobaggù

pocket calculator *n* 電卓 deñtaku

pocket knife *n* ポケットナイフ pokéttonaìfu

pocket money *n* 小遣い kőzùkai

pod [pɑːd] *n* さや sáyà

podgy [pɑ:dʒ'i:] *adj* 小太りの kobútòri no

podiatrist [pədai'ətrist] (*US*) *n* 足治療医 ashíchiryŏi

poem [pou'əm] *n* 詩 shi

poet [pou'it] *n* 詩人 shijíñ

poetic [pou'et'ik] *adj* (relating to poetry) 詩の shi no; (like poetry) 詩的な shitéki na

poet laureate *n* 桂冠詩人 keikanshijiñ

poetry [pou'itri:] *n* (LITERATURE) 詩歌 shíika

poignant [pɔin'jənt] *adj* (emotion, look, grief etc) 痛ましい itámashìl

point [pɔint] *n* (gen) 点 teñ, ポイント poíñto; (sharp end: of needle, knife etc) せん端 señtan; (purpose) 目的 mokúteki; (significant part) 要点 yőteñ; (detail, aspect, quality) 特徴 tokúchõ; (particular place or position) 地点 chitéñ; (moment) 時点 jíteñ; (stage in development) 段階 dañkaì; (score: in competition, game, sport) 得点 tokúteñ, 点数 teñsū; (*BRIT*: ELEC: socket) コンセント kőñsento; (*also*: **decimal point**) 小数点 shősūteñ; (in numbers): *2 point 3 (2.3)* 2点3 ní teñ sañ
◆*vt* (show, mark) 指す sásù; (gun etc): *to point something at someone* ...に...を向ける ...ni ...wo mukérù
◆*vi*: *to point at* (with finger, stick etc) を指す ...wo sásù

to be on the point of doing something ...をする所である ..wo suru tokoró de árù

to make a point of doing 努めて...する tsutőmete ...surù

to get/miss the point 相手が言わんとする事が分かる〔分からない〕aĩte gà iwáñ to suru kotò ga wakárù〔wakáranaì〕

to come to the point 要点を言う yőteñ

wǒ iú

there's no point (in doing) (...するの
は) 無意味だ (...surú no wà) muími da

point-blank [pɔint'blæŋk'] *adv* (say,
ask) ずばり zubárì; (refuse) あっさり as-
sárì; (*also*: **at point-blank range**) 至近距
離で shikínkyorì de

pointed [pɔin'tid] *adj* (stick, pencil, chin,
nose etc) とがった togatta; (*fig*: remark)
辛らつな shifiratsu na

pointedly [pɔin'tidli:] *adv* (reply etc) 意
味深長に fmíshinchō ni

pointer [pɔin'tə:r] *n* (on chart, machine)
針 hárì; (*fig*: piece of information or
advice) ヒント hfínto

pointless [pɔint'lis] *adj* (useless, sense-
less) 無意味な muími na

point of view *n* (opinion) 観点 kafíten

point out *vt* (in debate etc) ...を指摘する
...wo shitéki suru

points [pɔints] *npl* (AUT) ポイント poífi-
to; (RAIL) 転てつ機 tefitetsukì, ポイント
poífíto

point to *vt fus* (*fig*) ...を指摘する ...wo
shitéki suru

poise [pɔiz] *n* (composure) 落ち着き ochí-
tsuki

poison [pɔi'zən] *n* (harmful substance)
毒 dokú

♦*vt* (person, animal: kill with poison) 毒
殺する dokúsatsu suru; (: give poison to)
...に毒を飲ませる ...ni dokú wò nomáse-
rù

poisonous [pɔi'zənəs] *adj* 有毒な yúdoku
na, 毒... dokú...

poke [pouk] *vt* (jab with finger, stick etc)
つつく tsutsúkù; (put): **to poke some-
thing in(to)** ...の中へ...を突っ込む ...no
nákà e ...wo tsukkómù

poke about *vi* (search) 物色する busshó-
ku suru

poker [pou'kə:r] *n* (metal bar) 火かき棒
hikákibò; (CARDS) ポーカー pókā

poky [pou'ki:] *adj* (room, house) 狭苦し
い semákurushiì

Poland [pou'lənd] *n* ポーランド pőrando

polar [pou'lə:r] *adj* (GEO, ELEC) 極地の
kyőkùchi no

polar bear *n* 北極グマ hokkyőkugùma

polarize [pou'lə:raiz] *vt* 分裂させる buñ-
retsu saserù

Pole [poul] *n* ポーランド人 pőrandojìn

pole [poul] *n* (post, stick) 棒 bő, さお sáò;
(GEO, ELEC) 極 kyőkù

flag pole 旗ざお hatázao

telegraph/telephone pole 電柱 defíchū

pole bean (*US*) *n* (runner bean) インゲ
ン ífigen

pole vault *n* 棒高飛び bőtakàtobi

police [pəli:s'] *n* (organization) 警察 keí-
satsu; (members) 警官 keíkan

♦*vt* (street, area, town) ...の治安を維持す
る ...no chíàn wò fjî suru

police car *n* パトカー patőkà

policeman [pəli:s'mən] (*pl* **policemen**) *n*
警官 keíkan

police state *n* (POL) 警察国家 keísatsu-
kokkà

police station *n* 警察署 keísatsusho

policewoman [pəli:s'wumən] (*pl* **police-
women**) *n* 婦人警官 fujínkeìkan, 婦警 fu-
kéi

policy [pɑ:l'isi:] *n* (POL, ECON: set of
ideas, plans) 政策 seísaku; (*also*: **insur-
ance policy**) 保険証券 hokénshōken

polio [pou'li:ou] *n* 小児麻ひ shőnimahì,
ポリオ pórìo

Polish [pou'liʃ] *adj* ポーランドの pőran-
do no; (LING) ポーランド語の pőrando-
go no

♦*n* (LING) ポーランド語 pőrandogo

polish [pɑ:l'iʃ] *n* (*also*: **shoe polish**) 靴墨
kutsúzùmi; (for furniture, floors etc) 光
沢剤 kőtakuzàì; (shine: on shoes, floors,
furniture etc) 光沢 kőtaku; (*fig*: refine-
ment) 洗練 señren

♦*vt* (put polish on, make shiny) 磨く
migáku

polished [pɑ:l'iʃt] *adj* (*fig*: person, style)
洗練された señren sareta

polish off *vt* (work) 仕上げる shiágerù;
(food) 平らげる taíragerù

polite [pəlait'] *adj* (person: well-
mannered) 礼儀正しい reígitadashiì;
(socially superior: company, society) 上
流の jőryū no

politeness [pəlait'nis] *n* 礼儀正しさ reígitadashisa

political [pəlit'ikəl] *adj* (relating to politics) 政治の seíji no; (person) 政治に関心ある seíji ni kańshin arù

politically [pəlit'ikli:] *adv* 政治的に seíjiteki ni

politician [pɑ:litiʃ'ən] *n* 政治家 seíjika

politics [pɑ:l'itiks] *n* (activity) 政治 seíji; (subject) 政治学 seíjigàku
♦*npl* (beliefs, opinions) 政治の思想 seíjitekishisō

poll [poul] *n* (*also*: **opinion poll**) 世論調査 yorónchōsa; (political election) 選挙 seńkyo
♦*vt* (in opinion poll) ...の意見を聞く ...no íken wo kikú; (number of votes) 獲得する kakútoku suru

pollen [pɑ:l'ən] *n* 花粉 kafún

polling day [pou'liŋ-] (*BRIT*) *n* 投票日 tóhyōbi

polling station (*BRIT*) *n* 投票所 tóhyōjo

pollute [pəlu:t'] *vt* (air, water, land) 汚染する osén suru

pollution [pəlu:'ʃən] *n* (process) 汚染 osén; (substances) 汚染物質 osénbusshìtsu

polo [pou'lou] *n* (sport) ポロ póro

polo-necked [pou'lounekt] *adj* (sweater) とっくりえりの tokkúrierì no

poltergeist [poul'tərgaist] *n* けん騒霊 keńsōrei, ポルターガイスト porútāgaìsuto

polyester [pɑ:li:es'tə:r] *n* ポリエステル poríesuteru

polyethylene [pɑ:li:eθ'əli:n] (*US*) *n* ポリエチレン poríechirèn

polystyrene [pɑ:li:stai'ri:n] *n* ポリスチレン porísuchirèn

polytechnic [pɑ:li:tek'nik] *n* 科学技術専門学校 kagákugijutsu senmongakkō ◇英国では大学レベルの高等教育機関 eíkoku de wà daígakurebèru no kótōkyòiku kikàn

polythene [pɑ:l'əθi:n] (*BRIT*) *n* = **polyethylene**

pomegranate [pɑ:m'əgrænit] *n* ザクロ zákùro

pomp [pɑ:mp] *n* 華やかさ hanáyàkasa

pompom [pɑ:m'pɑ:m] *n* ポンポン póñpon

pompon [pɑ:m'pɑ:n] *n* = **pompom**

pompous [pɑ:m'pəs] (*pej*) *adj* (person, piece of writing) もったい振った mottáibuttà

pond [pɑ:nd] *n* (natural, artificial) 池 iké

ponder [pɑ:n'də:r] *vt* 熟考する jukkō suru

ponderous [pɑ:n'də:rəs] *adj* (large and heavy) 大きくて重い ōkikute omóì; (speech, writing) 重苦しい omókurushiì

pong [pɑ:ŋ] (*BRIT*: *inf*) *n* 臭気 kúshū

pontificate [pɑ:ntif'ikeit] *vi* (*fig*): **to pontificate (about)** (...について) もったい振って話す (...ni tsúìte) mottáibuttè hanásù

pontoon [pɑ:ntu:n'] *n* (platform) ポンツーン pońtsūn; (for seaplane etc) フロート fúròto

pony [pou'ni:] *n* ポニー pónì

ponytail [pou'ni:teil] *n* (person's hairstyle) ポニーテール ponítēru

pony trekking [-trek'iŋ] (*BRIT*) *n* 乗馬旅行 jōbaryokō

poodle [pu:'dəl] *n* プードル pūdoru

pool [pu:l] *n* (*also*: **pool of water**) 水たまり mizútamari; (pond) 池 iké; (*also*: **swimming pool**) プール pūru; (*fig*: of light, liquid) たまり tamári; (SPORT) 玉突 tamátsuki, ビリヤード biríyàdo
♦*vt* (money, knowledge, resources) 出し合う dashíaù, プールする pūru suru
typing pool タイピストのプール taípisùto no pūru

pools [pu:lz] *npl* (football pools) トトカルチョ totókarùcho

poor [pu:r] *adj* (not rich: person, place, country) 貧しい mazúshiì, 貧乏な bíñbō na; (bad) 粗末な sómàtsu na
♦*npl*: **the poor** 貧乏人 bíñbonìn ◇総称 sóshō
poor in (resources etc) ...が不足している ...ga fusóku shitè irù

poorly [pu:r'li:] *adj* (ill) 病気の byóki no
♦*adv* (badly: designed) 粗末に sómàtsu ni; (paid, furnished) 不十分に fujúbùn ni

pop [pɑ:p] *n* (MUS) ポップス póppùsu;

(fizzy drink) 炭酸飲料 tańsan-ińryō, ソーダ水 sṓdasùi; (*inf*: father) 父ちゃん tṓchan, パパ pápà; (sound) ぽんという音 pón to iú otò
♦*vt* (put quickly) 突っ込む tsukkómù
♦*vi* (balloon) 破裂する harétsu suru; (cork) 飛出す tobídasù

popcorn [pɑ:p'kɔ:rn] *n* ポップコーン poppúkòn

pope [poup] *n* 法王 hṓō

pop in *vi* 立寄る tachíyorù

poplar [pɑ:p'lə:r] *n* ポプラ pópùra

poplin [pɑp'lin] *n* ポプリン pópùrin

pop out *vi* 飛出る tobíderù

popper [pɑ:p'ə:r] *n* (*BRIT*) *n* (for fastening) スナップ sunáppù

poppy [pɑ:p'i:] *n* ケシ keshí

Popsicle [pɑ:p'sikəl] (®) *US*) *n* (ice lolly) アイスキャンディー aísukyandì

pop star *n* ポップスター poppúsutà

populace [pɑ:p'jələs] *n* 大衆 taíshū

popular [pɑ:p'jələ:r] *adj* (well-liked: person, place, thing) 人気のある niñki no arù; (of ordinary people: idea, belief) 一般の ippán no, 流行の ryūkō no; (non-academic) 一般向の ippánmuke no; (POL) 国民の kokúmin no

popularity [pɑ:pjəlær'iti:] *n* (of person, thing, activity) 人気 niñki

popularize [pɑ:p'jələraiz] *vt* (sport, music, fashion) 普及させる fukyū saserù; (science, ideas) 分かりやすくする wakáriyasukù suru

population [pɑ:pjəlei'ʃən] *n* (inhabitants: of country, area) 住民 jūmin; (number of inhabitants) 人口 jiñkō

populous [pɑ:p'jələs] *adj* (country, city, area) 人口の多い jiñkō no ỗi

pop up *vi* 現れる aráwarerù

porcelain [pɔ:r'səlin] *n* 磁器 jíkì

porch [pɔ:rtʃ] *n* (ARCHIT: entrance) 玄関 genkan; (*US*) ベランダ beránda

porcupine [pɔ:r'kjəpain] *n* ヤマアラシ yamáarashi

pore [pɔ:r] *n* (ANAT) 毛穴 keána; (BOT) 気孔 kikṓ; (GEO) 小穴 koána
♦*vi*: *to pore over* (book, article etc) 熟読する jukúdoku suru

pork [pɔ:rk] *n* 豚肉 butániku

pornographic [pɔ:rnəgræf'ik] *adj* (film, book, magazine) わいせつな waísetsu na, ポルノの poruno no

pornography [pɔ:rnɑ:'grəfi:] *n* (films, books, magazines) ポルノ pórùno

porous [pɔ:r'əs] *adj* (soil, rock, clay etc) 小穴の多い koána nò ỗi

porpoise [pɔ:r'pəs] *n* イルカ irúka

porridge [pɔ:r'idʒ] *n* オートミール ṓtomīru

port [pɔ:rt] *n* (harbor) 港 mínàto; (NAUT: left side) 左げん sagén; (wine) ポートワイン pṓtowaìn

port of call 寄港地 kikṓchì

portable [pɔ:r'təbəl] *adj* (television, typewriter, telephone etc) 携帯用の keítai yỗ no, ポータブルの pṓtaburu no

porter [pɔ:r'tə:r] *n* (for luggage) 赤帽 akábō, ポーター pṓtā; (doorkeeper) 門番 mofiban

portfolio [pɔ:rtfou'li:ou] *n* (case) かばん kában; (POL) 大臣の職 daíjin no shokú; (FINANCE) ポートフォリオ pṓtoforìo; (of artist) 代表作品集 daíhyōsakuhiñshū

porthole [pɔ:r'houl] *n* げん窓 geñsō

portion [pɔ:r'ʃən] *n* (part) 部分 búbùn; (helping of food) 一人前 ichíninmaè

portly [pɔ:rt'li:] *adj* (man) 太った futóttà

portrait [pɔ:r'trit] *n* (picture) 肖像 shṓzō, ポートレート pṓtorèto

portray [pɔ:rtrei'] *vt* (subj: artist) 描く egákù; (: actor) 演じる eñjirù

portrayal [pɔ:rtrei'əl] *n* (artist's: *also* representation in book, film etc) 描写 byṓsha; (actor's) 演技 eñgi

Portugal [pɔ:r'tʃəgəl] *n* ポルトガル porútogàru

Portuguese [pɔ:rtʃəgi:z'] *adj* ポルトガルの porútogàru no; (LING) ポルトガル語の porútogarugồ no
♦*n inv* ポルトガル人 porútogarujìn; (LING) ポルトガル語 porútogarugồ

pose [pouz] *n* (posture) ポーズ pṓzu
♦*vi* (pretend): *to pose as* ...を装う ...wo yosòoù, ...の名をかたる ...no ná wò katárù
♦*vt* (question) 持出す mochídasù; (prob-

lem, danger) ...である ...de árù

to pose for (painting etc) ...のためにポーズを取る ...no tamé nì pózu wo tórù

posh [pɑːʃ] (*inf*) *adj* (smart: hotel, restaurant etc) 高級な kṓkyū na; (upper class: person, behavior) 上流階級の jṓryūkaìkyū no

position [pəzíʃʻən] *n* (place: of house, thing, person) 位置 íchì; (of person's body) 姿勢 shiséi; (social status) 地位 chíì; (job) 職 shokù; (in race, competition) 第...位 dáì ...i; (attitude) 態度 táìdo; (situation) 立場 tachíba

♦*vt* (person, thing) 置く okú

positive [pɑːzʻətiv] *adj* (certain) 確かな táshìka na; (hopeful, confident) 確信している kakúshin shite irù; (definite: decision, action, policy) 積極的な sekkyókuteki na

posse [pɑːsíː] (*US*) *n* 捜索隊 sōsakutai

possess [pəzés] *vt* (have, own: car, watch, radio etc) 所有する shoyú suru, 保有する hoyú suru; (quality, ability) ...がある ...ga árù, ...を持っている ...wo móttế irú; (subj: feeling, belief) 支配する shíhài suru

possession [pəzéʃʻən] *n* (state of possessing) 所有 shoyú

to take possession of 占領する seńryō suru

possessions [pəzéʃʻənz] *npl* (belongings) 持物 mochímòno

possessive [pəzésiv] *adj* (of another person) ...の愛情を独占したがる ...no aíjō wo dokúsen shitagarù; (of things) 他人に使わせたがらない tanín nì tsukáwasetagaranài; (LING) 所有を表す shoyú wò aráwasù

possibility [pɑːsəbílʻitiː] *n* 可能性 kyonō, sei; (possible event) 可能な事 kanō na kotò

possible [pɑːsʻəbəl] *adj* (which can be done) 可能な kanō na; (event, reaction) 有り得る aríurù; (candidate, successor) 成り得る naríurù

it's possible (may be true) そうかも知れない sṓ ka mò shirénaì

as fast as possible できるだけ早く de-

kíru dakè hayákù

possibly [pɑːsʻəbliː] *adv* (perhaps) あるいは arúìwa; (expressing surprise, shock, puzzlement) ...が考えられない ...ga kań-gaerarenài; (emphasizing someone's efforts) できる限り dekíru kagirì

I cannot possibly come どう合っても私は行かれません dṓatté mo watákushi wà ikáremaseñ

post [poust] *n* (*BRIT*: service, system) 郵便 yúbin; (: letters) 郵便(物) yúbin (bùtsu); (delivery) 配達 haítatsu ◊1回分の配達郵便を指す ikkáĩbun no haítatsu-yúbin wo sásù; (pole) 柱 hashíra; (job, situation) 職 shokú; (MIL) 持場 mochíba

♦*vt* (*BRIT*: send by post) 郵送する yúsō suru; (: put in mailbox) 投かんする tṓkan suru; (: appoint): *to post someone to* ...を...へ配置する ...wo ...e haíchi suru

postage [pous'tidʒ] *n* (charge) 郵便料金 yúbin ryōkin

postage stamp *n* (郵便)切手 (yúbin) kittě

postal [pous'təl] *adj* (charges, service, strike) 郵便の yúbin no

postal order *n* 郵便為替 yúbin kawàse

postbox [poust'bɑːks] (*BRIT*) *n* (郵便)ポスト (yúbin)pósuto

postcard [poust'kɑːrd] *n* (郵便)葉書 (yúbin) hagáki

postcode [poust'koud] (*BRIT*) *n* 郵便番号 yúbin bañgō

postdate [poust'deit] *vt* (check) ...に先の日付を付ける ...ni sakí nò hizúke wò tsukérù

poster [pous'təːr] *n* ポスター pósùtā

poste restante [poust res'tɑːnt] (*BRIT*) *n* 局留 kyokúdome

posterity [pɑːster'itiː] *n* 後世 kōsei

postgraduate [poustgrædʒ'uːit] *n* 大学院生 daígakuiñsei

posthumous [pɑːs'tʃəməs] *adj* (award, publication) 死後の shígò no

postman [poust'mən] (*pl* **postmen**) *n* 郵便屋 yúbin-ya

postmark [poust'mɑːrk] *n* 消印 keshíin

post-mortem [poustmɔːr'təm] *n* 司法解剖 shihōkaibō, 検死解剖 keńshikaibō

post office n (building) 郵便局 yūbiñ-kyoku; (organization): *the Post Office* 郵政省 yūseīshō

Post Office Box n 私書箱 shishóbàko

postpone [poustpoun'] vt 延期する eñki suru

postscript [poust'skript] n 追伸 tsuíshin

posture [pɑːs'tʃəːr] n (position of body) 姿勢 shiséi; (fig) 態度 tàīdo

postwar [poust'wɔːr'] adj (building, period, politics) 戦後の señgo no

posy [pou'ziː] n 花束 hanátàba ◊小さい花束を指す chíísaì hanátàba wo sásù

pot [pɑːt] n (for cooking) な べ nábè; (also: **teapot**) ティーポット típottò; (also: **coffeepot**) コーヒーポット kṓhīpottò; (tea/coffee in pot) ティー〔コーヒー〕ポット一杯 tí(kṓhī)pottò íppài; (bowl, container: for paint etc) つぼ tsubò; (flowerpot) 植 木 鉢 uékibàchi; (inf: marijuana) マリファナ maríffàna

♦vt (plant) 鉢に植える hachí ni uérù

to go to pot (inf: work, performance) 駄目になる damé ni narù

potato [pətei'tou] (pl **potatoes**) n ジャガイモ jagáimo

potato peeler [-piː'ləːr] n 皮むき器 ka-wámukikì

potent [pout'ənt] adj (powerful: weapon, argument, drink) 強力な kyṓryoku na; (man) 性的能力のある seítekinṓryoku no árù

potential [pəten'tʃəl] adj (candidate) 成り得る narfurù; (sales, success) 可能な kanṓ na; (danger etc) 潜在する señzai suru

♦n (talents, abilities) 潜在能力 señzainṓryoku; (promise, possibilities) 将来性 shṓraisei

potentially [pəten'tʃəliː] adv 潜 在 的 に señzaiteki ni

pothole [pɑːt'houl] n (in road) 穴ぼこ anábòko; (BRIT: underground) 洞くつ dṓkutsu

potholing [pɑːt'houliŋ] (BRIT) n: *to go potholing* 洞くつを探検する dṓkutsu wò tañken suru

potion [pou'ʃən] n (of medicine, poison etc) 水薬 mizúgusùri

potluck [pɑːt'lʌk] n: *to take potluck* 有り合せの物で間に合せる aríawase no monò de ma ní awaserù

potted [pɑːt'id] adj (food) つぼ詰めの tsu-bózume no; (plant) 鉢植えの hachíue no; (abbreviated: account, biography etc) 要約した yṓyaku shita

potter [pɑːt'əːr] n (pottery maker) 陶芸家 tṓgeika

♦vi: *to potter around/about in the garden* (BRIT) ぶらぶらと庭いじりをする búràbura to niwáijìri wo suru

pottery [pɑːt'əːriː] n (pots, dishes etc) 陶器 tṓki; (factory, workshop) 陶器製造所 tṓkiseizōjo

potty [pɑːt'iː] adj (inf: mad) 狂った ku-rútta

♦n (for child) おまる o-máru

pouch [pautʃ] n (for tobacco, coins etc) 小袋 kobúkuro; (ZOOL) 袋 fukúro

poultry [poul'triː] n (live chickens, ducks etc) 家きん kakín; (meat from chickens etc) 鳥肉 torĺniku

pounce [pauns] vi: *to pounce on* (animal, person) ...に襲い掛る ...ni osóikaka-rù; (fig: mistake, idea etc) 攻撃する kṓgeki suru

pound [paund] n (unit of weight) ポンド póñdo; (BRIT: unit of money) ポンド póñdo

♦vt (beat: table, wall etc) 強くたたく tsúyòku tatákù; (crush: grain, spice etc) 砕く kudákù

♦vi (heart) どきどきする dókìdoki suru

pound sterling n ポンド póñdo

pour [pɔːr] vt (tea, wine, cereal etc) つぐ tsugú

♦vi (water, blood, sweat etc) 流れ出る nagárederù

to pour someone a drink ...に酒をついでやる ...ni sakê wð tsuíde yarù

pour away/off vt 流して捨てる nagá-shite suterù

pour in vi (people) ぞろぞろと入って来る zórðzoro to haítte kurù; (information) 続々と入る zðkùzoku to haíru

pouring [pɔːr'iŋ] adj: *pouring rain* 土砂

降りの雨 dosháburi no amè

pour out *vi* (people) ぞろぞろと出て来る zórózoro to deté kurù

♦*vt* (tea, wine etc) つぐ tsugú; (*fig*: thoughts, feelings, etc) せきを切った様に吐き出す sékì wo kittá yǒ ni hakídasù

pout [paut] *vi* 膨れっ面をする fukúrettsura wò suru

poverty [pɑːˈvəːrtiː] *n* 貧乏 bínbō

poverty-stricken [pɑːˈvəːrtiːstrikən] *adj* (people, town, country) 非常に貧しい hijō nì mazúshiì

powder [pauˈdəːr] *n* (tiny particles of solid substance) 粉 koná; (face powder) おしろい oshíroi, パウダー páudā

♦*vt*: **to powder one's face** 顔におしろいをつける kaó nì oshíroi wò tsukérù

powder compact *n* コンパクト kónpakuto

powdered milk [pauˈdəːrd-] *n* 粉ミルク konámirùku

powder puff *n* パフ páfù

powder room *n* 化粧室 keshóshìtsu

power [pauˈəːr] *n* (control: over people, activities) 権力 kénryoku; (ability, opportunity) 能力 nóryoku; (legal right) 権利 kenrí; (of explosion, engine) 威力 íryòku; (electricity) 電力 dénryoku

to be in power (POL etc) 権力を握っている kénryoku wo nigítte irù

power cut (*BRIT*) *n* 停電 teíden

powered [pauˈəːrd] *adj*: **powered by** ...で動く ...de ugóku

power failure *n* 停電 teíden

powerful [pauˈəːrfəl] *adj* (person, organization) 有力な yúryoku na; (body) 力強い chikárazuyoì; (blow, kick etc) 強力な kyóryoku na; (engine) 馬力の強い baríki no tsuyoì; (speech, piece of writing) 力強い chikárazuyoì

powerless [pauˈəːrlis] *adj* (without control or influence) 無力な múryòku na

powerless to do ...する力がない ...súrù chikára ga naì

power point (*BRIT*) *n* コンセント kónsento

power station *n* 発電所 hatsúdensho

p.p. [piːˈpiːˈ] *abbr* (= *per procurationem*):

p.p. J. Smith J.Smithの代理として jē sumísù no daírì tòshité; (= *pages*) ページ péji

PR [piːɑːˈr] *abbr* = **public relations**

practicable [prækˈtikəbəl] *adj* (scheme, task, idea) 実用的な jitsúyōteki na

practical [prækˈtikəl] *adj* (not theoretical: difficulties, experience etc) 実際の jissái no; (person: sensible) 現実的な geñjitsuteki na; (: good with hands) 器用な kíyò na; (ideas, methods) 現実的な geñjitsuteki na; (clothes, things: sensible) 実用的な jitsúyōteki na

practicality [præktikælˈitiː] *n* (no pl) 現実主義 geñjitsushùgi; (of situation etc) 現実 geñjitsu

practical joke *n* 悪ふざけ warúfuzàke

practically [prækˈtikliː] *adv* (almost) ほとんど hotóñdo

practice [prækˈtis] *n* (habit) 習慣 shúkan; (of profession) 業務 gyómu; (REL) おきてを守る事 okíte wò mamóru kotò; (exercise, training) 練習 reñshū; (MED, LAW: business) 開業 kaígyō

♦*vt* (train at: musical instrument, sport etc) 練習する reñshū suru; (carry out: custom, craft etc) 行う okónaù; (religion) ...のおきてを守る ...no okíte wò mamóru; (profession) ...に従事する ...ni júji suru

♦*vi* (train) 練習する reñshū suru; (lawyer, doctor etc) ...の業務をする ...no gyómu wo suru

in practice (in reality) 実際には jissái ni wà

out of practice 腕が鈍って udé gà nibútte

practicing [prækˈtisin] (*BRIT* **practising**) *adj* (Christian etc) おきてを守っている okíte wò mamótte irù; (doctor, lawyer) 業務をしている gyómu wo shité irù

practise [prækˈtis] *vt, vi* (*BRIT*) = **practice**

practitioner [prækˈtiʃənəːr] *n* (MED): *medical practitioner* 医者 ishá

pragmatic [prægmætˈik] *adj* (person, reason etc) 現実的な geñjitsuteki na

prairie [preːˈriː] *n* 草原 sǒgen

praise [preiz] n (expression of approval, admiration) 賞賛 shōsan
♦vt (express approval, admiration: of person, thing, action etc) ほめる homérù

praiseworthy [preiz'wərɔ̃i:] adj (person, act etc) ほめるべき homérùbeki

pram [præm] (BRIT) n 乳母車 ubágurùma

prance [præns] vi (person) 威張って歩く ibátte arúkù; (horse) 躍る様に歩く odóru yō ni arúkù

prank [præŋk] n いたずら itázura

prawn [prɔ:n] n エビ ebí

pray [prei] vi (REL) 祈る inórù; (fig) 祈る inórù, 願う negáù

prayer [pre:r] n (REL: activity, words) 祈り inóri

preach [pri:tʃ] vi (REL) 説教する sékkyō suru; (pej: moralize) お説教する o-sékkyō suru
♦vt (peace, doctrine etc) 説く tókù
to preach a sermon 説教する sékkyō suru

preacher [pri:'tʃə:r] n (REL) 説教者 sekkyōshà

preamble [pri:'æmbəl] n (to spoken words) 前置き maéoki; (to written words) 前書き maégaki

precarious [prikeːr'i:əs] adj (dangerous: position, situation) 不安定な fuántei na; (fig) 危険な kikén na

precaution [prikɔ:'ʃən] n 用心 yōjin

precede [prisi:d'] vt (event, period of time) ...の前に起る ...no máè ni okórù; (person) ...の前を歩く ...no máè wo arúkù; (sentence, paragraph, chapter) ...の前にある ...no máè ni árù

precedence [pres'idəns] n (priority) 優先 yūsen

precedent [pres'idənt] n (action, official decision) 判例 hañrei; (something that has happened before) 先例 señrei

preceding [prisi:'diŋ] adj (chapter, programme, day) 前の máè no

precept [pri:'sept] n おきて okíte

precinct [pri:'siŋkt] n (US: part of city) 管区 káñku
pedestrian precinct (BRIT) 歩行者天国 hokōshateñgoku
shopping precinct (BRIT) ショッピングセンター shóppïngu séñtā ◇車が閉出される kurúma gà shimédasareru

precincts [pri:'siŋkts] npl (of a large building) 構内 kōnai

precious [preʃ'əs] adj (commodity: valuable, useful) 貴重な kichō na; (object, material) 高価な kōka na

precious stone n 宝石 hōseki

precipice [pres'əpis] n 断崖 dañgai

precipitate [prisip'iteit] vt (hasten) 早める hayámerù

precise [prisais'] adj (exact: time, nature etc) 正確な seíkaku na; (detailed: instructions, plans etc) 細かい komákaì

precisely [prisais'li:] adv (accurately) 正確に seíkaku ni; (exactly) その通り sonó tōri

precision [prisiʒ'ən] n 正確さ seíkakusa

preclude [priklu:d'] vt (action, event) 不可能にする fukánō ni suru

precocious [prikou'ʃəs] adj (child, talent) 早熟な sōjuku na

preconceived [pri:kənsi:vd'] adj:
preconceived idea 先入観 señnyūkan

precondition [pri:kəndiʃ'ən] n 前提条件 zeñteijōken

precursor [prikər'sə:r] n (person) 先駆者 señkushà; (thing) 前触れ maébure

predator [pred'ətə:r] n 捕食者 hoshōkushà

predecessor [pred'isesə:r] n (person) 前任者 zeñniñsha

predestination [pri:destinei'ʃən] n 予定説 yotéisètsu

predicament [pridik'əmənt] n 苦境 kukyō

predict [pridikt'] vt 予言する yogén suru

predictable [pridikt'əbəl] adj (event, behavior etc) 予知できる yóchǐ dekírù

prediction [pridik'ʃən] n 予言 yogén

predominantly [pridɑːm'ənəntli:] adv 圧倒的に attőteki ni

predominate [pridɑːm'əneit] vi (person, thing) ...が圧倒的に多い ...ga attőteki nǐ ōī; (feature, quality) 目立つ medátsù

pre-eminent [pri:em'ənənt] adj (person,

thing) 優れた sugúretà

pre-empt [pri:empt] *vt* (decision, action, statement) 先取りする sakídori suru

preen [pri:n] *vt*: *to preen itself* (bird) 羽繕いをする hazúkùroi wo suru
to preen oneself 得意がる tokúìgaru

prefab [pri:'fæb] *n* プレハブ住宅 puréhabujùtaku

prefabricated [pri:fæb'rikeitid] *adj* (buildings) プレハブの puréhabu no

preface [pref'is] *n* (in book) 前書 maégaki

prefect [pri:'fekt] (*BRIT*) *n* (in school) 監督生 kańtokusèi

prefer [prifər'] *vt* (like better: person, thing, activity) ...の方を好む ...no hŏ wò konómu
to prefer doing/to do ...する方が好きである ...suru hŏ gà sukí de arù

preferable [pref'ə:rəbəl] *adj* ...が望ましい ...ga nozómashìi

preferably [prifə:r'əbli:] *adv* できれば dekíreba

preference [pref'ə:rəns] *n* (liking) 好み konómi
to give preference to ...を優先的に扱う ...wo yūsenteki ni atsúkaù

preferential [prefəren'tʃəl] *adj*: *preferential treatment* 優先的な取扱い yūsenteki nà toríatsukai

prefix [pri:'fiks] *n* 接頭辞 settŏji

pregnancy [preg'nənsi:] *n* (of woman, female animal) 妊娠 nińshin

pregnant [preg'nənt] *adj* (woman, female animal) 妊娠している nińshin shite irù

prehistoric [pri:histɔ:r'ik] *adj* (person, dwelling, monster etc) 有史以前の yūshi-izèn no

prejudice [predʒ'ədis] *n* (unreasonable dislike) 偏見 heńken; (bias in favor) ひいき híiki

prejudiced [predʒ'ədist] *adj* (person: prejudiced against) ...に対して偏見のある ...ni táishite heńken no arù; (: prejudiced in favor) ...をひいきにした ...wo híiki ni shitá

preliminary [prilim'əne:ri:] *adj* (action,

discussion) 予備的な yobíteki na

prelude [prei'lu:d] *n* (preliminary event) 前兆 zeńchō; (*MUS*) 序曲 jókyòku

premarital [pri:mær'itəl] *adj* 婚前の końzen no

premature [pri:mətʃu:r'] *adj* (earlier than expected: baby) 早産の sŏzan no; (death, arrival) 早過ぎた hayásugita; (too early: action, event etc) 時期尚早の jíkìshōsō no
premature aging 早老 sŏrō

premeditated [primed'ɔteitid] *adj* 計画的な keíkakuteki na

premier [primji:r'] *adj* (best) 最良の saíryō no
♦*n* (*POL*) 総理大臣 sŏridaìjin, 首相 shushŏ

première [primji:r'] *n* (of film) 初公開 hatsúkōkai; (of play) 初演 shoén

premise [prem'is] *n* 前提 zeńtei

premises [prem'isiz] *npl* (of business, institution) 構内 kŏnai
on the premises 構内で kŏnai de

premium [pri:'mi:əm] *n* (*COMM*: extra sum of money) 割増金 warímashikin, プレミアム purémìamu; (: sum paid for insurance) 掛金 kakékin
to be at a premium (expensive) 高価である kŏka de árù; (hard to get) 手に入りにくい té nì hafírinikùi

premium bond (*BRIT*) *n* 割増金付き債券 warímashikintsukisaìken ◇抽選による賞金が付く chūsen ni yorù shŏkin ga tsukù

premonition [premǝniʃ'ǝn] *n* 予感 yokán

preoccupation [pri:ɑːkjəpei'ʃǝn] *n* (obsession) 専念する事 seńnen surù kotó; (worry) 気掛りな事 kigákàri na kotó

preoccupied [priɑːk'jəpaid] *adj* (person) 上の空になった uwánosorà ni náttà

prep [prep] *n* (*SCOL*: study) 勉強 beńkyō

prepaid [pri:'peid] *adj* (paid in advance) 支払い済みの shiháraizumi no

preparation [prepərei'ʃǝn] *n* (activity) 準備 júnbi; (food) 料理 ryŏri; (medicine) 薬品 yakúhin; (cosmetic) 化粧品 keshŏhin

preparations [prepərei'ʃǝnz] *npl* (arrangements) 準備 júnbi

preparatory [pripær'ətɔːriː] *adj* (report) 予備の yóbi no; (training) 準備の júñbi no

preparatory school *n* (*US*) 予備校 yobíkō; (*BRIT*) 私立小学校 shirítsu shōgakkō

prepare [pripe:r'] *vt* (make ready: plan, speech, room etc) 準備する júñbi suru; (CULIN) 調理する chōri suru

♦*vi*: *to prepare for* (event, action) ...の準備をする ...no júñbi wo suru

prepared to (willing) ...する用意がある ...surú yōi ga árù

prepared for (ready) ...の用意ができている ...no yōi ga dékìte irú

preponderance [pripɑ:n'dərəns] *n* (of people, things) 大多数 daítasū

preposition [prepəziʃ'ən] *n* 前置詞 zeñchishi

preposterous [pripɑ:s'tərəs] *adj* (suggestion, idea, situation) 途方もない tohōmonaì

prep school *n* = **preparatory school**

prerequisite [prirek'wizit] *n* 必要条件 hitsúyōjōken

prerogative [prərɑ:g'ətiv] *n* (of person, group) 特権 tokkén

Presbyterian [prezbiti:r'i:ən] *adj* 長老派の chōrōha no

♦*n* 長老派の信者 chōrōha no shiñja

preschool [pri:'sku:l'] *adj* (age, child, education) 就学前の shūgakumaè no

prescribe [priskraib'] *vt* (MED: medicine) 処方する shohō suru; (treatment) 命ずる meízurù

prescription [priskrip'ʃən] *n* (MED: slip of paper) 処方せん shohōsen; (: medicine) 処方薬 shohōyaku

presence [prez'əns] *n* (state of being somewhere) ...に居る事 ...ni irú kotò; (*fig*: strong personal quality) 風さい fūsai; (spirit, invisible influence) 霊 reí

in someone's presence ...の居る前で ...no irú maè de

presence of mind *n* 機転 kitén

present [*adj, n* prez'ənt *vb* prizent'] *adj* (current: person, thing) 現在の geñzai no; (in attendance) 出席している shussé-

ki shite irú

♦*n* (actuality): *the present* 現在 geñzai; (gift) 贈り物 okúrimono, プレゼント purézènto

♦*vt* (give: prize, award etc) 贈る okúrù; (cause, provide: difficulty, threat etc) ...になる ...ni nárù; (information) 与える ataérù; (describe: person, thing) 描写する byōsha suru; (RADIO, TV) 提供する teíkyō suru; (formally introduce: person) 紹介する shōkai suru

to give someone a present ...にプレゼントを上げる ...ni purézènto wo agérù

at present 今の所 imá no tokoro

presentable [prizen'təbəl] *adj* (person) 人前に出られる hitómae nì derárerù

presentation [prezəntei'ʃən] *n* (of plan, proposal, report etc) 提出 teíshutsu; (appearance) 体裁 teísai; (formal ceremony) 贈呈式 zőteishìki

present-day [prez'əntdei'] *adj* 現代の geñdai no

presenter [prizen'tə:r] *n* (RADIO, TV) 司会者 shikáìsha

presently [prez'əntli:] *adv* (soon) 間もなく mamónàku; (now) 現在 geñzai

preservation [prezə:rvei'ʃən] *n* (act of preserving) 保存 hozón; (state of being preserved) 保存状態 hozónjòtai

preservative [prizə:r'vətiv] *n* (for food, wood, metal etc) 保存剤 hozónzài

preserve [prizə:rv'] *vt* (maintain: situation, condition) 維持する íji suru; (: building, manuscript) 保存する hozón suru; (food) 保存する hozón suru

♦*n* (*often pl*: jam, marmalade) ジャム jámù

preside [prizaid'] *vi*: *to preside (over)* (meeting, event etc) (...の) 議長をする (...no) gichō wò suru

presidency [prez'idənsi:] *n* (POL: post) 大統領職 daítōryōshokù; (: time in office) 大統領の任期 daítōryō no niñki

president [prez'idənt] *n* (POL) 大統領 daítōryō; (of organization) ...長 ...chō

presidential [preziden'tʃəl] *adj* 大統領の daítōryō no

press [pres] *n*: *the Press* (newspapers)

報道機関 hōdōkikàn; (journalists) 報道陣 hōdōjìn; (printing press) 印刷機 ińsatsukī; (of switch, button, bell) 押す事 osú kotò

♦*vt* (hold one thing against another) 押し付ける oshítsukerù; (button, switch, bell etc) 押す osú; (iron: clothes) …にアイロンを掛ける …ni aíron wò kakérù; (put pressure on: person) せき立てる sekítaterù; (insist): *to press something on someone* …に …を押付ける …ni …wo oshítsukerù

♦*vi* (squeeze) 押える osáerù; (pressurize): *to press for* (improvement, change etc) …のために働く …no tamé nì hatarakù; (forcibly) 強要する kyōyō suru

we are pressed for time/money 時間〔金〕が足りない jíkàn〔kané〕ga tarínai

press agency *n* 通信社 tsūshìnsha

press conference *n* 記者会見 kishákaìken

pressing [pres'iŋ] *adj* (engagement, decision etc) 緊急の kińkyū no

press on *vi* (despite problems etc) ひるまずに続ける hirúmazu ni tsuzúkerù

press stud (*BRIT*) *n* スナップ sunáppù

press-up [pres'ʌp] (*BRIT*) *n* 腕立て伏せ udétatefùse

pressure [preʃ'əːr] *n* (physical force: *also fig*) 圧力 atsúryòku; (*also*: **air pressure**) 気圧 kiátsu; (*also*: **water pressure**) 水圧 suíatsu; (*also*: **oil pressure**) 油圧 yuátsu; (stress) 圧迫 appáku, プレッシャー purésshà

to put pressure on someone (to do) (…する様に) …に圧力を掛ける (…surú yò ni) …ni atsúryòku wo kakérù

pressure cooker *n* 圧力ガマ atsúryokugàma

pressure gauge *n* 圧力計 atsúryokukei

pressure group *n* (POL) 圧力団体 atsúryokudaǹtai, プレッシャーグループ purésshāgurùpu

pressurized [preʃ'əraizd] *adj* (cabin, container, spacesuit) 気圧を一定に保った kiátsu wò ittéi ni tamòttà

prestige [presti:ʒ'] *n* 名声 meísei

prestigious [prestidʒ'əs] *adj* 著名な cho-

méi na

presumably [prizu:'məbli:] *adv* たぶん tábùn, おそらく osóràku

presume [prizu:m'] *vt*: *to presume (that)* (suppose) (…だと) 推定する (…dá tò) suítei suru

presumption [prizʌmp'ʃən] *n* (supposition) 推定 suítei

presumptuous [prizʌmp'tʃu:əs] *adj* せん越な señ-etsu na

presuppose [pri:səpouz'] *vt* …を前提とする …wo zeńtei tò suru

pretence [pritens'] (*US also*: **pretense**) *n* (false appearance) 見せ掛け misékake

under false pretences うそを言って úsò wo itté

pretend [pritend'] *vt* (feign) …の振りをする …no furí wò suru

♦*vi* (feign) 見せ掛ける misékakerù

to pretend to do …する振りをする …suru furí wò suru

pretense [pritens'] (*US*) *n* = **pretence**

pretentious [priten'tʃəs] *adj* (claiming importance, significance: person, play, film etc) うぬぼれた unúboretà

pretext [pri:'tekst] *n* 口実 kōjitsu

pretty [prit'i:] *adj* (person, thing) きれいな kírèi na

♦*adv* (quite) かなり kánàri

prevail [priveil'] *vi* (be current: custom, belief) はやる hayárù; (gain acceptance, influence: proposal, principle) 勝つ kátsù

prevailing [privei'liŋ] *adj* (wind) 卓越風 takúetsufù; (dominant: fashion, attitude etc) 一般の ippán no

prevalent [prev'ələnt] *adj* (common) 一般的な ippánteki na

prevent [privent'] *vt*: *to prevent someone from doing something* …が…をするのを妨げる …ga …wo suru no wò samátagerù

to prevent something from happening …が起るのを防ぐ …ga okórù no wo fuségù

preventative [priven'tətiv] *adj* = **preventive**

prevention [priven'tʃən] *n* 予防 yobō

preventive [priven'tiv] *adj* (measures, medicine) 予防の yobố no

preview [pri:'vju:] *n* (of film) 試写会 shishákài; (of exhibition etc) 招待展示内覧 shôtaitenjinàiran

previous [pri:'vi:əs] *adj* (earlier: event, thing, period of time) 前の mâe no

previously [pri:'vi:əsli:] *adv* 前に mâe ni

pre-war [pri:'wɔːr] *adj* 戦前の señzen no

prey [prei] *n* 獲物 emôno
♦*vi*: **to prey on** (animal: feed on) ...を捕食する ...wo hoshóku suru
it was preying on his mind 彼はそれを気にしていた kárè wa sorê wồ ki ní shite itâ

price [prais] *n* (amount of money) 値段 nedán; (*fig*) 代償 daíshō
♦*vt* (goods) ...に値段を付ける ...ni nedán wồ tsukérù

priceless [prais'lis] *adj* 非常に貴重な hijô nì kichô na

price list *n* 値段表 nedánhyồ

prick [prik] *n* (short, sharp pain) ちくっとする痛み chikúttồ suru itámi
♦*vt* (make hole in) 鋭い物で刺す surúdoì monồ dè sásù; (cause pain) ちくっと刺す chikúttồ sásù
to prick up one's ears (listen eagerly) 耳を澄まして聞く mimí wồ sumáshite kikù

prickle [prik'əl] *n* (of plant) とげ togê; (sensation) ちくちくする痛み chíkùchiku suru itámi

prickly [prik'li:] *adj* (plant) とげだらけの togédàrake no; (fabric) ちくちくする chíkùchiku suru

prickly heat *n* 汗も asémo

pride [praid] *n* (satisfaction) 誇り hokóri; (dignity, self-respect) 自尊心 jisôñshin, プライド puráido; (*pej*: feeling of superiority) 高慢 kôman
♦*vt*: **to pride oneself on** ...を誇りとする ...wo hokóri tồ suru

priest [pri:st] *n* (Christian: Catholic, Anglican etc) 司祭 shisáì; (non-Christian) 僧侶 sôryo

priestess [pri:s'tis] *n* (non-Christian) みこ mîkồ

priesthood [pri:st'hud] *n* (position) 司祭職 shisáishokù

prig [prig] *n* 気取り屋 kidóriyà

prim [prim] (*pej*) *adj* (formal, correct) 堅苦しい katákurushiì; (easily shocked) 上品ぶった jôhiñbutta

primarily [praime:r'ili:] *adv* (above all) 主に ômồ ni

primary [prai'me:ri:] *adj* (first in importance) 主要な shuyố na
♦*n* (*US*: election) 予備選挙 yobísefikyo

primary school *n* 小学校 shôgakkồ

primate [prai'meit] *n* (ZOOL) 霊長類 reíchōrui

prime [praim] *adj* (most important) 最も重要な mottômồ jûyō na; (best quality) 最上の saíjô no
♦*n* (of person's life) 盛り sakári
♦*vt* (wood) ...に下塗りをする ...ni shitánuri wồ suru; (*fig*: person) ...に教え込む ...ni oshiekomù
prime example (typical) 典型的な例 teñkeiteki nà reí

Prime Minister *n* 総理大臣 sôridaìjin, 首相 shushô

primeval [praimi:'vəl] *adj* (existing since long ago): *primeval forest* 原生林 geñseìrin; (feelings, tribe) 原始的な geñshiteki na

primitive [prim'ətiv] *adj* 原始的な geñshiteki na

primrose [prim'rouz] *n* ツキミソウ tsukímisò

primus (stove) [prai'məs-] (*BRIT*) *n* 石油こんろ sekíyukoñro

prince [prins] *n* (son of king etc) 王子 ồji; (son of Japanese emperor) 親王 shiññô

princess [prin'sis] *n* (daughter of king etc) 王女 ồjo; (daughter of Japanese emperor) 内親王 naíshinnồ

principal [prin'səpəl] *adj* (most important: reason, character, aim etc) 主要な shuyố na
♦*n* (of school) 校長 kôchō; (of college) 学長 gakúchō

principle [prin'səpəl] *n* (moral belief) 信念 shiñnen; (general rule) 原則 geñsoku; (scientific law) 法則 hôsoku *in principle* (theoretically) 原則として geñsoku tòshité

on principle (morally) 主義として shugí tòshité

print [print] *n* (letters and numbers on page) 印刷文字 iñsatsumojì; (ART) 版画 hañga; (PHOT) 陰画 yôga, プリント purínto; (footprint) 足跡 ashíatò; (fingerprint) 指紋 shimón

♦*vt* (produce: book, newspaper, leaflet) 印刷する iñsatsu suru; (publish: story, article etc) 記載する kisái suru; (cloth) ...になっ染する ...ni nassén suru; (write in capitals) 活字体で書く katsújitai dè kákù

out of print 絶版で zeppán de

printed matter [prin'tid-] *n* 印刷物 iñsatsubùtsu

printer [prin'tə:r] *n* (person, firm) 印刷屋 iñsatsuyà; (machine) 印刷機 iñsatsukì

printing [prin'tiŋ] *n* (act, art) 印刷 iñsatsu

printout [print'aut] *n* (COMPUT) プリントアウト puríntoaùto

prior [prai'ə:r] *adj* (previous: knowledge, warning, consent etc) 事前の jizén no; (more important: claim, duty) より重要な yorí júyð na

prior to ...の前に ...no máè ni

priority [praiɔːr'iti:] *n* (most urgent task) 優先課題 yūsenkadài; (most important thing, task) 最重要課題 saíjūyōkadài

to have priority (over) (...に) 優先する (...ni) yūsen suru

prise [praiz] *vt*: *to prise open* こじ開ける kojíakerù

prism [priz'əm] *n* プリズム purízùmu

prison [priz'ən] *n* (building) 刑務所 keímusho

♦*cpd* 刑務所の keímusho no

prisoner [priz'ənə:r] *n* (in prison) 囚人 shūjin; (captured person) 捕虜 hōryò

prisoner of war *n* 戦争捕虜 señsōhoryò

pristine [pris'ti:n] *adj* (condition: new) 真新しい maátarashiì; (: like new) 新品同様の shiñpindōyò no

privacy [prai'vəsi:] *n* プライバシー puráibashì

private [prai'vit] *adj* (not public: property, club etc) 私有の shiyū no, プライベートの puráibēto no; (not state-owned: industry, service) 民間の miñkan no; (discussion, sitting place) 非公開の hikôkai no; (personal: activities, belongings) 個人の kòjin no; (: thoughts, plans) 心の中の kokóro no naka no; (quiet: place) 奥まった okúmattà; (: person) 内気な uchíki na; (confidential) 内密の naímitsu no; (intimate) 部外者立入禁止の bugáishà tachíirikinshi no

♦*n* (MIL) 兵卒 heísotsu

「*private*」(on envelope) 親展 shiñten; (on door) 部外者立入禁止 bugáishà tachíirikinshi

in private 内密に naímitsu ni

private enterprise *n* (not state owned) 民間企業 miñkan kigyò; (owned by individual) 個人企業 kòjin kigyò

private eye *n* 私立探偵 shirítsutañtei

private property *n* 私有地 shiyūchì

private school *n* (fee paying) 私立学校 shirítsugakkô

privatize [prai'vətaiz] *vt* (government-owned company etc) 民間に払い下げる miñkan nî harái sagerù

privet [priv'it] *n* イボタノキ ibótanokì

privilege [priv'əlidʒ] *n* (advantage) 特権 tokkén; (opportunity) 光栄な機会 kôei na kikaì

privileged [priv'əlidʒd] *adj* (having advantages) 特権のある tokkén no arù; (having special opportunity) 光栄な機会を得た kôei na kikaì wo etá

privy [priv'i:] *adj*: *to be privy to* 内々に関知している naínai nì kañchi shite i rù

prize [praiz] *n* (reward) 賞 shô

♦*adj* (first class) 典型的な teñkeiteki na

♦*vt* 重宝する chôhō suru

prize-giving [praiz'giviŋ] *n* 表彰式 hyôshōshìki

prizewinner [praiz'winə:r] *n* 受賞者 jushôshà

pro [prou] *n* (SPORT) 職業選手 shokúgyōseñshu, プロ púrò

♦*prep* (in favor of) ...に賛成して ...ni sañsei shite

the pros and cons 賛否両論 sáñpiryōron

probability [prɑːbəbil'əti:] *n* (likelihood): *probability of/that* ...の〔...が起る〕公算 ...no 〔...ga okóru〕kōsan

in all probability たいてい taítei

probable [prɑːb'əbəl] *adj* (likely to happen) 起りそうな okórisō na; (likely to be true) ありそうな arísō na

probably [prɑːb'əbli:] *adv* たぶん tábùn, おそらく osóraku

probation [prəbei'ʃən] *n*: *on probation* (LAW) 保護観察で hogókañsatsu de; (employee) 見習いで mínàrai de

probe [proub] *n* (MED) ゾンデ zóñde; (SPACE) 探査衛星 tañsaeisèi; (enquiry) 調査 chōsa

♦*vt* (investigate) 調査する chōsa suru; (poke) つついて探る tsutsúite sagúrù

problem [prɑːb'ləm] *n* 問題 mofidai

problematic(al) [prɑːbləmæt'ik(əl)] *adj* 問題になる mofidai ni narú

procedure [prəsi:'dʒəːr] *n* (way of doing something) やり方 yaríkata; (ADMIN, LAW) 手続 tetsúzuki

proceed [prəsi:d'] *vi* (do afterwards): *to proceed to do something* ...をし始める ...wo shihájimerù; (continue): *to proceed (with)* (...を) 続ける (...wo) tsuzúkerù; (activity, event, process: carry on) 続ける tsuzúkerù; (person: go) 行く ikú

proceedings [prəsi:'diŋz] *npl* (organized events) 行事 gyōji; (LAW) 訴訟手続き soshótetsuzùki

proceeds [prou'si:ds] *npl* 収益 shúeki

process [prɑːs'es] *n* (series of actions: *also* BIOL, CHEM) 過程 katéi, プロセス purósèsu

♦*vt* (raw materials, food) 加工する kakō suru; (information) 処理する shórì suru

processing [prɑːs'esiŋ] *n* (PHOT) 現像 geñzō

procession [prəseʃ'ən] *n* 行列 gyóretsu

proclaim [prəkleim'] *vt* (announce) 宣言する señgen suru

proclamation [prɑːkləmei'ʃən] *n* 宣言 señgen

procrastinate [prəkræs'təneit] *vi* 先に延ばす sakí nì nobásù

procreation [proukri:ei'ʃən] *n* 生殖 seíshoku

procure [prəkju:r'] *vt* 調達する chótatsu suru

prod [prɑːd] *vt* (push: with finger, stick, knife etc) つつく tsutsúkù

♦*n* (with finger, stick, knife etc) 一突き hitótsuki

prodigal [prɑːd'əgəl] *adj*: *prodigal son/ daughter* 放とう息子〔娘〕hótōmusùko〔musùme〕

prodigious [prədidʒ'əs] *adj* 巨大な kyódai na

prodigy [prɑːd'ədʒi:] *n* 天才 teñsai

produce [*n* prou'du:s *vb* prədu:s'] *n* (AGR) 農産物 nōsanbùtsu

♦*vt* (cause: effect, result etc) 起す okósù; (make, create: object) 作る tsukúrù; (BIOL: fruit, seeds) つける tsukérù, ...には...がなる ...ní wà ...ga nárù; (: young) 産む umú; (CHEM) 作り出す tsukúridasù; (fig: evidence, argument) 示す shimésù; (: bring or take out) 取出す torídasù; (play, film, program) 製作する seísaku suru

producer [prədu:'səːr] *n* (of film, play, program, record) 製作者 seísakushà, プロデューサー puródyūsà; (country: of food, material) 生産国 seísankðku; (company: of food, material) 生産会社 seísangaìsha

product [prɑːd'əkt] *n* (thing) 産物 sañbutsu; (result) 結果 kekká

production [prədʌk'ʃən] *n* (process of manufacturing, growing) 生産 seísan; (amount of goods manufactured, grown) 生産高 seísandaka; (THEATER) 上演 jōen

electricity production 発電 hatsúden

production line *n* 工程ライン kōteiraiñ, ライン raíñ

productive [prədʌk'tiv] *adj* (person, thing: *also fig*) 生産的な seísanteki na

productivity [prɑːdəktiv'əti:] *n* 生産能

力 seísannôryoku

profane [prəfeín'] *adj* (secular, lay) 世俗的な sezókuteki na; (language etc) 下品な gehín na

profess [prəfes'] *vt* (claim) 主張する shuchô suru; (express: feeling, opinion) 明言する meígen suru

profession [prəfeʃ'ən] *n* (job requiring special training) 知的職業 chitékishokugyò; (people) 同業者仲間 dôgyôshanakàma

professional [prəfeʃ'ənəl] *adj* (skill, organization, advice) 専門職の seńmoñshoku no; (not amateur: photographer, musician etc) プロの púrò no; (highly trained) 専門家の seńmonka no; (of a high standard) 本職らしい hoñshokurashiî
♦*n* (doctor, lawyer, teacher etc) 知的職業者 chitékishokugyòsha; (SPORT) プロ púrò; (skilled person) 玄人 kúròto

professor [prəfes'əːr] *n* (US) 教師 kyôshi, 先生 seńsei; (BRIT) 教授 kyôju

proficiency [prəfiʃ'ənsiː] *n* 熟練 jukúren

proficient [prəfiʃ'ənt] *adj* 熟練した jukúren shita

profile [prou'fail] *n* (of person's face) 横顔 yokógaò; (fig: article) 経歴 keíreki

profit [prɑːf'it] *n* (COMM) 利益 rîèki
♦*vi*: **to profit by/from** (fig) ...がために なる ...ga tamé nî nárù

profitability [prɑːfitəbil'əti:] *n* (ECON) 収益性 shûekisei

profitable [prɑːf'itəbəl] *adj* (ECON) 利益になる rîèki ni nárù

profound [prəfaund'] *adj* (great: shock, effect) 強い tsuyoî; (intellectual: idea, work) 深遠な shiń-en na

profusely [prəfjuːs'liː] *adv* (bleed) 多量に taryô ni; (thank) 重ね重ね kasánegasàne

profusion [prəfjuː'ʒən] *n* 大量 taíryô

prognoses [prɑːgnou'siːz] *npl of* **prognosis**

prognosis [prɑːgnou'səs] (*pl* **prognoses**) *n* (forecast) 予想 yosô; (of illness) 予後 yógò

program [prou'græm] (BRIT **programme**) *n* (of actions, events) 計画 keíkaku; (RADIO, TV) 番組 bańgumi; (leaflet) プログラム purôguràmu; (COMPUT) プログラム puróguràmu
♦*vt* (machine, system) ...にプログラムを入れる ...ni purôguràmu wo irérù

programing [prou'græmiŋ] (BRIT **programming**) *n* (COMPUT) プログラム作成 purôguramu sakusèi, プログラミング puróguramiñgu

programmer [prou'græməːr] *n* (COMPUT) プログラマー puróguràmā

progress [*n* prɑːg'res *vb* prəgres'] *n* (process of getting nearer to objective) 前進 zeńshin; (changes, advances in society) 進歩 shîñpo; (development) 発展 hattén
♦*vi* (become more advanced, skilled) 進歩する shíñpo suru; (become higher in rank) 昇進する shôshin suru; (continue) 続く tsuzúkù
in progress (meeting, battle, match) 進行中で shińkôchū de

progression [prəgreʃ'ən] *n* (gradual development) 進展 shiñten; (series) 連続 reñzoku

progressive [prəgres'iv] *adj* (person) 進歩的な shińpoteki na; (change) 段階的な dańkaiteki na

prohibit [prouhib'it] *vt* (forbid, make illegal) 禁じる kiñjirù

prohibition [prouəbiʃ'ən] *n* (law, rule) 禁則 kiñsoku; (forbidding: of strikes, alcohol etc) 禁止 kińshi; (US): **Prohibition** 禁酒法時代 kiñshuhôjidài

prohibitive [prouhib'ətiv] *adj* (price etc) 法外な hôgai na, 手が出ない様な té gà dénài yō na

project [*n* prɑːdʒ'ekt *vb* prədʒekt'] *n* (large-scale plan, scheme) 計画 keíkaku; (SCOL) 研究テーマ keñkyûtèma
♦*vt* (plan) 計画する keíkaku suru; (estimate: figure, amount) 見積る mitsúmorù; (light) 投射する tôsha suru; (film, picture) 映写する eísha suru
♦*vi* (stick out) 突出る tsukíderù

projectile [prədʒek'təl] *n* 弾丸 dañgan

projection [prədʒek'ʃən] *n* (estimate) 見積り mitsúmori; (overhang) 突起 tokkí;

(CINEMA) 映写 eísha

projector [prədʒek'tə:r] n 映写機 eíshakì

proletarian [proulite:r'i:ən] adj 無産階級の musánkaìkyū no, プロレタリアの puróretarìa no

proletariat [proulite:r'i:ət] n 無産階級 musánkaìkyū, プロレタリア puróretarìa

proliferate [proulif'ə:reit] vi 急増する kyúzo suru

prolific [proulif'ik] adj (artist, composer, writer) 多作の tasáku no

prologue [prou'lɔ:g] n (of play) 序幕 jomáku, プロローグ purórògu; (of book) 序言 jogén

prolong [prəlɔ:ŋ'] vt (life, meeting, holiday) 引延ばす hikínobasù, 延長する eńchō suru

prom [prɑ:m] n abbr = **promenade**; (US: ball) 学生舞踏会 gakúseibutōkai

promenade [prɑ:məneid'] n (by sea) 海岸の遊歩道 kaígan nò yúhodò

promenade concert (BRIT) n 立見席のある音楽会 tachímisèki no árù oñgakukài

prominence [prɑ:m'ənəns] n (importance) 重要性 júyōsei

prominent [prɑ:m'ənənt] adj (important) 重要な júyō na; (very noticeable) 目立つ medátsù

promiscuous [prəmis'kju:əs] adj (person) 相手構わずにセックスをする aíte kamawazù ni sékkùsu wo suru

promise [prɑ:m'is] n (vow) 約束 yakúsoku; (talent) 才能 saínō; (hope) 見込み mikómi
◆vi (vow) 約束する yakúsoku suru
◆vt: **to promise someone something, promise something to someone** ...に...を約束する ...ni ...wo yakúsoku suru
to promise (someone) to do something/that (...に) ...すると約束する (...ni) ...surú tò yakúsoku suru

promising [prɑ:m'isiŋ] adj (person, thing) 有望な yūbō na

promote [prəmout'] vt (employee) 昇進させる shōshin saserù; (product, pop star) 宣伝する seńden suru; (ideas) 促進

する sokúshin suru

promoter [prəmou'tə:r] n (of event) 興業主 kōgyōshù, プロモーター purómòtā; (of cause, idea) 推進者 suíshìñsha

promotion [prəmou'ʃən] n (at work) 昇進 shōshin; (of product, event, idea) 宣伝 seńden

prompt [prɑ:mpt] adj (rapid: reaction, response etc) 迅速な jińsoku na
◆adv (exactly) 丁度 chódo
◆n (COMPUT) プロンプト puróñputo
◆vt (cause) ...の原因となる ...no geń-in tò nárù; (when talking) ...に水を向ける ...ni mizú wò mukérù
to prompt someone to do something ...が...をするきっ掛けとなる ...ga ...wo suru kikkáke to narù

promptly [prɑ:mpt'li:] adv (immediately) 直ちに tádachi ni; (exactly) 丁度 chódo

prone [proun] adj (lying face down) うつ伏せの utsúbuse no
prone to (inclined to) ...しがちな ...shigáchi na

prong [prɔ:ŋ] n (of fork) 歯 há

pronoun [prou'naun] n 代名詞 daímeìshi

pronounce [prənauns'] vt (word) 発音する hatsúon suru; (declare) 宣言する seńgen suru; (give verdict, opinion) 言渡す iíwatasù

pronounced [prənaunst'] adj (marked) 著しい ichíjirushiì

pronunciation [prənʌnsi:ei'ʃən] n 発音 hatsúon

proof [pru:f] n (evidence) 証拠 shóko; (TYP) 校正刷り kōseizuri, ゲラ gerá
◆adj: **proof against** ...に耐えられる ...ni taérarerù

prop [prɑ:p] n (stick, support: also fig) 支え sasáe
◆vt (also: **prop up**) 支える sasáerù; (lean): **to prop something against** ...を...に立掛ける ...wo ...ni tatékakerù

propaganda [prɑ:pəgæn'də] n 宣伝 seńden, プロパガンダ purópagañda

propagate [prɑ:p'əgeit] vt (idea, information) 普及させる fukyū saserù

propel [prəpel'] vt (vehicle, boat,

machine) 推進する suíshin suru; (*fig*: person) 駆立てる karítaterù

propeller [prəpel'ə:r] *n* プロペラ purópe-rà

propensity [prəpen'siti:] *n* 傾向 keíkō

proper [pra:p'ə:r] *adj* (real, authentic) ちゃんとした chánto shita; (correct) 正しい tadáshiì; (suitable) 適当な tekítō na; (socially acceptable) 社会の通念にかなった shákai no tsūnen ni kanáttà; (referring to place): *the village proper* 村そのもの murá sono monò

properly [pra:p'ə:rli:] *adv* (adequately: eat, study) 充分に júbun ni; (decently: behave) 正しく tadáshiku

proper noun *n* 固有名詞 koyúmeìshi

property [pra:p'ə:rti:] *n* (possessions) 財産 zaísan; (building and its land) 物件 bukkén; (land owned) 所有地 shoyúchì; (quality: of substance, material etc) 特性 tokúsei

property owner *n* 地主 jinúshi

prophecy [pra:f'isi:] *n* 予言 yogén

prophesy [pra:f'isai] *vt* (predict) 予言する yogén suru

prophet [pra:f'it] *n* (REL) 予言者 yogénsha

prophetic [prəfet'ik] *adj* (statement, words) 予言的な yogénteki na

proportion [prəpɔ:r'ʃən] *n* (part: of group, amount) 割合 waríai; (number: of people, things) 数 kázù; (ratio) 率 rítsù

proportional [prəpɔ:r'ʃənəl] *adj*: *proportional (to)* (...に) 比例する (...ni) hiréi suru

proportional representation *n* 比例代表制 hiréidaihyōsei

proportionate [prəpɔ:r'ʃənit] *adj*: *proportionate (to)* (...に) 比例する (...ni) hiréi suru

proposal [prəpou'zəl] *n* (plan) 提案 teían *a proposal (of marriage)* 結婚の申込み kekkón nò mōshikomi, プロポーズ purópōzu

propose [prəpouz'] *vt* (plan, idea) 提案する teían suru; (motion) 提出する teíshutsu suru; (toast) ...の音頭を取る ... no ón̄do wo tórù

♦*vi* (offer marriage) 結婚を申込む kekkón wò mōshikomù, プロポーズする purópōzu suru

to propose to do ...するつもりでいる ...suru tsumóri de irù

proposition [pra:pəzi'ʃən] *n* (statement) 主張 shuchō; (offer) 提案 teían

proprietor [prəprai'ətə:r] *n* (of hotel, shop, newspaper etc) 持主 mochínushi, オーナー ōnā

propriety [prəprai'əti:] *n* (seemliness) 礼儀正しさ reígitadashìsa

pro rata [-ra:'tə] *adv* 比例して hiréi shite

prosaic [prouzei'ik] *adj* (person, piece of writing) 散文的な sañbunteki na

prose [prouz] *n* (not poetry) 散文 sañbun

prosecute [pra:s'əkju:t] *vt* (LAW) 訴追する sotsúi suru

prosecution [pra:səkju:'ʃən] *n* (action) 訴追 sotsúi; (accusing side) 検察側 keñsatsugàwa

prosecutor [pra:s'əkju:tə:r] *n* (*also*: **public prosecutor**) 検察官 keñsatsukàn

prospect [pra:s'pekt] *n* (possibility) 可能性 kanōsei; (outlook) 見込み mikómi

♦*vi*: *to prospect (for)* (gold etc) (...を) 探鉱する (...wo) tañkō suru

prospecting [pra:s'pektiŋ] *n* (for gold, oil etc) 探鉱 tañkō

prospective [prəspek'tiv] *adj* (son-in-law, customer, candidate etc) ...になろうとしている ...ni narō tò shité irù

prospects [pra:s'pekts] *npl* (for work etc) 見込み mikómi

prospectus [prəspek'təs] *n* (of college, school, company) 要綱 yōkō

prosper [pra:s'pə:r] *vi* (person, business, city etc) 栄える sakáe ru, 繁栄する hañ-ei suru

prosperity [pra:sper'iti:] *n* 繁栄 hañ-ei

prosperous [pra:s'pə:rəs] *adj* (person, city etc) 裕福な yúfuku na; (business etc) 繁盛している hañjō shite irù

prostitute [pra:s'titu:t] *n* (female) 売春婦 baíshuñfu; (male) 男娼 dañshō

prostrate [pra:s'treit] *adj* (face down) うつ伏せの utsúbuse no

protagonist [proutæg'ənist] *n* (sup-

protect [prətekt'] *vt* (person, thing) 守る mamórù, 保護する hógò suru

protection [prətek'∫ən] *n* 保護 hógò

protective [prətek'tiv] *adj* (clothing, layer, etc) 防護の bốgo no; (gesture) 防衛の bốei no; (person) 保護的な hogóteki na

protégé [prou'təʒei] *n* 偉い人のひいきを受ける人 erái hitó nò hí/ki wò ukérù hitó

protein [prou'ti:n] *n* たんぱく質 tañpakushītsu

protest [*n* prou'test *vb* prətest'] *n* (strong expression of disapproval, opposition) 抗議 kốgi

♦*vi*: *to protest about/against/at* ...に抗議する ...ni kốgi suru

♦*vt* (insist): *to protest (that)* (...だと) 主張する (...dá tò) shuchố suru

Protestant [prɑt'istənt] *adj* 新教の shíñkyō no, プロテスタントの purótesùtanto no

♦*n* 新教徒 shiñkyốto, プロテスタント教徒 purótesùtanto kyốto

protester [prətes'tər] *n* 抗議者 kốgishà

protocol [prou'təkɔ:l] *n* 外交儀礼 gaíkōgirèi

prototype [prou'tətaip] *n* 原型 geñkei

protracted [proutræk'tid] *adj* (absence, meeting etc) 長引いた nagábiità

protrude [proutru:d'] *vi* (rock, ledge, teeth etc) 突出る tsukíderù

proud [praud] *adj* (pleased): *proud of* ...を誇りとする ...wo hokóri tò suru; (dignified) プライドのある puráido no arù; (arrogant) 尊大な soñdai na

prove [pru:v] *vt* (verify) 立証する risshố suru

♦*vi*: *to prove (to be) correct etc* 結局 ...が正しいと判明する kekkyốku ...ga tadáshiî to hañmei suru

to prove oneself 自分の才能を立証する jibún nò saínō wò risshố suru

proverb [prɑ:v'ə:rb] *n* ことわざ kotówaza

proverbial [prəvə:r'bi:əl] *adj* ことわざの kotówaza no

provide [prəvaid'] *vt* (give) 与える atáerù; (make available) 供給する kyốkyū suru

to provide someone with something ...に...を供給する ...ni ...wo kyốkyō suru

provided (that) [prəvai'did-] *conj* ...という条件で ...tó iù jốken de

provide for *vt fus* (person) ...の面倒を見る ...no meñdō wò mírù

♦*vt* (future event) ...に備える ...ni sonáerù

Providence [prɑ:v'idəns] *n* 摂理 sétsùri

providing [prəvai'diŋ] *conj*: *providing (that)* ...という条件で ...tó iù jốken de

province [prɑ:v'ins] *n* (of country) 県 kéñ; (*fig*) 管轄 kañkatsu

provincial [prəvin't∫əl] *adj* (town, newspaper etc) 地方の chihố no; (*pej*) 田舎じみた inákajimità

provision [prəviʒ'ən] *n* (supplying) 供給 kyốkyū; (of contract, agreement) 規定 kitéi

provisional [prəviʒ'ənəl] *adj* (government, agreement, arrangement etc) 暫定的な zañteiteki na

provisions [prəviʒ'ənz] *npl* (food) 食料 shokúryō

proviso [prəvai'zou] *n* 規定 kitéi

provocation [prɑ:vəkei'∫ən] *n* 挑発 chốhatsu

provocative [prəvɑ:k'ətiv] *adj* (remark, article, gesture) 挑発的な chốhatsuteki na; (sexually stimulating) 扇情的な señjōteki na

provoke [prəvouk'] *vt* (annoy: person) 怒らせる okóraserù; (cause: fight, argument etc) 引起こす hikíokosù

prow [prau] *n* へさき hesáki, 船首 séñshu

prowess [prau'is] *n* (outstanding ability) 手腕 shúwàn

prowl [praul] *vi* (*also*: **prowl about**, **prowl around**) うろつく urótsukù

♦*n*: *on the prowl* あさり歩いて asáriaruitè

prowler [prau'lə:r] *n* うろつく人 urótsuku hitò

proximity [prɑːksimˈitiː] n 近さ chikása

proxy [prɑːkˈsiː] n: **by proxy** 代理を通じて daíri wò tsūjite

prude [pruːd] n 上品ぶる人 jōhinburu hitò

prudence [pruːˈdəns] n (care, sense) 慎重さ shiñchōsa

prudent [pruːˈdənt] adj (careful, sensible) 慎重な shiñchō na

prune [pruːn] n 干しプラム hoshípuràmu
♦vt (bush, plant, tree) せん定する sefitei suru

pry [prai] vi: **to pry (into)** (...を) せん索する (...wo) señsaku suru

PS [piːes] abbr = **postscript**

psalm [sɑːm] n 詩編 shihén

pseudo- [suːˈdou] prefix 偽... nisé...

pseudonym [suːˈdənim] n 筆名 hitsúmei, ペンネーム peñnèmu

psyche [saiˈkiː] n 精神 seíshin

psychiatric [saikiˈæt`rik] adj (hospital, problem, treatment) 精神科の seíshinka no

psychiatrist [sikaiˈətrist] n 精神科医 seíshinka-ì

psychiatry [sikaiˈətriː] n 精神医学 seíshin-igàku

psychic [saiˈkik] adj (person: also: **psychical**) 霊媒の reíbai no; (of the mind) 精神の seíshin no

psychoanalysis [saikouənælˈisis] n 精神分析 seíshinbuñseki

psychoanalyst [saikouænˈəlist] n 精神分析医 seíshinbunseki-ì

psychoanalyze [saikouænˈəlaiz] vt ...の精神分析をする ...no seíshinbuñseki wo suru

psychological [saikələːdʒˈikol] adj (related to the mind: difference, problem etc) 精神的な seíshinteki na; (related to psychology: test, treatment etc) 心理的な shiríriteki na

psychologist [saikɑːlˈədʒist] n 心理学者 shiñrigakùsha

psychology [saikɑːlˈədʒiː] n (study) 心理学 shiñrigàku; (mind) 心理 shiñri

psychopath [saiˈkəpæθ] n 精神病質者 seíshinbyōshitsushà

psychosomatic [saikousoumætˈik] adj 精神身体の seíshinshiñtai no

psychotic [saikɑːtˈik] adj 精神病の seíshinbyō no

PTO [piːtiːˈou] abbr (= please turn over) 裏面に続く rímen ni tsuzukù

pub [pʌb] n abbr (= public house) 酒場 sakába, パブ pábù

puberty [pjuːˈbərtiː] n 思春期 shishúñki

pubic [pjuːˈbik] adj: **pubic hair** 陰毛 iñmō

public [pʌbˈlik] adj (of people: support, opinion, interest) 国民の kokúmin no; (for people: building, service) 公共の kōkyō no; (for people to see: statement, action etc) 公の ōyake no
♦n: **the public** (all people of country, community) 公衆 kōshū; (particular set of people) ...層 ...sō; (fans, supporters) 支持者 shijíshà
in public 公に ōyake ni, 人前で hitómaè de
to make public 公表する kōyō suru

public address system n 場内放送 (装置) jōnaihōsō(sōchi)

publican [pʌbˈlikən] n パブの亭主 pábù no teíshu

publication [pʌblikeiˈʃən] n (act) 出版 shuppán; (book, magazine) 出版物 shuppáñbutsu

public company n 株式会社 kabúshiki-gaìsha

public convenience (BRIT) n 公衆便所 kōshūbeñjo

public holiday n 休日 kyūjitsu

public house (BRIT) n 酒場 sakába, パブ pábù

publicity [pʌblisˈətiː] n (information) 宣伝 señden; (attention) 広く知られる事 híròku shiráreru kotò

publicize [pʌbˈləsaiz] vt (fact, event) 報道する hōdō suru

publicly [pʌbˈlikliː] adv 公に ōyake ni, 人前で hitómaè de

public opinion n 世論 yóròn

public relations n 広報活動 kōhōkatsu-dō, ピーアール píaru

public school n (US) 公立学校 kōritsugakkō; (*BRIT*) 私立学校 shirítsugakkō

public-spirited [pʌb'likspir'itid] *adj* 公共心のある kṓkyōshin nò árù

public transport *n* 公共輸送機関 kṓkyōyusōkikàn

publish [pʌb'liš] *vt* (book, magazine) 出版する shuppán suru, 発行する hakkṓ suru; (letter etc: in newspaper) 記載する kisái suru; (subj: person: article, story) 発表する happyṓ suru

publisher [pʌb'lišəːr] *n* (person) 発行者 hakkṓshà; (company) 出版社 shuppáñsha

publishing [pʌb'lišiŋ] *n* (profession) 出版業 shuppangyō

puce [pjuːs] *adj* 暗かっ色の añkasshoku no

pucker [pʌk'əːr] *vt* (part of face) ...をしかめる ...wo shikámerù; (fabric etc) ...にしわを寄せる ...ni shiwá wò yosérù

pudding [pud'iŋ] *n* (cooked sweet food) プディング púdìngu; (*BRIT*: dessert) デザート dezáto

black pudding ブラッドソーセージ buráddosōsèji

puddle [pʌd'əl] *n* (*also*: **a puddle of water**) 水溜まり mizutamari; (of blood etc) 溜まり tamari

puff [pʌf] *n* (of cigarette, pipe) 一服 ippúku; (gasp) あえぎ aégi; (of air, smoke) 一吹き hitófuki

♦*vt*: *to puff one's pipe* パイプをふかす páipu wo fukásù

♦*vi* (breathe loudly) あえぐ aégù

puffed [pʌft] (*inf*) *adj* (out of breath) 息を切らせた íkì wo kirásetà

puff out *vt* (fill with air: one's chest, cheeks) 膨らます fukúramasù

puff pastry *n* パイ皮 paíkawa

puffy [pʌf'iː] *adj* (eye) はれぼったい harébottaì; (face) むくんだ mukúñda

pull [pul] *n* (tug): *to give something a pull* ...を引っ張る ...wo hippárù

♦*vt* (*gen*) 引く hikú; (tug: rope, hair etc) 引っ張る hippárù

♦*vi* (tug) 引く hikú, 引っ張る hippárù

to pull to pieces 引裂く hikísakù

to pull one's punches 手加減する tekáge-

gen suru

to pull one's weight 仲間同様に働く nakámadōyō ni határakù

to pull oneself together 落着きを取り戻す ochítsuki wò torímodosù

to pull someone's leg (*fig*) ...をからかう ...wo karákaù

pull apart *vt* (break) ばらばらにする barábara nì suru

pull down *vt* (building) 取壊す toríkowasù

pulley [pul'iː] *n* 滑車 kasshá

pull in *vi* (AUT: at the curb) ...に停車する ...ni teísha suru; (RAIL) 到着する tōchaku suru

pull off *vt* (take off: clothes etc) 脱ぐ núgù; (*fig*: difficult thing) ...に成功する ...ni sefkō suru

pull out *vi* (AUT: from curb) 発進する hasshín suru; (RAIL) 出発する shuppátsu suru

♦*vt* (extract) 取出す torídasù

pull over *vi* (AUT) 道路わきに寄せて停車する dṓrowaki ni yosetè teísha suru

pullover [pul'ouvəːr] *n* セーター sētā

pull through *vi* (MED) 治る naórù

pull up *vi* (AUT, RAIL: stop) 停車する teísha suru

♦*vt* (raise: object, clothing) 引上げる hikíagerù; (uproot) 引抜く hikínukù

pulp [pʌlp] *n* (of fruit) 果肉 kaníku

pulpit [pul'pit] *n* 説教壇 sekkyṓdàñ

pulsate [pʌl'seit] *vi* 脈動する myakúdō suru

pulse [pʌls] *n* (ANAT) 脈拍 myakúhaku; (rhythm) 鼓動 kodṓ; (BOT) 豆類 mamérùi

pulverize [pʌl'vəːraiz] *vt* (crush to a powder) 砕く kudákù; (*fig*: destroy) 破壊する hakái suru

puma [puː'mə] *n* ピューマ pyūma

pummel [pʌm'əl] *vt* 続け様にげんこつで打つ tsuzúkezama nì geñkotsu de utsù

pump [pʌmp] *n* (for water, air, petrol) ポンプ póñpu; (shoe) パンプス páñpusu

♦*vt* (force: in certain direction: liquid, gas) ポンプで送る póñpu de okúrù; (obtain supply of: oil, water, gas) ポンプ

で汲む pónpu de kúmù

pumpkin [pʌmpˈkin] n カボチャ kabócha

pump up vt (inflate) ポンプで膨らます pónpu de fukúramasù

pun [pʌn] n しゃれ sharé

punch [pʌntʃ] n (blow) げんこつで打つ事 geńkotsu dè útsù kotó, パンチ páńchi; (tool: for making holes) パンチ páńchi; (drink) ポンチ póńchi

♦vt (hit): **to punch someone/something** げんこつで...を打つ geńkotsu de ...wo útsù

punchline [pʌntʃˈlain] n 落ち ochí

punch-up [pʌntʃˈʌp] (BRIT: inf) n けんか keńka

punctual [pʌŋkˈtʃuːəl] adj 時間を厳守する jíkàn wo geńshu suru

punctuation [pʌŋktʃuːeiˈʃən] n 句読法 kutóhō

puncture [pʌŋkˈtʃəːr] n パンク páńku

♦vt ...に穴を開ける ...ni aná wò akérù

pundit [pʌnˈdit] n 物知り monóshiri

pungent [pʌnˈdʒənt] adj (smell, taste) 刺激的な shigékiteki na

punish [pʌnˈiʃ] vt (person, crime) 罰する bassúrù

punishment [pʌnˈiʃmənt] n (act) 罰する事 bassúrù kotó; (way of punishing) 罰 bátsù

punk [pʌŋk] n (also: **punk rock**) パンクロック pańkurokkù; (also: **punk rocker**) パンクロッカー pańkurokkā; (US: inf: hoodlum) ちんぴら chińpira

punt [pʌnt] n (boat) ボート bôto ◇底が平らでさおで川底を突いて進める物を指す sokó ga taira dè sáò de kawázoko wo tsuité susúmeru mono wò sásù

punter [pʌnˈtəːr] n (BRIT: gambler) 賭くち打ち bakúchiuchì; (inf: client, customer) 客 kyakú

puny [pjuːˈniː] adj (person, effort) ちっぽけな chippókè na

pup [pʌp] n (young dog) 子イヌ koínu

pupil [pjuːˈpil] n (SCOL) 生徒 seíto; (of eye) どう孔 dôkō

puppet [pʌpˈit] n (doll) 操り人形 ayátsuriniñgyō; (fig: person) かいらい kaírai

puppy [pʌpˈiː] n 子イヌ koínu

purchase [pəːrˈtʃis] n (act of buying) 購入 kónyū; (item bought) 買い物 kaímono

♦vt (buy: house, book, car etc) 買う káù

purchaser [pəːrˈtʃisəːr] n 買い手 kaíte

pure [pjuːr] adj (not mixed with anything: silk, gold etc) 純粋な juńsui na; (clean, healthy: water, air etc) 清潔な seíketsu na; (fig: woman, girl) 純潔な juńketsu na; (complete, total: chance, bliss) 全くの mattáku no

purée [pjureiˈ] n (of tomatoes, potatoes, apples etc) ピューレ pyūre

purely [pjuːrˈliː] adv 単に tán ni

purgatory [pəːrˈgətɔːriː] n (REL) れん獄 reńgoku; (fig) 地獄 jigóku

purge [pəːrdʒ] n (POL) 粛正 shukúsei, パージ pāji

♦vt (organization) 粛正する shukúsei suru, パージする pāji suru

purify [pjuːrˈəfai] vt (air, water etc) 浄化する jōka suru

purist [pjuːrˈist] n 純正主義者 juńseishugishà

puritan [pjuːrˈitən] n 禁欲主義者 kiń-yoku shugishà

purity [pjuːrˈitiː] n (of silk, gold etc) 純粋さ juńsuisa; (of water, air etc) 清潔 seíketsu; (fig: of woman, girl) 純潔 juńketsu

purple [pəːrˈpəl] adj 紫色の murásakiiro no

purport [pəːrˈpɔːrt] vi: **to purport to be/do** ...である[...ができる]と主張する ...de árù[...ga dekírù]to shuchō suru

purpose [pəːrˈpəs] n (reason) 目的 mokúteki; (objective: of person) 目標 mokúhyō

on purpose 故意に kóì ni, わざと wázà to

purposeful [pəːrˈpəsfəl] adj (person, look, gesture) 果敢な kakán na

purr [pəːr] vi (cat) ごろごろとのどを鳴らす górògoro to nódò wo narásù

purse [pəːrs] n (for money) 財布 saífu; (US: handbag) ハンドバッグ hańdobaggù

♦vt (lips) すぼめる subómerù

purser [pəːrˈsəːr] n (NAUT) 事務長 jimúchō, パーサー pāsā

pursue [pəːrsuː'] vt (follow: person, thing) 追う óù, 追跡する tsuíseki suru; (fig: activity, interest) 行う okonaù; (: plan) 実行する jikkő suru; (: aim, result) 追い求める oímotomerù

pursuer [pəːrsuː'əːr] n 追跡者 tsuísekishà

pursuit [pəːrsuːt'] n (chase: of person, thing) 追跡 tsuíseki; (fig: of happiness, pleasure etc) 追求 tsuíkyū; (pastime) 趣味 shúmì

pus [pʌs] n うみ umí

push [puʃ] n 押す事 osú kotò
◆vt (press, shove) 押す osú; (promote) 宣伝する seńden suru
◆vi (press, shove) 押す osú; (fig: demand urgently): **to push for** 要求する yőkyū suru

push aside vt 押しのける oshínokerù

pushchair [puʃˈtʃeːr] (BRIT) n いす型ベビーカー isúgata bebíkà

pusher [puʃˈəːr] n (drug pusher) 売人 baínin

push off (inf) vi: **push off!** 消えうせろ kiéuserò

push on vi (continue) 続ける tsuzúkerù

pushover [puʃˈouvəːr] (inf) n: **it's a pushover** 朝飯前だ asámeshimaè da

push through vi (crowd etc) ...を押し分けて進む ...wo oshíwakete susumù
◆vt (measure, scheme etc) 押し通す oshítōsu

push up vt total, prices 押し上げる oshíagerù

push-up [puʃˈʌp] (US) n (press-up) 腕立て伏せ udétatefùse

pushy [puʃˈiː] (pej) adj 押しの強い oshí no tsuyoì

puss [pus] (inf) n ネコちゃん nékòchan

pussy(cat) [pusˈiː(kæt)] (inf) n ネコちゃん nékòchan

put [put] (pt, pp **put**) vt (place: thing) 置く okú; (: person: in institution etc) 入れる irérù; (express: idea, remark etc) 表現する hyőgen suru; (present: case, view) 説明する setsúmei suru; (ask: question) する súrù; (place: person: in state, situation) 追込む oíkomù, 置く okú; (estimate) 推定する suítei suru; (write, type: word, sentence etc) 書く kákù

put about/around vt (rumor) 広める hirómerù

put across vt (ideas etc) 分からせる wakáraserù

put away vt (store) 仕舞っておく shimátte okù

put back vt (replace) 戻す modósù; (postpone) 延期する eńki suru; (delay) 遅らせる okúraserù

put by vt (money, supplies etc) 蓄えておく takúwaete okù

put down vt (on floor, table) 下ろす orósù; (in writing) 書く kákù; (riot, rebellion) 鎮圧する chiń-atsu suru; (kill: animal) 安楽死させる ańrakushi saserù; (attribute): **to put something down to** ...を...のせいにする ...wo ...no seí ni surù

put forward vt (ideas, proposal) 提案する teían suru

put in vt (application, complaint) 提出する teíshutsu suru; (time, effort) つぎ込む tsugíkomù

put off vt (delay) 延期する eńki suru; (discourage) いやにさせる iyá ni saserù

put on vt (shirt, blouse, dress etc) 着る kírù; (hat etc) かぶる kabúrù; (shoes, pants, skirt etc) はく hakú; (gloves etc) はめる hamérù; (make-up, ointment etc) つける tsukérù; (light etc) つける tsukérù; (play etc) 上演する jően suru; (brake) かける kakérù; (record, tape, video) かける kakérù; (kettle, dinner etc) 火にかける hí nì kakérù; (assume: look, behavior etc) 装う yosóoù; (gain): **to put on weight** 太る futórù

put out vt (fire, candle, cigarette, light) 消す kesú; (take out: rubbish, cat etc) 出す dásù; (one's hand) 伸ばす nobásù; (inf: person): **to be put out** 怒っている okótte irù

putrid [pjuːˈtrid] adj 腐った kusáttà

putt [pʌt] n (GOLF) パット páttò

put through vt (TEL: person, call) つなぐ tsunágù; (plan, agreement) 成功させる seíkō saserù

putting green [pʌt'iŋ-] n (GOLF: smooth area around hole) グリーン gurín; (: for practice) パット練習場 páttōreńshūjō

putty [pʌt'i:] n パテ páte

put up vt (build) 建てる tatérù; (raise: umbrella) 広げる hirógerù; (: tent) 張るhárù; (: hood) かぶる kabúrù; (poster, sign etc) 張る harú; (increase: price, cost) 上げる agérù; (accommodate) 泊める tomérù

put-up [put'ʌp] : **put-up job** (BRIT) n 八百長 yaóchō

put up with vt fus 我慢する gámàn suru

puzzle [pʌz'əl] n (question, game) なぞなぞ nazónazo; (toy) パズル pázùru; (mystery) なぞ nazó
♦vt 当惑させる tōwaku saserù
♦vi: **to puzzle over something** ...を思案する ...wo shîàn suru

puzzling [pʌz'liŋ] adj (thing, action) 訳の分からない wákè no wakáranaì

pyjamas [pədʒɑːm'əz] (BRIT) npl = **pajamas**

pylon [pai'lɑːn] n (for electric cables) 鉄塔 tettó

pyramid [pir'əmid] n (ARCHIT) ピラミッド pirámiddò; (shape, object, pile) ピラミッド状の物 pirámiddojō no monó

Pyrenees [pir'əniːz] npl: **the Pyrenees** ピレネー山脈 pírènē sáǹmyaku

python [pai'θɑːn] n ニシキヘビ nishíkihebì

Q

quack [kwæk] n (of duck) がーがー gàgā; (pej: doctor) やぶ医者 yabúisha

quad [kwɑːd] abbr = **quadrangle; quadruplet**

quadrangle [kwɑːd'ræŋgəl] n (courtyard) 中庭 nakániwa

quadruple [kwɑːdruː'pəl] vt (increase fourfold) 4倍にする yońbai ni suru
♦vi 4倍になる yońbai ni naru

quadruplets [kwɑːdrʌ'plits] npl 四つ子 yotsúgo

quagmire [kwæg'maiər] n (bog) 湿地 shitchí; (muddy place) ぬかるみ nukárumi

quail [kweil] n (bird) ウズラ uzúra
♦vi: **to quail at/before** (anger, prospect) ...の前でおじけづく ...no maè de ojíkezùku

quaint [kweint] adj (house, village) 古風で面白い kofū de omóshiroì; (ideas, customs) 奇妙な kimyō na

quake [kweik] vi (with fear) 震える furúeru
♦n abbr = **earthquake**

Quaker [kwei'kər] n クエーカー教徒 kuēkākyōto

qualification [kwɑːləfəkei'ʃən] n (often pl: training, degree, diploma) 資格 shikáku; (skill, quality) 能力 nōryòku; (reservation, modification) 限定 geńtei, 条件 jōken

qualified [kwɑːl'əfaid] adj (trained) 資格のある shikáku no aru; (fit, competent): **qualified to** ...する能力がある ...suru nōryòku aru; (limited) 条件付きの jōkentsuki no

qualify [kwɑːl'əfai] vt (make competent) ...に資格を与える ...ni shikáku wo ataerù; (modify) 限定する gentei suru
♦vi (pass examination(s)): **to qualify (as)** ...の資格を取る ...no shikáku wo torù; (be eligible): **to qualify (for)** (...の) 資格がある (...no) shikáku ga aru; (in competition): **to qualify (for)** (...に進む) 資格を得る (...ni susúmu) shikáku wo eru

quality [kwɑːl'iti:] n (standard: of work, product) 品質 hińshitsu; (character istic: of person) 性質 seíshitsu; (: of wood, stone etc) 特徴 tokúchō

qualm [kwɑːm] n (doubt) 疑問 gimón
qualms of conscience 良心のか責 ryōshin nò kasháku

quandary [kwɑːn'driː] n: **to be in a quandary** 途方に暮れる tohō ni kuréru

quantity [kwɑːn'titiː] n (amount: of uncountable thing) 量 ryō; (: of countable things) 数 kazù

quantity surveyor n 積算士 sekīsan-shi ◇工事などの費用を見積りで計算する人 kōji nadò no hiyō wo mitsúmori dè keísan suru hitò

quarantine [kwɔ:r'əntiːn] n (isolation) 隔離 kakúri

quarrel [kwɔ:r'əl] n (argument) けんか keñka
◆vi: **to quarrel (with)** (...と) けんかする (...to) keñka suru

quarrelsome [kwɔ:r'əlsəm] adj けんかっ早い kéñkappayaì

quarry [kwɔ:r'i:] n (for stone) 石切り場 ishíkiriba, 採石場 saísekijō; (animal) 獲物 emóno

quart [kwɔ:rt] n クォート kwóto

quarter [kwɔ:r'tər] n (fourth part) 4分の1 yoñbun no ichi; (US: coin) 25セント玉 nijúgosentodamà; (of year) 四半期 shiháñki; (district) 地区 chikú
◆vt (divide by four) 4等分する yoñtōbun suru; (MIL: lodge) 宿泊させる shukúhaku saseru

a quarter of an hour 15分 júgofun

quarter final n 準々決勝 juñjunkesshō

quarterly [kwɔ:r'tərli:] adj (meeting, payment) 年4回の nèn-yoñkai no
◆adv (meet, pay) 年4回に nèn-yoñkai ni

quarters [kwɔ:r'tərz] npl (barracks) 兵舎 heísha; (living quarters) 宿舎 shúkusha

quartet(te) [kwɔ:rtet'] n (group: of instrumentalists) 四重奏団 shijūsōdan, カルテット karútetto; (: of singers) 四重唱団 shijúshōdan, カルテット karútetto; (piece of music) 四重奏曲 shijúsōkyokù

quartz [kwɔ:rts] n 水晶 suíshō

quash [kwɑ:ʃ] vt (verdict, judgement) 破棄する hakī suru

quasi- [kwei'zai] prefix 疑似... gijí...

quaver [kwei'vər] n (BRIT: MUS) 八分音符 hachíbun oñpu
◆vi (voice) 震える furúeru

quay [ki:] n (also: **quayside**) 岸壁 gañpeki

queasy [kwi:'zi:] adj (nauseous) 吐気がする hakíke ga suru

queen [kwi:n] n (monarch) 女王 joō; (king's wife) 王妃 ōhì; (ZOOL: also:

queen bee) 女王バチ joōbachi; (CARDS, CHESS) クイーン kuíñ

queen mother n 皇太后 kōtaigō

queer [kwi:r] adj (odd) 変な heñ na
◆n (inf: homosexual) ホモ homó

quell [kwel] vt (opposition) 鎮める shizúmeru; (unease, fears) なだめる nadámeru, 静める shizúmeru

quench [kwentʃ] vt: **to quench one's thirst** のどの乾きをいやす nodò no kawákì wo iyásù

querulous [kwe:r'ələs] adj (person, voice) 愚痴っぽい guchíppòi

query [kwiə:r'i:] n (question) 質問 shitsúmon
◆vt (question) ...に聞く ...ni kikú, ...に質問する ...ni shitsúmon suru

quest [kwest] n 探求 tañkyū

question [kwes'tʃən] n (query) 質問 shitsúmon; (doubt) 疑問 gimón; (issue) 問題 moñdai; (in test: problem) 問 toí
◆vt (ask) ...に聞く ...ni kikú, ...に質問する ...ni shitsúmon suru; (interrogate) 尋問する jiñmon suru; (doubt) ...に疑問を投げ掛ける ...ni gimón wo nagékakeru

beyond question 疑いもなく utágai mo naku

out of the question 全く不可能で mattáku fúkanō de

questionable [kwes'tʃənəbəl] adj (doubtful) 疑わしい utágawashii

question mark n 疑問符 gimóñfu

questionnaire [kwestʃəne:r'] n 調査票 chōsàhyō, アンケート añkētò

queue [kju:] n (BRIT) 列 retsù
◆vi (also: **queue up**) 列を作る retsù wo tsukúru

quibble [kwib'əl] vi 詰まらない議論をする tsumáranaì giròn wo suru

quiche [ki:ʃ] n キッシュ kisshù ◇パイの一種 paì no isshù

quick [kwik] adj (fast: person, movement, action etc) 早い hayáì; (agile) 素早い subáyai; (: mind) 理解の早い rikái no hayáì; (brief: look, visit) 短い mijíkài, ちょっとした chottó shita
◆n: **cut to the quick** (fig) ...の感情を害する ...no kañjō wo gaí sùru

be quick! 急いで isóide

quicken [kwik'ən] *vt* (pace, step) 早める hayámeru
♦*vi* (pace, step) 早くなる hayáku naru

quickly [kwik'li:] *adv* 早く hayáku

quicksand [kwik'sænd] *n* 流±砂 ryúdosha, クイックサンド kuíkkùsando

quick-witted [kwik'wit'id] *adj* (alert) 機敏な kibín na

quid [kwid] (*BRIT*: *inf*) *n inv* ポンド póndo

quiet [kwai'it] *adj* (not loud or noisy) 静かな mo shizúka na; (silent) 何も言わない naní mo iwánai; (peaceful: place) 平和な heiwa na; (calm: person) もの静かな monóshizuka na; (without fuss etc: ceremony) 簡単な kańtan na
♦*n* (peacefulness) 静けさ shizúkesa; (silence) 静かにする事 shizúka ni suru koto
♦*vi* (*US*: *also*: **quiet down**) (grow calm) 落着く ochítsuku; (grow silent) 静かになる shizúka ni naru
♦*vt* (person, animal) 落着かせる ochítsukaserù

quieten [kwai'itən] (*BRIT*) = **quiet** *vi, vt*

quietly [kwai'itli:] *adv* (speak, play) 静かに shizúka ni; (silently) 黙って damáttè

quietness [kwai'itnis] *n* (peacefulness) 静けさ shizúkesa; (silence) 静かにする事 shizúka ni suru koto

quilt [kwilt] *n* (covering) ベッドカバー beddôkabà; (*also*: **continental quilt**) 掛布団 kakébuton, キルト kirúto

quin [kwin] *n abbr* = **quintuplet**

quinine [kwai'nain] *n* キニーネ kinínè

quintet(te) [kwintet'] *n* (group) 五重奏団 gojúsòdan, クインテット kuíńtettò; (piece of music) 五重奏曲 gojúsòkyoku

quintuplets [kwintʌ'plits] *npl* 五つ子 itsútsugo

quip [kwip] *n* 警句 keíku

quirk [kwə:rk] *n* (unusual characteristic) 癖 kusé; (accident: of fate, nature) 気まぐれ kimágure

quit [kwit] (*pt, pp* **quit** *or* **quitted**) *vt* (smoking, grumbling) やめる yaméru; (job) 辞める yaméru; (premises) ...から出ていく ...kara detè iku
♦*vi* (give up) やめる yaméru; (resign) 辞める yaméru

quite [kwait] *adv* (rather) かなり kanári; (entirely) 全く mattáku, 完全に kańzen ni; (following a negative: almost): *that's not quite big enough* それはちょっと小さい soré wa chottó chiisai
I saw quite a few of them 私はそれらをかなり沢山見ました watákushi wa soréra wo kanári takúsan mimashita
quite (so)! 全くその通り mattáku sonó tòri

quits [kwits] *adj*: *quits (with)* (...と) おあいこである (...to) o-áiko de aru
let's call it quits (call it even) おあいこにしましょう o-áiko ni shimáshò; (stop working etc) やめましょう yamémashò

quiver [kwiv'ə:r] *vi* (tremble) 震える furúerù

quiz [kwiz] *n* (game) クイズ kuízu; (*US*: short test) 小テスト shótesùto
♦*vt* (question) 尋問する jińmon suru

quizzical [kwiz'ikəl] *adj* (look, smile) なぞめいた nazómeìta

quorum [kwɔ:r'əm] *n* (of members) 定足数 teísokusū

quota [kwou'tə] *n* 割当数〔量〕waríatesū〔ryō〕

quotation [kwoutei'ʃən] *n* (from book, play etc) 引用文 iń-yōbuň; (estimate) 見積り mitsúmori

quotation marks *npl* 引用符 iń-yōfù

quote [kwout] *n* (from book, play etc) 引用文 iń-yōbuň; (estimate) 見積り mitsúmori
♦*vt* (sentence, proverb etc) 引用する iń-yō suru; (figure, example) 引合いに出す hikíai ni dasù; (price) 見積る mitsúmorù
♦*vi*: *to quote from* (book, play etc) ...から引用する ...kara iń-yō suru

quotes [kwouts] *npl* (quotation marks) 引用符 iń-yōfù

quotient [kwou'ʃənt] *n* (factor) 指数 shisū

R

rabbi [ræb'ai] *n* ラビ rábì ◇ユダヤ教の聖職者 yudáyakyō nò seńshokushà

rabbit [ræb'it] *n* ウサギ usági

rabbit hutch *n* ウサギ小屋 uságigoyà

rabble [ræb'əl] (*pej*) *n* 群衆 guńshū

rabies [rei'bi:z] *n* 恐犬病 kyōkeńbyō

RAC [ɑ:reisi:'] (*BRIT*) *n abbr* (= *Royal Automobile Club*) 英国自動車連盟 eíkoku jidōsha reńmei

raccoon [rækuːn'] *n* アライグマ aráigùma

race [reis] *n* (species) 人種 jińshu; (competition: for speed) 競走 kyōsō, レース rḗsù; (: for power, control) 競争 kyōsō; (public gambling event: *also*: **horse race**) 競馬 keíba; (: *also*: **bicycle race**) 競輪 keírin; (: *also*: **motorboat race**) 競艇 kyōtei

♦*vt* (horse) 競馬に出場させる keíba nì shutsújō saserù; (compete against: person) ...と競走する ...to kyōsō suru

♦*vi* (compete: for speed) 競走する kyōsō suru; (: for power, control) 競争する kyōsō suru; (hurry) 急いで行く isóide ikù; (pulse) どきどきする dókìdoki suru; (engine) 空回りする karámawarì suru

race car (*US*) *n* レーシングカー rḗshingukà

race car driver (*US*) *n* レーサー rḗsā

racecourse [reis'kɔ:rs] *n* 競馬場 keíbajō

racehorse [reis'hɔ:rs] *n* 競走馬 kyṓsōba

racetrack [reis'træk] *n* (for people) トラック toråkkù; (for cars) サーキット sā́kitto

racial [rei'ʃəl] *adj* 人種の jińshu no, 人種... jińshu...

racing [rei'siŋ] *n* (horses) 競馬 keíba; (bicycles) 競輪 keírin; (motorboats) 競艇 kyōtei; (cars) 自動車レース jidōsharḕsu; (motorcycles) オートレース ṓtorèsu

racing car (*BRIT*) *n* = **race car**

racing driver (*BRIT*) *n* = **race car driver**

racism [rei'sizəm] *n* 人種差別 jińshusabètsu

racist [rei'sist] *adj* (statement, policy) 人種差別的な jińshusabetsuteki na

♦*n* 人種差別主義者 jińshusabetsushugishà

rack [ræk] *n* (*also*: **luggage rack**) 網棚 amídana; (shelf) 棚 tanà; (*also*: **roof rack**) ルーフラック rū́furakkù; (dish rack) 水切りかご mizúkirikago

♦*vt*: **racked by** (pain, anxiety) ...でもだえ苦しんで ...de modáekurushiňde

to rack one's brains 知恵を絞る chié wò shibórù

racket [ræk'it] *n* (for tennis, squash etc) ラケット rakéttò; (noise) 騒音 sṓon; (swindle) 詐欺 sági

racoon [rækuːn'] *n* = **raccoon**

racquet [ræk'it] *n* (for tennis, squash etc) ラケット rakéttò

racy [rei'si:] *adj* きびきびした kíbìkibi shita

radar [rei'dɑːr] *n* レーダー rḗdā

radial [rei'di:əl] *adj* (*also*: **radial-ply**) ラジアルの rájìaru no

radiance [rei'di:əns] *n* (glow) 光 hikári

radiant [rei'di:ənt] *adj* (happy, joyful) 輝く kagáyakù

radiate [rei'di:eit] *vt* (heat) 放射する hōsha suru; (emotion) ...で輝く ...de kagáyakù

♦*vi* (lines) 放射状に広がる hṓshajō nì hirógarù

radiation [reidi:ei'ʃən] *n* (radioactive) 放射能 hōshanō; (from sun etc) 放射 hōsha

radiator [rei'di:eitər] *n* ラジエーター rajíètā

radical [ræd'ikəl] *adj* (change etc) 抜本的な bappónteki na; (person) 過激な kagéki na; (organization) 過激派の kagékiha no, 過激派... kagékiha...

radii [rei'di:ai] *npl of* **radius**

radio [rei'di:ou] *n* (broadcasting) ラジオ放送 rajíohòsō; (device: for receiving broadcasts) ラジオ rájìo; (: for transmitting and receiving signals) 無線通信機 muséntsūshinki

♦*vt* (person) ...と無線で通信する ...to musén dè tsūshin suru

on the radio ラジオで rájìo de

radioactive [reidi:ouæk'tiv] *adj* 放射性
の hōshasei no

radiography [reidi:ɑːg'rəfiː] *n* レントゲ
ン撮影 reńtogensatsuèi

radiology [reidi:ɑːl'ədʒiː] *n* 放射線医学
hōshasen-igàku

radio station *n* ラジオ放送局 rajío hō-
sōkyòku

radiotherapy [reidi:ouθeːr'əpiː] *n* 放射
線療法 hōshasenryòhō

radish [ræd'iʃ] *n* はつかだいこん hatsú-
kadaìkon

radius [rei'di:əs] (*pl* **radii**) *n* (of circle) 半
径 hańkei; (from point) 半径内の範囲 hań-
keinai nò hán-i

RAF [ɑːreief'] *n abbr* = **Royal Air
Force**

raffle [ræf'əl] *n* 宝くじ takárakùji ◊ 当る
と金ではなく賞品をもらえる物を指す a-
tárù to kané de wa nakù shōhin wò
moráerù monó wò sásù

raft [ræft] *n* (craft) いかだ ikáda, (*also*:
life raft) 救命いかだ kyúmei ikáda

rafter [ræf'təːr] *n* はり harí

rag [ræg] *n* (piece of cloth) ぞうきん zō-
kin; (torn cloth) ぼろ bórò; (*pej*: news-
paper) 三流紙 sańryùshi; (*BRIT*: UNI-
VERSITY: for charity) 慈善募金運動 ji-
zénbokin-uńdō

rag-and-bone man [rægənboun'-]
(*BRIT*) *n* = **ragman**

rag doll *n* 縫いぐるみ人形 nuíguruminiń-
gyō

rage [reidʒ] *n* (fury) 憤怒 fúndo
♦*vi* (person) 怒り狂う ikárikuruù;
(storm) 荒れ狂う arékuruù; (debate) 荒れ
る arérù
it's all the rage (very fashionable) 大
流行している dafyúkō shite îrú

ragged [ræg'id] *adj* (edge) ぎざぎざの gi-
zágiza no; (clothes) ぼろぼろの boróboro
no; (appearance) 不ぞろいの fuzóroi no

ragman [ræg'mæn] (*pl* **ragmen**) *n* くず
屋 kuzúya

rags [rægz] *npl* (torn clothes) ぼろぼろの
衣服 boróboro no ifúku

raid [reid] *n* (MIL) 襲撃 shúgeki; (crimi-
nal) 不法侵入 fuhōshiǹnyū; (by police) 手

入れ teíre
♦*vt* (MIL) 襲撃する shúgeki suru; (crimi-
nally) ...に不法侵入する ...ni fuhōshiǹnyū
suru; (subj: police) 手入れする teíre suru

rail [reil] *n* 手すり tesúri
by rail (by train) 列車で resshá de

railing(s) [rei'liŋ(z)] *n(pl)* (fence) さく
sakú

railroad [reil'roud] (*US*) *n* (track) 線路
seńro; (company) 鉄道 tetsúdō

railroader [reil'roudəːr] (*US*) *n* 鉄道員
tetsúdōìn

railroad line (*US*) 鉄道線 tetsúdōsen

railroad station (*US*) *n* 駅 éki

rails [reilz] *npl* (for train) レール rèru

railway [reil'wei] (*BRIT*) *n* = **railroad**
etc

railwayman [reil'weimən] (*BRIT*: *pl*
railwaymen) *n* = **railroader**

rain [rein] *n* 雨 áme
♦*vi* 雨が降る áme ga fúrù
in the rain 雨の中で áme no nákà de
it's raining 雨が降っている áme ga fut-
té irù

rainbow [rein'bou] *n* にじ nijí

raincoat [rein'kout] *n* レーンコート rén-
kòto

raindrop [rein'drɑːp] *n* 雨の一滴 áme no
ittéki

rainfall [rein'fɔːl] *n* 降雨量 kóuryò

rainy [rei'ni:] *adj* 雨模様の amémoyò no

raise [reiz] *n* (payrise) 賃上げ chíń-age
♦*vt* (lift) 持上げる mochíagerù;
(increase: salary) 上げる agérù; (: pro-
duction) 増やす fuyásù; (improve:
morale) 高める takámerù; (: standards)
引上げる hikíagerù; (produce: doubts,
question) 引起こす hikíokosù; (rear: cat-
tle) 飼育する shiíku suru; (: family) 育て
る sodáterù; (cultivate: crop) 栽培する
saíbai suru; (get together: army, funds,
loan) 集める atsúmerù
to raise one's voice 声を大きくする
kóè wo ōkiku suru

raisin [rei'zin] *n* 干しぶどう hoshíbudò,
レーズン rèzun

rake [reik] *n* (tool) レーキ rèki
♦*vt* (garden) レーキで...の土をならす rè-

ki de ...no tsuchí wo narásù; (leaves) かき集める kakíatsumerù; (with machine gun) 掃射する sṓsha suru

rally [ræl'i:] n (POL etc) 集会 shū́kai; (AUT) ラリー rarī; (TENNIS etc) ラリー rárī

♦vt (support) 集める atsúmerù

♦vi (sick person, Stock Exchange) 持直す mochínaosù

rally round vt fus (fig: give support to) ...の支援に駆け付ける ...no shién nǐ kakétsukerù

RAM [ræm] n abbr = **(random access memory)** ラム rámù

ram [ræm] n (ZOOL) 雄ヒツジ osúhitsùji

♦vt (crash into) ...に激突する ...ni gekítotsu suru; (push: bolt, fist etc) 押込む oshíkomù

ramble [ræm'bəl] n (walk) ハイキング háikingu

♦vi (walk) ハイキングする háikingu suru; (talk: also: **ramble on**) だらだらしゃべる dárádara shabérù

rambler [ræm'blə:r] n (walker) ハイカー háikà; (BOT) ツルバラ tsurúbara

rambling [ræm'bliŋ] adj (speech) 取留めのない torítome no naì; (house) だだっ広い dadáppiroì; (BOT) つる性の tsurúsei no

ramp [ræmp] n 傾斜路 keísharo

on/off ramp (US: AUT) 入口〔出口〕ランプ iríguchi〔degúchi〕raǹpu

rampage [ræm'peidʒ] n: **to be on the rampage** 暴れ回っている abáremawatte irù

♦vi: **they went rampaging through the town** 彼らは町中暴れ回った kárèra wa machíjū abaremawattà

rampant [ræm'pənt] adj (crime) はびこる habíkorù; (disease) まん延する mań-en suru

rampart [ræm'pɑ:rt] n (fortification) 城壁 jṓheki

ramshackle [ræm'ʃækəl] adj (house, car, table) がたがたの gatágata no

ran [ræn] pt of **run**

ranch [ræntʃ] n 牧場 bokújō

rancher [ræn'tʃə:r] n 牧場主 bokújòshu

rancid [ræn'sid] adj (butter, bacon etc) 悪くなった wárùku natta

rancor [ræn'kə:r] (BRIT **rancour**) n 恨み urámi

random [ræn'dəm] adj (arrangement, selection) 手当り次第の teátarishidài no; (COMPUT, MATH) 無作為の musákùi no

♦n: **at random** 手当り次第に teátarishidài ni

random access n (COMPUT) ランダムアクセス rañdamuakùsesu

randy [ræn'di:] (inf) adj セックスをしたがっている sékkùsu wo shitágatte irù

rang [ræŋ] pt of **ring**

range [reindʒ] n (also: **mountain range**) 山脈 sañmyaku; (of missile) 射程距離 shatéikyorī; (of voice) 声域 seíiki; (series: of proposals, offers, products) 一連の... ichíren no ...; (MIL: also: **shooting range**) 射撃場 shagékijō; (also: **kitchen range**) レンジ réǹji

♦vt (place) 歩き回る arúkimawarù; (arrange) 並べる naráberù

♦vi: **to range over** (extend) ...にわたる ...ni watárù

to range from ... to ... ...から...までにわたる ...kárà ...mádè ni watárù

ranger [rein'dʒə:r] n 森林警備隊員 shiñrinkeibitaiin, レーンジャー réǹjā

rank [ræŋk] n (row) 列 rétsù; (MIL) 階級 kaíkyū; (status) 地位 chíi; (BRIT: also: **taxi rank**) タクシー乗場 takúshinorìba

♦vi: **to rank among** ...のうちに数えられる ...no uchí nǐ kazóerarerù

♦adj (stinking) 臭い kusáì

the rank and file (fig: ordinary members) 一般の人 ippáǹ no hitó, 一般人 ippánjin

rankle [ræŋ'kəl] vi (insult) わだかまる wadákamarù

ransack [ræn'sæk] vt (search) 物色する busshóku suru; (plunder) 略奪する ryakúdatsu suru

ransom [ræn'səm] n (money) 身代金 minóshirokiǹ

to hold to ransom (fig: nation, company, individual) ...に圧力を掛ける ...ni atsúryŏku wo kakérù

rant [rænt] *vi* (rave) わめく wamékù

rap [ræp] *vt* (on door, table) たたく tatákù

rape [reip] *n* (of woman) 強かん gṓkan; (BOT) アブラナ abúranà
♦*vt* (woman) 強かんする gṓkan suru

rape(seed) oil [reip'(si:d)-] *n* ナタネ油 natáneabùra

rapid [ræp'id] *adj* (growth, development, change) 急速な kyúsoku na

rapidity [rəpid'iti:] *n* (speed) 速さ háyàsa

rapidly [ræp'idli:] *adv* (grow, develop, change) 急速に kyúsoku ni

rapids [ræp'idz] *npl* (GEO) 早瀬 hayáse

rapist [rei'pist] *n* 強かん者 gṓkansha

rapport [ræpɔ:r'] *n* 親和関係 shiñwakañkei

rapture [ræp'tʃə:r] *n* (delight) 歓喜 káñki

rapturous [ræp'tʃərəs] *adj* (applause) 熱狂的な nekkyṓteki na

rare [re:r] *adj* (uncommon) まれな marḗ na; (unusual) 珍しい mezúrashiì; (CULIN: steak) レアの réà no

rarely [re:r'li:] *adv* (seldom) めったに ...ない méttà ni ...náì

raring [re:r'iŋ] *adj*: *raring to go* (inf: keen) 意気込んでいる ikígonde irù

rarity [re:r'iti:] *n* (exception) 希有な物 kéù na monó; (scarcity) 希少性 kishṓsei

rascal [ræs'kəl] *n* (rogue) ごろつき gorótsuki; (mischievous child) いたずらっ子 itázurakkŏ

rash [ræʃ] *adj* (person) 向こう見ずの mukṓmìzu no; (promise, act) 軽率な keísotsu na
♦*n* (MED) 発しん hasshín; (spate: of events, robberies) 多発 tahátsu

rasher [ræʃ'ə:r] *n* (of bacon) 一切れ hitókìre

raspberry [ræz'be:ri:] *n* キイチゴ kiíchìgo

rasping [ræs'piŋ] *adj*: *a rasping noise* きしむ音 kishímù otó

rat [ræt] *n* ネズミ nezúmi

rate [reit] *n* (speed) 速度 sókùdo; (of change, inflation) 進行度 shiñkŏdo; (ratio: *also* of interest) 率 rítsù; (price: at hotel etc) 料金 ryṓkin
♦*vt* (value, estimate) 評価する hyṓka suru

to rate someone/something as ...を ...と評価する ...wo ...to hyṓka suru

rateable value [rei'təbəl-] (BRIT) *n* 課税評価額 kazéi hyŏkagàku

ratepayer [reit'peiə:r] (BRIT) *n* 納税者 nṓzeìsha ◇固定資産税の納税者について言う kotéishisanzei no nṓzeìsha ni tsuítè iú

rates [reits] *npl* (BRIT: property tax) 固定資産税 kotéishisañzei; (fees) 料金 ryṓkin

rather [ræð'ə:r] *adv* (quite, somewhat) かなり kánàri; (to some extent) 少し sukóshì; (more accurately) 正確に言えば seíkaku nì iébà; *or rather* 正確に言えば seíkaku nì iébà

it's rather expensive (quite) かなり値段が高い kánàri nedán gà takáì; (too) 値段が高過ぎる nedán gà takásugirù

there's rather a lot かなり沢山ある kánàri takúsan arù

I would rather go どちらかというと行きたいと思う dóchìra ka to iú tò ikítaì to omóù

ratify [ræt'əfai] *vt* (agreement, treaty) 批准する hijún suru

rating [rei'tiŋ] *n* (assessment) 評価 hyṓka; (score) 評点 hyŏten; (NAUT: BRIT: sailor) 海軍兵卒 kaígunheìsotsu

ratings [rei'tiŋz] *npl* (RADIO, TV) 視聴率 shichṓrìtsu

ratio [rei'ʃou] *n* 率 rítsù

in the ratio of 100 to 1 100に1つという割合で hyakú ni hitótsu to iu warái de

ration [ræʃ'ən] *n* (allowance: of food, petrol etc) 配給分 haíkyūbun
♦*vt* (food, petrol etc) 配給する haíkyū suru

rational [ræʃ'ənəl] *adj* (solution, reasoning) 合理的な gṓriteki na; (person) 訳の分かる wákè no wakárù

rationale [ræʃənæl'] *n* 根拠 kóñkyo

rationalize [ræʃ'ənəlaiz] *vt* (justify) 正当化する seítōka suru

rationally [ræʃ'ənəli:] adv (sensibly) 合理的に gōriteki ni

rationing [ræʃ'əniŋ] n (of food, petrol etc) 配給 haīkyū

rations [reiʃənz] npl (MIL) 兵糧 hyōrō

rat race n 競争の世界 kyōsō nō sékài

rattle [ræt'əl] n (of door, window) がたがたという音 gátagata to iú oto; (of train, car, engine etc) ごう音 gṓon; (of coins) じゃらじゃらという音 járàjara to iú oto; (of chain) がらがらという音 gáràgara to iú oto; (object: for baby) がらがら garágarà
◆vi (small objects) がらがら鳴る gáràgara narú; (car, bus): **to rattle along** がたがた走る gatagata hashírù
◆vt (unnerve) どぎまぎさせる dógìmagi sasérù

rattlesnake [ræt'əlsneik] n ガラガラヘビ garágarahèbì

raucous [rɔ:'kəs] adj しゃがれ声の shagáregoè no

ravage [ræv'idʒ] vt (damage) 荒す arásù

ravages [ræv'idʒiz] npl (of time, weather) 荒廃 kōhai

rave [reiv] vi (in anger) わめく wamékù; (with enthusiasm) ...をべたぼめする ...wo betábòme suru; (MED) うわごとを言う uwágoto wò iú

raven [rei'vən] n ワタリガラス watárigaràsu

ravenous [ræv'ənəs] adj 猛烈におなかがすいた mṓretsu nī onáka ga suìta

ravine [rəvi:n'] n 渓谷 keíkoku

raving [rei'viŋ] adj: **raving lunatic** ど気違い dokíchigaì

ravishing [ræv'iʃiŋ] adj (beautiful) 悩殺する nōsatsu suru

raw [rɔ:] adj (uncooked) 生の námà no; (not processed: cotton, sugar etc) 原料のままの geńryō no mamá no; (sore) 赤むけした akámuke shità; (inexperienced) 青二才の aónisài no; (weather, day) 肌寒い hadázamuì

raw deal (inf) n ひどい仕打 hidóî shiúchi

raw material n (coal, oil, gas etc) 原料 geńryò

ray [rei] n (also: **ray of light**) 光線 kṓsen; (also: **ray of heat**) 熱線 nessén
the rays of the sun 太陽の光線 táìyō no kṓsen
a ray of hope 希望のひらめき kibṓ nò hirámeki

rayon [rei'ɑ:n] n レーヨン rèyon

raze [reiz] vt 根こそぎ破壊する nekósògi hakái suru

razor [rei'zə:r] n (open razor) かみそり kamísorì; (safety razor) 安全かみそり ańzenkamisòri; (electric razor) 電気かみそり deńkikamisòri

razor blade n かみそりの刃 kamísorì no há

Rd n abbr = **road**

re [rei] prep (with regard to) ...に関して ...ni káñ shite

reach [ri:tʃ] n (range: of arm) 手が届く範囲 té gà todókù háñ-i; (scope: of imagination) 範囲 háñ-i; (stretch: of river etc) 区域 kúìki
◆vt (arrive at: place) ...に到着する ...ni tṓchaku suru; (: conclusion, agreement, decision, end) ...に達する ...ni tassúrù; (be able to touch) ...に手が届く ...ni té gà todókù; (by telephone) ...に連絡する ...ni refíraku suru
◆vi (stretch out one's arm) 手を伸ばす té wò nobásù
within reach 手の届く所に té nò todókù tokórò ni
out of reach 手の届かない所に té nò todókanaì tokórò ni
within reach of the shops/station 商店街(駅)の近くに shṓteñgai(ékì)no chikákù ni
「**keep out of the reach of children**」子供の手が届かない所に保管して下さい kodómo nò té gà todókanaì tokórò ni hokán shitè kudásaî

reach out vt (hand) 伸ばす nobásù
◆vi 手を伸ばす té wò nobásù
to reach out for something ...を取ろうとして手を伸ばす ...wo toró tò shite té wò nobásù

react [ri:ækt'] vi (CHEM): **to react (with)** (...と) 反応する (...to) hańnō suru; (MED): *to react (to)* (...に対して) 副作用が起る (...ni táíshite) fukúsayō ga okórù; (respond): *to react (to)* (...に) 反応する (...ni) hańnō suru; (rebel): *to react (against)* (...に) 反発する (...ni) hańpatsu suru

reaction [ri:ǽk'ʃən] *n* (response): *reaction (to)* (...に対する) 反応 (...ni taʃsurù) hańnō; (rebellion): *reaction (against)* (...に対する) 反発 (...ni taʃsurù) hańpatsu; (belief in conservatism) 反動 hańdō; (CHEM) 反応 hańnō; (MED) 副作用 fukúsayō

reactionary [ri:ǽk'ʃəne:ri:] *adj* (forces, attitude) 反動的な hańdōteki na

reactions [ri:ǽk'ʃənz] *npl* (reflexes) 反応 hańnō

reactor [ri:ǽk'tə:r] *n* (*also*: **nuclear reactor**) 原子炉 geńshirō

read [ri:d] (*pt, pp* **read**) *vi* (person, child) ...を読む ...wo yómù; (piece of writing, letter etc) ...と書いてある ...to káite árù ◆*vt* (book, newspaper, music etc) 読む yómù; (mood, thoughts) 読取る yomítorù; (meter, thermometer etc) 読む yómù; (study: at university) 学ぶ manábù

readable [ri:'dəbəl] *adj* (writing) 読める yomérù; (book, author etc) 読ませる yomáserù

reader [ri:'də:r] *n* (of book, newspaper etc) 読者 dókùsha; (book) リーダー rīdā; (*BRIT*: at university) 助教授 jokyōjù
an avid reader 読書家 dokúshòka

readership [ri:'də:rʃip] *n* (of newspaper etc) 読者 dókùsha ◇総称 sōsho

readily [red'əli:] *adv* (willingly) 快く kokóroyokù; (easily) たやすく tayásukù; (quickly) 直ぐに súgù ni

readiness [red'i:nis] *n* (preparedness) 用意ができている事 yōi ga dekite iru koto; (willingness) ...する意志 ...suru ishi
in readiness (prepared) 用意ができて yōi ga dekite

reading [ri:'diŋ] *n* (of books, newspapers etc) 読書 dokusho; (in church, as entertainment) 朗読 rōdoku; (on meter, thermometer etc) 記録 kiroku

readjust [ri:ədʒʌst'] *vt* (alter: position, knob, mirror etc) 調節する chōsetsu suru
◆*vi* (adapt): *to readjust (to)* (...に) なれる (...ni) nareru

read out *vt* 朗読する rōdoku suru

ready [red'i:] *adj* (prepared) 用意ができている yōi ga dekíte iru; (willing) ...する意志がある ...surú ishi ga árù; (available) 用意されている yōi saréte irù
◆*n: at the ready* (MIL) 銃を構えて jū wo kamáetè
to get ready
◆*vi* 支度する shitáku suru
◆*vt* 準備する júńbi suru

ready-made [red'i:meid'] *adj* 既製の kiséi no

ready money *n* 現金 geñkiñ

ready reckoner [-rek'ənə:r] *n* 計算表 keísańhyō

ready-to-wear [red'i:təwe:r'] *adj* 既製の kiséi no

reaffirm [ri:əfə:rm'] *vt* 再び言明する futátabi geńmei suru

real [ri:l] *adj* (actual, true: reason, interest, result etc) 本当の hońtō no; (not artificial: leather, gold etc) 本物の hońmono no; (not imaginary: life, feeling) 実際の jissái no; (for emphasis): *a real idiot / miracle* 正真正銘のばか〔奇跡〕shōshin-shōmei no bákà 〔kisékì〕
in real terms 事実は jíʃjitsu wa

real estate *n* 不動産 fudōsan

realism [ri:'əlizəm] *n* (practicality) 現実主義 geńjitsushugì; (ART) リアリズム riárizumu

realist [ri:'əlist] *n* 現実的な人 geńjitsuteki nà hitó

realistic [ri:əlis'tik] *adj* (practical) 現実的な geńjitsuteki nà; (true to life) 写実的な shajítsuteki na

reality [ri:ǽl'iti:] *n* (actuality, truth) 事実 jíʃjitsu
in reality 事実は jíʃjitsu wa

realization [ri:ələzei'ʃən] *n* (understanding: of situation) 実感 jikkán; (fulfilment: of dreams, hopes) 実現 jitsúgen; (of asset) 現金化 geńkiñka

realize [ri:'əlaiz] *vt* (understand) 実感す

る jikkán suru; (fulfil: a dream, hope, project etc) 実現する jitsúgen suru; (COMM: asset) 現金に替える geñkiñ ni kaérù

really [ri:'əli:] *adv* (for emphasis) 実に jitsú ni, とても totémo; (actually): *what really happened* 実際に起った事は jissái nì okótta kotò wa

really? (indicating interest) そうですか sõ desu ka; (expressing surprise) 本当ですか hoñtõ desu kà

really! (indicating annoyance) うんもう! uñ mő!

realm [relm] *n* (of monarch) 王国 ōkoku; (fig: area of activity or study) 分野 búñya

realtor [ri:'əltə:r] (*US*) *n* 不動産業者 fudōsangyōsha

reap [ri:p] *vt* (crop) ...の刈入れをする ...no karíire wò suru; (fig: benefits, rewards) 収穫する shūkaku suru

reappear [ri:əpi:r'] *vi* 再び現れる futátabi arawarerù

rear [ri:r] *adj* (back) 後ろの ushíro no

♦*n* (back) 後ろ ushíro

♦*vt* (cattle) 飼育する shíku suru; (family) 育てる sodáterù

♦*vi* (*also:* **rear up**: animal) 後足で立ち上る atóashi de tachíagarù

rearguard [ri:r'gɑ:rd] *n* (MIL) 後衛 kốei

rearmament [ri:ɑ:rm'əmənt] *n* 再軍備 saíguñbi

rearrange [ri:əreindʒ'] *vt* 並べ直す narábenaosù

rear-view mirror [ri:r'vju:'-] *n* (AUT) バックミラー bakkúmirà

reason [ri:'zən] *n* (cause) 理由 riyū́; (ability to think) 理性 riséi

♦*vi: to reason with someone* ...の説得に当る ...no settóku nì atárù

it stands to reason that ...という事は当然である ...to iú kotò wa tōzen de arù

reasonable [ri:'zənəbəl] *adj* (sensible) 訳の分かる wákè no wakárù; (fair: number, amount) 程々の hodóhodo no; (: quality) まあまあの mámà no; (: price) 妥当な datő na

reasonably [ri:'zənəbli:] *adv* (sensibly)

常識的に jốshikiteki ni; (fairly) 程々に hodóhodo ni

reasoned [ri:'zənd] *adj* (argument) 筋の通った sújì no tőttà

reasoning [ri:'zəniŋ] *n* (process) 推理 sufri

reassurance [ri:əʃu:r'əns] *n* 安ど áñdo

reassure [ri:əʃu:r'] *vt* (comfort) 安心させる añshin saserù

to reassure someone of ...に...だと安心させる ...ni ...dá tò añshin saserù

reassuring [ri:əʃu:r'iŋ] *adj* (smile, manner) 安心させる añshin saserù

rebate [ri:'beit] *n* (on tax etc) リベート ribétồ

rebel [*n* reb'əl *vb* ribel'] *n* (against political system) 反逆者 hañgyakushà; (against society, parents etc) 反抗分子 hañkōbuñshi

♦*vi* (against political system) 反乱を起す hañran wo okósù; (against society, parents etc) 反抗する hañkō suru

rebellion [ribel'jən] *n* (against political system) 反乱 hañran; (against society, parents etc) 反抗 hañkō

rebellious [ribel'jəs] *adj* (subject) 反逆者の hañgyakushà no; (child, behavior) 反抗的な hañkōteki na

rebirth [ri:bə:rθ'] *n* 復活 fukkátsu

rebound [*vb* ri:baund' *n* ri:'baund] *vi* (ball) 跳ね返る hanékaerù

♦*n: on the rebound* (ball) 跳ね返った所を hanékaettà tokórò wo; (fig: person) ...した反動で ...shítá hañdō de

rebuff [ribʌf'] *n* 拒絶 kyozétsu

rebuild [ri:bild'] (*pt, pp* **rebuilt**) *vt* (town, building etc) 建直す taténaosù; (economy, confidence) 立直す taténaosù

rebuke [ribju:k'] *vt* しかる shikárù

rebut [ribʌt'] *vt* しりぞける shirízokerù

recalcitrant [rikæl'sitrənt] *adj* (child, behavior) 反抗的な hañkōteki na

recall [ri:kɔ:l'] *vt* (remember) 思い出す omóidasù; (parliament, ambassador etc) 呼戻す yobímodosù

♦*n* (ability to remember) 記憶 kióku; (of ambassador etc) 召還 shōkan

recant [rikænt'] *vi* 自説を取消す jisétsu wo torikesù

wǒ toríkesù

recap [ri:'kæp] *vt* (summarize) 要約する yōyaku suru
♦*vi* ...を要約する ...wo yōyaku suru

recapitulate [ri:kəpitʃ'u:leit] *vt, vi* = **recap**

recapture [ri:kæp'tʃə:r] *vt* (town, territory etc) 奪環する dakkán suru; (atmosphere, mood etc) 取戻す torímodosù

rec'd *abbr* = **received**

recede [risi:d'] *vi* (tide) ひく hikú; (lights etc) 遠のく tōnokù; (memory) 薄らぐ usúragù; (hair) はげる hagérù

receding [risi:'diŋ] *adj* (hair) はげつつある hagétsutsu arù; (chin) 無いに等しい náì ni hitóshiì

receipt [risi:t'] *n* (document) 領収書 ryōshūsho; (from cash register) レシート reshítò; (act of receiving) 受取る事 ukétorù kotó

receipts [risi:ts'] *npl* (COMM) 収入 shūnyū

receive [risi:v'] *vt* (get: money, letter etc) 受け取る ukétorù; (criticism, acclaim) 受ける ukérù; (visitor, guest) 迎える mukáerù
    to receive an injury けがする kegá surù

receiver [risi:'və:r] *n* (TEL) 受話器 juwákì; (RADIO, TV) 受信機 jushíñki; (of stolen goods) 故買業 kobáiya; (COMM) 管財人 kañzainìn

recent [ri:'sənt] *adj* (event, times) 近ごろの chikágòro no

recently [ri:'səntli:] *adv* 近ごろ chikágòro

receptacle [risep'təkəl] *n* 容器 yōkì

reception [risep'ʃən] *n* (in hotel, office, hospital etc) 受付 ukétsuke; (party) レセプション resépùshon; (welcome) 歓迎 kañgei; (RADIO, TV) 受信 jushín

reception desk *n* 受付 ukétsuke, フロント furóñto

receptionist [risep'ʃənist] *n* 受付係 ukétsukegakàri

receptive [risep'tiv] *adj* (person, attitude) 前向きの maémuki no

recess [ri:'ses] *n* (in room) 壁のくぼみ kabé nò kubómi; (secret place) 奥深い所 okúfukaì tokórò; (POL etc: holiday) 休憩時間 kyūkeijikàn

recession [riseʃ'ən] *n* 景気後退 keíkikōtai

recharge [ri:tʃɑ:rdʒ'] *vt* (battery) 充電する jūden suru

recipe [res'əpi:] *n* (CULIN) 調理法 chórihō; (*fig*: for success) 秘けつ hikétsu; (: for disaster) やり方 yaríkata

recipient [risip'i:ənt] *n* (of letter, payment etc) 受取人 ukétorinìn

reciprocal [risip'rəkəl] *adj* (arrangement, agreement) 相互の sōgò no

recital [risait'əl] *n* (concert) リサイタル risáitaru

recite [risait'] *vt* (poem) 暗唱する añshō suru

reckless [rek'lis] *adj* (driving, driver) 無謀な mubó na; (spending) 無茶な múchà na

recklessly [rek'lisli:] *adv* (drive) 無謀に mubó ni; (spend) むやみに múyàmi ni

reckon [rek'ən] *vt* (calculate) 計算する keísan suru; (think): *I reckon that ...* ...だと思う ...dá tò omóù

reckoning [rek'əniŋ] *n* (calculation) 計算 keísan

reckon on *vt fus* (expect) 当てにする a té nì suru

reclaim [rikleim'] *vt* (demand back) ...の返還を要求する ...no heñkan wò yōkyū suru; (land: by filling in) 埋め立てる umétaterù; (: by draining) 干拓する kañtaku suru; (waste materials) 再生する saísei suru

reclamation [rekləmei'ʃən] *n* (of land: by filling in) 埋め立て umétate; (: by draining) 干拓 kañtaku

recline [riklain'] *vi* (sit or lie back) もたれる motárerù

reclining [riklain'iŋ] *adj*: *reclining seat* リクライニングシート rikúrainingushìto

recluse [rek'lu:s] *n* 隠とん者 iñtoñsha

recognition [rekəgniʃ'ən] *n* (of person, place) 認識 niñshiki; (of problem, fact) 意識 íshìki; (of achievement) 認める事

mitómeru kotò

transformed beyond recognition 見分けが付かない程変化した miwáke ga tsukanài hodo hénka shita

recognizable [rekəgnai'zəbəl] *adj*: **recognizable (by)** (...で) 見分けが付く (...de) miwáke ga tsukù

recognize [rek'əgnaiz] *vt* (person, place, attitude, illness) ...だ と 分かる ...dá tò wakárù; (problem, need) 意識する íshìki suru; (qualification, achievement) 認める mitómerù; (government) 承認する shónin suru

to recognize by/as ...で〔として〕分かる ...de 〔toshítè〕 wakárù

recoil [rikɔil'] *vi* (person): ***to recoil from doing something*** ...するのをいやがる ...surú no wò iyágarù
♦*n* (of gun) 反動 handō

recollect [rekəlekt'] *vt* (remember) 思い出す omóidasù

recollection [rekəlek'ʃən] *n* (memory) 思い出 omóide; (remembering) 思い出す事 omóidasu kotò

recommend [rekəmend'] *vt* (book, shop, person) 推薦する suísen suru; (course of action) 勧める susúmerù

recommendation [rekəmendei'ʃən] *n* (of book, shop, person) 推薦 suísen; (of course of action) 勧告 kañkoku

recompense [rek'əmpens] *n* (reward) 報酬 hóshū

reconcile [rek'ənsail] *vt* (two people) 仲直りさせる nakánaòri saserù; (two facts, beliefs) 調和させる chówa saserù

to reconcile oneself to something (unpleasant situation, misery etc) ...だとあきらめる ...dá tò akíramerù

reconciliation [rekənsili:ei'ʃən] *n* (of people etc) 和解 wakái; (of facts etc) 調和 chówa

recondition [ri:kəndi'ʃən] *vt* (machine) 修理する shūri suru

reconnaissance [rikɑ:n'isəns] *n* (MIL) 偵察 teísatsu

reconnoiter [ri:kənɔi'tə:r] (*BRIT* **reconnoitre**) *vt* (MIL: enemy territory) 偵察する teísatsu suru

reconsider [ri:kənsid'ə:r] *vt* (decision, opinion etc) 考え直す kañgaenaosù

reconstruct [ri:kənstrʌkt'] *vt* (building) 建直す taténaosù; (policy, system) 練り直す nerínaosù; (event, crime) 再現する saígen suru

reconstruction [ri:kənstrʌk'ʃən] *n* (of building, country) 再建 saíken; (of crime) 再現 saígen

record [*n* rek'ə:rd, *vb* rekɔ:rd'] *n* (gen) 記録 kiróku; (MUS: disk) レコード rekódò; (history: of person, company) 履歴 riréki; (*also*: **criminal record**) 前科 zéñka
♦*vt* (write down) 記録する kiróku suru; (temperature, speed etc) 表示する hyóji suru; (MUS: song etc) 録音する rokúon suru

in record time 記録的速さで kirókuteki hayása de

off the record *adj* (remark) オフレコの ofúreko no
♦*adv* (speak) オフレコで ofúreko de

record card *n* (in file) ファイルカード faírukàdo

recorded delivery [rikɔ:r'did-] (*BRIT*) *n* (MAIL) 簡易書留 kañ-i kakìtome

recorder [rikɔ:r'də:r] *n* (MUS: instrument) リコーダー rikódà

record holder *n* (SPORT) 記録保持者 kiróku hojishà

recording [rikɔ:r'diŋ] *n* 録音 rokúon

record player *n* レコードプレーヤー rekódopurèyà

recount [rikaunt'] *vt* (story, event etc) 述べる nobérù

re-count [*n* ri:'kaunt, *vb* ri:kaunt'] *n* (POL: of votes) 数え直し kazóenaoshi
♦*vt* (votes etc) 数え直す kazóenaosù

recoup [riku:p'] *vt*: ***to recoup one's losses*** 損失を取戻す soñshitsu wò torímodosù

recourse [ri:'kɔ:rs] *n*: ***to have recourse to*** ...を用いる ...wo mochíirù

recover [rikʌv'ə:r] *vt* (get back: stolen goods, lost items, financial loss) 取戻す torímodosù
♦*vi*: ***to recover (from)*** (illness) (...が)

治る (...ga) naórù; (operation, shock, experience) (...から) 立直る (...kará) tachínaorù

recovery [rıkʌv'ə:ri:] n (from illness, operation: in economy etc) 回復 kaífuku; (of stolen, lost items) 取戻し torímodoshi

re-create [ri:kri:eit'] vt 再現する saígen suru

recreation [rekri:ei'ʃən] n (play, leisure activities) 娯楽 goráku

recreational [rekri:ei'ʃənəl] adj 娯楽の goráku no

recrimination [rikrimənei'ʃən] n 責合い seméai

recruit [rikru:t'] n (MIL) 新兵 shinpei; (in company, organization) 新入社〔会〕員 shínnyūsha(kai)ìn
♦vt 募集する boshū suru

recruitment [rikru:t'mənt] n 募集 boshū

rectangle [rek'tæŋgəl] n 長方形 chōhōkei

rectangular [rektæŋ'gjələ:r] adj (shape, object etc) 長方形の chōhōkei no

rectify [rek'təfai] vt (correct) 正す tadásù

rector [rek'tə:r] n (REL) 主任司祭 shunínshisài

rectory [rek'tə:ri:] n (house) 司祭館 shisáikan

recuperate [riku:'pə:reit] vi (recover: from illness etc) 回復する kaífuku suru

recur [rikə:r'] vi (error, event) 繰返される kuríkaesarerù; (illness, pain) 再発する saíhatsu suru

recurrence [rikə:r'əns] n (of error, event) 繰返し kuríkaeshi; (of illness, pain) 再発 saíhatsu

recurrent [rikə:r'ənt] adj 頻繁に起る hínpan ni okórù

red [red] n (color) 赤 ákà; (pej: POL) 過激派 kagékiha
♦adj 赤い akáì
to be in the red (bank account, business) 赤字になっている akáji nì natté irù

red carpet treatment n 盛大な歓迎式 seídai nà kañgeishìki

Red Cross n 赤十字 sekíjūji

redcurrant [red'kʌr'ənt] n アカフサスグリ akáfusasugùri

redden [red'ən] vt (turn red) 赤くする akákù suru
♦vi (blush) 赤面する sekímen suru

reddish [red'iʃ] adj 赤っぽい akáppòi

redeem [ridi:m'] vt (fig: situation, reputation) 救う sukúù; (something in pawn, loan) 請出す ukédasù; (REL: rescue) 救う sukúù

redeeming [ridi:'miŋ] adj: *redeeming feature* 欠点を補う取柄 kettén wò ogínaù toríe

redeploy [ri:diploi'] vt (resources) 配置し直す haíchi shinaosù

red-haired [red'he:rd] adj 赤毛の akáge no

red-handed [red'hæn'did] adj: *to be caught red-handed* 現行犯で捕まる geñkòhan de tsukámarù

redhead [red'hed] n 赤毛の人 akáge no hitò

red herring n (fig) 本論から注意をそらす物 hoñron karà chūi wo sorásù monó

red-hot [red'hɑ:t'] adj (metal) 真っ赤に焼けた makkà nì yakétà

redirect [ri:dərekt'] vt (mail) 転送する teñsō suru

red light n: *to go through a red light* (AUT) 信号無視をする shiñgōmùshi wo suru

red-light district [red'lait-] n 赤線地区 akásenchikù

redo [ri:du:'] (pt redid pp redone) vt やり直す yarínaosù

redolent [red'ələnt] adj: *redolent of* (smell: also fig) ...臭い ...kusáì

redouble [ri:dʌb'əl] vt: *to redouble one's efforts* 一層努力する issō doryòku suru

redress [ridres'] n (compensation) 賠償 baíshō
♦vt (error, wrong) 償う tsugúnaù

Red Sea n: *the Red Sea* 紅海 kōkai

redskin [red'skin] n (pej) インディアン ìndian

red tape n (fig) 形式的手続き keíshikiteki tetsuzùki

reduce [ridu:s'] vt (decrease: spending, numbers etc) 減らす herásu

to reduce someone to (begging, stealing) …を余儀なくさせる …wo yogínaku saserù

to reduce someone to tears 泣かせる nakáserù

to reduce someone to silence 黙らせる damáraserù

「*reduce speed now*」(AUT) 徐行 jokố

at a reduced price (goods) 割引で waríbiki de

reduction [ridʌk'ʃən] n (in price) 値下げ neságe; (in numbers etc) 減少 geñshō

redundancy [ridʌn'dənsi:] n (dismissal) 解雇 káiko; (unemployment) 失業 shitsúgyō

redundant [ridʌn'dənt] adj (worker) 失業中の shitsúgyōchū no; (detail, object) 余計な yokéi na

to be made redundant 解雇される káiko sarérù

reed [ri:d] n (BOT) ア シ ashí; (MUS: of clarinet etc) リード rído

reef [ri:f] n (at sea) 暗礁 anshō

reek [ri:k] vi: *to reek (of)* (…の) におい がぷんぷんする (…no) niói ga púnpun suru

reel [ri:l] n (of thread, string) 巻 makí; (of film, tape: also on fishing-rod) リール rĩru; (dance) リール rĩru

♦vi (sway) よろめく yorómekù

reel in vt (fish, line) 手繰り寄せる tagúriyoserù

ref [ref] (inf) n abbr = referee

refectory [rifek'tə:ri:] n 食堂 shokúdō

refer [rifə:r'] vt (person, patient): *to refer someone to* …を…に回す …wo …ni mawásù; (matter, problem): *to refer something to* …を…に委託する …wo …ni itáku suru

♦vi: *to refer to* (allude to) …に言及する …ni geñkyū suru; (consult) …を参照する …wo sañshō suru

referee [refəri:'] n (SPORT) 審判員 shiñpañ-in, レフェリー réfèrī; (BRIT: for job **application**) 身元保証人 mimótohoshōnìn

♦vt (football match etc) …のレフェリー をやる …no réfèrī wo yárù

reference [ref'ə:rəns] n (mention) 言及 geñkyū; (in book, paper) 引用文献 iñ-yō buñken; (for job application: letter) 推薦状 suíseñjō

with reference to (COMM: in letter) …に関しては …ni kañshite wa

reference book n 参考書 sañkōsho

reference number n 整理番号 seíribañgō

referenda [refəren'də] npl of **referendum**

referendum [refəren'dəm] (pl **referenda**) n 住民投票 jūmintōhyō

refill [vb ri:fil' n ri:'fil] vt (glass etc) …にもう一杯つぐ … ni mố ippaì tsugú; (pen etc) …に…を詰替える …ni …wo tsumékaerù

♦n (of drink etc) お代り o-káwari; (for pen etc) スペアー supéà

refine [rifain'] vt (sugar, oil) 精製する seísei suru; (theory, idea) 洗練する señren suru

refined [rifaind'] adj (person, taste) 洗練 された señren saretà

refinement [rifain'mənt] n (of person) 優雅さ yûgasa; (of system) 精度 seído

reflect [riflekt'] vt (light, image) 反射す る hañsha suru; (situation, attitude) 反映 する hañ-ei suru

♦vi (think) じっくり考える jikkúrì kañgaerù

it reflects badly/well on him それは 彼の悪い〔いい〕所を物語っている soré wà kárè no warúî 〔íi〕tokórò wo monógatatte irù

reflection [riflek'ʃən] n (of light, heat) 反 射 hañsha; (image) 影 kágè; (of situation, attitude) 反映する物 hañ-ei suru monò; (criticism) 非 難 hínàn; (thought) 熟考 jukkố

on reflection よく考えると yókù kañgaerù to

reflector [riflek'tə:r] n 反射器 hañshakì

reflex [ri:'fleks] adj (action, gesture) 反 射的な hañshateki na

♦n (PHYSIOLOGY, PSYCH) 反射 hañsha

reflexive [riflek'siv] *adj* (LING) 再帰の saíki no

reform [rifɔ:rm'] *n* (of sinner, character) 改心 kaíshin; (of law, system) 改革 kaíkaku

♦*vt* (sinner) 改心させる kaíshin saserù; (law, system) 改革する kaíkaku suru

Reformation [refə:rmei'ʃən] *n*: *the Reformation* 宗教改革 shúkyōkaíkaku

reformatory [rifɔ:r'mətɔ:ri:] *(US)* *n* 感化院 kañkaìn

refrain [rifrein'] *vi*: *to refrain from doing* ...をしない様にする ...wo shinái yō ni suru

♦*n* (of song) 繰返し kuríkaeshi, リフレイン rifúreìn

refresh [rifreʃ'] *vt* (subj: sleep, drink) 元気付ける geñkizukerù

to refresh someone's memory ...に思い出させる ...ni omóidasaserù

refresher course [rifreʃ'ə:r-] *(BRIT)* *n* 研修会 keñshūkài

refreshing [rifreʃ'iŋ] *adj* (drink) 冷たくておいしい tsumétakùte oíshiì; (sleep) 気分をさわやかにする kíbùn wo sawáyàka nì suru

refreshments [rifreʃ'mənts] *npl* (food and drink) 軽食 keíshoku

refrigeration [rifridʒərei'ʃən] *n* (of food) 冷蔵 reízō

refrigerator [rifridʒ'ə:reitər] *n* 冷蔵庫 reízōko

refuel [ri:fju:'əl] *vi* 燃料を補給する neñryō wo hokyū suru

refuge [ref'ju:dʒ] *n* (shelter) 避難場所 hináñbasho

to take refuge in ...に避難する ...ni hínàn suru

refugee [refjudʒi:'] *n* 難民 nañmin

refund [*n* ri:'fʌnd *vb* rifʌnd'] *n* 払い戻し haráimodoshi

♦*vt* (money) 払い戻す haráimodosù

refurbish [ri:fə:r'biʃ] *vt* (shop, theater) 改装する kaísō suru

refusal [rifju:'zəl] *n* 断り kotówari, 拒否 kyóhì

first refusal (option) オプション権 o-

púshoñken

refuse¹ [rifju:z'] *vt* (request, offer, gift) 断る kotówarù; (invitation) 辞退する jítài suru; (permission, consent) 拒む kobámù

♦*vi* (say no) 断る kotówarù; (horse) 飛越を拒否する hiétsu wò kyóhì suru

to refuse to do something ...するのを拒む ...surú no wò kobámù

refuse² [ref'ju:s] *n* (rubbish) ごみ gomí

refuse collection *n* ごみ収集 gomíshūshū

refute [rifju:t'] *vt* (argument) 論破する roñpa suru

regain [rigein'] *vt* (power, position) 取戻す torímodosù

regal [ri:'gəl] *adj* 堂々とした dódō to shi tā

regalia [rigei'li:ə] *n* (costume) 正装 seísō

regard [riga:rd'] *n* (gaze) 視線 shisén; (attention, concern) 関心 kañshin; (esteem) 尊敬 soñkei

♦*vt* (consider) 見なす minásù

to give one's regards to ...から...によろしく伝える ...kará ...nì yoróshiku tsutáerù

with kindest regards 敬具 keígu

regarding, as regards, with regard to (with reference to, concerning) ...に関して ...ni kañshitè

regardless [riga:rd'lis] *adv* (carry on, continue) 構わずに kamáwazù ni

regardless of (danger, consequences) ...を顧みず ...wo kaérimizù

regatta [riga:t'ə] *n* ヨット〔ボート〕競技会 yottó 〔bóto〕 kyōgikài

regenerate [ri:dʒen'ə:reit] *vt* (inner cities, arts) よみがえらせる yomígaeraseru

regent [ri:'dʒənt] *n* 摂政 sesshó

regime [reiʒi:m'] *n* (system of government) 政治体制 seíjitaìsei

regiment [redʒ'əmənt] *n* (MIL) 連隊 reñtai

regimental [redʒəmen'təl] *adj* 連隊の reñtai no

region [ri:'dʒən] *n* (area: of land) 地区 chíkù; (: of body) ...部 ...bù; (administrative division of country) 行政区 győsei-ku

in the region of (*fig*: approximately) 約 yákù

regional [ri:'dʒənəl] *adj* (organization, wine, geography) 地元の jimóto no; (provincial) 地方の chihő no

register [redʒ'istər] *n* (list: of births, marriages, deaths, voters) 登録簿 tőrokùbo; (SCOL: of attendance) 出席簿 shussékibò; (MUS: of voice) 声域 seíiki; (: of instrument) 音域 ofi-iki

♦*vt* (birth, death, marriage) 届出る todőkederù; (car) 登録する tőroku suru; (MAIL: letter) 書留にする kakítome nì suru; (subj: meter, gauge) 示す shimésù

♦*vi* (at hotel) チェックインする chekkúìn suru; (for work) 名前を登録する namáe wo tőroku suru; (as student) 入学手続きをする nyűgakutetsuzuki wò suru; (make impression) ぴんと来る pifi tò kúrù

registered [redʒ'istərd] *adj* (MAIL: letter, parcel) 書留の kakítome no

registered trademark *n* 登録商標 tőrokushőhyő

registrar [redʒ'istrɑːr] *n* (official) 戸籍係 kosékigakàri; (in college, university) 教務係 kyőmugakàri; (*BRIT*: in hospital) 医務吏員 imúrìin

registration [redʒistrei'ʃən] *n* (*gen*) 登録 tőroku; (of birth, death) 届出 todőkede; (AUT: *also*: **registration number**) ナンバー náñbā

registry [redʒ'istri:] *n* 登記所 tőkisho

registry office (*BRIT*) *n* 戸籍登記所 kosékitòkisho

to get married in a registry office 戸籍登記所で結婚する kosékitòkisho dè kekkőn suru

regret [rigret'] *n* (sorrow) 悔み kuyámi

♦*vt* (decision, action) 後悔する kőkai suru; (loss, death) 悔む kuyámù; (inability to do something) 残念に思う zafinen nì omőù; (inconvenience) 済まないと思う sumánài to omőù

regretfully [rigret'fəli:] *adv* (sadly) 残念ながら zafinen nagàra

regrettable [rigret'əbəl] *adj* (unfortunate: mistake, incident) あいにくの aíniku no

regular [reg'jələːr] *adj* (even: breathing, pulse etc) 規則的な kisőkuteki na; (evenly-spaced: intervals, meetings etc) 定期的な teíkiteki na; (symmetrical: features, shape etc) 対称的な taíshōteki na; (frequent: raids, exercise etc) 頻繁な hifipan na; (usual: time, doctor, customer etc) 通常の tsűjō no; (soldier) 正規の seíki no; (LING) 規則変化の kisőkuhefika no

♦*n* (client etc) 常連 jőren

regularity [regjələr'iti:] *n* (frequency) 高頻度 kőhìndo

regularly [reg'jələːrliː] *adv* (at evenly-spaced intervals) 規則的に kisőkuteki ni; (symmetrically: shaped etc) 対称的に taíshōteki ni; (often) 頻繁に hifipan ni

regulate [reg'jəleit] *vt* (conduct, expenditure) 規制する kiséi suru; (traffic, speed) 調整する chősei suru; (machine, oven) 調節する chősetsu suru

regulation [regjəlei'ʃən] *n* (of conduct, expenditure) 規制 kiséi; (of traffic, speed) 調整 chősei; (of machine, oven) 調節 chősetsu; (rule) 規則 kisőku

rehabilitation [riːhəbilətei'ʃən] *n* (of criminal, addict) 社会復帰 shakáifukkì, リハビリテーション rihábiritèshon

rehearsal [rihəːr'səl] *n* リハーサル rihäsàru

rehearse [rihəːrs'] *vt* (play, dance, speech etc) ...のリハーサルをする ...no rihäsàru wo suru

reign [rein] *n* (of monarch) 治世 chiséi; (*fig*: of terror etc) 支配 shíhài

♦*vi* (monarch) 君臨する kufirin suru; (*fig*: violence, fear etc) はびこる habíkorù; (: peace, order etc) 行渡る ikíwatarù

reimburse [riːimbəːrs'] *vt* (pay back) ...に弁償する ...ni befishő suru

rein [rein] *n* (for horse) 手綱 tazúna

reincarnation [riːinkɑːrnei'ʃən] *n* (belief) 輪ね rfñne

reindeer [rein'diːr] *n inv* トナカイ tonákài

reinforce [ri:info:rs'] *vt* (strengthen: object) 補強する hokyō suru; (: situation) 強化する kyōka suru; (support: idea, statement) 裏付ける urázukerù

reinforced concrete [ri:info:rst'-] *n* 鉄筋コンクリート tekkín konkurīto

reinforcement [ri:info:rs'mənt] *n* (strengthening) 補強 hokyō

reinforcements [ri:info:rs'mənts] *npl* (MIL) 援軍 eńgun

reinstate [ri:insteit'] *vt* (worker) 復職させる fukúshoku saserù; (tax, law, text) 元通りにする motódōri ni surù

reiterate [ri:it'əreit] *vt* (repeat) 繰返す kuríkaesù

reject [*n* ri:'dʒekt *vb* ridʒekt'] *n* (COMM) 傷物 kizúmono

♦*vt* (plan, proposal etc) 退ける shirízokerù; (offer of help) 断る kotówarù; (belief, political system) 拒絶する kyozétsu suru; (candidate) 不採用にする fusáiyō ni surù; (coin) 受付けない ukétsukenài; (goods, fruit etc) 傷物として処分する kizúmono toshitè shóbùn suru

rejection [ridʒek'ʃən] *n* (of plan, proposal, offer of help etc) 拒否 kyóhì; (of belief etc) 拒絶 kyozétsu; (of candidate) 不採用 fusáiyō

rejoice [ridʒɔis'] *vi*: **to rejoice at/over** ...を喜ぶ ...wo yorókobù

rejuvenate [ridʒu:'vəneit] *vt* (person) 若返らせる wakágaeraserù

relapse [rilæps'] *n* (MED) 再発 saíhatsu

relate [rileit'] *vt* (tell) 話す hanásù; (connect) 結び付ける musúbitsukerù

♦*vi*: **to relate to** (person, subject, thing) ...に関係する ...ni kańkei ga arù

related [rilei'tid] *adj* (person) 血縁がある ketsúen ga arù, (animal, language) 近縁の kiń-en no

related to ...に関係がある ...ni kańkei ga arù

relating [rilei'tiŋ]: **relating to** *prep* ...に関する ...ni kań suru

relation [rilei'ʃən] *n* (member of family) 親せき shińseki; (connection) 関係 kańkei

relations [rilei'ʃənz] *npl* (dealings) 関係 kańkei; (relatives) 親せき shińseki

relationship [rilei'ʃənʃip] *n* (between two people, countries, things) 関係 kańkei; (*also*: **family relationship**) 親族関係 shińzokukańkei

relative [rel'ətiv] *n* (member of family) 親類 shińrui, 親せき shińseki

♦*adj* (comparative) 相対的な sótaiteki na; (connected): **relative to** ...に関する ...ni kań suru

relatively [rel'ətivli:] *adv* (comparatively) 比較的な hikákuteki

relax [rilæks'] *vi* (person: unwind) くつろぐ kutsúrogù; (muscle) 緩む yurúmù

♦*vt* (one's grip) 緩める yurúmerù; (mind, person) くつろがせる kutsúrogaserù; (rule, control etc) 緩める yurúmerù

relaxation [ri:læksei'ʃən] *n* (rest) 休みyasúmi; (of muscle, grip) 緩み yurúmi; (of rule, control etc) 緩和 kańwa; (recreation) 娯楽 goráku

relaxed [rilækst'] *adj* (person) 落着いたochítsuità; (discussion, atmosphere) くつろいだ kutsuroìda

relaxing [rilæks'iŋ] *adj* (holiday, afternoon) くつろいだ kutsúroìda

relay [ri:'lei] *n* (race) リレー rírè

♦*vt* (message, question) 伝える tsutáerù; (programme, signal) 中継する chúkei suru

release [rili:s'] *n* (from prison) 釈放 shakúhō; (from obligation) 免除 méňjo; (of gas, water etc) 放出 hōshutsu; (of film) 封切 fúkiri; (of book, record) 発売 hatsúbai

♦*vt* (prisoner: from prison) 釈放する shakúhō suru; (: from captivity) 解放する kaíhō suru; (gas etc) 放出する hōshutsu suru; (from wreckage etc) 救出する kyúshutsu suru; (TECH: catch, spring etc) 外す hazúsù; (book, record) 発売する hatsúbai suru; (film) 公開する kōkai suru; (report, news) 公表する kóhyō suru

relegate [rel'əgeit] *vt* (downgrade) 格下げする kakúsage suru; (*BRIT*: SPORT): **to be relegated** 格下げされる kakúsage sarerù

relent [rilent'] *vi* (give in) ...の態度が軟化

する ...no táīdo ga nańka suru

relentless [rilent'lis] *adj* (unceasing) 絶間ない taémanaì; (determined) 執念深い shúneñbukai

relevance [rel'əvəns] *n* (of remarks, information) 意義 ígì; (of question etc) 関連 kańren

relevant [rel'əvənt] *adj* (fact, information, question) 意義ある ígì árù
relevant to (situation, problem etc) ...に関連のある ...ni kańren no arù

reliability [rilaiəbil'əti:] *n* (of person, machine) 信頼性 shińraisei; (of information) 信ぴょう性 shińpyōsei

reliable [rilai'əbəl] *adj* (person, firm) 信頼できる shińrai dekirù; (method, machine) 信頼性のある shińraisei no arù; (news, information) 信用できる shińyō dekirù

reliably [rilai'əbli:] *adv*: *to be reliably informed that ...* 確かな情報筋による と... táshīka na jōhōsùji ni yorù tò ...

reliance [rilai'əns] *n*: *reliance (on)* (...への) 依存 (...ế nò) ízòn

relic [rel'ik] *n* (REL) 聖遺物 seíbùtsu; (of the past) 遺物 ibútsu

relief [rili:f'] *n* (from pain, anxiety etc) 緩和 kańwa; (help, supplies) 救援物資 kyúeñbusshì; (ART) 浮彫 ukíbori, レリーフ rerífù; (GEO) 際立つ事 kiwádatsu kotò

relieve [rili:v'] *vt* (pain, fear, worry) 緩和する kańwa suru; (patient) 安心させる ańshin saserù; (bring help to: victims, refugees etc) ...に救援物資を届ける ...ni kyúeñbusshì wo todókerù; (take over from: colleague, guard) ...と交替する ...to kótai suru
to relieve someone of something (load) ...の...を持って上げる ...no ...wo móttè agérù; (duties, post) ...を解任する ...wo kaínin suru
to relieve oneself 小便する shōben suru

religion [rilidʒ'ən] *n* 宗教 shúkyō

religious [rilidʒ'əs] *adj* (activities, faith) 宗教の shúkyō no; (person) 信心深い shíńjiñbukai

relinquish [riliŋ'kwiʃ] *vt* (authority) ...から手を引く ...kara tế wò hikú; (plan, habit) やめる yamérù

relish [rel'iʃ] *n* (CULIN) レリッシュ rerísshù; (enjoyment) 楽しみ tanóshimi
♦*vt* (enjoy: food, competition) 楽しむ tanóshimù
to relish the thought/idea/prospect of something/doing something ...を 〔...するのを〕心待ちに待つ ...wo 〔... surú nò wo〕kokóromachi nì mátsù

relocate [ri:lou'keit] *vt* 移動させる idố saserù
♦*vi* 移動する idố suru

reluctance [rilʌk'təns] *n* (unwillingness) 気が進まない事 kí gà susúmanai kotò

reluctant [rilʌk'tənt] *adj* (unwilling) 気が進まない kí gà susúmanaì

reluctantly [rilʌk'təntli:] *adv* (unwillingly) いやいやながら iyáiyanagàra

rely on [rilai'-] *vt fus* (be dependent on) ...に頼る ...ni tayórù; (trust) ...を信用する ...wo shińyō suru

remain [rimein'] *vi* (survive, be left) 残る nokórù; (continue to be) 相変らず...であ る aíkawarazù ...de árù; (stay) とどまる todómarù

remainder [rimein'də:r] *n* (rest) 残り nokóri

remaining [rimei'niŋ] *adj* 残りの nokóri no

remains [rimeinz'] *npl* (of meal) 食べ残 り tabénokori; (of building) 廃虚 haíkyo; (corpse) 遺体 itái

remand [rimænd'] *n*: *on remand* 拘置中 で kốchichū de
♦*vt*: *to be remanded in custody* 拘置 される kốchi sarerù

remand home (*BRIT*) *n* 少年院 shōnen-ìn

remark [rimɑ:rk'] *n* (comment) 発言 hatsúgen
♦*vt* (comment) 言う iú

remarkable [rimɑ:r'kəbəl] *adj* (outstanding) 著しい ichíjirushiî

remarry [ri:mær'i:] *vi* 再婚する saíkon suru

remedial [rimi:'di:əl] *adj* (tuition, classes) 補修の hoshū no; (exercise) 矯正の kyōsei no

remedy [rem'idi:] n (cure) 治療法 chiryō-hō

♦vt (correct) 直す naósù

remember [rimem'bəːr] vt (call back to mind) 思い出す omóidasù; (bear in mind) 忘れない様にする wasúrenai yō ni suru; (send greetings): *remember me to him* 彼によろしくお伝え下さい kárè ni yoróshikù o-tsútae kudasái

remembrance [rimem'brəns] n (memory: of dead person) 思い出 omóide; (souvenir: of place, event) 記念品 kinénhin

remind [rimaind'] vt: *to remind someone to do something* ...するのを忘れない様に...に注意する ...surú no wò wasúrenai yō ni ...ni chūì suru

to remind someone of something ...に...を思い出させる ...ni ...wo omóidasasèru

she reminds me of her mother 彼女を見ると彼女の母親を思い出す kánòjo wo mírù to kánòjo no haháoya wò omóidasù

reminder [rimaind'əːr] n (souvenir) 記念品 kinénhin; (letter) 覚書 obóegaki

reminisce [remənis'] vi (about the past) 追憶する tsufoku suru

reminiscent [remənis'ənt] adj: *to be reminiscent of something* ...を思い出させる ...wo omóidasaserù

remiss [rimis'] adj (careless) 不注意な fuchūì na

it was remiss of him 彼は不注意だった kárè wa fuchūì dáttà

remission [rimiʃ'ən] n (of debt) 免除 ménjo; (of prison sentence) 減刑 geńkei; (of illness) 緩解 kańkai; (REL: of sins) 許し yurúshi

remit [rimit'] vt (send: money) 送金する sōkin suru

remittance [rimit'əns] n (payment) 送金 sōkin

remnant [rem'nənt] n (small part remaining) 残り nokóri; (of cloth) 切れ端 kirēhashi

remnants [rem'nənts] npl (COMM) 端切れ hagíre

remorse [rimɔːrs'] n (guilt) 後悔 kōkai

remorseful [rimɔːrs'fəl] adj (guilty) 後悔している kōkai shite irù

remorseless [rimɔːrs'lis] adj (fig: noise, pain) 絶間ない taémanaì

remote [rimout'] adj (distant: place, time) 遠い tōì; (person) よそよそしい yosóyososhiì; (slight: possibility, chance) かすかな kásùka na

remote control n 遠隔操作 eńkakusōsa, リモートコントロール rimótokontorōru

remotely [rimout'li:] adv (distantly) 遠くに tōku ni; (slightly) かすかに kásùka ni

remould [ri:'mould] (BRIT) n (tire) 再生タイヤ saíseitaiya

removable [rimu:'vəbəl] adj (detachable) 取外しのできる toríhazushi nò dekírù

removal [rimu:'vəl] n (taking away) 取除く事 torínozoku kotò; (of stain) 消し取る事 keshítoru kotò; (BRIT: from house) 引っ越し hikkóshi; (from office: dismissal) 免職 meńshoku; (MED) 切除 sétsùjo

removal van (BRIT) n 引っ越しトラック hikkóshi torakkù

remove [rimu:v'] vt (gen) 取除く torínozokù; (clothing) 脱ぐ núgù; (bandage etc) 外す hazúsù; (stain) 消し取る keshítorù; (employee) 解雇する káìko suru; (MED: lung, kidney, appendix etc) 切除する sétsùjo suru

removers [rimu:'vəːrz] (BRIT) npl (company) 引っ越し屋 hikkóshiya

remuneration [rimju:nərei'ʃən] n (payment) 報酬 hōshū

Renaissance [ren'isɑːns] n: *the Renaissance* ルネッサンス runéssànsu

render [ren'dəːr] vt (give: thanks, service) する surú; (make) させる sasérù

rendering [ren'dəːriŋ] n (MUS: instrumental) 演奏 eńsō; (: song) 歌い方 utáikatà

rendez-vous [rɑːn'deivuː] n (meeting) 待ち合せ machíawase; (place) 待ち合せの

場所 machíawase nò báshò

renegade [ren'əgeid] n 裏切者 urágiri-mono

renew [rinu:'] vt (resume) 再び始める futátabi hajimerù; (loan, contract etc) 更新する kóshin suru; (negotiations) 再開する saíkai suru; (acquaintance, relationship) よみがえらせる yomígaeraserù

renewal [rinu:'əl] n (resumption) 再開 saíkai; (of license, contract etc) 更新 kóshin

renounce [rinauns'] vt (belief, course of action) 捨てる sutérù; (claim, right, peerage) 放棄する hóki suru

renovate [ren'əveit] vt (building, machine) 改造する kaízō suru

renovation [renəvei'ʃən] n 改造 kaízō

renown [rinaun'] n (fame) 名声 meísei

renowned [rinaund'] adj (famous) 有名な yūmei na

rent [rent] n (for house) 家賃 yáchìn

♦vt (take for rent: house) 賃借する chínshaku suru; (: television, car) レンタルで借りる réntaru de karírù; (also: **rent out**: house) 賃貸する chíntai suru; (: television, car) 貸出す kashídasù

rental [ren'təl] n (for television, car) レンタル réntaru

renunciation [rinʌnsi:ei'ʃən] n 放棄 hóki

reorganize [ri:ɔːr'gənaiz] vt 再編成する saíhensei suru

rep [rep] n abbr (COMM) = **representative**; (THEATER) = **repertory**

repair [ripe:r'] n (of clothes, shoes) 修繕 shúzen; (of car, road, building etc) 修理 shúri

♦vt (clothes, shoes) 修繕する shúzen suru; (car, engine, road, building) 修理する shúri suru

in good/bad repair 整備が行届いている（いない）seíbi gà ikítodoite irù (ináì)

repair kit n 修理キット shúrikittò

repatriate [ri:pei'tri:eit] vt (refugee, soldier) 送還する sókan suru

repay [ripei'] (pt, pp **repaid**) vt (money, debt, loan) 返済する heńsai suru; (person) ...に借金を返済する ...ni shakkín wo

heńsaì suru; (sb's efforts) ...に答える ...ni kotáerù; (favor) ...の恩返しをする ...no ońgaeshi wò suru

repayment [ripei'mənt] n (amount of money) 返済金 heńsaikìn; (of debt, loan etc) 返済 heńsai

repeal [ripi:l'] n (of law) 廃止する haíshi suru

♦vt (law) 廃止 haíshi

repeat [ripi:t'] n (RADIO, TV) 再放送 saíhōsō

♦vt (say/do again) 繰返す kuríkaesù; (RADIO, TV) 再放送する saíhōsō surù

♦vi 繰返す kuríkaesù

repeatedly [ripi:t'idli:] adv (again and again) 再三 saísan

repel [ripel'] vt (drive away: enemy, attack) 撃退する gekítai suru; (disgust: subj: appearance, smell) ...に不快な感じを与える ...ni fukái na kańji wò atáerù

repellent [ripel'ənt] adj いやな iyá nà

♦n: *insect repellent* 虫よけ mushíyoke

repent [ripent'] vi: *to repent (of)* (sin, mistake) (...を) 後悔する (...wo) kókai suru

repentance [ripen'təns] n 後悔 kókai

repercussions [ri:pə:rkʌʃ'ənz] npl 反響 hańkyō

repertoire [rep'ə:rtwɑ:r] n レパートリー repátòrī

repertory [rep'ə:rtɔ:ri:] n (also: **repertory theater**) レパートリー演劇 repátòriēńgeki

repetition [repitiʃ'ən] n (repeat) 繰返し kuríkaeshi

repetitive [ripet'ətiv] adj (movement, work) 単純反復の tańjunhańpuku no; (speech) くどい kudóì; (noise) 反復される hańpuku sererù

replace [ripleis'] vt (put back) 元に戻す mótò ni modósù; (take the place of) ...に代る ...ni kawárù

replacement [ripleis'mənt] n (substitution) 置き換え okíkae; (substitute) 代りの物 kawári no monò

replay [ri:plei'] n (of match) 再試合 saíshiai; (of tape, film) 再生 saísei

replenish [riplen'iʃ] vt (glass) ...にもう一

杯つぐ ...ni mő ippái tsugú; (stock etc) 補充する hojű suru

replete [ripli:t'] *adj* (well-fed) 満腹の mańpuku no

replica [rep'lǝkǝ] *n* (copy) 複製 fukúsei, レプリカ repúrika

reply [riplai'] *n* (answer) 答え kotáè
♦*vi* (to question, letter) 答える kotáerù

reply coupon *n* 返信券 henshìnken ◊ 切手と交換できる券 kittè tò kökan dekirù kén

report [ripɔ:rt'] *n* (account) 報告書 hőkokushò; (PRESS, TV etc) 報道 hődō; (*BRIT: also:* **school report**) レポート repőtò; (of gun) 銃声 jűsei
♦*vt* (give an account of: event, meeting) 報告する hőkoku suru; (PRESS, TV etc) 報道する hődō suru; (theft, accident, death) 届け出る todőkederù
♦*vi* (make a report) 報告する hőkoku suru; (present oneself): **to report (to someone)** (...に) 出頭する (...ni) shuttő suru, (be responsible to): **to report to someone** ...が直属の上司である ...ga chokúzoku nò jőshi de arù

report card (*US, SCOTTISH*) *n* 通知表 tsúchihyò

reportedly [ripɔ:r'tidli:] *adv* うわさによると uwása ni yoru tò

reporter [ripɔ:r'tǝr] *n* (PRESS, TV etc) 記者 kishá

repose [ripouz'] *n*: **in repose** (face, mouth) 平常で heijō de

reprehensible [reprihen'sǝbǝl] *adj* (behavior) 不届きな futódòki na

represent [reprizent'] *vt* (person, nation) 代表する daíhyō suru; (view, belief) ...の典型的な例である ...no teńkeiteki nà réi de árù; (symbolize: idea, emotion) ...のシンボルである ...no shíñboru de árù; (constitute) ...である ...de árù; (describe): **to represent something as** ...を...として描写する ...wo ...toshite byősha suru; (COMM) ...のセールスマンである ...no sérusumàn de árù

representation [reprizentei'ʃǝn] *n* (state of being represented) 代表を立てている事 daíhyō wò tátète irú kotð; (pic-

ture) 絵 é; (statue) 彫像 chőzō; (petition) 陳情 chińjō

representations [reprizentei'ʃǝnz] *npl* (protest) 抗議 kōgi

representative [reprizen'tǝtiv] *n* (of person, nation) 代表者 daíhyōsha; (of view, belief) 典型 teńkei; (COMM) セールスマン sérusumàn; (*US*: POL.) 下院議員 kaíngiìn
♦*adj* (group, survey, cross-section) 代表的な daíhyōteki na

repress [ripres'] *vt* (people, revolt) 抑圧する yokúatsu suru; (feeling, impulse) 抑制する yokúsei suru

repression [ripreʃ'ǝn] *n* (of people, country) 抑圧 yokúatsu; (of feelings) 抑制 yokúsei

repressive [ripres'iv] *adj* (society, measures) 抑圧的な yokúatsuteki na

reprieve [ripri:v'] *n* (LAW) 執行延期 shikkőeňki ◊ 特に死刑について言う tókù ni shikéi ni tsuìtè iú; (*fig*: delay) 延期 eńki

reprimand [rep'rǝmænd] *n* (official rebuke) 懲戒 chőkai
♦*vt* 懲戒する chőkai suru

reprint [*n* ri:'print *vb* ri:print'] *n* 復刻版 fukkőkuban
♦*vt* 復刻する fukkőku suru

reprisal [riprai'zǝl] *n* 報復 hőfuku

reprisals [riprai'zǝlz] *npl* (acts of revenge) 報復行為 hőfukukði

reproach [riproutʃ'] *n* (rebuke) 非難 hínàn
♦*vt*: **to reproach someone for something** ...の...を非難する ...no ...wo hínàn suru

reproachful [riproutʃ'fǝl] *adj* (look, remark) 非難めいた hínànmeìta

reproduce [ri:prǝdu:s'] *vt* (copy: document etc) 複製する fukúsei suru; (sound) 再生する saísei suru
♦*vi* (mankind, animal, plant) 繁殖する hańshoku suru

reproduction [ri:prǝdʌk'ʃǝn] *n* (copy: of document, report etc) 複写 fukúsha; (of sound) 再生 saísei; (of painting, furniture) 複製品 fukúseìhin; (of mankind, animal etc) 繁殖 hañshoku

reproductive [ri:prəd∧k'tiv] *adj* (system, process) 繁殖の hañshoku no

reproof [ripru:f'] *n* しっ責 shisséki

reprove [ripru:v'] *vt: to reprove someone for something* ...の事で...をしっ責する ...no kotó dè ...wo shisséki suru

reptile [rep'tail] *n* は虫類 hachū́rùi

republic [rip∧b'lik] *n* 共和国 kyówakòku

republican [rip∧b'likən] *adj* (system, government etc) 共和国の kyówakòku no; (*US*: POL): **Republican** 共和党の kyówatò no

repudiate [ripju:'di:eit] *vt* (accusation, violence) 否定する hitéi suru

repugnant [rip∧g'nənt] *adj* 不愉快な fuyúkài na

repulse [rip∧ls'] *vt* (enemy, attack) 撃退する gekítai suru

repulsive [rip∧l'siv] *adj* (sight, idea) 不愉快な fuyúkài na

reputable [rep'jətəbəl] *adj* 評判の良い hyóban no yoì

reputation [repjətei'∫ən] *n* 評判 hyóban

reputed [ripju:'tid] *adj* (supposed) ...とされる ...to sarérù

reputedly [ripju:'tidli:] *adv* (supposedly) 人の言うには hitó nò iú ni wà

request [rikwest'] *n* (polite demand) 願い negái; (formal demand) 要望 yóbō; (RADIO, TV) リクエスト rikúesùto

♦*vt: to request something of/from someone* (politely) ...に ...をお願いする ...ni ...wo o-négai suru; (formally) ...に ...を要望する ...ni ...wo yóbō suru; (RADIO, TV) リクエストする rikúesùto suru

request stop (*BRIT*) *n* 随時停留所 zuíjiteiryùjo ◇乗降客がいる時だけバスが留る停留所 jókōkyaku ga irú toki dakè básu ga tomárù teíryùjo

requiem [rek'wi:əm] *n* (REL) 死者のためのミサ曲 shíshà no tamé nò mísà; (MUS) 鎮魂曲 chiñkoñkyoku, レクイエム rekúîemu

require [rikwaiə:r'] *vt* (need) ...が必要である ...ga hitsúyō de arù; (order): *to

require someone to do something ...に ...する事を要求する ...ni ...surú kotò wo yókyū suru

requirement [rikwaiə:r'mənt] *n* (need) 必要条件 hitsúyōjòken; (want) 要求 yókyū

requisite [rek'wizit] *n* (requirement) 必要条件 hitsúyōjòken

♦*adj* (required) 必要な hitsúyō na

requisition [rekwizi'∫ən] *n: requisition (for)* (demand) (...の) 請求 (...no) seíkyū

♦*vt* (MIL) 徴発する chóhatsu suru

resale [ri:'seil] *n* 転売 teñbai

rescind [risind'] *vt* (law) 廃止する haíshi suru; (contract, order etc) 破棄する hákì suru

rescue [res'kju:] *n* (help) 救援 kyúen; (from drowning, accident) 人命救助 jiñmeikyùjo

♦*vt: to rescue (from)* (person, animal) (...から) 救う (...kara) sukúù; (company) 救済する kyúsai suru

rescue party *n* 救援隊 kyúentai, レスキュー隊 resúkyùtai

rescuer [res'kju:ə:r] *n* 救助者 kyújoshà

research [risə:rt∫'] *n* 研究 keñkyū

♦*vt* (story, subject) 研究する keñkyū suru; (person) ...について情報を集める ...ni tsuíte jóhò wò atsúmerù

researcher [risə:r't∫ə:r] *n* 研究者 keñkyùsha

resemblance [rizem'bləns] *n* (likeness) 似ている事 nité iru kotò

resemble [rizem'bəl] *vt* ...に似ている ...ni nité irù

resent [rizent'] *vt* ...に対して腹を立てる ...ni táìshite hará wò tatérù

resentful [rizent'fəl] *adj* 怒っている okótte irù

resentment [rizent'mənt] *n* 恨み urámi

reservation [rezə:rvei'∫ən] *n* (booking) 予約 yoyáku; (doubt) 疑い utágai; (for tribe) 居留地 kyoryúchì

reserve [rizə:rv'] *n* (store) 備蓄 bichíku, 蓄え takúwae; (SPORT) 補欠 hokétsu; (game reserve) 保護区 hogókù; (restraint) 遠慮 eñryo

♦*vt* (keep) 取って置く tóttè oku; (seats, table etc) 予約する yoyáku suru

in reserve 蓄えてあって takúwaete attè

reserved [rizə:rvd'] *adj* (restrained) 遠慮深い eńryobùkai

reserves [rizə:rvz'] *npl* (MIL) 予備軍 yobígùn

reservoir [rez'ɔːrvwɑːr] *n* (of water) 貯水池 chosúichi

reshuffle [ri:ʃʌf'əl] *n*: *Cabinet reshuffle* (POL) 内閣改造 naíkakukaizò

reside [rizaid'] *vi* (person: live) 住む súmù

residence [rez'idəns] *n* (formal: home) 住い sumáì; (length of stay) 滞在 taízai

residence permit (*BRIT*) *n* 在留許可 zaíryūkyokà

resident [rez'idənt] *n* (of country, town) 住民 júmin; (in hotel) 泊り客 tomárikyakù

♦*adj* (population) 現住の geńjū no; (doctor) レジデントの réjidento no

residential [reziden'tʃəl] *adj* (area) 住宅の jútaku no; (course) 住込みの sumíkomi no; (college) 全寮制の zeńryōsei no

residue [rez'idu:] *n* (remaining part) 残留物 zańryūbutsuì

resign [rizain'] *vt* (one's post) 辞任する jinín suru

♦*vi* (from post) 辞任する jinín suru

to resign oneself to (situation, fact) あきらめて...を認める akírametè ...wo mitómerù

resignation [rezignei'ʃən] *n* (post) 辞任 jinín; (state of mind) あきらめ akírame

resigned [rizaind'] *adj* (to situation etc) あきらめている akíramete irù

resilience [rizil'jəns] *n* (of material) 弾力 dańryoku; (of person) 回復力 kaífukuryòku

resilient [rizil'jənt] *adj* (material) 弾力のある dańryoku no arù; (person) 立直りの速い tachínaori nò hayáì

resin [rez'in] *n* 樹脂 júshi

resist [rizist'] *vt* 抵抗する teíkō suru

resistance [rizis'təns] *n* (*gen*) 抵抗 teíkō; (to illness, infection) 抵抗力 teíkōryoku

resolute [rez'əlu:t] *adj* (person) 意志の強い íshì no tsuyóì; (refusal) 断固とした dáñko to shitá

resolution [rezəlu:'ʃən] *n* (decision) 決心 kesshíñ; (determination) 決意 kétsùi; (of problem, difficulty) 解決 kaíketsu

resolve [rizɑ:lv'] *n* (determination) 決意 kétsùi

♦*vt* (problem, difficulty) 解決する kaíketsu suru

♦*vi*: *to resolve to do* ...しようと決心する ...shiyó tò kesshíñ suru

resolved [rizɑ:lvd'] *adj* (determined) 決心している kesshíñ shité irù

resonant [rez'ənənt] *adj* 朗朗たる rórò taru

resort [rizɔ:rt'] *n* (town) リゾート rizótò; (recourse) 利用 riyó

♦*vi*: *to resort to* ...を利用する ...wo riyó suru

in the last resort 結局 kekkyókù

resound [rizaund'] *vi*: *to resound (with)* (...の音が...中に) 鳴り響く (...no otó ga ...jû ni) naríhibikù

resounding [rizaun'diŋ] *adj* (noise) 響き渡る hibíkiwatarù; (*fig*: success) 完全な kañzen na

resource [ri:'sɔːrs] *n* (raw material) 資源 shígèn

resourceful [risɔːrs'fəl] *adj* (quick witted) やり手の yaríte no

resources [ri:'sɔːrsiz] *npl* (coal, iron, oil etc) 天然資源 teńnenshigèn; (money) 財産 zaísan

respect [rispekt'] *n* (consideration, esteem) 尊敬 soñkei

♦*vt* 尊敬する soñkei suru

with respect to ...に関して ...ni káñ shite

in this respect この点では konó ten de wà

respectability [rispektəbil'əti:] *n* 名声 meísei

respectable [rispek'təbəl] *adj* (morally correct) 道理にかなった dóri nì kanáttà; (large: amount) かなりの kánàri no; (passable) まあまあの mámà no

respectful [rispekt'fəl] *adj* (person, behavior) 礼儀正しい reígitadashiì

respective [rispek'tiv] *adj* (separate) そ
れぞれの soréズõre no

respectively [rispek'tivli:] *adv* それぞれ
soréズõre

respects [rispekts'] *npl* (greetings) あい
さつ áïsatsu

respiration [respərei'ʃən] *n see* **artifi-
cial respiration**

respite [res'pit] *n* (rest) 休息 kyũsoku

resplendent [risplen'dənt] *adj* 華やかな
hanáyàka na

respond [rispɑːnd'] *vi* (answer) 答える
kotáerù; (react: to pressure, criticism)
反応する hañnõ suru

response [rispɑːns'] *n* (answer) 答え ko-
táè; (reaction) 反応 hañnõ

responsibility [rispɑːnsəbil'əti:] *n* (lia-
bility) 責任 sekínin; (duty) 義務 gímù

responsible [rispɑːn'səbəl] *adj* (liable):
responsible (for) (...の) 責任がある
(...no) sekínin gà árù; (character, person)
責任感のある sekíniñkan no aru; (job) 責
任の重い sekínin nò omóī

responsive [rispɑːn'siv] *adj* (child, ges-
ture) 敏感な biñkan na; (to demand,
treatment) よく応じる yókù õjirù

rest [rest] *n* (relaxation) 休み yasúmi;
(pause) 休止 kyũshi; (remainder) 残り
nokõri; (object: to support something) 台
dâî; (MUS) 休止符 kyũshifù
♦*vi* (relax) 休む yasúmù; (stop) 休止する
kyũshi suru: **to rest on** (idea) ...に基づく
...ni motõzukù; (weight, object) ...に置か
れている ...ni okárete irù
♦*vt* (head, eyes, muscles) 休ませる yasú-
maserù; (lean): **to rest something on/
against** ...を...に置く〔寄り掛ける〕...wo
...ni okú 〔yoríkakerù〕
the rest of them (people) 残りの人たち
nokõri nò hitõtàchi; (objects) 残りの物
nokõri no monõ
it rests with him to ... ...するのは彼の
責任だ ...surú no wà kárè no sekínin dà

restaurant [res'tə:rənt] *n* レストラン rê-
sùtoran

restaurant car (*BRIT*) *n* 食堂車 sho-
kúdõsha

restful [rest'fəl] *adj* 心を落着かせる ko-

kõrõ wo ochítsukaserù

rest home *n* 養老院 yõrõīn

restitution [restitu:'ʃən] *n*: **to make
restitution to someone for something**
(compensate) ...に対して ...の弁償をする
...ni táîshite ...no beñshõ wo surù

restive [res'tiv] *adj* (person, crew) 反抗
的な hañkõteki na; (horse) 言う事を聞か
ない iú kotõ wo kikánaî

restless [rest'lis] *adj* (person, audience)
落着かない ochítsukanaî

restoration [restərei'ʃən] *n* (of building
etc) 修復 shũfuku; (: of law and order,
faith, health) 回復 kaífuku; (of some-
thing stolen) 返還 heñkan; (to power,
former state) 復旧 fukkyũ

restore [ristɔ:r'] *vt* (building) 修復する
shũfuku suru; (law and order, faith,
health) 回復する kaífuku suru; (some-
thing stolen) 返す káèsu; (to power, for-
mer state) 元に戻す mótõ ni modõsù

restrain [ristrein'] *vt* (feeling, growth,
inflation) 抑制する yokúsei suru; (per-
son): **to restrain (from doing)** (...し
ない様に) 抑える (...shinái yõ ni) osáerù

restrained [ristreind'] *adj* (style, person)
控え目な hikáeme na

restraint [ristreint'] *n* (restriction) 抑制
yokúsei; (moderation) 程々hodõhodo;
(of style) 控え目な調子 hikáeme nà chõ-
shi

restrict [ristrikt'] *vt* (limit: growth,
numbers etc) 制限する seígen suru;
(: vision) 邪魔する jámà suru; (confine:
people, animals) ...の動きを制限する
...no ugõki wõ seígen suru; (: activities,
membership) 制限する seígen suru

restriction [ristrik'ʃən] *n* (gen) 制限 seí-
gen; (of vision) 妨げ samátagè; (limita-
tion): **restriction (on)** (...の) 制限
(...no) seígen

restrictive [ristrik'tiv] *adj* (environ-
ment) 束縛的な sokúbakuteki na; (cloth-
ing) きつい kitsuí

restrictive practices *npl* (INDUS-
TRY) 制限的慣行 seígentekikañkõ

rest room (*US*) *n* お手洗 o-téarài

restructure [ri:strʌk'tʃə:r] *vt* (business,

economy) 再編成する saíheñsei suru

result [rizʌlt'] *n* (of event, action) 結果 kekká; (of match) スコア sukóá; (of exam, competition) 成績 seíseki

♦*vi*: **to result in** ...に終る ...ni owáru

as a result of ...の結果 ...no kekká

resume [ri:zu:m'] *vt* (work, journey) 続ける tsuzúkeru

♦*vi* (start again) また始まる matá hàjimaru

résumé [rez'u:mei] *n* (summary) 要約 yóyaku; (*US*: curriculum vitae) 履歴書 rirékishò

resumption [rizʌmp'ʃən] *n* (of work, activity) 再開 saíkai

resurgence [risə:r'dʒəns] *n* 復活 fukkátsu

resurrection [rezərek'ʃən] *n* (of hopes, fears) よみがえらせる事 yomígaeraseru kotó; (REL): **the Resurrection** キリストの復活 kirísuto no fukkátsu

resuscitate [risʌs'əteit] *vt* (MED) そ生させる soséi saseru

resuscitation [risʌsətei'ʃən] *n* そ生 soséi

retail [ri:'teil] *adj* (trade, department, shop, goods) 小売の koúri no

♦*adv* 小売で koúri de

retailer [ri:'teilə:r] *n* (trader) 小売業者 koúrigyòsha

retail price *n* 小売価格 koúrikakàku

retain [ritein'] *vt* (keep) 保つ tamótsu

retainer [ritei'nə:r] *n* (fee) 依頼料 iráiryò

retaliate [ritæl'i:eit] *vi*: **to retaliate (against)** (attack, ill-treatment) (...に対して) 報復する (...ni taíshite) hófuku suru

retaliation [ritæli:ei'ʃən] *n* 報復 hófuku

retarded [rita:r'did] *adj* (child) 知恵遅れの chíeokùre no; (development, growth) 遅れた okúreta

retch [retʃ] *vi* むかつく mukátsuku

retentive [riten'tiv] *adj* (memory) 優れた sugúreta

reticent [ret'isənt] *adj* 無口な múkùchi na

retina [ret'ənə] *n* (ANAT) 網膜 mómaku

retire [ritaiə:r'] *vi* (give up work: *gen*) 引

退する iñtai suru; (: at a certain age) 定年退職する teíneñtaìshoku suru; (withdraw) 引下がる hikísagarù; (go to bed) 寝る néru

retired [ritaiə:rd'] *adj* (person: *gen*) 引退した iñtai shita; (: at a certain age) 定年退職した teíneñtaìshoku shita

retirement [ritaiə:r'mənt] *n* (giving up work: *gen*) 隠退 iñtai; (: at a certain age) 定年退職 teíneñtaìshoku

retiring [ritaiə:r'iŋ] *adj* (leaving) 退職する taíshoku suru; (shy) 内気な uchíki na

retort [rito:rt'] *vi* しっぺ返しをする shippégaèshi wo suru

retrace [ri:treis'] *vt*: **to retrace one's steps** 来た道を戻る kitá michì wo modórù

retract [ritrækt'] *vt* (statement, offer) 撤回する tekkái suru; (claws, aerial etc) 引っ込める hikkómerù

retrain [ri:trein'] *vt* 再訓練する saíkuñren suru

retraining [ri:trei'niŋ] *n* 再訓練 saíkuñren

retread [ri:'tred] *n* (tire) 再生タイヤ saíseitaìya

retreat [ritri:t'] *n* (place) 隠れ家 kakúregà; (withdrawal) 避難 hínàn; (MIL) 退却 taíkyaku

♦*vi* (from danger, enemy) 避難する hínàn suru; (MIL) 退却する taíkyaku suru

retribution [retrəbju:'ʃən] *n* 天罰 teñbatsu

retrieval [ritri:'vəl] *n* (of object) 回収 kaíshū; (of situation) 繕う事 tsukúrou kotó; (of honor) ばん回 bañkai; (of error) 償い tsugúnaì; (loss) 取返し toríkaeshi

retrieve [ritri:v'] *vt* (object) 回収する kaíshū suru; (situation) 繕う tsukúrou; (honor) ばん回する bañkai suru; (error) 償う tsugúnaù; (loss) 取返す toríkaesù

retriever [ritri:'və:r] *n* (dog) リトリーバ犬 ritórībakèn

retrograde [ret'rəgreid] *adj* 後戻りの atómodòri no

retrospect [ret'rəspekt] *n*: **in retrospect** 振返ってみると furíkaette miru tò

retrospective [retrəspek'tiv] *adj* (exhibition) 回顧的な kaíkoteki na; (feeling, opinion) 過去にさかのぼる kákò ni sakánoborù; (law, tax) そ及する sokyǔ suru

return [ritə:rn'] n (going or coming back) 帰り kaéri; (of something stolen, borrowed etc) 返還 heńkan; (FINANCE: from land, shares, investment) 利回り rimáwari

♦cpd (journey) 帰りの kaéri no; (BRIT: ticket) 往復の ốfuku no; (match) 雪辱の setsújoku no

♦vi (person etc: come or go back) 帰る kaérù; (feelings, symptoms etc) 戻る modórù; (regain): **to return to** (consciousness) ...を回復する ...wo kaífuku suru; (power) ...に返り咲く ...ni kaérizakù

♦vt (favor, love etc) 返す kaésù; (something borrowed, stolen etc) 返却する heńkyaku suru; (LAW: verdict) ...と答申する ...to tốshin suru; (POL: candidate) 選出する seńshutsu suru; (ball) 返す kaésù
in return (for) (...の) お返しに (...no) o-kâeshi ni
by return of post 折返し郵便で oríkaeshiyùbin de
many happy returns (of the day)! お誕生日おめでとう o-tâñjòbi omédetồ

returns [ritə:rnz'] npl (COMM) 利益 ríèki

reunion [ri:ju:n'jən] n (of family) 集い tsudói; (of school, class etc) 同窓会 dốsồkai; (of two people) 再会 saíkai

reunite [ri:ju:nait'] vt (bring or come together again) 元のさやに収めさせる mótồ no sáyà ni osámesaserù; (reconcile) 和解させる wakái saserù

rev [rev] n abbr (AUT: = revolution) 回転 kaíten
♦vt (also: rev up): engine) ふかす fukásù

revamp [ri:væmp'] vt (organization, company, system) 改革する kaíkaku suru

reveal [rivi:l'] vt (make known) 明らかにする akíràka ni suru; (make visible) 現す aráwasù

revealing [rivi:'liŋ] adj (action, statement) 手の内を見せる té nò uchí wò misérù; (dress) 肌をあらわにする hádà

wo arawa ni suru

reveille [rev'əli:] n (MIL) 起床らっぱ kishố rappà

revel [rev'əl] vi: **to revel in something/ in doing something** (enjoy) ...を〔...する のを〕楽しむ ...wo 〔...surú no wò〕tanóshimù

revelation [revəlei'ʃən] n (fact, experience) 意外な新知識 igái nà shińchishìki

revelry [rev'əlri:] n どんちゃん騒ぎ doñchan sawàgi

revenge [rivendʒ'] n (for injury, insult) 復しゅう fukúshū
to take revenge on (enemy) ...に復しゅうする ...ni fukúshū suru

revenue [rev'ənu:] n (income: of individual, company, government) 収入 shūnyū

reverberate [rivə:r'bəreit] vi (sound, thunder etc: also fig) 響く hibíkù

reverberation [rivə:rbərei'ʃən] n (of sound, etc: also fig) 響き hibíki

revere [rivi:r'] vt 敬愛する keíai suru

reverence [rev'ərəns] n 敬愛 keíai

Reverend [rev'ərənd] adj (in titles) ...師 ...shī ◇聖職者の名前に付ける敬称 seíshokushà no namáè ni tsukérù keíshồ

reversal [rivə:r'səl] n (of order) 反転 hańten; (of direction) 逆戻り gyakúmodòri; (of decision, policy) 逆転 gyakúten; (of roles) 入れ代わり irékawari

reverse [rivə:rs'] n (opposite) 反対 hańtai; (back) 裏 urá; (AUT: also: **reverse gear**) バック bákkù; (setback, defeat) 失敗 shippái
♦adj (opposite: order, direction, process) 反対の hańtai no, 逆の gyakú no; (: side) 裏の urá no
♦vt (order, position, direction) 逆にする gyakú ni surù; (process, policy, decision) 引っ繰り返す hikkúrikaèsu; (roles) 入れ替える irékaerù; (car) バックさせる bákkù saserù
♦vi (BRIT: AUT) バックする bákkù suru

reverse-charge call [rivə:rs'tʃɑ:rdʒ-] (BRIT) n 受信人払い電話 jushíñninbarai deñwa

reversing lights [rivə:r'siŋ-] (BRIT)

npl (AUT) バックライト bakkúraìto

revert [rivəːrt'] *vi: to revert to* (former state) ...に戻る ...ni modórù; (LAW: money, property) ...に帰属する ...ni kizóku surù

review [rivjuː'] *n* (magazine) 評論雑誌 hyŏronzasshì; (MIL) 閲兵 eppéi; (of book, film etc) 批評 hihyŏ; (examination: of situation, policy etc) 再検討 saíkeñtò
♦*vt* (MIL) 閲兵する eppéi suru; (book, film etc) ...の批評を書く ...no hihyŏ wð kákù; (situation, policy etc) 再検討する saíkeñtò suru

reviewer [rivjuː'əːr] *n* (of book, film etc) 批評者 hihyŏshà

revile [rivail'] *vt* (insult) 侮辱する bujóku suru

revise [rivaiz'] *vt* (manuscript) 修正する shŭsei suru; (opinion, price, procedure) 変える kaérù
♦*vi* (BRIT: study) 試験勉強する shikéñbeñkyō suru

revision [riviʒ'ən] *n* (amendment) 修正 shŭsei; (for exam) 試験勉強 shikéñbeñkyō

revitalize [riːval'təlaiz] *vt* ...に新しい活力を与える ...ni atárashiì katsúryòku wo atáerù

revival [rivai'vəl] *n* (recovery) 回復 kaífuku; (of interest, faith) 復活 fukkátsu; (THEATER) リバイバル ribáìbaru

revive [rivaiv'] *vt* (person) ...の意識を回復させる ...no íshìki wo kaífuku saserù; (economy, industry) 復興させる fukkŏ saserù; (custom, hope, courage) 復活させる fukkátsu saserù; (play) 再上演する saíjōen suru
♦*vi* (person: from faint) 意識を取戻す íshìki wo torímodosù; (: from ill-health) 元気になる géñki ni nárù; (activity, economy etc) 回復する kaífuku suru; (faith, interest etc) 復活する fukkátsu suru

revoke [rivouk'] *vt* 取消す toríkesù

revolt [rivoult'] *n* (rebellion) 反逆 hañgyaku
♦*vi* (rebel) 反逆する hañgyaku suru

♦*vt* (disgust) むかつかせる mukátsukaserù

revolting [rivoul'tiŋ] *adj* (disgusting) むかつかせる mukátsukaserù

revolution [revəluː'ʃən] *n* (POL) 革命 kakúmei; (rotation: of wheel, earth etc: *also* AUT) 回転 kaíten

revolutionary [revəluː'ʃəneːriː] *adj* (method, idea) 革命的な kakúmeiteki na; (leader, army) 革命の kakúmei no
♦*n* (POL: person) 革命家 kakúmeika

revolutionize [revəluː'ʃənaiz] *vt* (industry, society etc) ...に大変革をもたらす ...ni daíhenkaku wo motárasù

revolve [rivɑːlv'] *vi* (turn: earth, wheel etc) 回転する kaíten suru; (life, discussion): *to revolve (a)round* ...を中心に展開する ...wo chŭshin ni teñkai suru

revolver [rivɑːl'vəːr] *n* けん銃 keñjū, リボルバー ribórùbā ◊回転式の物を指す kaíteñshiki no monó wo sásù

revolving [rivɑːl'viŋ] *adj* (chair etc) 回転式の kaíteñshiki no

revolving door *n* 回転ドア kaíten doà

revue [rivjuː'] *n* (THEATER) レビュー rébyù

revulsion [rivʌl'ʃən] *n* (disgust) 嫌悪 kéñ-o

reward [riwɔːrd'] *n* (for service, merit, work) 褒美 hŏbi; (money for capture of criminal, information etc) 賞金 shókin
♦*vt: to reward (for)* (effort) (...のために) 褒美を与える (... no tamé nì) hŏbi wð atáerù

rewarding [riwɔːrd'iŋ] *adj* (*fig:* worthwhile) やりがいのある yarígai no arù

rewind [riːwaind'] (*pt, pp* **rewound**) *vt* (tape, cassette) 巻戻す makímodosù

rewire [riːwaiəːr'] *vt* (house) ...の電気配線をし直す ...no deñki haìsen wo shináosù

rewrite [riːrait'] (*pt* **rewrote**, *pp* **rewritten**) *vt* 書き直す kakínaosu

rhapsody [ræp'sədiː] *n* (MUS) 狂詩曲 kyŏshikyòku, ラプソディー rápùsodī

rhetorical [ritɔːr'ikəl] *adj* (question, speech) 修辞的な shŭjiteki na

rheumatic [ruːmæt'ik] *adj* リューマチの ryŭmachi no

rheumatism [ruːˈmətizəm] *n* リューマチ ryúmachi

Rhine [rain] *n: the Rhine* ライン川 raíngawa

rhinoceros [rainɑːsˈɔːrəs] *n* サイ sáî

rhododendron [roudədenˈdrən] *n* シャクナゲ shakúnage

Rhone [roun] *n: the Rhone* ローヌ川 rōnùgawa

rhubarb [ruːˈbɑːrb] *n* ルバーブ rubábù

rhyme [raim] *n* (of two words) 韻 iń; (verse) 詩 shi; (technique) 韻を踏む事 iń wò fumú kotò

rhythm [riðˈəm] *n* リズム rízùmu

rhythmic(al) [riðˈmik(əl)] *adj* リズミカルな rizúmikàru na

rib [rib] *n* (ANAT) ろっ骨 rokkótsu
♦*vt* (tease) からかう karákaù

ribbon [ribˈən] *n* リボン ríbòn
in ribbons (torn) ずたずたになって zutázuta ni nattè

rice [rais] *n* (grain) 米 komé; (cooked) 御飯 góhan

rice pudding *n* ライスプディング raísu pudìŋgu ◊御飯にミルク, 卵, 砂糖などを加えたデザート góhan ni mírùku, tamágo, satő nadò wo kuwáetà dezátò

rich [ritʃ] *adj* (person, country) 金持の kanémochi no; (clothes, jewels) 高価な kőka na; (soil) 肥えた koétà, 肥よくな hiyőku na; (food, diet) 濃厚な nőkō na; (color, voice, life) 豊かな yútàka na; (abundant): *rich in* (minerals, resources etc) ...に富んだ ...ni tóñda
♦*npl: the rich* 金持 kanémochi ◊総称 sőshō

riches [ritʃˈiz] *npl* (wealth) 富 tőmì

richly [ritʃˈliː] *adv* (dressed, decorated) 豪華に gőka ni; (rewarded, deserved, earned) 十分に júbuñ ni

rickets [rikˈits] *n* くる病 kurúbyō

rickety [rikˈəti:] *adj* (shaky) がたがたの gatágata no

rickshaw [rikˈʃɔ:] *n* 人力車 jińrikishà

ricochet [rikəʃei] *vi* (bullet, stone) 跳ね飛ぶ hanétobù

rid [rid] *(pt, pp rid) vt: to rid someone of something* ...の...を取除く ...no ...wo torínozokù

to get rid of (something no longer required) 捨てる sutérù; (something unpleasant or annoying) ...を取除く ...wo torínozokù

ridden [ridˈən] *pp of* ride

riddle [ridˈəl] *n* (conundrum) なぞなぞ nazónazo; (mystery) なぞ nazó
♦*vt: to be riddled with* ...だらけである ...dáràke de árù

ride [raid] *n* (in car, on bicycle, horse) 乗る事 norú kotò; (distance covered) 道のり michínori
♦*vb (pt rode, pp ridden)*
♦*vi* (as sport) 乗馬をする jőba wo suru; (go somewhere: on horse, bicycle, bus) 乗って行く notté ikù
♦*vt* (a horse, bicycle, motorcycle) ...に乗る ...ni nórù; (distance) 行く ikú
to take someone for a ride (fig: deceive) ぺてんに掛ける petén nì kakérù
to ride a bicycle 自転車に乗る jitéñsha ni noru
to ride at anchor (NAUT) 停泊する teíhaku suru

rider [raiˈdəːr] *n* (on horse) 乗り手 noríte; (on bicycle, motorcycle) 乗る人 norú hitò, ライダー ráìdā

ridge [ridʒ] *n* (of hill) 尾根 őnè; (of roof) 天辺 teppéñ; (wrinkle) うね uné

ridicule [ridˈəkjuːl] *n* あざけり azákerì
♦*vt* あざける azákerù

ridiculous [ridikˈjələs] *adj* (foolish) ばかげた bakágetà

riding [raiˈdiŋ] *n* (sport, activity) 乗馬 jőba

riding school *n* 乗馬学校 jőbagakkő

rife [raif] *adj: to be rife* (bribery, corruption, superstition) はびこる habíkorù
to be rife with (rumors, fears) ...がはびこっている ...ga habíkotte irù

riffraff [rifˈræf] *n* (rabble) ろくでなしの連中 rokúdenashi nò reñchū

rifle [raiˈfəl] *n* (gun) ライフル ráìfuru
♦*vt* (steal from: wallet, pocket etc) ...の中身を盗む ...no nakámi wò nusúmù

rifle range *n* (for sport) 射撃場 shagékijō; (at fair) 射的 shatéki

rifle through vt fus (papers) ...をかき
回して捜す ...wo kakímawashite sagásù

rift [rift] n (split: in ground) 亀裂 kirétsu;
(: in clouds) 切れ間 kiréma; (fig: dis-
agreement) 仲たがい nakátagaì

rig [rig] n (also: **oil rig**) 油井掘削装置 yu-
séi kussaku sōchi

♦vt (election, game etc) 不正操作する fu-
séisōsa suru

rigging [rig'iŋ] n (NAUT) 索具 sakúgù

right [rait] adj (correct: answer, solu-
tion, size etc) 正しい tadáshiì; (suitable:
person, clothes, time) 適当な tekitō na;
(: decision etc) 適切な tekísetsu na; (mor-
ally good) 正当な seítō na; (fair, just) 公
正な kōsei na; (not left) 右の migí no

♦n (what is morally right) 正義 seígi;
(entitlement) 権利 kenri; (not left) 右 mi-
gí

♦adv (correctly: answer etc) 正しく ta-
dáshìku; (properly, fairly: treat etc) 公正
に kōsei ni; (not on the left) 右に migí ni;
(directly, exactly): **right now** 今すぐ í-
mà súgù

♦vt (put right way up: ship, car etc) 起す
okósù; (correct: fault, situation, wrong)
正す tadásù

♦excl では dé wà

to be right (person) ...の言う事が合って
いる ...no iń kotó ga atté irù; (answer) 正
解である seíkai de arù; (clock, reading
etc) 合っている atté irù

by rights 当然 tōzen

on the right 右に migí ni

to be in the right ...の方が正しい ...no
hō gà tadáshiì

right away すぐに súgù ni

right in the middle 丁度真ん中に chō-
do mañnaka ni

right angle n (MATH) 直角 chokkáku

righteous [rait'tʃəs] adj (person) 有徳な
yútoku na; (anger) 当然な tōzen na

rightful [rait'fəl] adj (heir, owner) 合法
の gōhō no; (place, share) 正当な seítō na

right-handed [rait'hændid] adj (person)
右利きの migíkiki no

right-hand man [rait'hænd'-] n 右腕
migíude

right-hand side n 右側 migígawa

rightly [rait'li:] adv (with reason) 当然
tōzen

right of way n (on path etc) 通行権 tsú-
kōken; (AUT) 先行権 seńkōken

right-wing [rait'wiŋ] adj (POL) 右翼の
úyòku no

rigid [ridʒ'id] adj (structure, back etc) 曲
らない magáranaì; (attitude, views etc)
厳格な geñkaku na; (principle, control
etc) 厳しい kibíshiì

rigmarole [rig'mɔroul] n (procedure) 手
続 tetsúzùki

rigor [rig'əːr] (BRIT **rigour**) n (strict-
ness) 厳格さ geñkakusa; (severity):
rigors of life/winter 生活〔冬〕の厳し
さ seíkatsu〔fuyú〕nò kibíshisa

rigorous [rig'əːrəs] adj (control, test) 厳
密な geñmitsu na; (training) 厳しい kibí-
shiì

rig out (BRIT) vt: **to rig out as** ...の仮
装をする ...no kasō wò suru

to rig out in ...を着る ...wo kírù

rig up vt 作り上げる tsukúrìagerù

rile [rail] vt (annoy) ...を怒らせる ...wo o-
kóraserù

rim [rim] n (of glass, dish) 縁 fuchí; (of
spectacles) フレーム furémù; (of wheel)
リム rímù

rind [raind] n (of bacon, fruit, cheese) 皮
kawá

ring [riŋ] n (of metal, light, smoke) 輪
wá; (for finger) 指輪 yubíwà; (of spies,
drug-dealers etc) 組織 sóshìki; (for box-
ing, of circus) リング ríñgu; (bullring) 闘
牛場 tōgyūjō; (sound of bell) ベルの音 bé-
rù no otó

♦vb (pt rang, pp rung)

♦vi (person: by telephone) 電話を掛ける
deñwa wo kakérù; (telephone, bell, door-
bell) 鳴る narú; (also: **ring out**: voice,
words) 鳴り響く naríhibikù

♦vt (BRIT: TEL) ...に電話を掛ける ...ni
deñwa wò kakérù; (bell etc) 鳴らす nará-
sù

a ring of people 車座になった人々 ku-
rúmaza ni nattá hitóbìto

a ring of stones 環状に並んだ石 kañjō

ni naraǹda ishí
to give someone a ring (*BRIT*: TEL)
...に電話を掛ける ...ni deǹwa wò kakérù
my ears are ringing 耳鳴りがする mimínari ga surù

ring back (*BRIT*) *vt* (TEL) ...に電話を掛け直す ...ni deǹwa wò kakénaosù
◆*vi* (TEL) 電話を掛け直す deǹwa wò kakénaosù

ringing [riŋ'iŋ] *n* (of telephone, bell) 鳴る音 narú otò; (in ears) 耳鳴り mimínari

ringing tone *n* (TEL) ダイヤルトーン daíyarutòn

ringleader [riŋ'li:də:r] *n* (of gang) 主犯 shuhán

ringlets [riŋ'lits] *npl* (of hair) 巻き毛 makíge

ring off (*BRIT*) *vi* (TEL) 電話を切る deǹwa wò kírù

ring road (*BRIT*) *n* 環状線 kaǹjōsen

ring up (*BRIT*) *vt* (TEL) ...に電話を掛ける ...ni deǹwa wò kakérù

rink [riŋk] *n* (*also*: **ice rink**) スケートリンク sukétoriǹku

rinse [rins] *n* (of dishes, hands) すすぎ susúgi; (of hair) リンスする事 ríñsu suru kotò; (dye: for hair) リンス ríñsu
◆*vt* (dishes, hands etc) すすぐ susúgù; (hair etc) リンスする ríñsu suru; (*also*: **rinse out**: clothes) すすぐ susúgù; (: mouth) ゆすぐ yusúgù

riot [rai'ət] *n* (disturbance) 騒動 sódō
◆*vi* (crowd, protestors etc) 暴動を起す bódō wò okósù
a riot of colors 色取り取り irótoridòri
to run riot (children, football fans etc) 大騒ぎをする ōsawàgi wo suru

riotous [rai'ətəs] *adj* (mob, assembly etc) 暴動的な bódōteki na; (behavior, living) 遊とうざんまい yūtōzaǹmai; (party) どんちゃん騒ぎの doǹchan sawàgi no

rip [rip] *n* (tear) 破れ目 yabúremè
◆*vt* (paper, cloth) 破る yabúrù
◆*vi* (paper, cloth) 破れる yabúrerù

ripcord [rip'kɔ:rd] *n* (on parachute) 引き網 hikízùna

ripe [raip] *adj* (fruit, grain, cheese) 熟した jukú shitá

ripen [rai'pən] *vt* (subj: sun) 熟させる jukú saserù
◆*vi* (fruit, crop) 熟する jukú suru

ripple [rip'əl] *n* (wave) さざ波 sazánami; (of laughter, applause) ざわめき zawámeki
◆*vi* (water) さざ波が立つ sazánami gà tátsù

rise [raiz] *n* (slope) 上り坂 nobórizaka; (hill) 丘 oká; (increase: in wages: *BRIT*) 賃上げ chiñ-age; (: in prices, temperature) 上昇 jōshō; (*fig*: to power etc) 出世 shussé
◆*vi* (*pt* **rose**, *pp* **risen**) (prices, numbers) 上がる agárù; (waters) 水かさが増す mizúkasa gà masú; (sun, moon) 昇る nobórù; (person: from bed etc) 起きる okírù; (sound, voice) 大きくなる ōkiku nárù; (*also*: **rise up**: tower, building) そびえる sobíerù; (: rebel) 立ち上がる tachíagarù; (in rank) 昇進する shōshin suru
to give rise to ...を起す ...wo okósù
to rise to the occasion 腕前を見せる udémaè wo misérù

risen [riz'ən] *pp of* **rise**

rising [rai'ziŋ] *adj* (increasing: number, prices) 上がる agárù; (tide) 満ちる michírù; (sun, moon) 昇る nobórù

risk [risk] *n* (danger) 危険 kikén; (INSURANCE) リスク rísùku
◆*vt* (endanger) 危険にさらす kikén nì sarásù; (chance) ...の危険を冒す ...no kinén wò okásù
to take/run the risk of doing ...する危険を冒す ...súrù kikén wò okásù
at risk 危険にさらされて kikén nì sarasárete
at one's own risk 自分の責任で jibún nò sekínin de

risky [ris'ki:] *adj* (dangerous) 危険な kikén na

risqué [riskei'] *adj* (joke) わいせつがかった waísetsugakattà

rissole [ris'ɑ:l] *n* (of meat, fish etc) メンチカツ meñchikatsù

rite [rait] *n* 儀式 gíshìki
last rites (REL) 終油の秘蹟 shúyu nò hiséki

ritual [ritʃ'uːəl] *adj* (law, dance) 儀式的な gishíkiteki na
♦*n* 儀式 gíshìki

rival [rai'vəl] *n* ライバル ráìbaru
♦*adj* ライバルの ráìbaru no
♦*vt* (match) ...に匹敵する ...ni hittéki su-ru

rivalry [rai'vəlriː] *n* (competition) 競争 kyōsō

river [riv'əːr] *n* 川 kawá
♦*cpd* (port, traffic) 川の kawá no
up/down river 川上（下）へ kawákami (shimo) e

riverbank [riv'əːrbæŋk] *n* 川岸 kawágishi

riverbed [riv'əːrbed] *n* 河原 kawára

rivet [riv'it] *n* (bolt) リベット ribéttò
♦*vt* (fig): *to rivet one's eyes/attention on* ...に注目する ...ni chúmoku suru

Riviera [riviːeːr'ə] *n*: *the (French) Riviera* リビエラ ribíèra
the Italian Riviera イタリアのリビエフ itária nò ribíèra

road [roud] *n* (gen) 道 michí, 道路 dōro
♦*cpd* (accident, sense) 交通の kōtsu no
major/minor road 優先（非優先）道路 yūsen(hiyūsen)dōro

roadblock [roud'blɑːk] *n* 検問所 keñmonjo

roadhog [roud'hɔːg] *n* マナーの悪いドライバー mánà no warúì doráìbā

road map *n* 道路地図 dōrochizū

road safety *n* 交通安全 kōtsuáñzen

roadside [roud'said] *n* 道路脇 dōrowaki

roadsign [roud'sain] *n* 道路標識 dōrohyōshiki

road user *n* ドライバー doráìbā

roadway [roud'wei] *n* 車道 shadō

roadworks [roud'wəːrks] *npl* 道路工事 dōrokōji

roadworthy [roud'wəːrðiː] *adj* (car) 整備状態のいい seíbijōtai no íì

roam [roum] *vi* (wander) さまよう samáyoù

roar [rɔːr] *n* (of animal) ほえ声 hoégoè; (of crowd) どよめき doyómeki; (of vehicle, storm) とどろき todóroki
♦*vi* (animal) ほえる hoérù; (person) どな

る donárù; (crowd) どよめく doyómekù; (engine, wind etc) とどろく todórokù
a roar of laughter 大笑い ōwárài
to roar with laughter 大笑いする ōwárài suru
to do a roaring trade ...の商売が繁盛する ...no shōbai gà hañjō suru

roast [roust] *n* (of meat) ロースト rōsuto
♦*vt* (meat, potatoes) オーブンで焼く ōbun de yakú; (coffee) いる írù

roast beef *n* ローストビーフ rōsutobīfu

rob [rɑːb] *vt* (person, house, bank) ...から盗む ...kara nusúmù
to rob someone of something ...から...を盗む ...kará ...wo nusúmù; (fig: deprive) 奪う ubáù

robber [rɑːb'əːr] *n* 泥棒 doróbō

robbery [rɑːb'əːriː] *n* (theft) 盗み nusúmi

robe [roub] *n* (for ceremony etc) ローブ rōbu; (also: bath robe) バスローブ basúrobu; (US) ひざ掛け hizákake

robin [rɑːb'in] *n* コマドリ komádòri

robot [rou'bət] *n* ロボット robóttò

robust [roubʌst'] *adj* (person) たくましい takúmachiì; (economy) 健全な keñzen na; (appetite) おう盛な ōsei na

rock [rɑːk] *n* (substance) 岩石 gañseki; (boulder) 岩 iwá; (US: small stone, pebble) 小石 koíshi; (BRIT: sweet) 氷砂糖 kōrizatō
♦*vt* (swing gently: cradle) 優しく揺する yasáshiku yusurù; (: child) あやす ayásù; (shake: subj: explosion, waves etc) 激しく揺さぶる hagéshiku yusuburù
♦*vi* (object) 揺れる yurérù; (person) 震える furúerù
on the rocks (drink) オンザロックで oñzarokkù de; (marriage etc) 危ぶまれて ayábumaretà

rock and roll *n* ロックンロール rokkúnrōru

rock-bottom [rɑːk'bɑːt'əm] *adj* (fig: lowest point) 最低の saítei no

rockery [rɑːk'əːriː] *n* (in garden) 庭石 niwá-ishi ◇総称 sōshō

rocket [rɑːk'it] *n* (space rocket) ロケット rokéttò; (missile) ロケット弾 rokéttodañ; (firework) ロケット花火 rokétto hanabi

rocking chair [ra:k'iŋ-] n 揺りいす yurĩisu

rocking horse n 揺り木馬 yurímokùba

rocky [ra:k'i:] adj (covered with rocks) 岩だらけの iwádaràke no; (unsteady: table) 不安定な fuántei na; (unstable: business, marriage) 危ぶまれている ayábumarete irù

rod [ra:d] n (pole) さお saõ; (also: **fishing rod**) 釣ざお tsurízao

rode [roud] pt of **ride**

rodent [rou'dənt] n げっ歯類 gesshírùi

rodeo [rou'di:ou] n ロデオ ródèo

roe [rou] n (species: also: **roe deer**) ノロジカ norójìka; (of fish) 卵 tamágò

hard roe 腹子 haráko

soft roe 白子 shirákò

rogue [roug] n 野郎 yarõ

role [roul] n 役 yakú

roll [roul] n (of paper, cloth etc) 巻きmakí; (of banknotes) 札束 satsútabà; (also: **bread roll**) ロールパン rõrupàn; (register, list) 名簿 meíbo; (sound: of drums etc) とどろき todóroki

♦vt (ball, stone etc) 転がす korógasù; (also: **roll up**: string) 巻く makú; (: sleeves) まくる makúrù; (cigarette) 巻く makú; (eyes) 白黒させる shíròkuro sasérù; (also: **roll out**: pastry) 延ばす nobásù; (flatten: lawn, road, surface) ならす narásù

♦vi (ball, stone etc) 転がる korógarù; (drum) 鳴り響く naríhibikù; (vehicle: also: **roll along**) 走る hashírù; (ship) 揺れる yurérù

roll about/around vi 転がる korógarù

roll by vi (time) 過ぎ去る sugírù

roll call n 点呼 ténko

roller [rou'lər] n (gen) ローラー rõra; (for hair) カーラー kãra

roller coaster [-kous'tə:r] n ジェットコースター jettókòsutà

roller skates npl ローラースケート rõrasukèto

roll in vi (mail, cash) 大量に入る taíryo nì haírù

rolling [rou'liŋ] adj (landscape) うねりの多い unéri no õi

rolling pin n めん棒 ménbo

rolling stock n (RAIL) 車両 sharyõ ◇総称 sõsho

roll over vi 寝返りを打つ negáeri wò útsù

roll up vi (inf: arrive) やって来る yatté kurù

♦vt (carpet, newspaper, umbrella etc) 巻く makú

ROM [ra:m] n abbr (COMPUT: = read only memory) ロム rõmù

Roman [rou'mən] adj ローマの rõma no

Roman Catholic adj ローマカトリックの rõmakatorikku no

♦n ローマカトリック信者 rõmakatorikku shiñja

romance [roumæns'] n (love affair) 恋愛 reñ-ai; (charm) ロマンス rõmànsu; (novel) 恋愛小説 reñ-ai shõsetsu

Romania [roumei'ni:ə] n = **Rumania**

Roman numeral n ローマ数字 rõmasùji

romantic [roumæn'tik] adj ロマンチックな románchikkù na

Rome [roum] n ローマ rõma

romp [ra:mp] n 騒々しい遊び sõzoshiì asóbi

♦vi (also: **romp about**: children, dogs etc) はしゃぎ回る hashágimawarù

rompers [ra:m'pə:rz] npl ロンパース roñpàsu

roof [ru:f] (pl **roofs**) n 屋根 yánè, ルーフ rũfu

♦vt (house, building etc) 屋根を付ける yánè wo tsukérù

the roof of one's mouth 口がい kõgai

roofing [ru:'fiŋ] n 屋根ふき材 yanéfukizài

roof rack n (AUT) ルーフラック rũfurakkù

rook [ruk] n (bird) ミヤマガラス miyámagaràsu; (CHESS) ルック rúkkù

room [ru:m] n (in house, hotel etc) 部屋 heyá; (space) 空間 kũkan, 場所 bashó; (scope: for improvement, change etc) 余地 yóchì

「*rooms for rent*」, 「*rooms to let*」貸間

あり kashíma arí

single/double room シングル〔ダブル〕部屋 shínguru〔dabúru〕beyà

rooming house [ruː'miŋ-] (US) n 下宿屋 geshúkuya

roommate [ruːm'meit] n ルームメート rúmumèto ◇寄宿舎などで同室に泊まる人 kishúkushà nádò de dóshìtsu nì tomá-rù hitò

rooms [ruːmz] npl (lodging) 下宿 geshú-ku

room service n (in hotel) ルームサービス rúmusàbisu

roomy [ruː'mi] adj (building, car) 広々とした hiróbiro to shità; (garment) ゆったりした yuttári shità

roost [ruːst] vi (birds) ねぐらにつく ne-gúra ni tsukù

rooster [ruːs'təːr] n オンドリ oñdòri

root [ruːt] n (BOT) 根 né; (MATH) 根 kóñ; (of problem, belief) 根源 koñgen
♦vi (plant) 根を下ろす né wò orósù; (belief) 定着する teíchaku suru
the root of a hair 毛根 mókon
the root of a tooth 歯根 shíkon

root about vi (fig: search) かき回す ka-kímawasù

root for vt fus (support) …を応援する …wo óen surù

root out vt (find) 捜し出す sagáshidasù

roots [ruːts] npl (family origins) ルーツ rūtsu

rope [roup] n (thick string) ロープ rōpu; (NAUT) 綱 tsuná; (for climbing) ザイル záiru
♦vt (tie) 縛る shibárù; (climbers: also: **rope together**) ザイルでつなぐ záiru de tsunágu; (an area: also: **rope off**) 綱で仕切る nawá dè shikírù
to know the ropes (fig: know how to do something) こつが分かっている kotsú gà wakátte irù

rope in vt (fig: person) 誘い込む sasói-komù

rope ladder n 縄ばしご nawábashigo

rosary [rou'zəːri] n ロザリオ rozárìo

rose [rouz] pt of **rise**
♦n (single flower) バラ bará; (shrub) バ

ラの木 bará nò kí; (on watering can) はす口 hasúkuchi

rosé [rouzei'] n ロゼワイン rozéwaìn

rosebud [rouz'bʌd] n バラのつぼみ bará nò tsubómi

rosebush [rouz'buʃ] n バラの木 bará no ki

rosemary [rouz'meːri] n ローズマリー rōzumarī

rosette [rouzet'] n ロゼット rozéttò

roster [rɑːs'təːr] n: **duty roster** 勤務当番表 kíñmutōbañhyō

rostrum [rɑːs'trəm] n 演壇 eñdan

rosy [rou'zi:] adj (color) バラ色の bará-i-ro no; (face, cheeks) 血色のいい kesshó-ku no iì; (situation) 明るい akáruì
a rosy future 明るい見通し akáruì mi-tōshi

rot [rɑːt] n (decay) 腐敗 fuhái; (fig: pej: rubbish) でたらめ detárame
♦vt (cause to decay: teeth, wood, fruit etc) 腐らす kusárasù
♦vi (decay: teeth, wood, fruit etc) 腐る kusárù

rota [rou'tə] (BRIT) n 勤務当番表 kíñ-mutōbañhyō

rotary [rou'təːri:] adj 回転式の kaíteñ-shiki no

rotate [rou'teit] vt (revolve) 回転させる kaíten saserù; (change round: jobs) 交替でやる kótai de yarù
♦vi (revolve) 回転する kaíten suru

rotating [rou'teitiŋ] adj (movement) 回転する kaíten suru

rotation [routei'ʃən] n (revolving) 回転 kaíten; (changing round: jobs) 交替 kótai; (of crops) 輪作 riñsaku

rote [rout] n: **by rote** 暗記で añki de

rotor [rou'təːr] n (also: **rotor blade**) 回転翼 kaíteñyoku, ローター rōtā

rotten [rɑːt'ən] adj (decayed: fruit, meat, wood, eggs etc) 腐った kusáttà; (fig: person, situation) いやな iyá nà; (inf: bad) ひどい hidóì
a rotten tooth 虫歯 mushíba
to feel rotten (ill) 気分が悪い kíbùn ga warúì

rotund [routʌnd'] adj (person) 丸々と太

った marúmarù to futóttà

rouble [ru:'bəl] (*BRIT*) *n* = **ruble**

rouge [ru:ʒ] *n* ほお紅 hóbeni

rough [rʌf] *adj* (skin, surface, cloth) 粗い arái; (terrain, road) 凸凹の dekóboko no; (voice) しゃがれた shagáretà; (person, manner: violent) 荒っぽい aráppoì; (: brusque) ぶっきらぼうな bukkírabò na; (treatment) 荒い arái; (weather, sea) 荒れた arétà; (town, area) 治安の悪い chiánnò warúì; (plan, sketch) 大まかな ōmaka na; (guess) 大よその ōyoso no

◆*n* (GOLF): **in the rough** ラフに ráfù ni

to rough it 原始的な生活をする geñshiteki nà seíkatsu wò suru

to sleep rough (*BRIT*) 野宿する nójùku suru

roughage [rʌf'idʒ] *n* 繊維 séñ-i

rough-and-ready [rʌf'ənred'i:] *adj* 原始的な geñshiteki na

roughcast [rʌf'kæst] *n* (for wall) 小石を混ぜたしっくい koíshi wò mazétà shikkúì

rough copy *n* 下書き shitágaki

rough draft *n* 素案 soán

roughly [rʌf'li:] *adv* (handle) 荒っぽく aráppokù; (make) 大まかに ōmaka ni; (speak) ぶっきらぼうに bukkírabò ni; (approximately) 大よそ ōyoso

roughness [rʌf'nis] *n* (of surface) 荒さ arása; (of manner) がさつさ gasátsusa

roulette [ru:let'] *n* ルーレット rûretto

Roumania [ru:mei'ni:ə] *n* = **Rumania**

round [raund] *adj* 丸い marúì; (figures, sum) 概数の gaísū no

◆*n* (*BRIT*: of toast) 一切 hitókire; (of policeman, milkman, doctor) 巡回 juñkai; (game: of cards) 一勝負 hitóshòbu; (: in competition) ...回戦 ...kaísen; (of ammunition) 一発 ippátsu; (BOXING) ラウンド ráùndo; (*also*: **round of golf**) ラウンド ráùndo; (of talks) 一連 ichíren

◆*vt* (corner) 回る mawárù

◆*prep* (surrounding): **round his neck/the table** 首〔家〕の回りに kubí(ié)nò mawári ni; (in a circular movement): **to move round the room** 部屋の中を一回りする heyá no nakà wo hitómawarì

suru: **to sail round the world** 世界一周の航海をする sékaìisshū nò kókaì wò suru; (in various directions): **to move round a room/house** 部屋〔家〕の中を動き回る heyá〔ié〕no nakà wo ugókimawarù; (approximately): **round about 300** 大よそ300 ōyoso sañbyaku

◆*adv*: **all round** 回りに mawári ni

a round of golf ゴルフのワンラウンド górùfu no wañraùndo

the long way round 遠回り tōmawari

all the year round 一年中 ichínenjū

it's just round the corner (*fig*) 直ぐそこまで来ている súgù tokó madè kité irù

round the clock 24時間 nijû-yo jîkàn

to go round to someone's (house) ...のうちへ行く ...no uchí è ikú

to go round the back 裏に回る urá nì mawárù

to go round a house ある家を訪ねる árù ié wò tazúnerù

enough to go round みんなに足りる程 mínna nì tarírù hodó

a round of applause 拍手 hákùshu

a round of drinks/sandwiches みんなに一通りの飲み物〔サンドイッチ〕をおごる事 mínna nì hitótòri nò nomímòno〔sañdouicchì〕wo ogórù kotó

roundabout [raund'əbaut] (*BRIT*) *n* (AUT) ロータリー rôtarī; (at fair) メリーゴーラウンド merígòraundo

◆*adj* (route) 遠回りの tōmawàri no; (means) 遠回しの tōmawàshi no

rounders [raun'dəːrz] *npl* (game) ラウンダーズ raúndàzu ◇野球に似た英国のゲーム yakyū ni nitá eíkoku no gêmu

roundly [raund'li:] *adv* (*fig*: criticize) 厳しく kibíshikù

round off *vt* (speech etc) 終える oérù

round-shouldered [raund'ʃouldəːrd] *adj* ねこ背の nekózè no

round trip *n* 往復旅行 ōfukuryokō

round up *vt* (cattle, people) 駆集める karíatsumerù; (price, figure) 概数にする gaísū ni suru

roundup [raund'ʌp] *n* (of news, information) まとめ matóme; (of animals) 駆集め karíatsume; (of criminals) 一斉逮捕

isséitaîho

rouse [rauz] *vt* (wake up) 起さ okósù; (stir up) 引起す hikíokosù

rousing [rau'ziŋ] *adj* (cheer, welcome) 熱狂的な nekkyōteki na

rout [raut] *n* (MIL) 敗走 haísō
♦*vt* (defeat) 敗走させる haísō saserù

route [ru:t] *n* (way) ルート rūto; (of bus, train) 路線 rosén; (of shipping) 航路 kōro; (of procession) 通り道 tōrímichi

route map (BRIT) *n* (for journey) 道路地図 dōrochizù

routine [ru:ti:n'] *adj* (work) 日常の nichíjō no; (procedure) お決りの o-kímari no
♦*n* (habits) 習慣 shūkan; (drudgery) 反復作業 hañpukusagyō; (THEATER) お決りの演技 o-kímari nò éñgi

rove [rouv] *vt* (area, streets) はいかいする haíkai suru

row[1] [rou] *n* (line of people, things) 列 rétsù; (KNITTING) 段 dáñ; (in boat) こぐ事 kogù kotò
♦*ni* (in boat) こぐ kogú
♦*vt* (boat) こぐ kogú
in a row (fig) 一列に ichíretsu ni

row[2] [rau] *n* (racket) 騒ぎ sáwagi; (noisy quarrel) 口論 kōron; (dispute) 論争 roñsō; (BRIT inf: scolding): *to give someone a row* ...に大目玉を食らわす ...ni ōmedàma wo kuráwasù
♦*vi* (argue) 口論する kōron suru

rowboat [rou'bout] (US) *n* ボート bōto

rowdy [rau'di:] *adj* (person: noisy) 乱暴な rañbō na; (occasion) 騒々しい sōzōshiì

rowing [rou'iŋ] *n* (sport) ボートレース bōtorèsu

rowing boat (BRIT) *n* = **rowboat**

royal [rɔi'əl] *adj* 国王〔女王〕の kokúō〔jóð〕 nò

Royal Air Force (BRIT) *n* 英国空軍 eíkokukùgun

royalty [rɔi'əlti:] *n* (royal persons) 王族 ōzoku; (payment to author) 印税 iñzei

rpm [ɑːrpiːem'] *abbr* (= *revolutions per minute*) 毎分回転数 maífunkaiteñsū

RSVP [ɑːresviːpiː'] *abbr* (= *répondez s'il vous plaît*) 御返事を請う go-hénji wò kóù

Rt Hon. (BRIT) *abbr* (= *Right Honourable*) 閣下 kákkà

rub [rʌb] *vt* こする kosúrù
♦*n: to give something a rub* こする kosúrù
to rub one's hands (together) もみ手をする momíde wò suru
to rub someone the wrong way (US) or to rub someone up the wrong way (BRIT) 怒らせる okóraserù

rubber [rʌb'əːr] *n* (substance) ゴム gómù; (BRIT: eraser) 消しゴム keshígomu

rubber band *n* 輪ゴム wagómu

rubber plant *n* ゴムの木 gómù no ki

rubbery [rʌb'əːri:] *adj* (material, substance) ゴムの様な gómù no yō na; (meat, food) 固い katáì

rubbish [rʌb'iʃ] *n* (waste material) ごみ gomí; (junk) 廃品 haíhin; (fig: pej: nonsense) ナンセンス náñsensu

rubbish bin (BRIT) *n* ごみ箱 gomíbako

rubbish dump *n* ごみ捨て場 gomísuteba

rubble [rʌb'əl] *n* (debris) がれき garéki; (CONSTR) バラス báràsu

ruble [ru:'bəl] (BRIT **rouble**) *n* (currency) ルーブル rūburu

rub off *vi* (paint) こすり取る kosúritorù

rub off on *vt fus* ...に移る ...nî utsúrù

rub out *vt* (erase) 消す késù

ruby [ru:'bi:] *n* ルビー rúbì

rucksack [rʌk'sæk] *n* リュックサック ryukkúsakkù

rudder [rʌd'əːr] *n* (of ship) かじ kajî; (of plane) 方向かじ hókoda

ruddy [rʌd'i:] *adj* (face, complexion) 血色の良い kesshóku no yoî; (BRIT: inf: damned) くそったれ kusóttarè no

rude [ru:d] *adj* (impolite: person, manners, wind) 無礼な buréi na; (shocking: word, behavior) 下品な gehín na

rudeness [ru:d'nis] *n* (impoliteness) 無礼 buréi

rudimentary [ru:dəmen'tə:ri:] *adj* (equipment, knowledge) 原始的な geñshiteki na

rudiments [ru:'dəmənts] *npl* (basics) 基本 kihón

rueful [ru:'fəl] *adj* 悲しい kanáshiì

ruffian [rʌf'i:ən] *n* ごろつき gorótsuki

ruffle [rʌf'əl] *vt* (hair) 乱す midásù; (clothes) しわくちゃにする shiwákucha ni surù; (*fig*: person) 怒らせる okóraserù

rug [rʌg] *n* (on floor) じゅうたん jūtan; (*BRIT*: blanket) ひざ掛け hizákake

rugby [rʌg'bi:] *n* (*also*: **rugby football**) ラグビー rágùbī

rugged [rʌg'id] *adj* (landscape) 岩だらけ の iwádaràke no; (features) ごつい gotsúī; (character) 無愛想な buáisò na

rugger [rʌg'əːr] (*BRIT*: *inf*) *n* ラグビー rágùbī

ruin [ru:'in] *n* (destruction: of building) 破壊 hakái; (: of hopes, plans) ざ折 zasétsu; (downfall) 失墜 shittsúi; (bankruptcy) 破産 hasán; (remains: of building) 廃虚 haíkyo

♦*vt* (destroy: building) 破壊する hakái suru; (: hopes, plans, health) 壊す kowásù; (: future) 台無しにする daínashi ni surù; (: person) 失墜させる shittsúi saserù; (: financially) 破産に追込む hasán ni oikomù

ruinous [ru:'inəs] *adj* (expense, interest) 破滅的な hamétsuteki na

ruins [ru:'inz] *npl* (of building, castle etc) 廃虚 haíkyo

rule [ru:l] *n* (norm, regulation) 規則 kisóku; (government) 君臨 kuńrin; (ruler) 物差し monósashi

♦*vt* (country, person) 支配する shíhai suru

♦*vi* (leader, monarch etc) 君臨する kuńrin suru; (LAW) 裁定する saítei suru

as a rule 普通は futsū wà

ruled [ru:ld] *adj* (paper) けい紙 keíshi

rule out *vt* (idea, possibility etc) 除外する jogái suru

ruler [ru:'ləːr] *n* (sovereign) 元首 géńshu; (for measuring) 物差し monósashi

ruling [ru:'liŋ] *adj* 支配する shíhai suru

♦*n* (LAW) 決定 kettéi

ruling party 与党 yótō

ruling class 支配階級 shiháikaíkyū

rum [rʌm] *n* ラム酒 ramúshu

Rumania [ru:mei'ni:ə] *n* ルーマニア rúmania

Rumanian [ru:mei'ni:ən] *adj* ルーマニア の rúmania no; (LING) ルーマニア語の rúmaniagò no

♦*n* (person) ルーマニア人 rúmaniajìn; (LING) ルーマニア語 rúmaniagò

rumble [rʌm'bəl] *n* ごう音 gốon, とどろ き todóroki

♦*vi* (make rumbling noise: heavy truck) ごう音を響かせて runs gốon wo hibíkasète hashírù; (: stomach) 鳴る narú; (: pipes) ゴボゴボいう góbògobo iú; (: thunder) とどろく todórokù

rummage [rʌm'idʒ] *vi* (search) 引っかき 回して捜す hikkákimawashitè sagásù

rumor [ru:'məːr] (*BRIT* **rumour**) *n* うわ さ uwása

♦*vt*: *it is rumored that ...* ...だとうわ さされている ...dá tò uwása sarete irù

rump [rʌmp] *n* (of animal) しり shirí; (of group, political party) 残党 zańtō

rump steak *n* ランプステーキ rańpusutềki

rumpus [rʌm'pəs] *n* 騒ぎ sawági

run [rʌn] *n* (fast pace) 駆け足 kakéashi; (for exercise) ジョギング jogíngu; (in car) ドライブ dóraibu; (distance traveled) 行程 kốtei; (journey) 区間 kukán; (series) 継続 keízoku; (SKI) ゲレンデ gerénde; (CRICKET, BASEBALL) 得点 tokúten; (THEATER) 上演期間 jốenkikàn; (in tights, stockings) ほころび hokórobi

♦*vb* (*pt* **ran**, *pp* **run**)

♦*vt* (race, distance) 走る hashírù; (operate: business, hotel) 経営する keíei suru; (: competition, course) 行う okónaù; (: house) ...の切盛りをする ...no kirímori wò suru; (COMPUT) 走らせる hashíraserù; (pass: hand) 通す tốsu; (water) 出す dásù; (bath) ...に水をはる ...ni mizú wò hárù; (PRESS: feature) 載せる nosérù

♦*vi* (move quickly) 走る hashírù; (flee) 逃げる nigérù; (work: machine) 作動する sadố suru; (bus, train: operate) 動く ugókù; (: travel) 走る hashírù; (continue: play) 上演される jốen sarerù; (: contract) 継続する keízoku suru; (flow: river, liquid) 流れる nagárerù; (colors) 落ちる ochírù; (washing) 色落ちする iróochi suru; (in election) 立候補する rikkóho suru; (nose) 鼻水が出る hanámizu ga dérù

there was a run on ... (meat, tickets) 人々は...を買いに殺到した hitóbìto wa ...wo kaí nì sattó shitá

in the long run 行く行く（は）yukú-yuku (wà)

on the run 逃亡中で tóbōchū de

I'll run you to the station 駅まで車で送ろう éki made kurúma dè okúró

to run a risk 危険を冒す kikén wò okásù

run about/around *vi* (children) はしゃ ぎ回る hashágimawarù

run across *vt fus* (find) 偶然に見付ける gúzen nì mitsúkerù

run away *vi* (from home, situation) 逃 げる nigérù

runaway [rʌn'əwei] *adj* (horse, truck) 暴 走の bósō no; (person) 逃走中の tósōchū no

run down *vt* (production, factory) ...の 規模を縮小する ...no kíbò wo shukúshō suru; (AUT: person) ひく hikú; (criti-cize) けなす kenásù

to be run down (person: tired) へとへと になっている hetóheto nì natté irù

rung [rʌŋ] *pp of* **ring**

♦*n* (of ladder) 一段 ichídàn

run in (*BRIT*) *vt* (car) ...のならし運転を する ...no naráshiuǹten wo suru

run into *vt fus* (meet: person, trouble) ...に出会う ...ni deáù; (collide with) ...に ぶつかる ...ni butsúkarù

runner [rʌn'əːr] *n* (in race: person) 競走 の選手 kyósō nò seńshu, ランナー ráǹnā; (: horse) 競走馬 kyósōba; (on sledge) 滑 り木 subérigi, ランナー ráǹnā; (for drawer etc) レール réru

runner bean (*BRIT*) *n* サヤインゲン sayáiǹgen

runner-up [rʌnəːrʌp'] *n* 第2位入賞者 daí ni-i nyūshōsha

running [rʌn'iŋ] *n* (sport) ジョギング jo-gíngu; (of business, organization) 経営 keíei

♦*adj* (water) 水道の suídō no

to be in/out of the running for something (...の候補者である〔でなくな っている〕...no kóhoshā de árù 〔de nakú-natte irù〕

6 days running 連続6日間 reńzoku muikákàn

running commentary *n* 生中継 namá-chūkei

running costs *npl* (of car, machine etc) 維持費 ijíhi

runny [rʌn'iː] *adj* (honey, egg) 緩い yurú-ì; (nose) 垂れる tarérù; (eyes) 目やにの出 る meyáni nò dérù

run off *vt* (water) ...から流れ落ちる ...kara nagáreochirù; (copies) 印刷する iñsatsu suru

♦*vi* (person, animal) 逃げる nigérù

run-of-the-mill [rʌnəvðəmil'] *adj* (ordi-nary) ごく普通の gókù futsú no

run out *vi* (person) 走って出る hashítte derù; (liquid) 流れ出る nagárederù; (lease, passport) 切れる kirérù; (money) なくなる nakúnarù

run out of *vt fus* (money, time, ideas) ...がなくなる ...ga nakúnarù

run over *vt* (AUT) ひく hikú

♦*vt fus* (revise) おさらいする o-sárai su-ru

runt [rʌnt] *n* (animal) 未熟児 mijúkujì; (*pej*: person) どちび dochíbi

run through *vt fus* (instructions) ...に 目を通す ...ni mě wo tósu; (rehearse, practice: play) 一通り練習する hitótōri reńshū suru

run up *vt* (debt) ...がかさむ ...ga kasámù

to run up against (difficulties) ...に ぶ つかる ...ni butsúkarù

run-up [rʌn'ʌp] *n* (*BRIT*): *run-up to* (election etc) ...への準備期間 ...e no júñbi kikàn

runway [rʌn'wei] *n* (AVIAT) 滑走路 kassóró

rupee [ruːpiː] *n* (currency) ルピー rúpì

rupture [rʌp'tʃəːr] *n* (MED) ヘルニア he-rúnia

rural [ruːrʹəl] *adj* (area) 田舎の ináka no; (economy) 地方の chihó no

ruse [ruːz] *n* 策略 sakúryaku

rush [rʌʃ] *n* (hurry) 大急ぎ ṓisogi; (COMM: sudden demand) 急激な需要 kyūgeki nà juyṓ; (of water, current) 奔流 hoñryū; (of feeling, emotion) 高まり takámari; (BOT) イグサ igúsa
♦*vt* (hurry) 急がせる isṓgaserù
♦*vi* (person) 急ぐ isógù; (air, water) 速く流れる háyaku nagárerù

rush hour *n* ラッシュアワー rasshúawầ

rusk [rʌsk] *n* (biscuit) ラスク rásùku

Russia [rʌ́ʃə] *n* ロシア rṓshìa

Russian [rʌ́ʃən] *adj* ロシアの rṓshìa no; (LING) ロシア語の roshíagò no
♦*n* (person) ロシア人 roshíajìn; (LING) ロシア語 roshíagò

rust [rʌst] *n* さび sabí
♦*vi* (iron, metal etc) さびる sabírù

rustic [rʌ́stik] *adj* (style, furniture) 田舎風の inákafū no

rustle [rʌ́səl] *vi* (leaves) かさかさいう kásàkasa iú
♦*vt* (paper) かさかさ動かす kásàkasa ugókasù; (US: cattle) 盗む nusúmù

rustproof [rʌ́stpruːf] *adj* (car, machine) さびない sabínaì

rusty [rʌ́stiː] *adj* (car) さびた sábìta; (*fig*: skill) ...の勘が鈍くなった ...no kañ gà níbùku natta

rut [rʌt] *n* (groove) わだち wadáchi; (ZOOL: season) 発情期 hatsújōki
to be in a rut 型にはまっている katá nì hamátte irù

ruthless [ruːθlis] *adj* (person) 血も涙もない chí mò namída mò náì; (action) 残酷な zañkoku na

rye [rai] *n* (cereal) ライ麦 raímugì

rye bread *n* ライパン raípañ

S

Sabbath [sǽbəθ] *n* (Jewish) 土曜日 doyṓbì; (Christian) 日曜日 nichíyōbi

sabbatical [səbætˈikəl] *n* (*also*: **sabbatical year**) 一年休暇 ichíneñ kyūka ◊7年置きに大学教授などに与えられる1年の長期有給休暇 nanáñèn okí nì daígakukyōju nádð ni atáerarerù ichíneñ no chṓkyū-

kyū́kyūka

sabotage [sæˈbətɑːʒ] *n* 破壊工作 hakáikōsaku
♦*vt* (machine, building) 破壊する hakái suru; (plan, meeting) 妨害する bṓgai suru

saccharin(e) [sækˈərin] *n* サッカリン sakkárìn

sachet [sæʃei] *n* (of shampoo, sugar, etc) 小袋 kobúkùro ◊一回分ずつのシャンプー、砂糖などを入れた小さな包 ikkáìbun zutsu no sháñpū, satṓ nádð wo iréta chiísana tsutsúmi

sack [sæk] *n* (bag: for flour, coal, grain, etc) 袋 fukúro
♦*vt* (dismiss) 首にする kubí ni surù; (plunder) 略奪する ryakúdatsu suru
to get the sack 首になる kubí ni narù

sacking [sækˈiŋ] *n* (dismissal) 解雇 kái-ko; (material) ズック zúkkù

sacrament [sækˈrəmənt] *n* (ceremony: Protestant) 聖礼典 seíreiteñ; (: Catholic) 秘跡 hiséki

sacred [seiˈkrid] *adj* (of religion: music, history, writings) 宗教の shū́kyō no; (holy: animal, building, memory) 神聖な shiñsei na

sacrifice [sækˈrəfais] *n* (offering of someone/something) 犠牲 giséi; (thing/person offered) いけにえ ikénie
♦*vt* (animal) 殺す korósu; (*fig*: human lives, health, career) 犠牲にする giséi ni surù

sacrilege [sækˈrəlidʒ] *n* 冒とく bṓtoku

sacrosanct [sækˈrousæŋkt] *adj* (*also fig*) 神聖な shiñsei na

sad [sæd] *adj* (unhappy: person, story, news) 悲しい kanáshii; (: look) 悲しそうな kanáshisō na; (deplorable: state of affairs) 嘆かわしい nagékawashiī

saddle [sædˈəl] *n* (for horse) くら kurá; (of bicycle) サドル sadoru
♦*vt* (horse) ...にくらを付ける ...ni kurá wò tsukérù
to be saddled with (*inf*) ...の重荷を負わされる ...no omóni wò owásarerù

saddlebag [sædˈəlbæg] *n* (on bicycle) サ

ドルバッグ sadórubaggù

sadism [sei'dizəm] n サディズム sadízùmu

sadistic [sədis'tik] adj サディスティックな sadísutikkù na

sadly [sæd'li:] adv (unhappily) 悲しそうに kanáshisò ni; (unfortunately) 残念ながら zańneńnagara; (seriously: mistaken, neglected) ひどく hídòku

sadly lacking (in) 残念ながら (...が) ない zańneńnagara (...ga) náì

sadness [sæd'nis] n 悲しみ kanáshimi

sae [eseii:'] abbr (= stamped addressed envelope) 返信用封筒 heńshin-yō fūtò ◇ 宛先を書き、切手を張った物を指す atésaki wò kákì, kitté wò hattá mono wò sásù

safari [səfɑ:'ri:] n サファリ sáfàri

safe [seif] adj (out of danger) 安全な場所にいる(ある) ańzen na bashò ni irú (árù); (not dangerous, sure: place) 安全な ańzen na; (unharmed: return, journey) 無事な bují na; (without risk: bet, subject, appointment) 安全な ańzen na, 安心できる ańshin dekirù; (: seat in parliament) 落選する恐れのない rakúsen suru osore nò náì

♦n (for valuables, money) 金庫 kíǹko

safe from (attack) ...される心配のない 場所にいる(ある) ...saréru shiǹpai no náì báshò ni irú (árù)

safe and sound (return, sleep, etc) 無事で bují de

(just) to be on the safe side 念のために neń no tame nì

safe-conduct [seif'kɑ:n'dʌkt] n (right to pass) 通行許可 tsúkōkyokà

safe-deposit [seif'dipɑ:zit] n (vault) 貸金庫室 kashíkìnkóshìtsu; (also: safe deposit box) 貸金庫 kashíkìnko

safeguard [seif'gɑ:rd] n 保護手段 hógòshudàn

♦vt 保護する hógò suru

safekeeping [seifki:'piŋ] n 保管 hokán

safely [seif'li:] adv (without risk: assume, say) 安心して ańshin shite; (without mishap: drive) 安全に ańzen ni; (arrive) 無事に bují ni

safety [seif'ti:] n 安全 ańzen

safety belt n 安全ベルト ańzenberùto, シートベルト shítoberùto

safety pin n 安全ピン ańzeńpin

safety valve n 安全弁 ańzeńben

saffron [sæf'rən] n (powder) サフラン sáfùran

sag [sæg] vi (breasts, hem) 垂れ下がる tarésagarù; (roof) 凹む kubómu

saga [sæg'ə] n (long story, also fig) 長編物語 chōhenmonogatàri

sage [seidʒ] n (herb) セージ sēji; (wise man) 賢人 keńjiǹ

Sagittarius [sædʒitер'i:əs] n (sign of Zodiac) 射手座 itézà

Sahara [səher'ə] n: **the Sahara (Desert)** サハラ砂漠 sahára sabàku

said [sed] pt, pp of **say**

sail [seil] n (on boat) 帆 hó; (trip): **to go for a sail** ヨットに乗る yóttò ni noru

♦vt (boat) 操縦する sójù suru

♦vi (travel: ship) 航海する kōkai suru; (SPORT) ヨットに乗る yóttò ni norú; (begin voyage: ship) 出航する shukkó suru; (: passenger) 船で出発する fúnè de shuppátsu suru

they sailed into Copenhagen 彼らはコペンハーゲンに入港した kárèra wa kopénhàgen nì nyúkò shita

sailboat [seil'bout] (US) n ヨット yóttò

sailing [sei'liŋ] n (SPORT) ヨット遊び yottóasòbi

to go sailing ヨットに乗る yóttò ni norú, ヨット遊びをする yottóasòbi wo suru

sailing boat n ヨット yóttò

sailing ship n 帆船 hańsen

sailor [sei'lə:r] n (seaman) 船乗り funánòri

sail through vt fus (fig: exams, interview etc) ...に楽々と合格する ...ni rakúrakù to gókaku suru

saint [seint] n (also fig) 聖人 séijin

saintly [seint'li:] adj (person, life, expression) 聖人の様な séijin no yṑ nà

sake [seik] n: **for the sake of someone/something** ...のために ...no tamé nì

salad [sæl'əd] n サラダ sáràda

salad bowl n サラダボール sarádabòru

salad cream (*BRIT*) *n* マヨネーズ mayónēzu

salad dressing *n* サラダドレッシング sarádadoresshìngu

salami [səlɑː'miː] *n* サラミ sárāmi

salary [sæl'əːriː] *n* 給料 kyúryò

sale [seil] *n* (act of selling : commercial goods etc) 販売 hańbai; (: house, land etc) 売却 baíkyaku; (at reduced prices) 安売り yasúuri, セール sērù; (auction) 競売 kyōbai

「**for sale**」売物 urímono

on sale 発売中 hatsúbaichū

on sale or return (goods) 委託販売で itákuhańbai de

saleroom [seil'ruːm] *BRIT n* = **salesroom**

sales [seilz] *npl* (total amount sold) 売上 uríage

sales clerk (*BRIT* **sales assistant**) *n* 店員 teń-in

salesman [seilz'mən] (*pl* **salesmen**) *n* (in shop) 男子店員 dańshiteñ-in; (representative) セールスマン sērusumàn

salesroom [seilz'ruːm] (*US*) *n* 競売場 kyōbaijō

saleswoman [seilz'wumən] (*pl* **saleswomen**) *n* 女子店員 joshíteñ-in

salient [sei'liːənt] *adj* (features, points) 重要な jūyō na

saliva [səlaiv'ə] *n* だ液 daéki

sallow [sæl'ou] *adj* (complexion) 血色の悪い kesshóku no warúi

salmon [sæm'ən] *n inv* サケ sákè

salon [səlɑːn'] *n* (hairdressing salon, beauty salon) 美容院 biyōìn

saloon [səluːn'] *n* (*US*: bar) 酒場 sakába; (*BRIT*: AUT) セダン sédàn; (ship's lounge) 広間 hírōma

salt [sɔːlt] *n* 塩 shió

♦*vt* (preserve: fish, beef, etc) 塩漬にする shiôzukè ni suru; (put salt on) ...に塩を掛ける ...ni shió wò kakérù

salt cellar *n* 塩入れ shió-ire

saltwater [sɔːlt'wɔːtəːr] *adj* (fish, plant) 海水の kaísui no

salty [sɔːl'tiː] *adj* しょっぱい shoppáì

salutary [sæl'jətəːriː] *adj* (lesson,

reminder) ためになる tamé ni narù

salute [səluːt'] *n* (MIL) 敬礼 keírei; (with guns) 礼砲 reíhō; (*gen*: greeting) あいさつ áisatsu

♦*vt* (MIL) ...に敬礼する ...ni keírei suru; (*fig*) ...に敬意を表す ...ni kéìi wo aráwasù

salvage [sæl'vidʒ] *n* (action: *gen*) 救助作業 kyújo sagyò; (: of shipwreck) 海難救助作業 kaínan kyújo sagyò; (things saved) サルベージ sarúbēji, 救助された物 kyújo sareta monó

♦*vt* 救助する kyújo suru; (*fig*: situation etc) 収拾する shúshū suru

salvation [sælvei'ʃən] *n* (REL) 霊魂の救い reíkon no sukúi; (economic etc) 救済 kyúsai

Salvation Army *n* 救世軍 kyúseigùn

salvo [sæl'vou] *n* (in battle) 一斉射撃 isséishagèki; (ceremonial) 一斉祝砲 isséishukùhō

same [seim] *adj* 同じ onáji

♦*pron: the same* 同じ物 onáji monò

the same book as ...と同じ本 ...to onáji hoñ

at the same time (at the same moment) 同時に dóji ni; (yet) とはいえ tó wà ie

all/just the same それにしても soré ni shite mò

to do the same (as someone) (...と) 同じ事をする (...to) onáji koto wò suru

the same to you! お前もだ omáe mo dà ◇侮辱を返す時に言う bujóku wò kaésu toki nī iú

sample [sæm'pəl] *n* (MED: blood/urine sample) 検体 keńtai, サンプル sáñpuru; (of work, merchandise) 見本 mihóñ, サンプル sáñpuru

♦*vt* (food) 試食する shishóku suru; (drink) 試飲する shiíñ suru

sanatoria [sænətɔːr'iːə] *npl of* **sanatorium**

sanatorium [sænətɔːr'iːəm] (*pl* **sanatoria**) *n* = **sanitarium**

sanctify [sæŋk'təfai] *vt* 神聖にする shiñsei ni surù

sanctimonious [sæŋktəmou'niːəs] *adj*

(person, remarks) 宗教心を装う shúkyō-shiń wo yosóoù

sanction [sæŋk'ʃən] n (approval) お墨付き osúmitsùki, 認可 nínka

♦vt (give approval to) 認可する nínka suru

sanctions [sæŋk'ʃənz] npl (severe measures) 制裁処置 seísaishochì

sanctity [sæŋk'titi:] n 神聖さ shińseisa

sanctuary [sæŋk'tʃu:eri:] n (also: **bird sanctuary**) 鳥類保護区 chốruihogokù, サンクチュアリ sańkuchùari; (place of refuge) 避難所 hináñjo; (REL: in church) 内陣 naíjin

sand [sænd] n (material, fine grains) 砂 suná; (beach: also: **sands**) 砂浜 sunáhama

♦vt (piece of furniture: also: **sand down**) 紙やすりで磨く kamíyasùri de migáku

sandal [sæn'dəl] n (shoe) サンダル sańdaru

sandbox [sænd'bɑ:ks] US n (for children) 砂場 sunába

sandcastle [sænd'kæsəl] n 砂の城 suná no shirō

sand dune n 砂丘 sakyū

sandpaper [sænd'peipə:r] n 紙やすり kamíyasùri, サンドペーパー sańdopēpā

sandpit [sænd'pit] (BRIT) n = **sandbox**

sandstone [sænd'stoun] n 砂岩 ságan

sandwich [sænd'witʃ] n サンドイッチ sańdoitchì

♦vt: **sandwiched between** ...の間に挟まれて ...no aída nì hasámarète

cheese/ham sandwich チーズ〔ハム〕サンドイッチ chízù 〔hámù〕 sańdoitchì

sandwich course (BRIT) n サンドイッチコース sańdoitchikòsu ◇勉強と現場実習を交互に行う課程 beñkyo to geñba jisshū wo kốgo ni okónaù katéi

sandy [sæn'di:] adj (beach) 砂の suná no; (color) 砂色の suná-iro no

sane [sein] adj (person) 正気の shốki no; (sensible: action, system) 合理的な gốriteki na

sang [sæŋ] pt of **sing**

sanitarium [sænite:r'i:əm] (US) n 療養所 ryốyōjo, サナトリウム sanátoriùmu

sanitary [sæn'ite:ri:] adj (system, arrangements, inspector) 衛生の eísei no; (clean) 衛生的な eíseiteki na

sanitary napkin (BRIT **sanitary towel**) n 生理用ナプキン seíriyō napùkin

sanitation [sænitei'ʃən] n (in house) 衛生設備 eíseisetsùbi; (in town) 下水道設備 gesúidōsetsùbi

sanitation department (US) n 清掃局 seísōkyòku

sanity [sæn'iti:] n (quality of being sane: of person) 正気 shốki; (common sense: of suggestion etc) 合理性 gốrisei

sank [sæŋk] pt of **sink**

Santa Claus [sæn'tə klɔ:z] n サンタクロース sańtakurōsu

sap [sæp] n (of plants) 樹液 juéki

♦vt (strength, confidence) 失わせていく ushínawasete ikù

sapling [sæp'liŋ] n 苗木 naégi

sapphire [sæf'aiə:r] n サファイア safáìa

sarcasm [sɑ:r'kæzəm] n 皮肉 hiníku

sarcastic [sɑ:rkæs'tik] adj (person) いやみ好きな iyámizuki na; (remark, smile) 皮肉な hiníku na

sardine [sɑ:rdi:n'] n イワシ iwáshi

Sardinia [sɑ:rdin'i:ə] n サルディニア島 sarúdiniatō

sardonic [sɑ:rdɑ:n'ik] adj (smile) あざける様な azákeru yō na

sari [sɑ:'ri:] n サリー sárì

sash [sæʃ] n (Western) サッシュ sásshù; (Japanese) 帯 óbì

sat [sæt] pt, pp of **sit**

Satan [sei'tən] n 大魔王 daímaō, サタン sátàn

satchel [sætʃ'əl] n (child's) かばん kabán

satellite [sæt'əlait] n (body in space) 衛星 eísei; (communications satellite) 通信衛星 tsúshin-eisèi

satellite dish n パラボラアンテナ parábora añtena

satin [sæt'ən] n サテン sátèn

♦adj サテンの sátèn no

satire [sæt'aiə:r] n (form of humor) 風刺 fúshi; (novel) 風刺小説 fúshishōsètsu; (play) 風刺劇 fúshigekì

satirical [sətir'ikəl] adj (remarks, drawings etc) 風刺の fúshi no

satisfaction [sætisfæk'ʃən] *n* (pleasure) 満足 mánzoku; (refund, apology etc) 謝罪 shazái

satisfactory [sætisfæk'tə:ri:] *adj* (patient's condition) 良い yóî; (results, progress) 満足できる mánzoku dekiru

satisfy [sæt'isfai] *vt* (please) 満足させる mánzoku sasérù; (meet: needs, demand) ...に応じる ...ni ójirù; (convince) 納得させる nattóku saserù

satisfying [sæt'isfaiiŋ] *adj* (meal, job, feeling) 満足な mánzoku na

saturate [sætʃ'ə:reit] *vt: to saturate (with)** (*also fig*) (...で) 一杯にする (...de) ippái ni surù

saturation [sætʃərei'ʃən] *n* (*also fig*) 飽和状態 hówajōtai

Saturday [sæt'ə:rdei] *n* 土曜日 doyóbì

sauce [sɔ:s] *n* (sweet, savory) ソース sôsù

saucepan [sɔ:s'pæn] *n* ソースパン sôsupañ

saucer [sɔ:'sə:r] *n* 受皿 ukézàra, ソーサ ー sôsā

saucy [sɔ:s'i:] *adj* (cheeky) ずうずうしい zúzushiî

Saudi [sau'di:]: *Saudi Arabia n* サウジ アラビア saújiaràbia

Saudi (Arabian) *adj* サウジアラビアの saújiaràbia no

sauna [sɔ:'nə] *n* サウナ sáùna

saunter [sɔ:n'tə:r] *vi* のんびりと歩く nofíbirî to árùku

sausage [sɔ:'sidʒ] *n* ソーセージ sôsēji

sausage roll *n* ソーセージパン sôsējipañ

sauté [sɔ:tei'] *adj: sauté potatoes* フラ イポテト furáipotèto

savage [sæv'idʒ] *adj* (cruel, fierce: dog) どうもうな dômō na; (: attack) 残忍な zafínin na; (primitive: tribe) 未開な mi-kái na
♦*n* 野蛮人 yabánjiñ

savagery [sæv'idʒ:ri:] *n* 残忍さ zanninsa

save [seiv] *vt* (rescue: someone, someone's life, marriage) 救う sukúu; (economize on: money, time) 節約する setsúyaku su-ru; (put by: receipts etc) 取って置く tóttè oku; (: money) 蓄える takúwaeru;

(COMPUT) 格納する kakúnō suru, セー ブする sêbu suru; (avoid: work, trouble) 省く habúkù; (keep: seat) 確保する ká-kùho suru; (SPORT: shot, ball) セーブす る sêbu suru
♦*vi* (*also*: **save up**) 貯金する chokín suru
♦*n* (SPORT) セーブ sêbu
♦*prep* (except) (...を) 除いて (...wo) nozô-ite

saving [sei'viŋ] *n* (on price etc) 節約 se-tsúyaku
♦*adj: the saving grace of something* ...の唯一の良所 ...no yúîtsu no chôsho

savings [sei'viŋz] *npl* (money) 貯金 cho-kín

savings account *n* 普通預金口座 futsû-yokinkôza

savings bank *n* 普通銀行 futsúgiñkô

savior [seiv'jə:r] (*BRIT* **saviour**) *n* (*gen*) 救い主 sukúinùshi; (REL) 救世主 kyûsei-shu

savor [sei'və:r] (*BRIT* **savour**) *vt* (food, drink, experience) 味わう ajíwaù

savory [sei'və:ri:] (*BRIT* **savoury**) *adj* (dish: not sweet: spicy) ぴりっとした pi-ríttô shita; (: salt-flavored) 塩味の shióa-ji no

saw [sɔ:] *n* (tool) のこぎり nokógirî
♦*vt* (*pt* **sawed**, *pp* **sawed** *or* **sawn**) のこ ぎりで切る nokógirî de kírù
♦*pt of* **see**

sawdust [sɔ:'dʌst] *n* のこくず nokókuzù

sawed-off [sɔ:d'ɔ:f] *n* (*US*): *sawed-off shotgun* 短身散弾銃 tañshin sandanjû ◇ のこぎりで銃身を短く切った散弾銃 no-kógirî de jûshin wò mijíkaku kittà sañ-danjû

sawmill [sɔ:'mil] *n* 製材所 seízaisho

sawn-off [sɔ:n'ɔ:f] *adj* (*BRIT*) = **sawed-off**

saxophone [sæk'səfoun] *n* サキソホーン sakísohôn

say [sei] *n: to have one's say* 意見を言 う íkèn wo iú
♦*vt* (*pt*, *pp* **said**) 言う iú
to have a/some say in something ...に ついてある程度の発言権がある ...ni tsuí-te áru teidò no hatsúgeñken ga árù

to say yes/no 承知する〔しない〕shốchi suru〔shinaì〕

could you say that again? もう一度言ってくれませんか mố ichidò itté kuremaseñ ka

that is to say つまり tsúmàri

that goes without saying それは言うまでもない soré wà iú made mo naì

saying [sei'iŋ] n (proverb) ことわざ kotôwaza; (words of wisdom) 格言 kakúgen; (often repeated phrase) 愛用の言葉 aíyõ no kotoba

scab [skæb] n (on wound) かさぶた kasábuta; (pej: strike-breaker) スト破り sutóyabùri

scaffold [skæf'əld] n (for execution) 死刑台 shikéidai; (for building etc) = **scaffolding**

scaffolding [skæf'əldiŋ] n 足場 ashíba

scald [skɔːld] n やけど yakédo ◇熱湯や蒸気などによるやけどを指す nettố yà jốkì nado ni yốrù yakédo wõ sásù

◆vt (burn: skin) やけどさせる yakédo saserù

scale [skeil] n (gen: set of numbers) 目盛 memóri; (of salaries, fees etc) 表 hyố; (of fish) うろこ uróko; (MUS) 音階 oñkai; (of map, model) 縮小率 shukúshōritsu; (size, extent) 規模 kíbò

◆vt (mountain, tree) 登る nobórù

on a large scale 大規模で daíkibo de

scale of charges 料金表 ryốkinhyồ

scale down vt 縮小する shukúshō suru

scales [skeilz] npl (for weighing) 量り hakári

scallop [skɑːl'əp] n (ZOOL) ホタテガイ hotátegài; (SEWING) スカラップ sukárappù

scalp [skælp] n 頭の皮膚 atáma no hifù, 頭皮 tōhi

◆vt ...の頭皮をはぐ ...no tốhì wo hágù

scalpel [skæl'pəl] n メス mésu

scamper [skæm'pə:r] vi: *to scamper away/off* (child, animal) ぱたぱた走って行く pátapata hashítte ikù

scampi [skæm'pi:] npl エビフライ ebífurai

scan [skæn] vt (examine: horizon) 見渡す miwátasu; (glance at quickly: newspaper) ...にさっと目を通す ...ni sáttõ mé wõ tốsù; (TV, RADAR) 走査する sốsa suru

◆n (MED) スキャン sukyán

scandal [skæn'dəl] n (shocking event) 醜聞 shūbun, スキャンダル sukyáñdaru; (defamatory: reports, rumors) 陰口 kagéguchi; (gossip) うわさ uwása; (fig: disgrace) 恥ずべき事 hazúbeki kotò

scandalize [skæn'dəlaiz] vt 憤慨させる fuñgai saserù

scandalous [skæn'dələs] adj (disgraceful, shocking: behavior etc) 破廉恥な harénchi na

Scandinavian [skændənei'vi:ən] adj スカンディナビアの sukándinabìa no

scant [skænt] adj (attention) 不十分な fujúbùn na

scanty [skæn'ti:] adj (meal) ささやかな sasáyàka na; (underwear) 極めて小さい kiwámète chíisaì

scapegoat [skeip'gout] n 身代り migáwari

scar [skɑːr] n (on skin: also fig) 傷跡 kizúato

◆vt (also fig) 傷跡を残す kizúato wõ nokósù

scarce [ske:rs] adj (rare, not plentiful) 少ない sukúnai

to make oneself scarce (inf) 消えうせる kiéuserù

scarcely [ske:rs'li:] adv (hardly) ほとんど...ない hotóndo ...náì; (with numbers: barely) わずかに wázùka ni

scarcity [ske:r'siti:] n (shortage) 不足 fusóku

scare [ske:r] n (fright) 恐怖 kyốfu; (public fear) 恐慌 kyốkō

◆vt (frighten) 怖がらす kowágarasù

bomb scare 爆弾騒ぎ bakúdan sawàgi

to scare someone stiff ...に怖い思いをさせる ...ni kowái omoì wo saserù

scarecrow [ske:r'krou] n かかし kakáshi

scared [ske:rd] adj: *to be scared* 怖がる kowágarù

scare off/away vt おどかして追払う odókashite oiharaù

scarf [skɑːrf] *(pl* **scarfs** *or* **scarves**) *n* (long) マフラー máfūrā; (square) スカーフ sukáfù

scarlet [skɑːr'lit] *adj* (color) ひ色 hííro

scarlet fever *n* しょう紅熱 shōkōnetsu

scarves [skɑːrvz] *npl of* **scarf**

scary [ske:ri:] *(inf) adj* 怖い kowáì

scathing [skei'ðiŋ] *adj* (comments, attack) 辛らつな shińratsu na

scatter [skæt'əːr] *vt* (spread: seeds, papers) まき散らす makíchirasù; (put to flight: flock of birds, crowd of people) 追散らす oíchirasù

♦*vi* (crowd) 散る chirú

scatterbrained [skæt'əːrbreind] *(inf) adj* (forgetful) おつむの弱い o-tsúmù no yowáì

scavenger [skæv'indʒəːr] *n* (person) くず拾い kuzúhiròi

scenario [sine:r'i:ou] *n* (THEATER, CINEMA) 脚本 kyakúhon, シナリオ shináriò; *(fig)* 筋書 sujígaki

scene [siːn] *n* (THEATER, *fig*) 場 ba, シーン shiń; (of crime, accident) 現場 geńba; (sight, view) 景色 késhìki; (fuss) 騒ぎ sáwàgi

scenery [siː'nəːri:] *n* (THEATER) 大道具 ōdōgu; (landscape) 景色 késhìki

scenic [siː'nik] *adj* (picturesque) 景色の美しい késhìki no utsúkushìi

scent [sent] *n* (pleasant smell) 香り kaóri; (track) 通った後のにおい tōtta átò no nióì; (fig) 手がかり tegákàri; (liquid perfume) 香水 kōsui

scepter [sep'təːr] *(BRIT* **sceptre**) *n* しゃく shaku

sceptic [skep'tik] *(BRIT) n* = **skeptic** *etc*

schedule [skedʒ'uːl] *n* (of trains, buses) 時間割 jikáñwari; (of events and times) 時刻表 jikókuhyō; (of prices, details etc) 表 hyō

♦*vt* (timetable, visit) 予定する yotéi suru

on schedule (trains, buses) 定刻通りに teíkokudòri ni; (project etc) 予定通りに yotéidòri ni

to be ahead of schedule 予定時間より

早い yotéijikàn yórì hayáì

to be behind schedule 予定時間に遅れる yotéijikàn ni okúrerù

scheduled flight [skedʒ'uːld-] *n* 定期便 teíkibin

schematic [skiːmæt'ik] *adj* (diagram etc) 模式的な moshíkiteki na

scheme [skiːm] *n* (personal plan, idea) もくろみ mokúromi; (dishonest plan, plot) 陰謀 iñbō; (formal plan: pension plan etc) 計画 keíkaku, 案 áñ; (arrangement) 配置 háìchi

♦*vi* (intrigue) たくらむ takúramù

scheming [skiːm'iŋ] *adj* 腹黒い haráguroì

♦*n* たくらむ事 takúramù kotó

schism [skiz'əm] *n* 分裂 buńretsu

schizophrenic [skitsəfren'ik] *adj* 精神分裂症の seíshinbunretsushō no

scholar [skɑːl'əːr] *n* (pupil) 学習者 gakúshūsha; (learned person) 学者 gakúsha

scholarly [skɑːl'əːrli:] *adj* (text, approach) 学問的な gakúmonteki na; (person) 博学な hakúgakuteki na

scholarship [skɑːl'əːrʃip] *n* (academic knowledge) 学問 gakúmòn; (grant) 奨学金 shōgakukìn

school [skuːl] *n* (place where children learn: *gen*) 学校 gakkō; *(also:* **elementary school**) 小学校 shōgakkō; *(also:* **secondary school**: lower) 中学校 chúgakkō; (: higher) 高(等学)校 kō(tōgak)kō; *(US:* university) 大学 daígaku

♦*cpd* 学校の gakkō no

school age *n* 学齢 gakúrei

schoolbook [skuːl'buk] *n* 教科書 kyōkashò

schoolboy [skuːl'bɔi] *n* 男子生徒 dañshiseìto

schoolchildren [skuːl'tʃildrən] *npl* 生徒 seìto

schooldays [skuːl'deiz] *npl* 学校時代 gakkōjidài

schoolgirl [skuːl'gəːrl] *n* 女子生徒 joshíseìto

schooling [skuː'liŋ] *n* (education at school) 学校教育 gakkōkyòiku

schoolmaster [skuːl'mæstəːr] *n* 教師

kyōshi, 教員 kyōin, 先生 seńsei ◇男子教員 dańshikyōin

schoolmistress [sku:l'mistris] *n* 教師 kyōshi, 教員 kyōin, 先生 seńsei ◇女子教員 joshíkyōin

schoolteacher [sku:l'ti:tʃə:r] *n* 教師 kyōshi, 教員 kyōin, 先生 seńsei ◇男女を問わず使う dáñjo wo tówàzu tsukáù

schooner [sku:'nə:r] *n* (ship) 帆船 hańsen

sciatica [saiæt'ikə] *n* 座骨神経痛 zakótsushinkeītsū

science [sai'əns] *n* (study of natural things) 科学 kágàku; (branch of such knowledge) ...学 ...gàku

science fiction *n* 空想科学物語 kūsōkagakumonogatàri, SF esuefu

scientific [saiəntif'ik] *adj* (research, instruments) 科学の kágàku no

scientist [sai'əntist] *n* 科学者 kagákushà

scintillating [sin'təleitiŋ] *adj* (fig: conversation, wit, smile) 輝く様な kagáyakù yō na

scissors [siz'ə:rz] *npl* (*also*: **a pair of scissors**) はさみ hasámi

scoff [ska:f] *vt* (BRIT: *inf*: eat) がつがつ食う gátsùgatsu kúù
♦*vi*: **to scoff (at)** (mock) ...をあざける ...wo azákerù

scold [skould] *vt* しかる shikárù

scone [skoun] *n* スコーン sukóñ ◇小さなホットケーキの一種 chíisa na hottókèki no ísshū

scoop [sku:p] *n* (measuring scoop: for flour etc) スコップ sukóppù; (for ice cream) サーバー sábà; (PRESS) スクープ sukúpù

scoop out *vt* すくい出す sukúidasù

scoop up *vt* すくい上げる sukúiageru

scooter [sku:'tə:r] *n* (*also*: **motor scooter**) スクーター sukútà; (toy) スクーター sukútà ◇片足を乗せて走る遊び道具 katáashi wo nosetè hashírù asóbidògu

scope [skoup] *n* (opportunity) 機会 kikái; (range: of plan, undertaking) 範囲 háñ-i; (: of person) 能力 nōryoku

scorch [sko:rtʃ] *vt* (clothes) 焦がす kogásù; (earth, grass) 枯らす karásù

score [sko:r] *n* (total number of points etc) 得点 tokúteñ, スコア sukóà; (MUS) 楽譜 gakúfu; (twenty) 20 níjū
♦*vt* (goal, point, mark) 取る tórù; (achieve: success) 収める osámerù
♦*vi* (in game) 得点する tokúteñ suru; (FOOTBALL etc) トライする toráî suru; (keep score) 得点を記録する tokúteñ wo kirókù suru

scores of (very many) 多数の tasū no

on that score その点に関して sonó teñ ni kańshitè

to score 6 out of 10 10回中6回成功する jukkáichū rokkái seíkō suru

scoreboard [sko:r'bo:rd] *n* スコアボード sukóabòdo

score out *vt* 線を引いて消す séñ wo hítte kesù

scorn [sko:rn] *n* 軽べつ keíbetsu
♦*vt* 軽べつする keíbetsu suru

scornful [sko:rn'fəl] *adj* (laugh, disregard) 軽べつの keíbetsuteki na

Scorpio [sko:r'pi:ou] *n* (sign of Zodiac) さそり座 sasórizà

scorpion [sko:r'pi:ən] *n* サソリ sasori

Scot [ska:t] *n* スコットランド人 sukóttorandojīn

Scotch [ska:tʃ] *n* (whisky) スコッチ sukótchi

scotch [ska:tʃ] *vt* (end, rumor) 消し止める keshítomerù; (plan, idea) 没にする bótsù ni suru

scot-free [ska:t'fri:'] *adv*: **to get off scot-free** (unpunished) 何の罰も受けない náñ no bátsù mo ukénaì

Scotland [ska:t'lənd] *n* スコットランド sukóttorando

Scots [ska:ts] *adj* (accent, people) スコットランドの sukóttorando no

Scotsman [ska:ts'mən] (*pl* **Scotsmen**) *n* スコットランドの男性 sukóttorando no dansei

Scotswoman [ska:ts'wumən] (*pl* **Scotswomen**) *n* スコットランドの女性 sukóttorando no joséi

Scottish [ska:t'iʃ] *adj* (history, clans, people) スコットランドの sukóttorando no

scoundrel [skaun'drəl] n 悪党 akútõ

scour [skaur] vt (search: countryside etc) くまなく捜し回る kumánàku sagáshimawarù

scourge [skə:rdʒ] n (cause of trouble: also fig) 悩みの種 nayámi no tanè

scout [skaut] n (MIL) 斥候 sekkố; (also: **boy scout**) ボーイスカウト bôisukàuto
  girl scout (US) ガールスカウト gárusukàuto

scout around vi 捜し回る sagáshimawarù

scowl [skaul] vi 顔をしかめる káõ wo shikámerù
  to scowl at someone しかめっつらをして ...をにらむ shikámettsura wõ shité ...wo nirámù

scrabble [skræb'əl] vi (claw): *to scrabble (at)* (...を)引っかく (...wo) hikkákù; (also: **scrabble around**: search) 手探りで探す teságuri de sagásù
  ♦n: *Scrabble* ® スクラブル sukúrabbùru ◇単語作りゲーム tañgozukurigèmu

scraggy [skræg'i:] adj (animal, body, neck etc) やせこけた yasékoketà

scram [skræm] (inf) vi (get away fast) うせる usérù

scramble [skræm'bəl] n (difficult climb) よじ上り yojínobori; (struggle, rush) 奪い合い ubáiai
  ♦vi: *to scramble out/through* 慌てて出る〔通る〕 awátete derù 〔tõru〕
  to scramble for ...の奪い合いをする ...no ubáiai wo surù

scrambled eggs [skræm'bəld-] npl いり卵 iritamago, スクランブルエッグ sukúranburu eggù

scrap [skræp] n (bit: of paper, material etc) 切れ端 kiréhashi; (: of information) 少し sukóshi; (fig: of truth) 欠けら kakéra; (fight) けんか kéñka; (also: **scrap iron**) くず鉄 kuzútetsu
  ♦vt (discard: machines etc) くず鉄にする kuzútetsu ni surù; (fig: plans etc) 捨てる sutérù
  ♦vi (fight) けんかする keñka suru

scrapbook [skræp'buk] n スクラップブック sukúrappubukkù

scrap dealer n くず鉄屋 kuzútetsuyà

scrape [skreip] n (fig: difficult situation) 窮地 kyúchì
  ♦vt (scrape off: potato skin etc) むくmukú; (scrape against: hand, car) こするkosúrù
  ♦vi: *to scrape through* (exam etc) ...をどうにか切抜ける ...wo dõ ni ka kirínukerù

scrape together vt (money) かき集める kakíatsumerù

scrap heap n (fig): *on the scrap heap* 捨てられて sutérarete

scrap merchant n (BRIT) = **scrap dealer**

scrap paper n 古い紙 furúî kamí, 古紙 kõshí, ほご hõgõ

scrappy [skræp'i:] adj (piece of work) 雑な zatsú na

scraps [skræps] npl (leftovers: food, material etc) くず kúzù

scratch [skrætʃ] n (cut: on body, furniture: also from claw) かき傷 kakíkizu
  ♦cpd: *scratch team* 寄集めチーム yoséatsumechìmu
  ♦vt (rub: one's nose etc) かく kákù; (damage: paint, car) 傷付ける kizútsukerù; (with claw, nail) ひっかく hikkákù
  ♦vi (rub one's body) ...をかく wo kákù
  to start from scratch 何もない所から始める naní mo naî tokóro karà hajímerù
  to be up to scratch いい線をいっている íi séñ wo itté irù

scrawl [skrɔ:l] n なぐり書き nagúrigaki
  ♦vi なぐり書きする nagúrigaki suru

scrawny [skrɔ:'ni:] adj (person, neck) やせこけた yasékoketà

scream [skri:m] n 悲鳴 himéi
  ♦vi 悲鳴を上げる himéi wo agérù

scree [skri:] n 岩くず iwákuzu ◇崩れ落ちてたい積した岩くずを指す kuzúreochitè taíseki shità iwákuzu wo sasù

screech [skri:tʃ] vi (person) 金切り声を出す kanákirigoè wo dásù; (bird) きーきー声で鳴く kíkīgoè de nákù; (tires, brakes) きーきーと鳴る kíkī to nárù

screen [skri:n] n (CINEMA) スクリーン sukúrīn

sukúrìn; (TV, COMPUT) ブラウン管 buráunkan; (movable barrier) つい た て tsuítate; (fig: cover) 幕 makú

♦vt (protect, conceal) 覆い隠す ōikakusù; (from the wind etc) ...の...のよけになる ...no...yoké ni narù; (film) 映写する eísha suru; (television program) 放映する hóei suru; (candidates etc) 審査する shínsa suru

screening [skri:'niŋ] n (MED) 健康診断 keñkōshiñdan

screenplay [skri:n'plei] n 映画脚本 eígakyakùhon

screw [skru:] n (for fixing something) ねじ néjì

♦vt (fasten) ねじで留める neji de tomérù

screwdriver [skru:'draivə:r] n ねじ回し nejímawashì

screw up vt (paper etc) くしゃくしゃに する kushákùsha ni suru

to screw up one's eyes 目を細める mé wò hosómerù

scribble [skrib'əl] n 走り書き hashírigakì

♦vt (write carelessly: note etc) 走り書き する hashírigaki suru

♦vi (make meaningless marks) 落書する rakúgaki suru

script [skript] n (CINEMA etc) 脚本 kyakúhon, スクリプト sukúrìpùto; (system of writing) 文字 mójì

scripture(s) [skrip'tʃə:r(z)] n(pl) (holy writing(s) of a religion) 聖典 seíten

scroll [skroul] n (official paper) 巻物 makímono

scrounge [skraundʒ] vt (inf): *to scrounge something off/from someone* ...をねだる ...ni...wo nedárù

♦n: *on the scrounge* たかって takáttè

scrub [skrʌb] n (land) 低木地帯 teíbokuchìtai

♦vt (rub hard: floor, hands, pan, washing) ごしごし洗う góshìgoshi aráù; (inf: reject: idea) 取り止める toríyamerù

scruff [skrʌf] n: *by the scruff of the neck* 首筋をつかんで kubísuji wò tsukáñde

scruffy [skrʌf'i:] adj (person, object,

appearance) 薄汚い usúgitanaì

scrum(mage) [skrʌm'(idʒ)] n (RUGBY) スクラム sukúràmu

scruple [skru:'pəl] n (gen pl) 良心のとが め ryōshìn no togáme

scrupulous [skru:'pjələs] adj (painstaking: care, attention) 細心の saíshin no; (fair-minded: honesty) 公正な kōsei na

scrutinize [skru:'tənaiz] vt (examine closely) 詳しく調べる kuwáshikù shiráberù

scrutiny [skru:'təni:] n (close examination) 吟味 gíñmi

to keep someone under scrutiny ...を 監視する ...wo kañshi suru

scuff [skʌf] vt (shoes, floor) すり減らす suríherasù

scuffle [skʌf'əl] n (fight) 乱闘 rañtō

sculptor [skʌlp'tə:r] n 彫刻家 chōkoku-ka

sculpture [skʌlp'tʃə:r] n 彫刻 chōkoku

scum [skʌm] n (on liquid) 汚い泡 kitánaì awà; (pej: people) 人間のくず niñgen nò kúzù

scupper [skʌp'ə:r] (BRIT: inf) vt (plan, idea) 邪魔して失敗させる jamá shitè shippái saserù

scurrilous [skə:r'ələs] adj 口汚い kuchígitanaì

scurry [skə:r'i:] vi ちょこちょこ走る chókòchoko hashírù

scurry off vi ちょこちょこ走って行く chókòchoko hashítte ikù

scuttle [skʌt'əl] n (also: **coal scuttle**) 石 炭入れ sekítan-ire

♦vt (ship) 沈没させる chiñbotsu saserù

♦vi (scamper): *to scuttle away/off* ち ょこちょこ走って行く chókòchoko ha shítte ikù

scythe [saið] n 大がま ōgamà ◊柄も刃も 長いかま é mò há mò nagáì káma

sea [si:] n 海 úmì; (fig: very many) 多数 tasú; (: very much) 多量 taryō

♦cpd (breeze, bird, air etc) 海の úmì no

by sea (travel) 海路で kâiro de

on the sea (boat) 海上で kaíjō de; (town) 海辺の umíbe no

out to/at sea 沖に okí ni

to be all at sea (fig) 頭が混乱している atáma gà kofiran shite irù

a sea of faces (fig) 顔の海 kaó nò úmì

seaboard [si:'bɔ:rd] n 海岸 kaígan

seafood [si:'fu:d] n 魚介類 gyokáirùi, シーフード shífùdo ◇料理に使う魚介類を指す ryórì ni tsukáù gyokáirùi wo sásù

seafront [si:'frʌnt] n 海岸 kaígan ◇海辺の町などの海沿いの部分を指す umíbe nò machí nadò no umízoi no bubún wo sásù

sea-going [si:'gouiŋ] adj (ship) 遠洋航海用の eñ-yōkōkaiyō no

seagull [si:'gʌl] n カモメ kamóme

seal [si:l] n (animal) アザラシ azárashi ◇セイウチを除いて全てのひれ足類を含む sefuchì wo nozófte súbète no hiréashirùi wo fúkumù; (official stamp) 印章 iñshō; (closure) 封印 fūin

◆vt (close: envelope) ...の封をする ...no fū wò suru; (: opening) 封じる fújirù

sea level n 海抜 kaíbatsu

sea lion n トド tódò

seal off vt (place) 封鎖する fúsa suru

seam [si:m] n (line of stitches) 縫目 nuíme; (where edges meet) 継目 tsugíme, 合せ目 awáseme; (of coal etc) 薄層 hakúsō

seaman [si:'mən] (pl **seamen**) n 船乗り funánòri

seamy [si:'mi:] adj: *the seamy side of* ...の汚い裏面 ...no kitánaì rímèn, ...の恥部 ...no chíbù

seance [sei'ɑ:ns] n 降霊会 kōreíkai

seaplane [si:'plein] n 水上飛行機 suíjōhikōki

seaport [si:'pɔ:rt] n 港町 minátomachì

search [sə:rtʃ] n (hunt: for person, thing) 捜索 sōsaku; (COMPUT) 探索 tañsaku, 検索 keñsaku; (inspection: of someone's home) 家宅捜査 katákusōsa

◆vt (look in: place) ...の中を捜す ...no nákà wo sagásù; (examine: memory) 捜す sagásù; (person) ...の身体検査をする ...no shiñtaikeñsa wo suru

◆vi: *to search for* ...を捜す ...wo sagásù

in search of ...を求めて ...wo motómetè

searching [sə:r'tʃiŋ] adj (question, look) 鋭い surúdoì

searchlight [sə:rtʃ'lait] n サーチライト sāchiraìto

search party n 捜索隊 sōsakutai

search through vt fus ...の中をくまなく捜す ...no nákà wo kumánàku sagásù

search warrant n 捜査令状 sōsareijō

seashore [si:'ʃɔ:r] n 海岸 kaígan

seasick [si:'sik] adj 船酔いになった funáyòi ni nátta

seaside [si:'said] n 海辺 umíbe

seaside resort n 海辺の行楽地 umíbe nò kōrakuchì

season [si:'zən] n (of year) 季節 kisétsù; (time of year for something: football season etc) シーズン shízun; (series: of films etc) シリーズ shírìzu

◆vt (food) ...に味を付ける ...ni ají wò tsukérù

in season (fruit, vegetables) しゅんで shún de

out of season (fruit, vegetables) 季節外れで kisétsuhàzure de

seasonal [si:'zənəl] adj (work) 季節的な kisétsuteki na

seasoned [si:'zənd] adj (fig: traveler) 経験豊かな keíken yutàka na

seasoning [si:'zəniŋ] n 調味料 chōmiryò, 薬味 yakúmi

season ticket n (RAIL) 定期券 teíkikèn; (THEATER) シーズン入場券 shízun nyūjōken

seat [si:t] n (chair) いす isú; (in vehicle, theater: place) 席 sékì; (PARLIAMENT) 議席 giséki; (buttocks: also of trousers) しり shirí

◆vt (place: guests etc) 座らせる suwáraserù; (subj: table, theater: have room for) ...人分の席がある ...ñíñbun no sékì ga árù

to be seated 座る suwárù

seat belt n シートベルト shítoberùto

sea water n 海水 kaísui

seaweed [si:'wi:d] n 海草 kaísō

seaworthy [si:'wə:rðì:] adj (ship) 航海に耐えられる kōkai nì taérarerù

sec. abbr = **second(s)**

secluded [siklu:'did] adj (place) 人里離れた hitózato hanaretà; (life) 隠とんの iñton no

seclusion [siklu:'ʒən] *n* 隔離 kákuri

second [sek'ənd] *adj* (after first) 第二 (の) dái ní (no)

♦*adv* (come, be placed: in race etc) 二番 に níban ni; (when listing) 第二に dái ní ni

♦*n* (unit of time) 秒 byō; (AUT: *also*: **second gear**) セカンド sekándo; (COMM: imperfect) 二流品 niryūhìn; (BRIT: SCOL: degree) 2級優等卒業学位 níkyū yūtō sotsugyō gakùi ¶ *see also* **first**

♦*vt* (motion) ...に支持を表明する ...ni shíjī wo hyōmei suru; (BRIT: worker) 派遣 する hakén suru

secondary [sek'ənde:ri:] *adj* (less important) 二次的な nijíteki na

secondary school *n* 中等高等学校 chū-tōkōtōgakkō

second-class [sek'əndklæs'] *adj* (hotel, novel, work) 二流の niryū no; (tickets, transport) 2等の nitō no

♦*adv* (travel) 2等で nitō de

secondhand [sek'əndhænd'] *adj* (clothing, car) 中古の chùko no

second hand *n* (on clock) 秒針 hyōshìn

secondly [sek'əndli:] *adv* 2番目に nibán-me ni

secondment [sek'əndmənt] (BRIT) *n* 派遣 hakén

second-rate [sek'əndreit'] *adj* (film etc) 二流の niryū no

second thoughts *npl* ためらい tamérai

on second thought (US) or thoughts (BRIT) 気が変って ki gá kawattè

secrecy [si:'krisi:] *n*: *to swear someone to secrecy* ...に秘密を誓わせる ...ni himítsu wò chikàwaseru

secret [si:'krit] *adj* (plan, passage, agent) 秘密の himítsu no; (admirer, drinker) ひそかな hisókà na

♦*n* 秘密 himítsu

in secret 内密に naímitsu ni

secretarial [sekrite:r'i:əl] *adj* (work, course, staff, studies) 秘書の hishò no

secretariat [sekrite:r'i:ət] *n* 事務局 ji-múkyòku

secretary [sek'rite:ri:] *n* (COMM) 秘書 hishò; (of club) 書記 shokí

Secretary of State (for) (BRIT: POL) (...)大臣 (...)dáìjin

secretion [sikri:'ʃən] *n* (substance) 分泌物 buńpitsubùtsu

secretive [si:'kritiv] *adj* 秘密主義の hi-mítsushùgi no

secretly [si:'kritli:] *adv* (tell, marry) 内密 に naímitsu ni

sect [sekt] *n* 宗派 shūha

sectarian [sekte:r'i:ən] *adj* (riots etc) 宗派間の shūhakàn no

section [sek'ʃən] *n* (part) 部分 búbùn; (department) ...部 ...bù; (of document) 章 shō; (of opinion) 一部 ichíbù; (cross-section) 断面図 dańmenzù

sector [sek'tə:r] *n* (part) 部門 búmòn; (MIL) 戦闘地区 seńtōchikù

secular [sek'jələ:r] *adj* (music, society etc) 世俗の sezóku no; (priest) 教区の kyōku no

secure [sikju:r'] *adj* (safe: person) 安全な場所にいる ańzen na bashò ni írù; (: money) 安全な場所にある ańzen na bashò ni árù; (: building) 防犯対策完備の bōhantaisakukanbì no; (firmly fixed, strong: rope, shelf) 固定された kotéi sa-retà

♦*vt* (fix: rope, shelf etc) 固定する kotéi suru; (get: job, contract etc) 確保する kákùho suru

security [sikju:r'iti:] *n* (protection) 警備 kéìbi; (for one's future) 保証 hoshō; (FINANCE) 担保 táñpo

sedan [sidæn'] (US) *n* (AUT) セダン sé-dàn

sedate [sideit'] *adj* (person, pace) 落着いた ochítsuità

♦*vt* (MED: with injection) ...に鎮静剤を注射する ...ni chińseizài wo chūshà suru; (: with pills etc) ...に鎮静剤を飲ませる ...ni chińseizài wo nomáserù

sedation [sidei'ʃən] *n* (MED): *under sedation* 薬で鎮静されて kusúri dè chiń-sei saretè

sedative [sed'ətiv] *n* 鎮静剤 chińseizài

sedentary [sed'ənte:ri:] *adj* (occupation,

work) 座ってする suwátte suru

sediment [sed'əmənt] *n* (in bottle) おり orí; (in lake etc) 底のたい積物 sokó nò taísekibutsu

seduce [sidu:s'] *vt* (entice: *gen*) 魅了する miryó suru; (: sexually) 誘惑する yūwaku suru, たらし込む taráshikomù

seduction [sidʌk'ʃən] *n* (attraction) 魅惑 miwáku; (act of seducing) 誘惑 yūwaku

seductive [sidʌk'tiv] *adj* (look, voice, *also fig* offer) 誘惑的な yūwakuteki na

see [si:] (*pt* **saw**, *pp* **seen**) *vt* (*gen*) 見る mírù; (accompany): **to see someone to the door** を戸口まで送る ...wo tógùchi madè okúrù; (understand) 分かる wakárù

♦*vi* (*gen*) 見える miérù; (find out) 調べる shiráberù

♦*n* (REL) 教区 kyókù

to see that someone does something ...が...する様に気を付ける ...ga...surú yò ni kí wo tsukérù

see you soon! またね matá nè

see about *vt fus* ...の問題を調べて片付ける ...no moñdai wò shirábete katazùkeru

seed [si:d] *n* (of plant, fruit) 種 tánè; (sperm) 精液 seíeki; (*fig*: *gen pl*) 種 tánè; (TENNIS) シード shído

to go to seed (plant) 種ができる tánè ga dekírù; (*fig*) 衰える otóroerù

seedling [si:d'liŋ] *n* 苗 náè

seedy [si:'di:] *adj* (shabby: person, place) 見すぼらしい misúborashiī

seeing [si:'iŋ] *conj*: **seeing (that)** ...だから ...dákàra

seek [si:k] (*pt*, *pp* **sought**) *vt* (truth, shelter, advice, post) 求める motómerù

seem [si:m] *vi* ...に見える ...ni miérù

there seems to be ... ...がある様です ...ga árù yò desù

seemingly [si:'miŋli:] *adv* ...らしく ...rashíkù

seen [si:n] *pp of* **see**

see off *vt* ...を見送る ...wo miókurù

seep [si:p] *vi* (liquid, gas) 染み透る shimítòru

seesaw [si:'sɔ:] *n* シーソー shísò

seethe [si:ð] *vi* (place: with people/ things) 騒然としている sōzen to shite irú

to seethe with anger 怒りで煮え繰り返る ikári dè niékurikaerù

see through *vt* 最後までやり通す saígo made yarítòsu

♦*vt fus* 見抜く minúkù

see-through [si:'θru:] *adj* (blouse etc) すけすけルックの sukésukerukkù no

see to *vt fus* ...の世話をする ...no sewá wò suru

segment [seg'mənt] *n* (part: *gen*) 一部 ichíbù; (of orange) ふさ fusá

segregate [seg'rəgeit] *vt* 分ける wakérù

seismic [saiz'mik] *adj* (activity) 地震の jishín no

seize [si:z] *vt* (grasp) つかむ tsukámù; (take possession of: power, control, territory) 奪う ubáù; (: hostage) 捕まえる tsukámaerù; (opportunity) 捕える toráerù

seize up *vi* (TECH: engine) 焼け付く yakétsukù

seize (up)on *vt fus* ...に飛び付く ...ni tobítsukù

seizure [si:'ʒə:r] *n* (MED) 発作 hossá; (LAW) 没収 bosshú; (: of power) 強奪 gódatsu

seldom [sel'dəm] *adv* めったに...ない méttà ni...naî

select [silekt'] *adj* (school, group, area) 一流の ichíryū no

♦*vt* (choose) 選ぶ erábù

selection [silek'ʃən] *n* (being chosen) 選ばれる事 erábareru kotò; (COMM: range available) 選択 seńtaku

selective [silek'tiv] *adj* (careful in choosing) 選択的な seńtakuteki na; (not general: strike etc) 限られた範囲の kagírareta háñ-i no

self [self] (*pl* **selves**) *n*: **the self** 自我 jígà

♦*prefix* 自分で〔の〕... jibún de 〔no〕...

self-assured [self'əʃu:rd'] *adj* 自信のある jishín no arù

self-catering [self'kei'tə:riŋ] *adj* (BRIT: holiday, apartment) 自炊の jisúi no

self-centered [self'sen'tə:rd] (BRIT **self-centred**) *adj* 自己中心の jikóchūshinno

self-colored [self'kʌl'ə:rd] (*BRIT* **self-coloured**) *adj* (of one color) 単色の tañshoku no

self-confidence [self'ka:n'fidəns] *n* 自信 jishíñ

self-conscious [self'ka:n'tʃəs] *adj* (nervous) 照れる terérù

self-contained [self'kənteind'] (*BRIT*) *adj* (flat) 設備完備の setsúbikañbi no

self-control [self'kəntroul'] *n* 自制 jiséi

self-defense [self'difens'] (*BRIT* **self-defence**) *n* 自己防衛 jikóbōei

in self-defense 自己防衛で jikóbōei de

self-discipline [self'dis'əplin] *n* 気力 kíryòku

self-employed [self'implɔid'] *adj* 自営業の jiéigyō no

self-evident [self'ev'idənt] *adj* 自明の jiméi no

self-governing [self'gʌv'ə:rniŋ] *adj* 独立の dokúritsu no

self-indulgent [self'indʌl'dʒənt] *adj* 勝手気ままな kattékimama na

self-interest [self'in'trist] *n* 自己利益 jikórièki

selfish [sel'fiʃ] *adj* 身勝手な migátte na

selfishness [sel'fiʃnis] *n* 利己主義 rikóshùgi

selfless [self'lis] *adj* 献身的な keñshinteki na

self-made [self'meid'] *adj*: *self-made man* 自力でたたき上げた人 jiríki dè tatákiageta hitò

self-pity [self'pit'i:] *n* 自己れんびん jikóreñbin

self-portrait [self'pɔ:r'trit] *n* 自画像 jigázō

self-possessed [self'pəzest'] *adj* 落着いた ochítsuità

self-preservation [self'prezə:rvei'ʃən] *n* 本能的自衛 hoñnōtekijièi

self-respect [self'rispekt'] *n* 自尊心 jisóñshin

self-righteous [self'rai'tʃəs] *adj* 独善的な dokúzenteki na

self-sacrifice [self'sæk'rəfais] *n* 献身 keñshin

self-satisfied [self'sæt'isfaid] *adj* 自己満足の jikómañzoku no

self-service [self'sə:r'vis] *adj* (shop, restaurant, service station) セルフサービスの serúfusābisu no

self-sufficient [self'səfiʃ'ənt] *adj* (farm, country) 自給自足の jikyújisòku no; (person) 独立独歩の dokúritsudoppò no

self-taught [self'tɔ:t'] *adj* 独学の dokúgaku no

sell [sel] (*pt, pp* **sold**) *vt* (*gen*) 売る urú; (*fig*: idea) 売込む uríkomù

♦*vi* (goods) 売れる urérù

to sell at/for $10 値段は10ドルである nedán wà 10 dốrù de árù

sell-by date [sel'bai-] (*BRIT*) *n* 賞味期限 shốmikigèn

seller [sel'ə:r] *n* 売手 uríte

selling price [sel'iŋ-] *n* 値段 nedán

sell off *vt* 売払う uríharaù

sell out *vi* (use up stock): *to sell out (of something)* (...が)売切れる (...ga) uríkirerù

the tickets are sold out 切符は売切れただ kippú wà uríkire da

sellotape [sel'əteip]® (*BRIT*) *n* セロテープ serótēpu

selves [selvz] *pl of* **self**

semaphore [sem'əfɔ:r] *n* 手旗 tebáta

semblance [sem'bləns] *n* 外観 gaíkan

semen [si:'mən] *n* 精液 seíeki

semester [simes'tə:r] (*US*) *n* 学期 gakkí

semi... [sem'i:] *prefix* 半分の... hañbùn no ...

semicircle [sem'i:sə:rkəl] *n* 半円形 hañeñkei

semicolon [sem'i:koulən] *n* セミコロン semíkoròn

semiconductor [semi:kəndʌk'tə:r] *n* 半導体 hañdōtai

semidetached (house) [semi:ditætʃt'] (*BRIT*) *n* 二戸建て住宅 nikódate jūtaku

semifinal [semi:fai'nəl] *n* 準決勝 juñkesshō

seminar [sem'əna:r] *n* セミナー sémīnā

seminary [sem'əne:ri:] *n* (REL) 神学校 shiñgakkō

semiskilled [semi:skild'] *adj* (work,

worker) 半熟練の haṅjukùren no

senate [sen'it] *n* 上院 jõin

senator [sen'ətər] *n* 上院議員 jõingiìn

send [send] (*pt*, *pp* **sent**) *vt* (dispatch) 送る okúrù; (transmit: signal) 送信する sõshin suru

send away *vt* (letter, goods) 送る okúrù; (unwelcome visitor) 追払う oíharaù

send away for *vt fus* 郵便で注文する yũbin dè chũmon suru

send back *vt* 送り返す okúrikaesù

sender [send'ər] *n* 差出人 sashídashinìn

send for *vt fus* (thing) 取寄せる toríyoseru; (person) 呼寄せる yobíyoserù

send off *vt* (goods) 送る okúrù; (*BRIT*: SPORT: player) 退場させる taíjō saserù

send-off [send'ɔ:f] *n*: **a good send-off** 素晴らしい送別 subárashì sõbetsu

send out *vt* (invitation) 送る okúrù; (signal) 発信する hasshín suru

send up *vt* (price, blood pressure) 上昇させる jōshō saserù; (astronaut) 打上げる uchíagerù; (*BRIT*: parody) 風刺する fũshi suru

senile [si:'nail] *adj* 老いぼれた oíboretà, ぼけた bṓkèta; (MED) 老人性の rõjinsei no

senior [si:n'jər] *adj* (older) 年上の toshíue no; (on staff: position, officer) 幹部の kãnbu no; (of higher rank: partner) 上級の jõkyū no

senior citizen *n* 老人 rõjin, 高齢者 kõreishà

seniority [si:njɔ:r'iti:] *n* (in service) 年功 neḱkō

sensation [sensei'ʃən] *n* (feeling) 感覚 kaṅkaku; (great success) 大成功 daíseikō

sensational [sensei'ʃənəl] *adj* (wonderful) 素晴らしい subárashiì; (causing much interest: headlines) 扇情的な seṅjōteki na; (: result) センセーショナルな seṅsēshõnaru na

sense [sens] *n* (physical) 感覚 kaṅkaku; (feeling: of guilt, shame etc) 感じ kaṅji; (good sense) 常識 jṓshiki; (meaning: of word, phrase etc) 意味 ími

◆*vt* (become aware of) 感じる kaṅjirù

it makes sense (can be understood) 意味が分かる ímì ga wakáru; (is sensible) 賢明だ keṅmei dà

sense of humor ユーモアを解する心 yũmòa wo kaí surù kokórð, ユーモアのセンス yũmòa no sēñsu

senseless [sens'lis] *adj* (pointless: murder) 無意味な muími na; (unconscious) 気絶した kizétsu shità

sensible [sen'səbəl] *adj* (person) 利口な rikõ na; (reasonable: price, advice) 合理的な gõriteki na; (: decision, suggestion) 賢明な keṅmei na

sensitive [sen'sətiv] *adj* (understanding) 理解のある ríkài no árù; (nerve, skin) 敏感な biṅkan na; (instrument) 高感度の kõkando no; (*fig*: touchy: person) 怒りっぽい okórippòi; (: issue) 際どい kiwádoì

sensitivity [sensətiv'əti:] *n* (understanding) 理解 ríkài; (responsiveness: to touch etc) 敏感さ biṅkansa; (: of instrument) 感度 kãndo; (touchiness: of person) 怒りっぽさ okóripposà; (delicate nature: of issue etc) 際どさ kiwádosà

sensual [sen'ʃuːəl] *adj* (of the senses: rhythm etc) 官能的な kaṅnōteki na; (relating to sexual pleasures) 肉感的な nikkánteki na

sensuous [sen'ʃuːəs] *adj* (lips, material etc) 官能的な kaṅnōteki na

sent [sent] *pt*, *pp of* **send**

sentence [sen'təns] *n* (LING) 文 bún; (LAW) 宣告 seṅkoku

◆*vt*: *to sentence someone to death/to 5 years in prison* ...に死刑〔懲役5年〕の判決を言渡す ...ni shikéi〔chõeki gonèn〕nð haṅketsu wð iíwatasù

sentiment [sen'təmənt] *n* (tender feelings) 感情 kaṅjō; (opinion, *also* pl) 意見 íkèn

sentimental [sentəmen'təl] *adj* (song) 感傷的な kaṅshōteki na, センチメンタルな seṅchimeñtaru na; (person) 情にもろい jõ nì moróì

sentry [sen'tri:] *n* 番兵 baṅpei

separate [*adj* sep'rit *vb* sep'əreit] *adj* (distinct: piles, occasions, ways, rooms) 別々の betsúbetsu no

♦*vt* (split up: people, things) 分ける wakérù; (make a distinction between: twins) 見分ける miwákerù; (: ideas etc) 区別する kubétsu suru

♦*vi* (split up, move apart) 分かれる wakárerù

separately [sep'ritli:] *adv* 別々に betsúbetsu ni

separates [sep'rits] *npl* (clothes) セパレーツ sepárètsu

separation [separei'ʃən] *n* (being apart) 分離 bunri; (time spent apart) 別れ別れになっている期間 wakárewakàre ni natté irù kikáñ; (LAW) 別居 bekkyó

September [septem'bə:r] *n* 9月 kúgàtsu

septic [sep'tik] *adj* (wound, finger etc) 感染した kañsen shita

septic tank *n* 浄化槽 jōkasò

sequel [si:'kwəl] *n* (follow-up) 後日談 gojítsudàn; (of film, story) 続編 zokúhen

sequence [si:'kwins] *n* (ordered chain) 連続 reñzoku; (*also*: **dance sequence, film sequence**) 一場面 ichíbamèn, シークエンス shíkueñsu

sequin [si:'kwin] *n* シークイン shíkuìn, スパンコール supáñkòru

serene [səri:n'] *adj* (smile, expression etc) 穏やかな odáyàka na

serenity [səren'iti:] *n* 穏やかさ odáyàkasa

sergeant [sɑ:r'dʒənt] *n* (MIL etc) 軍曹 gúñsò; (POLICE) 巡査部長 juñsabùchō

serial [si:r'iəl] *n* 連続物 reñzokumono

serialize [si:r'iəlaiz] *vt* (in newspaper, magazine) 連載する reñsai suru; (on radio, TV) 連続物として放送する reñzokumono toshite hôsō suru

serial number *n* 製造番号 seízōbàngō

series [si:r'i:z] *n inv* (group) 一連 ichíreñ; (of books, TV programs) シリーズ shirízù

serious [si:r'i:əs] *adj* (person, manner) 真剣な shiñken na; (important: matter) 大事な daíji na; (grave: illness, condition) 重い omóī

seriously [si:'ri:əsli:] *adv* (talk, take) 真剣に shiñken ni; (hurt) ひどく hídòku

seriousness [si:'ri:əsnis] *n* (of person,

manner) 真剣さ shiñkensa; (importance) 重大さ jûdaisa; (gravity) 重さ omósa

sermon [sə:r'mən] *n* (*also fig*) 説教 sekkyô

serrated [se:rei'tid] *adj* (edge, knife) のこぎり状の nokôgirijō no

serum [si:r'əm] *n* 血清 kesséi

servant [sə:r'vənt] *n* (gen) 召使い meshítsukài; (*fig*) 人に仕える物 hitó nì tsukáerù monó

serve [sə:rv] *vt* (gen: company, country) 仕える tsukáerù; (in shop: goods) 売る urú; (: customer) ...の用をうかがう ...no yô wò ukágaù; (subj: train) ...の足になる ...no ashí nì naru; (apprenticeship) 務める tsutómerù

♦*vi* (at table) 給仕する kyûji suru; (TENNIS) サーブする sâbu suru; (be useful):

to serve as/for ...として役に立つ ...toshíte yakú ni tatsù

♦*n* (TENNIS) サーブ sâbu

to serve to do ...をするのに役に立つ ...wo suru nò ni yakú ni tatsù

it serves him right 自業自得だ jigôjitô ku da

to serve a prison term 服役する fukúeki suru

serve out/up *vt* (food) 出す dásù

service [sə:r'vis] *n* (gen: help) 役に立つ事 yakú ni tatsù koto; (in hotel) サービス sâbisu; (REL) 式 shikí; (AUT) 整備 seíbi; (TENNIS) サーブ sâbu; (plates, dishes etc) 一そろい hitósorò; (*also*: **train service**) 鉄道の便 tetsúdō nò béñ; (*also*: **plane service**) 空の便 sôrà no béñ

♦*vt* (car, washing machine) 整備する seíbi suru

military/national service 兵役 heíeki

to be of service to someone ...に役に立つ ...ni yakú ni tatsù

serviceable [sə:r'visəbəl] *adj* 役に立つ yakú ni tatsù

service area *n* (on motorway) サービスエリア sâbisu erìa

service charge (*BRIT*) *n* サービス料 sâbisuryô

serviceman [sə:r'vismæn] (*pl servicemen*) *n* (MIL) 軍人 guñjin

Services [səːrˈvisiz] *npl: the Services*
(army, navy etc) 軍隊 gúntai

service station *n* ガソリンスタンド ga-
sórinsutàndo; (*BRIT*: on motorway) サ
ービスエリア sấbisu erìa

serviette [səːrviːetˈ] (*BRIT*) *n* 紙ナプキ
ン kamínapùkin

servile [səːrˈvail] *adj* (person, obedience)
おもねる様な omóneru yồ na

session [seʃˈən] *n* (period of activity:
recording/drinking session) ...するため
に集まる事 ...surú tame nì atsúmaru
kotò

to be in session (court) 開廷中である
kaíteichū de arù; (Parliament etc) 開会
中である kaíkaichū de arù

set [set] *n* (collection of things) 一そろい
hitósoroì, 一式 isshíki, セット séttò;
(radio set) ラジオ rájìo; (TV set) テレビ
térèbi; (TENNIS) セット séttò; (group
of people) 連中 reńchū; (MATH) セット
séttò; (CINEMA, THEATER) 舞台装置
butáisồchi, セット séttò; (HAIR-
DRESSING) セット séttò

♦*adj* (fixed: rules, routine) 決りの kimá-
ri no; (ready) 用意ができた yồi ga dekíta

♦*vb* (*pt, pp* **set**)

♦*vt* (place) 置く ồkù; (fix, establish:
time, price, rules etc) 決める kimérù; (:
record) 作る tsukúrù; (adjust: alarm,
watch) セットする séttò suru; (impose:
task) 命ずる meízurù; (: exam) 作る tsu-
kúrù

♦*vi* (sun) 沈む shizúmù; (jam, jelly, con-
crete) 固まる katámarù; (broken bone)
治る náòru

to set the table 食卓の用意をする sho-
kútaku nò yồi wo suru

to be set on doing something どうし
ても...をすると決めている dồshite mo ...
wo suru tồ kiméte irù

to set to music ...に曲を付ける ...ni kyo-
kú wò tsukérù

to set on fire ...に火を付ける ...ni hí wò
tsukérù

to set free 放してやる hanáshite yarù,
自由にする jiyū ni surù

to set something going ...を始めさせる

...wo hajímesaserù

to set sail 出航する shukkồ suru

set about *vt fus* (task) 始める hajímerù

set aside *vt* (money etc) 取って置く tót-
tè oku; (time) 空けておく akétè okù

set back *vt* (cost): *to set someone back
$5* 5ドル払わなければならない go dórù
haráwànakereba naránaì; (in time): *to
set someone back (by)* ...を (...) 遅ら
せる ...wo (...) okúraserù

setback [setˈbæk] *n* (hitch) 苦難 kúnàn

set menu *n* 定食メニュー teíshokume-
nyù

set off *vi* 出発する shuppátsu suru

♦*vt* (bomb) 爆発させる bakúhatsu sase-
rù; (alarm) 鳴らす narásù; (chain of
events) ...の引金となる ...no hikígane to
narù; (show up well: jewels) 引立たせる
hikítataserù

set out *vi* (depart) 出発する shuppátsu
suru

♦*vt* (arrange: goods etc) 並べて置く na-
rábete okù; (state: arguments) 述べる
nobérù

to set out to do something ...をするつ
もりである ...wo suru tsumori de arù

settee [setiːˈ] *n* ソファー sófà

setting [setˈiŋ] *n* (background) 背景 haí-
kei; (position: of controls) セット séttò;
(of jewel) はめ込み台 hamékomidài

the setting of the sun 日没 nichíbotsu

settle [setˈəl] *vt* (argument, matter) ...に
決着を付ける ...ni ketcháku wò tsukérù;
(accounts) 清算する seísan suru; (MED:
calm: person) 落着かせる ochítsukaserù

♦*vi* (*also*: **settle down**) 一カ所に落着く
ikkáshò ni ochítsukù; (bird) 降りる orí-
rù; (dust etc) つく tsukú; (calm down:
children) 静まる shizúmarù

to settle for something ...で我慢する
...de gámàn suru

to settle on something ...に決める ...ni
kimérù

settle in *vi* 新しい所に落着く atárashìi
tokórò ni ochítsukù

settle up *vi: to settle up with some-
one* ...に借金を返す ...ni shakkíñ wo káè-
su

settlement [set'əlmənt] *n* (payment) 清算 seísan; (agreement) 和解 wakái; (village etc) 集落 shúraku

settler [set'lər] *n* 入植者 nyúshokushà

set up *vt* (organization) 設立する setsúritsu suru

setup [set'ʌp] *n* (organization) 機構 kikō; (situation) 様子 yōsu, 状況 jōkyō

seven [sev'ən] *num* 七(の) nánà (no), 七つ(の) nanátsù (no)

seventeen [sev'ənti:n'] *num* 十七(の) jūnanà (no)

seventh [sev'ənθ] *num* 第七(の) dái nanà (no)

seventy [sev'ənti:] *num* 七十(の) nanájù (no)

sever [sev'ər] *vt* (artery, pipe) 切断する setsúdan suru; (relations) 切る kírù, 断つ tátsù

several [sev'ə:rəl] *adj* (things) 幾つかの íkùtsu ka no; (people) 幾人かの íkùnin ka no
♦*pron* 幾つか íkùtsu ka
several of us 私たちの中から幾人か watákushitàchi no nákà kara íkùnin ka

severance [sev'ə:rəns] *n* (of relations) 断交 dañkō

severance pay *n* 退職金 taíshokukìn

severe [sivi:r'] *adj* (serious: pain) 激しい hagéshiì; (: damage) 大きな ōki na; (: shortage) 深刻な shíñkoku na; (hard: winter, climate) 厳しい kibíshiì; (stern) 厳格な geńkaku na; (plain: dress) 簡素な kánso na

severity [siver:'iti:] *n* (seriousness: of pain) 激しさ hagéshisa; (: of damage) 大きさ ōkisa; (: of shortage) 深刻さ shíñkokusa; (bitterness: of winter, climate) 厳しさ kibíshisa; (sternness) 厳格さ geńkakusa; (plainness: of dress) 簡素さ kańsosa

sew [sou] (*pt* **sewed**, *pp* **sewn**) *vt* 縫う núù

sewage [su:'idʒ] *n* (waste) 汚水 osúì

sewer [su:'ə:r] *n* 下水道 gesúìdō

sewing [sou'iŋ] *n* (activity) 裁縫 saíhō; (items being sewn) 縫物 nuímono

sewing machine *n* ミシン míshìn

sewn [soun] *pp* of **sew**

sew up *vt* (item of clothing) 縫い合せる nuíawaserù

sex [seks] *n* (gender) 性別 seíbetsu; (lovemaking) セックス sékkùsu
to have sex with someone ...とセックスをする ...to sékkùsu wo suru

sexist [seks'ist] *adj* 性差別の seísabètsu no

sextet [sekstet'] *n* (group) セクステット sekúsutettò

sexual [sek'ʃuəl] *adj* (of the sexes: reproduction) 有性の yūseí no; (: equality) 男女の dáñjo no; (of sex: attraction) 性的な seíteki na; (: relationship) 肉体の nikútai no

sexy [sek'si:] *adj* (pictures, underwear etc) セクシーな sékùshī na

shabby [ʃæb'i:] *adj* (person, clothes) 見すぼらしい misúborashiì; (trick, treatment) 卑劣な hirétsu na

shack [ʃæk] *n* バラック barákkù

shackles [ʃæk'əlz] *npl* (on foot) 足かせ ashíkasè; (on hands) 手かせ tékàse; (*fig*) 束縛 sokúbaku

shade [ʃeid] *n* (shelter) 日陰 hikáge; (*also*: **lampshade**) ランプのかさ ráñpu no kásà; (of colour) 色合 iróaì; (small quantity): *a shade too large* ちょっと大き過ぎる chóttò ōkisugirù
♦*vt* (shelter) ...の日よけになる ...no hiyóke ni narù; (eyes) ...に手をかざす ...ni té wò kazásù
in the shade 日陰に hikáge ni
a shade more もうちょっと mō chottò

shadow [ʃæd'ou] *n* 影 kágè
♦*vt* (follow) 尾行する bikō suru

shadow cabinet (*BRIT*) *n* (POL) 影の内閣 kágè no náìkaku

shadowy [ʃæd'oui:] *adj* (in shadow) 影の多い kágè no ōì; (dim: figure, shape) 影の様な kágè no yō nà

shady [ʃei'di:] *adj* (place) 日陰のある hikáge no arù; (trees) 日よけになる hiyóke ni narù; (*fig*: dishonest: person, deal) いかがわしい ikágawashiì

shaft [ʃæft] *n* (of arrow) 矢柄 yagára; (of spear) 柄 e; (AUT, TECH) 回転軸 kaíteñjiku, シャフト sháfùto; (of mine) 縦坑 ta-

tēkō; (of elevator) 通路 tsūrò
a shaft of light 一条の光 ichíjō no
hikarí

shaggy [ʃæg'i:] *adj* (appearance, beard,
dog) ぼさぼさの bosábosa no

shake [ʃeik] (*pt* **shook**, *pp* **shaken**) *vt*
(gen) 揺さぶる yusúburù; (bottle) 振る fú-
rù; (cocktail) シェイクする sheíkù suru;
(building) 揺るがす yurúgasù; (weaken:
beliefs, resolve) ぐらつかせる gurátsu-
kaserù; (upset, surprise) ...にショックを
与える ...ni shókkù wo atáerù
♦*vi* (tremble) 震える furúerù
to shake one's head (in refusal, dis-
may) 頭を振る atáma wò fúrù
to shake hands with someone ...と握
手をする ...to ákùshu wo suru

shaken [ʃei'kən] *pp of* **shake**

shake off *vt* (lit) 振り落す furíotosù;
(fig: pursuer) まく makú

shake up *vt* (lit: ingredients) よく振る
yókù furu; (fig: organization) 一新する
isshín suru

shaky [ʃei'ki:] *adj* (hand, voice) 震える fu-
rúerù; (table, building) ぐらぐらする gú-
ragura suru

shall [ʃæl] *aux vb*: *I shall go* 行きます
ikímasù
shall I open the door? ドアを開けま
しょうか dóa wo akémashò ka
I'll get some, shall I? 少し取ってきま
しょうか sukóshì totté kimashò ka

shallow [ʃæl'ou] *adj* (water, box, breath-
ing) 浅い asáì; (fig: ideas etc) 浅薄な señ-
paku na

sham [ʃæm] *n* いんちき ínchiki
♦*vt* ...の振りをする ...no furí wò suru

shambles [ʃæm'bəlz] *n* 大混乱 daíkonran

shame [ʃeim] *n* (embarrassment) 恥 hají;
(disgrace) 不面目 fuméñboku
♦*vt* 辱める hazúkashimerù
it is a shame that ... ...であるのは残
念だ ...de árù no wa zañnen da
it is a shame to do ... ...するのはもっ
たいない ...surú no wa mottáinaì
what a shame! 残念だ zañnen da

shamefaced [ʃeim'feist] *adj* 恥ずかしそ
うな hazúkashisò na

shameful [ʃeim'fəl] *adj* (disgraceful) 恥
ずべき hazúbeki

shameless [ʃeim'lis] *adj* (liar, deception)
恥知らずの hajíshirazù no

shampoo [ʃæmpu:'] *n* シャンプー sháñpū
♦*vt* シャンプーする sháñpū suru
shampoo and set シャンプーとセット
sháñpū to séttò

shamrock [ʃæm'rɑ:k] *n* ツメクサ tsumé-
kusa, クローバー kurōbā

shandy [ʃæn'di:] *n* シャンディー shándī ◊
ビールをレモネードで割った飲物 bírù
wo remónèdo de wattá nomimonò

shan't [ʃænt] = **shall not**

shanty town [ʃæn'ti:-] *n* バラック集落
barákkushūraku

shape [ʃeip] *n* (form, outline) 形 katáchi
♦*vt* (fashion, form) 形作る katáchizuku-
rù; (someone's ideas, life) 方向付ける hō-
kōzukerù
to take shape (painting) 段々格好がつ
く dañdañ kakkō ga tsukù; (plan) 具体化
してくる gutáika shite kurù

-shaped [ʃeipt] *suffix*: *heart-shaped* ハ
ート形の hátògata no

shapeless [ʃeip'lis] *adj* 不格好な bukák-
kō na

shapely [ʃeip'li:] *adj* (woman, legs) 美し
い utsúkushiì

shape up *vi* (events) 具体化してくる gu-
táika shite kurù; (person) 期待通りに進
歩する kitáidòri ni shiñpo suru

share [ʃe:r] *n* (part received) 分け前 wa-
kémaè; (part contributed) 持分 mochíbùn,
負担分 futáñbun; (COMM) 株 kabú
♦*vt* (books, toys, room) 共用する kyóyo
suru; (cost) 分担する buñtan suru; (one's
lunch) 分けてやる wakéte yarù; (have in
common: features, qualities etc) ...の点
で似ている ...no téñ de nité irù

shareholder [ʃe:r'houldə:r] *n* 株主 kabú-
nùshi

share out *vi* 分配する buñpai suru

shark [ʃɑ:rk] *n* サメ samé

sharp [ʃɑ:rp] *adj* (razor, knife) よく切れ
る yókù kirérù; (point, teeth) 鋭い surúdo-
ì; (nose, chin) とがった togáttà; (out-
line) くっきりした kukkíri shità; (pain)

鋭い surúdoî; (cold) 身を切る様な mí wò kírù yō na; (taste) 舌を刺す様な shitá wò sásù yō na; (MUS) ピッチが高過ぎる pítchì ga takásugirù; (contrast) 強い tsuyóî; (increase) 急な kyū na; (voice) 甲高い kañdakaî; (person: quick-witted) 抜け目のない nukéme no naî; (dishonest: practice etc) 不正な fuséi na

♦n (MUS) えい音記号 eîonkigô, シャープ shấpù

♦adv (precisely): **at 2 o'clock sharp** 2時きっかりに níjî kikkárî ni

sharpen [ʃɑːrpən] vt (stick etc) とがらせる togáraserù; (pencil) 削る kezúrù; (fig: appetite) そそる sosórù

sharpener [ʃɑːrpənəːr] n (also: **pencil sharpener**) 鉛筆削り eñpitsukezúri

sharp-eyed [ʃɑːrpaid] adj 目の鋭い mê nò surudoî

sharply [ʃɑːrpliː] adv (turn, stop) 急にkyū ni; (stand out) くっきりと kukkírî to; (contrast) 強く tsuyókù; (criticize, retort) 辛らつに shiñratsu ni

shatter [ʃætəːr] vt (break) 割る warú, 木っ端みじんにする kóppàmijin ni suru; (fig: ruin) 台無しにする daínashi ni surù; (: upset) がっくりさせる gakkúrî sasérù

♦vi (break) 割れる warérù

shave [ʃeiv] vt (person, face, legs etc) そる sórù

♦vi ひげをそる higé wò sórù

♦n: **to have a shave** (at barber's) ひげをそってもらう higé wò sóttè moráù; (oneself) ひげをそる higé wò sórù

shaver [ʃeivəːr] n (also: **electric shaver**) 電気かみそり deñkikamīsori

shaving [ʃeiviŋ] n (action) ひげをそる事 higé wò sórù kotò

shaving brush n シェービングブラシ shêbinguburàshi

shaving cream, shaving foam n シェービングクリーム shêbingukurīmu

shavings [ʃeiviŋz] npl (of wood etc) かんなくず kañnakuzù

shawl [ʃɔːl] n 肩掛 katákàke, ショール shôrù

she [ʃiː] pron 彼女は〔が〕kánòjo wa 〔ga〕

sheaf [ʃiːf] (npl **sheaves**) n (of corn, papers)

束 tábà

shear [ʃiːəːr] (pt **sheared**, pp **shorn**) vt (sheep) ...の毛を刈る ...no ké wò karú

shear off vi 折れる orérù

shears [ʃiːərz] npl (for hedge) はさみ hasámi

sheath [ʃiːθ] n (of knife) さや sáyà; (contraceptive) コンドーム koñdốmu, スキン sukíñ

sheaves [ʃiːvz] npl of **sheaf**

she-cat [ʃiːkæt] n 雌ネコ mesúneko

shed [ʃed] n 小屋 koyá

♦vt (pt, pp **shed**) (leaves, fur, hair etc) 落す otósù; (skin) 脱皮する dappí suru; (tears) 流す nagásù

to shed blood 人を殺す hitó wò korósù

to shed a load (subj: truck etc) 荷崩れを起す nikúzure wò okósù

she'd [ʃiːd] = **she had; she would**

sheen [ʃiːn] n つや tsuyá

sheep [ʃiːp] n inv ヒツジ hitsúji

sheepdog [ʃiːpdɔːg] n 牧用犬 bokúyōken

sheepish [ʃiːpiʃ] adj 恥ずかしそうな hazúkashisò na

sheepskin [ʃiːpskin] n ヒツジの毛皮 hitsúji nò kegáwa, シープスキン shîpusukiñ

sheer [ʃiːr] adj (utter) 全くの mattáku no; (steep) 垂直の suíchoku no; (almost transparent) ごく薄手の gókù usúde no

♦adv (straight up: rise) 垂直に suíchoku ni

sheet [ʃiːt] n (on bed) シーツ shítsù; (of paper, glass, metal) 一枚 ichímaè

a sheet of ice アイスバーン aísubàn

sheik(h) [ʃiːk] n 首長 shuchố

shelf [ʃelf] (pl **shelves**) n 棚 taná

shell [ʃel] n (on beach) 貝殻 kaígara; (of egg, nut etc) 殻 kará; (explosive) 弾丸 dañgan; (of building) 外壁 sotókabe

♦vt (peas) むく múkù; (MIL: fire on) 砲撃する hôgeki suru

she'll [ʃiːl] = **she will; she shall**

shellfish [ʃelfiʃ] n inv (crab) カニ kaní; (prawn, shrimp etc) エビ ebí; (lobster) ロブスター robúsùtā; (scallop, clam etc) 貝 kaî ◊料理用語として殻のある海の生物を指す ryốriyồgo toshite kará no arù úmì no séíbutsu wo sásù

shelter [ʃel'tər] n (building) シェルター shérùtā; (protection: for hiding) 隠れ場所 kakúrebashò; (: from rain) 雨宿りの場所 amáyàdori no bashó

♦vt (protect) 守る mamórù; (give lodging to: homeless, refugees) ...に避難の場所を提供する ...ni hínàn no bashó wò teíkyō suru; (: wanted man) かくまう kakúmaù

♦vi (from rain etc) 雨宿りをする amáyàdori wo suru; (from danger) 避難する hínàn suru; (hide) 隠れる kakúrerù

sheltered housing 老人・身障者用住宅 rójìn, shifshōshayō jùtaku

shelves [ʃelv] vt (fig: plan) 棚上げにする taná-age ni surù

shelves [ʃelvz] npl of **shelf**

shepherd [ʃep'ə:rd] n ヒツジ飼い hitsúji-kài

♦vt (guide) 案内する afnai suru

shepherd's pie (BRIT) n シェパードパイ shepádopaì ◊牛肉にマッシュポテトを乗せて焼いた料理 hikíniku nǐ masshúpotèto wo noséte yaità ryórì

sheriff [ʃe:r'if] (US) n 保安官 hoáñkan

sherry [ʃe:r'i:] n シェリー酒 sheríshù

she's [ʃi:z] = **she is; she has**

Shetland [ʃet'lənd] n (also: **the Shetlands, the Shetland Isles**) シェットランド諸島 shettórando shotò

shield [ʃi:ld] n (MIL) 盾 tátè; (SPORT: trophy) 盾型トロフィー tatégata toròfī; (protection) ...よけ ...yoké

♦vt: **to shield (from)** ...の(...)よけになる ...no (...) yoké ni narù

shift [ʃift] n (change) 変更 heñkō; (work-period) 交替 kótai; (group of workers) 交替組 kótaigùmi

♦vt (move) ...の位置を変える ...no íchì wo kaérù; (remove: stain) 抜く nukú

♦vi (move: wind, person) 変る kawárù

shiftless [ʃift'lis] adj (person) ろくでなしの rokúdenashi no

shift work n 交替でする作業 kótai de suru sagyō

shifty [ʃif'ti:] adj (person, eyes) うさん臭い usáñkusaì

shilling [ʃil'iŋ] (BRIT) n シリング shírìngu ◊かつての英国の硬貨でポンドの1/20 kátsute no eíkoku no kóka de póñdo no nijū́bùn no ichí

shilly-shally [ʃil'i:ʃæli:] vi ぐずぐずする gúzùguzu suru

shimmer [ʃim'ə:r] vi ちらちら光る chírà-chira hikárù

shin [ʃin] n 向こうずね mukózune

shine [ʃain] n つや tsuyá

♦vb (pt, pp **shone**)

♦vi (sun) 照る térù; (torch, light, eyes) 光る hikárù; (fig: person) 優れる sugúrerù

♦vt (glasses) ふく fukú; (shoes) 磨く migákù

to shine a torch on something ...を懐中電燈で照す ...wo kaíchūdeñtō de terásù

shingle [ʃiŋ'gəl] n (on beach) 砂利 jarí

shingles [ʃiŋ'gəlz] n (MED) 帯状ヘルペス taíjōherupèsu

shiny [ʃai'ni:] adj (coin) ぴかぴかの pikápika no; (shoes, hair, lipstick) つやつやの tsuyátsuya no

ship [ʃip] n 船 fúne

♦vt (transport by ship) 船で運ぶ fúne de hakóbù; (send: goods) 輸送する yusó suru

shipbuilding [ʃip'bildiŋ] n 造船 zósen

shipment [ʃip'mənt] n (goods) 輸送貨物 yusókamòtsu

shipper [ʃip'ə:r] n 送り主 okúrinùshi

shipping [ʃip'iŋ] n (transport of cargo) 運送 uñsō; (ships collectively) 船舶 séñpaku

shipshape [ʃip'ʃeip] adj きちんとした kichín to shita

shipwreck [ʃip'rek] n (event) 難破 nañpa; (ship) 難破船 nañpasen

♦vt: **to be shipwrecked** 難破する nañpa suru

shipyard [ʃip'jɑ:rd] n 造船所 zósenjo

shire [ʃaiə:r] (BRIT) n 郡 gúñ

shirk [ʃə:rk] vt (work, obligations) 怠る

okótarù

shirt [ʃəːrt] n (man's) ワイシャツ waíshatsu; (woman's) シャツブラウス shatsúburaùsu

in (one's) shirt sleeves 上着を脱いで uwági wò núide

shit [ʃit] (*inf!*) *excl* くそっ kusót

shiver [ʃívʹəːr] n (act of shivering) 身震い mibúruì

♦*vi* 震える furúerù

shoal [ʃoul] n (of fish) 群れ muré; (*fig: also*: **shoals**) 大勢 ózeì

shock [ʃaːk] n (start, impact) 衝撃 shógekì; (ELEC) 感電 kañden; (emotional) 打撃 dagékì, ショック shókkù; (MED) ショック shókkù

♦*vt* (upset, offend) ...にショックを与える ...ni shókkù wo atáerù

shock absorber n 緩衝器 kańshōkì

shocking [ʃɑːkʹiŋ] *adj* (awful: standards, accident) ひどい hidóì; (outrageous: play, book) 衝撃的な shógekiteki na

shod [ʃɑːd] *pt, pp of* **shoe**

shoddy [ʃɑːdʹiː] *adj* (goods, workmanship) 粗雑な sozátsu na

shoe [ʃuː] n (for person) 靴 kutsú; (for horse) てい鉄 teítetsu

♦*vt* (*pt, pp* **shod**) (horse) ...にてい鉄を付ける ...ni teítetsu wò tsukérù

shoebrush [ʃuːʹbrʌʃ] n 靴ブラシ kutsúburàshi

shoelace [ʃuːʹleis] n 靴ひも kutsúhìmo

shoe polish n 靴磨き kutsúmigàki

shoeshop [ʃuːʹʃɑːp] n 靴屋 kutsúya

shoestring [ʃuːʹstriŋ] n (*fig*): *on a shoestring* わずかの金で wázùka no kanè de

shone [ʃoun] *pt, pp of* **shine**

shoo [ʃuː] *excl* しっ shít; ◇動物を追払う時に言う言葉 dóbutsu wò oíharaù toki ni iú kotoba

shook [ʃuk] *pt of* **shake**

shoot [ʃuːt] n (on branch, seedling) 若枝 wakáeda

♦*vb* (*pt, pp* **shot**)

♦*vt* (gun) 撃つ útsù; (arrow) 射る írù; (kill: bird, robber etc) 撃ち殺す uchíkorosù; (wound) そ撃する sogéki suru; (execute) 銃殺する júsatsu suru; (film) 撮影する satsúei suru

♦*vi* (with gun/bow): *to shoot (at)* (...を目掛けて) 撃つ（射る）(...wo megákete) útsù 〔írù〕; (SOCCER) シュートする shúto suru

shoot down *vt* (plane) 撃ち落とす uchíotosù

shoot in/out *vi* (rush) 飛込む〔飛出す〕tobíkomù 〔tobídasù〕

shooting [ʃuːʹtiŋ] n (shots) 発砲事件 happójikèn; (HUNTING) 狩猟 shuryó

shooting star n 流れ星 nagárebòshi

shoot up *vi* (*fig*) 急上昇する kyújōshō suru

shop [ʃɑːp] n (selling goods) 店 misé; (*also*: **workshop**) 作業場 sagyóbà

♦*vi* (*also*: **go shopping**) 買物する kaímono suru

shop assistant (*BRIT*) n 店員 teñ-in

shop floor (*BRIT*) n 労働側 ródōgawa

shopkeeper [ʃɑːpʹkiːpəːr] n 店主 teñshu

shoplifting [ʃɑːpʹliftiŋ] n 万引 mañbiki

shopper [ʃɑːpʹəːr] n (person) 買物客 kaímonokyàku

shopping [ʃɑːpʹiŋ] n (goods) 買物 kaímono

shopping bag n ショッピングバッグ shoppíngubaggù

shopping center (*BRIT* **shopping centre**) n ショッピングセンター shoppíngusentà

shop-soiled [ʃɑːpʹsoild] *adj* (goods) 棚ざらしの tanázarashi no

shop steward (*BRIT*) n (INDUSTRY) 職場代表 shokúbadaihyò

shop window n ショーウインドー shóuiñdo

shore [ʃɔːr] n 岸 kishí

♦*vt*: *to shore up* 補強する hokyó suru

on shore 陸に rikú ni

shorn [ʃɔːrn] *pp of* **shear**

short [ʃɔːrt] *adj* (not long) 短い mijíkaì; (person: not tall) 背の低い sé nò hikúì; (curt) ぶっきらぼうな bukkírabò na; (insufficient) 不足している fusóku shite irù

to be short of something ...が不足している ...ga fusóku shite irù

in short 要するに yó surù ni

short of doing ... ...をしなければ ...wo shinákerèba

it is short for それは...の短縮形です soré wà ... no tańshukukei desu

to cut short (speech, visit) 予定より短くする yotéi yorì mijfkakù suru

everything short of ... ...を除いて何でも ...wo nozôite nâñ de mo

to fall short of ...に達しない ...ni tasshínaî

to run short of ...が足りなくなる ...ga tarínakunarù

to stop short (while walking etc) 急に立止まる kyû ni tachidomarù; (while doing something) 急にやめる kyû ni yamerù

to stop short of ...まではしない ...mádè wa shináî

shortage [ʃɔː'tidʒ] *n: a shortage of* ...不足 ...busóku

shortbread [ʃɔːrt'bred] *n* ショートブレッド shôtobureddò ◇小麦粉，バター，砂糖で作った菓子 komúgiko, bátà, satô dè tsukútta kashì

short-change [ʃɔːrt'tʃeindʒ'] *vt* ...に釣銭を少なく渡す ...ni tsurísen wò sukúnakù watásù

short-circuit [ʃɔːrtsə:r'kit] *n* (ELEC) ショート shôto

shortcoming [ʃɔːrt'kʌmiŋ] *n* 欠点 kettéñ

short(crust) pastry [ʃɔːrt('krʌst)-](*BRIT*) *n* パイ生地 páikijì

shortcut [ʃɔːrt'kʌt] *n* 近道 chikámichi

shorten [ʃɔːrt'tən] *vt* (clothes, visit) 短くする mijfkakù suru

shortfall [ʃɔːrt'fɔːl] *n* 不足 fusóku

shorthand [ʃɔːrt'hænd] *n* 速記 sokkí

shorthand typist (*BRIT*) *n* 速記もできるタイピスト sokkí mo dekirù taípisùto

shortlist [ʃɔːrt'list] (*BRIT*) *n* (for job) 予備審査の合格者リスト yobíshiñsa no gôkakusha risùto

short-lived [ʃɔːrt'livd'] *adj* つかの間の tsuká no ma no

shortly [ʃɔːrt'liː] *adv* 間もなく ma mô nàku

shorts [ʃɔːrts] *npl: (a pair of) shorts* (short trousers) 半ズボン hañzùbon; (men's underwear) パンツ pâñtsu

short-sighted [ʃɔːrt'sai'tid] (*BRIT*) *adj* 近眼の kíñgan no; (*fig*) 先見の明のない señken no meî no nai

short-staffed [ʃɔːrt'stæft'] *adj: to be short-staffed* 人手不足である hitódebùsoku de aru

short story *n* 短編小説 tañpenshôsetsu

short-tempered [ʃɔːrt'tempə:rd] *adj* 短気な tañki na

short-term [ʃɔːrt'təːrm'] *adj* (effect, borrowing) 短期の tâñki no

shortwave [ʃɔːrt'weiv'] *n* (RADIO) 短波 tâñpa

shot [ʃɑt] *pt, pp* of **shoot**
◆*n* (of gun) 発砲 happô; (try, *also* SOCCER etc) シュート shûto; (injection) 注射 chûsha; (PHOT) ショット shôttò

a good/poor shot (person) 射撃のうまい〔下手な〕人 shagéki no umaî〔hetâ na〕hitô

like a shot (without any delay) 鉄砲玉の様に teppôdama no yô ni

shotgun [ʃɑt'gʌn] *n* 散弾銃 sañdañjû

should [ʃud] *aux vb: I should go now* もうおいとましなくては mô o-ítoma shinakute wà

he should be there now 彼は今あそこにいるはずです kárè wa ímà asóko nì irú hazu dè su

I should go if I were you 私だったら，行きますよ watákushi dattàra, ikímasù yó

I should like to ... ...をしたいと思いますが ...wo shitái tò omóimasù ga

shoulder [ʃoul'də:r] *n* (ANAT) 肩 kátà
◆*vt* (*fig*: responsibility, blame) 負う óù

shoulder bag *n* ショルダーバッグ shorúdābaggù

shoulder blade *n* 肩甲骨 keñkôkotsu

shoulder strap *n* ショルダーストラップ shorúdāsutorappù

shouldn't [ʃud'ənt] = **should not**

shout [ʃaut] *n* 叫び声 sakébigoè
◆*vt* 大声で言う ôgoè de iú
◆*vi* (*also*: **shout out**) 叫ぶ sakébù

shout down *vt* (speaker) どなって黙らせる donáttè damáraserù

shouting [ʃaut'iŋ] n 叫び声 sakébigoè

shove [ʃʌv] vt 押す osú; (inf: put): *to shove something in* ...を...に押込む ...wo...ni oshíkomù

shovel [ʃʌv'əl] n (gen) スコップ sukóppù, シャベル shábèru; (mechanical) パワーシャベル pawáshabèru
♦vt (snow) かく kákù; (coal, earth) すくう sukúù

shove off vi: *shove off!* (inf) うせろ usérò

show [ʃou] n (demonstration: of emotion) 表現 hyógen; (semblance) 見せ掛け misékake; (exhibition: flower show etc) 展示会 teñjikài, ショー shō; (THEATER, TV) ショー shō
♦vb (pt showed, pp shown)
♦vt (indicate) 示す shimésù, 見せる misérù; (exhibit) 展示する teñji suru; (courage etc) 示す shimésù; (illustrate, depict) 描写する byósha suru; (film: in movie theater) 上映する jōei suru; (program, film: on television) 放送する hósō suru
♦vi (be evident) 見える miérù; (appear) 現れる aráwarerù

for show 格好だけの kakkō dake no
on show (exhibits etc) 展示中 teñjichū

show business n 芸能界 geínokai

showdown [ʃou'daun] n 対決 taíketsu

shower [ʃau'əːr] n (of rain) にわか雨 niwákaamè; (of stones etc) ...の雨 ...no ámè; (for bathing in) シャワー sháwà
♦vi 降ってくる futté kurù
♦vt: *to shower someone with* ...の上に...を降らす ...no ué nì...wo furásù

to have a shower シャワーを浴びる sháwà wo abírù

showerproof [ʃau'əːrpruːf] adj 防水の bōsui no ◊にわか雨程度なら耐えられるが強い雨にはぬれてしまうコートなどについて言う niwákaamè tēìdo nara taérarerù ga tsuyói amè ni wa nuréteshimau kōto nado ni tsúite iú

show in vt (person) 中へ案内する nákà e añnaì suru

showing [ʃou'iŋ] n (of film) 上映 jōei

show jumping [-dʒʌmp'iŋ] n (of horses) 障害飛越 shōgaihiètsu

shown [ʃoun] pp of show

show off vi (pej) 気取る kidóru
♦vt (display) 見せびらかす misébirakasù

show-off [ʃou'ɔːf] (inf) n (person) 自慢屋 jimán-yà

show out vt (person) 出口へ案内する déguchi e añnaì suru

showpiece [ʃou'piːs] n (of exhibition etc) 立派な見本 rippá nà mihón

showroom [ʃou'ruːm] n ショールーム shōrūmu

show up vi (stand out) 目立つ medátsù; (inf: turn up) 現れる aráwarerù
♦vt (uncover: imperfections etc) 暴露する bákùro suru

shrank [ʃræŋk] pt of shrink

shrapnel [ʃræp'nəl] n 弾丸の破片 dañgan nò hahén

shred [ʃred] n (gen pl) 切れ端 kiréhashi
♦vt (gen) ずたずたにする zutázuta ni surù; (CULIN) 刻む kizámù

shredder [ʃred'əːr] n (vegetable shredder) 削り器 kezúrikì; (document shredder) シュレッダー shuréddà

shrewd [ʃruːd] adj (businessman) 抜け目のない nukéme no naì; (assessment) 賢明な keñmei na

shriek [ʃriːk] n 金切り声 kanákirigoè
♦vi 金切り声を出す kanákirigoè wo dásù

shrill [ʃril] adj (cry, voice) 甲高い kañdakaì

shrimp [ʃrimp] n (shellfish) えび ebí

shrine [ʃrain] n (place of worship) 礼拝堂 reíhaidō; (for relics) 聖遺物容器 seíbutsuyòki; (fig: building) 殿堂 deñdō; (: place) 聖地 seichi

shrink [ʃriŋk] (pt shrank, pp shrunk) vi (cloth) 縮む chijímù, (fig: profits, audiences) 減る herú; (move: also: **shrink away**) 縮こまって逃げる chijíkomattè nigérù
♦vt (cloth) 縮める chijímerù
♦n (inf: pej: psychiatrist) 精神科医 seíshinka-ì

to shrink from (doing) something ...を(するのを)いやがる ...wo (surú no wò) iyágarù

shrinkage [ˈʃriŋkˈidʒ] *n* 縮まる分 chijímarù bún

shrinkwrap [ˈʃriŋkˈræp] *vt* ラップで包む ráppù de tsutsúmù

shrivel [ˈʃrivˈəl] (*also*: **shrivel up**) *vt* しおれさせる shióresaserù
♦*vi* しおれる shiórerù

shroud [ˈʃraud] *n* 覆い ói
♦*vt*: **shrouded in mystery** なぞに包まれて nazó nī tsutsúmaretè

Shrove Tuesday [ˈʃrouv-] *n* 謝肉祭の火曜日 shanīkusaī no kayóbi

shrub [ˈʃrʌb] *n* 低木 teíboku

shrubbery [ˈʃrʌbˈəːriː] *n* 植込み uékomi

shrug [ˈʃrʌg] *n* 肩をすくめる事 kátà wo sukúmerù kotó
♦*vt, vi*: **to shrug (one's shoulders)** 肩をすくめる kátà wo sukúmerù

shrug off *vt* (criticism) 受流す ukénagasù; (illness) 無視する múshì suru

shrunk [ˈʃrʌŋk] *pp* of **shrink**

shudder [ˈʃʌdˈəːr] *n* 身震い mibúrùi
♦*vi* (person: with fear, revulsion) 身震いする mibúrùi suru

shuffle [ˈʃʌfˈəl] *vt* (cards) 混ぜる mazérù
♦*vi* (walk) 足を引きずって歩く ashí wò hikízutte arukù
to shuffle (one's feet) (while standing, sitting) 足をもぞもぞ動かす ashí wò mózòmozo ugókasù

shun [ˈʃʌn] *vt* (publicity, neighbors etc) 避ける sakérù

shunt [ˈʃʌnt] *vt* (train) 分岐線に入れる buńkisen ni irerù; (object) 動かす ugókasù

shut [ˈʃʌt] (*pt, pp* **shut**) *vt* (door) 閉める shimérù; (shop) しまう shimáù; (mouth, eyes) 閉じる tojírù
♦*vi* (door, eyes, shop) 閉る shimárù

shut down *vt* (for a time) 休業させる kyúgyō saserù; (forever) 閉鎖する heísa suru
♦*vi* (for a time) 休業する kyúgyō surù; (forever) 閉鎖になる heísa ni narù

shut off *vt* (supply etc) 遮断する shadán suru

shutter [ˈʃʌtˈəːr] *n* (on window: *also* PHOT) シャッター sháttà

shuttle [ˈʃʌtˈəl] *n* (plane etc) シャトル

shátòru; (*also*: **space shuttle**) スペースシャトル supésushatòru; (*also*: **shuttle service**) 折り返し運転 oríkaeshi uńten

shuttlecock [ˈʃʌtˈəlkɑːk] *n* シャトルコック shattórukokkù

shut up *vi* (*inf*: keep quiet) 黙る damárù
♦*vt* (close) しまう shimau; (silence) 黙らせる damáraserù

shy [ˈʃai] *adj* (timid: animal) 臆病な okúbyō na; (reserved) 内気な uchíki na

shyness [ˈʃaiˈnis] *n* (timidity: of animal) 臆病 okúbyō; (reservedness) 内気 uchíki na

Siamese [saiəmiːz] *adj*: **Siamese cat** シャムネコ shamúneko

Siberia [saibiˈriːə] *n* シベリア shibéria

sibling [ˈsibˈliŋ] *n* 兄弟 kyódai ◇男兄弟にも女兄弟（姉妹）にも使う otókokyòdai ni mo ofinakyòdai (shímài) ni mo tsukáù

Sicily [ˈsisˈiliː] *n* シチリア shichíria

sick [ˈsik] *adj* (ill) 病気の byóki no; (nauseated) むかついた mukátsuita; (humor) 病的な byóteki na; (vomiting): **to be sick** 吐く hákù
to feel sick むかつく mukátsukù
to be sick of (*fig*) ...にうんざりしている ...ni uñzari shite iru

sick bay *n* (on ship) 医務室 imúshìtsu

sicken [ˈsikˈən] *vt* むかつかせる mukátsukaserù

sickening [ˈsikˈəniŋ] *adj* (*fig*) 不快な fukái na

sickle [ˈsikˈəl] *n* かま kámà

sick leave *n* 病気休暇 byókikyùka

sickly [ˈsikˈliː] *adj* (child, plant) 病気がちな byókigachi na; (causing nausea: smell) むかつかせる mukátsukaserù

sickness [ˈsikˈnis] *n* (illness) 病気 byóki; (vomiting) おう吐 óto

sick pay *n* 病気手当 byókiteàte

side [ˈsaid] *n* (of object) 横 yokó; (of body) 脇腹 wakíbara; (of lake) 岸 kishí; (aspect) 側面 sokúmen; (team) 側 gawá
♦*adj* (door, entrance) 横の yokó no
♦*vi*: **to side with someone** ...の肩を持つ ...no kátà wo mótsù
the side of the road 路肩 rokáta
the side of a hill 山腹 sañpuku
by the side of ...の横に ...no yokó ni

side by side 横に並んで yokó ni narañde

from side to side 左右に sáyū ni

from all sides 四方八方から shihốhappố kara

to take sides (with) (....に)味方する (...ni) mikáta suru

sideboard [said'bɔːrd] *n* 食器戸棚 shokkítodàna, サイドボード saídobồdo

sideboards [said'bɔːrdz] *(BRIT) npl* = **sideburns**

sideburns [said'bəːrnz] *npl* もみあげ momíage

side drum *n* (MUS) 小太鼓 kodáīko

side effect *n* (MED, *fig*) 副作用 fukúsayō

sidelight [said'lait] *n* (AUT) 車幅灯 shafúkutō

sideline [said'lain] *n* (SPORT) サイドライン saídoraìn; (*fig*: supplementary job) 副業 fukúgyō

sidelong [said'lɔːŋ] *adj*: *to give someone/something a sidelong glance* ...を横目で見る ...wo yokóme de mirù

sidesaddle [said'sædəl] *adv*: *to ride sidesaddle* 馬に横乗りする umá nì yokónori surù

side show *n* (stall at fair, circus) 見世物 屋台 misémonoyatài

sidestep [said'step] *vt* (*fig*) 避けて通る sakétetòru

side street *n* わき道 wakímìchi

sidetrack [said'træk] *vt* (*fig*) ...の話を脱線させる ...no hanáshi wò dassén serù

sidewalk [said'wɔːk] *(US) n* 歩道 hodô

sideways [said'weiz] *adv* (go in) 横向きに yokómukì ni; (lean) 横へ yokó e

siding [sai'diŋ] *n* (RAIL) 側線 sokúsen

sidle [sai'dəl] *vi*: *to sidle up (to)* (....に) こっそり近寄る (...ni) kossórì chikáyorù

siege [siːdʒ] *n* (*gen*, MIL) 包囲 hối

siesta [siːes'tə] *n* 昼寝 hirúne

sieve [siv] *n* ふるい furúi
◆*vt* ふるう furúu

sift [sift] *vt* (*fig*: *also*: **sift through**: information) ふるい分ける furúiwakerù; (sieve) ふるう furúu

sigh [sai] *n* ため息 taméikì

◆*vi* ため息をつく taméikì wo tsukú

sight [sait] *n* (faculty) 視覚 shikáku; (spectacle) 光景 kókei; (on gun) 照準器 shōjunki

◆*vt* 見掛ける mikákerù

in sight 見える所に miérù tokóro ni

on sight (shoot) 見付け次第 mitsúkeshidài

out of sight 見えない所に miénaì tokóro nì

sightseeing [sait'siːiŋ] *n* 名所見物 mefshokeñbutsu

to go sightseeing 名所見物に行く mefshokeñbutsu ni ikú

sign [sain] *n* (with hand) 合図 áīzu; (indication: of present condition) しるし shirúshi; (: of future condition) 兆し kizáshi; (notice) 看板 kañban; (written) 張紙 harígami

◆*vt* (document) ...に署名〔サイン〕する ...ni shoméi 〔sáin〕 suru; (player) 雇う yatóu

to sign something over to someone ...を...に譲渡する ...wo...ni jốtò suru

signal [sig'nəl] *n* (*gen*) 信号 shiñgō; (equipment on highway, railway) 信号機 shiñgồki

◆*vi* (make signs: *also* AUT) 合図をする áīzu wo suru

◆*vt* (person) ...に合図をする ...ni áīzu wo suru; (message) ...する様に合図をする ...suru yō ni aizu wo suru

signalman [sig'nəlmən] *(pl* **signalmen***) n* (RAIL) 信号手 shiñgồshu

signature [sig'nətʃər] *n* 署名 shoméi, サイン sáin

signature tune *n* テーマ音楽 tếmaoñgaku

signet ring [sig'nit-] *n* 印章 指輪 iñshōyubìwa

significance [signif'əkəns] *n* (importance) 重要性 júyōsei

significant [signif'ikənt] *adj* (full of meaning: look, smile) 意味深い imíbukài; (important: amount, discovery) 重要な júyō na

signify [sig'nəfai] *vt* 意味する ímì suru

sign language *n* 手話 shúwà

sign on *vi* (MIL) 入隊する nyũtai surù; (*BRIT*: as unemployed) 失業手当を請求する shitsúgyōteàte wo seíkyū suru; (for course) 受講手続をする jukõtetsuzùki wo suru

◆*vt* (MIL: recruits) 入隊させる nyũtai saserù; (employee) 雇う yatóù

signpost [sain'poust] *n* 案内標識 añnaihyŏshiki

sign up *vi* (MIL) 入隊する nyũtai suru; (for course) 受講手続をする jukõtetsuzùki wo suru

silence [sai'ləns] *n* (of person) 沈黙 chíñmoku; (of place) 静けさ shizúkesà

◆*vt* (person, opposition) 黙らせる damáraserù

silencer [sai'lənsə:r] *n* (on gun) 消音器 shōónki, サイレンサー saíreñsā; (*BRIT*: AUT) 消音器 shōónki, マフラー máfùrā

silent [sai'lənt] *adj* (person) 黙っている damátte irù; (place) しんとした shíñtō shitá; (machine) 音のない otő no naì; (film) 無声の muséi no

to remain silent 黙っている damátte irù

silent prayer 黙とう mokútō

silent partner *n* (COMM) 出資者 shusshíshà ◇資本金の一部を出すが、業務に直接関与しない社員について言う shihőnkin no ichíbù wo dásù ga, győmù ni chokúsetsu kañyo shináì shá-ìn ni tsuite iú

silhouette [silu:et'] *n* シルエット shírùetto

silicon chip [sil'ikən-] *n* シリコンチップ shírikonchippù

silk [silk] *n* 絹 kínù

◆*adj* (scarf, shirt) 絹の kínù no

silky [sil'ki:] *adj* (material, skin) 絹の様な kínù no yő nà

silly [sil'i:] *adj* (person, idea) ばかな bákà na

silo [sai'lou] *n* (on farm, for missile) サイロ sáìro

silt [silt] *n* (in harbor, river etc) 沈泥 chíñdei

silver [sil'və:r] *n* (metal) 銀 gíñ; (coins) 硬貨 kõkà; (items made of silver) 銀製品 gíñseìhin

◆*adj* (color) 銀色の gíñ-iro no; (made of silver) 銀の gíñ no

silver paper (*BRIT*) *n* 銀紙 gíñgami

silver-plated [sil'və:rplei'tid] *adj* 銀めっきの gíñmekkì no

silversmith [sil'və:rsmiθ] *n* 銀細工師 gíñzaikushì

silvery [sil'və:ri:] *adj* (like silver) 銀の様な gíñ no yő nà

similar [sim'ələ:r] *adj*: *similar (to)* (...に)似た (...ni) nitá

similarity [siməlær'iti:] *n* 似ている事 nité irù kotó

similarly [sim'ələ:rli:] *adv* 同じ様に onáji yő ni

simile [sim'əli:] *n* 例え tatőè

simmer [sim'ə:r] *vi* (CULIN) ぐつぐつ煮える gútsùgutsu niérù

simpering [sim'pə:riŋ] *adj* (person) ばかみたいな作り笑いをする bákàmitai na tsukúriwaraì wo suru

a simpering smile ばかみたいな作り笑い bákàmitai na tsukúriwaraì

simple [sim'pəl] *adj* (easy) 簡単な kañtan na; (plain: dress, life) 素朴な sobőku na, シンプルな shíñpuru na; (foolish) ばかな bákà na; (COMM: interest) 単純な tañjun na

simplicity [simplis'əti:] *n* (ease) 簡単さ kañtansa; (plainness) 素朴さ sobőkusa; (foolishness) 白痴 hakuchi

simplify [sim'pləfai] *vt* 簡単にする kañtan ni surù

simply [sim'pli:] *adv* (in a simple way: live) 素朴に sobőku ni; (talk) 平易に hếi ni; (just, merely) 単に tán ni

simulate [sim'jəleit] *vt* (enthusiasm, innocence) 装う yosóoù

simulated [sim'jəleitid] *adj* (hair, fur) 偽の nisé no, 人工の jinkō no; (nuclear explosion) 模擬の mőgī no

simultaneous [saiməltei'ni:əs] *adj* (translation, broadcast) 同時の dőjì no

simultaneously [saiməltei'ni:əsli:] *adv* 同時に dőjì ni

sin [sin] *n* 罪 tsúmì

◆*vi* 罪を犯す tsúmì wo okásù

since [sins] *adv* それ以来 soré irài
♦*prep* ...以来 ...írài
♦*conj* (time) ...して以来 ...shité irài;
(because) ...ので ...nódè
since then, ever since それ以来 soré
irài

sincere [sinsi:r] *adj* 誠実な seíjitsu na

sincerely [sinsi:r'li:] *adv: yours sin-
cerely* (in letters) 敬具 kéìgu

sincerity [sinse:r'iti:] *n* 誠実さ seíjitsusa

sinew [sin'ju:] *n* (of person, animal) けん
kéñ, 筋 sújì

sinful [sin'fəl] *adj* (thought, person) 罪深
い tsumíbukaì

sing [siŋ] (*pt* **sang**, *pp* **sung**) *vt* 歌う utaû
♦*vi* (*gen*) 歌う utaû; (bird) 鳴く nakú

Singapore [siŋ'gəpɔ:r] *n* シンガポール
shíñgapòru

singe [sindʒ] *vt* 焦がす kogásù

singer [siŋ'ə:r] *n* 歌手 káshù

singing [siŋ'iŋ] *n* (noise: of people) 歌声
utágoè; (: of birds) 鳴声 nakígoè; (art) 声
楽 seígaku

single [siŋ'gəl] *adj* (individual) 一つ一つ
の hitótsuhitotsu no; (unmarried) 独身の
dokúshin no; (not double) 一つだけの hi-
tótsu dake nò
♦*n* (*BRIT*: *also*: **single ticket**) 片道乗車
券 katámichijōshakèn; (record) シングル
盤 shíñguruban

single-breasted [siŋ'gəlbres'tid] *adj*
(jacket, suit) シングルの shíñguru no

single file *n*: *in single file* 一列縦隊で
ichíretsujūtai de

single-handed [siŋ'gəlhæn'did] *adv*
(sail, build something) 一人で hitóri de

single-minded [siŋ'gəlmain'did] *adj* 一
つだけの目的を追う hitótsu dake nò mo-
kúteki wò oú

single out *vt* (choose) 選び出す erábida-
sù; (distinguish) 区別する kúbètsu suru

single room *n* シングル部屋 shíñguru-
beya

singles [siŋ'gəlz] *n* (TENNIS) シングル
ス shíñgurusu

singly [siŋ'gli:] *adv* (alone, one by one:
people) 一人ずつ hitóri zutsu; (: things)
一つずつ hitótsu zutsu

singular [siŋ'gjələ:r] *adj* (odd: occur-
rence) 変った kawátta; (outstanding:
beauty) 著しい ichíjirushiì; (LING) 単数
の tañsū no
♦*n* (LING) 単数 tañsū

sinister [sin'istə:r] *adj* 怪しげな ayáshi-
gè na

sink [siŋk] *n* 流し nagáshi
♦*vb* (*pt* **sank**, *pp* **sunk**)
♦*vt* (ship) 沈没させる chíñbotsu saserù;
(well, foundations) 掘る hórù
♦*vi* (ship) 沈没する chíñbotsu suru;
(heart, spirits) しょげる shogérù, がっか
りする gakkári suru; (ground) 沈下する
chíñka suru; (*also*: **sink back, sink
down**: into chair) 身を沈める mí wò shi-
zúmerù; (: to one's knees etc) しゃがみ込
む shágamikomù; (: head etc) うなだれる
unádarerù
to sink something into (teeth, claws
etc) ...に...を食込ませる ...ni...wo kuíko-
maserù

sink in *vi* (*fig*: words) 理解される ríkài
sarérù, 身にしみる mí nì shimírù

sinner [sin'ə:r] *n* 罪人 tsumíbìto

sinus [sai'nəs] *n* (ANAT) 副鼻こう fukú-
bikò

sip [sip] *n* 一口 hitòkûchi
♦*vt* ちびりちびり飲む chibírìchihiri nó-
mù

siphon [sai'fən] *n* サイホン sáìhon

siphon off *vt* (liquid) サイホンで汲み出
す sáìhon de kumídasù; (money etc) ほか
へ回す hoká e mawású

sir [sə:r] *n* ◇男性に対する丁寧な呼び掛
け.日本語では表現しない dañsei ni tai
surù téìnei na yobíkake. nihóñgo de wa
hyógen shinaì
Sir John Smith ジョン・スミス卿 jòn
sumísukyō
yes sir はい hâì

siren [sai'rən] *n* サイレン sáìren

sirloin [sə:r'lɔin] *n* (*also*: **sirloin steak**)
サーロインステーキ sároinsutèki

sissy [sis'i:] (*inf*) *n* 弱虫 yowámùshi

sister [sis'tə:r] *n* (relation: *gen*) 女きょう
だい oñnakyōdai, 姉妹 shímài; (*also*:
older sister) 姉 ané, 姉さん néésan; (*also*:

younger sister) 妹 imōto; (nun) 修道女 shūdōjo; (*BRIT*: nurse) 婦長 fuchō

sister-in-law [sis'tə:rinlɔ:] (*pl* **sisters-in-law**) *n* (older) 義理の姉 girí nò anè; (younger) 義理の妹 girí nò imōto

sit [sit] (*pt, pp* **sat**) *vi* (sit down) 座る suwárù, 腰掛ける koshíkakerù; (be sitting) 座っている suwátte irù, 腰掛けている koshíkakete irù; (assembly) 会期中である kaíkichū de arù; (for painter) モデルになる módèru ni nárù

◆*vt* (exam) 受ける ukérù

sitcom [sit'kɑ:m] *n abbr* (= *situation comedy*) 連続放送コメディー reñzoku hōsōkomèdī

sit down *vi* 座る suwárù, 腰掛ける koshíkakerù

site [sait] *n* (place) 場所 bashó; (*also*: **building site**) 用地 yōchì

◆*vt* (factory, cruise missiles) 置く ókù

sit-in [sit'in] *n* (demonstration) 座り込み suwárikomì

sit in on *vt fus* (meeting) 傍聴する bōchō suru

sitting [sit'iŋ] *n* (of assembly etc) 開会 kaíkai; (in canteen) 食事の時間 shokúji nò jikán

we have two sittings for lunch 昼食は2度で出されます chūshoku wà nikōtài de dasáremasù

sitting room *n* 居間 ímà

situated [sitʃ'u:eitid] *adj* ...にある ...ni árù

situation [sitʃu:ei'ʃən] *n* (state) 状況 jōkyō; (job) 職 shokú; (location) 立地条件 ritchíjōken

「*situations vacant*」(*BRIT*) 求人 kyūjin ◇新聞などの求人欄のタイトル shiñbun nadð no kyūjinraň no táītoru

sit up *vi* (after lying) 上体を起す jōtai wð okósù; (straight) きちんと座る kichíñto suwárù; (not go to bed) 起きている ókìte irú

six [siks] *num* 六 (の) rokú (no), 六つ (の) múttsù (no)

sixteen [siks'ti:n'] *num* 十六 (の) jūroku (no)

sixth [siksθ] *num* 第六(の) dáì roku (no)

sixty [siks'ti:] *num* 六十 (の) rokújù (no)

size [saiz] *n* (*gen*) 大きさ ōkisa; (extent: of project etc) 規模 kíbð; (of clothing, shoes) サイズ sáìzu; (glue) サイズ sáìzu ◇紙のにじみ止め kamí nò nijímidome

sizeable [sai'zəbəl] *adj* (crowd, income etc) かなり大きい kánàri ōkiì

size up *vt* (person, situation) 判断する hañdan suru

sizzle [siz'əl] *vi* (sausages etc) じゅうじゅうと音を立てる jūjū to otð wð tatérù

skate [skeit] *n* (ice skate) スケート sukḗtò; (roller skate) ローラースケート rṓrāsukḗtò; (fish) エイ éì

◆*vi* スケートをする sukḗtò wo suru

skateboard [skeit'bɔ:rd] *n* スケートボード sukḗtobōdo

skater [skei'tə:r] *n* スケートをする人 sukḗtò wo suru hito, スケーター sukḗtā

skating [skei'tiŋ] *n* (SPORT) スケート sukḗtò

skating rink *n* スケートリンク sukḗtoriñku

skeleton [skel'itən] *n* (bones) がい骨 gáìkotsu; (TECH: framework) 骨組 honḗgumi; (outline) 骨子 kósshì

skeleton staff *n* 最小限度の人員 saíshōgeñdo no jíñ-in

skeptic [skep'tik] (*US*) *n* 疑い深い人 utágaibukaì hitó

skeptical [skep'tikəl] (*US*) *adj* 疑っている utagátte irù, 信用しない shiñ-yō shinaì

skepticism [skep'tisizəm] (*US*) *n* 疑問 gimón

sketch [sketʃ] *n* (drawing) スケッチ sukḗtchì; (outline) 骨子 kósshì; (THEATER, TV) 寸劇 suñgeki, スキット sukíttò

◆*vt* スケッチする sukḗtchì suru; (*also*: **sketch out**: ideas) ...のあらましを言う ...no arámashi wð iú

sketchbook [sketʃ'buk] *n* スケッチブック sukḗtchibukkù

sketchy [sketʃ'i:] *adj* (coverage, notes etc) 大雑把な ōzappà na

skewer [skju:'ə:r] *n* くし kushí

ski [ski:] n スキー sukí
♦vi スキーをする sukí wo surù
ski boot n スキー靴 sukígùtsu
skid [skid] n (AUT) スリップ suríppù
♦vi (gen, AUT) スリップする suríppù suru
skier [ski:'ə:r] n スキーヤー sukíyà
skiing [ski:'iŋ] n スキー sukí
ski jump n スキージャンプ sukíjaǹpu
skilful [skil'fəl] (BRIT) adj = skillful
ski lift n スキーリフト sukírifùto
skill [skil] n (ability, dexterity) 熟練 jukúren; (work requiring training: computer skill etc) 技術 gíjùtsu
skilled [skild] adj (able) 上手な jốzu na; (worker) 熟練の jukúren no
skillful [skil'fəl] (BRIT: skilful) adj 上手な jốzu na
skim [skim] vt (milk) …の上澄みをすくい取る …no uwázumi wò sukúitorù; (glide over) …すれすれに飛ぶ …surésure nì tobú
♦vi: to skim through (book) …をざっと読む wo záttó yómù
skimmed milk [skimd-] n 脱脂乳 dasshínyù
skimp [skimp] vt (also: skimp on: work) いいかげんにする íkagen nì suru; (: cloth etc) けちる kechírù
skimpy [skim'pi:] adj (meager: meal) 少な過ぎる sukúnasugirù; (too small: skirt) 短過ぎる mijíkasugirù
skin [skin] n (gen: of person, animal) 皮膚 hífù; (: of fruit) 皮 kawá; (complexion) 顔の肌 kaó nò hádà
♦vt (fruit etc) …の皮をむく …no kawá wò múkù; (animal) …の皮を剥ぐ …no kawá wò hágù
skin-deep [skin'di:p'] adj (superficial) 表面だけの hyốmeǹ daké no
skin-diving [skin'daiviŋ] n スキンダイビング sukíndaìbingu
skinny [skin'i:] adj (person) やせた yaséta
skintight [skin'tait] adj (jeans etc) 体にぴったりの karáda nì pittárì no
skip [skip] n (movement) スキップ sukíppù; (BRIT: container) ごみ箱 gomíbàko

♦vi (jump) スキップする sukíppù suru; (with rope) 縄跳びする nawátobì suru
♦vt (pass over: boring parts) とばす tobásù; (miss: lunch) 抜く nukú; (: lecture) すっぽかす suppókasù
ski pants npl スキーズボン sukízubòn
ski pole n スキーストック sukísutokkù
skipper [skip'ə:r] n (NAUT) 船長 señcho; (SPORT) 主将 shushố, キャプテン kyápùten
skipping rope [skip'iŋ-] (BRIT) n 縄跳の縄 nawátobi nò nawá
skirmish [skə:r'miʃ] n (also MIL) こぜりあい kozérìai
skirt [skə:rt] n スカート sukátò
♦vt (fig: go round) 避けて通る sákète tốrù
skirting board [skə:r'tiŋ-] (BRIT) n 幅木 habáki
ski slope n ゲレンデ geréǹde
ski suit n スキー服 sukífùku
skit [skit] n スキット sukíttò
skittle [skit'əl] n スキットルのピン sukíttòru no píǹ
skittles [skit'əlz] n (game) スキットル sukíttòru ◇9本のピンを木のボールで倒すボーリングに似た遊び kyúhòn no píǹ wo ki no bòru de taosu bōringu ni nita asobí
skive [skaiv] (BRIT: inf) vi サボる sabórù
skulk [skʌlk] vi うろつく urótsukù
skull [skʌl] n (ANAT) 頭がい骨 zugáikotsu
skunk [skʌŋk] n (animal) スカンク sukáǹku
sky [skai] n 空 sórà
skylight [skai'lait] n 天窓 teñmado
skyscraper [skai'skreipə:r] n 摩天楼 matêǹrō
slab [slæb] n (stone) 石板 sekíban; (of cake, cheese) 厚い一切れ atsúi hitokìre
slack [slæk] adj (loose: rope, trousers etc) たるんでいる tarúnde irù; (slow: period) 忙しくない isógashikunaì; (careless: security, discipline) いい加減な íkagen na
slacken [slæk'ən] (also: slacken off) vi

(demand) 減る herú; (speed) 落ちる ochírù

♦vt (trousers) 緩める yurúmeru; (speed) 緩める yurúmerù, 落す otósù

slacks [slæks] npl ズボン zubóñ, スラックス surákkùsu

slag heap [slæg-] n ぼた山 botáyama

slag off (BRIT: inf) vt (criticize) ...の悪口を言う ...no warúgùchi wo iú

slain [slein] pp of **slay**

slalom [slɑː'ləm] n 回転競技 kaítenkyōgì, スラローム surárōmu

slam [slæm] vt (door) ばたんと閉める batáñ to shimérù; (throw) 投げ付ける nagétsukerù; (criticize) 非難する hínan suru

♦vi (door) ばたんと閉まる batáñ to shimárù

slander [slæn'dər] n 中傷 chúshō

slang [slæŋ] n (informal language) 俗語 zokúgo, スラング suráñgu; (jargon: prison slang etc) 符丁 fuchō

slant [slænt] n (sloping: position) 傾斜 keísha; (fig: approach) 見方 mikáta

slanted [slæn'tid] adj (roof) 傾斜のある keísha no aru; (eyes) つり上った tsuríagattà

slanting [slæn'tiŋ] adj = **slanted**

slap [slæp] n (hit) 平手打ち hiráteuchi, びんた bíñta

♦vt (child, face) ぴしゃりと打つ pishárì to útsù

♦adv (directly) まともに matómo nì

to slap something on something (paint etc) ...を...にいい加減に塗り付ける ...wo ...ni ikagen nì nurítsukerù

slapdash [slæp'dæʃ] adj (person, work) いい加減な ikágen na

slapstick [slæp'stik] n (comedy) どたばた喜劇 dotábata kigèki

slap-up [slæp'ʌp] adj: **a slap-up meal** (BRIT) 御馳走 gochísō

slash [slæʃ] vt (cut: upholstery, wrists etc) 切る kírù ◇特に長くて深い切傷を付けるという意味で使う tókù ni nágakute fukái kiríkìzu wo tsukérù to iú imì de tsukáù; (fig: prices) 下げる sagérù

slat [slæt] n (of wood, plastic) 板 ítà ◇百葉箱に使われる様な薄くて細い板を指す

hyakúyōbàko ni tsukáwareru yō na usúkùte hosóì ítà wo sásù

slate [sleit] n (material) 粘板岩 neñbañgan; (piece: for roof) スレート surḗtò

♦vt (fig: criticize) けなす kenásu

slaughter [slɔː'tər] n (of animals) と殺 tosátsu; (of people) 虐殺 gyakúsatsu

♦vt (animals) と殺する tosátsu suru; (people) 虐殺する gyakúsatsu suru

slaughterhouse [slɔː'tərhaus] n と殺場 tosátsujō

Slav [slɑːv] adj スラブ民族の surábumiñzoku no

slave [sleiv] n 奴隷 doréi

♦vi (also: **slave away**) あくせく働く ákùseku határakù

slavery [slei'vəːri:] n (system) 奴隷制度 doréiseìdo; (condition) 奴隷の身分 doréi no míbùn

slavish [slei'viʃ] adj (obedience) 卑屈な hikútsu na; (copy) 盲目的な mṓmokuteki na

slay [slei] (pt **slew**, pp **slain**) vt 殺す korósù

sleazy [sliː'ziː] adj (place) 薄汚い usúgitanaì

sledge [sledʒ] n そり sórì

sledgehammer [sledʒ'hæmər] n 大づち ōzúchi

sleek [sliːk] adj (shiny, smooth: hair, fur etc) つやつやの tsuyátsuyà no; (car, boat etc) 優雅な yūga na

sleep [sliːp] n 睡眠 suímin

♦vi (pt, pp **slept**) (gen) 眠る nemúrù, 寝る nerú; (spend night) 泊る tomárù

to go to sleep (person) 眠る nemúrù, 寝る neru

sleep around vi 色々な人とセックスをする iróiro na hito tò sékkùsu wo suru

sleeper [sliː'pər] (BRIT) n (RAIL: on track) まくら木 makúragi; (: train) 寝台列車 shiñdairessha

sleep in vi (oversleep) 寝坊する nebṓ suru

sleeping bag [sliː'piŋ-] n 寝袋 nebúkùro

sleeping car n (RAIL) 寝台車 shiñdaisha

sleeping partner (BRIT) n (COMM)

= **silent partner**

sleeping pill *n* 睡眠薬 suímiñ-yaku

sleepless [sli:p'lis] *adj*: *a sleepless night* 眠れない夜 nemúrenai yorù

sleepwalker [sli:p'wɔ:kə:r] *n* 夢遊病者 muyúbyōshà

sleepy [sli:'pi:] *adj* (person) 眠い nemúi; (*fig*: village etc) ひっそりとした hissórì to shita

sleet [sli:t] *n* みぞれ mizóre

sleeve [sli:v] *n* (of jacket etc) そで sodé; (of record) ジャケット jákètto

sleeveless [sli:v'lis] *adj* (garment) そでなしの sodénashi no, スリーブレスの suríburèsu no

sleigh [slei] *n* そり sórì

sleight [slait] *n*: *sleight of hand* 奇術 kíjùtsu

slender [slen'də:r] *adj* (slim: figure) ほっそりした hossórì shita, スリムな súrìmu na; (small: means, majority) わずかな wázùka na

slept [slept] *pt, pp of* **sleep**

slew [slu:] *vi* (*BRIT*) − **slue**
♦*pt of* **slay**

slice [slais] *n* (of meat, bread, lemon) スライス suráìsu; (utensil: fish slice) フライ返し furáigaèshi; (: cake slice) ケーキサーバー kékisàbā
♦*vt* (bread, meat etc) スライスする suráìsu suru

slick [slik] *adj* (skillful: performance) 鮮やかな azáyàka na; (clever: salesman, answer) 抜け目のない nukéme no naî
♦*n* (*also*: **oil slick**) 油膜 yumáku

slid [slid] *pt, pp of* **slide**

slide [slaid] *n* (downward movement) 下落 geráku; (in playground) 滑り台 subéridài; (PHOT) スライド suráìdo; (*BRIT*, *also*: **hair slide**) 髪留 kamídòme, ヘアクリップ heákurìppu
♦*vb* (*pt, pp* **slid**)
♦*vt* 滑らせる subéraserù
♦*vi* (slip) 滑る subérù; (glide) 滑る様に動く subéru yō ni ugókù

slide rule *n* 計算尺 keísanjaku

sliding [slai'diŋ] *adj*: *sliding door* 引戸 hikídò

sliding scale *n* スライド制 suráidosei

slight [slait] *adj* (slim: figure) やせ型の yaségata no; (frail) か弱い kayówaî; (small: increase, difference) わずかな wázùka na; (error, accent, pain etc) ちょっとした chóttò shita; (trivial) ささいな sásài na
♦*n* (insult) 侮辱 bujóku
not in the slightest 少しも...ない sukóshì mo ...naî

slightly [slait'li:] *adv* (a bit, rather) 少し sukóshì

slim [slim] *adj* (person, figure) ほっそりした hossórì shita; (chance) わずかな wázùka na
♦*vi* (lose weight) やせる yasérù

slime [slaim] *n* ぬるぬるした物 núrùnuru shita monó

slimming [slim'iŋ] *n* (losing weight) そう身 sōshin

slimy [slai'mi:] *adj* (pond) ぬるぬるした物に覆われた núrùnuru shita monó nì ówaretà

sling [sliŋ] *n* (MED) 三角きん sañkakùkin; (for baby) 子守り帯 komóriobì; (weapon) 石投げ器 ishínagekî
♦*vt* (*pt, pp* **slung**) (throw) 投げる nagérù

slip [slip] *n* (while walking) 踏外し fumíhazushi; (of vehicle) スリップ suríppù; (mistake) 過ち ayámachî; (underskirt) スリップ suríppù; (*also*: **slip of paper**) 一枚の紙 ichímài no kamí ◇通常メモ用紙, 伝票などの様な小さい紙を指す tsújō memóyòshi, deñpyō nadò no yṓ nà chíisaî kamí wò sásù
♦*vt* (slide) こっそり...を...にやる kossórì ...wo ...ni yarú
♦*vi* (slide) 滑る subérù; (lose balance) 踏外し fumíhazushì; (decline) 悪くなる wárùku nárù; (move smoothly): *to slip into/out of* (room etc) そっと入る〔出て行く〕 sóttò háiru〔détè iku〕
to give someone the slip ...をまく ...wo mákù
a slip of the tongue うっかり言ってしまう事 ukkárì itté shimaú kotó
to slip something on/off さっと...を着る〔脱ぐ〕 sáttò ...wo kírù〔nugu〕

slip away *vi* (go) そっと立ち去る sốttò tachísaru

slip in *vt* (put) こっそり入れる kossóri irérù

◆*vi* (errors) いつの間にか入ってしまう itsú no ma ni kà haítte shimaù

slip out *vi* (go out) そっと出て行く sốttò détè ikú

slipped disc [slipt-] *n* つい間板ヘルニア tsuíkaǹbanherunìa

slipper [slip'ə:r] *n* (carpet slipper) スリッパ suríppà

slippery [slip'ə:ri:] *adj* (road) 滑りやすい subériyasuî; (fish etc) つかみにくい tsukáminikuî

slip road (*BRIT*) *n* (on motorway: access road) 入路 nyúro; (: exit road) 出口 deguchi

slipshod [slip'ʃɑːd] *adj* いい加減な iíkagen na

slip up *vi* (make mistake) 間違いをする machígai wò suru

slip-up [slip'ʌp] *n* (error) 間違い machígaì

slipway [slip'wei] *n* 造船台 zốsendài

slit [slit] *n* (cut) スリット suríttò; (opening) すき間 sukíma

◆*vt* (*pt*, *pp* **slit**) 切り開く kiríhirakù

slither [slið'ə:r] *vi* (person) 足を取られながら歩く ashí wò torárenagara arukù; (snake etc) はう háù

sliver [sliv'ə:r] *n* (of glass, wood) 破片 hahén; (of cheese etc) 一切れ hitókìre

slob [slɑːb] (*inf*) *n* (man) だらしない野郎 daráshinai yarồ; (woman) だらしないあま daráshinaî áma

slog [slɑːg] (*BRIT*) *vi* (work hard) あくせく働く ákùseku határakù

◆*n*: *it was a hard slog* 苦労した kurồ shitá

slogan [slou'gən] *n* スローガン surốgàn

slop [slɑːp] *vi* (*also*: **slop over**) こぼれる kobórerù

◆*vt* こぼす kobósù

slope [sloup] *n* (gentle hill) 坂道 sakámìchi; (side of mountain) 山腹 saǹpuku; (ski slope) ゲレンデ gerénde; (slant) 傾斜 keísha

◆*vi*: *to slope down* 下り坂になる kudárizaka ni narù

slope up *vi* 上り坂になる nobórizaka ni narù

sloping [slou'piŋ] *adj* (ground, roof) 傾斜になっている keísha ni natte irù; (handwriting) 斜めの nanáme no

sloppy [slɑːp'i:] *adj* (work, appearance) だらしない daráshinaî

slot [slɑːt] *n* (in machine) 投入口 tốnyùguchi, スロット surốttò

◆*vt*: *to slot something into* ... (のスロットなど) に...を入れる ... (no surốttò nado) ni ...wo irérù

sloth [slɔːθ] *n* (laziness) 怠惰 taída

slot machine *n* (*BRIT*: vending machine) 自動販売機 jidóhanbaikì; (for gambling) スロットマシーン surốttomashìn

slouch [slautʃ] *vi* (person) だらしない姿勢で...する daráshinaî shiséi dè ...suru

slovenly [slʌv'ənli:] *adj* (dirty: habits, conditions) 汚い kitánaî; (careless: piece of work) だらしない daráshinaî

slow [slou] *adj* (music, journey) ゆっくりした yukkúrî shita; (service) 遅い osốî, のろい norôî; (person: not clever) 物覚えの悪い monóobòe no warúî; (watch, clock): *to be slow* 遅れている okúrete irù

◆*adv* ゆっくりと yukkúrî to, 遅く osókù

◆*vt* (*also*: **slow down**, **slow up**: vehicle) ...のスピードを落す ...no supídð wo otósù; (: business etc) 低迷させる teímei saserù

◆*vi* (*also*: **slow down**, **slow up**: vehicle) スピードを落す supídð wo otósù; (: business etc) 下火になる shitábi nì narù

「*slow*」(road sign) 徐行 jokố

slowly [slou'li:] *adv* ゆっくりと yukkúrî to, 遅く osókù

slow motion *n*: *in slow motion* スローモーションで surốmòshon de

sludge [slʌdʒ] *n* (mud) へどろ hedóro

slue [sluː] (*US* **veer**) *vi* スリップする suríppù suru

slug [slʌg] *n* (creature) なめくじ namékujì; (bullet) 弾丸 daǹgan, 鉄砲玉 teppốdama

sluggish [slʌgˈiʃ] *adj* (stream, engine, person) 緩慢な kanˈman na; (COMM: trading) 不活発な fukáppatsu na

sluice [slu:s] *n* (*also*: **sluicegate**) 水門 suímon; (channel) 水路 súiro

slum [slʌm] *n* (house) 汚い家 kitánaî ié; (area) 貧民街 hínmiñgai, スラム súramu

slump [slʌmp] *n* (economic) 不景気 fukéîki; (COMM) スランプ suráñpu
♦*vi* (fall: person) 崩れ落ちる kuzúreochirù; (: prices) 暴落する bóraku suru

slung [slʌŋ] *pt, pp of* **sling**

slur [slər] *n* (*fig*): **slur (on)** (...の)悪口 (...no) warúkùchi
♦*vt* (words) 口ごもって言う kuchígomottè iú

slush [slʌʃ] *n* (melted snow) 溶けかかった雪 tokékakattà yukí

slush fund *n* 裏金用資金 uráganeyōshikiñ

slut [slʌt] (*inf!*) *n* ばいた baítà

sly [slai] *adj* (smile, expression, remark) 意味ありげな ímfarige na; (person: clever, wily) ずるい zurúî

smack [smæk] *n* (slap) 平手打ち hiráteuchi; (on face) びんた bíñta
♦*vt* (hit: *gen*) 平手で打つ hiráte dè útsù; (: child) ぶつ bútsù; (: on face) ...にびんたを食らわす ...ni bíñta wo kurawásù
♦*vi*: **to smack of** (smell of) ...くさい ...kusáî; (remind one of) ...を思わせる ...wo omówaserù

small [smɔːl] *adj* (person, object) 小さい chíîsaî; (child: young) 幼い osánaî; (quantity, amount) 少しの sukóshì no

small ads (*BRIT*) *npl* 分類広告 buñrui kōkoku

small change *n* 小銭 kuzéni

small fry *npl* (unimportant people) 下っ端 shitáppa

smallholder [smɔːlˈhouldər] (*BRIT*) *n* 小作農 shōjisakunō

small hours *npl*: **in the small hours** 深夜に shíñya ni

smallpox [smɔːlˈpɑːks] *n* 天然痘 teñnentō

small talk *n* 世間話 sekénbanashi

smart [smɑːrt] *adj* (neat, tidy) きちんとした kichíñ to shitá; (fashionable: clothes etc) しゃれた sharéta, いきな ikí na, スマートな sumátò na; (: house, restaurant) しゃれた shareta, 高級な kōkyū na; (clever) 頭がいい atáma ga iî; (quick) 早い hayáî
♦*vi* しみる shimírù; (*fig*) 悔しがる kuyáshigarù

smarten up [smɑːrˈtən-] *vi* 身なりを直す mínàri wo naósù
♦*vt* きれいにする kírèi ni suru

smash [smæʃ] *n* (collision: *also*: **smash-up**) 衝突 shōtotsu; (smash hit) 大ヒット daíhittò
♦*vt* (break) めちゃめちゃに壊す mechámecha nì kowásù; (car etc) 衝突してめちゃめちゃにする shōtotsu shitè mechámecha ni surù; (SPORT: record) 破る yabúrù
♦*vi* (break) めちゃめちゃに壊れる mechámecha nì kowárerù; (against wall etc) 激突する gekítotsu suru

smashing [smæʃˈiŋ] (*inf*) *adj* 素晴らしい subárashiî

smattering [smætˈəːriŋ] *n*: **a smattering of** ...をほんの少し ...wo hoñno sukoshî

smear [smiːr] *n* (trace) 染み shimí; (MED) スミア sumía
♦*vt* (spread) 塗る nurú; (make dirty) 汚す yogósù

smear campaign *n* 中傷作戦 chūshōsakuseñ

smell [smel] *n* (odor) におい nióî; (sense) 臭覚 kyūkaku
♦*vb* (*pt, pp* **smelt** *or* **smelled**)
♦*vt* (become aware of odor) ...のにおいがする ...no niói ga suru; (sniff) ...をかぐ ...wo kagú
♦*vi* (*pej*) におう nióu, 臭い kusáî; (food etc) ...においがする ...nióî ga suru
to smell of ...のにおいがする ...no nióî ga suru

smelly [smelˈiː] *adj* (cheese, socks) 臭い kusáî

smile [smail] *n* ほほえみ hohóemi
♦*vi* ほほえむ hohóemù

smirk [smə:rk] *n* にやにや笑い niyániya warái

smithy [smiθ'i:] *n* 鍛冶屋の仕事場 kajíyà no shigótobà

smock [smɑ:k] *n* (*gen*) 上っ張り uwápparì; (children's) スモック sumókkù; (*US*: overall) 作業着 sagyōgì

smog [smɑ:g] *n* スモッグ sumóggù

smoke [smouk] *n* 煙 kemúri
♦*vi* (person) タバコを吸う tabáko wò súù; (chimney) 煙を出す kemúri wò dásù
♦*vt* (cigarettes) 吸う súù

smoked [smoukt] *adj* (bacon etc) 薫製の kuńsei no; (glass) いぶした ibúshita

smoker [smou'kə:r] *n* (person) タバコを吸う人 tabáko wò súù hito, 喫煙者 kitsúeñsha; (RAIL) 喫煙車 kitsúeñsha

smokescreen [smouk'skri:n] *n* (*also fig*) 煙幕 éñmaku

smoking [smou'kiŋ] *n* (act) 喫煙 kitsúen
「*no smoking*」(sign) 禁煙 kiń-en

smoky [smou'ki:] *adj* (atmosphere, room) 煙い kemúî; (taste) 薫製の (様な) kuńsei no (yō na)

smolder [smoul'də:r] (*US*) *vi* (fire: *also fig*: anger, hatred) くすぶる kusúburù

smooth [smu:ð] *adj* (*gen*) 滑らかな naméràka na; (sauce) つぶつぶのない tsubútsubu no nai; (flat: sea) 穏やかな odáyàka na; (flavor, whisky) まろやかな maróyàka na; (movement) 滑らかな naméràka na; (*pej*: person) 口先のうまい kuchísaki no umáî
♦*vt* (*also*: **smooth out**: skirt, piece of paper etc) ...のしわを伸ばす ...no shiwá wò nobásù; (: creases) 伸ばす nobásù; (: difficulties) 取除く torínozokù

smother [smʌð'ə:r] *vt* (fire) ...に ...をかぶせて消す ...ni ...wo kabúsete kesù; (suffocate: person) 窒息させる chissóku saserù; (repress: emotions) 抑える osáerù

smoulder [smoul'də:r] (*BRIT*) *vi* = **smolder**

smudge [smʌdʒ] *n* 汚れ yogóre
♦*vt* 汚す yogósù

smug [smʌg] *adj* 独り善がりの hitóriyogarì no

smuggle [smʌg'əl] *vt* (diamonds etc) 密

輸する mitsúyu suru; (refugees) 密入国させる mitsúnyūkoku sasérù

smuggler [smʌg'lə:r] *n* 密輸者 mitsúyushà

smuggling [smʌg'liŋ] *n* (traffic) 密輸 mitsúyu

smutty [smʌt'i:] *adj* (*fig*: joke, book) わいせつな waísetsu na

snack [snæk] *n* (light meal) 軽食 keíshoku; (food) スナック sunákkù

snack bar *n* スナックバー sunákkubà, スナック sunákkù

snag [snæg] *n* 障害 shōgai

snail [sneil] *n* カタツムリ katátsumùri ◇一般に水生の巻貝をも指す ippán nì suísei nò makígài wo mo sásù

snake [sneik] *n* (*gen*) ヘビ hébì

snap [snæp] *n* (sound) ぱちっという音 pachíttò iú otò; (photograph) 写真 shashín
♦*adj* (decision etc) 衝動的な shōdōteki na
♦*vt* (break) 折る órù; (fingers) 鳴らす narásù
♦*vi* (break) 折れる orérù; (*fig*: person: speak sharply) 辛らつな事を言う shíratsu na kotò wo iú
to snap shut (trap, jaws etc) がちゃっと閉まる gacháttò shimárù

snap at *vt fus* (subj: dog) かみつこうとする kamítsukō to suru

snap off *vi* (break) 折れる orérù ◇折れて取れる場合に使う órète torérù baái nì tsukáù

snappy [snæp'i:] (*inf*) *adj* (answer, slogan) 威勢のいい iséi no iî
make it snappy (hurry up) 早くしなさい háyàku shinásaì

snapshot [snæp'ʃɑːt] *n* 写真 shashín

snap up *vt* (bargains) すぐ買う súgù káù

snare [sne:r] *n* わな wánà

snarl [snɑ:rl] *vi* (animal) うなる unárù; (person) どなる donárù

snatch [snætʃ] *n* (small piece: of conversation, song etc) 断片 dañpeñ
♦*vt* (snatch away: handbag, child etc) ひったくる hittákurù; (*fig*: opportunity) 利用する riyō suru; (: look, some sleep etc)

sneak [sniːk] (*pt, pp* **sneaked** *also US*
snuck) *vi*: *to sneak in/out* こっそり入
る〔出る〕kossórì háiru〔deru〕
♦*n* (*inf*) 告げ口するひと tsugéguchi suru
hitó
to sneak up on someone ...に忍び寄る
...ni shinóbiyorù

sneakers [sniːˈkəːrz] *npl* 運動靴 uñdōgu-
tsu, スニーカー suníkā

sneer [sniːr] *vi* (laugh nastily) 冷笑する
reíshō suru; (mock): *to sneer at* ...をあ
ざわらう ...wo azáwaraù

sneeze [sniːz] *n* くしゃみ kushámí
♦*vi* くしゃみをする kushámí wo suru

sniff [snif] *n* (sound) 鼻をくんくん鳴らす
音 haná wò kúñkun narásù otó; (smell:
by dog, person) くんくんかぐ事 kúñkun
kagú kotó
♦*vi* (person: when crying etc) 鼻をくんく
ん鳴らす haná wò kúñkun narásù
♦*vt* (*gen*) かぐ kagú; (glue, drugs) 鼻で吸
う haná dè súù

snigger [snígəːr] *vi* くすくす笑う kúsù-
kusu waráù

snip [snip] *n* (cut) はさみで切る事 hasámi
dè kíru koto; (*BRIT*: *inf*: bargain) 掘出
し物 horídashimonò
♦*vt* (cut) はさみで切る hasámi dè kíru

sniper [snáɪpəːr] *n* 狙撃兵 sogékihei

snippet [snípit] *n* (of information, news)
断片 dañpen

snivelling [snívəliŋ] *adj* (whimpering)
めそめそ泣く mésòmeso nakú

snob [snɑːb] *n* 俗物 zokúbutsu

snobbery [snɑːbˈəːriː] *n* 俗物根性 zokú-
butsukoñjō

snobbish [snɑːbˈiʃ] *adj* 俗物的な zokúbu-
toutokí nà

snooker [snukˈəːr] *n* ビリヤード biríyā-
do

snoop [snuːp] *vi*: *to snoop about* こっそ
りのぞき回る kossórì nozókimawarù

snooty [snuːˈtiː] *adj* (person, letter,
reply) 横柄な ōhèi na

snooze [snuːz] *n* 昼寝 hirúne
♦*vi* 昼寝する hirúne suru

snore [snɔːr] *n* いびき ibíki

♦*vi* いびきをかく ibíki wò kákù

snorkel [snɔːrˈkəl] *n* (for swimming) シ
ュノーケル shunókeru

snort [snɔːrt] *n* 鼻を鳴らす事 haná wò
narásù koto
♦*vi* (animal, person) 鼻を鳴らす haná wò
narásù

snout [snaut] *n* ふん fún

snow [snou] *n* 雪 yukí
♦*vi* 雪が降る yukí gà fúrù

snowball [snouˈbɔːl] *n* 雪のつぶて yukí
nò tsubúte
♦*vi* (*fig*: problem, campaign) どんどん大
きくなる dóñdon ōkiku naru

snowbound [snouˈbaund] *adj* (people) 雪
に閉じ込められた yukí ni tojíkomerarè-
ta; (vehicles) 雪で立ち往生した yukí dè
tachíōjō shita

snowdrift [snouˈdrift] *n* 雪の吹きだまり
yukí nò fukídamarì

snowdrop [snouˈdrɑːp] *n* 雪の花 yukíno-
hanà

snowfall [snouˈfɔːl] *n* (amount) 降雪量
kōsetsuryo; (a fall of snow) 降雪 kōsetsu

snowflake [snouˈfleik] *n* 雪のひとひら
yukí nò hitóhirà

snowman [snouˈmæn] (*pl* **snowmen**) *n*
雪だるま yukídaruma

snowplow [snouˈplau] (*BRIT* **snow-
plough**) *n* 除雪車 josétsushà

snowshoe [snouˈʃuː] *n* かんじき kañjiki

snowstorm [snouˈstɔːrm] *n* 吹雪 fúbùki

snub [snʌb] *vt* (person) 鼻であしらう ha-
ná dè ashíraù
♦*n* 侮辱 bujóku

snub-nosed [snʌbˈnouzd] *adj* 鼻先の反っ
た hanásaki nò sottá

snuck [snʌk] (*US*) *pt, pp of* **sneak**

snuff [snʌf] *n* かぎ煙草 kagítabako

snug [snʌg] *adj* (sheltered: person, place)
こじんまりした kojínmarì shita; (person)
心地好い kokóchiyoì; (well-fitting) ぴっ
たりした pittárì shita

snuggle [snʌgˈəl] *vi*: *to snuggle up to
someone* ...に体を擦付ける ...ni karáda
wò surítsukerù

KEYWORD

so [sou] adv **1** (thus, likewise) そう số, そ
の通り sonố tỗri

so saying he walked away そう言って
彼は歩き去った số itté kắre wa arúki-
sattầ

while she was so doing, he ... 彼女が
それをやっている間彼は... kắnojo ga so-
rế wò yatté iru aḯda kắre wa...

if so だとすれば dắ tò suréba

*do you enjoy soccer? if so, come to
the game* フットボールが好きですか,
だったら試合を見に来て下さい futtóbồ-
ru ga sukí desù ká, dắttara shiái wò mi
ni kite kudasaî

I didn't do it - you did so! やったの
は私じゃない-いや, お前だ yattá no wa
watákushi ja naî -iyá, omáe dầ

so do I, so am I etc 私もそうです watá-
kushi mò số desù

I like swimming - so do I 私は水泳が
好きです -私もそうです watákushi wầ
suíei gầ sukí desù -watákushi mò số
desù

I'm still at school - so am I 私はまだ
学生です -私もそうです watákushi wầ
mádầ gakúsei desù -watákushi mò số
desù

I've got work to do - so has Paul 私
には仕事がありますから -ポールもそう
ですよ watákushi ni wầ shigóto gầ arí-
masu karầ -pỗru mo số desù yố

it's 5'o'clock - so it is! 5時です -あっ,
そうですね gốji desu -át, số desù nế

I hope so そう希望します số kibố shi-
masù

I think so そうだと思います số da tò
omóimasu

so far これまで korế madề

how do you like the book so far? こ
れまでその本はどうでしたか korế madề
sonố hoň wa dố deshḯta ka

so far I haven't had any problems
ここまでは問題はありません kokố madề
wa moňdai wầ arímaseň

2 (in comparisons etc: to such a degree)
そんなに soňna nì

so quickly (that) (...がある程) 素早
く (...ga áru hodo) subáyàku, とても素早
く (...したので...) totémo subáyàku
(...shitá no dề ...)

so big (that) (...がある程) 大きな
(...ga árù hodo) ỗkina, とても大きい (の
で...) totémo ỗkii (nố dề ...)

she's not so clever as her brother 彼
女は兄さん程利口ではない kắnojo wa
niísaň hodo ríkố de wa naî

we were so worried 私たちはとても心
配していましたよ watákushitầchi wa to-
témo shiňpai shite imashḯta yố

I wish you weren't so clumsy あなた
の不器用さはどうにかなりませんかね a-
nátầ no bukíyồsà wa dố ni kầ narímasen
kầ nế

I'm so glad to see you あなたを見てほ
っとしました anátầ wo mḯte hốttố shi-
máshita

3: *so much* adv そんなに沢山で soňna nì
takúsaň de

♦adj そんなに沢山の soňna nì takúsaň
de

I've got so much work 私は仕事が山程
あります watákushi wầ shigóto gầ yamá
hodồ arímasù

I love you so much あなたを心から愛
しています anátầ wo kokórồ kara aî
shite imasu

so many そんなに沢山 (の) soňna nì
takúsaň (no)

there are so many things to do する
事が山程あります surú kotồ ga yamá
hodồ arímasù

there are so many people to meet 私
が会うべき人たちは余りに大勢です
watákushi gầ áubeki hitótầchi wa amá-
ri ni mồ ỗzei desù **4** (phrases): *10 or so*
10個ぐらい júkkồ gurai

so long! (inf: goodbye) じゃね já nề, ま
たね matá nề

♦conj **1** (expressing purpose): *so as to
do* ...する様〔ため〕に ...surú yỗ〔tamé〕ni

we hurried so as not to be late 遅れ
ない様に急いで行きました okúrenai yỗ
ni isốide ikímashḯta

so (that) ...する様〔ため〕に ...surú yỗ

〔tamè〕ni

I brought it so (that) you could see it あなたに見せるために持ってきました anátà ni misérù tame ni motté kimashìta

2 (expressing result) ...であるから... ...de árù kara ..., ...ので... ...nó dè ...

he didn't arrive so I left 彼が来なかったので私は帰りました kárè ga kònàkatta nó de watákushi wà kaèrimashìta

so I was right after all 結局私の言った通りでした kekkyòkù watákushi nò ittá tòri deshita

so you see, I could have gone ですかね、行こうと思えば行けたんです désù kara nè, ikô tò omóebà ikétan desù

soak [souk] *vt* (drench) ずぶぬれにする zubúnure nì suru; (steep in water) 水に漬ける mizú nì tsukéru

♦*vi* (dirty washing, dishes) 漬かる tsukárù

soak in *vi* (be absorbed) 染み込む shimíkomù

soak up *vt* (absorb) 吸収する kyúshū surù

soap [soup] *n* 石けん sekkén

soapflakes [soup'fleiks] *npl* フレーク石けん furékusekken ◇洗濯用の固形石けんをフレークにした物を指す sentakuyò no kokéisekkèn wo furékù ni shitá monò wo sásù

soap opera *n* メロドラマ meródorāma ◇テレビやラジオの連続物を指す térèbi ya rájìo no rénzokumonò wo sásù

soap powder *n* 粉石けん konásekkèn

soapy [sou'pi:] *adj* (hands etc) 石けんのついた sekkén no tsuità

soapy water 石けん水 sekkénsui

soar [sɔːr] *vi* (on wings) 舞上がる maíagarù; (rocket) 空中に上がる kúchū nì agárù; (price, production, temperature) 急上昇する kyújōshō suru; (building etc) そびえたつ sobíetatsù

sob [saːb] *n* しゃくり泣き shakúrinaki

♦*vi* 泣きじゃくる nakíjakurù

sober [sou'bər] *adj* (serious) まじめな majíme na; (dull: color, style) 地味な jimí na; (not drunk) しらふの shírāfu no

sober up *vt* ...の酔いを覚ます ...no yoí wò samásù

♦*vi* 酔いが覚める yoí gà samérù

so-called [sou'kɔːld'] *adj* (friend, expert) いわゆる iwáyurù ◇多くの場合不信や軽べつなどを表す òkù no baái fushín yà keíbetsu nadò wo aráwasù

soccer [saːk'əːr] *n* サッカー sákkà

sociable [sou'ʃəbəl] *adj* 愛想の良い aísò no yoí

social [sou'ʃəl] *adj* (gen: history, structure, background) 社会の shákài no; (leisure: event, life) 社交的な shakóteki na; (sociable: animal) 社会性のある shakáisei no arù

♦*n* (party) 懇親会 konshiñkai

social club *n* 社交クラブ shakókurabu

socialism [sou'ʃəlizəm] *n* 社会主義 shakáishugì

socialist [sou'ʃəlist] *adj* 社会主義の shakáishugì no

♦*n* 社会主義者 shakáishugishà

socialize [sou'ʃəlaiz] *vi*: *to socialize (with)* (...と) 交際する (...to) kòsai suru

socially [sou'ʃəli:] *adv* (visit) 社交的に shakóteki ni; (acceptable) 社会的に shakáiteki ni

social security (*BRIT*) *n* 社会保障 shakáihoshò

social work *n* ソーシャルワーク sòsharuwàku

social worker *n* ソーシャルワーカー sòsharuwàkā

society [səsai'əti:] *n* (people, their lifestyle) 社会 shákài; (club) 会 káì; (*also*: *high society*) 上流社会 jòryūshakai

sociologist [sousi:aːl'ədʒist] *n* 社会学者 shakáigakùsha

sociology [sousi:aːl'ədʒi:] *n* 社会学 shakáigàku

sock [saːk] *n* 靴下 kutsúshita

socket [saːk'it] *n* (gen: cavity) 受け口 ukégùchi; (ANAT: of eye) 眼窩 gáñka; (ELEC: for light bulb) ソケット sokéttò; (*BRIT*: ELEC: wall socket) コンセント kóñsento

sod [sɑːd] *n* (of earth) 草の生えた土 kusá nò háèta tsuchí; (*BRIT*: *inf!*) くそ kusó

soda [sou'də] *n* (CHEM) ナトリウム化合物 natóriùmu kagōbutsu ◇一般にか性ソーダ, 重曹などを指す ippán nì kaséisōda, jūsō nadò wo sásù; (*also*: **soda water**) ソーダ水 sōdàsui; (*US*: *also*: **soda pop**) 清涼飲料 seíryoìnryō

sodden [sɑːd'ən] *adj* びしょぬれの bishónure no

sodium [sou'diːəm] *n* ナトリウム natóriùmu

sofa [sou'fə] *n* ソファー sófà

soft [sɔːft] *adj* (not hard) 柔らかい yawárakaì; (gentle, not loud: voice, music) 静かな shízùka na; (not bright: light, color) 柔らかな yawárakà na; (kind: heart, approach) 優しい yasáshii

soft drink *n* 清涼飲料水 seíryoìnryōsui

soften [sɔːf'ən] *vt* (*gen*: make soft) 柔らかくする yawárakàku suru; (effect, blow, expression) 和らげる yawáragerù
◆*vi* (*gen*: become soft) 柔らかくなる yawárakaku narù; (voice, expression) 優しくなる yasáshiku narù

softly [sɔːft'liː] *adv* (gently) 優しく yasáshiku; (quietly) 静かに shízùka ni

softness [sɔːft'nis] *n* (*gen*) 柔らかさ yawárakasa; (gentleness) 優しさ yasáshisa

soft spot *n*: **to have a soft spot for someone** ...が大好きである ...ga dáìsuki de árù

software [sɔːft'weːr] *n* (COMPUT) ソフトウエア sofútoueà

soggy [sɑːg'iː] *adj* (ground, sandwiches etc) ぐちゃぐちゃの guchágucha no

soil [soil] *n* (earth) 土壌 dójò; (territory) 土地 tochí
◆*vt* 汚す yogósù

solace [sɑːl'is] *n* 慰め nagúsame

solar [sou'ləːr] *adj* (eclipse, power etc) 太陽の táiyō no

sold [sould] *pt*, *pp* of **sell**

solder [sɑːd'əːr] *vt* はんだ付けにする hañdazuke nì suru
◆*n* はんだ hañda

soldier [soul'dʒəːr] *n* (in army) 兵隊 heítai; (not a civilian) 軍人 guñjin

sold out *adj* (COMM: goods, tickets, concert etc) 売切れで uríkire de

sole [soul] *n* (of foot) 足の裏 ashí nò urá; (of shoe) 靴の底 kutsú nò sokó; (fish: *pl inv*) シタビラメ shitábiràme
◆*adj* (unique) 唯一の yúìtsu no

solely [soul'liː] *adv* ...だけ ...dáke

solemn [sɑːl'əm] *adj* (person) 謹厳な kiñgen na; (music) 荘重な sōchō na; (promise) 真剣な shiñken na

sole trader *n* (COMM) 自営業者 jiéigyōsha

solicit [səlis'it] *vt* (request) 求める motómerù
◆*vi* (prostitute) 客引きする kyakúbiki suru

solicitor [səlis'itəːr] (*BRIT*) *n* (for wills etc, in court) 弁護士 beñgoshì

solid [sɑːl'id] *adj* (not hollow) 中空でない chūkū de naì; (not liquid) 固形の kokéi no; (reliable: person, foundations etc) しっかりした shikkárì shita; (entire) まる...maru...; (pure: gold etc) 純粋の juñsui no
◆*n* (solid object) 固体 kotái

solidarity [sɑːlidær'itiː] *n* 団結 dañketsu

solidify [səlid'əfai] *vi* (fat etc) 固まる katámarù

solids [sɑːl'idz] *npl* (food) 固形食 kokéishōku

solitaire [sɑːl'iteːr] *n* (gem) 一つはめの宝石 hitótsuhame nò hōseki; (game) 一人遊び hitóriasobì

solitary [sɑːl'iteriː] *adj* (person, animal, life) 単独の tañdoku no; (alone: walk) 一人だけでする hitórì dake de suru; (isolated) 人気のない hitóke no naì; (single: person) 一人だけの hitórì dake no; (: animal, object) 一つだけの hotótsu dake no

solitary confinement *n* 独房監禁 dokúbō kañkin

solitude [sɑːl'ətuːd] *n* 人里を離れている事 hitózato wò hanárete iru kotò

solo [sou'lou] *n* (piece of music, performance) 独奏 dokúsō
◆*adv* (fly) 単独で tañdoku de

soloist [sou'louist] *n* 独奏者 dokúsōshà

soluble [sɑːl'jəbəl] *adj* (aspirin etc) 溶ける tokérù

solution [səluːˈʃən] *n* (of puzzle, problem, mystery: answer) 解決 kaíketsu; (liquid) 溶液 yōeki

solve [sɑːlv] *vt* (puzzle, problem, mystery) 解決する kaíketsu suru

solvent [sɑːlˈvənt] *adj* (COMM) 支払い能力のある shiháraínōryoku no aru
♦*n* (CHEM) 溶剤 yōzai

somber [sɑːmˈbəːr] (*BRIT* **sombre**) *adj* (dark: color, place) 暗い kuráì; (serious: person, view) 陰気な íñki na

---

KEYWORD

some [sʌm] *adj* **1** (a certain amount or number of) 幾らかの íkùraka no, 幾つかの íkùtsuka no, 少しの sukóshì no

some tea/water/biscuits お茶 (水, ビスケット) o-chá(mizú, bisúkettò) ◇この用法では日本語で表現しない場合が多い konó yōhō de wa nihóngo dè hyōgen shinaì baáì gà ōi

some children came 何人かの子供が来た náñninka no kodómo gà kítà

there's some milk in the fridge 冷蔵庫にミルクがあります reízōko ni mírùku ga arímasu

he asked me some questions 彼は色々な事を聞きました kárè wa iróiro na kotò wo kikímashìta

there were some people outside 数人の人が外に立っていた sūnìn no hitó gà sótò ni tatté ità

I've got some money, but not much 金はあるにはありますが、少しだけです kané wà árù ni wa arímasù gá, sukóshì dake désù

2 (certain: in contrasts) ある árù

some people say that ... ...と言っている人がいます ...tò itté irù hitó ga imasù

some people hate fish, while others love it 魚の嫌いな人もいれば大好きな人もいます sakána nò kiráì na hitó mo irébà daísuki na hitò mo imásù

some films were excellent, but most were mediocre 中には優れた映画もあったが、大半は平凡な物だった nákà ni wa sugúreta eīga mo attá gà, taíhan wa heíbon na monò dáttà

---

3 (unspecified) 何かの nánìka no, だれかの dárèka no

some woman was asking for you だれか女の人があなたを訪ねていましたよ dárèka ofina no hitò ga anátà wo tazúnete imashìta yó

he was asking for some book (or other) 彼は何かの本を捜していました kárè wa nánìka no hóñ wo sagáshite imashìta

some day いつか ítsùka, そのうち sonó uchì

we'll meet again some day そのうちまた会うチャンスがあるでしょう sonó uchì matá áù cháñsu ga árù deshō

shall we meet some day next week? 来週のいつかに会いましょうか raíshū nò ítsùka ni aímashò ká

♦*pron* **1** (a certain number) 幾つか íkùtsuka

I've got some (books etc) 私は幾つか持っています watákushi wà íkùtsuka móttè imasu

some (of them) have been sold 数個は売れてしまいました sūkò wa uréte shimaimashìta

some went for a taxi and some walked 何人かはタクシーを拾いに行ったが、残りの人は歩いた náñnika wa tákùshi wo hiróì ni itta gà, nokóri nò hitò wà arúìta

2 (a certain amount) 幾分か ikúbun kà

I've got some (money, milk) 私は幾分か持っています watákushi wà ikúbun kà móttè imasu

some was left 少し残っていた sukóshì nokótte ità

could I have some of that cheese? そのチーズを少しもらっていいかしら sonó chizu wo sukóshì morátte ii kashìra

I've read some of the book その本の一部を読みました sonó hoñ no ichíbù wo yomímashìta

♦*adv*: *some 10 people* 10人ぐらい júnin gurai

---

somebody [sʌmˈbɑːdiː] *pron* = **someone**
somehow [sʌmˈhau] *adv* (in some way)

何とかして náǹ to ka shite; (for some reason) どういう訳か dō iu wákè ka

KEYWORD

someone [sʌm'wʌn] *pron* だれか dáreka, 人 hitő
there's someone coming 人が来ます hitő gà kimásù
I saw someone in the garden だれか 庭にいました dáreka niwà nì imáshìta

someplace [sʌm'pleis] (*US*) *adv* = **somewhere**

somersault [sʌm'ə:rsɔ:lt] *n* とんぼ返り toñbogaèri
♦*vi* (person, vehicle) とんぼ返りする to-ñbogaèri suru

KEYWORD

something [sʌm'θiŋ] *pron* 何か nánìka
something nice 何かいい物 nánìka fi mono
something to do 何かする事 nánìka su-ru kotð
there's something wrong 何かおかし い nánìka okáshiì
would you like something to eat/ drink? 何か食べません〔飲みません〕か nánìka tabémaseñ〔nomímaseñ〕ká

sometime [sʌm'taim] *adv* (in future) い つか ítsùka; (in past): *sometime last month* 先月のいつか séñgetsu no ítsùka

sometimes [sʌm'taimz] *adv* 時々 tokído-ki

somewhat [sʌm'wʌt] *adv* 少し sukőshì

KEYWORD

somewhere [sʌm'we:r] *adv* (be) どこか に〔で〕dőkðka ni〔de〕; (go) どこかへ dő-kðka e
I must have lost it somewhere どこか に落した様です dőkðka ni otőshita yð desu
it's somewhere or other in Scotland スコットランドのどこかにあります su-kőttorañdo no dőkðka ni arímasù
somewhere else (be) どこか外の所に

〔で〕dőkðka hoká no tokorð ni〔de〕; (go) どこか外の所へ dőkðka hoká no tokorð e

son [sʌn] *n* 息子 musúko

sonar [sou'nɑ:r] *n* ソナー sőnǎ

song [sɔ:ŋ] *n* (MUS) 歌 utá; (of bird) さえ ずり saézurì

sonic [sɑ:n'ik] *adj*: *sonic boom* ソニック ブーム soníkkubǔmu

son-in-law [sʌn'inlɔ:] (*pl* **sons-in-law**) *n* 義理の息子 girí no musuko

sonnet [sɑ:n'it] *n* ソネット sonéttð

sonny [sʌn'i:] (*inf*) *n* 坊や bőya

soon [su:n] *adv* (in a short time) もうすぐ mő sugù; (a short time after) 間もなく mamónaku; (early) 早く hayákù
soon afterwards それから間もなく so-ré karà mamónaku ¶ *see also* **as**

sooner [su:'nə:r] *adv* (time) もっと早く móttð háyàku; (preference): *I would sooner do that* 私はむしろあれをやり たい watákushi wà múshìro aré wò yarí-taì
sooner or later 遅かれ早かれ osőkare hayakàre

soot [sut] *n* すす súsù

soothe [su:ð] *vt* (calm: person, animal) 落 着かせる ochítsukaserù; (reduce: pain) 和らげる yawáragerù

sophisticated [səfis'tikeitid] *adj* (woman, lifestyle, audience) 世慣れた yonárèta; (machinery) 精巧な seífkő na; (arguments) 洗練された señren sarèta

sophomore [sɑ:f'əmɔ:r] (*US*) *n* 2年 生 ni-néñsei

soporific [sɑ:pərif'ik] *adj* (speech) 眠 気 を催させる nemúke wò moyőosaserù; (drug) 睡眠の suímin no

sopping [sɑ:p'iŋ] *adj*: *sopping (wet)* (hair, clothes etc) びしょぬれの bishőnu-re no

soppy [sɑ:p'i:] (*pej*) *adj* (sentimental) セ ンチな séñchi na

soprano [səpræn'ou] *n* (singer) ソプラノ sopúrano

sorcerer [sɔ:r'sərə:r] *n* 魔法使い mahő-tsukài

sordid [sɔːr'did] *adj* (dirty: bed-sit etc) 汚らしい kitánarashiǐ; (wretched: story etc) 浅ましい asámashiǐ, えげつない egétsunaǐ

sore [sɔːr] *adj* (painful) 痛い itáǐ
♦*n* (shallow) ただれ tadáre; (deep) かいよう kaíyō

sorely [sɔːr'liː] *adv*: *I am sorely tempted to* よほど...しようと思っている yohódo ...shiyṓ to omótte irú

sorrow [sɑːr'ou] *n* (regret) 悲しみ kanáshimi

sorrowful [sɑːr'oufəl] *adj* (day, smile etc) 悲しい kanáshiǐ

sorrows [sɑːr'ouz] *npl* (causes of grief) 不幸 fúkō

sorry [sɑːr'iː] *adj* (regretful) 残念な zańneń; (condition, excuse) 情けない nasákenaǐ
sorry! (apology) 済みません sumímaseń
sorry? (pardon) はい? haí ◇相手の言葉を聞取れなかった時に言う aíte no kotóba wo kikítorenakatta tokí ni iú
to feel sorry for someone ...に同情する ...ni dṓjō suru

sort [sɔːrt] *n* (type) 種類 shúrùi
♦*vt* (also: **sort out**: papers, mail, belongings) より分ける yoríwakerù; (: problems) 解決する kaíketsu suru

sorting office [sɔːr'tiŋ-] *n* 郵便物振り分け場 yūbinbutsufuriwakejō

SOS [esoues'] *n* エスオーエス esú ō esù

so-so [sou'sou'] *adv* (average) まあまあ maámaà

soufflé [suːflei'] *n* スフレ súfùre

sought [sɔːt] *pt, pp of* **seek**

soul [soul] *n* (spirit etc) 魂 támàshii; (person) 人 hitó

soul destroying [soul'distrɔiiŋ] *adj* (work) ばけさせる様な bokésaseru yō na

soulful [soul'fəl] *adj* (eyes, music) 表情豊かな hyṓjō yutáka na

sound [saund] *adj* (healthy) 健康な keńkō na; (safe, not damaged) 無傷の múkìzu no; (secure: investment) 安全な ańzen na; (reliable, thorough) 信頼できる shińrai dekirù; (sensible: advice) 堅実な keńjitsu na

♦*adv*: *sound asleep* ぐっすり眠って gussúrì nemútte

♦*n* (noise) 音 otó; (volume on TV etc) 音声 óńsei; (GEO) 海峡 kaíkyo

♦*vt* (alarm, horn) 鳴らす narásù

♦*vi* (alarm, horn) 鳴る narú; (*fig*: seem) ...の様である ...no yṓ de árù
to sound like ...の様に聞える ...no yṓ ni kikóerù

sound barrier *n* 音速障害 ońsokushṓgai

sound effects *npl* 音響効果 ońkyōkòka

soundly [saund'liː] *adv* (sleep) ぐっすり gussúrì; (beat) 手ひどく tehídokù

sound out *vt* (person, opinion) 打診する dashín suru

soundproof [saund'pruːf] *adj* (room etc) 防音の bṓon no

soundtrack [saund'træk] *n* (of film) サウンドトラック saúndotorakkù

soup [suːp] *n* スープ súpu
in the soup (*fig*) 困って komáttè

soup plate *n* スープ皿 súpuzarà

soupspoon [suːp'spuːn] *n* スープスプーン súpusupùn

sour [sau'əːr] *adj* (bitter) 酸っぱい suppáì; (milk) 酸っぱくなった suppákù náttà; (*fig*: bad-tempered) 機嫌の悪い kigén no warúì

it's sour grapes (*fig*) 負け惜しみだ makéoshimi da

source [sɔːrs] *n* (also *fig*) 源 minámoto

south [sauθ] *n* 南 minámi
♦*adj* 南の minámi no
♦*adv* (movement) 南へ minámi e; (position) 南に minámi ni

South Africa *n* 南アフリカ minámi afùrika

South African *adj* 南アフリカの minámi afùrika no
♦*n* 南アフリカ人 minámi afurikajìn

South America *n* 南米 nańbei

South American *adj* 南米の nańbei nò
♦*n* 南米人 nańbeijìn

south-east [sauθist'] *n* 南東 nańtō

southerly [sʌð'əːrliː] *adj* (to/towards the south: aspect) 南への minámi e nò; (from the south: wind) 南からの minámi kara nò

southern [sʌð'ə:rn] *adj* (in or from the south of region) 南 の minámi no; (to/ towards the south) 南向きの minámimuki no

the southern hemisphere 南半球 minámihañkyū

South Pole *n* 南極 nańkyoku

southward(s) [sauθ'wə:rd(z)] *adv* 南 へ minámi e

south-west [sauθwest'] *n* 南西 nańsei

souvenir [su:vəni:r'] *n* (memento) 記念品 kinéñhin

sovereign [sɑːv'rin] *n* (ruler) 君主 kúñshu

sovereignty [sɑːv'rənti:] *n* 主権 shukéñ

soviet [sou'vi:it] *adj* ソビエトの sobíetò no

the Soviet Union ソ連 sórèn

sow[1] [sau] *n* (pig) 牝豚 mesúbùta

sow[2] [sou] (*pt* **sowed**, *pp* **sown**) *vt* (*gen*: seeds) まく mákù; (*fig*: spread: suspicion etc) 広める hirómerù

soy [sɔi] (*BRIT* **soya**) *n*: *soy bean* 大豆 dáìzu

soy sauce しょう油 shóyù

spa [spɑː] *n* (*also*: **spa town**) 鉱泉町 kốseñmachi; (*US*: *also*: **health spa**) ヘルスセンター herúsuseñtā

space [speis] *n* (gap) すき間 sukíma, ギャップ gyáppù; (place) 空所 kū́sho, 余白 yoháku; (room) 空間 kū́kan; (beyond Earth) 宇宙空間 uchū́kūkan, スペース supḗsu; (interval, period) 間 ma

♦*cpd* 宇宙... úchū...

♦*vt* (*also*: **space out**: text, visits, payments) 間隔を置く kańkaku wò okú

spacecraft [speis'kræft] *n* 宇宙船 uchū́sen

spaceman [speis'mæn] (*pl* **spacemen**) *n* 宇宙飛行士 uchū́hikòshi

spaceship [speis'ʃip] *n* = **spacecraft**

spacewoman [speis'wumən] (*pl* **spacewomen**) *n* 女性宇宙飛行士 joséi uchū́hikòshi

spacing [spei'siŋ] *n* (between words) スペース supḗsu

spacious [spei'ʃəs] *adj* (car, room etc) 広

い hirới

spade [speid] *n* (tool) スコップ sukóppù; (child's) おもちゃのスコップ omóchà no sukóppù

spades [speidz] *npl* (CARDS: suit) スペード supḗdo

spaghetti [spəget'i:] *n* スパゲッティ supágettì

Spain [spein] *n* スペイン supéìn

span [spæn] *n* (of bird, plane) 翼長 yokúchō; (of arch) スパン supáñ; (in time) 期間 kikáñ

♦*vt* (river) ...にまたがる ...ni matágarù; (*fig*: time) ...に渡る ...ni watárù

Spaniard [spæn'jə:rd] *n* スペイン人 supéinjìn

spaniel [spæn'jəl] *n* スパニエル supánièru

Spanish [spæn'iʃ] *adj* スペインの supéìn no; (LING) スペイン語の supéingo no

♦*n* (LING) スペイン語 supéingo

♦*npl*: *the Spanish* スペイン人 supéinjìn ◇総称 sốshō

spank [spæŋk] *vt* (someone, someone's bottom) ...のしりをたたく ...no shirí wò tatákù

spanner [spæn'ə:r] (*BRIT*) *n* スパナ supánà

spar [spɑːr] *n* (pole) マスト másùto

♦*vi* (BOXING) スパーリングする supárìngu suru

spare [sper] *adj* (free) 空きの akí no; (surplus) 余った amátta

♦*n* = **spare part**

♦*vt* (do without: trouble etc) ...なしで済ます ...náshì de sumásù; (make available) 与える atáerù; (refrain from hurting: person, city etc) 助けてやる tasúkete yarù

to spare (surplus: time, money) 余った amátta

spare part *n* 交換用部品 kốkan-yōbuhiñ

spare time *n* 余暇 yókà

spare wheel *n* (AUT) スペアタイア supéataià

sparing [sper'iŋ] *adj*: *to be sparing with* ...を倹約する ...wo keñ-yaku suru

sparingly [sper'iŋli:] *adv* (use) 控え目に

hikáeme ni

spark [spɑ:rk] *n* 火花 híbàna, スパーク supákù; (*fig*: of wit etc) ひらめき hirámekì

spark(ing) plug [spɑ:rk'(iŋ)-] *n* スパークプラグ supákupurágu

sparkle [spɑ:r'kəl] *n* きらめき kirámekì
♦*vi* (shine: diamonds, water) きらめく kirámekù

sparkling [spɑ:r'kliŋ] *adj* (wine) 泡立つ awádatsù; (conversation, performance) きらめく様な kirámeku yò na

sparrow [spær'ou] *n* スズメ suzúme

sparse [spɑ:rs] *adj* (rainfall, hair, population) 少ない sukúnaì

spartan [spɑ:r'tən] *adj* (*fig*) 簡素な káñso na

spasm [spæz'əm] *n* (MED) けいれん keíren

spasmodic [spæzmɑ:d'ik] *adj* (*fig*: not continuous, irregular) 不規則な fukísoku na

spastic [spæs'tik] *n* 脳性麻ひ患者 nóseimahikañja

spat [spæt] *pt, pp of* **spit**

spate [speit] *n* (*fig*): **a spate of** (letters, protests etc) 沢山の takúsañ no

spatter [spæt'ə:r] *vt* (liquid, surface) ...を...にはねかす ...wo ...ni hanékasù

spatula [spætʃ'ələ] *n* (CULIN, MED) へら hérà

spawn [spɔ:n] *vi* (fish etc) 産卵する sañran suru
♦*n* (frog spawn etc) 卵 tamágò

speak [spi:k] (*pt* **spoke**, *pp* **spoken**) *vt* (language) 話す hanásù; (truth) 言う iú
♦*vi* (use voice) 話す hanásù; (make a speech) 演説する eñzetsu suru
to speak to someone ...に話し掛ける ...ni hanáshikakerù
to speak to someone of/about something ...に...のことを話す ...ni ...no kotó wò hanásù
speak up! もっと大きな声で話しなさい móttò ókìna kóè de hanáshi nasaì

speaker [spi:'kə:r] *n* (in public) 演説者 eñzetsushà; (*also*: **loudspeaker**) スピーカー supíkầ; (POL): **the Speaker** (US,

BRIT) 下院議長 ka-íngichồ

spear [spi'ə:r] *n* (weapon) やり yarí
♦*vt* 刺す sásù

spearhead [spi'r'hed] *vt* (attack etc) ...の先頭に立つ ...no señtố nì tátsù

spec [spek] (*inf*) *n*: **on spec** 山をかけて yamá wo kakète

special [speʃ'əl] *adj* 特別な tokúbetsu na
special delivery 速達 sokútatsu
special school (BRIT) 特殊学校 tokúshugakkồ
special adviser 特別顧問 tokúbetsukomòn
special permission 特別許可 tokúbetsukyokà

specialist [speʃ'əlist] *n* (*gen*) 専門家 señmonka; (MED) 専門医 señmoñ-i

speciality [speʃiæl'əti:] *n* = **specialty**

specialize [speʃ'əlaiz] *vi*: **to specialize (in)** (...を) 専門的にやる (...wo) señmonteki ni yarù

specially [speʃ'əli:] *adv* (especially) 特に tókù ni; (on purpose) 特別に tokúbetsu ni

specialty [speʃ'əlti:] *n* (dish) 名物 meíbutsu; (study) 専門 señmon

species [spi:'ʃi:z] *n inv* 種 shú

specific [spisif'ik] *adj* (fixed) 特定の tokútei no; (exact) 正確な seíkaku na

specifically [spisif'ikli:] *adv* (especially) 特に tókù ni; (exactly) 明確に meíkaku ni

specification [spesəfəkei'ʃən] *n* (TECH) 仕様 shiyồ; (requirement) 条件 jồken

specifications [spesəfəkei'ʃənz] *npl* (TECH) 仕様 shiyồ

specify [spes'əfai] *vt* (time, place, color etc) 指定する shitéi suru

specimen [spes'əmən] *n* (single example) 見本 mihóñ; (sample for testing, *also* MED) 標本 hyóhon

speck [spek] *n* (of dirt, dust etc) 粒 tsúbù

speckled [spek'əld] *adj* (hen, eggs) 点々模様の teñteñmoyồ no

specs [speks] (*inf*) *npl* 眼鏡 mégàne

spectacle [spek'təkəl] *n* (scene) 光景 kókèi; (grand event) スペクタクル supékùtakuru

spectacles [spek'təkəlz] *npl* 眼鏡 mégane

spectacular [spektæk'jələr] *adj* (dramatic) 劇的な gekíteki na; (success) 目覚しい mezámashiî

spectator [spek'teitər] *n* 観客 kańkyaku

specter [spek'tər] (*US*) *n* (ghost) 幽霊 yūrei

spectra [spek'trə] *npl of* **spectrum**

spectre [spek'tər] (*BRIT*) = **specter**

spectrum [spek'trəm] (*pl* **spectra**) *n* (color/radio wave spectrum) スペクトル supékùtoru

speculate [spek'jəleit] *vi* (FINANCE) 投機をする tōki wo suru; (try to guess): *to speculate about* ...についてあれこれと憶測する ...ni tsúìte arékòre to okúsoku suru

speculation [spekjəlei'ʃən] *n* (FINANCE) 投機 tōki; (guesswork) 憶測 okúsoku

speech [spi:tʃ] *n* (faculty) 話す能力 hanásu nōryoku; (spoken language) 話し言葉 hanáshikotòba; (formal talk) 演説 eńzetsu, スピーチ supíchi; (THEATER) せりふ serífu

speechless [spi:tʃ'lis] *adj* (be, remain etc) 声も出ない kóè mo denáî

speed [spi:d] *n* (rate, fast travel) 速度 sókùdo, スピード supídò; (haste) 急ぎ isógi; (promptness) 素早さ subáyasà

at full/top speed 全速力で zeńsokuryòku de

speed boat *n* モーターボート mōtābòto

speedily [spi:'dili:] *adv* 素早く subáyakù

speeding [spi:'diŋ] *n* (AUT) スピード違反 supídò-ihàn

speed limit *n* 速度制限 sokúdoseìgen

speedometer [spi:dɑ:m'itər] *n* 速度計 sokúdokèi

speed up *vi* (*also fig*) 速度を増す sókùdo wo masú

♦*vt* (*also fig*) ...の速度を増す ...no sókùdo wo masú, 速める hayámerù

speedway [spi:d'wei] *n* (sport) オートレース ōtorèsu

speedy [spi:'di:] *adj* (fast: car) スピードの出る supídò no dérù; (prompt: reply,

recovery, settlement) 速い hayáî

spell [spel] *n* (*also*: **magic spell**) 魔法 mahō; (period of time) 期間 kikáñ

♦*vt* (*pt, pp* **spelled** *or* (*Brit*) **spelt**) (*also*: **spell out**) ...のつづりを言う ...no tsuzúri wò iú; (*fig*: advantages, difficulties) ...の兆しである ...no kizáshi de arù

to cast a spell on someone ...に魔法を掛ける ...ni mahō wò kakérù

he can't spell 彼はスペルが苦手だ kárè wa supéru ga nigáte dà

spellbound [spel'baund] *adj* (audience etc) 魅せられた mísèraretà

spelling [spel'iŋ] *n* つづり tsuzúri, スペリング supériňgu

spend [spend] (*pt, pp* **spent**) *vt* (money) 使う tsukáù; (time, life) 過す sugósù

spendthrift [spend'θrift] *n* 浪費家 rōhikà

spent [spent] *pt, pp of* **spend**

sperm [spə:rm] *n* 精子 seíshi

spew [spju:] *vt* 吐き出す hakídasù

sphere [sfi:r] *n* (round object) 球 kyū; (area) 範囲 háñ-i

spherical [sfe:r'ikəl] *adj* (round) 丸い marúî

sphinx [sfiŋks] *n* スフィンクス sufíňkusu

spice [spais] *n* 香辛料 kōshiñryō, スパイス supáìsu

♦*vt* (food) ...にスパイスを入れる ...ni supáìsu wo irérù

spick-and-span [spik'ənspæn'] *adj* きちんときれいな kichíñ to kírèi na

spicy [spai'si:] *adj* (food) スパイスの利いた supáìsu no kiítà

spider [spai'dər] *n* クモ kúmò

spike [spaik] *n* (point) くい kuí; (BOT) 穂 hó

spill [spil] (*pt, pp* **spilt** *or* **spilled**) *vt* (liquid) こぼす kobósù

♦*vi* (liquid) こぼれる kobórerù

spill over *vi* (liquid: *also fig*) あふれる afúrerù

spin [spin] *n* (trip in car) ドライブ doráìbu; (AVIAT) きりもみ kirímomi; (on ball) スピン supíñ

♦*vb* (*pt, pp* **spun**)

♦*vt* (wool etc) 紡ぐ tsumúgù; (ball, coin) 回転させる kaíten saserù

♦*vi* (make thread) 紡ぐ tsumúgù; (person, head) 目が回る mé gà mawárù

spinach [spin'itʃ] *n* (plant, food) ホウレンソウ hōreñsō

spinal [spai'nəl] *adj* (injury etc) 背骨の sebóne no

spinal cord *n* せき髄 sekízùi

spindly [spind'li:] *adj* (legs, trees etc) か細い kabósoi

spin-dryer [spindrai'əːr] (*BRIT*) *n* 脱水機 dassúikì

spine [spain] *n* (ANAT) 背骨 sebóne; (thorn: of plant, hedgehog etc) とげ tógè

spineless [spain'lis] *adj* (*fig*) 意気地なしの ikújinàshi no

spinning [spin'iŋ] *n* (art) 紡績 bóseki

spinning top *n* こま kómà

spinning wheel *n* 紡ぎ車 tsumúgiguruma

spin-off [spin'ɔːf] *n* (*fig*: by-product) 副産物 fukúsañbutsu

spin out *vt* (talk, job, money, holiday) 引延ばす hikínobasù

spinster [spin'stəːr] *n* オールドミス ōrudomisù

spiral [spai'rəl] *n* ら旋形 raséñkei

♦*vi* (*fig*: prices etc) うなぎ登りに上る unáginobòri ni nobórù

spiral staircase *n* ら旋階段 rasénkaidàn

spire [spai'əːr] *n* せん塔 señtō

spirit [spir'it] *n* (soul) 魂 támàshii; (ghost) 幽霊 yūrei; (energy) 元気 géñki; (courage) 勇気 yūki; (frame of mind) 気分 kíbùn; (sense) 精神 seíshin

in good spirits 気分上々で kíbùn jōjō de

spirited [spir'itid] *adj* (performance, retort, defense) 精力的な seíryokuteki na

spirit level *n* 水準器 suíjuñki

spirits [spir'its] *npl* (drink) 蒸留酒 jōryūshu

spiritual [spir'itʃuːəl] *adj* (of the spirit: home, welfare, needs) 精神的な seíshinteki na; (religious: affairs) 霊的な reíteki na

♦*n* (*also*: **Negro spiritual**) 黒人霊歌 kokújinreìka

spit [spit] *n* (for roasting) 焼きぐし yakígushi; (saliva) つばき tsubáki

♦*vi* (*pt, pp* **spat**) (throw out saliva) つばを吐く tsúbà wo hákù; (sound: fire, cooking) じゅうじゅういう jūjū iu; (rain) ぱらつく parátsukù

spite [spait] *n* 恨み urámi

♦*vt* (person) ...に意地悪をする ...ni ijíwarù wo suru

in spite of ...にもかかわらず ...ní mò kakáwarazù

spiteful [spait'fəl] *adj* (child, words etc) 意地悪な ijíwarù na

spittle [spit'əl] *n* つばき tsubáki

splash [splæʃ] *n* (sound) ざぶんという音 zabún to iú otò; (of color) 派手なはん点 hadé nà hañten

♦*vt* はね掛ける hanékakerù

♦*vi* (*also*: **splash about**) ぴちゃぴちゃ水をはねる pichápìcha mízù wò hanèru

spleen [spliːn] *n* (ANAT) ひ臓 hizṓ

splendid [splen'did] *adj* (excellent: idea, recovery) 素晴らしい subárashiì; (impressive: architecture, affair) 立派な rippá nà

splendor [splen'dəːr] (*BRIT* **splendour**) *n* (impressiveness) 輝き kagáyakì

splendors [splen'dəːrz] *npl* (features) 特色 tokúshoku

splint [splint] *n* 副木 fukúboku

splinter [splin'təːr] *n* (of wood, glass) 破片 hahéñ; (in finger) とげ tógè

♦*vi* (bone, wood, glass etc) 砕ける kudákerù

split [split] *n* (crack) 割れ目 waréme; (tear) 裂け目 sakéme; (*fig*: division) 分裂 buñretsu; (: difference) 差異 sá-ì

♦*vb* (*pt, pp* **split**)

♦*vt* (divide) 割る wárù, 裂く sákù; (party) 分裂させる buñretsu saserù; (share equally: work) 手分けしてやる tewáke shite yarù; (: profits) 山分けする yamáwake suru

♦*vi* (divide) 割れる warérù

split up *vi* (couple) 別れる wakárerù;

(group, meeting) 解散する kaísan suru

splutter [splʌt'ə:r] vi (engine etc) ぱちぱち音を立てる páchìpachi otó wò tatérù; (person) どもる domórù

spoil [spɔil] (pt, pp **spoilt** or **spoiled**) vt (damage, mar) 台無しにする daínashi ni surù; (child) 甘やかす amáyakasù

spoils [spɔilz] npl (loot: also fig) 分捕り品 buńdorihìn

spoilsport [spɔil'spɔ:rt] n 座を白けさせる人 zá wò shirákesaserù hitó

spoke [spouk] pt of **speak**

♦n (of wheel) スポーク supókù

spoken [spou'kən] pp of **speak**

spokesman [spouks'mən] (pl **spokesmen**) n スポークスマン supókusumàn

spokeswoman [spouks'wumən] (pl **spokeswomen**) n 女性報道官 joséi hōdōkan, 女性スポークスマン joséi supókusumàn

sponge [spʌndʒ] n (for washing with) スポンジ supóñji; (also: **sponge cake**) スポンジケーキ supóñjikèki

♦vt (wash) スポンジで洗う supóñji de aráù

♦vi: **to sponge off/on someone** ...にたかる ...ni takárù

sponge bag (BRIT) n 洗面バッグ seńmenbaggù ◇洗面道具を入れて携帯するバッグ seńmendōgu wo iréte keitai surù bággù

sponsor [spɑ:n'sə:r] n (of player, event, club, program) スポンサー supóñsā; (of charitable event etc) 協賛者 kyósañsha; (for application) 保証人 hoshónin; (for bill in parliament etc) 提出者 teíshutsushà

♦vt (player, event, club, program etc) ...のスポンサーになる ...no supóñsā ni nárù; (charitable event etc) ...の協賛者になる ...no kyósañsha ni nárù; (applicant) ...の保証人になる ...no hoshónin ni nárù; (proposal, bill etc) 提出する teíshutsu suru

sponsorship [spɑ:n'sə:rʃip] n (financial support) 金銭的な援助 kińsentekieñjo

spontaneous [spɑ:ntei'ni:əs] adj (unplanned: gesture) 自発的な jihátsuteki

na

spooky [spu:'ki:] (inf) adj (place, atmosphere) お化けが出そうな o-báke gà desō nà

spool [spu:l] n (for thread) 糸巻 itómàki; (for film, tape etc) リール rīru

spoon [spu:n] n さじ sají, スプーン supūn

spoon-feed [spu:n'fi:d] vt (baby, patient) スプーンで食べさせる supūn de tabésaserù; (fig: students etc) ...に一方的に教え込む ...ni ippóteki nì oshíekomù

spoonful [spu:n'ful] n スプーン一杯分 supūn ippáibun

sporadic [spɔ:ræd'ik] adj (glimpses, attacks etc) 散発的な sañpatsuteki na

sport [spɔ:rt] n (game) スポーツ supótsu; (person) 気さくな人 kisáku nà hitó

♦vt (wear) これみよがしに身に付ける korémiyogàshi ni mi ni tsukérù

sporting [spɔ:r'tiŋ] adj (event etc) スポーツの supótsù no; (generous) 気前がいい kimáe ga íi

to give someone a sporting chance ...にちゃんとしたチャンスを与える ...ni chańtò shita cháñsu wo atáerù

sport jacket (US) n スポーツジャケット supótsujakettò

sports car [spɔ:rts-] n スポーツカー supótsukā

sports jacket (BRIT) n = **sport jacket**

sportsman [spɔ:rts'mən] (pl **sportsmen**) n スポーツマン supótsumàn

sportsmanship [spɔ:rts'mənʃip] n スポーツマンシップ supótsumanshippù

sportswear [spɔ:rts'weə:r] n スポーツウエア supótsuueà

sportswoman [spɔ:rts'wumən] (pl **sportswomen**) n スポーツウーマン supótsuūman

sporty [spɔ:r'ti:] adj (good at sports) スポーツ好きの supótsuzuki no

spot [spɑ:t] n (mark) 染み shimí; (on pattern, skin etc) はん点 hańten; (place) 場所 bashó; (RADIO, TV) コーナー kōnā; (small amount): **a spot of** 少しの sukóshì no

♦vt (notice: person, mistake etc) ...に気

が付く ...ni kǐ gà tsúkù
on the spot (in that place) 現場に geńba ni; (immediately) その場で sonó ba de, 即座に sókùza ni; (in difficulty) 困って komáttè

spot check *n* 抜取り検査 nukítorikeǹsa

spotless [spɑːtˈlis] *adj* (shirt, kitchen etc) 清潔な seíketsu na

spotlight [spɑːtˈlait] *n* スポットライト supóttoraìto

spotted [spɑːtˈid] *adj* (pattern) はん点模様の haǹtenmoyò no

spotty [spɑːtˈiː] *adj* (face, youth: with freckles) そばかすだらけの sobákasudaràke no; (with pimples) にきびだらけの nikíbidaràke no

spouse [spaus] *n* (male/female) 配偶者 haígùsha

spout [spaut] *n* (of jug) つぎ口 tsugígùchi; (of pipe) 出口 dégùchi
♦*vi* (flames, water etc) 噴出す fukídasù

sprain [sprein] *n* ねんざ neńza
♦*vt*: *to sprain one's ankle/wrist* 足首〔手首〕をねんざする ashíkùbi(tékùbi)wo neńza suru

sprang [spræŋ] *pt of* **spring**

sprawl [sprɔːl] *vi* (person: lie) 寝そべる nesóberù; (: sit) だらしない格好で座る daráshinai kakkō de suwárù; (place) 無秩序に広がる muchítsujò ni hirógarù

spray [sprei] *n* (small drops) 水煙 mizúkemùri; (sea spray) しぶき shíbùki; (container: hair spray etc) スプレー supúrè; (garden spray) 噴霧器 fuńmukì; (of flowers) 小枝 koéda
♦*vt* (sprinkle) 噴霧器で ...に...を掛ける fuńmukì de ...ni ...wo kakérù; (crops) 消毒する shódoku suru

spread [spred] *n* (range, distribution) 広がり hirógari; (CULIN: for bread) スプレッド supúreddò; (*inf*: food) ごちそう gochísō
♦*vb* (*pt, pp* **spread**)
♦*vt* (lay out) 並べる naráberù; (butter) 塗る núrù; (wings, arms, sails) 広げる hirógerù; (workload, wealth) 分配する buńpai suru; (scatter) まく mákù
♦*vi* (disease, news) 広がる hirógarù;

(*also*: **spread out**: stain) 広がる hirógarù

spread-eagled [spredˈiːgəld] *adj* 大の字に寝た daí no jì ni netá

spread out *vi* (move apart) 散らばる chirábarù

spreadsheet [spredˈʃiːt] *n* (COMPUT) スプレッドシート supúreddoshìto

spree [spriː] *n*: *to go on a spree* ...にふける ...ni fukérù

sprightly [spraitˈliː] *adj* (old person) かくしゃくとした kakúshaku to shitá

spring [spriŋ] *n* (leap) 跳躍 chóyaku; (coiled metal) ばね bánè; (season) 春 hárù; (of water) 泉 izúmi
♦*vi* (*pt* **sprang**, *pp* **sprung**) (leap) 跳ぶ tobú
in spring (season) 春に hárù ni

springboard [spriŋˈbɔːrd] *n* スプリングボード supúringubòdo

spring-cleaning [spriŋˈkliːˈniŋ] *n* 大掃除 ōsōji ◇春とは関係なく言う hárù to wa kańkeinakù iú

springtime [spriŋˈtaim] *n* 春 hárù

spring up *vi* (thing: appear) 現れる aráwarerù

sprinkle [spriŋˈkəl] *vt* (scatter: liquid) まく mákù; (: salt, sugar) 振り掛ける furíkakerù
to sprinkle water on, sprinkle with water ...に水をまく...ni mizú wò mákù

sprinkler [spriŋˈklər] *n* (for lawn, to put out fire) スプリンクラー supúrinkurà

sprint [sprint] *n* (race) 短距離競走 tańkyorikyòsō, スプリント supúrìnto
♦*vi* (*gen*: run fast) 速く走る háyàku hashírù; (SPORT) スプリントする supúrìnto suru

sprinter [sprinˈtər] *n* スプリンター supúrìntà

sprout [spraut] *vi* (plant, vegetable) 発芽する hatsúga suru

sprouts [sprauts] *npl* (*also*: **Brussels sprouts**) 芽キャベツ mekyábètsu

spruce [spruːs] *n inv* (BOT) トウヒ tóhì
♦*adj* (neat, smart) スマートな sumáto na

sprung [sprʌŋ] *pp of* **spring**

spry [sprai] *adj* (old person) かくしゃく

とした kakúshaku to shitá

spun [spʌn] *pt, pp of* **spin**

spur [spəːr] *n* 拍車 hakúsha; (*fig*) 刺激 shigéki

♦*vt* (*also:* **spur on**) 激励する gekírei suru

on the spur of the moment とっさに tossá ni

spurious [spjuːˈriːəs] *adj* (false: attraction) 見せ掛けの misékake no; (: argument) 間違った machígattà

spurn [spəːrn] *vt* (reject) はねつける hanétsukerù

spurt [spəːrt] *n* (of blood etc) 噴出 fuńshutsu; (of energy) 奮発 fuńpatsu

♦*vi* (blood, flame) 噴出す fukídasù

spy [spai] *n* スパイ supái

♦*vi: to spy on* こっそり見張る kossóri miháru

♦*vt* (see) 見付ける mitsúkerù

spying [spaiˈiŋ] *n* スパイ行為 supáikòi

sq. *abbr* = **square**

squabble [skwɑːˈbəl] *vi* 口げんかする kuchígeñka suru

squad [skwɑːd] *n* (MIL, POLICE) 班 háñ; (SPORT) チーム chìmu

squadron [skwɑːˈdrən] *n* (MIL) 大隊 daítai

squalid [skwɑːˈlid] *adj* (dirty, unpleasant: conditions) 汚らしい kitánarashiì; (sordid: story etc) えげつない egétsunaì

squall [skwɔːl] *n* (stormy wind) スコール sukóru

squalor [skwɑːˈləːr] *n* 汚い環境 kitánai kańkyō

squander [skwɑːˈndəːr] *vt* (money) 浪費する rōhi suru; (chances) 逃す nogásù

square [skweːr] *n* (shape) 正方形 seíhōkei; (in town) 広場 híròba; (*inf*: person) 堅物 katábutsu

♦*adj* (in shape) 正方形の seíhōkei no; (*inf*: ideas, tastes) 古臭い furúkusaì

♦*vt* (arrange) ...を...に一致させる ...wo ...ni itchí saserù; (MATH) 2乗する nijṓ suru; (reconcile) ...を...と調和させる ...wo ...to chṓwa saserù

all square 貸し借りなし kashíkàri náshì

a square meal 十分な食事 jūbùn na

shokúji

2 meters square 2メーター平方 ni mḗtā heíhō

2 square meters 2平方メーター ni heíhō mḗtā

squarely [skweːˈrliː] *adv* (directly: fall, land etc) まともに matómo nì; (fully: confront) きっぱりと kippárì to

squash [skwɑːʃ] *n* (*US*: marrow etc) カボチャ kabócha; (*BRIT*: drink): *lemon/orange squash* レモン〔オレンジ〕スカッシュ remón〔oréñji〕sukasshù; (SPORT) スカッシュ sukásshù

♦*vt* つぶす tsubúsu

squat [skwɑːt] *adj* ずんぐりした zuñgurì shita

♦*vi* (*also:* **squat down**) しゃがむ shagámù

squatter [skwɑːˈtəːr] *n* 不法居住者 fuhṓkyojūsha

squawk [skwɔːk] *vi* (bird) ぎゃーぎゃー鳴く gyàgyā nakú

squeak [skwiːk] *vi* (door etc) きしむ kishímù; (mouse) ちゅーちゅー鳴く chúchū nakú

squeal [skwiːl] *vi* (children) きゃーきゃー言う kyàkyā iú; (brakes etc) キーキー言う kíkī iú

squeamish [skwiːˈmiʃ] *adj* やたら...に弱い yatára ...ni yowáì

squeeze [skwiːz] *n* (*gen*: of hand) 握り締める事 nigírishimerù kotó; (ECON) 金融引締め kiń-yūhikishime

♦*vt* (*gen*) 絞る shibórù; (hand, arm) 握り締める nigírishimerù

squeeze out *vt* (juice etc) 絞り出す shibóridasù

squelch [skweltʃ] *vi* ぐちゃぐちゃ音を立てる gúchàgucha otó wò tatérù

squid [skwid] *n* イカ iká

squiggle [skwigˈəl] *n* のたくった線 notákuttà señ

squint [skwint] *vi* (have a squint) 斜視である sháshì de árù

♦*n* (MED) 斜視 sháshì

squire [skwaiˈəːr] (*BRIT*) *n* 大地主 ṓjinùshi

squirm [skwəːrm] *vi* 身もだえする mimódàe suru

squirrel [skwər'əl] *n* リス rísù

squirt [skwə:rt] *vi* 噴出す fukídasù

◆*vt* 噴射ける fukíkakerù

Sr *abbr* = **senior**

St *abbr* = **saint; street**

stab [stæb] *n* (with knife etc) ひと刺し hitósàshi; (*inf*: try): **to have a stab at (doing) something** ...をやってみる ...wo yatté mirù

◆*vt* (person, body) 刺す sásù

a stab of pain 刺す様な痛み sásù yō na itámi

stability [stəbil'əti:] *n* 安定 añtei

stabilize [stei'bəlaiz] *vt* (prices) 安定させる añtei saserù

◆*vi* (prices, one's weight) 安定する añtei suru

stable [stei'bəl] *adj* (prices, patient's condition) 安定した añtei shita; (marriage) 揺るぎない yurúgi naì

◆*n* (for horse) 馬小屋 umágoya

staccato [stəka:'tou] *adv* スタッカート sutákkàto

stack [stæk] *n* (pile) ...の山 ...no yamá

◆*vt* (pile) 積む tsumú

stadium [stei'di:əm] *n* 競技場 kyṓgijō, スタジアム sutájìamu

staff [stæf] *n* (work force) 職員 shokúìn; (*BRIT*: SCOL) 教職員 kyōshokuìn

◆*vt* ...の職員として働く ...no shokúìn toshite határakù

stag [stæg] *n* 雄ジカ ójìka

stage [steidʒ] *n* (in theater etc) 舞台 bútài; (platform) 台 dáì; (profession): **the stage** 俳優業 haíyūgyō; (point, period) 段階 dañkai

◆*vt* (play) 上演する jōen suru; (demonstration) 行う okónaù

in stages 少しずつ sukóshi zutsù

stagecoach [steidʒ'koutʃ] *n* 駅馬車 ekíbashà

stage manager *n* 舞台監督 butáikañtoku

stagger [stæg'ə:r] *vi* よろめく yorómekù

◆*vt* (amaze) 仰天させる gyṓten saserù; (hours, holidays) ずらす zurásù

staggering [stæg'ə:riŋ] *adj* (amazing) 仰天させる gyṓten saserù

stagnant [stæg'nənt] *adj* (water) よどんだ yodóñda; (economy etc) 停滞した teítai shita

stagnate [stæg'neit] *vi* (economy, business, person) 停滞する teítai suru; (person) だれる darérù

stag party *n* スタッグパーティ sutággupàti

staid [steid] *adj* (person, attitudes) 古めかしい furímekashiì

stain [stein] *n* (mark) 染み shimí; (coloring) 着色剤 chakúshokuzài, ステイン sutéin

◆*vt* (mark) 汚す yogósù; (wood) ...にステインを塗る ...ni sutéiñ wo nűrù

stained glass window [steind-] *n* ステンドグラスの窓 suténdoguràsu no mádð

stainless steel [stein'lis-] *n* ステンレス suténresu

stain remover [-rimu:'və:r] *n* 染み抜き shimínuki

stair [ste:r] *n* (step) 段 dáñ, ステップ sutéppù

staircase [ste:r'keis] *n* 階段 kaídan

stairs [ste:rz] *npl* (flight of steps) 階段 kaídan

stairway [ste:r'wei] *n* = **staircase**

stake [steik] *n* (post) くい kúî; (COMM: interest) 利害関係 rigáikañkei; (BETTING: *gen pl*) 賞金 shōkin

◆*vt* (money, life, reputation) かける kakérù

to stake a claim to ...に対する所有権を主張する ...ni taí surù shoyúken wò shuchṓ suru

to be at stake 危ぶまれる ayábumareru

stalactite [stəlæk'tait] *n* しょう乳石 shṓnyūseki

stalagmite [stəlæg'mait] *n* 石じゅん sekíjun

stale [steil] *adj* (bread) 固くなった katáku nattà; (food, air) 古くなった fúrùku natta; (air) よどんだ yodóñda; (smell) かび臭い kabíkusaì; (beer) 気の抜けた kí nò nukétà

stalemate [steil'meit] n (CHESS) ステールメート sutérumèto; (fig) 行き詰り ikízumari

stalk [stɔ:k] n (of flower, fruit) 茎 kukí
♦vt (person, animal) ...に忍び寄る ...ni shinóbiyorù

stalk off vi 威張って行く ibátte ikù

stall [stɔ:l] n (in market) 屋台 yátài; (in stable) 馬房 babő
♦vt (AUT: engine, car) エンストを起す eñsuto wð okósù; (fig: delay: person) 引止める hikítomerù; (: decision etc) 引延ばす hikínobasù
♦vi (AUT: engine, car) エンストを起す eñsuto wð okósù; (fig: person) 時間稼ぎをする jikánkasegi wð suru

stallion [stæl'jən] n 種ウマ tanéuma

stalls [stɔ:lz] (BRIT) npl (in cinema, theater) 特別席 tokúbetsusèki

stalwart [stɔ:l'wə:rt] adj (worker, supporter, party member) 不動の fudő no

stamina [stæm'inə] n スタミナ sutámina

stammer [stæm'ə:r] n どもり dómòri
♦vi どもる domórù

stamp [stæmp] n (postage stamp) 切手 kitté; (rubber stamp) スタンプ sutáñpu; (mark, also fig) 特徴 tokúchō
♦vi (also: stamp one's foot) 足を踏み鳴らす ashí wð fumínarasù
♦vt (letter) ...に切手を張る ...ni kitté wð harú; (mark) 特徴付ける tokúchōzukerù; (with rubber stamp) ...にスタンプを押す ...ni sutáñpu wo osú

stamp album n 切手帳 kittéchō

stamp collecting [-kəlek'tiŋ] n 切手収集 kittéshūshū

stampede [stæmpi:d'] n (of animal herd) 暴走 bősō; (fig: of people) 殺到 sattő

stance [stæns] n (way of standing) 立っている姿勢 tatté irù shiséi; (fig) 姿勢 shiséi

stand [stænd] n (position) 構え kámàe; (for taxis) 乗場 noríba; (hall, music stand) 台 dái; (SPORT) スタンド sutáñdo; (stall) 屋台 yátài
♦vb (pt, pp stood)
♦vi (be: person, unemployment etc) ...になっている ...ni natté irù; (be on foot) 立

つ tátsù; (rise) 立ち上る tachíagarù; (remain: decision, offer) 有効である yűkō de arù; (in election etc) 立候補する rikkőhò suru
♦vt (place: object) 立てる tatérù; (tolerate, withstand: person, thing) ...に耐える ...ni taérù; (treat, invite to) おごる ogőrù

to make a stand (fig) 立場を執る tachíba wð tórù

to stand for parliament (BRIT) 議員選挙に出馬する giíñsenkyo ni shutsúba suru

standard [stæn'də:rd] n (level) 水準 suíjun; (norm, criterion) 基準 kijún; (flag) 旗 hatá
♦adj (normal: size etc) 標準的な hyőjunteki na; (text) 権威のある kéñ-i no árù

standardize [stæn'də:rdaiz] vt 規格化する kikákuka suru

standard lamp (BRIT) n フロアスタンド furőasutandò

standard of living n 生活水準 seíkatsusuijùn

standards [stæn'də:rdz] npl (morals) 道徳基準 dőtoku kijún

stand by vi (be ready) 待機する táiki suru
♦vt fus (opinion, decision) 守る mamórù; (person) ...の力になる ...no chikára ni narú

stand-by [stænd'bai] n (reserve) 非常用の物 hijőyő no monő

to be on stand-by 待機している táiki shité irù

stand-by ticket n (AVIAT) キャンセル待ちの切符 kyáñserumachi nð kippú

stand down vi (withdraw) 引下がる hikísagarù

stand for vt fus (signify) 意味する ímì suru; (represent) 代表する daíhyō suru; (tolerate) 容認する yőnin suru

stand-in [stænd'in] n 代行 daíkō

stand in for vt fus (replace) ...の代役を務める ...no daíyaku wð tsutómerù

standing [stæn'diŋ] adj (on feet: ovation) 立ち上っての tachíagatte sarù; (permanent: invitation) 持続の jizóku no, 継続の keízoku no

♦*n* (status) 地位 chíi

of many years' standing 数年前から続いている sûnen maè kara tsuzúite irù

standing joke *n* お決りの冗談 o-kímari nò jốdañ

standing order (*BRIT*) *n* (at bank) 自動振替 jidốfurìkae ◇支払額が定額である場合に使う shiháraígaku ga teígaku de arù báaí ni tsukáù

standing room *n* 立見席 tachímisèki

stand-offish [stǽndɔːf'iʃ] *adj* 無愛想な buáĩsō na

stand out *vi* (be prominent) 目立つ medátsù

standpoint [stǽnd'pɔint] *n* 観点 kañteñ

standstill [stǽnd'stil] *n*: *at a standstill* (*also fig*) 滞って todókòtte

to come to a standstill 止ってしまう tomátte shimaù

stand up *vi* (rise) 立ち上る tachíagarù

stand up for *vt fus* (defend) 守る mamórù

stand up to *vt fus* (withstand: *also fig*) ...に立向かう ...ni tachímukaù

stank [stæŋk] *pt of* **stink**

staple [stei'pəl] *n* (for papers) ホチキスの針 hóchìkisu no hárì

♦*adj* (food etc) 主要の shuyố no

♦*vt* (fasten) ホチキスで留める hóchìkisu de tomerù

stapler [stei'plə:r] *n* ホチキス hóchìkisu

star [staːr] *n* (in sky) 星 hoshí; (celebrity) スター sutá

♦*vi*: *to star in* ...で主演する ...de shuén suru

♦*vt* (THEATER, CINEMA) 主役とする shuyáku to surù

starboard [staːr'bəːrd] *n* 右げん úgeñ

starch [staːrtʃ] *n* (for shirts etc) のり no rí; (CULIN) でんぷん deñpun

stardom [staːr'dəm] *n* スターの身分 sutá no mìbùn

stare [steːr] *n* じろじろ見る事 jíròjiro mírù koto

♦*vi*: *to stare at* じろじろ見る jíròjiro mírù

starfish [staːr'fiʃ] *n* ヒトデ hitode

stark [staːrk] *adj* (bleak) 殺風景な sap-

pûkèi na

♦*adv*: *stark naked* 素っ裸の suppádàka no

starling [staːr'liŋ] *n* ムクドリ mukúdòri

starry [staːr'iː] *adj* (night, sky) 星がよく見える hoshí gà yókù miérù

starry-eyed [staːr'iːaid] *adj* (innocent) 天真らん漫な teñshinranman na

stars [staːrz] *npl*: *the stars* (horoscope) 星占い hoshíuranaĩ

start [staːrt] *n* (beginning) 初め hajíme; (departure) 出発 shuppátsu; (sudden movement) ぎくっとする事 gikúttò suru kotò; (advantage) リード rído

♦*vt* (begin) 始める hajímerù; (cause) 引起こす hikíokosù; (found: business etc) 創立する sốritsu suru; (engine) かける kakérù

♦*vi* (begin) 始まる hajímarù; (with fright) ぎくっとする gikúttò suru; (train etc) 出発する shuppátsu suru

to start doing/to do something ...をし始める ...wo shihájimerù

starter [staːr'təːr] *n* (AUT) スターター sutátà; (SPORT: official) スターター sutátà; (*BRIT*: CULIN) 最初の料理 saísho no ryốri

starting point [staːr'tiŋ-] *n* 出発点 shuppátsuteñ

startle [staːr'təl] *vt* 驚かす odórokasù

startling [staːr'liŋ] *adj* (news etc) 驚く様な odóroku yồ na

start off *vi* (begin) 始める hajímerù; (begin moving) 出発する shuppátsu suru

start up *vi* (business etc) 開業する kaígyồ suru; (engine) かかる kakárù; (car) 走り出す hashíridasù

♦*vt* (business etc) 創立する sốritsu suru; (engine) かける kakérù; (car) 走らせる hashíraserù

starvation [staːrvei'ʃən] *n* 飢餓 kígà

starve [staːrv] *vi* (inf: be very hungry) おなかがぺこぺこである onáka gà pekópeko dè árù; (*also*: **starve to death**) 餓死する gáshì suru

♦*vt* (person, animal: not give food to) 飢えさせる uésaserù; (: to death) 餓死させる gáshì saserù

state [steit] *n* (condition) 状態 jốtai; (government) 国 kuní

♦*vt* (say, declare) 明言する meígen suru

to be in a state 取乱している torímidashite irù

stately [steit'li:] *adj* (home, walk etc) 優雅な yūga na

statement [steit'mənt] *n* (declaration) 陳述 chíňjutsu

States [steits] *npl*: *the States* 米国 beíkoku

statesman [steits'mən] (*pl* **statesmen**) *n* リーダー格の政治家 rídakaku nò seíjikà

static [stæt'ik] *n* (RADIO, TV) 雑音 zatsúon

♦*adj* (not moving) 静的な seíteki na

static electricity *n* 静電気 seídeňki

station [stei'ʃən] *n* (RAIL) 駅 ékì; (police station etc) 署 shố; (RADIO) 放送局 hốsōkyoku

♦*vt* (position: guards etc) 配置する haíchi suru

stationary [stei'ʃəne:ri:] *adj* (vehicle) 動いていない ugóite inaì

stationer [stei'ʃənə:r] *n* 文房具屋 buńbōguya

stationer's (shop) [stei'ʃənə:rz-] *n* 文房具店 buńbōguteň

stationery [stei'ʃəne:ri:] *n* 文房具 buńbōgu

stationmaster [stei'ʃənmæstə:r] *n* (RAIL) 駅長 ekíchō

station wagon (*US*) *n* ワゴン車 wagóňsha

statistic [stətis'tik] *n* 統計値 tốkeichì

statistical [stətis'tikəl] *adj* (evidence, techniques) 統計学的な tốkeigakuteki na

statistics [stətis'tiks] *n* (science) 統計学 tốkeigàku

statue [stætʃ'u:] *n* 像 zố

stature [stætʃ'ə:r] *n* 身長 shińchō

status [stei'təs] *n* (position) 身分 míbuň; (official classification) 資格 shikáku; (importance) 地位 chíi

the status quo 現状 geňjō

status symbol *n* ステータスシンボル sutếtasushiňboru

statute [stætʃ'u:t] *n* 法律 hốritsu

statutory [stætʃ'u:tɔ:ri:] *adj* (powers, rights etc) 法定の hốtei no

staunch [stɔ:ntʃ] *adj* (ally) 忠実な chújitsu na

stave off [steiv-] *vt* (attack, threat) 防ぐ fuségù

stay [stei] *n* (period of time) 滞在期間 taízaikikàn

♦*vi* (remain) 居残る inókorù; (with someone, as guest) 泊る tomárù; (in place: spend some time) とどまる todómarù

to stay put とどまる todómarù

to stay the night 泊る tomárù

stay behind *vi* 居残る inókorù

stay in *vi* (at home) 家にいる ié nì irù

staying power [stei'iŋ-] *n* 根気 koňki

stay on *vi* 残る nokórù

stay out *vi* (of house) 家に戻らない ié nì modóranaì

stay up *vi* (at night) 起きている ốkìte iru

stead [sted] *n*: *in someone's stead* ...の代りに ...no kawári ni

to stand someone in good stead ...の役に立つ ...no yakú ni tatsù

steadfast [sted'fæst] *adj* 不動の fudố no

steadily [sted'ili:] *adv* (firmly) 着実に chakújitsu ni; (constantly) ずっと zuttő; (fixedly) じっと jittő; (walk) しっかりと shikkárì to

steady [sted'i:] *adj* (constant: job, boyfriend, speed) 決った kimátta, 変らない kawáranaì; (regular: rise in prices) 着実な chakújitsu na; (person, character) 堅実な keňjitsu na; (firm: hand etc) 震えない furúenaì; (calm: look, voice) 落着いた ochítsùita

♦*vt* (stabilize) 安定させる aňtei saserù; (nerves) 静める shizúmerù

steak [steik] *n* (*also*: **beefsteak**) ビーフステーキ bífusutèki; (beef, fish, pork etc) ステーキ sutếkì

steal [sti:l] (*pt* **stole**, *pp* **stolen**) *vt* 盗む nusúmù

♦*vi* (thieve) 盗む nusúmù; (move secretly) こっそりと行く kossórì to ikú

stealth [stelθ] *n*: *by stealth* こっそりと kossórì to

stealthy [stel'θi:] *adj* (movements, actions) ひそかな hisókà na

steam [sti:m] *n* (mist) 水蒸気 suíjòki; (on window) 曇り kumóri
♦*vt* (CULIN) 蒸す músù
♦*vi* (give off steam) 水蒸気を立てる suíjòki wo tatérù

steam engine *n* 蒸気機関 jókikikàn

steamer [sti:'mə:r] *n* 汽船 kisén

steamroller [sti:m'roulə:r] *n* ロードロー ラー ródorōrā

steamship [sti:m'ʃip] *n* = **steamer**

steamy [sti:'mi:] *adj* (room) 湯気でもう もうの yúge de mómò no; (window) 湯気 で曇った yúge de kumóttà; (heat, atmosphere) 蒸暑い mushíatsuì

steel [sti:l] *n* 鋼鉄 kótetsu
♦*adj* 鋼鉄の kótetsu no

steelworks [sti:l'wə:rks] *n* 製鋼所 seíkōjo

steep [sti:p] *adj* (stair, slope) 険しい kewáshiì; (increase) 大幅な óhaba na; (price) 高い takáî
♦*vt* (fig: soak) 浸す hitásù

steeple [sti:'pəl] *n* せん塔 sefítō

steeplechase [sti:'pəltʃeis] *n* 障害レース shógairèsu

steer [sti:r] *vt* (vehicle) 運転する uñten suru; (person) 導く michíbikù
♦*vi* (maneuver) 車を操る kurúma wò a-yátsurù

steering [sti:'riŋ] *n* (AUT) ステアリング suteáriñgu

steering wheel *n* ハンドル hañdoru

stem [stem] *n* (of plant) 茎 kukí; (of glass) 脚 ashí
♦*vt* (stop: blood, flow, advance) 止める tomérù

stem from *vt fus* (subj: condition, problem) ...に由来する ...ni yurái suru

stench [stentʃ] *n* 悪臭 akúshū

stencil [sten'səl] *n* (lettering) ステンシル で書いた文字 suteñshiru de káìta mójì; (pattern used) ステンシル suteñshiru
♦*vt* (letters, designs etc) ステンシルで書 く suteñshiru de kákù

stenographer [stənɑ:g'rəfə:r] *(US) n* 速 記者 sokkíshà

step [step] *n* (footstep, *also fig*) 一歩 íppò; (sound) 足音 ashíoto; (of stairs) 段 dáñ, ステップ sutéppù
♦*vi*: *to step forward* 前に出る máè ni dérù *to step back* 後ろに下がる ushíro nì sagárù
in/out of step (with) (...と) 歩調が 合って〔ずれて〕(...to) hochó ga attè〔zurète〕

stepbrother [step'brʌðə:r] *n* 異父〔異母〕 兄弟 ffù〔ffò〕kyódài

stepdaughter [step'dɔ:tə:r] *n* まま娘 mamámusùme

step down *vi* (fig: resign) 辞任する jinín suru

stepfather [step'fɑ:ðə:r] *n* まま父 mamáchichi

stepladder [step'lædə:r] *n* 脚立 kyatátsu

stepmother [step'mʌðə:r] *n* まま母 mamáhaha

step on *vt fus* (something: walk on) 踏む fumú

stepping stone [step'iŋ-] *n* 飛石 tobíishi

steps [steps] *(BRIT) npl* = **stepladder**

stepsister [step'sistə:r] *n* 異父〔異母〕姉 妹 ffù〔ffò〕shímài

stepson [step'sʌn] *n* まま息子 mamámusùko

step up *vt* (increase: efforts, pace etc) 増 す masú

stereo [ste:r'i:ou] *n* (system) ステレオ sutéreo; (record player) レコードプレーヤ ー rekódopurèyà
♦*adj* (*also*: stereophonic) ステレオの sutéreo no

stereotype [ste:r'i:ətaip] *n* 固定概念 kotéígainen

sterile [ste:r'əl] *adj* (free from germs: bandage etc) 殺菌した sakkín shita; (barren: woman, female animal) 不妊の funín no; (: man, male animal) 子供を作 れない kodómo wò tsukúrenaì; (land) 不 毛の fumó no

sterilize [ste:r'əlaiz] *vt* (thing, place) 殺 菌する sakkín suru; (woman) ...に避妊手 術をする ...ni hinínshujùtsu wo suru

sterling [stə:r'liŋ] *adj* (silver) 純銀の juñgin no
♦*n* (ECON) 英国通貨 eíkokutsùka
one pound sterling 英貨1ポンド eíka ichí poñdo

stern [stə:rn] *adj* (father, warning etc) 厳しい kibíshiî
♦*n* (of boat) 船尾 séñbi

stethoscope [steθ'əskoup] *n* 聴診器 chóshiñki

stew [stu:] *n* シチュー shichú
♦*vt* (meat, vegetables) 煮込む nikómù; (fruit) 煮る nirú

steward [stu:'ə:rd] *n* (on ship, plane, train) スチュワード suchúwàdo

stewardess [stu:'ə:rdis] *n* (especially on plane) スチュワーデス suchúwàdesu

stick [stik] *n* (gen: of wood) 棒 bǒ; (as weapon) こん棒 koñbō; (walking stick) つえ tsúe
♦*vb* (*pt, pp* **stuck**)
♦*vt* (with glue etc) 張る harú; (*inf*: put) 置く okú; (: tolerate) ...の最後まで我慢する ...no saígo made gámàn suru; (thrust):
to stick something into ...の中へ...を突っ込む ...no nákà e ...wo tsukkómù
♦*vi* (become attached) くっつく kuttsúkù; (be immovable) 引っ掛る hikkákàru; (in mind etc) 焼付く yakítsukù
a stick of dynamite ダイナマイト1本 dainamaito ippon

sticker [stik'ə:r] *n* ステッカー sutékkà

sticking plaster [stik'iŋ-] *n* ばんそうこう bañsōkō

stickler [stik'lə:r] *n*: *to be a stickler for* ...に関してやかましい ...ni káñ shite yakámashiî

stick out *vi* (ears etc) 突出る tsukíderù

stick up *vi* (hair etc) 立つ tátsù

stick-up [stik'ʌp] (*inf*) *n* ピストル強盗 pisútoru gótō

stick up for *vt fus* (person) ...の肩をもつ ...no kátà wo mótsù; (principle) 守る mamórù

sticky [stik'i:] *adj* (messy: hands etc) べたべたしている bétàbeta shité irù; (label) 粘着の neñchaku no; (*fig*: situation) 厄介な yákkài na

stiff [stif] *adj* (hard, firm: brush) 堅い katáì; (hard: paste, egg-white) 固まった katámattà; (moving with difficulty: arms, legs, back) こわばった kowábattà; (: door, zip etc) 堅い katáî; (formal: manner, smile) 堅苦しい katágurushiî; (difficult, severe: competition, sentence) 厳しい kibíshiî; (strong: drink, breeze) 強い tsuyóî; (high: price) 高い takáî
♦*adv* (bored, worried, scared) ひどく hídòku

stiffen [stif'ən] *vi* (body, muscles, joints) こわばる kowábarù

stiff neck *n* 首が回らない事 kubí gà mawáranaî kotó

stifle [stai'fəl] *vt* (cry, yawn) 抑える osáerù; (opposition) 抑圧する yokúatsu suru

stifling [staif'liŋ] *adj* (heat) 息苦しい ikígurushiî

stigma [stig'mə] *n* (*fig*: of divorce, failure, defeat etc) 汚名 ómèi

stile [stail] *n* 踏段 fumídan ◇牧場のさくの両側に設けられ，人間が越えられるが家畜が出られない様にした物 bokújō nò sakú nò ryógawa nì mókerarè, niñgen gà koérarerù ga kachíku gà derárenaî yǒ ni shitá monò

stiletto [stilet'ou] (*BRIT*) *n* (*also*: **stiletto heel**) ハイヒール haíhìru

still [stil] *adj* (person, water, air) 動かない ugókanaî; (place) 静寂な seíjaku na
♦*adv* (up to this time, yet) まだ mádà; (even) 更に sárà ni; (nonetheless) それにしても soré ni shite mò

stillborn [stil'bɔ:rn] *adj* 死産の shízàn no

still life *n* 静物画 seíbutsugà

stilt [stilt] *n* (pile) 脚柱 kyakúchū; (for walking on) 竹馬 takéuma

stilted [stil'tid] *adj* (behavior, conversation) 堅苦しい katákurushiî

stimulant [stim'jələnt] *n* 覚せい剤 kakúseizài

stimulate [stim'jəleit] *vt* (person, demand) 刺激する shigékì suru

stimulating [stim'jəleitiŋ] *adj* (conversation, person, experience) 刺激的な shigékiteki na

stimuli [stim'jəlai] *npl of* **stimulus**

stimulus [stim'jələs] (*pl* **stimuli**) *n* (encouragement, *also* MED) 刺激 shigé-ki

sting [stiŋ] *n* (wound) 虫刺され mushísasarè; (pain) 刺す様な痛み sásù yō na itámi; (organ) 針 hárī
♦*vb* (*pt*, *pp* **stung**)
♦*vt* (insect, plant etc) 刺す sásù; (*fig*) 傷付ける kizútsukerù
♦*vi* (insect, plant etc) 刺す sásù; (eyes, ointment etc) しみる shimírù

stingy [stin'dʒi:] *adj* けちな kéchī na

stink [stiŋk] *n* (smell) 悪臭 akúshū
♦*vi* (*pt* **stank**, *pp* **stunk**) (smell) におう nióù

stinking [stin'kiŋ] (*inf*) *adj* (*fig*) くそったれ の kusóttàre no

stint [stint] *n* 仕事の期間 shigóto no kikañ
♦*vi*: **to stint on** (work, ingredients etc) をけちる wo kechírù

stipulate [stip'jəleit] *vt* ...の条件を付ける ...no jōken wò tsukérù

stir [stə:r] *n* (*fig*: agitation) 騒ぎ sáwàgi
♦*vt* (tea etc) かき混ぜる kakímazerù; (*fig*: emotions) 刺激する shigékì suru
♦*vi* (move slightly) ちょっと動く chóttò ugókù

stirrup [stə:r'əp] *n* あぶみ abúmi

stir up *vt* (trouble) 引起こす hikíokosù

stitch [stitʃ] *n* (SEWING, MED) 一針 hitōhàri; (KNITTING) ステッチ sutétchì; (pain) わき腹のけいれん wakíbara nò keíren
♦*vt* (sew: *gen*, MED) 縫う núù

stoat [stout] *n* てん téñ

stock [sta:k] *n* (supply) 資源 shígèn; (COMM) 在庫品 zaíkohin; (AGR) 家畜 kachíku; (CULIN) 煮出し汁 nidáshijìru, ストック sutókkù; (descent) 血統 kettō; (FINANCE: government stock etc) 株式 kabúshìki
♦*adj* (*fig*: reply, excuse etc) お決りの o-kímàri no
♦*vt* (have in stock) 常備する jōbì suru
stocks and shares 債券 saíken
in/out of stock 在庫がある〔ない〕zaí-

ko gà árù 〔nai〕
to take stock of (*fig*) 検討する keñtō suru

stockbroker [sta:k'broukə:r] *n* 株式仲買人 kabúshikinakagainìn

stock cube (*BRIT*) *n* 固形スープの素 kokéi sūpu no moto

stock exchange *n* 株式取引所 kabúshikitorihikijō

stocking [sta:k'iŋ] *n* ストッキング sutőkkiñgu

stockist [sta:k'ist] (*BRIT*) *n* 特約店 tokúyakutèn

stock market *n* 株式市場 kabúshikishijō

stock phrase *n* 決り文句 kimárimoñku

stockpile [sta:k'pail] *n* 備蓄 bichíku
♦*vt* 貯蓄する chozó suru

stocktaking [sta:k'teikiŋ] (*BRIT*) *n* (COMM) 棚卸し tanáoroshi

stock up with *vt* ...を仕入れる ...wo shiírérù

stocky [sta:k'i:] *adj* (strong, short) がっしりした gasshíri shita; (short, stout) ずんぐりした zuñgurì shita

stodgy [sta:dʒ'i:] *adj* (food) こってりした kottérì shita

stoical [stou'ikəl] *adj* 平然とした heízeñtō shita

stoke [stouk] *vt* (fire, furnace, boiler) ...に燃料をくべる ...ni neñryō wo kubérù

stole [stoul] *pt of* **steal**
♦*n* ストール sutórù

stolen [stou'lən] *pp of* **steal**

stolid [sta:l'id] *adj* (person, behavior) 表情の乏しい hyōjō no tobóshiì

stomach [stʌm'ək] *n* (ANAT) 胃 i; (belly) おなか onáka
♦*vt* (*fig*) 耐える taérù

stomachache [stʌm'əkeik] *n* 腹痛 fukútsū

stone [stoun] *n* (rock) 石 ishí; (pebble) 小石 koíshi; (gem) 宝石 hōseki; (in fruit) 種 tánè; (MED) 結石 kesséki; (*BRIT*: weight) ストーン sutōn ◊体重の単位, 約6.3 kg no tañ-i, yákù 6.3 kg
♦*adj* (pottery) ストーンウェアの sutōn-ueà no

♦*vt* (person) ...に石を投付ける ...ni ishi wo nagetsukeru; (fruit) ...の種を取る ...no tánē wo tórù

stone-cold [stoun'kould'] *adj* 冷え切った hiékittà

stone-deaf [stoun'def'] *adj* かなつんぼの kanátsuǹbo no

stonework [stoun'wə:rk] *n* (stones) 石造りの物 ishízukùri no mono

stony [stou'ni:] *adj* (ground) 石だらけの ishídaràke no; (*fig*: glance, silence etc) 冷淡な reítan na

stood [stud] *pt, pp of* **stand**

stool [stu:l] *n* スツール sutsúrù

stoop [stu:p] *vi* (*also*: **stoop down**: bend) 腰をかがめる koshí wò kagámerù; (*also*: **have a stoop**) 腰が曲っている koshí gà magátte irù

stop [stɑ:p] *n* (halt) 停止 teíshi; (short stay) 立寄り tachíyori; (in punctuation: *also*: **full stop**) ピリオド píriòdo; (bus stop etc) 停留所 teíryùjo

♦*vt* (break off) 止める tomérù; (block: pay, check) ...の支払を停止させる ...no shihárai wò teíshi saserù; (prevent: *also*: **put a stop to**) やめさせる yamésaserù

♦*vi* (halt: person) 立ち止る tachídomarù; (: watch, clock) 止る tomárù; (end: rain, noise etc) やむ yamú

to stop doing something ...するのをやめる ...surú no wò yamérù

stop dead *vi* 急に止る kyú nì tomárù

stopgap [stɑ:p'gæp] *n* (person/thing) 間に合せの人〔物〕 ma ní awase nò hitó 〔monó〕

stop off *vi* 立寄る tachíyorù

stopover [stɑ:p'ouvə:r] *n* (*gen*) 立寄って泊る事 tachíyotte tomáru kotò; (AVIAT) 給油着陸 kyúyuchakùriku

stoppage [stɑ:p'idʒ] *n* (strike) ストライキ sutóraìki; (blockage) 停止 teíshi

stopper [stɑ:p'ə:r] *n* 栓 séǹ

stop press *n* 最新ニュース saíshinnyùsu

stop up *vt* (hole) ふさぐ fuságù

stopwatch [stɑ:p'wɑ:tʃ] *n* ストップウオッチ sutóppuuotchì

storage [stɔːr'idʒ] *n* 保管 hokán

storage heater *n* 蓄熱ヒーター chikú-

netsuhītā ◊深夜など電気需要の少ない時に熱を作って蓄え、昼間それを放射するヒーター shíǹ-ya nádò deńkijuyô no sukúnai tokì ni netsú wo tsukuttè takúwaè, hirúma soré wò hôsha suru hítā

store [stɔːr] *n* (stock) 蓄え takúwaè; (depot) 倉庫 sôko; (BRIT: large shop) デパート depâtò; (US) 店 misê; (reserve) 備蓄 bichíku

♦*vt* (provisions, information etc) 蓄える takúwaerù

in store 未来に待構えて mírai ni machíkamaetè

storeroom [stɔːr'ru:m] *n* 倉庫 sôko

stores [stɔːrz] *npl* (provisions) 物資 bússhì

store up *vt* (nuts, sugar, memories) 蓄える takúwaerù

storey [stɔːr'i:] (BRIT: floor) *n* = **story**

stork [stɔːrk] *n* コウノトリ kônotòri

storm [stɔːrm] *n* (bad weather) 嵐 árashi; (*fig*: of criticism, applause etc) 爆発 bakúhatsu

♦*vi* (*fig*: speak angrily) どなる donárù

♦*vt* (attack: place) 攻撃する kôgeki suru

stormy [stɔːr'mi:] *adj* (weather) 荒れ模様の arémoyò no; (*fig*: debate, relations) 激しい hagéshiî

story [stɔːr'i:] *n* (*gen*: *also*: **history**) 物語 monógatàri; (lie) うそ úsò; (US) 階 kâi

storybook [stɔːr'i:buk] *n* 童話の本 dôwa no hoǹ

stout [staut] *adj* (strong: branch etc) 丈夫な jôbu na; (fat) 太った futôttà; (resolute: friend, supporter) 不動の fudô no

♦*n* (beer) スタウト sutáùto

stove [stouv] *n* (for cooking) レンジ réǹji; (for heating) ストーブ sutôbù

stow [stou] *vt* (*also*: **stow away**) しまう shimáù

stowaway [stou'əwei] *n* 密航者 mikkôshà

straddle [stræd'əl] *vt* (chair, fence etc: *also fig*) ...にまたがる ...ni matágarù

straggle [stræg'əl] *vi* (houses etc) 散在する sańzai suru; (people etc) 落ごする rakúgo suru

straggly [stræg'li:] *adj* (hair) ぼさぼさし

た bósàbosa shita

straight [streit] *adj* (line, road, back, hair) 真っ直ぐの massúgù no; (honest: answer) 正直な shójiki na; (simple: choice, fight) 簡潔な kañketsu na
♦*adv* (directly) 真っ直ぐに massúgù ni; (drink) ストレートで sutóreto de
to put/get something straight (make clear) 明らかにする akíraka ni suru
straight away, straight off (at once) 直ちに tádàchi ni

straighten [strei'tən] *vt* (skirt, bed etc) 整える totónoerù

straighten out *vt* (*fig*: problem, situation) 解決する kaíketsu suru

straight-faced [streit'feist] *adj* まじめな顔をした majíme nà kaó wo shitá

straightforward [streitfɔːr'wɔːrd] *adj* (simple) 簡単な kañtan na; (honest) 正直な shójiki na

strain [strein] *n* (pressure) 負担 fután; (TECH) ひずみ hizúmi; (MED: tension) 緊張 kiñchō; (breed) 血統 kettó
♦*vt* (back etc) 痛める itámerù; (stretch: resources) ...に負担をかける ...ni fután wo kakérù; (CULIN: food) こす kosú
back strain (MED) ぎっくり腰 gikkúri-gòshi

strained [streind] *adj* (back, muscle) 痛めた itámetà; (relations) 緊迫した kiñpaku shità
a strained laugh 作り笑い tsukúriwarài

strainer [strei'nə:r] *n* (CULIN) こし器 koshíkì

strains [streinz] *npl* (MUS) 旋律 señritsu

strait [streit] *n* (GEO) 海峡 kaíkyō

strait-jacket [streit'dʒækit] *n* 拘束衣 kósokuì

strait-laced [streit'leist] *adj* しかつめらしい shikátsumerashiì

straits [streits] *npl*: *to be in dire straits* (*fig*) 困り果てている komárihatete irù

strand [strænd] *n* (of thread, hair, rope) 一本 íppòn

stranded [stræn'did] *adj* (holiday-makers) 足留めされた ashídome saretà

strange [streindʒ] *adj* (not known) 未知の míchi no; (odd) 変な heñ na

strangely [streindʒ'li:] *adv* (act, laugh) 変った風に kawátta fū ni ¶ *see also* **enough**

stranger [strein'dʒəːr] *n* (unknown person) 知らない人 shiránai hitò; (from another area) よそ者 yosómono

strangle [stræŋ'gəl] *vt* (victim) 絞殺する shimékorosù; (*fig*: economy) 圧迫する appáku suru

stranglehold [stræŋ'gəlhould] *n* (*fig*) 抑圧 yokúatsu

strap [stræp] *n* 肩ひも katáhimo, ストラップ sutórappù

strapping [stræp'iŋ] *adj* たくましい takúmashiì

strata [stræt'ə] *npl of* **stratum**

stratagem [stræt'ədʒəm] *n* 策略 sakúryàku

strategic [strəti:'dʒik] *adj* (positions, withdrawal, weapons etc) 戦略的な señryakuteki na

strategy [stræt'idʒi:] *n* (plan, *also* MIL) 作戦 sakúsen

stratum [strei'təm] (*pl* **strata**) *n* (*gen*) 層 sō; (in earth's surface) 地層 chisō; (in society) 階層 kaísō

straw [strɔː] *n* (dried stalks) わら wárà; (drinking straw) ストロー sutórō
that's the last straw! もう我慢できないい mō gáman dekínaì

strawberry [strɔː'be:ri:] *n* イチゴ ichígo

stray [strei] *adj* (animal) のら... norá...; (bullet) 流れ... nagáre...; (scattered) 点在する teñzai suru
♦*vi* (children, animals) はぐれる hagúrerù; (thoughts) 横道にそれる yokómichi nì sorérù

streak [stri:k] *n* (stripe: *gen*) 筋 sújì
♦*vt* ...に筋を付ける ...ni sújì wo tsukérù
♦*vi*: *to streak past* 猛スピードで通り過ぎる mósupìdo de tórisugirù

stream [stri:m] *n* (small river) 小川 ogáwa; (of people, vehicles, smoke) 流れ nagáre; (of questions, insults etc) 連続 reñzoku

♦*vt* (SCOL: students) 能力別に分ける nṓryokubètsu ni wakérù

♦*vi* (water, oil, blood) 流れる nagárerù

to stream in/out (people) 流れ込む〔出る〕nagárekomù〔derù〕

streamer [stri:'mə:r] *n* 紙テープ kamítēpu

streamlined [stri:m'laind] *adj* 流線形の ryū́señkei no

street [stri:t] *n* 道 michí

streetcar [stri:t'kɑːr] (*US*) *n* 路面電車 roméndeñsha

street lamp *n* 街灯 gaítō

street plan *n* 市街地図 shigáichizù

streetwise [stri:t'waiz] (*inf*) *adj* 裏町の悪知恵を持っている urámachi no warújie wò motté irù

strength [streŋkθ] *n* (physical) 体力 taíryoku; (of girder, knot etc) 強さ tsúyòsa; (*fig*: power, number) 勢力 seíryoku

strengthen [streŋk'θən] *vt* (building, machine) 補強する hokyṓ suru; (*fig*: group, argument, relationship) 強くする tsúyòku suru

strenuous [stren'ju:əs] *adj* (energetic: exercise) 激しい hagéshiì; (determined: efforts) 精力的な seíryokuteki na

stress [stres] *n* (force, pressure, *also* TECH) 圧力 atsúryòku; (mental strain) ストレス sutórèsu; (emphasis) 強調 kyṓchō

♦*vt* (point, importance etc) 強調する kyṓchō suru; (syllable) ...にアクセントを置く ...ni ákùsento wo okú

stretch [stretʃ] *n* (area: of sand, water etc) 一帯 ittái

♦*vi* (person, animal) 背伸びする sénòbi suru; (extend): *to stretch to/as far as* ...まで続く ...mádè tsuzúkù

♦*vt* (pull) 伸ばす nobásù; (subj: job, task: make demands of) ...に努力を要求する ...ni dóryòku wo yṓkyū suru

stretcher [stretʃ'ə:r] *n* 担架 tánka

stretch out *vi* 体を伸ばす karáda wò nobásù

♦*vt* (arm etc) 伸ばす nobásù; (spread) 広げる hirógerù

strewn [stru:n] *adj*: *strewn with* ...が散らばっている ...ga chirábatte irù

stricken [strik'ən] *adj* (person) 打ちひしがれた uchíhishigaretà; (city, industry etc) 災いに見舞われた wazáwai nì mimáwaretà

stricken with (arthritis, disease) ...にかかっている ...ni kakátte irù

strict [strikt] *adj* (severe, firm: person, rule) 厳しい kibíshiì; (precise: meaning) 厳密な gefimitsu na

strictly [strikt'li:] *adv* (severely) 厳しく kibíshikù; (exactly) 厳密に gefimitsu ni

stridden [strid'ən] *pp of* **stride**

stride [straid] *n* (step) 大またの一歩 ṓmàta no íppò

♦*vi* (*pt* **strode**, *pp* **stridden**) 大またに歩く ṓmàta ni arúkù

strident [straid'ənt] *adj* (voice, sound) 甲高い kañdakaì

strife [straif] *n* 反目 hañmoku

strike [straik] *n* (of workers) ストライキ sutóraìki; (of oil etc) 発見 hakkén; (MIL: attack) 攻撃 kṓgeki

♦*vb* (*pt*, *pp* **struck**)

♦*vt* (hit: person, thing) 打つ útsù; (*fig*: subj: idea, thought) ...の心に浮ぶ ...no kókòro ni ukábù; (oil etc) 発見する hakkén suru; (bargain, deal) 決める kimérù

♦*vi* (go on strike) ストライキに入る sutóraìki ni haírù; (attack) 攻撃する kṓgeki suru; (: illness) 襲う osóù; (: disaster) 見舞う mimáù; (clock) 鳴る narú

on strike (workers) ストライキ中で sutóraikichū de

to strike a match マッチを付ける mátchì wo tsukérù

strike down *vt* (kill) 殺す korósù; (harm) 襲う osóù

striker [strai'kə:r] *n* (person on strike) ストライキ参加者 sutóraikisankashà; (SPORT) 攻撃選手 kṓgekiseñshu

strike up *vt* (MUS) 演奏し始める eñsō shihajimerù; (conversation) 始める hajímerù; (friendship) 結ぶ musúbù

striking [strai'kiŋ] *adj* (noticeable) 目立つ medátsù; (attractive) 魅力的な miryṓkuteki na

string [striŋ] *n* (thin rope) ひも himó; (row: of beads etc) 数珠つなぎの物 juzú-tsunági no monó; (: of disasters etc) 一連 ichíren; (MUS) 弦 gén

♦*vt* (*pt, pp* **strung**): *to string together* つなぐ tsunágu

a string of islands 列島 rettő

to pull strings (*fig*) コネを利用する kónè wo riyő suru

to string out 一列に並べる ichíretsu nì naráberù

string bean *n* さや豆 sayámame

string(ed) instrument [striŋ(d)-] *n* (MUS) 弦楽器 geñgakkĩ

stringent [strin'dʒənt] *adj* (rules, measures) 厳しい kibíshiî

strings [striŋz] *npl*: *the strings* (MUS: section of orchestra) 弦楽器 geñgakkĩ

strip [strip] *n* (*gen*) 細長い切れ hosónagaî kiré; (of land, water) 細長い一帯 hosónagaî ittái

♦*vt* (undress) 裸にする hadáka ni surù; (paint) はがす hagásù; (*also*: **strip down**: machine) 分解する buñkai suru

♦*vi* (undress) 裸になる hadáka ni narù

strip cartoon *n* 四こま漫画 yoñkoma mañga

stripe [straip] *n* (*gen*) しま shima, (MIL, POLICE) そで章 sodéshō

striped [straipt] *adj* しま模様の shimá-moyő no

strip lighting *n* 蛍光灯 keíkōtō

stripper [strip'əːr] *n* ストリッパー sutó-rippā

striptease [strip'tiːz] *n* ストリップショー sutórippushō

strive [straiv] (*pt* **strove**, *pp* **striven**) *vi*: *to strive for something/to do something* ...しようと努力する shiyő tò dőryóku suru

striven [striv'ən] *pp of* **strive**

strode [stroud] *pt of* **stride**

stroke [strouk] *n* (blow) 一撃 ichígeki; (SWIMMING) ストローク sutórőku; (MED) 脳卒中 nősotchū; (of paintbrush) 筆の運び fudé nò hakóbi

♦*vt* (caress) なでる nadérù

at a stroke 一気に íkkì ni

stroll [stroul] *n* 散歩 sañpo

♦*vi* 散歩する sañpo suru

stroller [strou'ləːr] (*US*) *n* (pushchair) いす型ベビーカー isúgata bebíkā

strong [strɔːŋ] *adj* (person, arms, grasp) 強い tsuyóî; (stick) 丈夫な jőbu na; (wind) 強い tsuyóî; (imagination) 想像力のある sőzőryoku no árù; (personality) 気性の激しい kishő nò hagéshiî; (influence) 強い tsuyóî; (nerves) 頑丈な gañjō na; (smell) 強烈な kyőretsu na; (coffee) 濃い kóî; (taste) 際立った kiwádattà

they are 50 strong 50人いる gojúnìn irú

stronghold [strɔːŋ'hould] *n* とりで torí-de; (*fig*) 根城 néjiro

strongly [strɔːŋ'liː] *adv* (solidly: construct) 頑丈に gañjō ni; (with force: push, defend) 激しく hagéshikù; (deeply: feel, believe) 強く tsúyòku

strongroom [strɔːŋ'ruːm] *n* 金庫室 kiñ-koshĩtsu

strove [strouv] *pt of* **strive**

struck [strʌk] *pt, pp of* **strike**

structural [strʌk'tʃəːrəl] *adj* (damage, defect) 構造的な kőzoteki na

structure [strʌk'tʃəːr] *n* (organization) 組織 sőshìki; (building) 構造物 kőzobùtsu

struggle [strʌg'əl] *n* 闘争 tősō

♦*vi* (try hard) 努力する dőryóku suru; (fight) 戦う tatákaù

strum [strʌm] *vt* (guitar) つま弾く tsu-mábikù

strung [strʌŋ] *pt, pp of* **string**

strut [strʌt] *n* (wood, metal) 支柱 shichū

♦*vi* 威張って歩く ibátte arukù

stub [stʌb] *n* (of check, ticket etc) 控え hikáè; (of cigarette) 吸殻 suígara

♦*vt*: *to stub one's toe* つま先をぶつける tsumásaki wò butsúkerù

stubble [stʌb'əl] *n* (AGR) 切株 kiríkàbu; (on chin) 不精ひげ bushőhìge

stubborn [stʌb'əːrn] *adj* (child, determination) 頑固な gáñko na

stub out *vt* (cigarette) もみ消す momí-kesù

stuck [stʌk] *pt, pp of* **stick**

◆*adj* (jammed) 引っ掛っている hikkákatte iru

stuck-up [stʌk'ʌp'] (*inf*) *adj* 天ぐになっている teñgu nì natté irù

stud [stʌd] *n* (on clothing etc) 飾りボタン kazáribotàn; (earring) 丸玉 marúdamà (on sole of boot) スパイク supáìku; (*also*: **stud farm**) 馬の繁殖牧場 umá nò hañshokubokujò; (*also*: **stud horse**) 種馬 tanéùma

◆*vt* (*fig*): **studded with** ...をちりばめた ...wo chiríbametà

student [stu:'dənt] *n* (at university) 学生 gakúsei; (at lower schools) 生徒 seíto

◆*adj* (nurse, life, union) 学生の gakúsei no

student driver (*US*) *n* 仮免許運転者 karímenkyo unteñsha

studies [stʌd'i:z] *npl* (subjects studied) 勉強の科目 beñkyō nò kamóku

studio [stu:'di:ou] *n* (TV etc) スタジオ sutájīo; (sculptor's etc) アトリエ atórìè

studio apartment (*BRIT* **studio flat**) *n* ワンルームマンション wañrūmu máñshon

studious [stu:'di:əs] *adj* (person) 勉強家の beñkyōka no; (careful: attention) 注意深い chúibukaì

studiously [stu:'di:əsli:] *adv* (carefully) 注意深く chúibukakù

study [stʌd'i:] *n* (activity) 勉強 beñkyō; (room) 書斎 shosái

◆*vt* (learn about: subjects) 勉強する beñkyō suru; (examine: face, evidence) 調べる shiráberù

◆*vi* 勉強する beñkyō suru

stuff [stʌf] *n* (thing(s)) 物 monó, 事 kotó; (substance) 素質 soshítsu

◆*vt* (soft toy: *also* CULIN) ...に詰める ...ni tsumérù; (dead animals) はく製にする hakúsei ni surù; (*inf*: push: object) 差し込む sashíkomù

stuffing [stʌf'iŋ] *n* (gen, CULIN) 詰物 tsumémòno

stuffy [stʌf'i:] *adj* (room) 空気の悪い kúki nò warúì; (person, ideas) 古臭い furúkusaì

stumble [stʌm'bəl] *vi* つまづく tsumázukù

to **stumble across/on** (*fig*) ...に出くわす ...ni dekúwasù

stumbling block [stʌm'bliŋ-] *n* 障害 shōgai

stump [stʌmp] *n* (of tree) 切株 kiríkàbu; (of limb) 断端 dañtan

◆*vt*: **to be stumped** まごつく magótsukù

stun [stʌn] *vt* (subj: news) あ然とさせる azen to saserù; (: blow on head) 気絶させる kizetsu saserù

stung [stʌŋ] *pt, pp of* **sting**

stunk [stʌŋk] *pp of* **stink**

stunning [stʌn'iŋ] *adj* (*fig*: news, event) 仰天させる gyóten saserù; (: girl, dress) 美しい utsúkushiì

stunt [stʌnt] *n* (in film) スタント sutáñto; (*also*: **publicity stunt**) 宣伝用のトリック señden-yō no toríkkù

stunted [stʌn'tid] *adj* (trees, growth etc) 成長を阻害された seíchō wò sogái saretà

stuntman [stʌnt'mən] (*pl* **stuntmen**) *n* スタントマン sutáñtoman

stupefy [stu:'pəfai] *vt* ぼう然とさせる bōzen to saserù

stupendous [stu:pen'dəs] *adj* 途方もない tohōmonaì

stupid [stu:'pid] *adj* (person, question etc) ばかな bákà na

stupidity [stu:pid'iti:] *n* 愚かさ orókasà

stupor [stu:'pə:r] *n* 前後不覚 zéñgofukáku

sturdy [stə:r'di:] *adj* (person, thing) がっちりした gatchírì shita

stutter [stʌt'ə:r] *n* どもり dómòri

◆*vi* どもる domórù

sty [stai] *n* (*also*: **pigsty**) 豚小屋 butágoya

stye [stai] *n* (MED) ものもらい monómoraì

style [stail] *n* (way, attitude) やり方 yaríkata; (elegance) 優雅さ yúgàsa; (design) スタイル sutáìru

stylish [stai'liʃ] *adj* 優雅な yúgà na

stylus [stai'ləs] *n* (of record player) 針 harí

suave [swɑ:v] *adj* 物腰の丁寧な monógòshi no teínei na

subconscious [sʌbkɑ:n'tʃəs] *adj* (desire etc) 潜在意識の señzaiishìki no

subcontract [sʌbkɑntrækt'] *vt* 下請に出す shitáuke nì dásù

subdivide [sʌbdivaid'] *vt* 小分けする kowáke suru

subdue [səbdu:'] *vt* (rebels etc) 征服する seífuku suru; (passions) 抑制する yokúsei suru

subdued [səbdu:d'] *adj* (light) 柔らかな yawárakà na; (person) 落ち込んだ ochíkoñda

subject [*n* sʌb'dʒikt *vb* səbjekt'] *n* (matter) 話題 wadái; (SCOL) 学科 gakká; (of kingdom) 臣民 shíñmiñ; (GRAMMAR) 主語 shúgò
   ♦*vt*: **to subject someone to something** ...を...にさらす ...wo ...ni sarásù
   to be subject to (law) ...に服従しなければならない ...ni fukújù shinakerèba naránaì; (heart attacks) ...が起りやすい ...ga okóriyasuì
   to be subject to tax 課税される kazéi sarerù

subjective [səbdʒek'tiv] *adj* 主観的な shukáñteki na

subject matter *n* (content) 内容 naíyō

subjugate [sʌb'dʒəgeit] *vt* (people) 征服する seífuku suru

subjunctive [səbdʒʌŋk'tiv] *n* 仮定法 katéihò

sublet [sʌb'let] *vt* また貸しする matágashi suru

sublime [səblaim'] *adj* 素晴らしい subárashiì

submachine gun [sʌbməʃi:n'-] *n* 軽機関銃 keíkikañjū

submarine [sʌb'mə:ri:n] *n* 潜水艦 señsuikan

submerge [səbmə:rdʒ'] *vt* 水中に沈める suíchū nì shizúmerù
   ♦*vi* (submarine, sea creature) 潜る mogúrù

submission [səbmiʃ'ən] *n* (state) 服従 fukújū; (claim) 申請書 shiñseishò; (of plan) 提出 teíshutsu

submissive [səbmis'iv] *adj* 従順な jūjun na

submit [səbmit'] *vt* (proposal, application etc) 提出する teíshutsu suru
   ♦*vi*: **to submit to something** ...に従う ...ni shitágaù

subnormal [sʌbnɔ:r'məl] *adj* (below average: temperatures) 通常以下の tsújōikà no

subordinate [səbɔ:r'dənit] *adj* 二次的な nijíteki na
   ♦*n* 部下 búkà

subpoena [səpi:'nə] *n* (LAW) 召喚状 shōkañjō

subscribe [səbskraib'] *vi*: **to subscribe to** (opinion) ...に同意する ...ni dōí suru; (fund) ...に寄付する ...ni kifú suru; (magazine etc) ...を購読する ...wo kōdoku suru

subscriber [səbskraib'ə:r] *n* (to periodical, telephone) 購読者 kōdokushà; (to telephone) 加入者 kanyūshà

subscription [səbskrip'ʃən] *n* (to magazine etc) 購読契約 kōdokukeiyàku

subsequent [sʌb'səkwənt] *adj* (following) その後の sonó atò no; (resulting) その結果として起る sonó kekkà toshite okórù

subsequently [sʌb'səkwəntli:] *adv* その後 sonó atò

subside [səbsaid'] *vi* (feeling) 収る osámarù; (flood) ひく hikú; (wind) やむ yamú

subsidence [səbsaid'əns] *n* (in road etc) 陥没 kañbotsu

subsidiary [səbsid'i:e:ri:] *adj* (question, details) 二次的な nijíteki na
   ♦*n* (also: **subsidiary company**) 子会社 kogáisha

subsidize [sʌb'sidaiz] *vt* (education, industry etc) ...に補助金を与える ...ni hojókìn wo atáerù

subsidy [sʌb'sidi:] *n* 補助金 hojókìn

subsistence [səbsis'təns] *n* (ability to live) 最低限度の生活水準 saíteigeñdo no seíkatsusuijùn

subsistence allowance (*BRIT*) *n* (advance payment) 支度金 shitákukìn;

(for expenses etc) 特別手当 tokúbetsu teáte

substance [sʌb'stəns] *n* (product, material) 物質 busshítsu

substantial [səbstæn'tʃəl] *adj* (solid) 頑丈な gañjō na; (meal) 多い ōí

substantially [səbstæn'tʃəli:] *adv* (by a large amount) 大いに ōí ni; (in essence) 本質的に hońshitsuteki ni

substantiate [səbstæn'tʃi:eit] *vt* 裏付ける urázukerù

substitute [sʌb'stitu:t] *n* (person) 代人 daínin; (thing) 代用品 daíyōhìn

◆*vt*: **to substitute A for B** B の代りにA を置く B nò kawári nì A wò okú

substitution [sʌbstitu:'ʃən] *n* (act of substituting) 置換え okíkae; (SOCCER) 選手交代 seńshukōtai

subterfuge [sʌb'tə:rfju:dʒ] *n* 策略 sakúryàku

subterranean [sʌbtərei'ni:ən] *adj* 地下の chiká no

subtitle [sʌb'taitəl] *n* 字幕スーパー jimákusūpā

subtle [sʌt'əl] *adj* (slight: change) 微妙な bimyō na; (indirect: person) 腹芸のうまい harágei no umáī

subtlety [sʌt'əlti:] *n* (small detail) 微妙な所 bimyō nà tokórò; (art of being subtle) 腹芸 harágeī

subtotal [sʌbtou'təl] *n* 小計 shōkei

subtract [səbtrækt'] *vt* ...から ...を引く ...kárà ...wò hikú

subtraction [səbtræk'ʃən] *n* 引算 hikízan

suburb [sʌb'ə:rb] *n* 都市周辺の自治体 toshíshūhen no jichítai

suburban [səbə:r'bən] *adj* (train, lifestyle etc) 郊外の kōgai no

suburbia [səbə:r'bìə] *n* 郊外 kōgai

suburbs [sʌb'ə:rbz] *npl*: **the suburbs** (area) 郊外 kōgai

subversive [səbvə:r'siv] *adj* (activities, literature) 破壊的な hakáiteki na

subway [sʌb'wei] *n* (*US*: underground railway) 地下鉄 chikátetsu; (*BRIT*: underpass) 地下道 chikádō

succeed [səksi:d'] *vi* (plan etc) 成功する

seíkō suru; (person: in career etc) 出世する shusshō suru

◆*vt* (in job) ...の後任になる ...no kōnin ni narù; (in order) ...の後に続く ...no átò ni tsuzúkù

to succeed in doing ...する事に成功する ...surú kotò ni seíkō suru

succeeding [səksi:'diŋ] *adj* (following) その後の sonó atò no

success [səkses'] *n* (achievement) 成功 seíkō; (hit, *also* person) 大ヒット daíhittò

successful [səkses'fəl] *adj* (venture) 成功した seíkō shita; (writer) 出生した shusshō shita

to be successful 成功する seíkō suru

to be successful in doing ...する事に成功する ...surú kotò ni seíkō suru

successfully [səkses'fəli:] *adv* (complete, do) うまく úmàku

succession [səkseʃ'ən] *n* (series) 連続 reñzoku; (to throne etc) 継承 keíshō

in succession 立続けに tatétsuzuke ni

successive [səkses'iv] *adj* 連続の reñzoku no

successor [səkses'ə:r] *n* 後任 kōnin

succinct [səksiŋkt'] *adj* 簡潔な kañketsu na

succulent [sʌk'jələnt] *adj* 汁が多くておいしい shírù ga ōkùte oíshiī

succumb [səkʌm'] *vi* (to temptation) 負ける makérù; (to illness: become very ill) ...で倒れる ...de taórerù; (: die) ...で死ぬ ...de shinú

such [sʌtʃ] *adj* (emphasizing similarity) この〔その, あの〕様な konó 〔sonó, anó〕 yō na; (of that kind): **such a book** そんな本 soñna hoñ; (so much): **such courage** そんな勇気 soñna yúki

◆*adv* こんな〔そんな, あんな〕に koñna 〔soñna, añna〕nì

such books そんな本 soñna hoñ

such a long trip あんなに長い旅行 añna nì nagái ryokō

such a lot of そんなに沢山の soñna nì takúsan no

such as (like) ...の様な ...no yō na

as such その物 sonó monò

such-and-such [sʌtʃ'ənsʌtʃ] *adj* しかじ かの shikájìka no

suck [sʌk] *vt* (*gen*: ice-lolly etc) なめる namérù; (bottle, breast) 吸う súù

sucker [sʌk'əːr] *n* (ZOOL) 吸盤 kyúban; (*inf*: easily cheated person) かも kámò

suction [sʌk'ʃən] *n* 吸引 kyúin

Sudan [suːdæn'] *n* スーダン sūdan

sudden [sʌd'ən] *adj* (unexpected, rapid: increase, shower, change) 突然の totsúzen no

all of a sudden (unexpectedly) 突然 totsúzen

suddenly [sʌd'ənliː] *adv* (unexpectedly) 突然 totsúzen

suds [sʌdz] *npl* 石けんの泡 sekkén no a-wà

sue [suː] *vt* ...を相手取って訴訟を起す ...wo aítedottè soshó wò okósù

suede [sweid] *n* スエード suédò

suet [suː'it] *n* 脂肪 shibṓ ◇料理に使うウ シやヒツジの堅い脂肪を指す ryórì ni tsukáù ushí yà hitsúji nò katáî shibṓ wò sásù

Suez [suː'ez] *n*: **the Suez Canal** スエズ 運河 suézu unga

suffer [sʌf'əːr] *vt* (undergo: hardship etc) 経験する keíken suru; (bear: pain, rudeness) 我慢する gámàn suru
♦*vi* (be harmed: person, results etc) 苦し む kurúshimù; (results etc) 悪くなる wá-rùku nárù

to suffer from (illness etc) ...の病気にか かっている ...no byṓkì ni kakátte irù

sufferer [sʌf'əːrəːr] *n* (MED) 患者 kañja

suffering [sʌf'əːriŋ] *n* (hardship) 苦しみ kurúshimi

suffice [səfais'] *vi* 足りる tarírù

sufficient [səfiʃ'ənt] *adj* 十分な júbùn na

sufficiently [səfiʃ'əntliː] *adv* 十分に jú-bùn ni

suffix [sʌf'iks] *n* 接尾辞 setsúbijì

suffocate [sʌf'əkeit] *vi* 窒息する chissó-ku suru

suffocation [sʌfəkei'ʃən] *n* 窒息 chissó-ku

suffrage [sʌf'ridʒ] *n* (right to vote) 参政 権 sańseikèn

suffused [səfjuːzd'] *adj*: **suffused with** (light, color, tears) ...で満たされた ...de mitásaretà

sugar [ʃug'əːr] *n* 砂糖 satṓ
♦*vt* (tea etc) ...に砂糖を入れる ...ni satṓ wò iréru

sugar beet *n* サトウダイコン satṓdaìkon

sugar cane *n* サトウキビ satṓkìbi

suggest [səgdʒest'] *vt* (propose) 提案する teían suru; (indicate) 示唆する shísà suru

suggestion [səgdʒes'tʃən] *n* (proposal) 提案 teían; (indication) 示唆 shísà

suggestive [səgdʒes'tiv] (*pej*) *adj* (remarks, looks) 卑わいな hiwái na

suicide [suː'isaid] *n* (death, *also fig*) 自殺 jisátsu; (person) 自殺者 jisátsushà ¶ *see also* **commit**

suit [suːt] *n* (man's) 背広 sebíro; (woman's) スーツ sūtsu; (LAW) 訴訟 soshó; (CARDS) 組札 kumífùda
♦*vt* (*gen*: be convenient, appropriate) ...に都合がいい ...ni tsugṓ ga iî; (color, clothes) ...に似合う ...ni niáù; (adapt): **to suit something to** ...を...に合せる wo ...ni awáserù

well suited (well matched: couple) お似 合いの o-níaì no

suitable [suː'təbəl] *adj* (convenient: time, moment) 都合のいい tsugṓ no iî; (appropriate: person, clothes etc) 適当な tekítō na

suitably [suː'təbliː] *adv* (dressed) 適当に tekítō ni, (impressed) 期待通りに kitái dòri ni

suitcase [suːt'keis] *n* スーツケース sūtsu-kēsu

suite [swiːt] *n* (of rooms) スイートルーム suítorùmu; (MUS) 組曲 kumíkyòku; (furniture): **bedroom / dining room suite** 寝室〔食堂〕用家具の一そろい shiñ-shitsu〔shokúdō〕yō kágù no hitósòroi

suitor [suː'təːr] *n* 求婚者 kyúkòñsha

sulfur [sʌl'fəːr] (*US*) *n* 硫黄 iṓ

sulk [sʌlk] *vi* すねる sunérù

sulky [sʌl'kiː] *adj* (child, silence) すねた sunétà

sullen [sʌl'ən] *adj* (person, silence) すね た sunétà

sulphur [sʌl'fə:r] n = sulfur

sultan [sʌl'tən] n サルタン sárùtan ◇ イスラム教国の君主 isúramukyōkoku no kúñshu

sultana [sʌltæn'ə] n (fruit) 白いレーズン shirói rḗsuñ

sultry [sʌl'tri:] adj (weather) 蒸暑い mushíatsuì

sum [sʌm] n (calculation) 計算 keísan; (amount) 金額 kiñgaku; (total) 合計 gṓkei

summarize [sʌm'ə:raiz] vt 要約する yōyaku suru

summary [sʌm'ə:ri:] n 要約 yōyaku

summer [sʌm'ə:r] n 夏 natsú
♦adj (dress, school) 夏の natsú no
in summer 夏に natsú ni

summer holidays npl 夏休み natsúyasùmi

summerhouse [sʌm'ə:rhaus] n (in garden) 東屋 azúmayà

summertime [sʌm'ə:rtaim] n (season) 夏 natsú

summer time n (by clock) サマータイム samátaìmu

summer vacation (US) n 夏休み natsúyasùmi

summit [sʌm'it] n (of mountain) 頂上 chōjō; (also: **summit conference/meeting**) 首脳会議 shunōkaìgi, サミット samíttò

summon [sʌm'ən] vt (person, police, help) 呼ぶ yobú; (to a meeting) 召集する shōshū suru; (LAW: witness) 召喚する shṓkan suru

summons [sʌm'ənz] n (LAW) 召喚書 shōkañsho; (fig) 呼出し yobídashi
♦vt (JUR) 召喚する shṓkan suru

summon up vt (strength, energy, courage) 奮い起す furúiokosù

sump [sʌmp] (BRIT) n (AUT) オイルパン oírupañ

sumptuous [sʌmp'tʃu:əs] adj 豪華な gṓkà na

sum up vt (describe) 要約する yōyaku suru
♦vi (summarize) 要約する yōyaku suru

sun [sʌn] n (star) 太陽 taíyō; (sunshine) 日光 níkkō

sunbathe [sʌn'beið] vi 日光浴する nikkṓyòku suru

sunburn [sʌn'bə:rn] n (painful) 日焼け hiyáke

sunburnt [sʌn'bə:rnt] adj (tanned) 日に焼けた hi ní yaketà; (painfully) ひどく日焼けした hídòku hiyáke shita

Sunday [sʌn'dei] n 日曜日 nichíyòbi

Sunday school n 日曜学校 nichíyōgakkō

sundial [sʌn'dail] n 日時計 hidókèi

sundown [sʌn'daun] n 日没 nichíbotsu

sundries [sʌn'dri:z] npl (miscellaneous items) その他 sonó tà

sundry [sʌn'dri:] adj (various) 色々な iróiro na
all and sundry だれもかも dárè mo kámò

sunflower [sʌn'flauə:r] n ヒマワリ himáwàri

sung [sʌŋ] pp of sing

sunglasses [sʌn'glæsiz] npl サングラス sañguràsu

sunk [sʌŋk] pp of sink

sunlight [sʌn'lait] n 日光 níkkō

sunlit [sʌn'lit] adj 日に照らされた hi ní terasaretà

sunny [sʌn'i:] adj (weather, day) 晴れた háreta; (place) 日当りの良い hiátari no yoì

sunrise [sʌn'raiz] n 日の出 hi nó de

sun roof n (AUT) サンルーフ sañrùfu

sunset [sʌn'set] n 日没 nichíbotsu

sunshade [sʌn'ʃeid] n (over table) パラソル párasoru

sunshine [sʌn'ʃain] n 日光 níkkō

sunstroke [sʌn'strouk] n 日射病 nisshábyō

suntan [sʌn'tæn] n 日焼け hiyáke

suntan lotion n 日焼け止めローション hiyákedome rōshon

suntan oil n サンタンオイル sañtan oirù

super [su:'pə:r] (inf) adj 最高の saíkō no

superannuation [su:pə:rænju:ei'ʃən] n 年金の掛金 nefikin nò kakékiñ

superb [su:pə:rb'] adj 素晴らしい subárashiì

supercilious [su:pər'sɪl'iːəs] *adj* (disdainful, haughty) 横柄な ōhei na

superficial [su:pər'fɪʃ'əl] *adj* (wound) 浅い asái; (knowledge) 表面的な hyōmenteki na; (shallow: person) 浅はかな asáhàka na

superfluous [su:pər'fluːəs] *adj* 余計な yokéi na

superhuman [su:pər'hjuː'mən] *adj* 超人的な chōjinteki na

superimpose [su:pərimpouz'] *vt* 重ね合せる kasáneawaserù

superintendent [su:pərinten'dənt] *n* (of place, activity) ...長 ...chō; (POLICE) 警視 keíshi

superior [səpiːr'iːər] *adj* (better) (より) すぐれた (yorí) sugúretà; (more senior) 上位の jōi no; (smug) 偉ぶった erábuttà
♦*n* 上司 jōshi

superiority [səpiːriːɔːr'itiː] *n* 優位性 yū̀isei

superlative [səpəːr'lətiv] *n* (LING) 最上級 saíjōkyū

superman [su:'pəːrmæn] (*pl* **supermen**) *n* 超人 chōjin

supermarket [su:'pəːrmɑːrkit] *n* スーパ oūpā

supernatural [su:pəːrnætʃ'ɔːrəl] *adj* (creature, force etc) 超自然の chōshizen no
♦*n*: *the supernatural* 超自然の現象 chōshizen no geńshō

superpower [su:pəːrpau'əːr] *n* (POL) 超大国 chōtaikòku

supersede [su:pəːrsiːd'] *vt* ...に取って代る ...ni tôttè kawárù

supersonic [su:pəːrsɑːn'ik] *adj* (flight, aircraft) 超音速の chōonsoku no

superstar [su:'pəːrstɑːr] *n* (CINEMA SPORT etc) スーパースター sū́pāsutà

superstition [su:pəːrstíʃ'ən] *n* 迷信 meíshin

superstitious [su:pəːrstíʃ'əs] *adj* (person) 迷信深い meíshinbùkai; (practices) 迷信的な meíshinteki na

supertanker [su:'pəːrtæŋkəːr] *n* スーパータンカー sū́pātaǹkā

supervise [su:'pəːrvaiz] *vt* (person, activ-

ity) 監督する kańtoku suru

supervision [su:pəːrviʒ'ən] *n* 監督 kańtoku

supervisor [su:'pəːrvaizəːr] *n* (of workers, students) 監督 kańtoku

supine [su:'pain] *adj* 仰向きの aōmuki no

supper [sʌp'əːr] *n* (early evening) 夕食 yūshoku; (late evening) 夜食 yashóku

supplant [səplænt'] *vt* (person, thing) ...に取って代る ...ni tôttè kawárù

supple [sʌp'əl] *adj* (person, body, leather etc) しなやかな shináyàka na

supplement [*n* sʌp'ləmənt *vb* sʌp'ləment] *n* (additional amount, e.g. vitamin supplement) 補給品 hokyúhìn; (of book) 補遺 hóì; (of newspaper, magazine) 付録 furóku
♦*vt* 補足する hosóku suru

supplementary [sʌpləmən'təːriː] *adj* (question) 補足的な hosókuteki na

supplementary benefit (*BRIT*) *n* 生活保護 seíkatsuhogò

supplier [səplai'əːr] *n* (COMM: person, firm) 供給業者 kyōkyūgyòsha

supplies [səplaiz'] *npl* (food) 食料 shokúryo; (MIL) 軍需品 guńjuhìn

supply [səplai'] *vt* (provide) 供給する kyokyū suru, (equip): *to supply (with)* (...を) 支給する (...wo) shikyū suru
♦*n* (stock) 在庫品 zaíkohìn; (supplying) 供給 kyókyū

supply teacher (*BRIT*) *n* 代行教師 daíkōkyòshi

support [səpɔːrt'] *n* (moral, financial etc) 支援 shién; (TECH) 支柱 shichū
♦*vt* (morally: football team etc) 支援する shién suru; (financially: family etc) 養う yashínaù; (TECH: hold up) 支える saáerù; (sustain: theory etc) 裏付ける urázukerù

supporter [səpɔːrt'əːr] *n* (POL etc) 支援者 shiénshà; (SPORT) ファン fáǹ

suppose [səpouz'] *vt* (think likely) ...だと思う ...dá tò omóù; (imagine) 想像する sōzō suru; (duty): *to be supposed to do something* ...する事になっている ...surú kotò ni natté irù

supposedly [səpou'zidliː] *adv* ...だとされ

て ...dá tò sarétè

supposing [səpou'ziŋ] *conj* も し ... móshì...

suppress [səpres'] *vt* (revolt) 鎮 圧 す る chíń-atsu suru; (information) 隠す kakúsù; (feelings, yawn) 抑える osáerù

suppression [səpreʃ'ən] *n* (of revolt) 鎮圧 chíń-atsu; (of information) 隠ぺい ińpei; (of feelings etc) 抑制 yokúsei

supremacy [səprem'əsi:] *n* 優越 yūetsu

supreme [səpri:m'] *adj* (in titles: court etc) 最高の saíkō no; (effort, achievement) 最上の saíjō no

surcharge [sə:r'tʃɑrdʒ] *n* (extra cost) 追加料金 tsuíkaryòkin

sure [ʃu:r] *adj* (definite, convinced) 確信 している kakúshin shite irù; (aim, remedy) 確実な kakújitsu na; (friend) 頼りになる táyòri ni nárù

to make sure of something ...を確かめる ...wo tashíkamerù

to make sure that ...だと確かめる ...dá tò tashíkamerù

sure! (of course) いいとも íi to mo

sure enough 案の定 án no jō

sure-footed [ʃu:r'fut'id] *adj* 足のしっかりした ashí nò shikkárì shita

surely [ʃu:r'li:] *adv* (certainly; *US: also*: **sure**) 確かに táshìka ni

surety [ʃu:r'əti:] *n* (money) 担保 táńpo

surf [sə:rf] *n* 打寄せる波 uchíyoseru namì

surface [sə:r'fis] *n* (of object) 表面 hyṓmen; (of lake, pond) 水面 suímen

♦*vt* (road) 舗装する hosṓ suru

♦*vi* (fish, person in water: *also fig*) 浮上する fujṓ suru

surface mail *n* 普通郵便 futsūyūbin

surfboard [sə:rf'bɔ:rd] *n* サーフボード sáfubòdo

surfeit [sə:r'fit] *n*: *a surfeit of* ...の過剰 ...no kajṓ

surfing [sə:rf'iŋ] *n* サーフィン sáfìn

surge [sə:rdʒ] *n* (increase: *also fig*) 高まり takámarì

♦*vi* (water) 波打つ namíutsù; (people, vehicles) 突進する tosshín suru; (emotion) 高まる takámarù

surgeon [sə:r'dʒən] *n* 外科医 geká-ì

surgery [sə:r'dʒə:ri:] *n* (treatment) 手術 shújùtsu; (*BRIT*: room) 診察室 shińsatsushìtsu; (: *also*: **surgery hours**) 診療時間 shińryō jikan

surgical [sə:r'dʒikəl] *adj* (instrument, mask etc) 外科用の gekáyō no; (treatment) 外科の geká no

surgical spirit (*BRIT*) *n* 消毒用アルコール shōdokuyō arúkòru

surly [sə:r'li:] *adj* 無愛想な buáìsō na

surmount [sə:rmaunt'] *vt* (*fig*: problem, difficulty) 乗越える noríkoerù

surname [sə:r'neim] *n* 名字 myṓji

surpass [sə:rpæs'] *vt* (person, thing) しのぐ shinógù

surplus [sə:r'pləs] *n* (extra, *also* COMM, ECON) 余剰分 yojṓbun

♦*adj* (stock, grain etc) 余剰の yojṓ no

surprise [sə:rpraiz'] *n* (unexpected) 思い掛け無い物 omóigakenaì monó; (astonishment) 驚き odóroki

♦*vt* (astonish) 驚かす odórokasù; (catch unawares: army, thief) ...の不意を突く ...no fuí wò tsukú

surprising [sə:rpraiz'iŋ] *adj* 驚くべき odórokubèki

surprisingly [sə:rprai'ziŋli:] *adv* (easy, helpful) 驚く程 odóroku hodò

surrealist [sə:ri:'əlist] *adj* (paintings etc) 超現実主義の chōgenjitsushùgi no

surrender [sərenˈdəːr] *n* 降伏 kōfuku

♦*vi* (army, hijackers etc) 降伏する kōfuku suru

surreptitious [sə:rəptiʃ'əs] *adj* ひそかな hisókà na

surrogate [sə:r'əgit] *n* 代理の daíri no

surrogate mother *n* 代理母 daírihahà

surround [səraund'] *vt* (subj: walls, hedge etc) 囲む kakómù; (MIL, POLICE etc) 包囲する hōi suru

surrounding [səraun'diŋ] *adj* (countryside) 周囲の shūi no

surroundings [səraun'diŋz] *npl* 周辺 shūhen

surveillance [sə:rvei'ləns] *n* 監視 kańshi

survey [*n* sə:r'vei *vb* sə:rvei'] *n* (examination: of land, house) 測量 sokúryō;

(investigation: of habits etc) 調査 chṓsa
♦vt (land, house etc) 測量する sokúryō
suru; (look at: scene, work etc) 見渡す
miwátasù

surveyor [sə:rveiˈəːr] n (of land, house)
測量技師 sokúryōgìshi

survival [səˈrvai'vəl] n (continuation of
life) 生存 seízon; (relic) 遺物 ibútsu

survive [səˈrvaiˈ] vi (person, thing) 助か
る tasúkarù; (custom etc) 残る nokórù
♦vt (outlive: person) ...より長生きする
...yórì nagáikì suru

survivor [səˈrvaiˈvəːr] n (of illness, acci-
dent) 生存者 seízonshà

susceptible [səsepˈtəbəl] adj: **suscep-
tible (to)** (affected by: heat, injury)
(...に) 弱い (...ni) yowáì; (influenced by:
flattery, pressure) (...に) 影響されやす
い (...ni) eíkyō sareyasuì

suspect [adj, n sʌs'pekt vb səspekt']
adj 怪しい ayáshiì
♦n 容疑者 yōgishà
♦vt (person) ...が怪しいと思う ...ga ayá-
shiì to omóù; (think) ...ではないかと思う
...dé wà naí ka to omóù

suspend [səspend'] vt (hang) つるす tsu-
rúsù; (delay, stop) 中止する chúshì suru;
(from employment) 停職処分にする teí-
shokushobùn ni suru

suspended sentence [səspen'did-] n
(LAW) 執行猶予付きの判決 shikkōyūyo-
tsuki no hañketsu

suspender belt [səspen'dəːr-] n ガータ
ーベルト gátàberùto

suspenders [səspen'dəːrz] npl (US) ズボ
ンつり zubóñtsuri; (BRIT) ガーターベル
トのストッキング留め gátàberùto no su-
tókkìngudòme

suspense [səspens'] n (uncertainty) 気掛
り kigákàrì; (in film etc) サスペンス sá-
sùpensu
to keep someone in suspense はらはら
させる háràhara sasérù

suspension [səspen'tʃən] n (from job,
team) 停職 teíshoku; (AUT) サスペンシ
ョン sasúpeñshon; (of driver's license,
payment) 停止 teíshi

suspension bridge n つり橋 tsuríbàshi

suspicion [səspiʃ'ən] n (distrust) 疑い u-
tágai; ((bad) feeling) 漠然とした感じ ba-
kúzen to shitá kañji

suspicious [səspiʃ'əs] adj (suspecting:
look) 疑い深い utágaibukaì; (causing
suspicion: circumstances) 怪しげな ayá-
shigè na

sustain [səstein'] vt (continue: interest
etc) 維持する fjì suru; (subj: food, drink)
...に力を付ける ...ni chikára wò tsukérù;
(suffer: injury) 受ける ukérù

sustained [səsteind'] adj (effort, attack)
絶間ない taémanaì

sustenance [sʌs'tənəns] n 食物 shokú-
mòtsu

swab [swɑ:b] n (MED) 綿球 meñkyū

swagger [swæg'əːr] vi 威張って歩く i-
bátte arukú

swallow [swɑ:l'ou] n (bird) ツバメ tsubá-
me
♦vt (food, pills etc) 飲込む nomíkomù;
(fig: story) 信じ込む shiñjikomù;
(: insult) ...に黙って耐える ...ni damáttè
taérù, (one's pride, one's words) 抑える
osáerù

swallow up vt (savings etc) 飲込む no-
míkomù

swam [swæm] pt of **swim**

swamp [swɑ:mp] n 沼地 numáchi
♦vt (with water etc) 水没させる suíbotsu
saserù; (fig: person) 圧倒する attō suru

swan [swɑ:n] n ハクチョウ hakúchō

swap [swɑ:p] n 交換 kōkan
♦vt: **to swap (for)** (exchange (for))
(...) と交換する (...to) kōkan suru;
(replace (with)) (...と) 取替える (...to)
toríkaerù

swarm [swɔ:rm] n (of bees) 群れ muré;
(of people) 群集 guñshū
♦vi (bees) 群れで巣別れする muré de su-
wákarè suru; (people) 群がる murágarù;
(place): **to be swarming with** ...に...の
うじゃうじゃいる ...ni ...ga újàuja irú

swarthy [swɔ:r'ði:] adj 浅黒い aságuroì

swastika [swɑ:s'tikə] n かぎ十字 kagíjū-
ji

swat [swɑ:t] vt (insect) たたく tatákù

sway [swei] vi (person, tree) 揺れる yurérù

♦vt (influence) 揺さぶる yusáburù

swear [swe'ə:r] (pt **swore**, pp **sworn**) vi (curse) 悪態をつく akútai wò tsukú

♦vt (promise) 誓う chikáù

swearword [swe:r'wə:rd] n 悪態 akútai

sweat [swet] n 汗 ásè

♦vi 汗をかく ásè wo kákù

sweater [swet'ə:r] n セーター sếtầ

sweatshirt [swet'ʃə:rt] n トレーナー torếnầ

sweaty [swet'i:] adj (clothes, hands) 汗ばんだ asébañda

Swede [swi:d] n スウェーデン人 suéēdenjìn

swede [swi:d] (BRIT) n スウェーデンカブ suéēdeňkabu

Sweden [swi:d'ən] n スウェーデン suéēden

Swedish [swi:'diʃ] adj スウェーデンの suéēden no; (LING) スウェーデン語の suéēdeňgo no

♦n (LING) スウェーデン語 suéēdeňgo

sweep [swi:p] n (act of sweeping) 掃く事 hákù kotő; (also: **chimney sweep**) 煙突掃除夫 eñtotsusōjifù

♦vb (pt, pp **swept**)

♦vt (brush) 掃く hákù; (with arm) 払う haráù; (subj: current) 流す nagásù

♦vi (hand, arm) 振る furú; (wind) 吹きまくる fukímakurù

sweep away vt 取除く torínozokù

sweeping [swi:'piŋ] adj (gesture) 大振りな ồburi na; (generalized: statement) 十把一からげの jíppàhitókàrage no

sweep past vi (at great speed) 猛スピードで通り過ぎる mồsupìdo de tồrisugirù; (majestically) 堂々と通り過ぎる dồdō tò tồrisugiru

sweep up vi 掃き取る hakítorù

sweet [swi:t] n (candy) あめ amé; (BRIT: pudding) デザート dezấto

♦adj (not savory: taste) 甘い amáì; (fig: air, water, smell, sound) 快い kokóroyoì; (: kind) 親切な shíñsetsu na; (attractive: baby, kitten) かわいい kawáìî

sweetcorn [swi:t'kɔ:rn] n トウモロコシ tồmorồkoshi

sweeten [swi:t'ən] vt (add sugar to) 甘くする amáku surù; (soften: temper) なだめる nadámerù

sweetheart [swi:t'hɑːrt] n (boyfriend/girlfriend) 恋人 koíbito

sweetness [swi:t'nis] n (amount of sugar) 甘さ amása; (fig: of air, water, smell, sound) 快さ kokóroyosà; (kindness) 親切 shíñsetsu; (attractiveness: of baby, kitten) かわいさ kawáisa

sweetpea [swi:t'pi:] n スイートピー suítopì

swell [swel] n (of sea) うねり unéri

♦adj (US: inf: excellent) 素晴らしい subárashiì

♦vi (pt **swelled**, pp **swollen** or **swelled**) (increase: numbers) 増える fuérù; (get stronger: sound, feeling) 増す masú; (also: **swell up**: face, ankle etc) はれる harérù

swelling [swel'iŋ] n (MED) はれ haré

sweltering [swel'tə:riŋ] adj (heat, weather, day) うだる様な udáru yō na

swept [swept] pt, pp of **sweep**

swerve [swə:rv] vi (person, animal, vehicle) それる sorérù

swift [swift] n (bird) アマツバメ amátsubàme

♦adj (happening quickly: recovery) じん速な jiñsoku na; (moving quickly: stream, glance) 早い hayáì

swiftly [swift'li:] adv (move, react, reply) 早く háyàku

swig [swig] (inf) n (drink) がぶ飲み gabúnomi

swill [swil] vt (also: **swill out**, **swill down**) がぶがぶ飲む gábùgabu nómù

swim [swim] n: **to go for a swim** 泳ぎに行く oyógi nì ikú

♦vb (pt **swam**, pp **swum**)

♦vi (person, animal) 泳ぐ oyógù; (head, room) 回る mawárù

♦vt (the Channel, a length) 泳いで渡る oyóìde watárù

swimmer [swim'ə:r] n 泳ぐ人 oyógù hitó

swimming [swim'iŋ] n 水泳 suíei

swimming cap n 水泳用の帽子 suíeiyō no bồshi

swimming costume (*BRIT*) *n* 水着 mizúgi

swimming pool *n* 水泳プール suíepūru

swimming trunks *npl* 水泳パンツ suíepantsu

swimsuit [swim'su:t] *n* 水着 mizúgi

swindle [swin'dəl] *n* 詐欺 ságì
♦*vt* ぺてんにかける petén nì kakérù

swine [swain] (*inf!*) *n* 畜生 め chikúshōme

swing [swiŋ] *n* (in playground) ぶらんこ búrànko; (movement) 揺れ yuré; (change: in opinions etc) 変動 heńdō; (MUS: *also* rhythm) スイング suíñgu
♦*vb* (*pt*, *pp* **swung**)
♦*vt* (arms, legs) 振る furú; (*also:* **swing round**: vehicle etc) 回す mawásù
♦*vi* (pendulum) 揺れる yurérù; (on a swing) ぶらんこに乗る búrànko ni norú; (*also:* **swing round**: person, animal) 振向く furímukù; (: vehicle) 向きを変える múkì wo kaérù
to be in full swing (party etc) たけなわである takénawa de aru

swing bridge *n* 旋回橋 seńkaikyō

swingeing [swin'dʒiŋ] (*BRIT*) *adj* (blow, attack) 激しい hagéshiì; (cuts) 法外な hōgai na

swinging door [swiŋ'iŋ-] (*BRIT* **swing door**) *n* 自在ドア jizáidòa

swipe [swaip] *vt* (hit) たたく tatákù; (*inf*: steal) かっ払う kappáraù

swirl [swə:rl] *vi* (water, smoke, leaves) 渦巻く uzúmakù

swish [swiʃ] *vt* (tail etc) 音を立てて振る otó wò tátète furú
♦*vi* (clothes) 衣ずれの音を立てる kinúzure nò otó wò tatérù

Swiss [swis] *adj* スイスの suísu no
♦*n inv* スイス人 suísujìn

switch [switʃ] *n* (for light, radio etc) スイッチ suítchì; (change) 取替え toríkae
♦*vt* (change) 取替える toríkaerù

switchboard [switʃ'bɔ:rd] *n* (TEL) 交換台 kōkandai

switch off *vt* (light, radio) 消す kesú; (engine, machine) 止める tomérù

switch on *vt* (light, radio, machine) つ

ける tsukérù; (engine) かける kakérù

Switzerland [swit'sə:rlənd] *n* スイス suísu

swivel [swiv'əl] *vi* (*also:* **swivel round**) 回る mawárù

swollen [swou'lən] *pp of* **swell**

swoon [swu:n] *vi* 気絶する kizétsu suru

swoop [swu:p] *n* (by police etc) 手入れ te-íre
♦*vi* (*also:* **swoop down**: bird, plane) 舞降りる maíorirù

swop [swɑ:p] = **swap**

sword [sɔ:rd] *n* 刀 katána

swordfish [sɔ:rd'fiʃ] *n* メカジキ mekájìki

swore [swɔ:r] *pt of* **swear**

sworn [swɔ:rn] *pp of* **swear**
♦*adj* (statement, evidence) 宣誓付きの seńseitsuki no; (enemy) 年来の neńrai no

swot [swɑ:t] *vi* がり勉する garíben suru

swum [swʌm] *pp of* **swim**

swung [swʌŋ] *pt, pp of* **swing**

sycamore [sik'əmɔ:r] *n* カエデ kaéde

syllable [sil'əbəl] *n* 音節 ońsetsu

syllabus [sil'əbəs] *n* 講義概要 kōgigaìyō

symbol [sim'bəl] *n* (sign, *also* MATH) 記号 kigō; (representation) 象徴 shōchō

symbolic(al) [simbɑl'ik(əl)] *adj* 象徴的な shōchōteki na

symbolism [sim'bəlizəm] *n* 象徴的意味 shōchōteki imì

symbolize [sim'bəlaiz] *vt* 象徴する shōchō suru

symmetrical [simet'rikəl] *adj* 対称的な taíshōteki na

symmetry [sim'itri:] *n* 対称 taíshō

sympathetic [simpəθet'ik] *adj* (showing understanding) 同情の dōjōteki na; (likeable: character) 人好きのする hitózuki no surù; (showing support): *sympathetic to(wards)* ...に好意的である ...ni kōiteki de arù

sympathies [sim'pəθi:z] *npl* (support, tendencies) 支援 shién

sympathize [sim'pəθaiz] *vi: to sympathize with* (person) ...に同情する ...ni dōjō suru; (feelings, cause) ...に共感する ...ni kyōkan suru

sympathizer [sim'pəθaizə:r] *n* (POL) 支援者 shiénsha

sympathy [sim'pəθi:] *n* (pity) 同情 dójō
with our deepest sympathy 心からお悔みを申上げます kokórò kara o-kúyami wò mōshiagemasù
in sympathy (workers: come out) 同情して dójō shite

symphony [sim'fəni:] *n* 交響曲 kókyòkyoku

symposia [simpou'zi:ə] *npl of* **symposium**

symposium [simpou'zi:əm] (*pl* **symposiums** *or* **symposia**) *n* シンポジウム shińpojiùmu

symptom [simp'təm] *n* (indicator: MED) 症状 shójò; (: *gen*) しるし shirúshi

synagogue [sin'əga:g] *n* ユダヤ教会堂 yudáyakyōkaidò

synchronize [siŋ'krənaiz] *vt* (watches, sound) 合せる awáserù

syncopated [siŋ'kəpeitid] *adj* (rhythm, beat) シンコペートした shiñkopèto shita

syndicate [sin'dəkit] *n* (of people, businesses, newspapers) シンジケート shiñjikèto

syndrome [sin'droum] *n* (also MED) 症侯群 shōkōgun

synonym [sin'ənim] *n* 同意語 dóigò

synopses [sina:p'si:z] *npl of* **synopsis**

synopsis [sina:p'sis] (*pl* **synopses**) *n* 概要 gaíyō

syntax [sin'tæks] *n* (LING) 統語法 tógohò, シンタックス shiñtakkùsu

syntheses [sin'θəsi:z] *npl of* **synthesis**

synthesis [sin'θəsis] (*pl* **syntheses**) *n* (of ideas, styles) 総合する sōgō suru

synthetic [sinθet'ik] *adj* (man-made: materials) 合成の gósei no

syphilis [sif'əlis] *n* 梅毒 baídoku

syphon [sai'fən] = **siphon**

Syria [si:r'i:ə] *n* シリア shírìa

Syrian [si:r'i:ən] *adj* シリアの shírìa no
♦*n* シリア人 shiríàjin

syringe [sərindʒ'] *n* 注射器 chūshakì

syrup [sir'əp] *n* シロップ shiróppù

system [sis'təm] *n* (organization) 組織 sōshìki; (POL): *the system* 体制 taísei;

(method) やり方 yaríkata; (the body) 身体 shíñtai
the digestive system (MED) 消化器系 shókakikèi
the nervous system (MED) 神経系 shiñkeikèi

systematic [sistəmæt'ik] *adj* (methodical) 組織的な soshíkiteki na

system disk *n* (COMPUT) システムディスク shisútemu disùku

systems analyst [sis'təmz-] *n* システムアナリスト shisútemu anarisùto

T

ta [ta:] (*BRIT*: *inf*) *excl* (thanks) どうも dōmo

tab [tæb] *n* (on file etc) 耳 mimí; (on drinks can etc) プルタブ purútàbu, プルトップ purútoppù; (label: name tab) 名札 nafúda
to keep tabs on (*fig*) 監視する kańshi suru

tabby [tæb'i:] *n* (*also*: **tabby cat**) とら毛のネコ toráge nò nékò

table [tei'bəl] *n* (piece of furniture) テーブル tébùru; (MATH, CHEM etc) 表 hyó
♦*vt* (*BRIT*: motion etc) 上程する jótei suru; (*US*: put off: proposal etc) 棚上げにする taná-age ni surù
to lay/set the table 食卓に皿を並べる shokútaku nì sará wò naráberù

tablecloth [tei'bəlklɔ:θ] *n* テーブルクロス tébùrukurosù

table d'hôte [tæb'əl dout'] *adj* (menu, meal) 定食の teíshoku no

table lamp *n* 電気スタンド deńki sutañdo

tablemat [tei'bəlmæt] *n* (for plate) テーブルマット tēburumattò; (for hot dish) なべ敷 nabéshìki

table of contents *n* 目次 mokúji

tablespoon [tei'bəlspu:n] *n* (type of spoon) テーブルスプーン tēburusupùn; (*also*: **tablespoonful**: as measurement) 大さじ一杯 ōsaji ippài

tablet [tæb'lit] *n* (MED) 錠剤 jōzai

a stone tablet 石板 sekíban

table tennis n 卓球 takkyū

table wine n テーブルワイン téburuwaìn

tabloid [tæb'lɔid] n (newspaper) タブロイド新聞 tabúroido shiñbun

taboo [təbu:'] n (religious, social) タブー tabū

◆adj (subject, place, name etc) タブーの tabū no

tabulate [tæb'jəleit] vt (data, figures) 表にする hyō ni surù

tacit [tæs'it] adj (agreement, approval etc) 暗黙の añmoku no

taciturn [tæs'itə:rn] adj (person) 無口な múkùchi na

tack [tæk] n (nail) びょう byō; (fig) やり方 yaríkata

◆vt (nail) びょうで留める byō de toméru; (stitch) 仮縫する karínui suru

◆vi (NAUT) 間切る magírù

tackle [tæk'əl] n (gear: fishing tackle etc) 道具 dṓgù; (for lifting) ろくろ rókùro, 滑車 kássha; (FOOTBALL, RUGBY) タックル tákkùru

◆vt (deal with: difficulty) ...と取組む ...to toríkumù; (challenge: person) ...に掛合う ...ni kakéaù; (grapple with: person, animal) ...と取組む ...to toríkumù; (FOOTBALL, RUGBY) タックルする tákkùru suru

tacky [tæk'i:] adj (sticky) べたべたする bétàbeta suru; (pej: of poor quality) 安っぽい yasúppoì

tact [tækt] n 如才なさ josáinasà

tactful [tækt'fəl] adj 如才ない josáinaì

tactical [tæk'tikəl] adj (move, withdrawal, voting) 戦術的な señjutsuteki na

tactics [tæk'tiks] n 用兵学 yōheigàku

◆npl 駆引き kakéhìki

tactless [tækt'lis] adj 気転の利かない kitén no kikanaì

tadpole [tæd'poul] n オタマジャクシ otámajakùshi

taffy [tæf'i:] (US) n (toffee) タフィー táfì◇あめの一種 amé nò ísshu

tag [tæg] n (label) 札 fudá

tag along vi ついて行く tsuíte ikú

tail [teil] n (of animal) しっ尾 shíppò; (of plane) 尾部 bíbù; (of shirt, coat) すそ susó

◆vt (follow: person, vehicle) 尾行する bikṓ suru

tail away/off vi (in size, quality etc) 次第に減る shidái ni herù

tailback [teil'bæk] n (BRIT) (AUT) 交通渋滞 kṓtsūjūtai

tail end n 末端 mattán

tailgate [teil'geit] n (AUT: of hatchback) 後尾ドア kóbidòa

tailor [tei'lə:r] n 仕立屋 shitáteya

tailoring [tei'lə:riŋ] n (cut) 仕立て方 shitátekata; (craft) 仕立職 shitáteshòku

tailor-made [tei'lə:rmeid] adj (suit) あつらえの atsúraè no; (fig: part in play, person for job) おあつらえ向きの o-átsuraemuki no

tails [teilz] npl (formal suit) えん尾服 eñbifùku

tailwind [teil'wind] n 追風 oíkàze

tainted [teint'id] adj (food, water, air) 汚染された oséń saretà; (fig: profits, reputation etc) 汚れれた yogóretà

Taiwan [tai'wɑ:n'] n 台湾 taíwañ

take [teik] (pt took, pp taken) vt (photo, notes, holiday etc) と る tórù; (shower, walk, decision etc) する surú, (grab: someone's arm etc) 取る tórù; (gain: prize) 得る érù; (require: effort, courage, time) ...が必要である ...ga hitsúyo de arù; (tolerate: pain etc) 耐える taérù; (hold: passengers etc) 収容する shūyō suru; (accompany, bring, carry: person) 連れて行く tsuréte ikù; (: thing) 持って行く motté ikù; (exam, test) 受ける ukérù

to take something from (drawer etc) ...から取出す ...wo ...kárà torídasù; (steal from: person) ...を...から盗む ...wo ...kárà nusúmù

I take it that ... ...だと思っていいですね ...dá tò omótte iì desu né

take after vt fus (resemble) ...に似ている ...ni nité irù

take apart vt 分解する buñkai suru

take away vt (remove) 下げる sagérù; (carry off) 持って行く motté ikù; (MATH) 引く hikú

takeaway [tei'kəwei] (*BRIT*) *n* = **take-out**

take back *vt* (return) 返す kaésù; (one's words) 取消す toríkesù

take down *vt* (dismantle: building) 解体する kaítai suru; (write down: letter etc) 書き取る kakítorù

take in *vt* (deceive) だます damásù; (understand) 理解する rikái suru; (include) 含む fukúmù; (lodger) 泊める tomérù

take off *vi* (AVIAT) 離陸する riríku suru; (go away) 行ってしまう itté shimaù
♦*vt* (remove) 外す hazúsù

takeoff [teik'ɔːf] *n* (AVIAT) 離陸 riríku

take on *vt* (work) 引受ける hikíukerù; (employee) 雇う yatóù; (opponent) ...と戦う ...to tatákaù

take out *vt* (invite) 外食に連れて行く gaíshoku nì tsurétè ikù; (remove) 取出す torídasù

takeout [teik'aut] (*US*) *n* (shop, restaurant) 持帰り料理店 mochíkaeriryōritèn; (food) 持帰り料理 mochíkaeriryōri

take over *vt* (business, country) 乗っ取る nottórù
♦*vi*: **to take over from someone** ...と交替する ...to kōtai suru

takeover [teik'ouvəːr] *n* (COMM) 乗っ取り nottóri

take to *vt fus* (person, thing, activity) 気に入る ki nī irù, 好きになる sukí ni narù; (engage in: hobby etc) やり出す yarídasù

take up *vt* (a dress) 短くする mijíkakù suru; (occupy: post, time, space) ...につく ...ni tsukú; (: time) ...がかかる ...ga kakárù; (engage in: hobby etc) やり出す yarídasù
to take someone up on something (offer, suggestion) ...に応じる ...ni ōjìru

takings [tei'kiŋz] *npl* 売上 uríage

talc [tælk] *n* (*also*: **talcum powder**) タルカムパウダー tarúkamupaùdā

tale [teil] *n* (story, account) 物語 monógatàri
to tell tales (*fig*: to teacher, parents etc) 告げ口する tsugéguchi suru

talent [tæl'ənt] *n* 才能 saínō

talented [tæl'əntid] *adj* 才能ある saínō arù

talk [tɔːk] *n* (a (prepared) speech) 演説 eñzetsu; (conversation) 話 hanáshi; (gossip) うわさ uwása
♦*vi* (speak) 話す hanásù; (give information) しゃべる shabérù
to talk about ...について話す ...ni tsúite hanásù
to talk someone into doing something ...する様に...を説得する ...surú yō ni ...wo settóku suru
to talk someone out of doing something ...しない様に...を説得する ...shinái yō ni ...wo settóku suru
to talk shop 仕事の話をする shigóto nò hanáshi wo surù

talkative [tɔː'kətiv] *adj* おしゃべりな o-shábèri na

talk over *vt* (problem etc) 話し合う hanáshiaù

talks [tɔːks] *npl* (POL etc) 会談 kaídan

talk show *n* おしゃべり番組 o-sháberi bañgumi

tall [tɔːl] *adj* (person) 背が高い sé gà takái; (object) 高い takái
to be 6 feet tall (person) 身長が6フィートである shinchō gà 6 fitò de árù

tall story *n* ほら話 horábanàshi

tally [tæl'iː] *n* (of marks, amounts of money etc) 記録 kiróku
♦*vi*: **to tally (with)** (subj: figures, stories etc) (...と) 合う (...to) áù

talon [tæl'ən] *n* かぎづめ kagízume

tambourine [tæmbə'riːn] *n* タンバリン táñbarin

tame [teim] *adj* (animal, bird) なれた nárèta; (*fig*: story, style) 平凡な heíbon na

tamper [tæm'pəːr] *vi*: **to tamper with something** ...をいじる ...wo ijírù

tampon [tæm'pɑːn] *n* タンポン táñpon

tan [tæn] *n* (*also*: **suntan**) 日焼け hiyáke
♦*vi* (person, skin) 日に焼ける hi nī yakerù
♦*adj* (color) 黄かっ色の ōkasshòku no

tandem [tæn'dəm] *n*: *in tandem* (together) 2人で futári dè

tang [tæŋ] n (smell) 鼻をつくにおい haná wò tsukú niòi; (taste) ぴりっとした味 piríttò shita ají

tangent [tæn'dʒənt] n (MATH) 接線 sessén
to go off at a tangent (fig) わき道へそれる wakímichi e sorérù

tangerine [tændʒəri:n'] n ミカン míkàn

tangible [tæn'dʒəbəl] adj (proof, benefits) 具体的な gutáiteki na

tangle [tæŋ'gəl] n もつれ motsúre
to get in(to) a tangle (also fig) もつれる motsúrerù

tank [tæŋk] n (also: **water tank**) 貯水タンク chosúitañku; (for fish) 水槽 suísō; (MIL) 戦車 séñsha

tanker [tæŋk'ə:r] n (ship) タンカー táñkā; (truck) タンクローリー tañkurórī

tanned [tænd] adj (skin) 日に焼けた hi ní yaketá

tantalizing [tæn'təlaiziŋ] adj (smell, possibility) 興味をそそる kyómi wò sosórù

tantamount [tæn'təmaunt] adj: **tantamount to** ...も同然である ...mo dózen de arù

tantrum [tæn'trəm] n かんしゃく kañshaku

tap [tæp] n (on sink etc) 蛇口 jagúchi; (also: **gas tap**) ガスの元栓 gásù no motósen; (gentle blow) 軽くたたく事 karúku tatakù kotó
♦vt (hit gently) 軽くたたく karúku tatakù; (resources) 利用する riyó suru; (telephone) 盗聴する tóchō suru
on tap (fig: resources) いつでも利用できる ítsùdemo riyó dekirù

tap-dancing [tæp'dænsiŋ] n タップダンス tappúdañsu

tape [teip] n (also: **magnetic tape**) 磁気テープ jikítèpu; (cassette) カセットテープ kaséttotèpu; (sticky tape) 粘着テープ neñchakutèpu; (for tying) ひも himó
♦vt (record: sound) 録音する rokúon suru; (: image) 録画する rokúga suru; (stick with tape) テープで張る tèpu de harú

tape deck n テープデッキ tépudekkì

tape measure n メジャー méjā

taper [tei'pə:r] n (candle) 細いろうそく hosóī rósokù
♦vi (narrow) 細くなる hósòku nárù

tape recorder n テープレコーダー tépurekòdā

tapestry [tæp'istri:] n (object) タペストリー tapésutòrī; (art) ししゅう shishú

tar [tɑːr] n コールタール kórutàru

tarantula [təræn'tʃələ] n タランチュラ taráñchura

target [tɑːr'git] n (thing aimed at, also fig) 的 matô

tariff [tær'if] n (tax on goods) 関税 kañzei; (BRIT: in hotels, restaurants) 料金表 ryókiñhyō

tarmac [tɑːr'mæk] n (BRIT: on road) アスファルト asúfarùto; (AVIAT) エプロン épùron

tarnish [tɑːr'niʃ] vt (metal) さびさせる sabísaserù; (fig: reputation etc) 汚す yogósù

tarpaulin [tɑːrpɔː'lin] n シート shīto

tarragon [tær'əgən] n タラゴン táràgon ◇香辛料の一種 kóshiñryō no ísshù

tart [tɑːrt] n (CULIN) タルト tárùto ◇菓子の一種 káshì no ísshù; (BRIT: inf: prostitute) ばいた báìta
♦adj (flavor) 酸っぱい suppáì

tartan [tɑːr'tən] n タータンチェック tátanchekkù
♦adj (rug, scarf etc) タータンチェックの tátanchekkù no

tartar [tɑːr'tə:r] n (on teeth) 歯石 shiséki

tartar(e) sauce [tɑːr'tɑːr-] n タルタルソース tarútarusòsu

tart up (BRIT) vt (inf: object) 派手にする hadé nì suru
to tart oneself up おめかしをする o-mékashì wò suru

task [tæsk] n 仕事 shigóto
to take to task ...の責任を問う ...no sekínin wò tóù

task force n (MIL, POLICE) 機動部隊 kidóbùtai

Tasmania [tæzmei'ni:ə] n タスマニア tasúmanìa

tassel [tæs'əl] n 房 fusá

taste [teist] n (*also*: **sense of taste**) 味覚 mikáku; (flavor: *also*: **aftertaste**) 味 ajî; (sample) 一 口 hitókuchi; (*fig*: glimpse, idea) 味わい ajíwaì
♦vt (get flavor of) 味わう ajíwaù; (test) 試食する shishóku suru
♦vi: **to taste of/like** (fish etc) ...の味がする ...no ají ga surù
you can taste the garlic (in it) (含まれている) ニンニクの味がする (fukúmarete irù) nínniku nò ají ga surù
in good/bad taste 趣味がいい〔悪い〕shúmî ga íi〔warúî〕

tasteful [teist'fəl] adj (furnishings) 趣味の良い shúmî no yôî

tasteless [teist'lis] adj (food) 味がない ají ga naî; (remark, joke, furnishings) 趣味の悪い shúmî no nattê

tasty [teis'ti:] adj (food) おいしい oíshiî

tatters [tæt'ə:rz] npl: *in tatters* (clothes, papers etc) ずたずたになって zutázuta ni nattê

tattoo [tætu:'] n (on skin) 入れ墨 irézumi; (spectacle) パレード parédò
♦vt (name, design) ...の入れ墨をする ...no irézumi wò suru

tatty [tæt'i:] (*BRIT*: *inf*) adj (*inf*) 薄汚い usúgitanaî

taught [tɔ:t] pt, pp of **teach**

taunt [tɔ:nt] n あざけり azákerî
♦vt あざける azákerù

Taurus [tɔ:r'əs] n 牡牛座 oúshizà

taut [tɔ:t] adj ぴんと張った pín tò hattá

tavern [tæv'ə:rn] n (old) 酒場 sakába

tax [tæks] n 税金 zeíkin
♦vt (earnings, goods etc) ...に税金をかける ...ni zeíkin wò kakérù; (*fig*: test: memory) 最大限に使う saídaîgen ni tsukáù; (patience) 試練にかける shírèn ni kakérù

taxable [tæk'səbəl] adj (income) 課税される kazéi sarerù

taxation [tæksei'ʃən] n (system) 課税 kazéi; (money paid) 税金 zeíkin

tax avoidance [-əvɔid'əns] n 節税 setsúzei

tax disc (*BRIT*) n (AUT) 納税ステッカー nōzeisutekkâ

tax evasion n 脱税 datsúzei

tax-free [tæks'fri:'] adj (goods, services) 免税の menzei no

taxi [tæk'si:] n タクシー tákùshī
♦vi (AVIAT: plane) 滑走する kassō suru

taxi driver n タクシーの運転手 tákùshī no uñteñshu

taxi rank (*BRIT*) n = **taxi stand**

taxi stand n タクシー乗場 takúshīnorîba

tax payer [-pei'ə:r] n 納税者 nōzeishà

tax relief n 減税 geñzei

tax return n 確定申告書 kakúteishinkokushò

TB [ti:bi:'] n abbr = **tuberculosis**

tea [ti:] n (drink: Japanese) お茶 o-chá; (: English) 紅茶 kōchà; (*BRIT*: meal) おやつ o-yátsù
high tea (*BRIT*) 夕食 yūshoku ◇夕方早目に食べる食事 yūgata hayáme nì tabérù shokúji

tea bag n ティーバッグ tíbaggù

tea break n 休憩 kyūkei

teach [ti:tʃ] (pt, pp **taught**) vt (gen) 教える oshíerù; (be a teacher of) ...(の)教師をする ...(no)kyōshi wò suru
♦vi (be a teacher: in school etc) 教師をする kyōshi wò suru

teacher [ti:'tʃə:r] n 教師 kyōshi, 先生 señsei

teaching [ti:'tʃiŋ] n (work of teacher) 教職 kyōshoku

tea cosy n お茶帽子 o-chábòshi

tea cup n (Western) ティーカップ tíkappù; (Japanese) 湯飲み茶碗 yunómijàwan, 湯飲み yunómi

teak [ti:k] n チーク chîku

tea leaves npl 茶殻 chagára

team [ti:m] n (of people: gen, SPORT) チーム chîmu; (of animals) 一組 hitókumi

teamwork [ti:m'wə:rk] n チームワーク chîmuwàku

teapot [ti:'pɑ:t] n きゅうす kyūsu

tear¹ [te:r] n (hole) 裂け目 sakéme
♦vb (pt **tore**, pp **torn**)
♦vt (rip) 破る yabúrù
♦vi (become torn) 破れる yabúrerù

tear² [ti:r] n (in eye) 涙 námìda
in tears 泣いている naîte irù

tear along *vi* (rush) 猛スピードで走って行く mósupídò de hashítte ikù

tearful [ti:r'fəl] *adj* (family, face) 涙ぐんだ namídaguňda

tear gas *n* 催涙ガス saíruigasù

tearoom [ti:'ru:m] *n* 喫茶店 kissáteň

tear up *vt* (sheet of paper etc) ずたずたに破る zutázuta nǐ yabúrù

tease [ti:z] *vt* からかう karákaù

tea set *n* 茶器セット chakísettò

teaspoon [ti:'spu:n] *n* (type of spoon) ティースプーン tísupùn; (*also*: **teaspoonful**: as measurement) 小さじ一杯 kosáji ippaì

teat [ti:t] *n* (ANAT) 乳首 chikúbì; (*also*: **bottle teat**) ほ乳瓶の乳首 honyúbìn no chikúbì

teatime [ti:'taim] *n* おやつの時間 o-yátsu no jikáň

tea towel (*BRIT*) *n* ふきん fukíň

technical [tek'nikəl] *adj* (terms, advances) 技術の gíjùtsu no

technical college (*BRIT*) *n* 高等専門学校 kótōsenmongakkò

technicality [teknikæl'iti:] *n* (point of law) 法律の専門的細目 hóritsu nò seňmonteki saimòku; (detail) 細かい事 komákaì kotó

technically [tek'nikli:] *adv* (strictly speaking) 正確に言えば seíkaku nǐ iébà; (regarding technique) 技術的に gíjùtsuteki ni

technician [tekniʃ'ən] *n* 技術者 gijútsushà

technique [tekni:k'] *n* 技術 gíjùtsu

technological [teknələdʒ'ikəl] *adj* 技術的な gijútsuteki na

technology [teknɑ:l'ədʒi:] *n* 科学技術 kágàkugìjùtsu

teddy (bear) [ted'i:-] *n* クマのぬいぐるみ kumá nò nuígùrumi

tedious [ti:'di:əs] *adj* (work, discussions etc) 退屈な taíkutsu na

tee [ti:] *n* (GOLF) ティー tí

teem [ti:m] *vi*: **to teem with** (visitors, tourists etc) ...がぞろぞろ来ている ...ga zóròzoro kité irù

it is teeming (with rain) 雨が激しく

降っている ámè ga hagéshikù futté irù

teenage [ti:n'eidʒ] *adj* (children, fashions etc) ティーンエージャーの tín-èjā no

teenager [ti:n'eidʒə:r] *n* ティーンエージャー tín-èjā

teens [ti:nz] *npl*: *to be in one's teens* 年齢は10代である neñrei wà júdài de árù

tee-shirt [ti:'ʃə:rt] *n* = **T-shirt**

teeter [ti:'tə:r] *vi* (*also fig*) ぐらつく gurátsukù

teeth [ti:θ] *npl of* **tooth**

teethe [ti:ð] *vi* (baby) 歯が生える há gà haérù

teething ring [ti:'ðiŋ-] *n* おしゃぶり o-shábùri ◇リング状の物を指す riňgujō no monó wò sásù

teething troubles *npl* (*fig*) 初期の困難 shókì no koňnan

teetotal [ti:tout'əl] *adj* (person) 酒を飲まない saké wò nománaì

telecommunications [teləkəmju:nikei'ʃənz] *n* 電気通信 deňkitsùshin

telegram [tel'əgræm] *n* 電報 deňpō

telegraph [tel'əgræf] *n* (system) 電信 deňshin

telegraph pole *n* 電柱 deňchū

telepathic [teləpæθ'ik] *adj* テレパシーの terépàshī no

telepathy [təlep'əθi:] *n* テレパシー terépàshī

telephone [tel'əfoun] *n* 電話 deňwa
♦*vt* (person) ...に電話をかける ...ni deňwa wò kakérù; (message) 電話で伝える deňwa dè tsutáerù

on the telephone (talking) 電話中で deňwachū de; (possessing phone) 電話を持っている deňwa wò mótte irù

telephone booth *n* 電話ボックス deňwabokkùsu

telephone box (*BRIT*) *n* = **telephone booth**

telephone call *n* 電話 deňwa

telephone directory *n* 電話帳 deňwachō

telephone number *n* 電話番号 deňwabaňgō

telephonist [telə'founist] (*BRIT*) *n* 電話交換手 deňwakōkaňshu

telescope [tel'əskoup] *n* 望遠鏡 bōenkyō

telescopic [teliskɑːp'ik] *adj* (lens) 望遠の bōen no; (collapsible: tripod, aerial) 入れ子式の irékoshìki no

television [tel'əvizən] *n* (all senses) テレビ térêbi

on television テレビで térêbi de

television set *n* テレビ受像機 terébijuzōki

telex [tel'eks] *n* テレックス terékkùsu
♦*vt* (company) ...にテレックスを送る ...ni terékkùsu wo okúrù; (message) テレックスで送る terékkùsu de okúrù

tell [tel] (*pt, pp* **told**) *vt* (say) ...に言う ...ni iú; (relate: story) 述べる nobérù; (distinguish): *to tell something from* ...から...を区別する ...karâ ...wò kúbètsu suru
♦*vi* (talk): *to tell (of)* ...について話す ...ni tsúîte hanásù; (have an effect) 効果的である kốkateki de arù

to tell someone to do something ...にする様に言う ...ni ...surú yồ ni iú

teller [tel'əːr] *n* (in bank) 出納係 suítōgakàri

telling [tel'iŋ] *adj* (remark, detail) 意味深い imíbukài

tell off *vt: to tell someone off* しかる shikaru

telltale [tel'teil] *adj* (sign) 証拠の shốko no

telly [tel'iː] (*BRIT: inf*) *n abbr* = **television**

temerity [təmeːr'itiː] *n* ずうずうしさ zűzūshìsà

temp [temp] *n abbr* (= *temporary*) 臨時職員 rinjishokuiñ

temper [tem'pəːr] *n* (nature) 性質 seíshitsu; (mood) 機嫌 kigén; (fit of anger) かんしゃく kañshaku
♦*vt* (moderate) 和らげる yawáragerù

to be in a temper 怒っている okôtte irù

to lose one's temper 怒る okôrù

temperament [tem'pəːrəmənt] *n* (nature) 性質 seíshitsu

temperamental [tempəːrəmen'təl] *adj* (person, *fig*: car) 気まぐれな kimágùre na

temperate [tem'pəːrit] *adj* (climate, country) 温暖な oñdan na

temperate zone *n* 温帯 oñtai

temperature [tem'pəːrətʃəːr] *n* (of person, place) 温度 óñdo

to have/run a temperature 熱がある netsú ga arù

tempest [tem'pist] *n* 嵐 árashi

tempi [tem'piː] *npl of* **tempo**

temple [tem'pəl] *n* (building) 神殿 shiñden; (ANAT) こめかみ komékami

tempo [tem'pou] (*pl* **tempos** *or* **tempi**) *n* (MUS) テンポ téñpo; (*fig*: of life etc) ペース pêsu

temporarily [tempəre:r'iliː] *adv* 一時的に ichíjiteki ni

temporary [tem'pəːreːriː] *adj* (passing) 一時的な ichíjiteki na; (worker, job) 臨時の rínjì no

tempt [tempt] *vt* 誘惑する yűwaku suru

to tempt someone into doing something ...する様に...を誘惑する ...surú yồ ni ...wo yűwaku suru

temptation [temptei'ʃən] *n* 誘惑 yűwaku

tempting [temp'tiŋ] *adj* (offer) 魅惑的な miwákuteki na; (food) おいしそうな oíshisồ na

ten [ten] *num* 十 (の) jú (no)

tenacity [tənæs'itiː] *n* (of person, animal) 根気強さ koñkizùyosa

tenancy [ten'ənsiː] *n* (possession of room, land etc) 賃借 chíñshaku; (period of possession) 賃借期間 chíñshakukikàn

tenant [ten'ənt] *n* (rent-payer) 店子 tanáko, テナント tenáñto

tend [tend] *vt* (crops, sick person) ...の世話をする ...no sewá wồ suru
♦*vi: to tend to do something* ...しがちである ...shigáchi de arù

tendency [ten'dənsiː] *n* (of person, thing) 傾向 keíkồ

tender [ten'dəːr] *adj* (person, heart, care) 優しい yasáshiì; (sore) 触ると痛い sawáru tò itáì; (meat) 柔らかい yawárakaì; (age) 幼い osánaì
♦*n* (COMM: offer) 見積り mitsúmori; (money): *legal tender* 通貨 tsúkà

◆*vt* (offer, resignation) 提出する teíshutsu suru

to tender an apology 陳謝する chínsha suru

tenderness [ten'də:rnis] *n* (affection) 優しさ yasáshisà; (of meat) 柔らかさ yawárakasà

tendon [ten'dən] *n* けん kéñ

tenement [ten'əmənt] *n* 安アパート yasúapàto

tenet [ten'it] *n* 信条 shíñjō

tennis [ten'is] *n* テニス ténísu

tennis ball *n* テニスボール tenísubòru

tennis court *n* テニスコート tenísukòto

tennis player *n* テニス選手 tcnísuseñshu

tennis racket *n* テニスラケット tenísurakettò

tennis shoes *npl* テニスシューズ tenísushūzu

tenor [ten'ə:r] *n* (MUS) テノール tenőrù

tenpin bowling [ten'pin-] *n* ボウリング bóriñgu

tense [tens] *adj* (person, smile, muscle) 緊張した kiñchō shita; (period) 緊迫した kiñpaku shita

◆*n* (LING) 時制 jiséi

tension [ten'ʃən] *n* (nervousness) 緊張 kiñchō; (between ropes etc) 張力 chőryoku

tent [tent] *n* テント téñto

tentacle [ten'təkəl] *n* (of octopus etc) あし ashí

tentative [ten'tətiv] *adj* (person, step, smile) 自信のない jishín no naî; (conclusion, plans) 差し当っての sashíatattè no

tenterhooks [ten'tə:rhuks] *npl*: *on tenterhooks* はらはらして háràhara shite

tenth [tenθ] *num* 第十（の） dáîjū (no)

tent peg *n* テントのくい téñto no kuí

tent pole *n* テントの支柱 téñto no shichū

tenuous [ten'ju:əs] *adj* (hold, links, connection etc) 弱い yowáî

tenure [ten'jə:r] *n* (of land, buildings etc) 保有権 hoyúkeñ; (of office) 在職期間 zaíshokukikan

tepid [tep'id] *adj* (tea, pool etc) ぬるい nurúî

term [tə:rm] *n* (word, expression) 用語 yőgo; (period in power etc) 期間 kikáñ; (SCOL) 学期 gakkí

◆*vt* (call) ...と言う ...to iú

in the short/long term 短〔長〕期間で tañ(chő)kikàn de

terminal [tə:r'mənəl] *adj* (disease, cancer, patient) 末期の mákkì no

◆*n* (ELEC) 端子 táñshi; (COMPUT) 端末機 tañmatsukî; (*also*: **air terminal**) ターミナルビル tãminarubirù; (*BRIT*: *also*: **coach terminal**) バスターミナル basútãminaru

terminate [tə:r'məneit] *vt* (discussion, contract, pregnancy) 終らせる owáraserù, 終える oérù; (contract) 破棄する hákî suru; (pregnancy) 中絶する chúzetsu suru

termini [tə:r'məni:] *npl of* **terminus**

terminology [tə:rmənɑ:l'ədʒi:] *n* 用語 yőgo ◇総称 sőshō

terminus [tə:r'mənəs] (*pl* **-mini**) *n* (for buses, trains) ターミナル tãminaru

terms [tə:rmz] *npl* (conditions: *also* COMM) 条件 jőken

to be on good terms with someone ...と仲がいい ...to nákà ga íi

to come to terms with (problem) ...と折合いがつく ...to oríaì ga tsukú

terrace [te:r'əs] *n* (*BRIT*: row of houses) 長屋 nagáyà; (patio) テラス téràsu; (AGR) 段々畑 dañdanbatàke

terraced [te:r'əst] *adj* (house) 長屋の nagáyà no; (garden) ひな壇式の hinádañshiki no

terraces [te:r'əsiz] (*BRIT*) *npl* (SPORT): *the terraces* 立見席 tachímisèki

terracotta [te:rəkɑ:t'ə] *n* テラコッタ terácottà

terrain [tərein'] *n* 地面 jímen

terrible [te:r'əbəl] *adj* ひどい hidóî

terribly [te:r'əbli:] *adv* (very) とても totémo; (very badly) ひどく hídòku

terrier [te:r'i:ə:r] *n* テリア térìa

terrific [tərif'ik] *adj* (very great: thunderstorm, speed) 大変な taíhen na; (wonderful: time, party) 素晴らしい subárashiî

terrify [teːrˈəfai] *vt* おびえさせる obíesaserù

territorial [teːritɔːrˈiːəl] *adj* (waters, boundaries, dispute) 領土の ryódò no

territory [teːrˈitɔːriː] *n* (*gen*) 領土 ryódò; (*fig*) 縄張 nawábarì

terror [teːrˈəːr] *n* (great fear) 恐怖 kyófu

terrorism [teːrˈəːrizəm] *n* テロ térò

terrorist [teːrˈəːrist] *n* テロリスト terórisùto

terrorize [teːrˈəːraiz] *vt* おびえさせる o-bíesaserù

terse [təːrs] *adj* (style) 簡潔な kańketsu na; (reply) そっけない sokkénaî ◇言葉数が少なく無愛想な返事などについて言う kotóbakazù ga sukúnakù buáîso na heñji nadò ni tsúîte iú

Terylene [teːrˈəliːn]® *n* テリレン térîren ◇人工繊維の一種 jińkōseñ-i no ísshù

test [test] *n* (trial, check: *also* MED, CHEM) テスト tésùto; (of courage etc) 試練 shíren; (SCOL) テスト tésùto; (*also*: **driving test**) 運転免許の試験 uñtenmeñkyo no shikéñ
◆*vt* (*gen*) テスト tésùto suru

testament [tesˈtəmənt] *n* 証拠 shókò
the Old/New Testament 旧〔新〕約聖書 kyúﬆ(shiñ)yaku seishò

testicle [tesˈtikəl] *n* こう丸 kógan

testify [tesˈtəfai] *vi* (LAW) 証言する shógen suru
to testify to something ...が...だと証言する ...ga ...dá tò shógen suru

testimony [tesˈtəmouniː] *n* (LAW: statement) 証言 shógen; (clear proof) 証拠 shókò

test match *n* (CRICKET, RUGBY) 国際戦 kokúsaisen, 国際試合 kokúsaijiài

test pilot *n* テストパイロット tesútopairottò

test tube *n* 試験管 shikéñkan

tetanus [tetˈənəs] *n* 破傷風 hashófù

tether [teðˈəːr] *vt* (animal) つなぐ tsunágù
◆*n*: *at the end of one's tether* 行き詰って ikízumattè

text [tekst] *n* 文書 búñsho

textbook [tekstˈbuk] *n* 教科書 kyókasho

textiles [teksˈtailz] *npl* (fabrics) 織物 o-rímòno; (textile industry) 織物業界 orímonogyòkai

texture [teksˈtʃəːr] *n* (of cloth, skin, soil, silk) 手触り tezáwàri

Thailand [taiˈlənd] *n* タイ tái

Thames [temz] *n*: *the Thames* テムズ川 témùzugawa

than [ðæn] *conj* (in comparisons) ...より(も) ...yórì(mo)
you have more than 10 あなたは10個以上持っています anátà wa júkkò îjò môttè imasu
I have more than you/Paul 私はあなた〔ポール〕より沢山持っています watákushi wa anátà〔pórù〕yori takúsañ môttè imasu
I have more pens than pencils 私は鉛筆よりペンを沢山持っています watákushi wa eñpitsu yorî péñ wo takúsañ môttè imasu
she is older than you think 彼女はあなたが思っているより年ですよ kánòjo wa anátà ga omótte irù yórì toshí desù yó
more than once 数回 súkài

thank [θæŋk] *vt* (person) ...に感謝する ...ni káñsha suru
thank you (very much) (大変)有難うございました (taíhen) arígàtò gozáimashità
thank God! ああ良かった à yókàtta

thankful [θæŋkˈfəl] *adj*: *thankful (for)* (...を) 有難く思っている (...wo) arígàtakù omótte irù

thankless [θæŋkˈlis] *adj* (task) 割の悪い warí no waruî

thanks [θæŋks] *npl* 感謝 káñsha
◆*excl* (*also*: **many thanks, thanks a lot**) 有難う arígàtò

Thanksgiving (Day) [θæŋksgivˈiŋ-] *n* 感謝祭 kañshasaî

thanks to *prep* ...のおかげで ...no o-kágge dè

KEYWORD

that [ðæt] (*demonstrative adj, pron*: *pl*
those) *adj* (demonstrative) その sonó, あ
の anó

that man/woman/book その〔あの〕男
性〔女性, 本〕 sonó〔anó〕dañsei〔jōsei,
hoñ〕

leave those books on the table その本
をテーブルの上に置いていって下さい so-
nó hoñ wo têburu no ué nǐ oíte ittě
kudásaí

that one それ soré, あれ aré

that one over there あそこにある物
asóko nǐ árú monó

I want this one, not that one 欲しい
のはこれです, あれは要りません hoshíi
no wà koré desù, aré wà irímaseñ

◆*pron* **1** (demonstrative) それ soré, あれ
aré

who's/what's that? あれはだれですか
〔何ですか〕 aré wà dáre desu ká〔náñ
desu ká〕

is that you? あなたですか anáta desu
ká

I prefer this to that あれよりこちらの
方が好きです aré yorí kochíra no hǒ ga
sukí desù

will you eat all that? あれを全部食
べるつもりですか aré wǒ zéñbu tabérù
tsumóri desù ká

that's my house 私の家はあれです wa-
tákushi nò ié wà aré desù

that's what he said 彼はそう言いまし
たよ kárè wa sǒ iimashǐta yó

what happened after that? それから
どうなりましたか soré karà dǒ narima-
shǐta ká

that is (to say) つまり tsúmàri, すなわ
ち sunáwàchi

2 (relative): *the book (that) I read* 私
の読んだ本 watákushi nò yóñda hóñ

the books that are in the library 図
書館にある本 toshókàn ni árú hóñ

the man (that) I saw 私の見た男 wa-
tákushi nò mítà otóko

all (that) I have 私が持っているだけ
watákushi gà móttè irú dàke

the box (that) I put it in それを入れ
た箱 soré wǒ iréta hakó

the people (that) I spoke to 私が声を
掛けた人々 watákushi gà kóè wo kákè-
ta hitóbìto

3 (relative: of time): *the day (that) he
came* 彼が来た日 kárè ga kitá hǐ

*the evening/winter (that) he came
to see us* 彼が私たちの家に来た夜〔冬〕
kárè ga watákushitàchi no ié ni kitá
yorù〔fuyù〕

◆*conj* ...だと ...dá tò

he thought that I was ill 私が病気だ
と彼は思っていました watákushi gà
byóki dá tò kárè wa omótte imashǐta

she suggested that I phone you あな
たに電話する様にと彼女は私に勧めまし
た anáta ni deñwa suru yǒ ni to kánòjo
wa watákushi nǐ susúmemashǐta

◆*adv* (demonstrative) それ程 soré hodò,
あれ程 aré hodò, そんなに soñna nǐ, あん
なに añna nǐ

I can't work that much あんなに働り
ません añna nǐ határakemaseñ

I didn't realize it was that bad 事態
があれ程悪くなっているとは思っていま
せんでした jítai ga aré hodò wáruku
natté irú to wa omótte imaseñ deshǐta

that high あんなに高い añna nǐ takáì

*the wall's about that high and that
thick* 塀はこれぐらい高くてこれぐらい
厚い heí wà koré gurài tákàkute koré
gurài atsúi

thatched [θætʃt] *adj* (roof, cottage) わら
ぶきの warábuki no

thaw [θɔː] *n* 雪解けの陽気 yukídokè no
yōkí

◆*vi* (ice) 溶ける tokérù; (food) 解凍され
る kaítō sarerù

◆*vt* (food: *also*: **thaw out**) 解凍する kaí-
tō suru

KEYWORD

the [ðə] *def art* **1** (*gen*) その sonó ◇ 通常
日本語では表現しない tsújō nihóñgo de
wà hyógen shinaí

the history of France フランスの歴史

furánsu nò rekíshi

the books/children are in the library 本〔子供たち〕は図書館にあります〔います〕hón〔kodómotàchi〕wa toshókàn ni arímasu〔imásù〕

she put it on the table/gave it to the postman 彼女はテーブルに置きました〔郵便屋さんにあげました〕kánòjo wa tēburu ni okímashìta〔yūbin-yasan nǐ agémashìta〕

he took it from the drawer 彼は引出しから取り出しました kárè wa hikídashi kará toːídashimashìta

I haven't the time/money 私にはそれだけの時間〔金〕がありません watákushi ni wà soré dakè no jikán〔kanè〕gà arímaseǹ

to play the piano/violin ピアノ〔バイオリン〕をひく piáno〔baíorin〕wo hikú

the age of the computer コンピュータの時代 koňpyūta no jidái

I'm going to the butcher's/the cinema 肉屋に〔映画を見に〕行って来ます nikúyà ni 〔eíga wò mí nì〕itté kimasù

2 (+ adjective to form noun)

the rich and the poor 金持と貧乏人 kanémochì to bíňbònin

the wounded were taken to the hospital 負傷者は病院に運ばれた fushóshà wa byóìn ni hakóbaretà

to attempt the impossible 不可能な事をやろうとする fukánó na kotò wo yaró to surù

3 (in titles): *Elizabeth the First* エリザベス1世 erízabèsu íssèi

Peter the Great ピョートル大帝 pyótòru taítei

4 (in comparisons): *the more he works the more he earns* 彼は働けば働く程もうかる kárè wa határakèba határaku hodò mókarù

the more I look at it the less I like it 見れば見る程いやになります mírèba míru hodò iyá ni narimasù

theater [θiːˈətər] (*BRIT* **theatre**) *n* (building with stage) 劇場 gekíjò; (art form) 演劇 eňgeki; (*also*: **lecture thea-**

ter) 講義室 kōgishìtsu; (*MED: also*: **operating theater**) 手術室 shujútsushìtsu

theater-goer [θiːˈətəˌrɡouəːr] *n* 芝居好き shibáizùki

theatrical [θiːˈætˈrikəl] *adj* (event, production) 演劇の eňgeki no; (gestures) 芝居染みた shibáijimìta

theft [θeft] *n* 窃盗 settó

their [ðeːr] *adj* 彼らの kárèra no ¶ *see also* **my**

theirs [ðeːrz] *pron* 彼らの物 kárèra no monó ¶ *see also* **mine**

them [ðem] *pron* (direct) 彼らを kárèra wo; (indirect) 彼らに kárèra ni; (stressed, after prep) 彼ら kárèra ¶ *see also* **me**

theme [θiːm] *n* (main subject) 主題 shudái, テーマ tḕma; (MUS) テーマ tḕma

theme park *n* テーマ遊園地 tḕmayūeňchi

theme song *n* 主題歌 shidáìka

themselves [ðəmselvzʹ] *pl pron* (reflexive) 彼ら自身を karéra jishìn wo; (after prep) 彼ら自身 karéra jishìn ¶ *see also* **oneself**

then [ðen] *adv* (at that time) その時(に) sonó tokì (ni); (next, later, and also) それから soré karà

♦*conj* (therefore) だから dá kàra

♦*adj*: *the then president* 当時の大統領 tójì no daítòryò

by then (past) その時 sonó tokì; (future) その時になったら sonó tokì ni nattárà

from then on その時から sonó tokì kara

theology [θiːɑːlˈədʒiː] *n* 神学 shiňgaku

theorem [θiːrˈəm] *n* 定理 tefri

theoretical [θiːəretˈikəl] *adj* (biology, possibility) 理論的な riróňteki na

theorize [θiːˈəːraiz] *vi* 学説を立てる gakúsetsu wò tatérù

theory [θiːərˈiː] *n* (all senses) 理論 ríròn

in theory 理論的には riróňteki ni wà

therapeutic(al) [θeːrəpjuːˈtik(əl)] *adj* 治療の chiryó no

therapist [θeːrˈəpist] *n* セラピスト serápisùto

therapy [θe:r'əpi:] *n* 治療 chiryố

KEYWORD

there [ðe:r] *adv* 1: *there is, there are*
...がある〔いる〕...ga árù〔irú〕

there are 3 of them (things) 3つありま
す míttsu arímasù; (people) 3人 います
sañniñ imásù

there is no one here だれもいません
dáre mo imáseñ

there is no bread left パンがなくなり
ました páñ ga nakúnarimashìta

there has been an accident 事故があ
りました jíkò ga arímashìta

there will be a meeting tomorrow 明
日会議があります asú káigi ga arímasù

2 (referring to place) そこに〔で、へ〕so-
kó nì〔dè, e〕, あそこに〔で、へ〕asokó nì
〔dè, e〕

where is the book? - it's there 本はど
こにありますか-あそこにあります hóñ
wa dókò ni arímasù ká - asóko nì arímasù

put it down there そこに置いて下さい
sokó nì oíte kudasaí

he went there on Friday 彼は金曜日
に行きました kárè wa kiñ-yóbi ni ikímashìta

I want that book there そこの本が欲
しい sokó nò hóñ ga hoshíì

there he is! いました imáshìta

3: *there, there* (especially to child) よし
よし yóshì yóshì

*there, there, it's not your fault/
don't cry* よしよし、お前のせいじゃな
いから〔泣かないで〕yóshì yóshì, omáe
nò seí ja naí kara〔nakánaìde〕

thereabouts [ðer'əbauts] *adv* (place) そ
こら辺 sokórahèñ; (amount) それぐらい
soré gurai

thereafter [ðe:ræf'tə:r] *adv* それ以来 so-
ré iraì

thereby [ðe:rbai'] *adv* それによって soré
ni yottè

therefore [ðe:r'fɔ:r] *adv* だから dá kàra

there's [ðe:rz] = there is; there has

thermal [θə:r'məl] *adj* (underwear) 防寒

用の bốkan-yồ no; (paper) 感熱の kañnetsu no; (printer) 熱式の netsúshìki no

thermal spring *n* 温泉 oñseñ

thermometer [θə:rmɑ:m'itə:r] *n* (for
room/body temperature) 温度計 oñdokèi

Thermos [θə:r'məs]® *n* (also: **Thermos
flask**) 魔法瓶 mahốbìn

thermostat [θə:r'məstæt] *n* サーモスタ
ット sámosutattồ

thesaurus [θisɔ:r'əs] *n* シソーラス shisốrāsu

these [ði:z] *pl adj* これらの korérà no
♦*pl pron* これらは〔を〕korérà wa〔wo〕

theses [θi:'si:z] *npl of* thesis

thesis [θi:'sis] (*pl* **theses**) *n* (for doctorate etc) 論文 roñbun

they [ðei] *pl pron* 彼らは〔が〕kárèra wa
〔ga〕

they say that ... (it is said that) ...と言
われている ...to iwárete irù

they'd [ðeid] = they had; they would

they'll [ðeil] = they shall; they will

they're [ðe:r] = they are

they've [ðeiv] = they have

thick [θik] *adj* (in shape: slice, jersey etc)
厚い atsúì; (line) 太い futóì; (in consistency. sauce, mud, fog etc) 濃い kóì;
(: forest) 深い fukáì; (stupid) 鈍い nibúì
♦*n*: *in the thick of the battle* 戦いの
さなかに tatákai nò sánàka ni

it's 20 cm thick 厚さは20センチだ a-
tsúsa wà nijússeñchi da

thicken [θik'ən] *vi* (fog etc) 濃くなる kốkù naru; (plot) 込入ってくる komítte kurù
♦*vt* (sauce etc) 濃くする kốkù suru

thickness [θik'nis] *n* 厚み atsúmi

thickset [θik'set'] *adj* (person, body) が
っちりした gatchíri shìta

thickskinned [θik'skind'] *adj* (fig: person) 無神経な mushíñkei na

thief [θi:f] (*pl* **thieves**) *n* 泥棒 doróbō

thieves [θi:vz] *npl of* thief

thigh [θai] *n* 太もも futómomo

thimble [θim'bəl] *n* 指抜き yubínuki

thin [θin] *adj* (gen) 薄い usúì; (line) 細い
hosóì; (person, animal) やせた yasétà;

(crowd) まばらな mabára na
♦*vt*: *to thin (down)* (sauce, paint) 薄める usúmerù

thing [θiŋ] *n* (gen) 物事 monógòto; (physical object) 物 monó; (matter) 事 kotó:
to have a thing about someone/something (mania) …が大嫌いである …ga dáikirai de árù; (fascination) …が大好きである …ga dáisuki de árù
poor thing かわいそうに kawáisō ni
the best thing would be to … …するのが一番いいだろう …surú no gà ichíban iì darō
how are things? どうですか dō desu ká

things [θiŋz] *npl* (belongings) 持物 mochímòno

think [θiŋk] (*pt, pp* **thought**) *vi* (reflect) 考える kańgaerù; (believe) 思う omóù
♦*vt* (imagine) …だと思う …dá tò omóù
what did you think of them? 彼らの事をどう思いましたか kárèra no kotó wo dō omóimashìtà ka
to think about something/someone …について考える …ni tsúìte kańgaerù
I'll think about it 考えておくね kańgaete okù né
to think of doing something …しようと思う …shiyō tò omóù
I think so/not そうだ〔違う〕と思う só dà〔chigáù〕to omóù
to think well of someone …に対して好感を持つ …ni táìshite kókan wò mótsù

think over *vt* (offer, suggestion) よく考える yókù kańgaerù

think tank *n* シンクタンク shiñkutañku

think up *vt* (plan, scheme, excuse) 考え出す kańgaedasù

thinly [θin'li:] *adv* (cut, spread) 薄く usúkù

third [θə:rd] *num* 第三（の）dáì san (no)
♦*n* (fraction) 3分の1 sañbun no ichi; (AUT: *also:* **third gear**) サードギヤ sādogiyà; (*BRIT*: SCOL: degree) 3級優等卒業学位 sańkyū yūtō sotsugyō gakùi
¶ *see also* **first**

thirdly [θə:rd'li:] *adv* 第三に dáì san ni

third party insurance (*BRIT*) *n* 損害倍償保険 sońgaibaishōhoken

third-rate [θə:rd'reit'] *adj* 三流の sañryū no

Third World *n*: *the Third World* 第三世界 dáì san sékài

thirst [θə:rst] *n* 渇き kawáki

thirsty [θə:rs'ti:] *adj* (person, animal) のどが渇いた nódò ga kawáità; (work) のどが渇く nódò ga kawákù
to be thirsty (person, animal) のどが渇いている nódò ga kawáite irù

thirteen [θə:r'ti:n'] *num* 十三（の）jū san (no)

thirty [θə:r'ti:] *num* 三十（の）sáñjū (no)

KEYWORD

---

this [ðis] (*pl* **these**) *adj* (demonstrative) この konó
this man/woman/book この男性〔女性、本〕konó dansei〔josei, hon〕
these people/children/records この人たち〔子供たち、レコード〕konó hitotàchi〔kodomotàchi, rekòdo〕
this one これ koré
it's not that picture but this one that I like 私が好きなのはあの絵ではなくて、この絵です watákushi gà sukí na no wà anó e de wa nakùte, konó e desù
♦*pron* (demonstrative) これ koré
what is this? これは何ですか koré wà náñ desu ká
who is this? この方はどなたですか konó katà wa dónàta desu ká
I prefer this to that 私はあれよりこの方が好きです watákushi wà aré yorì konó hồ ga sukí desù
this is where I live 私の住いはここです watákushi no sumài wa kokó desù
this is what he said 彼はこう言いました kárè wa kố iimashìta
this is Mr Brown (in introductions/photo) こちらはブラウンさんです kochíra wà buráùnsan desu; (on telephone) こちらはブラウンですが kochíra wà burá-

ùn desu ga

◆*adv* (demonstrative): *this high/long*
高さ〔長さ〕はこれぐらいで tákàsa〔nága-sa〕wa koré gurài de

it was about this big 大きさはこれぐ
らいでした ókìsa wa korégurài deshita

the car is this long 車の長さはこれぐ
らいです kurúma no nagàsa wa koré
gurài desu

*we can't stop now we've gone this
far* ここまで来たらやめられません ko-kó madè kitára yaméraremaseǹ

thistle [θisʼal] *n* アザミ azámi

thong [θɔːŋ] *n* バンド bándo

thorn [θɔːrn] *n* とげ togé

thorny [θɔːrʼniː] *adj* (plant, tree) とげ の
多い togé no ói; (problem) 厄介な yákkài
na

thorough [θəːrʼou] *adj* (search, wash) 徹
底的な tettéiteki na; (knowledge,
research) 深い fukái; (person: methodi-
cal) きちょうめんな kichómen na

thoroughbred [θəːrʼoubred] *adj* (horse)
サラブレッド saráburèddò

thoroughfare [θəːrʼoufeːr] *n* 目抜き通
り menúkidòri

「*no thoroughfare*」 通行禁止 tsúkōkìn-shi

thoroughly [θəːrʼouliː] *adv* (examine,
study, wash, search) 徹底的に tettéiteki
ni; (very) とても totémo

those [ðouz] *pl adj* それらの sorérà no,
あれらの arérà no

◆*pl pron* それらを sorérà wo, あれらを
arérà wo

though [ðou] *conj* ...にもかかわらず ...ní
mò kakáwarazù

◆*adv* しかし shikáshì

thought [θɔːt] *pt, pp of* think

◆*n* (idea, reflection) 考え kañgaè; (opin-
ion) 意見 íkèn

thoughtful [θɔːtʼfəl] *adj* (person: deep in
thought) 考え込んでいる kañgaekonde
irù; (: serious) 真剣な shiñken na; (con-
siderate: person) 思いやりのある omói-
yari no arù

thoughtless [θɔːtʼlis] *adj* (inconsiderate:

behavior, words, person) 心ない kokóro-naì

thousand [θauʼzənd] *num* 千（の）séñ
(no)

two thousand 二千（の）niséñ (no)

thousands of 何千もの... nañzeñ mo
no ...

thousandth [θauʼzəndθ] *num* 第千
（の）dáì sen (no)

thrash [θræʃ] *vt* (beat) たたく tatákù;
(defeat) ...に快勝する ...ni kaíshō suru

thrash about/around *vi* のたうつ no-táutsù

thrash out *vt* (problem) 討議する tógi
suru

thread [θred] *n* (yarn) 糸 ítò; (of screw)
ねじ山 nejíyàma

◆*vt* (needle) ...に糸を通す ...ni ítò wo tó-sù

threadbare [θredʼbeːr] *adj* (clothes, car-
pet) 擦切れた suríkiretà

threat [θret] *n* (*also fig*) 脅し odóshi;
(*fig*) 危険 kikén

threaten [θretʼən] *vi* (storm, danger) 迫
る semárù

◆*vt: to threaten someone with/to do*
...で〔...すると言って〕...を脅す ...de 〔...su-rù tò itté〕...wò odósù

three [θriː] *num* 三（の）sañ (no)

three-dimensional [θriːʼdimenʼtʃənəl]
adj 立体の rittái no

three-piece suit [θriːʼpiːs-] *n* 三つぞろ
い mitsúzòrði

three-piece suite *n* 応接三点セット ó-
setsu santensettò

three-ply [θriːʼplai] *adj* (wool) 三重織り
の sañjūori no

thresh [θreʃ] *vt* (AGR) 脱穀する dakkó-ku surù

threshold [θreʃʼould] *n* 敷居 shikíi

threw [θruː] *pt of* throw

thrift [θrift] *n* 節約 setsúyaku

thrifty [θrifʼtiː] *adj* 節約家の setsúyaku-kà no

thrill [θril] *n* (excitement) スリル súrìru;
(shudder) ぞっとする事 zottó suru kotð

◆*vt* (person, audience) わくわくさせる
wákùwaku sasérù

to be thrilled (with gift etc) 大喜びである ṓyorŏkobi de árù

thriller [θril'ə:r] *n* (novel, play, film) スリラー surírà

thrilling [θril'iŋ] *adj* (ride, performance, news etc) わくわくさせる wákùwaku saserù

thrive [θraiv] (*pt* **throve**, *pp* **thrived** *or* **thriven**) *vi* (grow: plant) 生茂る oíshigerù; (: person, animal) よく育つ yṓkù sodátsù; (: business) 盛んになる sakán ni narù; (do well): ***to thrive on something*** ...で栄える ...de sakáerù

thriven [θraivən] *pp of* **thrive**

thriving [θraiv'iŋ] *adj* (business, community) 繁盛している hánjō shité irù

throat [θrout] *n* のど nṓdð

to have a sore throat のどが痛い nṓdð ga itáì

throb [θrɑ:b] *n* (of heart) 鼓動 kodṓ; (of wound) うずき uzúki; (of engine) 振動 shiñdṓ

♦*vi* (heart) どきどきする dókìdoki suru; (head, arm: with pain) ずきずきする zúkìzuki suru; (machine: vibrate) 振動する shiñdṓ suru

throes [θrouz] *npl*: ***in the throes of*** (war, moving house etc) ...と取組んでいるさなかに ...to torŕkunde irù sánàka ni

thrombosis [θrɑ:mbou'sis] *n* 血栓症 kessēñshō

throne [θroun] *n* 王座 ṓzà

throng [θrɔ:ŋ] *n* 群衆 guñshū

♦*vt* (streets etc) ...に殺到する ...ni sattṓ suru

throttle [θrɑ:t'əl] *n* (AUT) スロットル suróttòru

♦*vt* (strangle) ...ののどを絞める ...no nṓdð wo shimérù

through [θru:] *prep* (space) ...を通って ...wo tṓttè; (time) ...の間中 ...no aída jū; (by means of) ...を使って ...wo tsukáttè; (owing to) ...が原因で ...ga geñ-in dè

♦*adj* (ticket, train) 直通の chokútsū no

♦*adv* 通して tṓshìte

to put someone through to someone (TEL) ...を...につなぐ ...wo ...ni tsunágù

to be through (TEL) つながれる tsuná-

garerù; (relationship: finished) 終る owárù

「***no through road***」(BRIT) 行き止り ikídomarì

throughout [θru:aut'] *prep* (place) ...の至る所に itárù tokoro ni; (time) ...の間中 ...no aída jū

♦*adv* 至る所に itárù tokoro ni

throve [θrouv] *pt of* **thrive**

throw [θrou] *n* (gen) 投げる事 nagéru kotò

♦*vt* (*pt* **threw**, *pp* **thrown**) (object) 投げる nagérù; (rider) 振り落す furîotosù; (*fig*: person: confuse) 迷わせる mayówaserù

to throw a party パーティをやる pátî wo yárù

throw away *vt* (rubbish) 捨てる sutérù; (money) 浪費する rṓhi suru

throwaway [θrou'awei] *adj* (toothbrush) 使い捨ての tsukáisùte no; (line, remark) 捨てぜりふ染みた sutézerifuji-mîta

throw-in [θrou'in] *n* (SPORT) スローイン surŏîn

throw off *vt* (get rid of: burden, habit) かなぐり捨てる kanágurisuterù; (cold) ...が治る ...ga naórù

throw out *vt* (rubbish, idea) 捨てる sutérù; (person) ほうり出す hṓridasù

throw up *vi* (vomit) 吐く hákù

thru [θru:] (US) = **through**

thrush [θrʌʃ] *n* (bird) つぐみ tsugúmi

thrust [θrʌst] *n* (TECH) 推進力 suíshiñryoku

♦*vt* (*pt*, *pp* **thrust**) (person, object) 強く押す osú

thud [θʌd] *n* ばたんという音 batán to iú otð

thug [θʌg] *n* (pej) ちんぴら chíñpira; (criminal) 犯罪者 hañzaîsha

thumb [θʌm] *n* (ANAT) 親指 oyáyubi

♦*vt*: ***to thumb a lift*** ヒッチハイクする hitchíhaìku suru

thumbtack [θʌm'tæk] (US) *n* 画びょう gabyṓ

thumb through *vt fus* (book) 拾い読みする hiróiyomi suru

thump [θʌmp] *n* (blow) 一 撃 ichígeki; (sound) どしんという音 doshín to iú otò
♦*vt* (person, object) たたく tatákù
♦*vi* (heart etc) どきどきする dókìdoki suru

thunder [θʌn'dər] *n* 雷 kamínari
♦*vi* 雷 が鳴る kamínari ga narú; (*fig*: train etc): **to thunder past** ごう音を立てて通り過ぎる góon wo tátète tōrisugirù

thunderbolt [θʌn'dərboult] *n* 落雷 rakúrai

thunderclap [θʌn'dərklæp] *n* 雷鳴 raímei

thunderstorm [θʌn'dərstɔːrm] *n* 雷雨 ráîu

thundery [θʌn'dəriː] *adj* (weather) 雷が鳴る kamínarì ga narú

Thursday [θəːrz'dei] *n* 木曜日 mokúyòbi

thus [ðʌs] *adv* (in this way) こうして kố shìte; (consequently) 従って shitágattè

thwart [θwɔːrt] *vt* (person, plans) 邪魔する jamá suru

thyme [taim] *n* タイム tâímu

thyroid [θai'rɔid] *n* (*also*: **thyroid gland**) 甲状腺 kōjōsen

tiara [tiːær'ə] *n* ティアラ tíara

Tibet [tibet'] *n* チベット chibéttò

tic [tik] *n* チック chíkkù

tick [tik] *n* (sound: of clock) かちかち káchìkachi; (mark) 印 shirúshi; (ZOOL) だに danî; (*BRIT*: *inf*): **in a tick** もうすぐ mố sugù
♦*vi* (clock, watch) かちかちいう káchìkachi iú
♦*vt* (item on list) に印を付ける ...ni shirúshi wò tsukérù

ticket [tik'it] *n* (for public transport, theater etc) 切符 kippú; (in shop: on goods) 値札 nefúda; (for raffle, library etc) チケット chikéttò; (*also*: **parking ticket**) 駐車違反のチケット chūsha-ihàn no chikéttò

ticket collector *n* 改札係 kaísatsugakàri

ticket office *n* (RAIL, theater etc) 切符売場 kippú uríba

tickle [tik'əl] *vt* (person, dog) くすぐる kusúguru
♦*vi* (feather etc) くすぐったい kusúguttai

ticklish [tik'liʃ] *adj* (person) くすぐったがる kusúguttagàru; (problem) 厄介な yákkài na

tick off *vt* (item on list) ...に印を付ける ...ni shirúshi wò tsukérù; (person) しかる shikárù

tick over *vi* (engine) アイドリングする aídoringu suru; (*fig*: business) 低迷する teímei suru

tidal [taid'əl] *adj* (force) 潮の shió no; (estuary) 干満のある kánman no arù

tidal wave *n* 津波 tsunámi

tidbit [tid'bit] (*US*) *n* (food) うまいもの一口 umái monò hitókùchi; (news) 好奇心をあおり立てるうわさ話 kókishìn wo aóritaterù uwásabanàshi

tiddlywinks [tid'liːwiŋks] *n* おはじき ohájìki

tide [taid] *n* (in sea) 潮 shió; (*fig*: of events, fashion, opinion) 動向 dōkō
high/low tide 満(干)潮 mañ(kań)chō

tide over *vt* (help out) ...の一時的な助けになる ...no ichíjiteki na tasúke ni narù

tidy [tai'diː] *adj* (room, dress, desk, work) きちんとした kichíñ to shita; (person) きれい好きな kiréizuki na
♦*vt* (*also*: **tidy up**: room, house etc) 片付ける katázukerù

tie [tai] *n* (string etc) ひも himó; (*BRIT*: *also*: **necktie**) ネクタイ nékùtai; (*fig*: link) 縁 éñ; (SPORT: even score) 同点 dōten
♦*vt* (fasten: parcel) 縛る shibárù; (: shoelaces, ribbon) 結ぶ musúbù
♦*vi* (SPORT etc) 同点になる dōten nì nárù
to tie in a bow ちょう結びにする chốmusùbi ni suru
to tie a knot in something ...に結び目を作る ...ni musúbime wò tsukúrù

tie down *vt* (*fig*: person: restrict) 束縛する sokúbaku suru; (: to date, price etc) 縛り付ける shibáritsukerù

tier [tiːr] *n* (of stadium) 列 rétsù; (of cake) 層 sô

tie up vt (parcel) ...にひもを掛ける ...ni himó wò kakérù; (dog, boat) つなぐ tsunagu; (prisoner) 縛る shibárù; (arrangements) 整える totónoerù

to be tied up (busy) 忙しい isógashiì

tiger [tai'gə:r] n トラ torá

tight [tait] adj (firm: rope) ぴんと張った piń tò hattá; (scarce: money) 少ない sukúnaì; (narrow: shoes, clothes) きつい kitsúì; (bend) 急な kyū́ na; (strict: security, budget, schedule) 厳しい kibíshiì; (inf: drunk) 酔っ払った yoppárattà

♦adv (hold, squeeze, shut) 堅く katákù

tighten [tait'ən] vt (rope, screw) 締める shimérù; (grip) 固くする katáku suru; (security) 厳しくする kibíshiku suru

♦vi (grip) 固くなる katáku narù; (rope) 締る shimárù

tightfisted [tait'fis'tid] adj けちな kéchi na

tightly [tait'li:] adv (grasp) 固く katáku

tightrope [tait'roup] n 綱渡りの綱 tsunáwatàri no tsuná

tights [taits] npl タイツ táìtsu

tile [tail] n (on roof) かわら kawára; (on floor, wall) タイル táìru

tiled [taild] adj (roof) かわらぶきの kawárabuki no; (floor, wall) タイル張りの taírubari no

till [til] n (in shop etc) レジの引出し réjì no hikídashi

♦vt (land: cultivate) 耕す tagáyasù

♦prep, conj = **until**

tiller [til'ə:r] n (NAUT) だ柄 dahéi, チラー chírā

tilt [tilt] vt 傾ける katámukerù

♦vi 傾く katámukù

timber [tim'bə:r] n (material) 材木 zaímoku; (trees) 材木用の木 zaímokuyò no kí

time [taim] n (gen) 時間 jíkàn; (epoch: often pl) 時代 jidái; (by clock) 時刻 jíkòku; (moment) 瞬間 shuńkan; (occasion) 回 káì; (MUS) テンポ téñpo

♦vt (measure time of: race, boiling an egg etc) ...の時間を計る ...no jíkàn wo hakárù; (fix moment for: visit etc) ...の時期を選ぶ ...no jíkì wo erábù; (remark etc) ...のタイミングを合せる ...no taímiñgu wo awáserù

a long time 長い間 nagái aìda

for the time being 取りあえず toríaezù

4 at a time 4つずつ yottsú zùtsu

from time to time 時々 tokídoki

at times 時には tokí ni wà

in time (soon enough) 間に合って ma ní attè; (after some time) やがて yagátè; (MUS) ...のリズムに合せて ... no rízùmu ni awáserù

in a week's time 1週間で isshū́kàn de

in no time 直ぐに súgù ni

any time いつでも ítsù de mo

on time 間に合って ma ní attè

5 times 5 5かける5 gó kakerù gó

what time is it? 何時ですか nánji desu ká

to have a good time 楽しむ tanóshimu

time bomb n 時限爆弾 jigénbakùdan

time lag n 遅れ okúre

timeless [taim'lis] adj 普遍的な fuhénteki na

time limit n 期限 kígèn

timely [taim'li:] adj (arrival, reminder) 時宜を得た jígì wo étà, 丁度いい時の chốdo ii tokí no, タイムリーな táìmurī na

time off n 休暇 kyúka

timer [tai'mə:r] n (time switch) タイムスイッチ taímusuitchì; (in cooking) タイマー táìmā

time scale (BRIT) n 期間 kíkàn

time-share [taim'ʃe:r] n リゾート施設の共同使用権 rizótoshisètsu no kyódōshiyòken

time switch n タイムスイッチ taímusuitchì, タイマー táìmā

timetable [taim'teibəl] n (RAIL etc) 時刻表 jikókuhyō; (SCOL etc) 時間割 jikánwari

time zone n 時間帯 jikántai

timid [tim'id] adj (shy) 気が小さい ki gá chiìsai; (easily frightened) 臆病な okúbyò na

timing [tai'miŋ] n (SPORT) タイミング taímingu

the timing of his resignation 彼の辞

退のタイミング káre no jítai no taímin-gu

timpani [tim'pəni:] *npl* ティンパニー tínpanī

tin [tin] *n* (material) すず súzù; (*also*: **tin plate**) ブリキ buríki; (container: biscuit tin etc) 箱 hakó; (: BRIT: can) 缶 káǹ

tinfoil [tin'fɔil] *n* ホイル hóïru

tinge [tindʒ] *n* (of color) 薄い色合い usúî iróaî; (of feeling) 気味 kimí
♦*vt*: **tinged with** (color) …の色合を帯びた …no iróaî wo óbìta; (feeling) …の気味を帯びた …no kimí wò óbìta

tingle [tiŋ'gəl] *vi* (person, arms etc) ぴりぴりする bíríbiri suru

tinker [tiŋk'ə:r]: **to tinker with** *vt fus* いじくる ijíkurù

tinned [tind] (BRIT) *adj* (food, salmon, peas) 缶詰の kañzumè no

tin opener [-ou'pənə:r] (BRIT) *n* 缶切り kañkirî

tinsel [tin'səl] *n* ティンセル tíñseru

tint [tint] *n* (color) 色合い iróaî; (for hair) 染毛剤 señmōzai

tinted [tin'tid] *adj* (hair) 染めた sómeta; (spectacles, glass) 色付きの irótsuki no

tiny [tai'ni:] *adj* 小さな chíisa na

tip [tip] *n* (end: of paintbrush etc) 先端 señtan; (gratuity) チップ chíppú; (BRIT: for rubbish) ごみ捨て場 gomí suteba; (advice) 助言 jogén
♦*vt* (waiter) …にチップをあげる …ni chíppù wo agérù; (tilt) 傾ける katámukerù; (overturn: *also*: **tip over**) 引っ繰り返す hikkúrikaesù; (empty: *also*: **tip out**) 空ける akérù

tip-off [tip'ɔ:f] *n* (hint) 内報 naíhō

tipped [tipt] (BRIT) *adj* (cigarette) フィルター付きの firútàtsuki no

Tipp-Ex [tip'eks] (® BRIT) *n* 修正ペン shūseipeǹ ◇白い修正液の出るフェルトペン shiróî shūseieki no derù ferútopeǹ

tipsy [tip'si:] (*inf*) *adj* 酔っ払った yoppárattà

tiptoe [tip'tou] *n*: **on tiptoe** つま先立って tsumásakidattè

tiptop [tip'tɑ:p] *adj*: **in tiptop condition** 状態が最高で jótai gà saíkō dè

tire [taiə:r'] *n* (BRIT **tyre**) タイヤ táïya
♦*vt* (make tired) 疲れさせる tsukáresaserù
♦*vi* (become tired) 疲れる tsukárerù; (become wearied) うんざりする uñzarî suru

tired [taiə:rd'] *adj* (person, voice) 疲れた tsukáretà
to be tired of something …にうんざりしている …ni uñzarî shité irù

tireless [taiə:r'lis] *adj* (worker) 疲れを知らない tsukáre wò shiránaî; (efforts) たゆまない tayúmanaî

tire pressure *n* タイヤの空気圧 táïya no kúkiatsù

tiresome [taiə:r'səm] *adj* (person, thing) うんざりさせる uñzarî saserù

tiring [taiə:r'iŋ] *adj* 疲れさせる tsukáresaserù

tissue [tiʃ'u:] *n* (ANAT, BIO) 組織 sóshìki; (paper handkerchief) ティッシュ tísshù

tissue paper *n* ティッシュペーパー tisshúpēpā

tit [tit] *n* (bird) シジュウカラ shijúkàra
to give tit for tat しっぺ返しする shippégaèshi suru

titbit [tit'bit] = **tidbit**

titillate [tit'əleit] *vt* 刺激する shigéki suru ◇特に性的描写などについて言う tókù ni seíteki byōsha nádò ni tsúîte iú

title [tait'əl] *n* (of book, play etc) 題 dáî; (personal rank etc) 肩書 katágaki; (BOXING etc) タイトル táîtoru

title deed *n* (LAW) 権利証書 keñrishósho

title role *n* 主役 shuyáku

titter [tit'ə:r] *vi* くすくす笑う kusúkusu waraù

TM [ti:em'] *abbr* = **trademark**

KEYWORD

---

to [tu:] *prep* **1** (direction) …へ …ê
to go to France/London/school/the station フランス〔ロンドン, 学校, 駅〕へ行く furánsu(róǹdon, gakkố, ékì)e ikù
to go to Claude's/the doctor's クロー

ドの家〔医者〕へ行く kuródò no ié〔ishá〕e ikù

the road to Edinburgh エジンバラへの道 ejíñbara é nò michí

to the left/right 左〔右〕へ hidári〔migî〕e

2 (as far as) ...まで ...mádè

from here to London ここからロンドンまで kokó karà róñdon madè

to count to 10 10まで数える jú madè kazóerù

from 40 to 50 people 40ないし50人の人 yóñjū náìshi gojúñìñ no hitó

3 (with expressions of time): *a quarter to 5* 5時15分前 gójì júgofùn máè

it's twenty to 3 3時20分前です sáñji nijúppuñ máè desu

4 (for, of) ...の ...no

the key to the front door 玄関のかぎ géñkan no kagí

she is secretary to the director 彼女は所長の秘書です káñòjo wa shochō nò hishó desù

a letter to his wife 妻への手紙 tsúmá e no tegámi

5 (expressing indirect object) ...に ...ni

to give something to someone ...に...を与える ...ni ...wò atáerù

to talk to someone ...に話す ...ni hanásù

I sold it to a friend 友達にそれを売りました tomódachi nì soré wò urímashìta

to cause damage to something ...に損害を与える ...ni soñgai wò atáerù

to be a danger to someone/something ...を危険にさらす ...wò kikén nì sarásù

to carry out repairs to something ...を修理する ...wò shúrì suru

you've done something to your hair あなたは髪型を変えましたね anátà wa kamígata wò kaémashìta né

6 (in relation to) ...に対して ...ni táìshite

A is to B as C is to D A対Bの関係はC対Dの関係に等しい A táì B no kañkei wǎ C táì D no kañkei nì hitóshìì

3 goals to 2 スコアは3対2 sukóà wa sañ táì ní

30 miles to the gallon ガソリン1ガロンで30マイル走れる gasórin ichígaròn de sañjūmaìru hashírerù

7 (purpose, result): *to come to someone's aid* ...を助けに来る ...wò tasúke nì kúrù

to sentence someone to death ...に死刑の宣告を下す ...ni shikéi nò señkoku wò kudásù

to my surprise 驚いた事に odóroita kotò ni

♦*with vb* **1** (simple infinitive): *to go/eat* 行く〔食べる〕事 ikú〔tabérù〕kotò

2 (following another verb): *to want to do* ...したい ...shitái

to try to do ...をしようとする ...wò shiyō tò suru

to start to do ...をし始める ...wò shihájimerù

3 (with vb omitted): *I don't want to* それをしたくない soré wò shitákùnai

you ought to あなたはそうすべきです anátà wa sō sùbeki desu

4 (purpose, result) ...するために ...surú tamè ni, ...する様に ...surú yō ni, ...しに ...shí nî

I did it to help you あなたを助け様と思ってそれをしました anátà wo tasúkeyō to omóttè soré wò shimáshìta

he came to see you 彼はあなたに会いに来ました kárè wa anátà ni áì ni kimáshìta

I went there to meet him 彼に会おうとしてそこへ行きました kárè ni aō tò shite asóko e ikimashìta

5 (equivalent to relative clause): *I have things to do* 色々とする事があります iróiro tò suru kotò ga arímasù

he has a lot to lose if ... ...が起れば, 彼は大損をするだろう ...ga okóreba, kárè wa ōzòn wo suru darō

the main thing is to try 一番大切なのは努力です ichíban taìsetsu ná no wà dóryòku desu

6 (after adjective etc): *ready to go* 行く準備ができた ikú juñbi ga dékìta

too old/young to ... ...するのに年を取り過ぎている〔若過ぎる〕...surú no nì to-

shí wò torísugite irú (wakásugirù)
it's too heavy to lift 重くて持上げられ
ません omókùte mochíageraremaseñ

♦*adv: push/pull the door to* ドアを閉
める dóàwo shimérù ◇ぴったり閉めない
場合に使う pittárì shimẽnái baái nì tsu-
káù

toad [toud] *n* ヒキガエル hikígaèru

toadstool [toud'stu:l] *n* キノコ kínòko

toast [toust] *n* (CULIN) トースト tõsuto;
(drink, speech) 乾杯 kañpai

♦*vt* (CULIN: bread etc) 焼く yákù;
(drink to) ...のために乾杯する ...no tamé
nì kañpai suru

toaster [tous'tə:r] *n* トースター tõsutā

tobacco [təbæk'ou] *n* タバコ tabáko

tobacconist [təbæk'ənist] *n* タバコ売り
tabákoùri

tobacconist's (shop) [təbæk'ənists-] *n*
タバコ屋 tabákoya

toboggan [təbɑ:g'ən] *n* (also child's) ト
ボガン tobógañ

today [tədei'] *adv* (also fig) 今日(は) kyṓ
(wà)

♦*n* 今日 kyṓ; (fig) 現在 géñzai

toddler [tɑːd'lɔːr] *n* 幼児 yṓjì

to-do [tədu:'] *n* (fuss) 騒ぎ sáwàgi

toe [tou] *n* (of foot) 足 指 ashíyùbi; (of
shoe, sock) つま先 tsumásaki

♦*vt: to toe the line* (fig) 服従する fukú-
jū suru

toenail [tou'neil] *n* 足のつめ ashí no tsu-
mè

toffee [tɔːf'i:] *n* = **taffy**

toffee apple (BRIT) *n* タフィー衣ののり
んご tafígoromo no riñgo

toga [tou'gə] *n* トーガ tõga

together [tuːgeð'əːr] *adv* (to/with each
other) 一緒に isshō ni; (at same time) 同
時に dṓji ni

together with ...と一緒に ...to ísshò ni

toil [toil] *n* 労苦 rṓkù

♦*vi* あくせく働く ákùseku határakù

toilet [tɔi'lit] *n* (apparatus) 便器 béñki,
トイレ tṓìre; (room with this apparatus)
便所 beñjo, お手洗い o-téaraì, トイレ tṓì-
re

toilet bag (for woman) 化粧バッグ ke-
shṓbaggù; (for man) 洗面バッグ señmen-
baggù

toilet paper *n* トイレットペーパー toí-
rettopēpā

toiletries [tɔi'litri:z] *npl* 化粧品 keshṓhìn

toilet roll *n* トイレットペーパーのロー
ル toírettopēpā no rṓru

toilet soap *n* 化粧石けん keshṓsekkèn

toilet water *n* 化粧水 keshṓsùi

token [tou'kən] *n* (sign, souvenir) 印 shi-
rúshi; (substitute coin) コイン kóìn

♦*adj* (strike, payment etc) 名目の meí-
moku no

book/record/gift token (BRIT) 商品
券 shṓhìñken

Tokyo [tou'ki:jou] *n* 東京 tṓkyō

told [tould] *pt, pp* of **tell**

tolerable [tɑ:l'ə:rəbəl] *adj* (bearable) 我
慢できる gámàn dekírù; (fairly good) ま
あまあの mãmā no

tolerance [tɑ:l'ə:rəns] *n* (patience) 寛容
kañ-yō; (TECH) 耐久力 taíkyūryòku

tolerant [tɑ:l'ə:rənt] *adj: tolerant (of)*
(...に) 耐えられる (...ni) taérarerù

tolerate [tɑːl'ə:reit] *vt* (pain, noise, injus-
tice) 我慢する gámàn suru

toll [toul] *n* (of casualties, deaths) 数 ká-
zù; (tax, charge) 料金 ryṓkin

♦*vi* (bell) 鳴る narú

tomato [təmei'tou] (*pl* **tomatoes**) *n* トマ
ト tõmàto

tomb [tu:m] *n* 墓 hakấ

tomboy [tɑ:m'bɔi] *n* お転婆 o-téñba

tombstone [tu:m'stoun] *n* 墓石 hakấ-ishi

tomcat [tɑ:m'kæt] *n* 雄ネコ osúneko

tomorrow [təmɔ:r'ou] *adv* (also fig) 明
日 asú, あした ashíta

♦*n* (also fig) 明日 asu, あした ashíta

the day after tomorrow あさって a-
sắtte

tomorrow morning あしたの朝 ashíta
nò ásà

ton [tʌn] *n* トン tóñ ◇BRIT = 1016 kg;
US = 907 kg

tons of (inf) ものすごく沢山の monốsu-
gòku takúsan no

tone [toun] *n* (of voice) 調 子 chṓshi; (of

instrument) 音色 ne-íro; (of color) 色調 shikíchō

♦*vi* (colors: *also*: **tone in**) 合う áù

tone-deaf [toun'def] *adj* 音痴の ōñchi no

tone down *vt* (color, criticism, demands) 和らげる yawáragerù; (sound) 小さくする chíísakù suru

tone up *vt* (muscles) 強くする tsúyòku suru

tongs [tɔːŋz] *npl* (*also*: **coal tongs**) 炭ばさみ sumíbasàmi; (curling tongs) 髪ごて kamígote

tongue [tʌŋ] *n* (ANAT) 舌 shitá; (CULIN) タン táñ; (language) 言語 géñgo

tongue in cheek (speak, say) からかって karákattè

tongue-tied [tʌŋ'taid] *adj* (*fig*) ものも言えない monó mò iénaì

tongue-twister [tʌŋ'twistə:r] *n* 早口言葉 hayákuchi kotobà

tonic [tɑːn'ik] *n* (MED, *also fig*) 強壮剤 kyōsōzai; (*also*: **tonic water**) トニックウォーター toníkkuuòtā

tonight [tənait'] *adv* (this evening) 今日の夕方 kyō no yūgata; (this night) 今夜 kóñ-ya

♦*n* (this evening) 今日の夕方 kyō no yūgata; (this night) 今夜 kóñ-ya

tonnage [tʌn'idʒ] *n* (NAUT) トン数 toñsū

tonsil [tɑːn'səl] *n* へんとうせん heñtōsen

tonsillitis [tɑːnsəlai'tis] *n* へんとうせん炎 heñtōsen-èn

too [tuː] *adv* (excessively) あまりに...過ぎる amári nì ...sugírù; (also) ...も（また）...mo (matá)

too much *adv* あまり沢山で amári takusañ de

♦*adj* あまり沢山の amári takusañ no

too many *adv* あまり沢山の amári takusañ no

♦*pron* あまり沢山 amári takusañ

took [tuk] *pt of* **take**

tool [tuːl] *n* 道具 dōgù

tool box *n* 道具箱 dōgubàko

toot [tuːt] *n* (of horn) ぷーぷー pūpū; (of whistle) ぴーぴー pīpī

♦*vi* (with car-horn) クラクションを鳴らす kurákùshon wo narásù

tooth [tuːθ] (*pl* **teeth**) *n* (ANAT, TECH) 歯 há

toothache [tuːθ'eik] *n* 歯の痛み há nò itámi, 歯痛 shitsū

toothbrush [tuːθ'brʌʃ] *n* 歯ブラシ habúrashi

toothpaste [tuːθ'peist] *n* 歯磨き hamigaki

toothpick [tuːθ'pik] *n* つまようじ tsumáyòji

top [tɑːp] *n* (of mountain, tree, head, ladder) 天辺 teppéñ; (page) 頭 atáma; (of cupboard, table, box) ...の上 ...no ué; (of list etc) 筆頭 hittṓ; (lid: of box, jar, bottle) ふた futá; (blouse etc) トップ tóppù; (toy) こま kómà

♦*adj* (highest: shelf, step) 一番上の ichíban ue no; (: marks) 最高の saíkō no; (in rank: salesman etc) ぴか一の piká-ichì no

♦*vt* (be first in: poll, vote, list) ...の首位に立つ ...no shúì ni tátsù; (exceed: estimate etc) 越える koérù

on top of (above) ...の上に ...no ué nì; (in addition to) ...に加えて ...ni kuwáetè

from top to bottom 上から下まで ué karà shitá madè

top floor *n* 最上階 saíjōkai

top hat *n* シルクハット shirúkuhattò

top-heavy [tɑːp'hevi:] *adj* (object) 不安定な fuáñtei na; (administration) 幹部の多過ぎる káñbu no ōsugirù

topic [tɑːp'ik] *n* 話題 wadái

topical [tɑːp'ikəl] *adj* 時事問題の jijímoñdai no

topless [tɑːp'lis] *adj* (bather, waitress, swimsuit) トップレスの tóppùresu no

top-level [tɑːp'lev'əl] *adj* (talks, decision) 首脳の shunō no

topmost [tɑːp'moust] *adj* (branch etc) 一番上の ichíban ue no

top off (*US*) *vt* = **top up**

topple [tɑːp'əl] *vt* (government, leader) 倒す taósù

♦*vi* (person, object) 倒れる taórerù

top-secret [tɑːp'si:'krit] *adj* 極秘の gokúhi no

topsy-turvy [tɑːpˈsiːtərˈviː] *adj* (world) はちゃめちゃの háchàmecha no
♦*adv* (fall, land etc) 逆様に sakásama ni

top up *vt* (bottle etc) 一杯にする ippái ni surú

torch [tɔːrtʃ] *n* (with flame) たいまつ táimatsu; (*BRIT*: electric) 懐中電とう kaíchūdeñtō

tore [tɔːr] *pt of* tear

torment [*n* tɔːrˈment *vb* tɔːrˈment'] *n* 苦しみ kurúshimì
♦*vt* (subj: feelings, guilt etc) 苦しませる kurúshimaserù, 悩ませる nayámaserù; (*fig*: annoy: subj: person) いじめる ijímerù

torn [tɔːrn] *pp of* tear

tornado [tɔːrˈneiˈdou] (*pl* **tornadoes**) *n* 竜巻 tatsúmaki

torpedo [tɔːrpiːˈdou] (*pl* **torpedoes**) *n* 魚雷 gyorái

torrent [tɔːrˈənt] *n* (flood) 急流 kyúryū; (*fig*) 奔流 hoñryū

torrential [tɔːrenˈtʃəl] *adj* (rain) 土砂降りの dosháb−uri no

torrid [tɔːrˈid] *adj* (sun) しゃく熱の shakúnetsu no; (love affair) 情熱的な jónetsutekì na

torso [tɔːrˈsou] *n* 胴 dó

tortoise [tɔːrˈtəs] *n* カメ kámè

tortoiseshell [tɔːrˈtəsʃel] *adj* べっ甲の bekkṓ no

tortuous [tɔːrˈtʃuːəs] *adj* (path) 曲りくねった magárikunettà; (argument) 回りくどい mawárikudoì; (mind) 邪悪な jaáku na

torture [tɔːrˈtʃɔr] *n* (*also fig*) 拷問 gṓmon
♦*vt* (*also fig*) 拷問にかける gṓmon nì kakírù

Tory [tɔːrˈiː] (*BRIT*) *adj* 保守党の hoshútō no
♦*n* 保守党員 hoshútōin

toss [tɔːs] *vt* (throw) 投げる nagérù; (one's head) 振る furú

to toss a coin コインをトスする kóin wo tósù suru

to toss up for something コインをトスして...を決める kóin wo tósù shité ...wò

kimérù

to toss and turn (in bed) ころげ回る korógemawarù

tot [tɑːt] *n* (*BRIT*: drink) おちょこ一杯 ochóko íppài; (child) 小さい子供 chíisaì kodómo

total [toutˈəl] *adj* (complete: number, workforce etc) 全体の zeñtai no; (: failure, wreck etc) 完全な kañzen na
♦*n* 合計 gókei
♦*vt* (add up: numbers, objects) 合計する gókei suru; (add up to: X dollars/pounds) 合計は...になる gókei wà ...ni nárū

totalitarian [toutælitèˈriːən] *adj* 全体主義の zeñtaishùgi no

totally [touˈtəliː] *adv* (agree, write off, unprepared) 全く mattáku

totter [tɑːtˈɔːr] *vi* (person) よろめく yorómekù

touch [tʌtʃ] *n* (sense of touch) 触覚 shokkáku; (contact) 触る事 sawárù kotó
♦*vt* (with hand, foot) ...に触る ...ni sawárù; (tamper with) いじる ijiru; (make contact with) ...に接触する ...ni sesshóku suru; (emotionally) 感動させる kañdō saserù

a touch of (*fig*: frost etc) 少しばかり sukóshi bakàri

to get in touch with someone ...に連絡する ...ni reñraku suru

to lose touch (friends) ...との連絡が途絶える ...tò nò reñraku gà todáerù

touch-and-go [tʌtʃˈəngou'] *adj* 危ない abúnai

touchdown [tʌtʃˈdaun] *n* (of rocket, plane: on land) 着陸 chakúriku; (: on water) 着水 chakúsui; (US FOOTBALL) タッチダウン tatchídaùn

touched [tʌtʃt] *adj* (moved) 感動した kañdō shita

touching [tʌtʃˈiŋ] *adj* 感動的な kañdōteki na

touchline [tʌtʃˈlain] *n* (SPORT) サイドライン saídoraìn

touch on *vt fus* (topic) ...に触れる ...ni furérù

touch up *vt* (paint) 修正する shúsei suru

touchy [tʌtʃ'iː] *adj* (person) 気難しい kimúzukashii

tough [tʌf] *adj* (strong, hard-wearing: material) 丈夫な jôbu na; (meat) 固い katái; (person: physically) 頑丈な gañjō na; (: mentally) 神経が太い shińkei gà futóì; (difficult: task, problem, way of life) 難しい muzúkashiì; (firm: stance, negotiations, policies) 譲らない yuzúranaì

toughen [tʌf'ən] *vt* (someone's character) 強くする tsúyòku suru; (glass etc) 強化する kyôka suru

toupée [tuː'peiː] *n* かつら katsúra ◇男性のはげを隠す小さな物を指す dañsei no hagè wo kakúsù chíìsa na monò wo sásù

tour [tuːr] *n* (journey) 旅行 ryokô; (*also*: **package tour**) ツアー tsúā; (of town, factory, museum) 見学 keñgaku; (by pop group etc) 巡業 juñgyō
◆*vt* (country, city, factory etc) 観光旅行する kañkōryokô suru; (city) 見物する keñbutsu suru; (factory etc) 見学する keñgaku suru

tourism [tuːr'izəm] *n* (business) 観光 kañkō

tourist [tuːr'ist] *n* 観光客 kañkôkyaku
◆*cpd* (attractions etc) 観光の kañkō no

tourist class (on ship, plane) ツーリストクラス tsúrisutokurầsu

tourist office *n* 観光案内所 kañkōannaisho

tournament [tuːr'nəmənt] *n* トーナメント tônamento

tousled [tau'zəld] *adj* (hair) 乱れた midáretà

tout [taut] *vi*: **to tout for business** (business) 御用聞きする goyôkìki suru
◆*n* (*also*: **ticket tout**) だふ屋 dafúyà

tow [tou] *vt* (vehicle, caravan, trailer) 引く hikú, けん引する keñ-in suru
「**in** (*US*) *or* (*BRIT*) **on tow**」(AUT) けん引中 keñ-iñchū

toward(s) [tɔːrd(z)] *prep* (direction) ...の方へ ...no hô è; (attitude) ...に対して ...ni táìshite; (purpose) ...に向かって ...ni mukátte; (in time) ...のちょっと前に ...no chôttò máè ni

towel [tau'əl] *n* (hand/bath towel) タオル tãoru

towelling [tau'əliŋ] *n* (fabric) タオル地 taôrujì

towel rack (*BRIT*: **towel rail**) *n* タオル掛け taôrukàke

tower [tau'əːr] *n* 塔 tô

tower block (*BRIT*) *n* 高層ビル kôsōbiru

towering [tau'əːriŋ] *adj* (buildings, trees, cliffs) 高くそびえる tákàku sobíerù; (figure) 体の大きな karáda no ôkì na

town [taun] *n* 町 machí
to go to town 町に出掛ける machí nì dekákerù; (*fig*: on something) 思い切りやる omóikiri yarù, 派手にやる hadé nì yárù

town center *n* 町の中心部 machí nò chûshinbu

town council *n* 町議会 chôgikài

town hall *n* 町役場 machíyakùba

town plan *n* 町の道路地図 machí nò dôrochizù

town planning *n* 開発計画 kaíhatsukeìkaku

towrope [tou'roup] *n* けん引用ロープ keñ-in-yô rôpù

tow truck (*US*) *n* (breakdown lorry) レッカー車 rekkâshà

toxic [taːk'sik] *adj* (fumes, waste etc) 有毒の yúdoku no

toy [tɔi] *n* おもちゃ omóchà

toyshop [tɔi'ʃaːp] *n* おもちゃ屋 omóchayà

toy with *vt fus* (object, food) いじくり回す ijíkurimawasù; (idea) ...しようかなと考えてみる ...shiyô kà na to kañgaete mirù

trace [treis] *n* (sign) 跡 átò; (small amount) 微量 biryô
◆*vt* (draw) トレースする torếsù suru; (follow) 追跡する tsuíseki suru; (locate) 見付ける mitsúkerù

tracing paper [trei'siŋ-] *n* トレーシングペーパー torếshingupềpà

track [træk] *n* (mark) 跡 átò; (path: *gen*) 道 michí; (: of bullet etc) 弾道 dáñdō; (: of suspect, animal) 足跡 ashíàto; (RAIL) 線路 sếñro; (on tape, record: *also* SPORT)

トラック torákkù

◆vt (follow: animal, person) 追跡する tsuíseki suru

to keep track of ...を監視する ...wo kańshi suru

track down vt (prey) 追詰める oítsumerù; (something lost) 見付ける mitsúkerù

tracksuit [træk'su:t] n トレーニングウェア toréningu ueà

tract [trækt] n (GEO) 地帯 chitái; (pamphlet) 論文 rońbun

traction [træk'ʃən] n (power) けん引力 keń-iñryoku; (MED): *in traction* けん引療法中 keń-inryōhōchū

tractor [træk'tər] n トラクター toráku-tā

trade [treid] n (activity) 貿易 bóeki; (skill) 技術 gíjutsu; (job) 職業 shokúgyō

◆vi (do business) 商売する shóbai suru

◆vt (exchange): *to trade something (for something)* (...と) ...を交換する (...to) ...wo kókan suru

trade fair n トレードフェアー torédofeà

trade in vt (old car etc) 下取に出す shitádori ni dásù

trademark [treid'mɑːrk] n 商標 shóhyō

trade name n 商品名 shóhinmei

trader [trei'dər] n 貿易業者 bóekigyō-sha

tradesman [treidz'mən] (pl **tradesmen**) n 商人 shónin

trade union n 労働組合 ródōkumīai

trade unionist [-ju:n'jənist] n 労働組合員 ródōkumiaiīn

tradition [trədiʃ'ən] n 伝統 deńtō

traditional [trədiʃ'ənəl] adj (dress, costume, meal) 伝統的な deńtōteki na

traffic [træf'ik] n (movement: of people, vehicles) 往来 órai; (: of drugs etc) 売買 báibai; (air traffic, road traffic etc) 交通 kótsu

◆vi: *to traffic in* (liquor, drugs) 売買する báibai suru

traffic circle (US) n ロータリー rótarī

traffic jam n 交通渋滞 kótsùjūtai

traffic lights npl 信号(機) shińgō(kī)

traffic warden n 違反駐車取締官 ihán-chūsha toríshimarikàn

tragedy [trædʒ'idi:] n 悲劇 higéki

tragic [trædʒ'ik] adj (death, consequences) 悲劇的な higékiteki na; (play, novel etc) 悲劇の higéki no

trail [treil] n (path) 小道 kómìchi; (track) 足跡 ashíàto; (of smoke, dust) 尾 ó

◆vt (drag) 後に引く átò ni hikú; (follow: person, animal) 追跡する tsuíseki suru

◆vi (hang loosely) 後ろに垂れる ushíro ni tarérù; (in game, contest) 負けている makéte irù

trail behind vi (lag) 遅れる okúrerù

trailer [trei'lər] n (AUT) トレーラー toréra; (US: caravan) キャンピングカー kyañpingukà; (CINEMA) 予告編 yokó-kuheñ

trailer truck (US) n トレーラートラック toréràtorakkù

train [trein] n (RAIL) 列車 resshá; (underground train) 地下鉄 chikátetsu; (of dress) トレイン toréiñ

◆vt (educate: mind) 教育する kyóiku suru; (teach skills to: apprentice, doctor, dog etc) 訓練する kuńren suru; (athlete) 鍛える kitáerù; (point: camera, hose, gun etc): *to train on* 向ける mukérù

◆vi (learn a skill) 訓練を受ける kuńren wò ukérù; (SPORT) トレーニングする toréniñgu suru

one's train of thought 考えの流れ kańgaè no nagáre

trained [treind] adj (worker, teacher) 技術が確かな gíjutsu ga táshika na; (animal) 訓練された kuńren sareta

trainee [treini:'] n (apprentice: hairdresser etc) 見習 mínarai; (teacher etc) 実習生 jisshúsei

trainer [trei'nər] n (SPORT: coach) コーチ kóchi; (: shoe) スニーカー suníkà; (of animals) 訓練師 kuńreñshi

training [trei'niŋ] n (for occupation) 訓練 kuńren; (SPORT) トレーニング toré niñgu

in training トレーニング中 toréniñgu-chū

training college n (gen) 職業大学 shokúgyōdaigàku; (for teachers) 教育大学

kyőikudaigáku

training shoes npl スニーカー sunîkầ

traipse [treips] vi 足を棒にして歩き回る ashî wò bố ni shitè arúkimawarù

trait [treit] n 特徴 tokúchō

traitor [trei'tə:r] n 裏切り者 urágirimôno

tram [træm] (BRIT) n (also: **tramcar**) 路面電車 roméndeñsha

tramp [træmp] n (person) ルンペン rúñpen; (inf: pej: woman) 浮気女 uwákioñna
♦vi どしんどしん歩く doshíñdoshin arúkù

trample [træm'pəl] vt: **to trample (underfoot)** 踏み付ける fumítsukerù

trampoline [træmpəli:n'] n トランポリン toráñporin

trance [træns] n (gen) こん睡状態 koñsuijôtai; (fig) ぼう然とした状態 bôzen to shitá jôtai

tranquil [træŋ'kwil] adj (place, old age) 平穏な heîon na; (sleep) 静かな shízùka na

tranquillity [træŋkwil'iti:] n 平静さ heîseisâ

tranquillizer [træŋ'kwəlaizə:r] n (MED) 鎮静剤 chiñseîzai

transact [trænsækt'] vt: **to transact business** 取引する torîhìki suru

transaction [trænsæk'ʃən] n (piece of business) 取引 torîhìki

transatlantic [trænsətlæn'tik] adj (trade, phone-call etc) 英米間の efbeikàn no

transcend [trænsend'] vt 越える koérù

transcript [træn'skript] n (of tape recording etc) 記録文書 kiróku buñsho

transfer [træns'fə:r] n (moving: of employees etc) 異動 idố; (: of money) 振替 furîkaè; (POL: of power) 引継ぎ hikítsugi; (SPORT) トレード torêdồ; (picture, design) 写し絵 utsúshiè
♦vt (move: employees) 転任させる teñnin saserù; (: money) 振替える furîkaerù; (: power) 譲る yuzúrù
to transfer the charges (BRIT: TEL) コレクトコールにする korékutokồru ni suru

transform [træn'sfə:rm] vt 変化させる

héñka saserù

transformation [trænsfə:rmei'ʃən] n 変化 héñka

transfusion [trænsfju:'ʒən] n (also: **blood transfusion**) 輸血 yukétsu

transient [træn'ʃənt] adj 一時的な ichíjiteki na

transistor [trænzis'tə:r] n (ELEC) トランジスタ toráñjisùta; (also: **transistor radio**) トランジスタラジオ toráñjisuta rajío

transit [træn'sit] n: **in transit** (people, things) 通過中の tsúkachū no

transition [trænzíʃ'ən] n 移行 ikố

transitional [trænzíʃ'ənəl] adj (period, stage) 移行の ikố no

transitive [træn'sətiv] adj (LING): **transitive verb** 他動詞 tadôshi

transit lounge n (at airport etc) トランジットラウンジ toráñjitto raùnji

transitory [træn'sitɔ:ri:] adj つかの間の tsuká no ma nò

translate [trænz'leit] vt (word, book etc) 翻訳する hoñ-yaku suru

translation [trænzlei'ʃən] n (act/result of translating) 訳 yákù

translator [trænslei'tə:r] n 訳者 yákùsha

transmission [trænsmiʃ'ən] n (of information, disease) 伝達 deñtatsu; (TV: broadcasting, program broadcast) 放送 hôsō; (AUT) トランスミッション toráñsumisshồn

transmit [trænsmit'] vt (message, signal, disease) 伝達する deñtatsu suru

transmitter [trænsmit'ə:r] n (piece of equipment) トランスミッタ toráñsumittầ

transparency [trænspe:r'ənsi:] n (of glass etc) 透明度 tômeìdo; (PHOT: slide) スライド suráìdo

transparent [trænspe:r'ənt] adj (seethrough) 透明の tômei no

transpire [trænspaiə:r'] vi (turn out) 明らかになる akíràka ni nárù; (happen) 起る okôrù

transplant [vb trænzplænt' n trænz'plænt] vt (seedlings: also: MED: organ)

移植する ishóku suru
♦n (MED) 移植 ishóku

transport [n trænsˈpɔ:rt vb trænsˈpɔ:rt'] n (moving people, goods) 輸送 yusô; (also: **road/rail transport** etc) 輸送機関 yusôkikàn; (car) 車 kurúma
♦vt (carry) 輸送する yusô suru

transportation [trænspəˈrtei'[ən] n (transport) 輸送 yusô, (means of transport) 輸送機関 yusôkikàn

transport café (BRIT) n トラック運転手向きのレストラン torákkuunteñshu mukí nò resútoraň

transvestite [trænsvesˈtait] n 女装趣味の男性 josôshùmi no dañsei

trap [træp] n (snare, trick) わな wánà; (carriage) 軽馬車 keíbashà
♦vt (animal) わなで捕える wánà de toraérù; (person: trick) わなにかける wánà ni kakérù; (: confine: in bad marriage, burning building): **to be trapped** 逃げられなくなっている nigérarenakù natté irù

trap door n 落し戸 otóshidò

trapeze [træpi:z'] n 空中ぶらんこ kûchūburaňko

trappings [træpˈiɳz] npl 飾り kazári

trash [træʃ] n (rubbish: also pej) ごみ gomí; (: nonsense) でたらめ detáramè

trash can (US) n ごみ入れ gomíìrè

trauma [trɔːˈmə] n (emotional) 衝撃 shógeki, ショック shókkù

traumatic [trɔːmætˈik] adj 衝撃的な shógekitekì na

travel [trævˈəl] n (traveling) 旅行 ryokô
♦vi (person) 旅行する ryokô suru; (news, sound) 伝わる tsutáwarù; (wine etc): **to travel well/badly** 運搬に耐えられる（耐えられない）uñpan nì taérarerù (taérarenaì）
♦vt (distance) 旅行する ryokô suru

travel agency n 旅行代理店 ryokôdairitèn

travel agent n 旅行業者 ryokôgyòsha

traveler [trævˈələr] (BRIT **traveller**) n 旅行者 ryokôshà

traveler's check [trævˈələrz-] (BRIT **traveller's cheque**) n トラベラーズチェ

ック toráberāzuchekkù

traveling [trævˈəliɳ] (BRIT **travelling**) n 旅行 ryokô

travels [trævˈəlz] npl (journeys) 旅行 ryokô

travel sickness n 乗物酔い norímonoyoì

travesty [trævˈistiː] n パロディー páròdī

trawler [trɔːˈlər] n トロール漁船 torôrugyòsen

tray [trei] n (for carrying) お盆 o-bón; (on desk) デスクトレー desúkutorè

treacherous [tretʃˈərəs] adj (person, look) 裏切り者の urágirimòno no; (ground, tide) 危険な kikén na

treachery [tretʃˈəriː] n 裏切り urágirì

treacle [triːˈkəl] n 糖みつ tômitsu

tread [tred] n (step) 歩調 hochô; (sound) 足音 ashíotò; (of stair) 踏面 fumízùra; (of tire) トレッド toréddò
♦vi (pt **trod**, pp **trodden**) 歩く arúkù

tread on vt fus 踏む fumú

treason [triːˈzən] n 反逆罪 hañgyakuzài

treasure [treʒˈər] n (gold, jewels etc) 宝物 takáramono; (person) 重宝な人 chôhō na hitó
♦vt (value: object) 重宝する chôhō suru; (: friendship) 大事にしている daíji nì shité irù; (: memory, thought) 心に銘記する kokóro ni méiki suru

treasurer [treʒˈərər] n 会計 kaíkei

treasures [treʒˈərz] npl (art treasures etc) 貴重品 kichôhìn

treasury [treʒˈəriː] n: (US) **the Treasury Department**, (BRIT) **the Treasury** 大蔵省 ôkurashò

treat [triːt] n (present) 贈物 okúrimono
♦vt (handle, regard: person, object) 扱う atsúkaù; (MED: patient, illness) 治療する chiryô suru; (TECH: coat) 処理する shôri suru

to treat someone to something ...に...をおごる ...ni ...wo ogórù

treatment [triːtˈmənt] n (attention, handling) 扱い方 atsúkaikata; (MED) 治療 chiryô

treaty [triːˈtiː] n 協定 kyôtei

treble [trebˈəl] adj 3倍の sañbai no;

(MUS) 高音部の kốoňbu no
♦*vt* 3倍にする saňbai nǐ suru
♦*vi* 3倍になる saňbai ni narū
treble clef *n* (MUS) 高音部記号 kốoňbu-kigố

tree [tri:] *n* 木 kí

tree trunk *n* 木の幹 kí nò míkì

trek [trek] *n* (long difficult journey: on foot) 徒歩旅行 tohóryokố; (: by car) 自動車旅行 jidốsharyokố; (tiring walk) 苦しい道のり kurúshiǐ michínori

trellis [trel'is] *n* (for climbing plants) 棚 tanā

tremble [trem'bəl] *vi* (voice, body, trees: with fear, cold etc) 震える furúerù; (ground) 揺れる yurérù

tremendous [trimen'dəs] *adj* (enormous: amount etc) ばく大な bakúdai na; (excellent: success, holiday, view etc) 素晴らしい subárashiǐ

tremor [trem'ər] *n* (trembling: of excitement, fear: in voice) 震え furúè; (*also*: **earth tremor**) 地震 jishín

trench [trentʃ] *n* (channel) 溝 mizó; (for defense) ざんごう zaňgố

trend [trend] *n* (tendency) 傾向 keíkō; (of events) 動向 dốkō; (fashion) トレンド toréňdo

trendy [tren'di:] *adj* (idea, person, clothes) トレンディな toréňdi na

trepidation [trepidei'ʃən] *n* (apprehension) 不安 fuáň

trespass [tres'pæs] *vi*: **to trespass on** (private property) ...に不法侵入する ...ni fuhốshiňnyū suru
「**no trespassing**」立入禁止 tachíirikiňshi

trestle [tres'əl] *n* (support for table etc) うま umá

trial [trail] *n* (LAW) 裁判 saíban; (test: of machine etc) テスト tésùto
on trial (LAW) 裁判に掛けられて saíban ni kakérareté
by trial and error 試行錯誤で shikố-sakùgo de

trial period *n* テスト期間 tesúto kikàn

trials [trailz] *npl* (unpleasant experiences) 試練 shírèn

triangle [trai'æŋgəl] *n* (MATH) 三角 sáňkaku; (MUS) トライアングル toráiaňguru

triangular [traiæŋ'gjələr] *adj* 三角形の saňkakkèi no

tribal [trai'bəl] *adj* (warrior, warfare, dance) 種族の shúzòku no

tribe [traib] *n* 種族 shúzòku

tribesman [traibz'mən] (*pl* **tribesmen**) *n* 種族の男性 shúzòku no daňsei

tribulations [tribjəlei'ʃənz] *npl* 苦労 kúrồ, 苦難 kúnàn

tribunal [traibju:'nəl] *n* 審判委員会 shiňpan iiňkai

tributary [trib'jəte:ri:] *n* 支流 shiryū

tribute [trib'ju:t] *n* (compliment) ほめの言葉 homé no kotobà
to pay tribute to ...をほめる ...wò homérù

trice [trais] *n*: **in a trice** あっという間に áttó iú ma nì

trick [trik] *n* (magic trick) 手品 téjìna; (prank, joke) いたずら itázura; (skill, knack) こつ kotsú; (CARDS) トリック toríkkù
♦*vt* (deceive) だます damásù
to play a trick on someone ...にいたずらをする ...ni itázura wò suru
that should do the trick これでいいはずだ koré de iǐ hazú da

trickery [trik'ə:ri:] *n* 計略 keíryaku

trickle [trik'əl] *n* (of water etc) 滴り shitátari
♦*vi* (water, rain etc) 滴る shitátarù

tricky [trik'i:] *adj* (job, problem, business) 厄介な yákkài na

tricycle [trai'sikəl] *n* 三輪車 saňriňsha

trifle [trai'fəl] *n* (small detail) ささいな事 sásài na kotó; (CULIN) トライフル toráifuru ◇カステラにゼリー、フルーツ、プリンなどをのせたデザート kasútera nǐ zérǐ, furútsù, púrìn nádò wo nosétà dezấtò
♦*adv*: **a trifle long** ちょっと長い chốttò nagáǐ

trifling [traif'liŋ] *adj* (detail, matter) ささいな sásài na

trigger [trig'ə:r] *n* (of gun) 引金 hikígane

trigger off vt (reaction, riot) ...の引金となる ...no hikígane tō nárù

trigonometry [trigənɑ:m'ətri:] n 三角法 sańkakuhō

trill [tril] vi (birds) さえずる saézurù

trim [trim] adj (house, garden) 手入れの行届いた teíre nò ikítodoità; (figure) すらっとした suráttò shitá

♦n (haircut etc) 刈る事 karú kotò; (on car) 飾り kazári

♦vt (cut: hair, beard) 刈る karú; (decorate): **to trim (with)** (...で) 飾る (...de) kazárù; (NAUT: a sail) 調節する chṓsetsu suru

trimmings [trim'iŋz] npl (CULIN) お決りの付け合せ o-kímari no tsukéawase

trinket [triŋ'kit] n (ornament) 安い置物 yasúī okímono; (piece of jewellery) 安い装身具 yasúī sṓshìngu

trio [tri:'ou] n (gen) 三つ組 mitsúgumi; (MUS) トリオ tórìo

trip [trip] n (journey) 旅行 ryokō; (outing) 遠足 eńsoku; (stumble) つまずき tsumázuki

♦vi (stumble) つまずく tsumázukù; (go lightly) 軽快に歩く keíkai nì arúkù

on a trip 旅行中で ryokōchū de

tripe [traip] n (CULIN) トライプ toráipu ◇ウシ、ブタなどの胃の料理 ushí, butá nadò no i no ryōri; (pej: rubbish) 下らない物 kudaranai mono ◇特に人の発言や文書について言う tókù ni hitó nò hatsúgen yà buńsho ni tsúite iú

triple [trip'əl] adj (ice cream, somersault etc) トリプルの torípuru no

triplets [trip'lits] npl 三つ子 mitsúgo

triplicate [trip'ləkit] n: **in triplicate** 三通で sańtsu de

tripod [trai'pɑ:d] n 三脚 sańkyaku

trip up vi (stumble) つまずく tsumázukù

♦vt (person) つまずかせる tsumázukaserù

trite [trait] adj 陳腐な chíńpu na

triumph [trai'əmf] n (satisfaction) 大満足 daímañzoku; (great achievement) 輝かしい勝利 kagáyakashiī shōri

♦vi: **to triumph (over)** (...に) 打勝つ (...ni) uchíkatsù

triumphant [traiʌm'fənt] adj (team, wave, return) 意気揚々とした íkìyōyō to shitá

trivia [triv'i:ə] npl 詰まらない事 tsumáranai kotò

trivial [triv'i:əl] adj (unimportant) 詰まらない tsumáranaì; (commonplace) 平凡な heíbon na

trod [trɑ:d] pt of **tread**

trodden [trɑ:d'ən] pp of **tread**

trolley [trɑ:l'i:] n (for luggage, shopping, also in supermarkets) 手車 tegúruma; (table on wheels) ワゴン wágòn; (also: **trolley bus**) トロリーバス toróribasu

trombone [trɑ:mboun'] n トロンボーン toróńbon

troop [tru:p] n (of people, monkeys etc) 群れ muré

troop in/out vi ぞろぞろと入って来る 〔出て行く〕zórōzoro to haítte kurù 〔détè ikù〕

trooping the color [tru:p'iŋ-] (BRIT) n (ceremony) 軍旗敬礼の分列行進 kuńkikeīrei no buńretsu kōshin

troops [tru:ps] npl (MIL) 兵隊 heítai

trophy [trou'fi:] n トロフィー tóròfī

tropic [trɑ:p'ik] n 回帰線 kaíkisen
the tropics 熱帯地方 nettái chihō

tropical [trɑ:p'ikəl] adj (rain forest etc) 熱帯 (地方) の nettái(chihō) no

trot [trɑ:t] n (fast pace) 小走り kobáshìri; (of horse) 速足 hayáàshi, トロット toróttò

♦vi (horse) トロットで駆ける toróttò de kakérù, (person) 小走りで行く kobáshìri de ikù

on the trot (BRIT: fig) 立続けに tatétsuzuke ni

trouble [trʌb'əl] n (difficulty) 困難 końnan; (worry) 心配 shińpai; (bother, effort) 苦労 kúrō; (unrest) トラブル toráburu; (MED): **heart etc trouble** ...病 ...byō

♦vt (worry) ...に心配を掛ける ...ni shińpai wò kakérù; (person: disturb) 面倒をかける meńdō wo kakérù

♦*vi*: *to trouble to do something* わざわざ...する wázàwaza ...suru
to be in trouble (*gen*) 困っている komátte irù; (ship, climber etc) 危険にあっている kikén ni atte irù
it's no trouble! 迷惑ではありませんから mêîwaku de wa arímàsen kará
what's the trouble? (with broken television etc) どうなっていますか dô natté imasu ká; (doctor to patient) いかがですか ikága desù ká

troubled [trʌb'əld] *adj* (person, country, life, era) 不安な fuáñ na

troublemaker [trʌb'əlmeikə:r] *n* トラブルを起す常習犯 torábùru wo okósù jóshùhan; (child) 問題児 moñdaíji

troubles [trʌb'əlz] *npl* (personal, POL etc) 問題 moñdai

troubleshooter [trʌb'əlʃu:tə:r] *n* (in conflict) 調停人 chóteiníñ

troublesome [trʌb'əlsəm] *adj* (child, cough etc) 厄介な yákkai na

trough [trɔ:f] *n* (*also*: **drinking trough**) 水入れ mizúirè; (feeding trough) えさ入れ esá-irè; (depression) 谷間 taníma

troupe [tru:p] *n* (of actors, singers, dancers) 団 dáñ

trousers [trau'zə:rz] *npl* ズボン zubóñ
short trousers 半ズボン hañzubóñ

trousseau [tru:'sou] (*pl* **trousseaux** *or* **trousseaus**) *n* 嫁入り道具 yomé-iri dôgu

trout [traut] *n inv* マス masu

trowel [trau'əl] *n* (garden tool) 移植ごて ishókugòte; (builder's tool) こて koté

truant [tru:'ənt] (*BRIT*) *n*: *to play truant* 学校をサボる gakkô wo sabórù

truce [tru:s] *n* 休戦 kyúsen

truck [trʌk] *n* (*US*) トラック torákkù; (RAIL) 台車 daíshà

truck driver *n* トラック運転手 torákku unteñshu

truck farm (*US*) *n* 野菜農園 yasáinòen

trudge [trʌdʒ] *vi* (*also*: **trudge along**) とぼとぼ歩く tóbòtobo arúkù

true [tru:] *adj* (real: motive) 本当の hoñtô no; (accurate: likeness) 正確な seîkaku na; (genuine: love) 本物の hoñmono no; (faithful: friend) 忠実な chújitsu na

to come true (dreams, predictions) 実現される jitsúgen sarerù

truffle [trʌf'əl] *n* (fungus) トリュフ tôryùfu; (sweet) トラッフル toráffùru ◊菓子の一種 káshì no ísshù

truly [tru:'li:] *adv* (really) 本当に hoñtô ni; (truthfully) 真実に shíñjitsu ni; (faithfully): *yours truly* (in letter) 敬具 kéîgu

trump [trʌmp] *n* (*also*: **trump card**: *also fig*) 切札 kirífùda

trumped-up [trʌmpt'ʌp'] *adj* (charge, pretext) でっち上げた detchíagetà

trumpet [trʌm'pit] *n* トランペット toráñpetto

truncheon [trʌn'tʃən] *n* 警棒 keíbō

trundle [trʌn'dəl] *vt* (push chair etc) ごろごろ動かす górògoro ugókasù
♦*vi*: *to trundle along* (vehicle) 重そうに動く omósò ni ugókù; (person) ゆっくり行く yukkúrî ikú

trunk [trʌŋk] *n* (of tree, person) 幹 míkî; (of person) 胴 dô; (of elephant) 鼻 haná; (case) トランク toráñku; (*US*: AUT) トランク toráñku

trunks [trʌŋks] *npl* (*also*: **swimming trunks**) 水泳パンツ suíei pañtsu

truss [trʌs] *n* (MED) ヘルニアバンド herúnia bañdo

truss (up) *vt* (CULIN) 縛る shibárù

trust [trʌst] *n* (faith) 信用 shíñ-yô; (responsibility) 責任 sekínin; (LAW) 信託 shiñtaku
♦*vt* (rely on, have faith in) 信用する shíñ-yô suru; (hope) きっと...だろうね kittó ...dârô né; (entrust): *to trust something to someone* ...を...に任せる ...wo ...ni makáserù

to take something on trust (advice, information) 証拠なしで...を信じる shôko nashî de ...wo shiñjirù

trusted [trʌs'tid] *adj* (friend, servant) 信用された shíñ-yô saretà

trustee [trʌsti:'] *n* (LAW) 受託者 jutákushà; (of school etc) 理事 ríjì

trustful/trusting [trʌs'fəl/trʌs'tiŋ] *adj* (person, nature, smile) 信用する shíñ-yô suru

trustworthy [trʌst'wə:rði:] *adj* (person,

report) 信用できる shíñ-yō dekirù

truth [truːθ] n (true fact) 真実 shíñjitsu; (universal principle) 真理 shíñri

truthful [truːθfəl] adj (person, answer) 正直な shōjiki na

try [trai] n (attempt) 努力 dóryòku; (RUGBY) トライ toráì

♦vt (attempt) やってみる yatté mirù; (test: something new: also: **try out**) 試す tamésù; (LAW: person) 裁判にかける sáìban ni kakérù; (strain: patience) ぎりぎりまで追込む girígiri madè oíkomù

♦vi (make effort, attempt) 努力する dóryòku suru

to have a try やってみる yatté mirù

to try to do something (seek) ...をしようとする ...wo shíyò to suru

trying [traiˈiŋ] adj (person) 気難しい kimúzukashiì; (experience) 苦しい kurúshiì

try on vt (dress, hat, shoes) 試着する shicháku suru

tsar [zɑːr] n ロシア皇帝 roshia kòtei

T-shirt [tiːˈʃəɾt] n Tシャツ tíshatsu

T-square [tiːˈskweːr] n T定規 tíjògi

tub [tʌb] n (container: shallow) たらい taráì; (: deeper) おけ ókè; (bath) 湯舟 yúbùne

tuba [tuːˈbə] n チューバ chūba

tubby [tʌbˈiː] adj 太った futóttà

tube [tuːb] n (pipe) 管 kúdà; (container, in tire) チューブ chūbu; (BRIT: underground) 地下鉄 chikátetsu

tuberculosis [tuːbəːrkjəlouˈsis] n 結核 kekkáku

tube station (BRIT) n 地下鉄の駅 chikátetsu nò ékì

tubular [tuːbˈjələr] adj (furniture, metal) 管状の kañjō nò; (furniture) パイプ製の paípusei nò

TUC [tiːjuːsiː] n abbr (BRIT: = Trades Union Congress) 英国労働組合会議 eíkoku rōdōkumiai kaìgi

tuck [tʌk] vt (put) 押込む oshíkomù

tuck away vt (money) 仕舞い込む shimáikomù; (building): *to be tucked away* 隠れている kakúrete irù

tuck in vt (clothing) 押込む oshíkomù;

(child) 毛布にくるんで寝かせる mófù ni kurúnde nekáserù

♦vi (eat) かぶりつく kabúritsukù

tuck shop (BRIT) n 売店 baíten ◇学校内でお菓子などを売る売店を指す gakkō-naì de o-káshi nadò wo urú baíten wò sásù

tuck up vt (invalid, child) 毛布にくるんで寝かせる mófù ni kurúnde nekáserù

Tuesday [tuːzˈdei] n 火曜日 kayōbì

tuft [tʌft] n (of hair, grass etc) 一房 hitófùsa

tug [tʌg] n (ship) タグボート tagúbòto

♦vt 引っ張る hippárù

tug-of-war [tʌgˈəvwɔːr] n (SPORT) 綱引き tsunáhiki; (fig) 競り合い seríaì ◇二者間の競り合いを指す nishákàn no seríaì wo sásù

tuition [tuːiʃˈən] n (BRIT) 教授 kyōju; (: private tuition) 個人教授 kojínkyòju; (US: school fees) 授業料 jugyōryò

tulip [tuːˈlip] n チューリップ chūrippu

tumble [tʌmˈbəl] n (fall) 転ぶ事 koróbu kotò

♦vi (fall: person) 転ぶ koróbù; (water) 落ちる ochírù

to tumble to something (inf) ...に気が付く ...ni ki gá tsukù

tumbledown [tʌmˈbəldaun] adj (building) 荒れ果てた aréhatetà

tumble dryer (BRIT) n 乾燥機 kañsōki

tumbler [tʌmˈbləːr] n (glass) コップ koppú

tummy [tʌmˈiː] (inf) n (belly, stomach) おなか onákà

tumor [tuːˈməːr] (BRIT **tumour**) n しゅよう shuyō

tumult [tuːˈməlt] n 大騒ぎ ōsawàgi

tumultuous [tuːmʌlˈtʃuːəs] adj (welcome, applause etc) にぎやかな nígìyàka na

tuna [tuːˈnə] n inv (also: **tuna fish**) マグロ maguro; (in can, sandwich) ツナ tsúnà

tune [tuːn] n (melody) 旋律 señritsu

♦vt (MUS) 調律する chōritsu suru; (RADIO, TV) 合せる awáserù; (AUT) チューンアップする chūn-appù suru

to be in/out of tune (instrument, singer)

調子が合って〔外れて〕いる chóshi gà atte〔hazúrete〕irù

to be in/out of tune with (*fig*) …と気が合っている〔いない〕…to ki gá atte irù〔inái〕

tuneful [tu:n'fəl] *adj* (music) 旋律のきれいな señritsu nò kírei na

tuner [tu:'nə:r] *n*: *piano tuner* 調律師 chóritsushì

tune in *vi* (RADIO, TV): *to tune in (to)* (…を) 聞く (…wo) kikú

tune up *vi* (musician, orchestra) 調子を合せる chóshi wò awáserù

tunic [tu:'nik] *n* チュニック chuníkkù

Tunisia [tu:ni:'ʒə] *n* チュニジア chuníʃìa

tunnel [tʌn'əl] *n* (passage) トンネル toñneru; (in mine) 坑道 kódo

♦*vi* トンネルを掘る toñneru wo hórù

turban [tə:r'bən] *n* ターバン tábàn

turbine [tə:r'bain] *n* タービン tábìn

turbulence [tə:r'bjələns] *n* (AVIAT) 乱気流 rañkiryù

turbulent [tə:r'bjələnt] *adj* (water) 荒れ狂う arékuruù; (*fig*: career) 起伏の多い kífùku no ói

tureen [təri:n'] *n* スープ鉢 sūpubàchi, チューリン chúrìn

turf [tə:rf] *n* (grass) 芝生 shibáfu; (clod) 芝土 shibátsuchi

♦*vt* (area) 芝生を敷く shibáfu wò shikú

turf out (*inf*) *vt* (person) 追出す oídasù

turgid [tə:r'dʒid] *adj* (speech) 仰々しい gyōgyōshiì

Turk [tə:rk] *n* トルコ人 torúkojìn

Turkey [tə:r'ki:] *n* トルコ tórùko

turkey [tə:r'ki:] *n* (bird, meat) 七面鳥 shichímenchō, ターキー tákì

Turkish [tə:r'kiʃ] *adj* トルコの tórùko no; (LING) トルコ語の torúkogò no

♦*n* (LING) トルコ語 torúkogò

Turkish bath *n* トルコ風呂 torúkobùro

turmoil [tə:r'mɔil] *n* 混乱 koñran

in turmoil 混乱して koñran shitè

turn [tə:rn] *n* (change) 変化 héñka; (in road) カーブ kâbu; (tendency: of mind, events) 傾向 keíkō; (performance) 出し物 dashímòno; (chance) 番 bán; (MED) 発作 hossá

♦*vt* (handle, key) 回す mawásù; (collar, page) めくる mekúrù; (steak) 裏返す urágaesù; (change): *to turn something into* …を…に変える …wo …ni kaérù

♦*vi* (object) 回る mawárù; (person: look back) 振り向く furímukù; (reverse direction: in car) Uターンする yútàn suru; (: wind) 向きが変る múkì ga kawárù; (milk) 悪くなる wárùku nárù; (become) なる nárù

a good turn 親切 shíñsetsu

it gave me quite a turn ああ，怖かった ā, kowákattà

「*no left turn*」 (AUT) 左折禁止 sasétsukiñshi

it's your turn あなたの番です anáta nò báñ desu

in turn 次々と tsugítsugi tò

to take turns (at) 交替で (…を) する kótai dè (…wo) suru

turn away *vi* 顔をそむける kaó wò somúkerù

♦*vt* (applicants) 門前払いする moñzenbarài suru

turn back *vi* 引返す hikíkaesù

♦*vt* (person, vehicle) 引返させる hikíkaesaserù; (clock) 遅らせる okúraserù

turn down *vt* (refuse: request) 断る kotówarù; (reduce: heating) 弱くする yówàku suru; (fold: bedclothes) 折返す oríkaesù

turn in *vi* (*inf*: go to bed) 寝る nerú

♦*vt* (fold) 折込む oríkomù

turning [tə:r'niŋ] *n* (in road) 曲り角 magárikadò

turning point *n* (*fig*) 変り目 kawárimè

turnip [tə:r'nip] *n* カブ kábù

turn off *vi* (from road) 横道に入る yokómichi nì háìru

♦*vt* (light, radio etc) 消す kesú; (tap) …の水を止める …no mizú wò tomérù; (engine) 止める tomérù

turn on *vt* (light, radio etc) つける tsukérù; (tap) …の水を出す …no mizú wò dásù; (engine) かける kakérù

turn out *vt* (light, gas) 消す kesú; (produce) 作る tsukúrù

♦*vi* (voters) 出る dérù

to turn out to be (prove to be) 結局...で あると分かる kekkyóku ...de árù to wakaru

turnout [tə:rn'aut] *n* (of voters etc) 人出 hitóde

turn over *vi* (person) 寝返りを打つ negáeri wò utsù
♦*vt* (object) 引っ繰り返す hikkúrikaesu; (page) めくる mekúrù

turnover [tə:rn'ouvər] *n* (COMM: amount of money) 売上高 uríagedàka; (: of goods) 回転率 kaíteñritsu; (: of staff) 異動率 idóritsu

turnpike [tə:rn'paik] (*US*) *n* 有料道路 yūryōdōro

turn round *vi* (person) 振り向く furímukù; (vehicle) Uターンする yūtàn suru; (rotate) 回転する kaíten suru

turnstile [tə:rn'stail] *n* ターンスタイル táñsutaìru

turntable [tə:rn'teibəl] *n* (on record player) ターンテーブル táñtèburu

turn up *vi* (person) 現れる aráwarerù; (lost object) 見付かる mitsúkarù
♦*vt* (collar) 立てる tatérù; (radio, stereo etc) ...のボリュームを上げる ...no boryūmu wò agérù; (heater) 強くする tsúyòku suru

turn-up [tə:rn'ʌp] (*BRIT*) *n* (on trousers) 折返し oríkaeshi

turpentine [tə:r'pəntain] *n* (*also*: **turps**) テレビン油 terébiñ-yu

turquoise [tə:r'kɔiz] *n* (stone) トルコ石 torúkoìshi
♦*adj* (color) 青みどりの aómidòri no

turret [tə:r'it] *n* (on building) 小塔 shótò; (on tank) 旋回砲塔 señkaihòtō

turtle [tə:r'təl] *n* カメ kámè

turtleneck (sweater) [tə:r'təlnek-] *n* タートルネック tátorunèkku

tusk [tʌsk] *n* きば kíbà

tussle [tʌs'əl] *n* (fight, scuffle) 取っ組み合い tokkúmiài

tutor [tu:'tə:r] *n* (SCOL) チューター chūtā; (private tutor) 家庭教師 katéikyōshi

tutorial [tu:tɔ:r'i:əl] *n* (SCOL) 討論授業 tóronjugyō

tuxedo [tʌksi:'dou] (*US*) *n* タキシード takíshìdo

TV [ti:vi:] *n abbr* = **television**

twang [twæŋ] *n* (of instrument) びゅんという音 byùn to iú otò; (of voice) 鼻声 hanágoè

tweed [twi:d] *n* ツイード tsuídò

tweezers [twi:'zə:rz] *npl* ピンセット píñsetto

twelfth [twelfθ] *num* 第十二の dáì jūni no

twelve [twelv] *num* 十二 (の) jūnì (no)
at twelve (o'clock) (midday) 正午に shógò ni; (midnight) 零時に reiji ni

twentieth [twen'ti:iθ] *num* 第二十の dáì nijù no

twenty [twen'ti:] *num* 二十 (の) níjù (no)

twice [twais] *adv* 2回 nikái
twice as much ...の二倍 ...no nibái

twiddle [twid'əl] *vt* いじくる ijíkurù
♦*vi*: **to twiddle (with) something** ...を いじくる ...wo ijíkurù
to twiddle one's thumbs (*fig*) 手をこまねく té wò kománekù

twig [twig] *n* 小枝 koéda
♦*vi* (*inf*: realize) 気が付く ki gá tsukù

twilight [twai'lait] *n* 夕暮 yūgure

twin [twin] *adj* (sister, brother) 双子の futàgo no; (towers, beds etc) 対の tsuì no, ツインの tsuíñ no
♦*n* 双子の一人 futágo nò hitórì
♦*vt* (towns etc) 姉妹都市にする shimáitoshì ni suru

twin-bedded room [twin'bedid-] *n* ツインルーム tsuíñrùmu

twine [twain] *n* ひも himó
♦*vi* (plant) 巻付く makítsukù

twinge [twindʒ] *n* (of pain) うずき uzúki; (of conscience) かしゃく kasháku; (of regret) 苦しみ kurushimi

twinkle [twiŋ'kəl] *vi* (star, light, eyes) きらめく kirámekù

twirl [twə:rl] *vt* くるくる回す kúrùkuru mawásù
♦*vi* くるくる回る kúrùkuru mawárù

twist [twist] *n* (action) ひねり hinéri; (in road, coil, flex) 曲り magári; (in story) ひねり hinéri

♦vt (turn) ひ ねる hinérù; (injure: ankle etc) ねんざする neñza suru; (weave) より合さる yoríawasarù; (roll around) 巻付ける makítsukerù; (fig: meaning, words) 曲げる magérù

♦vi (road, river) 曲りくねる magárikunerù

twit [twit] (inf) n ばか bákà

twitch [twitʃ] n (pull) ぐいと引く事 guí tò hikú kotò; (nervous) 引きつり hikítsuri

♦vi (muscle, body) 引きつる hikítsurù

two [tu:] num 二 (の) ní (no), 二つ (の) futátsù (no)

to put two and two together (fig) あれこれを総合してなぞを解く arékòre wo sõgõ shitè nazó wò tókù

two-door [tu:'dɔ:r] adj (AUT) ツードアの tsúdoà no

two-faced [tu:'feist] (pej) adj (person) 二枚舌の nimáïjita no

twofold [tu:'fould] adv: *to increase twofold* 倍になる bai ni narù

two-piece (suit) [tu:'pi:s-] n ツーピースの服 tsúpìsu no fukú

two-piece (swimsuit) n ツーピースの水着 tsúpìsu no mizúgi

twosome [tu:'səm] n (people) 二人組 futárigùmi

two-way [tu:'wei'] adj: *two-way traffic* 両方向交通 ryóhōkōkótsū

tycoon [taiku:n'] n: *(business) tycoon* 大物実業家 ómonojitsugyōka

type [taip] n (category, model, example) 種類 shúrùi; (TYP) 活字 katsúji

♦vt (letter etc) タイプする táipu suru

type-cast [taip'kæst] adj (actor) はまり役の hamáriyaku no

typeface [taip'feis] n 書体 shotái

typescript [taip'skript] n タイプライターで打った原稿 taípuraîtā de úttà geñkō

typewriter [taip'raitər] n タイプライター taípuraîtā

typewritten [taip'ritən] adj タイプライターで打った taípuraîtā de úttà

typhoid [tai'fɔid] n 腸チフス chóchifùsu

typhoon [taifu:n'] n 台風 taíffū

typical [tip'ikəl] adj 典型的な teñkeiteki na

typify [tip'əfai] vt ...の典型的な例である ...no teñkeiteki nà reí de arù

typing [tai'piŋ] n タイプライターを打つ事 taípuraîtā wo útsu kotó

typist [tai'pist] n タイピスト taípisùto

tyranny [tiːr'əni:] n 暴政 bõsei

tyrant [tai'rənt] n 暴君 bõkun

tyre [taiəːr] (BRIT) n = **tire**

tzar [zɑ:r] n = **tsar**

U

U-bend [ju:'bend] n (in pipe) トラップ toráppù

ubiquitous [ju:bik'witəs] adj いたる所にある itáru tokoro nì aru

udder [ʌd'əːr] n 乳房 chibùsa ◊ ウシ, ヤギなどについて言う ushí, yagí nado ni tsuite iú

UFO [ju:efou'] n abbr (= *unidentified flying object*) 未確認飛行物体 mikákunin hikōbuttái, ユーフォー yūfð

Uganda [ju:gæn'də] n ウガンダ ugáñda

ugh [ʌ] excl おえっ oét

ugliness [ʌg'li:nis] n 醜さ miníkusà

ugly [ʌg'li:] adj (person, dress etc) 醜い miníkuî; (dangerous: situation) 物騒な bussõ nà

UK [ju:'kei'] n abbr = **United Kingdom**

ulcer [ʌl'səːr] n かいよう kaíyō

Ulster [ʌl'stəːr] n アルスター arùsutā

ulterior [ʌltiːr'iːəːr] adj: *ulterior motive* 下心 shitágokòro

ultimate [ʌl'təmit] adj (final: aim, destination, result) 最後の saígo no; (greatest: insult, deterrent, authority) 最大の saídai no

ultimately [ʌl'təmitli:] adv (in the end) やがて yagáte; (basically) 根本的に koñponteki ni

ultimatum [ʌltimei'təm] n 最後通ちょう saígotsūchō

ultrasound [ʌl'trəsaund] n (MED) 超音波 chóoñpa

ultraviolet [ʌltrəvai'əlit] adj (rays, light) 紫外線の shigáisen no

umbilical cord [ʌmbil'ikəl-] *n* へその緒 hesó no o

umbrella [ʌmbrel'ə] *n* (for rain) 傘 kasà, 雨傘 amágasà; (for sun) 日傘 higása, パ ラソル parásoru

umpire [ʌm'paiər] *n* (TENNIS, CRICKET) 審判 shinpan, アンパイア añ- paìa

♦*vt* (game) ...のアンパイアをする ...no añ- paìa wo suru

umpteen [ʌmp'ti:n'] *adj* うんと沢山の uñ- to takusan no

umpteenth [ʌmp'ti:nθ'] *adj*: *for the umpteenth time* 何回目か分からないが nañkaime kà wakáranài ga

UN [ju:'en'] *n abbr* = **United Nations**

unable [ʌnei'bəl] *adj*: *to be unable to do something* ...する事ができない ...su- rú koto gà dekínai

unaccompanied [ʌnəkʌm'pənid] *adj* (child, woman) 同伴者のいない dóhañ- sha no inai; (luggage) 別送の bessó no; (song) 無伴奏の mubáñso no

unaccountably [ʌnəkaunt'əbli:] *adv* 妙 に myó nì

unaccustomed [ʌnəkʌs'təmd] *adj*: *to be unaccustomed to* (public speaking, Western clothes etc) ...になれていない ...ni naréte inai

unanimous [ju:næn'əməs] *adj* (vote) 満 場一致の mañjóitchi no; (people) 全員同 意の zeñ-indòi no

unanimously [ju:næn'əməsli:] *adv* (vote) 満場一致で mañjóitchi de

unarmed [ʌnɑ:rmd'] *adj* 武器を持たない búkì wo motánai, 丸腰の marúgoshi no

unarmed combat 武器を使わない武術 búkì wo tsukáwanaì bújùtsu

unashamed [ʌnəʃeimd'] *adj* (greed) 恥知 らずの hajíshiràzu no; (pleasure) 人目を はばからない hitóme wo habákaranaì

unassuming [ʌnəsu:'miŋ] *adj* (person, manner) 気取らない kidóranai

unattached [ʌnətætʃt'] *adj* (person) 独身 の dokúshin no; (part etc) 遊んでいる a- sónde iru

unattended [ʌnəten'did] *adj* (car, luggage, child) ほったらかしの hottárakaka- shi no

unattractive [ʌnətræk'tiv] *adj* (person, character) いやな iyá na; (building, appearance, idea) 魅力のない miryóku no nai

unauthorized [ʌnɔ:'θə:raizd] *adj* (visit, use, version) 無許可の mukyókà no

unavoidable [ʌnəvɔi'dəbəl] *adj* (delay) 避けられない sakérarenài

unaware [ʌnəwe:r'] *adj*: *to be unaware of* ...に気が付いていない ...ni ki gá tsuìte inai

unawares [ʌnəwe:rz'] *adv* (catch, take) 不意に fuí ni

unbalanced [ʌnbæl'ənst] *adj* (report) 偏 った katáyottà; (mentally) 狂った kurútta

unbearable [ʌnbe:r'əbəl] *adj* (heat, pain) 耐えられない taérarenài; (person) 我慢で きない程いやな gamàn dekínai hodo iyá na

unbeatable [ʌnbi:'təbəl] *adj* (team) 無敵 の mutéki no; (quality) 最高の saíkò no; (price) 最高に安い saíkò ni yasúì

unbeknown(st) [ʌnbinoun(st)'] *adv*: *unbeknown(st) to me/Peter* 私(ピータ ー)に気付かれずに watákushi(pītà)ni kizúkarezù ni

unbelievable [ʌnbili:'vəbəl] *adj* 信じられ ない shiñjirarenài

unbend [ʌnbend'] (*pt, pp* **bent**) *vi* (relax) くつろぐ kutsúrogù

♦*vt* (wire) 真っ直ぐにする massúgù ni suru

unbiased [ʌnbai'əst] *adj* (person, report) 公正な kósei na

unborn [ʌnbɔ:rn'] *adj* (child, young) おな かの中の onáka no nakà no

unbreakable [ʌnbrei'kəbəl] *adj* (glass- ware, crockery etc) 割れない warénai; (other objects) 壊れない kowárenai

unbroken [ʌnbrou'kən] *adj* (seal) 開けて ない akéte naì; (silence, series) 続く tsu- zúku; (record) 破られていない yabúrarè- te inai; (spirit) くじけない kujíkenài

unbutton [ʌnbʌt'ən] *vt* ...のボタンを外す ...no botán wo hazúsu

uncalled-for [ʌnkɔ:ld'fɔ:r] *adj* (remark)

余計な yokéi na; (rudeness etc) いわれのない iware no nai

uncanny [ʌnkæn'i:] *adj* (silence, resemblance, knack) 不気味な bukími na

unceasing [ʌnsi:'siŋ] *adj* 引っ切り無しの hikkírinashì no

unceremonious [ʌnse:rəmou'ni:əs] *adj* (abrupt, rude) ぶしつけな bushítsuke na

uncertain [ʌnsə:r'tən] *adj* (hesitant: voice, steps) 自信のない jishín no nai; (unsure) 不確実な fukákùjitsu na

uncertainty [ʌnsə:r'tənti:] *n* (not knowing) 不確実さ fukákùjitsusa; (also pl: doubts) 疑問 gimón

unchanged [ʌntʃeind3d'] *adj* (condition) 変っていない kawátte inai

unchecked [ʌntʃekt'] *adv* (grow, continue) 無制限に muséigen ni

uncivilized [ʌnsiv'ilaizd] *adj* (gen: country, people) 未開の mikái no; (fig: behavior, hour etc) 野蛮な yabán na

uncle [ʌŋ'kəl] *n* おじ ojí

uncomfortable [ʌnkʌmf'təbəl] *adj* (physically, also furniture) 使い心地の悪い tsukáigokochi nò warúî; (uneasy) 不安な fuán na; (unpleasant: situation, fact) 厄介な yakkai na

uncommon [ʌnka:m'ən] *adj* (rare, unusual) 珍しい mezúrashii

uncompromising [ʌnka:m'prəmaiziŋ] *adj* (person, belief) 融通の利かない yûzū no kikánai

unconcerned [ʌnkənsə:rnd'] *adj* (indifferent) 関心がない kanshin ga naî; (not worried) 平気な heíki na

unconditional [ʌnkəndiʃ'ənəl] *adj* 無条件の mujóken no

unconscious [ʌnka:n'tʃəs] *adj* (in faint, also MED) 意識不明の ishíkifumei no; (unaware): **unconscious of** ...に気が付かない ...ni kí ga tsukanaí
♦*n*: **the unconscious** 潜在意識 senzaii-shîki

unconsciously [ʌnka:n'tʃəsli:] *adv* (unawares) 無意識に muíshìki ni

uncontrollable [ʌnkəntrou'ləbəl] *adj* (child, animal) 手に負えない te nì oénai; (temper) 抑制のきかない yokúsei no ki-

kánai; (laughter) やめられない yaméra-renài

unconventional [ʌnkənven'tʃənəl] *adj* 型破りの katáyabùri no

uncouth [ʌnku:θ'] *adj* 無様な buzáma na

uncover [ʌnkʌv'ə:r] *vt* (take lid, veil etc off) ...の覆いを取る ...no ôî wo torù; (plot, secret) 発見する hakkén suru

undecided [ʌndisai'did] *adj* (person) 決定していない kettéi shite inai; (question) 未決定の mikettéi no

undeniable [ʌndinai'əbəl] *adj* (fact, evidence) 否定できない hitéi dekínaî

under [ʌn'də:r] *prep* (beneath) ...の下に ...no shitá ni; (in age, price: less than) ...以下に ...ikà ni; (according to: law, agreement etc) ...によって ...ni yottè; (someone's leadership) ...のもとに ...no motô ni
♦*adv* (go, fly etc) ...の下に〔で〕 ...no shitá ni〔de〕
   under there あそこの下に〔で〕asóko no shitá ni〔de〕
   under repair 修理中 shūrîchū

under... *prefix* 下の... shitá no...

under-age [ʌndə:reid3'] *adj* (person, drinking) 未成年の miséînen no

undercarriage [ʌndə:rkær'id3] (*BRIT*) *n* (AVIAT) 着陸装置 chakúrikusôchi

undercharge [ʌn'də:rtʃɑ:rd3] *vt* ...から正当な料金を取らない ...kara séitô na ryō-kîn wo toránài

underclothes [ʌn'də:rklouz] *npl* 下着 shitági

undercoat [ʌn'də:rkout] *n* (paint) 下塗り shitánuri

undercover [ʌndə:rkʌv'ə:r] *adj* (work, agent) 秘密の himítsu no

undercurrent [ʌn'də:rkə:rənt] *n* (fig: of feeling) 底流 teíryū

undercut [ʌn'də:rkʌt] *vt* (*pt, pp* **undercut**) (person, prices) ...より低い値段で物を売る ...yorí hikuî nedán de monô wo urú

underdog [ʌn'də:rdɔ:g] *n* 弱者 jakùsha

underdone [ʌn'də:rdʌn] *adj* (CULIN) 生焼けの namáyake no

underestimate [ʌndə:res'təmeit] *vt* (person, thing) 見くびる mikúbiru

underexposed [ʌndəːrikspouzd'] *adj* (PHOT) 露出不足の roshútsubusoku no

underfed [ʌndəːrfed'] *adj* (person, animal) 栄養不足の eíyōbusòku no

underfoot [ʌndəːrfut'] *adv* (crush, trample) 脚の下に〔で〕 ashí no shitá ni〔de〕

undergo [ʌndəːrgou'] (*pt* **underwent** *pp* **undergone**) *vt* (test, operation, treatment) 受ける ukérù
to undergo change 変る kawáru

undergraduate [ʌndəːrgrædʒ'uːit] *n* 学部の学生 gakúbu no gakúsei

underground [ʌn'dəːrgraund] *n* (BRIT: railway) 地下鉄 chikátetsu; (POL) 地下組織 chikásoshiki
♦*adj* (car park) 地下の chiká no; (newspaper, activities) 潜りの mogúri no
♦*adv* (work) 潜りで mogúri de; (*fig*): *to go underground* 地下に潜る chiká ni mogúrù

undergrowth [ʌn'dəːrgrouθ] *n* 下生え shitábae

underhand [ʌn'dəːrhænd] *adj* (*fig*) ずるい zurúi

underhanded [ʌn'dəːrhæn'did] *adj* = **underhand**

underlie [ʌndəːrlai'] (*pt* **underlay** *pp* **underlain**) *vt* (*fig*: be basis of) の根底になっている ...no końtei ni nattè iru

underline [ʌn'dəːrlain] *vt* 下線する kasén suru, ...にアンダーラインを引く ...ni ańdārain wo hikú; (*fig*) 強調する kyóchō suru

underling [ʌn'dəːrliŋ] (*pej*) *n* 手下 teshíta

undermine [ʌndəːrmain'] *vt* (confidence) 失わせる ushínawaseru; (authority) 弱める yowámerù

underneath [ʌndəːrniːθ'] *adv* 下に〔で〕 shitá ni〔de〕
♦*prep* ...の下に〔で〕 ...no shitá ni〔de〕

underpaid [ʌndəːrpeid'] *adj* 安給料の yasúkyūryò no

underpants [ʌn'dəːrpænts] *npl* パンツ pańtsu

underpass [ʌn'dəːrpæs] (BRIT) *n* 地下道 chikádō

underprivileged [ʌndəːrpriv'əlidʒd] *adj* (country, race, family) 恵まれない megúmarenai

underrate [ʌndəːreit'] *vt* (person, power etc) 見くびる mikúbirù; (size) 見誤る miáyamarù

undershirt [ʌn'dəːrʃəːrt] (US) *n* アンダーシャツ ańdāshatsù

undershorts [ʌn'dəːrʃɔːrts] (US) *npl* パンツ pańtsu

underside [ʌn'dəːrsaid] *n* (of object) 下側 shitágawa; (of animal) おなか onáka

underskirt [ʌn'dəːrskəːrt] (BRIT) *n* アンダースカート ańdāsukātò

understand [ʌndəːrstænd'] (*pt*, *pp* **understood**) *vt* 分かる wakárù, 理解する rikái suru
♦*vi* (believe): *I understand that* ...だそうですね ...da sṓdesù ne, ...だと聞いていますが ...da tò kíite imasu gà

understandable [ʌndəːrstæn'dəbəl] *adj* (behavior, reaction, mistake) 理解できる rikái dekírù

understanding [ʌndəːrstæn'diŋ] *adj* (kind) 思いやりのある omóiyari no aru
♦*n* (gen) 理解 rikái; (agreement) 合意 gṓi

understatement [ʌndəːrsteit'mənt] *n* (of quality) 控え目な表現 hikáeme na hyṓgen
that's an understatement! それは控え目過ぎるよ sore wa hikáemesugírù yo

understood [ʌndəːrstud'] *pt*, *pp* *of* **understand**
♦*adj* (agreed) 合意された gṓi sareta; (implied) 暗黙の ańmoku no

understudy [ʌn'dəːrstʌdi:] *n* (actor, actress) 代役 daíyaku

undertake [ʌndəːrteik'] (*pt* **undertook** *pp* **undertaken**) *vt* (task) 引受ける hikíukerù
to undertake to do something ...する事を約束する ...surú koto wo yakúsoku suru

undertaker [ʌn'dəːrteikəːr] *n* 葬儀屋 sṓgiyà

undertaking [ʌn'dəːrteikiŋ] *n* (job) 事業 jigyṓ; (promise) 約束 yakúsoku

undertone [ʌn'dəːrtoun] *n*: *in an undertone* 小声 kogóe

underwater [ʌn'də:rwɔ:t'ə:r] *adv* (use) 水中に〔で〕suíchū ni [de]; (swim) 水中に潜って suíchū ni mogútte
♦*adj* (exploration) 水中の suíchū no; (camera etc) 潜水用の sénsuiyō no

underwear [ʌn'də:rwe:r] *n* 下着 shítagi

underworld [ʌn'də:rwə:rld] *n* (of crime) 暗黒街 añkokugai

underwriter [ʌn'də:raitə:r] *n* (INSURANCE) 保険業者 hokéñgyōshà

undesirable [ʌndizaiə:r'əbəl] *adj* (person, thing) 好ましくない konómashiku-nai

undies [ʌn'di:z] (*inf*) *npl* 下着 shítagi ◊ 女性用を指す joséiyō wo sasù

undisputed [ʌndispju:'tid] *adj* (fact) 否定できない hitéi dekinaì; (champion etc) 断トツの dañtotsu no

undo [ʌndu:'] (*pt* **undid** *pp* **undone**) *vt* (unfasten) 外す hazúsu; (spoil) 台無しにする daínashi ni suru

undoing [ʌndu:'iŋ] *n* 破滅 hamétsu

undoubted [ʌndau'tid] *adj* 疑う余地のない utágau yochì no naì

undoubtedly [ʌndau'tidli:] *adv* 疑う余地なく utágau yochì naku

undress [ʌndres'] *vi* 服を脱ぐ fukú wo nugù

undue [ʌndu:'] *adj* (excessive) 余分な yobún na

undulating [ʌn'dʒəleitiŋ] *adj* (countryside, hills) 起伏の多い kifúku no ōì

unduly [ʌndu:'li:] *adv* (excessively) 余分に yobún ni

unearth [ʌnə:rθ'] *vt* (skeleton etc) 発掘する hakkútsu suru; (*fig*: secrets etc) 発見する hakkén suru

unearthly [ʌnə:rθ'li:] *adj* (hour) とんでもない toñde mo naì

uneasy [ʌni:'zi:] *adj* (person: not comfortable) 窮屈な kyūkútsu na; (: worried: *also*: feeling) 不安な fuán na; (peace, truce) 不安定な fuáñtei na

uneconomic(al) [ʌni:kənə:m'ik(əl)] *adj* 不経済な fukéìzai na

uneducated [ʌnedʒ'u:keitid] *adj* (person) 教育のない kyóiku no nai

unemployed [ʌnemplɔid'] *adj* (worker) 失業中の shitsúgyōchū no
♦*npl*: **the unemployed** 失業者 shitsúgyōshà ◊総称 sōshō

unemployment [ʌnemplɔi'mənt] *n* 失業 shitsúgyō

unending [ʌnen'diŋ] *adj* 果てし無い hatéshi naì

unerring [ʌnə:r'iŋ] *adj* (instinct etc) 確実な kakújitsu na

uneven [ʌni:'vən] *adj* (not regular: teeth) 不ぞろいの fuzórdi no; (performance) むらのある murá no aru; (road etc) 凸凹の dekóboko na

unexpected [ʌnikspek'tid] *adj* (arrival) 不意の fuí no; (success etc) 思い掛けない omóigakenaì, 意外な igái na

unexpectedly [ʌnikspek'tidli:] *adv* (arrive) 不意に fuí ni; (succeed) 意外に igái ni

unfailing [ʌnfei'liŋ] *adj* (support, energy) 尽きる事のない tsukíru koto no naì

unfair [ʌnfe:r'] *adj*: **unfair (to)** (...に対して) 不当な (...ni taishite) futó na

unfaithful [ʌnfei'θ'fəl] *adj* (lover, spouse) 浮気な uwáki na

unfamiliar [ʌnfəmil'jə:r] *adj* (place, person, subject) 知らない shiránai
to be unfamiliar with ...を知らない ...wo shiránai

unfashionable [ʌnfæʃ'ənəbəl] *adj* (clothes, ideas, place) はやらない hayáranaì

unfasten [ʌnfæs'ən] *vt* (undo) 外す hazúsu; (open) 開ける akéru

unfavorable [ʌnfei'və:rəbəl] (*BRIT* **unfavourable**) *adj* (circumstances, weather) 良くない yokùnai; (opinion, report) 批判的な hihánteki na

unfeeling [ʌnfi:'liŋ] *adj* 冷たい tsumétai, 冷酷な reíkoku na

unfinished [ʌnfin'iʃt] *adj* (incomplete) 未完成の mikáñsei no

unfit [ʌnfit'] *adj* (physically) 運動不足の uñdōbusoku no; (incompetent): **unfit (for)** (...に) 不向きな (...ni) fumùki na
to be unfit for work 仕事に不向きである shigóto ni fumùki de aru

unfold [ʌnfould'] *vt* (sheets, map) 広げる hirógeru

♦*vi* (situation) 展開する teñkai suru

unforeseen [ʌnfɔ:rsi:n'] *adj* (circumstances etc) 予期しなかった yokī shinákatta, 思い掛けない omóigakenaī

unforgettable [ʌnfərget'əbəl] *adj* 忘れられない wasúrerarenaī

unforgivable [ʌnfərgiv'əbəl] *adj* 許せない yurúsenaī

unfortunate [ʌnfɔ:r't∫ənit] *adj* (poor) 哀れな awáre na; (event) 不幸な fukō na; (remark) まずい mazúi

unfortunately [ʌnfɔ:r't∫ənitli:] *adv* 残念ながら zańneñnagara

unfounded [ʌnfaun'did] *adj* (criticism, fears) 根拠のない koñkyo no nái

unfriendly [ʌnfrend'li:] *adj* (person, behavior, remark) 不親切な fushíñsetsu na

ungainly [ʌngein'li:] *adj* ぎこちない gikôchinaī

ungodly [ʌngɑ:d'li:] *adj* (hour) とんでもない toñdemonaī

ungrateful [ʌngreit'fəl] *adj* (person) 恩知らずの oñshìrazu no

unhappiness [ʌnhæp'i:nis] *n* 不幸せ fushíawàse, 不幸 fukō

unhappy [ʌnhæp'i:] *adj* (sad) 悲しい kanáshiì; (unfortunate) 不幸な fukō na; (childhood) 恵まれない megúmarenaì; (dissatisfied): **unhappy about/with** (arrangements etc) ...に不満がある ...ni fumán ga aru

unharmed [ʌnhɑ:rmd'] *adj* 無事な bují na

unhealthy [ʌnhel'θi:] *adj* (person) 病弱な byōjaku na; (place) 健康に悪い keñkō ni warúī; (fig: interest) 不健全な fukéñzen na

unheard-of [ʌnhə:rd'ʌv] *adj* (shocking) 前代未聞の zeñdaimimon no; (unknown) 知られていない shirárete inaī

unhurt [ʌnhə:rt'] *adj* 無事な bují na

unidentified [ʌnaiden'təfaid] *adj* 未確定の mikákutei no ¶ *see also* UFO

uniform [ju:'nəfɔ:rm] *n* 制服 seífuku, ユニフォーム yunífōmù

♦*adj* (length, width etc) 一定の ittéi no

uniformity [ju:nəfɔ:r'miti:] *n* 均一性 kiñitsusei

unify [ju:'nəfai] *vt* 統一する tōitsu suru

unilateral [ju:nəlæt'ə:rəl] *adj* (disarmament etc) 一方的な ippōteki na

uninhabited [ʌninhæb'itid] *adj* (island etc) 無人の mujín no; (house) 空き家になっている akíya ni nattè iru

unintentional [ʌninten't∫ənəl] *adj* 意図的でない itòteki de naì

union [ju:n'jən] *n* (joining) 合併 gappéi; (grouping) 連合 reñgō; (*also:* **trade union**) 組合 kumíai

♦*cpd* (activities, leader etc) 組合の kumíai no

Union Jack *n* 英国国旗 eíkokukòkki, ユニオンジャック yuníoñjakkù

unique [ju:ni:k'] *adj* 独特な dokútoku na, ユニークな yuníkù na

unisex [ju:'niseks] *adj* (clothes, hairdresser etc) ユニセックスの yunísekkusu no

unison [ju:'nisən] *n*: **in unison** (say) 一同に ichídō ni; (sing) 同音で dōon de, ユニゾンで yunízon de

unit [ju:'nit] *n* (single whole, *also* measurement) 単位 tañ-i; (section: of furniture etc) ユニット yunítto; (team, squad) 班 hàn

kitchen unit 台所用ユニット daídokoroyō yunítto

unite [junait'] *vt* (join: *gen*) 一緒にする isshò ni suru, 一つにする hitótsu ni suru; (: country, party) 結束させる kessoku saseru

♦*vi* 一緒になる isshò ni naru, 一つになる hitótsu ni naru

united [junai'tid] *adj* (*gen*) 一緒になった isshò ni natta, 一つになった hitótsu ni natta; (effort) 団結した dañketsu shita

United Kingdom *n* 英国 eíkoku

United Nations (Organization) *n* 国連 kokúren

United States (of America) *n* （アメリカ）合衆国 (amérika)gasshùkoku

unit trust (*BRIT*) *n* ユニット型投資信託 yuníttogata tōshishiñtaku

unity [ju:'niti:] *n* 一致 itchí

universal [ju:nəvə:r'səl] *adj* 普遍的な fuhénteki na

universe [ju:'nəvə:rs] *n* 宇宙 uchū

university [ju:nəvə:r'siti:] *n* 大学 daígaku

unjust [ʌndʒʌst'] *adj* 不当な futó na

unkempt [ʌnkempt'] *adj* (appearance) だらしのない daráshi no naí; (hair, beard) もじゃもじゃの mojámoja na

unkind [ʌnkaind'] *adj* (person, behavior, comment etc) 不親切な fushínsetsu na

unknown [ʌnnoun'] *adj* 知られていない shiráretè inái

unlawful [ʌnlɔː'fəl] *adj* (act, activity) 非合法な higóhō na

unleash [ʌnliːʃ'] *vt* (*fig*: feeling, forces etc) 爆発させる bakúhatsu saseru

unless [ʌnles'] *conj* ...しなければ[でなければ] ...shinákereba[denákereba] *unless he comes* 彼が来なければ karè ga konákereba

unlike [ʌnlaik'] *adj* (not alike) 似ていない nité inaí; (not like) 違った chigátta
♦*prep* (different from) ...と違って ...to chigátte

unlikely [ʌnlaik'li:] *adj* (not likely) ありそうもない arísō mo naí; (unexpected: combination etc) 驚くべき odórokubeki

unlimited [ʌnlim'itid] *adj* (travel, wine etc) 無制限の muséìgen no

unlisted [ʌnlis'tid] (*BRIT* **ex-directory**) *adj* (ex-directory) 電話帳に載っていない defiwachō ni notté inaí

unload [ʌnloud'] *vt* (box, car etc) ...の積荷を降ろす ...no tsumíni wo orósù

unlock [ʌnlɑːk'] *vt* ...のかぎを開ける ...no kagí wo akéru

unlucky [ʌnlʌk'i:] *adj* (person) 運の悪い uñ no warúì; (object, number) 縁起の悪い efigi no warúì
to be unlucky (person) 運が悪い uñ ga warúì

unmarried [ʌnmær'i:d] *adj* (person) 独身の dokúshin no; (mother) 未婚の mikón no

unmask [ʌnmæsk'] *vt* (reveal: thief etc) ...の正体を暴く ...no shótaì wo abáku

unmistakable [ʌnmistei'kəbəl] *adj* (voice, sound, person) 間違え様のない machígaeyō no naí

unmitigated [ʌnmit'əgeitid] *adj* (disaster etc) 紛れもない magíre mò naí

unnatural [ʌnnætʃ'ə:rəl] *adj* 不自然な fushízèn na

unnecessary [ʌnnes'ise:ri:] *adj* 不必要な fuhítsuyò na

unnoticed [ʌnnou'tist] *adj*: *(to go/pass) unnoticed* 気付かれない kizúkàrenai

UNO [u:'nou] *n abbr* = **United Nations Organization**

unobtainable [ʌnəbtei'nəbəl] *adj* (item) 手に入らない te ni haíranài; (TEL): *this number is unobtainable* この電話番号は現在使用されていません konó deñwabangō wo geñzai shiyō sarete imásèn

unobtrusive [ʌnəbtru:'siv] *adj* (person) 遠慮がちな eñryogachi na; (thing) 目立たない medátanaì

unofficial [ʌnəfiʃ'əl] *adj* (news) 公表されていない kóhyō sarete inaì; (strike) 公認されていない kónin sarete inaì

unorthodox [ʌnɔ:r'θədɑːks] *adj* (treatment) 通常でない tsújō de nai; (REL) 正統でない seítō de nai

unpack [ʌnpæk'] *vi* 荷物の中身を出して片付ける nimótsu no nakámi wo dashíte katázukerù
♦*vt* (suitcase etc) ...の中身を出して片付ける ...no nakamì wo dashíte katázukerù

unpalatable [ʌnpæl'ətəbəl] *adj* (meal) まずい mazúí; (truth) 不愉快な fuyúkaì na

unparalleled [ʌnpær'əleld] *adj* (unequalled) 前代未聞の zeńdaimimon no

unpleasant [ʌnplez'ənt] *adj* (disagreeable: thing) いやな iyà na; (: person, manner) 不愉快な fuyúkaì na

unplug [ʌnplʌg'] *vt* (iron, TV etc) ...のプラグを抜く ...no puràgu wo nukú

unpopular [ʌnpɑ:p'jələ:r] *adj* (person, decision etc) 不評の fuhyō no

unprecedented [ʌnpres'identid] *adj* 前代未聞の zeńdaimimon no

unpredictable [ʌnpridik'təbəl] *adj*

(weather, reaction) 予測できない yosóku dekínaĭ; (person): *he is unpredictable* 彼のする事は予測できない karè no suru koto wa yosóku dekínaĭ

unprofessional [ʌnprəfeʃ'ənəl] *adj* (attitude, conduct) 職業倫理に反する shokúgyōrinri ni hań suru

unqualified [ʌnkwɑːl'əfaid] *adj* (teacher, nurse etc) 資格のない shikáku no nai; (complete: disaster) 全くの mattáku no, 大... daǐ...; (: success) 完全な kańzen na, 大... daǐ...

unquestionably [ʌnkwes'tʃənəbliː] *adv* 疑いもなく utágai mò naku

unravel [ʌnræv'əl] *vt* (ball of string) ほぐす hogúsù; (mystery) 解明する kaímei suru

unreal [ʌnriːl'] *adj* (not real) 偽の nisé no; (extraordinary) うその様な usó no yō na

unrealistic [ʌnriːəlis'tik] *adj* (person, project) 非現実的な higénjitsuteki na

unreasonable [ʌnriː'zənəbəl] *adj* (person, attitude) 不合理な fugőrì na; (demand) 不当な futő na; (length of time) 非常識な hijőshĭki na

unrelated [ʌnrilei'tid] *adj* (incident) 関係のない kańkeì no naǐ, 無関係な mukáń kei na; (family) 親族でない shińzoku de naǐ

unrelenting [ʌnrilen'tiŋ] *adj* 執念深い shúnenbukai

unreliable [ʌnrilai'əbəl] *adj* (person, firm) 信頼できない shińrai dekinaǐ; (machine, watch, method) 当てにならない até ni naranaǐ

unremitting [ʌnrimit'iŋ] *adj* (efforts, attempts) 絶間ない taéma naǐ

unreservedly [ʌnrizɜːr'vidliː] *adv* 心から kokórò kara

unrest [ʌnrest'] *n* (social, political, industrial etc) 不安 fuán

unroll [ʌnroul'] *vt* 広げる hirógeru

unruly [ʌnruː'liː] *adj* (child, behavior) 素直でない sunáo de nai, 手に負えない te nǐ oénaǐ; (hair) もじゃもじゃの mojámoja no

unsafe [ʌnseif'] *adj* (in danger) 危険にさ

らされた kinkén ni sarásareta; (journey, machine, bridge etc) 危険な kikén na, 危ない abúnai

unsaid [ʌnsed'] *adj*: *to leave something unsaid* ...を言わないでおく ...wo iwánaide okù

unsatisfactory [ʌnsætisfæk'təːriː] *adj* (progress, work, results) 不満足な fumáńzoku na

unsavory [ʌnsei'vəːriː] (*BRIT* **unsavoury**) *adj* (*fig*: person, place) いかがわしい ikágawashiǐ

unscathed [ʌnskeiðd'] *adj* 無傷の mukīzu no

unscrew [ʌnskruː'] *vt* (bottletop etc) ねじって開ける nejítte akéru; (sign, mirror etc) ...のねじを抜く ...no nejǐ wo nukú

unscrupulous [ʌnskruːp'jələs] *adj* (person, behavior) 悪徳... akútoku...

unsettled [ʌnset'əld] *adj* (person) 落付かない ochítsukanài; (weather) 変りやすい kawáriyasuǐ

unshaven [ʌnʃei'vən] *adj* 不精ひげの bushőhĭge no

unsightly [ʌnsait'liː] *adj* (mark, building etc) 醜い minĭkuǐ, 目障りな mezáwàri na

unskilled [ʌnskild'] *adj* (work, worker) 未熟練の mijúkuren no

unspeakable [ʌnspiː'kəbəl] *adj* (indescribable) 言語に絶する geńgo ni zéssuru, 想像を絶する sőzō wo zessurù, (awful) ひどい hidőǐ

unstable [ʌnstei'bəl] *adj* (piece of furniture) ぐらぐらする gurágura suru; (government) 不安定な fuántei na; (mentally) 情緒不安定な jőchofuántei na

unsteady [ʌnsted'iː] *adj* (step, legs) ふらふらする furáfura suru; (hands, voice) 震える furúeru; (ladder) ぐらぐらする gurágura suru

unstuck [ʌnstʌk'] *adj*: *to come unstuck* (label etc) 取れてしまう toréte shimaù; (*fig*: plan, idea etc) 失敗する shippái suru

unsuccessful [ʌnsəkses'fəl] *adj* (attempt) 失敗した shippái shita; (writer) 成功しない seíkō shinai, 売れない urénaì; (proposal) 採用されなかった saíyō sarènakatta *to be unsuccessful* (in attempting something) 失敗する shippai suru; (application) 採用されない saíyō sarênai

unsuccessfully [ʌnsəkses'fəli:] *adv* (try) 成功せずに seíkō sezu ni

unsuitable [ʌnsu:'təbəl] *adj* (inconvenient: time, moment) 不適当な futékïtō na; (inappropriate: clothes) 場違いの bachígaï no; (: person) 不適当な futékïtō na

unsure [ʌnʃu:r'] *adj* (uncertain) 不確実な fukákùjitsu na

unsure about ...について確信できない ...ni tsuíte kakúshin dekinaï

to be unsure of oneself 自信がない jishín ga nai

unsuspecting [ʌnsəspek'tiŋ] *adj* 気付いていない kizúite inai

unsympathetic [ʌnsimpəθet'ik] *adj* (showing little understanding) 同情しない dōjō shinai; (unlikeable) いやな iyá na

untapped [ʌntæpt'] *adj* (resources) 未開発の mikáïhatsu no

unthinkable [ʌnθiŋk'əbəl] *adj* 考えられない kañgaerarenaï

untidy [ʌntai'di:] *adj* (room) 散らかった chírakatta; (person, appearance) だらしない daráshi nai

untie [ʌntai'] *vt* (knot, parcel, ribbon) ほどく hodókù; (prisoner) ...の縄をほどく ...no nawá wo hodókù; (parcel, dog) ...のひもをほどく ...no himó wo hodókù

until [ʌntil'] *prep* ...まで ...madè
♦*conj* ...するまで ...suru madè

until he comes 彼が来るまで karè ga kurù made

until now 今まで imámadè

until then その時まで sonó toki madè

untimely [ʌntaim'li:] *adj* (inopportune: moment, arrival) 時機の悪い jikî no warúî

an untimely death 早死に hayájini, 若死に wakájini

untold [ʌntould'] *adj* (story) 明かされていない akásarete inai; (joy, suffering, wealth) 想像を絶する sōzō wo zessúru

untoward [ʌntɔ:rd'] *adj* 困った komáttà

unused [ʌnju:zd'] *adj* (not used: clothes, portion etc) 未使用の mishíyō no

unusual [ʌnju:'ʒu:əl] *adj* (strange) 変った kawátta; (rare) 珍しい mezúrashïî; (exceptional, distinctive) 並外れた namíhazureta

unveil [ʌnveil'] *vt* (statue) ...の除幕式を行う ...no jomákushïki wo okónau

unwanted [ʌnwɔ:n'tid] *adj* (clothing etc) 不要の fuyō no; (child, pregnancy) 望まれなかった nozómarenakatta

unwavering [ʌnwei'vəriŋ] *adj* (faith) 揺るぎ無い yurúginaï; (gaze) じっとした jittô shita

unwelcome [ʌnwel'kəm] *adj* (guest) 歓迎されない kañgeisarenaï; (news) 悪い warúî

unwell [ʌnwel'] *adj*: *to feel unwell* 気分が悪い kibùn ga warúî

to be unwell 病気である byóki de aru

unwieldy [ʌnwi:l'di:] *adj* (object, system) 大きくて扱いにくい ōkïkute atsúkaini-kuî

unwilling [ʌnwil'iŋ] *adj*: *to be unwilling to do something* ...するのをいやがっている ...surú no wo iyagatte iru

unwillingly [ʌnwil'iŋli:] *adv* いやがって iyágatte

unwind [ʌnwaind'] (*pt, pp* **unwound**) *vt* (undo) ほどく hodókù
♦*vi* (relax) くつろぐ kutsúrogù

unwise [ʌnwaiz'] *adj* (person) 思慮の足りない shiryò no tarínai; (decision) 浅はかな asáhàka na

unwitting [ʌnwit'iŋ] *adj* (victim, accomplice) 気付かない kizúkànai

unworkable [ʌnwə:r'kəbəl] *adj* (plan) 実行不可能な jikkôfukanō nà

unworthy [ʌnwə:r'ði:] *adj* ...の値打がない ...no neúchi ga naî

unwrap [ʌnræp'] *vt* 開ける akéru

unwritten [ʌnrit'ən] *adj* (law) 慣習の kañshū no; (agreement) 口頭での kôtō de no

KEYWORD

up [ʌp] *prep*: *to go up something* ...を登る ...wo nobóru

to be up something ...の上に(登って)いる ...no ué ni nobotte iru

he went up the stairs/the hill 彼は階段〔坂〕を登った kare wa kaídan〔sakā〕 wo nobótta

the cat was up a tree ネコは木の上にいた nekò wa ki nò ué ni ita

we walked/climbed up the hill 私たちは丘を登った watákushitachi wa okā wo nobótta

they live further up the street 彼らはこの道をもう少し行った所に住んでいます karèra wa konó michi wo mō sukoshi ittá tokoro ni suǹde imasu

go up that road and turn left この道を交差点まで行って左に曲って下さい konó michi wo kōsaten màde itte hidári ni magátte kudásaì

♦*adv* **1** (upwards, higher) 上に〔で、へ〕 ué ni〔de, e〕

up in the sky/the mountains 空〔山の上〕に sorà〔yamá no uè〕ni

put it a bit higher up もう少し高い所に置いて下さい mō sukoshi takáì tokoro ni oíte kudásaì

up there あの上に anò ue ni

what's the cat doing up there? ネコは何であの上にいるのかしら nekò wa naǹde anò ue nì irú no kashira

up above 上の方に〔で〕 ué no hō nì〔de〕

there's a village and up above, on the hill, a monastery 村があって、その上の丘に修道院がある murá ga atte, sonó ue no okā ni shūdōìn ga aru

2: *to be up* (out of bed) 起きている okíte iru; (prices, level) 上がっている agátte iru; (building) 建ててある tatéte aru, 立っている tatté iru; (tent) 張ってある hatté aru

3: *up to* (as far as) ...まで made

I've read up to p.60 私は60ページまで読みました watákushi wa rokújupèji madè yomímashita

the water came up to his knees 水深は彼のひざまでだった suíshin wa karè no hizá madè datta

up to now 今〔これ〕まで imà〔korè〕madè

I can spend up to $10 10ドルまで使えます jūdòru made tsukáemasu

4: *to be up to* (depending on) ...の責任である ...no sekínin de aru, ...次第である ...shidái de aru

it's up to you あなた次第です anàta shidái desu

it's not up to me to decide 決めるのは私の責任ではない kiméru no wa watákushi no sekínin de wa naì

5: *to be up to* (equal to) ...に合う ...ni aù

he's not up to it (job, task etc) 彼にはその仕事は無理です kare ni wa sonó shigoto wa murì desu

his work is not up to the required standard 彼の仕事は基準に合いません kare no shigóto wa kijún ni aìmasen

6: *to be up to* (inf: be doing) やっている yatté iru

what is he up to? (showing disapproval, suspicion) あいつは何をやらかしているんだろうね aítsu wa nanì wo yarákushite irún darō nè

♦*n*: *ups and downs* (in life, career) 浮き沈み ukíshizumi

we all have our ups and downs だれだっていい時と悪い時がありますよ darè datte iì toki to warūì toki ga arimasu yo

his life had its ups and downs, but he died happy 彼の人生には浮き沈みが多かったが、死ぬ時は幸せだった kare no jiǹsei ni wa ukíshizumi ga ōkattà ga, shinú toki wa shiáwase datta

---

upbringing [ʌpˈbriŋiŋ] *n* 養育 yōiku

update [ʌpdeitˈ] *vt* (records, information) 更新する kōshin suru

upgrade [ʌpˈgreidˈ] *vt* (improve: house) 改築する kaíchiku suru; (job) 格上げする kakúage suru; (employee) 昇格させる shōkaku saseru

upheaval [ʌphiːˈvəl] *n* 変動 héndō

uphill [*adj* ʌpˈhil *adv* ʌpˈhilˈ] *adj* (climb) 上りの nobóri no; (*fig*: task) 困難な koǹnan na

♦*adv*: *to go uphill* 坂を上る sakà wo nobóru

uphold [ʌphouldˈ] (*pt, pp* **upheld**) *vt* (law, principle, decision) 守る mamórù

upholstery [ʌphoulˈstəːri:] *n* いすに張っ

た生地 isú ni hattá kijí
upkeep [ʌp'ki:p] *n* (maintenance) 維持 ijí
upon [əpɑ:n'] *prep* ...の上に〔で〕...no ué ni〔de〕
upper [ʌp'ə:r] *adj* 上の方の ué no hō nò
♦*n* (of shoe) 甲皮 kóhi
upper-class [ʌp'ə:rklæs'] *adj* (families, accent) 上流の jóryū no
upper hand *n*: **to have the upper hand** 優勢である yúsei de aru
uppermost [ʌp'ə:rmoust] *adj* 一番上の i-chíbàn ué no
what was uppermost in my mind 私が真っ先に考えたのは watákushi ga massákì ni kañgaèta no wa
upright [ʌp'rait] *adj* (straight) 直立の chokúritsu no; (vertical) 垂直の suícho-ku no; (*fig*: honest) 正直な shójiki na
uprising [ʌp'raiziŋ] *n* 反乱 hañran
uproar [ʌp'rɔ:r] *n* (protests, shouts) 大騒ぎ ōsawagi
uproot [ʌpru:t'] *vt* (tree) 根こそぎにする nekósogi ni suru; (*fig*: family) 故郷から追出す kokyō kara oídasu
upset [*n* ʌp'set *vb* ʌpset'] (*pt, pp* **upset**) *n* (to plan etc) 失敗 shippái
♦*vt* (knock over: glass etc) 倒す taósù; (routine, plan) 台無しにする daínashi ni suru; (person: offend, make unhappy) 動転させる dóten saseru
♦*adj* (unhappy) 動転した dóten shita
to have an upset stomach 胃の具合が悪い i nò gúai ga warúi
upshot [ʌp'ʃɑ:t] *n* 結果 kekká
upside down [ʌp'said-] *adv* (hang, hold) 逆様に〔で〕sakásama ni〔de〕
to turn a place upside down (*fig*) 家中を引っかき回す iéjū wo híkkakìmawasu
upstairs [ʌp'ste:rz] *adv* (be) 2階に〔で〕níkái ni〔de〕; (go) 2階へ nikái e
♦*adj* (window, room) 2階の nikái no
♦*n* 2階 nikái
upstart [ʌp'stɑ:rt] *n* 横柄な奴 ōhèi na yatsù
upstream [ʌp'stri:m] *adv* 川上に〔で、へ〕kawákami ni〔de, e〕, 上流に〔で、へ〕jóryū ni〔de, e〕
uptake [ʌp'teik] *n*: **to be quick/slow on**

the uptake 物分かりがいい〔悪い〕mo-nówakàri ga íì〔warui〕
uptight [ʌp'tait'] *adj* ぴりぴりした pirípiri shita
up-to-date [ʌp'tədeit'] *adj* (most recent: information) 最新の saíshin no; (person) 最新の情報に通じている saíshin no jōhò ni tsújíte irù
upturn [ʌp'tə:rn] *n* (in luck) 好転 kōten; (COMM: in market) 上向き uwámuki
upward [ʌp'wə:rd] *adj* (movement, glance) 上への ué e no
upwards [ʌp'wə:rdz] *adv* (move, glance) 上の方へ ué no hō è; (more than): **upward(s) of** ...以上の ...ijō no
uranium [jurei'ni:əm] *n* ウラン uràn, ウラニウム uránìumù
urban [ə:r'bən] *adj* 都会の tokái no
urbane [ə:rbein'] *adj* 上品な jóhin na
urchin [ə:r'tʃin] *n* (child) がき gakí; (waif) 浮浪児 furójì
urge [ə:rdʒ] *n* (need, desire) 衝動 shódō
♦*vt*: **to urge someone to do something** ...する様に...を説得する ...surú yō ni ...wo settóku suru
urgency [ə:r'dʒənsi:] *n* (importance) 緊急性 kiñkyūsè; (of tone) 緊迫した調子 kiñpaku shita chóshi
urgent [ə:r'dʒənt] *adj* (need, message) 緊急な kiñkyū na; (voice) 切迫した seppáku shita
urinal [ju:'rənəl] *n* 小便器 shóbeñki
urinate [ju:r'əneit] *vi* 小便をする shóben wo suru
urine [ju:r'in] *n* 尿 nyó, 小便 shóbeñ
urn [ə:rn] *n* (container) 骨つぼ kotsútsubo; (*also*: **coffee/tea urn**) 大型コーヒー〔紅茶〕メーカー ōgátakōhī〔kócha〕mèkā
Uruguay [ju:'rəgwei] *n* ウルグアイ urùguai
us [ʌs] *pron* 私たちを〔に〕watákushitachi wo〔ni〕¶ *see also* **me**
US(A) [ju:'es'(ei)'] *n abbr* = **United States (of America)**
usage [ju:'sidʒ] *n* (LING) 慣用 kañyō
use [*n* ju:s *vb* ju:z] *n* (using) 使用 shíyō; (usefulness, purpose) 役に立つ事 yakú ni tatsu koto 利益 ríeki

♦*vt* (object, tool, phrase etc) 使う tsukáu, 用いる mochíirù, 使用する shíyō suru

in use 使用中 shíyōchū

out of use 廃れて sutáretè

to be of use 役に立つ yakú ni tatsu

it's no use (not useful) 使えません tsukáemasen; (pointless) 役に立ちません yakú ni tachimasen, 無意味です muímì desu

she used to do it 前は彼女はそれをする習慣でした maè wa kanòjo wa soré wo suru shūkan deshita

to be used to ...に慣れている ...ni naréte iru

used [juːzd] *adj* (object) 使われた tsukáwareta; (car) 中古の chūkò no

useful [juːsˈfəl] *adj* 役に立つ yakú ni tatsu, 有益な yū́eki na, 便利な beñri na

usefulness [juːsˈfəlnis] *n* 実用性 jitsúyōsei

useless [juːsˈlis] *adj* (unusable) 使えない tsukáenai, 役に立たない yakú ni tatanai; (pointless) 無意味な muímì na, 無駄な mudá na; (person: hopeless) 能無しの nṓnashi no, 役に立たない yakú ni tatanai

user [juːˈzəːr] *n* 使用者 shiyōsha

user-friendly [juːˈzəːrfrend'liː] *adj* (computer) 使いやすい tsukáiyasuì, ユーザフレンドリーな yū́zafuréndorī na

use up *vt* 全部使ってしまう zeñbu tsukátte shimaù, 使い尽す tsukáitsukusù

usher [ʌ'ʃəːr] *n* (at wedding) 案内係 añnaigakàri

usherette [ʌʃəret'] *n* (in cinema) 女性案内係 joséi añnaigakàri

USSR [juːesesaːr'] *n: the USSR* ソ連 soréñ

usual [juːˈʒuəl] *adj* (time, place etc) いつもの itsûmo no

as usual いつもの様に itsùmo no yṑ ni

usually [juːˈʒuəliː] *adv* 普通は futsū́ wa

usurp [juːsəːrp'] *vt* (title, position) 強奪する gōdatsu suru

utensil [juːten'səl] *n* 用具 yṑgu

kitchen utensils 台所用具 daídokoro yṑgu

uterus [juːˈtəːrəs] *n* 子宮 shikyū́

utility [juːtil'itiː] *n* (usefulness) 有用性 yū́yōsei, 実用性 jitsúyōsei; (*also: public utility*) 公益事業 kōekijigyō

utility room *n* 洗濯部屋 señtakubeya

utilize [juːˈtəlaiz] *vt* (object) 利用する riyṓ suru, 使う tsukáu

utmost [ʌtˈmoust] *adj* 最大の saídai no

♦*n: to do one's utmost* 全力を尽す zeñryoku wo tsukusù

utter [ʌt'əːr] *adj* (total: amazement, fool, waste, rubbish) 全くの mattáku no

♦*vt* (sounds) 出す dasù, 発する hassúru; (words) 口に出す kuchí ni dasù, 言う iù

utterance [ʌt'əːrəns] *n* 発言 hatsúgen, 言葉 kotóba

utterly [ʌt'əːrliː] *adv* 全く mattáku

U-turn [juːˈtəːrn] *n* Uターン yū́tāñ

V

v. *abbr* = **verse; versus; volt;** (= **vide**) ...を見よ ...wo miyo

vacancy [vei'kənsiː] *n* (*BRIT*: job) 欠員 ketsúin; (room) 空き部屋 akíbeya

vacant [vei'kənt] *adj* (room, seat, toilet) 空いている aíte iru; (look, expression) うつろの utsúro no

vacant lot (*US*) *n* 空き地 akíchi

vacate [vei'keit] *vt* (house, one's seat) 空ける akéru; (job) 辞める yaméru

vacation [veikei'ʃən] *n* (*esp US: holiday*) 休暇 kyū́ka; (*SCOL*) 夏休み natsúyasùmi

vaccinate [væk'səneit] *vt: to vaccinate someone (against something)* ...に (...の) 予防注射をする ...ni (...no) yobṓchūsha wo suru

vaccine [væksiːn'] *n* ワクチン wakùchin

vacuum [væk'juːm] *n* (empty space) 真空 shiñkū

vacuum cleaner *n* (真空) 掃除機 (shiñkū) sṓjikī

vacuum-packed [væk'juːmpækt'] *adj* 真空パックの shiñkūpakkù no

vagabond [væg'əbɑːnd] *n* 浮浪者 furṓshà, ルンペン ruñpen

vagina [vədʒai'nə] *n* ちつ chitsú

vagrant [vei'grənt] *n* 浮浪者 furṓshà, ルンペン ruñpen

vague [veig] *adj* (blurred: memory, outline) ぼんやりとした boñ-yarĩ to shita; (uncertain: look, idea, instructions) 漠然とした bakúzen to shita; (person: not precise) 不正確な fuseĩkaku na; (: evasive) 煮え切らない niékiranài

vaguely [veig'li:] *adv* (not clearly) ぼんやりとして boñ-yarĩ to shite; (without certainty) 漠然と bakúzen to, 不正確に fuseĩkaku ni; (evasively) あいまいに aĩmai ni

vain [vein] *adj* (conceited) うぬぼれた unúboreta; (useless: attempt, action) 無駄な mudấ na

in vain 何のかいもなく naῆ no kaῖ mo nakù

valentine [væl'əntain] *n* (*also:* **valentine card**) バレンタインカード baréñtaiñkàdo; (person) バレンタインデーの恋人 baréñtaiñdē no koíbito

valet [vælei'] *n* 召使い meshĩtsukài

valiant [væl'jənt] *adj* (attempt, effort) 勇敢な yũkan na

valid [væl'id] *adj* (ticket, document) 有効な yũkō na; (argument, reason) 妥当な datõ na

validity [vəlid'iti:] *n* (of ticket, document) 有効性 yũkōseῖ; (of argument, reason) 妥当性 datõseῖ

valley [væl'i:] *n* 谷(間) tanĩ(ma)

valor [væl'əːr] (*BRIT* **valour**) *n* 勇ましさ isámashisà

valuable [væl'ju:əbəl] *adj* (jewel etc) 高価な kõkà na; (time, help, advice) 貴重な kichõ na

valuables [væl'ju:əbəlz] *npl* (jewellery etc) 貴重品 kichõhin

valuation [vælju:ei'ʃən] *n* (worth: of house etc) 価値 kachĩ; (judgment of quality) 評価 hyõka

value [væl'ju:] *n* (financial worth) 価値 kachĩ, 価格 kakáku; (importance, usefulness) 価値 kachĩ

♦*vt* (fix price or worth of) ...に値を付ける ...ni ne wõ tsukérù; (appreciate) 大切にする taísetsu ni suru, 重宝する chõhō suru

values [væl'ju:z] *npl* (principles, beliefs)

価値観 kachĩkaῆ

value added tax [-ædˈid-] (*BRIT*) *n* 付加価値税 fukákachizèi

valued [væl'ju:d] *adj* (appreciated: customer, advice) 大切な taísetsu na

valve [vælv] *n* 弁 beñ, バルブ barúbu

vampire [væm'paiəːr] *n* 吸血鬼 kyũketsùki

van [væn] *n* (AUT) バン baῆ

vandal [væn'dəl] *n* 心無い破壊者 kokóronaῖ hakáisha

vandalism [væn'dəlizəm] *n* 破壊行動 hakáikōdō

vandalize [væn'dəlaiz] *vt* 破壊する hakái suru

vanguard [væn'gɑːrd] *n* (*fig*): *in the vanguard of* ...の先端に立って ...no señtan ni tattẽ

vanilla [vənil'ə] *n* バニラ baníra

vanilla ice cream *n* バニラアイスクリーム baníra aĩsukurīmu

vanish [væn'iʃ] *vi* (disappear suddenly) 見えなくなる miénàku narù, 消える kiéru

vanity [væn'iti:] *n* (of person: unreasonable pride) 虚栄心 kyoéishin

vantage point [væn'tidʒ-] *n* (lookout place) 観察点 kañsatsuten; (viewpoint) 有利な立場 yũri na tachĩba

vapor [vei'pəːr] (*BRIT* **vapour**) *n* (gas) 気体 kitái; (mist, steam) 蒸気 jõki

variable [veːrˈiːəbəl] *adj* (likely to change: mood, quality, weather) 変りやすい kawáriyasuῖ; (able to be changed: temperature, height, speed) 調節できる chõsetsu dekírù

variance [veːrˈiːəns] *n*: *to be at variance (with)* (people) (...と) 仲たがいしている (...to) nakátagài shitẽ iru; (facts) (...と) 矛盾している (...to) mujúnshitẽ iru

variation [veːriːeiˈʃən] *n* (change in level, amount, quantity) 変化 heñka, 変動 heñdō; (different form: of plot, musical theme etc) 変形 heñkei

varicose [vær'əkous] *adj*: *varicose veins* 拡張蛇行静脈 kakúchōdakōjōmyaku

varied [veːrˈiːd] *adj* (diverse: opinions, reasons) 様々な sámàzama na; (full of changes: career) 多彩な tasái na

variety [vərΛiˈəti:] *n* (degree of choice, diversity) 変化 heňka, バラエティー baráètī; (varied collection, quantity) 様々な物 sámàzama na mono; (type) 種類 shurúi

variety show *n* バラエティーショー baráetìshò

various [veːrˈiːəs] *adj* 色々な iróiro na

varnish [vɑːrˈniʃ] *n* (product applied to surface) ニス nisù
♦*vt* (apply varnish to: wood, piece of furniture etc) ...にニスを塗る ...ni nisù wo nuru; (: nails) ...にマニキュアをする ...ni maníkyua wo suru

nail varnish マニキュア maníkyua

vary [veːrˈiː] *vt* (make changes to: routine, diet) 変える kaéru
♦*vi* (be different: sizes, colors) ...が色々 ある ...ga iróiro aru; (become different): *to vary with* (weather, season etc) ...に よって変る ...ni yótte kawáru

vase [veis] *n* 花瓶 kabín

Vaseline [væsˈəliːn]® *n* ワセリン wasérin

vast [væst] *adj* (wide: area, knowledge) 広い hirói; (enormous: expense etc) ばく 大な bakúdai na

VAT [væt] *n abbr* = **value added tax**

vat [væt] *n* 大おけ ōokè

Vatican [vætˈikən] *n*: *the Vatican* (palace) バチカン宮殿 bachīkan kyūdeň; (authority) ローマ法王庁 rōma hōōchō

vault [vɔːlt] *n* (of roof) 丸天井 marúteňjō; (tomb) 地下納骨堂 chikánōkotsudō; (in bank) 金庫室 kiñkoshìtsu
♦*vt* (also: vault over) 飛越える tobíkoerù

vaunted [vɔːnˈtid] *adj*: *much-vaunted* ご自慢の go-jíman no

VCR [viːsiːɑːrˈ] *n abbr* = **video cassette recorder**

VD [viːdiːˈ] *n abbr* = **venereal disease**

VDU [viːdiːjuːˈ] *n abbr* = **visual display unit**

veal [viːl] *n* 子ウシ肉 koúshiniku

veer [viːr] *vi* (vehicle, wind) 急に向きを変 える kyū ni mukí wo kaéru

vegetable [vedʒˈtəbəl] *n* (BOT) 植物 shokúbutsu; (edible plant) 野菜 yasái
♦*adj* (oil etc) 植物性の shokúbutsusei no

vegetarian [vedʒiterˈiːən] *n* 菜食主義者 saíshokushugìshà
♦*adj* (diet etc) 菜食主義の saíshokushugi no

vegetate [vedʒˈiteit] *vi* 無為に暮す muí ni kurásu

vegetation [vedʒiteiˈʃən] *n* (plants) 植物 shokúbutsu ◇総称 sōshō

vehement [viːˈəmənt] *adj* (strong: attack, passions, denial) 猛烈な mōretsu na

vehicle [viːˈikəl] *n* (machine) 車 kurúma; (*fig*: means of expressing) 手段 shudán

veil [veil] *n* ベール bēru

veiled [veild] *adj* (*fig*: threat) 隠された kakúsareta

vein [vein] *n* (ANAT) 静脈 jōmyaku; (of ore etc) 脈 myakú

vein of a leaf 葉脈 yōmyaku

velocity [vəlɑːsˈiti:] *n* 速度 sokùdo

velvet [velˈvit] *n* ビロード birōdo, ベルベ ット berúbettò
♦*adj* ビロードの birōdo no, ベルベットの berúbettò no

vendetta [vendetˈə] *n* 復しゅう fukúshū

vending machine [venˈdiŋ-] *n* 自動販売 機 jidōhanbaiki

vendor [venˈdəːr] *n* (of house, land) 売手 urítè; (of cigarettes, beer etc) 売子 uríko

veneer [vəniːrˈ] *n* (on furniture) 化粧張り keshōbari; (*fig*: of person, place) 虚飾 kyoshóku

venereal [vəniːrˈiːəl] *adj*: *venereal disease* 性病 seíhyō

Venetian blind [vəniːˈʃən-] *n* ベネシャ ンブラインド benéshanburaindò

Venezuela [venizweiˈlə] *n* ベネズエラ benézuèra

vengeance [venˈdʒəns] *n* (revenge) 復し ゅう fukúshū

with a vengeance (*fig*: to a greater extent) 驚く程 odórokù hodo

venison [venˈisən] *n* シカ肉 shikániku

venom [ven'əm] *n* (of snake, insect) 毒 dokú; (bitterness, anger) 悪意 ákui

venomous [ven'əməs] *adj* (poisonous: snake, insect) 毒... dokú...; (full of bitterness: look, stare) 敵意に満ちた tekíi ni michíta

vent [vent] *n* (*also*: **air vent**) 通気孔 tsúkikō; (in jacket) ベンツ beñtsu
♦*vt* (*fig*: feelings, anger) ぶちまける buchímakeru

ventilate [ven'təleit] *vt* (room, building) 換気する kañki suru

ventilation [ventəlei'ʃən] *n* 換気 kañki

ventilator [ven'təleitər] *n* (TECH) 換気 装置 kañkisōchi, ベンチレーター beñchirētā; (MED) 人工呼吸器 jiñkōkokyūkì, レスピレタ resúpiretà

ventriloquist [ventril'əkwist] *n* 腹話術 師 fukúwajùtsushi

venture [ven'tʃər] *n* (risky undertaking) 冒険 bōken
♦*vt* (opinion) おずおず言う ozúozu iú
♦*vi* (dare to go) おずおず行く ozúozu ikú
business venture 投機 tòki

venue [ven'ju:] *n* (place fixed for something) 開催地 kaísaichi

veranda(h) [vəræn'də] *n* ベランダ beránda

verb [və:rb] *n* 動詞 dōshi

verbal [və:r'bəl] *adj* (spoken: skills etc) 言葉の kotóba no; (: translation etc) 口頭 の kōtō no; (of a verb) 動詞の dōshi no

verbatim [və:rbei'tim] *adj* 言葉通りの kotóbadōri no
♦*adv* 言葉通りに kotóbadōri ni

verbose [və:rbous'] *adj* (person) 口数の多 い kuchíkazu no ōì; (speech, report etc) 冗長な jōchō na

verdict [və:r'dikt] *n* (LAW) 判決 hañketsu; (*fig*: opinion) 判断 hañdan

verge [və:rdʒ] *n* (*BRIT*: of road) 路肩 rokáta
「*soft verges*」(*BRIT*: AUT) 路肩軟弱 rokáta nañjaku
to be on the verge of doing something ...する所である ...surú tokoro dè arù

verge on *vt fus* ...同然である ...dōzen de arù

verify [ve:r'əfai] *vt* (confirm, check) 確認する kakúnin suru

veritable [ver:'itəbəl] *adj* (reinforcer: = real) 全くの mattáku no

vermin [və:r'min] *npl* (animals) 害獣 gaíjū; (fleas, lice etc) 害虫 gaíchū

vermouth [və:rmu:θ'] *n* ベルモット berúmottò

vernacular [və:rnæk'jələr] *n* (language) その土地の言葉 sonó tochi no kotóba

versatile [və:r'sətəl] *adj* (person) 多才の tasái no; (substance, machine, tool etc) 使い道の多い tsukáimichi no ōì

verse [və:rs] *n* (poetry) 詩 shi; (one part of a poem: *also* in bible) 節 setsù

versed [və:rst] *adj*: *(well-)versed in* ...に詳しい ...ni kuwáshii

version [və:r'ʒən] *n* (form: of design, production) 型 katá; (: of book, play etc) ...版 ...bañ; (account: of events, accident etc) 説明 setsúmei

versus [və:r'səs] *prep* ...対... ...tai ...

vertebra [və:r'təbrə] (*pl* **vertebrae**) *n* せ きつい sekítsùi

vertebrae [və:r'təbrei] *npl of* **vertebra**

vertebrate [və:r'təbreit] *n* せきつい動物 sekítsuidōbutsu

vertical [və:r'tikəl] *adj* 垂直の suíchoku no

vertigo [və:r'təgou] *n* めまい memáî

verve [və:rv] *n* (vivacity) 気迫 kiháku

very [ve:r'i:] *adv* (+ adjective, adverb) と ても totémo, 大変 taíhen, 非常に hijō ni
♦*adj*: *it's the very book he'd told me about* 彼が話していたのは正にその本だ karè ga hanáshite ita no wà masà ni sonó hon dà
the very last 正に最後の masà ni saígo no
at the very least 少なくとも sukunà-kutomo
very much 大変 taíhen

vessel [ves'əl] *n* (NAUT) 船 funè; (container) 容器 yōki *see* **blood**

vest [vest] *n* (*US*: waistcoat) チョッキ chókki; (*BRIT*) アンダーシャツ añdāshatsù

vested interests [ves'tid-] *npl* 自分の利益 jibún no rièki, 私利 shirì

vestige [ves'tidʒ] *n* 残り nokóri

vet [vet] (*BRIT*) *n abbr* = **veterinary surgeon**
♦*vt* (examine: candidate) 調べる shirábe-rù

veteran [vet'ərən] *n* (of war) ...戦争で戦った人 ...seńsō de tatákatta hito; (former soldier) 退役軍人 taíekigunjin; (old hand) ベテラン beteran

veterinarian [vetə:rənə:r'i:ən] (*US*) *n* 獣医 jūi

veterinary [vet'ə:rəne:ri:] *adj* (practice, care etc) 獣医の jūi no

veterinary surgeon (*BRIT*) *n* = **veterinarian**

veto [vi:'tou] (*pl* **vetoes**) *n* (right to forbid) 拒否権 kyohìken; (act of forbidding) 拒否権の行使 kyohìken no kōshì
♦*vt* ...に拒否権を行使する ...ni kyohìken wo kōshì suru

vex [veks] *vt* (irritate, upset) 怒らせる o-kóraserù

vexed [vekst] *adj* (question) 厄介な yakkái na

via [vai'ə] *prep* (through, by way of) ...を経て ...wo hetè, ...経由 ...keîyu

viable [vai'əbəl] *adj* (project) 実行可能な jikkōkanō na; (company) 存立できる soń-ritsu dekirù

viaduct [vai'ədʌkt] *n* 陸橋 rikkyō

vibrant [vai'brənt] *adj* (lively) 力強い chikárazuyoì; (bright) 生き生きした ikîkì shita; (full of emotion: voice) 感情のこもった kańjō no komótta

vibrate [vai'breit] *vi* (house, machine etc) 振動する shindō suru

vibration [vaibrei'ʃən] *n* 振動 shińdō

vicar [vik'ə:r] *n* 主任司祭 shunínshisaì

vicarage [vik'ə:ridʒ] *n* 司祭館 shisáikaǹ

vicarious [vaike:r'i:əs] *adj* (pleasure) 他人の身になって感じる tanín no mi ní nattè kanjírù

vice [vais] *n* (moral fault) 悪徳 akútoku; (TECH) 万力 mańriki

vice- [vais] *prefix* 副... fukú...

vice-president [vais'prez'idənt] *n* (*US* POL) 副大統領 fùkúdaitōryồ

vice squad *n* 風俗犯罪取締班 fùzokuhań-zai torîshimarihaǹ

vice versa [vais'və:r'sə] *adv* 逆の場合も同じ gyakú no baái mo onáji

vicinity [visin'əti:] *n* (area): *in the vicinity (of)* (...の) 近所に (...no) kiǹjo ni

vicious [viʃ'əs] *adj* (violent: attack, blow) 猛烈な mőretsu na; (cruel: words, look) 残酷な zańkoku na; (horse, dog) どう猛な dōmō na

vicious circle *n* 悪循環 akújuǹkan

victim [vik'tim] *n* (person, animal, business) 犠牲者 giséìsha

victimize [vik'təmaiz] *vt* (strikers etc) 食い物にする kuímono nì suru

victor [vik'tə:r] *n* 勝利者 shōrìsha

Victorian [viktour'i:ən] *adj* ヴィクトリア朝の bikútoriachō no

victorious [viktə:r'i:əs] *adj* (triumphant: team, shout) 勝ち誇る kachîhokoru

victory [vik'tə:ri:] *n* 勝利 shōrì

video [vid'i:ou] *cpd* ビデオの bideo no
♦*n* (video film) ビデオ bídéò, ビデオ映画 bideo eíga; (also: **video cassette**) ビデオカセット bídéòkasettò; (also: **video cassette recorder**) ビデオテープレコーダー bídeo tēpùrekōdằ, VTR buitíaru

video tape *n* ビデオテープ bídéotēpù

vie [vai] *vi*: *to vie (with someone)(for something)* (...のために) (...と) 競り合う (...no tamé ni) (...to) seríaù

Vienna [vi:en'ə] *n* ウィーン uīn

Vietnam [vi:etna:m'] *n* ベトナム betónamu

Vietnamese [vi:etnə:mi:z'] *adj* ベトナムの betónamu no; (LING) ベトナム語の betónamugò no
♦*n inv* (person) ベトナム人 betónamujìn; (LING) ベトナム語 betónamugò

view [vju:] *n* (sight) 景色 keshìki; (outlook) 見方 mikáta; (opinion) 意見 ikèn
♦*vt* (look at: *also fig*) 見る mirù
on view (in museum etc) 展示中 teñjichū
in full view (of) (...の) 見ている前で (...no) mitè iru maè de

in view of the weather こういう天気
だから kō fu teñki da karà
in view of the fact that ...だという事
を考えて ...da tô iu koto wo kañgaetè
in my view 私の考えでは watákushi no
kañgae de wà

viewer [vju:'ə:r] *n* (person) 見る人 mirù
hito

viewfinder [vju:'faində:r] *n* ファインダ
ー faíndā

viewpoint [vju:'pɔint] *n* (attitude) 考え
方 kañgaekata, 見地 keñchi; (place) 観察
する地点 kañsatsu suru chitéñ

vigil [vidʒ'əl] *n* 不寝番 fushíñban

vigilance [vidʒ'ələns] *n* 用心 yōjin

vigilant [vidʒ'ələnt] *adj* 用心する yōjin
suru

vigor [vig'ə:r] (*BRIT* **vigour**) *n* (energy:
of person, campaign) 力強さ chikárazu-
yosà

vigorous [vig'ə:rəs] *adj* (full of energy:
person) 元気のいい geñki no iî; (: action,
campaign) 強力な kyóryoku na; (: plant)
よく茂った yokù shigéttà

vile [vail] *adj* (evil: action) 下劣な geré-
tsu na; (: language) 下品な gehiñ na; (un-
pleasant: smell, weather, food, temper)
ひどい hidoî

villa [vil'ə] *n* (country house) 別荘 bessō;
(suburban house) 郊外の屋敷 kōgài no
yashikí

village [vil'idʒ] *n* 村 murá

villager [vil'idʒə:r] *n* 村民 soñmiñ

villain [vil'in] *n* (scoundrel) 悪党 akútō;
(in novel) 悪役 akúyaku; (*BRIT*: crimi-
nal) 犯人 hañnin

vindicate [vin'dikeit] *vt* (person: free
from blame) ...の正しさを立証する ...no
tadashìsa wo risshōsuru; (action: justify)
...が正当である事を立証する ...ga seítō
de arù koto wo risshō suru

vindictive [vindik'tiv] *adj* (person) 執念
深い shūnenbukaî; (action etc) 復しゅう
心による fukúshūshìn ni yoru

vine [vain] *n* (climbing plant) ツル tsurù;
(grapevine) ブドウの木 budó no ki

vinegar [vin'əgə:r] *n* 酢 su

vineyard [vin'jə:rd] *n* ブドウ園 budōen

vintage [vin'tidʒ] *n* (year) ブドウ収穫年
budō shūkakuneñ
♦*cpd* (classic: comedy, performance etc)
典型的な teñkeiteki na

vintage car *n* クラシックカー kura-
shìkku kā

vintage wine *n* 当り年のワイン atári-
doshi no waìn

vinyl [vai'nil] *n* ビニール binírù

viola [vi:ou'lə] *n* (MUS) ビオラ biòra

violate [vai'əleit] *vt* (agreement, peace)
破る yaburù; (graveyard) 汚す kegasù

violation [vaiəlei'ʃən] *n* (of agreement
etc) 違反 ihán

violence [vai'ələns] *n* (brutality) 暴力 bō-
ryòku; (strength) 乱暴 rañbō

violent [vai'ələnt] *adj* (brutal: behavior)
暴力の bōryòku no, 乱暴な rañbō na;
(intense: debate, criticism) 猛烈な mōré-
tsu na

a violent death 変死 heñshi

violet [vai'əlit] *adj* 紫色の murásakiiro
no
♦*n* (color) 紫 murásàki; (plant) スミレ
sumíre

violin [vaiəlin'] *n* バイオリン baíorin

violinist [vaiəlin'ist] *n* バイオリン奏者
baíorinsōsha, バイオリニスト baíorinisu-
to

VIP [vi:aipi:'] *n abbr* (= *very important
person*) 要人 yōjìn, 貴賓 kihín, ブイアイ
ピー buíaipī, ビップ bippù

viper [vai'pə:r] *n* クサリヘビ kusárihebì

virgin [və:r'dʒin] *n* (person) 処女 shojò,
バージン bājìn
♦*adj* (snow, forest etc) 処女... shojò...

virginity [və:rdʒin'əti:] *n* (of person) 処
女 shojò

Virgo [və:r'gou] *n* (sign) 乙女座 otómèza

virile [vir'əl] *adj* 男らしい otőkorashiî

virility [vəril'əti:] *n* (sexual power) 性的
能力 seítekinōryoku; (*fig*: masculine
qualities) 男らしさ otőkorashisà

virtually [və:r'tʃu:əli:] *adv* (almost) 事実
上 jijítsujoð

virtue [və:r'tʃu:] *n* (moral correctness) 徳
tokú, 徳行 tokkō; (good quality) 美徳 bi-
tóku; (advantage) 利点 ritéñ, 長所 chō-

shŏ

by virtue of ...である事で ... de arù ko-tŏ de

virtuosi [vəːrtʃuːou'ziː] npl of **virtuoso**

virtuoso [vəːrtʃuːou'zou] (pl **virtuosos** or **virtuosi**) n 名人 meíjin

virtuous [vəːrtʃuːəs] adj (displaying virtue) 良心的な ryŏshínteki na, 高潔な kŏkétsu na, 敬けんな keíken na

virulent [vir'jələnt] adj (disease) 悪性の akúsei no 危険な kiken na; (actions, feelings) 憎悪に満ちた zŏo ni michíta

virus [vai'rəs] n ウイルス uírusu

visa [viː'zə] n 査証 sashŏ, ビザ bizá

vis-à-vis [viːzaːviː'] prep (compared to) ...と比べて ...to kurábete; (in regard to) ...に関して ...ni kań shite

viscose [vis'kouz] n ビスコース人絹 bisúkōsùjinkeñ, ビスコースレーヨン bisúkōsūrēyòn

viscous [vis'kəs] adj ねばねばした nebáneba shita

visibility [vizəbil'ətiː] n 視界 shikái

visible [viz'əbəl] adj (able to be seen or recognized: also fig) 目に見える me nî mierù

vision [viʒ'ən] n (sight; ability) 視力 shiryŏku; (: sense) 視覚 shikáku; (foresight) ビジョン bijòn; (in dream) 幻影 geñ-ei

visit [viz'it] n (to person, place) 訪問 hŏmon

♦vt (person: US also: visit with) 訪問する hŏmon suru, 訪ねる tazúnerù, ...の所へ遊びに行く ...no tokóro e asóbi ni ikú; (place) 訪問する hŏmon suru, 訪ねる tazúnerù

visiting hours [viz'itiŋ-] npl (in hospital etc) 面会時間 meñkaijikan

visitor [viz'itəːr] n (person who has invited) 客 kyakú; (tourist) 観光客 kañkŏkyàku

visor [vai'zəːr] n (of helmet etc) 面 meñ; (of cap etc) ひさし hisáshi; (AUT: also: sun visor) 日よけ hiyóke

vista [vis'tə] n (view) 景色 keshíki

visual [viʒ'uːəl] adj (arts etc) 視覚の shikáku no

visual aid n 視覚教材 shikákukyōzai

visual display unit n モニター monítā, ディスプレー disúpurē

visualize [viʒ'uːəlaiz] vt (picture, imagine) 想像する sŏzŏ suru

vital [vait'əl] adj (essential, important, crucial) 重要な jŭyŏ na; (full of life: person) 活発な kappátsu na; (necessary for life: organ) 生命に必要な seímei ni hitsúyŏ na

vitality [vaitæl'itiː] n (liveliness) 元気 geñki

vitally [vai'təliː] adv: **vitally important** 極めて重要な kiwámète jŭyŏ na

vital statistics npl (of population) 人口動態統計 jińkōdōtaitōkei; (inf: woman's measurements) スリーサイズ surísaizù

vitamin [vai'təmin] n ビタミン bitámin

vivacious [vivei'ʃəs] adj にぎやかな nigíyàka na

vivid [viv'id] adj (clear: description, memory) 鮮明な seímei na; (bright: color, light) 鮮やかな azáyàka na; (imagination) はつらつとした hatsúratsu to shitá

vividly [viv'idliː] adv (describe) 目に見える様に me nî mierù yŏ ni; (remember) はっきりと hakkírì to

vivisection [vivisek'ʃən] n 生体解剖 seítaikaibō

V-neck [viː'nek] n (also: **V-neck jumper/pullover**) Vネックセーター buínekkusētā

vocabulary [voukæb'jəleːriː] n (words known) 語い goî

vocal [vou'kəl] adj (of the voice) 声の kóè no; (articulate) はっきり物を言う hakkírì monó wo iú

vocal c(h)ords npl 声帯 seítai

vocation [voukei'ʃən] n (calling) 使命感 shiméikan; (chosen career) 職業 shoku-gyŏ

vocational [voukei'ʃənəl] adj (training etc) 職業の shokugyŏ no

vociferous [vousif'əːrəs] adj (protesters, demands) やかましい yakámashii, しつこい shitsúkoí

vodka [vɑd'kə] n ウォッカ uókkà

vogue [voug] n 流行 ryŭkŏ

in vogue 流行して ryūkṓ shite

voice [vɔis] *n* (of person) 声 koè
♦*vt* (opinion) 表明する hyṓmei suru

void [vɔid] *n* (emptiness) 空虚 kūkyò;
(hole) 穴 aná, 空間 kū́kan
♦*adj* (invalid) 無効の mukṓ no; (empty):
void of ...が全くない ...ga mattáku naì

volatile [vɑːˈlətəl] *adj* (liable to change:
situation) 不安定な fuántei na; (: person)
気まぐれな kimágure na; (: liquid) 揮発
性の kihátsusei no

volcanic [vɑːlkænˈik] *adj* (eruption) 火山
の kazán no; (rock etc) 火山性の kazán-
sei no

volcano [vɑːlkeiˈnou] (*pl* **volcanoes**) *n* 火
山 kazán

volition [vouliˈʃən] *n*: *of one's own
volition* 自発的に jihátsuteki ni, 自由意
志で jiyū́ishì de

volley [vɑːˈlˈiː] *n* (of stones etc) 一斉に投
げられる ... isséi ni nagérareru ...; (of
questions etc) 連発 reńpatsu; (TENNIS
etc) ボレー borě
a volley of gunfire 一斉射撃 isséisha-
gèki

volleyball [vɑːˈlˈiːbɔːl] *n* バレーボール ba-
rébōrù

volt [voult] *n* ボルト borúto

voltage [voulˈtidʒ] *n* 電圧 deń-atsu

voluble [vɑːˈlˈjəbəl] *adj* (person) 口達者な
kuchídasshà na; (speech etc) 流ちょうな
ryūchṓ na

volume [vɑːˈlˈjuːm] *n* (space) 容積 yōséki;
(amount) 容量 yōryṓ; (book) 本 hoñ;
(sound level) 音量 oñryō, ボリューム bo-
ryū́mu
Volume 2 第2巻 daínikan

voluminous [vɑluˈminəs] *adj* (clothes)
だぶだぶの dabúdabu no; (correspon-
dence, notes) 大量の taíryō no, 多数の ta-
sū̀ no

voluntarily [vɑːlənterˈiːliː] *adv* (willing-
ly) 自発的に jihátsuteki ni, 自由意志でji-
yū́ishi de

voluntary [vɑːˈlənteriː] *adj* (willing,
done willingly: exile, redundancy) 自発
的な jihátsuteki na, 自由意志による jiyū́-
ishi ni yoru; (unpaid: work, worker) 奉仕

の hōshî no

volunteer [vɑːləntiːˈr] *n* (unpaid helper)
奉仕者 hōshísha, ボランティア borántia;
(to army etc) 志願者 shigánshà
♦*vt* (information) 自発的に言う jihátsu-
teki ni iú, 提供する teíkyō suru
♦*vi* (for army etc) ...への入隊を志願する
...e no nyū́tai wo shigàn suru
to volunteer to do ...しようと申出る
...shiyṓto mōshíderu

voluptuous [vəlʌpˈtʃuːəs] *adj* (m o v e-
ment, body, feeling) 官能的な kaǹnṓteki
na, 色っぽい iróppoi

vomit [vɑːmˈit] *n* 吐いた物 haíta monó,
反吐 hedò
♦*vt* 吐く hakù
♦*vi* 吐く hakù

vote [vout] *n* (method of choosing) 票決
hyṓketsu; (indication of choice, opinion)
投票 tṓhyō; (votes cast) 投票数 tṓhyōsū;
(*also*: *right to vote*) 投票権 tṓhyōkèn
♦*vt* (elect): *to be voted chairman etc*
座長に選出される zachṓ ni señshutsu sa-
réru; (propose): *to vote that* ...という事
を提案する ...to iú koto wo teían suru
♦*vi* (in election etc) 投票する tṓhyō suru
vote of thanks 感謝決議 kańshaketsu-
gì

voter [vouˈtər] *n* (person voting) 投票者
tṓhyōshà; (person with right to vote) 有
権者 yū́kenshà

voting [vouˈtiŋ] *n* 投票 tṓhyō

vouch for [vautʃ-] *vt fus* (person, qual-
ity etc) 保証する hoshṓ suru

voucher [vauˈtʃɔːr] *n* (for meal: *also*:
luncheon voucher) 食券 shokkén; (with
petrol, cigarettes etc) クーポン kū́pon;
(*also*: **gift voucher**) ギフト券 gifùtokeñ

vow [vau] *n* 誓い chikái
♦*vt*: *to vow to do/that* ...する事[...だと
いう事]を誓う ...surú koto[...da to iú
koto]wo chikáu

vowel [vauˈəl] *n* 母音 boín

voyage [vɔiˈidʒ] *n* (journey: by ship,
spacecraft) 旅 tabí, 旅行 ryokṓ

V-sign [viːˈsain] (*BRIT*) *n* Vサイン buí-
sain◇手の甲を相手に向けると軽べつの
サイン；手のひらを向けると勝利のサイ

ン て no kō wo aíte ni mukéru to keíbe-
tsu no saín; te nó hirà wo mukéru to
shōrí no saín

vulgar [vʌl'gəːr] *adj* (rude: remarks, ges-
tures, graffiti) 下品な gehín na; (in bad
taste: decor, ostentation) 野暮な yabó na

vulgarity [vʌlgær'iti:] *n* (rudeness) 下 品
な言葉 gehín na kotóba; (ostentation) 野
暮ったい事 yabóttaì kotó

vulnerable [vʌl'nəːrəbəl] *adj* (person,
position) やられやすい yaráreyasuì, 無防
備な mubóbì na

vulture [vʌl'tʃəːr] *n* ハゲタカ hagétaka

W

wad [wɑːd] *n* (of cotton wool, paper) 塊
katámari; (of banknotes etc) 束 tabà

waddle [wɑːd'əl] *vi* (duck, baby) よちよ
ち歩く yochíyochi arúkù; (fat person) よ
たよた歩く yotáyota arúkù

wade [weid] *vi*: **to wade through**
(water) ...の中を歩いて通る ...no nakà
wo arúite tōrù; (*fig*: a book) 苦労して読
む kurō shité yomù

wafer [wei'fəːr] *n* (biscuit) ウエハース u-
éhāsu

waffle [wɑː'fəl] *n* (CULIN) ワッフル
waffuru; (empty talk) 下らない話 kudá-
ranai hanáshi
♦*vi* (in speech, writing) 下らない話をす
る kudáranai hanáshi wo suru

waft [wæft] *vt* (sound, scent) 漂わせる
tadáyowaseru
♦*vi* (sound, scent) 漂う tadáyou

wag [wæg] *vt* (tail, finger) 振る furù
♦*vi*: **the dog's tail was wagging** イヌ
はしっぽを振っていた inù wà shippó wo
futté ità

wage [weidʒ] *n* (*also*: **wages**) 賃金 chíngin,
給料 kyūryō
♦*vt*: **to wage war** 戦争をする seńsō wo
suru

wage earner [-əːr'nəːr] *n* 賃金労働者
chínginrōdōshà

wage packet *n* 給料袋 kyūryobukùro

wager [wei'dʒəːr] *n* かけ kakě

waggle [wæg'əl] *vt* (hips) 振る furù; (eye-
brows etc) ぴくぴくさせる pikùpiku sa-
séru

wag(g)on [wæg'ən] *n* (*also*: **horse-
drawn wag(g)on**) 荷馬車 nibáshà;
(*BRIT*: RAIL) 貨車 kashà

wail [weil] *n* (of person) 泣き声 nakígoè;
(of siren etc) うなり unári
♦*vi* (person) 泣き声をあげる nakígoè wo
agéru; (siren) うなる unarù

waist [weist] *n* (ANAT, *also* of clothing)
ウエスト uésuto

waistcoat [weist'kout] (*BRIT*) *n* チョッ
キ chókki, ベスト besùto

waistline [weist'lain] *n* (of body) 胴回り
dōmawàri, ウエスト uésuto; (of gar-
ment) ウエストライン uésùtoraìn

wait [weit] *n* (interval) 待ち時間 machí
jikan
♦*vi* 待つ matsù
to lie in wait for ...を待伏せする ...wo
machíbuse suru
I can't wait to (*fig*) 早く...したい hayá-
ku ...shitái
to wait for someone/something ...を
待つ ...wo matsu

wait behind *vi* 居残って待つ inokotte
matsù

waiter [wei'təːr] *n* (in restaurant etc) 給
什 kyūū, ウエーター uétà, ボーイ bōi

waiting [wei'tiŋ] *n*: '**no waiting**' (*BRIT*:
AUT) 停車禁止 teísha kińshi

waiting list *n* 順番待ちの名簿 juńban-
machi no meíbo

waiting room *n* (in surgery, railway
station) 待合室 machíaìshitsu

wait on *vt fus* (people in restaurant)
...に給仕する ...ni kyūji suru

waitress [wei'tris] *n* ウエートレス uétò-
resu

waive [weiv] *vt* (rule) 適用するのをやめ
る tekíyō suru no wo yaméru; (rights
etc) 放棄する hōki suru

wake [weik] (*pt* **woke** *or* **waked**, *pp*
woken *or* **waked**) *vt* (*also*: **wake up**) 起
す okósù
♦*vi* (*also*: **wake up**) 目が覚める me gá
samérù

♦*n* (for dead person) 通夜 tsuyà, tsúya; (NAUT) 航跡 kōseki

waken [wei'kən] *vt, vi* = **wake**

Wales [weilz] *n* ウェールズ uérùzu

the Prince of Wales プリンスオブウェ ールズ puríñsu obu uérùzu

walk [wɔ:k] *n* (hike) ハイキング haíkin-gu; (shorter) 散歩 sañpo; (gait) 歩調 ho-chō; (in park, along coast etc) 散歩道 sañpomichi, 遊歩道 yūhodō

♦*vi* (go on foot) 歩く arúkù; (for plea-sure, exercise) 散歩する sañpo suru

♦*vt* (distance) 歩く arúkù; (dog) 散歩に 連れて行く sañpo ni tsuréte ikú

10 minutes' walk from here ここから 徒歩で10分の所に kokó karà tohò do juppùn no tokóro ni

people from all walks of life あらゆ る身分の人々 aráyurù mibùn no hitóbìto

walker [wɔ:k'ə:r] *n* (person) ハイカー haí-kā

walkie-talkie [wɔ:'ki:tɔ:'ki:] *n* トランシ ーバー toráñshībà

walking [wɔ:'kiŋ] *n* ハイキング haíkingu

walking shoes *npl* 散歩靴 sañpogutsu

walking stick *n* ステッキ sutékkì

walk out *vi* (audience) 出て行く detè i-kú; (workers) ストライキをする sutóraì-ki wo suru

walkout [wɔ:k'aut] *n* (of workers) スト ライキ sutóraìki

walk out on (*inf*) *vt fus* (family etc) 見 捨てる misúteru

walkover [wɔ:k'ouvə:r] (*inf*) *n* (competi-tion, exam etc) 朝飯前 asámeshimaè

walkway [wɔ:k'wei] *n* 連絡通路 refíra-kutsūrò

wall [wɔ:l] *n* (*gen*) 壁 kabé; (city wall etc) 城壁 jōheki

walled [wɔ:ld] *adj* (city) 城壁に囲まれた jōheki ni kakómareta; (garden) 塀をめぐ らした heí wo megúrashita

wallet [wɑ:l'it] *n* 札入れ satsúire, 財布 saífu

wallflower [wɔ:l'flauə:r] *n* ニオイアラセ イトウ niốiaraseitō

to be a wallflower (*fig*) だれもダンス の相手になってくれない darè mo dañsu no aíte ni nattè kurénai, 壁の花である kabé no hana de arù

wallop [wɑ:l'əp] (*inf*) *vt* ぶん殴る buñna-guru

wallow [wɑ:l'ou] *vi* (animal: in mud, water) ころげ回る korógemawarù; (per-son: in sentiment, guilt) ふける fukérù

wallpaper [wɔ:l'peipə:r] *n* 壁紙 kabéga-mi

♦*vt* (room) …に壁紙を張る …ni kabéga-mi wo harú

wally [wɑ:l'i:] (BRIT: *inf*) *n* ばか bakà

walnut [wɔ:l'nʌt] *n* (nut) クルミ kurúmi; (*also*: **walnut tree**) クルミの木 kurúmi no ki; (wood) クルミ材 kurúmizaì

walrus [wɔ:l'rəs] (*pl* **walrus** *or* **walruses**) *n* セイウチ sefuchì

waltz [wɔ:lts] *n* (dance, MUS) 円舞曲 eñ-bukyòku, ワルツ warùtsu

♦*vi* (dancers) ワルツを踊る warùtsu wo odóru

wan [wɑ:n] *adj* (person, complexion) 青 白い aójiroi; (smile) 悲しげな kanáshige nà

wand [wɑ:nd] *n* (*also*: **magic wand**) 魔法 の棒 mahō no bố

wander [wɑ:n'də:r] *vi* (person) ぶらぶら 歩く buràbura arúkù; (attention) 散漫に なる safíman ni narù; (mind, thoughts: here and there) さまよう samáyoù; (: to specific topic) 漂う tadáyoù

♦*vt* (the streets, the hills etc) …をぶらぶ ら歩く …wo burùbura arúku

wane [wein] *vi* (moon) 欠ける kakérù; (enthusiasm, influence etc) 減る herú

wangle [wæŋ'gəl] (*inf*) *vt* うまい具合に 獲得する umái guái ni kakútoku suru

want [wɑ:nt] *vt* (wish for) 望む nozómu, …が欲しい …ga hoshì; (need, require) …が必要である …ga hitsúyō de arù

♦*n: for want of* …がないので …ga naì no de

to want to do …したい …shitái

to want someone to do something …に…してもらいたい …ni …shitè morai-taì

wanted [wɑ:nt'id] *adj* (criminal etc) 指名 手配中の shiméitehàichū no 「*wanted*」(in advertisements) 求む motómù

wanting [wɑːnˈtiŋ] *adj*: **to be found wanting** 期待を裏切る kitái wo urágirù

wanton [wɑːnˈtən] *adj* (gratuitous) 理由のない riyû no naî; (promiscuous) 浮気な uwáki na

wants [wɑːnts] *npl* (needs) 必要とする物 hitsúyō to suru monó, ニーズ nízù

war [wɔːr] *n* 戦争 seńsō
    to make war (on) (*also fig*) ...と戦う ...to tatákau

ward [wɔːrd] *n* (in hospital) 病棟 byốtō, (POL) 区 ku; (LAW: child: *also*: **ward of court**) 被後見人 hikốkennin

warden [wɔːrˈdən] *n* (of park, game reserve, youth hostel) 管理人 kańrinin; (of prison etc) 所長 shochố; (*BRIT*: *also*: **traffic warden**) 交通監視官 kōtsûkanshikan

warder [wɔːrˈdəːr] *n* (*BRIT*) 看守 kańshu

ward off *vt* (attack, enemy) 食止める kuftomerù; (danger, illness) 防ぐ fuségù

wardrobe [wɔːrˈdroub] *n* (for clothes) 洋服だんす yốfukudansu; (collection of clothes) 衣装 ishố; (CINEMA, THEATER) 衣装部屋 ishốbeya

warehouse [weːrˈhaus] *n* 倉庫 sōko

wares [weːrz] *npl* 商品 shốhin, 売物 urímono

warfare [wɔːrˈfeːr] *n* 戦争 seńsō

warhead [wɔːrˈhed] *n* 弾頭 dańtō

warily [weːrˈiliː] *adv* 用心深く yōjínbukakù

warlike [wɔːrˈlaik] *adj* (nation) 好戦的な kốsenteki na; (appearance) 武装した busốshita

warm [wɔːrm] *adj* (meal, soup, day, clothes etc) 暖かい atátakaî; (thanks) 心からの kokóro kara no; (applause, welcome) 熱烈な netsúretsu na; (person, heart) 優しい yasáshii, 温情のある ońjō no arù
    it's warm (just right) 暖かい atátakaî; (too warm) 暑い atsúi
    I'm warm 暑い atsúi
    warm water ぬるま湯 murúmayù

warm-hearted [wɔːrmˈhɑːrˈtid] *adj* 心の優しい kokóro no yasáshii

warmly [wɔːrmˈliː] *adv* (applaud, welcome) 熱烈に netsúretsu ni
    to dress warmly 厚着する atsúgi suru

warmth [wɔːrmθ] *n* (heat) 暖かさ atátakasa; (friendliness) 温かみ atátakami

warm up *vi* (person, room, soup, etc) 暖まる atátamarù; (weather) 暖かくなる atátakaku narù; (athlete) 準備運動をする juńbiundō wo suru, ウォーミングアップする uốminguappù suru
    ♦*vt* (hands etc) 暖める atátamerù; (engine) 暖気運転する dańkiuńten suru

warn [wɔːrn] *vt* (advise): **to warn someone of/that** ...に...があると〔...だと〕警告する ...ni ...ga arù to 〔...da to〕keíkoku suru
    to warn someone not to do ...に...しないよう警告する ...ni ...shinái yō keíkoku suru

warning [wɔːrˈniŋ] *n* 警告 keíkoku

warning light *n* 警告灯 keíkokutō

warning triangle *n* (AUT) 停止表示板 teíshihyōjiban

warp [wɔːrp] *vi* (wood etc) ゆがむ yugámu
    ♦*vt* (*fig*: character) ゆがめる yugámeru

warrant [wɔːrˈənt] *n* (voucher) 証明書 shốmeïsho; (LAW: for arrest) 逮捕状 taíhojō; (: search warrant) 捜索令状 sốsakureijō

warranty [wɔːrˈəntiː] *n* (guarantee) 保証 hoshố

warren [wɔːrˈən] *n* (*also*: **rabbit warren**) ウサギ小屋 uságigoya; (*fig*: of passages, streets) 迷路 meíro

warrior [wɔːrˈiːəːr] *n* 戦士 seńshi

Warsaw [wɔːrˈsɔː] *n* ワルシャワ warúshawa

warship [wɔːrˈʃip] *n* 軍艦 guńkan

wart [wɔːrt] *n* いぼ ibó

wartime [wɔːrˈtaim] *n*: **in wartime** 戦時中 seńjichū

wary [weːrˈiː] *adj* 用心深い yōjinbukaî

was [wʌz] *pt of* **be**

wash [wɔːʃ] *vt* (*gen*) 洗う aráu; (clothes etc) 洗濯する seńtaku suru

♦*vi* (person) 手を洗う te wŏ aráu; (sea etc): *to wash over/against something* ...に打寄せる ...ni uchíyoseru, ...を洗う ...wo aráu

♦*n* (clothes etc) 洗濯物 señtakumono; (washing program) 洗い arái; (of ship) 航跡の波 kŏseki no namí

to have a wash 手を洗う te wŏ aráu

to give something a wash ...を洗う ...wo aráu

washable [wɔːʃ'əbəl] *adj* 洗濯できる señtaku dekirù

wash away *vt* (stain) 洗い落す araiotosu; (subj: flood, river etc) 流す nagasu

washbasin [wɔːʃ'beisin] (*US also*: **washbowl**) *n* 洗面器 señmeñki

washcloth [wɔːʃ'klɔːθ] (*US*) *n* (face cloth) フェースタオル fḗsutaorù

washer [wɔːʃ'əːr] *n* (TECH: metal) 座金 zagáne, ワッシャー wasshǎ; (machine) 洗濯機 señtakuki

washing [wɔːʃ'iŋ] *n* (dirty, clean) 洗濯物 señtakumono

washing machine *n* 洗濯機 señtakuki

washing powder (*BRIT*) *n* 洗剤 señzai

washing-up [wɔːʃ'iŋʌp'] (*BRIT*) *n* (action) 皿洗い saráarai; (dirty dishes) 汚れた皿 yogóretà sará

washing-up liquid (*BRIT*) *n* 台所用洗剤 daídokoroyŏ senzai

wash off *vi* 洗い落される aráiotosáreru

wash-out [wɔːʃ'aut] (*inf*) *n* (failed event) 失敗 shippái

washroom [wɔːʃ'ruːm] (*US*) *n* お手洗い o-téarài

wash up *vi* (*US*) 手を洗う te wŏ aráu; (*BRIT*) 皿洗いをする saráarài wo suru

wasn't [wʌz'ənt] = **was not**

wasp [wɑːsp] *n* アシナガバチ ashínagabàchi ◇スズメバチなど肉食性のハチの総称 suzúmebàchi nado nikúshokuseì no hachi no sŏshō

wastage [weis'tidʒ] *n* (amount wasted, loss) 浪費 rŏhi

natural wastage 自然消耗 shizénshōmō

waste [weist] *n* (act of wasting: life, money, energy, time) 浪費 rŏhi; (rubbish)

廃棄物 haíkibutsu; (*also*: **household waste**) ごみ gomí

♦*adj* (material) 廃棄の haíki no; (left over) 残り物の nokórimono no; (land) 荒れた aréta

♦*vt* (time, life, money, energy) 浪費する rŏhi suru; (opportunity) 失う ushínau, 逃す nogásu

to lay waste (destroy: area, town) 破壊する hakái suru

waste away *vi* 衰弱する suíjaku suru

waste disposal unit (*BRIT*) *n* ディスポーザー disúpōzā

wasteful [weist'fəl] *adj* (person) 無駄使いの多い mudázukai no ŏi; (process) 不経済な fukéizai na

waste ground (*BRIT*) *n* 空き地 akíchi

wastepaper basket [weist'peipəːr-] *n* くずかご kuzúkàgo

waste pipe *n* 排水管 haísuìkan

wastes [weists] *npl* (area of land) 荒れ野 aréno

watch [wɑːtʃ] *n* (*also*: **wristwatch**) 腕時計 udédokeì; (act of watching) 見張り mihári; (vigilance) 警戒 keíkai; (group of guards: MIL, NAUT) 番兵 bañpei; (NAUT: spell of duty) 当直 tŏchoku, ワッチ watchì

♦*vt* (look at: people, objects, TV etc) 見る míru; (spy on, guard) 見張る miháru; (be careful of) ...に気を付ける ...ni ki wŏ tsukerù

♦*vi* (look) 見る míru; (keep guard) 見張る miháru

watchdog [wɑːtʃ'dɔːg] *n* (dog) 番犬 bañken; (*fig*) 監視者 kañshisha, お目付け役 o-métsukeyaku

watchful [wɑːtʃ'fəl] *adj* 注意深い chúibukaì

watchmaker [wɑːtʃ'meikəːr] *n* 時計屋 tokéiya

watchman [wɑːtʃ'mən] (*pl* **watchmen**) *see* **night**

watch out *vi* 気を付ける ki wŏ tsukerù, 注意する chūi suru

watch out! 危ない! abúnai!

watch strap *n* 腕時計のバンド udédokeì no bañdo

water [wɔː'təːr] n (cold) 水 mizú; (hot) (お) 湯 (o)yú
♦vt (plant) ...に 水 をやる ...ni mizú wo yarú
♦vi (eyes) 涙 が出る namída ga derú; (mouth) よだれが出る yodáre ga derú
in British waters 英国領海に〔で〕 eíkokuryōkái ni〔de〕

water cannon n 放水砲 hōsuihō

water closet (BRIT) n トイレ toíre

watercolor [wɔː'təːrkʌləːr] n (picture) 水彩画 suísaiga

watercress [wɔː'təːrkres] n クレソン kuréson

water down vt (milk etc) 水で薄める mizú de usúmeru; (fig: story) 和らげる yawáragerù

waterfall [wɔː'təːrfɔːl] n 滝 takí

water heater n 湯沸器 yuwákashikí

watering can [wɔː'təːriŋ-] n じょうろ jōrō

water level n 水位 suíi

water lily n スイレン suíren

waterline [wɔː'təːrlain] n (NAUT) 喫水線 kíssuísen

waterlogged [wɔː'təːrlɔːgd] adj (ground) 水浸しの mizúbitashi no

water main n 水道本管 suídohonkan

watermelon [wɔː'təːrmelən] n スイカ suíka

waterproof [wɔː'təːrpruːf] adj (trousers, jacket etc) 防水の bōsui no

watershed [wɔː'təːrʃed] n (GEO: natural boundary) 分水界 bunsuikaí; (: high ridge) 分水嶺 bunsuírei; (fig) 分岐点 bunkíten

water-skiing [wɔː'təːrskiːiŋ] n 水上スキー suíjōsukí

watertight [wɔː'təːrtait] adj (seal) 水密の suímitsu no

waterway [wɔː'təːrwei] n 水路 suíro

waterworks [wɔː'təːrwəːrks] n (building) 浄水場 jōsuijō

watery [wɔː'təːriː] adj (coffee) 水っぽい mizúppoì; (eyes) 涙ぐんだ namídagundà

watt [wɑːt] n ワット wattó

wave [weiv] n (of hand) 一振り hitófuri; (on water) 波 namí; (RADIO) 電波 denpá; (in hair) ウェーブ uébù; (fig: surge) 高まり takámarì, 急増 kyūzō
♦vi (signal) 手を振る te wò furù; (branches, grass) 揺れる yuréru; (flag) なびく nabíkù
♦vt (hand, flag, handkerchief) 振る furù; (gun, stick) 振回す furímawasù

wavelength [weiv'leŋkθ] n (RADIO) 波長 hachō
on the same wavelength (fig) 気が合って ki gà attè

waver [wei'vəːr] vi (voice) 震える furúeru; (love) 揺らぐ yurágu; (person) 動揺する dōyō suru
his gaze did not waver 彼は目を反らさなかった kárè wa mé wò sorásanakattà

wavy [wei'viː] adj (line) くねくねした kunékune shita; (hair) ウェーブのある uébù no aru

wax [wæks] n (polish, for skis) ワックス wakkùsu; (also: earwax) 耳あか mimíakā
♦vt (floor, car, skis) ...にワックスを掛ける ...ni wakkùsu wo kakérù
♦vi (moon) 満ちる michírù

waxworks [wæks'wəːrks] npl (models) ろう人形 rōníngyō
♦n (place) ろう人形館 rōníngyōkan

way [wei] n (route) ...へ 行く道 ...e ikú michí; (path) 道 michí; (access) 出入口 deíriguchi (distance) 距離 kyórì; (direction) 方向 hōkō; (manner, method) 方法 hōhō; (habit) 習慣 shúkan
which way? - this way どちらへ？-こちらへ dochíra é? -kochíra e
on the way (en route) 途中で tochū de
to be on one's way 今向かっている imá mukátte irù, 今途中である imá tochū de arù
to be in the way (also fig) 邪魔である jamá de arù
to go out of one's way to do something わざわざ...する wazàwaza ...suru
under way (project etc) 進行中で shiñkōchū de
to lose one's way 道に迷う michí ni mayóù

in a way ある意味では arù imì de wa

in some ways ある面では arù men de wa

no way! (*inf*) 絶対に駄目だ zettái ni damé dà

by the way ... ところで tokóro dè

「*way in*」(*BRIT*) 入口 iríguchi

「*way out*」(*BRIT*) 出口 degùchi

the way back 帰路 kiró

「*give way*」(*BRIT*: *AUT*) 進路譲れ shiń-ro yuzúre

waylay [weilei'] (*pt*, *pp* **waylaid**) *vt* 待伏せする machíbuse suru

wayward [wei'wə:rd] *adj* (behavior, child) わがままな wagamáma na

W.C. [dʌb'əlju:si:'] (*BRIT*) *n* トイレ toìre

we [wi:] *pl pron* 私たちは(が) watákushi-tàchi wa(ga)

weak [wi:k] *adj* (*gen*) 弱い yowáì; (dollar, pound) 安い yasúì; (excuse) 下手な hetá nà; (argument) 説得力のない settókuryo-ku no naí; (tea) 薄い usúi

weaken [wi:'kən] *vi* (person, resolve) 弱る yowárù; (health) 衰える otóroerù; (influence, power) 劣る otóru

♦*vt* (person, government) 弱くする yo-wákù suru

weakling [wi:k'liŋ] *n* (physically) 虚弱児 kyojákuji; (morally) 骨無し honénashi

weakness [wi:k'nis] *n* (frailty) 弱さ yo-wàsa; (fault) 弱点 jakúteñ

*to have a weakness for ...*に目がない ...ni me gà naí

wealth [welθ] *n* (money, resources) 富 tomí, 財産 zaísan; (of details, knowledge etc) 豊富な hófu na

wealthy [wel'θi:] *adj* (person, family, country) 裕福な yúfùku na

wean [wi:n] *vt* (baby) 離乳させる rinyú saséru

weapon [wep'ən] *n* 武器 bukì

wear [we:r] *n* (use) 使用 shiyó; (damage through use) 消耗 shómō; (clothing): *sportswear* スポーツウェア supótsùuea

♦*vb* (*pt* **wore**, *pp* **worn**)

♦*vt* (shirt, blouse, dress etc) 着る kirú; (hat etc) かぶる kabúrù; (shoes, pants, skirt etc) はく hakù; (gloves etc) はめる

haméru; (make-up) つける tsukérù; (damage: through use) 使い古す tsukái-furusù

♦*vi* (last) 使用に耐える shiyó ni taérù; (rub through etc: carpet, shoes, jeans) すり減る suríheru

babywear 幼児ウェア yójìuea

evening wear イブニングウェア ibúnin-gu ueà

wear and tear *n* 消耗 shómō

wear away *vt* すり減らす suríherasu

♦*vi* (inscription etc) すり減って消える suríhette kíeru

wear down *vt* (heels) すり減らす suríhe-rasu; (person, strength) 弱くする yowá-kù suru, 弱らせる yowáraserù

wear off *vi* (pain etc) なくなる nakúna-ru

wear out *vt* (shoes, clothing) 使い古す tsukáifurusù; (person) すっかり疲れさせる sukkári tsukáresaséru; (strength) なくす nakúsu

weary [wi:r'i:] *adj* (tired) 疲れ果てた tsu-kárehatetà; (dispirited) がっかりした gakkári shita

♦*vi: to weary of ...*に飽きる ...ni akíru

weasel [wi:'zəl] *n* イタチ itáchi

weather [weð'ə:r] *n* 天気 teñki, 天候 teñkō

♦*vt* (storm, crisis) 乗切る noríkirù

under the weather (*fig*: ill) 気分が悪い kibùn ga warúì

weather-beaten [weð'ə:rbi:tən] *adj* (face, skin, building, stone) 風雪に鍛えられた fúsetsu ni kitáeraretà

weathercock [weð'ə:rka:k] *n* 風見鶏 ka-zámidòri

weather forecast *n* 天気予報 teñkiyo-hó

weatherman [weð'ə:rmæn] (*pl* **weath-ermen**) *n* 天気予報係 teñkiyohōgakarì

weather vane [-vein] *n* = **weather-cock**

weave [wi:v] (*pt* **wove**, *pp*. **woven**) *vt* (cloth) 織る orù; (basket) 編む amù

weaver [wi:'və:r] *n* 機織職人 hatáorisho-kunin

weaving [wi:'viŋ] *n* (craft) 機織 hatáori

web [web] n (also: **spiderweb**) クモの巣 kumó no su; (on duck's foot) 水かき mizúkaki; (network, also fig) 網 amí

we'd [wi:d] = we had; we would

wed [wed] (pt, pp **wedded**) vt (marry) ...と結婚する ...to kekkón suru
♦vi 結婚する kekkón suru

wedding [wed'iŋ] n 結婚式 kekkónshiki
silver/golden wedding (anniversary)
銀〔金〕婚式 giń(kiń)kónshiki

wedding day n (day of the wedding) 結婚の日 kekkón no hi; (US: anniversary) 結婚記念日 kekkón kinenbi

wedding dress n 花嫁衣装 hanáyome ishō, ウエディングドレス uédingudoresu

wedding present n 結婚祝い kekkón iwaí

wedding ring n 結婚指輪 kekkón yubíwa

wedge [wedʒ] n (of wood etc) くさび kusábi; (of cake) 一切れ hitókire
♦vt (jam with a wedge) くさびで留める kusábi de toméru; (pack tightly: of people, animals) 押込む oshíkomù

Wednesday [wenz'dei] n 水曜日 suíyōbì

wee [wi:] (SCOTTISH) adj (little) 小さい chiísaì

weed [wi:d] n 雑草 zassó
♦vt (garden) ...の草むしりをする ...no kusámushìri wo suru

weedkiller [wi:d'kilər] n 除草剤 josózaì

weedy [wi:'di:] adj (man) 柔そうな yawásō na

week [wi:k] n 週間 shúkan
a week today/on Friday 来週の今日〔金曜日〕raíshū no kyó(kiń-yōbì)

weekday [wi:k'dei] n (gen, COMM) 平日 heíjitsu, ウイークデー uíkùdē

weekend [wi:k'end] n 週末 shūmátsu, ウイークエンド uíkueǹdo

weekly [wi:k'li:] adv (deliver etc) 毎週 maíshū
♦adj (newspaper) 週刊の shúkan no; (payment) 週払いの shūbarai no; (visit etc) 毎週の maíshū no
♦n (magazine) 週刊誌 shūkanshi; (newspaper) 週刊新聞 shūkanshínbun

weep [wi:p] (pt, pp **wept**) vi (person) 泣く naku

weeping willow [wi:'piŋ-] n シダレヤナギ shidáreyanàgi

weigh [wei] vt ...の重さを計る ...no omósa wo hakáru
♦vi ...の重さは...である ...no omósa wa ...de arù
to weigh anchor いかりを揚げる ikári wo agéru

weigh down vt (person, pack animal etc) ...の重さで動きが遅くなる ...no omósa de ugóki ga osóku narù; (fig: with worry): *to be weighed down* ...で沈み込む ...de shizúmikomu

weight [weit] n (metal object) 重り omóri; (heaviness) 重さ omósa
to lose/put on weight 体重が減る〔増える〕taíjū ga herú(fuerù)

weighting [wei'tiŋ] (BRIT) n (allowance) 地域手当 chíikiteaté

weightlifter [weit'liftər] n 重量挙げ選手 júryōàge seńshu

weighty [wei'ti:] adj (heavy) 重い omóì; (important: matters) 重大な júdai na

weigh up vt (person, offer, risk) 評価する hyóka suru

weir [wi:r] n せき sekí

weird [wi:rd] adj 奇妙な kimyó na

welcome [wel'kəm] adj (visitor, suggestion, change) 歓迎すべき kangeisubeki; (news) うれしい ureshii
♦n 歓迎 kaṅgei
♦vt (visitor, delegation, suggestion, change) 歓迎する kaṅgei suru; (be glad of: news) うれしく思う uréshikù omóù
thank you - you're welcome! どうも有難う どういたしまして dōmò arígàtò - dō itáshimashitè

weld [weld] n 溶接 yósetsu
♦vt 溶接する yósetsu suru

welfare [wel'fe:r] n (well-being) 幸福 kófuku, 福祉 fukúshì; (social aid) 生活保護 seíkatsuhogò

welfare state n 福祉国家 fukúshikokkà

welfare work n 福祉事業 fukúshijigyò

well [wel] n (for water) 井戸 idò; (also: **oil well**) 油井 yuséi

◆*adv* (to a high standard, thoroughly: *also* for emphasis with adv, adj or prep phrase) よく yokù

◆*adj: to be well* (person: in good health) 元気である geñkì de árù

◆*excl* そう、ねえ sō、nē

as well (in addition) も mo

as well as (in addition to) …の外に …no hoká ni

well done! よくやった yokù yattá

get well soon! 早く治ります様に hayà-ku naórimasu yō nì、お大事に o-dáiji ni

to do well (person) 順調である juñchō de arù; (business) 繁盛する hañjō suru

we'll [wi:l] = **we will; we shall**

well-behaved [welbiheivd'] *adj* (child, dog) 行儀の良い gyōgi no yoí

well-being [wel'bi:'iŋ] *n* 幸福 kōfuku、福祉 fukúshi

well-built [wel'bilt'] *adj* (person) 体格の良い taíkaku no yoí

well-deserved [wel'dizə:rvd'] *adj* (success, prize) 努力相応の doryòkusōō no

well-dressed [wel'drest'] *adj* 身なりの良い minári no yoí

well-heeled [wel'hi:ld'] (*inf*) *adj* (wealthy) 金持の kanémochì no

wellingtons [wel'iŋtənz] *npl* (*also:* **wellington boots**) ゴム長靴 gomúnagagutsu

well-known [wel'noun'] *adj* (famous: person, place) 有名な yūmei na

well-mannered [wel'mæn'ə:rd] *adj* 礼儀正しい reígitádashiì

well-meaning [wel'mi:'niŋ] *adj* (person) 善意の zeñ-i no; (offer etc) 善意に基づく zeñ-i ni motózukù

well-off [wel'ɔ:f'] *adj* (rich) 金持の kanémochì no

well-read [wel'red'] *adj* 博学の hakúga-ku no

well-to-do [wel'tədu:'] *adj* 金持の kanémochì no

well up *vi* (tears) こみ上げる komíageru

well-wisher [wel'wiʃə:r] *n* (friends, admirers) 支持者 shijísha、ファン fañ

Welsh [welʃ] *adj* ウェールズの uéruzu no; (LING) ウェールズ語の uéruzugo no

◆*n* (LING) ウェールズ語 uéruzugo

Welsh *npl: the Welsh* ウェールズ人 uéruzujin

Welshman/woman [welʃ'mən/wumən] (*pl* **Welshmen/women**) *n* ウェールズ人の男性〔女性〕uéruzujin no dañsei〔joséi〕

Welsh rarebit [-re:r'bit] *n* チーズトースト chīzùtōsùto

went [went] *pt of* **go**

wept [wept] *pt, pp of* **weep**

we're [wi:r] = **we are**

were [wə:r] *pt of* **be**

weren't [wə:r'ənt] = **were not**

west [west] *n* (direction) 西 nishí; (part of country) 西部 seíbu

◆*adj* (wing, coast, side) 西の nishí no、西側の nishígawa no

◆*adv* (to/towards the west) 西へ nishí e

west wind 西風 nishíkaze

West *n: the West* (POL: US plus western Europe) 西洋 seíyō

West Country: *the West Country* (*BRIT*) *n* 西部地方 seíbuchihō

westerly [wes'tə:rli:] *adj* (point) 西寄りの nishíyori no; (wind) 西からの nishí ka-ra no

western [wes'tə:rn] *adj* (of the west) 西の nishí no; (POL: of the West) 西洋の seíyō no

◆*n* (CINEMA) 西部劇 seíbugeki

West Germany *n* 西ドイツ nishídoitsu

West Indian *adj* 西インド諸島の nishíindoshotō nò

◆*n* 西インド諸島の人 nishíindoshotō no hitó

West Indies [-in'di:z] *npl* 西インド諸島 nishíindoshotō

westward(s) [west'wə:rd(z)] *adv* 西へ nishí e

wet [wet] *adj* (damp) 湿った shimétta; (wet through) ぬれた nuréta; (rainy: weather, day) 雨模様の amémòyō no

◆*n* (*BRIT*: POL) 穏健派の人 onkénha no hitó

to get wet (person, hair, clothes) ぬれる nuréru

「*wet paint*」ペンキ塗立て peñki nurítate

to be a wet blanket (*fig*) 座を白けさせ

る za wǒ shirákesaseru

wet suit n ウェットスーツ uéttōsūtsu

we've [wiːv] = **we have**

whack [wæk] vt たたく tatákù

whale [weil] n (ZOOL) クジラ kujíra

wharf [wɔːrf] (pl **wharves**) n 岸壁 gañpeki

wharves [wɔːrvz] npl of **wharf**

KEYWORD

what [wʌt] adj **1** (in direct/indirect questions) 何の náñ no, 何... nánî...

what size is it? サイズは幾つですか sáîzu wa íkùtsu desu ká

what color is it? 何色ですか nánî iro desu ká

what shape is it? 形はどうなっていますか katáchi wà dō nattê imásù ká

what books do you need? どんな本がいりますか dóñna hóñ ga irímasù ká

he asked me what books I needed 私にはどんな本がいるかと彼は聞いていました watákushi ni wà dóñna hóñ ga irú kà to kárè wa kiítê imáshìta

2 (in exclamations) 何て... náñte...

what a mess! 何て有様だ náñte aríma ma dà

what a fool I am! 私は何てばかだ watákushi wà náñte báka da

♦pron **1** (interrogative) 何 nánî, 何 náñ

what are you doing? 何をしていますか nánî wo shité imasù ká

what is happening? どうなっていますか dō nattê imásù ká

what's in there? その中に何が入っていますか sonó nakà ni nánî ga háîtte imasu ká

what is it? - it's a tool 何ですか-道具です náñ desu ká - dōgu desu

what are you talking about? 何の話ですか nánî no hanáshî desu ká

what is it called? これは何と言いますか kórè wa náñ to iímasù ká

what about me? 私はどうすればいいんですか watákushi wà dō surèba iíñ desu ká

what about doing ...? ...しませんか ...shimáseñ ká

2 (relative): *is that what happened?* 事件は今話した通りですか jíkèn wa ímà hanáshita tōri desu ká

I saw what you did/was on the table あなたのした事(テーブルにあった物)を見ました anáta no shitá kotǒ(tēburu ni attá monǒ)wo mimáshìta

he asked me what she had said 彼は彼女の言った事を私に尋ねた kárè wa kánòjo no ittá kotǒ wo watákushi nì tazúnetà

tell me what you're thinking about 今何を考えているか教えて下さい ímà nánî wo kañgaete irù ká oshíete kudasai

what you say is wrong あなたの言っている事は間違っています anáta no itté iru kotǒ wà machígattè imásù

♦excl (disbelieving) 何 nánî

what, no coffee! 何, コーヒーがないんだって? nánî, kǒhī gà naíñ datté?

I've crashed the car - what! 車をぶつけてしまった-何? kurúma wò butsúkete shimattà - nánî?

---

whatever [wʌtévːˈəːr] adj: *whatever book* どんな本でも dóñna hóñ de mo

♦pron: *do whatever is necessary/you want* 何でも必要[好き]な事をしなさい nañ de mo hitsúyō(sukí)na koto wò shinásai

whatever happens 何が起っても nanî ga okótte mo

no reason whatever/whatsoever 全く理由がない mattáku riyǔ ga nai

nothing whatever 全く何もない mattáku nanî mo nai

whatsoever [wʌtsouevˈəːr] adj = **whatever**

wheat [wiːt] n 小麦 komúgi

wheedle [wúdˈol] vr: *to wheedle someone into doing something* ...を口車に乗せて...させる ...wo kuchíguruma ni noséte ...sasèru

to wheedle something out of someone 口車に乗せて...を...からだまし取る kuchíguruma ni noséte ...wo ...karà damáshitorù

wheel [wiːl] n (of vehicle etc) 車 kurúma,

車輪 sharín, ホイール hoĩru; (*also:* **steering wheel**) ハンドル handoru; (NAUT) だ輪 darín

♦*vt* (pram etc) 押す osú

♦*vi* (birds) 旋回する senkai suru; (*also:* **wheel round:** person) 急に向き直る kyū ní mukínaorù

wheelbarrow [wi:l'bærou] *n* 一輪車 i-chírìnsha, ネコ車 nekóguruma

wheelchair [wi:l'tʃeːr] *n* 車いす kurúma-isù

wheel clamp *n* (AUT) ◊違反駐車の自動車車輪に付けて走れなくする金具 ihánchūsha no jidóshàsharin ni tsukéte hashírenaku surù kanágu

wheeze [wi:z] *vi* (person) ぜいぜいいう zeízei iú

KEYWORD

when [wen] *adv* いつ ítsù

when did it happen? いつ起ったんですか ítsù okóttaǹ desu ká

I know when it happened いつ起ったかはちゃんと分かっています ítsù okótta kà wa cháǹto wakátté imásù

when are you going to Italy? イタリアにはいつ行きますか itárìa ni wa ítsù ikímasù ká

when will you be back? いつ帰って来ますか ítsù kaétte kimasù ká

♦*conj* **1** (at, during, after the time that) ...する時 ...surú tokì, ...すると ...surú tò, ...したら ...shitárà, ...してから ...shité karà

she was reading when I came in 私が部屋に入った時彼女は本を読んでいました watákushi gà heyá nì háìtta toki kánòjo wa hóǹ wo yóǹde imáshìta

when you've read it, tell me what you think これを読んだらご意見を聞かせて下さい kórè wo yóǹdara go-íkèn wo kikásete kudasaĩ

be careful when you cross the road 道路を横断する時には気を付けてね dốrò wo ốdàn suru tokì ni wa kí wò tsukétè né

that was when I needed you あなたにいて欲しかったのはその時ですよ aná-

tà ni ité hoshikattà no wa sonó tokì desu yố

2: (*on, at which*): *on the day when I met him* 彼に会った日は kárè ni áttà hí wà

one day when it was raining 雨が降っていたある日 áme ga futté ità árù hí

3 (*whereas*): *you said I was wrong when in fact I was right* あなたは私が間違っていると言いましたが、事実は間違っていませんでした anátà wa watákushi gà machígatte irù to iímashita gà, jíjitsu wa machígatte imásen deshìta

why did you buy that when you can't afford it? 金の余裕がないのになぜあれを買ったんですか kané nò yoyú gà náì no ni názè aré wò kattáǹ desu ká

whenever [wenev'əːr] *adv* いつか itsù ka

♦*conj* (any time) ...するといつも... ...surù to itsùmo...; (every time that) ...する度に ...surù tabí ni

where [weːr] *adv* (place, direction) どこ(に、で) dokó (ni, de)

♦*conj* ...の所に〔で〕 ...no tokóro ni〔de〕

this is where ... これは...する所です kórè wa ... surù tokoro desu

whereabouts [weːr'əbauts] *adv* どの辺に donǒ hen ni

♦*n*: *nobody knows his whereabouts* 彼の居場所は不明だ karè no ibásho wa fuméi da

whereas [weːræz'] *conj* ...であるのに対して ...de arù no ni taíshite

whereby [weːrbai'] *pron* それによって sorè ni yottě

whereupon [weːrəpɑːn'] *conj* すると surú to

wherever [weːrev'əːr] *conj* (no matter where) どこに〔で〕...しても dokó ni〔de〕 ...shite mo; (not knowing where) どこに...か知らないが dokó ni ...ká shiranai ga

♦*adv* (interrogative: surprise) 一体全体どこに〔で〕ittái zentai dokó ni〔de〕

wherewithal [weːr'wiθːl] *n* 金 kané

whet [wet] *vt* (appetite) そそる sosóru

whether [weð'əːr] *conj* ...かどうか ...ka dố kà

I don't know whether to accept or not 引受けるべきかどうかは分からない hikifukerubeki kà dố kà wa wakáranài

whether you go or not 行くにしても行かないにしても ikú nì shité mò ikánai nì shité mò

it's doubtful whether he will come 彼はたぶん来ないだろう kárè wa tabùn konài darố

KEYWORD

---

which [witʃ] *adj* **1** (interrogative: direct, indirect) どの dốnò, どちらの dóchìra no

which picture do you want? どちらの絵がいいんですか dóchìra no é gà iíñ desu ká

which books are yours? あなたの本はどれとどれですか anátà no hóñ wa dórè to dórè desu ká

tell me which picture/books you want どの絵〔本〕が欲しいか言って下さい dốnò é〔hóñ〕gà hoshíi kà itté kudasaì

which one? どれ dórè

which one do you want? どれが欲しいんですか dórè ga hoshíiñ desu ká

which one of you did it? あなたたちのだれがやったんですか anátà tachi no dárè ga yattáñ desu ká

2: *in which case* その場合 sonó baài

the train may be late, in which case don't wait up 列車が遅れるかもしれないが、その場合先に寝て下さい résshà ga okúreru ka mò shirénai ga, sonó baài sakí ni neté kudasaì

by which time その時 sonó tokì

we got there at 8 pm, by which time the cinema was full 映画館に着いたのは夜の8時でしたが、もう満席になっていました eigàkan ni tsúìta no wa yórùno hachíjì deshita ga, mố manseki ni nattè imashìta

◆*pron* **1** (interrogative) どれ dórè

which (of these) are yours? どれとどれがあなたの物ですか dórè to dórè ga anátà no monó desù ká

which of you are coming? あなたたちのだれとだれが一緒に来てくれますか anátàtachi no dárè to dárè ga isshò ni

kité kuremasù ká

here are the books/files - tell me which you want 本〔ファイル〕はこれだけありますが、どれとどれが欲しいんですか hóñ〔fáìru〕wa koré dakè arímasù ga, dórè to dórè ga hoshíiñ desu ká

I don't mind which どれでもいいんですよ dórè de mo iíñ desu yố

2 (relative): *the apple which you ate/which is on the table* あなたの食べた〔テーブルにある〕りんご anátà no tábèta〔tẽburu ni árù〕riñgo

the meeting (which) we attended 私たちが出席した会議 watákushitàchi ga shusséki shità kấìgi

the chair on which you are sitting あなたが座っているいす anátà ga suwátte irù ísú

the book of which you spoke あなたが話していた本 anátà ga hanáshite ità hóñ

he said he knew, which is true/I feared 彼は知っていると言ったが、その通りでした〔私の心配していた通りでした〕 kárè wa shitté irù to ittá gà, sonó tòri deshita〔watákushi nò shíñpai shite ita tòri deshita〕

after which その後 sonó atò

---

whichever [witʃev'ə:r] *adj.* take whichever book you prefer どしてもいいから好きな本を取って下さい dóré de mo iì kara sukí nà hon wo tottè kudasai

whichever book you take あなたがどの本を取っても anátà ga dồnò hon wo tottè mo

whiff [wif] *n* (of perfume, gasoline, smoke) ちょっと…のにおいがすること chottð …no niòl ga suru koto

while [wail] *n* (period of time) 間 aida

◆*conj* (at the same time as) …する間 …suru aida; (as long as) …する限りは …surú kagìri wa; (although) …するにもかかわらず …surú nì mo kakáwaràzu

for a while しばらくの間 shibáràku no aída

while away *vt* (time) つぶす tsubúsu

whim [wim] *n* 気まぐれ kimágure

whimper [wim'pə:r] *n* (cry, moan) 哀れ
っぽい泣き声 awáreppoì nakígoè

◆*vi* (child, animal) 哀れっぽいなき声を
出す awáreppoì nakígoè wo dasú

whimsical [wim'zikəl] *adj* (person) 気ま
ぐれな kimágure na; (poem) 奇抜な kibá-
tsu na; (look, smile) 変な heñ na

whine [wain] *n* (of pain) 哀れっぽいなき
声 awáreppoì nakígoè; (of engine, siren)
うなり unári

◆*vi* (person, animal) 哀れっぽいなき声を
出す awáreppoì nakígoè wo dasú;
(engine, siren) うなる unárù; (*fig*: com-
plain) 愚痴をこぼす guchí wo kobósù

whip [wip] *n* (lash, riding whip) むち mu-
chì; (POL) 院内幹事 íñnaikañji

◆*vt* (person, animal) むち打つ muchíu-
tsù; (cream, eggs) 泡立てる awádaterù,
ホイップする hoíppu suru; (move quick-
ly): *to whip something out/off* さっと
取出す〔はずす，脱ぐ〕sattò torídasu
(hazúsu, nugú)

whipped cream [wipt-] *n* ホイップクリ
ーム hoíppukurīmù

whip-round [wip'raund] (*BRIT*) *n* 募金
bokíñ

whirl [wə:rl] *vt* (arms, sword etc) 振回す
furímawasù

◆*vi* (dancers) ぐるぐる回る gurùguru
mawárù; (leaves, water etc) 渦巻く uzú-
makù

whirlpool [wə:rl'pu:l] *n* 渦巻 uzúmàki

whirlwind [wə:rl'wind] *n* 竜巻 tatsúma-
ki

whir(r) [we:r] *vi* (motor etc) うなり uná-
ri

whisk [wisk] *n* (CULIN) 泡立て器 awá-
datekì

◆*vt* (cream, eggs) 泡立てる awádaterù
to whisk someone away/off ...を素早
く連去る ...wo subáyakù tsurésarù

whiskers [wis'kə:rz] *npl* (of animal,
man) ひげ higé

whiskey [wis'ki:] (*BRIT* **whisky**) *n* ウイ
スキー uísukì

whisper [wis'pə:r] *n* (low voice) ささや
き sasáyaki

◆*vi* ささやく sasáyakù

whisper *vt* ささやく sasáyakù

whist [wist] (*BRIT*) *n* ホイスト hoísuto

whistle [wis'əl] *n* (sound) 口笛 kuchíbue;
(object) 笛 fué

◆*vi* (person) 口笛を吹く kuchíbue wo fu-
kù; (bird) ぴーぴーさえずる pípí saézurù;
(bullet) ぴゅーとうなる pyū to unárù;
(kettle) ぴゅーと鳴る pyū to narú

white [wait] *adj* (color) 白い shiróì; (pale:
person, face) 青白い aójiroì; (with fear)
青ざめた aózamèta

◆*n* (color) 白 shirò; (person) 白人 hakújin;
(of egg) 白身 shirómì

white coffee (*BRIT*) *n* ミルク入りコー
ヒー mirúkuirikōhī

white-collar worker [wait'ka:l'ə:r-] *n*
サラリーマン sarárīmàn, ホワイトカラー
howáitokarà

white elephant *n* (*fig*) 無用の長物 mu-
yő no chōbutsu

white lie *n* 方便のうそ hōbèn no usò

white paper *n* (POL) 白書 hakúsho

whitewash [wait'wa:ʃ] *n* (paint) のろ no-
rò ◇石灰，白亜，のりを水に混ぜた塗料
sekkài, hakùa, norí wo mizú ni mazèta
toryő

◆*vt* (building) ...にのろを塗る ...ni norò
wo nurú; (*fig*: happening, career, reputa-
tion) ...の表面を繕う ...no hyőmeñ wo
tsukúroù

whiting [wai'tiŋ] *n inv* (fish) タラ tará

Whitsun [wit'sən] *n* 聖霊降臨節 seírei-
kōriñsetsu

whittle [wit'əl] *vt*: *to whittle away,
whittle down* (costs: reduce) 減らす he-
rásu

whiz(z) [wiz] *vi*: *to whizz past/by* (per-
son, vehicle etc) ぴゅーんと通り過ぎる
byún to tőrisugirù

whiz(z) kid (*inf*) *n* 天才 teñsai

KEYWORD

---

who [hu:] *pron* **1** (interrogative) だれ dá-
rè, どなた dónàta
who is it?, who's there? だれですか
dárè desu ká
who are you looking for? だれを捜し
ているんですか dárè wo sagáshite irúñ

desu ká

I told her who I was 彼女に名乗りま
した kánòjo ni nanórimashīta

*I told her who was coming to the
party* パーティの出席予定者を彼女に知
らせました pāti no shussékiyoteīsha wo
kánòjo ni shirásemashīta

who did you see? だれを見ましたか
dárè wo mimáshīta ká

2 (relative): *my cousin who lives in
New York* ニューヨークに住んでいるい
とこ nyūyòku ni súnde iru itókò

the man/woman who spoke to me 私
に話しかけた男性〔女性〕watákushi nī
hanáshikaketà dañsei〔josēi〕

those who can swim 泳げる人たち oyó-
gerù hitótàchi

whodunit [hu:dʌn'it] (*inf*) *n* 探偵小説 tań-
teishōsètsu

whole [houl] *adj* (entire) 全体の zeñtai
no; (not broken) 無傷の mukìzu no

♦*n* (entire unit) 全体 zeñtai; (all): *the
whole of* 全体の zeñtai no

the whole of the town 町全体 machí-
zeñtai

on the whole, as a whole 全体として
zeñtai toshīte

whole food(s) [houl'fu:d(z)] *n*(*pl*) 無加工
の食べ物 mukákō no tabémonò

wholehearted [houl'ha:r'tid] *adj* (agree-
ment etc) 心からの kokóro kàra no

wholemeal [houl'mi:l] *adj* (bread, flour)
全粒の zeñryù no, 全麦の zeñbaku no

wholesale [houl'seil] *n* (business) 卸 oró-
shi, 卸売 oróshiuri

♦*adj* (price) 卸の oróshi nò; (destruction)
大規模の daíkibò no

♦*adv* (buy, sell) 卸で oróshi dè

wholesaler [houl'seilə:r] *n* 問屋 toń-ya

wholesome [houl'səm] *adj* (food, cli-
mate) 健康に良い keñkō ni yoì; (person)
健全な keñzen na

wholewheat [houl'wi:t] *adj* =
wholemeal

wholly [hou'li:] *adv* (completely) 完全に
kañzen ni

KEYWORD

whom [hu:m] *pron* 1 (interrogative) だれ
を dárè wo, どなたを dónàta wo

whom did you see? だれを見ましたか
dárè wo mimáshīta ká

to whom did you give it? だれに渡し
ましたか dárè ni watáshimashīta ká

tell me from whom you received it
だれに〔から〕それをもらったかを教えて
下さい dárè ni〔kárà〕sorê wò morátta
kà wo oshíete kudasaí

2 (relative): *the man whom I saw/to
whom I spoke* 私が見た〔話し掛けた〕男
性 watákushi gà mítà〔hanáshikaketà〕
dañsei

the lady with whom I was talking 私
と話していた女性 watákushi tò hanáshi-
te itá josēi

whooping cough [wu:'piŋ-] *n* 百日ぜき
hyakúnichizèki

whore [hɔ:r] (*inf*: *pej*) *n* 売女 baíta

KEYWORD

whose [hu:z] *adj* 1 (possessive: interroga-
tive) だれの dárè no, どなたの dónàta no

*whose book is this?, whose is this
book?* これはだれの本ですか korê wá
dárè no hóñ desu ká

whose pencil have you taken? だれの
鉛筆を持って来たんですか dárè no eñpi-
tsu wò motté kitañ desu ká

whose daughter are you? あなたはど
なたの娘さんですか anátà wa dónàta no
musúme-sañ desu ká

I don't know whose it is だれの物か
私には分かりません dárè no monó kà
watákushi ni wà wakárimaseñ

2 (possessive: relative): *the man whose
son you rescued* あなたが助けた子供の
父親 anátà ga tasúketa kodomò no chí-
chīoya

*the girl whose sister you were
speaking to* あなたと話していた女性の
妹 anátà to hanáshite itá josēi no imótò

the woman whose car was stolen 車
を盗まれた女性 kurúma wò nusúmaretà

joséi
♦*pron* だれの物 dáre no monó, どなたの物 dónàta no monó
whose is this? これはだれのですか kórè wa dáre no desu ká
I know whose it is だれの物か知っています dáre no monó kà shitté imasù
whose are these? これらはだれの物ですか korérà wa dáre no monó desù ká

KEYWORD

why [wai] *adv* なぜ náze, どうして dóshìte
why is he always late? どうして彼はいつも遅刻するのですか dóshìte kárè wa ítsùmo chikóku suru nò desu ká
why don't you come too? あなたも来ませんか anátà mo kimásèn ka
I'm not coming - why not? 私は行きません—どうしてですか watákushi wà ikímasèn - dóshìte desu ká
fancy a drink? - why not? 一杯やろうか—いいね íppài yárô ká - íi né
why not do it now? 今すぐやりませんか ímà súgù yarímasèn ka
♦*conj* なぜ náze, どうして dóshìte
I wonder why he said that どうしてそんな事を言ったのかしら dóshìte soñna kotò wo ittá nò kashira
the reason why 理由 riyú
that's not (the reason) why I'm here 私が来たのはそのためじゃありません watákushi gà kitá no wà sonó tamè ja arímaseñ
♦*excl* (expressing surprise, shock, annoyance etc) ◇日本語では表現しない場合が多い nihóngo de wà hyôgen shinaì baái gà ôi
why, it's you! おや, あなたでしたか oyà, anátà deshita ká
why, that's impossible/quite unacceptable! そんな事はできません〔認められません〕 soñna kotò wà dekímaseñ 〔mitómeraremaseñ〕
I don't understand - why, it's obvious! 訳が分かりません—ばかでも分かる事だよ wákè ga wakárimaseñ - bákà de

mo wakárù kotó dà yó

whyever [waiev'ə:r] *adv* 一体なぜ ittai náze

wicked [wik'id] *adj* (crime, man, witch) 極悪の gokúaku no; (smile) 意地悪そうな ijíwarusô na

wickerwork [wik'ə:rwə:rk] *adj* (basket, chair etc) 籐編みの tôami no, 枝編みの edáami no
♦*n* (objects) 籐編み細工品 tôamizaikuhin, 枝編み細工品 edáamizaikuhin

wicket [wik'it] *n* (CRICKET: stumps) 三柱門 sañchūmòn, ウイケット uíkètto; (: grass area) ピッチ pitchī
◇2つのウイケット間のグランド futátsu nò uíkettokàn no gurándo

wide [waid] *adj* (gen) 広い hirôi; (grin) 楽しげな tanóshigè na
♦*adv*: *to open wide* (window etc) 広く開ける hiróku akéru
to shoot wide ねらいを外す nerái wo hazúsu

wide-angle lens [waid'æŋ'gəl-] *n* 広角レンズ kôkaku reñzu

wide-awake [waid'əweik'] *adj* すっかり目が覚めた sukkárì me gà sameta

widely [waid'li:] *adv* (gen) 広く hiróku; (differing) 甚だしく hanáhadashikù

widen [wai'dən] *vt* (road, river, experience) 広くする hiróku suru, 広げる hirôgeru
♦*vi* (road, river, gap) 広くなる hiróku narù, 広がる hirôgaru

wide open *adj* (window, eyes, mouth) 大きく開けた ōkíku akéta

widespread [waidspred'] *adj* (belief etc) はびこった habíkottà

widow [wid'ou] *n* 未亡人 mibôjìn, 後家 goké

widowed [wid'oud] *adj* (mother, father) やもめになった yamóme ni nattá

widower [wid'ouə:r] *n* 男やもめ otôko-yamóme

width [widθ] *n* (distance) 広さ hirôsa; (of cloth) 幅 habá

wield [wi:ld] *vt* (sword, power) 振るう furúu

wife [waif] (*pl* **wives**) *n* (*gen*) 妻 tsumà; (one's own) 家内 kanài; (someone else's) 奥さん okùsan

wig [wig] *n* かつら katsúra

wiggle [wig'əl] *vt* (hips) くねらす kunérasù; (ears etc) ぴくぴく動かす pikùpiku ugókasù

wild [waild] *adj* (animal, plant) 野生の yaséi no; (rough: land) 荒れ果てた aréhateta; (: weather, sea) 荒れ狂う arékuruù; (person, behavior, applause) 興奮した kốfun shita; (idea) 突飛な toppí na; (guess) 当てずっぽうの atézuppō no

wilderness [wil'də:rnis] *n* 荒野 kōyà, 原野 gēn-ya, 未開地 mikáichĭ

wild-goose chase [waild'gu:s'-] *n* (*fig*) 無駄な捜索 mudá na sốsaku

wildlife [waild'laif] *n* (animals) 野生動物 yaséidōbùtsu

wildly [waild'li:] *adv* (behave) 狂った様に kurútta yō ni; (applaud) 熱狂的に nekkyốteki ni; (hit) めくら滅法に mekúrameppố ni; (guess) 当てずっぽうに atézuppō ni; (happy) 最高に saíkō ni

wilds [waildz] *npl* 荒野 kōyà, 原野 gēn-ya, 未開地 mikáichĭ

wilful [wil'fəl] (*US also*: **willful**) *adj* (obstinate: child, character) わがままな wagámamà na; (deliberate: action, disregard etc) 故意の koì no

---

KEYWORD

will [wil] (*vt*: *pt*, *pp* **willed**) *aux vb* **1** (forming future tense): *I will finish it tomorrow* 明日終ります ashíta owárimasù

I will have finished it by tomorrow 明日にでもなれば終るでしょう asú ni dè mo nárèba owárù deshō

will you do it? - yes I will/no I won't やりますか-はい、やります「いいえ，やりません」yarímasù ká - haí, yarímasù(iɛ̀, yarímaseǹ)

when will you finish it? いつ終りますか ítsu owárimasù ká

2 (in conjectures, predictions): *he will/he'll be there by now* 彼はもう着いているでしょう kárè wa mố tsuíte irú de-

shố

that will be the postman 郵便屋さんでしょう yŭbinya-san deshố

this medicine will help you この薬なら効くでしょう konó kusuri narà kikú deshố

this medicine won't help you この薬は何の役にも立ちません konó kusuri wà naǹ no yakú ni mò tachímaseǹ

3 (in commands, requests, offers): *will you be quiet!* 黙りなさい damárinasaì

will you come? 来てくれますか kitè kuremasù ká

will you help me? 手伝ってくれますか tetsúdattè kurémasù ká

will you have a cup of tea? お茶をいかがですか o-chá wò ikága desù ká

I won't put up with it! 我慢できませ ん gámaǹ dekímaseǹ

◆*vt: to will someone to do something* 意志の力で...に...をさせようとする íshì no chikára dè ...ni ...wò saséyố tò suru

he willed himself to go on 彼は精神力だけで続けようとした kárè wa seíshinryôku daké dè tsuzúkeyố to shita

◆*n* (volition) 意志 íshì; (testament) 遺言 yuígon

---

willful [wil'fəl] (*US*) *adj* = **wilful**

willing [wil'iŋ] *adj* (with goodwill) 進んで...する susúnde ...surù; (enthusiastic) 熱心な nesshín na

he's willing to do it 彼はそれを引き受けてくれるそうです kárè wa soré wo hikúfukète kureru sō dèsu

willingly [wil'iŋli:] *adv* 進んで susúnde

willingness [wil'iŋnis] *n* 好意 kōì

willow [wil'ou] *n* ヤナギ yanági

willpower [wil'pauə:r] *n* 精神力 seíshinryôku

willy-nilly [wil'i:nil'i:] *adv* 否応なしに ìyáo nashì ni

wilt [wilt] *vi* (flower, plant) 枯れる karéru

wily [wai'li:] *adj* (fox, move, person) ずる賢い zurúgashikoì

win [win] *n* (in sports etc) 勝利 shốri, 勝ち kachí

♦*vb* (*pt*, *pp* **won**)

♦*vt* (game, competition) ...で 勝 つ ...de katsù; (election) ...で当選する ...de tōsen suru; (obtain: prize, medal) もらう moráu, 受ける ukérù; (money) 当てる atéru; (support, popularity) 獲得する kakútoku suru

♦*vi* 勝つ katsù

wince [wins] *vi* 顔がこわばる kaó ga kowábaru

winch [wintʃ] *n* ウインチ uíńchi

wind[1] [wind] *n* (air) 風 kazé; (MED) 呼吸 kokyū; (breath) 息 ikí

♦*vt* (take breath away from) ...の息を切らせる ...no ikí wo kiráserù

wind[2] [waind] (*pt*, *pp* **wound**) *vt* (roll: thread, rope) 巻く makú; (wrap: bandage) 巻付ける makítsukerù; (clock, toy) ...のぜんまいを巻く ...no zeńmai wo makú

♦*vi* (road, river) 曲りくねる magárikunerù

windfall [wind'fɔ:l] *n* (money) 棚ぼた tanábota

winding [wain'diŋ] *adj* (road) 曲りくねった magárikunettà; (staircase) らせん状の raséńjō no

wind instrument *n* (MUS) 管楽器 kańgakki

windmill [wind'mil] *n* 風車 kazágurùma

window [win'dou] *n* 窓 madò

window box *n* ウインドーボックス uíńdōbokkùsu

window cleaner *n* (person) 窓ふき職人 madófukishokùnin

window envelope *n* 窓付き封筒 madótsukifūtò

window ledge *n* 窓下枠 madóshitawàku

window pane *n* 窓ガラス madógarasu

window-shopping [win'douʃɑ:piŋ] *n* ウインドーショッピング uíndōshoppìngu

windowsill [win'dousil] *n* 窓下枠 madóshitawàku

windpipe [wind'paip] *n* 気管 kikán

windscreen [wind'skri:n] (*BRIT*) *n* = **windshield**

windshield [wind'ʃi:ld] (*US*) *n* フロント

ガラス furóntogaràsu, ウインドシールド uíndoshīrùdo

windshield washer *n* ウインドシールドワシャー uíndoshīrudowashā

windshield wiper [-waip'ə:r] *n* ワイパー waìpā

windswept [wind'swept] *adj* (place) 吹きさらしの fukísarashi no; (person) 風で髪が乱れた kazé de kamí gà midáreta

wind up *vt* (clock, toy) ...のぜんまいを巻く ...no zeńmai wo makú; (debate) 終りにする owári ni suru

windy [win'di:] *adj* (weather, day) 風の強い kazé no tsuyoì

it's windy 風が強い kazé ga tsuyoì

wine [wain] *n* ブドウ酒 budóshu, ワイン waìn

wine bar *n* ワインバー waíńbā

wine cellar *n* ワインの地下貯蔵庫 waìn no chikáchozōkò

wine glass *n* ワイングラス waíngurasu

wine list *n* ワインリスト waínrisùto

wine merchant *n* ワイン商 waíńshō

wine waiter *n* ソムリエ somúrie

wing [wiŋ] *n* (of bird, insect, plane) 羽根 hané, 翼 tsubása; (of building) 翼 yokú; (*BRIT*: AUT) フェンダー feńdā

winger [wiŋ'ə:r] *n* (SPORT) ウイング uíńgu

wings [wiŋz] *npl* (THEATER) そで sodé

wink [wiŋk] *n* (of eye) ウインク uíńku

♦*vi* (with eye) ウインクする uíńku suru; (light etc) 瞬く matátakù

winner [win'ə:r] *n* (of prize, race, competition) 勝者 shōshà

winning [win'iŋ] *adj* (team, competitor, entry) 勝った kattà; (shot, goal) 決勝の kesshō no; (smile) 愛敬たっぷりの aíkyō tappúrì no

winnings [win'iŋz] *npl* 賞金 shōkin

win over *vt* (person: persuade) 味方にする mikáta ni suru

win round (*BRIT*) *vt* = **win over**

winter [win'tə:r] *n* (season) 冬 fuyú

in winter 冬には fuyú nì wa

winter sports *npl* ウインタースポーツ uíntāsupōtsù

wintry [win'tri:] *adj* (weather, day) 冬ら

しい fuyúrashiî

wipe [waip] *n*: *to give something a wipe* ...をふく ...wo fukú
♦*vt* (rub) ふく fukú; (erase: tape) 消す kesú

wipe off *vt* (remove) ふき取る fukítorù

wipe out *vt* (debt) 完済する kaṅsai suru; (memory) 忘れる wasúreru; (destroy: city, population) 滅ぼす horóbosù

wipe up *vt* (mess) ふき取る fukítorù

wire [wai'ə:r] *n* (metal etc) 針金 harígane; (ELEC) 電線 deṅseṅ; (telegram) 電報 deṅpō
♦*vt* (house) ...の配線工事をする ...no haísenkōjī wo suru; (*also*: **wire up**: electrical fitting) 取付ける torítsukerù; (person: telegram) ...に電報を打つ ...ni deṅpō wo utsú

wireless [wai'ə:rlis] (*BRIT*) *n* ラジオ rajīo

wiring [waiə:r'iŋ] *n* (ELEC) 配線 haíseṅ

wiry [waiə:r'i:] *adj* (person) やせて強じんな yasé de kyójin na; (hair) こわい kowáî

wisdom [wiz'dəm] *n* (of person) 知恵 chié; (of action, remark) 適切さ tekísetsusa

wisdom tooth *n* 親知らず oyáshirázu

wise [waiz] *adj* (person, action, remark) 賢い kashíkoì, 賢明な keṅmei na

...wise *suffix*: *timewise/moneywise etc* 時間[金銭]的に jikán(kiṅsen)teki ni

wisecrack [waiz'kræk] *n* 皮肉な冗談 hiníku na jōdaṅ

wish [wiʃ] *n* (desire) 望み nozómi, 希望 kibō; (specific) 望みの物 nozómi no mono
♦*vt* (want) 望む nozómù, 希望する kibō suru

best wishes (for birthday, etc) おめでとう omédetō

with best wishes (in letter) お体をお大事に o-kárada wo o-dáiji ni

to wish someone goodbye ...に別れのあいさつを言う ...ni wakáre no aísatsu wo iu, ...にさよならを言う ...ni sayónarà wo iu

he wished me well 彼は「成功を祈る」と言いました karè wa「seíkō wo inorù」to iímashīta

to wish to do ...したいと思う ...shitaî to omóù

to wish someone to do something ...に...してもらいたいと思う ...ni ...shité moraitaî to omóù

to wish for ...が欲しいと思う ...ga hoshiî to omóù

wishful [wiʃ'fəl] *adj*: *it's wishful thinking* その考えは甘い sonó kangaè wa amáì, それは有り得ない事だ soré wa arîenài kotó dà

wishy-washy [wiʃ'i:wɑ:ʃi:] (*inf*) *adj* (color) 薄い usúi; (ideas, person) 迫力のない hakúryoku no naì

wisp [wisp] *n* (of grass, hair) 小さな束 chiísana tabà; (of smoke) 一筋 hitósùji

wistful [wist'fəl] *adj* (look, smile) 残念そうな zaṅneṅsō na

wit [wit] *n* (wittiness) ユーモア yúmòa, ウイット uíttò; (intelligence: *also*: **wits**) 知恵 chié; (person) ウイットのある人 uíttò no aru hito

witch [witʃ] *n* 魔女 majò

witchcraft [witʃ'kræft] *n* 魔術 majùtsu

witch-hunt [witʃ'hʌnt] *n* (*fig*) 魔女狩 majōgari

KEYWORD

with [wiθ] *prep* **1** (accompanying, in the company of) ...と ...to, ...と一緒に ...to íssho ni

I was with him 私は彼と一緒にいました watákushi wà kárè to íssho ni imáshìta

we stayed with friends 私たちは友達の家に泊りました watákushitàchi wa tomódachi nò ié nì tomárimashìta

we'll take the children with us 子供たちを一緒に連れて行きます kodómotàchi wo íssho ni tsuréte ikimasù

mix the sugar with the eggs 砂糖を卵に混ぜて下さい satō wò tamágo nì mázète kudásaï

I'll be with you in a minute 直ぐ行きますからお待ち下さい súgù ikímasu karà o-máchi kudasaì

I'm with you (I understand) 分かります wakárimasù

to be with it (*inf*: up-to-date) 現代的である geńdaiteki de arù; (: alert) 抜け目がない nukéme gà náì

2 (descriptive): *a room with a view* 見晴らしのいい部屋 mihárashi nò fi heyá
the man with the grey hat/blue eyes 灰色の帽子をかぶった〔青い目の〕男 hafiiro nò bôshi wò kabútta〔aói mě nò〕otŏko

3 (indicating manner, means, cause): *with tears in her eyes* 目に涙を浮かべながら mé nì námìda wo ukábènagara
to walk with a stick つえをついて歩く tsúě wo tsuíte arùku
red with anger 怒りで顔を真っ赤にして ikári dè kaó wò makká ni shitè
to shake with fear 恐怖で震える kyŏfu de furúerù
to fill something with water ...を水で一杯にする ...wò mizú dè ippáì nì suru
you can open the door with this key このかぎでドアを開けられます konŏ kagí dè dóà wo akéraremasù

withdraw [wiŏdrɔ:'] (*pt* **withdrew** *pp* **withdrawn**) *vt* (object) 取出す torídasu; (offer, remark) 取消す toríkesu, 撤回する tekkái suru
♦*vi* (troops) 撤退する tettái suru; (person) 下がる sagárù
to withdraw money (from the bank) 金を引出す kané wo hikidasù

withdrawal [wiŏdrɔ:'əl] *n* (of offer, remark) 撤回 tekkái; (of troops) 撤退 tettái; (of services) 停止 teíshi; (of participation) 取りやめる事 toríyameru koto; (of money) 引出し hikídashi

withdrawal symptoms *n* (MED) 禁断症状 kiñdanshŏjŏ

withdrawn [wiŏdrɔ:n'] *adj* (person) 引っ込みがちな hikkómigachi na

wither [wiŏ'ə:r] *vi* (plant) 枯れる karéru

withhold [wiŏhould'] (*pt*, *pp* **withheld**) *vt* (tax etc) 源泉徴収する geńsenchŏshŭ suru; (permission) 拒む kobámù; (information) 隠す kakúsù

within [wiŏin'] *prep* (inside: referring to place, time, distance) ...以内に〔で〕...inài

ni〔de〕
♦*adv* (inside) 中の nakà no
within reach (of) (...に) 手が届く所に〔で〕(...ni) té gà todŏkù tokoro ni〔de〕
within sight (of) (...が) 見える所に〔で〕(...ga) miérù tokoro ni〔de〕
within the week 今週中に koňshŭchŭ ni
within a mile of ...の1マイル以内に ...no ichímairu inài ni

without [wiŏaut] *prep* ...なしで ...nashî de
without a coat コートなしで kŏtŏ nashî de
without speaking 何も言わないで naní mo iwanaìde
to go without something ...なしで済ます ...nashî de sumásù

withstand [wiŏstænd'] (*pt*, *pp* **withstood**) *vt* (winds, attack, pressure) ...に耐える ...ni taérù

witness [wit'nis] *n* (person who sees) 目撃者 mokúgekishà; (person who countersigns document: *also* LAW) 証人 shŏnin
♦*vt* (event) 見る mirù, 目撃する mokúgeki suru; (document) 保証人として...にサインする hoshŏnin toshite ...ni saïn suru
to bear witness to (*fig*: offer proof of) ...を証明する ...wo shŏmei suru

witness stand (*BRIT* **witness box**) *n* 証人席 shŏninseki

witticism [wit'əsizəm] *n* (remark) 冗談 jŏdañ

witty [wit'i:] *adj* (person) ウイットのある uíttŏ no arù; (remark etc) おどけた odŏketa

wives [waivz] *npl of* **wife**

wizard [wiz'ə:rd] *n* 魔法使い mahŏtsukài

wk *abbr* = **week**

wobble [wɑ:b'əl] *vi* (legs) よろめく yorŏmekù; (chair) ぐらぐらする guràgura suru; (jelly) ぷるぷるする purúpuru suru

woe [wou] *n* 悲しみ kanáshimi

woke [wouk] *pt of* **wake**

woken [wou'kən] *pp of* **wake**

wolf [wulf] (*pl* **wolves**) *n* オオカミ ŏkami

wolves [wulvz] *npl of* **wolf**

woman [wum'ən] (*pl* **women**) *n* 女 oñna, 女性 joséi

woman doctor *n* 女医 joí

womanly [wum'ənli:] *adj* (virtues etc) 女性らしい joséirashii

womb [wu:m] *n* (ANAT) 子宮 shikyū

women [wim'ən] *pl of* **woman**

women's lib [wim'ənzlib'] (*inf*) *n* ウーマンリブ ūmanribù

won [wʌn] *pt, pp of* **win**

wonder [wʌn'də:r] *n* (miracle) 不思議 fushígi; (feeling) 驚異 kyōi

♦*vi*: **to wonder whether/why** ...かしら〔なぜ...かしら〕と思う ...ka shira 〔nazè ...ka shira〕to omóù

to wonder at (marvel at) ...に驚く ...ni odórokù

to wonder about ...の事を考える ...no kotó wò kangaèru

it's no wonder (that) ... (という事) は不思議ではない ... (to iú koto) wà fushígi de wà naí

wonderful [wʌn'də:rfəl] *adj* (excellent) 素晴らしい subárashiì; (miraculous) 不思議な fushígi na

wonderfully [wʌn'də:rfəli:] *adv* (excellently) 素晴らしく subárashikù; (miraculously) 不思議に fushígi ni

won't [wount] = **will not**

woo [wu:] *vt* (woman) ...に言い寄る ...ni iíyorù; (audience etc) ...にこびる ...ni kobírù

wood [wud] *n* (timber) 木材 mokúzài, 木 ki; (forest) 森 morí, 林 hayáshi, 木立 kodáchi

wood carving *n* (act, object) 木彫 kibóri

wooded [wud'id] *adj* (slopes, area) 木の茂った kí nò shigóttà

wooden [wud'ən] *adj* (object) 木でできた kí dè dekita, 木製の mokúsei no; (house) 木造の mokúzō no; (*fig*: performance, actor) でくの坊の様な dekúnobō no yō nà

woodpecker [wud'pekə:r] *n* キツツキ kitsútsukì

woodwind [wud'wind] *npl* (MUS) 木管楽器 mokkángakkì

woodwork [wud'wə:rk] *n* (skill) 木材工芸 mokúzaikōgèi

woodworm [wud'wə:rm] *n* キクイムシ kikúimùshi

wool [wul] *n* (material, yarn) 毛糸 keíto, ウール ūrù

to pull the wool over someone's eyes (*fig*) ...をだます ...wo damásù

woolen [wul'ən] (*BRIT* **woollen**) *adj* (socks, hat etc) 毛糸の keíto no, ウールの ūrù no

the woolen industry 羊毛加工業界 yōmōkakōgyōkài

woolens [wul'ənz] *npl* 毛糸衣類 keítoirùi

wooly [wul'i:] (*BRIT* **woolly**) *adj* (socks, hat etc) 毛糸の keíto no, ウールの ūrù no; (*fig*: ideas) 取留めのない torítome no naì; (person) 考え方のはっきりしない kañgaekatà no hakkírì shinái

word [wə:rd] *n* (unit of language: written, spoken) 語 go, 単語 tañgo, 言葉 kotóba; (promise) 約束 yakúsoku; (news) 知らせ shiráse, ニュース nyūsù

♦*vt* (letter, message) ...の言回しを選ぶ ...no iímawashi wo erábù

in other words 言換えると iíkaerù to

to break/keep one's word 約束を破る〔守る〕yakúsoku wo yabúrù〔mamórù〕

to have words with someone ...と口げんかをする ...to kuchígeñka wo suru

wording [wə:r'diŋ] *n* (of message, contract etc) 言回し iímawashi

word processing *n* ワードプロセシング wādopuroseshìngu

word processor [-pra'sesə:r] *n* ワープロ wāpuro

wore [wɔ:r] *pt of* **wear**

work [wə:rk] *n* (gen) 仕事 shigóto; (job) 職 shokú; (ART, LITERATURE) 作品 sakúhin

♦*vi* (person: labor) 働く határaku; (mechanism) 動く ugókù; (be successful: medicine etc) 効く kikú

♦*vt* (clay, wood etc) 加工する kakō suru; (land) 耕す tagáyasù; (mine) 採掘する saíkutsu suru; (machine) 動かす ugókasù; (cause: effect) もたらす motárasù; (: miracle) 行う okónau *to be out of work* 失業中である shitsú-gyōchū de arū

to work loose (part) 緩む yurúmù; (knot) 解ける tokérù

workable [wəːrˈkəbəl] *adj* (solution) 実行可能な jikkṓkanō na

workaholic [wəːrkəhɑːˈlik] *n* 仕事中毒の人 shigótochūdòku no hito, ワーカホリック wākahorīkku

worker [wəːrˈkər] *n* 労働者 rōdōshà

workforce [wəːkˈfɔːrs] *n* 労働人口 rōdō-jinkō

working class [wəːrˈkiŋ-] *n* 労働者階級 rōdōshakaìkyū

working-class [wəːrˈkiŋklæs] *adj* 労働者階級の rōdōshakaìkyū no

working order *n*: *in working order* ちゃんと動く状態で chañto ugokù jṓtai de

workman [wəːrkˈmən] (*pl* **workmen**) *n* 作業員 sagyōīn

workmanship [wəːrkˈmənʃip] *n* (skill) 腕前 udémae

work on *vt fus* (task) ...に取組む ...ni toríkumu; (person: influence) 説得する settṓku suru; (principle) ...に基づく ...ni motṓzukù

work out *vi* (plans etc) うまくいく umàku iku

♦*vt* (problem) 解決する kaíketsu suru; (plan) 作る tsukúrù

it works out at $100 100ドルになる hyakúdòru ni narù

works [wəːrks] *n* (BRIT: factory) 工場 kṓjō

♦*npl* (of clock, machine) 機構 kikṓ

worksheet [wəːrkˈʃiːt] *n* ワークシート wākushītò

workshop [wəːrkˈʃɑːp] *n* (at home, in factory) 作業場 sagyōjò; (practical session) ワークショップ wākushoppù

work station *n* ワークステーション wākusutēshòn

work-to-rule [wəːrkˈtəːruːl] (BRIT) *n* 順法闘争 juñpōtōsō

work up *vt*: *to get worked up* 怒る okórù

world [wəːrld] *n* 世界 sekài

♦*cpd* (champion) 世界 ... sekái...; (power, war) 国際的 ... kokúsaiteki..., 国際 ... kokúsai...

to think the world of someone (fig: admire) ...を高く評価する ...wo takáku hyōkà suru; (: love) ...が大好きである ...ga daísuki de arū

worldly [wəːrldˈliː] *adj* (not spiritual) 世俗的な sezókuteki na; (knowledgeable) 世才にたけた sesái ni takèta

worldwide [wəːrldˈwaid] *adj* 世界的な sekáiteki na

worm [wəːrm] *n* (also: **earthworm**) ミミズ mimízu

worn [wɔːrn] *pp of* **wear**

♦*adj* (carpet) 使い古した tsukáifurushità; (shoe) 履き古した hakífurushità

worn-out [wɔːrnˈaut] *adj* (object) 使い古した tsukáifurushità; (person) へとへとに疲れた hetóheto ni tsukáretà

worried [wəːrˈiːd] *adj* (anxious) 心配している shiñpai shite irù

worry [wəːrˈiː] *n* (anxiety) 心配 shíñpai

♦*vt* (person) 心配させる shiñpai saserù

♦*vi* (person) 心配する shiñpai surù

worrying [wəːrˈiːiŋ] *adj* 心配な shiñpai na

worse [wəːrs] *adj* 更に悪い sarà ni wáruì

♦*adv* 更に悪く sarà ni warùku

♦*n* 更に悪い事 sarà ni warúì koto

a change for the worse 悪化 akká

worsen [wəːrˈsən] *vt* 悪くする warùku suru

♦*vi* 悪くなる warùku naru

worse off *adj* (financially) 収入が減った shūnyū ga hettá; (fig): *you'll be worse off this way* そんな事は得策ではない sofina koto wa tokúsaku de wa naì

worship [wəːrˈʃip] *n* (act) 礼拝 reíhai

♦*vt* (god) 礼拝する reíhai suru; (person, thing) 崇拝する sūhái suru

Your Worship (BRIT: to mayor, judge) 閣下 kakkà

worst [wəːrst] *adj* 最悪の saíaku no

♦*adv* 最もひどく mottòmo hidóku

♦*n* 最悪 saíaku

at worst 最悪の場合 saíaku no baái

worth [wəːrθ] *n* (value) 価値 kachī

♦*adj*: *to be worth $100* 価格は100ドルである kakáku wa hyakúdoru de arù

it's worth it やる価値がある yarú kachì ga aru

to be worth one's while (to do) (...する事は) ...のためになる (...surú koto wa) ...no tamé ni naru

worthless [wəːrθ'lis] *adj* (person, thing) 価値のない kachì no nai

worthwhile [wəːrθ'wail'] *adj* (activity, cause) ためになる tamé ni naru

worthy [wəːr'ðiː] *adj* (person) 尊敬すべき soñkeisubeki; (motive) 良い yoì

worthy of ...にふさわしい ...ni fusáwashiì

KEYWORD

would [wud] *aux vb* **1** (conditional tense): *if you asked him he would do it* 彼にお願いすればやってくれるでしょう kárè ni o-négai surèba yatté kureru deshō

if you had asked him he would have done it 彼に頼めばやってくれた事でしょう kárè ni tanómebà yatté kuretà kotó deshō

2 (in offers, invitations, requests): *would you like a biscuit?* ビスケットはいかがですか bisúkettò wa ikága desu ká

would you ask him to come in? 彼に入ってもらって下さい kárè ni háitte morátte kudasaì

would you open the window please? 窓を開けてくれますか mádò wo akéte kuremasù ká

3 (in indirect speech): *I said I would do it* 私はやってあげると約束しました watákushi wà yatté agerù to yakúsoku shimashìta

he asked me if I would go with him 一緒に行ってくれと彼に頼まれました isshó ní itté kurè to kárè ni tanómaremashìta

4 (emphatic): *it WOULD have to snow today!* 今日に限って雪が降るなんてなあ kyó nì kagíttè yukí gà fúrù náñte nã

you WOULD say that, wouldn't you! あんたの言いそうな事だ áñta no iísò na kotó dà

5 (insistence): *she wouldn't behave* あの子はどうしても言う事を聞いてくれない anó kò wa dō shite mò iú kotò wo kíìte kurenaì

6 (conjecture): *it would have been midnight* だとすれば夜中の12時という事になりますだ どう すれば yonáka nò júnijì to iú kotò ni narímasù

it would seem so そうらしいね só rashiì né

7 (indicating habit): *he would go there on Mondays* 彼は毎週月曜日にそこへ行く事にしていました kárè wa maíshū getsúyòbi ni sokó è ikú kotò ni shité imashìta

he would spend every day on the beach 彼は毎日浜でごろごろしていました kárè wa maínichi hamá dè górògoro shite imáshìta

would-be [wud'biː'] (*pej*) *adj* ...志望の ...shibō no

wouldn't [wud'ənt] = **would not**

wound[1] [waund] *pt*, *pp* of **wind**

wound[2] [wuːnd] *n* 傷 kizú

♦*vt* ...に傷を負わせる ...ni kizú wo owáseru, 負傷させる fushō saséru

wove [wouv] *pt* of **weave**

woven [wou'vən] *pp* of **weave**

wrangle [ræŋ'gəl] *n* 口論 kōron

wrap [ræp] *n* (stole) 肩掛 katakake, ストール sutōrù; (cape) マント mañto, ケープ kēpù

♦*vt* (cover) 包む tsutsúmù; (pack: *also*: **wrap up**) こん包する koñpō suru, (wind: tape etc) 巻付ける makítsukerù

wrapper [ræp'əːr] *n* (on chocolate) 包み tsutsúmi; (*BRIT*: of book) カバー kabà

wrapping paper [ræp'iŋ-] *n* (brown) クラフト紙 kuráfùtoshi; (fancy) 包み紙 tsutsúmigàmi

wrath [ræθ] *n* 怒り ikári

wreak [riːk] *vt* (havoc) もたらす motárasù

to wreak vengeance on ...に復しゅうす

る ...ni fukúshū suru

wreath [riːθ] *n* (funeral wreath) 花輪 hanáwa

wreck [rek] *n* (vehicle) 残がい zaṅgai; (ship) 難破船 nañpasen; (*pej*: person) 変り果てた人 kawárihatetà hitó
◆*vt* (car etc) めちゃめちゃに壊す mechámecha ni kowásù; (*fig*: chances) 台無しにする daínashi ni surù

wreckage [rek'idʒ] *n* (of car, plane, ship, building) 残がい zaṅgai

wren [ren] *n* (ZOOL) ミソサザイ misósazài

wrench [rentʃ] *n* (TECH: adjustable) スパナ supánà; (: fixed size) レンチ reňchi; (tug) ひねり hinéri; (*fig*) 心痛 shíntsū
◆*vt* (twist) ひねる hinérù
to wrench something from someone ...から...をねじり取る ...kara...wo nejíritorù

wrestle [res'əl] *vi*: *to wrestle (with someone)* (fight) (...と) 格闘する (...to) kakútō suru; (for sport) (...と) レスリングする (...to) resùringu suru
to wrestle with (*fig*) ...と取組む ...to toríkumu, ...と戦う ...to tatákau

wrestler [res'lər] *n* レスラー resùrā

wrestling [res'liŋ] *n* レスリング resùringu

wretched [retʃ'id] *adj* (poor, unhappy) 不幸な fukő na; (*inf*: very bad) どうしようもない dő shiyő mo nai

wriggle [rig'əl] *vi* (*also*: **wriggle about**: person, fish, snake etc) うねうねする unёune suru

wring [riŋ] (*pt*, *pp* **wrung**) *vt* (wet clothes) 絞る shibórù; (hands) もむ momű; (bird's neck) ひねる hinérù; (*fig*): *to wring something out of someone* ...に...を吐かせる ...ni ...wo hákaserù

wrinkle [riŋ'kəl] *n* (on skin, paper etc) しわ shiwá
◆*vt* (nose, forehead etc) ...にしわを寄せる ...ni shiwá wo yosérù
◆*vi* (skin, paint etc) しわになる shiwá ni naru

wrist [rist] *n* 手首 tekùbi

wristwatch [rist'wɑːtʃ] *n* 腕時計 udédo-

kèi

writ [rit] *n* 令状 reíjō

write [rait] (*pt* **wrote**, *pp* **written**) *vt* 書く kakù
◆*vi* 書く kakù
to write to someone ...に手紙を書く ...ni tegámi wo kakù

write down *vt* 書く kakù, 書留める kakítomeru

write off *vt* (debt) 帳消しにする chőkeshi ni suru; (plan, project) 取りやめる toríyameru

write-off [rait'ɔːf] *n* 修理不可能な物 shūrìfukánồ na mono

writer [rai'təːr] *n* (author) 著者 choshà; (professional) 作家 sakkà; (person who writes) 書手 kakîte

write up *vt* (report, minutes etc) 詳しく書く kuwáshikù kakù

writhe [raið] *vi* 身もだえする mimódàe suru

writing [rai'tiŋ] *n* (words written) 文字 mojì, 文章 buñshō; (handwriting) 筆跡 hisséki; (of author) 作品 sakúhin, 作風 sakúfū; (activity) 書物 kakìmono
in writing 書面で shomén de

writing paper *n* 便せん biñsen

written [rit'ən] *pp* of **write**

wrong [rɔːŋ] *adj* (bad) 良くない yokùnai; (incorrect: number, address etc) 間違った machígatta; (not suitable) 不適当な futékìtō na; (reverse: side of material) 裏側の urágawa no; (unfair) 不正な fuséi na
◆*adv* 間違って machígatte, 誤って ayámatte
◆*n* (injustice) 不正 fuséi
◆*vt* (treat unfairly) ...に悪い事をする ...ni warúi koto wo surù
you are wrong to do it それは不正な事です sore wa fuséi na koto desù
you are wrong about that, you've got it wrong それは違います sorё wa chigáimasù
to be in the wrong 間違っている machígattè iru
what's wrong? どうしましたか dő shimáshita kâ

to go wrong (person) 間違う machígaù; (plan) 失敗する shippái suru; (machine) 狂う kurúù

wrongful [rɔ:'fəl] *adj* (imprisonment, dismissal) 不当な futô na

wrongly [rɔ:ŋ'li:] *adv* 間違って machígattè

wrote [rout] *pt of* **write**

wrought [rɔ:t] *adj*: **wrought iron** 錬鉄 reñtetsu

wrung [rʌŋ] *pt, pp of* **wring**

wry [rai] *adj* (smile, humor, expression) 皮肉っぽい hiníkuppoì

wt. *abbr* = **weight**

X

Xmas [eks'mis] *n abbr* = **Christmas**

X-ray [eks'rei] *n* (ray) エックス線 ekkúsusen; (photo) レントゲン写真 reñtogeñshashin
♦*vt* ...のレントゲンを撮る ...no reñtogeñ wo torù

xylophone [zai'ləfoun] *n* 木琴 mokkín

Y

yacht [jɑ:t] *n* ヨット yottð

yachting [jɑ:t'iŋ] *n* ヨット遊び yottðasobi

yachtsman [jɑ:ts'mən] (*pl* **yachtsmen**) *n* ヨット乗り yottðnori

Yank [jæŋk] (*pej*) *n* ヤンキー yañki

Yankee [jæŋk'i:] (*pej*) *n* = **Yank**

yap [jæp] *vi* (dog) きゃんきゃんほえる kyañkyan hoérù

yard [jɑːrd] *n* (of house etc) 庭 niwá; (measure) ヤード yadð

yardstick [jɑ:rd'stik] *n* (*fig*) 尺度 shakúdð

yarn [jɑ:rn] *n* (thread) 毛糸 keíto; (tale) ほら話 horábanashi

yawn [jɔ:n] *n* あくび akúbi
♦*vi* あくびする akúbi suru

yawning [jɔ:n'iŋ] *adj* (gap) 大きな ōkína

yd. *abbr* = **yard(s)**

yeah [je] (*inf*) *adv* はい haì

year [ji:r] *n* 年 neñ, toshí, 1年 ichíneñ
to be 8 years old 8才である hassái de aru
an eight-year-old child 8才の子供 hassái no kodómo

yearly [ji:r'li:] *adj* 毎年の maínen no, maítoshi no
♦*adv* 毎年 maínen, maítoshi

yearn [jə:rn] *vi*: *to yearn for something* ...を切に望む ...wo setsù ni nozómu
to yearn to do ...をしたいと切に望む ...wo shitái to setsù ni nozómu

yeast [ji:st] *n* 酵母 kōbð, イースト īsùto

yell [jel] *n* 叫び sakébi
♦*vi* 叫ぶ sakébù

yellow [jel'ou] *adj* 黄色い kiíroi

yelp [jelp] *n* (of animal) キャンと鳴く事 kyañ to nakú koto; (of person) 悲鳴 himéi
♦*vi* (animal) きゃんと鳴く kyañ to nakú; (person) 悲鳴を上げる himéi wò agérù

yeoman [jou'mən] (*pl* **yeomen**) *n*: *yeoman of the guard* 国王の親衛隊員 kokúō no shíñ-eitaiiñ

yes [jes] *adv* はい haì
♦*n* はいという返事 haì to iú heñji
to say/answer yes 承諾する shōdaku suru

yesterday [jes'tə:rdei] *adv* 昨日 kinô, sakújìtsu
♦*n* 昨日 kinô, sakújìtsu
yesterday morning/evening 昨日の朝〔夕方〕kinô no asà〔yūgata〕
all day yesterday 昨日一日 kinô ichínichi

yet [jet] *adv* まだ madà; (already) もう mó
♦*conj* がしかし ga shikàchi
it is not finished yet まだできていない madà dekíte inái
the best yet これまでの物で最も良い物 koré madè no mono dè mottómo yoì mono
as yet まだ madà

yew [ju:] *n* (tree) イチイ ichíi

Yiddish [jid'iʃ] *n* イディッシュ語 idìsshugo

yield [ji:ld] *n* (AGR) 収穫 shūkaku;
(COMM) 収益 shūeki

♦*vt* (surrender: control, responsibility)
譲る yuzúru; (produce: results, profit) も
たらす motárasù

♦*vi* (surrender) 譲る yuzúru; (*US*: AUT)
道を譲る michí wo yuzúru

YMCA [waiemsi:ei'] *n abbr* (= *Young
Men's Christian Association*) キリスト教
青年会 kirísutokyōseínenkai, ワイエムシ
ーエー waíemushiē

yog(h)ourt [jou'gə:rt] *n* ヨーグルト yō-
gurùto

yog(h)urt [jou'gə:rt] *n* = **yog(h)ourt**

yoke [jouk] *n* (of oxen) くびき kubíki;
(*fig*) 重荷 omóni

yolk [jouk] *n* 卵黄 rań-ō, 黄身 kimí

KEYWORD

you [ju:] *pron* **1** (subj: *sing*) あなたは〔が〕
anátà wa〔ga〕; (: *pl*) あなたたちは〔が〕
anátàtachi wa〔ga〕

you are very kind あなたはとても親切
ですね anátà wa totémo shíñsetsu desu
ne, ご親切に有難うございます go-shíñse-
tsu ni arígàtō gozáimasù

you Japanese enjoy your food あなた
たち日本人は食べるのが好きですね aná-
tàtachi nihóñjìn wa tabérù no ga sukí
desù né

you and I will go あなたと私が行く事
になっています anátà to watákushi gà
ikú kotò ni natté imasù

2 (obj: direct, indirect: *sing*) あなたを
〔に〕 anátà wo〔ni〕; (: : *pl*) あなたたちを
〔に〕 anátàtachi wo〔ni〕

I know you 私はあなたを知っています
watákushi wà anátà wo shitté imasù

I gave it to you 私はそれをあなたに渡
しました watákushi wà soré wò anátà ni
watáshimashìta

3 (stressed): *I told YOU to do it* やれ
というのはあなたに言ったんですよ yaré
tò iú no wà anátà ni ittá ñ desu yó

4 (after prep, in comparisons)

it's for you あなたのためです anátà no
tamé desù

can I come with you? 一緒に行ってい
いですか isshó nì itté íi desu ká

she's younger than you 彼女はあなた
より若いです kánòjo wa anátà yori wa-
káì desu

5 (impersonal: one)

fresh air does you good 新鮮な空気は
健康にいい shiñsen nà kűkì wa keñkō ni
íi

you never know どうなるか分かりませ
んね dő narù ka wakárimasèn né

you can't do that! それはいけません
soré wà ikémasèñ

---

you'd [ju:d] = **you had; you would**

you'll [ju:l] = **you will; you shall**

young [jʌŋ] *adj* (person, animal, plant)
若い wakái

♦*npl* (of animal) 子 ko; (people): *the
young* 若者 wakámono

younger [jʌŋ'gə:r] *adj* (brother etc) 年下
の toshíshita no

youngster [jʌŋ'stə:r] *n* 子供 kodómo

your [ju:r] *adj* (singular) あなたの anátà
no; (plural) あなたたちの anátàtachi no
¶ *see also* **my**

you're [ju:r] = **you are**

yours [ju:rz] *pron* (singular) あなたの物
anátà no mono; (plural) あなたたちの物
anátàtachi no mono ¶ *see also* **mine;
faithfully; sincerely**

yourself [ju:rself'] *pron* あなた自身 aná-
ta jishìn ¶ *see also* **oneself**

yourselves [ju:rselvz'] *pl pron* あなたた
ち自身 anátàtachi jishìn ¶ *see also* **one-
self**

youth [ju:θ] *n* (young days) 若い時分 wa-
káì jibun; (young man: *pl* **youths**) 少年
shốneñ

youth club *n* 青少年クラブ seíshōnèn
kuràbu

youthful [ju:'θ'fəl] *adj* (person) 若い wa-
káì; (looks) 若々しい wakáwakashiì;
(air, enthusiasm) 若者独特の wakámono-
dokútoku no

youth hostel *n* ユースホステル yūsúho-
sùteru

Youth Training (*BRIT*) 職業訓練 sho-

kúgyōkunreñ ◊失業青少年のためのもの
shitsúgyōseishōnen no tamé no monô

you've [ju:v] = **you have**

Yugoslav [ju:'gousla:v] *adj* ユーゴスラ
ビアの yǔgosurabìa no
♦*n* ユーゴスラビア人 yǔgosurabiajin

Yugoslavia [ju:'gousla:'vi:ə] *n* ユーゴス
ラビア yǔgosurabìa

yuppie [jʌp'i:] (*inf*) *n* ヤッピー yappì
♦*adj* ヤッピーの yappì no

YWCA [waidʌbəlju:siei'] *n abbr* (=
Young Women's Christian Association)
キリスト教女子青年会 kirísutokyōjoshì-
seínenkai, ワイダブリューシーエー waí-
daburyūshiè

Z

Zambia [zæm'bi:ə] *n* ザンビア zaňbia

zany [zei'ni:] *adj* (ideas, sense of humor)
ばかげた bakágeta

zap [zæp] *vt* (COMPUT: delete) 削除する
sakújo suru

zeal [zi:l] *n* (enthusiasm) 熱情 netsújō;
(*also*: **religious zeal**) 狂信 kyōshíñ

zealous [zel'əs] *adj* 熱狂的な nekkyóteki
na

zebra [zi:'brə] *n* シマウマ shimáuma

zebra crossing (*BRIT*) *n* 横断歩道 ōdáñ-
hodō

zenith [zi:'niθ] *n* 頂点 chōtèn

zero [zi:'rou] *n* 零点 reìten, ゼロ zerò

zest [zest] *n* (for life) 熱意 netsùi; (of
orange) 皮 kawá

zigzag [zig'zæg] *n* ジグザグ jigùzagu
♦*vi* ジグザグに動く jigùzagu ni ugókù

Zimbabwe [zimba:'bwei] *n* ジンバブウエ
jiñbabùue

zinc [ziŋk] *n* 亜鉛 aèn

zip [zip] *n* (*also*: **zip fastener**) = **zipper**
♦*vt* (*also*: **zip up**) = **zipper**

zip code (*US*) *n* 郵便番号 yūbinbañgō

zipper [zip'ə:r] (*US*) *n* チャック chakkù,
ジッパー jippâ, ファスナー fasùnā
♦*vt* (*also*: **zipper up**) ...のチャックを締め
る ...no chakkù wo shimérù

zodiac [zou'di:æk] *n* 十二宮図 jūníkyùzu

zombie [za:m'bi:] *n* (*fig*): *like a zombie*
ロボットの様に〔な〕robôttō no yō ni
〔na〕

zone [zoun] *n* (area, *also* MIL) 地帯 chi-
tái

zoo [zu:] *n* 動物園 dôbutsùen

zoologist [zoua:l'ədʒist] *n* 動物学者 dô-
butsugakùsha

zoology [zoua:l'ədʒi:] *n* 動物学 dôbutsu-
gàku

zoom [zu:m] *vi*: *to zoom past* 猛スピー
ドで通り過ぎる mōsupído de tōrísugiru

zoom lens *n* ズームレンズ zǔmureňzu

zucchini [zu:ki:'ni:] (*US*) *n inv* ズッキ
ニ zukkīnì

SUPPLEMENT

NUMBERS

Cardinal numbers:

1	一	ichi	11	十一	jūichi	21	二十一	nijūichi
2	二	ni	12	十二	jūni	22	二十二	nijūni
3	三	san	13	十三	jūsan			etc
4	四	yon/shi	14	十四	jūyon/jūshi	30	三十	sanjū
5	五	go	15	十五	jūgo	40	四十	yonjū
6	六	roku	16	十六	jūroku	50	五十	gojū
7	七	nana/shichi	17	十七	jūnana/jūshichi	60	六十	rokujū
8	八	hachi	18	十八	jūhachi	70	七十	nanajū/shichijū
9	九	ku/kyū	19	十九	jūku/jūkyū	80	八十	hachijū
10	十	jū	20	二十	nijū	90	九十	kyūjū

Note: the alternative forms given for 4, 7, 9 etc are not necessarily interchangeable. The choice is determined by usage.

100	百	hyaku	1,000	千	sen, 一千 issen	10,000	万	ichiman
200	二百	nihyaku	2,000	二千	nisen	20,000	二万	niman
300	三百	sanbyaku	3,000	三千	sanzen			etc
400	四百	yonhyaku	4,000	四千	yonsen			
500	五百	gohyaku	5,000	五千	gosen			
600	六百	roppyaku	6,000	六千	rokusen			
700	七百	nanahyaku	7,000	七千	nanasen			
800	八百	happyaku	8,000	八千	hassen			
900	九百	kyūhyaku	9,000	九千	kyūsen			

Alternate set of numbers:

These are used often for counting, particularly for counting things without "counters" (see below), and for expressing the age of children.

1	一つ	hitotsu	6	六つ	muttsu
2	二つ	futatsu	7	七つ	nanatsu
3	三つ	mittsu	8	八つ	yattsu
4	四つ	yottsu	9	九つ	kokonotsu
5	五つ	itsutsu	10	十	tō

Ordinal numbers:

"The first," "the second" etc are expressed by the formula 第 x 番目 *dai x banme*, where x is the cardinal number and *dai*, *banme* or *me* can be variously omitted. Thus "the third" can be expressed by any of the following:

第三番目 daisanbanme

三番目 sanbanme

三番 sanban

第三 daisan

The alternate cardinal numbers from 1 to 9 can also be made into ordinal numbers by the addition of 目 *me* alone: "the third" = 三つ目 *mittsume*.

Days of the month:

The days of the month are written straightforwardly by a cardinal number plus the character for day 日. But the reading is not straightforward and needs to be learned.

一日	tsuitachi	七日	nanoka
二日	futsuka	八日	yōka
三日	mikka	九日	kokonoka
四日	yokka	十日	tōka
五日	itsuka	二十日	hatsuka
六日	muika		

Days 11 to 19 and 21 to 31 are expressed straightforwardly by a cardinal number + *nichi*. Thus the 18th day of the month is *jūhachinichi*.

Fractions:

In Japanese you express fractions by the formula y分のx *y bun no x*, where *y* is the DENOMINATOR, not the numerator. In other words, in Japanese you say the denominator first, then the numerator, thus:

1/2 二分の一 nibun no ichi

2/3 三分の二 sanbun no ni

3/4 四分の三 yonbun no san

Counters:

As in English we often say "2 *head* of cattle", "a *bunch* of grapes", "a *flock* of geese", Japanese uses counters for almost all everyday things, including people. There are many counters, some common, some exotic (like using the same counter for "rabbit" as you would for "bird"). Here is a list of counters you will need for your daily life.

counter:		used for:
人	nin	people
名	mei	people (interchangeable with *nin* except in set phrases)
匹	hiki	animals in general, except birds
頭	tō	relatively large animals
羽	wa	birds
個	ko	3-dimensional, relatively rounded objects: balls, stones, apples, cups
枚	mai	thin, flat things: pieces of paper, computer disks, handkerchiefs, blankets, dishes
本	hon	long things: pencils, ropes, sticks
冊	satsu	books and things bound like books: notebooks, diaries
台	dai	cars, trucks, bicycles, large machines
足	soku	shoes, socks etc that come in matched pairs
歳	sai	age of living things in years
杯	hai	containers full of something: cupful, glassful, spoonful

Like the use in English of "an" instead of "a" before words that begin with a vowel, Japanese makes pronunciation changes depending on the last syllable of the cardinal number and the first letter of a counter. Here are the most important.

1. Counters beginning with "h"

   一本, 一匹 ippon, ippiki
   二本, 二匹 nihon, nihiki
   三本, 三匹 sanbon, sanbiki
   四本, 四匹 yonhon, yonhiki
   五本, 五匹 gohon, gohiki
   六本, 六匹 roppon, roppiki
   七本, 七匹 nanahon, nanahiki
   八本, 八匹 happon, happiki
   九本, 九匹 kyūhon, kyūhiki
   十本, 十匹 juppon, juppiki

2. Counters beginning with unvoiced consonants (k, s, t, ch) double the consonant after the numbers 1 and 10.

   一個, 一歳 ikko, issai
   十個, 十歳 jukko, jussai

3. "k" also doubles after 6.

   六個 rokko

4. The voiced consonants g, z, d, m, n, r, w generally do not change.

5. The counter 人 *nin* for persons has an atypical pronunciation for 1 and 2.

一人 hitori

二人 futari

6. The counter 歳 *sai* for age has an atypical pronunciation for 20 years of age.

二十歳 hatachi

DEMONSTRATIVES

Japanese demonstratives begin with 4 prefixes: *ko-*, *so-*, *a-*, and *do-*. *Ko-* expresses nearness to the speaker; *so-* expresses distance from the speaker but nearness to the listener; *a-* expresses distance from both speaker and listener; and *do-* forms interrogatives.

kō	like this	sō	like that	aa	like that	dō	how?
kono	this	sono	that	ano	that	dono	which?
kore	this (one)	sore	that (one)	are	that (one)	dore	which (one)?
koko		soko		asoko		doko	
kotchi	here	sotchi	there	atchi	there	dotchi	where?
kochira		sochira		achira		dochira	
konna	such a	sonna	such a	anna	such a	donna	what kind of?

UNDERSTANDING JAPANESE

Japanese has certain characteristics not always found in the European family of languages. This shows up in particular in the way the subject of the sentence is expressed (or unexpressed, as we shall see), and in the numerous particles which take the place of declensions, prepositions, auxiliaries etc in Western languages. Although it may take years to learn to use these characteristics like a native, being aware of their existance can serve as a shortcut to a fuller understanding of Japanese.

1. The hidden subject

Consider the following sentence. It is the opening line to Yasunari Kawabata's Nobel Prize-winning "Snow Country".

国境の長いトンネルを抜けると雪国であった. kokkyō no nagai tonneru wo nukeru to yukiguni de atta.

My translation would be:

"When your train emerged from the long tunnel beneath the border, you suddenly found yourself in the snow-bound countryside."

Notice that there is no "train" or "your" or "you" expressed in the original.

Japanese prefers not to express words that are apparent from the context or the choice of expression. This happens most frequently with the grammatical subject of the sentence, not only in literature, but especially in daily conversation.

A：どちらへお出かけですか dochira e o-dekake desu ka

B：郵便局へ手紙を出しに行きます yūbinkyoku e tegami wo dashi ni ikimasu

Here there is no need for an *anata wa* in A or a *watashi wa* in B. The choice of words (the polite *dochira* with *o-...*) contains the "you" in A, and makes an "I" in B's answer superfluous.

In Japanese the verbal part of the sentence is the most important, and normally comes at the end. In a long sentence the listener has to wait till the end of the sentence in order to grasp the meaning. In English, the grammatical subject is the most important part, and is expressed at the beginning of the sentence, and auxiliary information about the subject is imparted gradually. This makes for great clarity of meaning, whereas Japanese sentences can often produce ambiguities. But this is a product of the Japanese culture, where reticence is considered virtue and outspokenness vice.

2. Particles

Japanese uses particles to make clear the relationship among words in a sentence. English frequently relies on position of words in the sentence for this. In a simple example, the meaning of A below is reversed if you reverse the position of the words, as in B

A. John hit Sue.

B. Sue hit John.

On the other hand, consider the following example and its literal Japanese translation.

She gave me a book.

彼女は私に1冊の本をくれました.

kanojo *wa* watashi *ni* issatsu *no* hon *wo* kuremashita.

This is a standard translation. But the following are also possible, in context, without changing the meaning

watashi *ni* kanojo *wa* issatsu *no* hon *wo* kuremashita.

issatsu *no* hon *wo* kanojo *wa* watashi *ni* kuremashita.

kuremashita, kanojo *wa* watashi *ni* issatsu *no* hon *wo*.

In other words, the particles make the meaning clear without regard to the position of the various sentence elements, even when the position is somewhat unnatural. On the other hand, if you confuse the particles, your speech becomes unintelligible. To say that someone's train of thought is illogical or contradictory, the Japanese have an old metaphor.

てにをはが合わない. te-ni-wo-ha ga awanai.

Literally, "his particles are all mixed up." This underscores the correct use of particles, even for a native speaker of Japanese.

The Japanese classify their particles as follows.

Case particles: Added to nouns and pronouns, they indicate relation to other words in the sentence: no, ga, wo, ni, e, to, yori, kara, de.

Adverbial particles: They are added to nouns, pronouns, and adverbs and restrict the meaning of the verbal parts of the sentence: sae, made, bakari, dake, hodo, kurai, nado, nanka, nante, yara, zo, ka, zutsu.

Modifying particles: They add their own meaning to the word they follow and also modify the verbal parts of the sentence: wa, mo, koso, demo (also written "de mo"), shika, datte.

Sentence particles: They conclude a sentence and indicate interrogation, exclamation, emotion, prohibition etc: ka, kai, kashira, na, zo, ze, tomo (to mo), tte, no, ne, sa, ya, yo.

Parenthetical particles: They are placed at the end of phrases and clauses and are used to adjust sentence rhythm or to express emotion, emphasis etc: na, ne, sa.

Connecting particles: They are appended to various verbal phrases and clauses to indicate their connection with what follows: ba, to, te mo (de mo), keredo (keredomo), ga, no ni, no de, kara, shi, te (de), nagara.

The following illustrate typical Japanese usage of the more important particles. The translations given show one way, but not necessarily the only way, of expressing the concept in English.

a. Case particles

§ の no: indicates possession, location etc

父の本　chichi no hon "my father's book" —possession

海の風　umi no kaze "a sea breeze" —location

大学の教授　daigaku no kyōju "a university professor" —affiliation

紫の花　murasaki no hana "a purple flower" —attribute

小説家の川端氏　shōsetsuka no kawabatashi "Mr. Kawabata the novelist" —apposition

§ が ga: follows nouns or pronouns

私が行きます　watashi ga ikimasu "I will go." —indicates subject

メロンが好きだ　meron ga suki da "I like melons." —indicates object of desire, ability, likes and dislikes etc

それがね，本当なんだよ　sore ga ne, hontō nan da yo "The thing is, the story is true." —attached to a demonstrative like a connecting particle

§ を wo: follows nouns or pronouns

本を読む　hon wo yomu "to read a book" —indicates object of an action verb

歩道を歩く　hodō wo aruku "to walk on the sidewalk" —indicates location with a verb of movement

この半年を堪え忍んだ　kono hantoshi wo taeshinonda "I have suffered in silence for the past 6 months." —indicates duration of an action

朝9時に家を出る　asa kuji ni ie wo deru "to leave the house at 9 o'clock" —indicates the place where an action commences

§ に ni: indicates the person or thing to which an action extends

朝5時に起床する　asa goji ni kishō suru "to get up at 5 a.m." —indicates time

空に虹が出る　sora ni niji ga deru "A rainbow appears in the sky." —indicates place

仕事に熱中する　shigoto ni netchū suru "to concentrate on one's work" —indicates the object of an action

会社にたどりつく　kaisha ni tadoritsuku "to reach one's office" —indicates destination or direction

悪夢にうなされる　akumu ni unasareru "to be tormented by a nightmare" —indicates cause

1週間に2日はお休み　isshūkan ni futsuka wa o-yasumi "We have 2 days a week off." —indicates ratio, proportion etc

犬に吠えられる　inu ni hoerareru "to be barked at by a dog" —indicates the agent of an action

大人になる　otona ni naru "to become an adult" —indicates the result of change

ぴかぴかに光る　pikapika ni hikaru "to shine brightly" —indicates manner

§ へ e:

西へ進む　nishi e susumu "to advance toward the west" —indicates the direction of an action

君への思い　kimi e no omoi "my longing for you" —indicates the object of an action

学校へ着く　gakkō e tsuku "to arrive at school" —indicates destination

兄がすぐそこへ来ています　ani ga sugu soko e kite imasu "My brother is right near here." —indicates location of an action

§ と to:

友人と話す　yūjin to hanasu "to talk with friends" —expresses the idea of "with"

以前と同じやり方　izen to onaji yarikata "the same manner as before" —indicates a term of comparison

政治家となる　seijika to naru "to become a politician" —indicates the result of change

開催地は山梨と決定した　kaisaichi wa Yamanashi to kettei shita "We decided to hold the meeting in Yamanashi." —indicates the content of an action or state

延々と続く　en-en to tsuzuku "to go on endlessly" —indicates the manner of an action or state

§ **より yori:**

父より背が高い　chichi yori se ga takai "I am taller than my father." —indicates a term of comparison

5時より前に帰る　goji yori mae ni kaeru "to be back before 5" —indicates a limit

§ **から kara:** used after nouns and pronouns, and indicates point of departure, or cause

明日から夏休み　myōnichi kara natsuyasumi "Summer vacation starts tomorrow." —indicates a spatial or temporal point of departure

窓から西日が差す　mado kara nishibi ga sasu "The western sun shines in through the window." —expresses the idea of "passing through"

何から何までお世話になりました　nani kara nani made o-sewa ni narimashita "You took wonderful care of me." —indicates extent

母から聞いた話　haha kara kiita hanashi "something I heard from my mother" —indicates a source

ビールは麦から作る　bīru wa mugi kara tsukuru "Beer is made from grain." —indicates constituent materials etc

§ **で de:**

プールで泳ぐ　pūru de oyogu "to swim in the pool" —indicates the location of an action.

ペンで書く　pen de kaku "to write with a pen" —indicates instrument, means, material etc

病気で死ぬ　byōki de shinu "to die from a sickness" —indicates cause, reason, motive

b. Adverbial particles

§ **まで made:** used after nouns and pronouns, and connects them with verbal parts or other particles

東京から北海道まで旅する　tōkyō kara hokkaidō made tabi suru "to travel from Tōkyō to Hokkaidō" —indicates the outer limits of an action in space or time

あくまで計画を実行する aku made keikaku wo jikkō suru "to push a plan through to the finish" —expresses final extent of an action

§ だけ dake: expresses the limits of something

2人だけで話したい futari dake de hanashitai "I want to talk to you alone." —indicates a limit

あれだけ食べたら満腹です are dake tabetara manpuku desu "I'm full after eating all that." —expresses the idea of "that much"

§ ほど hodo: used after various noun and verb forms

後5枚ほど必要です ato gomai hodo hitsuyō desu "I need about 5 more sheets of paper." —expresses an approximation of number or quantity

かわいそうなほどしょんぼりしている kawaisō na hodo shonbori shite iru "He's looking so depressed I can't help feeling sorry for him." —expresses an action or state resulting from some characteristic

悪い奴ほど手が白い warui yatsu hodo te ga shiroi "The evilest men have the whitest hands." —indicates 2 items, the second of which changes in direct proportion to change in the first

c. Modifying particles

§ は wa: used after many kinds of words. The original use was to single out one item of a group.

勉強はもう済んだ benkyō wa mō sunda "I have finished my homework." —here singles out one item from a group of things to do

象は鼻が長い zō wa hana ga nagai "The elephant has a long trunk." —singles out an item of subject matter about which some information is given

行きはよいよい、帰りは恐い iki wa yoi yoi, kaeri wa kowai "Going is easy, but getting back is the problem." —expresses 2 or more contrasting judgments

君とは絶交だ kimi to wa zekkō da "I want nothing more to do with you." —indicates emphasis

◇**Note:** in modern Japanese, wa is frequently used to express a word that corresponds to the grammatical subject of a sentence in English.

§ も mo: used after many kinds of words

花も実もある男 hana mo mi mo aru otoko "a man in both looks and deeds" —coordinates 2 or more concepts

料理もろくにできない ryōri mo roku ni dekinai "She can't even cook properly." —singles out one among many other implied concepts

兄も病気になった ani mo byōki ni natta "My older brother got sick too." —expresses the concept of "also"

そして誰もいなくなった soshite dare mo inakunatta "And then there was no one." —used with a negative to express the idea of "nothing, no one"

§ しか shika:

生き残ったのは1人しかいない　ikinokotta no wa hitori shika inai "Only one person was left alive." —used with a negative to express the idea of "only"

d. Sentence particles

§ か ka: expresses a variety of questions

君はだれですか　kimi wa dare desu ka "Who are you?"

本当に行くのか　hontō ni iku no ka "Are you really going?"

散歩に行きませんか　sanpo ni ikimasen ka "How about going for a walk?"

こんなことができないのか　konna koto ga dekinai no ka "Can't you even do something as simple as this?"

そうか，失敗だったのか　sō ka, shippai datta no ka "Oh, so it ended in failure, eh?"

§ ね ne: used at the end of a sentence

まあ，きれいな花ね　maa, kirei na hana ne "Oh, look at the pretty flower!" —expresses an exclamation

この本は君のですね　kono hon wa kimi no desu ne "This is your book, right?" —expresses a tag question

遅れてごめんなさいね　okurete gomen nasai ne "Do forgive me for being late." —expresses a request for the listener's understanding, sympathy, agreement etc

e. Parenthetical particles

§ ね ne: appended to words or phrases as a transition word, or to adjust sentence rhythm etc

そうですね，考えておきましょう　sō desu ne, kangaete okimashō "Well, let me think about it."

私ね，その秘密知っているの　watashi ne, sono himitsu shitte iru no "Listen, I know the secret behind that."

f. Connecting particles

§ ば ba

雨が降れば，旅行は中止　ame ga fureba, ryokō wa chūshi "If it rains, the trip is off." —expresses a possible condition

消息筋によれば，また株価が下がるらしい　shōsokusuji ni yoreba, mata kabuka ga sagaru rashii "According to a knowledgeable source, stock prices are going to fall again." —indicates the basis for a statement

日が沈めば夜になる　hi ga shizumeba yoru ni naru "Night comes when the sun sets." —expresses an invariable cause and effect relationship

5年前を思えば、随分楽になった　gonen mae wo omoeba, zuibun raku ni natta "Compared with 5 years ago, I am quite well off now." —indicates a past time for comparison with the present

§ と to: used after the present tense form of verbs

庭へ出ると、桜が咲いていた　niwa e deru to, sakura ga saite ita "When you went into the garden, you could see the cherry trees in bloom." —joins two contemporaneous actions

本を置くと、すぐ出て行った　hon wo oku to, sugu dete itta "He put down the book and left the room." —joins two successive actions

話が始まると、静かになった　hanashi ga hajimaru to, shizuka ni natta "When the lecture began, the audience became silent and listened." —expresses the beginning or cause etc of an action

はっきり言うと、それは失敗です　hakkiri iu to, sore wa shippai desu "Frankly, it's a failure." —expresses a preamble to what follows

§ ても te mo (with certain verbal forms it becomes でも de mo): used to express permission etc

果物なら食べてもいいですよ　kudamono nara tabete mo ii desu yo "Fruit is all right for you to eat."

§ けれども keredomo: used after verbs and -ii adjectives

貧しいけれども、心は豊かだった　mazushii keredomo, kokoro wa yutaka datta "He was poor materially, but rich in spirit" —expresses some sort of contrast

勝手な言い分ですけれども、帰らせて下さい　katte na iibun desu keredomo, kaerasete kudasai "I'm sorry to do so at this point, but I really must leave." —joins a preamble to the main point of the sentence

レコード持ってきたけれども、聞いてみる　rekōdo motte kita keredomo, kiite miru? "I brought a record along. Do you want to hear it?" —simply joins two clauses

§ が ga: used after verbs and -ii adjectives

ご存知のことと思いますが、一応説明します　go-zonji no koto to omoimasu ga, ichiō setsumei shimasu "I'm sure you are already familiar with the problem, but I'll run through it briefly for you anyway." —joins a preamble to the main part of the sentence

驚いて振り向いたが、もはやだれの姿もなかった　odoroite furimuita ga, mohaya dare no sugata mo nakatta "In surprise I wheeled around to look back, but whoever it was had already disappeared." —expresses a temporal relationship between two clauses

見かけは悪いが，たいへん親切な男　mikake wa warui ga, taihen shinsetsu na otoko "He doesn't look it, but he's really a very kind man." —expresses contrast

§ **のに no ni:** expresses dissatisfaction, unexpectedness etc

待っていたのに，来なかった　matte ita no ni, konakatta "I waited and waited, but he didn't come."

§ **ので no de:** expresses cause, reason, basis etc

分からないので，質問しました wakaranai no de, shitsumon shimashita "I didn't understand, so I asked."

§ **から kara**

暑いから，のどが渇いた　atsui kara, nodo ga kawaita "It was hot, and I became very thirsty." —expresses cause, reason, basis etc

決心したからには，やり通そう　kesshin shita kara ni wa, yaritōsō "We have made the decision, so let's see it through to the end." —expresses the notion of "having done such and such, it follows that..."

DAILY JAPANESE

Here we present a selection of very typical and idiomatic Japanese words and phrases. These examples occur with a high frequency in daily life in Japan. The English translations given in boldface provide an idea of the meaning, but are not absolute. A number of translations are possible, depending on the context, tone of voice, person speaking or spoken to, etc.

Some words occur in the examples which have no English equivalent, or are unintelligible to a person unfamiliar with Japan. Foreigners living in Japan often prefer to use these as loan words in conversation, rather than resorting to some clumsy translation. Such words are marked with an asterisk (∗) in the translation, and are explained in a short glossary at the end of the section.

1. Indispensable words

私　watashi **I**

(Note: slightly formal: 私 watakushi; familiar: male: 僕 boku; female: あたし atashi; very familiar/rough/vulgar, usually male: おれ ore)

あなた anata **you**

(Note: familiar/affectionate: 君 kimi; very familiar/rough/vulgar: お前 omae; rough/vulgar: てめえ temē; insulting: きさま kisama)

彼　kare **he**

彼女　kanojo **she**

はい　hai **yes**

いいえ　iie **no**

どうぞ　dōzo **please**

ありがとう（ございます）　arigatō (gozaimasu) **Thank you.**

どういたしまして　dō itashimashite **You're welcome./Don't mention it.**

いいえ，結構です　iie, kekkō desu **No, thank you.**

すみません　sumimasen **excuse me/pardon me/I'm sorry**

2. Greetings

General

お早うございます　o-hayō gozaimasu **Good morning.**

今日は　konnichi wa **Good morning./Good afternoon./Hello.** (said from about
10 a. m. to early evening)

今晩は　konban wa **Good evening.**

お休みなさい　o-yasumi nasai **Good night.**

ご機嫌いかがですか　go-kigen ikaga desu ka **How are you?** (very formal)

お元気ですか　o-genki desu ka **How are you?** (less formal)

ありがとう．とても元気です　arigatō. totemo genki desu **I'm fine, thank you.**

よいお天気ですね　yoi o-tenki desu ne **Nice weather, isn't it?**

今日は寒いですね　kyō wa samui desu ne **It's cold today, isn't it?**

さようなら　sayōnara **Goodbye.**

行って参ります　itte mairimasu (no English equivalent; said when leaving for a
destination with the intention of returning)

行っていらっしゃい　itte irasshai (no English equivalent; said in response to the
above)

ただ今　tadaima **I'm home./I'm back.**

お帰りなさい　o-kaeri nasai **Welcome home./Welcome back.** (said in response
to the above, but the order may also be reversed)

Visiting

ごめん下さい　gomen kudasai **Hello./Anybody home?**

いらっしゃいませ　irasshaimase **Welcome.**

おじゃまします　o-jama shimasu (no English equivalent; said when entering a place)

どうぞこちらへ　dōzo kochira e **This way, please.**

ちょっとお待ち下さい　chotto o-machi kudasai **One moment, please.**

お掛け下さい　o-kake kudasai **Have a seat.**

お目にかかれてうれしいです   o-me ni kakarete ureshii desu **Pleased to meet you.**

長いことおじゃまいたしました   nagai koto o-jama itashimashita **Thank you for your time.**

この辺で失礼いたします   kono hen de shitsurei itashimasu **I'll be going now.**

明日またお会いしましょう   myōnichi mata o-ai shimashō **See you again tomorrow.**

Meals

お上がり下さい   o-agari kudasai **Help yourself** (literally, "please eat")

いただきます   itadakimasu (no English equivalent; said when beginning to eat or drink)

ごちそうさまでした   gochisōsama deshita **I enjoyed the meal./Thanks for the meal.**

3. Introducing oneself

私は日本人（オーストラリア人）です   watashi wa nihonjin (ōsutorariajin) desu **I am Japanese/Australian.**

名前は鈴木花子です   namae wa suzuki hanako desu **My name is Hanako Suzuki.**

私は学生です   watashi wa gakusei desu **I am a university student.**

京都からきました   kyōto kara kimashita **I come from Kyoto.**

22才です   nijūnissai desu **I am 22 years old.**

兄が2人妹が1人います   ani ga futari imōto ga hitori imasu **I have 2 older brothers and a younger sister.**

父は建築家です   chichi wa kenchikuka desu **My father is an architect.**

私は外国に行ったことがありません   watashi wa gaikoku ni itta koto ga arimasen **I have never been to a foreign country.**

私は少ししか英語を話せません   watashi wa sukoshi shika eigo wo hanasemasen **I can only speak a little English.**

趣味は音楽鑑賞です   shumi wa ongaku kanshō desu **My favorite pastime is listening to music.**

. . . が好きではありません   ...ga suki de wa arimasen **I don't like ....**

私は水泳が得意です   watashi wa suiei ga tokui desu **I am a good swimmer.**

. . . が苦手です   ...ga nigate desu **I am not very good at....**

4. Questions and requests

これは何ですか   kore wa nan desu ka **What is this ?**

あの人はだれですか　ano hito wa dare desu ka **Who is that ?**

いつですか　itsu desu ka **When (is it etc) ?**

どこから来ましたか　doko kara kimashita ka **Where did you come from/where are you from ?**

どうなりましたか　dō narimashita ka **What happened/what is the matter ?**

どのぐらい遠いですか　donogurai tōi desu ka **How far (away) is it ?**

いくらですか　ikura desu ka **How much is it ?**

何をしているのですか　nani wo shite iru no desu ka **What are you doing ?**

何がほしいのですか　nani ga hoshii no desu ka **What do you want ?**

... がありますか　...ga arimasu ka **Is there a .../do you have ... ?**

... を持っていますか　...wo motte imasu ka **Do you have a ... ?**

これをいただいてもよろしいですか　kore wo itadaite mo yoroshii desu ka **May I have this ?**

... がほしい　...ga hoshii **I want a ....**

... がほしくない　...ga hoshikunai **I don't want ....**

... を取って下さい　...wo totte kudasai **Take ....**

5. Manners

ごめんなさい　gomen nasai **I'm sorry./Pardon me./Forgive me.**

失礼します　shitsurei shimasu **Excuse me./pardon me.**

すみません　sumimasen **Excuse me.** (used to get attention when seeking information, calling a waiter etc)

お手数掛けてすみません　o-tesū kakete sumimasen **I'm sorry to trouble you like this.**

よろしくお願いします　yoroshiku o-negai shimasu (no English equivalent; rather like a very formal "please")

ご迷惑でしょうか　go-meiwaku deshō ka **Is it too much trouble ?**

心配いりません　shinpai irimasen **Don't worry.**

かまいません　kamaimasen **It doesn't matter.**

よろしいんですよ　yoroshiin desu yo **That's all right.**

何とおっしゃいましたか　nan to osshaimashita ka **What did you say ?**

もう一度言って下さい　mō ichido itte kudasai **Please say that again.**

ゆっくり話して下さい　yukkuri hanashite kudasai **Please speak slowly.**

急いでいます　isoide imasu **I'm in a hurry.**

用意ができています　yōi ga dekite imasu **I'm ready.**

ちょっとお待ち下さい　chotto o-machi kudasai **Just a moment, please.**

6. Conveying information

私はあの少年を知っています watashi wa ano shōnen wo shitte imasu **I know that boy.**

その人を知りません sono hito wo shirimasen **I never heard of him/her.**

はっきりとは分かりません hakkiri to wa wakarimasen **I really don't know for certain.**

覚えています oboete imasu **(Yes,) I remember.**

忘れました wasuremashita **I forgot.**

私はとても怒っています watashi wa totemo okotte imasu **I am very angry.**

私はたいへん不愉快です watashi wa taihen fuyukai desu **I am very upset.**

気分は最高です kibun wa saikō desu **I feel great.**

とても幸せです totemo shiawase desu **I feel very happy.**

残念です zannen desu **That's too bad.**

家族と／が離ればなれで寂しい kazoku to／ga hanarebanare de sabishii **I miss my family.**

それは正しいと思います sore wa tadashii to omoimasu **That's correct.**

あなたは間違っています anata wa machigatte imasu **You're mistaken.**

あなたの言う通りです anata no iu tōri desu **It's as you say.**

一生懸命に働きます isshōkenmei ni hatarakimasu **I'm going to work hard.**

7. Eating out

a. getting seats

私はとても空腹です watashi wa totemo kūfuku desu **I'm very hungry.**

私はのどが渇きました watashi wa nodo ga kawakimashita **I'm thirsty.**

食事に行きましょう shokuji ni ikimashō **Let's go someplace to eat.**

安い店を紹介してくれませんか yasui mise wo shōkai shite kuremasen ka **Do you know some inexpensive place?**

角のてんぷら屋がおいしいと評判です kado no tenpuraya ga oishii to hyōban desu **They say the tempura* place on the corner is pretty good.**

1時にテーブルを予約して下さい ichiji ni tēburu wo yoyaku shite kudasai **Reserve a table for one o'clock, will you please?**

3人連れですが，空いているテーブルありますか sanninzure desu ga, aite iru tēburu arimasu ka **Do you have a table for 3?**

満席です manseki desu **Sorry, we're all filled up.**

昼時はどこも混んでいます hirudoki wa doko mo konde imasu **At noontime everywhere you go it's crowded.**

禁煙席にお願いします kin-enseki ni o-negai shimasu **We want a non-smoking** table, please.

b. ordering

メニューを見せていただけますか　menyū wo misete itadakemasu ka **Can we see a menu, please ?**

定食はありますか　teishoku wa arimasu ka **Do you have set meals ?**

本日のおすすめ料理は何ですか　honjitsu no o-susume ryōri wa nan desu ka **What's today's specialty ?**

この地方の名物は何ですか　kono chihō no meibutsu wa nan desu ka **What's the local specialty ?**

何を食べたいですか　nani wo tabetai desu ka **What do you feel like eating ?**

これは何の料理ですか　kore wa nan no ryōri desu ka **What is this ?**

... を食べて見ませんか　...wo tabete mimasen ka **How about trying the ... ?**

私は... にしたい　watashi wa ...ni shitai **I want the ....**

私は魚が大好きです　watashi wa sakana ga daisuki desu **I just love fish.**

私は肉は嫌いです　watashi wa niku wa kirai desu **I hate meat.**

私はピーマンは食べられません　watashi wa pīman wa taberaremasen **I can't eat green peppers.**

おいしいです　oishii desu **It's delicious.**

これはまずい　kore wa mazui **It tastes awful.**

もう少しパンを下さい　mō sukoshi pan wo kudasai **Can we have some more bread, please?**

ご飯のおかわりを下さい　gohan no o-kawari wo kudasai **Another bowl of rice, please.**

塩を取って下さい　shio wo totte kudasai **Please pass the salt.**

スープがまだきていません　sūpu ga mada kite imasen **We didn't get our soup yet.**

味が薄い　aji ga usui **This needs more seasoning.**

辛すぎます　karasugimasu **It's too salty.**

おなかがいっぱいになりました　onaka ga ippai ni narimashita **I'm full.**

c. drinks

飲物は何になさいますか　nomimono wa nani ni nasaimasu ka **What will you have to drink ?**

生ビールを下さい　namabīru wo kudasai **We'll have draft beer.**

ブランディーはありますか　burandī wa arimasu ka **Do you have any brandy ?**

ミルクティーを2つ下さい　mirukutī wo futatsu kudasai **Two teas with milk,**

please.

ダイエットをしているので砂糖はいりません　daietto wo shite iru no de satō wa irimasen **I'm on a diet, so no sugar, please.**

コーヒーのおかわりを下さい　kōhī no o-kawari wo kudasai **More coffee, please.**

水をもういっぱい下さい　mizu wo mō ippai kudasai **More water, please.**

このお茶は少し熱い　kono o-cha wa sukoshi atsui **This tea is too hot.**

d. paying

勘定をお願いします　kanjō wo o-negai shimasu **Can I have the bill, please?**

伝票を調べて下さい．間違っていると思います　denpyō wo shirabete kudasai. machigatte iru to omoimasu **Check this bill, will you? I think there's a mistake on it.**

サラダは取っていません　sarada wa totte imasen **I didn't order any salad.**

伝票を別々にしてくれませんか　denpyō wo betsubetsu ni shite kuremasen ka **Will you give us separate bills, please?**

e. restaurant words

レストラン　resutoran **restaurant**

軽食　keishoku **light lunches**

メニュー　menyū **menu**

勘定(書)　kanjō(gaki) **bill/check**

化粧室　keshōshitsu **restroom(s)**

ウエイトレス　ueitoresu **waitress**

ウエイター　ueitā **waiter**

板前　itamae **cook**

茶碗(ﾜﾝ)　chawan **rice bowl/teacup (for Japanese tea)**

湯呑み　yunomi **teacup (for Japanese tea)**

カップ　kappu **cup/teacup/coffee cup (with handle)**

箸(ﾊｼ)　hashi **chopsticks**

つまようじ　tsumayōji **toothpick**

灰皿　haizara **ashtray**

たばこ　tabako **cigarette**

日本酒　nihonshu **sake***

銚子(ﾁｮｳｼ)／とっくり　chōshi*/tokkuri* **(no English equivalent; see glossary)**

熱燗(ｶﾝ)　atsukan **hot sake**

水　mizu **water**

ミルク　miruku **milk**

砂糖　satō **sugar**

紅茶　kōcha **tea**

日本茶　nihoncha **Japanese tea**

塩　shio **salt**

こしょう　koshō **pepper**

芥子(ﾋﾟﾝ)　karashi **mustard**

油　abura **oil**

酢　su **vinegar**

正油(ﾋﾟﾝ)　shōyu **soy sauce**

どんぶり　donburi **bowl**

味噌(ﾋﾟﾝ)　miso **miso***

わさび　wasabi **wasabi***

f. some Japanese dishes

すき焼き　sukiyaki　　beef cooked at table with green onions, tofu, and leafy vegetables

寿司(ﾋﾟﾝ)　sushi　　cooked rice seasoned with vinegar and served in various forms with a topping of fish, shellfish, and vegetables

てんぷら　tenpura　　fish, shellfish, and vegetables coated with batter and fried in deep fat

天丼(ﾋﾟﾝ)　tendon　　a bowl of rice topped with tempura* dipped in broth

豆腐　tōfu　　white soya-bean curd with a soft, cheeselike consistency

梅干　umeboshi　　ume* pickled with salt and a pungent seasoning

刺身　sashimi　　fish and shellfish sliced and eaten raw with soy sauce and wasabi*

納豆　nattō　　fermented soy beans

うどん　udon　　wheat-flour noodles

そば - soba　　buckwheat noodles

味噌(ﾋﾟﾝ)汁　misoshiru　　soup flavored with miso

お握(ﾋﾟﾝ)り　o nigiri　　rice compacted into a ball or other shape for carrying on outings, to work etc

餅(ﾋﾟﾝ)　mochi　　glutinous rice steamed, pounded into a paste, shaped into patties, and allowed to harden

赤飯　sekihan　　glutinous rice steamed with red beans

たくあん　takuan　　radish pickled in salt and rice bran

お好み焼き　okonomiyaki　　a sort of hotcake made from wheat flour batter to which have been added various vegetables and other ingredients and fried on a hot plate

ところてん　tokoroten　a jelly made from a species of seaweed and eaten as a refreshing dish in summer

おでん　oden　various fish and vegetable preparations stewed in a light broth

ようかん　yōkan　a jellied confection made from highly sweetened beans

雑煮　zōni　a soup with vegetables, fish, and meat to which mochi are added: a traditional New Year's dish

おせち　o-sechi　an assortment of New Year's dishes prepared several days beforehand from ingredients that will not spoil; the idea is to give the womenfolk a degree of respite from the drudgery of kitchen work on the greatest feast of the year

煎餅(쌀)　senbei　fried crackers made from rice flour

Shopping

a. going out

私は帽子が買いたい　watashi wa bōshi ga kaitai　**I need a new hat.**

どのお店が一番よいですか　dono o-mise ga ichiban yoi desu ka　**Do you know a good store?**

駅のそばの果物屋は安いので有名です　eki no soba no kudamonoya wa yasui no de yūmei desu　**The fruit store near the station is known for its low prices.**

デパートで今セールをやっています　depāto de ima sēru wo yatte imasu　**They're having a sale at the department store today.**

一緒に買い物に行きましょう　issho ni kaimono ni ikimashō　**How about coming shopping with me?**

… はどこで買えますか　...wa doko de kaemasu ka　**Where can you buy a ...?**

一番近い本屋はどこですか　ichiban chikai hon-ya wa doko desu ka　**Where's the closest bookstore?**

靴売場はどこですか　kutsu uriba wa doko desu ka　**Where is the shoe department?**

b. picking things out

店員さん，これを見せて下さい　ten-insan, kore wo misete kudasai　**Excuse me, Miss, could you let me examine this item?**

… を売っていますか　...wo utte imasu ka　**Do you sell ... here?**

… を買いたいのです　...wo kaitai no desu　**I'm looking for ....**

こちらはいかがでしょう　kochira wa ikaga deshou　**How about this one?**

何色がよろしいのですか　nani-iro ga yoroshii no desu ka　**What color would you like?**

きれいな色ですね　kirei na iro desu ne **That's a pretty color, isn't it ?**

これが気に入りました　kore ga ki ni irimashita **I like this one.**

あちらの方が好きです　achira no hō ga suki desu **I like that one.**

この色はあまり好きではありません　kono iro wa amari suki de wa arimasen **I don't like this color.**

別な色のものがありますか　betsu na iro no mono ga arimasu ka **Do you have this in a different color ?**

別の品物を見せて下さい　betsu no shinamono wo misete kudasai **Show me something else.**

もっと安いものはありませんか　motto yasui mono wa arimasen ka **Do you have something cheaper ?**

予算は1万円です　yosan wa ichiman en desu **My spending limit is 10,000 yen.**

予算の枠内で買いたいのです　yosan no wakunai de kaitai no desu **I don't want to go over my limit.**

サイズはいくらですか　saizu wa ikura desu ka **What size do you take ?**

これはどのサイズですか　kore wa dono saizu desu ka **What size is this ?**

サイズ... を下さい　saizu... wo kudasai **Give me a size ....**

もっと大きいものがありますか　motto ōkii mono ga arimasu ka **Do you have something bigger ?**

大きすぎる　ōkisugiru **It's too big.**

高すぎる　takasugiru **It's too expensive.**

c. in various stores
clothing and shoes

セーターを見せて下さい　sētā wo misete kudasai **Show me some sweaters.**

ウインドーにあるのが好きです　uindō ni aru no ga suki desu **I like the one in the window.**

その着物は実に豪華ですね　sono kimono wa jitsu ni gōka desu ne **That kimono is really gorgeous.**

残念ながら着物は1人で着られません　zannennagara kimono wa hitori de kiraremasen **It's unfortunate, but a kimono is hard to put on by oneself.**

黒い絹の手袋がほしい　kuroi kinu no tebukuro ga hoshii **I want a pair of black silk gloves.**

試着していいですか　shichaku shite ii desu ka **Can I try it on ?**

胸まわりは... です　munemawari wa ...desu **My bust/chest measures ....**

ウエストは... です　uesuto wa ...desu **My waist measures ....**

襟(首)のサイズは... です　eri no saizu wa ...desu **My collar size is....**

この色は今年の流行です　kono iro wa kotoshi no ryūkō desu **This color is in fashion this year.**

このスタイルは好きではありません　kono sutairu wa suki de wa arimasen **I don't like this style.**

コート売り場はどこですか　kōto uriba wa doko desu ka **Where do you sell coats?**

このネクタイは実におしゃれです　kono nekutai wa jitsu ni o-share desu **This necktie is really stylish.**

靴下を2足ほしい　kutsushita wo nisoku hoshii **I want 2 pairs of socks.**

ビーチサンダルがほしい　bīchisandaru ga hoshii **I want a pair of beach sandals.**

このかかとは高すぎる　kono kakato wa takasugiru **The heels are too high.**

food and drink

パンを1個下さい　pan wo ikko kudasai **One loaf of bread, please.**

冷凍食品コーナーはどこですか　reitōshokuhin kōnā wa doko desu ka **Where are the frozen foods?**

… を1キロ下さい　...wo ichikiro kudasai **Give me one kilo of ....**

牛乳を1瓶下さい　gyūnyū wo hitobin kudasai **Give me a bottle of milk.**

それは新鮮ですか　sore wa shinsen desu ka **Is that fresh?**

これは古くなっている　kore wa furuku natte iru **This isn't fresh any more.**

賞味期間を過ぎている　shōmikikan wo sugite iru **The date on this has expired.**

これは悪くなっている　kore wa waruku natte iru **This has gone bad.**

medicines

ばんそうこうを下さい　bansōkō wo kudasai **I'd like a roll of adhesive tape.**

バンドエイドを下さい　bandoeido wo kudasai **Give me a box of Band-Aids®.**

日焼け止めの薬ありますか　hiyakedome no kusuri arimasu ka **Have you got something to prevent sunburn?**

消化不良にきく薬を下さい　shōkafuryō ni kiku kusuri wo kudasai **Give me something for indigestion, please.**

のどが痛みます．トローチを下さい　nodo ga itamimasu. torōchi wo kudasai **I have a sore throat; give me a box of cough drops.**

虫刺されにきく薬をくれませんか　mushisasare ni kiku kusuri wo kuremasen ka **Can you give me something for insect bites?**

総合ビタミン剤を下さい　sōgōbitaminzai wo kudasai **I want a bottle of vitamin tablets.**

この処方箋 (ｾﾝ) を調合していただけますか　kono shohōsen wo chōgō shite itadakemasu ka **Can I have this prescription filled, please?**

小さな救急箱はありますか chiisana kyūkyūbako wa arimasu ka **Do you have a small first-aid kit?**

アスピリンを1瓶下さい asupirin wo hitobin kudasai **Give me a bottle of aspirin, please.**

newspapers, books, stationery

英字新聞は売っていますか eijishinbun wa utte imasu ka **Do you carry English-language newspapers?**

市街地図はありますか shigaichizu wa arimasu ka **Do you have a city map?**

... 著の本がありますか ...cho no hon ga arimasu ka **Do you have any books by ...?**

ノートを2冊とボールペンを1本下さい nōto wo nisatsu to bōrupen wo ippon kudasai **Two notebooks and a ballpoint, please.**

横書きの便せんはありますか yokogaki no binsen wa arimasu ka **Have you got letter paper for writing left to right?**

d. paying for things

これはいくらですか kore wa ikura desu ka **How much is this?**

全部でいくらになりますか zenbu de ikura ni narimasu ka **How much all together?**

勘定をお願いします kanjō wo o negai shimasu **Can I have the bill, please?**

アメリカの通貨で売ってくれますか amerika no tsūka de utte kuremasu ka **Can I pay in American money?**

トラベラーズチェックで受けてくれますか toraberāzuchekku de ukete kuremasu ka **Will you take traveler's checks?**

少し高いですね sukoshi takai desu ne **That's rather expensive, isn't it?**

割引きしてくれますか waribiki shite kuremasu ka **Can you give me a discount?**

ここのレジは混んでいます koko no reji wa konde imasu **The line at this check-out counter is too long**

レシートをいただけますか reshīto wo itadakemasu ka **Can I have a receipt?**

おつりが間違っています o-tsuri ga machigatte imasu **You gave me the wrong change.**

e. complaints

責任者に会いたい sekininsha ni aitai **I want to speak to your superior.**

昨日これを買いました　sakujitsu kore wo kaimashita **I bought this yesterday.**

これは汚れている（破れている，壊れている，ひびが入っている，不良品だ）　kore wa yogorete iru (yaburete iru, kowarete iru, hibi ga haitte iru, furyōhin da) **This is stained (torn, broken, cracked, defective).**

この本には落丁があります　kono hon ni wa rakuchō ga arimasu **This book has pages missing.**

この薬は全く効果がありません　kono kusuri wa mattaku kōka ga arimasen **This medicine doesn't have any effect at all.**

店員の態度が悪い　ten-in no taido ga warui **I don't like your clerk's manners.**

これを取り替えて下さいませんか　kore wo torikaete kudasaimasen ka **Can I exchange this, please?**

お金を払い戻して下さいませんか　o-kane wo haraimodoshite kudasaimasen ka **Can I have my money back, please?**

f. repairing and mending

時計が壊れてしまいました tokei ga kowarete shimaimashita **My watch is broken.**

修理できますか shūri dekimasu ka **Can it be fixed?**

これを直して下さい kore wo naoshite kudasai **Can you fix this?**

残念ながらそれはもはや修理できません zannennagara sore wa mohaya shūri dekimasen **I'm sorry, but it's beyond repair.**

靴のかかとを新しいのとつけ替えていただけますか kutsu no kakato wo atarashii no to tsukekaete itadakemasu ka **Can you put new heels on these shoes?**

待っている間にやってくれますか matte iru aida ni yatte kuremasu ka **Can you do it while I wait?**

いつできますか itsu dekimasu ka **How soon can you have it done?**

どのぐらい時間がかかりますか dono gurai jikan ga kakarimasu ka **How long will it take?**

このジャケットのシミは抜けないでしょうか kono jaketto no shimi wa nukenai deshō ka **Can you remove the stain on this jacket?**

このズボンのすそがほつれているので繕っていただけますか kono zubon no suso ga hotsurete iru no de tsukurotte itadakemasu ka **The cuffs on these pants are worn. Can you mend them?**

... の具合が悪いのでみていただけますか ...no guai ga warui no de mite itadakemasu ka **The ... is out of order. Could you have a look at it, please?**

できるだけ早く直していただきたい dekiru dake hayaku naoshite itadakitai **I want**

this fixed as soon as possible.
費用はいくらですか　hiyō wa ikura desu ka **How much will it cost ?**

9. Postal and Telephone Service
a. the post office
一番近い郵便局はどこですか　ichiban chikai yūbinkyoku wa doko desu ka **Where is the nearest post office ?**

郵便局は何時まで開いていますか　yūbinkyoku wa nanji made aite imasu ka **What time does the post office close ?**

ポストはどこにありますか　posuto wa doko ni arimasu ka **Do you know where there's a mailbox ?**

ちょうど記念切手を売り出しているところです　chōdo kinenkitte wo uridashite iru tokoro desu **They have just issued a new commemorative stamp.**

カナダまで葉書はいくらですか　kanada made hagaki wa ikura desu ka **How much is a postcard to Canada ?**

アメリカまで航空便はいくらですか　amerika made kōkūbin wa ikura desu ka **How much is an air mail letter to America ?**

イギリスまで船便ではいくらですか　igirisu made funabin de wa ikura desu ka **How much is surface mail to Britain ?**

この小包をお願いします　kono kozutsumi wo o-negai shimasu **I want to mail this package.**

この手紙を速達で送りたい　kono tegami wo sokutatsu de okuritai **I want to send this letter by express mail.**

この手紙を書留にしたい　kono tegami wo kakitome ni shitai **I want to send this letter by registered mail.**

官製葉書を10枚下さい　kanseihagaki wo jūmai kudasai **Ten government postcards*, please.**

大体何日頃届きますか　daitai nannichi goro todokimasu ka **Do you know how many days it will take to get there ?**

b. telephones and telegrams
一番近い電話ボックスはどこですか　ichiban chikai denwabokkusu wa doko desu ka **Where is the nearest telephone booth ?**

電話を掛けたい　denwa wo kaketai **I want to make a phone call.**

オーストラリアに電話したい　ōsutoraria ni denwa shitai **I want to make a phone call to Australia.**

小銭が不足しています．テレフォンカードをお持ちですか　kozeni ga fusoku shite

imasu. terefonkādo wo o-mochi desu ka **I don't have enough small change. Do you have a telephone card?**

コレクトコールにしたい korekutokōru ni shitai **I want to make a collect call.**

もしもし... さんですか moshimoshi ...san desu ka **Hello. Is this Mr. ... ?**

どちら様ですか dochirasama desu ka **Who is this calling, please?**

内線... 番をお願いします naisen ...ban wo o-negai shimasu **Give me extension ..., please.**

そのままお待ち下さい sono mama o-machi kudasai **Please hold the line a moment.**

... はただ今外出中です ...wa tadaima gaishutsuchū desu **... is out at the moment.**

... はいつお戻りですか ...wa itsu o-modori desu ka **When will ... be back?**

伝言をお願いできますか dengon wo o-negai dekimasu ka **Will you take a message, please?**

... より電話があったと彼に伝えて下さい ...yori denwa ga atta to kare ni tsutaete kudasai **Please tell him that ... called.**

後ほどお電話します nochihodo o-denwa shimasu **I'll call again later.**

私に電話するように伝えて下さい watashi ni denwa suru yō ni tsutaete kudasai **Please tell him to call me.**

話し中です hanashichū desu **The line is busy.**

電話番号が間違っています denwabangō ga machigatte imasu **You have the wrong number.**

留守番電話にメッセージが入っています rusubandenwa ni messēji ga haitte imasu **There's a message on the answering machine.**

電報を打ちたい denpō wo uchitai **I want to send a telegram.**

1語あたりいくらですか ichigo atari ikura desu ka **How much is it for each word?**

祝電(弔電)を打ちたい shukuden (chōden) wo uchitai **I want to send a telegram of congratulation [condolence].**

10. Transport

a. trains

駅はどこにありますか eki wa doko ni arimasu ka **Where is the train station?**

新幹線のホームはどこですか shinkansen no hōmu wa doko desu ka **Where are the shinkansen* tracks?**

切符は自動発券機で買えます kippu wa jidōhakkenki de kaemasu **You can buy your ticket at the automatic ticket machine.**

新幹線の座席指定はこの用紙に必要事項を記入します　shinkansen no zaseki shitei wa kono yōshi ni hitsuyōjikō wo kinyū shimasu **You have to fill out this form to get a reserved seat on the shinkansen*.**

9：30分発京都行きの特急に乗りたいのですが　kujisanjippunhatsu kyōtoyuki no tokkyū ni noritai no desu ga **I want a ticket on the 9:30 special express to Kyōto, please.**

禁煙席を希望します　kin-enseki wo kibō shimasu **If possible I want a non-smoking seat.**

往復の切符を買いたい　ōfuku no kippu wo kaitai **I want a round-trip ticket.**

寝台車を予約したい　shindaisha wo yoyaku shitai **I want to reserve a berth on a sleeping car.**

寝台車はいくらですか　shindaisha wa ikura desu ka **How much does a sleeping car ticket cost？**

急行列車ですか、それとも普通列車ですか　kyūkōressha desu ka, soretomo futsūressha desu ka **Do you want the express train or the local train？**

この電車は...へ行きますか　kono densha wa ..e ikimasu ka **Does this train go to ...？**

もっと早くでる列車はありますか　motto hayaku deru ressha wa arimasu ka **Isn't there an earlier train？**

この列車には食堂車がありますか　kono ressha ni wa shokudōsha ga arimasu ka **Is there a dining car on this train？**

... まで片道3枚下さい　...made katamichi sanmai kudasai **Three one-way tickets to ..., please.**

この切符は何日間有効ですか　kono kippu wa nannichikan yūkō desu ka **How long is this ticket valid？**

この列車は何時に発車しますか　kono ressha wa nanji ni hassha shimasu ka **What time does this train leave？**

... 行きの列車は何番ホームから発車しますか　...yuki no ressha wa nanban hōmu kara hassha shimasu ka **Where do I get the train for ...？**

... には何時に到着しますか　...ni wa nanji ni tōchaku shimasu ka **What time does the train get to ...？**

... からの列車は何時に到着しますか　...kara no ressha wa nanji ni tōchaku shimasu ka **What time does the train from ... get in？**

この列車は...に停まりますか　kono ressha wa .. ni tomarimasu ka **Does this train stop at ...？**

この列車は遅れていますか　kono ressha wa okurete imasu ka **Is this train running late？**

指定券を持っています　shiteiken wo motte imasu **I have a reservation.**

車掌が検札に来ました　shashō ga kensatsu ni kimashita **The conductor is here to check the tickets.**

この席は空いていますか　kono seki wa aite imasu ka **Is this seat taken?** (literally, "Is this seat open?")

どこで乗換えですか　doko de norikae desu ka **Where do I transfer?**

時刻表はどこにありますか　jikokuhyō wa doko ni arimasu ka **Where is the time-table?**

近ごろは自動改札が増えました　chikagoro wa jidōkaisatsu ga fuemashita **Nowa-days you see more and more automatic wickets.**

b. buses

バス停はどこですか　basutei wa doko desu ka **Where is the bus stop?**

... 行きのバスの発着所はどこですか　...yuki no basu no hatchakujo wa doko desu ka **Where do I get the bus for ...?**

このバスは... に停まりますか　kono basu wa ...ni tomarimasu ka **Does this bus stop at ...?**

... までどのぐらい時間がかかりますか　...made dono gurai jikan ga kakarimasu ka **How long does it take to get to ...?**

定期観光バスに乗りたい　teiki kankōbasu ni noritai **I want to ride a scheduled sightseeing bus.**

そのバスは何時に... に着きますか　sono basu wa nanji ni ...ni tsukimasu ka **What time does the bus reach ...?**

そのバスは何時に発車しますか　sono basu wa nanji ni hassha shimasu ka **What time does the bus leave?**

このバスはどのぐらいの間隔で出ていますか　kono basu wa donogurai no kankaku de dete imasu ka **How often does this bus leave?**

次のバスは何時ですか　tsugi no basu wa nanji desu ka **What time is the next bus?**

... の近くを通りますか　...no chikaku wo tōrimasu ka **Does the bus pass near ...?**

... 行きのバスはどれですか　...yuki no basu wa dore desu ka **Which is the bus for ...?**

... まで行きたい　...made ikitai **I want to go to ....**

どこで降りたらいいでしょうか　doko de oritara ii deshō ka **Where should I get off?**

最終バスは出てしまいましたか　saishūbasu wa dete shimaimashita ka **Has the last** bus already left ?

c. taxis

タクシー乗り場はどこですか　takushīnoriba wa doko desu ka **Where is the taxi stand ?**

空車が来ました　kūsha ga kimashita **Here comes an empty taxi.**

... ホテルまで行って下さい　...hoteru made itte kudasai **Take me to the ... Hotel.**

遅れているので少し急いでくれませんか　okurete iru no de sukoshi isoide kuremasen ka **I'm late, so could you go a little faster ?**

ここで止って下さい　koko de tomatte kudasai **Stop here, please.**

待っていて下さい　matte ite kudasai **Wait for me, please.**

名所旧跡がみたい　meishokyūseki ga mitai **I want to go sightseeing.**

そこは遠いですか　soko wa tōi desu ka **Is it very far from here ?**

... までどのぐらいの時間ですか　...made dono gurai no jikan desu ka **How long does it take to get there ?**

いくらですか　ikura desu ka **How much is it ?**

d. airplanes

航空会社の営業所はどこにありますか　kōkūgaisha no eigyōsho wa doko ni arimasu ka **Where is the airline office ?**

日曜日の午後の便で... まで3席予約したい　nichiyōbi no gogo no bin de ...made sanseki yoyaku shitai **I want 3 tickets to ... on the Sunday afternoon flight.**

金曜日に... までの便がありますか　kinyōbi ni ...made no bin ga arimasu ka **Is there a flight to ... on Friday ?**

その便は何時に発ちますか　sono bin wa nanji ni tachimasu ka **What time does that flight leave ?**

その便は何時に到着しますか　sono bin wa nanji ni tōchaku shimasu ka **What time does that flight arrive ?**

... の予約をキャンセルして下さい　...no yoyaku wo kyanseru shite kudasai **Please cancel my reservation for ...**

予約を変更したい　yoyaku wo henkō shitai **I want to change my reservation.**

次の便は何時ですか　tsugi no bin wa nanji desu ka **When is the next flight ?**

市内から空港までのバスがありますか　shinai kara kūkō made no basu ga arimasu ka **Is there a bus from the city center to the airport ?**

e. boats

その船は何時に出航ですか　sono fune wa nanji ni shukkō desu ka **What time does the boat leave ?**

次の出航は何時ですか　tsugi no shukkō wa nanji desu ka **When does the next boat leave ?**

その船はどこに入港ですか　sono fune wa doko ni nyūkō desu ka **What stops does the boat make ?**

その船は... に寄港しますか　sono fune wa ...ni kikō shimasu ka **Does the boat stop at ... ?**

... まで船便がありますか　...made funabin ga arimasu ka **Is there a boat to ... ?**

この船でどのぐらい時間がかかりますか　kono fune de dono gurai jikan ga kakarimasu ka **How much time does this boat take to get there ?**

一人用客室を予約できますか　hitoriyō senshitsu wo yoyaku dekimasu ka **Can I reserve a single stateroom ?**

部屋にはいくつ寝台がありますか　heya ni wa ikutsu shindai ga arimasu ka **How many beds are there in the stateroom ?**

いつ入港しますか　itsu nyūkō shimasu ka **When will we reach port ?**

何時に乗船しなければなりませんか　nanji ni jōsen shinakereba narimasen ka **By what time do we have to be on board ?**

港にどのぐらい停泊しますか　minato ni dono gurai teihaku shimasu ka **How long will the boat stay in port ?**

f. cars

運転免許証を持っています　unten menkyoshō wo motte imasu **I have a driver's license.**

友人とドライブに出かけましょう　yūjin to doraibu ni dekakemashō **Let's go for a drive with some friends.**

いい車ですね。自家用車ですか　ii kuruma desu ne. jikayōsha desu ka **Nice car. Is it yours ?**

いいえ。レンタカーです　iie. rentakā desu **No, it's rented.**

どこで車を借りられますか　doko de kuruma wo kariraremasu ka **Where can I rent a car ?**

レンタカーは1時間いくらですか　rentakā wa ichijikan ikura desu ka **What's the fee per hour to rent this car ?**

一番近いガソリンスタンドはどこですか　ichiban chikai gasorinsutando wa doko desu ka **Where is the nearest gas station ?**

満タンにして下さい　mantan ni shite kudasai **Fill it up, please.**

ガソリン，リッターあたりいくらですか　gasorin, rittā atari ikura desu ka **How much is gasoline per liter ?**

洗車して下さい　sensha shite kudasai **Wash the car, please.**

道路地図はありますか　dōrochizu wa arimasu ka **Do you have a road map ?**

駐車場はどこですか　chūshajō wa doko desu ka **Where is the parking lot ?**

ここは駐車禁止ですか　koko wa chūsha kinshi desu ka **Is this a no parking zone ?**

今どこでしょうか　ima doko deshō ka **Where are we now ?**

地図で示して下さい　chizu de shimeshite kudasai **Show me on the map.**

次のドライブインで昼食にしましょう　tsugi no doraibuin de chūshoku ni shimashō **Let's have lunch at the next drive-in.**

... にはどう行けばいいですか　...ni wa dō ikeba ii desu ka **How do you get to ... ?**

... はどこにありますか　...wa doko ni arimasu ka **Where is ... ?**

... への自動車道にはどう行けばいいですか　...e no jidōshadō ni wa dō ikeba ii desu ka **How do you get to the expressway for ... ?**

... へはどの道を行けば一番いいですか　...e wa dono michi wo ikeba ichiban ii desu ka **What's the best road to ... ?**

... までどのぐらいの距離がありますか　...made dono gurai no kyori ga arimasu ka **How far is it to ... ?**

... に夕刻までには着くのでしょうか　...ni yūkoku made ni wa tsuku no deshō ka **Will we reach ... by evening ?**

高速道路は混んでいます　kōsokudōro wa konde imasu **The expressway is clogged with heavy traffic.**

渋滞に巻き込まれました　jūtai ni makikomaremashita **I got caught in heavy traffic.**

抜け道がありますか　nukemichi ga arimasu ka **Is there a back road to get around the traffic ?**

このまま5キロほどまっすぐ行って下さい　kono mama 5 kiro hodo massugu itte kudasai **Go straight along this road for 5 kilometers.**

次の信号を右に曲って下さい　tsugi no shingō wo migi ni magatte kudasai **Turn right at the next signal.**

車の鍵(かぎ)をなくさないように　kuruma no kagi wo nakusanai yō ni **Don't lose your car keys.**

some road signs

右側通行　migigawa tsūkō **keep right**

一方通行道路　ippōtsūkōdōrò **one way**

迂回　ukai **detour**

駐車禁止　chūsha kinshi **no parking**

追い越し禁止　oikoshi kinshi **no passing**

進入禁止　shinnyū kinshi **no entry**

前方道路工事中　zenpō dōro kōjichū **construction ahead**

11. Hotels

安くてよいホテルを紹介して下さい　yasukute yoi hoteru wo shōkai shite kudasai
Can you tell me the name of a hotel that is good and also cheap ?

今夜部屋はありますか　kon-ya heya wa arimasu ka **Do you have a vacancy for tonight ?**

2人で泊まれる部屋がありますか　futari de tomareru heya ga arimasu ka **Do you have a room for two ?**

シングルの部屋を3室予約します　shinguru no heya wo sanshitsu yoyaku shimasu **I would like to reserve 3 single rooms.**

その部屋は何階にありますか　sono heya wa nangai ni arimasu ka **What floor is that room on ?**

2階の部屋は空いていますか　nikai no heya wa aite imasu ka **Do you have a room on the second floor ?**

この部屋にします　kono heya ni shimasu **I'll take this room.**

別の部屋がありませんか　betsu no heya ga arimasen ka **Don't you have some other room ?**

ツインしかありません　tsuin shika arimasen **We only have a twin room.**

空き室はこれだけです　akishitsu wa kore dake desu **This is the only vacancy we have.**

和室の部屋はありますか　washitsu no heya wa arimasu ka **Do you have a Japanese-style room ?**

この部屋は1泊いくらですか　kono heya wa ippaku ikura desu ka **What's the rate for this room ?**

もっと安い部屋はありませんか　motto yasui heya wa arimasen ka **Don't you have something cheaper ?**

明朝7：30分に起して下さい　myōchō shichiji sanjuppun ni okoshite kudasai **Please wake me up at 7:30 tomorrow morning.**

私の部屋にはタオルがありません　watashi no heya ni wa taoru ga arimasen **There are no towels in my room.**

シーツが汚れています　shītsu ga yogorete imasu **The sheets are dirty.**

トイレの水が流れません　toire no mizu ga nagaremasen **The toilet won't flush.**

シャワーの出がよくありません　shawā no de ga yoku arimasen **There's no pressure in the shower.**

窓が空きません．開けて下さい　mado ga akimasen. akete kudasai **I can't get the window open. Please open it.**

暑すぎます　atsusugimasu **It's too hot in here.**

暖房を強くできますか　danbō wo tsuyoku dekimasu ka **Can you turn up the heat?**

冷房がきいていません　reibō ga kiite imasen **The air conditioning isn't working.**

鍵(ぎ)を下さい　kagi wo kudasai **Give me my key, please.**

私宛のメッセージがありますか　watashi ate no messēji ga arimasu ka **Are there any messages for me?**

この洋服を洗濯してほしい　kono yōfuku wo sentaku shite hoshii **I want to get this dress cleaned.**

このスーツにアイロンを掛けてほしい　kono sūtsu ni airon wo kakete hoshii **I want to get this suit pressed.**

明日の午前中までにできますか　myōnichi no gozenchū made ni dekimasu ka **Can you have it done by tomorrow morning?**

食堂はどこですか　shokudō wa doko desu ka **Where is the dining room?**

明後日の朝立ちます　asatte no asa tachimasu **I'll be leaving the day after tomorrow in the morning.**

勘定書きを用意してくれますか　kanjōgaki wo yōi shite kuremasu ka **Will you get my bill ready, please?**

荷物を下におろしていただけますか　nimotsu wo shita ni oroshite itadakemasu ka **Can you have my luggage taken downstairs, please?**

10時にタクシーを1台呼んでいただけますか　jūji ni takushī wo ichidai yonde itadakemasu ka **Will you call me a taxi for 10 o'clock, please?**

お世話になりました　o-sewa ni narimashita **I enjoyed my stay.**

12. Leisure time

a. sightseeing

名所旧跡を見物しましょう　meishokyūseki wo kenbutsu shimashō **Let's go sightseeing.**

ガイドブックを持ってきましたか　gaidobukku wo motte kimashita ka **Did you bring the guidebook?**

当地の見所は何ですか　tōchi no midokoro wa nan desu ka **What is there to see** around here ?

この建物は何ですか　kono tatemono wa nan desu ka **What is this building ?**

いつ建てられましたか　itsu tateraremashita ka **When was it built ?**

誰(が)が建てましたか　dare ga tatemashita ka **Who built it ?**

このお寺は何と言いますか　kono o-tera wa nan to iimasu ka **What's the name of this temple ?**

これは美術館ですか　kore wa bijutsukan desu ka **Is this an art museum ?**

... は何時に開きますか　...wa nanji ni akimasu ka **What time does ... open ?**

何曜日が休館ですか　nanyōbi ga kyūkan desu ka **What days is it closed on ?**

入場料はいくらですか　nyūjōryō wa ikura desu ka **How much is the entrance fee ?**

切符はどこで買えますか　kippu wa doko de kaemasu ka **Where do they sell the tickets ?**

カメラを持ってきましたか　kamera wo motte kimashita ka **Did you bring your camera ?**

写真をとって下さい　shashin wo totte kudasai **Take a picture of that.**

写真をとってもいいですか　shashin wo totte mo ii desu ka **Is it all right to take pictures ?**

撮影は禁止です　satsuei wa kinshi desu **Picture-taking is forbidden.**

ガイドさんについて行って下さい　gaidosan ni tsuite itte kudasai **Follow the guide.**

ガイドは英語を話せますか　gaido wa eigo wo hanasemasu ka **Can the guide speak English ?**

ガイドはいりません　gaido wa irimasen **I don't need a guide.**

少し足をのばしてみましょう　sukoshi ashi wo nobashite mimashō **Let's walk on a little further.**

城に行くのはどのバスですか　shiro ni iku no wa dono basu desu ka **Which is the bus that goes to the castle ?**

... に行く道はこれですか　...ni iku michi wa kore desu ka **Is this the road that goes to ... ?**

... に行くにはどう行ったらよいですか　...ni iku ni wa dō ittara yoi desu ka **How can I get to ... ?**

歩いて行けますか　aruite ikemasu ka **Is it close enough to walk ?**

当地の名物料理は何ですか　tōchi no meibutsuryōri wa nan desu ka **What kind of cooking is this place known for ?**

有名なお店を教えて下さい　yūmei na o-mise wo oshiete kudasai **Can you tell me the names of important stores in this area ?**

土産には何を買ったらいいですか miyage ni wa nani wo kattara ii desu ka **What kind of souvenirs should I buy to take home with me?**

民芸品のお店を紹介して下さい mingeihin no o-mise wo shōkai shite kudasai **Can you direct me to a place that sells folk art?**

b. sports

プロ野球の観戦に行きたい puroyakyū no kansen ni ikitai **I want to go to a professional baseball game.**

一番安い席はいくらですか ichiban yasui seki wa ikura desu ka **How much is the cheapest ticket?**

何時に始まりますか nanji ni hajimarimasu ka **What time does the game start?**

テニスをやりたい tenisu wo yaritai **I want to play tennis.**

この海岸で泳げますか kono kaigan de oyogemasu ka **Can you swim at this beach?**

水泳禁止です suiei kinshi desu **It's a no swimming zone.**

私は美容のためにヨガとエアロビクスをやっています watashi wa biyō no tame ni yoga to earobikusu wo yatte imasu **I do yoga and aerobics for beauty care.**

相撲は日本の国技です sumō wa nippon no kokugi desu **Sumo is the Japanese national sport.**

兄は柔道5段剣道2段です ani wa jūdō godan kendō nidan desu **My older brother holds a fifth dan in judo and a second dan in kendo.**

釣りに行きませんか tsuri ni ikimasen ka **Would you like to go fishing with me?**

ボートを借りられますか bōto wo kariraremasu ka **Can we rent a boat?**

なかなかゴルフの腕前が上がりません nakanaka gorufu no udemae ga agarimasen **I don't seem to make any progress at golf.**

私はマリンスポーツが得意です watashi wa marin supōtsu ga tokui desu **I specialize in marine sports.**

運動し過ぎて体じゅうの筋肉が痛い undō shisugite karadajū no kinniku ga itai **I exercised too hard, and all my muscles are sore.**

子供とキャッチボールをします kodomo to kyatchibōru wo shimasu **I play catch with my son.**

家族と一緒にアウトドアスポーツを楽しみました kazoku to issho ni autodoa spōtsu wo tanoshimimashita **I had fun playing outdoors with my family.**

c. events

映画館で何かおもしろいものをやっていますか eigakan de nanika omoshiroi mono

wo yatte imasu ka **Is there some good movie playing at the theater now ?**

コンサートがありますか konsāto ga arimasu ka **Are there any concerts scheduled ?**

... デパートで生け花展があります ...depāto de ikebanaten ga arimasu **There is an ikebana* exhibition at the ... Department Store.**

... ホールで明晩オペラがあります ...hōru de myōban opera ga arimasu **There is an opera tomorrow night at the ... Hall.**

S席のチケットを2枚ほしい esu-seki no chiketto wo nimai hoshii **I want 2 S tickets*, please.**

来週の火曜日の席を予約したい raishū no kayōbi no seki wo yoyaku shitai **I want a reserved seat for next Tuesday.**

前売り券は明日から売り出します maeuriken wa myōnichi kara uridashimasu **Advance tickets go on sale tomorrow.**

開演は何時ですか kaien wa nanji desu ka **What time does the play start ?**

演目は何ですか enmoku wa nan desu ka **What's the title of the play ?**

指揮者は誰ですか shikisha wa dare desu ka **Who is the conductor ?**

配役を教えて下さい haiyaku wo oshiete kudasai **Tell me the names of the actors.**

プログラムを2部下さい puroguramu wo nibu kudasai **Two programs, please.**

日本の古典芸能に関心がありますか nippon no kotengeinō ni kanshin ga arimasu ka **Do you have any interest in classical Japanese theater ?**

歌舞伎は見たことがありますか kabuki wa mita koto ga arimasu ka **Have you ever been to see Kabuki* ?**

能はまだ一度も見たことがありません nō wa mada ichido mo mita koto ga arimasen **I have never seen a Noh* play.**

13. Sickness and Accidents

a. sickness

病院へ行きたいのですが，どこがいいでしょうか byōin e ikitai no desu ga, doko ga ii deshō ka **I want to get medical attention. Can you recommend a good hospital ?**

お医者さんを呼んで下さい o-ishasan wo yonde kudasai **Please call a doctor.**

救急車を呼んで下さい kyūkyūsha wo yonde kudasai **Please call an ambulance.**

私は病気です watashi wa byōki desu **I am sick.**

とても気分が悪い totemo kibun ga warui **I feel terrible.**

吐き気がする hakike ga suru **I feel nauseated.**

頭ががんがん痛い　atama ga gangan itai **I have a splitting headache.**

視力が急に落ちた　shiryoku ga kyū ni ochita **My eyesight has gotten bad all of a sudden.**

耳なりがひどいのです　miminari ga hidoi no desu **I have a terrible ringing in my ears.**

虫歯が痛くてたまりません　mushiba ga itakute tamarimasen **I have a terrible toothache.**

歯医者さんへ行かなければなりませんか　haishasan e ikanakereba narimasen ka **Do you need to see a dentist ?**

食あたりをしたようです　shokuatari wo shita yō desu **I must've eaten something that didn't agree with me.**

胃をこわしました　i wo kowashimashita **I've got an upset stomach.**

消化不良を起こしました　shōkafuryō wo okoshimashita **I've got indigestion.**

風邪をひきました　kaze wo hikimashita **I have a cold.**

息苦しい　ikigurushii **I have trouble breathing.**

目まいがする　memai ga suru **I feel dizzy.**

私はずっと糖尿病を煩っています　watashi wa zutto tōnyōbyō wo wazuratte imasu **I have had diabetes for a long time.**

全く食欲がありません　mattaku shokuyoku ga arimasen **I have no appetite.**

熟睡できません　jukusui dekimasen **I have trouble sleeping.**

寒気がします　samuke ga shimasu **I'm getting chills.**

咳(せき)が止まりません　seki ga tomarimasen **I can't stop coughing.**

持病の... が悪化したようです　jibyō no ...ga akka shita yō desu **His chronic ... has gotten worse.**

足首を捻挫(ねんざ)した　ashikubi wo nenza shita **I sprained my ankle.**

右腕を骨折した　migiude wo kossetsu shita **I broke my right arm.**

やけどをした　yakedo wo shita **I burnt myself.**

切り傷をした　kirikizu wo shita **I cut myself.**

いつからそんな状態ですか　itsu kara sonna jōtai desu ka **How long have you been like this ?**

昨日からこんな状態です　sakujitsu kara konna jōtai desu **I've been like this since yesterday.**

どこが痛いですか　doko ga itai desu ka **Where do you hurt ?**

寝ていないといけませんか　nete inai to ikemasen ka **Do I absolutely have to stay in bed ?**

絶対安静が必要です　zettai ansei ga hitsuyō desu **You need absolute rest.**

口を開けなさい　kuchi wo akenasai **Open your mouth.**

舌を出しなさい　shita wo dashinasai **Stick out your tongue.**

横になりなさい　yoko ni narinasai **Lie down.**

息を吸いなさい〔吐きなさい〕　iki wo suinasai 〔hakinasai〕 **Breathe in 〔out〕.**

薬局にこの処方箋(笺)を持って行きなさい　yakkyoku ni kono shohōsen wo motte ikinasai **Take this prescription to a pharmacy.**

1日に3回これを飲んで下さい　ichinichi ni sankai kore wo nonde kudasai **Take this 3 times a day.**

注射しましょう　chūsha shimashō **I'll give you an injection.**

袖(½)をまくりなさい　sode wo makuri nasai **Roll up your sleeve.**

少し気分がよくなりました　sukoshi kibun ga yoku narimashita **I feel a little better now.**

おかげさまですっかり元気になりました　o-kagesama de sukkari genki ni narimashita **Thanks to you, I am completely cured.**

b. accidents and disasters

交番はどこですか　kōban wa doko desu ka **Is there a police box* around here ?**

警察を呼んで下さい　keisatsu wo yonde kudasai **Call the police.**

大至急110番して下さい　daishikyū hyakutōban shite kudasai **Quick, dial 110.**

領事館に知らせて下さい　ryōjikan ni shirasete kudasai **Please inform my consulate.**

私のカバンが盗まれました　watashi no kaban ga nusumaremashita **My briefcase has been stolen.**

財布をすられました　saifu wo suraremashita **A pickpocket stole my wallet.**

パスポートがなくなりました　pasupōto ga nakunarimashita **My passport is missing.**

交通事故にあいました　kōtsūjiko ni aimashita **I have had a traffic accident.**

... に車をぶつけました　...ni kuruma wo butsukemashita **I crashed my car into a ....**

駅の階段から落ちました　eki no kaidan kara ochimashita **I fell down the stairs in the station.**

雪道で滑りました　yukimichi de suberimashita **I slipped on the snowy street.**

大けがをしました．救急車を呼んで下さい　ōkega wo shimashita. kyūkyūsha wo yonde kudasai **I am badly hurt. Please call an ambulance.**

重傷です．そっと担架に乗せて下さい　jūshō desu. sotto tanka ni nosete kudasai **He is badly hurt. Go easy when you put him on the stretcher.**

意識を失っています．大丈夫でしょうか　ishiki wo ushinatte imasu. daijōbu deshō ka **She's unconscious. Will she be okay ?**

火事だ！火事だ！　kaji da! kaji da! **Fire! Fire!**

消火器はどこですか　shōkaki wa doko desu ka **Where's the fire extinguisher?**

今朝の地震にはびっくりしました　kesa no jishin ni wa bikkuri shimashita **The earthquake this morning was frightening.**

台風の大雨で床下浸水になりました　taifū no ōame de yukashita shinsui ni narimashita **The heavy rains of the typhoon flooded my house almost up to floor level.**

家の前の川が反乱しました　ie no mae no kawa ga hanran shimashita **The river in front of my house overflowed its banks.**

... が行方不明です　...ga yukuefumei desu **...is missing.**

山で遭難しました．救助隊を呼んで下さい　yama de sōnan shimashita. kyūjotai wo yonde kudasai **We've had a bad accident on the mountain. Please call out the rescue squad.**

仕事の現場で事故にあいました　shigoto no genba de jiko ni aimashita **He had an accident at the construction site.**

補償はどうなるのでしょうか　hoshō wa dō naru no deshō ka **What does he have to do to get compensation?**

14. At the office

新入社員の... です．よろしく　shinnyūshain no ...desu. yoroshiku **I have just joined the company and my name is .... I am happy to meet you.**

今日からアルバイトをする事になった... です　kyō kara arubaito wo suru koto ni natta ...desu **My name is ... and I have started today as a part-timer here.**

会社の中を案内しましょうか　kaisha no naka wo annai shimashō ka **Shall I show you around the place?**

名刺をいただけませんか　meishi wo itadakemasen ka **Could I have your card, please?**

私のデスクはどこですか　watashi no desuku wa doko desu ka **Which is my desk?**

初めに何をしたらいいですか　hajime ni nani wo shitara ii desu ka **What's the first thing I need to do?**

この小包を出してきて下さい　kono kozutsumi wo dashite kite kudasai **Go mail this package, will you?**

会議室はどこですか　kaigishitsu wa doko desu ka **Where is the conference room?**

会議を始めます　kaigi wo hajimemasu **The meeting will now come to order.**

食事に行きます　shokuji ni ikimasu **I'm going out to lunch.**

毎日忙しい　mainichi isogashii **Every day is a busy one for me.**

残業をしなければなりません　zangyō wo shinakereba narimasen **I have to work overtime today.**

お先に失礼します　o-saki ni shitsurei shimasu (no English equivalent; said when going home ahead of one's colleagues)

お疲れさまでした　o-tsukaresama deshita (no English equivalent; said as a polite goodbye in response to the above)

忙しくていやになります　isogashikute iya ni narimasu **I'm so busy it isn't funny.**

昨日も終電で帰ったのです　kinō mo shūden de kaetta no desu **Yesterday also I worked till it was time for the last train.**

ストレスがたまっています　sutoresu ga tamatte imasu **I'm all stressed out.**

ファックスは今使っています　fakkusu wa ima tsukatte imasu **The fax machine is busy now.**

コンピュータ通信ができる人はだれですか　konpyūtatsūshin ga dekiru hito wa dare desu ka **Is there someone here who knows how to send electronic mail ?**

コピーをして下さい　kopī wo shite kudasai **Make me a copy of this, please.**

ワープロを打って下さい　wāpuro wo utte kudasai **Type this out on the word processor, will you ?**

ファックスを送って下さい　fakkusu wo okutte kudasai **Fax this out, will you please ?**

これ，すぐお願いできますか　kore, sugu o-negai dekimasu ka **Can you handle this right away, please ?**

今，ちょっと忙しいんだけど　ima, chotto isogashiin da kedo **Sorry, I'm terribly busy right now.**

この件，すぐに調べて下さい　kono ken, sugu ni shirabete kudasai **Will you look into this right away, please ?**

これから課長と打ち合わせです　kore kara kachō to uchiawase desu **I've got a meeting with the manager now.**

出張で大阪へ行ってきました　shutchō de ōsaka e itte kimashita **I just got back from Osaka on a business trip.**

もうじき人事異動があります　mō jiki jinjiidō ga arimasu **There's going to be some personnel changes soon.**

根回しがうまくいっていません　nemawashi ga umaku itte imasen **The prearrangements* aren't going well.**

忘年会はだれが幹事ですか　bōnenkai wa dare ga kanji desu ka **Who's in charge of the bonenkai* ?**

二次会はどこに決まりましたか　nijikai wa doko ni kimarimashita ka **Where are** you going for the nijikai* ?

彼は企画部のベテランです　kare wa kikakubu no beteran desu **He's a veteran employee of the planning department.**

この資料に目を通して下さい　kono shiryō ni me wo tōshite kudasai **I want you to read through this material, would you ?**

このパソコンの操作を教えて下さい　kono pasokon no sōsa wo oshiete kudasai **Can you show me how to run this computer ?**

... さんを応接室へお通し下さい　...san wo ōsetsushitsu e o-tōshi kudasai **Show ... to the reception room, please.**

帰りにいっぱい飲みませんか　kaeri ni ippai nomimasen ka **How about a drink on the way home ?**

もういっぱいいかがですか　mō ippai ikaga desu ka **Have another drink ?**

ちょっと酔ったからタクシーで帰ります　chotto yotta kara takushī de kaerimasu **I'm drunk, so I'll take a taxi home.**

仕事にやっと慣れました　shigoto ni yatto naremashita **I've finally gotten used to my work.**

昇進おめでとうございます　shōshin omedetō gozaimasu **Congratulations on your promotion.**

... についてご意見を聞かせて下さい　...ni tsuite go-iken wo kikasete kudasai **We'd like to hear your opinion on this matter.**

会社を辞めることにしました　kaisha wo yameru koto ni shimashita **I have decided to leave the company.**

転職することに決めました　tenshoku suru koto ni kimemashita **I have decided to look for a new job.**

15. Calendar events

a. January

日本のお正月は初めてです　nihon no o-shōgatsu wa hajimete desu **This is my first experience of the New Year's celebration in Japan.**

明けましておめでとうございます　akemashite omdetō gozaimasu **Happy New Year !**

初詣(り)では人がいっぱいでした　hatsumōde wa hito ga ippai deshita **The temples and shrines were crowded with people out for the first prayers of the year.**

みんなで百人一首をやりませんか　minna de hyakuninisshu wo yarimasen ka **How about all of us playing hyakunin-isshu* ?**

雑煮とお節料理を召し上がれ　zōni to o-sechiryōri wo meshiagare **Help yourself to** the zoni* and New Year's dishes.

年賀状がたくさん来ました　nengajō ga takusan kimashita **I received a whole lot of New Year's cards.**

b. February

2月3日は節分です　nigatsu mikka wa setsubun desu **February 3 is the setsubun* festivity.**

冬が終わって新春を迎える日です　fuyu ga owatte shinshun wo mukaeru hi desu **It is the day for celebrating the end of winter and the advent of spring.**

豆まきをして家の中に福を呼び込みます　mamemaki wo shite ie no naka ni fuku wo yobikomimasu **People throw beans and invoke happiness on their households.**

バレンタインデーは憂鬱(うつ)です　barentaindē wa yūutsu desu **I hate Valentine's Day.**

どうしてチョコレート売り場に女性が殺到するのか不思議です　dōshite chokorēto uriba ni josei ga sattō suru no ka fushigi desu **I never cease to wonder at all those women and girls crowding the chocolate candy counters.**

c. March

3月3日は桃の節句です　sangatsu mikka wa momo no sekku desu **March 3 is the peach blossom festival.**

女の子のいる家ではお雛(ひな)様を飾ります　onna no ko no iru ie de wa o-hinasama wo kazarimasu **In households with female children they set up a display of dolls.**

そろそろお花見のシーズンですね　sorosoro o-hanami no shīzun desu ne **It's about time for the cherry blossom season.**

桜の花が満開になりました　sakura no hana ga mankai ni narimashita **The cherry trees are in full blossom.**

卒業式帰りの女子大生をよく見かけます　sotsugyōshikigaeri no joshigakusei wo yoku mikakemasu **A conspicuous sight is women university students returning from their graduation ceremony.**

d. April

エープリルフールで以前ひどいいたずらをされました　ēpurirufūru de izen hidoi itazura wo saremashita **I once had a terrible prank played on me on April Fools' Day.**

新入生がお母さんの手に引かれて学校へ行きます　shinnyūsei ga o-kaasan no te ni

hikarete gakkō e ikimasu **Little children walk hand in hand with their mothers to their first day of school.**

会社も新しい社員が入って活気に満ちています　kaisha mo atarashii shain ga haitte kakki ni michite imasu **Companies are busy welcoming their new employees.**

e. May

5月5日は端午の節句です　gogatsu itsuka wa tango no sekku desu **May 5 is the Boys' Festival.**

男の子のいる家では鯉(こい)のぼりを飾ります　otoko no ko no iru ie de wa koinobori wo kazarimasu **Households with male children fly big cloth carps on a pole.**

まちにまったゴールデンウイークの到来　machi ni matta gōruden-uīku no tōrai **Now comes the long-awaited Golden Week*.**

今年は何連休ですか　kotoshi wa nanrenkyū desu ka **How many days off will we have this year?**

どこへ行っても混んでいるから家でゴロゴロします　doko e itte mo konde iru kara ie de gorogoro shimasu **Everywhere you go it will be crowded, so I'm just going to lie around at home.**

f. June

梅雨に入りました　tsuyu ni hairimashita **The rainy season has started.**

毎日雨ばかりでうっとうしいですわ　mainichi ame bakari de uttōshii desu ne **Isn't it dreary, all this rain day in and day out?**

g. July

7月7日は七夕です　shichigatsu nanoka wa tanabata desu **July 7 is the Star Festival.**

何か星に願いをかけましょうか　nanika hoshi ni negai wo kakemashō ka **Shall we pray to the stars for something?**

ようやく梅雨が上がり暑さがきびしくなりました　yōyaku tsuyu ga agari atsusa ga kibishikunarimashita **The rainy season has ended and the heat has become oppressive.**

土用の丑(うし)の日には夏ばて防止にウナギを食べる習慣です　doyō no ushi no hi ni wa natsubate bōshi ni unagi wo taberu shūkan desu **On the day of the Ox in the dog days of summer, people customarily eat eel so as not to succumb to the heat.**

夏休みの計画は立てましたか　natsuyasumi no keikaku wa tatemashita ka **Have you made your plans for the summer vacation?**

h. August

海水浴に行きませんか　kaisuiyoku ni ikimasen ka **Do you care to go to the beach with me?**

お盆の帰省ラッシュのピークはいつですか　o-bon no kisei rasshu no pīku wa itsu desu ka **When is the back-to-the-country rush going to reach its peak during this o-bon*?**

盆踊りを見に行きましょう　bon-odori wo mi ni ikimashō **Let's go watch the bon-odori*.**

花火大会があります　hanabi taikai ga arimasu **There is going to be a fireworks display.**

金魚すくいはなかなか難しい　kingyōsukui wa nakanaka muzukashii **It's hard to catch goldfish with these paper nets.**

i. September

新学期が始まります　shingakki ga hajimarimasu **The new school term starts.**

今夜は仲秋の名月です　kon-ya wa chūshū no meigetsu desu **This is the night of the harvest moon.**

今年は台風が多いです　kotoshi wa taifū ga ōi desu **There are a lot of typhoons this year.**

j. October

あちこちで運動会があります　achikochi de undōkai ga arimasu **Many schools are having Field Day.**

芸術の秋です．美術館を散策します　geijutsu no aki desu. bijutsukan wo sansaku shimasu **Autumn is the season for art. I like to visit art museums at this time.**

食欲の秋です．また焼き芋（½）を買ってしまった　shokuyoku no aki desu. mata yaki-imo wo katte shimatta **The autumn air stimulates the appetite. I bought some roasted sweet potatoes again.**

公園の樹々が見事に紅葉しています　kōen no kigi ga migoto ni kōyō shite imasu **The trees in the park are beautiful in their autumn colors.**

k. November

だんだん寒くなってきました　dandan samuku natte kimashita **It is gradually**

getting colder.

あちこちの大学で学園祭が催されます　achikochi no daigaku de gakuensai ga moyōsaremasu **Many universities are holding their school festival.**

l. December

師走は何となく気ぜわしい月です　shiwasu wa nan to naku kizewashii tsuki desu **Somehow December always makes me feel restless.**

クリスマスのプレゼントはもう買いましたか　kurisumasu no purezento wa mō kaimashita ka **Have you finished your Christmas shopping ?**

クリスマスイブは誰(だれ)と過ごしますか　kurisumasuibu wa dare to sugoshimasu ka **Who are you going to spend Christmas Eve with ?**

年賀状はもう書きましたか　nengajō wa mō kakimashita ka **Have you written your New Year's cards yet ?**

忘年会が続いて少し胃がもたれました　bōnenkai ga tsuzuite sukoshi i ga motaremashita **I have been to so many year-end parties that my stomach feels queasy.**

m. Japanese public holidays

Jan. 1 元旦 gantan **New Year's Day**
Jan. 15 成人の日 seijin no hi **Coming-of-Age Day**
Feb. 11 建国記念日 kenkoku kinenbi **National Foundation Day**
March 20 春分の日 shunbun no hi **Spring Equinox**
April 29 緑の日 midori no hi **Nature Day**
May 3 憲法記念日 kenpo kinenbi **Constitution Day**
May 4 国民の休日 kokumin no kyūjitsu **Citizens' Day**
May 5 子供の日 kodomo no hi **Children's Day**
Sept. 15 敬老の日 keirō no hi **Senior Citizens' Day**
Sept 23 秋分の日 shunbun no hi **Autumn Equinox**
Oct. 10 体育の日 taiiku no hi **Sports Day**
Nov. 3 文化の日 bunka no hi **Culture Day**
Nov. 23 勤労感謝の日 kinrō kansha no hi **Labor Day**
Dec. 23 天皇誕生日 tennō tanjōbi **The Emperor's Birthday**
振替休日 furikae kyūjitsu **substitute holiday***

16. Dates and Times

日 hi/nichi **day**
朝 asa **morning**

昼 hiru **noon/daytime**

夕方 yūgata **evening**

夜 yoru **night**

午前 gozen **morning** (from daybreak to noon)

正午 shōgo **12 noon**

午後 gogo **afternoon**

真夜中 mayonaka **midnight**

今朝 kesa **this morning**

午前中 gozenchū **during the morning**

深夜 shin-ya **late at night**

今日 kyō **today**

昨日 kinō/sakujitsu **yesterday**

明日 ashita/asu/myōnichi **tomorrow**

明後日 asatte/myōgonichi **the day after tomorrow**

一昨日 ototoi/issakujitsu **the day before yesterday**

週 shū **week**

今週 konshū **this week**

先週 senshū **last week**

来週 raishū **next week**

日曜日 nichiyōbi **Sunday**

月曜日 getsuyōbi **Monday**

火曜日 kayōbi **Tuesday**

水曜日 suiyōbi **Wednesday**

木曜日 mokuyōbi **Thursday**

金曜日 kin-yōbi **Friday**

土曜日 doyōbi **Saturday**

月 tsuki/getsu **month**

今月 kongetsu **this month**

先月 sengetsu **last month**

来月 raigetsu **next month**

1月 ichigatsu **January**

2月 nigatsu **February**

3月 sangatsu **March**

4月 shigatsu **April**

5月 gogatsu **May**

6月 rokugatsu **June**

7月 shichigatsu **July**

8月 hachigatsu **August**

9月 kugatsu **September**

10月 jūgatsu **October**

11月 jūichigatsu **November**

12月 jūnigatsu **December**

年 nen/toshi **year**

今年 kotoshi/konnen **this year**

去年 kyonen **last year**

昨年 sakunen **last year**

来年 rainen **next year**

西暦 seireki **Western calendar year**

1993年 senkyūhyakukyūjūsannen **nineteen ninety-three**

年号 nengō **Japanese calendar year name**

平成5年 heisei gonen **the fifth year of Heisei** (= 1993)

季節 kisetsu **season**

四季 shiki **the four seasons**

春 haru **spring**

夏 natsu **summer**

秋 aki **autumn/fall**

冬 fuyu **winter**

閏年 uruudoshi **leap year**

今日は何日ですか kyō wa nannichi desu ka **What's today's date ?**

3月3日です sangatsu mikka desu **It's March (the) third.**

今日は何曜日ですか kyō wa nan-yobi desu ka **What day of the week is it today ?**

水曜日です suiyōbi desu **It's Wednesday.**

今年は何年ですか kotoshi wa nannen desu ka **What year is it ?**

1993年です senkyūhyakukyūjūsannen desu **It's nineteen ninety-three.**

今何時ですか ima nanji desu ka **What time is it ?**

8時15分です hachiji jūgofun desu **It's eight fifteen.**

10時15分前です jūji jūgofun mae desu **It's fifteen to ten.**

いつ来ましたか itsu kimashita ka **When did you get here ?**

お昼過ぎです o-hiru usugi desu **A little after noon.**

GLOSSARY

bon-odori: A community dance held on certain evenings around the time of the o-bon festival.

bonenkai: A traditional party held at the end of the year by various work and social groups to bring the year to a happy end.

choshi: A tokkuri (see below) full of sake (see below).

Golden Week: Seven or more days, usually beginning April 29, during which 4 national holidays and 1 or 2 weekends occur.

government postcards: Postcards issued by the government on which the postage has been prepaid, so that no further postage is necessary; said in contrast to picture postcards etc which require a postage stamp.

hyakunin-isshu: A card game played at New Year's.

ikebana: The Japanese art of flower arranging.

Kabuki: A form of classical Japanese drama based on popular legends, with male actors in both male and female roles.

miso: Fermented bean paste.

nijikai: An informal drinking party taking place after a more formal party or banquet.

Noh: A form of classical Japanese drama based on religious or mythical themes and featuring very stylized dancing.

o-bon: The festival of the dead, held to commemorate one's ancestors. It is marked in modern times by a great exodus from the cities as people return to their ancestral homes in the country for the celebration. In most regions it is held on August 13, 14, and 15.

police box: A small local police station manned by 2 or more policemen 24 hours a day. It usually consists of a small office with toilet and sleeping facilities. In the cities there may be one every several hundred meters, depending on the population density.

prearrangements: Also called by their Japanese name, *nemawashi*, such arrangements usually consist of informal, often secret meetings with individual members of some decision-making committee etc to argue one's case before the full committee meets.

S tickets: Tickets to the S seats, i.e., the best reserved seats in the house in a theater or concert hall.

sake: A kind of wine made from fermented rice and often drunk hot.

setsubun: A festivity where people throw beans toward the outside of their houses to ward off devils.

shinkansen: The Japanese name for the so-called "bullet trains" that run at great speeds on wide, elevated tracks.

substitute holiday: The name given to a Monday observed as a holiday following a national holiday that fell on a Sunday.

tempura: Fish, shellfish, and vegetables dipped in batter and fried in deep fat. Spelled with an *n* in romaji, but with an *m* as an English loan word.

tokkuri: A small bottle for heating sake (see above).

ume: A green, very sour relative of the plum, used for various kinds of pickles and flavorings. Its tree, also called ume, is also cultivated for its beautiful white, pink, or red blossoms, which open in very early spring.

wasabi: A kind of horseradish, cultivated in cold mountain streams, and used as a pungent spice.

zoni: A broth containing vegetables and mochi (see page 605) and eaten at New Year's.